中国藏学研究中心重点课题项目

# པེ་ཅིན་ས་ཁུལ་གྱི་བོད་ཡིག་དཔེ་རྙིང་དཀར་ཆག་ཆེན་མོ་ཞིབ་བྱའི་གཏེར་མཛོད།

བམ་པོ་བཞི་པ།

# 北京地区藏文古籍总目

（第四卷）

北京市民族古籍整理规划出版小组办公室藏文编辑部　编

民族出版社

抢救整理少数民族古籍迫在眉睫，失则无可复得；任重道远绩比踏遍寻珍，大德无量功在万代千秋

张[illegible]

二〇〇七年冬月

མི་རིགས་གྲངས་ཉུང་གི་དཔེ་སྙིང་སྒྱུར་སྐྱོབ་དང་བསྡུ་སྒྲིག་བྱ་རྒྱུ་ནི་དགོས་གཏུག་ཆེ་བའི་ལས་ཀ་ཞིག་ཡིན། དཔེ་སྙིང་དེ་དག་པོར་བརླག་ཤོར་ཚེ་སླར་འཐོབ་ཐབས་མེད་ཕྱིར། དེ་ནི་ལས་འགན་ལྗིད་ཆེ་ཞིང་ཡུན་རིང་པོར་བསྒྲུབ་དགོས་པ་ཞིག་རེད། དེ་དག་བསྡུ་སྒྲིག་བྱེད་ཐུབ་ན་ནི་རིན་ཆེན་གླིང་ནས་ནོར་བུ་རྙེད་པ་ལས་ཀྱང་ཕན་ཡོན་རྒྱ་ཆེ་ཞིང་བསམ་གྱིས་མི་ཁྱབ་ལ་བྱས་རྗེས་བསྐལ་པའི་བར་དུ་ཉམས་པར་མི་འགྱུར་རོ།།

ཀྲང་ཧྥུཨུ་ཞན་ནས།

༢༠༠༧ལོའི་དགུན་ཟླ་ལ།

## 《北京地区少数民族古籍目录丛书》
## 领导小组成员



## 《北京地区少数民族古籍目录丛书》
## 编委会成员



## 《北京地区藏文古籍总目（第四卷）》
## 编辑人员

## གཙོ་སྒྲིག་པའི་གནས་ཚུལ་མདོར་བསྡུས།

ཨ་དཔའ་ངག་དབང་དཔལ་ལྡན། བོད་རིགས། ༡༩༥༢ལོའི་ཟླ་༡༢ཚེས་༡༥ཉིན་མཚོ་སྔོན་ཞིང་ཆེན་མཚོ་ཤར་ས་ཁུལ་གྱི་ལུང་མདོ་རྫོང་དཔའ་རིས་སྟོང་གྲོག་ཏུ་སྐྱེས་ཤིང་། ༡༩༧༤ལོར་མཚོ་སྔོན་མི་རིགས་སློབ་གྲྭ་ཆེན་མོའི་གྲངས་ཉུང་མི་རིགས་སྐད་ཡིག་སྡེ་ཁག་ནས་མཐར་ཕྱིན། ༡༩༨༡ལོར་ཀྲུང་དབྱང་མི་རིགས་སློབ་གྲྭ་ཆེན་མོའི་མི་རིགས་སྐད་ཡིག་སྡེ་ཁག་གི་བོད་ཡིག་ཡིག་རྙིང་ཞིབ་འཇུག་སློབ་མའི་འཛིན་གྲྭ་ནས་མཐར་ཕྱིན། ༢༠༠༤ལོར་ཀྲུང་དབྱངས་མི་རིགས་སློབ་གྲྭ་ཆེན་མོའི་མི་རིགས་སྐད་ཡིག་རྩོམ་རིག་སྡེ་ཁག་མི་རིགས་གནའ་དཔེ་ཞིབ་འཇུག་སློབ་མའི་འཛིན་གྲྭ་ནས་མཐར་ཕྱིན། ༡༩༧༦ལོ་ནས་༡༩༨༧ལོའི་བར་མཚོ་སྔོན་ཉིན་རེའི་ཚགས་པར་ཁང་དུ་རྩོམ་སྒྲིག་དང་གསར་འགོད། ཡིག་སྒྱུར་སོགས་ཀྱི་བྱ་བ་སྒྲུབ་པ་དང་། མཚོ་སྔོན་ཞིང་ཆེན་ཨུ་ཡོན་ལྷན་ཁང་ཏང་གི་སློབ་གྲྭས་གཙོ་གཉེར་བྱས་པའི《རྩེར་སྣེག》(བོད་ཡིག་པར་གཞིའི་) གཙོ་སྒྲིག་པའི་འགན་ཁུར། ༡༩༨༧ལོར་ཀྲུང་གོའི་བོད་རིག་པ་ཞིབ་འཇུག་ལྟེ་གནས་སུ་སྤོས་ཏེ་སྔ་གཞུག་ཏུ་བོད་ཡིག་ཡིག་ཚགས་ཡིག་སྒྱུར་ཁང་དུ་ཡིག་སྒྱུར་དང་ཞུ་དག་གི་ལས་ཀ་བྱས་པ་དང་། ཀྲུང་གོའི་བོད་རིག་པ་ཞིབ་འཇུག་ལྟེ་གནས་ཀྱི་དཔེ་མཛོད་ཁང་གི་ཞིབ་འཇུག་པ་གཞོན་པ་དང་ལས་འཛིན་པའི་འགན་ཁུར། ཀྲུང་གོའི་བོད་རིག་པ་ཞིབ་འཇུག་ལྟེ་གནས་ཀྱི་དཔེ་དེབ་དཔྱད་གཞིའི་ཡིག་རིགས་ཁང་གི་ཞིབ་འཇུག་པ་དང་ལས་འཛིན་པ་གཞོན་པའི་འགན་ཁུར། ད་ལྟ་ཀྲུང་གོའི་བོད་རིག་པ་ཞིབ་འཇུག་ལྟེ་གནས་ཀྱི་བོད་ལྗོངས་རིག་གནས་རྟེན་རྫས་བཤམས་མཛོད་ཁང་གི་ཞིབ་འཇུག་པ་དང་ལས་འཛིན་པའི་འགན་ཁུར་བཞིན་ཡོད་ལ། ཀྲུང་གོའི་བོད་རིག་པ་ཞིབ་འཇུག་ལྟེ་གནས་ཀྱི་རིག་གཞུང་ཨུ་ཡོན་ལྷན་ཁང་གི་ཨུ་ཡོན་ཡིན། གཙོ་བོ་བོད་ཀྱི་སྲོལ་རྒྱུན་རིག་གནས་དང་བོད་ཡིག་གནའ་དཔེ། བོད་རིག་པའི་དཔྱད་གཞིའི་ཡིག་རིགས་སྐོར་བཅས་ལ་ཞིབ་འཇུག་བྱེད་བཞིན་ཡོད། རྒྱལ་ཁབ་རིམ་པ་དང་ཞིང་ཆེན་དང་པུའུ་རིམ་པའི་གནད་ཆེའི་ཚན་ཞིབ་ལེ་ཚན་དུ་མ་གཙོ་སྐྱོང་དང་དེའི་ནང་དུ་ཞུགས་པ། ཞིབ་འཇུག་གི་འབྲས་བུའི་སྐོར་ལ《ཡོན་རྒྱལ་རབས་ཚུན་གྱི་བོད་ལྗོངས་ས་གནས་སྲིད་གཞུང་དང་ཀྲུང་དབྱང་སྲིད་གཞུང་བར་གྱི་འབྲེལ་བའི་སྐོར་གྱི་ཡིག་ཚགས་ལོ་རྒྱུས་ཡིག་རིགས་ཕྱོགས་བསྒྲིགས》དང་། 《བོད་རིགས་སྲོལ་རྒྱུན་རིག་གནས་ཚིག་མཛོད།》《ཀྲུང་གོའི་བོད་རིག་པའི་དཔེ་ཆའི་དཀར་ཆག》《ཏཱ་ལའི་བླ་མ་དང་པཎ་ཆེན་ཨེར་ཏེ་ནི་རིམ་བྱུང་གི་མཛད་རྣམ།》《བོད་རིགས་ཚིག་མཛོད་ཆེན་མོ།》《ཇོ་ནང་དཀར་ཆག་ཤེལ་དཀར་ཕྲེང་མཛེས།》《པེ་ཅིན་ས་ཁུལ་གྱི་བོད་ཡིག་དཔེ་རྙིང་དཀར་ཆག་ཆེན་མོ་ཤེས་བྱའི་གཏེར་མཛོད།》《བོད་ཡིག་གནའ་དཔེའི་དཔེ་དེབ་ཀྱི་དཀར་ཆག་གནད་བསྡུས།》《པེ་ཅིན་ས་ཁུལ་གྱི་བོད་ཡིག་རྡོ་རིང་གི་དཀར་ཆག》《བོད་ཡིག་གནའ་དཔེའི་དཀར་ཆག་ཚིག་ཚོགས་ཤེས་རབ་སྣང་བའི་མཛོད་》སོགས་དཔེ་དེབ་དུ་མ་ཡོད་ལ། ཆེད་རྩོམ་སྐོར་ལ《བོད་ཡིག་དཔྱད་གཞིའི་ཡིག་རིགས་སྟོག་འདོན་དང་བེད་སྤྱོད་སྐོར་གླེང་བ་》སོགས་༤༠ལྷག་ཡོད།

## 主 编 简 介

阿华·阿旺华丹，男，藏族，1952 年 12 月 15 日生于青海省海东市乐都区。1974 年毕业于青海民族学院少语系藏语文专业。1981 年毕业于中央民族学院民语系古藏文研究生班。2004 年毕业于中央民族大学中国少数民族语言文学民族古籍专业研究生班。1976—1987 年任青海日报社编辑、记者、翻译等，其间还兼青海省委党校主办《攀登（藏文版）》主编。1987 年调入中国藏学研究中心藏文档案翻译室工作，任图书馆馆长、副研究馆员，后在文献资料馆任副馆长、研究馆员，升任中国藏学研究中心西藏文化博物馆馆长、研究馆员，中国藏学研究中心学术委员会委员。主要从事藏族传统文化、藏文古籍及藏学文献研究，曾主持并参与多项国家级和省部级重大科研项目。主要著作有《元以来西藏地方政府与中央政府关系档案史料汇编（1—6）》《藏族传统文化辞典》《中国藏学书目（1—3）》《历辈达赖喇嘛与班禅额尔德尼年谱》《觉囊派典籍要目》《藏族大辞典》《北京地区藏文古籍总目（1—4）》《藏文古籍图书解题目录》《北京地区藏文碑刻目录》等，发表《论藏文文献的开发与利用》等学术论文 40 多篇。

# སྔོན་འགྲོ་བརྗོད།

དེ་རིང་ཀློག་པ་པོའི་སྤྱན་སྔར་ཕུལ་བའི་དཔེ་ཚོགས་འདིས་ཉེ་བའི་ལོ་བརྒྱའི་རིང་ཡེ་ཅིན་ས་ཁུལ་དུ་བཞུགས་པའི་མི་རིགས་གྲངས་ཉུང་གི་གནའ་དཔེ་སྲུང་སྐྱོང་དང་། ཞུར་སྒྲིག ཕྱད་འཚོལ། ལེགས་སྒྲིག་བཅས་བྱས་པའི་ལས་ཀའི་ཁྲོད་ཀྱི་བར་སྐབས་རང་བཞིན་གྱི་གྲུབ་འབྲས་དེ་མཚོན་ལ། འདི་ནི་ཡེ་ཅིན་ས་ཁུལ་གྱི་རྒྱ་ཆེའི་མི་རིགས་གནའ་དཔེ་ལེགས་སྒྲིག་མཛད་མཁན་ཚོའི་ཉེ་བའི་ལོ་བརྒྱའི་རིང་གི་རྟུལ་ཕྲག་ལས་བྱུང་བའི་འབྲས་བུའང་ཡིན།

ཀྲུང་ཧྭ་མི་རིགས་ནི་ལོ་རྒྱུས་ཡུན་རིང་བའི་མི་རིགས་ཤིག་ཡིན་པས། ཤེས་རིག་དར་སྤེལ་བཏང་བའི་བརྒྱུད་རིམ་རིང་མོའི་ཁྲོད། སྣ་མང་ལྡན་སྤུམ་ཚོགས་པའི་ཀྲུང་ཧྭའི་རིག་གནས་གསར་སྐྲུན་མཛད་དེ་འཛམ་གླིང་གི་མི་ཡོངས་ལ་རིན་ཐང་གཞལ་དཀའ་བའི་དངོས་པོ་དང་བསམ་པའི་རྒྱུ་ནོར་མོད་པོ་ཞིག་ཕུལ་བཞག་གནང་ཡོད། མི་རིགས་གྲངས་ཉུང་ལ་མཚོན་ནའང་། ཕོ་ཚོས་རང་ཉིད་ཀྱི་ཡི་གེ་གསར་བཏོད་མཛད་ཡོད་པ་མ་ཟད། མི་རིགས་རང་རང་གི་ཡི་གེའི་ལམ་ནས་དཔྱད་བར་ཁྱབ་པའི་མི་རིགས་གནའ་དཔེ་གྲངས་འབོར་མང་ཞིང་རྣམ་གྲངས་མཐའ་ཡས་པ་ཞིག་རྩོམ་འབྲི་དང་པར་འདེབས་གནང་ཡོད་ལ། རང་ཉིད་ཀྱི་ཁྱད་ཆོས་ལྡན་པའི་མི་རིགས་རིག་གནས་ཤིག་གྲུབ་སྟེ། ཀྲུང་ཧྭའི་རིག་གནས་ཀྱི་གྲུབ་ཆ་གལ་ཆེན་ཞིག་ཏུ་གྱུར་ཡོད་ཅིང་། རྩ་ཆེ་བའི་མིའི་རིགས་རིག་གནས་ཀྱི་ཤུལ་བཞག་ཀྱང་ཡིན།

ཞིབ་འཇུག་བརྒྱུད་ཀྲུང་གོའི་མི་རིགས་གྲངས་ཉུང་གནའ་དཔེ་ནི་ཀྲུང་ཧྭའི་ཤེས་རིག་འཕེལ་རྒྱས་བར་མ་ཆད་པའི་ལོ་རྒྱུས་ཀྱི་དཔང་རྟགས་དང་ཀྲུང་ཧྭའི་ཤེས་རིག་སྤེལ་བྱེད་ཀྱི་འདེགས་ཆས་ཤིག་ཡིན་ལ། སྒོས་སུ་ཀྲུང་ཧྭ་མི་རིགས་ཀྱི་བློ་གྲོས་དང་ཉིང་བཅུད་ཀྱི་གོང་བུ་གཅིག་འདུས་དང་། མི་རིགས་མཛའ་བརྩེའི་བསམ་བློའི་འབྲེལ་ཐག་དང་ཟམ་པ་གལ་ཆེན་ཞིག་ཡིན་པ་གསལ་པོར་མཚོན་ཡོད། མི་རིགས་གནའ་དཔེ་འདི་དག་ཏུ་ལྡན་སྤུམ་ཚོགས་པའི་ལོ་རྒྱུས་དང་རིག་གནས་བཀོད་ཡོད་པས། དེ་རྣམས་ལ་ཉར་ཚགས་ཞིབ་འཇུག་གི་རིན་ཐང་དང་རིག་དངོས་ཀྱི་རིན་ཐང་ཤིན་ཏུ་ལྡན་པ་རེད། ཡིན་ནའང་དུས་ཡུན་རིང་པོ་འགོར་བ་སོགས་ཀྱི་རྐྱེན་པས་མི་རིགས་གནའ་དཔེ་དེ་ཡུན་རིང་པོར་ཉར་སྲུང་བྱ་བའི་གནད་དོན་དེ་ཁག་པོ་ཞིག་ཏུ་གྱུར་དང་འགྱུར་བཞིན་ཡོད་པས། བྱེད་ཐབས་གང་ལེགས་ཤིག་སྤྱད་ནས་ཉར་ཚགས་དོ་དམ་གནང་རྒྱུ་དེ་ཧ་ཅང་དགོས་གལ་ཆེ་བར་འདུག གནའ་དཔེ་རྣམས་ཉར་སྲུང་ལེགས་པོ་ཞིག་བྱེད་ཆེད། ཞུར་སྒྲིབ་དང་ལེགས་སྒྲིག་གི་ལས་ཀ་ནུས་ལྡན་ཞིག་བྱེད་རྒྱུ་དེ་ཁ་ཚ་དགོས་གཏུག་ཏུ་གྱུར་ཡོད།

སྤྱི་ལོ་༡༩༩༧ལོར། རྒྱལ་ཁབ་མི་རིགས་ལས་དོན་ཨུ་ཡོན་ལྷན་ཁང་གི་ཐད་ཀར་དབུ་ཁྲིད་འོག《ཀྲུང་གོའི་མི་རིགས་གྲངས་ཉུང་གི་གནའ་དཔེ་དཀར་ཆག་ཆེན་མོ》ཞེས་པའི་ཕྱོགས་སྒྲིག་ལས་ཀ་དངོས་སུ་འགོ་བཙུགས།

ལོ་རྒྱུས་དང་རིག་གནས་ཀྱི་ལྟེ་བར་གྱུར་པའི་གནའ་བོའི་རྒྱལ་ས་ཡེ་ཅིན་དུ་བཞུགས་པའི་གནའ་དཔེའི་གྲངས་ཀ་ནི་མཐའ་ཡས་ཤིང་། ཆབ་སྲིད་དང་རིག་གནས་ཀྱི་ལྟེ་བར་འཁྱམས་པའི་ཡེ་ཅིན་དུ་རིག་གནས་ཀྱི་ལས་ཁུངས་དང་མཐོ་རིམ་སློབ་གྲྭ་མང་པོ་ཞིག་ཡོད་པས་ན། མི་རིགས་གནའ་དཔེའི་ཁྱབ་ཁྱ་ཧ་ཅང་ཆེ་བ་དང་། ཞུར་སྒྲིབ་དང་ལེགས་སྒྲིག་ལས་ཀའི་འགན་འཁྲིའང་ཧ་ཅང་ལྗིད་པ་རེད། དེ་ནི་དཀའ་ཚེགས་དང་རྙོག་འཛིང་། ཞིབ་ཚགས་བཅས་ཀྱི་རང་བཞིན་ལྡན་པའི་ལས་གྲྭ་རྒྱུད་རིམ་ཅན་ཞིག་ཡིན་པའི་ཆ་ནས། ལོ་འགའི་རིང་རྒྱལ་ཁབ་མི་རིགས་ལས་དོན་ཨུ་ཡོན་ལྷན་ཁང་གནའ་དཔེ་ལེགས་སྒྲིག་ཞིབ་འཇུག་ཁང་གིས་དངོས་སུ་མཛུབ་སྟོན་གནང་འོག ཡེ་ཅིན་གྱི་ཁྱད་ཆོས་དང་ཟུང་འབྲེལ་སྒོས་ཞིབ་ཚགས་ལྡན་པའི་ལས

ཀའི་འཆར་གཞི་དང་སྒྲིག་སྒྲོལ་གཏན་འབེབས་བྱས་པས་པེ་ཅིན་གྱི་མི་རིགས་གནའ་དཔེ་ལེགས་སྒྲིག་གི་ལས་ཀ་དེ་རིམ་བཞིན་གཏིང་ཟབ་ཏུ་ཕྱིན་པ་རེད།

མི་རིགས་གནའ་དཔེ་ལེགས་སྒྲིག་ཕྱོགས་སུ་ཤེས་ལྡན་མི་སྣ་ཉུང་བ་དང་། སྐོས་སུ་ཡིག་རིགས་ལ་ལ་ཤེས་མཁན་དཀོན་པའི་གནད་དོན་མཆིས་པས། པེ་ཅིན་ས་ཁུལ་གྱི་མི་རིགས་གནའ་དཔེ་ལེགས་སྒྲིག་ལས་ཀ་དེ་ད་ཙང་དཀའ་ཚོགས་ཅན་ཞིག་ཏུ་གྱུར་ཡོད། དཀའ་ངོས་པ་ཞིག་ལ། ལས་ཀ་འདི་འགོ་ཚུགས་སྐབས། པེ་ཅིན་གྲོང་ཁྱེར་སྲིད་གཞུང་དང་ཁོངས་གཏོགས་འབྲེལ་ཡོད་ལས་ཁུངས། པེ་ཅིན་གྱི་ཀྲུང་དབྱང་ཁོངས་གཏོགས་འབྲེལ་ཡོད་ལས་ཁུངས་ཁག་གི་རྒྱབ་སྐྱོར་ཤུགས་ཆེན་ཐོབ་པ་རེད། པེ་ཅིན་གྲོང་ཁྱེར་གྱི་མི་རིགས་ལས་དོན་ཨུ་ཡོན་ལྷན་ཁང་གི་ཐད་ཀར་དབུ་ཁྲིད་འོག ང་ཚོས་ཆེད་ལས་མཁས་པ་དང་ཞིབ་འཇུག་པ་འབོར་ཆེན་ཞིག་གདན་འདྲེན་ཞུས་ཏེ་ལས་ཀར་མཛུབ་སྟོན་དང་ལས་ཞུགས་གནང་དུ་བཅུག ཉེ་བའི་ལོ་བཅུའི་རིང་། མི་རིགས་གནའ་དཔེ་ལེགས་སྒྲིག་ལས་ཀར་ཞུགས་པའི་མི་རྣམས་ཀྱིས་བློ་དང་དངུལ་གྱི་ཁེ་ཕྱོགས་ལ་མ་དམིགས་པར་དཔེ་མཛོད་ཁང་དང་ཡིག་ཚགས་ཁང་། ཚན་ཞིབ་ཁང་སོགས་ལས་ཁུངས་ཀྱི་དཔེ་དེབ་དང་ཡིག་ཆ། ངོ་བཤུས་ཤོག་ལྷེ། ལྷུགས་རིགས་དང་རྡོ་རིང་སྟེང་གི་ཡི་གེ་སོགས་ལ་ཡོངས་ཁྱབ་ཞིབ་བསྡུར་དང་ཐོ་འགོད། ཞིབ་དཔྱད་སོགས་ཀྱི་ལས་ཀ་མཛད་ཅིང་། མཐར་དཔེ་ཚོགས་འདི་ལེགས་འགྲུབ་བྱུང་བ་ཡིན།

དཔེ་ཚོགས་འདི་དཔེ་སྐྲུན་དང་འགྲེམ་སྤེལ་བྱས་པ་དེས་པེ་ཅིན་ས་ཁུལ་གྱི་མི་རིགས་གནའ་དཔེ་ལེགས་སྒྲིག་ལས་ཀའི་བར་སྐབས་རང་བཞིན་གྱི་གྲུབ་འབྲས་མཚོན་ཞིང་། 《པེ་ཅིན་ས་ཁུལ་གྱི་མི་རིགས་གནའ་དཔེ་དཀར་ཆག་ཆེན་མོ》ཞེས་པ་རྩོམ་འབྲི་དང་ཐན《ཀྲུང་གོའི་མི་རིགས་གྲངས་ཉུང་གནའ་དཔེ་དཀར་ཆག་ཆེན་མོ》ཞེས་པ་རྩོམ་སྒྲིག་བྱེད་པ་སོགས་ལའང་རྨང་གཞིའི་མཐུན་རྐྱེན་བསྐྲུན་པ་རེད། དུས་མཚུངས་སུ་འཆར་གཞི་ལྡན་ཞིང་གོ་རིམ་ཡོད་པའི་སྒོ་ནས་པེ་ཅིན་ས་ཁུལ་གྱི་མི་རིགས་གནའ་དཔེའི་ཉར་སྐྱོབ་དང་ལེགས་སྒྲིག་ལས་ཀ་དེ་རིམ་བཞིན་གཏིང་ཟབ་ཏུ་སྤེལ་བར་ཡང་རྨང་གཞི་བཏིང་བ་རེད།

དཔེ་ཚོགས་འདིར་སྟུད་སྒྲིག་བྱས་པའི་ཁྱབ་ཁོངས་ནི་ནང་དོན་གྱི་ཐད་ནས་སྣ་མང་ཀུན་འདུས་ཤིག་ཡིན་པས་ཧ་ཅང་ཕུན་སུམ་ཚོགས་པ་སྟེ། པེ་ཅིན་ས་ཁུལ་དུ་ཉར་བའི་མན་ཇུའི་དང་། སོག་པོ། བོད། ཁ་ཆེ། དབྱིས། འཇང་སོགས་དེང་རབས་མི་རིགས་ཀྱི་གནའ་དཔེ་འདུས་ཡོད་པ་མ་ཟད། ཞི་ཞ་དང་ཡུ་གུ། ཏུའེ་ཏུའུ། ཉུས་ཀྲིན། ཆི་ཏན་སོགས་གནའ་བོའི་མི་རིགས་ཀྱི་གནའ་དཔེའང་ཁོངས་སུ་འདུས་ཡོད། མི་རིགས་འདི་དག་གི་ཆབ་སྲིད་དང་ཁྲིམས་ལུགས། མཚན་ཉིད་རིག་པ། ལོ་རྒྱུས། ཆོས་ལུགས། རྩོམ་རིག་སྒྱུ་རྩལ། སྐད་ཡིག གནམ་དཔྱད་དང་ས་ཁམས་རིག་པ་སོགས་ཕྱོགས་མང་པོར་འབྲེལ་ཡོད་པ་རེད།

རྩོམ་སྒྲིག་ལས་ཀའི་ཐད་གཟབ་ནན་དང་ཚད་ལྡན་གྱི་ཚན་རིག་དང་མཐུན་པའི་སྤྱོད་ཚུལ་རྒྱུན་འཁྱོངས་སྐོས་གནའ་དཔེ་ལེགས་སྒྲིག་གི་རྩ་བའི་ཆོས་ཉིད་ལྟར་མི་རིགས་སོ་སོའི་གནའ་དཔེའི་རྩ་བའི་ཁྱད་ཆོས་ཡོངས་སུ་མཚོན་ཡོད། སོ་སོའི་ཡི་གེའམ་བསྟན་བཅོས་ཀྱི་རིགས་ལྟར་རྩོམ་སྒྲིག་བྱས་ཏེ་དེབ་ཏུ་བཟོས་པ་དང་། དེབ་ཏུ་མི་ལོངས་པ་རྣམས་ཟླ་སྒྲིལ་ནས་དེབ་ཏུ་བསྒྲིགས་ཡོད། དེབ་རེ་རེར་སྟུད་སྒྲིག་བྱས་པའི་གནའ་དཔེ་དེའི་རྩ་བའི་ཁྱད་ཆོས་ལྟར་སོ་སོར་ཚུང་ཟད་རང་རྒྱ་འཕེར་བའི་སྒྲིག་སྟངས་གཏན་ལ་ཕབ་ཡོད། གཞི་རྩའི་ཐོག་དཔེ་ཚོགས་འདི་ནི་དེབ་རེ་ལོངས་ན་དེབ་རེ་དཔེ་སྐྲུན་བྱ་རྒྱུ་དང་། ཏ་ལམ་ལོ་བཅུའི་རིང་གི་པེ་ཅིན་ས་ཁུལ་གྱི་མི་རིགས་གྲངས་ཉུང་གནའ་དཔེ་ལེགས་སྒྲིག་ལས་ཀའི་བར་སྐབས་རང་བཞིན་གྱི་གྲུབ་འབྲས་ཕྱོགས་སྒྲིག་བྱས་ནས་རྒྱ་ཆེ་བའི་ཞིབ་འཇུག་པར་གཟིགས་ཞིབ་དང་ཞིབ་འཇུག་སྟབས་བདེ་བཟོས་ནས་དེའི་དགོས་ངེས་ཀྱི་སྤྱི་ཚོགས་ཀྱི་ཕན་ནུས་འདོན་སྤེལ་བྱ་དགོས།

གནའ་དཔེ་ལེགས་སྒྲིག་ལས་ཀ་འདི་ནི་ལས་འགན་ལྗི་ཞིང་ཡུན་རིང་གི་བྱ་བཞག་ཞིག་ཡིན་ལ། དཔེ་ཚོགས་འདི་རྩོམ་སྒྲིག་དང་དཔེ་སྐྲུན་བྱས་པ་དེ་པེ་ཅིན་ས་ཁུལ་གྱི་མི་རིགས་གྲངས་ཉུང་གནའ་དཔེ་ལེགས་སྒྲིག་ལས་ཀའི་འཆར་གཞིའི་གོམ་པ་

དང་པོ་ཙམ་ཡིན། མིག་སྔར། ཀྲུང་དབྱང་ནས་ས་གནས་བར་གྱི་མི་དམངས་སྲིད་གཞུང་རིམ་པ་ཁག་གིས་མི་རིགས་གྲངས་ཉུང་གནའ་དཔེ་སྲུང་སྐྱོང་ལས་ཀར་ཚད་མཐོན་པོས་ཤ་སྟག་ཆེན་གནང་བཞིན་ཡོད་པས་ན། མི་རིགས་གནའ་དཔེ་ལེགས་སྒྲིག་ལས་ཀ་དེ་གོ་སྐབས་དང་འགྲན་རྟོད་གསར་བ་ཞིག་ལ་ཐུག་ཡོད་ལ། འགན་འཁྲི་སྔར་ལས་དཀའ་ཚེགས་ཆེ་ཞིང་རྣོག་འཛིང་ལྡན་པ་ཞིག་ཏུ་གྱུར་ཡོད། ང་ཚོས་སྔར་བཞིན་ལས་ཀའི་ནུས་བརྩོན་ཤུགས་སྐྱོན་རྒྱུག་དགོས་པ་དང་། ཚན་རིག་དང་མཐུན་པའི་འཆར་འགོད་བཟོས་ཏེ་འབྲེལ་ཡོད་མཉམ་འབྲེལ་ལས་ཁུངས་དང་མི་སྣེར་གྱི་ཧུར་བརྩོན་རང་བཞིན་ཡར་སློལ་གང་ལེགས་སྣོམས་པེ་ཅིན་ས་ཁུལ་གྱི་མི་རིགས་གྲངས་ཉུང་གནའ་དཔེ་ལེགས་སྒྲིག་ལས་ཀའི་གོམ་སྟབས་སྔོན་དུ་བསྐྱུར་ནས་ཀྲུང་ཧྭ་མི་རིགས་ཀྱི་སྲོལ་རྒྱུན་རིག་གནས་སྲུང་སྐྱོང་དང་དར་སྤེལ་གཏོང་བར་ནུས་པ་འདོན་དགོས།

ནན་བཤད་བྱ་དགོས་པ་ཞིག་ལ། དཔེ་ཚོགས་འདི་རྩོམ་སྒྲིག་དང་དཔེ་སྐྲུན་བྱེད་པའི་བརྒྱུད་རིམ་ཁྲོད། ཐུན་མོང་གི་དམིགས་འབེན་ཏེ། མི་རིགས་གནའ་དཔེ་མྱུར་སྐྱོབ་དང་སྲུང་སྐྱོང་བྱེད་ཆེད། སྡེ་ཁག་མི་གཅིག་པ་དང་མི་རིགས་མི་འདྲ་བ་ལོ་ཚོད་མི་མཉམ་པ་བཅས་ཀྱི་མི་མང་པོ་ལྷན་དུ་འཛོམས་ནས་ལས་ཀ་འདིར་དཀའ་ཚེགས་ཀྱི་ངལ་རྩོལ་ཕུལ་ཡོད་པ་རེད། དེར་བརྟེན། འདིར་དགའ་ཞིང་གུས་པའི་ལས་རིགས་གཅིག་པ་ཚོར་སྙིང་ཐག་པ་ནས་ཐུགས་རྗེ་ཆེ་ཞུ་བ་ལགས། མཇུག་མཐར་གསལ་བཤད་བྱ་དགོས་པ་ཞིག་ལ། གནའ་དཔེའི་ལེགས་སྒྲིག་ལས་ཀ་ནི་གཟབ་ནན་དང་རྣོག་རྙོག་གི་ལས་ཀ་ཞིག་ཡིན་པས། དཔེ་ཚོགས་འདིའི་རྩོམ་སྒྲིག་དང་དཔེ་སྐྲུན་ཐད་ད་དུང་ཆ་མི་ཚང་བ་དང་རིམ་བཞིན་ལེགས་བཅོས་གཏོང་དགོས་རིགས་མཆིས་པས་རྒྱ་ཆེའི་ཀློག་པ་པོས་ཡོ་བསྲང་ལེགས་བཅོས་གནང་བར་ཞུ།

པེ་ཅིན་གྲོང་ཁྱེར་གྱི་མི་རིགས་གནའ་དཔེ་ལེགས་སྒྲིག་དང་
དཔེ་སྐྲུན་འཆར་འགོད་ཚོ་ཆུང་གཞུང་ལས་ཁང་ནས།
སྤྱི་ལོ་༢༠༡༣ ལོའི་ཟླ་༤ པར།

# 总　　序

今天奉献给大家的这套丛书，展示了近十年来北京地区保护、抢救，搜集、整理少数民族古籍工作的阶段性成果，是近十年来北京地区广大民族古籍工作者心血的结晶。

中华民族历史悠久，在漫长的文明进程中，创造了丰富多彩的中华文化，为世人留下了诸多宝贵的物质和精神财富。就我国的少数民族而言，他们不仅创造了自己的文字，而且用这些不同的民族文字书写、刊印了大量流传至今、种类浩繁、数量巨大的民族古籍文献，形成了自己独特的民族文化，并成为中华文化重要的组成部分，也是弥足珍贵的人类文化遗产。

研究表明，中国少数民族古籍不仅是中华文明延续发展的历史见证和中华文明的重要载体，更凝聚着中华民族的智慧和结晶，是维系民族情感的精神纽带和重要桥梁。这些民族古籍文献承载着丰厚的历史和多彩的文化，具有十分重要的保存、研究价值和文物价值。然而，由于年代久远等因素所致，民族古籍的永久性保存越来越受到严峻的挑战，很有必要采取应对措施。为了更好地保存民族古籍文献，进行有效的抢救和整理工作迫在眉睫。

1997 年，在国家民委的直接领导下，《中国少数民族古籍总目提要》编纂工作正式启动。

作为历史文化古都的北京，其所存民族古籍藏量浩如烟海。作为政治文化中心的北京，文化机构众多，大专院校林立，民族古籍的分布又十分广泛，抢救和整理工作任务相当繁重。作为一项艰巨复杂细致的系统工程，多年来，北京地区少数民族古籍整理工作在国家民委古籍整理研究室的具体指导下，结合北京地区特点，制定了详细的工作计划和工作细则，使北京的民族古籍整理工作逐渐走向深入。

由于民族古籍整理方面人才匮乏，尤其是个别文种已出现人才断档问题，北京地区民族古籍整理工作面临相当大的难度。好在此项工作启动伊始，便得到了北京市政府、市属有关机构及中央所属在京各有关单位的大力支持。在北京市民委的直接领导下，我们邀集大批专家、学者指导参与。近十年间，参加民族古籍整理工作人员不计酬劳，默默耕耘，对分散保存在各图书馆、档案馆、科研院所等单位的书籍、文书、拓片、金石铭刻等进行普查核对、数据著录、分析考究等项工作，最终编辑成此套丛书。

本丛书的出版发行，既展示了北京地区民族古籍整理工作的阶段性成果，也为编写《北京地区民族古籍总目提要》，乃至完成《中国少数民族古籍总目提要》的编写工作，创造了有利的基础条件。同时，也为有计划分步骤地深入开展北京地区民族古籍抢救和整理工作奠定了基础。

本丛书收录的范围，从内容上看，可谓包罗万象、丰富多彩，既包括北京地区所藏满、蒙古、藏、回、彝、纳西等当代民族的古籍文献，也包括西夏、突厥、回鹘、女真、契丹等古代民族的文献典籍；涉及这些民族的政治、法律、哲学、历史、宗教、文学艺术、语言文字、天文地理等诸多方面。

编写工作坚持严谨规范的科学态度，遵循古籍文献整理的基本法则，充分体现各民族古籍文献的基本特色，按其文字或文献的种类编辑成册，每册都按其所收古籍文献的基本特点，分别制定相对独立的编辑体例；其无法独立成册者，酌加合并成册。本丛书原则上成熟一集出版一集，以期将近十年来北京地区少数民族古籍整理工作的阶段性成果汇集起来，便于广大学者查阅和研究，发挥其应有的社会功效。

古籍整理工作，任重而道远。本套丛书的编辑出版，仅仅是北京地区民族古籍整理工作计划的第一步。目前，从中央到地方的各级人民政府都高度重视少数民族古籍保护工作，民族古籍整理工作面临新的机遇和挑战，任务更为艰巨和复杂。我们仍需加大工作力度，制定科学规划，充分发挥相关协作单位和个人的积极性，使北京地区民族古籍整理工作更上一层楼，为保护和弘扬中华民族的传统文化发挥作用。

应该强调的是，在这套丛书的编辑出版过程中，为了一个共同的目标——抢救和保护民族古籍文献，许许多多不同部门、不同民族、不同年龄的人走到一起，并为之付出了艰辛劳动。在此，谨向各位可敬可爱的同仁表示深深的谢意，最后需要说明的是，古籍文献的整理是一项繁琐而严谨的工作，本套丛书的编辑出版仍有需要逐步完善之处，敬请广大读者指正。

北京市民族古籍整理出版规划小组<br>办公室<br>2013 年 8 月

# འགོ་བརྗོད།

འགྲོ་བ་མིའི་རིགས་ལ་མཚོན་ན། ང་ཚོས་དུས་དང་རྣམ་པ་ཀུན་ཏུ་རང་གིས་གསར་གཏོད་བྱས་པའི་རིག་གནས་ཁྲོད་འཚོ་བ་སྐྱེལ་བཞིན་ཡོད། རང་ཉིད་ཀྱིས་གསར་གཏོད་བགྱིས་པའི་རིག་གནས་དེས་རང་ཉིད་འཚོ་སྐྱོང་བྱེད་པ་དང་ཕུན་ཚོགས་འཕེལ་རྒྱས་སུ་གཏོང་བ་དང་འབྲེལ། རྟག་ཏུ་རིག་གནས་གསར་སྐྲུན་བྱེད་བཞིན་ཡོད་པ་དང་། རང་ཉིད་ཀྱིས་གསར་གཏོད་བྱས་པའི་རིག་གནས་དེས་ཀྱང་རང་ལ་ཚོད་འཛིན་ཐེབས་བཞིན་ཡོད་པ་རེད། སྔར་གྱི་རིག་གནས་གསར་གཏོད་དེ་དེང་གི་རིག་གནས་གསར་གཏོད་ཀྱི་རྨང་གཞི་ཡིན་ཞིང་། རྨང་གཞི་འདི་མེད་ཚེ། ང་ཚོའི་བྱ་བ་གང་ཡང་འགྲུབ་ཐབས་མེད་པ་རེད། དེར་བརྟེན། ང་ཚོས་ངེས་པར་དུ་རྨང་གཞི་འདིར་རྐང་འཛུགས་དགོས་པ་དང་ཆབས་ཅིག་ཏུ་རྨང་གཞི་འདི་ལས་བརྒལ་བ་དང་རྨང་གཞི་འདིའི་ཁྲོད་ཀྱི་རིག་གནས་འཕེལ་རྒྱས་ཀྱི་བཀག་རྗོར་གྱུར་བ་རྣམས་མེད་པར་བཟོས་ཏེ་མུ་མཐུད་ནས་མདུན་དུ་བསྐྱོད་དགོས་པ་རེད།

ཞོན་སིའི《རྒྱལ་པོའི་ལམ་ལུགས》ཞེས་པའི་ནང་བསམ་གཞིགས་བྱེད་རིན་ཡོད་པའི་སྐད་ཆ་ཞིག་ཡོད་པ་སྟེ། "མེ་ཆུ་ལ་རླུང་ལྡན་ཡང་སྲོག་གིས་སྟོངས། རྩི་ཤིང་ལ་སྲོག་ལྡན་ཡང་ཚོར་བས་སྟོངས། སྲོག་ཆགས་ལ་ཚོར་བ་ལྡན་ཡང་སྤྱོད་གཤིས་ཀྱིས་སྟོངས། མི་ལ་ནི་རླུང་དང་སྲོག ཚོར་བ་བཅས་ལྡན་པ་མ་ཟད། ད་དུང་སྤྱོད་གཤིས་ཀྱང་ལྡན་པས་ན། གནམ་འོག་ཏུ་ཆེས་རིན་ཐང་ཆེ་བ་ནི་མི་ཡིན།" མི་ནི་བསམ་གཞིགས་བྱེད་ཤེས་པའི་སྲོག་ཆགས་ཤིག་ཡིན་ལ། བསམ་གཞིགས་བྱེད་ནུས་པ་དེས་ང་ཚོར་ཡོན་ཏན་ངོམ་པའི་བར་སྟོང་ཟླ་མེད་པ་ཞིག་བཏོད་ཡོད་པས་ན། ཤེས་རིག་རྒྱུད་འཛིན་བྱེད་པའི་སྟེང་ནས་ཀྱང་བགྲོད་ལམ་སྲ་ཞིང་བརྟན་པོ་ཞིག་ཀྱང་ཡོད་པ་སྨོས་མེད་རེད། ངའི་སེམས་པར་མིའི་རིགས་སྤྱི་ཚོགས་ད་དུང་གནས་པ་ཡིན་ཕྱིན། དེའི་རྣམ་པར་འགྱུར་ལྡོག་རོབ་ཙམ་འབྱུང་སྲིད་ཀྱང་། རྒྱུད་འཛིན་ནི་ཇི་སྲིད་བར་གྱི་བྱ་བཞག་ཅིག་ཡིན་ཞིང་། དེའི་ངོ་བོའང་ཡུན་རིང་དུ་གནས་སྲིད་པ་རེད་སྙམ། ཁ་ཅིག་གིས་འཕེལ་རབས་དེ་གཏོར་དགོས་པར་སེམས་ཤིང་། འཕེལ་རབས་ཁ་ཤས་གཏོར་བ་དེ་སྐབས་རེར་ཧ་ཅང་དགོས་ངེས་སུ་གྱུར་ཡོད། ཡང་ལ་ལ་ཞིག་གིས་འཕེལ་རབས་དེ་འདོར་དགོས་པར་འདོད། བྱེད་ཐབས་འདི་ནི་ཆེས་སྐྱི་གཡའ་བ་དང་། ཡིད་སྐྱོ་བ། བྱིས་བློའི་རྟགས་ཤིག་ཏུ་མངོན་པ་རེད། སྐྱི་གཡའ་བ་ནི་འཕེལ་རབས་དོར་ཚེ་མིའི་རིགས་ལ་ཅི་ཡང་མེད་པར་འགྱུར་བ་དང་། ཡིད་སྐྱོ་བ་ནི་འཕེལ་རབས་དོར་ཚེ་མིའི་རིགས་ཀྱིས་རང་ཉིད་འདོར་བར་བྱེད་པ་རེད། བྱིས་བློའི་རྟགས་ནི་ལོ་རྒྱུས་ཀྱི་དུས་རིམ་ངེས་ཅན་རེའི་མིའི་རིགས་ཚང་མ་འཕེལ་རབས་ཀྱི་འབྲས་བུ(འཕེལ་རབས་འདོར་འདོད་པའི་མི་དེ་ཚོའང་འདི་དང་མཚུངས་པ་རེད)ཡིན་པ་དེ་རེད།

མིའི་རིགས་སྤྱི་ཚོགས་འཕེལ་རྒྱས་ཕྱིན་ཏེ་དུས་རབས་ཉེར་གཅིག་པར་སླེབས་སྐབས་འདིར། ང་ཚོས་ཤེས་རིག་གི་གྲུབ་འབྲས་བགྲང་ལས་འདས་པ་ཞིག་དཔྱད་གཞིར་བཟུང་ཚོག་ལ། དུས་མཚུངས་སུ་གནད་དོན་འདི་ཐག་གཅོད་ཐུབ་པའི་བྱེད་ཐབས་ཧ་ཅང་མང་པོ་ཞིག་ལ་ཟུར་ལྟའང་བྱས་ཆོག་པ་རེད། སྒྲོ་འདོགས་སྐུར་འདེབས་ཙམ་མེད་པའི་སྒོ་ནས་བཤད་ན། ང་ཚོའི་དམིགས་ཡུལ་ནི་འཕེལ་རབས་དེ་སྔར་ལས་ཕུན་སུམ་ཚོགས་པ་དང་བརྒྱུད་རིམ་ཅན། བཀོད་སྤྱོད་རང་བཞིན་ལྡན་པ། དེང་རབས་ཀྱི་མིའི་དངོས་པོ་དང་བསམ་པའི་དཔལ་ཡོན་གྱི་འཛུགས་སྐྲུན་དང་དགོས་མཁོ་ལ་ཕན་ཐོགས་པ་བཅས་ཡོང་བར་བྱེད་པ་དེ་ཡིན།

ལེ་ནིན་གྱིས་གསུངས་དོན། "ངོས་འཛིན་གསལ་པོ་བྱེད་དགོས་པ་ཞིག་ལ། མིའི་རིགས་འཕེལ་རྒྱས་ཀྱི་བརྒྱུད་རིམ་རྫིལ་པོའི་ནང་གསར་གཏོད་བྱས་པའི་རིག་གནས་ལ་རྒྱུས་ལོན་གནད་དུ་འཕྱིངས་པ་བྱས་ཏེ་བསྒྱུར་བཅོས་བྱས་ཚེ། དགོངད་འགྱུར་མེད་གྲལ་རིམ་གྱི་རིག་གནས་འཛུགས་སྐྲུན་བྱེད་ཐུབ། ……འགྱུར་མེད་གྲལ་རིམ་གྱི་རིག་གནས་ནི་མིའི་རིགས་ཀྱིས་མ་རྒྱ་རིང་ལུགས་ཀྱི་སྤྱི་ཚོགས་དང་ཞིང་བདག་གི་སྤྱི་ཚོགས། དཔོན་ཉམས་རིང་ལུགས་ཀྱི་སྤྱི་ཚོགས་བཅས་ཀྱི་གཉའ་ནོན་འོག་གསར་གཏོད་མཛད་པའི་ཤེས་བྱ་ཡོད་ཚད་ཆོས་ཉིད་དང་འཚམ་པའི་འཕེལ་རྒྱས་དེ་ཡིན་དགོས།" （ལེ་ནིན་གྱི་"ན་གཞོན་ཚོགས་པའི་འོས་འགན་"ཞེས་པ《ལེ་ནིན་གྱི་གསུང་འབུམ》གླེགས་བམ་བཞི་པའི་ཤོག་ངོས348སྟེང་གསལ）ལེ་ནིན་གྱིས"མིའི་རིགས་འཕེལ་རྒྱས་ཀྱི་བརྒྱུད་རིམ་ཡོངས་རྫོགས་ནང་གསར་གཏོད་གནང་བའི་རིག་གནས་ལ་རྒྱུས་ལོན་གནད་དུ་འཕྱིངས་པ་བྱེད་དགོས་ཞེས་གསུངས་པའི་དགོངས་དོན་ཅི་ཡིན་ཞེ་ན། ངས་བལྟས་ན་མ་མཐའ་ཡང་དོན་ཚན་གསུམ་ནི་ཚུང་གསལ་པོ་ཡིན་པ་སྟེ། གཅིག མིའི་རིགས་ཀྱིས་གསར་གཏོད་གནང་བའི་རིག་གནས་ལ"རྒྱུས་ལོན"བྱེད་དགོས། གཉིས། མིའི་རིགས་རིག་གནས་ཀྱི"བརྒྱུད་རིམ་ཡོངས་རྫོགས"རྟོགས་པར་བྱེད་དགོས། གསུམ། "གནད་དུ་འཕྱིངས་པའི"སྒོ་ནས་རྟོགས་དགོས་པ་བཅས་རེད། དམིགས་ཡུལ་གང་ཡིན་ཞེ་ན། དེ་ནི་འགྱུར་མེད་གྲལ་རིམ་གྱི་རིག་གནས་གསར་པ་འཛུགས་སྐྲུན་བྱེད་རྒྱུ་དེ་ཡིན་པ་མ་ཟད། ད་དུང་འགྱུར་མེད་གྲལ་རིམ་གྱི་རིག་གནས་ནི"མིའི་རིགས་ཀྱིས་མ་རྒྱ་རིང་ལུགས་ཀྱི་སྤྱི་ཚོགས་དང་ཞིང་བདག་གི་སྤྱི་ཚོགས། དཔོན་ཉམས་རིང་ལུགས་ཀྱི་སྤྱི་ཚོགས་བཅས་ཀྱི་གཉའ་ནོན་འོག་གསར་གཏོད་མཛད་པའི་ཤེས་བྱ་ཡོད་ཚད་ཆོས་ཉིད་དང་འཚམ་པའི་འཕེལ་རྒྱས་དེ་ཡིན་དགོས།" ཞེས་བསྟན་ཡོད། འདི་ལས་རླབས་ཆེ་བའི་ལེ་ནིན་གྱི་བློ་ཁོག་ཡངས་པ་དང་རིགས་པའི་གཞུང་ལུགས་ཀྱི་བསམ་གཞིགས་ཀྱི་གཏིང་ཟབ་རང་བཞིན་མངོན་ཡོད་ལ། འགྱུར་མེད་གྲལ་རིམ་གྱི་རིག་གནས་ནི་མིའི་རིགས་ཀྱི་ཤེས་བྱ（རིག་གནས）ཡོད་ཚད་ནང་གཞིར་བཟུང་སྟེ་མིའི་རིགས་སྤྱི་ཚོགས་འཕེལ་རྒྱས་ཀྱི་ཆོས་ཉིད་དང་འཚམ་པའི་རིག་གནས་གསར་པ་རྣལ་མ་ཞིག་གསར་གཏོད་བྱེད་རྒྱུ་དེ་ཡིན་པ་བསྟན་ཡོད། སྔོན་བྱོན་གྱི་གྲལ་རིམ་ཞིག་ཡིན་ན། ལས་འགན་འདི་ནི་ཡུན་རིང་གནས་པ་ཡིན། མིའི་རིགས་ཀྱི་སྔོན་བྱོན་རིག་གནས་འཕེལ་རྒྱས་ཀྱི་ཁ་ཕྱོགས་མཚོན་པ་ཞིག་ཡིན་ན། བྱེད་ཐབས་འདིའང་ཡུན་རིང་གནས་པ་ཡིན། དུས་མཚུངས་སུ་འདིར་ང་ཚོར་ཧ་ཅང་དོ་ཁུར་བྱེད་རིན་ཡོད་པའི་གནད་དོན་ཞིག་བཏོན་ཡོད་པ་སྟེ། ཇི་ལྟར"མིའི་རིགས་འཕེལ་རྒྱས་ཀྱི་བརྒྱུད་རིམ་རྫིལ་པོའི་ནང་གསར་གཏོད་གནང་བའི་རིག་གནས་ལ་རྒྱུས་ལོན་གནད་དུ་འཕྱིངས་པ་བྱ་དགོས་པ"ཞེས་དང་། ཇི་ལྟར"མིའི་རིགས་ཀྱིས……གསར་གཏོད་གནང་བའི་ཤེས་བྱ་ཡོད་ཚད་ཆོས་ཉིད་དང་མཐུན་པའི་འཕེལ་རྒྱས"གཏོང་དགོས་པ་ཞེས་པ་དེ་ཡིན།

འདི་ནི་གླེང་གཞི་ཆེན་པོ་ཞིག་ཡིན་པས། སྤྱིར་བཏང་གི་ཞིབ་འཇུག་པ་ཞིག་གིས་འགྲེལ་བཤད་གསལ་པོ་རྒྱག་ཐུབ་པའི་གནད་དོན་ཞིག་མ་ཡིན་ཞིང་། གཅིག་བྱས་ན་དེ་ཉིད་ནི་ཡུན་རིང་གི་ཞིབ་འཇུག་ཁ་བྱང་ཞིག་དང་ཞིབ་འཇུག་བྱ་ཡུལ་ཞིག་ཡིན་པ་རེད། ཡིན་ནའང་མི་རབས་ནས་མི་རབས་ཀྱིས་བར་མ་ཆད་པར་དེར་འགྲེལ་བཤད་དང་། ཞིབ་འཇུག ནང་བྱན་ཆུད་པ་བཅས་བྱས་དང་བྱེད་བཞིན་ཡོད་པར་ང་ཡིད་ཆེས་ཡོད།

ང་ཚོས་བརྗོད་ལེན་བྱེད་དགོས་པ་ནི་རང་བྱུང་ཁམས་ཀྱི་ཆོས་ཉིད་མཐོ་ཤོས་དང་མི་ཚེའི་ཚད་གཞི་མཐོ་ཤོས་གཉིས་ཀྱི་གཅིག་གྱུར་རང་བཞིན་དེ་ཡིན། ང་ཚོས་རང་བྱུང་ལ་བསྒྱུར་བཀོད་བཏང་ཚོག་ལ། ཕྱོགས་རེ་བས（དེང་སྐབས་ཀྱི་ཚན་རིག་ལག་རྩལ་གྱི་ཆུ་ཚད་ལྟར）རང་བྱུང་ཁམས་ལས་བྱུང་བའི་དཀའ་ངལ་དང་གོད་ཆག་མང་པོ་ཁྲིད་དུ་གསོད་ཚོག ཡིན་ནའང་ང་ཚོ་རང་བྱུང་ཁམས་ཀྱི་རྩ་བའི་ཆོས་ཉིད་དང་བྲལ་ན་གནས་ཐབས་མེད་པ་ནི་གཞི་རྩའི་གནད་དོན་ཞིག་ཡིན། འཛེམས་པ་མེད་པའི་སྙིང་སྟོབས་ཡོད་པ་དེ་འགྲིག་སྟེ། རང་བྱུང་ཁམས་དང་འཐབ་རྩོད་བྱེད་ཐོད་དགོས་པ་རེད། ང་ཚོ་བརྒྱུད་ཟིན་པའི་ལམ་ཡོད་ཚད་ནི་འདི་ལྟ་སྟེ། རང་བྱུང་ཁམས་ལ་ངོས་འཛིན་བྱེད་པ་དང་། སྒྱུར་བཀོད་བྱེད་པ། ཁ་ལོ་བསྒྱུར་བ་བཅས་ཡིན།

ཡིན་ན་འང་འདི་“ཡོད་ཚད་”ནི་རང་བྱུང་གི་ཆོས་ཉིད་དང་མི་འགལ་བའི་རྟོན་འགྲོའི་ཆ་རྐྱེན་འོག་བྱས་པ་ཡིན། དུས་བཞི་ནི་ནམ་ཡང་དུས་བཞི་དང་། ཉིན་མཚན་ཡང་ད་དུང་ཉིན་མཚན་ཡིན། གཅིག་བྱས་ན་འདི་ནི་མིའི་རིགས་ཀྱི་ཡིད་སྐྱོ་དགོས་པའི་གནས་ཤིག་ཡིན་ལ། ཆེས་ཁ་ཚ་དགོས་གཏུག་གི་ཉེན་ཁའི་གནས་ཤིག་ཀྱང་ཡིན། གང་ཡིན་ཟེར་ན། རང་བྱུང་ཁམས་ནི་སྐྱེ་པགས་ལྟ་བུ་ཡིན་ཞིང་། མིའི་རིགས་ནི་སྐྱེ་པགས་སྟེང་གི་བ་སྤུ་ཙམ་ཡིན། “སྐྱེ་པགས་མེད་ཚེ་བ་སྤུ་ཅི་ལྟར་གནས།” དེའི་ཕྱིར་མིའི་རིགས་ཀྱིས་ཀྱང་ཡུན་རིང་དུ་འཚོ་གནས་ཐུབ་ཆེད། “སྐྱེ་པགས་”གཞན་ཞིག་འཚོལ་བ་སྟེ། དཔེར་ན། ཟླ་བའི་གོ་ལ་ལྟ་བུ། དུས་ནམ་ཞིག་གི་ཚེ་སའི་གོ་ལ་འཇིག་སྐབས། འཚོ་བའི་གནས་གཞན་ཞིག་ཡོད་པར་འདོད་པ་རེད། ཡིན་ནའང་“སྐྱེ་པགས་གསར་པ་ཞིག་མ་རྙེད་བར་སའི་གོ་ལ་ནི་སྔར་བཞིན་མིའི་རིགས་ཀྱི་ཁྱིམ་གཞིས་ཉག་ཅིག་ཡིན། ཕྱོགས་ཡོངས་ནས་བཤད་ན། རང་བྱུང་ཁམས་སུ་འཚོ་བར་རང་བྱུང་ཁམས་ཀྱི་ཆོས་ཉིད་དང་བསྟུན་ཚོད་གཟོད་རང་ཅག་འཚོ་གནས་བྱེད་ཐུབ་པ་རེད། མིའི་རིགས་ཀྱི་ཤེས་རིག་གི་གྲུབ་འབྲས་མང་པོ་ཞིག་ནི་རང་བྱུང་ཁམས་ཀྱི་ཆོས་ཉིད་དང་བསྟུན་ནས་བྱུང་བ་ལས་རང་བྱུང་ཁམས་དང་འཐབ་རྩོད་བརྒྱུད་ནས་ཐོབ་པ་ཞིག་མ་ཡིན་ནོ། །ལའོ་ཙེའི་《མི་ཆོས་བསྟན་བཅོས་》ནང་། “མི་ཡིས་ཆོས་ཉིད་ཡོད་ཚད་ས་གཞི་ལས་བླངས་ཤིང་། ས་གཞིས་ནམ་མཁའ་དང་། ནམ་མཁས་ནི་གནས་ལུགས། གནས་ལུགས་ཀྱིས་ནི་རང་བྱུང་ཁམས་ལས་སོ། །”ཞེས་གསུངས་པ་ནི་དངོས་གནས་བཤད་ན། གནའ་མིས་རང་བྱུང་ཁོར་ཡུག་ཏུ་འཚོ་བ་རོལ་བའི་ཁྲིད་ཀྱི་སྒྱོང་ཚོར་ཡིན་པ་རེད། ང་ཚོས་མིའི་རིགས་ཀྱི་རིག་གནས་ཁྲིད་“ཆོས་ཉིད་”ཀྱི་ཐོན་རྫས་མེད་པོ་ཞིག་རྙེད་ཐུབ་པ་སྟེ། དཔེར་ན། དངོས་པོའི་དོ་མཉམ་རང་བཞིན་དེ་རྟག་པར་ང་ཚོའི་འདུ་ཤེས་ཀྱི་དོ་མཉམ་རང་བཞིན་གྱི་རྟོན་འགྲོའི་ཆ་རྐྱེན་དུ་གྱུར་བ་ལྟ་བུ་སོགས་རེད། ཆོས་ཉིད་ནི་སྙོམས་སྒྲིག་དང་གཏན་འཇགས་ཀྱི་སྣང་ཚུལ་ཞིག་རེད། （སྣང་ཚུལ་དེ་ང་ཚོའི་མཐོང་ཐོས་མྱོང་གསུམ་དུ་འགྱུར་དཀའ་བ་དང་། ཐ་ན་ང་ཚོ་འཕྲུལ་སྣང་མང་པོ་ཞིག་གིས་མགོ་ཐོམ་པར་བྱེད་ཀྱང་།）ཡང་ལའོ་ཙེས། “རང་བྱུང་གི་ཆོས་ཉིད་ནི་ཕལ་ཆེར་གཞུ་རྒྱུད་འཐེན་པ་ལྟ་བུ་ཞིག་སྟེ། མཐོན་པོ་གནོན་ཙམ་དང་། དམའ་བ་འདེགས་ཙམ་བྱེད་པ་ཞིག་མ་ཡིན་ནམ། ཕྱིར་རང་བྱུང་གི་གནས་ལུགས་ནི་ཆད་སྣོན་ལྷག་འཕྲི་བགྱི་བ་དེ་ཡིན་ཡང་། མིའི་རིགས་ཀྱི་གནས་ལུགས་ནི་དེ་ལྟར་མ་ཡིན་ཏེ། ཉུང་བ་ལས་འཕྲི་སྟེ་མོད་པོར་སྦྱོར་བ་དེ་ཡིན། གང་ཟག་སུ་ཞིག་གིས་ནི་རང་ཉིད་ཀྱི་ལྷག་མ་དེ་ཉིད་གནམ་འོག་གི་ཕོངས་པོར་སྦྱིན་པར་བྱེད་ཅེ་ན། གནས་ལུགས་མཁྱེན་པའི་རྟོགས་ལྡན་པ་པོ་ནས་སོ། །དེ་བས་དམ་པ་རྣམས་ནི་རྣམ་དཀར་གྱི་ལས་སྒྲུབ་ཀྱང་རློམ་སེམས་མེད་པ་དང་། རླབས་ཆེན་གྱི་མཛད་རྗེས་བཞག་ཀྱང་ཁེངས་སེམས་མེད་པ་དེ་ནི་ཕལ་ཆེར་རང་ཉིད་ཀྱི་དམ་པའི་སྤྱོད་པ་དེ་ཉིད་ཕྱིར་མངོན་པར་མི་འདོད་པ་དེ་ཡིན་ནམ་སྙམ།” ཞེས་གསུངས་པ་དང་། བསམ་གཞིགས་འདི་ནི་ཏ་ཙང་གཏིང་ཟབ་པ་ཞིག་རེད།

ང་ཚོ་ནི་དུས་རབས་ཐུན་མོང་མ་ཡིན་པ་ཞིག་ཏུ་སླེབས་ཡོད་པ་སྟེ། དཔལ་འབྱོར་ནི་འཛམ་གླིང་རང་བཞིན་ཅན་དང་སྤྱི་ཚོགས་ནི་རྣམ་པ་འགྱུར་བའི་དུས་སྐབས་སུ་བཅར་བ་སོགས་དཔལ་འབྱོར་འཕེལ་རྒྱས་རྗེ་མགྱོགས་སུ་ཕྱིན་པ་དང་བསྟུན་སྤྱི་ཚོགས་ཀྱི་འགལ་བ་སྣ་ཚོགས་ཀྱང་ལྷུ་མ་ཐུད་ནས་འབྱུང་བཞིན་ཡོད་ལ། སྒོས་སུ་རིག་གནས་ཀྱི་གནད་དོན་དེ་འབུར་དུ་ཐོན་ཡོད་པ་རེད། རྒྱལ་ཁབ་དང་ས་ཁུལ། མི་རིགས་བཅས་མི་འདྲ་བའི་ཁྲིད། རིག་གནས་ཞེས་པའི་གོ་དོན་ཐད་ལྟ་བ་སྣ་ཚོགས་ཡོད་ལ། རྣམ་འགྱུར་འཛིན་སྟངས་ཀྱང་འདྲ་མིན་སྣ་ཚོགས་ཡོད་པ་རེད། ཁ་ཅིག་གིས་མིའི་རིགས་སྤྱི་ཚོགས་དེ་ཐད་དེ་གཅིག་གྱུར་གྱི་ལམ་དུ་བསྐྱོད་དགོས་པ་སྟེ། སྐད་ཆ་དང་ཡི་གེ། ཆབ་སྲིད། དཔལ་འབྱོར། རིག་གནས་སོགས་ཡོད་ཚད་གཅིག་གྱུར་དུ་གཏོང་དགོས་པར་འདོད་ཀྱིན་ཡོད། ཡང་འགའ་ཤས་ཀྱིས། ཡོད་ཚད་སྔར་བཞིན་དང་གདོད་མའི་རྣམ་པར་གནས་དགོས་པར་སེམས། དེ་བས་ན་སྔ་མའི་ལྟ་བ་དེས་རང་མི་རིགས་ཀྱི་རིག་གནས་དེ་འདོར་དགོས་པའི་རྣམ་འགྱུར་བསྟན་པ་སྟེ། རང་རེའི་རིག་གནས་དེ་མེད་པར་འགྲོ་ངེས་པ་སྔར་ནས་རྟོགས་ན། ད་དུང་དེ་སྲུང་སྐྱོབ་དང་སྲུང་སྐྱོང་ཅིའི་ཕྱིར་བྱེད། ཕྱི་མ་དེས་སྔར་གྱི་ལྟ་བ་མཁྲེགས་བཟུང་བྱས་ཡོད་ལ། གོང་དང་མཚུངས་པར་སྔར་བྱུང་མ་མྱོང་བའི་དཀའ་ཁག

དང་གནད་དོན་ལ་འཕྲད་ཡོད་པ་རེད།

ང་ཚོས་རིག་གནས་ཀྱི་རྣམ་འགྱུར་ག་འདྲ་ཞིག་འཛིན་དགོས་པ་དང་། རིག་གནས་ཀྱི་ལམ་གང་འདྲ་ཞིག་ཏུ་བསྐྱོད་དགོས་པ་རེད་ཅེ་ན། དེ་ནི་ཐོག་མཐའ་བར་གསུམ་དུ་བསམ་གཞིགས་བྱེད་དགོས་པའི་གནད་དོན་ཞིག་རེད། འདི་ནི་གནད་དོན་ཕྲན་བུ་ཞིག་ཡིན་པ་སྟེ། རྒྱུ་མཚན་ནི་དེ་ཆེས་བྱེ་བྲག་དང་མངོན་སུམ་དུ་གྱུར་བ་ཞིག་ཡིན་ལ། ཆེས་ཐད་ཀར་བ་ཞིག་ཀྱང་ཡིན་པ་སྟེ། ཁྱོད་ཀྱིས་རྣམ་འགྱུར་ག་འདྲ་ཞིག་བཟུང་ན། རིག་གནས་ཀྱི་ལྟ་བའང་དེ་འདྲ་ཞིག་གདམ་ངེས་པ་རེད། དེ་མཚུངས་སུ་ཁྱོད་ཀྱིས་བྱེད་ཐབས་ག་འདྲ་ཞིག་སྤྱད་ཚེ། རིག་གནས་ཀྱི་ལམ་ཡང་དེ་འདྲ་ཞིག་ཏུ་བསྐྱོད་ངེས་རེད། འདི་ནི་གནད་དོན་ཆེན་པོ་ཞིག་ཀྱང་ཡིན་པ་སྟེ། དེ་ནི་མི་རིགས་ཤིག་དང་དེའི་རིག་གནས་（ཤེས་རིག་ཅིག་）ཆགས་འཛིག་ལ་ཐུག་ཡོད་ལ། ང་ཚོ་མིའི་རིགས་ཀྱིས་རང་ཉིད་ཀྱི་འདས་པར་ལྟ་སྟངས་ག་འདྲ་ཞིག་འཛིན་པ་དང་། རང་ཉིད་ཀྱི་འབྱུང་འགྱུར་ནི་ཇི་ལྟར་གདམ་ག་བྱ་རྒྱུར་རག་ལས་ཡོད་པ་རེད།

མི་མང་པོ་ཞིག་གིས་གནད་དོན་འདིར་མཉོ་བསམ་གཏོང་བཞིན་ཡོད་ལ། མི་རིགས་དང་རྒྱལ་ཁབ་མང་པོ་ཞིག་གིས་ཀྱང་གནད་དོན་འདིར་བསམ་གཞིགས་གནང་བཞིན་ཡོད། ཞིབ་འཇུག་གི་ལས་ཀ་བྱེད་མཁན་ཞིག་ཡིན་པའི་ངོས་ནས། རང་ཉིད་ཀྱིས་ཀྱང་གནད་དོན་འདིར་བསམ་གཞིགས་བྱེད་བཞིན་ཡོད་པ་སྨོས་མ་དགོས་པ་རེད། ངའི་ལྟ་ཚུལ་ནི་སྲུང་སྐྱོང་དང་རྒྱུད་འཛིན། གསར་གཏོད། འཕེལ་རྒྱས་བཅས་བྱེད་རྒྱུ་དེ་ཡིན་ལ། ཁ་ཚ་དགོས་གཏུག་ཏུ་གྱུར་ཡོད་པ་ནི་སྲུང་སྐྱོང་ཡིན། འདིའི་ཐད་ལ་བློ་མཐུན་མང་པོ་ཞིག་གིས་ཕྱོགས་ཞེན་སྨོས་གོ་བ་བླངས་ཡོད་པ་སྟེ། སྲུང་སྐྱོང་ནི་ཕལ་ཆེར་རྙིང་ཞེན་དུ་འདོད་བཞིན་ཡོད། ང་ཚོའི་རིག་གནས་ཡོད་ཚད་ནི་ང་ཚོ་གནས་པའི་དཔལ་འཁོར་གྱི་རྨང་གཞིར་འབྲེལ་བ་ཡོད་པ་དང་། གནས་ཚུལ་མང་པོའི་འོག་རིག་གནས་ཀྱི་རྨང་གཞིའི་ཁག་ངེས་ཅན་ཞིག་ནི་ང་ཚོའི་ཐོན་སྐྱེད་བྱེད་སྟངས་དང་འཚོ་བ་རོལ་སྟངས་སོགས་ལ་འབྲེལ་ཡོད་པ་རེད། དེར་མ་ཟད་ད་ལྟ་ཐོན་སྐྱེད་བྱེད་སྟངས་དང་འཚོ་བ་རོལ་སྟངས་ཀྱི་འགྱུར་ལྡོག་ཆེས་མྱུར་ཞིང་། ཆེས་ཇ་དྲག་གི་དུས་རིམ་ཞིག་ཏུ་སླེབས་ཡོད། གནས་ཚུལ་འདི་འདྲའི་འོག་སྲུང་སྐྱོང་ནི་ཚར་གཅོད་ལས་དགེ་མཚན་ལྡན་པ་དང་། ཕོར་བ་ལས་ལྷག་པར་ཕན་ཡོན་ལྡན་པ་རེད།

ཐ་སྙད་གསར་པ་ཞིག་དང་གོ་དོན་གསར་པ་ཞིག ལྷག་པར་ལྟ་བ་གསར་པ་ཞིག་ལ་མི་ཚོས་ཉིན་རེ་ལས་ཉིན་རེར་མཐོང་ཆེན་བྱེད་ཅིང་། འདི་ནི“རིག་གནས་ཀྱི་བདེ་འཇགས”ཡིན། ཨ་རི་གཙོ་བྱས་པའི་ནུབ་ཕྱོགས་ཀྱི་གུང་ཁྲན་ཏང་དང་ཀྲུང་ཧྭ་མེས་རྒྱལ་ལ་ངོ་རྒོལ་བྱེད་པའི་སྟོབས་ཤུགས་ཁག་གིས་ཕོ་ཚོའི་རྒྱལ་ཁབ་ཀྱི་སྟོབས་ཤུགས་ཆེན་པོ་དང་སྔོན་ཐོན་གྱི་ཚན་རྩལ་ཐབས་ཤེས། འཕེལ་རྒྱས་ཀྱི་བརྒྱུད་བསྒྲགས་སྒྱུན་བྱེད་བཅས་ལ་བརྟེན་ནས་འཛམ་གླིང་རིག་གནས་ཀྱི་འཕེལ་ཕྱོགས་སྣ་འདྲེན་བྱེད་པ་དང་ཤུགས་ཆེན་པོས་ནུབ་ཕྱོགས་ཀྱི་རིན་ཐང་གི་ལྟ་བ་དང་འཚོ་བ་རོལ་སྟངས་ཁྱབ་བསྒྲགས་བྱས་ཏེ་རང་རྒྱལ་གཏོགས་པའི་འཕེལ་རྒྱས་འགྲོ་བཞིན་པའི་རྒྱལ་ཁབ་ཁག་གི་མི་རིགས་ཀྱི་དམངས་ཁྲོད་རིག་གནས་དང་སྐྱེ་དངོས་ཐད་ཤན་ཤུགས་དང་ཉེན་ཁ（རིག་གནས་སྣ་མང་ཅན་གྱི་ཉེན་ཁ）ཚབས་ཆེན་བཟོས་ཡོད། རིག་གནས་བཙན་འཛུལ་དེ་དཔལ་འབྱོར་དང་ས་ཆའི་བཙན་འཛུལ་དང་བསྡུར་ན་ཆེས་རྩ་བའི་བཙན་འཛུལ་དུ་གྱུར་ཡོད་ལ། རིག་གནས་ཀྱི་བཙན་བཟུང་དེ་ཆེས་རྩ་བའི་བཙན་བཟུང་དུ་གྱུར་ཡོད་པ་རེད།

མི་རིགས་རིག་གནས་ནི་རྒྱལ་ཁབ་ཀྱི་རིག་གནས་བདེ་སྲུང་བྱེད་པར་ཆེས་ནུས་ཤུགས་ལྡན་པའི་མཚོན་ཆ་རང་ཡིན་ཞིང་། དད་མོས་མ་ལག་ཡང་དག་པ（མཚན་ཉིད་རིག་པའི་གཞུང་ལུགས）པ་དང་ཤེས་རིག་གི་རྣམ་པ་ཆ་ཚང་བ། ལོ་རྒྱུས་ཀྱི་འཕེལ་རབས་ཡུན་རིང་ལྡན་པའི་རིག་གནས་ཤིག་ལ་ངེས་པར་དུ་འགོག་སྲུང་ནུས་པ་ཆེན་པོ་ལྡན་པ་རེད། རིག་གནས་ཀྱི་སྣ་མང་རང་བཞིན་རྒྱུན་འཁྱོངས་བྱས་ཚེ་དེ་ནི་རྒྱལ་ཁབ་ཀྱི་རིག་གནས་བདག་དབང་དང་བདེ་འཇགས་སྲུང་སྐྱོབ་ཀྱི་བྱེད་ཐབས་གལ་ཆེན་ཞིག་ཀྱང་ཡིན་པ་རེད། རང་མགོ་རང་གཅོག་མི་བྱེད་པར་རང་གི་རིག་གནས་ཀྱི་སྟོབས་ཤུགས་ལ་ཡིད་ཆེས

བྱེད་དགོས་པ་དེ་ནི་རང་གི་རིག་གནས་སྲུང་སྐྱོབ་བྱེད་པའི་ཆེས་ནུས་ཤུགས་ལྡན་པའི་མཚོན་ཆ་ཞིག་ཡིན། གང་ཡིན་ཟེར་ན། དེ་ནི་ཁྱོད་རང་ཉིད་ཀྱི་དངོས་པོ་དང་མི་རབས་ནས་རྒྱུད་འཛིན་བགྱིས་པའི་ཉིང་བཅུད། ཁྱོད་རང་གི་བློ་སྲོག་གི་རྟེན་གཞི་བཅས་ཡིན་པ་རེད། ཨ་རིས་གཙོས་པའི་ནུབ་ཕྱོགས་སྤྱི་ཚོགས་ཁག་གིས་ཐབས་བརྒྱ་ཇུས་སྟོང་སྣོན་ཁྱོད་རང་བསྒྱུར་བཅོས་བྱེད་འདོད་པ་དེ་ནི་ཁྱོད་རང་གི་ཤེས་རིག་ལ་གནོད་སྐྱོན་དང་ཁྱད་གསོད་གཏོང་བ་སྟེ་ཨ་རིའི་མཚན་ཉིད་རིག་པའི་བསམ་བློ་དང་རིན་ཐང་གི་ཚད་གཞི། རིག་གནས་ཀྱི་ལྟ་བ་དང་འཚོ་བ་རོལ་སྟངས་བཅས་ཀྱིས་ཁྱོད་རང་གི་ཤེས་རིག་དེ་ལུས་སྟེང་ནས་ཕོར་ཏེ་རང་གི་བློ་སྲོག་ལ་རང་གི་རིག་གནས་ཀྱི་རྟེན་གཞི་མེད་པར་བཟོ་བ་དེ་ཡིན།

རིག་གནས་ནི་མི་རིགས་ཀྱི་སྲོག་རྩ་དང་མི་རིགས་ཆེ་སྲོག་གི་འབྲེལ་ཐག མི་རིགས་རིག་གནས་འཕེལ་རྒྱས་ཀྱི་རྨང་གཞི་དང་སྟོབས་ཤུགས་བཅས་ཡིན། བློ་མཐུན་མི་ཞུང་བ་ཞིག（ཐ་ན་རང་མི་རིགས་ཀྱི་བློ་མཐུན་ཁ་ཤས་）གིས་མི་རིགས་ཀྱི་དམངས་ཁྲོད་རིག་གནས་དང་ཁ་བྲལ་ཚེ། ང་ཚོའི་རིག་གནས་འཛུགས་སྐྲུན་དེ་འགོ་ཁུངས་བསྐམས་པའི་ཆུ་བོ་དང་རྩ་བ་རུལ་བའི་སྡོང་ཤིང་ལྟ་བུར་འགྱུར་བའི་གནས་ལུགས་དེ་རྟོགས་ཀྱིན་མེད། ཀྲུང་ཧྭ་མི་རིགས་རིག་གནས་ཀྱི་ལྟུགས་རི་རིང་པོ་འཛུགས་སྐྲུན་དང་རིག་གནས་བདེ་སྲུང་བྱ་རྒྱུ་དེ་ཁག་ཐེག་བྱེད་ཆེད། ང་ཚོ་ངེས་པར་དུ་ཚན་རིག་དང་ལྡན་པའི་ལམ་ཞིག་ཏུ་བསྐྱོད་དགོས་པ་སྟེ།

དང་པོ། བརྟན་སྙིང་དང་མི་རིགས་ཀྱི་རང་བཞིན་དང་མང་ཚོགས་ཀྱི་རང་བཞིན། ཚན་རིག་གི་རང་བཞིན་བཅས་ལྡན་པའི་སྤྱི་ཚོགས་རིང་ལུགས་ཀྱི་རིག་གནས་གསར་པ་འཛུགས་སྐྲུན་བྱེད་པའི་ལམ་དུ་བསྐྱོད་དགོས། ལམ་འདིར་བསྐྱོད་པར། རིག་གནས་ལ་ངེས་པར་དུ་སྙིགས་དོར་བཅུད་ལེན་དང་། སྙིང་འབུད་གསར་འདོན་བྱེད་དགོས་པ་དང་སྔོན་ཐོན་གྱི་རིག་གནས་དར་སྤེལ་དང་ཕན་ཁེ་ལྡན་པའི་རིག་གནས་འདོན་སྤེལ། རྗེས་ལུས་ཀྱི་རིག་གནས་བསྒྱུར་བཅོས། སྙིང་རུལ་གྱི་རིག་གནས་བཀག་འགོག་བཅས་བྱེད་དགོས། རིག་གནས་ལ་མཚན་ཉིད་རིག་པའི་ལམ་སྟོན་དང་ཚན་རིག་གི་བྱེད་ཐབས་དགོས་པ་རེད། ཡིན་ནའང་རིག་གནས་ཀྱི་ངོ་བོའི་སྟེང་ནས་བརྗོད་ན། ད་དུང་མི་སེར་ཁྲི་ཕྲག་མང་པོ་ཞུགས་དགོས་པ་དང་། ཕྱོགས་ཡོངས་ནས་ཁོ་ཚོར་རིག་གནས་འདེམས་བག་ཆགས་བཟང་པོ་ཞིག་ཐེབས་ཏེ་རྨང་གཞི་བརྟན་པོར་གཏོང་དགོས་པ་རེད།

གཉིས་པ། ཚན་རིག་དང་མཐུན་པའི་རིག་གནས་ཀྱི་ལྟ་བ་ཆགས་དགོས། རང་གི་རིག་གནས་ལ་བརྩེ་འཛོག་བྱེད་དགོས་ལ། གཞན་པའི་རིག་གནས་ལའང་བརྩེ་འཛོག་བྱེད་དགོས། གཞན་པའི་རིག་གནས་ཀྱི་ལེགས་ཆ་བསྡུ་ལེན་དགོས་ལ་རང་གི་རིག་གནས་ཁྲོད་ཀྱི་སྐྱོན་ཆ་དེ་དག་ཀྱང་འདོར་ཐེད་དགོས། ཚན་རིག་དང་རྩོད་སྒྲུབ། ལོ་རྒྱུས་བཅས་ཀྱི་སྒོ་ནས་སྲོལ་རྒྱུན་རིག་གནས་འདོར་ལེན་བྱེད་དགོས་ལ། དེང་རབས་ཀྱི་རིག་གནས་ལའང་དེ་ལྟར་ལེགས་ཉེས་འབྱེད་དགོས། རིག་གནས་ཀྱི་རང་རྒྱ་འཕེར་བའི་རང་བཞིན་རྒྱུན་འཁྱོངས་བྱེད་དགོས་ལ། རིག་གནས་ཀྱི་ཁེར་རྐྱང་གླིང་ཕྲན་ཡང་མི་བཟོ་བ། སྒོ་འབྱེད་པ་རྒྱུན་འཁྱོངས་བྱེད་དགོས་ལ་རང་གི་ངོ་བོའང་མི་ཉམས་པ་བྱེད་དགོས།

གསུམ་པ། དཔལ་འབྱོར་སྤྱི་ཚོགས་འཕེལ་རྒྱས་དང་རྒྱལ་ཁབ་བདེ་འཇགས་ཁྲོད་ཀྱི་རིག་གནས་ཀྱི་ནུས་པ་དེ་འདོན་སྤེལ་གང་ལེགས་བྱེད་དགོས། སྤྱི་ཚོགས་དཔལ་འབྱོར་འཕེལ་རྒྱས་ཁྲོད་ཀྱི་རིག་གནས་ཀྱི་ནུས་པ་དེ་ཉིན་རེ་བཞིན་འབུར་དུ་ཐོན་ཡོད་པ་དང་། “མི་གཤིས་ལྡན་པའི་ཐུགས་ཁུར” དང “སྤྱི་ཚོགས་ཀྱི་རྒྱལ་དམངས་ཐོན་སྐྱེད་ཀྱི་རིན་ཐང་བསྡོམས་འབོར” དེ་མི་རྣམས་ཀྱིས་དོ་སྣང་རྒྱ་ཆེར་བྱེད་པའི་ཡུལ་དུ་གྱུར་ཡོད་ལ། “རིག་གནས་ཀྱི་ནུས་སྟོབས” དེ་རྒྱལ་ཁབ་ཅིག་གི་སྤྱིའི་སྟོབས་ཤུགས་ཀྱི་གྲུབ་ཆ་ཁག་ཅིག་ཏུ་གྱུར་ཡོད་པ་རེད། བྱ་དངོས་ཀྱི་འབྲེལ་གཏུག་རང་བཞིན་དེས་ང་ཚོར་བསྟན་དོན། རིག་གནས་འཕེལ་རྒྱས་དེའང་ཕྱོགས་བསྡུས་དང་མཐུན་སྒྲིར་རྒྱུན་མཐུད་ཡོང་དགོས། ས་ཁུལ་ཞིག་དང་རྒྱལ་ཁབ་ཅིག་གི་འཕེལ་རྒྱས་དེ་རིག་གནས་ཀྱི་ཚད་གཞིའང་གལ་ཆེ་བའི་ཕྱོགས་ཤིག་ཡིན་པ་རེད། དེ་མཚུངས་སུ་རིག་གནས་ཀྱང་དཔལ་འབྱོར་གྱི་རྣམ་པ་ཞིག་ཏུ་གནས་ཡོད་པ་སྟེ་རིག་གནས་ཀྱི་ཐོན་ལས་ཤིག་ཏུ་གྱུར་ནས་རྒྱལ་ཁབ་དང་ས་ཁུལ་ཁ་ཤས་སུ་སྲོག

ཤིང་གི་ཐོན་ལས་དང་དཔལ་འབྱོར་གྱི་འཕར་གནས་གསར་པ་ཞིག་ཏུ་གྱུར་ཡོད་པ་རེད།

བཞི། གསར་སྐྲུན་རིག་གནས་དེ་སྲུང་སྐྱོབ་དང་རྒྱུད་འཛིན། འཕེལ་རྒྱས་བཅས་གཏོང་བ་ནི་འབྱུང་འགྱུར་ལ་འཐབ་ཇུས་གྲ་སྒྲིག་བྱེད་པ་ཞིག་རེད། ཚོ་འདེབས་སྤྱི་ཚོགས་སུ་དཔེ་མཚོན་གྱི་ཐོན་ཁུངས་ནི་ས་ཞིང་ཡིན་ལ། སུ་ཞིག་གིས་ས་ཞིང་གཤིན་པོ་ཅུང་མང་ཤོས་བདག་ཏུ་བཟུང་ཆེ། དེས་ས་ཕྱོགས་དེ་ཧམ་བཟུང་བྱས་ཆོག་པ་དང་། བཟོ་ལས་སྤྱི་ཚོགས་སུ་བཟོ་ལས་རྒྱུ་ཆ་དང་རྡོ་སོལ། རྡོ་སྣུམ། རྡོ་ལྷུགས་སོགས་རང་བྱུང་ཐོན་ཁུངས་ཀྱིས་སྤྱི་ཡོངས་ཐག་གཅོད་པ་དང་། དེའི་དཔེ་མཚོན་གྱི་ཐོན་ཁུངས་ནི་ངལ་རྩོལ་ནུས་ཤུགས་དང་མ་རྩ། ས་ཞིང་བཅས་ཡིན། ཤེས་ཡོན་དཔལ་འབྱོར་གྱི་དུས་སྐབས་སུ། དཔེ་མཚོན་གྱི་ཐོན་ཁུངས་ནི་ཤེས་ཡོན་ཡིན་ཞིང་། ཤེས་ཡོན་ནི་རྒྱུ་ནོར་སྐྲུན་བྱེད་ཀྱི་རྒྱུ་རྐྱེན་གཙོ་བོ་ཡིན། ཤེས་ཡོན་ལ་གོ་བ་ལེན་སྟངས་དང་། ཤེས་ཡོན་གྱི་རིམ་པ་དང་ཁྱབ་ཁོངས་མི་འདྲ་ཡང་། ཤེས་ཡོན་དཔལ་འབྱོར་གྱི་དུས་སྐབས་（ཤེས་བྱའི་སྤྱི་ཚོགས་）ནི་མི་རྣམས་སྔར་ལས་འཕེལ་རྒྱས་འགྲོ་བའི་དུས་སྐབས་（སྤྱི་ཚོགས་）ཤིག་ཡིན། དེར་བརྟེན། ཤེས་བྱ་ཕུན་སུམ་ཚོགས་པ་ཞིག་ལྡན་དགོས་ལ། ཤེས་བྱའི་གསར་གཏོད་ཀྱང་མེད་ཅིང་ཕུན་སུམ་ཚོགས་པ་ཞིག་དགོས་པ་རེད། དེ་བས་ན་ང་ཚོའི་ད་ལྟའི་རིག་གནས་རྒྱུན་འཛིན་དང་གསོག་ཉར་ལས་ཀ་དེས་མ་འོངས་པར་ནུས་པ་དཔག་ཏུ་མེད་པ་ཞིག་འདོན་ཐུབ་པ་རེད།

མི་རིགས་ཤིག་ལ་མཚོན་ན་གཤམ་གསལ་གནད་དོན་བཞི་པོ་འདི་རྟོགས་རྒྱུ་དེ་ཆེས་དགོས་ངེས་སུ་གྱུར་ཡོད་པར་སྙིད་དེ། གཅིག རང་མི་རིགས་ཀྱི་ལོ་རྒྱུས་ལ་གྲུང་ལེགས་པོ་བསྒྲིགས་ནས་རང་ཉིད་ཀྱི་མཆེད་ཁུངས་དང་འཕེལ་ཕྱོགས་གསལ་པོར་རྟོགས་དགོས། གཉིས། ཚན་རིག་གི་དར་ཆ་མཐོན་པོར་བསྒྲེངས་ནས་རང་མི་རིགས་ཀྱི་རིག་གནས་དེ་ལུ་མཐུད་ནས་རྒྱུན་འཛིན་དང་ཉར་གསོག ཕུན་ཚོགས་འཕེལ་རྒྱས་སུ་གཏོང་བ་བཅས་བྱེད་དགོས་ལ། རང་གི་ཤེས་རིག་གི་འབྱུང་ཁུངས་དང་ཉིང་བཅུད་（རིན་ཐང་）དེའང་རྟོགས་དགོས། གསུམ། དཔལ་འབྱོར་འཕེལ་རྒྱས་གཏོང་བ། བཞི། སྤྱི་ཚོགས་དང་མིའི་ཁྲོན་ཡོངས་ཀྱི་འཕེལ་རྒྱས་ལ་སྐུལ་འདེད་གཏོང་དགོས་པ་བཅས་དོན་ཚན་འདི་བཞི་པོ་ཚང་མ་རིག་གནས་རྒྱུན་འཛིན་དང་བསྟན་བཅོས་（གནའ་དཔེ་）ལ་ཁ་འབྲལ་མི་ཐུབ་པ་རེད། སྤྱིར་བཏང་གི་གནས་ཚུལ་ལ་གཞིགས་ན། ང་ཚོས་བསྟན་བཅོས་ལ་ངོས་འཛིན་བྱས་པ་ད་དུང་མི་འདང་བ་སྟེ། གཅིག བསྟན་བཅོས་ཀྱི་རིན་ཐང་ངོ་མར་ད་དུང་ངོས་འཛིན་གསལ་པོ་ཐོབ་ཐུབ་མེད་པ་རེད། གཉིས། དེང་རབས་ཀྱི་མིའི་བཀོལ་སྤྱོད་ཙམ་ལ་དམིགས་པ་ལས་འཐབ་ཇུས་དང་མི་རབས་རྗེས་མ། ཤེས་ཡོན་སྤྱི་ཚོགས་བཅས་ཀྱི་དགོས་མཁོ་ངོ་མའི་སྟེང་ནས་གནད་དོན་འདིར་བསམ་གཞིགས་དང་ཐག་གཅོད་བྱས་ཡོད་པ་མ་རེད། 《པེ་ཅིན་ས་ཁུལ་གྱི་བོད་ཡིག་དཔེ་རྙིང་དཀར་ཆག་ཆེན་མོ་ཤེས་བྱའི་གཏེར་མཛོད》（དེབ་གཉིས་པ་）དཔེ་སྐྲུན་བྱེད་གྲབས་ཡོད་པར་རང་ཉིད་སེམས་ཁོང་ཏུས་པའི་སྟེང་ནས་སྤྲོ་བཞིན་ཡོད། རྒྱུ་མཚན་ནི《ཀྲུང་གོའི་གྲངས་ཉུང་མི་རིགས་ཀྱི་གནའ་དཔེ་སྤྱིའི་དཀར་ཆག་གནད་བསྡུས》ནི་རང་རྒྱལ་གྱི་རྒྱལ་ཡོངས་གྲངས་ཉུང་མི་རིགས་ཀྱི་གནའ་དཔེའི་དཀར་ཆག་ཆ་ཚང་ཐོག་དང་པོ་ཡིན་ལ། དཔེ་དེབ་ཧྲིལ་པོར་ཕལ་ཆེར་དཔེ་ཆའི་ཁ་བྱང་། ལ་ཏིང་ཡིག་རིགས་སུ་ཕབ་པའི་ཁ་བྱང་། རྩོམ་པ་པོ་དང་བསྒྱུར་པ་པོ། བརྩམས་པའི་དུས་རབས། པོད་གྲངས། ཆོས་ཚན་གྱི་གྲངས། ལྡེབ་གྲངས། པར་གཞི། རྒྱུ་ཆ། དཔེ་དེབ་བཟོ་སྟངས། ཡིག་གཟུགས། སྣག་ཚའི་མདོག དམིགས་བསལ་གྱི་རྟགས་མཚན། ཚད་རྐྱེན་ཐེབས་ཚུལ། གསོག་ཉར་གྱི་གནས་ཚུལ། ཟུར་མཆན། ཐོ་འགོད་པ། ས་ཁུལ་གྱི་མིང་དང་དུས་ཚོད་སོགས་རྣམ་གྲངས་ཉི་ཤུ་ཡོད་པ་རེད།

མི་རབས་ཤིག་ལ་མི་རབས་ཤིག་གི་འགན་འཁྲི་ཡོད་ལ། དེའི་འགན་འཁྲི་ནི་ཕྱོགས་མང་པོ་ཡིན། ཡིན་ནའང་། དེའི་ཁྲོད་ཀྱི་ཆེས་གལ་ཆེ་བའི་འགན་འཁྲིའི་གྲས་ཤིག་ནི་རིག་གནས་ཀྱི་འགན་འཁྲི་ཡིན། དོན་དངོས་སུ་མི་རེ་རེ་ཚང་མས་དང་ངམ་ཤུགས་ཀྱིས་འགན་འཁྲི་འདི་འདེགས་བཞིན་ཡོད་པ་རེད། མི་རིགས་ཀྱི་དམངས་ཁྲོད་རིག་གནས་སྲུང་སྐྱོང་དང་། རྒྱུན་

འཛིན། འཕེལ་རྒྱས། གསར་སྐྲུན་བཅས་བྱེད་པ་ནི་བྱས་རྗེས་ཤིག་ཡིན་པ་སྟེ། དེ་ནི་ཤེས་རིག་གི་དཔལ་འབར་བརྒྱུད་སྐྱོང་བྱེད་པ་དང་མིའི་རིགས་ཤེས་རིག་འཕེལ་རྒྱས་དང་ཕུན་ཚོགས་སུ་གཏོང་བ་ཡིན། མིའི་རིགས་ཀྱིས་མིའི་རིགས་སྤྱི་ཚོགས་ཀྱི་ཤེས་རིག་དེ་སྔ་མཐུད་ནས་འཕེལ་རྒྱས་དང་གྲུ་འཛོམ་པར་གཏོང་བའི་ཁྲིད། རང་ཉིད་ཐུར་ལས་ཕུན་ཚོགས་དང་། སྐྱོང་སྐྱུང་འཛོམས་པ། རླབས་ཆེ་བ། སྨིན་དང་བྲལ་བ་བཅས་སུ་གཏོང་བཞིན་ཡོད། གལ་ཏེ་ང་ཚོས་རིག་གནས་སྣ་མང་ཅན་འཛུགས་སྐྲུན་བྱེད་པའི་ལོ་རྒྱུས་ཀྱི་དགོས་མཁོ་དང་། དམངས་གཙོ་དང་དཔལ་ཡོན། འཆམ་མཐུན། སྟོབས་འབྱོར་བཅས་ལྡན་པའི་དེང་རབས་རླབས་ཆེ་བའི་ཀྲུང་གོ་འཛུགས་སྐྲུན་བྱེད་པའི་དངོས་ཡོད་ཀྱི་མཐོ་ཚད་དང་། མིའི་རིགས་སྤྱི་ཚོགས་འཕེལ་རྒྱས་ཀྱི་མཐར་ཐུག་གི་དམིགས་འབེན་བཅས་ཐད་ནས་རིག་གནས་ཀྱི་གནད་དོན་ལ་བསམ་གཞིགས་གཏོང་ཐུབ་ཚེ། ང་ཚོས་ཚན་རིག་དང་ལྡན་ལ་ལུགས་དང་མཐུན་པ། མིའི་རིགས་ཀྱི་རིག་གནས་འཕེལ་རྒྱས་ཀྱི་ཆོས་ཉིད་དང་མཐུན་པའི་ལམ་ཞིག་རྙེད་ཐུབ་ངེས་པ་རེད།

དེབ་འདིའི་ནང་དོན་མང་ཆེ་ཤོས་བསྐྲུགས་རྗེས་རང་ཉིད་ལ་དགའ་ཞིང་བློ་བདེ་བའི་ཚོར་སྣང་ཆེན་པོ་ཞིག་བསྐྱེད་པ་དེ་ནི་སྨྲ་བརྗོད་ཀྱི་ཡུལ་ལས་འདས་པ་ཞིག་རེད། འདི་ནི་རྟེན་འབྲེལ་ཞུ་འོས་པའི་བྱ་བ་ཞིག་དང་། ཎང་གི་འགོ་ཁྲིད་མཛད་པའི་བོད་རིག་པའི་ཞིབ་འཇུག་ལས་ཀ་འཕེལ་རྒྱས་སུ་གཏོང་བར་ཕན་ཁེ་ཆེ་བའི་བྱ་བཞག་ལེགས་པོ་ཞིག་དང་། ཀྲུང་ཧྭ་མི་རིགས་ཀྱི་ཤེས་རིག་གསོག་ཉར་ཐད་ཕན་ཐོགས་ཡོད་པའི་བཀྲ་ཤིས་པའི་ལས་དོན་ཞིག་བཅས་ཡིན་ལ། མཇུག་རྗེས་དེང་འདིར་གནས་ཤིང་ཕན་ཁེ་ཐེ་སྒྲིད་བར་དུ་ཁྱབ་པའི་བྱ་བཞག་ཆེན་པོ་ཞིག་ཀྱང་ཡིན་པ་རེད། གོང་སྨྲོས་ནི་སྙིང་གཞིར་ཕུལ་བ་ཡིན།

དོན་གྲུབ་དབང་འབུམ།
སྤྱི་ལོ་༢༠༡༢ ལོའི་ཟླ་༧པར།

# 序　一

作为人类，我们无时无刻不是生活在自己创造的文化里，用自己创造的文化来滋养自己、丰富自己、发展自己，也无时无刻不在创造文化，受到自己创造的文化的制约。旧的文化创造是新的文化创造的基础，没有这一基础，我们将一事无成，因此我们必须立足于这一基础，同时要超越这一基础，打破这一基础中那些阻碍文化发展的部分，从而不断地前进。

荀子在所著《王制》中有一段耐人寻味的话："水火有气而无生，草木有生而无知，禽兽有知而无义，人有气有生有知亦且有义，故最为天下贵也。"人是会思维的动物，会思维就给我们开辟了无以伦比的施展才华的空间，自然也在文明的继承上找到了一条坚实的道路。我想只要人类社会还存在，虽然形式可能有所变化，而继承是永远的，其实质将会长期存在。有的人想打破传承，打破一些传承有时候是十分必要的；有的人想扔掉传承，扔掉传承的做法就显得十分可怕、十分可悲、十分幼稚！可怕在扔掉传承，人类将一无所有；可悲在扔掉传承，人类便将扔掉自我；幼稚在每一个特定历史阶段的人类都是传承的产物（那些想扔掉传承的人也一样）。

人类社会发展到21世纪，我们可以借鉴无数的文明成果，同时也可以参考无数的可用来解决这一问题的方法。我们的目标——毫不夸张地说就是：使我们的传承更丰富、更系统、更富操作性、更有利于今人的物质文明和精神文明的建设和需求。

列宁说："应当明确地认识到，只有确切地了解人类全部发展过程所创造的文化，只有对这种文化加以改造，才能建设无产阶级文化。……无产阶级文化应当是人类在资本主义社会、地主社会和官僚社会压迫下创造出来的全部知识合乎规律的发展。"（列宁：《青年团的任务》，《列宁全集》第四卷第348页）列宁所说的"确切地了解人类全部发展过程所创造的文化"是何意思？我想至少有三点是比较清楚的：一是要"了解"人类所创造的文化，二是了解人类文化的"全部过程"，三是要"确切"地了解。目的是什么？就是为了建设无产阶级的新文化，并且说明无产阶级的文化是"人类在资本主义社会、地主社会和官僚社会压迫下创造出来的全部知识合乎规律的发展"。这里体现的是伟大列宁的博大胸怀和理论思维的深刻性，也就是说无产阶级的文化应该以人类全部的知识（文化）为基础，创造出合乎人类社会发展规律的真正的新文化。只要是先进的阶级，这一任务是永远的；只要代表人类先进文化发展的方向，这一方法也是永远的。这里同样也给我们提出了一个十分值得关注的问题，那就是：如何"确切地了解人类全部发展过程所创造的文化"？如何使"人类……创造出来的全部知识合乎规律的发展"？

这是一个庞大的题目，这也不是一个一般的学者所能解释清楚的问题，它本身或许就是一个永远的研究题目，永远的研究对象。但我相信一代又一代的人总是在不断破解它，研究它，掌握它。

我们追求的应该是自然界的最高规律与人生最高准则的一致性。我们可以改造自然，部分地（按照现在的科学技术水平）克服自然界给我们带来的诸多困难和灾难。但我们不可能脱离自然界的基本规律而存在。这是一个基本的问题。有大无畏的精神是对的，要敢于跟自然界斗争，我们走过的一切道路都是这样，认识自然界，改造自然界，驾驭自然界。——但是这“一切”都应在不违犯自然规律的前提之下。四季还是四季，昼夜还是昼夜。这或许是人类的可悲之处，也是人类最感紧迫的危机之所在。因为自然界是皮，人类只不过是皮上之毛，“皮之不存，毛将焉附”？为了永远的生存，人类也在找别的“皮”，比如月球，以图当地球有朝一日毁灭时能有栖身之所。但是在没有找到新“皮”之前，地球仍然是人类唯一的家园。整体看，生活于自然界，只有遵循自然界的规律我们才能生存。人类的诸多文明成果与其说是在与自然界的斗争中获得的，还不如说是在适应自然界的规律中获得的。老子在《道德经》中所说“人法地，地法天，天法道，道法自然”，实质上就是古人在适应自然环境过程中得到的感悟。在人类的文化中，我们可以找到无数这种“法”的产物，比如物的对称往往成为我们观念的对称性的前提等等。规律是一种平衡，一种固定的现象（虽然我们看不透，找不到，甚至被无数的假象所迷惑）。老子说：“天之道，其犹张弓与？高者抑之，下者举之；有余者损之，不足者补之。天之道，损有余而补不足，人之道则不然，损不足以奉有余。孰能有余以奉天下？惟有道者。是以圣人而不恃之，功成而不处，其不欲见贤。”这一思考是十分深刻的。

我们处在一个特殊的时代。经济全球化、社会转型期等等——经济发展在加快，各种社会矛盾也在不断凸现，尤其是文化问题。在不同的国度、不同的地区、不同的民族中，对文化有形形色色的观点，也有形形色色的态度。有人认为人类社会就应该走向绝对的统一，语言要统一，文字要统一，政治要统一，经济要统一，文化要统一，一切都要为一。也有人认为一切都应该保持原样、原生状态。于是前者对自己的民族文化采取了放弃的态度，那意思似乎在说：早知道要完了，还维护它、保护它干吗？后者则固守旧态，同样也遇到了前所未有的困难和问题。

我们应该采取什么文化态度？走什么样的文化道路？这始终是值得思考的问题。这既是个小问题，因为它非常具体，非常现实，也非常直接——你有什么样的态度，就有可能选择什么样的文化观念，同时，你就会采取什么样的方法，走什么样的文化道路；这也是个大问题，它可能涉及一个民族，一个民族的文化（一种文明）的存在和失落，涉及我们人类如何对待自己的过去，如何选择自己的未来。

许许多多的人在考虑这一问题，许许多多的民族、国家也在考虑这一问题。当然，作为一名研究工作者，我也在考虑这一问题。我的看法是：保护、继承、创新、发展。当务之急是保护，对这一点许多同志理解上有偏颇，似乎保护就是保守。我们的一切文化都与我们所存在的经济基础有关，在许多情况下，文化基础的相当一部分与我们的生产、生活方式相关。而现在正是生产生活方式变化最快、最剧烈的阶段。在这种情况下,保护要比毁灭积极,要比放弃更具功德。

一个新词、一个新的概念,也是一个新的观念越来越受到人们的重视,这就是“文化安全”。以美国为首的西方反共反华势力以其强势国力、先进的技术手段、发达的传媒,引领世界文化潮流,大力传播西方的价值观念和生活方式——对我国在内的发展中国家的民族民间文化生态产生了严重的影响和威胁(对文化多样性的威胁)。较之经济和土地的侵略,文化侵略已成为最为根本的侵略,文化的占领已成为最为根本的占领。

民族文化恰恰是保护国家文化安全的最有力的武器。一个有健康的信仰系统(哲学理论)、完整的文明形式和悠久的历史传承的文化,必然具有强大的防御能力。坚持文化的多样性,同样也是维护国家文化主权和安全的重要措施。不能妄自菲薄,要相信自己文化的力量是保护自己文化的最有力的武器。因为那是属于你自己的东西,是属于祖传的基因,是你灵魂之所在。以美国为首的西方社会之所以想方设法改变你,就是在做文明的侵袭、扼杀工作——以美国的哲学思想、价值标准、文化观念和生活方式,将你自己的文明挤出你的身躯,让你自己的灵魂失去你自己文化的根基。

文化是民族的根,是民族生命的链条,是民族文化发展的基础和动力,许多同志(甚至一些本民族的同志)不明白一个道理:一旦离开了民族民间文化,我们的文化建设就会成为无源之水、无本之木。建设中华民族文化长城,确保文化安全,我们必须走一条科学的道路。

一是要坚定地走建设民族的、大众的、科学的社会主义新文化的道路。走这一道路,对于文化,必须取其精华,去其糟粕,推陈出新,就要弘扬先进文化,提倡有益文化,改造落后文化,抵制腐朽文化。文化需要哲学的引领、科学的手段,但就其本质而言,还需要千千万万老百姓的参与,使老百姓具有全面的这种文化的熏陶,以强根基。

二是树立科学的文化观念。既要尊重自己的文化,也要尊重别人的文化;既要敢于吸收别人有益的文化,也要敢于剔除那些有害的自己的文化;既要科学地、辩证地、历史地对待传统文化,也要科学地、辩证地、历史地对待今天的文化;既要坚持文化的独立性,又不搞文化孤岛;既要坚持开放,又不失去自我。

三是充分发挥文化在经济社会发展和国家安全中的作用。文化在社会经济发展方面的作用日益凸现,“人文关怀”“人文 GDP”已成为人们深刻关注的话题。“文化力”作为一个国家综合国力的一个组成部分而存在。事物的联系性告诉我们:文化发展也要综合协调可持续。一个地区、一个国家的发展,文化标准也是一个重要方面。同时,文化也作为一种经济形态而存在——文化产业,在一些国家和地区已经成为支柱产业,成为新的经济增长点。

四是保护、继承和发展创新文化是在为未来做战略准备。农耕社会的典型资源是土地(耕地),谁掌握了较多肥沃的土地,谁就可以称霸一方;在工业社会,工业原料、煤炭、石油、钢铁等自然资源决定大局,其典型资源是劳动力、资本、土地;知识经济时代,典型的资源是知识,知识是创造财富的主要因素。尽管对知识的理解不同,尽管知识的层次和范围不同，但知识经济时代（知识社会）是人进一步发展的时代（社会），所以需要更多更丰富的知识，需要更多更丰富的知识创造。因而，我们今天的文化继承、积累工作，对于未来将会有不可估量的作用。

对于一个民族来说或许搞清楚以下四个问题非常必要：一是梳理清楚自己民族的历史，知道自己从何处而来，向何处而去；二是高举科学的旗帜，不断继承、积累、丰富、发展自己民族的文化，知道自己脱胎于何种文明、其文明的精华（价值）所在；三是发展经济；四是推动社会和人的全面发展。这四个方面都离不开继承，都离不开典籍（古籍）。从一般情况看，我们对典籍的认识还有一定的距离。一是对典籍的真实价值的认识还没有真正到位；二是只顾及今人的使用，没有真正从战略、子孙、知识社会的需要来考虑、判断这一问题。《北京地区藏文古籍总目》要问世了，我感到由衷的高兴。《中国少数民族古籍总目提要》是我国第一部全国少数民族古籍解题书目套书，全部约60套，近100册。“总目提要”作为少数民族古籍整理工作的一项重要科研项目，1997年正式立项，1998年付诸实施，全部成果计划在2008年出齐。这项工程已进行了八年。这八年中，六省区市藏文古籍整理编写目录工作也得到了长足的进步。

一代人有一代人的责任，一代人的责任是多方面的，但其中最重要的责任之一就是文化责任。实际上，每个人都在自觉不自觉地尽着这个责任，保护民族民间文化、继承民族民间文化、发展民族民间文化、创新民族民间文化就是贡献，就是在传承文明的火炬，就是在丰富发展人类文明。人类就是在不断地丰富发展人类社会文明中，使自己更丰富，更智慧，更伟大，更完美。假如我们能从建设文化多样性的历史需要，从建设民主、文明、和谐、富强的现代伟大中国的现实高度，从人类社会发展的终极目标去思考文化问题，我们就会得到科学、合理而符合人类文化发展规律的回答。

我看了目录提要的大部分内容，欣慰之情，难于言表。这是一件值得庆贺的事，是一件有利于推动党领导的藏学研究事业发展的好事，是一件有利于中华民族的文明积累的喜事，也是一件功在当代、利惠千秋的大事。

写上面的话，以为序。

丹珠昂奔

2012年7月

# འགོ་བརྗོད།

ཀྲུང་གོ་ནི་མི་རིགས་མང་བའི་རྒྱལ་ཁབ་ཅིག་ཡིན་ལ། གནའ་བོའི་དུས་ནས་བཟུང་། མི་རིགས་ཁག་ལ་རང་ཉིད་ཀྱི་ལོ་རྒྱུས་འཕེལ་རྒྱས་ཀྱི་བརྒྱུད་རིམ་ཁྲོད་རང་གི་ཁྱད་ཆོས་ལྡན་པའི་མི་རིགས་རིག་གནས་གྲུབ་ཅིང་། བར་མ་ཆད་པར་འཕེལ་རྒྱས་འབྱུང་བཞིན་པའི་ཀྲུང་གོའི་མི་རིགས་ཁག་གི་རིག་གནས་ཀྱིས་ཀྲུང་ཧྭ་མི་རིགས་ཀྱི་རིག་གནས་དེ་ཕུན་སུམ་ཚོགས་པ་དང་འཕེལ་རྒྱས་སུ་བཏང་སྟེ་ཀྲུང་ཧྭ་མི་རིགས་རིག་གནས་ཀྱི་གྲུབ་ཆ་གལ་ཆེན་ཞིག་ཏུ་གྱུར་ཡོད་པ་རེད། ལོ་རྒྱུས་ཀྱི་དུས་སྐབས་མི་འདྲ་བའི་ནང་མི་རིགས་མི་འདྲ་བ་ཞིག་གིས་རང་མི་རིགས་ཀྱི་ཡི་གེ་གསར་གཏོད་དང་བཀོལ་སྤྱོད་གནང་ཞིང་། ཡིག་རིགས་འདི་དག་གིས་སྤྱི་ཚོགས་འབྲེལ་གཏུག་དང་། ཤེས་རིག་ཁྱབ་སྤེལ། རིག་གནས་བརྗེ་རེས་བཅས་ཀྱི་ཕྱོགས་སུ་ནུས་པ་གལ་ཆེན་ཐོན་ཡོད། དེ་མཚུངས་སུ་གྲངས་ཉུང་མི་རིགས་ཀྱི་གནའ་དཔེ་རི་བོའི་གཏོས་དང་མཉམ་པ་ཞིག་ཀྱང་གསོག་ཉར་མཛད་ཡོད་པས། འཛམ་གླིང་སྤྱིས་དོ་ཁུར་གནང་བཞིན་ཡོད་པ་རེད། ཡིན་ནའང་གནའ་དཔེ་དེ་དག་དངོས་གནས་ག་ཚོད་ཡོད་པ་དང་། ནང་དོན་གང་དག་ཡོད་པ་སྟེ། དངོས་གནས་ང་ཚོར་ཁྲིམ་ནོར་ག་འདྲ་ཞིག་ཡོད་པ་དེ་ལོ་ངོ་བརྒྱ་སྟོང་མང་པོའི་རིང་སུས་ཀྱང་དཔག་དཀའ་བ་རེད།

རྒྱལ་ཁབ་མི་རིགས་ལས་དོན་ཨུ་ཡོན་ལྷན་ཁང་གིས་ཁྲིམ་ནོར་གཙང་བཤེར་གནང་རྒྱུའི་བློ་ཐག་བཅད་པ་འདི་ནི་སྔར་བྱུང་མ་མྱོང་བའི་བྱེད་སྒོ་གཟབ་རྒྱས་ཤིག་ཡིན་ལ། ལས་གྲྭ་ཧ་ཅང་རྒྱ་ཆེན་པོ་ཞིག་ཀྱང་ཡིན། མིང་རྒྱལ་རབས་སྐབས་སུ《ཡུང་ལེའི་བསྟན་བཅོས་ཆེན་མོ》ཐོམ་སྒྲིག་མཛད་པ་དང་ཆིང་རྒྱལ་རབས་སྐབས་སུ《བསྟན་བཅོས་སྡེ་བཞི》ཐོམ་སྒྲིག་མཛད་པ་དེར་རྗེས་རབས་པས་བསྔགས་བརྗོད་ཀྱི་མེ་ཏོག་འཐོར་བཞིན་ཡོད། ཡིན་ནའང་དེ་ནི་རྒྱ་ཡིག་ཡིག་རིགས་རྐྱང་རྐྱང་གི་ལས་གྲྭ་ཞིག་རེད། རྒྱལ་ཡོངས་མི་རིགས་ཁག་གི་གནའ་དཔེའི་སྤྱིའི་དཀར་ཆག་ཐོམ་སྒྲིག་བྱེད་རྒྱུའི་བྱ་གཞག་དེ་གཏོས་ཆེ་བ་ཞིག་ཡིན་པས། 《ཡུང་ལེའི་བསྟན་བཅོས་ཆེན་མོ》དང《བསྟན་བཅོས་སྡེ་བཞི》གཉིས་ཀྱི་ཐོམ་སྒྲིག་ལས་ཀ་ལས་རྙོག་འཛིང་ལྡན་ཞིང་དཀའ་ཚེགས་ཆེ་བ་ཞིག་ཡིན་པ་རྟོགས་ཐུབ་པ་རེད།

ལས་གྲྭ་ཆེན་མོ་ཚང་མ་སྐྱབ་ཐེངས་གཅིག་ནང་འགྲུབ་ཐུབ་པ་ཞིག་མ་ཡིན་ལ། 《ཀྲུང་གོའི་གྲངས་ཉུང་མི་རིགས་གནའ་དཔེའི་སྤྱིའི་དཀར་ཆག》ཅེས་པའི་ཐོམ་སྒྲིག་ལས་ཀའང་དེ་ལས་མ་འདས་ཏེ། ཕྱོགས་གཅིག་ནས་གཅིག་གྱུར་གྱི་སྒྲིག་སྟངས་ཤིག་བཟོ་དགོས་པ་དང་། དེ་མཚུངས་སུ་ཐོག་མར་ཡིག་རིགས་གཅིག་གི་གནའ་དཔེའི་སྤྱིའི་དཀར་ཆག་ཅིག་བཟོས་ཏེ་ཡིག་རིགས་གཞན་དག་གི་མ་དཔེར་མཚོ་འདོན་བྱེད་དགོས། ཡིག་རིགས་མང་པོའི་ཁྲོད་བོད་ཡིག་ནི་ལོ་རྒྱུས་རིང་ཞིང་བསྟན་བཅོས་ཆེས་ཕུན་སུམ་ཚོགས་པའི་ཡིག་རིགས་ཀྱི་གྲས་ཤིག་ཡིན། དུས་རབས་བདུན་པར་བོད་ཡིག་གསར་གཏོད་མཛད་ནས་ལོ་ངོ་ཆིག་སྟོང་ཉིས་བརྒྱའི་རིང་ལ། ཡིག་སྒྱུར་མཛད་པའི་ནང་བསྟན་ཆོས་གཞུང་《བཀའ་འགྱུར་》དང་

《བསྟན་འགྱུར་》ཙམ་ལའང་པར་གཞི་མང་པོ་དང་པོ་ཏི་སྟོང་ཕྲག་ལྷག་ཡོད་པ་རེད། ① རང་མི་རིགས་ཀྱི་བླ་མ་དང་གྲྭ་བཙུན་མཁས་པ་སུམ་བརྒྱ་ལྷག་གི་གསུང་འབུམ་དེ་དག་ཆ་སྙོམས་མཁས་པ་རེར་པོད་བཞི་རེ་བྱས་ནས་རྩིས་ན་པོ་ཏི་ཆིག་སྟོང་ཡན་ཟིན་པ་དང་། རྩོམ་པ་པོ་མང་པོའི་རིགས་འདྲ་བའི་གསུང་རྩོམ་ཕྱོགས་བསྒྲུས་བྱས་པའི་"དཔེ་ཚོགས་"ཕལ་ཆེར་སུམ་བརྒྱ་བཞི་བརྒྱ་ལྷག་ཡོད། རིགས་ཆེན་པོ་འདི་གསུམ་ལས་གཞན་པའི་ཁ་ཐོར་གསུང་རྩོམ་གྱི་གྲངས་འབོར་དེ་མིག་སྔར་ཚོད་དཔག་བྱེད་དཀའ་བ་རེད། དེ་ལས་གཞན་ད་དུང་བོན་གྱི་བསྟན་བཅོས་པོ་ཏི་བརྒྱ་ཕྲག་འགའ་ཡོད་པར་ཚོད་དཔག་རགས་ཙམ་བྱས་ན་བསྡོམས་གྲངས་པོ་ཏི་སྟོང་ཕྲག་བཞིར་སླེབས་ཐུབ་པ་རེད། དེ་གྲངས་ཉུང་མི་རིགས་ཀྱི་ནང་ནས་ཕལ་ཆེར་བསྟན་བཅོས་ཆེས་མང་བའི་ཡིག་རིགས་ཤིག་ཡིན་པས་དཔེ་སྐོན་གྱི་རིན་ཐང་ལྡན་པ་རེད།

བོད་རིགས་འདུས་སྡོད་ཀྱི་ས་ཁུལ་དེ་སྲིད་འཛིན་ས་ཁུལ་དུ་དབྱེ་བའི་བོད་རང་སྐྱོང་ལྗོངས་ཙམ་མ་ཡིན་པར་མཚོ་སྔོན་ཞིང་ཆེན་དང་། སི་ཁྲོན་ཞིང་ཆེན། ཀན་སུའུ་ཞིང་ཆེན། ཡུན་ནན་ཞིང་ཆེན་བཅས་སུའང་བོད་རིགས་འདུས་སྡོད་ཀྱི་ས་ཁུལ་ཡོད་ལ། ས་གནས་དེ་དག་གི་བོད་རིགས་མི་འབོར་གྱི་བསྡོམས་གྲངས་དེ་བོད་རང་སྐྱོང་ལྗོངས་ལས་ཉུང་བ་མིན། བོད་ཡིག་གནའ་དཔེའི་སྤྱིའི་དཀར་ཆག་གི་རྩོམ་སྒྲིག་ལས་ཀ་དེར་གཅིག་གྱུར་གྱི་བཀོད་འདོམས་ལས་ཁུངས་ཤིག་དགོས། རྒྱུ་མཚན་ནི་བོད་ཁུལ་དུ་ཆོས་ལུགས་ཀྱི་གྲུབ་མཐའ་མང་ཞིང་། གྲུབ་མཐའ་རེར་ཡང་རང་ཉིད་ཀྱི་དར་ཡུལ་གཙོ་བོ་རེ་ཡོད་ལ། ས་གནས་ཁག་གི་དགོན་པ་སོ་སོས་ཉར་ཚགས་བྱས་པའི་གནའ་དཔེ་ལའང་སོ་སོར་གཙོ་ཕལ་དབྱེ་བ་ཡོད་པ་དེ་རེད། པེ་ཅིན་ནི་ཡོན་དང་། མིང་། ཆིང་བཅས་རྒྱལ་རབས་གསུམ་གྱི་རིང་བོད་བརྒྱུད་ནང་བསྟན་དར་རྒྱས་ཆེ་བའི་ས་ཁུལ་ཞིག་ཡིན་ལ། ངག་རྒྱུན་དུ"འབྱུང་ཡུལ་ལས་འདུས་ཡུལ་དུ་མང་"ཞེས་འབྱུང་བ་ལྟར། ས་སྐྱ་པ་དང་། བཀའ་བརྒྱུད་པ། དགེ་ལུགས་པ་སོགས་གྲུབ་མཐའ་ཁག་གིས་ཐུ་རྗེས་སུ་པེ་ཅིན་དུ་རང་རང་གི་དགོན་པ་བཏབ་ཡོད། དཔེར་ན། མཆོད་རྟེན་དཀར་པོའི་དགོན་པ་དང་དགའ་ལྡན་བྱིན་ཆགས་གླིང་སོགས་སུ་བོད་ཡིག་གི་བསྟན་བཅོས་འབོར་ཆེན་ཞིག་ཉར་ཚགས་བྱས་ཡོད་ཅིང་། མིན་གོའི་སྐབས་སུའང་ཆོས་རྒྱུན་ཁ་ཤས་སམ་བོད་བརྒྱུད་ནང་བསྟན་གྱི་ཚོགས་པ་དང་མི་སྒེར་བྱུང་སྐྱོང་བ་རེད། སྤྱི་ལོ་༡༩༤༩ ལོའི་རྗེས་དང་སྔོས་སུ་ལོ་རབས་བརྒྱད་ཅུ་ནས་བཟུང་། ཏང་གི་འགོ་ཁྲིད་འོག་བོད་རིག་པའི་བྱ་བཞག་དེ་དབྱར་མཚོ་རྒྱས་པ་བཞིན་འཕེལ་རྒྱས་བྱུང་བ་དང་བསྟུན་ཀྲུང་གོའི་བོད་རིག་པ་ཞིབ་འཇུག་ལྟེ་གནས་ཀྱི་དཔེ་མཛོད་ཁང་དང་། ཀྲུང་གོའི་སྤྱི་ཚོགས་ཚན་རིག་ཁང་གི་མི་རིགས་ཞིབ་འཇུག་ཁང་གི་དཔེ་མཛོད་ཁང་། གནའ་བོའི་པོ་བྲང་དངོས་མང་བཤམས་སྟོན་ཁང་གི་དཔེ་མཛོད་ཁང་། རྒྱལ་ཁབ་དཔེ་མཛོད་ཁང་། ཀྲུང་དབྱང་མི་རིགས་སློབ་གྲྭ་ཆེན་མོའི་དཔེ་མཛོད་ཁང་། ཀྲུང་གོ་བོད་བརྒྱུད་མཐོ་རིམ་ནང་བསྟན་སློབ་གླིང་གི་དཔེ་མཛོད་ཁང་། ཀྲུང་གོ་ནང་བསྟན་མཐུན་ཚོགས་ཀྱི་དཔེ་མཛོད་ཁང་སོགས་སྡེ་ཁག་ཚང་མས་བོད་ཡིག་གནའ་དཔེ་འབོར་ཆེན་ཉར་ཚགས་བྱས་ཡོད་པ་དང་། ས་གནས་ཁག་གི་གྲུབ་མཐའ་སོ་སོའི་

---

① རྒྱ་ཡིག་གི་དཔེ་དེབ་ཀྱི་གྲངས་ཀ་དེ་སྒྱུར་བཏང་"དེབ"（册）རྩིས་གཞིར་བྱེད་པ་དང་། བོད་ཡིག་གནའ་དཔེ་ནི་དེབ་ཏུ་བཟོས་མེད་པར་སྒྲིགས་ཤིང་དུ་བ་སྐོར་བའི་ཤོག་དྲིལ་ལ་དར་གོས་སམ་རས་ཀྱིས་ཐུམ་བརྒྱབ་པར་པོ་ཏི་ཞེས་འདོད་པ་རེད། རྒྱ་ཡིག་ཏུ་སྒྱུར་བཏང་"ཏན"（函）ནམ"ཁྲི"（帙）ཞེས་བསྒྱུར་ཡོད། པོ་ཏི་རེར་མང་ན་ཤོག་གྲངས་ལྔ་བརྒྱ（ཤོག་ངོས་མདུན་རྒྱབ་གཉིས་ཀ་ཤོག་གྲངས་གཅིག་ཏུ་བརྩི）དང་ཉུང་ན་ཤོག་གྲངས་ཉིས་བརྒྱ་སུམ་བརྒྱ་ཙམ་ཡོད། པོ་ཏི་དང་བམ་པོ（དཀར་ཆག་སྙིང་པ་ལས"སྡེ་ཚན"ཞེས་འབོད་ཅིང་། ད་ལྟ་དཀར་ཆག་ཁ་ཤས་སུ"བམ་པོ"ཞེས་འབོད）གཉིས་ཀྱི་དབྱེ་བ་ལ་ངེས་གཏན་མེད་པར་སྡེ་ཚན་ཆེན་པོར་པོ་ཏི་བཅུ་ལྷག་དང་ཆུང་བར་ཤོག་གྲངས་འགའ་འམ་རྣམ་གྲངས་མི་འདྲ་བ་བཅུ་ཕྲག་འགའ་ཕྱོགས་བསྡུས་ཀྱིས་པོད་དུ་གྲུབ་ཡོད་པ་སྟེ་པོ་ཏི་གཅིག་ནང་ཆོས་ཚན་བཅུ་ཕྲག་འགའ་ཡོད་ཆོག་པ་རེད། "卷"ཞེས་པ་ནི་བོད་ཡིག་ནང་གི་བམ་པོ་དང་འདྲ་ཞིང་། སྔར་གཏན་ཁེལ་གྱི་ཚད་འཇལ་བྱེད་ཅིག་ཡིན་པ་སྟེ། ཚིགས་བར་སུམ་ཅུ་སོ་གཉིས་རེ་ལ་ཤོ་ལོ་ཀ་གཅིག་དང་ཤོ་ལོ་ཀ་སུམ་བརྒྱ་ཐམ་པ་ལ་བམ་པོ་གཅིག་ཏུ་བརྩི། ཡིན་ནའང་ད་ལྟ་གང་འདོད་འདོད་དུ་སྤྱད་དེ"部"ཡི་གོ་དོན་དེ་ད་ལྟ་ད་དུང་གཏན་ཁེལ་ཡོང་ཐུབ་མེད།

གནའ་དཔེ་ཡོད་པ་མ་ཟད། རིག་གནས་གསར་བརྗེ་སྐབས་ཀྱང་སྒྱིང་གྱུན་ཐེབས་པ་ཞུང་བ་རེད། དཔེར་ན། སི་ཁྲིན་དཀར་མཛེས་བོད་རིགས་རང་སྐྱོང་ཁུལ་སྡེ་དགེ་རྫོང་གི་དཔལ་སྤུངས་དགོན་པར་ཉར་དཔར་ཤིང་ཁྲི་བཅུ་ཡོད་པ་དང་། དེའི་ཁྲོད་ཀྱི་བཀའ་བརྒྱུད་པའི་བསྟན་བཅོས་ནི་ས་གནས་གཞན་དུ་ཞུང་བས་ཧ་ཅང་རྩ་ཆེ་བ་རེད།

རིག་གནས་གསར་བརྗེའི་སྐབས་སུ། དེའི་བཅུ་ཆའི་བརྒྱད་ལ་གཏོར་བརླག་ཐེབས་ནའང་པེ་ཅིན་དུ་སྤར་ཀྱི་བསྟན་བཅོས་ལྤེབ་རེང་ཆ་ཚང་ཉར་ཚགས་གནང་ཡོད་པས། ད་ལྟ་དགོན་པ་འདི་དག་པེ་ཅིན་ལ་ཡོང་ནས་འཚོལ་དགོས་པ་བྱུང་། དེ་ལས་པེ་ཅིན་ས་ཁུལ་གྱི་བོད་ཡིག་གནའ་དཔེའི་གཙང་བཤེར་བྱ་བར་དམིགས་གསལ་གྱི་དོན་སྙིང་ལྡན་པ་རྫོགས་ཐུབ། ད་ལྟ་ལས་ཀ་འདི་ནི་པེ་ཅིན་གྲོང་ཁྱེར་མི་རིགས་ལས་དོན་ཨུ་ཡོན་ལྷན་ཁང་གིས་གཙོ་འགན་བཞེས་འོག ཀྲུང་གོའི་བོད་རིག་པ་ཞིབ་འཇུག་ལྟེ་གནས་ཀྱི་དཔེ་མཛོད་ཁང་གིས་འགན་ཁུར་ཏེ་འབྲེལ་ཡོད་ལས་ཁུངས་གཞན་དག་དང་ཤུགས་སྒྲིལ་མཉམ་ལས་དང་ལོ་འགའི་འབད་བརྩོན་བརྒྱུད་མཐར་ཐོག་མའི་གྲུབ་འབྲས་བྱུང་ཞིང་། རིང་པོ་མི་ཐོགས་པར་ལས་ཁུངས་སོ་སོར་ཉར་ཚགས་བྱས་ཡོད་པའི་བོད་ཡིག་གནའ་དཔེའི་དཀར་ཆག་བསྡུས་པ་ཁག་བགོས་ནས་དཔེ་སྐྲུན་བྱེད་གྲབས་ཡོད་ལ། འདིས་བོད་རིག་པའི་བྱ་བ་སྒྲུབ་མཁན་ཚོར་སྟབས་བདེ་ཆེན་པོ་འདོན་སྤྲོད་བྱེད་ཐུབ་པ་རེད།

ཡིན་ནའང་འདི་ནི་རིག་དངོས་རིག་པའི་ངོ་བོ་དང་ལྡན་པའི་གྲུབ་འབྲས་ཙམ་ཞིག་ཡིན་པ་ལས་ང་ཚོའི་མཐའ་མཇུག་གི་དམིགས་འབེན་མིན། བསྟན་བཅོས་རིག་པའི་ལས་ཀ་ཡིན་པའི་ཆ་ནས་གནའ་དཔེའི་དཀར་ཆག་འདི་དག་བསྐྱར་དཔེ་འབོར་ཆེན་ཡོད་པས་གདམ་གསེས་འདོར་ལེན་གྱི་ལས་ཀ་སྒྲུབ་དགོས་པ་རེད། དེ་རྗེས་ཐུན་མོང་གིས་གཏན་ལ་ཕབ་པའི་རིགས་དཀར་ཐབས་ལྟར་རིགས་དཀར་དགོས་ལ། དཔེ་དེབ་ཅིག་གི་རིགས་དབྱེ་དེ་ཚང་མ་ཁ་བྱང་ཙམ་ལ་བལྟས་པས་རྫོགས་ཐུབ་པ་ཞིག་མིན། དཔེ་དེབ་ཅིག་གི་ནང་དོན་རྫོགས་ཐུབ་པར་ཡོན་ཏན་ངེས་ཅན་ཞིག་ལྡན་དགོས།

ས་གནས་གཅིག་གི་གནའ་དཔེའི་དཀར་ཆག་བསྒྲིགས་ཚར་རྗེས། ད་དུང་ས་གནས་སོ་སོའི་དཀར་ཆག་ཕྱོགས་བསྡུས་བྱས་ཏེ་བསྐྱར་དཔེ་ཞིབ་བཤེར་གྱི་ལས་ཀ་སྒྲུབ་དགོས། འདི་ལེགས་འགྲུབ་བྱུང་བ་ནི་ད་དུང་"དཀར་ཆག་བསྡུས་པ" ཙམ་ཡིན། རེ་བ་ལྟར་ད་དུང་གླེགས་བམ་རེ་རེའི་ནང་དོན་གནད་བསྡུས་འབྲི་དགོས་པ་རེད། བོད་ཡིག་གནའ་དཔེའི་ནང་དོན་ཧ་ཅང་སྣ་མང་རྙོག་དྲ་ཡིན་པས་ཆེད་ལས་མཁས་པས་མ་གཏོགས་འགྲུབ་དཀའ་མོད། འོན་ཀྱང་ལས་ཀ་འདིའང་དཀའ་ དྲགས་ནས་གཏན་ནས་སྒྲུབ་མི་ཐུབ་པ་ཞིག་མ་ཡིན་ཏེ། དུས་རབས་སྔོན་མའི་ལོ་རབས་དྲུག་ཅུ་པའི་འགོར། བླ་བྲང་དགོན་པས་སྐྲུམ་དཔར་དུ་བཏབ་པའི《གནའ་དཔེའི་སྤྱིའི་དཀར་ཆག》ཅེས་པའི་དེབ་ཆེན་གཉིས་ལ་བསྐྱར་དཔེ་ཞིབ་བཤེར་གྱི་ལས་ཀ་མང་པོ་བསྒྲུབས་ཏེ་གླེགས་བམ་རེ་རེའི་ཉར་དཔེ་འཕར་མའི་གྲངས་ཀ་བཀོད་པ་དང་། སྤྱི་ལོ་༢༠༠༢ ལོར་སོག་ཡིག་གི《བཀའ་འགྱུར》དང《བསྟན་འགྱུར》གཉིས་བདེ་ བླག་ངང་དཔེ་སྐྲུན་བྱས་པ་དེས་ང་ཚོར་ཉམས་མྱོང་རྩ་ཆེན་མཐོ་འདོན་བྱས་ཡོད་པ་རེད། དེང་ཕྱིན་གྱི་ལས་ཀ་ད་དུང་ཧ་ཅང་དཀའ་ཚེགས་ལྡན་པ་ཞིག་ཡིན་མོད། འོན་ཀྱང་ཏང་ཞུང་རིམ་པ་ཁག་གི་བློ་བརྟན་འགྱུར་མེད་ཀྱི་འགོ་ཁྲིད་འོག་ཚང་མས་སྟོབས་ཤུགས་གཅིག་སྒྲིལ་གྱིས་མཉམ་ལས་བྱས་ཚེ། མཐའ་མཇུག་རྫམ་ཞིང་བརྗིད་པའི་ལས་གྲྭ་འདི་ཡོངས་སུ་འགྲུབ་ངེས་ཡིན་པར་ང་ལ་ཡིད་ཆེས་ཡོད།

ཊོང་མིང་ཆེན།

སྤྱི་ལོ་༢༠༡༢ ལོའི་ཟླ་༡པར།

# 序　二

中国是一个多民族的国家，自古以来，各民族在自己的历史发展过程中形成了自己独特的民族文化，不断发展的中国各民族的文化丰富和发展了中华民族文化，成为中华民族文化的重要组成部分。在不同的历史时期不少民族创制并使用了本民族文字，这些文字在社会交际、传播知识和文化交流方面都起到了重要作用，同时也保存了汗牛充栋的少数民族古籍文献，为世界所关注。但是这些古籍究竟有多少，有哪些内容，也就是说我们究竟有怎样的家底，千百年来从来没人说得清。国家民族事务委员会下决心清理家底，这是一个空前的盛举，也是一件浩大的工程。明朝编纂过《永乐大典》，清朝编纂过《四库全书》为后世称道，但那只是汉文一种文字的工程，要编纂全国各民族的古籍总目，兹事体大，其复杂性和难度比编纂《永乐大典》和《四库全书》恐怕有过之而无不及。

大工程都不能一蹴而就，《北京地区民族古籍目录丛书》的编纂也如此。一方面要拟出统一的体例，同时要先拿出一种文字的古籍总目，作为范本，供其他文种参考。在众多的文字里，藏文是历史比较悠久、文献最为丰富的文种之一。从 7 世纪创造文字起，一千三百年来，仅翻译的佛经——《甘珠尔》和《丹珠尔》（珠尔是藏文 vgyur 音译）就有多种版本，上千函之多①；本民族的高僧大德的文集约有三百卷左右，平均每卷以四函计，估计也在一千函以上；多个作者的同类著作汇集在一起的“丛书”约有三四百函；这三大类之外的零散著作其数量目前尚难以估计。此外，还有苯教的经籍数百函。粗略估计，总数可能达到四千函。在少数民族里可能是最多的一个，有示范价值。

藏族居住的地区，并不限于作为行政区划的西藏自治区，在青海省、四川省、甘肃省、云南省都有藏族的聚居区，其人口总数不在西藏自治区之下。藏文古籍总目的编纂要有一个统一指挥的机构，因为藏区教派众多，每个教派都有其自己的重点地区，各地各寺院所保存的古籍各有所偏重。北京在元、明、清三代都是藏传佛教活跃的地方，俗话说“出处不如聚处多”，萨迦、噶举、格鲁等教派先后在此建立自己的寺院，例如白塔寺、雍和宫等，收藏有大量的藏文经籍。民国期间也有过一些传承或研究藏传佛教的机构和个人。1949 年以后，尤其是 20 世纪 80 年代以来，随着党领导下的藏学事业的蓬勃发展，中国藏

---

① 汉文书的数量一般以“册”为单位。藏文古籍不装订成册，而是梵夹式的散页，用绸缎或布包起来，称为 pod－ti，汉文里一般译为“函”或“秩”，每函大者约五百叶（正反两面为一叶），小者二三百叶。函与品种（旧目录里称为“部”，现在有些目录里称之为“卷”）的关系不固定，品种大者有十几函，小者有数叶，几十种合为一函，也就是说一函里可以有几十种经。“卷”相当于藏文里的 bom－po，本来是一个固定的计量单位，32 个音节为一首，300 首为一卷。现在用得较滥，“部”的概念现在也很不确定。

学研究中心图书馆、中国社会科学院民族研究所图书馆、故宫博物院图书馆、国家图书馆、中央民族大学图书馆、中国民族图书馆、中国藏语系高级佛学院图书馆和中国佛教协会图书馆等单位都收藏有大量的藏文古籍，各地区各教派的都有，而且“文化大革命”期间损失较少。例如，四川甘孜藏族自治州德格县八邦寺原来有十万块经板，其中噶举派的文献是其他地方少有的，非常珍贵。“文化大革命”期间，十分之八遭到破坏，北京却保存有完整的原书，现在该寺反而要到北京来找。可见，对北京地区藏文古籍的清理有特殊的意义。现在这项工作在北京市民委主持下，以中国藏学中心图书资料馆为负责单位，与其他有关单位通力合作，经过数年的努力，终于有了初步成果，即将分批印出各个单位收藏的藏文古籍目录提要，这将为藏学工作者提供很大的方便。

但是，这只是文物学性质的成绩，不是我们最终的目的。作为文献学的工作，这些书目里有大量的复本，需要筛汰，也就是“查重”的工作要做。然后是按照共同规定的分类法进行分类，一种书的类别不都是从书名一望可知的，需要对书的内容有所了解，这就需要一定的学识才能做到。一个地区的书目完成之后，还要把各地区的书目汇总，再作一番“查重”的工作。这样完成的还只是“简目”，按照要求，还应该给每种书写出提要。藏文古籍内容非常复杂，没有专业人才是难以完成的。不过，这也不是高不可攀，20 世纪 60 年代初，拉卜楞寺油印的《总书目》八开两巨册就做过大量的查重，记下了每一种书的复本的数量；2002 年出版的蒙古文《甘珠尔》《丹珠尔》两巨册的成功都给我们提供了宝贵的经验。今后的工作还很艰巨，但我相信，在各级党委的坚强领导下，大家通力合作，最终一定能够圆满完成这一宏伟工程。

黄明信<br>2012 年 1 月

# འགོ་བརྗོད།

《པེ་ཅིན་ས་ཁུལ་གྱི་བོད་ཡིག་དཔེ་རྙིང་དཀར་ཆག་ཆེན་མོ་ཤེས་བྱའི་གཏེར་མཛོད》ཅེས་བྱ་བ་འདི་ནི། པེ་ཅིན་གྲོང་ཁྱེར་མི་རིགས་ལས་དོན་ཨུ་ཡོན་ལྷན་ཁང་གི་གནའ་དཔེ་གཞུང་སྒྲུབ་ཁང་གིས་རྩ་འཛུགས་བྱས་པ་བརྒྱུད་ནས་ཀྲུང་གོའི་བོད་རིག་པ་ཞིབ་འཇུག་ལྟེ་གནས་ཀྱི་དཔེ་མཛོད་ཁང་གིས་ལས་སྣ་དྲངས་ཏེ། པེ་ཅིན་གྱི་འབྲེལ་ཡོད་རིག་གཞུང་ཞིབ་འཇུག་ལས་ཁུངས་དང་མཐོ་རིམ་སློབ་ཆེན་སོགས་ཀྱི་ཆེད་ལས་མཁས་པ་མཉམ་ཟླ་བ་ཀྱིས་རྩོམ་སྒྲིག་བྱས་པའི་ལས་གཞི་ཞིག་ཡིན་པ་དང་། དུས་ཡུན་ལོ་ཁ་ཤས་ཀྱི་འབད་འབུངས་བྱས་པ་བརྒྱུད་ནས་ད་ལྟ་ལེགས་འགྲུབ་བྱུང་ཡོད། དེ་ལས་རྒྱ་བོད་ཤན་སྦྱར་གྱིས་སྒྲིག་པའི་པེ་ཅིན་གྱི་བོད་ཡིག་དཔེ་རྙིང་དཀར་ཆག་ཅེས་པ་འདི་ནི་ལས་གཞི་འདིའི་གྲུབ་འབྲས་མང་པོའི་ནང་གི་ཕྱེ་བྲག་ཅིག་ཡིན།

བོད་རིགས་ནི་ཀྲུང་གོའི་མི་རིགས་ལྔ་བཅུ་ང་དྲུག་གིས་གྲུབ་པའི་ཁྱིམ་གཞིས་ཆེན་མོ་འདིའི་ཁོངས་མི་འགངས་ཆེན་ཞིག་ཡིན་པ་དང་། བོད་རིགས་མང་ཚོགས་ལ་ལས་ལ་བརྩོན་ཞིང་དཔའ་མཛངས་ཤེས་རབ་ལྡན་ལ། རིག་གནས་གསར་གཏོད་ཀྱི་སྙིང་སྟོབས་ཀྱིས་མངོན་པར་ཕྱུག་པའི་མི་རིགས་ཤིག་རེད། ལོ་ངོ་སྟོང་ཕྲག་ཁ་ཤས་ཀྱི་ལོ་རྒྱུས་ཀྱི་རྩ་རྒྱུན་རིང་མོའི་ཀློང་དུ། བོད་རིགས་མི་དམངས་ཀྱིས་མདོ་དབུས་མཐོ་སྒང་དུ་གཞིས་ཆགས་ཤིང་རྒྱུད་སྤེལ་ནས་རང་གི་ངལ་རྩོལ་གྱི་གསར་གཏོད་ལ་བརྟེན་ནས་མཐོ་སྒང་དར་སྤེལ་དུ་བཏང་སྟེ། ས་གནས་ཀྱི་ཁྱད་ཆོས་མངོན་པར་གསལ་ལ་དུས་མཚུངས་སུ་ཕུན་ཟླ་མི་རིགས་ཀྱི་ལེགས་ཆ་ཉིང་བསྡུས་བྱས་པའི་འོད་སྟོང་ཅན་གྱི་བོད་ཀྱི་རིག་གནས་བསྐྲུན་ཡོད་པ་རེད། བོད་ཀྱི་སྲོལ་རྒྱུན་གྱི་རིག་གནས་ཁྲོད་ཀྱི་ཕྱུལ་བྱུང་གི་གྲུབ་འབྲས་དག་ལས་བོད་ཡིག་གི་དཔེ་རྙིང་ནི་གཟི་འོད་ལམ་ལམ་འབར་བའི་མུ་ཏིག་རྡོག་པོ་ཞིག་རེད།

དུས་རབས་བདུན་པའི་ནང་དུ། བོད་རིགས་མི་དམངས་ཀྱིས་བོད་ཡིག་ཟེར་བའི་སྦྲ་སྦྱོར་ཡི་གེ་གསར་དུ་བཏོད་པར་མ་ཟད་སྤྱི་ཚོགས་འཚོ་བའི་ཕྱོགས་གང་སར་བེད་སྤྱོད་གཏང་ཡོད་པ་རེད། ལོ་ངོ་སྟོང་གཅིག་དང་སུམ་བརྒྱ་ལྷག་གི་རིང་ལ་བོད་ཡིག་གི་ལམ་ནས་བྲིས་གནང་མཛད་པའི་གསུང་རྩོམ་གྱི་གྲངས་འབོར་ནི་ཧྥན་གའི་ཆུ་ཡི་བྱེ་མའི་གྲངས་དང་མཉམ་མོ་ཟེར་ཚོག དུས་རབས་སྟོན་མར་ཧུན་ཧོང་ནས་ཐོན་པའི་ཀྲུང་གོའི་གནའ་རབས་ཀྱི་དཔེ་རྙིང་གི་གཏེར་མཛོད་དུ་བོད་ཡིག་གནའ་དཔེ་ཡི་གྲངས་འབོར་ནི་རྒྱ་ཡིག་ལས་མི་ཉུང་བ་ཙམ་དུ་ཡོད་ཅིང་། ཧུན་ཧོང་ཡིག་རྙིང་གི་གྲུབ་ཆ་འགངས་ཆེན་ཞིག་ཏུ་གྱུར་ཡོད་པ་རེད། སྤྱི་ལོ་དུས་རབས་༧པ་ནས་བཟུང་སྟེ་བོད་ཀྱིས་ནང་བསྟན་གསུང་རབ་དག་ལེགས་སྦྱར་གྱི་སྐད་ནས་བོད་སྐད་དུ་བསྒྱུར་འགོ་ཚུགས་པ་དང་ལོ་ངོ་བརྒྱ་ཕྲག་དུ་མའི་འབད་འབུངས་བརྒྱུད་ནས་དུས་རབས་༡༣པ་ནས་༡༩པའི་ནང་དུ་བོད་ཡིག་གི་བཀའ་བསྟན་འགྱུར་གྲུབ་ཡོད། དེ་ལས་གཞན་ལོ་རྒྱུས་དང་རྣམ་ཐར་སྙན་ངག་ཀྱི་བོད་ཡིག་གི་གསུང་རྩོམ་ཡང་ཤིན་ཏུ་མང་སྟེ་དཔེར་བཞག་ན་ལོ་ཚིགས་ལོ་རྒྱུས་དང་། རྒྱལ་རབས། ས་གནས་ལོ་རྒྱུས། ཁྲིམ་རྒྱུད་ཀྱི་ལོ་རྒྱུས། གྲུབ་མཐའི་ལོ་རྒྱུས། དགོན་སྡེའི་ལོ་རྒྱུས། མི་སྣའི་ལོ་རྒྱུས་སོགས་ཡོད་ཅིང་། རྩོམ་རིག་སྐོར་ལ་བོད་ཡིག་གི་ལམ་ནས་བྲིས་པའི་ལེགས་བཤད། སྙན་ངག མགུར། གནའ་གཏམ། གཏམ་རྒྱུད། གླུས་གར་དང་དེ་མིན་དཔའ་བོའི་ལོ་རྒྱུས་སྣན་རྩོམ་རེང་མོ་སོགས་ཡོད། བོད་ཡིག་གི་གནའ་རྩོམ་འདི་དག་ནི་བོད་ཀྱི་རིག་གནས་ཀྱི་ཉིང་བཅུད་ཡིན་ལ། བོད་ཀྱི་ལོ་རྒྱུས་དང་བོད་བརྒྱུད་ནང་བསྟན་རིག་གནས་ལ་ཞིབ་འཇུག་བྱེད་པར་འཛད་དུ་མེད་པའི་རིན་ཆེན་གཏེར་མཛོད་ཅིག་ཡིན་ནོ། །

ལོ་རྒྱུས་ཐོག་ཀྲུང་གོ་ནི་མི་རིགས་མང་པོས་གྲུབ་པའི་གཅིག་གྱུར་གྱི་རྒྱལ་ཁབ་ཅིག་ཡིན་པ་དང་། སྤུན་ཟླ་མི་རིགས་སོ་སོའི་སྲོལ་རྒྱུན་རིག་གནས་ཀྱི་ཉིང་བཅུད་ནི་མི་རིགས་རང་གི་རྩ་ཆེའི་རིག་གནས་ཤུལ་བཞག་ཡིན་པར་མ་ཟད། སྤུན་ཟླ་མི་རིགས་ལྔ་བཅུ་ང་དྲུག་གི་ཐུན་མོང་གི་རིག་གནས་ལོངས་སྤྱོད་ཀྱང་ཡིན། ལོ་རྒྱུས་ཀྱི་དུས་ཡུན་རིང་མོའི་འགྲོ་འོང་ཁྲོད་དུས་དང་རྣམ་པ་ཀུན་ཏུ་རིགས་སོ་སོའི་དབར་དུ་དཔལ་འབྱོར་དང་རིག་གནས་ཐད་ཀྱི་མཛའ་བརྗེའི་འགྲོ་འོང་དང་ཕན་ཚུན་བརྗེ་རེས་ཟམ་མི་ཆད་པར་སྤེལ་བཞིན་ཡོད་པ་རེད། དུས་རབས་བཅུ་གསུམ་པའི་ཚུན་ནས། པེ་ཅིན་ནི་ཀྲུང་གོའི་ཆབ་སྲིད་དང་རིག་གནས་ཀྱི་ལྟེ་བ་ཡིན་པར་བརྟེན་ཡོན་མིང་ཆིང་གསུམ་ནས་ད་ལྟའི་བར་དུ་བོད་ཀྱི་རིག་གནས་ཀྱིས་པེ་ཅིན་དུ་ཡང་ཤུགས་རྐྱེན་ཟབ་མོ་བཞག་ཡོད། པེ་ཅིན་དུ་ཉར་འཛོག་བྱས་ཡོད་པའི་བོད་ཡིག་གི་དཔེ་རྙིང་འབོར་ཆེན་ནི་འདི་ལྟ་བུའི་མི་རིགས་རིག་གནས་འབྲེལ་བ་མངོན་པར་མཚོན་པའི་དངོས་དཔང་འགངས་ཆེན་ཞིག་རེད།

པེ་ཅིན་ས་ཁུལ་གྱི་བོད་ཡིག་དཔེ་རྙིང་ལ་སོ་སོར་མངའ་བའི་དམིགས་བསལ་གྱི་རིན་ཐང་ལྡན་ཏེ། མིང་རྒྱལ་རབས་དང་ཆིང་རྒྱལ་རབས་གང་ཡིན་རུང་པེ་ཅིན་ནས་བོད་ཡིག་བཀའ་བསྟན་ཤིང་དཔར་བརྒྱབ་སྒྲོང་བར་མ་ཟད། མིང་ཆིང་གི་གོང་མའི་ཕོ་བྲང་ནས་རྒྱུ་ནོར་འབོར་ཆེན་བཏང་སྟེ་བོད་ཡིག་གི་གསུང་རབ་སྣ་ཚོགས་རྒྱས་སྤྲོས་དོད་པོས་བཤུ་འབྲི་གནང་སྒྲོང་ཡོད་ལ། འདི་དག་ཡོད་ཚད་ནི་ཡིག་རྙིང་གི་རིན་ཐང་དང་རིག་དངོས་ཀྱི་རིན་ཐང་གལ་ཆེན་ལྡན་པ་རྐྱང་རྐྱང་རེད། ཉར་འཛོག་བྱས་ཡོད་པའི་ཆིང་རྒྱལ་རབས་ཀྱི་བོད་ཡིག་གི་ཞུ་ཡིག་དང་བཀའ་ཤོག་སོགས་གཞུང་ཡིག་དག་ལ་ལོ་རྒྱུས་རྒྱུ་ཆའི་རིན་ཐང་ཆེན་པོ་ལྡན་པ་རེད། ཀྲུང་ཧྭ་མི་སེར་རྒྱལ་ཁབ་ཀྱི་ཚུན་ནས་པེ་ཅིན་གྱི་དཔེ་མཛོད་ཁང་དང་མཐོ་རིམ་སློབ་གྲྭ་ཆེན་མོ། རིག་གཞུང་ཞིབ་འཇུག་སྡེ་ཁག་སོགས་སུ་ཡང་བོད་ཡིག་གི་དཔེ་རྙིང་འབོར་ཆེན་བསྡུད་མར་ཉར་ཚགས་བྱས་སྒྲོང་ཞིང་། འདི་དག་གིས་རང་རྒྱལ་གྱི་ལོ་རྒྱུས་ཞིབ་འཇུག་དང་བོད་རིག་པ་ཞིབ་འཇུག་གི་ལས་དོན་དར་སྤེལ་དུ་གཏོང་བར་ནུས་པ་གལ་ཆེན་ཐོན་ཡོད། པེ་ཅིན་གྲོང་ཁྱེར་མི་རིགས་ལས་དོན་ཨུ་ཡོན་ལྷན་ཁང་གིས་རྩ་འཛུགས་དང་ལག་བསྟར་གནང་བའི《པེ་ཅིན་ས་ཁུལ་གྱི་བོད་ཡིག་དཔེ་རྙིང་དཀར་ཆག་ཆེན་མོ་ཤེས་བྱའི་གཏེར་མཛོད》ཅེས་པའི་ལས་གཞི་འདི་ཡིས་པེ་ཅིན་ས་ཁུལ་གྱི་བོད་ཡིག་དཔེ་རྙིང་ལ་གཙང་བཤེར་དང་ཐོ་འགོད་ཡོངས་སུ་གནང་བར་མ་ཟད། བོད་རྒྱ་ཤན་སྦྱར་གྱི་དཀར་ཆག་ཆ་ཚང་ཞིག་དངོས་སུ་དཔེ་སྐྲུན་འགྲེམ་སྤེལ་གནང་བ་འདིས། རིག་གཞུང་ལས་རིགས་དང་སྤྱི་ཚོགས་ལས་རིགས་སོ་སོར་པེ་ཅིན་ས་ཁུལ་གྱི་དཔེ་མཛོད་ཁང་དང་རིག་གཞུང་ཞིབ་འཇུག་དང་སློབ་ཁྲིད་སྡེ་ཁག་སོགས་སུ་ཉར་འཛོག་བྱས་ཡོད་པའི་བོད་ཡིག་དཔེ་རྙིང་ལ་རྒྱུས་ལོན་དང་བེད་སྤྱོད་གཏོང་བར་སྟབས་བདེ་བསྐྲུན་ཡོད་པ་རེད། འདི་ནི་དོན་སྙིང་ལྡན་པའི་ལས་ཀ་ཞིག་ཡིན་ལ། ང་ཚོས་རིག་གནས་ལས་གཞི་ཆེན་པོ་འདི་ལེགས་འགྲུབ་ཡོང་བ་དང་གྲུབ་འབྲས་དཔེ་སྐྲུན་བྱས་པར་ལྷག་བསམ་རྣམ་དག་གིས་རྗེས་འབྲེལ་ཞུའོ། །

ཁྲིན་ཆེན་དབྱིན།
༢༠༡༢ལོའི་ཟླ་༩པར།

# 序　三

由北京市民族事务委员会古籍办公室组织，由中国藏学研究中心图书资料馆牵头，和在北京的相关科研院所和高等院校的专家学者参加的编写“北京地区藏文古籍简目丛书”的课题，经过几年的努力，现已完成。课题的成果即是这一套藏汉文对照的现存于北京的藏文典籍目录。

藏族是中国五十六个兄弟民族组成的大家庭的一个重要成员，藏族人民勤劳勇敢智慧，富于文化创造精神。在几千年的历史长河中，藏族人民繁衍生息在青藏高原，通过自己的劳动创造，开发了青藏高原，形成了具有地方特色同时又容纳了各个兄弟民族长处的灿烂的藏族文化。在藏族传统文化的优秀成果中，藏文典籍是一颗光彩夺目的明珠。

早在公元7世纪，藏族人民就创造了自己的拼音文字——藏文，并随即在藏族社会的各个方面广泛使用。一千三百多年来，用藏文记录的各种典籍，可以说真正是浩如烟海。20世纪初在敦煌出土的中国古代文献典籍的宝库中，藏文文献的数量仅次于汉文文献，占了很大的比重，是敦煌文献的一个重要组成部分。也是从公元7世纪起，开始了将佛经从梵文和汉文翻译成藏文的工作，经过几百年的持续努力，在13世纪到14世纪形成了藏文的佛教大藏经《甘珠尔》和《丹珠尔》。此外，在历史和传记方面，藏文的著作也很多，有编年史、王统史、地方史、家族史、教派史、寺庙史、人物传记等；在文学方面，藏文的作品也很多，有格言、诗歌、道歌、寓言、故事、藏戏故事以及英雄史诗等。这些藏文典籍是藏族文化的结晶，是研究藏族历史和藏传佛教文化的取之不尽的丰富宝藏。

中国历史上就是一个多民族的统一国家，各个兄弟民族的传统文化的精华既是本民族的宝贵文化遗产，也是五十六个兄弟民族共同的文化财富。在长期的历史交往中，各民族的经济文化交流和友好往来是时刻在进行的。北京从13世纪以来，一直是中国的政治中心和文化中心，因此，元、明、清三朝一直到现在，藏族文化在北京都有相当大的影响。留存在北京地区的大量藏文典籍，就是这种民族文化关系的一个重要的实物见证。

北京地区的藏文典籍具有自己独特的价值，明朝和清朝都在北京刻板印制过藏文大藏经，明朝和清朝皇室还以巨大的财力抄写过各种豪华气派的藏文佛经，这些都具有重要的文献价值和文物价值。留存的清代大量的藏文奏疏和谕旨公文等，具有重要的史料价值。民国以来北京的图书馆和高等院校、科研单位都陆续收集了许多重要的藏文典籍，并对我国的历史研究和藏学研究的开展发挥过重要的作用。现今在党和国家的关怀下，藏学研究也更加需要利用丰富的藏文典籍。北京市民族事务委员会古籍办公室组织实施的“北京地区民族古籍简目丛书”工程，对北京地区留存的藏文典籍作了完全的清理登录工作，并且编制了完整的藏汉对照目录提要公开出版，为学术界和社会各界了解和使用这些收藏在北京地区各个图书馆和科研教学机构的藏文典籍提供了极大的方便。这是一件很有意义的工作，我们对这项文化工程的成功和成果的出版，表示热烈的祝贺。

陈庆英

2012 年 4 月

# སྔོན་འགྲོའི་གཏམ།

མིའི་རིགས་ཀྱི་ཤེས་རིག་གི་འཕེལ་རིམ་རིང་མོའི་ནང་། གྲུང་དྭ་མི་རིགས་ཀྱིས་གྲུང་དྭའི་རིག་གནས་ཕུན་སུམ་ཚོགས་ཤིང་ཀྱ་ནོམ་པ་ཞིག་གསར་གཏོད་མཛད་པ་དང་། དངོས་པོ་དང་བསམ་བློའི་ལོངས་སྤྱོད་དཀོན་ཞིང་རིན་ཐང་ཆེ་བ་མང་པོ་ཤུལ་དུ་བཞག་ཡོད་པ་རེད། དེ་ལས་བོད་རིགས་ལ་མཚོན་ན་འང་རང་མི་རིགས་ཀྱི་ཡི་གེ་གསར་དུ་བཟོས་པ་ཙམ་དུ་མ་ཟད། ཡི་གེ་གང་དེ་སྤྱད་ནས་གནའ་དཔེའམ་དཔྱད་གཞིའི་ཡིག་རིགས་འབོར་ཧ་ཅང་ཆེན་པོ་བྲིས་པ་དང་ཡང་ན་པར་དུ་བསྐྲུན་ཏེ་རང་གི་ཐུན་མོང་མ་ཡིན་པའི་མི་རིགས་ཀྱི་རིག་གནས་གྲུབ་པ་དང་། དེ་ཉིད་གྲུང་དྭའི་རིག་གནས་ཀྱི་གྲུབ་ཆ་གཙོ་བོ་ཞིག་ཏུའང་གྱུར་ཡོད། བོད་ཀྱི་རིག་གནས་ཀྱི་ལོ་རྒྱུས་ཤིན་ཏུ་རིང་བ་སྟེ། བོད་ལྗོངས་ཀྱི་མི་ལོ་ལྔ་སྟོང་སྔོན་གྱི་རྗེ་ཆས་གསར་པའི་དུས་ཀྱི་གནའ་ཤུལ་ལས་ང་ཚོས་དེའི་འགོ་ཁུངས་དང་ཉེར་ལེན་མཐོང་ཐུབ། བོད་ཀྱི་རིག་གནས་ནི་ཕུན་ཚོགས་གྲ་རྒྱས་ཤིག་ཡིན་པ་སྟེ། མཚན་ཉིད་རིག་པ་དང་། ཆོས་ལུགས་དང་། མི་ཆོས་ཀུན་སྤྱོད་དང་། དེ་བཞིན་ལོ་རྒྱུས་དང་ས་རྒྱུས། སྐད་དང་ཡི་གེ། གནམ་རིག་དང་སྐར་རྩིས། གསོ་རིག་དང་སྨན་རྫས། རྩོམ་རིག་སྒྱུ་རྩལ། རིག་གནས་སློབ་གསོ་སོགས་ཕྱོགས་མང་པོའི་ཐད་ལ་དུས་ཡུན་རིང་པོའི་རིག་གནས་གསོག་འཇོག་བརྒྱུད་ནས་གྲུབ་འབྲས་གཡུར་དུ་ཟ་ཞིང་ངོ་མཚར་ལྡན་པ་ཐོབ་ཡོད། མི་རིགས་ཀྱི་གནའ་དཔེ་དང་དཔྱད་གཞིའི་ཡིག་རིགས་འདི་དག་ལ་ཕུན་སུམ་ཚོགས་པའི་ལོ་རྒྱུས་དང་མཚར་སྡུག་རྣམ་པར་བཀྲ་བའི་རིག་གནས་འདུས་ཡོད་པས་ན། དེ་ལ་ལོ་རྒྱུས་རིག་གནས་ཀྱི་རིན་ཐང་དང་རིག་གཞུང་ཞིབ་འཇུག་གི་རིན་ཐང་ཧ་ཅང་ཆེན་པོ་ལྡན་པ་རེད།

## གཅིག

བོད་རིགས་ནི་འོད་སྟོང་འབར་བའི་རིག་གནས་དང་ལྡན་པའི་མི་རིགས་ཤིག་ཡིན་ཏེ། བོད་ཀྱི་རིག་གནས་ལ་ནང་བསྟན་གྱི་གཙུག་ལག་སྟེ་《བཀའ་འགྱུར་》དང་《བསྟན་འགྱུར་》དང་། བོད་བརྒྱུད་ནང་བསྟན་གྱི་རིག་གནས་དང་བོན་གྱི་རིག་གནས། འཛམ་གླིང་གི་དཔའ་བོའི་ལོ་རྒྱུས་སྙན་རྩོམ་རིང་ཤོས《གླིང་གེ་སར་རྒྱལ་པོའི་སྒྲུང་》སོགས་ཡོད་པར་མ་ཟད། མཐོ་སྒང་ས་ཆའི་ཐུན་མོང་མ་ཡིན་པའི་བོད་ཀྱི་གསོ་བ་རིག་པ་དང་སྨན་རྫས་རིག་པ། ད་དུང་ཚེ་སྲོག་གི་ཚན་རིག་ཏུ་བརྗོད་པའི་རྒྱུད་སྡེའི་གཞུང་གི་རྩ་ རླུང་གི་རིག་པ་སོགས་ཡོད་པ་རེད། མི་ལོ་ཆིག་སྟོང་སུམ་བརྒྱ་ལྷག་གི་སྔོན་ནས་བོད་ཡིག་ཏུ་བསྒྱུར་བའི་《བཀའ་འགྱུར་》དང་《བསྟན་འགྱུར་》ཁོ་ནར་ཡང་པར་གཞི་མི་འདྲ་བ་བཅུ་ལྷག་དང་ཕོད་ཉིས་སྟོང་ལྷག་ཡོད་ཅིང་། བོན་གྱི་《བཀའ་འགྱུར་》དང་《བཀའ་བརྟེན་》ལ་ཡང་ད་ལྟ་དཔེ་མཛོད་ཁང་དུ་ཉར་བར་པར་གཞི་མི་འདྲ་བ་གསུམ་དང་པོད་སྟོང་ཕྲག་ལྷག་ཡོད། བོད་ཀྱི་མཁས་ཆེན་དམ་པའི་ཁྲིད་ན་གསུང་འབུམ་ད་ལྟ་མཐའ་ལ་དུ་ཡོད་པ་མི་སུམ་བརྒྱ་ལྷག་ཡོད་པ་དང་། ཁོང་ཚག་མི་རེར་ཆ་སྙོམས་སུ་པོད་ལྔ་རེ་ཡོད་པར་ཆ་བཞག་ནས་བརྩིས་ན། ཉུང་མཐར་ཡང་པོད་ཉིས་སྟོང་གི་ཡན་དུ་སོན་ཡོད། དེ་བཞིན་རྩོམ་མཁན་མི་འདྲ་བའི་བརྩམས་ཆོས་རིགས་མཐུན་དག་ཕྱོགས་སྒྲིག་བྱས་པར་པོད་ཆིག་སྟོང་ཡས་མས་ཡོད་ཅིང་། བརྩམས་ཆོས་ཐར་ཐོར་རྣམས་ཀྱི་གྲངས་འབོར་ནི་འདི་ཙམ་ཡོད་ཅེས་བརྗོད་དཀའ་ཡང་། གང་ལྟར་གོང་སྨྲས་ཕྱོགས་སྒྲིག་བྱས་པའི་དེབ་འབོར་ལས་ཉུང་མི་སྲིད། བོད་ཡིག་གི་ཡིག་རིགས་སྣ་ཚོགས་བོད་རང་སྐྱོང་ལྗོངས་ཀྱི་ཡིག་ཚགས་ཁང་དུ་ཉར་བ་ཁོ་ནར་ཡང་ས་ཡ་4ཙམ་ཡོད། བོད་ཡིག་གི་དེབ་ཀན་སུའུ་ཞིང་ཆེན་གྱི་

ལྷ་བྲང་བཀྲ་ཤིས་འཁྱིལ་གྱི་པར་ཁང་དུ་ཉར་བ་ཕོ་ནར་ཡང་དེབ་གྲངས་འབུམ་2དང་ཁྲི་2ཡོད། བོད་ཡིག་གི་པར་ཤིང་སི་ཁྲོན་ཞིང་ཆེན་གྱི་སྡེ་དགེ་པར་ཁང་ཕོ་ནར་ཉར་བ་ཡང་འབུམ་3ལྷག་ཡོད་པ་དང་། ཡི་གེའི་གྲངས་དུང་ཕྱུར་2.5ལ་སོན་པའི་ཐོག རིགས་དང་རྣམ་གྲངས་མང་ཞིང་འབོར་ཧ་ཅང་ཆེ་བ་རེད། འདི་དག་ལ་དཔྱད་གཞིའི་རིན་ཐང་ཧ་ཅང་ཆེན་པོ་ལྡན་པར་མ་ཟད། ཉར་ཚགས་ཀྱི་རིན་ཐང་དང་གཞན་ན་མེད་པའི་ཞིབ་འཇུག་གི་རིན་ཐང་ཧ་ཅང་ཆེན་པོ་ལྡན་པ་རེད།

## གཉིས།

བོད་ཡིག་གི་བསྟན་བཅོས་དག་གི་དཀར་ཆག་རྩོམ་སྒྲིག་དང་དག་སྒྲིག་བྱེད་པའི་ལས་ཀ་དེ་བཙན་པོའི་རྒྱལ་རབས་ཀྱི་དུས་ནས་འགོ་བཙུགས་ཡོད་ཅིང་། དུས་དེར་སྔ་ཕྱིར་དཀར་ཆག་འཕང་ཐང་མ་དང་། དཀར་ཆག་མཆིམས་ཕུ་མ། དཀར་ཆག་ལྡན་དཀར་མ་བཅས་དཀར་ཆག་ཆེན་པོ་གསུམ་བསྒྲིགས་སྒྲོང་། དེའི་ནང་《དཀར་ཆག་ལྡན་དཀར་མ་》ནི་བོད་ཡིག་གི་སྡེ་དགེའི་《བསྟན་འགྱུར་》གྱི་སྣ་ཚོགས་སྡེ་ཚན་གྱི་པོད་ཇ་པའི་གྲས་སུ་ཡོད་པ་དང་། 《དཀར་ཆག་འཕང་ཐང་མ་》ནི་2003ལོའི་ཟླ་12པར་མི་རིགས་དཔེ་སྐྲུན་ཁང་གིས་དག་སྒྲིག་བྱས་ནས་པར་དུ་བསྐྲུན་ཡོད། 《དཀར་ཆག་འཕང་ཐང་མ་》ཡི་ནང་དུ་བསྟན་བཅོས་རིགས་19བསྡུས་ཡོད་པ་དང་། དེ་ཉིད་ཐེག་པ་ཆེ་ཆུང་དང་། མདོ་སྔགས་གཉིས། མདོ་སྡེའི་སྡེ་སྣོད། འདུལ་བའི་སྡེ་སྣོད། མངོན་པའི་སྡེ་སྣོད་བཅས་ཀྱི་རིམ་པ་ལྟར་བསྒྲིགས་ཡོད་པ་ལས། མདོ་སྡེའི་སྡེ་སྣོད་དུ་ཡང་། ཕར་ཕྱིན། ཤིན་ཏུ་རྒྱས་པའི་སྡེ། དཀོན་བརྩེགས་བཅས་ཀྱི་རིམ་པ་ལྟར་བསྒྲིགས་ཡོད། དཀར་ཆག་འཕང་ཐང་མ་བསྒྲིགས་པ་དེས་བོད་ཡིག་གི་ནང་པའི་བཀའ་དང་བསྟན་བཅོས་ཀྱི་རིགས་དང་རྣམ་གྲངས་དབྱེ་སྟངས་ཀྱི་སྲོལ་ཐོག་མར་ཕྱེས་པ་རེད། དུས་རབས་18པའི་དུས་མཇུག་ཏུ་ཀློང་རྡོལ་བླ་མ་ངག་དབང་བློ་བཟང་གིས་བཀའ་གདམས་དང་དགེ་ལུགས་ཀྱི་མཁས་གྲུབ་རྣམས་ཀྱི་གསུང་འབུམ་དཀར་ཆག་ཅིག་བསྒྲིགས་པ་དེར་གསུང་འབུམ་བཞི་བཅུའི་དཀར་ཆག་བསྡུས་ཡོད། དེའི་ནང་བུ་སྟོན་རིན་ཆེན་གྲུབ་དང་། རྗེ་ཙོང་ཁ་པ་ཆེན་པོ་སོགས་ཀྱི་གསུང་འབུམ་དཀར་ཆག་ལ་ལྷག་པར་ཞིབ་ཆ་ལྡན་ཞིང་གཞན་དག་ཙུང་བསྡུས་ཙམ་དུ་ཡོད། དུས་རབས་19པའི་དུས་དཀྱིལ་དུ་དྲུང་ཆེན་ཤེས་རབ་རྒྱ་མཚོས《དཔེ་དཀོན་དཔེ་ཐིང་དཀར་ཆག་》ཅེས་པ་བཙམས་ཤིང་། དེའི་ནང་བོད་ཡིག་གི་བསྟན་བཅོས་རིགས་12སུ་ཕྱེ་ཡོད་པ་ལས། གསུང་འབུམ་གྱི་རིགས་90བསྡུས་ཡོད། 1959ལོའི་ཀན་སུའུ་ཞིང་ཆེན་གྱི《ལྷ་བྲང་དགོན་དུ་བཞུགས་སུ་གསོལ་བའི་དཔེ་ཐིང་དཀར་ཆག་》(སྟུམ་པར་)ཅེས་པར་རིགས་ཆེན་པོ་17དུ་ཕྱེ་བ་ལས། མཛད་པ་པོ་174ཡི་གསུང་འབུམ་བསྡུས་ཡོད། 1981ལོར་སི་ཁྲོན་མི་རིགས་དཔེ་སྐྲུན་ཁང་གིས་པར་དུ་བསྐྲུན་པའི《སྡེ་དགེ་པར་ཁང་གི་དཀར་ཆག་ཞིབ་རྒྱས་སུ་བཀོད་པ་ཤེས་བྱའི་སྒོ་འབྱེད་》ཅེས་པར་བོད་ཡིག་པར་གཞིའི་དཀར་ཆག་400བསྡུས་ཡོད་པ་ལ། ཕྱོགས་བསྡུས་དང་། གསུང་འབུམ། སྨན་རྩིས། སྐད་ཡིག སྙན་ངག རྣམ་ཐར། ལོ་རྒྱུས། ས་རྒྱུས། ཆོས་གཞུང་སོགས་སུ་ཕྱེ་ཡོད། 1984ལོར་སི་ཁྲོན་མི་རིགས་དཔེ་སྐྲུན་ཁང་གིས་པར་དུ་བསྐྲུན་པའི《མི་རིགས་དཔེ་མཛོད་ཁང་གི་དཔེ་ཐོ་ལས་གསུང་འབུམ་སྐོར་གྱི་དཀར་ཆག་ཤེས་བྱའི་གཏེར་མཛོད་》(༡)ཅེས་པ་དང་། 1989ལོར་མི་རིགས་དཔེ་སྐྲུན་ཁང་གིས་པར་དུ་བསྐྲུན་པའི《མི་རིགས་དཔེ་མཛོད་ཁང་གི་དཔེ་ཐོ་ལས་གསུང་འབུམ་སྐོར་གྱི་དཀར་ཆག་ཤེས་བྱའི་གཏེར་མཛོད་》(༢)ཅེས་པ། 1997ལོར་མི་རིགས་དཔེ་སྐྲུན་ཁང་གིས་པར་དུ་བསྐྲུན་པའི《མི་རིགས་དཔེ་མཛོད་ཁང་གི་དཔེ་ཐོ་ལས་གསུང་འབུམ་སྐོར་གྱི་དཀར་ཆག་ཤེས་བྱའི་གཏེར་མཛོད་》(༣)ཅེས་པ་བཅས་ཀྱི་ནང་དུ་རྩོམ་པ་པོ་182གྱི་གསུང་འབུམ་བསྡུས་ཡོད་པ་དང་། ཞར་དུ་མཛད་པ་པོའི་མཛད་རྣམ་མདོར་བསྡུས་དང་། མཛད་པ་པོ་རེ་རེའི་གསུམ་འབུམ་གྱི་ཆོས་ཚན་བསྡུས་ཡོད་ལ། དཀར་ཆག་བོད་རྒྱ་ཤན་སྦྱར་དུ་བྲིས་ཡོད། 1985ལོར་བོད་ལྗོངས་མི་དམངས་དཔེ་སྐྲུན་ཁང་གིས་པར་དུ་བསྐྲུན་པའི《བསྟན་འགྱུར་དཀར་ཆག་》གི་ནང་དོན་གཙོ་བོར་བསྟན་པ་གང་ལས་བྱུང་བ་དང་། མཁས་པ་རྣམས་ཀྱིས་བསྟན་པར་བྱ་བ་བྱས་ཚུལ། དཀྲལ་བྱ་དམ་པའི་ཆོས

ཀྱི་རྣམ་གཞག འགྲེལ་བྱེད་བསྟན་བཅོས་ཀྱི་རྣམ་གཞག བསྟན་པའི་ཆེད་དུ་དགོངས་འགྲེལ་པར་དུ་སྒྲུབ་པར་བསྒྲུལ་བ། ཇི་ལྟར་བསྒྲུལ་བ་བཞིན་པར་དུ་སྒྲུབ་ཚུལ། རྟོགས་བདེ་ཕྱིར་ཆོས་ཀྱི་བཞུགས་བྱང་བཀོད་པ། བྱ་བའི་དོན་ལྡན་བྱ་ཕྱིར་དགེ་བ་བྱང་ཆུབ་ཏུ་བསྔོ་བ་སྟེ་ས་བཅད་བརྒྱད་ཀྱིས་བསྟན་པ། བརྟགས་པར་འོས་པའི་ཡོན་ཏན་སོགས་བཀོད་ཡོད། 1985ལོར་མཚོ་སྔོན་མི་རིགས་དཔེ་སྐྲུན་ཁང་གིས་པར་དུ་བསྐྲུན་པའི་《བོད་ཀྱི་བསྟན་བཅོས་ཁག་ཅིག་གི་མཚན་བྱང་དྲི་མེད་ཤེལ་དཀར་ཕྲེང་བ་》ཞེས་པར་རྗོམ་པ་པོ་178ཀྱི་གསུང་འབུམ་དང་། ཆོས་ཚན་2000ཙམ་བསྡུས་ཡོད། བརྗོད་བྱ་ནང་བསྟན་ལས་གཞན་ད་དུང་གསོ་བ་རིག་པ་དང་། སྐད་བརྡ་རིག་པ། སྐར་རྩིས། རྩོམ་རིག ལོ་རྒྱུས། ཚད་མ་རིག་པ་སོགས་ཚུད་ཡོད། 1986ལོར་ཀན་སུའུ་མི་རིགས་དཔེ་སྐྲུན་ཁང་གིས་པར་དུ་བསྐྲུན་པའི་《ཅོ་ནེའི་བསྟན་འགྱུར་དཀར་ཆག་》ཅེས་པར། གཙོ་བོ་ཅོ་ནེའི་ས་སྐྱོང་རིམ་བྱོན་གྱིས་མཐུན་རྐྱེན་སྦྱར་ནས་པར་དུ་བརྐོས་པའི་《བསྟན་འགྱུར་》གྱི་པར་གཞིའི་དཀར་ཆག་གི་གནས་ཚུལ་མཚམས་སྦྱོར་བྱས་ཡོད། 1989ལོར་སི་ཁྲོན་མི་རིགས་དཔེ་སྐྲུན་ཁང་གིས་པར་དུ་བསྐྲུན་པའི་བོད་ཡིག་གི་《བཀའ་འགྱུར་》སྤྱིའི་དཀར་ཆག་ཏུ་བརྗོད་བྱ་མདོ་སྔགས་ཁག་ཆེན་པོ་གཉིས་སུ་ཕྱེ་ཡོད། 1989ལོར་བོད་ལྗོངས་མི་དམངས་དཔེ་སྐྲུན་ཁང་གིས་པར་དུ་བསྐྲུན་པའི་《བཀའ་འགྱུར་དཀར་ཆག་བསྡུས་པ་》ཞེས་པར་སྡེ་ཚན་དང་པོད་གཞིར་བཟུང་ཞིང་། པོད་རེ་རེ་ཡང་ཤོག་གྲངས་ཀྱི་རིམ་པ་ལྟར་བསྒྲིགས་པ་དང་། སྡེ་ཚན་རེ་རེར་སྒྱུར་མཁན་སུས་དུས་ནམ་ཞིག་ལ་བསྒྱུར་ཅིང་གཏན་ལ་ཕབ་ཚུལ་སོགས་ཀྱི་དཔྱད་གཞི་བཀོད་ཡོད། 1990ལོར་བོད་ལྗོངས་མི་དམངས་དཔེ་སྐྲུན་ཁང་གིས་པར་དུ་བསྐྲུན་པའི་《ཞྭ་སེར་བསྟན་པའི་སྒྲོན་མེ་རྗེ་ཙོང་ཁ་པ་ཆེན་པོས་གཙོས་སྐྱེས་ཆེན་དམ་པ་རིམ་བྱུང་གི་གསུང་འབུམ་དཀར་ཆག་ཕྱོགས་གཅིག་ཏུ་བསྒྲིགས་པའི་དྲི་མེད་ཟླ་ཤེལ་གཙང་མའི་མེ་ལོང་ཞེས་བྱ་བ་བཞུགས་སོ་》ཞེས་པའི་ནང་དུ་དགེ་ལུགས་པའི་དུས་རབས་རིམ་བྱུང་གི་བླ་ཆེན་ཚོའི་གསུང་འབུམ་གྱི་དཀར་ཆག་བསྡུས་ཡོད་པ་དང་འབྲེལ། རྩོམ་པ་པོ་རེ་རེའི་ལོ་རྒྱུས་མདོར་བསྡུས་རེ་བཀོད་ཡོད། 1993ལོར་མཚོ་སྔོན་མི་རིགས་དཔེ་སྐྲུན་ཁང་གིས་པར་དུ་བསྐྲུན་པའི་《བཀའ་འགྱུར་དཀར་ཆག་བོད་རྒྱ་ཤན་སྦྱར་》ཞེས་པར། བོད་ཡིག་གི་བཀའ་བསྟན་གྱི་རིམ་པ་དེ་བོད་ཡིག་གསལ་བྱེད་ཀྱི་གོ་རིམ་ལྟར་བསྒྲིགས་པ་དང་འབྲེལ། པོད་རེ་རེའི་མིང་གི་རྗེས་སུ་པོད་དེ་ཉིད་ཆོས་ཚན་གང་ལ་གནོན་པ་ཚུལ་གསལ་པོར་བཀོད་ཡོད། 1994ལོར་ཀྲུང་གོའི་བོད་རིག་པ་དཔེ་སྐྲུན་ཁང་གིས་པར་དུ་བསྐྲུན་པའི་《སྡེ་དགེ་པར་ཁང་གི་དཀར་ཆག་ཞིབ་རྒྱས་སུ་བཀོད་པ་ཤེས་བྱའི་སྒོ་འབྱེད་》(གསུང་འབུམ་སྐོར་)ཅེས་པར་རྩོམ་པ་པོ་3ཀྱི་གསུང་འབུམ་གྱི་དཀར་ཆག་བསྡུས་ཡོད་པ་དང་། གསུང་འབུམ་རེ་རེའི་རྩོམ་པ་པོའི་མཚམས་སྦྱོར་མདོར་བསྡུས་དང་། ནང་དོན་གནད་བསྡུས། དཀར་ཆག་དངོས་སོགས་བཀོད་ཡོད། 1995ལོར་བོད་ལྗོངས་སུ་པར་དུ་བཏབ་པའི་(ནང་ཁུལ་)《གསང་སྔགས་སྔ་འགྱུར་རྙིང་མའི་གསུང་འབུམ་དཀར་ཆག་》ཅེས་པ་དེ་ནི་ཕོ་བྲང་པོ་ཏ་ལར་ཉར་བའི་བོད་ཡིག་གི་གནའ་དཔེ་ལས་འདེམས་སྒྲིག་བྱས་པ་ཞིག་ཡིན་ཞིང་། དེའི་ནང་མཛད་པ་པོ་ཀྱི་བརྒྱ་ལ་ཉེ་བའི་གསུང་འབུམ་དཀར་ཆག་དང་། ཞོར་དུ་པོད་རེ་རེའི་དཀར་ཆག་དང་རྩོམ་པ་པོའི་མཚམས་སྦྱོར་མདོར་བསྡུས་དང་བཅས་བཀོད་ཡོད། 2000ལོར་ཀྲུང་གོའི་བོད་རིག་པ་དཔེ་སྐྲུན་ཁང་གིས་པར་དུ་བསྐྲུན་པའི་《སྡེ་དགེ་པར་ཁང་གི་དཀར་ཆག་ཞིབ་རྒྱས་སུ་བཀོད་པ་ཤེས་བྱའི་སྒོ་འབྱེད་》(གཏེར་མཛོད་སྐོར་)ཅེས་པར་ཁྲོན་བསྡོམས་པོད་60ལྷག་དང་། དེབ་ཀྱི་མཇུག་ཏུ་གཏེར་སྟོན་70ལྷག་གི་མཚམས་སྦྱོར་མདོར་བསྡུས་བཀོད་ཡོད། 2004ལོར་མི་རིགས་དཔེ་སྐྲུན་ཁང་གིས་པར་དུ་བསྐྲུན་པའི་《འབྲས་སྤུངས་དགོན་དུ་བཞུགས་སུ་གསོལ་བའི་དཔེ་རྙིང་དཀར་ཆག་》(སྟོད་སྨད་ཆ་)ཞེས་པའི་ནང་གཙོ་བོ་འབྲས་སྤུངས་དགོན་པའི་གནས་བཅུ་ལྷ་ཁང་དཔེ་མཛོད་ཁང་དང་མི་དབང་ལྷ་ཁང་གཉིས་བཞུགས་ཡོད་ལ། དགའ་ལྡན་ཕོ་བྲང་དུ་བཞུགས་པའི་རྗེ་ལམ་རིམ་པའི་དཔེ་མཛོད་དང་ཀུན་དགའ་ར་བའི་ཉེ་དུས་ཕྱོགས་བསྒྲིགས་བྱས་པའི་དཔེ་མཛོད། དེ་བཞིན་བློ་གསལ་གླིང་དཔེ་མཛོད་སོགས་ཀྱི་སྔོན་བྱོན་མཁས་པ་སྟོང་ཕྲག་གཅིག་ཙམ་གྱི་གསུང་རྩོམ་ཆོས་ཚན་ཁྲི་ཕྲག་གསུམ་ཙམ་གྱི་དཀར་ཆག་འཁོད་ཡོད། 2005ལོར་མི་རིགས་དཔེ་སྐྲུན་ཁང་གིས་པར་དུ་བསྐྲུན་པའི་《ཇོ་ནང་

དཀར་ཆག་ཤེས་དཀར་ཕྲེང་མཛེས་》ཞེས་པར་ཇོ་ནང་པའི་མཁས་པ་ཆེན་པོ་15ཡི་གསུང་འབུམ་དང་། གསུང་འབུམ་རྩོམ་པ་པོའི་ལོ་རྒྱུས་རགས་བསྡུས་བཀོད་ཡོད་པ་དང་། དཀར་ཆག་ཞིབ་ཕྲ་བོད་རྒྱ་ཤན་སྦྱར་དུ་བཀོད་ཡོད། 2013ལོར་ཀྲུང་གོའི་བོད་རིག་པ་དཔེ་སྐྲུན་ཁང་གིས་པར་དུ་བསྐྲུན་པའི་《པེ་ཅིན་ས་ཁུལ་གྱི་བོད་ཡིག་དཔེ་རྙིང་དཀར་ཆག་ཆེན་མོ་》ཞེས་པར་ཀྲུང་གོའི་བོད་རིག་པ་ཞིབ་འཇུག་ལྟེ་གནས་ཀྱི་དཔེ་མཛོད་ཁང་དང་། རྒྱལ་ཁབ་དཔེ་མཛོད་ཁང་། ཀྲུང་གོའི་སྤྱི་ཚོགས་ཚན་རིག་ཁང་གི་མི་རིགས་ཞིབ་འཇུག་ཁང་དང་མིའི་རིགས་ཞིབ་འཇུག་ཁང་གི་དཔེ་མཛོད་ཁང་། གོང་མའི་ཕོ་བྲང་རྟེན་རྫས་བཤམས་མཛོད་ཁང་གི་དཔེ་མཛོད་ཁང་བཅས་ཡིས་ཉར་ཡོད་པའི་དཔེ་རྙིང་གི་དཀར་ཆག་4000ལྷག་དང་། དེའི་ནང་དུ་བོད་ཀྱི་རིམ་བྱོན་མཁས་དབང་185ཡི་གསུང་འབུམ་གྱི་དཀར་ཆག་དང་། དཀར་ཆག་དེ་དག་བོད་རྒྱ་ཤན་སྦྱར་དུ་བཀོད་ཡོད། གོང་འཁོད་དཀར་ཆག་འདྲ་མིན་མང་པོ་དག་ལས། ལོ་རྒྱུས་ཀྱི་དུས་སྐབས་མི་འདྲ་བའི་ནང་དུ་བོད་ཀྱི་མཁས་གྲུབ་དམ་པ་རྣམས་ཀྱིས་བོད་ཀྱི་སློལ་རྒྱུན་རིག་གནས་སྐོར་གྱི་གནའ་དཔེ་དང་། བོད་བརྒྱུད་ནང་བསྟན་ཕྱོགས་ཀྱི་ཞིབ་འཇུག་གི་འབྲས་བུ་འབོར་ཆེན་པར་དུ་བཏབ་སྒྲོང་བ་དང་། བོད་ཡིག་གི་བསྟན་བཅོས་ནི་ཁྱབ་རྒྱ་ཤིན་ཏུ་ཆེ་ཞིང་གྲངས་འབོར་ཤིན་ཏུ་ནས་མང་བ་ཞིག་ཡིན་པ་རྟོགས་ཐུབ་པོ། །

## གསུམ།

པེ་ཅིན་ནི་མི་རིགས་མང་བའི་རང་རེའི་རྒྱལ་ཁབ་ཀྱི་རྒྱལ་ས་ཡིན་ལ་རྒྱལ་ཡོངས་ཀྱི་ཆབ་སྲིད་རིག་གནས་ཀྱི་ལྟེ་གནས་ཀྱང་ཡིན། ལོ་རྒྱུས་རིག་གནས་ཀྱི་ལྟེ་བ་ཡིན་པའི་ཆ་ནས་པེ་ཅིན་དུ་རིག་གནས་ལས་ཁུངས་དང་སློབ་གྲྭ་ཆེན་མོ་མང་ཞིང་ལོ་རྒྱུས་རིག་གནས་ཕུན་སུམ་ཚོགས་པ་མངའ་བ་དང་། མི་རིགས་ཀྱི་གནའ་བོའི་དཔེ་དེབ་ཀྱང་དེ་བཞིན་གྲངས་འབོར་དང་ཁྱབ་རྒྱ་ཆེན་པོ་ཡོད་ལ། པེ་ཅིན་ས་ཁུལ་གྱི་མི་རིགས་ཀྱི་དཔེ་དེབ་ཁྲོད་དུ་བོད་ཡིག་གི་གླེགས་བམ་རི་བོའི་གཏོས་དང་མཉམ་པ་ཡོད། མིང་རྒྱལ་རབས་དང་ཆིང་རྒྱལ་རབས་ཀྱི་དུས་སུ་པེ་ཅིན་དུ་བོད་ཡིག་གི་《བཀའ་འགྱུར་》དང་《བསྟན་འགྱུར་》པར་དུ་བརྐོས་སྒྲོང་བ་དང་། རྒྱལ་རབས་དེ་གཉིས་ཀྱི་གོང་མའི་ཕོ་བྲང་ནས་ད་དུང་འགྲོ་སོང་ཕོན་ཆེན་བཏང་ནས་རིན་ཐང་ཆེ་ལ་ཕྱུས་དག་པའི་བོད་ཡིག་གི་ཆོས་དཔེ་སྣ་ཚོགས་བྲིས་སྒྲོང་། མི་སེར་རྒྱལ་ཁབ་ཀྱི་རིང་ནས་པེ་ཅིན་གྱི་དཔེ་མཛོད་ཁང་དང་། མཐོ་རིམ་སློབ་གྲྭ། ཚན་རིག་ཞིབ་འཇུག་སྡེ་ཚན། གོང་མ་ཚང་གི་དགོན་སྡེ་བཅས་ཀྱིས་བོད་ཡིག་གི་གླེགས་བམ་གལ་ཆེན་མང་པོ་འཚོལ་སྡུད་བྱས་པ་དེས་རང་རྒྱལ་གྱི་ལོ་རྒྱུས་ཞིབ་འཇུག་དང་བོད་རིག་པ་ཞིབ་འཇུག་ལ་ནུས་པ་གལ་ཆེན་པོ་བཏོན་ཡོད། པེ་ཅིན་ས་ཁུལ་གྱི་བོད་ཡིག་གི་དཔེ་དེབ་ནི་ཀྲུང་ཧྭའི་རིག་གནས་གན་མཛོད་ནང་གི་རྒྱུ་འཛོར་རིན་ཐང་བྲལ་བ་ཞིག་ཡིན་ཞིང་། དེ་དག་གཙོ་བོ་ཀྲུང་དབྱང་གི་འབྲེལ་ཡོད་སྡེ་ཁག་དང་པེ་ཅིན་གྲོང་ཁྱེར་གྱི་འབྲེལ་ཡོད་སྡེ་ཚན་དུ་ཡོད་པ་སྟེ། དེའི་ནང་ཆེད་ལས་ཀྱི་དཔེ་མཛོད་ཁང་དང་ཚན་རིག་ཞིབ་འཇུག་སྡེ་ཚན། སློབ་གྲྭ་ཆེན་མོ། མི་རིགས་དཔེ་སྐྲུན་ལས་ཁུངས། མི་རིགས་ཡིག་སྒྱུར་ལས་ཁུངས། ནང་བསྟན་ཞིབ་འཇུག་ལས་ཁུངས། རིག་གནས་ཞིབ་འཇུག་ལས་ཁུངས། དགོན་སྡེ་སོགས་ཚུད་ཡོད། ཀྲུང་གོའི་བོད་རིག་པ་ཞིབ་འཇུག་ལྟེ་གནས་ཀྱི་དཔེ་མཛོད་ཁང་གིས་《པེ་ཅིན་ས་ཁུལ་གྱི་བོད་ཡིག་དཔེ་རྙིང་དཀར་ཆག་ཆེན་མོ་ཤེས་བྱའི་གཏེར་མཛོད་》ཅེས་པའི་ཞིབ་འཇུག་ལས་གཞི་འདི་ཉིད་ཁུར་དུ་བླངས་རྗེས། པེ་ཅིན་ས་ཁུལ་དུ་ཡོད་པའི་དཔེ་མཛོད་ཁང་དང་ལས་ཁུངས་གཙོ་གྲས་སུ་ཉར་ཡོད་པའི་བོད་ཡིག་གི་དཔེ་དེབ་དག་སྒྲིག་དང་ཐོ་རྒྱག་པའི་ལས་ཀ་བྱས་པ་དང་འབྲེལ། པེ་ཅིན་ས་ཁུལ་གྱི་བོད་ཡིག་དཔེ་དེབ་ཀྱི་སྤྱིའི་དཀར་ཆག་བཟོ་འགོད་དང་། བོད་ཡིག་གི་དེབ་པོད་གྲངས་20000ཙམ་ལེགས་སྒྲིག དཀར་ཆག་དོན་ཚན་40000ཙམ་ཐོ་རུ་འགོད་པ་བཅས་བྱས་པ་ཡིན།

མི་རིགས་ཀྱི་གནའ་དཔེ་མྱུར་སྐྱོབ་དང་། སྲུང་སྐྱོང་དང་། དག་སྒྲིག་དང་། ཞིབ་འཇུག་བཅས་ཀྱི་ལས་དོན་ལ་སྔར་བས་ཤུགས་སྣོན་ཡག་པོ་བྱ་ཆེད། 1997ལོར་རྒྱལ་ཁབ་མི་རིགས་ལས་དོན་ཨུ་ཡོན་ལྷན་ཁང་གིས་《〈ཀྲུང་

གོའི་གྲངས་ཉུང་མི་རིགས་ཀྱི་གནའ་དཔེའི་སྤྱིའི་དཀར་ཆག་གནད་བསྡུས་〉ཀྱི་རྩོམ་འབྲི་རྩ་གནད་དཔར་འགྲེམས་བྱེད་པའི་བརྡ་སྦྱོར་》ཞེས་པ་བཏོན་དང་། དེར་མཐུད་ནས་རྒྱལ་ཡོངས་ཀྱི་ཁྱབ་ཁོངས་སུ《ཀྲུང་གོའི་གྲངས་ཉུང་མི་རིགས་ཀྱི་གནའ་དཔེ་སྤྱིའི་དཀར་ཆག་གནད་བསྡུས་》འབྲི་བའི་རིག་གནས་ལས་གྲྭ་ཆེན་པོ་དེའི་འགོ་བཙུགས་པ་རེད། སྐབས་དེར་པེ་ཅིན་གྲོང་ཁྱེར་མི་རིགས་དོན་གཅོད་ཨུ་ཡོན་ལྷན་ཁང་གི་གནའ་དཔེ་གཞུང་ལས་ཁང་ནི་ཡིག་རིགས་ཁག་གི་མཉམ་ལས་གྲོས་ཚོགས་ལ་ཞུགས་མ་ཐུབ་པར་བརྟེན། ཁོང་ཚོས་རྒྱལ་ཡོངས་སུ་རིག་གནས་ཀྱི་ལས་གྲྭ་ཆེན་པོ་འདི་བསྒྲུབ་རྒྱུའི་སྐོར་ཤེས་ཀྱི་མེད། ཕྱིས་སུ་ངེད་ཅག་གིས་པེ་ཅིན་གྲོང་ཁྱེར་མི་རིགས་དོན་གཅོད་ཨུ་ཡོན་ལྷན་ཁང་གི་གནའ་དཔེ་གཞུང་ལས་ཁང་གི་འགན་འཛིན་བློ་མཐུན་དང་གྲོས་མོལ་བྱས་པ་དང་། ཚང་མས་ཐུན་མོང་ཐོག་འབད་བརྩོན་བྱས་པ་བརྒྱུད་2000ལོའི་ལོ་སྟོད་དུ་པེ་ཅིན་ས་ཁུལ་གྱི་གྲངས་ཉུང་མི་རིགས་ཀྱི་གནའ་དཔེའི་དཀར་ཆག་འབྲི་བའི་ལས་ཀར་ཧུར་གཞི་འདིང་འགོ་བཙུགས། 2000ལོའི་ལོ་སྨད་དུ་པེ་ཅིན་གྲོང་ཁྱེར་མི་རིགས་དོན་གཅོད་ཨུ་ཡོན་ལྷན་ཁང་གི་གནའ་དཔེ་གཞུང་ལས་ཁང་གིས་པེ་ཅིན་དུ་ཡིག་རིགས་ཁག་གི་རྩོམ་སྒྲིག་ཁང་སྤྱི་ཁྱེར་བཙུགས་པ་དང་། རྩོམ་སྒྲིག་ཁང་གི་ཀྲུའུ་རེན་(ཞིབ་འཇུག་ལས་གཞིའི་འགན་འཁུར་པ་)གཏན་ཁེལ་བྱས། པེ་ཅིན་ས་ཁུལ་གྱི་གནའ་དཔེའི་དཀར་ཆག་འབྲི་བའི་ལས་ཀ་དེ་ཀྲུང་གོའི་བོད་རིག་པ་ཞིབ་འཇུག་ལྟེ་གནས་ཀྱི་དཔེ་མཛོད་ཁང་ལ་མངགས་བཅོལ་དང་འབྲེལ། པེ་ཅིན་ས་ཁུལ་གྱི་མི་རིགས་ཀྱི་གནའ་དཔེའི་སྤྱིའི་དཀར་ཆག་གི་བོད་ཡིག་རྩོམ་སྒྲིག་ཁང་དངོས་སུ་བཙུགས། སྤྱིའི་དཀར་ཆག་དེ་ནི་ཀྲུང་གོའི་བོད་རིག་པ་ཞིབ་འཇུག་ལྟེ་གནས་དང་པེ་ཅིན་གྲོང་ཁྱེར་མི་རིགས་དོན་གཅོད་ཨུ་ཡོན་ལྷན་ཁང་གཉིས་ཀྱི་མཉམ་ལས་ལས་གཞིའི་རྣམ་གྲངས་ཡིན་ལ། ཀྲུང་གོའི་བོད་རིག་པ་ཞིབ་འཇུག་ལྟེ་གནས་ཀྱི་རྒྱལ་ཁབ་རིམ་པའི་གཙོ་གནད་ལས་གཞིའི་རྣམ་གྲངས་ཤིག་ཀྱང་ཡིན། 2001ལོའི་ལོ་སྟོད་དུ་བོད་ཡིག་གི་གནའ་དཔེ་ཐོ་འགོད་པའི་གསོ་སྦྱོང་འཛིན་གྲྭ་གཉེར་བ་དང་། དེར་མཐུད་ནས་རྩོམ་སྒྲིག་ཁང་གིས་ཞིང་ཆེན་དང་རང་སྐྱོང་ལྗོངས་དང་གྲོང་ཁྱེར་དྲུག་གི་བོད་ཡིག་གནའ་དཔེའི་དཀར་ཆག་བཟོ་སྒྲིག་ལས་དོན་གྲོས་ཚོགས་ཐོག་གཏན་ལ་ཕབ་པའི་《〈ཀྲུང་གོའི་གྲངས་ཉུང་མི་རིགས་ཀྱི་གནའ་དཔེའི་སྤྱིའི་དཀར་ཆག་གནད་བསྡུས་ལས་བོད་ཡིག་གི་དེབ་〉ཐོ་འགོད་ལམ་སྟོལ་ཕྲ་ཞིབ་》(ཚོད་ལྟའི་དེབ་)གཞིར་བཟུང་སྟེ། འབྲེལ་ཡོད་ཐོ་འགོད་མི་སྣ་སྒྲིག་འཛུགས་བྱས་ནས་དཔེ་མཛོད་ཁང་དང་། ཡིག་ཚགས་ཁང་། ཚན་རིག་ཞིབ་འཇུག་ཁང་། མཐོ་རིམ་སློབ་གྲྭ། དཔེ་སྐྲུན་དང་ཡིག་སྐྲུན་ལས་ཁུངས་སོགས་སུ་ཐར་ཐོར་དུ་ཉར་བའི་བོད་ཡིག་གི་དཔེ་ཆ་རྣམས་དག་སྒྲིག་དང་དཀར་ཆག་བཟོ་བ། དཀར་ཆག་རིགས་འབྱེད། ཡིག་སྐྱུར་དང་ཞུས་དག ཞིབ་དཔྱོད་གཏན་འབེབས་ལ་སོགས་པའི་ལས་ཀ་བྱས། དེ་ལྟར་ཚང་མས་མཉམ་དུ་འབད་བརྩོན་བྱས་པ་བརྒྱུད་སྤྱིའི་དཀར་ཆག་འདིའི་དཔེ་ཚོགས་ཀྱི་དེབ་ཐོག་མ་པར་དུ་བསྐྲུན་ཐུབ་པ་བྱུང་། དཔེ་ཚོགས་འདི་ཉིད་པར་དུ་བཏབ་པ་ལས་པེ་ཅིན་ས་ཁུལ་གྱི་བོད་ཡིག་གནའ་དཔེ་དག་སྒྲིག་ལས་ཀའི་དུས་རིམ་རང་བཞིན་གྱི་གྲུབ་འབྲས་མངོན་ཡོད་ལ། 《པེ་ཅིན་ས་ཁུལ་གྱི་བོད་ཡིག་གནའ་དཔེའི་དཀར་ཆག་ཆེན་མོ་》དང་། 《ཀྲུང་གོའི་གྲངས་ཉུང་མི་རིགས་ཀྱི་གནའ་དཔེ་སྤྱིའི་དཀར་ཆག་གནད་བསྡུས་ལས་བོད་ཡིག་གི་དེབ་》འབྲི་བའི་ལས་ཀར་དགེ་མཚན་ལྡན་པའི་རྨང་གཞིའི་ཆ་རྐྱེན་བསྐྲུན་པར་མ་ཟད། མ་འོངས་པར་པེ་ཅིན་ས་ཁུལ་གྱི་བོད་ཡིག་གི་ཡིག་རིགས་དང་བོད་ཡིག་གི་རྗེ་བཀོས་ཡི་གེའི་དཀར་ཆག་སྒྲིག་པ་དང་འབྲི་བའི་ལས་ཀར་ཡང་མཐུན་རྐྱེན་བབ་མཐུན་བསྐྲུན་ཡོད་པ་རེད།

## བཞི།

སྤྱིར་དཀར་ཆག་གི་དཔེ་ཚོགས་འདིའི་ནང་ཀྲུང་གོའི་བོད་རིག་པ་ཞིབ་འཇུག་ལྟེ་གནས་ཀྱི་དཔེ་མཛོད་ཁང་དང་། ཀྲུང་གོའི་སྤྱི་ཚོགས་ཚན་རིག་ཁང་གི་མིའི་རིགས་རིག་པ་དང་མི་རིགས་རིག་པ་ཞིབ་འཇུག་ཁང་གི་དཔེ་མཛོད་ཁང་། གནའ་བོའི་ཕོ་བྲང་དངོས་མང་བཤམས་མཛོད་ཁང་གི་དཔེ་མཛོད་ཁང་། རྒྱལ་ཁབ་དཔེ་མཛོད་ཁང་། ཀྲུང་དབྱང་མི་རིགས་སློབ་ཆེན་གྱི་དཔེ་མཛོད་ཁང་། ཀྲུང་གོའི་བོད་བརྒྱུད་མཐོ་རིམ་ནང་བསྟན་སློབ་གླིང་

གི་དཔེ་མཛོད་ཁང་། རྒྱལ་ཁབ་མི་རིགས་ཡིག་སྒྱུར་ལྟེ་གནས་ཀྱི་དཔེ་མཛོད་ཁང་། དགའ་ལྡན་བྱིན་ཆགས་གླིང་ལ་སོགས་པའི་ལས་ཁུངས་དུ་མར་ཉར་ཚགས་བྱས་ཡོད་པའི་བོད་ཡིག་དཔེ་རྙིང་དང་ཚད་ལྡན་ཡིག་རིགས་ཀྱི་དཀར་ཆག་ཚུད་ཡོད། དཀར་ཆག་དཔེ་དེབ་འདིའི་ནང་གཙོ་བོ་མི་རིགས་རིག་གནས་ཕོ་བྲང་གི་དཔེ་མཛོད་ཁང་(ཀྲུང་གོའི་མི་རིགས་དཔེ་མཛོད་ཁང་)དུ་ཉར་བའི་བོད་ཡིག་གི་གནའ་དཔེ་དང་ཡིག་ཆ་ཚད་ལྡན་དག་བསྡུས་ཡོད། ཀྲུང་གོའི་མི་རིགས་དཔེ་མཛོད་ཁང་དུ་ཉར་བའི་བོད་ཡིག་གི་གནའ་དཔེ་ལ་ཆེ་ཕྱོགས་ནས་རིགས་གཙོ་བོ་འདི་དག་ཡོད་པ་སྟེ། དང་པོ་རིག་གནས་ཆེ་ཆུང་བཅུའི་སྐོར། གཉིས་པ་ལོ་རྒྱུས་དེབ་ཐེར་གྱི་སྐོར། གསུམ་པ་མཚན་ཉིད་རིག་པའི་སྐོར་བཅས་སོ། དེབ་འདིའི་ནང་དུ་བོད་ཡིག་དཔེ་རྙིང་མཚན་བྱང་དཀར་ཆག་ཏ་ལམ་2600ལྷག་བྲིས་པ་དང་། བོད་ཡིག་གནའ་དཔེ་དག་སྒྲིག་དང་ཐོ་འགོད་བྱས་ཟིན་པའི་པོད་བསྡོམས་པས་400དང་། ཆོས་ཚན་2634དང་། ཤོག་ལྷེ་95243བཅས་ཡོད་དོ། དཔེ་ཆ་འདིས་པེ་ཅིན་ས་ཁུལ་གྱི་བོད་ཡིག་གནའ་དཔེའི་དཀར་ཆག་རིགས་དབྱེའི་བཀོལ་སྟངས་གཞིར་བཟུང་ཁར་བོད་ཡིག་གནའ་དཔེའི་ཁྱད་ཆོས་ལྟར་རིགས་ཕྱེ་བ་སྟེ། གཙོ་བོར་བཀའ་བསྟན་འགྱུར་གྱི་རིགས་དང་བོན་འི་བཀའ་ཆོས་ཀྱི་རིགས། སྐྱེས་བུ་དམ་པའི་གསུང་འབུམ་གྱི་རིགས། གསུང་ཆོས་ཕྱོགས་བསྒྲིགས་ཀྱི་རིགས། རིག་གནས་ཆེ་བ་ལྔའི་རིགས། རིག་གནས་ཆུང་བ་ལྔའི་རིགས། ལོ་རྒྱུས་དེབ་ཐེར་གྱི་རིགས། ཏུན་ཧོང་ནས་ཐོན་པའི་བོད་ཀྱི་གནའ་རབས་ཡིག་ཆའི་རིགས། རྡོ་རིང་ཡི་གེའི་རིགས། ལོ་རྒྱུས་ཡིག་ཚགས་ཀྱི་རིགས། གནའ་རབས་བཅའ་ཡིག་གི་རིགས། མཚན་ཉིད་རིག་པའི་རིགས། གསང་སྔགས་ཀྱི་རིགས། ཆོས་སྤྱོད་ཞལ་འདོན་གྱི་རིགས། དཀར་ཆག་གི་རིགས་སོགས་༧༥ཡོད། དཔེ་ཆ་འདི་དག་གི་ནང་དོན་དེ་མཚན་ཉིད་རིག་པ་དང་ཆོས་ལུགས་དང་། ལོ་རྒྱུས། སྐད་ཡིག རྩོམ་རིག སྨན་ཡིག སྐར་རྩིས། བཟོ་རིག་ལག་རྩལ་སོགས་ཀྱི་ཐད་ཀྱི་རིག་གཞུང་ཞིབ་འཇུག་གི་འབྲས་བུ་དང་འབྲེལ་བ་ཡོད།

བོད་ཡིག་གནའ་དཔེའི་དཀར་ཆག་གནད་བསྡུས་འབྲི་བའི་དམིགས་ཡུལ་གཙོ་བོ་གང་ཡིན་ཞེ་ན། ཐོག་མར་བོད་རིག་པ་ཞིབ་འཇུག་གི་ལས་ཀ་བྱེད་མཁན་དང་འབྲེལ་ཡོད་ཞིབ་འཇུག་མི་སྣ་གཞན་དག་གིས་པེ་ཅིན་ས་ཁུལ་གྱི་བོད་ཡིག་གནའ་དཔེ་ཡོད་ས་དང་དེའི་གནས་ཚུལ་རགས་ཙམ་རྟོགས་རྒྱུར་མཐུན་རྐྱེན་སྦྱོར་ཐུབ་པ་དང་གཅིག བོད་ཡིག་གི་གནའ་དཔེ་དང་དཔྱད་གཞི་ཡིག་རིགས་འདི་དག་གི་འབྱུང་ཁུངས་དང་པར་གཞིའི་གནས་ཚུལ་རོབ་ཙམ་རྟོགས་ཐུབ་པ་དང་གཉིས། གོང་སྨྲས་དཔེ་མཛོད་ཁང་དུ་བོད་ཡིག་གི་གནའ་དཔེ་ཉར་བའི་ཁྱད་ཆོས་དང་། རིག་གཞུང་ཞིབ་འཇུག་གི་རིན་ཐང་། ཚད་ལྡན་ཡིག་ཆ་བེད་སྤྱོད་ཀྱི་རིན་ཐང་བཅས་ཀྱི་གནས་ཚུལ་ཆེ་ཕྱོགས་ནས་རྟོགས་ཐུབ་པ་དང་གསུམ། རང་ཉིད་ཀྱིས་ཟུར་ལྟ་དང་ཞིབ་འཇུག་བྱ་འདོད་ཡོད་པའི་བོད་ཡིག་གི་གནའ་དཔེ་དང་ཚད་ལྡན་ཡིག་ཆ་སྟབས་བདེ་པོའི་ངང་ནས་འཚོལ་ཐུབ་པ་དང་། དེའི་སྤྱི་ཚོགས་ཀྱི་བྱེད་ལས་འདོན་སྤེལ་ཐུབ་པ་དང་བཞི། བོད་ཡིག་གནའ་དཔེའི་ནང་ན་བཟོ་རིག་པ་དང་གསོ་བ་རིག་པ་དང་། སྒྲ་རིག་པ། གཏན་ཚིགས་རིག་པ། སྐར་རྩིས་རིག་པ། སྙན་དངགས། མངོན་བརྗོད། སློབ་སྦྱོར་སོགས་བོད་ཀྱི་སྲོལ་རྒྱུན་རིག་གནས་ཞིབ་འཇུག་གི་ཐད་ལ་དཔྱད་གཞིའི་རིན་ཐང་དང་གཞན་ན་མེད་པའི་ཞིབ་འཇུག་གི་རིན་ཐང་ཏ་ཅང་ཆེན་པོ་ལྡན་པ། བོད་ཡིག་གནའ་དཔེའི་ནང་ན་རྒྱལ་རབས་དང་རྣམ་ཐར་དང་། སྐྱེས་རབས། རྟོགས་བརྗོད། ཆོས་འབྱུང་། གདུང་རབས། གདན་རབས། གནས་མཆོག་དཀར་ཆག་སོགས་བོད་ཀྱི་ལོ་རྒྱུས་ཞིབ་འཇུག་གི་སྐོར་ལ་དཔྱད་གཞིའི་རིན་ཐང་དང་གཞན་ན་མེད་པའི་ཞིབ་འཇུག་གི་རིན་ཐང་ཏ་ཅང་ཆེན་པོ་ལྡན་པ། བོད་ཡིག་གནའ་དཔེའི་ནང་ན་ཚད་མའི་རྣམ་འགྲེལ་དང་ཤེར་ཕྱིན། བྱམས་ཆོས། སེམས་ཙམ། དབུ་མ། མངོན་པ་མཛོད། ལམ་རིམ། གྲུབ་མཐའ། བློ་སྦྱོང་། ལྟ་འཁྲིད། སྤྱོད་འཇུག ཀློང་ཆེན་སྙིང་ཐིག ལུགས་ཀྱི་བསྟན་བཅོས་སོགས་བོད་བརྒྱུད་ནང་བསྟན་དང་མདོ་སྔགས་ཀྱི་ཕྱོགས་ལ་དཔྱད་གཞིའི་རིན་ཐང་དང་གཞན་ན་མེད་པའི་ཞིབ་འཇུག་གི་རིན་ཐང་ཏ་ཅང་ཆེན་པོ་ལྡན་པ་ལྔ་དང་བཅས་སོ། །

《པེ་ཅིན་ས་ཁུལ་གྱི་བོད་ཡིག་གནའ་དཔེའི་དཀར་ཆག་དཔེ་ཚོགས་》ཞེས་པ་འབྲི་བའི་ལས་ཀ་འདི་མགོ་བརྩམས་པ་ནས་འགྲུབ་པའི་བར་ལོ་བཅུ་ལྷག་ཕྱིན་ཡོད། ཀྲུང་གོའི་བོད་རིག་པ་ཞིབ་འཇུག་ལྟེ་གནས་ཀྱི་ཏང་

ཙུའུ་དང་། ཕེ་ཅིན་གྲོང་ཁྱེར་མི་རིགས་དོན་གཅོད་ཨུ་ཡོན་ལྷན་ཁང་གིས་རྒྱབ་སྐྱོར་ཤུགས་ཆེན་པོ་གནང་བ་དང་། ཀྲུང་གོའི་བོད་རིག་པ་ཞིབ་འཇུག་ལྟེ་གནས་དང་དེའི་འབྲེལ་ཡོད་སྡེ་ཁག་དང་འབྲེལ་ཡོད་ཞིབ་འཇུག་མི་སྣས་རོགས་རམ་ཆེན་པོ་གནང་འོག་ལས་གཞི་འདི་ཉིད་ལེགས་འགྲུབ་བྱུང་བ་རེད། དཔེ་ཚོགས་འདི་ནི་ལས་གཞི་ཚོ་ཚུང་གི་ལས་བྱེད་མི་སྣ་ཡོངས་ཀྱིས་ཐུན་མོང་ཐོག་འབད་བརྩོན་བྱས་པ་བརྒྱུད་ནས་ཐོབ་པའི་གྲུབ་འབྲས་གལ་ཆེན་ཞིག་དང་ཐུན་མོང་གི་བློ་གྲོས་ཀྱི་ཉིང་བཅུད་ཡིན། འདིས་ སྔར་ལས་ལྷག་པའི་སྒོ་ནས་པེ་ཅིན་ས་ཁུལ་དུ་ཡོད་པའི་བོད་ཀྱི་རིག་གནས་ཤུལ་བཞག་ཕྱུན་སུམ་ཚོགས་པ་ཀུན་གྱི་སྤྱན་ལམ་དུ་བཤམས་པ་ཡིན་ལ། བོད་རིགས་མི་དམངས་ཀྱིས་ཀྲུང་ཧྭའི་ཤེས་རིག་གསར་གཏོད་ལ་བཞག་པའི་བྱས་རྗེས་ཐུན་མོང་མ་ཡིན་པའང་འདི་ལས་མཚོན་གྱི་ཡོད། དཔེ་དེབ་འདི་པར་དུ་བསྐྲུན་པ་བརྒྱུད་ནས་མི་རིགས་ཁག་གི་མི་དམངས་ཀྱིས་བོད་ཀྱི་རིག་གནས་ལོ་རྒྱུས་ལ་ཕྱོགས་ཡོངས་ནས་ཤེས་རྟོགས་ཐུབ་པར་ཤུགས་སྣོན་དང་། མི་རིགས་ཁག་བར་གྱི་རིག་གནས་སྤེལ་རེས་ལ་སྐུལ་འདེད། བོད་ཀྱི་སྲོལ་རྒྱུན་རིག་གནས་ཕུལ་བྱུང་དར་སྤེལ། མི་རིགས་མཐུན་སྒྲིལ་ལ་ཡར་སྐྱོལ། མེས་རྒྱལ་གཅིག་གྱུར་སྲུང་སྐྱོང་། བློ་སྤོབས་སྔར་བས་ཆེ་རུ་བསྐྱེད་ནས་བོད་ལྗོངས་དང་བོད་ཁུལ་གཞན་དག་གི་སྤྱི་ཚོགས་ཁྱོན་ཡོངས་ནས་ཡར་ཐོན་ཡོང་བར་སྐུལ་འདེད་བཏང་ཐུབ་པའི་རེ་སྨོན་འཆང་བཞིན་ཡོད་དོ། །

# 前　言

在人类漫长的文明进程中，中华民族创造了丰富多彩的中华文化，为世人留下了诸多宝贵的物质和精神财富。就藏族而言，藏民族不仅创造了自己的文字，而且用本民族文字书写、刊印了数量巨大的古籍文献，形成了自己独特的民族文化，成为中华文化重要组成部分。藏族文化是古老的，从五千年前的西藏新石器时代的遗址中我们找到它的源头和根须；藏族文化是丰富的，无论在哲学、宗教、伦理道德，还是在历史地理、语言文字、天文历算、藏医藏药、文学艺术、文化教育等诸多领域，在长期的文化积淀中都取得了丰硕而灿烂的成果。这些民族古籍文献承载着丰厚的历史和多彩的文化，具有十分重要的历史文化价值和学术研究价值。

## 一

藏族是一个具有灿烂文化的民族，她保存了大量的佛教经典《藏文大藏经》，保留了独特的藏传佛教文化和苯教文化，保存了世界上最长的英雄史事《格萨尔王传》，他还保留了高海拔地区所特有的独特的藏医学和生命科学气功（藏密气功）等丰富的藏文化。藏族文化是古老的，也是丰富的，一千三百年来，仅翻译的佛经藏文《大藏经・甘珠尔》和藏文《大藏经・丹珠尔》就有十多种不同版本，约两千函左右；苯教《大藏经・甘珠尔》和苯教《大藏经・典珠尔》，就现有馆藏看，不同版本就有三种，约上千函；藏民族的高僧大德有文集存世的约有三百多家，平均每家按五函计算，至少也在两千函以上；多个作者的同类著作汇集在一起的“汇编”约有千函左右；零散著作其数量虽说一时难以估算，但至少不少于汇编类的数量；藏文文书，仅西藏自治区档案馆收藏就有400万件；藏文典籍，仅甘肃拉卜楞寺印经院经函就达22万部；典籍印版，仅四川德格寺印经院收存有30余万块，文字量多达2.5亿之巨，且种类浩繁、数量巨大。这些藏文古籍文献，承载着丰厚的历史和丰富的文化，具有十分重要的文献价值、极高的保存价值和独特的研究价值。

## 二

藏文典籍目录的编辑、整理，早在吐蕃王朝时期就已开始，先后编成旁塘、钦浦和丹噶等三大目录。其中《丹噶目录》尚存于藏文《大藏经・丹珠尔》杂部中，《旁塘目录》于2003年12月由民族出版社整理出版。《旁塘目录》所收经论分为19类，是以大乘、小乘、显宗、密宗，经、律、论为次第来分类的。经藏中又以般若、方广、宝积、大集为编次，它为藏文佛典的分类开创了先河。18世纪末，隆朵喇嘛·阿旺洛桑编纂《噶当、格鲁派高僧文集目录》，收文集40家，其中布敦·仁钦珠、宗喀巴大师等数家的子目尤为详细，其他较略。19世纪中叶，仲钦·希饶嘉措编著《罕见书目》，分藏文典籍为12类，其中文集类收90余家。1959年甘肃《拉卜楞寺书目》（油印本）中，分17大类，文集类收174家。1981年四川民族出版社出版的《德格印经院》收录藏版目录约400种，分总集、全集、医药、历算、语言、诗词、传记、史地、经论。1984年四川民族出版社出版的《藏文典籍目录（1）》、1989年民族出版社出版的《藏文典籍目录（2）》、1997年民族出版社出版的《藏文典籍目录（3）》中，收文集182家，附有作者小传，并收录每位作者的文集子目，目录为藏汉对照。1985年西藏人民出版社出版的《丹珠尔目录》，内容主要有佛教的诞生、高僧大德的事迹、佛经的基本内容、对佛经的阐释、阐述刻印部分经典的必要性、各学科分类目录、功德赞等。1985年青海民族出版社出版的《藏文典籍要目》收录178位的文集，子目约有2000条，其内容除佛学外，还涉及医学、语言学、历算、文学、历史、因明学等学科领域。1986年甘肃民族出版社出版的《卓尼丹珠尔目录》，主要介绍卓尼历代土司出资刻印《大藏经·丹珠尔》所有版本目录的情况。1989年四川民族出版社出版的《藏文〈大藏经·甘珠尔〉总目录》，内分显密两大部分。1989年西藏人民出版社出版《甘珠尔目录略部》依照各部、册，每册按页码顺序排列，各部还记有何人、何时译定等资料。1990年西藏人民出版社出版《布达拉宫典籍目录》，书中收录格鲁派历代上师的文集目录，并附有每位作者的生平简介。1993年青海民族出版社出版的《藏汉对照西藏大藏经总目录》将藏文大藏经改为按藏文字母顺序排列，并在每部书名后面，注明其所属部类。1994年中国藏学出版社出版的《德格印经院目录大全》（文集类细目）收文集3家，并有每位文集作者简介、内容概要、目录类别、细目等。1995年西藏刊印（内部）的《宁玛派文集目录》为布达拉宫所藏藏文典籍筛选辑成，收近百家文集目录，附有每函细目及作者简介。2000年中国藏学出版社出版的《德格印经院目录大全》（伏藏典籍目录）共有60多函，书后附有70多位伏藏大师的简历。2004年民族出版社出版的《哲蚌寺藏古籍目录》（上下）主要收有哲蚌寺十明殿藏经阁藏书目录22694种、哲蚌寺寝宫殿至尊兰仁巴藏经阁藏书目录3044种、郭芒扎仓藏经阁藏书目录1244种，另有该寺寝宫殿和郭芒扎仓两处所藏约100位作者的文集目录。2005年民族出版社出版的《觉囊派典籍目录》收有觉囊派15位大师文集，附有作者小传，细目为藏汉对照。2013年中国藏学出版社出版的《北京地区藏文古籍总目》收有中国藏学研究中心图书馆、国家图书馆、中国社会科学院民族学与人类学研究所图书馆、故宫博物院图书馆等单位典藏藏文古籍目录4000多条，其中有藏族历代高僧贤哲185位的文集目录，细目为藏汉对照。总目的类目主要有：大藏经部、苯教大藏经部、文集部、汇编部、大小五明类、史志类、显乘撰述类、密乘撰述类、法事讽诵类、目录类等。从上述不同目录可以看出，不同历史时期藏族高僧和学者刊印了大量藏族传统文化古籍图书和藏传佛教方面的研究成果，藏文典籍的分布十分广泛，藏量极为丰富。

## 三

北京是我国多民族国家的首都，也是全国政治文化的中心。作为历史文化中心，北京文化机构众多，大专院校林立，历史文物古迹琳琅满目，民族古籍同样分布广泛，藏量丰富。北京地区的民族古籍中，藏文典籍同样汗牛充栋。明清两代曾在北京刻印过《藏文大藏经》，明清两朝皇室还斥巨资抄写过各种珍贵精致的藏文佛经。民国以来北京的图书馆、高等院校、科研单位和皇家寺庙都陆续收集了许多重要的藏文典籍，对我国的历史研究和藏学研究的开展发挥过重要的作用。北京地区藏文典籍主要分布在中央有关部门和北京市相关单位，其中有专业图书馆及科研单位、大专院校、民族出版机构、民族翻译机构、佛学研究机构、文物研究机构、寺院等。中国藏学研究中心图书资料馆承担“北京地区藏文典籍总目”课题后，对北京地区主要图书馆及相关单位保存的藏文典籍作了整理和著录工作，并且编制了北京地区藏文典籍总目，整理藏文古籍约有20000函，著录目录约40000条。

为了进一步加强民族古籍的抢救、保护、整理和研究工作，1997年国家民族事务委员会下发《关于印发〈中国少数民族古籍总目提要〉编写纲要的通知》，旋即在全国范围内启动了编写《中国少数民族古籍总目提要》的大型文化工程。当时，北京市民族事务委员会古籍办未能参加各文种协作会议，并不了解全国要开展此项大型文化工程一事，后经我们与北京市民族事务委员会古籍办公室负责同志商谈协调，在大家共同努力下，2000年上半年便开始筹划北京地区少数民族古籍目录编写事宜，2000年底，北京市民族事务委员会古籍办公室先后在北京成立各文种编辑部，并确定该编辑部主任（课题负责人）。北京地区藏文古籍目录编写工作委托给中国藏学研究中心图书资料馆，并正式成立了北京地区民族古籍总目藏文编辑部。该总目为中国藏学研究中心与北京市民族事务委员会合作课题项目，也是中国藏学研究中心国家级的重点课题项目。2001年上半年，举办藏文古籍著录人员培训班。继而本编辑部按照六省区市藏文古籍编目工作会议上制定的《〈中国少数民族古籍总目提要·藏族卷〉著录细则》（试行本），组织有关著录人员对分散保存在各图书馆、档案馆、科研院所、高等院校、出版翻译等单位的藏文典籍进行整理著录、分类编目、翻译考究等项工作。经过大家的共同努力，这套总目丛书终于刊印问世。此丛书的刊印问世，既展示了北京地区藏文古籍整理编写工作的阶段性成果，也为《北京地区藏文古籍总目提要》乃至《中国少数民族古籍总目提要·藏族卷》的编写工作，创造了有利的基础条件。同时也为下一步整理编写北京地区藏文文书和藏文碑刻目录工作做了相应铺垫。

## 四

本总目丛书包括中国藏学研究中心图书馆、中国社会科学院人类学与民族学研究所图书馆、故宫博物院图书馆、国家图书馆、中央民族大学图书馆、民族文化宫图书馆、中国藏语系高级佛学院图书馆、国家民族翻译中心图书馆、雍和宫等数家单位所藏藏文古籍文献。该卷所收目录主要为中国民族图书馆（民族文化宫图书馆）馆藏藏文古籍文献，该馆典藏藏文古籍大的类目有：大小五明类、史志类、显乘撰述类。该馆所藏藏文古籍题名目录约2600余条，整理著录典籍400余函，2634种，95243页。

编写北京地区藏文古籍总目丛书的主要目的是：首先，可使藏学研究工作者和其他相关研究人员很方便地了解到北京地区藏文古籍的分布和收藏的基本概况；其次，可使藏学研究工作者和其他相关研究人员基本知道这部分藏文古籍文献资料的来源及版本情况；第三，可使藏学研究工作者和其他相关研究人员大概掌握上述图书馆收藏藏文古籍的特点、学术研究价值和文献利用价值情况；第四，可使藏学研究工作者和其他相关研究人员很方便地检索到自己需要参阅和研究的藏文古籍文献资料，发挥其应有的社会功效。

《北京地区藏文古籍总目丛书》的编写工作从启动到完成历时10年多。由于中国藏学研究中心党组、北京市民族事务委员会的大力支持，中国藏学研究中心及有关部门和相关研究人员的鼎力帮助，本课题得以顺利完成。本丛书是经过课题组全体工作人员共同努力取得的一项重要课题成果，是集体智慧的结晶。它进一步展示了藏族在北京丰富多彩的文化遗产，又反映了藏族人民在共同缔造中华文明中所做出的独特贡献。我们期望此书的刊印问世，能加强各族人民对藏族文化历史的全方位了解，促进各民族间的文化交流，弘扬藏族优秀传统文化，增进民族团结，维护祖国统一，进一步振奋精神，推动西藏及其他藏区社会的全面进步。

# སྔོན་གླེང་།

དང་པོ། དེབ་འདིའི་ནང་དུ་བསྡུས་པའི་གནའ་དཔེའི་དཀར་ཆག་ནི་མི་རིགས་རིག་གནས་ཕོ་བྲང་གི་དཔེ་མཛོད་ཁང་(ཀྲུང་གོའི་མི་རིགས་དཔེ་མཛོད་ཁང་)དུ་ཉར་ཚགས་བྱས་ཡོད་པའི་པར་གཞི་དང་བྲིས་མ་རིགས་འདྲ་མིན་སྣ་ཚོགས་ཀྱི་བོད་ཡིག་གནའ་དཔེའི་སྐོར་ཡིན།

གཉིས་པ། བོད་ཡིག་གནའ་དཔེའི་དཀར་ཆག་དེབ་བཞི་པ་འདིའི་ནང་མི་རིགས་རིག་གནས་ཕོ་བྲང་གི་དཔེ་མཛོད་ཁང་(ཀྲུང་གོའི་མི་རིགས་དཔེ་མཛོད་ཁང་)དུ་ཉར་བའི་བོད་ཡིག་གནའ་དཔེའི་དཀར་ཆག་༢༤༣༧བསྡུས་ཡོད།

གསུམ་པ། དཀར་ཆག་འདི་ཞིང་ཆེན་དང་ལྗོངས་གྲོང་ཁྱེར་དྲུག་གི་བོད་ཡིག་གནའ་དཔེའི་དཀར་ཆག་སྒྲིག་པའི་བྱ་བའི་གྲོས་ཚོགས་སྙིང་དུ་གཏན་ཁེལ་བྱས་པའི་བོད་ཡིག་གནའ་དཔེའི་དཀར་ཆག་ཐོ་འགོད་ཀྱི་རེའུ་མིག་དང་བླང་བྱ་ལྟར་ཐོ་འགོད་དང་རྩོམ་འབྲི་བྱས་པ་ཡིན་པས། ཞིང་ཆེན་དང་ལྗོངས་གྲོང་ཁྱེར་དྲུག་གི་དཔེ་ཚོགས་སྒྲིག་སྟངས་གཅིག་གྱུར་ཡོང་བར་ཁག་ཐེག་བྱས་ཡོད།

བཞི་པ། དཀར་ཆག་འདིར་བསྡུས་པའི་བོད་ཡིག་གནའ་དཔེ་དེ་དག་གི་བོད་ཡིག་གི་ཁ་བྱང་དང་། རྒྱ་ཡིག་གི་ཁ་བྱང་། པོ་ཏི། ཆོས་ཚན། ཤོག་གྲངས། རྩོམ་པ་པོ། བརྩམས་ཚེས་སམ་པར་འདེབས་ལོ་རབས། པར་འདེབས་སམ་ཉར་ཚགས་བྱེད་ཡུལ། ཤོག་གུ། པོ་ཏིའི་རིང་ཚད། ཡིག་གཟུགས། མདོག ཆ་ཚང་ཡིན་མིན། ཁྱད་པར་བའི་རྟགས་མཚན། གསོག་ཉར་གྱི་ཆ་རྐྱེན། ཉར་ཚགས་ཀྱི་ལས་ཁུངས། དག་སྒྲིག་པར་སྐྲུན་ལ་སོགས་པའི་སྒྲིག་རིམ་ལྟར་ཐོ་འགོད་བྱས་ཡོད། ཁ་བྱང་མེད་པའི་སྐོར་ལ་སྒྲིག་པ་པོས་གནའ་དཔེའི་ནང་དོན་ལྟར་ཁ་བྱང་ཞིག་བྲིས་ཡོད།

ལྔ་པ། དཀར་ཆག་འདིས་པེ་ཅིན་ས་ཁུལ་དུ་ཡོངས་ཁྱབ་ཏུ་བཀོལ་སྤྱོད་བྱེད་བཞིན་པའི་བོད་ཡིག་གནའ་དཔེའི་རིགས་དབྱེའི་རྩིས་གཞི་དེ་གཞིར་བཟུང་ནས། བཀའ་བསྟན་འགྱུར་གྱི་སྐོར་དང་། བོན་པོའི་བཀའ་བརྟེན་གྱི་སྐོར། གསུང་འབུམ་གྱི་སྐོར། ཕྱོགས་སྒྲིག་གི་སྐོར། ཐོར་བུའི་སྐོར། རིག་གནས་ཆེ་ཆུང་བཅུའི་སྐོར། ལོ་རྒྱུས་དེབ་ཐེར་གྱི་སྐོར། མཚན་ཉིད་རིག་པའི་སྐོར། གསང་སྔགས་ཀྱི་སྐོར། ཆོས་སྤྱོད་ཞལ་འདོན་གྱི་སྐོར། དཀར་ཆག་གི་སྐོར་སོགས་རིགས་ཆེ་བ་བཅུ་གཅིག་ཏུ་བགར་ཡོད། དེའི་ནང་གི་བཀའ་བསྟན་འགྱུར་གྱི་སྐོར་དང་། བོན་པོའི་བཀའ་བརྟེན་གྱི་སྐོར། གསུང་འབུམ་གྱི་སྐོར། ཕྱོགས་སྒྲིག་གི་སྐོར་དེ་དག་ཕུད། གཞན་དག་རིགས་སོ་སོའི་འོག་ཏུ་ཡང་རིམ་པ་གཉིས་པའི་རིགས་དབྱེ་འགའ་ཞིག་བགར་ཡོད།

དྲུག་པ། དཀར་ཆག་འདིར་བསྡུས་པའི་པར་གཞི་དང་བྲིས་མ་འདྲ་མིན་སྣ་ཚོགས་ལྡན་པའི་བོད་ཡིག་གནའ་དཔེ་དེ་དག་ལ་དཔེ་མཛོད་ཁང་རེ་རེ་སོ་ཁག་གཅིག་ཏུ་བྱས་ནས་བོད་ཡིག་གིས་རེའུ་མིག་ཐོ་འགོད་དང་དུས་མཉམ་དུ། རིགས་དབྱེ་དང་ཡིག་སྒྱུར། ཞིབ་བཤེར་གཏན་ཁེལ་བཅས་བྱས་ཤིང་རིགས་དབྱེའི་སོ་ཚན་དེ་དག་ག་མད་ལྟར་དཀར་ཆག་གི་དོན་ཚན་རྣམས་རེ་རེ་བཞིན་དུ་བྲིས་ནས་བཀོད་ཡོད།

བདུན་པ། བོད་ཡིག་གནའ་དཔེ་ཉར་ཚགས་ལས་ཁུངས་ཁ་ཤས་སུ་བོད་ཡིག་གནའ་དཔེ་རིགས་གཅིག་ཡིན་པ་དེའི་པར་གཞི་དང་བྲིས་མ་ཉར་ཡོད་པའི་སྐོར་ལ། དེའི་ལོ་རབས་དང་། ས་ཆ། བྲིས་པའི་ཡིག་གཟུགས་མི་འདྲ་བ་དང་། དེ་མིན་པར་འདེབས་དང་མ་ཡིག་བཤུ་བའི་བརྒྱུད་རིམ་ནང་མ་ཡིག་སྔོན་འཕྲི་བྱས་ཡོད་པའི་སྐོར་ལ་ཡང་དེབ་འདིའི་ནང་དུ་རེ་རེ་བཞིན་དུ་ཐོ་འགོད་བྱས་ཡོད།

བརྒྱད་པ། གློག་མཁན་རྣམས་ཀྱི་ལྟ་ཀློག་དང་འཚོལ་བདེ་བའི་ཆེད་དུ། དཀར་ཆག་འདིས་བོད་ཡིག་གནའ་དཔེའི་ཁྱད་ཆོས་གཞིར་བཟུང་ནས་པེ་ཅིན་ས་ཁུལ་དུ་ཡོངས་ཁྱབ་ཏུ་བཀོལ་སྤྱོད་བྱེད་བཞིན་པའི་བོད་ཡིག་གནའ་

དཔེའི་རིགས་དབྱེའི་རྟུས་གཞི་དེ་བོད་སྤྱོད་དེ་རིགས་དབྱེ་ཆེ་གྲས་ཀྱི་འོག་ཏུ་རིམ་པ་གཉིས་པ་དང་རིམ་པ་གསུམ་པའི་རིགས་དབྱེའི་སྡེ་ཚན་འགའ་ཞིག་བཀར་ཡོད་ཅིང་། རིགས་དབྱེའི་སྡེ་ཚན་ཆེ་ཆུང་གང་ཡིན་རུང་ཚང་མ་བོད་ཡིག་ཀ་ཁྲིད་རིམ་བསྟར་ལྟར་ཐོ་འགོད་དང་དོན་ཚན་ཞིབ་ཏུ་བཀོད་ཡོད།

དགུ་པ། དེབ་འདིའི་ནང་《པེ་ཅིན་ས་ཁུལ་གྱི་བོད་ཡིག་གནའ་དཔེའི་དཀར་ཆག་ཆེན་མོའི་དཔེ་ཚོགས་》(དེབ་དང་པོ་)ཡི་འགོ་བརྗོད་དེ་དག་བཅོས་མེད་སོར་བཞག་བྱས་ཡོད།

བཅུ་པ། ལས་གཞི་འདིའི་དུས་ཚོད་ཏ་ཆང་ཐུང་བའི་རྐྱེན་གྱིས་དཀར་ཆག་འདིའི་ནང་གི་རིགས་དབྱེའི་སྡེ་ཚན་སོ་སོར་བསྐྱར་ཞིབ་བྱུང་བའི་སྐྱོར་འདོར་ལེན་བྱས་མེད་པའི་རིགས་དེ་ལས་གཞིའི་བྱ་བ་ཡོད་ཚད་ཀྱི་མཇུག་རྫོགས་རྗེས་སླར་ཡང་བསྐྱར་ཞིབ་མེད་པའི་དཀར་ཆག་གི་དཔེ་ཆ་གསར་པ་ཞིག་རྩོམ་སྒྲིག་བྱ་རྒྱུ་ཡིན།

# 编　例

一、本目录收录的是民族文化宫图书馆（中国民族图书馆）所藏的各种不同版本和抄本的藏文古籍文献。

二、本目录共收录民族文化宫图书馆（中国民族图书馆）馆藏藏文典籍目录2634条。

三、本目录按照六省区市藏文古籍编目工作会议上确定的藏文古籍卡片著录格式和要求著录编写，以确保六省区市系列丛书体例统一。

四、本目录所录藏文典籍依藏文题名、汉译题名、函数、卷数、页数、著者、著述或刻印年代、刻印或藏版地、纸张、梵夹本长度、字体、字色、是否残缺、特殊标志、保存程度、收藏单位、整理出版等为序，依次著录。凡无题名者，著录者根据其内容拟写书名。

五、本目录参照北京地区通用的藏文典籍分类方法，分为藏文大藏经、苯教大藏经、文集、汇编、零散著作、大小五明、史志、显乘撰述、密乘撰述、法事诵文、目录等十一大类。除藏文大藏经、苯教大藏经、文集、汇编外，其余各部类下又分设若干个二级类目。

六、本目录收录各种不同刻版和抄本的藏文典籍，以每个图书馆为单位用藏文著录卡片，然后整理分类翻译审定，每类并按藏文字母顺序编列条目。

七、有的收藏单位存有同一种典籍的不同刻本或抄本，因其年代、地域、书写风格不同，以及在刊印或传抄过程中其内容有所增删，本书也将逐一著录存目。

八、为了便于检索查阅，本目录根据藏文典籍文献的特点，参照北京地区通用的藏文典籍分类方法，在各大部类下又分设若干个二级或三级类目，无论大小类目均按藏文字母顺序编列条目。

九、本书保留了《北京地区藏文古籍目录丛书》（1）的总序、序一、序二、序三。

十、因受课题时间限制，本目录各类目未能查重剔除，待课题完全结束后再作查重整理并编制一套无重复目录解题本。

# དཀར་ཆག

# 目　录

# ཀྲུང་གོའི་མི་རིགས་དཔེ་མཛོད་ཁང་དུ་ཉར་བའི་བསྟན་བཅོས་མཚན་བྱང་གི་རིགས་དབྱེའི་དཀར་ཆག

## དང་པོ། དཔེ་ཆའི་རིགས།

# 中国民族图书馆馆藏书题分类目录

**甲编　书籍类七**

# ཀྲུང་གོའི་མི་རིགས་དཔེ་མཛོད་ཁང་དུ་ཉར་བའི་བསྟན་བཅོས་མཚན་བྱང་གི་རིགས་དབྱེའི་དཀར་ཆག

# 中国民族图书馆馆藏书题分类目录

## དང་པོ། དཔེ་ཆའི་རིགས།

## 甲编　书籍类七

## དང་པོ། རིག་གནས་ཆེ་ཆུང་བཅུའི་སྐོར།

## 一、明处类

### ༡、བཟོ་རིག་པའི་སྐོར།

### 1. 工巧明

༄༅། །སྐུ་གཟུགས་ཐིག་རྩ་རབ་གསལ་ཉི་མ་ཞེས་བྱ་བ་བཞུགས་སོ། །

**造像量度·光明日**

1 种，35 页。

འཇུ་མི་ཕམ་འཇམ་དབྱངས་རྣམ་རྒྱལ་རྒྱ་མཚོ། 局米盼·降央南杰嘉措（1846—1912）撰述。

四川省甘孜藏族自治州德格县德格地区德格寺印经院木刻版之刻印本。

普通藏纸，梵夹装短印本（38.3×5.8cm），楷体，墨色，横刊藏文六行，四周双栏，全。

索书号：000393/1。保存基本完好，今藏民族文化宫中国民族图书馆。

༄༅། །ཆ་ཚད་ཀྱི་བསྟན་བཅོས་མཁས་པའི་འཇུག་ངོགས་ཞེས་བྱ་བ་བཞུགས་སོ། །

**单位度量论·智者津梁**

1 种，19 页。

ཨ་ཀྱཱ་བློ་བཟང་བསྟན་འཛིན་རྒྱལ་མཚན། 阿迦·洛桑丹增坚参（1708—1768）撰述。

青海省湟中县鲁沙尔地区塔尔寺（固奔乾巴林）印经院木刻版之刻印本。

普通藏纸，梵夹装中印本（47.9×6.3cm），楷体，墨色，横刊藏文六行，四周双栏，全。

索书号：001222/23。保存基本完好，今藏民族文化宫中国民族图书馆。

༄༅། །མཆོད་རྟེན་གྱི་ཐིག་རྩ་བསྒྲགས་པས་འགྲུབ་པ་ཞེས་བྱ་བ་བཞུགས་སོ། །

**灵塔量度法·诵则成义**

1 种，9 页。

དངུལ་ཆུ་དབྱངས་ཅན་གྲུབ་པའི་རྡོ་རྗེ། 欧曲·央坚珠贝多结（1809—1887）撰。

西藏自治区日喀则地区扎喜格培林寺印经院木刻版之刻印本。

普通藏纸，梵夹装中印本（49×6.5cm），

楷体，墨色，横书藏文六行，四周双栏，全。

索书号：001015/25。保存基本完好，今藏民族文化宫中国民族图书馆。

༧༢། །མཆོད་རྟེན་བརྒྱ་རྩ་བརྒྱད་གདབ་པའི་ཆོ་ག་མཁན་ཆེན་ཞི་བ་འཚོས་མཛད་པ་ལས་ཕྱུང་ངར་བསྡུས་པ་དྲི་མེད་ལམ་འཇུག་ཅེས་བྱ་བ་བཞུགས་སོ། །

**从大堪波寂护著作中略集一百零八灵塔仪轨·入无垢道**

1 种，24 页。

ཀོང་སྤྲུལ་ཡོན་ཏན་རྒྱ་མཚོ། 贡朱·云丹嘉措（1813—1890）撰述。

四川省甘孜藏族自治州德格县德格地区德格寺印经院木刻版之刻印本。

普通藏纸，梵夹装中印本（缩印本），楷体，墨色，横刊藏文六行，四周双栏，全。

索书号：004426/23。保存基本完好，今藏民族文化宫中国民族图书馆。

༧༣། །མཆོད་རྟེན་ཐིག་དང་ཀུན་འཁོར་བཞུགས་སོ། །

**塔之弹线与周绕文**

1 种，2 页。

ཐེ་བོ་བློ་བཟང་བསམ་གཏན། 迭部·洛桑三丹（1687—1749）撰述。

多麦地区藏传佛教噶旦强曲却培林寺印经院木刻版之刻印本。

普通藏纸，梵夹装中印本（45.7×6cm），楷体，墨色，横刊藏文六行，四周双栏，全。

索书号：000880/4。保存基本完好，今藏民族文化宫中国民族图书馆。

༧༤། །ཐང་འཁོར་སོགས་ཀྱི་རྒྱབ་ཡིག་སྨོན་ཚིག་སྐོར་བཞུགས་སོ། །

**佛像画轴及法轮等之背文、愿文等类**

1 种，2 页。

ཀུ་གེ་ཡོངས་འཛིན་བློ་བཟང་བསྟན་འཛིན། 古格雍增·洛桑丹增（1748—1813）撰述。

西藏地区藏传佛教寺院印经院木刻版之刻印本。

普通藏纸，梵夹装中印本（48.2×6.5cm），楷体，墨色，横刊藏文六行，四周双栏，全。

索书号：003831/21。保存基本完好，今藏民族文化宫中国民族图书馆。

༧༥། །ཐིག་གི་ལག་ལེན་དུ་མ་གསལ་བར་བཤད་པ་བཟོ་རིག་མཛེས་པའི་ཁ་རྒྱན་ཞེས་བྱ་བ་བཞུགས་སོ། །

**弹线作法多种说明·工巧明美妙饰**

1 种，83 页。

རོང་ཐ་བློ་བཟང་དམ་ཆོས་རྒྱ་མཚོ། 荣塔·洛桑丹曲嘉措（1805—1900）撰述。

四川康区藏传佛教寺院印经院木刻版之刻印本。

普通藏纸，梵夹装中印本（45.1×6.1cm），楷体，墨色，横刊藏文六行，四周双栏，全。

索书号：004526/5。保存基本完好，今藏民族文化宫中国民族图书馆。

༧༦། །ཐིག་རྩའི་རིམ་པ་འཕྲེང་བ་སོགས་ལས་བཏུས་ཏེ་བཀོད་པ་བཞུགས་སོ། །

**量度次第鬘等中选编**

1 种，21 页。

འབུལ་སྟོད་པ་བློ་བཟང་ཡེ་ཤེས་བསྟན་པའི་རྒྱལ་མཚན། 布堆巴·洛桑益希丹贝坚参（约 19 世纪下半叶）撰述。

西藏地区藏传佛教寺院印经院传抄之缮写本。

普通藏纸，梵夹装短印本，楷体，墨色，横书藏文六行，四周双栏目，全。

索书号：003829/14。保存基本完好，

今藏民族文化宫中国民族图书馆。

༄༅། །དག་ཡིག་མཁས་པའི་འབྱུང་གནས་ཞེས་བྱ་བ་ལས་བཟོ་རིག་པའི་སྐོར་བཞུགས་སོ། །

**藏文正字学·智者之源中工巧明类**

1 种，12 页。

ལྕང་སྐྱ་རོལ་པའི་རྡོ་རྗེ། 章嘉·若贝多结（1717—1786）撰述。

北京地区藏传佛教皇家寺院印经院木刻版之刻印本。

普通纸，梵夹装中印本（46.8×6.1cm），楷体，墨色，横刊藏文六行，四周双栏，全。

索书号：000766/11。保存基本完好，今藏民族文化宫中国民族图书馆。

༄༅། །དཔལ་གསང་སྔགས་རྒྱུད་པ་གྲྭ་ཚང་གི་གཏོར་བཟོའི་རིམ་པའི་རྣམ་བཤད་མདོར་བསྡུས་བཞུགས་སོ། །

**吉祥密宗学院之制作朵玛次第略说**

1 种，3 页。

པཎ་ཆེན་ཨེར་དེ་ནི་བློ་བཟང་དཔལ་ལྡན་ཡེ་ཤེས། 班禅额尔德尼·洛桑白旦益希（1738—1780）撰述。

西藏自治区日喀则地区扎什伦布寺印经院木刻版之刻印本。

普通藏纸，梵夹装中印本（49.1×6.8cm），楷体，墨色，横刊藏文六行，四周双栏，全。

索书号：000672/5。保存基本完好，今藏民族文化宫中国民族图书馆。

༄༅། །བྱང་ཆུབ་ཆེན་པོའི་མཆོད་རྟེན་གྱི་ཚད་ཅེས་བྱ་བ་བཞུགས་སོ། །

**大菩提塔之量度**

1 种，4 页。

བུ་སྟོན་རིན་ཆེན་གྲུབ། 布敦·仁钦珠（1290—1364）撰述。

西藏地区藏传佛教寺院印经院木刻版之刻印本。

普通藏纸，梵夹装中印本（49.7×7cm），楷体，墨色，横刊藏文七行，四周双栏，全。

索书号：003078/12。保存基本完好，今藏民族文化宫中国民族图书馆。

༄༅། །གཞལ་ཡས་ཁང་གི་གནས་ལུགས་གསལ་བྱེད་ཅེས་བྱ་བ་བཞུགས་སོ། །

**无量宫量度概况明解**

1 种，22 页。

བུ་སྟོན་རིན་ཆེན་གྲུབ། 布敦·仁钦珠（1290—1364）撰述。

西藏自治区拉萨地区孜雪印经院木刻版之刻印本。

普通藏纸，梵夹装中印本（49.7×7cm），楷体，墨色，横刊藏文六行，四周双栏，全。

索书号：003076/11。保存基本完好，今藏民族文化宫中国民族图书馆。

༄༅། །བཟོ་དང་གསོ་བ། སྐར་རྩིས་རྣམས་ལས་བྱུང་བའི་མིང་གི་གྲངས་བཞུགས་སོ། །

**工艺学、医学、历算学等所出名目**

1 种，22 页。

ཀློང་རྡོལ་བླ་མ་ངག་དབང་བློ་བཟང་། 隆朵喇嘛·阿旺洛桑（1719—1795）撰述。

北京地区藏传佛教皇家寺院印经院木刻版之刻印本。

普通藏纸，梵夹装中印本（53×7.1cm），楷体，墨色，横刊藏文六行，四周双栏，全。

索书号：001004/17。保存基本完好，今藏民族文化宫中国民族图书馆。

༄༅། །བཟོ་གནས་ཉེར་མཁོའི་ཟ་མ་ཏོག་བཞུགས་སོ། །

**工巧明处必需之宝箧**

1 种，34 页。

འཇུ་མི་ཕམ་འཇམ་དབྱངས་རྣམ་རྒྱལ་རྒྱ་མཚོ། 局米盼 · 绛央南杰嘉措（1846—1912）撰述。

四川省甘孜藏族自治州德格县德格地区德格寺印经院木刻版之刻印本。

普通藏纸，梵夹装短印本（38.3 × 5.8cm），楷体，墨色，横刊藏文六行，四周双栏，全。

索书号：000393/2。保存基本完好，今藏民族文化宫中国民族图书馆。

༄༅། །རང་བསྲུང་འཁོར་ལོ་རྒྱས་པ་བྲིས་ཚུལ་ཤིན་ཏུ་གསལ་བ་བཞུགས་སོ། །

**防身护轮绘制法广篇**

1 种，15 页。

ས་སྐྱ་ངག་དབང་ཀུན་དགའ་རིན་ཆེན། 萨迦 · 阿旺衮噶仁钦（1517—1584）撰述。

西藏地区藏传佛教寺院印经院传抄之缮写本。

普通藏纸，梵夹装中印本（缩印本），草体，墨色，横书藏文七行，四周双栏，全。

索书号：003214/23。保存基本完好，今藏民族文化宫中国民族图书馆。

༄༅། །སྲིད་པའི་འཁོར་ལོ་ཆ་ལྔ་པའི་འབྲི་ཚུལ་བཞུགས་སོ། །

**生死流转轮图五分绘法**

1 种，5 页。

ཛ་སྟོད་ནམ་མཁའ་སེང་གེ། 阿果 · 南喀桑格（1712—1780）撰述。

多麦地区藏传佛教扎喜协珠林寺印经院木刻版之刻印本。

普通藏纸，梵夹装中印本（46.6 × 5.8cm），楷体，墨色，横刊藏文六行，四周双栏，全。

索书号：000818/9。保存基本完好，今藏民族文化宫中国民族图书馆。

༄༅། །ལྷ་སྐུའི་ཆ་ཚད་བདེ་བླག་ཏུ་རྟོགས་པར་བྱེད་པའི་མན་ངག་ཐིག་གི་རྣམ་བཞག་བརྗོད་པ་འཇུག་པ་བདེ་བའི་ལམ་བཟང་ཞེས་བྱ་བ་བཞུགས་སོ། །

**佛像分度易知教授要诀 · 画线入门妙道**

1 种，16 页。

ཨ་ཀྱཱ་བློ་བཟང་བསྟན་པའི་རྒྱལ་མཚན། 阿迦 · 洛桑丹贝坚参（1708—1768）撰述。

北京地区藏传佛教皇家寺院印经院木刻版之刻印本。

普通纸，梵夹装中印本（46.7 × 6cm），楷体，墨色，横刊藏文六行，四周双栏，全。

索书号：001222/24。保存基本完好，今藏民族文化宫中国民族图书馆。

## ༢、གསོ་བ་རིག་པའི་སྐོར།

## 2. 医方明

༄༅། །མཁན་ཆེན་ཆོས་ཀྱི་རྒྱལ་པོའི་གསུང་འབུམ་ལས་བཤལ་ལོའི་སྡོམ་ལྟ་བུ་བྱས་པ་དང་གྲང་བ་སྤྱི་འཇོམས་ཀྱི་སྦྱོར་བ་བདུད་རྩི་བཅད་འབྱོར་གྱི་སྦྱོར་བ་ཟུག་རྔ་དྲུངས་འབྱིན་པ་རྣམས་བཞུགས་སོ། །

**大堪波法王文集腹泻章大纲与医治寒病配剂法 · 甘露决断之配制能除诸疼痛**

1 种，3 页。

མཁན་ཆེན་བློ་བཟང་བསྟན་འཛིན་རྒྱལ་མཚན། 堪钦 · 洛桑丹增坚参（1639—1704）撰述。

西藏地区藏传佛教寺院印经院木刻版之刻印本。

普通藏纸，梵夹装中印本（41×6.5cm），楷体，墨色，横刊藏文六行，四周双栏，全。

索书号：001220/40。保存基本完好，今藏民族文化宫中国民族图书馆。

༄༅། །མཁན་ཆེན་ཆོས་ཀྱི་རྒྱལ་པོའི་གསུང་འབུམ་ལས་གསོ་བ་རིག་པའི་རྩ་རྒྱུད་ཀྱི་འགྲེལ་བ་གསལ་བའི་སྒྲོན་མེ་ཞེས་བྱ་བ་བཞུགས་སོ། །

**大堪波法王文集医方明根本论释·明灯**

མཁན་ཆེན་བློ་བཟང་བསྟན་འཛིན་རྒྱལ་མཚན། 堪钦·洛桑丹增坚参（1639—1704）撰述。

西藏地区藏传佛教寺院印经院木刻版之刻印本。

普通藏纸，梵夹装中印本（41×6.5cm），楷体，墨色，横刊藏文六行，四周双栏，全。

索书号：001220/39。保存基本完好。今藏民族文化宫中国民族图书馆。

༄༅། །རྒྱུད་བཞིའི་འགྲེལ་པ་གཞན་ལ་ཕན་སྙེར་ཞེས་བྱ་བ་བཞུགས་སོ། །

**四部医典释·利他库藏**

1种，56页。

འབྲུག་པ་པད་མ་དཀར་པོ། 竹巴·白玛嘎波（1527—1592）撰述。

西藏地区藏传佛教寺院印经院木刻版之刻印本。

普通藏纸，梵夹装中印本（45.3×6.1cm），楷体，墨色，横刊藏文六行，四周双栏，全。

索书号：003660/37。保存基本完好，今藏民族文化宫中国民族图书馆。

༄༅། །ལྷ་ན་མེད་པའི་བསྟན་བཅོས་ཆེན་པོ་བཻཌཱུར་དཀར་པོ་ལས་འཕྲོས་པའི་ཀླན་སྒྲོན་ཉིས་བརྒྱ་དང་བརྒྱད་པ་ཞེས་བྱ་བ་བཞུགས་སོ། །

**白琉璃论献疑二百零八条**

1种，64页。

སྡེ་སྲིད་སངས་རྒྱས་རྒྱ་མཚོ། 第斯·桑结嘉措（1653—1705）撰述。

四川省甘孜藏族自治州德格县德格地区德格寺印经院木刻版之刻印本。

普通藏纸，梵夹装中印本（53.5×7cm），楷体，墨色，横刊藏文六行，四周双栏，全。

索书号：002310/2。保存基本完好，今藏民族文化宫中国民族图书馆。

༄༅། །ཆ་ལག་བཅོ་བརྒྱད་ཀྱི་ཟིན་བྲིས་བཞུགས་སོ། །

**十八支分笔录**

1种，4页。

ཆེ་ཤོས་བློ་བཟང་བྱང་ཆུབ་བསྟན་པའི་སྒྲོན་མེ། 却西·洛桑绛曲丹贝准美（1861—1933）撰述。

青海省海东地区湟中县鲁沙尔地区塔尔寺（固奔乾巴林）印经院木刻版之刻印本。

普通藏纸，梵夹装中印本，楷体，墨色，横刊藏文六行，四周双栏，全。

索书号：003777/18。保存基本完好，今藏民族文化宫中国民族图书馆。

༄༅། །ཆུའི་བཅུད་ལེན་གྱི་སྙིང་པོ་དངོས་གྲུབ་ཀུན་འབྱུང་དང་བྲིས་སྐུ་མཐོང་བ་དོན་ལྡན་འདྲི་ཚུལ་རྟེན་ལ་གཟུངས་གཞུག་འབུལ་ཚུལ་སོགས་ཉེར་མཁོའི་རིམ་པ་རྣམས་བཞུགས་སོ། །

**泉水采英辟谷要法·悉地普生与问佛画像通哇顿旦情况、佛像佛塔装藏法等常用次第**

1种，18页。

པཎ་ཆེན་ཨེར་ཏེ་ནི་དཔེན་ས་པ་བློ་བཟང་དོན་གྲུབ། 班

禅额尔德尼·温萨巴洛桑敦珠（1505—1566）撰述。

西藏自治区日喀则市萨迦地区萨迦寺印经院木刻版之刻印本。

普通藏纸，梵夹装中印本（47×6.2cm），楷体，墨色，横刊藏文六行，四周双栏，全。

索书号：003757/11。保存基本完好，今藏民族文化宫中国民族图书馆。

༄༅། །བདུད་རྩི་སྙིང་པོ་ཡན་ལག་བརྒྱད་པ་གསང་བ་མན་ངག་གི་རྒྱུད་ལས་དུམ་བུ་དང་པོ་རྩ་བའི་རྒྱུད་སོགས་རྒྱུད་བཞི་དཀའ་མཆན་གཅེས་པར་བཏུས་པ་འདོད་འབྱུང་ནོར་བུའི་མེ་ལོང་ཞེས་བྱ་བ་བཞུགས་སོ། །

**甘露藏八支密诀续第一章根本续等四续释难选集·意欲摩尼镜**

1种，25页。

འཇུ་མི་ཕམ་འཇམ་དབྱངས་རྣམ་རྒྱལ་རྒྱ་མཚོ། 局米盼·绛央南杰嘉措（1846—1912）撰述。

四川甘孜藏族自治州德格县德格地区德格寺印经院木刻版之刻印本。

普通藏纸，梵夹装短印本（38.3×5.8cm），楷体，墨色，横刊藏文六行，四周双栏，全。

索书号：000393/3。保存基本完好，今藏民族文化宫中国民族图书馆。

༄༅། །བདུད་རྩི་སྙིང་པོ་ཡན་ལག་བརྒྱད་པ་གསང་བ་མན་ངག་གི་རྒྱུད་ལས་དུམ་བུ་གསུམ་པ་མན་ངག་གི་རྒྱུད་ཀྱི་དཀའ་མཆན་ཞེས་བྱ་བ་བཞུགས་སོ། །

**甘露藏八支密诀续第三章口诀续释难**

1种，21页。

འཇུ་མི་ཕམ་འཇམ་དབྱངས་རྣམ་རྒྱལ་རྒྱ་མཚོ། 局米盼·绛央南杰嘉措（1846—1912）撰述。

四川甘孜藏族自治州德格县德格地区德格寺印经院木刻版之刻印本。

普通藏纸，梵夹装短印本（38.3×5.8cm），楷体，墨色，横刊藏文六行，四周双栏，全。

索书号：000393/4。保存基本完好，今藏民族文化宫中国民族图书馆。

༄༅། །བདུད་རྩི་སྙིང་པོ་ཡན་ལག་བརྒྱད་པ་གསང་བ་མན་ངག་ཡོན་ཏན་རྒྱུད་ཀྱི་ལྷན་ཐབས་ཟུག་རྔུའི་ཚ་གདུང་སེལ་བའི་ཀ་བྷུ་ར་དུས་མིན་འཆི་ཞགས་གཅོད་པའི་རལ་གྲི་ཞེས་བྱ་བའི་གསང་སྐད་གབ་ཚིག་ཞལ་ཤེས་སྦྱོར་ཚད་སོགས་མ་ཐུས་ལྷུག་པར་བཤད་པ་བདུད་རྩིའི་གཏེར་བུམ་མཁའ་འགྲོའི་གཏད་བྱའི་རྒྱ་མདུད་དཀྲོལ་བའི་རིན་ཆེན་གསེར་གྱི་ལྡེ་མིག་ཅེས་བྱ་བ་བཞུགས་སོ། །

**八支甘露心要秘方功能论补遗·消除热苦之嘎布惹·断非时死索利剑之秘方隐语识及配方剂量等畅述·甘露藏瓶·解空行依托结之大宝金钥**

1种，45页。

ལྕང་ལུང་པཎྜི་ཏ་ངག་དབང་བློ་བཟང་བསྟན་པའི་རྒྱལ་མཚན། 江隆班智达·阿旺洛桑丹贝坚参（1770—1845）撰述。

北京地区藏传佛教皇家寺院印经院木刻版之刻印本。

普通纸，梵夹装短印本（39.5×5.9cm），楷体，墨色，横刊藏文六行，四周双栏，全。

索书号：003710/17。保存基本完好，今藏民族文化宫中国民族图书馆。

༄༅། །བདུད་རྩི་སྨན་གྱི་སྒྲུབ་པ་མདོར་བསྡུས་བྱ་ཚུལ་འཆི་མེད་བརྟག་པའི་བཅུད་ལེན་ཞེས་བྱ་བ་བཞུགས་སོ། །

**甘露药物修制略法・长寿采英**

1 种，5 页。

འཇམ་དབྱངས་མཁྱེན་བརྩེ་དབང་པོ། 绛央庆则旺波（1820—1892）撰述。

四川省甘孜藏族自治州德格县德格地区德格寺印经院木刻版之刻印本。

普通藏纸，梵夹装短印本（29.7×4.6cm），楷体，墨色，横刊藏文六行，四周双栏，全。

索书号：006316/26。保存基本完好，今藏民族文化宫中国民族图书馆。

༄༅། །བདུད་རྩི་སྨན་སྒྲུབ་ཀྱི་སྦྱོར་ཐེབ་རབ་གསལ་འཆི་མེད་སྨན་མཆོག་གྲུབ་པ་བཞུགས་སོ། །

**甘露药修配法明解・成就长寿药**

1 种，21 页。

འཇུ་མི་ཕམ་འཇམ་དབྱངས་རྣམ་རྒྱལ་རྒྱ་མཚོ། 局米盼・绛央南杰嘉措（1846—1912）撰述。

四川省甘孜藏族自治州德格县德格地区德格寺印经院木刻版之刻印本。

普通藏纸，梵夹装中印本（38.3×5.8cm），楷体，墨色，横刊藏文六行，四周双栏，全。

索书号：000409/10。保存基本完好，今藏民族文化宫中国民族图书馆。

༄༅། །མན་རྒྱུད་ལྷན་ཐབས་ཀྱི་གསང་སྨན་གབ་སྦས་རྣམས་གསལ་བར་སྟོན་པ་བཞུགས་སོ། །

**秘方论补遗中隐秘诸药方明示意篇**

1 种，5 页。

ཀློང་ལུང་པཎྜི་ཏ་ངག་དབང་བློ་བཟང་བསྟན་པའི་རྒྱལ་མཚན། 江隆班智达・阿旺洛桑丹贝坚参（1770—1845）撰述。

北京地区藏传佛教皇家寺院印经院木刻版之刻印本。

普通纸，梵夹装短印本（39.5×5.9cm），楷体，墨色，横刊藏文六行，四周双栏，全。

索书号：003710/19。保存基本完好，今藏民族文化宫中国民族图书馆。

༄༅། །སྨན་གྱི་སྡོང་འགྲེལ་རི་ལྷར་བྱེད་ཚུལ་བཞུགས་སོ། །

**医药枝干图分布法**

1 种，15 页。

རྫོང་དཀར་འཇིགས་མེད་དམ་ཆོས་རྒྱ་མཚོ། 宗嘎・吉迈丹曲嘉措（1898—1946）撰述。

青海省化隆回族自治县金源地区丹斗寺（丹斗协吉央贡）印经院木刻版之刻印本。

普通藏纸，梵夹装短印本（44.2×6.2cm），楷体，墨色，横刊藏文六行，四周双栏，全。

索书号：000811/6。保存基本完好，今藏民族文化宫中国民族图书馆。

༄༅། །སྨན་མཆོག་མདོར་བསྡུས་བཞུགས་སོ། །

**药师仪轨略篇**

1 种，2 页。

གུང་ཐང་དཀོན་མཆོག་བསྟན་པའི་སྒྲོན་མེ། 贡唐・恭却丹贝准美（1762—1823）撰述。

甘肃省甘南藏族自治州夏河县拉卜楞地区拉卜楞寺（拉章扎喜齐）印经院木刻版之刻印本。

普通藏纸，梵夹装中印本（47.2×6.2cm），楷体，墨色，横刊藏文六行，四周双栏，全。

索书号：000926/6。保存基本完好，今藏民族文化宫中国民族图书馆。

༄༅། །རྩ་བརྟག་ཚུལ་མདོར་བསྡུས་བཞུགས་སོ། །

**察脉略法**

1 种，13 页。

ཆ་ཧར་དགེ་བཤེས་བློ་བཟང་ཚུལ་ཁྲིམས། 恰哈尔格西·洛桑慈称（1704—1810）撰述。

北京地区藏传佛教皇家寺院印经院木刻版之刻印本。

普通纸，梵夹装中印本（48.6×6.7cm），楷体，墨色，横刊藏文六行，四周双栏，全。

索书号：000732/29。保存基本完好，今藏民族文化宫中国民族图书馆。

༧༢། ། །གཡུ་ཐོག་སྙིང་ཐིག་གི་བཀའ་སྲུང་ཞང་བློན་ཆེན་པོ་སྡེ་དགུའི་གསོལ་མཆོད་འདོད་དགུའི་མཆོག་སྦྱིན་་ཞེས་བྱ་བ་བཞུགས་སོ། །

**宇陀心滴之护法祥伦钦波九部祈供法·随愿胜施**

1种，4页。

སེང་ཆེན་བློ་བཟང་བསྟན་འཛིན་དཔལ་འབྱོར། 桑钦·洛桑丹增白觉（1748—1843）撰述。

西藏自治区拉萨地区孜雪印经院木刻版之刻印本。

普通藏纸，梵夹装中印本（45.6×6.3cm），楷体，墨色，横刊藏文六行，四周双栏，全。

索书号：003818/29。保存基本完好，今藏民族文化宫中国民族图书馆。

༧༢། ། །གཡུ་ཐོག་སྙིང་ཐིག་གི་ཚེ་དབང་འཆི་བདག་བདུད་འཇོམས་ཀྱི་ཚོགས་སྒྲིགས་འཆི་མེད་འདོད་འཇོ་ཞེས་བྱ་བ་བཞུགས་སོ། །

**宇陀心要长寿灌顶摧伏死魔仪轨·长寿如意**

1种，17页。

ཁལ་ཁ་དམ་ཚིག་རྡོ་རྗེ། 喀尔喀·丹慈多结（1781—1855）撰述。

西藏地区藏传佛教寺院印经院木刻版之刻印本。

普通藏纸，梵夹装中印本（47×6.5cm），楷体，墨色，横刊藏文七行，四周双栏，全。

索书号：001065/29。保存基本完好，今藏民族文化宫中国民族图书馆。

༧༢། ། །གཡུ་ཐོག་སྙིང་ཐིག་གི་ལས་བྱང་དཔག་བསམ་ལྗོན་ཤིང་ཞེས་བྱ་བ་བཞུགས་སོ། །

**宇陀心滴之羯摩品目·如意宝树**

1种，10页。

ཏཱ་ལའི་བླ་མ་ངག་དབང་བློ་བཟང་རྒྱ་མཚོ། 达赖喇嘛·阿旺洛桑嘉措（1617—1682）撰述。

西藏自治区拉萨地区孜雪印经院木刻版之刻印本。

普通藏纸，梵夹装中印本（46.6×5.9cm），楷体，墨色，横刊藏文六行，四周双栏，全。

索书号：000683/13。保存基本完好，今藏民族文化宫中国民族图书馆。

༧༢། ། །གཡུ་ཐོག་སྙིང་ཐིག་ཞི་བའི་སྦྱིན་སྲེག་གི་གསལ་བྱེད་ཉེས་བརྒྱའི་མུན་སེལ་ཕན་བདེའི་སྒྲོན་མེ་་ཞེས་བྱ་བ་བཞུགས་སོ། །

**宇陀心要息灾护摩法·消除百罪之黑暗·利乐明灯**

1种，8页。

ཁལ་ཁ་དམ་ཚིག་རྡོ་རྗེ། 喀尔喀·丹慈多结（1781—1855）撰述。

西藏地区藏传佛教寺院印经院木刻版之刻印本。

普通藏纸，梵夹装中印本（47×6.5cm），楷体，墨色，横刊藏文七行，四周双栏，全。

索书号：001065/26。保存基本完好，今藏民族文化宫中国民族图书馆。

༧༢། ། །གཡུ་ཐོག་ཤོག་དྲིལ་སྐོར་གསུམ་གྱི་མ་བུ་དོན་བསྡེབ་ཏུ་བཀོལ་བ་བཞུགས་སོ། །

**宇陀纸卷三类之母子义汇编**

1种，45页。

འཇུ་མི་ཕམ་འཇམ་དབྱངས་རྣམ་རྒྱལ་རྒྱ་མཚོ། 局米盼·绛央南杰嘉措（1846—1912）撰述。

四川省甘孜藏族自治州德格县德格地区德格寺印经院木刻版之刻印本。

普通藏纸，梵夹装短印本（38.3×5.8cm），楷体，墨色，横刊藏文六行，四周双栏，全。

索书号：000393/8。保存基本完好，今藏民族文化宫中国民族图书馆。

༄༅། །རང་གི་སྤྱི་བོར་སོགས་སྨན་སྐུར་བཞུགས་སོ། །

**于自己顶上等涂药法**

1种，1页。

འཇུ་མི་ཕམ་འཇམ་དབྱངས་རྣམ་རྒྱལ་རྒྱ་མཚོ། 局米盼·绛央南杰嘉措（1846—1912）撰述。

四川省甘孜藏族自治州德格县德格地区德格寺印经院木刻版之刻印本。

普通藏纸，梵夹装短印本（38.3×5.8cm），楷体，墨色，横刊藏文六行，四周双栏，全。

索书号：000403/23。保存基本完好，今藏民族文化宫中国民族图书馆。

༄༅། །རིན་པོ་ཆེ་ངོས་བཟུང་ནས་སྒྲོད་ཚུལ་གྱི་གཏམ་བཞུགས་སོ། །

**认识大宝贝修行法讲话**

1种，4页。

ཆ་ཧར་དགེ་བཤེས་བློ་བཟང་ཚུལ་ཁྲིམས། 恰哈尔格西·洛桑慈称（1740—1810）撰述。

北京地区藏传佛教皇家寺院印经院木刻版之刻印本。

普通纸，梵夹装中印本（48.6×6.7cm），楷体，墨色，横刊藏文六行，四周双栏，全。

索书号：000734/18。保存基本完好，今藏民族文化宫中国民族图书馆。

༄༅། །རིན་པོ་ཆེ་བརྟག་ཐབས་མདོར་བསྡུས་ཙུང་གསལ་བཞུགས་སོ། །

**鉴别宝珠简明法**

1种，4页。

ཀློང་རྡོལ་བླ་མ་ངག་དབང་བློ་བཟང་། 隆多喇嘛·阿旺洛桑（1719—1795）撰述。

北京地区藏传佛教皇家寺院印经院木刻版之刻印本。

普通纸，梵夹装中印本（53×7.1cm），楷体，墨色，横刊藏文六行，四周双栏，全。

索书号：001005/14。保存基本完好，今藏民族文化宫中国民族图书馆。

༄༅། །རིན་པོ་ཆེ་དང་ས་རྡོའི་རིགས་ཀྱི་སྨན་ངོ་ཤེས་པར་བྱེད་པའི་ཡིག་ཆུང་བཞུགས་སོ། །

**珠宝与土石类药识别简注**

1种，11页。

ཆ་ཧར་དགེ་བཤེས་བློ་བཟང་ཚུལ་ཁྲིམས། 恰哈尔格西·洛桑慈称（1740—1810）撰述。

北京地区藏传佛教皇家寺院印经院木刻版之刻印本。

普通纸，梵夹装中印本（48.6×6.7cm），楷体，墨色，横刊藏文六行，四周双栏，全。

索书号：000732/25。保存基本完好，今藏民族文化宫中国民族图书馆。

༄༅། །རིན་པོ་ཆེ་བཻ་ཌཱུརྻའི་ཐེམ་སྐས་ཞེས་བྱ་བ་བཞུགས་སོ། །

**大宝吠琉璃阶梯**

ཕག་མོ་གྲུ་པ་རྡོ་རྗེ་རྒྱལ་པོ། 帕摩竹巴·多结嘉波（1110—1170）撰述。

西藏地区藏传佛教寺院传抄之缮写本。

普通藏纸，梵夹装短印本（45.3×5.8cm），草体，墨色，横书藏文七行，四周双栏，不全。

索书号：003850/23。保存基本完好，今藏民族文化宫中国民族图书馆。

༄༅། །ཤིང་ཐང་ཆོས་གསུམ་གྱི་སྨན་ངོ་ཤེས་བྱེད་བཞུགས་སོ། །

**木、汤、法三类药识别法**

1 种，18 页。

ཚ་ཧར་དགེ་བཤེས་བློ་བཟང་ཚུལ་ཁྲིམས། 恰哈尔格西・洛桑慈称（1099—1169）撰述。

北京地区藏传佛教皇家寺院印经院木刻版之刻印本。

普通纸，梵夹装中印本（48.6×6.7cm），楷体，墨色，横刊藏文六行，四周双栏，全。

索书号：000732/26。保存基本完好，今藏民族文化宫中国民族图书馆。

༄༅། །གསོ་དཔྱད་རྒྱ་མཚོའི་སྙིང་ནོར་མདོར་བསྡུས་བདུད་རྩིའི་ཆུ་རྒྱུན་ཞེས་བྱ་བ་བཞུགས་སོ། །

**医术海心宝略篇・甘露水流**

1 种，20 页。

སུམ་པ་པཎྜི་ཏ་ཡེ་ཤེས་དཔལ་འབྱོར། 松巴班智达・益希白觉（1704—1788）撰述。

内蒙古自治区呼和浩特地区曲果赛波寺印经院木刻版之刻印本。

普通藏纸，梵夹装长印本（51.9×7.8cm），楷体，墨色，横刊藏文七行，四周双栏，全。

索书号：001040/1。保存基本完好，今藏民族文化宫中国民族图书馆。

༄༅། །གསོ་དཔྱད་རྒྱལ་པོའི་དཀོར་མཛོད་བཞུགས་སོ། །

**医学王库**

1 种，84 页。

ས་སྐྱ་གྲགས་པ་རྒྱལ་མཚན། 萨迦・札巴坚参（1147—1216）撰述。

四川省甘孜藏族自治州德格县德格地区德格寺印经院木刻版之刻印本。

普通藏纸，梵夹装中印本（47.7×6.2cm），楷体，墨色，横刊藏文六行，四周双栏，全。

索书号：000352/13。保存基本完好，今藏民族文化宫中国民族图书馆。

༄༅། །གསོ་དཔྱད་བདུད་རྩི་ཆུ་རྒྱུན་གྱི་ཆ་ལག་གི་ནང་ཚན་གྱི་སྨན་སོ་སོའི་མངོན་བརྗོད་དང་ངོས་འཛིན་ཤེལ་དཀར་མེ་ལོང་ཞེས་བྱ་བ་བཞུགས་སོ། །

**医术・甘露水流之支分中各种药物说明与识别・白晶镜**

1 种，49 页。

སུམ་པ་པཎྜི་ཏ་ཡེ་ཤེས་དཔལ་འབྱོར། 松巴班智达・益希白觉（1704—1788）撰述。

内蒙古自治区呼和浩特地区曲果赛波寺印经院木刻版之刻印本。

普通藏纸，梵夹装长印本（51.9×7.8cm），楷体，墨色，横刊藏文七行，四周双栏，全。

索书号：001040/5。保存基本完好，今藏民族文化宫中国民族图书馆。

༄༅། །གསོ་དཔྱད་བདུད་རྩི་ཆུ་རྒྱུན་གྱི་ཆ་ལག་ལས་ལག་ལེན་ཉུང་འདུས་བདུད་རྩི་ཟིལ་དཀར་བཞུགས་སོ།

**医术・甘露水流之支分中实践略篇・洁晶甘露**

1 种，47 页。

སུམ་པ་པཎྜི་ཏ་ཡེ་ཤེས་དཔལ་འབྱོར། 松巴班智达・益希白觉（1704—1788）撰述。

内蒙古自治区呼和浩特地区曲果赛波寺印经院木刻版之刻印本。

普通藏纸，梵夹装长印本（51.9×7.8cm），楷体，墨色，横刊藏文七行，四周双栏，全。

索书号：001040/2。保存基本完好，今藏民族文化宫中国民族图书馆。

༧༣། །གསོ་བ་རིག་པའི་སྐོར་བཞུགས་སོ། །

**医方明类**

1 种，9 页。

ཆེ་ཤོས་བློ་བཟང་བྱང་ཆུབ་བསྟན་པའི་སྒྲོན་མེ། 却西·洛桑绛曲丹贝准美（1861—1933）撰述。

青海省湟中县鲁沙尔地区塔尔寺（固奔乾巴林）印经院木刻版之刻印本。

普通藏纸，梵夹装中印本（45.7×6.5cm），楷体，墨色，横刊藏文六行，四周双栏，全。

索书号：003779/5。保存基本完好，今藏民族文化宫中国民族图书馆。

༧༣། །གསོ་བ་རིག་པའི་བསྟན་བཅོས་མན་ངག་བཀའ་རྒྱ་མར་གྲགས་པའི་དཀར་ཆག་དོན་གྱི་བཞིན་རས་གསལ་བའི་མེ་ལོང་ཞེས་བྱ་བ་བཞུགས་སོ། །

**医方明论著要诀秘籍目录·明义镜**

1 种，4 页。

ལྕང་ལུང་པཎྜི་ཏ་ངག་དབང་བློ་བཟང་བསྟན་པའི་རྒྱལ་མཚན། 江隆班智达·阿旺洛桑丹贝坚参（1770—1845）撰述。

北京地区藏传佛教皇家寺院印经院木刻版之刻印本。

普通纸，梵夹装短印本（39.5×5.9cm），楷体，墨色，横刊藏文八行，四周双栏，全。

索书号：003709/20。保存基本完好，今藏民族文化宫中国民族图书馆。

༧༣། །གསོ་བ་རིག་པའི་མན་ངག་གཅེས་བཏུས་དང་ལག་ལེན་དམར་ཁྲིད་ཀྱི་སྐོར་ཕན་བདེའི་བང་མཛོད་བཞུགསསོ། །

**医方明教授选集与临床直观教导类·利乐宝藏**

1 种，197 页。

འཇུ་མི་ཕམ་འཇམ་དབྱངས་རྣམ་རྒྱལ་རྒྱ་མཚོ། 局米盼·绛央南杰嘉措（1846—1912）撰述。

四川省甘孜藏族自治州德格县德格地区德格寺印经院木刻版之刻印本。

普通藏纸，梵夹装短印本（38.3×5.8cm），楷体，墨色，横刊藏文六行，四周双栏，全。

索书号：000393/6。保存基本完好，今藏民族文化宫中国民族图书馆。

༧༢། །གསོ་བ་རིག་པའི་བསྟན་བཅོས་སྨན་བླའི་དགོངས་རྒྱན་རྒྱུད་བཞིའི་གསལ་བྱེད་བཻཌཱུརྻ་སྔོན་པོའི་ཕྲེང་བ་ལས་དུམ་བུ་གཉིས་པ་བཤད་པའི་རྒྱུད་ཀྱི་རྣམ་བཤད་ཅེས་བྱ་བ་བཞུགས་སོ། །

**医方明论·药师佛密意庄严四部医典明解·蓝琉璃鬘中第二卷论说医典解说**

1 种，223 页。

སྡེ་སྲིད་སངས་རྒྱས་རྒྱལ་མཚོ། 第斯·桑结嘉措（1653—1705）撰述。

四川省甘孜藏族自治州德格县德格地区德格寺印经院木刻版之刻印本。

普通藏纸，梵夹装长印本（53.5×7cm），楷体，墨色，横刊藏文六行，四周双栏，全。

索书号：000494/2。保存基本完好，今藏民族文化宫中国民族图书馆。

༧༢། །གསོ་བ་རིག་པའི་བསྟན་བཅོས་སྨན་བླའི་དགོངས་རྒྱན་རྒྱུད་བཞིའི་གསལ་བྱེད་བཻཌཱུརྻ་སྔོན་པོའི་ཕྲེང་བ་ལས་དུམ་བུ་བཞི་པ་ཕྱི་མ་རྒྱུད་ཀྱི་རྣམ་བཤད་ཅེས་བྱ་བ་བཞུགས་སོ། །

**医方明论·药师佛密意庄严四部医典明解·蓝琉璃鬘中第四卷后续医典解说**

1 种，189 页。

སྡེ་སྲིད་སངས་རྒྱས་རྒྱལ་མཚོ། 第斯·桑结嘉措（1653—1705）撰述。

四川省甘孜藏族自治州德格县德格地区德格寺印经院木刻版之刻印本。

普通藏纸，梵夹装长印本（53.5×7cm），楷体，墨色，横刊藏文六行，四周双栏，全。

索书号：000495/2。保存基本完好，今藏民族文化宫中国民族图书馆。

༄༅། །གསོ་བ་རིག་པའི་བསྟན་བཅོས་སྨན་བླའི་དགོངས་རྒྱན་རྒྱུད་བཞིའི་གསལ་བྱེད་བཻ་ཌཱུརྱ་སྔོན་པོའི་ཕྲེང་བ་ལས་དུམ་བུ་གསུམ་པ་མན་ངག་ཡོན་ཏན་རྒྱུད་ཀྱི་རྣམ་བཤད་ཅེས་བྱ་བ་བཞུགས་སོ། །

**医方明论·药师佛密意庄严四部医典明解·蓝琉璃鬘中第三卷秘诀医典解说**

1种，202页。

སྡེ་སྲིད་སངས་རྒྱས་རྒྱལ་མཚོ། 第斯·桑结嘉措（1653—1705）撰述。

四川省甘孜藏族自治州德格县德格地区德格寺印经院木刻版之刻印本。

普通藏纸，梵夹装长印本（53.5×7cm），楷体，墨色，横刊藏文六行，四周双栏，全。

索书号：000494/3。保存基本完好，今藏民族文化宫中国民族图书馆。

༄༅། །གསོ་བ་རིག་པའི་བསྟན་བཅོས་སྨན་བླའི་དགོངས་རྒྱན་རྒྱུད་བཞིའི་གསལ་བྱེད་བཻ་ཌཱུརྱ་སྔོན་པོའི་མལླི་ཀ་ཞེས་བྱ་བ་ལས་གླེགས་བམ་དང་པོ་བཞུགས་སོ། །

**医方明论·药师佛密意庄严四部医典明解·蓝琉璃玛哩伽第一帙**

1种，31页。

སྡེ་སྲིད་སངས་རྒྱས་རྒྱ་མཚོ། 第斯·桑结嘉措（1653—1705）撰述。

四川省甘孜藏族自治州德格县德格地区德格寺印经院木刻版之刻印本。

普通藏纸，梵夹装长印本（53.5×7cm），楷体，墨色，横刊藏文六行，四周双栏，全。

索书号：000494/1。保存基本完好，今藏民族文化宫中国民族图书馆。

༄༅། །གསོ་བ་རིག་པའི་བསྟན་བཅོས་སྨན་བླའི་དགོངས་རྒྱན་རྒྱུད་བཞིའི་གསལ་བྱེད་བཻ་ཌཱུརྱ་སྔོན་པོའི་ཕྲེང་བ་མལླི་ཀ་ཞེས་བྱ་བ་ལས་གླེགས་བམ་གཉིས་པ་བཞུགས་སོ།

**医方明论·药师佛密意庄严四部医典明解·蓝琉璃玛哩伽第二帙**

1种，264页。

སྡེ་སྲིད་སངས་རྒྱས་རྒྱ་མཚོ། 第斯·桑结嘉措（1653—1705）撰述。

四川省甘孜藏族自治州德格县德格地区德格寺印经院木刻版之刻印本。

普通藏纸，梵夹装长印本（53.5×7cm），楷体，墨色，横刊藏文六行，四周双栏，全。

索书号：000495/1。保存基本完好，今藏民族文化宫中国民族图书馆。

༄༅། །གསོ་བ་རིག་པའི་མན་ངག་སྦྱོར་བ་བརྒྱ་པའི་མཆན་བཞུགས་སོ།

**医方明要诀百方篇笺注**

1种，10页。

བུ་སྟོན་རིན་ཆེན་གྲུབ། 布敦·仁钦珠（1290—1364）撰述。

西藏地区藏传佛教寺院印经院木刻版之刻印本。

普通藏纸，梵夹装中印本（49.7×7cm），楷体，墨色，横刊藏文七行，四周双栏，全。

索书号：003088/4。保存基本完好，今藏民族文化宫中国民族图书馆。

༄༅། །གསོ་བ་རིག་པའི་མན་ངག་ཤིན་ཏུ་ཉུང་འདུས་བདུད་རྩིའི་ཐིགས་པ་ཞེས་བྱ་བ་བཞུགས་སོ། །

**医方明之教授略篇·甘露滴精华**

1种，38页。

སུམ་པ་པཎྜི་ཏ་ཡེ་ཤེས་དཔལ་འབྱོར། 松巴班智达·益希白觉（1704—1788）撰述。

内蒙古自治区呼和浩特地区曲果赛波寺印经院木刻版之刻印本。

普通藏纸，梵夹装中印本（51.9×7.8cm），楷体，墨色，横刊藏文六行，四周双栏，全。

索书号：001040/3。保存基本完好，今藏民族文化宫中国民族图书馆。

༄། །གསོ་རིག་རྒྱུད་བཞིའི་བཤད་རྒྱུད་ལས་འཇུག་པ་བདེ་ཕྱིར་སྨན་སྦྱིན་རླབས་ཟུར་དུ་ཕྱུང་བ་ནང་རྒྱུ་དུག་གསུམ་རྩད་ནས་འབྱིན་པའི་བདུད་རྩི་བཞུགས་སོ། །

**从医方明四续部之详解论中为易入门附加药方加持·根除内因三毒之甘露**

1 种，9 页。

ཏ་ཚག་ཡེ་ཤེས་བསྟན་པའི་མགོན་པོ། 达察·益希丹贝贡波（1760—1810）撰述。

西藏地区藏传佛教寺院印经院木刻版之刻印本。

普通藏纸，梵夹装中印本（45.7×6.5cm），楷体，墨色，横刊藏文六行，四周双栏，全。

索书号：003798/20。保存基本完好，今藏民族文化宫中国民族图书馆。

## ༣、རྩིས་རིག་པའི་སྐོར།

## 3. 历算学

༄། །ཀུན་གཟིགས་དབྱངས་འཆར་ཆེན་མོ་བཞུགས་སོ། །

**普照大音韵占卜**

1 种，3 页。

འཇུ་མི་ཕམ་འཇམ་དབྱངས་རྣམ་རྒྱལ་རྒྱ་མཚོ། 局米盼·绛央南杰嘉措（1846—1912）撰述。

四川省甘孜藏族自治州德格县德格地区德格寺印经院木刻版之刻印本。

普通藏纸，梵夹装短印本（38.3×5.8cm），楷体，墨色，横刊藏文六行，四周双栏，不全。

索书号：000406/32。保存基本完好，今藏民族文化宫中国民族图书馆。

༄། །ཀེག་རྩིས་ཀྱི་ལྡེ་མིག་སོགས་དེའི་སྐོར་འགའ་བཞུགས་སོ། །

**灾厄算法之钥等部分算法类**

1 种，16 页。

ཛ་ཧོད་ནམ་མཁའ་སེང་གེ། 阿果·南喀桑格（1712—1780）撰述。

多麦地区藏传佛教扎喜协珠林寺印经院木刻版之刻印本。

普通藏纸，梵夹装中印本（46.6×5.8cm），楷体，墨色，横刊藏文六行，四周双栏，全。

索书号：000818/25。保存基本完好，今藏民族文化宫中国民族图书馆。

༄། །སྐར་རྩིས་ཀྱི་སྔོན་འགྲོ་རིན་ཆེན་མེ་ལོང་ཞེས་བྱ་བ་བཞུགས་སོ། །

**历算前行宝鉴**

1 种，6 页。

འཇུ་མི་ཕམ་འཇམ་དབྱངས་རྣམ་རྒྱལ་རྒྱ་མཚོ། 局米盼·绛央南杰嘉措（1846—1912）撰述。

四川省甘孜藏族自治州德格县德格地区德格寺印经院木刻版之刻印本。

普通藏纸，梵夹装短印本（38.3×5.8cm），楷体，墨色，横刊藏文六行，四周双栏，不全。

索书号：000394/9。保存基本完好，今藏民族文化宫中国民族图书馆。

༄༅། །སྐར་རྩིས་ཀྱི་སྔོན་འགྲོ་སོགས་ཉེར་མཁོ་བཞུགས་སོ། །

**星算法初步等**

1 种，5 页。

ཛ་སྟོད་ནམ་མཁའ་སེང་གེ། 阿果・南喀桑格（1712—1780）撰述。

多麦地区藏传佛教扎喜协珠林寺印经院木刻版之刻印本。

普通藏纸，梵夹装中印本（46.6×5.8cm），楷体，墨色，横刊藏文六行，四周双栏，全。

索书号：000818/17。保存基本完好，今藏民族文化宫中国民族图书馆。

༄༅། །སྐར་རྩིས་སྣ་ཚོགས་བཞུགས་དགེ།

**历算杂说**

1 种，25 页。

འཇུ་མི་ཕམ་འཇམ་དབྱངས་རྣམ་རྒྱལ་རྒྱ་མཚོ། 局米盼・绛央南杰嘉措（1846—1912）撰述。

四川省甘孜藏族自治州德格县德格地区德格寺印经院木刻版之刻印本。

普通藏纸，梵夹装短印本（38.3×5.8cm），楷体，墨色，横刊藏文六行，四周双栏，全。

索书号：000395/1。保存基本完好，今藏民族文化宫中国民族图书馆。

༄༅། །ཁྱིམ་བཅུ་གཉིས་ཀྱི་ཐིག་གི་དཔེའུ་རིས་ཞིབ་པར་བཀོད་པའི་དོན་གསལ་བར་བརྗོད་པ་བློ་གསལ་དགའ་བསྐྱེད་བཞུགས་སོ། །

**十二宫图式详解明义・智者生喜**

1 种，16 页。

འཇུ་མི་ཕམ་འཇམ་དབྱངས་རྣམ་རྒྱལ་རྒྱ་མཚོ། 局・米盼降央南杰嘉措（1846—1912）撰述。

四川省甘孜藏族自治州德格县德格地区德格寺印经院木刻版之刻印本。

普通藏纸，梵夹装短印本（38.3×5.8cm），楷体，墨色，横刊藏文六行，四周双栏，全。

索书号：000395/2。保存基本完好，今藏民族文化宫中国民族图书馆。

༄༅། །ཁྱིམ་པ་སྒྲིགས་སྡེབ་བག་རྩིས་བཀྲ་ཤིས་ལྗོན་བཟང་ཞེས་བྱ་བ་བཞུགས་སོ། །

**合婚算法・吉祥宝树**

1 种，8 页。

ཆ་ཧར་དགེ་བཤེས་བློ་བཟང་ཚུལ་ཁྲིམས། 恰哈尔格西・洛桑慈称（1740—1810）撰述。

北京地区藏传佛教皇家寺院印经院木刻版之刻印本。

普通纸，梵夹装中印本（48.6×6.7cm），楷体，墨色，横刊藏文六行，四周双栏，全。

索书号：003945/15。保存基本完好，今藏民族文化宫中国民族图书馆。

༄༅། །ཁྱིམ་ཞག་ལྔ་བསྡུས་སོགས་དོན་ཚན་བདུན་ཉི་འོད་ལས་ཟུར་དུ་བཀོལ་བ་བཞུགས་སོ། །

**宫日五摄等七项・摘自日光篇**

1 种，9 页。

ཆ་ཧར་དགེ་བཤེས་བློ་བཟང་ཚུལ་ཁྲིམས། 恰哈尔格西・洛桑慈称（1740—1810）撰述。

北京地区藏传佛教皇家寺院印经院木刻版之刻印本。

普通纸，梵夹装中印本（48.6×6.7cm），楷体，墨色，横刊藏文六行，四周双栏，全。

索书号：000733/12。保存基本完好，今藏民族文化宫中国民族图书馆。

༄༅། །ཁྲིད་ཡིག་ཉི་ཟླ་གཟའ་སྐར་བཞུགས་པ་ལགས་སོ། །

**日月星曜讲解文**

1 种，2 页。

ཀློང་ཆེན་རབ་འབྱམས་པ་དྲི་མེད་འོད་ཟེར། 隆庆饶绛巴・智迈沃赛（亦称隆庆饶绛巴・慈称洛哲）（1296—1363）撰述。

四川省甘孜藏族自治州德格县德格地区德格寺印经院木刻版之刻印本。

普通藏纸，梵夹装中印本（53×7.1cm），楷体，墨色，横刊藏文七行，四周双栏，全。

索书号：000530/9。保存基本完好，今藏民族文化宫中国民族图书馆。

༄༅། །མཁན་ཆེན་ཆོས་ཀྱི་རྒྱལ་པོའི་གསུང་འབུམ་ལས་འབྲས་རྩིས་ལེགས་བཤད་ཀུན་འདུས་ཞེས་བྱ་བ་བཞུགས་སོ། །

**大堪波法王文集果算法·嘉言普摄**

1种，38页。

མཁན་ཆེན་བློ་བཟང་བསྟན་འཛིན་རྒྱལ་མཚན། 堪钦·洛桑丹增坚参（1639—1691）撰述。

西藏地区藏传佛教寺院印经院木刻版之刻印本。

普通藏纸，梵夹装中印本（41×6.5cm），楷体，墨色，横刊藏文六行，四周双栏，全。

索书号：001220/44。保存基本完好，今藏民族文化宫中国民族图书馆。

༄༅། །མཁན་ཆེན་ཆོས་ཀྱི་རྒྱལ་པོའི་གསུང་འབུམ་ལས་རྩིས་གཞུང་བླང་དོར་གསལ་བའི་འོད་ཟེར་ཞེས་བྱ་བ་བཞུགས་སོ། །

**大堪波法王文集算法书籍·取舍之光**

1种，30页。

མཁན་ཆེན་བློ་བཟང་བསྟན་འཛིན་རྒྱལ་མཚན། 堪钦·洛桑丹增坚参（1639—1691）撰述。

西藏地区藏传佛教寺院印经院木刻版之刻印本。

普通藏纸，梵夹装中印本（41×6.5cm），楷体，墨色，横刊藏文六行，四周双栏，全。

索书号：001220/43。保存基本完好，今藏民族文化宫中国民族图书馆。

༄༅། །མཁན་ཆེན་ཆོས་ཀྱི་རྒྱལ་པོའི་གསུང་འབུམ་ལས་རྩིས་གཞུང་མུན་སེལ་སྒྲོན་མེ་ཞེས་བྱ་བ་བཞུགས་སོ། །

**大堪波法王文集算法书籍·除暗明灯**

1种，8页。

མཁན་ཆེན་བློ་བཟང་བསྟན་འཛིན་རྒྱལ་མཚན། 堪钦·洛桑丹增坚参（1639—1691）撰述。

西藏地区藏传佛教寺院印经院木刻版之刻印本。

普通藏纸，梵夹装中印本（41×6.5cm），楷体，墨色，横刊藏文六行，四周双栏，全。

索书号：001220/47。保存基本完好，今藏民族文化宫中国民族图书馆。

༄༅། །གྲུབ་མཐའི་རྩིས་ཀྱི་བསྐལ་ལོ་སྐར་དྲུག་ཆུ་ཚོད་ཞེ་ལྔས་སྤངས་པ་བཞུགས་སོ། །

**体系派万年历之减六宿四十五刻算法**

1种，7页。

ཟ་ཧོར་ནམ་མཁའ་སེང་གེ། 阿果·南喀桑格（1712—1780）撰述。

多麦地区藏传佛教扎喜协珠林寺印经院木刻版之刻印本。

普通藏纸，梵夹装中印本（46.6×5.8cm），楷体，墨色，横刊藏文六行，四周双栏，全。

索书号：000818/21。保存基本完好，今藏民族文化宫中国民族图书馆。

༄༅། །གྲུབ་མཐའི་རྩིས་ཀྱི་ཆ་ཤས་རེའུ་མིག་སྟེང་འོག་འཁོར་མ་བཞུགས་སོ། །

**体系派之尾数表格零下循环算法**

1种，9页。

ཟ་ཧོར་ནམ་མཁའ་སེང་གེ། 阿果·南喀桑格（1712—1780）撰述。

多麦地区藏传佛教扎喜协珠林寺印经

院木刻版之刻印本。

普通藏纸，梵夹装中印本（46.6×5.8cm），楷体，墨色，横刊藏文六行，四周双栏，全。

索书号：000818/22。保存基本完好，今藏民族文化宫中国民族图书馆。

༄༅། །གྲུབ་མཐའི་རྩིས་ལུགས་ཀྱི་ལྔ་བསྡུས་ཀྱི་རྣམ་བཤད་བཀྲ་ཤིས་ཆར་འབེབས་ཞེས་བྱ་བ་བཞུགས་སོ། །

**体系派五摄解说·吉祥雨降**

1种，48页。

ཆ་ཧར་དགེ་བཤེས་བློ་བཟང་ཚུལ་ཁྲིམས། 恰哈尔格西·洛桑慈称（1740—1810）撰述。

北京地区藏传佛教皇家寺院印经院木刻版之刻印本。

普通纸，梵夹装中印本（48.6×6.7cm），楷体，墨色，横刊藏文六行，四周双栏，全。

索书号：000733/2。保存基本完好，今藏民族文化宫中国民族图书馆。

༄༅། །དགེ་ལྡན་རྩིས་གསར་གྱི་ལྔ་བསྡུས་བྱ་རྩལ་བཀྲ་ཤིས་མཆོག་སྩེར་ཞེས་བྱ་བ་བཞུགས་སོ། །

**格丹新历之五摄算法·吉祥殊胜施**

1种，4页。

ཆ་ཧར་དགེ་བཤེས་བློ་བཟང་ཚུལ་ཁྲིམས། 恰哈尔格西·洛桑慈称（1740—1810）撰述。

北京地区藏传佛教皇家寺院印经院木刻版之刻印本。

普通纸，梵夹装中印本（48.6×6.7cm），楷体，墨色，横刊藏文六行，四周双栏，全。

索书号：000733/6。保存基本完好，今藏民族文化宫中国民族图书馆。

༄༅། །དགེ་ལྡན་རྩིས་གསར་གྱི་རི་མོ་འབྲི་རྩལ་གཉིད་སློང་གླུ་དབྱངས་ཞེས་བྱ་བ་བཞུགས་སོ། །

**格丹新历数值写法·唤醒歌音**

1种，15页。

སུམ་པ་པཎྜི་ཏ་ཡེ་ཤེས་དཔལ་འབྱོར། 松巴班智达·益希白觉（1704—1788）撰述。

内蒙古自治区呼和浩特地区曲果赛波寺印经院木刻版之刻印本。

普通藏纸，梵夹装长印本（51.9×7.8cm），楷体，墨色，横刊藏文七行，四周双栏，全。

索书号：001039/9。保存基本完好，今藏民族文化宫中国民族图书馆。

༄༅། །ངོ་མཚར་རེའི་མིག་ལས་ཉི་ཟླ་ཉིན་ཞག་ལ་སྤྱོད་པའི་དལ་དག་བཞུགས།

**希有表格中土星太阳日迟行定数**

1种，5页。

དངུལ་ཆུ་དབྱངས་ཅན་གྲུབ་པའི་རྡོ་རྗེ། 欧曲·央坚珠贝多结（1809—1887）撰述。

西藏自治区日喀则地区藏传佛教扎喜格培林寺印经院木刻版之刻印版。

普通藏纸，梵夹装长印本（49×6.5cm），楷体，墨色，横刊藏文六行，四周双栏，全。

索书号：001016/35。保存基本完好，今藏民族文化宫中国民族图书馆。

༄༅། །ངོ་མཚར་རེའུ་མིག་ལས་ཞི་གཟའ་གཉིས་ཀྱི་ཁང་འཛིན་བཞུགས་སོ། །

**希有表格中二文曜之检步表**

1种，3页。

དངུལ་ཆུ་དབྱངས་ཅན་གྲུབ་པའི་རྡོ་རྗེ། 欧曲·央坚珠贝多结（1809—1887）撰述。

西藏自治区日喀则地区藏传佛教扎喜格培林寺印经院木刻版之刻印版。

普通藏纸，梵夹装中印本（49×6.5cm），

楷体，墨色，横刊藏文六行，四周双栏，全。

索书号：001016/31。保存基本完好，今藏民族文化宫中国民族图书馆。

༄༅། །ངོ་མཚར་རེའུ་མིག་ལས་ཞི་གཟའ་གཉིས་ཀྱི་དལ་དག་བཞུགས། །

**希有表格中五曜疾步表**

1 种，5 页。

དངུལ་ཆུ་དབྱངས་ཅན་གྲུབ་པའི་རྡོ་རྗེ། 欧曲·央坚珠贝多结（1809—1887）撰述。

西藏自治区日喀则地区藏传佛教扎喜格培林寺印经院木刻版之刻印版。

普通藏纸，梵夹装中印本（49×6.5cm），楷体，墨色，横刊藏文六行，四周双栏，全。

索书号：001016/33。保存基本完好，今藏民族文化宫中国民族图书馆。

༄༅། །ངོ་མཚར་རེའུ་མིག་ལས་ཞི་གཟའ་སྤྱུར་རྐང་བཞུགས། །

**希有表格中二文曜之迟行定数表**

1 种，3 页。

དངུལ་ཆུ་དབྱངས་ཅན་གྲུབ་པའི་རྡོ་རྗེ། 欧曲·央坚珠贝多结（1809—1887）撰述。

西藏自治区日喀则地区藏传佛教扎喜格培林寺印经院木刻版之刻印版。

普通藏纸，梵夹装中印本（49×6.5cm），楷体，墨色，横刊藏文六行，四周双栏，全。

索书号：001016/36。保存基本完好，今藏民族文化宫中国民族图书馆。

༄༅། །ལྔ་བསྡུས་ཀྱི་འབྲས་བཤད་བཀྲ་ཤིས་ཟླ་གསར་ཞེས་བྱ་བ་བཞུགས་སོ། །

**五摄果相解说·吉祥新月**

1 种，26 页。

ཆ་ཧར་དགེ་བཤེས་བློ་བཟང་ཚུལ་ཁྲིམས། 恰哈尔格西·洛桑慈称（1740—1810）撰述。

北京地区藏传佛教皇家寺院印经院木刻版之刻印本。

普通纸，梵夹装中印本（48.6×6.7cm），楷体，墨色，横刊藏文六行，四周双栏，全。

索书号：000733/8。保存基本完好，今藏民族文化宫中国民族图书馆。

༄༅། །ལྔ་བསྡུས་ཀྱི་སྐར་རྩིས་བྱ་ཚུལ་བཀྲ་ཤིས་རབ་རྒྱས་ཞེས་བྱ་བ་བཞུགས་སོ། །

**五摄速算法·吉祥广宏**

1 种，26 页。

ཆ་ཧར་དགེ་བཤེས་བློ་བཟང་ཚུལ་ཁྲིམས། 恰哈尔格西·洛桑慈称（1740—1810）撰述。

北京地区藏传佛教皇家寺院印经院木刻版之刻印本。

普通纸，梵夹装中印本（48.6×6.7cm），楷体，墨色，横刊藏文六行，四周双栏，全。

索书号：000733/3 保存基本完好。今藏民族文化宫中国民族图书馆。

༄༅། །ལྔ་བསྡུས་གཟའ་ལྔ་བཞུགས་སོ། །

**五摄及五曜**

1 种，5 页。

བུ་སྟོན་རིན་ཆེན་གྲུབ། 布敦·仁钦珠（1290—1364）撰述。

西藏地区藏传佛教寺院印经院木刻版之刻印本。

普通藏纸，梵夹装中印本（49.7×7cm），楷体，墨色，横刊藏文七行，四周双栏，全。

索书号：003068/12。保存基本完好，今藏民族文化宫中国民族图书馆。

༄༅། །ལྔ་བསྡུས་གཟའ་ལྔ་སོགས་ཀྱི་རྩིས་གཞི་གསར་གྲོས་བཻ་དཀར་ལས་འཕྲོས་བདུད་རྩིའི་ཟེགས་མ་སོགས་རིའི་སྐོར་རྣམས་བཞུགས་སོ། །

**阐明五摄五曜等算法·白琉璃续论·甘露珠诸篇中亢宿门类**

1种，27页。

ཛ་ཧོར་ནམ་མཁའ་སེང་གེ། 阿果·南喀桑格（1712—1780）撰述。

多麦地区藏传佛教扎喜格培林寺印经院木刻版之刻印本。

普通藏纸，梵夹装中印本（46.6×5.8cm），楷体，墨色，横刊藏文六行，四周双栏，全。

索书号：000818/19。保存基本完好，今藏民族文化宫中国民族图书馆。

༄༅། །ལྔ་བསྡུས་སོགས་ཀྱི་རྩིས་གཞི་གསར་གྲོས་བཻ་དཀར་ལས་འཕྲོས་བདུད་རྩིའི་ཟེགས་མ་བཞུགས་སོ། །

**阐明五摄等算法·白琉璃续论·甘露珠**

1种，4页。

ཛ་ཧོར་ནམ་མཁའ་སེང་གེ། 阿果·南喀桑格（1712—1780）撰述。

多麦地区藏传佛教扎喜格培林寺印经院木刻版之刻印本。

普通藏纸，梵夹装中印本（46.6×5.8cm），楷体，墨色，横刊藏文六行，四周双栏，全。

索书号：000818/18。保存基本完好，今藏民族文化宫中国民族图书馆。

༄༅། །ཆུ་ཚོད་ཁྱད་པར་སྟོན་བྱེད་ཀྱི་རྩིས་བཞུགས་སོ། །

**漏刻差度算法**

1种，1页。

ས་ལོ་འཇམ་དབྱངས་ཀུན་དགའ་བསོད་ནམས། 萨迦译师·绛央衮噶索南（1485—1533）撰述。

西藏地区藏传佛教寺院传抄之缮写本。

普通纸，梵夹装中印本（45×5.3cm），草体，墨色，横书藏文七行，四周双栏，全。

索书号：003215/51。保存基本完好，今藏民族文化宫中国民族图书馆。

༄༅། །ཉིན་མཚན་འོད་གསལ་གྱི་འཁོར་ལོ་བཞུགས། །

**昼夜光明轮**

1种，3页。

ཀློང་ཆེན་རབ་འབྱམས་པ་དྲི་མེད་འོད་ཟེར། 隆钦饶绛巴·智迈沃赛（1308—1363）撰述。

四川省甘孜藏族自治州德格县德格地区德格寺印经院木刻版之刻印本。

普通藏纸，梵夹装中印本（53×7.1cm），楷体，墨色，横刊藏文六行，四周双栏，全。

索书号：003912/38。保存基本完好，今藏民族文化宫中国民族图书馆。

༄༅། །བསྟན་བཅོས་བཻཌཱུརྱ་དཀར་པོ་ལས་དྲིས་ལན་འཁྲུལ་སྣང་གཡའ་སེལ་དོན་གྱི་བཞིན་རས་སྟོན་བྱེད་ཅེས་བྱ་བ་བཞུགས་སོ། །

**白琉璃论献疑·除锈复原**

1种，99页。

སྡེ་སྲིད་སངས་རྒྱས་རྒྱ་མཚོ། 第斯·桑结嘉措（1653—1705）撰述。

四川省甘孜藏族自治州德格县德格地区德格寺印经院木刻版之刻印本。

普通藏纸，梵夹装中印本（53.5×7cm），楷体，墨色，横刊藏文六行，四周双栏，全。

索书号：002310/1。保存基本完好，今藏民族文化宫中国民族图书馆。

༄༅། །བསྟན་རྩིས་ཀྱི་རིམ་པ་མདོ་ཙམ་བཀོད་པ་དྭངས་ཤེལ་ཟླ་བའི་མེ་ལོང་ཞེས་བྱ་བ་བཞུགས་སོ། །

**佛教世纪算法次第略编·晶月明镜**

1种，5页。

ཆས་པ་རྒྱ་མཁར་བ་ངག་དབང་དགེ་འདུན་རྒྱ་མཚོ། 齐巴嘉喀哇・阿旺格登嘉措（1839—1905）撰述。

甘肃省甘南藏族自治州夏河县拉卜楞地区拉卜楞寺（拉章扎喜齐）印经院木刻版之刻印本。

普通藏纸，梵夹装中印本（47.3×6.5cm），楷体，墨色，横刊藏文六行，四周双栏，全。

索书号：001165/15。保存基本完好，今藏民族文化宫中国民族图书馆。

༄། །ཐང་ཤིང་གི་བརྟག་པ་གསལ་བའི་མེ་ལོང་ཞེས་བྱ་བ་བཞུགས་སོ། །

**蓍算法明镜**

1种，12页。

ཆ་ཧར་དགེ་བཤེས་བློ་བཟང་ཚུལ་ཁྲིམས། 恰哈尔格西・洛桑慈称（1740—1810）撰述。

北京地区藏传佛教皇家寺院印经院木刻版之刻印本。

普通纸，梵夹装中印本（48.6×6.7cm），楷体，墨色，横刊藏文六行，四周双栏，全。

索书号：000733/11。保存基本完好，今藏民族文化宫中国民族图书馆。

༄། །ཐང་ཤིང་རིང་མོའི་རྩིས་ལས་ལེགས་པར་བཏུས་པ་བཞུགས་སོ། །

**蓍算选编**

1种，9页。

ཛ་གོད་ནམ་མཁའ་སེང་གེ། 阿果・南喀桑格（1712—1780）撰述。

西藏地区藏传佛教扎喜协珠林寺，印经院木刻版之刻印本。

普通藏纸，梵夹装中印本。（46.6×5.8cm），楷体，墨色，横刊藏文六行，四周双栏，全。

索书号：000818/26。保存基本完好，今藏民族文化宫中国民族图书馆。

༄། །དུས་སྦྱོར་གྱི་དྲིས་ལན་བཞུགས། །

**合时问答篇**

1种，2页。

བུ་སྟོན་རིན་ཆེན་གྲུབ། 布敦・仁钦珠（1290—1364）撰述。

西藏地区藏传佛教寺院印经院木刻版之刻印本。

普通藏纸，梵夹装中印本（49.7×7cm），楷体，墨色，横刊藏文七行，四周双栏，全。

索书号：003068/16。保存基本完好，今藏民族文化宫中国民族图书馆。

༄། །དུས་གཟེར་རྩིས་ཀྱི་ལག་ལེན་མདོར་བསྡུས་བཞུགས་སོ། །

**节气推算法略说**

1种，11页。

དཔལ་སྤྲུལ་འཇིགས་མེད་ཆོས་ཀྱི་དབང་པོ 白朱・吉迈曲吉旺波（1808—1887）撰述。

多康地区藏传佛教寺院印经院木刻版之刻印版。

普通藏纸，梵夹装中印本（45.2×4.3cm），楷体，墨色，横刊藏文六行，四周双栏，全。

索书号：005941/24。保存基本完好，今藏民族文化宫中国民族图书馆。

༄། །ནག་རྩིས་ཀྱི་རབ་ཏུ་བྱེད་པ་ལས་ཀེག་རྩིས་འཆི་མེད་བཅུད་ལེན་ཞེས་བྱ་བ་བཞུགས་སོ། །

**易经占法中凶险占法・长寿精华**

1种，7页。

འཇུ་མི་ཕམ་འཇམ་དབྱངས་རྣམ་རྒྱལ་རྒྱ་མཚོ། 局米盼・绛央南杰嘉措（1846—1912）撰述。

四川省甘孜藏族自治州德格县德格地区德格寺印经院木刻版之刻印本。

普通藏纸，梵夹装短印本（38.3×5.8cm），楷体，墨色，横刊藏文六行，四周双栏，全。

索书号：000395/20。保存基本完好，今藏民族文化宫中国民族图书馆。

༄༅། །ནག་རྩིས་ཀྱི་རབ་ཏུ་བྱེད་པ་ལས་གཤིན་རྩིས་ཕན་བདེ་མྱུར་སྟེར་ཞེས་བྱ་བ་བཞུགས་སོ། །

**易经占法中丧亡占法·利乐速施**

1种，6页。

འཇུ་མི་ཕམ་འཇམ་དབྱངས་རྣམ་རྒྱལ་རྒྱ་མཚོ། 局米盼·绛央南杰嘉措（1846—1912）撰述。

四川省甘孜藏族自治州德格县德格地区德格寺印经院木刻版之刻印本。

普通藏纸，梵夹装短印本（38.3×5.8cm），楷体，墨色，横刊藏文六行，四周双栏，全。

索书号：000395/21。保存基本完好，今藏民族文化宫中国民族图书馆。

༄༅། །དཔལ་གྱི་བདག་པོའི་སྦྱར་བའི་དཀར་རྩིས་རིན་ཆེན་ཕྲེང་བ་བཞུགས་སོ། །

**白吉达波所撰天文历法·大宝鬘**

1种，30页。

སི་ཏུ་ཆོས་ཀྱི་འབྱུང་གནས། 司都·曲吉迥乃（1699—1774）撰述。

四川省甘孜藏族自治州地区德格县八邦地区八邦寺印经院木刻版之刻印本。

普通藏纸，梵夹装中印本（46.5×7cm），楷体，墨色，横刊藏文六行，四周双栏，全。

索书号：006140/6。保存基本完好，今藏民族文化宫中国民族图书馆。

༄༅། །ཕུག་ལུགས་རྩིས་ཀྱི་ལེགས་བཤད་མཁས་པའི་མགུལ་རྒྱན་བཻ་ཌཱུརྱ་དཀར་པོའི་དོ་ཤལ་དཔྱོད་ལྡན་སྙིང་ནོར་ཞེས་བྱ་བ་ལས་གླེགས་བམ་གཉིས་པ་བཞུགས། །

**浦派历算法·智者项饰·白琉璃璎珞·智士珍宝第二帙**

1种，324页。

སྡེ་སྲིད་སངས་རྒྱས་རྒྱ་མཚོ། 第斯·桑结嘉措（1653—1705）撰述。

四川省甘孜藏族自治州德格县德格地区德格寺印经院木刻版之刻印本。

普通藏纸，梵夹装中印本（53.5×7cm），楷体，墨色，横刊藏文六行，四周双栏，全。

索书号：000493/1。保存基本完好，今藏民族文化宫中国民族图书馆。

༄༅། །ཕུག་ལུགས་རྩིས་ཀྱི་ལེགས་བཤད་མཁས་པའི་མགུལ་རྒྱན་བཻ་ཌཱུརྱ་དཀར་པོའི་དོ་ཤལ་དཔྱོད་ལྡན་སྙིང་ནོར་ཞེས་བྱ་བ་ལས་གླེགས་བམ་དང་པོ་བཞུགས། །

**浦派历算法·智者项饰·白琉璃璎珞·智士珍宝第一帙**

1种，314页。

སྡེ་སྲིད་སངས་རྒྱས་རྒྱ་མཚོ། 第斯·桑结嘉措（1653—1705）撰述。

四川省甘孜藏族自治州德格县德格地区德格寺印经院木刻版之刻印本。

普通藏纸，梵夹装长印本（53.5×7cm），楷体，墨色，横刊藏文六行，四周双栏，全。

索书号：000492/1。保存基本完好，今藏民族文化宫中国民族图书馆。

༄། །བཻ་དཀར་བག་རྩིས་ལས་ལོ་འགྲིམས་སྦྱིབ་རྩལ་སོགས་རེའུ་མིག་ཏུ་བསྒྲིགས་ཤིང་ཅུང་ཟུར་བསྡུས་པ་གསལ་བྱེད་མེ་ལོང་ཞེས་བྱ་བ་བཞུགས་སོ། །

**白琉璃合婚术中属年配合法等表格略要·明镜**

1种，9页。

ཟ་གོད་ནམ་མཁའ་སེང་གེ། 阿果·南喀桑格（1712—1780）撰述。

多麦地区藏传佛教扎喜格培林寺印经院木刻版之刻印本。

普通藏纸，梵夹装中印本（46.6×5.8cm），楷体，墨色，横刊藏文六行，四周双栏，全。

索书号：000818/27。保存基本完好，今藏民族文化宫中国民族图书馆。

༄། །བྱེད་རྩིས་ལྔ་བསྡུས་ཀྱི་རི་མོ་བྱ་རྩལ་བཀྲ་ཤིས་ཉིན་བྱེད་ཅེས་བྱ་བ་བཞུགས་སོ། །

**作用派五摄之数值运算法·吉祥日光**

1种，7页。

ཚ་ཧར་དགེ་བཤེས་བློ་བཟང་ཚུལ་ཁྲིམས། 恰哈尔格西·洛桑慈称（1740—1810）撰述。

北京地区藏传佛教皇家寺院印经院木刻版之刻印本。

普通纸，梵夹装中印本（48.6×6.7cm），楷体，墨色，横刊藏文六行，四周双栏，全。

索书号：000733/7。保存基本完好，今藏民族文化宫中国民族图书馆。

༄། །འབྱུང་རྩིས་ཀྱི་ལོ་མགོ་འཛིན་རྩལ་སོགས་ལས་བརྩམས་པའི་དྲིས་ལན་བློ་མིག་དགའ་སྟོན་ཞེས་བྱ་བ་བཞུགས་སོ། །

**五行算识别岁首法等所撰述之问答·慧眼庆宴**

1种，12页。

ཨ་ཀྱཱ་བློ་བཟང་བསྟན་པའི་རྒྱལ་མཚན། 阿迦·洛桑丹贝坚参（1708—1768）撰述。

北京地区藏传佛教皇家寺院印经院木刻版之刻印本。

普通纸，梵夹装中印本（46.7×6cm），楷体，墨色，横刊藏文六行，四周双栏，全。

索书号：001222/15。保存基本完好，今藏民族文化宫中国民族图书馆。

༄། །འབྱུང་རྩིས་ལུགས་ཀྱི་ལོ་ཀེག་བརྟག་པ་མན་ངག་དོན་བསྡུས་ཞེས་བྱ་བ་བཞུགས་སོ། །

**五行算规之年厄观察法要诀略义**

1种，25页。

ཚ་ཧར་དགེ་བཤེས་བློ་བཟང་ཚུལ་ཁྲིམས། 恰哈尔格西·洛桑慈称（1740—1810）撰述。

北京地区藏传佛教皇家寺院印经院木刻版之刻印本。

普通纸，梵夹装中印本（48.6×6.7cm），楷体，墨色，横刊藏文六行，四周双栏，全。

索书号：000733/10。保存基本完好，今藏民族文化宫中国民族图书馆。

༄། །འབྲས་རྩིས་ཀྱི་གཞུང་མྱུར་བར་རྟོགས་པ་ཞེས་བྱ་བ་བཞུགས་སོ། །

**速悟果算正文**

1种，21页。

སི་ཏུ་ཆོས་ཀྱི་འབྱུང་གནས། 司都·曲吉迥乃（1699—1774）撰述。

四川省甘孜藏族自治州德格县德格地区八邦寺印经院木刻版之刻印本。

普通藏纸，梵夹装中印本（46.5×7cm），楷体，墨色，横刊藏文六行，四周双栏，全。

索书号：006140/7。保存基本完好，今藏民族文化宫中国民族图书馆。

༄༅། །འབྲས་རྩིས་ཀྱི་གསལ་བྱེད་ཅེས་བྱ་བ་བཞུགས་སོ། །

**果象算明解**

1 种，1 页。

ཨ་མེས་ངག་དབང་ཀུན་དགའ་བསོད་ནམས། 阿梅·阿旺衮噶索南（1597—1660）撰述。

四川省甘孜藏族自治州德格县德格地区德格寺印经院木刻版之刻印本。

普通藏纸，梵夹装中印本（45.6×6.3cm），楷体，墨色，横刊藏文六行，四周双栏，全。

索书号：003220/153。保存基本完好，今藏民族文化宫中国民族图书馆。

༄༅། །འབྲས་རྩིས་དཀར་ཆག་བཞུགས། །

**果算法目录**

1 种，1 页。

དངུལ་ཆུ་དྷརྨ་བྷ་དྲ། 欧曲·达摩巴扎（亦称欧曲喇嘛·曲桑洛桑次仁，1772—1851）撰。

西藏地区藏传佛教寺院印经院木刻版之刻印本。

普通藏纸，梵夹装中印本（49.8×6cm），楷体，墨色，横刊藏文六行，四周双栏，全。

索书号：001046/20。保存基本完好，今藏民族文化宫中国民族图书馆。

༄༅། །འབྲས་རྩིས་མདོར་བསྡུས་བཞུགས་སོ། །

**果算法略篇**

1 种，12 页。

དངུལ་ཆུ་དྷརྨ་བྷ་དྲ། 欧曲·达摩巴扎（亦称欧曲喇嘛·曲桑洛桑次仁，1772—1851）撰述。

西藏地区藏传佛教寺院印经院木刻版之刻印本。

普通藏纸，梵夹装中印本（49.8×6cm），楷体，墨色，横刊藏文六行，四周双栏，全。

索书号：001046/21。保存基本完好，今藏民族文化宫中国民族图书馆。

༄༅། །མ་ཧཱ་ཙི་ནའི་བྱང་མཐའ་རྒྱལ་ཁབ་ཆེན་པོ་ལྡེ་ཀྱིང་གཙོ་བོར་གྱུར་པའི་བྱང་ཕྱོགས་ཀྱི་ཡུལ་འཁོར་ལ་འོས་པའི་དུས་སྦྱོར་གྱི་རྣམ་བཞག་པདྨོའི་ཚལ་རབ་འབྱེད་པའི་ཉི་མ་གཞོན་ནུ་ཞེས་བྱ་བ་བཞུགས་སོ། །

**汉地北疆择期解说·莲苑盛开之旭日**

1 种，56 页。

ཨ་ཀྱཱ་བློ་བཟང་བསྟན་པའི་རྒྱལ་མཚན 阿迦·洛桑丹贝坚参（1708—1768）撰述。

北京地区藏传佛教皇家寺院印经院木刻版之刻印本。

普通纸，梵夹装中印本（46.7×6cm），楷体，墨色，横刊藏文六行，四周双栏，全。

索书号：001222/31。保存基本完好，今藏民族文化宫中国民族图书馆。

༄༅། །སྐར་རྩིས་རྣམ་དག་མྱུར་མྱེད་ཉེར་མཁོ་ཀུན་གསལ་བཞུགས་སོ། །

**正确速算法·常用普明**

1 种，6 页。

ས་ལོ་འཇམ་དབྱངས་ཀུན་དགའ་བསོད་ནམས། 萨迦译师·绛央衮噶索南（1485—1533）撰述。

西藏地区藏传佛教寺院印经院传抄之缮写本。

普通藏纸，梵夹装中印本（45×5.3cm），草体，墨色，横书藏文七行，四周双栏，全。

索书号：003215/50。保存基本完好，今藏民族文化宫中国民族图书馆。

༄། །གཙུག་ལག་རྩིས་ཀྱི་སྐོར་འགོ་གསོན་རྩིས་རྡེའུ་ཞེ་བདུན་གྱི་གསལ་བྱེད་བློ་གསལ་དགའ་བྱེད་ཅེས་བྱ་བ་བཞུགས་སོ། །

**经传算法类首活算法四十七石子筹码计算明析 · 智者悦意**

1 种，7 页。

རྒྱལ་སྲས་སྐལ་བཟང་ཐུབ་བསྟན། 嘉赛 · 格桑图丹（1743—1810）撰述。

西藏自治区拉萨市达孜地区噶旦寺（噶旦南巴嘉威林）印经院木刻版之刻印版。

普通藏纸，梵夹装中印本（47×7cm），楷体，墨色，横刊藏文六行，四周双栏，全。

索书号：000812/6。保存基本完好，今藏民族文化宫中国民族图书馆。

༄། །གཙུག་ལག་རྩིས་ཀྱི་སྔོན་འགྲོ་རབ་གསལ་མེ་ལོང་ཞེས་བྱ་བ་བཞུགས་སོ། །

**经典算前行明鉴**

1 种，8 页。

འཇུ་མི་ཕམ་འཇམ་དབྱངས་རྣམ་རྒྱལ་རྒྱ་མཚོ། 局米盼 · 绛央南杰嘉措（1846—1912）撰述。

四川省甘孜藏族自治州德格县德格地区德格寺印经院木刻版之刻印本。

普通藏纸，梵夹装短印本（38.3×5.8cm），楷体，墨色，横刊藏文六行，四周双栏，全。

索书号：000394/10。保存基本完好，今藏民族文化宫中国民族图书馆。

༄། །རྩིས་ཀྱི་འཁོར་ལོའི་གསལ་བྱེད་བཞུགས་སོ། །

**历算周期显明篇**

1 种，2 页。

དངུལ་ཆུ་དབྱངས་ཅན་གྲུབ་པའི་རྡོ་རྗེ། 欧曲 · 央坚珠贝多结（1809—1887）撰述。

西藏自治区日喀则地区藏传佛教扎喜格培林寺印经院木刻版之刻印版。

普通藏纸，梵夹装中印本（49×6.5cm），楷体，墨色，横刊藏文六行，四周双栏，全。

索书号：001016/30。保存基本完好，今藏民族文化宫中国民族图书馆。

༄། །རྩིས་ཀྱི་བསྟན་བཅོས་ཀུན་ལས་བཏུས་པའི་ཊོག་པ། རྒྱས་འགྲེལ་རིན་ཆེན་གཏེར་མཛོད་ཁ་སྐྱེ་བའི་ལྷན་ཐབས་ཀྱི་རི་མོའི་སྡོམ་ཚིག་ཅེས་བྱ་བ་བཞུགས་སོ། །

**历算综论广释 · 大宝秘藏补编数值摄颂**

1 种，27 页。

དཔའ་བོ་གཙུག་ལག་ཕྲེང་བ། 巴沃 · 祖拉昌哇（1504—1566）撰述。

西藏地区藏传佛教寺院印经院木刻版之刻印本。

普通藏纸，梵夹装中印本（47.5×6.2cm），楷体，墨色，横刊藏文七行，四周双栏，全。

索书号：002313/4。保存基本完好，今藏民族文化宫中国民族图书馆。

༄། །རྩིས་ཀྱི་བསྟན་བཅོས་མཁས་པའི་སྙིང་ནོར་ཆ་ལག་དང་བཅས་པའི་དཀར་ཆག་ལེགས་པར་བཤད་པ་ཆོས་དུང་གཡས་འཁྱིལ་ཞེས་བྱ་བ་བི་པ་སྤྲུལ་སྐུ་ངག་དབང་མི་ཕམ་ཟླ་བས་བསྒྲིགས། །

**比巴活佛阿旺弥盼达哇编历算论 · 智者珍要之支分细目 · 善说右旋法螺**

1 种，35 页。

ཐུའུ་བཀྭན་བློ་བཟང་ཆོས་ཀྱི་ཉི་མ། 土观 · 洛桑曲吉尼玛（1737—1802）撰述。

青海省互助土族自治县五十地区佑宁寺（贡隆乾巴林）印经院木刻版之刻印本。

普通藏纸，梵夹装中印本（48.5×6.5cm），楷体，墨色，横刊藏文六行，四周双栏，全。

索书号：003643/2。保存基本完好，今藏民族文化宫中国民族图书馆。

༄༅། །རྩིས་ཀྱི་བསྟན་བཅོས་མཁས་པའི་སྙིང་ནོར་གྱི་ཆ་ལག་རིན་ཆེན་སིལ་མ་ལས། དཀར་པོའི་རྐང་འཛིན་རེའུ་མིག་སྤྱི་ནོར་དང་བཅས་པ་བཞུགས་སོ། །

**历算论·智者珍要之支分·大宝拾零·金曜检步及公积数表**

1 种，2 页。

ཐུའུ་བཀྭན་བློ་བཟང་ཆོས་ཀྱི་ཉི་མ། 土观·洛桑曲吉尼玛（1737—1802）撰述。

青海省互助土族自治县五十地区佑宁寺（贡隆乾巴林）印经院木刻版之刻印本。

普通藏纸，梵夹装中印本（48.5×6.5cm），楷体，墨色，横刊藏文六行，四周双栏，全。

索书号：003643/18。保存基本完好，今藏民族文化宫中国民族图书馆。

༄༅། །རྩིས་ཀྱི་བསྟན་བཅོས་མཁས་པའི་སྙིང་ནོར་གྱི་ཆ་ལག་རིན་ཆེན་སིལ་མ་ལས། ཁྱིམ་ཞག་བཀྲ་ཤིས་ཀྱི་དལ་དག་རེའུ་མིག་བཞུགས་སོ། །

**历算论·智者珍要之支分·大宝拾零·宫日水曜迟行定数表**

1 种，2 页。

ཐུའུ་བཀྭན་བློ་བཟང་ཆོས་ཀྱི་ཉི་མ། 土观·洛桑曲吉尼玛（1737—1802）撰述。

青海省互助土族自治县五十地区佑宁寺（贡隆乾巴林）印经院木刻版之刻印本。

普通藏纸，梵夹装中印本（48.5×6.5cm），楷体，墨色，横刊藏文六行，四周双栏，全。

索书号：003643/30。保存基本完好，今藏民族文化宫中国民族图书馆。

༄༅། །རྩིས་ཀྱི་བསྟན་བཅོས་མཁས་པའི་སྙིང་ནོར་གྱི་ཆ་ལག་རིན་ཆེན་སིལ་མ་ལས། ཁྱིམ་ཞག་དལ་འགྲོའི་དལ་དག་རེའུ་མིག་བཞུགས་སོ། །

**历算论·智者珍要之支分·大宝拾零·太阴日土曜迟行定数表**

1 种，6 页。

ཐུའུ་བཀྭན་བློ་བཟང་ཆོས་ཀྱི་ཉི་མ། 土观·洛桑曲吉尼玛（1737—1802）撰述。

青海省互助土族自治县五十地区佑宁寺（贡隆乾巴林）印经院木刻版之刻印本。

普通藏纸，梵夹装中印本（48.5×6.5cm），楷体，墨色，横刊藏文六行，四周双栏，全。

索书号：003643/29。保存基本完好，今藏民族文化宫中国民族图书馆。

༄༅། །རྩིས་ཀྱི་བསྟན་བཅོས་མཁས་པའི་སྙིང་ནོར་གྱི་ཆ་ལག་རིན་ཆེན་སིལ་མ་ལས། ཁྱིམ་ཞག་དལ་འགྲོའི་དལ་དག་རེའུ་མིག་བཞུགས་སོ། །

**历算论·智者珍要之支分·大宝拾零·太阴日土曜迟行定数表**

1 种，6 页。

ཐུའུ་བཀྭན་བློ་བཟང་ཆོས་ཀྱི་ཉི་མ། 土观·洛桑曲吉尼玛（1737—1802）撰述。

青海省互助土族自治县五十地区佑宁寺（贡隆乾巴林）印经院木刻版之刻印本。

普通藏纸，梵夹装中印本（48.5×6.5cm），楷体，墨色，横刊藏文六行，四周双栏，全。

索书号：003643/33。保存基本完好，今藏民族文化宫中国民族图书馆。

༄༅། །རྩིས་ཀྱི་བསྟན་བཅོས་མཁས་པའི་སྙིང་ནོར་གྱི་ཆ་ལག་རིན་ཆེན་སིལ་མ་ལས། ཁྱིམ་ཞག་ཞི་གཉིས་ཀྱི་དལ་དག་རེའུ་མིག་བཞུགས་སོ། །

**历算论·智者珍要之支分·大宝拾零·宫日两文曜迟行定数表**

1 种，3 页。

ཐུའུ་བཀྭན་བློ་བཟང་ཆོས་ཀྱི་ཉི་མ། 土观·洛桑曲吉尼玛（1737—1802）撰述。

青海省互助土族自治县五十地区佑宁寺（贡隆乾巴林）印经院木刻版之刻印本。

普通藏纸，梵夹装中印本（48.5×6.5cm），

楷体，墨色，横刊藏文六行，四周双栏，全。

索书号：003643/31。保存基本完好，今藏民族文化宫中国民族图书馆。

**༄༅། །རྩིས་ཀྱི་བསྟན་བཅོས་མཁས་པའི་སྙིང་ནོར་གྱི་ཆ་ལག་རིན་ཆེན་སིལ་མ་ལས། ཁྱིམ་ཞག་ལྷའི་བླ་མའི་དལ་དག་རེའུ་མིག་བཞུགས་སོ། །**

**历算论・智者珍要之支分・大宝拾零・宫日木曜迟行定数表**

1 种，4 页。

ཐུའུ་བཀྭན་བློ་བཟང་ཆོས་ཀྱི་ཉི་མ། 土观・洛桑曲吉尼玛（1737—1802）撰述。

青海省互助土族自治县五十地区佑宁寺（贡隆乾巴林）印经院木刻版之刻印本。

普通藏纸，梵夹装中印本（48.5×6.5cm），楷体，墨色，横刊藏文六行，四周双栏，全。

索书号：003643/32。保存基本完好，今藏民族文化宫中国民族图书馆。

**༄༅། །རྩིས་ཀྱི་བསྟན་བཅོས་མཁས་པའི་སྙིང་ནོར་གྱི་ཆ་ལག་རིན་ཆེན་སིལ་མ་ལས། གྲུབ་པའི་ཉི་རྒྱ་རེ་བདུན་པར་སྲིལ་བ་བཞུགས་སོ། །**

**历算论・智者珍要之支分・大宝拾零・体系派太阳基数六十七分**

1 种，2 页。

ཐུའུ་བཀྭན་བློ་བཟང་ཆོས་ཀྱི་ཉི་མ། 土观・洛桑曲吉尼玛（1737—1802）撰述。

青海省互助土族自治县五十地区佑宁寺（贡隆乾巴林）印经院木刻版之刻印本。

普通藏纸，梵夹装中印本（48.5×6.5cm），楷体，墨色，横刊藏文六行，四周双栏，全。

索书号：003643/10。保存基本完好，今藏民族文化宫中国民族图书馆。

**༄༅། །རྩིས་ཀྱི་བསྟན་བཅོས་མཁས་པའི་སྙིང་ནོར་གྱི་ཆ་ལག་རིན་ཆེན་སིལ་མ་ལས། གྲུབ་རྩིས་ཆ་ཤས་བརྒྱ་ཉེར་དྲུག་གི་རེའུ་མིག་དམར་ནག་འཁོར་མ་བཞུགས་སོ། །**

**历算论・智者珍要之支分・大宝拾零・体系派一百二十六分朱墨字周期表**

1 种，9 页。

ཐུའུ་བཀྭན་བློ་བཟང་ཆོས་ཀྱི་ཉི་མ། 土观・洛桑曲吉尼玛（1737—1802）撰述。

青海省互助土族自治县五十地区佑宁寺（贡隆乾巴林）印经院木刻版之刻印本。

普通藏纸，梵夹装中印本（48.5×6.5cm），楷体，墨色，横刊藏文六行，四周双栏，全。

索书号：003643/6。保存基本完好，今藏民族文化宫中国民族图书馆。

**༄༅། །རྩིས་ཀྱི་བསྟན་བཅོས་མཁས་པའི་སྙིང་ནོར་གྱི་ཆ་ལག་རིན་ཆེན་སིལ་མ་ལས། གྲུབ་རྩིས་ཉེ་བར་ཧོར་བའི་བསྐལ་ཡིའི་རེའུ་མིག་བཞུགས་སོ། །**

**历算论・智者珍要之支分・大宝拾零・体系派历书模式表**

1 种，7 页。

ཐུའུ་བཀྭན་བློ་བཟང་ཆོས་ཀྱི་ཉི་མ། 土观・洛桑曲吉尼玛（1737—1802）撰述。

青海省互助土族自治县五十地区佑宁寺（贡隆乾巴林）印经院木刻版之刻印本。

普通藏纸，梵夹装中印本（48.5×6.5cm），楷体，墨色，横刊藏文六行，四周双栏，全。

索书号：003643/7。保存基本完好，今藏民族文化宫中国民族图书馆。

༄༅། །རྩིས་ཀྱི་བསྟན་བཅོས་མཁས་པའི་སྙིང་ནོར་གྱི་ཆ་ལག་རིན་ཆེན་སིལ་མ་ལས། གྲུབ་རྩིས་གཟའ་ལྔ་ཟླ་མཁའ་གཟུགས་ཀྱི་བར་སྲེལ་བ་བཞུགས་སོ། །

**历算论・智者珍要之支分・大宝拾零・体系派曜基数一零一分**

1种，2页。

ཐུའུ་བཀྭན་བློ་བཟང་ཆོས་ཀྱི་ཉི་མ། 土观・洛桑曲吉尼玛（1737—1802）撰述。

青海省互助土族自治县五十地区佑宁寺（贡隆乾巴林）印经院木刻版之刻印本。

普通藏纸，梵夹装中印本（48.5×6.5cm），楷体，墨色，横刊藏文六行，四周双栏，全。

索书号：003643/8。保存基本完好，今藏民族文化宫中国民族图书馆。

༄༅། །རྩིས་ཀྱི་བསྟན་བཅོས་མཁས་པའི་སྙིང་ནོར་གྱི་ཆ་ལག་རིན་ཆེན་སིལ་མ་ལས། སྔོན་འགྲོའི་ཉེར་མཁོ་བཞུགས་སོ། །

**历算论・智者珍要之支分・大宝拾零・历算基础知识**

1种，12页。

ཐུའུ་བཀྭན་བློ་བཟང་ཆོས་ཀྱི་ཉི་མ། 土观・洛桑曲吉尼玛（1737—1802）撰。

青海省互助土族自治县五十地区佑宁寺（贡隆乾巴林）印经院木刻版之刻印本。

普通藏纸，梵夹装中印本（48.5×6.5cm），楷体，墨色，横刊藏文六行，四周双栏，全。

索书号：003643/4。保存基本完好，今藏民族文化宫中国民族图书馆。

༄༅། །རྩིས་ཀྱི་བསྟན་བཅོས་མཁས་པའི་སྙིང་ནོར་གྱི་ཆ་ལག་རིན་ཆེན་སིལ་མ་ལས། ཉི་མ་གཟའ་ལྔ་དང་བཅས་པའི་མདའ་ཞོའི་རེ་ཁྲ་འཛིན་ཚུལ་བཞུགས། །

**历算论・智者珍要之支分・大宝拾零・太阳五曜六十五分表**

1种，5页。

ཐུའུ་བཀྭན་བློ་བཟང་ཆོས་ཀྱི་ཉི་མ། 土观・洛桑曲吉尼玛（1737—1802）撰述。

青海省互助土族自治县五十地区佑宁寺（贡隆乾巴林）印经院木刻版之刻印本。

普通藏纸，梵夹装中印本（48.5×6.5cm），楷体，墨色，横刊藏文六行，四周双栏，全。

索书号：003643/14。保存基本完好，今藏民族文化宫中国民族图书馆。

༄༅། །རྩིས་ཀྱི་བསྟན་བཅོས་མཁས་པའི་སྙིང་ནོར་གྱི་ཆ་ལག་རིན་ཆེན་སིལ་མ་ལས། ཉིན་ཞག་ཉི་མ་བར་བའི་རེའུ་མིག་བཞུགས་སོ། །

**历算论・智者珍要之支分・大宝拾零・太阳日中日表**

1种，4页。

ཐུའུ་བཀྭན་བློ་བཟང་ཆོས་ཀྱི་ཉི་མ། 土观・洛桑曲吉尼玛（1737—1802）撰述。

青海省互助土族自治县五十地区佑宁寺（贡隆乾巴林）印经院木刻版之刻印本。

普通藏纸，梵夹装中印本（48.5×6.5cm），楷体，墨色，横刊藏文六行，四周双栏，全。

索书号：003643/25。保存基本完好，今藏民族文化宫中国民族图书馆。

༄༅། །རྩིས་ཀྱི་བསྟན་བཅོས་མཁས་པའི་སྙིང་ནོར་གྱི་ཆ་ལག་རིན་ཆེན་སིལ་མ་ལས། དུས་སྦྱོར་རེའུ་མིག་མདོར་བསྡུས་བཞུགས། །

**历算论・智者珍要之支分・大宝拾零・合时择日略表**

1种，8页。

ཐུའུ་བཀྭན་བློ་བཟང་ཆོས་ཀྱི་ཉི་མ། 土观・洛桑曲吉尼玛（1737—1802）撰述。

青海省互助土族自治县五十地区佑宁寺（贡隆乾巴林）印经院木刻版之刻印本。

普通藏纸，梵夹装中印本（48.5×6.5cm），

楷体，墨色，横刊藏文六行，四周双栏，全。

索书号：003643/35。保存基本完好，今藏民族文化宫中国民族图书馆。

༧༢། །རྩིས་ཀྱི་བསྟན་བཅོས་མཁས་པའི་སྙིང་ནོར་གྱི་ཆ་ལག་རིན་ཆེན་སིལ་མ་ལས། དྲང་སྲོང་དཀར་པོའི་ཆུ་རྗོ་རི་མཁའ་རིའི་རེ་མིག་བཞུགས། །

**历算论·智者珍要之支分·大宝拾零·金曜六十四、七十七分表**

1 种，7 页。

ཐུའུ་བཀྭན་བློ་བཟང་ཆོས་ཀྱི་ཉི་མ། 土观·洛桑曲吉尼玛（1737—1802）撰述。

青海省互助土族自治县五十地区佑宁寺（贡隆乾巴林）印经院木刻版之刻印本。

普通藏纸，梵夹装中印本（48.5×6.5cm），楷体，墨色，横刊藏文六行，四周双栏，全。

索书号：003643/23。保存基本完好，今藏民族文化宫中国民族图书馆。

༧༢། །རྩིས་ཀྱི་བསྟན་བཅོས་མཁས་པའི་སྙིང་ནོར་གྱི་ཆ་ལག་རིན་ཆེན་སིལ་མ་ལས། དྲང་སྲོང་སྤེན་པའི་ཆུ་རྗོ་རི་མཁའ་རིའི་རེའུ་མིག་བཞུགས། །

**历算论·智者珍要之支分·大宝拾零·土曜六十四、七十七分表**

1 种，8 页。

ཐུའུ་བཀྭན་བློ་བཟང་ཆོས་ཀྱི་ཉི་མ། 土观·洛桑曲吉尼玛（1737—1802）撰述。

青海省互助土族自治县五十地区佑宁寺（贡隆乾巴林）印经院木刻版之刻印本。

普通藏纸，梵夹装中印本（48.5×6.5cm），楷体，墨色，横刊藏文六行，四周双栏，全。

索书号：003643/24。保存基本完好，今藏民族文化宫中国民族图书馆。

༧༢། །རྩིས་ཀྱི་བསྟན་བཅོས་མཁས་པའི་སྙིང་ནོར་གྱི་ཆ་ལག་རིན་ཆེན་སིལ་མ་ལས། དྲང་སྲོང་ཕུར་བུའི་ཆུ་རྗོ་རི་མཁའ་རིའི་རེའུ་མིག་བཞུགས། །

**历算论·智者珍要之支分·大宝拾零·木曜六十四、七十七分表**

1 种，7 页。

ཐུའུ་བཀྭན་བློ་བཟང་ཆོས་ཀྱི་ཉི་མ། 土观·洛桑曲吉尼玛（1737—1802）撰述。

青海省互助土族自治县五十地区佑宁寺（贡隆乾巴林）印经院木刻版之刻印本。

普通藏纸，梵夹装中印本（48.5×6.5），楷体，墨色，横刊藏文六行，四周双栏，全。

索书号：003643/22。保存基本完好，今藏民族文化宫中国民族图书馆。

༧༢། །རྩིས་ཀྱི་བསྟན་བཅོས་མཁས་པའི་སྙིང་ནོར་གྱི་ཆ་ལག་རིན་ཆེན་སིལ་མ་ལས། དྲང་སྲོང་དམར་པོའི་ཆུ་རྗོ་རི་མཁའ་རིའི་རེའུ་མིག་བཞུགས། །

**历算论·智者珍要之支分·大宝拾零·火曜六十四、七十七分表**

1 种，7 页。

ཐུའུ་བཀྭན་བློ་བཟང་ཆོས་ཀྱི་ཉི་མ། 土观·洛桑曲吉尼玛（1737—1802）撰述。

青海省互助土族自治县五十地区佑宁寺（贡隆乾巴林）印经院木刻版之刻印本。

普通藏纸，梵夹装中印本（48.5×6.5cm），楷体，墨色，横刊藏文六行，四周双栏，全。

索书号：003643/20。保存基本完好，今藏民族文化宫中国民族图书馆。

༧༢། །རྩིས་ཀྱི་བསྟན་བཅོས་མཁས་པའི་སྙིང་ནོར་གྱི་ཆ་ལག་རིན་ཆེན་སིལ་མ་ལས། དྲང་སྲོང་ལྷག་པའི་ཆུ་རྗོ་རི་མཁའ་རིའི་རེའུ་མིག་བཞུགས། །

**历算论·智者珍要之支分·大宝拾零·水曜六十四、七十七分表**

1 种，8 页。

ཐུའུ་བཀྭན་བློ་བཟང་ཆོས་ཀྱི་ཉི་མ། 土观·洛桑曲吉尼玛（1737—1802）撰述。

青海省互助土族自治县五十地区佑宁寺（贡隆乾巴林）印经院木刻版之刻印本。

普通藏纸，梵夹装中印本（48.5×6.5cm），楷体，墨色，横刊藏文六行，四周双栏，全。

索书号：003643/21。保存基本完好，今藏民族文化宫中国民族图书馆。

༄༅། །རྩིས་ཀྱི་བསྟན་བཅོས་མཁས་པའི་སྙིང་ནོར་གྱི་ཆ་ལག་རིན་ཆེན་སིལ་མ་ལས། སྤྱི་ནོར་ལྷ་མར་ཕྲི་བས་ཕྱི་མ་འཆར་བྱེད་རེའུ་མིག་བཞུགས། །

**历算论·智者珍要之支分·大宝拾零·用递减法求公积数表**

1种，4页。

ཐུའུ་བཀྭན་བློ་བཟང་ཆོས་ཀྱི་ཉི་མ། 土观·洛桑曲吉尼玛（1737—1802）撰述。

青海省互助土族自治县五十地区佑宁寺（贡隆乾巴林）印经院木刻版之刻印本。

普通藏纸，梵夹装中印本（48.5×6.5cm），楷体，墨色，横刊藏文六行，四周双栏，全。

索书号：003643/13。保存基本完好，今藏民族文化宫中国民族图书馆。

༄༅། །རྩིས་ཀྱི་བསྟན་བཅོས་མཁས་པའི་སྙིང་ནོར་གྱི་ཆ་ལག་རིན་ཆེན་སིལ་མ་ལས། སྤེན་པའི་དལ་བར་རེའུ་མིག་སྤྱི་ནོར་དང་བཅས་པ་བཞུགས། །

**历算论·智者珍要之支分·大宝拾零·土曜中迟及公积数表**

1种，8页。

ཐུའུ་བཀྭན་བློ་བཟང་ཆོས་ཀྱི་ཉི་མ། 土观·洛桑曲吉尼玛（1737—1802）撰述。

青海省互助土族自治县五十地区佑宁寺（贡隆乾巴林）印经院木刻版之刻印本。

普通藏纸，梵夹装中印本（48.5×6.5cm），楷体，墨色，横刊藏文六行，四周双栏，全。

索书号：0036453/19。保存基本完好，今藏民族文化宫中国民族图书馆。

༄༅། །རྩིས་ཀྱི་བསྟན་བཅོས་མཁས་པའི་སྙིང་ནོར་གྱི་ཆ་ལག་རིན་ཆེན་སིལ་མ་ལས། བྱེད་གྲུབ་ལྔ་བསྡུས་གཟའ་ལྔ་སོགས་ཀྱི་ཉེར་མཁོའི་རེའུ་མིག་བཞུགས། །

**历算论·智者珍要之支分·大宝拾零·作用、体系两派五摄、五曜等所用表格**

1种，14页。

ཐུའུ་བཀྭན་བློ་བཟང་ཆོས་ཀྱི་ཉི་མ། 土观·洛桑曲吉尼玛（1737—1802）撰述。

青海省互助土族自治县五十地区佑宁寺（贡隆乾巴林）印经院木刻版之刻印本。

普通藏纸，梵夹装中印本（48.5×6.5cm），楷体，墨色，横刊藏文六行，四周双栏，全。

索书号：003643/5。保存基本完好，今藏民族文化宫中国民族图书馆。

༄༅། །རྩིས་ཀྱི་བསྟན་བཅོས་མཁས་པའི་སྙིང་ནོར་གྱི་ཆ་ལག་རིན་ཆེན་སིལ་མ་ལས། བྱེད་པའི་ཉི་རྒྱུའི་རེའུ་མིག་བཞུགས། །

**历算论·智者珍要之支分·大宝拾零·作用派太阳基数表**

1种，3页。

ཐུའུ་བཀྭན་བློ་བཟང་ཆོས་ཀྱི་ཉི་མ། 土观·洛桑曲吉尼玛（1737—1802）撰述。

青海省互助土族自治县五十地区佑宁寺（贡隆乾巴林）印经院木刻版之刻印本。

普通藏纸，梵夹装中印本（48.5×6.5cm），楷体，墨色，横刊藏文六行，四周双栏，全。

索书号：003643/12。保存基本完好，今藏民族文化宫中国民族图书馆。

༧༢། །རྩིས་ཀྱི་བསྟན་བཅོས་མཁས་པའི་སྙིང་ནོར་གྱི་ཆ་ལག་རིན་ཆེན་སིལ་མ་ལས། བྱེད་པའི་གཟའ་ལྔའི་རེའུ་མིག་བཞུགས། །

**历算论·智者珍要之支分·大宝拾零·作用派曜基数表**

1 种，2 页。

ཐུའུ་བཀྭན་བློ་བཟང་ཆོས་ཀྱི་ཉི་མ། 土观·洛桑曲吉尼玛（1737—1802）撰述。

青海省互助土族自治县五十地区佑宁寺（贡隆乾巴林）印经院木刻版之刻印本。

普通藏纸，梵夹装中印本（48.5×6.5cm），楷体，墨色，横刊藏文六行，四周双栏，全。

索书号：003643/11。保存基本完好，今藏民族文化宫中国民族图书馆。

༧༢། །རྩིས་ཀྱི་བསྟན་བཅོས་མཁས་པའི་སྙིང་ནོར་གྱི་ཆ་ལག་རིན་ཆེན་སིལ་མ་ལས། དམར་པོའི་དལ་བར་རེའུ་མིག་སྤྱི་ནོར་དང་བཅས་པ་བཞུགས། །

**历算论·智者珍要之支分·大宝拾零·火曜中迟及公积数表**

1 种，3 页。

ཐུའུ་བཀྭན་བློ་བཟང་ཆོས་ཀྱི་ཉི་མ། 土观·洛桑曲吉尼玛（1737—1802）撰述。

青海省互助土族自治县五十地区佑宁寺（贡隆乾巴林）印经院木刻版之刻印本。

普通藏纸，梵夹装中印本（48.5×6.5cm），楷体，墨色，横刊藏文六行，四周双栏，全。

索书号：003643/15。保存基本完好，今藏民族文化宫中国民族图书馆。

༧༢། །རྩིས་ཀྱི་བསྟན་བཅོས་མཁས་པའི་སྙིང་ནོར་གྱི་ཆ་ལག་རིན་ཆེན་སིལ་མ་ལས། ཚེས་ཞག་བཀྲ་ཤིས་ཀྱི་དལ་དག་རེའུ་མིག་བཞུགས། །

**历算论·智者珍要之支分·大宝拾零·太阴日火曜迟行定数表**

1 种，2 页。

ཐུའུ་བཀྭན་བློ་བཟང་ཆོས་ཀྱི་ཉི་མ། 土观·洛桑曲吉尼玛（1737—1802）撰述。

青海省互助土族自治县五十地区佑宁寺（贡隆乾巴林）印经院木刻版之刻印本。

普通藏纸，梵夹装中印本（48.5×6.5cm），楷体，墨色，横刊藏文六行，四周双栏，全。

索书号：003643/26。保存基本完好，今藏民族文化宫中国民族图书馆。

༧༢། །རྩིས་ཀྱི་བསྟན་བཅོས་མཁས་པའི་སྙིང་ནོར་གྱི་ཆ་ལག་རིན་ཆེན་སིལ་མ་ལས། ཚེས་ཞག་དལ་འགྲོའི་དལ་དག་རེའུ་མིག་བཞུགས། །

**历算论·智者珍要之支分·大宝拾零·太阴日土曜迟行定数表**

1 种，6 页。

ཐུའུ་བཀྭན་བློ་བཟང་ཆོས་ཀྱི་ཉི་མ། 土观·洛桑曲吉尼玛（1737—1802）撰述。

青海省互助土族自治县五十地区佑宁寺（贡隆乾巴林）印经院木刻版之刻印本。

普通藏纸，梵夹装中印本（48.5×6.5cm），楷体，墨色，横刊藏文六行，四周双栏，全。

索书号：003643/29。保存基本完好，今藏民族文化宫中国民族图书馆。

༧༢། །རྩིས་ཀྱི་བསྟན་བཅོས་མཁས་པའི་སྙིང་ནོར་གྱི་ཆ་ལག་རིན་ཆེན་སིལ་མ་ལས། ཚེས་ཞག་ཞི་གཉིས་ཀྱི་དལ་དག་རེའུ་མིག་བཞུགས། །

**历算论·智者珍要之支分·大宝拾零·太阴日两文曜迟行定数表**

1 种，4 页。

ཐུའུ་བཀྭན་བློ་བཟང་ཆོས་ཀྱི་ཉི་མ། 土观·洛桑曲吉尼玛（1737—1802）撰述。

青海省互助土族自治县五十地区佑宁寺（贡隆乾巴林）印经院木刻版之刻印本。

普通藏纸，梵夹装中印本（48.5×6.5cm），

楷体，墨色，横刊藏文六行，四周双栏，全。

索书号：003643/27。保存基本完好，今藏民族文化宫中国民族图书馆。

༄༅། །རྩིས་ཀྱི་བསྟན་བཅོས་མཁས་པའི་སྙིང་ནོར་གྱི་ཆ་ལག་རིན་ཆེན་སིལ་མ་ལས། ཚེས་ཞག་ལྷ་ཡི་བླ་མའི་དལ་དག་རེའུ་མིག་བཞུགས། །

**历算论・智者珍要之支分・大宝拾零・太阴日木曜迟行定数表**

1 种，5 页。

ཐུའུ་བཀྭན་བློ་བཟང་ཆོས་ཀྱི་ཉི་མ། 土观・洛桑曲吉尼玛（1737—1802）撰。

青海省互助土族自治县五十地区佑宁寺（贡隆乾巴林）印经院木刻版之刻印本。

普通藏纸，梵夹装中印本（48.5×6.5cm），楷体，墨色，横刊藏文六行，四周双栏，全。

索书号：003643/28。保存基本完好，今藏民族文化宫中国民族图书馆。

༄༅། །རྩིས་ཀྱི་བསྟན་བཅོས་མཁས་པའི་སྙིང་ནོར་གྱི་ཆ་ལག་རིན་ཆེན་སིལ་མ་ལས། ཞག་གསུམ་རྣམ་དབྱེ་དང་སྟོང་འཇུག་སྐབས་ཉེར་མཁོའི་རེའུ་མིག་བཞུགས། །

**历算论・智者珍要之支分・大宝拾零・三种日区分及上元积年常用表**

1 种，2 页。

ཐུའུ་བཀྭན་བློ་བཟང་ཆོས་ཀྱི་ཉི་མ། 土观・洛桑曲吉尼玛（1737—1802）撰述。

青海省互助土族自治县五十地区佑宁寺（贡隆乾巴林）印经院木刻版之刻印本。

普通藏纸，梵夹装中印本（48.5×6.5cm），楷体，墨色，横刊藏文六行，四周双栏，全。

索书号：003643/34。保存基本完好，今藏民族文化宫中国民族图书馆。

༄༅། །རྩིས་ཀྱི་བསྟན་བཅོས་མཁས་པའི་སྙིང་ནོར་གྱི་ཆ་ལག་རིན་ཆེན་སིལ་མ་ལས། ཟླ་བུའི་ཀང་འཛིན་རེའུ་མིག་སྤྱི་ནོར་དང་བཅས་པ་བཞུགས།

**历算论・智者珍要之支分・大宝拾零・水检步表及上公积数表**

1 种，5 页。

ཐུའུ་བཀྭན་བློ་བཟང་ཆོས་ཀྱི་ཉི་མ། 土观・洛桑曲吉尼玛（1737—1802）撰述。

青海省互助土族自治县五十地区佑宁寺（贡隆乾巴林）印经院木刻版之刻印本。

普通藏纸，梵夹装中印本（48.5×6.5cm），楷体，墨色，横刊藏文六行，四周双栏，全。

索书号：003643/16。保存基本完好，今藏民族文化宫中国民族图书馆。

༄༅། །རྩིས་ཀྱི་བསྟན་བཅོས་མཁས་པའི་སྙིང་ནོར་གྱི་ཆ་ལག་རིན་ཆེན་སིལ་མ་ལས། རིག་བྱེད་བདག་པོའི་དལ་བར་རེའུ་མིག་སྤྱི་ནོར་དང་བཅས་པ་བཞུགས། །

**历算论・智者珍要之支分・大宝拾零・木曜中迟及公积数表**

1 种，4 页。

ཐུའུ་བཀྭན་བློ་བཟང་ཆོས་ཀྱི་ཉི་མ། 土观・洛桑曲吉尼玛（1737—1802）撰述。

青海省互助土族自治县五十地区佑宁寺（贡隆乾巴林）印经院木刻版之刻印本。

普通藏纸，梵夹装中印本（48.5×6.5cm），楷体，墨色，横刊藏文七行，四周双栏，全。

索书号 003643/17。保存基本完好，今藏民族文化宫中国民族图书馆。

༧༧། །རྩིས་ཀྱི་བསྟན་བཅོས་མཁས་པའི་སྙིང་ནོར་གྱི་ཆ་ལག་རིན་ཆེན་སིལ་མ་ལས། རིལ་ཆའི་རེའུ་མིག་དུས་ཉིར་སྒྲིལ་བ་བཞུགས། །

**历算论·智者珍要之支分·大宝拾零·整零数表一二六分乘法**

1种，2页。

ཐུའུ་བཀྭན་བློ་བཟང་ཆོས་ཀྱི་ཉི་མ། 土观·洛桑曲吉尼玛（1737—1802）撰述。

青海省互助土族自治县五十地区佑宁寺（贡隆乾巴林）印经院木刻版之刻印本。

普通藏纸，梵夹装中印本（48.5×6.5cm），楷体，墨色，横刊藏文六行，四周双栏，全。

索书号：003643/9。保存基本完好，今藏民族文化宫中国民族图书馆。

༧༧། །རྩིས་ཀྱི་བསྟན་བཅོས་མཁས་པའི་སྙིང་ནོར་ཞེས་བྱ་བ་བཞུགས་སོ། །

**历算论·智者珍要**

1种，36页。

ཐུའུ་བཀྭན་བློ་བཟང་ཆོས་ཀྱི་ཉི་མ། 土观·洛桑曲吉尼玛（1737—1802）撰述。

青海省互助土族自治县五十地区佑宁寺（贡隆乾巴林）印经院木刻版之刻印本。

普通藏纸，梵夹装中印本（48.5×6.5cm），楷体，墨色，横刊藏文六行，四周双栏，全。

索书号：003643/3。保存基本完好，今藏民族文化宫中国民族图书馆。

༧༧། །རྩིས་ཀྱི་བསྟན་བཅོས་ཉིན་བྱེད་སྣང་བའི་རྒྱན་མཆོག་ཅེས་བྱ་བ་བཞུགས་སོ། །

**历算论·日光殊胜庄严**

1种，13页。

རྒྱལ་སྲས་སྐལ་བཟང་ཐུབ་བསྟན། 嘉赛·格桑图丹（1743—1810）撰述。

西藏自治区拉萨市达孜地区噶旦寺（噶旦南巴嘉威林）印经院木刻版之刻印版。

普通藏纸，梵夹装中印本（47×7cm），楷体，墨色，横刊藏文六行，四周双栏，全。

索书号：000812/5。保存基本完好，今藏民族文化宫中国民族图书馆。

༧༧། །རྩིས་ཀྱི་ལག་ལེན་མདོ་ཙམ་བརྗོད་པ་དུས་ཀྱི་འཁོར་ལོ་གསལ་བར་བྱེད་པ་ཞེས་བྱ་བ་བཞུགས་སོ། །

**历算推步略说·时轮明解**

1种，24页。

འབྲུག་པ་པད་མ་དཀར་པོ། 竹巴·白玛嘎波（1527—1592）撰述。

西藏地区藏传佛教寺院印经院木刻版之刻印本。

普通藏纸，梵夹装中印本（45.3×6.1cm），楷体，墨色，横刊藏文六行，四周双栏，全。

索书号：003664/31。保存基本完好，今藏民族文化宫中国民族图书馆。

༧༧། །རྩིས་སྐར་ནག་ཟུང་འཇུག་གི་ལོ་ཐོའི་རྣམ་བཤད་གོ་ལའི་རྣ་རྒྱན་ཅེས་བྱ་བ་བཞུགས་སོ། །

**黑白算双运历书讲说·蹥道耳饰**

1种，15页。

དཔལ་སྤྲུལ་འཇིགས་མེད་ཆོས་ཀྱི་དབང་པོ། 白朱·吉迈曲吉旺波（1808—1887）撰述。

四川康区藏传佛教寺院印经院木刻版之刻印版。

普通藏纸，梵夹装中印本（45.2×4.3cm）楷体，墨色，横刊藏文六行，四周双栏，全。

索书号：005941/22。保存基本完好，今藏民族文化宫中国民族图书馆。

༄༅། །རྩིས་སྐར་ནག་ལས་བརྩམས་པའི་དྲིས་ལན་ཉིན་བྱེད་དབང་པོའི་སྣང་བ་ཞེས་བྱ་བ་བཞུགས་སོ། །

**星算五行算中所撰问答·昼日光明**

1 种，56 页。

ཏཱ་ལའི་བླ་མ་ངག་དབང་བློ་བཟང་རྒྱ་མཚོ། 达赖喇嘛·阿旺洛桑嘉措（1617—1682）撰述。

西藏自治区拉萨地区布达拉宫印经院木刻版之刻印本。

普通藏纸，梵夹装中印本（46.6×5.9cm），楷体，墨色，横刊藏文七行，四周双栏，全。

索书号：000699/4。保存基本完好，今藏民族文化宫中国民族图书馆。

༄༅། །རྩིས་སྐར་ཐོར་བུ་འགའ་ཞིག་བཤད་པ་བཀྲ་ཤིས་སྨན་ལྗོངས་ཞེས་བྱ་བ་བཞུགས་སོ། །

**历算类部分零散解说·吉祥药域**

1 种，13 页。

ཆ་ཧར་དགེ་བཤེས་བློ་བཟང་ཚུལ་ཁྲིམས། 恰哈尔格西·洛桑慈称（1740—1810）撰述。

北京地区藏传佛教皇家寺院印经院木刻版之刻印本。

普通纸，梵夹装中印本（48.6×6.7cm），楷体，墨色，横刊藏文六行，四周双栏，全。

索书号：000733/9。保存基本完好，今藏民族文化宫中国民族图书馆。

༄༅། །རྩིས་སྐར་ནོར་བུའི་ཕྲེང་བ་བཞུགས། །

**历算类·摩尼鬘**

1 种，32 页。

འཇུ་མི་ཕམ་འཇམ་དབྱངས་རྣམ་རྒྱལ་རྒྱ་མཚོ། 局米盼·绛央南杰嘉措（1846—1912）撰述。

四川省甘孜藏族自治州德格县德格地区德格寺印经院木刻版之刻印本。

普通藏纸，梵夹装短印本（38.3×5.8cm），楷体，墨色，横刊藏文六行，四周双栏，全。

索书号：000395/5。保存基本完好，今藏民族文化宫中国民族图书馆。

༄༅། །རྩིས་སྐར་ལས་བརྩམས་པའི་བརྗེད་བྱང་བཞུགས། །

**算法类备忘录**

1 种，10 页。

ཆ་ཧར་དགེ་བཤེས་བློ་བཟང་ཚུལ་ཁྲིམས། 恰哈尔格西·洛桑慈称（1740—1810）撰述。

北京地区藏传佛教皇家寺院印经院木刻版之刻印本。

普通纸，梵夹装中印本（48.6×6.7cm），楷体，墨色，横刊藏文六行，四周双栏，全。

索书号：000733/13。保存基本完好，今藏民族文化宫中国民族图书馆。

༄༅། །རྩིས་ཡིག་རྣམ་གསལ་འོད་ཐིག་གི་བུ་དཔེ་ཞག་གསུམ་རྣམ་པར་དབྱེ་བའི་རེ་མིག་ལག་ལེན་གསལ་བར་བཤད་པ་མཁས་པའི་མགུལ་རྒྱན་ཞེས་བྱ་བ་བཞུགས་སོ། །

**历算论·善显光点篇子编·论三种日之区别表解·智者项饰**

1 种，14 页。

རོང་ཐ་བློ་བཟང་དམ་ཆོས་རྒྱ་མཚོ། 荣塔·洛桑丹曲嘉措（1805—1900）撰述。

多康地区藏传佛教惹聂大乘寺印经院木刻版之刻印本。

普通藏纸，梵夹装中印本（46.5×5.6cm），楷体，墨色，横刊藏文六行，四周双栏，全。

索书号：004526/28。保存基本完好，今藏民族文化宫中国民族图书馆。

༧༧། །རྩིས་ཡིག་རྣམ་གསལ་འོད་ཟེར་གྱི་བྱ་དཔེ་ལས་སྟོང་འཇུག་གི་རི་མོ་གསལ་བར་བཤད་པ་དགེ་ལེགས་སྣང་བ་གསལ་བའི་སྒྲོན་མེ་ཞེས་བྱ་བ་བཞུགས་སོ། །

**历算论·善显光点篇子编·论上元积年数值·吉祥明灯**

1 种，8 页。

རོང་ཐ་བློ་བཟང་དམ་ཆོས་རྒྱ་མཚོ། 荣塔·洛桑丹曲嘉措（1805—1900）撰述。

多康地区藏传佛教惹聂大乘寺印经院木刻版之刻印本。

普通藏纸，梵夹装中印本（46.5×5.6cm），楷体，墨色，横刊藏文六行，四周双栏，全。

索书号：004526/27。保存基本完好，今藏民族文化宫中国民族图书馆。

༧༧། །རྩིས་ཡིག་རྣམ་གསལ་འོད་ཟེར་གྱི་བྱ་དཔེ་ལས་རེའུ་མིག་མཁོ་ཆེ་བ་འགའ་ཞིག་གསར་དུ་བསྒྲུབས་པའི་རྩལ་ལག་ལེན་གོ་བདེ་བར་བཀོད་པ་བློ་གསར་ཡིད་ཀྱི་དགའ་སྟོན་ཞེས་བྱ་བ་བཞུགས་སོ། །

**历算论·善显光点篇子编·重要算表数种新编·智者悦意喜宴**

1 种，12 页。

རོང་ཐ་བློ་བཟང་དམ་ཆོས་རྒྱ་མཚོ། 荣塔·洛桑丹曲嘉措（1805—1900）撰述。

多康地区藏传佛教惹聂大乘寺印经院木刻版之刻印本。

普通藏纸，梵夹装中印本（46.5×5.6cm），楷体，墨色，横刊藏文六行，四周双栏，全。

索书号：004526/30。保存基本完好，今藏民族文化宫中国民族图书馆。

༧༧། །རྩིས་ཡིག་རྣམ་གསལ་འོད་ཟེར་གྱི་བྱ་དཔེ་ལས་ཕྱུལ་དུས་བསྐྱིགས་པའི་ལག་ལེན་གསལ་བར་བཤད་པ་སྡེ་སྲིད་དགོངས་རྒྱན་ཞེས་བྱ་བ་བཞུགས་སོ། །

**历算论·善显光点篇子编·细分时域占星法·第司意趣庄严**

1 种，7 页。

རོང་ཐ་བློ་བཟང་དམ་ཆོས་རྒྱ་མཚོ། 荣塔·洛桑丹曲嘉措（1805—1900）撰述。

多康地区藏传佛教惹聂大乘寺印经院木刻版之刻印本。

普通藏纸，梵夹装中印本（46.5×5.6cm），楷体，墨色，横刊藏文六行，四周双栏，全。

索书号：004526/29。保存基本完好，今藏民族文化宫中国民族图书馆。

༧༧། །རྩིས་གཞུང་ཉིན་བྱེད་སྣང་བའི་ལག་ལེན་བྱ་ཡིག་ངོ་མཚར་ཕྲེང་བ་ཞེས་བྱ་བ་བཞུགས་སོ། །

**历算日光论子篇实用算法·希有鬘**

1 种，14 页。

དཔལ་སྤྲུལ་འཇིགས་མེད་ཆོས་ཀྱི་དབང་པོ། 白朱·吉迈曲吉旺波（1808—1887）撰述。

多康地区藏传佛教寺院印经院木刻版之刻印版。

普通藏纸，梵夹装中印本（45.2×4.3cm），楷体，墨色，横刊藏文六行，四周双栏，全。

索书号：005941/21。保存基本完好，今藏民族文化宫中国民族图书馆。

༧༧། །ཚེ་རྩིས་སོགས་འགའ་ཞིག་བཞུགས། །

**部分择日期法**

1 种，18 页。

ཨ་ཀྱ་བློ་བཟང་བསྟན་པའི་རྒྱལ་མཚན། 阿迦·洛桑丹贝坚参（1708—1768）撰述。

北京地区藏传佛教皇家寺院印经院木刻版之刻印本。

普通纸，梵夹装中印本（46.7×6cm），楷体，墨色，横刊藏文六行，四周双栏，全。

索书号：001222/32。保存基本完好，今藏民族文化宫中国民族图书馆。

༄། །གཟའ་ལྔ་ཉིན་ཚེས་རྟགས་ལོངས་རྐང་རྩོར་གྱི་རེའུ་མིག་བཞུགས། །

**五曜之太阳、太阴两种平均步度累加数表**

1种，4页。

ང་གོད་ནམ་མཁའ་སེང་གེ། 阿果·南喀桑格（1712—1780）撰述。

多麦地区藏传佛教扎喜格培林寺印经院木刻版之刻印本。

普通藏纸，梵夹装中印本（46.6×5.8cm），楷体，墨色，横刊藏文六行，四周双栏，全。

索书号：000818/23。保存基本完好，今藏民族文化宫中国民族图书馆。

༄། །རེས་གཟའི་དག་པ། ཚེ་རྩིས། དུས་སྦྱོར། གཟའ་ལྔའི་པར་ག བོད་དར་འབྱུང་རྩིས་རེའུ་བཅུའི་རེའུ་མིག་མཐོང་དགའ་འཛུམ་འཆར་བཞུགས་སོ། །

**直曜、寿算、合时、五曜等藏传五行算十三筹码表·见者喜悦**

1种，11页。

སུམ་པ་ཡེ་ཤེས་དཔལ་འབྱོར། 松巴班智达·益希白觉（1704—1788）撰述。

内蒙古自治区呼和浩特地区曲果赛波寺印经院木刻版之刻印本。

普通纸，梵夹装中印本（51.9×7.8cm），楷体，墨色，横刊藏文七行，四周双栏，全。

索书号：001040/16。保存基本完好，今藏民族文化宫中国民族图书馆。

༄། །ལས་རྩིས་བྱུར་བཀོལ་ཆུང་གསལ་ཕན་བདེའི་དཔལ་སྟེར་ཞེས་བྱ་བ་བཞུགས་སོ། །

**流年算附载简明篇·利乐吉祥施**

1种，14页。

ང་གོད་ནམ་མཁའ་སེང་གེ། 阿果·南喀桑格（1712—1780）撰述。

多麦地区藏传佛教扎喜格培林寺印经院木刻版之刻印本。

普通藏纸，梵夹装中印本（46.6×5.8cm），楷体，墨色，横刊藏文六行，四周双栏，全。

索书号：000818/24。保存基本完好，今藏民族文化宫中国民族图书馆。

༄། །ལོ་དང་སྤར་སྨེའི་རེའུ་མིག་གི་སྐོར་དང་རྩིས་ཀྱི་ལྡེ་མིག་གི་སྐོར་དོན་བསྡུས་གསལ་བ་བཞུགས་སོ། །

**年与八卦九宫表格类及星算钥显明略义**

1种，9页。

ཅོ་ནེ་གྲགས་པ་བཤད་སྒྲུབ། 卓尼·札巴协珠（1675—1748）撰述。

甘肃省甘南藏族自治州卓尼地区卓尼寺（觉乃噶旦协珠林）印经院木刻版之刻印本。

普通藏纸，梵夹装中印本（48.6×6.3cm），楷体，墨色，横刊藏文六行，四周双栏，全。

索书号：003679/28。保存基本完好，今藏民族文化宫中国民族图书馆。

༄། །ལོ་ཟླ་སོགས་ལས་བརྩམས་པའི་རྩིས་སྐོར་འགའ་ཞིག་བཤད་པ་བཀྲ་ཤིས་དཔལ་སྟེར་ཞེས་བྱ་བ་བཞུགས་སོ། །

**年月等之算法略解·吉祥胜施**

1种，30页。

ཆ་ཧར་དགེ་བཤེས་བློ་བཟང་ཚུལ་ཁྲིམས། 恰哈尔格西·洛桑慈称（1740—1810）撰述。

北京地区藏传佛教皇家寺院印经院木刻版之刻印本。

普通纸，梵夹装中印本（48.6×6.7cm），楷体，墨色，横刊藏文六行，四周双栏，全。

索书号：000733/4。保存基本完好，今藏民族文化宫中国民族图书馆。

## ༤、སྒྲ་རིག་པའི་སྐོར།
## 4. 声明（语言学）

**༄༅། །ཀ་ལཱ་པའི་མདོའི་རྒྱན་ཞེས་བྱ་བའི་སྒྲའི་བསྟན་བཅོས་བཞུགས་སོ། །**

**声明集分经庄严论**

1 种，6 页。

བྱང་པ་རྣམ་རྒྱལ་གྲགས་པ་བཟང་པོ། 羌巴·南杰札巴桑波（1395—1475）撰述。

西藏地区藏传佛教寺院印经院传抄之缮写本。

普通藏纸，梵夹装中印本（44×4.3cm），草体，墨色，横书藏文七行，四周双栏，全。

索书号：005109/5。保存基本完好，今藏民族文化宫中国民族图书馆。

**༄༅། །ཀ་ལཱ་པའི་བྱིངས་ཀྱི་མདོ་བུ་སྟོན་རིན་པོ་ཆེའི་འགྱུར་ལ་འགྱུར་བཅོས་མཛད་པ་སྐད་གཉིས་ཤན་སྦྱར་བཞུགས་སོ། །**

**梵藏对照改译布敦大师所译声明集分论**

1 种，28 页。

སི་ཏུ་ཆོས་ཀྱི་འབྱུང་གནས། 司都·曲吉迥乃（1699—1774）撰述。

四川省甘孜藏族自治州德格县八邦地区八邦寺印经院木刻版之刻印本。

普通藏纸，梵夹装中印本（46.5×7cm），楷体，墨色，横刊藏文六行，四周双栏，全。

索书号：006134/2。保存基本完好，今藏民族文化宫中国民族图书馆。

**༄༅། །ཀ་ལཱ་པའི་བྱིངས་མདོའི་འགྲེལ་པ་བཞུགས་སོ། །**

**声明集分论释**

1 种，72 页。

སི་ཏུ་ཆོས་ཀྱི་འབྱུང་གནས། 司都·曲吉迥乃（1700—1774）撰述。

四川省甘孜藏族自治州地区德格县八邦地区八邦寺印经院木刻版之刻印本。

普通藏纸，梵夹装中印本（46.5×7cm），楷体，墨色，横刊藏文六行，四周双栏，全。

索书号：006134/3。保存基本完好，今藏民族文化宫中国民族图书馆。

**༄༅། །ཀ་ལཱ་པའི་མིང་ལེའུ་དྲུག་གི་འགྲེལ་བཤད་ཀུན་མཁྱེན་བུ་སྟོན་ཆོས་རྗེས་མཛད་པ་བཞུགས་སོ། །**

**布敦法王撰声明集分论实词六品释**

1 种，165 页。

བུ་སྟོན་རིན་ཆེན་གྲུབ། 布敦·仁钦珠（1290—1364）撰述。

西藏地区藏传佛教寺院印经院木刻版之刻印本。

普通藏纸，梵夹装中印本（49.7×7cm），楷体，墨色，横刊藏文六行，四周双栏，全。

索书号：003089/3。保存基本完好，今藏民族文化宫中国民族图书馆。

**༄༅། །ཀ་ལཱ་པའི་མཚམས་སྦྱོར་ལེའུ་ལྔ་པའི་དཔེ་བརྗོད་ཀྱི་འགྲེལ་པ་པཎྜི་ཏ་རཏྣ་སི་དྡྷིས་མཛད་པ་བཞུགས། །**

**班智达然纳斯德著声明集分论拼合法五品举例释**

1 种，53 页。

བུསྟོན་རིན་ཆེན་གྲུབ། 布敦·仁钦珠（1290—

1364）撰述。

西藏地区藏传佛教寺院印经院木刻版之刻印本。

普通藏纸，梵夹装中印本（49.7×7cm），楷体，墨色，横刊藏文六行，四周双栏，全。

索书号：003089/2。保存基本完好，今藏民族文化宫中国民族图书馆。

༄༅། །ཀ་ལཱ་པའི་གཞུང་གི་དོན་འགྲེལ་བཞུགས་སོ། །

**声明集分论注释**

1 种，48 页。

ཀརྨ་མི་བསྐྱོད་རྡོ་རྗེ། 嘎玛·米觉多结(1507—1554) 撰述。

西藏地区藏传佛教寺院传抄之缮写本。

普通藏纸，梵夹装中印本（44.6×5.3cm），草体，墨色，横书藏文七行，四周双栏，全。

索书号：004547/2。保存基本完好，今藏民族文化宫中国民族图书馆。

༄༅། །ཀུན་བཤད་ལེའུ་བརྒྱད་ཀྱི་དཔེར་བརྗོད་རྒྱས་པར་སྤྲབ་པའི་རྒྱས་འགྲེལ་བཞུགས་སོ། །

**普说八品详细举例释**

1 种，48 页。

བུ་སྟོན་རིན་ཆེན་གྲུབ། 布敦·仁钦珠（1290—1364）撰述。

西藏地区藏传佛教寺院印经院木刻版之刻印本。

普通藏纸，梵夹装中印本（49.7×7cm），楷体，墨色，横刊藏文七行，四周双栏，全。

索书号：003089/4。保存基本完好，今藏民族文化宫中国民族图书馆。

༄༅། །མཁས་པ་རྣམས་འཇུག་པའི་སྒོ་ཡི་རྣམ་པར་བཤད་པ་རིག་གནས་གསལ་བྱེད་འཕྲུལ་གྱི་མེ་ལོང་ཞེས་བྱ་བ་བཞུགས་སོ། །

**诸智者入门解说·显示明处之幻想**

1 种，204 页。

གློ་བོ་མཁན་ཆེན་བསོད་ནམས་ལྷུན་གྲུབ། 珞沃堪钦·索南伦珠（1441—1525）撰述。

四川省甘孜藏族自治州德格县德格地区德格寺印经院木刻版之刻印本。

普通藏纸，梵夹装中印本（47.1×6.1cm），楷体，墨色，横刊藏文七行，四周双栏，全。

索书号：000560/5。保存基本完好，今藏民族文化宫中国民族图书馆。

༄༅། །གངས་ཅན་གྱི་བརྡ་གསར་རྙིང་ལས་བརྩམས་པའི་བརྡ་ཡིག་བློ་གསལ་མགྲིན་རྒྱན་ཞེས་བྱ་བ་བཞུགས་སོ། །

**西藏新旧语中所出词字·智者项饰**

1 种，52 页。

ཨ་ལག་ཤ་ངག་དབང་བསྟན་དར་ལྷ་རམས་པ། 阿拉夏·阿旺丹达拉然巴（1759—？）撰述。

青海省湟中县鲁沙尔地区塔尔寺（固奔乾巴林）印经院木刻版之刻印本。

普通藏纸，梵夹装中印本（48.5×6.7cm），楷体，墨色，横刊藏文六行，四周双栏，全。

索书号：001208/7。保存基本完好，今藏民族文化宫中国民族图书馆。

༄༅། །སྒྲའི་དཀའ་གནད་ལས་བརྩམས་པའི་བརྗེད་བྱང་དབྱངས་ཅན་རོལ་མཚོ་ཞེས་བྱ་བ་བཞུགས་སོ། །

**从声明难义要旨中撰出之备忘录·妙音游戏海**

1 种，29 页。

དྲུང་ཆེན་ཤེས་རབ་རྒྱ་མཚོ། 仲钦·希饶嘉

措（1803—1875）撰述。

甘肃省甘南藏族自治州夏河县拉卜楞地区拉卜楞寺（拉章扎喜齐）印经院木刻版之刻印本。

普通藏纸，梵夹装中印本（48×6cm），楷体，墨色，横刊藏文六行，四周双栏，全。

索书号：003697/12。保存基本完好，今藏民族文化宫中国民族图书馆。

༄༅། །སྒྲའི་ཟིན་བྲིས་བཞུགས་སོ། །

**声明笔录**

1种，6页。

ཆེ་ཤོས་བློ་བཟང་བྱང་ཆུབ་བསྟན་པའི་སྒྲོན་མེ། 却西·洛桑绛曲丹贝准美（1861—1933）撰述。

青海省湟中县鲁沙尔地区塔尔寺（固奔乾巴林）印经院木刻版之刻印本。

普通藏纸，梵夹装中印本（45.7×6.5cm），楷体，墨色，横刊藏文六行，四周双栏，全。

索书号：003777/17。保存基本完好，今藏民族文化宫中国民族图书馆。

༄༅། །སྒྲ་ལ་འཇུག་པ་ཞེས་བྱ་བའི་བསྟན་བཅོས་བཞུགས་སོ། །

**声明入门论**

1种，28页。

ས་སྐྱ་ཀུན་དགའ་རྒྱལ་མཚན། 萨迦·衮噶坚参（1182—1251）撰述。

四川省甘孜藏族自治州德格县德格地区德格寺印经院木刻版之刻印本。

普通藏纸，梵夹装中印本（47.7×6.2cm），楷体，墨色，横刊藏文六行，四周双栏，全。

索书号：000353/6。保存基本完好，今藏民族文化宫中国民族图书馆。

༄༅། །འཆི་མེད་མཛོད་ཀྱི་གཞུང་ལ་བརྟེན་ནས་ལེགས་པར་སྦྱར་བའི་སྐད་ཀྱི་མིང་དང་རྟགས་ཀྱི་འཇུག་པ་གསལ་བར་བྱེད་པའི་བསྟན་བཅོས་ལེགས་བཤད་སྒོ་བརྒྱ་འབྱེད་པའི་ལྡེ་མིག་ཅེས་བྱ་བ་བཞུགས་སོ། །

**据甘露藏一书以阐明梵语与音势之论述·开善言百门之钥**

1种，219页。

སི་ཏུ་ཆོས་ཀྱི་འབྱུང་གནས། 司都·曲吉迥乃（1699—1774）撰述。

四川省甘孜藏族自治州地区德格县八邦地区八邦寺印经院木刻版之刻印本。

普通藏纸，梵夹装中印本（46.5×7cm），楷体，墨色，横刊藏文六行，四周双栏，全。

索书号：006139/1。保存基本完好，今藏民族文化宫中国民族图书馆。

༄༅། །རྗེ་འཇམ་དབྱངས་བཞད་པ་རྡོ་རྗེས་མཛད་པའི་ཀ་ལཱ་པའི་ཊཱིཀ་ཆེན་ནག་པོ་འགྲོ་ཤེས་བཞུགས། །

**嘉木样协巴多结著迦罗波记论大疏通读易知篇**

1种，82页。

འཇམ་དབྱངས་བཞད་པ་ངག་དབང་བརྩོན་འགྲུས། 嘉木样协巴·阿旺宗哲（1648—1721）撰述。

甘肃省甘南藏族自治州夏河县拉卜楞地区拉卜楞寺（拉章扎喜齐）印经院木刻版之刻印本。

普通藏纸，梵夹装中印本（47.2×6.8cm），楷体，墨色，横刊藏文六行，四周双栏，全。

索书号：000853/27。保存基本完好，今藏民族文化宫中国民族图书馆。

༄༅། །སྙིགས་དུས་ཀྱི་མ་ཧཱ་པཎྜི་ཏ་དབྱངས་ཅན་གྲུབ་པའི་རྡོ་རྗེ་དཔལ་བཟང་པོའི་གསུང་རྒྱུན་ལུང་སྟོན་པ་སུམ་ཅུ་པའི་སྙིང་པོ་མདོར་བསྡུས་ལེགས་བཤད་ལྗོན་པའི་དབང་པོའི་འགྲེལ་བཤད་བཞུགས་སོ། །

**浊世大班智达·央坚珠贝多结之言教法流声明论记三十颂摄要·嘉言如意王树之讲解**

1 种，17 页。

པཎ་ཆེན་ཨེར་དེ་ནི་བློ་བཟང་ཐུབ་བསྟན་ཆོས་ཀྱི་ཉི་མ། 班禅额尔德尼·洛桑图丹曲吉尼玛（1883—1937）撰述。

西藏自治区日喀则地区扎什伦布寺印经院木刻版之刻印本。

普通藏纸，梵夹装中印本（45×6.5cm），楷体，墨色，横刊藏文六行，四周双栏，全。

索书号：003548/37。保存基本完好，今藏民族文化宫中国民族图书馆。

༄༅། །རྟགས་ཀྱི་འཇུག་པའི་དཀའ་གནས་བདག་གཞན་དང་བྱ་བྱེད་ལས་གསུམ་གྱི་ཁྱད་པར་ཞིབ་ཏུ་ཕྱེ་བ་ཉུང་གསལ་འཕྲུལ་གྱི་ལྡེ་མིག་ཅེས་བྱ་བ་བཞུགས་སོ། །

**藏文语法相转论之难点自他及能作、所作、作业三者之差别细分略说·幻变之钥**

1 种，7 页。

ཨ་ཀྱཱ་ཡོངས་འཛིན་བློ་བཟང་དོན་གྲུབ། 阿迦雍增·洛桑顿珠（1774—？）撰述。

青海省湟中县鲁沙尔地区塔尔寺（固奔乾巴林）印经院木刻版之刻印本。

普通藏纸，梵夹装中印本（47.9×6.3cm），楷体，墨色，横刊藏文六行，四周双栏，全。

索书号：000935/40。保存基本完好，今藏民族文化宫中国民族图书馆。

༄༅། །རྟགས་ཀྱི་འཇུག་པའི་དགོངས་འགྲེལ་རབ་གསལ་སྣང་བ་ཞེས་བྱ་བ་བཞུགས་སོ། །

**藏文语法相转论密意释·极显光明**

1 种，18 页。

ཨ་ཀྱཱ་ཡོངས་འཛིན་བློ་བཟང་དོན་གྲུབ། 阿迦雍增·洛桑顿珠（1774—？）撰述。

青海省湟中县鲁沙尔地区塔尔寺（固奔乾巴林）印经院木刻版之刻印本。

普通藏纸，梵夹装中印本（47.9×6.3cm），楷体，墨色，横刊藏文六行，四周双栏，全。

索书号：000935/39。保存基本完好，今藏民族文化宫中国民族图书馆。

༄༅། །རྟགས་ཀྱི་འཇུག་པའི་སྙིང་པོའི་དོན་མདོ་ཙམ་བརྗོད་པ་དཀའ་གནད་གསལ་བའི་མེ་ལོང་ཞེས་བྱ་བ་བཞུགས་སོ། །

**字性添接法要义略说·释难明镜**

1 种，5 页。

དངུལ་ཆུ་དབྱངས་ཅན་གྲུབ་པའི་རྡོ་རྗེ། 欧曲·央坚珠贝多结（1809—1887）撰述。

西藏自治区日喀则地区藏传佛教扎喜格培林寺印经院木刻版之刻印版。

普通藏纸，梵夹装长印本（49×6.5cm），楷体，墨色，横刊藏文六行，四周双栏，全。

索书号：001016/9。保存基本完好，今藏民族文化宫中国民族图书馆。

༄༅། །རྟགས་འཇུག་གི་འགྲེལ་པ་ཚིག་དོན་སྣང་བར་བྱེད་པ་ཞེས་བྱ་བ་བཞུགས་སོ། །

**字性添接法注释·阐明句义**

1 种，4 页。

ཀརྨ་མི་བསྐྱོད་རྡོ་རྗེ། 嘎玛·米觉多结(1507—1554) 撰述。

西藏地区藏传佛教寺院印经院传抄之抄缮写本。

普通藏纸，梵夹装中印本（44. 6×5.3cm），楷体，墨色，横书藏文七行，四周双栏，全。

索书号：004547/5。保存基本完好，今藏民族文化宫中国民族图书馆。

༄༅། །རྟགས་འཇུག་གི་དྲིས་ལན་བཞུགས་སོ། །

**相转论之问答**

1 种，7 页。

དཔལ་མང་པཎྜི་ཏ་དཀོན་མཆོག་རྒྱལ་མཚན། 白芒班智达 · 恭却坚参（1764—1853）撰述。

甘肃省甘南地区藏传佛教噶旦曲科林寺印经院木刻版之刻印本。

普通藏纸，梵夹装长印本（48×6.5cm），楷体，墨色，横刊藏文六行，四周双栏，全。

索书号：000829/6。保存基本完好，今藏民族文化宫中国民族图书馆。

༄༅། །རྟགས་འཇུག་གི་ཊཱི་ཀ་བཞུགས། །

**字性添接法注释**

1 种，7 页。

གོ་བོ་རབ་འབྱམས་པ་བསོད་ནམས་སེང་གེ། 郭沃饶绛巴 · 索南桑格（1429—1489）撰述。

四川省甘孜藏族自治州德格县德格地区德格寺印经院木刻版之刻印本。

普通藏纸，梵夹装中印本（46.3×6cm），楷体，墨色，横刊藏文六行，四周双栏，全。

索书号：000378/3。保存基本完好，今藏民族文化宫中国民族图书馆。

༄༅། །དག་ཡིག་མཁས་པའི་འབྱུང་གནས་ཞེས་བྱ་བ་ལས་སྒྲ་རིག་གི་སྐོར་བཞུགས། །

**藏文正字学 · 智者之源中声明类**

1 种，16 页。

ལྕང་སྐྱ་རོལ་པའི་རྡོ་རྗེ། 章嘉 · 若贝多结（1717—1786）撰述。

北京地区藏传佛教皇家寺院印经院木刻版之刻印本。

普通纸，梵夹装中印本（46.8×6.1cm），楷体，墨色，横刊藏文五行，四周双栏，全。

索书号：000766/8。保存基本完好，今藏民族文化宫中国民族图书馆。

༄༅། །དག་ཡིག་མཁས་པའི་འབྱུང་གནས་ཞེས་བྱ་བ་ལས་བརྡ་གསར་རྙིང་གི་སྐོར་བཞུགས། །

**藏文正字学 · 智者之源中新旧语类**

1 种，16 页。

ལྕང་སྐྱ་རོལ་པའི་རྡོ་རྗེ། 章嘉 · 若贝多结（1717—1786）撰述。

北京地区藏传佛教皇家寺院印经院木刻版之刻印本。

普通纸，梵夹装中印本（46.8×6.1cm），楷体，墨色，横刊藏文五行，四周双栏，全。

索书号：000766/13。保存基本完好，今藏民族文化宫中国民族图书馆。

༄༅། །དག་ཡིག་བློ་གསར་གཞོན་ནུ་དགའ་བྱེད་ཅེས་བྱ་བ་བཞུགས་སོ། །

**正字学 · 孺童悦意**

1 种，9 页。

ཅོ་ནེ་གྲགས་པ་བཤད་སྒྲུབ། 卓尼 · 札巴协珠（1675—1748）撰述。

甘肃省甘南藏族自治州卓尼地区卓尼寺（觉乃噶旦协珠林）印经院木刻版之刻印本。

普通藏纸，梵夹装中印本（48.6×6.3cm），楷体，墨色，横刊藏文六行，四周双栏，全。

索书号：003672/29。保存基本完好，今藏民族文化宫中国民族图书馆。

༄༅། །དག་ཡིག་ཟླ་བའི་རྒྱན་སོགས་ཀྱི་བཙུད་བསྡུས་པ་བཞུགས། །

**正字法·语庄严等精选**

1 种，13 页。

ཇོ་ནང་པ་ཀུན་དགའ་གྲོལ་མཆོག 觉囊巴·衮噶卓却（1507—1575）撰述。

西藏地区藏传佛教寺院印经院木刻版之刻印本。

普通藏纸，梵夹装中印本（46×5.3cm），楷体，墨色，横刊藏文六行，四周双栏，全。

索书号：002751/12。保存基本完好，今藏民族文化宫中国民族图书馆。

༄༅། །དག་ཡིག་ཚིག་གསལ་སྒྲོན་མེ་ཞེས་བྱ་བ་བཞུགས་སོ། །

**正字学·明句明灯**

1 种，17 页。

ཅོ་ནེ་གྲགས་པ་བཤད་སྒྲུབ། 卓尼·札巴协珠（1675—1748）撰述。

甘肃省甘南藏族自治州卓尼地区卓尼寺（觉乃噶旦协珠林）印经院木刻版之刻印本。

普通藏纸，梵夹装中印本（48.6×6.3cm），楷体，墨色，横刊藏文六行，四周双栏，全。

索书号：003672/28。保存基本完好，今藏民族文化宫中国民族图书馆。

༄༅། །དུས་ཚིགས་ཀྱི་རྣམ་གཞག་ལེགས་པར་བཤད་པའི་ཕྲེང་བ་ཞེས་བྱ་བ་བཞུགས་སོ། །

**时节建立论·善说鬘**

1 种，16 页。

ཅོ་ནེ་གྲགས་པ་བཤད་སྒྲུབ། 卓尼·札巴协珠（1675—1748）撰述。

甘肃省甘南藏族自治州卓尼地区卓尼寺（觉乃噶旦协珠林）印经院木刻版之刻印本。

普通藏纸，梵夹装中印本（48.6×6.3cm），楷体，墨色，横刊藏文七行，四周双栏，全。

索书号：003672/9。保存基本完好，今藏民族文化宫中国民族图书馆。

༄༅། །བརྡ་སྤྲོད་ཀུན་གྱི་ཡང་སྙིང་དབྱངས་ཅན་ལྷ་ཀ་ར་ཙའི་འགྲེལ་པ་རབ་ཏུ་བྱ་བ་གསལ་ལྡན་འཛུར་ལྷད་དག་པ་མཐོང་བས་ཀུན་འགྲོལ་དབྱངས་ལྡན་ཞིབ་མཆན་བཞུགས། །

**声明论心要·妙音声明论释·智士见正误而可明解·妙音详注**

1 种，160 页。

སྡེ་སྲིད་སངས་རྒྱས་རྒྱ་མཚོ། 第斯·桑结嘉措（1653—1705）撰述。

四川省甘孜藏族自治州德格县德格地区德格寺印经院木刻版之刻印本。

普通藏纸，梵夹装中印本（53.5×7cm），楷体，墨色，横刊藏文六行，四周双栏，全。

索书号：001452/1。保存基本完好，今藏民族文化宫中国民族图书馆。

༄༅། །བརྡ་སྤྲོད་པ་དབྱངས་ཅན་གྱི་མདོ་འཇམ་དབྱངས་བླ་མས་འཛུར་བཅོས་མཛད་པ་བཞུགས་སོ། །

**绛央喇嘛所改译之妙音声明论经**

1 种，11 页。

དངུལ་ཆུ་དབྱངས་ཅན་གྲུབ་པའི་རྡོ་རྗེ། 欧曲·央坚珠贝多结（1809—1887）撰述。

西藏自治区日喀则地区扎喜格培林寺印经院木刻版之刻印版。

普通藏纸，梵夹装中印本（49×6.5cm），楷体，墨色，横刊藏文六行，四周双栏，全。

索书号：001016/6。保存基本完好，今藏民族文化宫中国民族图书馆。

༄༅། །བརྡ་སྤྲོད་པ་དབྱངས་ཅན་གྱི་མདོའི་བཤད་སྦྱར་བརྡ་སྤྲོད་རིག་པའི་སྙིང་པོ་ཞེས་བྱ་བ་བཞུགས་སོ། །

**语言学妙音声明论本释·声明心要**

1 种，39 页。

རྫོང་དཀར་འཇིགས་མེད་དམ་ཆོས་རྒྱ་མཚོ། 宗嘎·吉迈丹曲嘉措（1898—1946）撰述。

青海省化隆回族自治县金源地区丹斗寺（丹斗协吉央贡）印经院木刻版之刻印本。

普通藏纸，梵夹装中印本（44.2×6.2cm），楷体，墨色，横刊藏文七行，四周双栏，全。

索书号：000811/4。保存基本完好，今藏民族文化宫中国民族图书馆。

༄༅། །བརྡ་སྤྲོད་པ་དབྱངས་ཅན་ངག་གི་མེ་ལོང་ཞེས་བྱ་བ་བཞུགས་སོ། །

**声明学·妙音语镜**

1 种，33 页。

འཇུ་མི་ཕམ་འཇམ་དབྱངས་རྣམ་རྒྱལ་རྒྱ་མཚོ། ། 局米盼·绛央南杰嘉措（1846—1912）撰述。

四川省甘孜藏族自治州德格县德格地区德格寺印经院木刻版之刻印本。

普通藏纸，梵夹装短印本（38.3×5.8cm），楷体，墨色，横刊藏文六行，四周双栏，全。

索书号：000394/6。保存基本完好，今藏民族文化宫中国民族图书馆。

༄༅། །བརྡ་སྤྲོད་པའི་བསྟན་བཅོས་སུམ་རྩ་པའི་རྣམ་བཤད་མུ་ཏིག་ཕྲེང་བ་ཞེས་བྱ་བ་བཞུགས་སོ། །

**声明论三十颂解说·珍珠鬘**

1 种，21 页。

ངག་དབང་ཡེ་ཤེས་ཐུབ་བསྟན་རབས་འབྱམས་པ། 阿旺益希图丹饶绛巴（1782—？）撰述。

蒙古国乌兰巴托地区藏传佛教库伦寺印经院木刻版之刻印本。

普通藏纸，梵夹装中印本（49×6.3cm），楷体，墨色，横刊藏文六行，四周双栏，全。

索书号：000884/49。保存基本完好，今藏民族文化宫中国民族图书馆。

༄༅། །བརྡ་སྤྲོད་ཚིག་དོན་འབྱེད་པའི་ལྡེ་མིག་བཞུགས། །

**文法学·句义辨析之钥**

1 种，20 页。

སྟག་ཚང་བློ་བཟང་རབ་བརྟན། 达仓·洛桑饶丹（1676—1745）撰述。

甘肃省甘南地区藏传佛教寺院印经院木刻版之刻印本。

普通藏纸，梵夹装中印本（47.6×5.7cm），楷体，墨色，横刊藏文六行，四周双栏，全。

索书号：001247/12。保存基本完好，今藏民族文化宫中国民族图书馆。

༄༅། །ནང་དོན་ཐ་སྙད་རིག་གནས་ཀྱི་གཞུང་གི་དོགས་གནས་འགའ་ཞིག་དྲིས་པའི་ལན་སྒྲིགས་གཅིག་ཏུ་བྲིས་པ་རབ་དཀར་པ་སངས་ཞེས་བྱ་བ་བཞུགས་སོ། །

**内明典籍中部分名言疑难问答合编·太白金星**

1 种，100 页。

སུམ་པ་པཎྜི་ཏ་ཡེ་ཤེས་དཔལ་འབྱོར། 松巴班智达·益希白觉（1704—1788）撰述。

内蒙古自治区呼和浩特地区曲果赛波寺印经院木刻版之刻印本。

普通藏纸，梵夹装中印本（51.9×7.8cm），楷体，墨色，横刊藏文七行，四周双栏，全。

索书号：001041/3。保存基本完好，今藏民族文化宫中国民族图书馆。

༧༢། །རྣམ་དབྱེ་བརྒྱད་དང་བྱ་བྱེད་ལས་སོགས་ཀྱི་ཁྱད་པར་མདོ་ཙམ་བརྗོད་པ་དཀའ་གནད་གསལ་བའི་མེ་ལོང་ཞེས་བྱ་བ་བཞུགས་སོ། །

**八啭声及所作、能作、直接宾词三者之差别略说·显难明镜**

1种，9页。

ཨ་ཀྱཱ་ཡོངས་འཛིན་བློ་བཟང་དོན་གྲུབ། 阿迦雍增·洛桑顿珠（1774—？）撰述。

青海省湟中县鲁沙尔地区塔尔寺（固奔乾巴林）印经院木刻版之刻印本。

普通藏纸，梵夹装中印本（47.9×6.3cm），楷体，墨色，横刊藏文六行，四周双栏，全。

索书号：000935/41。保存基本完好，今藏民族文化宫中国民族图书馆。

༧༢། །རྣམ་དབྱེ་བརྒྱད་དང་བྱ་བྱེད་ལས་སོགས་ཀྱི་ཁྱད་པར་མདོ་ཙམ་བརྗོད་པ་དཀའ་གནད་གསལ་བའི་མེ་ལོང་ཞེས་བྱ་བ་བཞུགས་སོ། །

**八啭声及所作、能作、作业等之区别略说·难义明镜**

1种，7页。

ཨ་ཀྱཱ་ཡོངས་འཛིན་བློ་བཟང་དོན་གྲུབ། 阿迦雍增·洛桑顿珠（1774—？）撰述。

青海省湟中县鲁沙尔地区塔尔寺（固奔乾巴林）印经院木刻版之刻印本。

普通藏纸，梵夹装中印本（47.9×6.3cm），楷体，墨色，横刊藏文六行，四周双栏，全。

索书号：003735/13。保存基本完好，今藏民族文化宫中国民族图书馆。

༧༧། །བཻཌཱུར྄ྱ་སྔོན་པོའི་མིང་བརྡ་གོ་དཀའ་འགའ་ཞིག་བཤད་པ་སོམ་ཉིའི་མུན་སེལ་ཞེས་བྱ་བ་བཞུགས་སོ། །

**蓝袖珍集中一些名词语句难义释·除疑虑黑暗**

1种，15页。

ཨ་ཀྱཱ་ཡོངས་འཛིན་བློ་བཟང་དོན་གྲུབ། 阿迦雍增·洛桑顿珠（1774—？）撰述。

青海省湟中县鲁沙尔地区塔尔寺（固奔乾巴林）印经院木刻版之刻印本。

普通藏纸，梵夹装中印本（47.9×6.3cm），楷体，墨色，横刊藏文六行，四周双栏，全。

索书号：000934/16。保存基本完好，今藏民族文化宫中国民族图书馆。

༧༣། །བོད་ཀྱི་བརྡ་དག་ས་མཐའི་རྣམ་དབྱེ་རབ་གསལ་སྒྲོན་མ་ཞེས་བྱ་བ་བཞུགས་སོ། །

**藏文正字异体明辨明灯**

1种，9页。

སི་ཏུ་ཆོས་ཀྱི་འབྱུང་གནས། 司都·曲吉迥乃（1699—1774）撰述。

四川省甘孜藏族自治州德格县八邦地区八邦寺印经院木刻版之刻印本。

普通藏纸，梵夹装中印本（(46.5×7cm），楷体，墨色，横刊藏文六行，四周双栏，全。

索书号：006142/8。保存基本完好，今藏民族文化宫中国民族图书馆。

༧༣། །བོད་ཀྱི་བརྡའི་བསྟན་བཅོས་མཁས་མང་དགོངས་པའི་བཅུད་བསྡུས་གསུང་རབ་ཀུན་ལ་ལྟ་བའི་ལེགས་བཤད་མིག་དབང་རབ་གསལ་སྣང་བ་ཞེས་བྱ་བ་བཞུགས་སོ། །

**藏语语言学论述集·诸家意趣之精要、阅一切典籍之嘉言·慧眼光明**

1种，22页。

ཨ་མེས་ཞབས་ངག་དབང་ཀུན་དགའ་བསོད་ནམས། 阿梅·阿旺衮噶索南（1597—1660）撰述。

西藏地区藏传佛教寺院传抄之缮写本。

普通藏纸，梵夹装中印本（45.6×6.3cm），楷体，墨色，横书藏文六行，四周双栏，全。

索书号：003208/10。保存基本完好，

今藏民族文化宫中国民族图书馆。

༧༢། །བོད་ཀྱི་བརྡའི་བསྟན་བཅོས་མཁས་མང་དགོངས་པའི་བཅུད་བསྡུས་གསུང་རབ་ཀུན་ལ་ལྟ་བའི་ལེགས་བཤད་མིག་དབང་རབ་གསལ་སྣང་བ་ཞེས་བྱ་བ་བཞུགས་སོ། །

**藏语语言学论述集 · 诸家意趣之精要、阅一切典籍之嘉言 · 慧眼光明**

1 种，35 页。

ཨ་མེས་ངག་དབང་ཀུན་དགའ་བསོད་ནམས། 阿梅 · 阿旺衮噶索南（1597—1660）撰述。

四川省甘孜藏族自治州德格县德格地区德格寺印经院木刻版之刻印本。

普通藏纸，梵夹装中印本（45.6 × 6.3cm），楷体，墨色，横刊藏文六行，四周双栏，全。

索书号：000499/6。保存基本完好，今藏民族文化宫中国民族图书馆。

༧༣། །བོད་ཀྱི་བརྡའི་བྱེ་བྲག་གསལ་བར་བྱེད་པ་ངག་གི་སྒྲོན་མ་བཞུགས་སོ། །

**藏文异体字详述 · 语灯**

1 种，23 页。

སི་ཏུ་ཆོས་ཀྱི་འབྱུང་གནས། 司都 · 曲吉迥乃（1700—1774）撰述。

四川省甘孜藏族自治州德格县八邦地区八邦寺印经院木刻版之刻印本。

普通藏纸，梵夹装中印本（(46.5 × 7cm)，楷体，墨色，横刊藏文六行，四周双栏，全。

索书号：006142/7。保存基本完好，今藏民族文化宫中国民族图书馆。

༧༤། །བོད་ཀྱི་བརྡའི་བྱེ་བྲག་གསལ་བར་བྱེད་པའི་ཡི་གེ་བཞུགས་སོ། །

**藏文字形例释**

1 种，25 页。

ཇོ་ནང་པ་ཀུན་དགའ་གྲོལ་མཆོག 觉囊巴 · 衮噶卓却（1507—1575）撰述。

西藏地区藏传佛教寺院印经院木刻版之刻印本。

普通藏纸，梵夹装中印本（46 × 5.3cm），楷体，墨色，横刊藏文六行，四周双栏，全。

索书号：004511/1。保存基本完好，今藏民族文化宫中国民族图书馆。

༧༥། །བོད་ཡིག་གི་འཇུག་ཚུལ་དང་རྣམ་དབྱེ་བཞུགས་སོ། །

**藏文之加入法与位格**

1 种，7 页。

ཆ་ཧར་དགེ་བཤེས་བློ་བཟང་ཚུལ་ཁྲིམས། 恰哈尔格西 · 洛桑慈称（1740—1810）撰述。

北京地区藏传佛教皇家寺院印经院木刻版之刻印本。

普通纸，梵夹装中印本（48.6 × 6.7cm），楷体，墨色，横刊藏文六行，四周双栏，全。

索书号：000734/7。保存基本完好，今藏民族文化宫中国民族图书馆。

༧༦། །བོད་ཡིག་ཐོག་མ་སློབ་དུས་ཀྱི་རིམ་པ་མེ་ཏོག་གསར་བའི་སྨྱུ་གུ་ཞེས་བྱ་བ་བཞུགས་སོ། །

**藏文初学次第 · 鲜花苗芽**

1 种，3 页。

ཆ་ཧར་དགེ་བཤེས་བློ་བཟང་ཚུལ་ཁྲིམས། 恰哈尔格西 · 洛桑慈称（1740—1810）撰述。

北京地区藏传佛教皇家寺院印经院木刻版之刻印本。

普通纸，梵夹装中印本（48.6 × 6.7cm），楷体，墨色，横刊藏文六行，四周双栏，全。

索书号：00073434/3。保存基本完好，今藏民族文化宫中国民族图书馆。

༄༅། །བྱ་ཀ་ར་ཎ་སུམ་ཅུ་པ་དང་རྟགས་ཀྱི་འཇུག་པ་གཉིས་ཀྱི་རྩ་བ་བཞུགས་སོ། །

**语法三十颂与字性论本释**

1 种，4 页。

ཅོ་ནེ་གྲགས་པ་བཤད་སྒྲུབ། 卓尼·札巴协珠（1675—1748）撰。

甘肃省甘南藏族自治州卓尼地区卓尼寺（觉乃噶旦协珠林）印经院木刻版之刻印本。

普通藏纸，梵夹装中印本（48.6×6.3cm），楷体，墨色，横刊藏文七行，四周双栏，全。

索书号：003686/16。保存基本完好，今藏民族文化宫中国民族图书馆。

༄༅། །བྱ་ཀ་ར་ཎ་སུམ་ཅུ་པ་དང་རྟགས་ཀྱི་འཇུག་པ་གཉིས་བཞུགས་སོ། །

**声明论三十颂与字性添接法**

1 种，5 页。

ཛ་རྨོད་ནམ་མཁའ་སེང་གེ། 阿果·南喀桑格（1712—1780）撰述。

多麦地区藏传佛教扎喜协珠林寺印经院木刻版之刻印本。

普通藏纸，梵夹装中印本（46.6×5.8cm），楷体，墨色，横刊藏文六行，四周双栏，全。

索书号：000818/14。保存基本完好，今藏民族文化宫中国民族图书馆。

༄༅། །བྱཱ་ཀ་ར་ཎ་སུམ་ཅུ་པ་དང་རྟགས་ཀྱི་འཇུག་པ་གཉིས་བཞུགས་སོ། །

**声明论之三十颂与字性添接法**

1 种，4 页。

སི་ཏུ་ཆོས་ཀྱི་འབྱུང་གནས། 司都·曲吉迥乃（1699—1774）撰述。

四川省甘孜藏族自治州德格县八邦地区八邦寺印经院木刻版之刻印本。

普通藏纸，梵夹装中印本（46.5×7cm），楷体，墨色，横刊藏文六行，四周双栏，全。

索书号：006139/2。保存基本完好，今藏民族文化宫中国民族图书馆。

༄༅། །བྱིས་པ་ཡི་གེ་གསར་དུ་སློབ་པ་ལ་མཁོ་བ་ཀ་སྙོད་སུམ་ཅུ་ལ་བརྟེན་པའི་བསླབ་བྱ་བཞུགས་སོ། །

**启蒙孺童必读·三十字母之训言**

1 种，2 页。

བི་ཤྲི་བུ་པཎྜི་ཏ་ཚེ་འཕེལ་དབང་ཕྱུག་རྡོ་རྗེ། 比锡图班智达·慈培旺秋多结（1836—?）撰述。

内蒙古地区藏传佛教噶旦彭措林寺印经院木刻版之刻印本。

普通藏纸，梵夹装中印本（48.2×6.2cm），楷体，墨色，横刊藏文六行，四周双栏，全。

索书号：000747/24。保存基本完好，今藏民族文化宫中国民族图书馆。

༄༅། །དབྱངས་ཅན་སྒྲ་ཊཱི་ཀ་གི་མཆན་དངོས་གཞི་འཇམ་པའི་དབྱངས་པྲ་ཛྙའི་མཆན་ཅན་གྱི་ཕྱག་བྲིས་ལས་བཏུས་པ་བཞུགས།

**从绛央巴惹杂聂手写本中抄出妙音声明释原注**

1 种，70 页。

དྲུང་ཆེན་ཤེས་རབ་རྒྱ་མཚོ། 仲钦·希饶嘉措（1803—1875）撰述。

甘肃省甘南藏族自治州夏河县拉卜楞地区拉卜楞寺（拉章扎喜齐）印经院木刻版之刻印本。

普通藏纸，梵夹装中印本（48×6cm），楷体，墨色，横刊藏文六行，四周双栏，全。

索书号：003697/13。保存基本完好，今藏民族文化宫中国民族图书馆。

༧༡། །མིང་གཅིག་དོན་མང་པོ་ལ་འཇུག་ཚུལ་བཤད་པ་བློ་གསལ་མགྲིན་རྒྱན་ཞེས་བྱ་བ་བཞུགས་སོ། །

**一名多义解说·智者项饰**

1 种，5 页。

དཔལ་ཚུ་དབྱངས་ཅན་གྲུབ་པའི་རྡོ་རྗེ། 欧曲·央坚珠贝多结（1809—1887）撰述。

西藏自治区日喀则地区扎喜格培林寺印经院木刻版之刻印版。

普通藏纸，梵夹装中印本（49×6.5cm），楷体，墨色，横刊藏文六行，四周双栏，全。

索书号：001016/11。保存基本完好，今藏民族文化宫中国民族图书馆。

༧༢། །མིང་དང་རྟགས་རྗེས་སུ་སྟོན་པའི་བསྟན་བཅོས་འཆི་མེད་མཛོད་ཀྱི་རྒྱ་ཆེར་འགྲེལ་པ་འདོད་འཇོའི་བ་མོ་ཞེས་བྱ་བ་བཞུགས་སོ། །

**名相述论·长寿藏广释·如意牛**

1 种，248 页。

སི་ཏུ་ཆོས་ཀྱི་འབྱུང་གནས། 司都·曲吉迥乃（1699—1774）撰述。

四川省甘孜藏族自治州德格县八邦地区八邦寺印经院木刻版之刻印本。

普通藏纸，梵夹装中印本（46.5×7cm），楷体，墨色，横刊藏文六行，四周双栏，全。

索书号：006137/2。保存基本完好，今藏民族文化宫中国民族图书馆。

༧༣། །ཙནྡྲ་པ་ཀ་ར་ཎའི་ཨུ་ཎའི་འགྲེལ་པ་བཞུགས། །

**旃檀陀罗声明论邬那注释**

1 种，35 页。

སི་ཏུ་ཆོས་ཀྱི་འབྱུང་གནས། 司都·曲吉迥乃（1699—1774）撰述。

四川省甘孜藏族自治州德格县八邦地区八邦寺印经院木刻版之刻印本。

普通藏纸，梵夹装中印本（46.5×7cm），楷体，墨色，横刊藏文六行，四周双栏，全。

索书号：006143/10。保存基本完好，今藏民族文化宫中国民族图书馆。

༧༤། །མཚམས་སྦྱོར་ལྔ་པའི་ཚིགས་བཅད་ཀྱི་སྐད་དོད་སོ་སོར་བཀྲལ་བ་བློ་གསར་འཇུག་ངོགས་ཞེས་བྱ་བ་བཞུགས་སོ། །

**五承接词之颂中各别对字解说·新蕙门径**

1 种，10 页。

ཨ་ཀྱཱ་ཡོངས་འཛིན་བློ་བཟང་དོན་གྲུབ། 阿迦雍增·洛桑顿珠（1774—？）撰述。

青海省湟中县鲁沙尔地区塔尔寺（固奔乾巴林）印经院木刻版之刻印本。

普通藏纸，梵夹装中印本（47.9×6.3cm），楷体，墨色，横刊藏文六行，四周双栏，全。

索书号：000935/43。保存基本完好，今藏民族文化宫中国民族图书馆。

༧༥། །མཚམས་སྦྱོར་ལྔའི་འགྲེལ་པ་དབྱངས་ཅན་ཞལ་ལུང་ཞེས་བྱ་བ་བཞུགས་སོ། །

**五连接词之解释·妙音教语**

1 种，20 页。

ཨ་ཁྱུང་ངག་དབང་མཁྱེན་རབ། 阿琼·阿旺庆饶（18 世纪下半叶）撰述。

甘肃省甘南藏族自治州碌曲县郎木地区地区郎木寺印经院木刻版之刻印本。

普通藏纸，梵夹装中印本（46.8×6.4cm），楷体，墨色，横刊藏文六行，四周双栏，全。

索书号：000937/2。保存基本完好，今藏民族文化宫中国民族图书馆。

༄༅། །ཞྭ་སེར་བསྟན་པའི་སྣང་བྱེད་མཆོག་གི་སྤྲུལ་སྐུ་ངག་དབང་འཕྲིན་ལས་དཔལ་བཟང་པོར་བརྡ་སྤྲོད་ཀུན་བཤད་ཀྱི་མཚན་གསོལ་བི་ཧ་བཞུགས་སོ། །

**为黄教活佛阿旺成勒解说·声明之命名文**

1 种，7 页。

ཞུ་ཆེན་ཚུལ་ཁྲིམས་རིན་ཆེན། 许钦·慈称仁钦（1697—1774）撰述。

四川省甘孜藏族自治州德格县德格地区德格寺印经院木刻版之刻印本。

普通藏纸，梵夹装中印本（47.4×6.7cm），楷体，墨色，横刊藏文六行，四周双栏，全。

索书号：000418/19。保存基本完好，今藏民族文化宫中国民族图书馆。

༄༅། །ཡི་གེའི་བཀླག་ཐབས་བྱིས་པ་བདེ་བླག་ཏུ་འཇུག་པ་ཞེས་བྱ་བ་བཞུགས་སོ། །

**文字启蒙读法**

1 种，9 页。

ས་སྐྱ་བསོད་ནམས་རྩེ་མོ། 萨迦·索南孜莫（1142—1182）撰述。

四川省甘孜藏族自治州德格县德格地区德格寺印经院木刻版之刻印本。

普通藏纸，梵夹装中印本（45.2×5.8cm），楷体，墨色，横刊藏文六行，四周双栏，全。

索书号：000347/4。保存基本完好，今藏民族文化宫中国民族图书馆。

༄༅། །ཡི་གེའི་སྔོན་འཇུག་རྗེས་འཇུག་སོགས་ཀྱི་རྣམ་དབྱེ་སྦྱར་ཚུལ་བཞུགས། །

**藏文前加后加字等之位格配法**

1 种，19 页。

ཞབས་དྲུང་ཆོས་རྗེ་ངག་དབང་ཚེ་རིང་། 夏仲法尊·阿旺慈仁（？—1792）撰述。

蒙古国乌兰巴托地区藏传佛教库伦寺印经院木刻版之刻印本。

普通藏纸，梵夹装中印本（46.8×5.2cm），楷体，墨色，横刊藏文六行，四周双栏，全。

索书号：000759/4。保存基本完好，今藏民族文化宫中国民族图书馆。

༄༅། །ཡི་གེའི་ཐོབ་ཐང་བློ་མིག་རབ་གསལ་ཞེས་བྱ་བ་བཞུགས་སོ། །

**文字应得权益篇·显明慧眼**

1 种，2 页。

གཞུང་ལས་པ་བསོད་ནམས་རྒྱ་མཚོ། 雄勒巴·索南嘉措（19 世纪初叶）撰述。

蒙古国乌兰巴托地区藏传佛教库伦寺印经院木刻版之刻印本。

普通藏纸，梵夹装短印本（38.2×6cm），楷体，墨色，横刊藏文六行，四周双栏，全。

索书号：000896/17。保存基本完好，今藏民族文化宫中国民族图书馆。

༄༅། །ཡི་གེའི་མཐའ་དཔྱོད་མ་དག་པའི་དྲི་མ་འཁྲུད་པའི་ཆབ་གཙང་ཞེས་བྱ་བ་བཞུགས་སོ། །

**文字研讨篇·涤除行垢之净水**

1 种，14 页。

ཨ་ལག་ཤ་ངག་དབང་བསྟན་དར་ལྷ་རམས་པ། 阿拉夏·阿旺丹达拉然巴（1759—？）撰述。

青海省湟中县鲁沙尔地区塔尔寺（固奔乾巴林）印经院木刻版之刻印本。

普通藏纸，梵夹装中印本（48.5×6.7cm），楷体，墨色，横刊藏文六行，四周双栏，全。

索书号：001208/12。保存基本完好，今藏民族文化宫中国民族图书馆。

༄༅། །ཡི་གེའི་རྣམ་བཞག་རབ་གསལ་མེ་ལོང་ཞེས་བྱ་བ་མཆན་འགྲེལ་ཅན་བཞུགས་སོ། །

**文字类别·极显明镜注疏**

1 种，9 页。

སུམ་པ་པཎྜི་ཏ་ཡེ་ཤེས་དཔལ་འབྱོར། 松巴班智达·益希白觉（1704—1788）撰述。

内蒙古自治区呼和浩特地区曲果赛波寺印经院木刻版之刻印本。

普通藏纸，梵夹装中印本（51.9×7.8cm），楷体，墨色，横刊藏文七行，四周双栏，全。

索书号：001035/1。保存基本完好，今藏民族文化宫中国民族图书馆。

༧༣། །ཡི་གེའི་བཤད་པ་མཁས་པའི་ཁ་རྒྱན་ཞེས་བྱ་བ་བཞུགས་སོ། །

**字说·智者修辞**

1种，26页。

ཨ་ལག་ཤ་ངག་དབང་བསྟན་དར་ལྷ་རམས་པ། 阿拉夏·阿旺丹达拉然巴（1759—？）撰述。

青海省湟中县鲁沙尔地区塔尔寺（固奔乾巴林）印经院木刻版之刻印本。

普通藏纸，梵夹装中印本（48.5×6.7cm），楷体，墨色，横刊藏文六行，四周双栏，全。

索书号：001208/5。保存基本完好，今藏民族文化宫中国民族图书馆。

༧༣། །ཡི་གེའི་སློབ་པའི་ཡན་ལག་ཏུ་ཀ་སོགས་སུམ་ཅུ་བརྩམ་གཞིར་བྱས་པའི་མིང་གི་བརྡར་གཟབ་གཤར་གཤན་སྦྱར་དུ་བྱས་པ་ཞེས་བྱ་བ་བཞུགས་སོ། །

**学习文字支分以三十字母为序之名词楷书行书双语对照**

1种，1页。

བི་ཤི་ཐུ་པཎྜི་ཏ་ཚེ་འཕེལ་དབང་ཕྱུག་རྡོ་རྗེ། 比锡图班智达·慈培旺秋多结（1836—？）撰述。

内蒙古地区藏传佛教寺院印经院木刻版之刻印本。

普通藏纸，梵夹装中印本（48.2×6.2cm），楷体，墨色，横刊藏文六行，四周双栏，全。

索书号：000747/25。保存基本完好，今藏民族文化宫中国民族图书馆。

༧༣། །ཡུལ་གངས་ཅན་གྱི་སྐད་ཀྱི་བརྡ་སྤྲོད་པའི་བསྟན་བཅོས་སུམ་ཅུ་པ་དང་རྟགས་ཀྱི་འཇུག་པའི་རྣམ་བཤད་མཁས་མཆོག་སི་ཏུའི་ཞལ་ལུང་ཞེས་བྱ་བ་བཞུགས་སོ། །

**藏语声明论三十颂与字性添接法解说·最胜善巧司徒语教**

1种，26页。

དངུལ་ཆུ་དྷརྨ་བྷ་དྲ། 欧曲·达摩巴扎（亦称欧曲喇嘛·曲桑洛桑次仁，1772—1851）撰述。

西藏地区藏传佛教寺院印经院木刻版之刻印本。

普通藏纸，梵夹装中印本（49.8×6cm），楷体，墨色，横刊藏文六行，四周双栏，全。

索书号：001046/1。保存基本完好，今藏民族文化宫中国民族图书馆。

༧༣། །ཡུལ་གངས་ཅན་པའི་བརྡ་ཡང་དག་པར་སྦྱོར་བའི་བསྟན་བཅོས་ཀྱི་བྱེ་བྲག་སུམ་ཅུ་པ་དང་རྟགས་ཀྱི་འཇུག་པའི་གཞུང་གི་རྣམ་པར་བཤད་པ་མཁས་པའི་མགུལ་རྒྱན་མུ་ཏིག་ཕྲེང་མཛེས་ཞེས་བྱ་བ་བཞུགས་སོ། །

**雪域语言学之三十颂与音势论明解·智者项饰·珍珠美鬘**

1种，86页。

སི་ཏུ་ཆོས་ཀྱི་འབྱུང་གནས། 司都·曲吉迥乃（1699—1774）撰述。

四川省甘孜藏族自治州地区德格县八邦地区八邦寺印经院木刻版之刻印本。

普通藏纸，梵夹装中印本（46.5×7cm），草体，墨色，横刊藏文六行，四周双栏，全。

索书号：006139/3。保存基本完好，今藏民族文化宫中国民族图书馆。

༄༅། །རཏྣ་ཨརྠ་སིདྡྷིའི་གསུང་ལས་རྟགས་འཇུག་པའི་རྣམ་བཤད་བཞུགས། །

**仁钦顿珠文集中字性添接法解说**

1 种，9 页。

བྲ་ཏི་དགེ་བཤེས་རིན་ཆེན་དོན་གྲུབ། 扎德格西・仁钦顿珠（18 世纪）撰述。

西藏自治区拉萨地区色拉寺（曲迪钦波色惹特钦林）印经院传抄之缮写本。

普通藏纸，梵夹装中印本（45×5.9cm），楷体，墨色，横书藏文六行，四周双栏，全。

索书号：003747/9。保存基本完好，今藏民族文化宫中国民族图书馆。

༄༅། །རིག་གནས་ཆུང་བ་སྒྲ་རིག་པ། སྙན་ངག སྡེབ་སྦྱོར། ཟློས་གར། མངོན་བརྗོད། བརྡ་གསར་རྙིང་གི་ཁྱད་པར་རྣམས་ལས་བྱུང་བའི་མིང་གི་གྲངས་བཞུགས། །

**小五明即声明学、修辞学、韵律学、戏剧学、词藻学及新旧词语之差别等所出名目**

1 种。13 页。

གློང་རྡོལ་བླ་མ་ངག་དབང་བློ་བཟང་། 隆多喇嘛・阿旺洛桑（1719—1795）撰述。

北京地区藏传佛教皇家寺院印经院木刻版之刻印本。

普通纸，梵夹装中印本（53×7.1cm），楷体，墨色，横刊藏文六行，四周双栏，全。

索书号：001004/16。保存基本完好，今藏民族文化宫中国民族图书馆。

༄༅། །ལུང་སྟོན་པ་ཙནྡྲ་པའི་མདོ་བཞུགས། །

**旃檀罗波声明论**

1 种，61 页。

སི་ཏུ་ཆོས་ཀྱི་འབྱུང་གནས། 司都・曲吉迥乃（1700—1774）撰述。

四川省甘孜藏族自治州地区德格县八邦地区八邦寺印经院木刻版之刻印本。

普通藏纸，梵夹装中印本（46.5×7cm），草体，墨色，横刊藏文六行，四周双栏，全。

索书号：006134/4。保存基本完好，今藏民族文化宫中国民族图书馆。

༄༅། །ལུང་སྟོན་པ་སུམ་ཅུ་པ་དང་རྟགས་ཀྱི་འཇུག་པའི་འགྲེལ་པ་བློ་གྲོས་པདྨོ་བདེ་བླག་ཏུ་འབྱེད་པའི་སྣང་བ་ཞེས་བྱ་བ་བཞུགས་སོ། །

**声明论记三十颂及相啭论释・智达易开之光**

1 种，10 页。

ཨ་ཀྱཱ་བློ་བཟང་བསྟན་པའི་རྒྱལ་མཚན། 阿迦・洛桑丹贝坚参（1708—1768）撰述。

北京地区藏传佛教皇家寺院印经院木刻版之刻印本。

普通纸，梵夹装中印本（46.7×6cm），楷体，墨色，横刊藏文六行，四周双栏，全。

索书号：001222/12。保存基本完好，今藏民族文化宫中国民族图书馆。

༄༅། །ལུང་སྟོན་པ་སུམ་ཅུ་པ་དང་རྟགས་ཀྱི་འཇུག་པའི་དོན་བསྡུས་ཏེ་བརྗོད་པ་ཚིག་ཉུང་དོན་གསལ་བཞུགས། །

**声明论记三十颂与字性添接法摄义・词简义明**

1 种，4 页。

ཀུ་ཤྲི་དཀའ་བཅུ་པ་བློ་བཟང་ཚེ་འཕེལ། 顾释嘎居巴・洛桑次培（1760—？）撰述。

北京地区藏传佛教皇家寺院印经院木刻版之刻印本。

普通纸，梵夹装中印本（47.8×7.5cm），楷体，墨色，横刊藏文六行，四周双栏，全。

索书号：001095/7。保存基本完好，今藏民族文化宫中国民族图书馆。

༄༅། །ལུང་སྟོན་བྱམས་པའི་དཀར་ཆག་གདངས་སྙན་ཆོས་ཀྱི་གཎྜཱི་བཞུགས་སོ། །

**慈氏记别录・雅音法之犍椎**

1 种，12 页。

ཀུང་ཐང་དཀོན་མཆོག་བསྟན་པའི་སྒྲོན་མེ། 贡唐・恭却丹贝准美（1762—1822）撰述。

甘肃省甘南藏族自治州夏河县拉卜楞地区拉卜楞寺（拉章扎喜齐）印经院木刻版之刻印本。

普通藏纸，梵夹装中印本（47.2×6.2cm），楷体，墨色，横刊藏文六行，四周双栏，全。

索书号：000921/16。保存基本完好，今藏民族文化宫中国民族图书馆。

༄༅། །ལེགས་པར་སྦྱར་བའི་སྐད་ཀྱི་ཀློག་ཐབས་རྣམ་གསལ་སྒྲོན་མེ་ཞེས་བྱ་བ་བཞུགས་སོ། །

**梵语读法・明灯**

1 种，5 页。

ཞྭ་ཆེན་ཚུལ་ཁྲིམས་རིན་ཆེན། 许钦・慈称仁钦（1697—1774）撰述。

四川省甘孜藏族自治州德格县德格地区德格寺印经院木刻版之刻印本。

普通藏纸，梵夹装中印本（47.4×6.7cm），楷体，墨色，横刊藏文六行，四周双栏，全。

索书号：000414/15。保存基本完好，今藏民族文化宫中国民族图书馆。

༄༅། །ལེགས་པར་སྦྱར་བའི་སྒྲའི་བསྟན་བཅོས་ཙནྡྲ་པའི་རྣམ་བཤད་བརྡ་སྤྲོད་གཞུང་ལུགས་རྒྱ་མཚོར་འཇུག་ཅིང་ལེགས་བཤད་རིན་ཆེན་འདྲེན་པའི་གྲུ་གཟིངས་ཞེས་བྱ་བ་བཞུགས་སོ། །

**旃陀罗波声明论释・入声明经义・引善言宝之航舟**

1 种，215 页。

སི་ཏུ་ཆོས་ཀྱི་འབྱུང་གནས། 司都・曲吉迥乃（1699—1774）撰述。

四川省甘孜藏族自治州德格县八邦地区八邦寺印经院木刻版之刻印本。

普通藏纸，梵夹装中印本（46.5×7cm），草体，墨色，横刊藏文六行，四周双栏，全。

索书号：006134/5。保存基本完好，今藏民族文化宫中国民族图书馆。

༄༅། །ལེགས་སྦྱར་ཀློག་ཚུལ་གྱི་བསྟན་བཅོས་བློ་གསལ་ཀུན་དགའ་ཞེས་བྱ་བ་བཞུགས་སོ། །

**梵文读法论・智者普喜**

1 种，6 页。

ཨ་མེས་ངག་དབང་ཀུན་དགའ་བསོད་ནམས། 阿梅・阿旺衮噶索南（1597—1660）撰述。

四川省甘孜藏族自治州德格县德格地区德格寺印经院木刻版之刻印本。

普通藏纸，梵夹装中印本（45.6×6.3cm），楷体，墨色，横刊藏文六行，四周双栏，全。

索书号：003208/11。保存基本完好，今藏民族文化宫中国民族图书馆。

༄༅། །ལེགས་སྦྱར་གཅེས་པའི་གནད་བསྡུས་མགྲིན་པའི་ལྷུགས་སྦྱོགས་རང་གྲོལ་ཞེས་བྱ་བ་བཞུགས་སོ། །

**雅语选要略篇・喉炼自解**

1 种，8 页。

འཇམ་དབྱངས་བཞད་པ་ངག་དབང་བརྩོན་འགྲུས། 嘉木样协巴・阿旺宗哲（1648—1721）撰述。

甘肃省甘南藏族自治州夏河县拉卜楞地区拉卜楞寺（拉章扎喜齐）印经院木刻版之刻印本。

普通藏纸，梵夹装中印本（47.2×6.8cm），楷体，墨色，横刊藏文六行，四周双栏，全。

索书号：000853/24。保存基本完好，今藏民族文化宫中国民族图书馆。

༄༅། །ས་སྐྱ་ལེགས་བཤད་སོགས་ཀྱི་བརྡ་དོན་འགའ་ཞིག་དགྲོལ་བ་བཞུགས་སོ། །

**萨迦格言等若干语义释**

1 种，13 页。

ཨ་ཀྱཱ་ཡོངས་འཛིན་བློ་བཟང་དོན་གྲུབ། 阿迦雍增·洛桑顿珠（1774—？）撰述。

青海省湟中县鲁沙尔地区塔尔寺（固奔乾巴林）印经院木刻版之刻印本。

普通藏纸，梵夹装中印本（47.9×6.3cm），楷体，墨色，横刊藏文六行，四周双栏，全。

索书号：000935/23。保存基本完好，今藏民族文化宫中国民族图书馆。

༄༅། །སུམ་རྟ་པ་དང་རྟགས་ཀྱི་འཇུག་པའི་ཚིག་དོན་གསལ་བར་བྱེད་པའི་སྣང་བ་ཞེས་བྱ་བ་བཞུགས་སོ། །

**三十颂与字性论句义显明释**

1 种，30 页。

ཅོ་ནེ་གྲགས་པ་བཤད་སྒྲུབ། 卓尼·札巴协珠（1675—1748）撰述。

甘肃省甘南藏族自治州卓尼地区卓尼寺（觉乃噶旦协珠林）印经院木刻版之刻印本。

普通藏纸，梵夹装中印本（48.6×6.3cm），楷体，墨色，横刊藏文七行，四周双栏，全。

索书号：003686/17。保存基本完好，今藏民族文化宫中国民族图书馆。

༄༅། །སུམ་རྟ་པ་དང་རྟགས་འཇུག་གི་དོན་གོ་སླ་བར་བསྡུས་པའི་བཤད་པ་སྐལ་ལྡན་ཡིད་ཀྱི་པད་མ་འབྱེད་པའི་སྣང་བའི་མཛོད་ཅེས་བྱ་བ་བཞུགས་སོ། །

**三十颂及相转义易解略说·具缘心莲开敷光明藏**

1 种，30 页。

ཨ་ལག་ཤ་ངག་དབང་བསྟན་དར་ལྷ་རམས་པ། 阿拉夏·阿旺丹达拉然巴（1759—？）撰述。

青海省湟中县鲁沙尔地区塔尔寺（固奔乾巴林）印经院木刻版之刻印本。

普通藏纸，梵夹装中印本（48.5×6.7cm），楷体，墨色，横刊藏文六行，四周双栏，全。

索书号：001208/4。保存基本完好，今藏民族文化宫中国民族图书馆。

༄༅། །སུམ་རྟ་པ་དང་རྟགས་འཇུག་གི་དོན་ཉུང་ངར་བཤད་པ་བློ་ལྡན་དགའ་བསྐྱེད་ཅེས་བྱ་བ་བཞུགས་སོ། །

**藏文三十颂与字性添接法略解·智者生喜**

1 种，11 页。

ལྕང་སྐྱ་རོལ་པའི་རྡོ་རྗེ། 章嘉·若贝多结（1717—1786）撰述。

北京地区藏传佛教皇家寺院印经院木刻版之刻印本。

普通纸，梵夹装中印本（46.8×6.1cm），楷体，墨色，横刊藏文五行，四周双栏，全。

索书号：000761/5。保存基本完好，今藏民族文化宫中国民族图书馆。

༄༅། །སུམ་རྟ་པའི་སྙིང་པོའི་དོན་གསལ་བྱེད་ལེགས་བཤད་ལྗོན་པའི་དབང་པོ་བཞུགས། །

**阐明三十颂要义·嘉言树王论**

1 种，10 页。

དངུལ་ཆུ་དབྱངས་ཅན་གྲུབ་པའི་རྡོ་རྗེ། 欧曲·央坚珠贝多结（1809—1887）撰述。

西藏地区藏传佛教寺院印经院木刻版之刻印版。

普通藏纸，梵夹装长印本（49×6.5cm），楷体，墨色，横刊藏文六行，四周双栏，全。

索书号：001016/8。保存基本完好，今藏民族文化宫中国民族图书馆。

༄༅། །སུམ་རྟ་པའི་དཔེར་བརྗོད་མདོར་བསྡུས་དོན་ཆང་བཞུགས་སོ། །

**三十颂举例解说·词简义明**

1 种，6 页。

ཨ་ཁྱུང་ངག་དབང་མཁྱེན་རབ། 阿琼·阿旺庆饶（18 世纪下半叶）撰述。

甘肃省甘南藏族自治州碌曲县郎木地区郎木寺印经院木刻版之刻印本。

普通藏纸，梵夹装中印本（46.8×6.4cm），楷体，墨色，横刊藏文六行，四周双栏，全。

索书号：000937/23。保存基本完好，今藏民族文化宫中国民族图书馆。

༄༅། །སུམ་རྟ་པའི་རྩ་བ་ལེགས་བཤད་ལྗོན་དབང་ཞེས་བྱ་བ་བཞུགས་སོ། །

**三十颂根本颂·嘉言树王论**

1 种，1 页。

དངུལ་ཆུ་དབྱངས་ཅན་གྲུབ་པའི་རྡོ་རྗེ། 欧曲·央坚珠贝多结（1809—1887）撰述。

西藏自治区日喀则地区扎喜格培林寺印经院木刻版之刻印版。

普通藏纸，梵夹装中印本（49×6.5cm），楷体，墨色，横刊藏文六行，四周双栏，全。

索书号：001016/7。保存基本完好，今藏民族文化宫中国民族图书馆。

༄༅། །སུམ་རྟ་པའི་ཚིག་ལེའུར་བྱས་པའི་མཆན་འགྲེལ་བཞུགས་སོ། །

**三十颂注疏**

1 种，8 页。

འཇུ་མི་ཕམ་འཇམ་དབྱངས་རྣམ་རྒྱལ་རྒྱ་མཚོ། 局米盼·绛央南杰嘉措（1846—1912）撰述。

四川省甘孜藏族自治州德格县德格地区德格寺印经院木刻版之刻印本。

普通藏纸，梵夹装短印本（38.3×5.8cm），楷体，墨色，横刊藏文六行，四周双栏，全。

索书号：000395/11。保存基本完好，今藏民族文化宫中国民族图书馆。

༄༅། །སུམ་རྟ་པའི་ལུང་དུ་སྟོན་པའི་འགྲེལ་པ་ལེགས་བཤད་ཉིང་ཁུ་མཁས་པའི་དགའ་སྟོན་ཞེས་བྱ་བ་ཐམས་ཅད་མཁྱེན་པ་དབྱངས་ཅན་བཞད་པའི་ཞལ་སྔ་ནས་སྦྱིན་པར་བྱ་བའི་ཆོས་སོ། །

**三十颂声明论注·嘉言精华·智者喜宴**

1 种，3 页。

ཀརྨ་མི་བསྐྱོད་རྡོ་རྗེ། 嘎玛·米觉多结（1507—1554）撰述。

四川省甘孜地区藏传佛教寺院印经院传抄之缮写本。

普通藏纸，梵夹装中印本（44.6×5.3cm），楷体，墨色，横书藏文七行，四周双栏，全。

索书号：004547/4。保存基本完好，今藏民族文化宫中国民族图书馆。

༄༅། །སུམ་རྟགས་ཀྱི་འགྲེལ་པ་ཉུང་གསལ་བློ་ལྡན་དགའ་བསྐྱེད་ཅེས་བྱ་བ་བཞུགས་སོ། །

**三十颂与字性添接法简明注释·智者生喜**

1 种，27 页。

ཨ་མདོ་ནམ་མཁའ་སེང་གེ། 阿果·南喀桑格（1712—1780）撰述。

多麦地区藏传佛教扎喜协珠林寺印经院木刻版之刻印本。

普通藏纸，梵夹装中印本（46.6×5.8cm），楷体，墨色，横刊藏文六行，四周双栏，全。

索书号：000818/15。保存基本完好，今藏民族文化宫中国民族图书馆。

༄༅། །སུམ་རྟགས་ཀྱི་རྣམ་བཤད་ནོར་བུ་ཀེ་ཏ་ཀའི་
ངོ་ཤལ་དུ་འབོད་པའི་དཀག་ལན་ཚངས་པའི་
ཐིག་གི་སྤུན་ཟླ་ཞེས་བྱ་བ་བཞུགས་སོ།

**三十颂及字性添接法解说·澄水宝珠璎珞之答辩·基线经纬**

1 种，8 页。

དངུལ་ཆུ་དྷརྨ་བྷ་དྲ། 欧曲·达摩巴扎（亦称欧曲喇嘛·曲桑洛桑次仁，1772—1851）撰述。

西藏地区藏传佛教寺院印经院木刻版之刻印本。

普通藏纸，梵夹装中印本（49.8×6cm），楷体，墨色，横刊藏文六行，四周双栏，全。

索书号：001046/3。保存基本完好，今藏民族文化宫中国民族图书馆。

༄༅། །གསར་རྙིང་གི་བརྡའི་རྣམ་དབྱེ་ལེགས་པར་
བཤད་པ་གསུང་རབ་ཀུན་ལ་ལྟ་བའི་སྒྲོན་མ་
ཞེས་བྱ་བ་བཞུགས་སོ། །

**新旧语之分别嘉言篇·阅一切经论之明灯**

1 种，16 页。

ཨ་མེས་ཞབས་ངག་དབང་ཀུན་དགའ་བསོད་ནམས། 阿梅·阿旺衮噶索南（1597—1660）撰述。

四川省甘孜藏族自治州德格县德格地区德格寺印经院木刻版之刻印本。

普通藏纸，梵夹装中印本（45.6×6.3cm），楷体，墨色，横刊藏文六行，四周双栏，全。

索书号：000499/5。保存基本完好，今藏民族文化宫中国民族图书馆。

༄༅། །གསར་རྙིང་གི་བརྡའི་རྣམ་དབྱེ་ལེགས་པར་
བཤད་པ་གསུང་རབ་ཀུན་ལ་ལྟ་བའི་སྒྲོན་མ་
ཞེས་བྱ་བ་བཞུགས་སོ། །

**新旧语之分别嘉言篇·阅一切经论之明灯**

1 种，10 页。

ཨ་མེས་ཞབས་ངག་དབང་ཀུན་དགའ་བསོད་ནམས། 阿梅·阿旺衮噶索南（1597—1660）撰述。

四川省甘孜藏族自治州德格县德格地区德格寺印经院木刻版之刻印本。

普通藏纸，梵夹装中印本（45.6×6.3cm），楷体，墨色，横刊藏文六行，四周双栏，全。

索书号：003208/8。保存基本完好，今藏民族文化宫中国民族图书馆。

༄༅། །སློབ་དཔོན་འཆི་མེད་སེང་གེས་མཛད་པའི་
མིང་དང་རྟགས་རྗེས་སུ་བསྟན་པའི་བསྟན་
བཅོས་འཆི་མེད་མཛོད་ཅེས་བྱ་བའི་གཞུང་
སྐད་གཉིས་ཤན་སྦྱར་བ་བཞུགས་སོ། །

**梵藏对照轨范师齐迈桑格所著名相述论·长寿藏**

1 种，121 页。

སི་ཏུ་ཆོས་ཀྱི་འབྱུང་གནས། 司都·曲吉迥乃（1699—1774）撰述。

四川省甘孜藏族自治州地区德格县八邦地区八邦寺印经院木刻版之刻印本。

普通藏纸，梵夹装中印本（46.5×7cm），草体，墨色，横刊藏文六行，四周双栏，全。

索书号：006137/1。保存基本完好，今藏民族文化宫中国民族图书馆。

## ༥、སྙན་ངག་གི་སྐོར།
## 5. 辞藻学

༄༅། །ཀ་མད་སུམ་ཅུ་ལ་བྲས་པའི་ཚིགས་བཅད་
གཅིག་བཞུགས། །

**藏文字母嵌头诗一首**

1 种，3 页。

ས་སྐྱ་ངག་དབང་ཀུན་དགའ་རིན་ཆེན། 萨迦·阿旺衮噶仁钦（1517—1584）撰述。

西藏地区藏传佛教寺院印经院传抄之缮写本。

普通藏纸，梵夹装中印本（44.8×5.8cm），草体，墨色，横书藏文七行，四周双栏，全。

索书号：006538/3。保存基本完好，今藏民族文化宫中国民族图书馆。

༄༅། །ཀ་སྙད་སུམ་ཅུ་པའི་ང་རོ་ཅན་གསར་བ་རྣམས་ལ་ཁྲིད་པར་མཁོ་བ་སྐད་གཉིས་གོ་བའི་ཡན་ལག་ཏུ་དཔེར་བརྗོད་སྦྲེལ་བ་བཞུགས་སོ། །

**三十字母音序启蒙必读·双语举例**

1 种，3 页。

ཐི་ཁྲི་ཐུ་པཎྜི་ཏ་ཚེ་འཕེལ་དབང་ཕྱུག་རྡོ་རྗེ། 比锡图班智达·慈培旺秋多结（1836—？）撰述。

内蒙古地区藏传佛教噶旦彭措林寺印经院木刻版之刻印本。

普通藏纸，梵夹装中印本（48.2×6.2cm），楷体，墨色，横刊藏文六行，四周双栏，全。

索书号：000747/23。保存基本完好，今藏民族文化宫中国民族图书馆。

༄༅། །ཀུན་མཁྱེན་འཇམ་དབྱངས་བཞད་པའི་རྡོ་རྗེའི་གསུང་འབུམ་ལས་འཇུག་སྒོ་གསུམ་གྱི་ཁྲིད་ཡིག་གཞན་ཕན་ནོར་བུའི་ཕྲེང་མཛེས་ཞེས་བྱ་བ་བཞུགས་སོ། །

**遍智嘉木样协贝多结文集中三种入门之导引·利他摩尼美鬘**

1 种，8 页。

འཇམ་དབྱངས་བཞད་པ་རྡོ་རྗེ་ངག་དབང་བརྩོན་འགྲུས། 嘉木样协巴·阿旺宗哲（1648—1721）撰述。

甘肃省甘南藏族自治州夏河县拉卜楞地区拉卜楞寺（拉章扎喜齐）印经院木刻版之刻印本。

普通藏纸，梵夹装中印本（47.2×6.8cm），楷体，墨色，横刊藏文六行，四周双栏，全。

索书号：000855/5。保存基本完好，今藏民族文化宫中国民族图书馆。

༄༅། །དཀའ་བཅུ་བ་ཤེས་རབ་དཔལ་གྱི་དྲིས་ལན། །

**答嘎局巴·希饶白问答**

1 种，32 页。

བྱང་པ་རྣམ་རྒྱལ་གྲགས་པ་བཟང་པོ། 羌巴·南杰札巴桑波（1395—1475）撰述。

西藏地区藏传佛教寺院印经院传抄之缮写本。

普通藏纸，梵夹装中印本（44×4.3cm），草体，墨色，横书藏文七行，四周双栏，全。

索书号：004717/11。保存基本完好，今藏民族文化宫中国民族图书馆。

༄༅། །དཀར་ཆག་དུ་མའི་མཆོད་བརྗོད་ངག་དང་སྡུར་བ་འགའ་ཞིག་ཕྱོགས་སུ་བཀོད་པ་བཞུགས་སོ། །

**多种寺志及目录中若干诗体礼赞另编**

1 种，6 页。

ཅོ་ནེ་གྲགས་པ་བཤད་སྒྲུབ། 卓尼·札巴协珠（1675—1748）撰述。

甘肃省甘南藏族自治州卓尼地区卓尼寺（觉乃噶旦协珠林）印经院木刻版之刻印本。

普通藏纸，梵夹装中印本（48.6×6.3cm），楷体，墨色，横刊藏文七行，四周双栏，全。

索书号：003679/19。保存基本完好，今藏民族文化宫中国民族图书馆。

༄༅། །བཀའ་བརྡ་པ་ཡོན་ཏན་རྒྱལ་མཚན་གྱི་ཞུས་ལན་བཞུགས་སོ། །

**答嘎局巴·云丹坚参问**

1 种，1 页。

རེད་མདའ་བ་གཞོན་ནུ་བློ་གྲོས། 热达哇·雄努洛哲（1349—1412）撰述。

西藏地区藏传佛教寺院印经院传抄之缮写本。

普通藏纸，梵夹装中印本（44×4.3cm），草体，墨色，横书藏文七行，四周双栏，全。

索书号：006117/47。保存基本完好，今藏民族文化宫中国民族图书馆。

༄༅། །བཀའ་བཞི་པ་དོན་རིན་དང་དགེ་བཤེས་ཀུན་དགའ་གཉིས་ཀྱི་ཞུས་ལན། །

**答嘎锡巴·顿仁与格西衮噶问**

1 种，1 页。

རེད་མདའ་བ་གཞོན་ནུ་བློ་གྲོས། 热达哇·雄努洛哲（1349—1412）撰述。

西藏地区藏传佛教寺院印经院传抄之缮写本。

普通藏纸，梵夹装中印本（44×4.3cm），草体，墨色，横书藏文六行，四周双栏，全。

索书号：006117/42。保存基本完好，今藏民族文化宫中国民族图书馆。

༄༅། །བཀྲ་ཤིས་ལྷུན་པོའི་དཀའ་ཆེན་ཡེ་ཤེས་རྒྱལ་མཚན་ཁལ་ཁ་རྗེ་བཙུན་དམ་པའི་དབུ་བླར་ཕེབས་ནས་དཔྱད་པ་ཞིབ་མོ་མཛད་པའི་དྲིས་ལན་སོམ་ཉི་གཅོད་པའི་རལ་གྲི་སོགས་བཞུགས་སོ། །

**扎什伦布寺嘎钦·益希坚参任喀尔喀吉尊丹巴之上师时详细研讨之问答·断疑利剑等**

1 种，9 页。

ཕུར་ལྕོག་ངག་དབང་བྱམས་པ། 普觉·阿旺强巴（1682—1762）撰述。

西藏地区藏传佛教绛曲林寺印经院木刻版之刻印本。

普通藏纸，梵夹装中印本（49.6×6cm），楷体，墨色，横刊藏文六行，四周双栏，全。

索书号：004841/7。保存基本完好，今藏民族文化宫中国民族图书馆。

༄༅། །སྒོར་མོ་ལུང་པ་ཤཱཀྱ་སེང་གེའི་དྲིས་ལན་བཞུགས་སོ། །

**答觉莫隆巴·释迦桑格问**

1 种，3 页。

རེད་མདའ་བ་གཞོན་ནུ་བློ་གྲོས། 热达哇·雄努洛哲（1349—1412）撰述。

西藏地区藏传佛教寺院印经院传抄之缮写本。

普通藏纸，梵夹装中印本（44×4.3cm），草体，墨色，横书藏文七行，四周双栏，全。

索书号：006117/34。保存基本完好，今藏民族文化宫中国民族图书馆。

༄༅། །ཁམས་པ་མི་གསུམ་དྭགས་པོ་ནས་ཕྱིད་དུས་གསུང་པའི་མགུར་བཞུགས། །

**康巴三人从达波来献新时所说道情**

1 种，3 页。

ཕག་མོ་གྲུ་པ་རྡོ་རྗེ་རྒྱལ་པོ། 帕摩竹巴·多结嘉波（1110—1170）撰述。

西藏地区藏传佛教寺院印经院传抄之缮写本。

普通藏纸，梵夹装中印本（45.3×5.8cm），草体，墨色，横书藏文七行，四周双栏，全。

索书号：003852/70。保存基本完好，今藏民族文化宫中国民族图书馆。

༧༢། །ཁམས་གསུམ་ཆོས་ཀྱི་རྒྱལ་པོ་ཙོང་ཁ་པ་ལ་བསྟོད་པ་ནོར་བུ་དབང་གི་རྒྱལ་པོའི་དོ་ཤལ་ཞེས་བྱ་བ་བཞུགས་སོ། །

**三界法王宗喀巴大师赞·摩尼灌顶王之璎珞**

1 种，10 页。

ཨ་ཁྱུང་ངག་དབང་མཁྱེན་རབ། 阿琼·阿旺庆饶（18 世纪下半叶）撰述。

甘肃省甘南藏族自治州碌曲县郎木地区郎木寺印经院木刻版之刻印本。

普通藏纸，梵夹装中印本（46.8×6.4cm），楷体，墨色，横刊藏文六行，四周双栏，全。

索书号：000937/6。保存基本完好，今藏民族文化宫中国民族图书馆。

༧༢། །ཁྱབ་བདག་རྡོ་རྗེ་འཆང་ཀུན་མཁྱེན་འཇིགས་མེད་དབང་པོ་ལ་ཐོག་མའི་ཟུང་ལྡན་གྱི་སྒོ་ནས་བསྟོད་པ་དགེ་ལེགས་དཔལ་མཆོག་ཅེས་བྱ་བ་བཞུགས་སོ། །

**遍主金刚持衮钦吉迈旺波前由开始叠字修词门而作之赞颂·妙善吉祥**

1 种，5 页。

ཀུང་ཐང་དཀོན་མཆོག་བསྟན་པའི་སྒྲོན་མེ། 贡唐·恭却丹贝准美（1762—1822）撰述。

甘肃省甘南藏族自治州夏河县拉卜楞地区拉卜楞寺（拉章扎喜齐）印经院木刻版之刻印本。

普通藏纸，梵夹装中印本（47.2×6.2cm），楷体，墨色，横刊藏文六行，四周双栏，全。

索书号：000926/32。保存基本完好，今藏民族文化宫中国民族图书馆。

༧༢། །ཁྲི་ཆེན་སྤྲུལ་པའི་སྐུ་བློ་བཟང་བཀྲ་ཤིས་འཕྲིན་ལས་རྒྱ་མཚོ་ནས་ཞུས་པའི་ཤིས་སྨོན་འགྱུར་མེད་བདེ་བ་ཞེས་བྱ་བ་བཞུགས་སོ། །

**活佛洛桑扎喜成勒嘉措请说之香巴拉愿文·永恒安乐**

1 种，2 页。

པཎ་ཆེན་ཨེར་དེ་ནི་བློ་བཟང་ཐུབ་བསྟན་ཆོས་ཀྱི་ཉི་མ། 班禅额尔德尼·洛桑图丹曲吉尼玛（1883—1937）撰述。

西藏自治区日喀则地区扎什伦布寺印经院木刻版之刻印本。

普通藏纸，梵夹装中印本（45×6.5cm），楷体，墨色，横刊藏文六行，四周双栏，全。

索书号：003545/29。保存基本完好，今藏民族文化宫中国民族图书馆。

༧༢། །མཁན་ཆེན་དཀོན་མཆོག་ཆོས་སྐྱབས་ཀྱི་བསྟོད་པ་བཞུགས་སོ། །

**堪钦衮却曲嘉赞**

1 种，2 页。

གློ་བོ་མཁན་ཆེན་བསོད་ནམས་ལྷུན་གྲུབ། 珞沃堪钦·索南伦珠（1441—1525）撰述。

四川省甘孜藏族自治州德格县德格地区德格寺印经院木刻版之刻印本。

普通藏纸，梵夹装中印本（47.1×6.1cm），楷体，墨色，横刊藏文六行，四周双栏，全。

索书号：003840/12。保存基本完好，今藏民族文化宫中国民族图书馆。

༧༢། །མཁན་ཆེན་ཆོས་ཀྱི་རྒྱལ་པོའི་གསུང་འབུམ་ལས། ཉམས་དགར་བྲིས་པའི་ཚིགས་བཅད་སོགས་ལེ་ཚན་ལྔ་བཞུགས་སོ། །

**大堪波法王散集乐观颂等五节**

1 种，6 页。

མཁན་ཆེན་བློ་བཟང་བསྟན་འཛིན་རྒྱལ་མཚན།

堪钦·洛桑丹增坚参（1639—1740）撰述。

西藏地区藏传佛教寺院印经院木刻版之刻印本。

普通藏纸，梵夹装中印本（41×6.5cm），楷体，墨色，横刊藏文六行，四周双栏，全。

索书号：001220/7。保存基本完好，今藏民族文化宫中国民族图书馆。

༄༅། །མཁན་ཆེན་ཆོས་ཀྱི་རྒྱལ་པོའི་གསུང་འབུམ་ལས། བླ་མའི་གསོལ་འདེབས་དད་པའི་ལྕགས་ཀྱུ་ཞེས་བྱ་བ་བཞུགས་སོ། །

**大堪波法王文集上师祈祷文·正信之钩**

1种，3页。

མཁན་ཆེན་བློ་བཟང་བསྟན་འཛིན་རྒྱལ་མཚན 堪钦·洛桑丹增坚参（1639—1740）撰述.

西藏地区藏传佛教寺院印经院木刻版之刻印本。

普通藏纸，梵夹装中印本（41×6.5cm），楷体，墨色，横刊藏文六行，四周双栏，全。

索书号：001220/1。保存基本完好，今藏民族文化宫中国民族图书馆。

༄༅། །མཁས་གྲུབ་ཆོས་ཀྱི་རྒྱལ་པོ་ལ་བསྟོད་པའི་རབ་ཏུ་བྱེད་པ་མཁས་པའི་མགྲིན་རྒྱན་ཞེས་བྱ་བ་བཞུགས་སོ། །

**凯珠法王赞品·智者项饰**

1种，4页。

ཀིརྟི་བློ་བཟང་འཕྲིན་ལས། 格迪·洛桑成勒（1849—1905）撰述。

甘肃省甘南藏族自治州碌曲县郎木地区郎木寺印经院木刻版之刻印本。

普通藏纸，梵夹装中印本（44.8×6.1cm），楷体，墨色，横刊藏文六行，四周双栏，全。

索书号：001082/6。保存基本完好，今藏民族文化宫中国民族图书馆。

༄༅། །མཁས་པ་དང་བླུན་པོ་བརྟག་པའི་བསྟན་བཅོས་དགེ་ལྡན་ལེགས་བཤད་པདྨ་དཀར་པོའི་ཚུན་པོའི་འགྲེལ་པ་ཉི་མའི་འོད་ཟེར་ཞེས་བྱ་བ་བཞུགས་སོ། །

**智愚观察论具善嘉言白莲束释论·日之光明**

1种，103页。

ཨ་ཀྱཱ་ཡོངས་འཛིན་བློ་བཟང་དོན་གྲུབ། 阿迦雍增·洛桑顿珠（1774—？）撰述。

青海省湟中县鲁沙尔地区塔尔寺（固奔乾巴林）印经院木刻版之刻印本。

普通藏纸，梵夹装中印本（47.9×6.3cm），楷体，墨色，横刊藏文六行，四周双栏，全。

索书号：000934/15。保存基本完好，今藏民族文化宫中国民族图书馆。

༄༅། །མཁས་དབང་ཐོ་ཡོན་བླ་མ་ནས་དྲི་བ་བྱས་པའི་དྲིས་ལན་ཐད་ཀར་འགྲོ་མིན་ལུང་རིགས་སྒྲོ་ཟད་ཉག་ཕྲན་ཞེས་བྱ་བ་བཞུགས་སོ། །

**智者陀云喇嘛启问之问答书·径直教理之箭**

1种，8页。

ཆེ་ཤོས་ངག་དབང་བཤད་སྒྲུབ་བསྟན་པའི་ཉི་མ། 却西·阿旺协珠丹贝尼玛（1787—1860）撰述。

青海省湟中县鲁沙尔地区塔尔寺（固奔乾巴林）印经院木刻版之刻印本。

普通藏纸，梵夹装中印本（45×7cm），楷体，墨色，横刊藏文六行，四周双栏，全。

索书号：003783/41。保存基本完好，今藏民族文化宫中国民族图书馆。

༄༅། །མཁས་ཤིང་གྲུབ་བརྙེས་མཐའ་དག་གི་རིགས་ཀྱི་ཅོད་པཎ་དུ་གྱུར་པ་ཐམས་ཅད་མཁྱེན་དངོས་བུ་སྟོན་རིན་ཆེན་གྲུབ་ཡབ་སྲས་ཀྱི་བཀའ་འབུམ་ཆ་ཚང་བ་འཛད་མེད་པར་གྱི་དགའ་སྟོན་དུ་སྤེལ་བའི་འདོད་དོན་སྨོན་པའི་ཚིགས་སུ་བཅད་པ་ཕན་བདེའི་ལང་ཚོ་གསར་དུ་འཆར་བ་ཐར་འདོད་ཅི་དགར་འཇུག་པའི་ལྷ་ཡི་ཁྲུས་རྫིང་ཞེས་བྱ་བ་བཞུགས་སོ། །

**善巧成就堪冠群伦一切智布敦仁钦师徒文集完整无缺刊刻竣工而作出随愿颂辞·利乐韶华新现希求解脱者所入之天界浴池**

1种，5页。

བུ་སྟོན་ཐུགས་སྲས་སྒྲ་ཚད་པ། 布敦弟子·扎蔡巴（1318—1388）撰述。

西藏地区藏传佛教寺院印经院木刻版之刻印本。

普通藏纸，梵夹装中印本（49.7×7cm），楷体，墨色，横刊藏文七行，四周双栏，全。

索书号：003092/27。保存基本完好，今藏民族文化宫中国民族图书馆。

༄༅། །མཁས་ཤིང་གྲུབ་པའི་དབང་ཕྱུག་ཆེན་པོ་པཎ་ཆེན་བསོད་ནམས་གྲགས་པའི་དཔལ་རྣམ་དཔྱོད་མཆོག་གི་སྡེའི་རྣམ་ཐར་གསོལ་འདེབས་དད་པའི་རོལ་མཚོ་རྒྱས་བྱེད་ངག་གི་ཆར་སྤྲིན་ཞེས་བྱ་བ་བཞུགས་སོ། །

**善巧成就自在大师班钦索南札巴传记祈祷文·虔信游戏海增益之语云**

1种，6页。

ངག་དབང་ཡེ་ཤེས་ཐུབ་བསྟན་རབས་འབྱམས་པ། 阿旺益希图丹饶绛巴（1782—？）撰述。

蒙古国乌兰巴托地区藏传佛教库伦寺院印经院木刻版之刻印本。

普通藏纸，梵夹装中印本（49×6.3cm），楷体，墨色，横刊藏文六行，四周双栏，全。

索书号：000883/6。保存基本完好，今藏民族文化宫中国民族图书馆。

༄༅། །མཁས་ཤིང་གྲུབ་པའི་དབང་ཕྱུག་དམ་པ་རྣམས་ཀྱི་གཙོ་བོར་གྱུར་པའི་བླ་མའི་བསྟོད་ཚོགས་ཀྱི་རིམ་པ་བཞུགས་སོ། །

**成为诸善巧成就自在大德之主之上师赞颂次第**

1种，180页。

ཏཱ་ལའི་བླ་མ་ངག་དབང་བློ་བཟང་རྒྱ་མཚོ། 达赖喇嘛·阿旺洛桑嘉措（1617—1682）撰述。

西藏自治区拉萨地区布达拉宫印经院木刻版之刻印本。

普通藏纸，梵夹装中印本（46.6×5.9cm），楷体，墨色，横刊藏文七行，四周双栏，全。

索书号：003414/5。保存基本完好，今藏民族文化宫中国民族图书馆。

༄༅། །མཁྱེན་རབ་ཀྱི་དབང་ཕྱུག་བསོད་ནམས་ལྷུན་གྲུབ་ལེགས་པའི་འབྱུང་གནས་རྒྱལ་མཚན་དཔལ་བཟང་པོ་ལ་བསྟོད་པ་ངོ་མཚར་མེ་ཏོག་གི་ཕྲེང་བ་བཞུགས་སོ། །

**智慧自在师索南伦珠勒贝迥乃坚参赞·希有花鬘**

1种，2页。

ངོར་ཆེན་དཀོན་མཆོག་ལྷུན་གྲུབ། 俄钦·恭却伦珠（1497—1540）撰述。

四川省甘孜藏族自治州德格县德格地区德格寺印经院木刻版之刻印本。

普通藏纸，梵夹装中印本（46.5×6.5cm），楷体，墨色，横刊藏文六行，四周双栏，全。

索书号：003773/4。保存基本完好，今藏民族文化宫中国民族图书馆。

༄༅། །འཁོན་དཀོན་མཆོག་རྒྱལ་པོའི་གསེར་གདུང་ལ་གསེར་ཆབ་ཕུལ་བ་སོགས་ཀྱི་སྨོན་ཡིག་བཞུགས། །

**为昆·恭却嘉波灵塔涂金等愿文**

1 种，1 页。

ཨ་མེས་ངག་དབང་ཀུན་དགའ་བསོད་ནམས། 阿梅·阿旺衮噶索南（1597—1660）撰述。

四川省甘孜藏族自治州德格县德格地区德格寺印经院木刻版之刻印本。

普通藏纸，梵夹装中印本（45.6×6.3cm），楷体，墨色，横刊藏文六行，四周双栏，全。

索书号：003210/38。保存基本完好，今藏民族文化宫中国民族图书馆。

༄༅། །འཁོར་ལོའི་མགོན་པོ་རྒྱལ་བ་སྨུས་པ་ཆེན་པོ་བྲཱ་ཧྨའི་མཚན་ཅན་ལ་གསོལ་བ་འདེབས་པ་ངོ་མཚར་ཨུཏྤ་ལའི་ཕྲེང་བ་ཞེས་བྱ་བ་བཞུགས་སོ། །

**轮怙主佛王梅巴钦波布达启请文·希有青莲鬘**

1 种，3 页。

ཨ་མེས་ངག་དབང་ཀུན་དགའ་བསོད་ནམས། 阿梅·阿旺衮噶索南（1597—1660）撰述。

四川省甘孜藏族自治州德格县德格地区德格寺印经院木刻版之刻印本。

普通藏纸，梵夹装中印本（45.6×6.5cm），楷体，墨色，横刊藏文六行，四周双栏，全。

索书号：003220/24。保存基本完好，今藏民族文化宫中国民族图书馆。

༄༅། །འཁོས་ཆུང་ནམ་ཕངས་བསྐྱེགས་པའི་སྐྱ་དབྱངས་བཞུགས། །

**力小欲升冲高之歌声**

1 种，2 页。

ཞབས་དྲུང་ཆོས་རྗེ་ངག་དབང་ཚེ་རིང་། 夏仲法尊·阿旺慈仁（？—1792）撰述。

蒙古国乌兰巴托地区藏传佛教库伦寺印经院木刻版之刻印本。

普通藏纸，梵夹装中印本（46.8×5.2cm），楷体，墨色，横刊藏文六行，四周双栏，全。

索书号：000750/9. 保存基本完好，今藏民族文化宫中国民族图书馆。

༄༅། །འཁྲུངས་རབས་གསོལ་འདེབས་དང་ཞབས་བརྟན་གསོལ་འདེབས་ཀྱི་རིམ་པ་ཕྱོགས་གཅིག་ཏུ་བཀོད་པ་བཞུགས་སོ། །

**本生启请文与长久住世启请文次第合编**

1 种，16 页。

ཐུའུ་བཀྭན་བློ་བཟང་ཆོས་ཀྱི་ཉི་མ། 土观·洛桑曲吉尼玛（1737—1802）撰述。

青海省互助土族自治县五十地区佑宁寺（贡隆乾巴林）印经院木刻版之刻印本。

普通藏纸，梵夹装中印本（48.5×6.5cm），楷体，墨色，横刊藏文七行，四周双栏，全。

索书号：003637/15。保存基本完好，今藏民族文化宫中国民族图书馆。

༄༅། །འཁྲུངས་རབས་གསོལ་འདེབས་ནོར་བུའི་ཕྲེང་བ་བཞུགས། །

**本生事纪祈祷文·摩尼鬘**

1 种，2 页。

ཀུང་ཐང་དཀོན་མཆོག་བསྟན་པའི་སྒྲོན་མེ། 贡唐·恭却丹贝准美（1762—1822）撰述。

甘肃省甘南藏族自治州夏河县拉卜楞地区拉卜楞寺（拉章扎喜齐）印经院木刻版之刻印本。

普通藏纸，梵夹装中印本（47.2×6.2cm），楷体，墨色，横刊藏文六行，四周双栏，全。

索书号：000926/34。保存基本完好，今藏民族文化宫中国民族图书馆。

༄༅། །རྒྱན་གྱི་བསྟན་བཅོས་མེ་ལོང་གི་གཞུང་དང་མཐུན་པར་དཔེར་བརྗོད་པ་དབྱིངས་རྒྱུད་མངས་ཞེས་བྱ་བ་བཞུགས་སོ། །

与修辞学论著诗镜本文相符之举例·旦志琵琶

1 种，40 页。

འཇམ་དབྱངས་མཁྱེན་བརྩེ་དབང་པོ། 绛央庆则旺波（1820—1892）撰述。

四川省甘孜藏族自治州德格县德格地区德格寺印经院木刻版之刻印本。

普通藏纸，梵夹装短印本（29.7×4.6cm），楷体，墨色，横刊藏文六行，四周双栏，全。

索书号：006316/32。保存基本完好，今藏民族文化宫中国民族图书馆。

༄༅། །རྒྱལ་རིགས་ཀྱི་བཙུན་པ་དཔལ་ལྡན་དབྱངས་ཅན་གཞུང་ལུགས་སྐབས་གསུམ་ལ་སྦྱངས་པའི་ངལ་བ་རྒྱང་ཟད་ཙམ་བསྙེན་པའི་ཚེ་གཞུང་དོན་དཔེར་བརྗོད་དུ་བཀོད་པ་ཚངས་སྲས་དགྱེས་པའི་རོལ་མོ་ཞེས་བྱ་བ་བཞུགས་སོ། །

王族之释僧受学旦志诗镜三章时之文义举例·梵子悦意之音乐

1 种，148 页。

པཎ་ཆེན་ཨེར་ཏེ་ནི་བློ་བཟང་དཔལ་ལྡན་ཆོས་ཀྱི་གྲགས་པ་བསྟན་པའི་དབང་ཕྱུག 班禅额尔德尼·丹贝旺秋（1855—1882）撰述。

西藏自治区日喀则地区扎什伦布寺印经院木刻版之刻印本。

普通藏纸，梵夹装中印本（47.2×6.4cm），楷体，墨色，横刊藏文六行，四周双栏，全。

索书号：000721/14。保存基本完好，今藏民族文化宫中国民族图书馆。

༄༅། །སྒྲ་རྒྱན་གྱི་བསྟན་བཅོས་མཁས་པའི་ཡིད་འཕྲོག་བློ་གསལ་མགུལ་རྒྱན་ཞེས་བྱ་བ་བཞུགས་སོ། །

字音修饰法论·智者意乐明慧颈饰

1 种，14 页。

ཨ་མེས་ངག་དབང་ཀུན་དགའ་བསོད་ནམས། 阿梅·阿旺衮噶索南（1597—1660）撰述。

四川省甘孜藏族自治州德格县德格地区德格寺印经院木刻版之刻印本。

普通藏纸，梵夹装中印本（49.9×6.8cm），楷体，墨色，横刊藏文六行，四周双栏，全。

索书号：003208/13。保存基本完好，今藏民族文化宫中国民族图书馆。

༄༅། །ཏཱ་རེ་མིག་ཛེ་མའི་བསྟོད་ཚིག་གི་རྒྱན་སོ་སོའི་ངོས་འཛིན་བཞུགས་སོ། །

欧弥佛母赞词之各别修饰词识别

1 种，5 页。

རྒོད་ཚང་པ་མགོན་པོ་རྡོ་རྗེ། 郭仓巴·贡波多结（1189—1258）撰述。

西藏地区藏传佛教寺院印经院木刻版之刻印本。

普通藏纸，梵夹装中印本（45.2×6.1cm），楷体，墨色，横刊藏文六行，四周双栏，全。

索书号：003861/10。保存基本完好，今藏民族文化宫中国民族图书馆。

༄༅། །མངའ་རིས་མངའ་བདག་ཁྲི་རྒྱལ་བསོད་ནམས་སྡེ་ལ་གདམས་པ་བཞུགས། །

致阿里赤杰·索南德之教诫

1 种，3 页。

རེད་མདའ་བ་གཞོན་ནུ་བློ་གྲོས། 热达哇·雄努洛哲（1349—1412）撰述。

西藏地区藏传佛教寺院印经院传抄之缮写本。

普通藏纸，梵夹装中印本（44×4.3cm），

草体，墨色，横书藏文七行，四周双栏，全。

索书号：006117/79。保存基本完好，今藏民族文化宫中国民族图书馆。

༄༅། །མངའ་རིས་པ་སྒོམ་ཆེན་བཀྲ་ཤིས་བཟང་པོ་ལ་གདམས་པ་བཞུགས། །

**致阿里巴瑜伽师扎喜桑波之教诫**

1 种，1 页。

རེད་མདའ་བ་གཞོན་ནུ་བློ་གྲོས། 热达哇·雄努洛哲（1349—1412）撰述。

西藏地区藏传佛教寺院印经院传抄之缮写本。

普通藏纸，梵夹装中印本（44×4.3cm），草体，墨色，横书藏文七行，四周双栏，全。

索书号：006117/69。保存基本完好，今藏民族文化宫中国民族图书馆。

༄༅། །མངའ་རིས་པ་དཔོན་སྒོམ་ཡེ་ཤེས་འོད་ལ་གདམས་པ་བཞུགས་སོ། །

**致阿里巴·奔贡益希沃之教诫**

1 种，1 页。

རེད་མདའ་བ་གཞོན་ནུ་བློ་གྲོས། 热达哇·雄努洛哲（1349—1412）撰述。

西藏地区藏传佛教寺院印经院传抄之缮写本。

普通藏纸，梵夹装中印本（44×4.3cm），草体，墨色，横书藏文七行，四周双栏，全。

索书号：006117/71。保存基本完好，今藏民族文化宫中国民族图书馆。

༄༅། །མངའ་རིས་པ་འོད་གསལ་ཕུག་པ་ལ་གདམས་པ་བཞུགས་སོ། །

**致阿里巴·沃色普巴之教诫**

1 种，1 页。

རེད་མདའ་བ་གཞོན་ནུ་བློ་གྲོས། 热达哇·雄努洛哲（1349—1412）撰述。

西藏地区藏传佛教寺院印经院传抄之缮写本。

普通藏纸，梵夹装中印本（44×4.3cm），草体，墨色，横书藏文七行，四周双栏，全。

索书号：006117/70。保存基本完好，今藏民族文化宫中国民族图书馆。

༄༅། །མངའ་རིས་རྫོང་ཁ་མངའ་བདག་རྒྱལ་པོ་ལ་གནང་བ་བཞུགས་སོ། །

**致阿里宗喀领主君王书**

1 种，1 页。

ས་ལོ་འཇམ་དབྱངས་ཀུན་དགའ་བསོད་ནམས། 萨迦译师·绛央衮噶索南（1485—1533）撰述。

西藏地区藏传佛教寺院传抄之缮写本。

普通藏纸，梵夹装中印本（45×5.3cm），草体，墨色，横书藏文七行，四周双栏，全。

索书号：003215/19。保存基本完好，今藏民族文化宫中国民族图书馆。

༄༅། །མངའ་རིས་སློབ་དཔོན་མ་ཉི་མ་ལ་གདམས་པ་བཞུགས་སོ། །

**致阿里女轨范师尼玛之教诫**

1 种，1 页。

རེད་མདའ་བ་གཞོན་ནུ་བློ་གྲོས། 热达哇·雄努洛哲（1349—1412）撰述。

西藏地区藏传佛教寺院印经院传抄之缮写本。

普通藏纸，梵夹装中印本（44×4.3cm），草体，墨色，横书藏文七行，四周双栏，全。

索书号：006117/73。保存基本完好，今藏民族文化宫中国民族图书馆。

༧༢། །སྔགས་འཆང་ཀུན་དགའ་བློ་བའི་ཞུས་ལན་བཞུགས། །

**答咒师衮噶达哇问**

1种，6页。

རེད་མདའ་བ་གཞོན་ནུ་བློ་གྲོས། 热达哇・雄努洛哲（1349—1412）撰述。

西藏地区藏传佛教寺院印经院传抄之缮写本。

普通藏纸，梵夹装中印本（44×4.3cm），草体，墨色，横书藏文七行，四周双栏，全。

索书号：006117/41。保存基本完好，今藏民族文化宫中国民族图书馆。

༧༣། །སྔགས་འོས་དམ་པ་རྣམས་ལ་ལེགས་འབུལ་སྤོབ་པའི་གོང་བརྗོད་ཀྱི་ཚིགས་སུ་བཅད་པ་རྣམ་པར་དགྱེད་ལྡན་ཀུན་དགའི་དབྱངས་སྙན་ཞེས་བྱ་བ་བཞུགས་སོ། །

**对诸善智识供养妙供前言・智者欢喜雅音**

1种，54页。

ཞུ་ཆེན་ཚུལ་ཁྲིམས་རིན་ཆེན། 许钦・慈称仁钦（1697—1774）撰述。

四川省甘孜藏族自治州德格县德格地区德格寺印经院木刻版之刻印本。

普通藏纸，梵夹装中印本（47.4×6.7cm），楷体，墨色，横刊藏文六行，四周双栏，全。

索书号：000415/13。保存基本完好，今藏民族文化宫中国民族图书馆。

༧༤། །ཆེ་ཤོས་མཆོག་སྤྲུལ་རིན་པོ་ཆེ་ནས་གནང་བའི་བཀའ་རྩོམ་ཐོག་མ་ཚིགས་བཅད་གཅིག་གི་འགྲེལ་པ་ཚིག་དོན་གསལ་བའི་སྒྲོན་མེ་ཞེས་བྱ་བ་བཞུགས་སོ། །

**却西活佛著作中最初一颂注释・显句义明灯**

1种，4页。

ཆེ་ཤོས་བློ་བཟང་བྱང་ཆུབ་བསྟན་པའི་སྒྲོན་མེ། 却西・洛桑强曲丹贝准美（1861—1933）撰述。

青海省湟中县鲁沙尔地区塔尔寺（固奔乾巴林）印经院木刻版之刻印本。

普通藏纸，梵夹装中印本（45.7×6.5cm），楷体，墨色，横刊藏文六行，四周双栏，全。

索书号：003775/4。保存基本完好，今藏民族文化宫中国民族图书馆。

༧༥། །ཆོས་ཀྱི་རྒྱལ་པོ་འཕགས་པ་ལ་བསྟོད་པ་བཞུགས་སོ། །

**法王八思巴赞**

1种，1页。

གློ་བོ་མཁན་ཆེན་བསོད་ནམས་ལྷུན་གྲུབ། 珞沃堪钦・索南伦珠（1441—1525）撰述。

四川省甘孜藏族自治州德格县德格地区德格寺印经院木刻版之刻印本。

普通藏纸，梵夹装中印本（47.1×6.1cm），楷体，墨色，横刊藏文六行，四周双栏，全。

索书号：003840/6。保存基本完好，今藏民族文化宫中国民族图书馆。

༧༦། །ཆོས་ཀྱི་རྒྱལ་པོ་ཙོང་ཁ་པ་ཆེན་པོ་ལ་སྟོང་མཆོད་འབུལ་ཚུལ་བྱིན་རླབས་སྦྲང་རྩིའི་བཅུད་ཀྱི་སྙིང་པོ་ཞེས་བྱ་བ་བཞུགས་སོ། །

**法王宗喀巴大师前献千供法・加持蜜精心要**

1种，18页。

ཆས་པ་རྒྱ་མཁར་བ་ངག་དབང་དགེ་འདུན་རྒྱ་མཚོ། 齐巴嘉喀哇・阿旺格登嘉措（1839—1905）撰述。

甘肃省甘南藏族自治州夏河县拉卜楞地区拉卜楞寺（拉章扎喜齐）印经院木刻版之刻印本。

普通藏纸，梵夹装中印本（47.3×6.5cm），楷体，墨色，横刊藏文六行，四周双栏，全。

索书号：001165/18。保存基本完好，

今藏民族文化宫中国民族图书馆。

༄༅། །ཆོས་ཀྱི་རྒྱལ་པོ་ཙོང་ཁ་པ་ཆེན་པོ་ལ་བསྟོད་ཅིང་གསོལ་བ་འདེབས་པ་དཔག་བསམ་སྙེ་མ་སོགས་ཆོས་ཚན་འགའ་ཞིག་བཞུགས་སོ། །

**法王宗喀巴大师前赞颂并祈愿文·如意穗等部分法目**

1种，8页。

ཀུ་ཤྲཱི་དཀའ་བཅུ་པ་བློ་བཟང་ཚེ་འཕེལ། 顾释嘎居巴·洛桑慈培（1760—？）撰述。

北京地区藏传佛教皇家寺院印经院木刻版之刻印本。

普通纸，梵夹装中印本（47.8×7.5cm），楷体，墨色，横刊藏文六行，四周双栏，全。

索书号：001094/3。保存基本完好，今藏民族文化宫中国民族图书馆。

༄༅། །ཆོས་ཀྱི་རྗེ་དཀོན་མཆོག་འཕེལ་བ་ལ་བསྟོད་པ་རྒྱལ་བའི་རིགས་བདག་མ་བཞུགས་སོ། །

**法王恭却培哇赞·佛种女主**

1种，2页。

གློ་བོ་མཁན་ཆེན་བསོད་ནམས་ལྷུན་གྲུབ། 珞沃堪钦·索南伦珠（1441—1525）撰述。

四川省甘孜藏族自治州德格县德格地区德格寺印经院木刻版之刻印本。

普通藏纸，梵夹装中印本（47.1×6.1cm），楷体，墨色，横刊藏文六行，四周双栏，全。

索书号：003839/17。保存基本完好，今藏民族文化宫中国民族图书馆。

༄༅། །ཆོས་ཀྱི་རྗེ་གོ་བོ་རབ་འབྱམས་པ་ལ་བསྟོད་པ་དད་ལྡན་མ་བཞུགས་སོ། །

**法王果沃热绛巴赞·具信文**

1种，2页。

གློ་བོ་མཁན་ཆེན་བསོད་ནམས་ལྷུན་གྲུབ། 珞沃堪钦·索南伦珠（1441—1525）撰述。

四川省甘孜藏族自治州德格县德格地区德格寺印经院木刻版之刻印本。

普通藏纸，梵夹装中印本（47.1×6.1cm），楷体，墨色，横刊藏文六行，四周双栏，全。

索书号：003839/16。保存基本完好，今藏民族文化宫中国民族图书馆。

༄༅། །ཆོས་ཀྱི་རྗེ་པཎྜི་ཏ་གྲགས་པ་རྒྱལ་མཚན་དཔལ་བཟང་པོ་ལ་མཚན་སྒོ་ནས་བསྟོད་པ་དགེ་ལེགས་རྒྱ་མཚོ་ཞེས་བྱ་བ་བཞུགས་སོ། །

**法王班智达札巴坚参前由名称门而赞颂·福善海**

1种，4页。

གློ་བོ་མཁན་ཆེན་བསོད་ནམས་ལྷུན་གྲུབ། 珞沃堪钦·索南伦珠（1441—1525）撰述。

四川省甘孜藏族自治州德格县德格地区德格寺印经院木刻版之刻印本。

普通藏纸，梵夹装中印本（47.1×6.1cm），楷体，墨色，横刊藏文六行，四周双栏，全。

索书号：003839/18。保存基本完好，今藏民族文化宫中国民族图书馆。

༄༅། །ཆོས་ཀྱི་རྗེ་དཔལ་ལྡན་བླ་མ་དམ་པ་ཐམས་ཅད་མཁྱེན་པ་ངག་དབང་ཆོས་གྲགས་རྒྱལ་མཚན་དཔལ་བཟང་པོ་ལ་བསྟོད་པ་དད་གུས་ཐུགས་རྗེའི་ཆར་འབེབས་ཞེས་བྱ་བ་དཔལ་ས་སྐྱའི་མཁས་པས་སྦྱར་བ་བཞུགས་སོ། །

**具德萨迦学者撰法主具德师尊一切智之阿旺曲札坚参·敬信慈悲雨降**

1种，3页。

ཨ་མེས་ངག་དབང་ཀུན་དགའ་བསོད་ནམས། 阿梅·阿旺衮噶索南（1597—1660）撰述。

四川省甘孜藏族自治州德格县德格地区德格寺印经院木刻版之刻印本。

普通藏纸，梵夹装中印本（45.6×6.3cm），楷体，墨色，横刊藏文六行，四周双栏，全。

索书号：003220/44。保存基本完好，今藏民族文化宫中国民族图书馆。

༧༠། །ཆོས་ཀྱི་རྗེ་ཚུལ་ཁྲིམས་རྒྱལ་མཚན་ལ་བསྟོད་པ་ཞེས་བྱ་བ་བཞུགས་སོ། །

**法王慈称坚参赞**

1 种，4 页。

གློ་བོ་མཁན་ཆེན་བསོད་ནམས་ལྷུན་གྲུབ། 珞沃堪钦·索南伦珠（1441—1525）撰述。

四川省甘孜藏族自治州德格县德格地区德格寺印经院木刻版之刻印本。

普通藏纸，梵夹装中印本（47.1×6.1cm），楷体，墨色，横刊藏文六行，四周双栏，全。

索书号：003839/28。保存基本完好，今藏民族文化宫中国民族图书馆。

༧༠། །ཆོས་ཀྱི་རྗེ་ཚུལ་ཁྲིམས་རྒྱལ་མཚན་ལ་བསྟོད་པ་ཞེས་བྱ་བ་བཞུགས་སོ། །

**法王慈称坚参赞**

1 种，2 页。

གློ་བོ་མཁན་ཆེན་བསོད་ནམས་ལྷུན་གྲུབ། 珞沃堪钦·索南伦珠（1441—1525）撰述。

四川省甘孜藏族自治州德格县德格地区德格寺印经院木刻版之刻印本。

普通藏纸，梵夹装中印本（47.1×6.1cm），楷体，墨色，横刊藏文六行，四周双栏，全。

索书号：003836/11。保存基本完好，今藏民族文化宫中国民族图书馆。

༧༠། །ཆོས་ཀྱི་རྗེ་ཡོན་ཏན་དཔལ་བཟང་པོ་ལ་བསྟོད་པ་ཞེས་བྱ་བ་བཞུགས་སོ། །

**法王云丹白桑波赞**

1 种，2 页。

གློ་བོ་མཁན་ཆེན་བསོད་ནམས་ལྷུན་གྲུབ། 珞沃堪钦·索南伦珠（1441—1525）撰述。

四川省甘孜藏族自治州德格县德格地区德格寺印经院木刻版之刻印本。

普通藏纸，梵夹装中印本（47.1×6.1cm），楷体，墨色，横刊藏文六行，四周双栏，全。

索书号：003839/26。保存基本完好，今藏民族文化宫中国民族图书馆。

༧༠། །ཆོས་ཀྱི་རྗེ་ས་སྐྱ་པཎྜི་ཏ་ལ་བསྟོད་པ་ཕན་མཛད་མ་བཞུགས་སོ། །

**法王萨迦班智达赞·能作利益文**

1 种，3 页。

གློ་བོ་མཁན་ཆེན་བསོད་ནམས་ལྷུན་གྲུབ། 珞沃堪钦·索南伦珠（1441—1525）撰述。

四川省甘孜藏族自治州德格县德格地区德格寺印经院木刻版之刻印本。

普通藏纸，梵夹装中印本（47.1×6.1cm），楷体，墨色，横刊藏文六行，四周双栏，全。

索书号：003839/10。保存基本完好，今藏民族文化宫中国民族图书馆。

༧༠། །ཆོས་ཀྱི་རྗེ་ས་སྐྱ་པཎྜི་ཏ་ལ་བསྟོད་པ་ཚད་མའི་རྣམ་བཤད་དུ་བྱུང་བ་ཞེས་བྱ་བ་བཞུགས་སོ། །

**法王萨迦班智达赞·量论解说中所出**

1 种，1 页。

རེད་མདའ་བ་གཞོན་ནུ་བློ་གྲོས། 热达哇·雄努洛哲（1349—1412）撰述。

西藏地区藏传佛教寺院印经院传抄之缮写本。

普通藏纸，梵夹装中印本（44×4.3cm），草体，墨色，横书藏文七行，四周双栏，全。

索书号：006117/6。保存基本完好，今藏民族文化宫中国民族图书馆。

༄༅། །ཆོས་ཀྱི་རྗེ་ས་སྐྱ་པཎྜི་ཏ་ལ་མཚན་དོན་གྱི་སྒོ་ནས་བསྟོད་པ་དམ་པ་བཞི་ལྡན་ཞེས་བྱ་བ་བཞུགས་སོ། །

**法王萨迦班智达前由名称与事实之门而赞颂·具四优越**

1 种，2 页。

གློ་བོ་མཁན་ཆེན་བསོད་ནམས་ལྷུན་གྲུབ། 珞沃堪钦·索南伦珠（1441—1525）撰述。

四川省甘孜藏族自治州德格县德格地区德格寺印经院木刻版之刻印本。

普通藏纸，梵夹装中印本（47.1×6.1cm），楷体，墨色，横刊藏文六行，四周双栏，全。

索书号：003839/8。保存基本完好，今藏民族文化宫中国民族图书馆。

༄༅། །ཆོས་ཀྱི་དབྱིངས་གསུང་གི་དབང་ཕྱུག་གི་དཀྱིལ་འཁོར་བསྟོད་པ་བཞུགས་པ་ལེགས་སོ། །

**法界语自在曼荼罗赞**

1 种，4 页。

བུ་སྟོན་རིན་ཆེན་གྲུབ། 布敦·仁钦珠（亦称布敦塔捷庆巴，1290—1364）撰述。

西藏地区藏传佛教寺院印经院木刻版之刻印本。

普通藏纸，梵夹装中印本（49.7×7cm），楷体，墨色，横刊藏文六行，四周双栏，全。

索书号：003078/8。保存基本完好，今藏民族文化宫中国民族图书馆。

༄༅། །ཆོས་གྲྭ་ཆེན་པོ་ཐུབ་བསྟན་ལྷ་ཆེན་གྱི་མཁན་ཆེན་ཉིད་ཀྱི་གོང་གི་རྣམ་ཐར་མཛད་པ་ལ་ལེགས་སོའི་ཚིགས་བཅད་གོང་ནས་གནང་བའི་ཞུ་ལན་མཁན་ཆེན་གྱིས་ཕུལ་བའི་ཚིགས་བཅད་བཞུགས་སོ། །

**图丹拉钦寺之堪钦所撰上述自传大长赐以赞偈后堪钦回敬之颂文**

1 种，1 页。

ཨ་མེས་ཞབས་ངག་དབང་ཀུན་དགའ་བསོད་ནམས། 阿梅·阿旺衮噶索南（1597—1660）撰述。

四川省甘孜藏族自治州德格县德格地区德格寺印经院木刻版之刻印本。

普通藏纸，梵夹装中印本（45.6×6.3cm），楷体，墨色，横刊藏文六行，四周双栏，全。

索书号：003213/8。保存基本完好，今藏民族文化宫中国民族图书馆。

༄༅། །ཆོས་རྒྱལ་དགེ་བའི་དབང་པོའི་བསྔགས་པ་བརྗོད་པའི་རབ་ཏུ་བྱེད་པ་དཔྱིད་ཀྱི་མེ་ཏོག་གསར་པའི་དོ་ཤལ་ཞེས་བྱ་བ་བཞུགས་སོ། །

**法王格维旺波赞颂品·春日鲜花璎珞**

1 种，9 页。

ཨ་ཀྱཱ་བློ་བཟང་བསྟན་པའི་རྒྱལ་མཚན། 阿迦·洛桑丹贝坚参（1708—1768）撰述。

北京地区藏传佛教皇家寺院印经院木刻版之刻印本。

普通纸，梵夹装中印本（46.7×6cm），楷体，墨色，横刊藏文五行，四周双栏，全。

索书号：001222/6。保存基本完好，今藏民族文化宫中国民族图书馆。

༄༅། །ཆོས་རྒྱལ་ཆེན་པོ་བཀྲ་ཤིས་དགོན་གྱི་ས་སྐྱའི་དགོངས་རྫོགས་ཀྱི་མཆོད་བརྗོད་བཞུགས་སོ། །

**法王扎喜贡在萨迦逝世礼赞**

1 种，4 页。

གློ་བོ་མཁན་ཆེན་བསོད་ནམས་ལྷུན་གྲུབ། 珞沃堪钦·索南伦珠（1441—1525）撰述。

四川省甘孜藏族自治州德格县德格地区德格寺印经院木刻版之刻印本。

普通藏纸，梵夹装中印本（47.1×6.1cm），楷体，墨色，横刊藏文六行，四周双栏，全。

索书号：003838/46。保存基本完好，今藏民族文化宫中国民族图书馆。

༄༅། །ཆོས་རྗེ་ཐམས་ཅད་མཁྱེན་པ་ལ་གསོལ་འདེབས་རྒྱས་པ་སྙན་ངག་མ་བཞུགས་སོ། །

**法主一切智前祈祷文广本诗颂篇**

1 种，3 页。

བུ་སྟོན་ཐུགས་སྲས་སྒྲ་ཚད་པ། 布敦弟子·扎蔡巴（1318—1388）撰述。

西藏地区藏传佛教寺院印经院木刻版之刻印本。

普通藏纸，梵夹装中印本（49.7×7cm），楷体，墨色，横刊藏文七行，四周双栏，全。

索书号：003091/5。保存基本完好，今藏民族文化宫中国民族图书馆。

༄༅། །ཆོས་རྗེ་དབང་ཕྱུག་གྲུབ་པའི་བསྟོད་པ་ཞེས་བྱ་བ་བཞུགས་སོ། །

**法王旺秋珠巴赞**

1 种，1 页。

གློ་བོ་མཁན་ཆེན་བསོད་ནམས་ལྷུན་གྲུབ། 珞沃堪钦·索南伦珠（1441—1525）撰述。

四川省甘孜藏族自治州德格县德格地区德格寺印经院木刻版之刻印本。

普通藏纸，梵夹装中印本（47.1×6.1cm），楷体，墨色，横刊藏文六行，四周双栏，全。

索书号：003840/8。保存基本完好，今藏民族文化宫中国民族图书馆。

༄༅། །ཆོས་སྡེ་ཆེན་པོ་ཤྲཱི་དྷཱ་ནྱ་ཀ་ཊ་ཀའི་བསྔགས་པ་མདོ་ཙམ་དུ་བརྗོད་པ་ངོ་མཚར་བུང་བའི་སྒྲ་དབྱངས་ཞེས་བྱ་བ་བཞུགས་སོ། །

**希达那雅嘎扎嘎大寺略赞·希有蜜蜂之歌声**

1 种，3 页。

ངག་དབང་ཡེ་ཤེས་ཐུབ་བསྟན་རབ་འབྱམས་པ། 阿旺益希图丹饶绛巴（1782—？）撰述。

蒙古国乌兰巴托地区藏传佛教库伦寺印经院木刻版之刻印本。

普通藏纸，梵夹装中印本（49×6.3cm），楷体，墨色，横刊藏文六行，四周双栏，全。

索书号：000884/26。保存基本完好，今藏民族文化宫中国民族图书馆。

༄༅། །ཆོས་འཁོར་གཙུག་ལག་ཁང་གི་ལོགས་རིས་ཀྱི་གཙོ་བོ་རྣམས་ལ་བསྟོད་པ་བཞུགས་སོ། །

**曲松佛殿中诸主要壁画赞**

1 种，3 页。

གློ་བོ་མཁན་ཆེན་བསོད་ནམས་ལྷུན་གྲུབ། 珞沃堪钦·索南伦珠（1441—1525）撰述。

四川省甘孜藏族自治州德格县德格地区德格寺印经院木刻版之刻印本。

普通藏纸，梵夹装中印（47.1×6.1cm），楷体，墨色，横刊藏文六行，四周双栏，全。

索书号：003839/42。保存基本完好，今藏民族文化宫中国民族图书馆。

༄༅། །མཆོག་གི་བླ་མ་དམ་པ་དཔལ་ས་སྐྱ་པ་མཁས་པ་དང་གྲུབ་པའི་དབང་ཕྱུག་ཆེན་པོ་འཇམ་པའི་དབྱངས་ངག་དབང་ཀུན་དགའ་བསོད་ནམས་གྲགས་པ་རྒྱལ་མཚན་དཔལ་བཟང་པོ་ལ་བསྟོད་པ་ཡོན་ཏན་རབ་ཏུ་གསལ་བ་དགེ་ལེགས་ཀྱི་འདོད་འཇོ་ཞེས་བྱ་བ་བཞུགས་སོ། །

**殊胜师尊具德萨迦派贤哲妙音大自在阿旺衮噶索南坚参白桑波·功德极显妙善如意**

1 种，5 页。

ཨ་མེས་ངག་དབང་ཀུན་དགའ་བསོད་ནམས། 阿梅·阿旺衮噶索南（1597—1660）撰述。

四川省甘孜藏族自治州德格县德格地区德格寺印经院木刻版之刻印本。

普通藏纸，梵夹装中印（45.6×6.3cm），楷体，墨色，横刊藏文六行，四周双栏，全。

索书号：003213/19。保存基本完好，

今藏民族文化宫中国民族图书馆。

༄༅། །མཆོག་སྤྲུལ་མྱུར་འབྱོན་གྱི་སྨོན་ཚིག་གི་སྙར་
དངོས་གྲུབ་ཀུན་འབྱུང་ཞེས་བྱ་བ་བཞུགས་སོ། །

**迅速转世祈愿文·悉地普生**

1种，19页。

ཀིརྟི་བློ་བཟང་འཕྲིན་ལས། 格迪·洛桑成勒（1849—1905）撰述。

甘肃省甘南藏族自治州碌曲县郎木地区郎木寺印经院木刻版之刻印本。

普通藏纸，梵夹装中印本（44.8×6.1cm），楷体，墨色，横刊藏文六行，四周双栏，全。

索书号：001082/20。保存基本完好，今藏民族文化宫中国民族图书馆。

༄༅། །མཆོད་ཁང་གསར་སྐྲུན་གྱི་ལོགས་བྲིས་མཆོད་
རྟེན་ཞལ་བྱང་ཕན་བདེ་ཀུན་སྩོལ་ཞེས་བྱ་བ་
བཞུགས་སོ། །

**新建经堂之壁画、灵塔录·利乐普施**

1种，3页。

ཛ་ཧོད་ནམ་མཁའ་སེང་གེ། 阿果·南喀桑格（1712—1780）撰述。

多麦地区藏传佛教扎喜协相互林寺印经院木刻版之刻印本。

普通藏纸，梵夹装中印本（46.6×5.8cm），楷体，墨色，横刊藏文六行，四周双栏，全。

索书号：000818/11。保存基本完好，今藏民族文化宫中国民族图书馆。

༄༅། །འཆི་མེད་མནྡཱ་ར་བ་ལ་བསྟོད་པ་ཌཱ་ཀི་དགྱེས་
པའི་རོལ་མོ་ཞེས་བྱ་བ་བཞུགས་སོ། །

**曼达罗明妃赞·空行母喜悦之音乐**

1种，11页。

འཇམ་དབྱངས་མཁྱེན་བརྩེ་དབང་པོ། 绛央庆则旺波（1820—1892）撰。

四川省甘孜地区藏传佛教寺院印经院木刻版之刻印本。

普通藏纸，梵夹装短印本（29.7×4.6cm），楷体，墨色，横刊藏文六行，四周双栏，全。

索书号：006301/7。保存基本完好，今藏民族文化宫中国民族图书馆。

༄༅། །འཆི་མེད་ཚེ་ལྷ་རྣམ་གསུམ་གྱི་བསྟོད་པ་ཞེས་བྱ་
བ་བཞུགས་སོ། །

**长寿三尊赞**

1种，16页。

འཇམ་དབྱངས་མཁྱེན་བརྩེ་དབང་པོ། 绛央庆则旺波（1820—1892）撰述。

四川省甘孜地区藏传佛教寺院印经院木刻版之刻印本。

普通藏纸，梵夹装短印（29.7×4.6cm），楷体，墨色，横刊藏文六行，四周双栏，全。

索书号：006301/6。保存基本完好，今藏民族文化宫中国民族图书馆。

༄༅། །ཇོ་གདན་བླ་མ་མང་ཐོས་བཤེས་གཉེན་པས་དྲིས་
ལན་ཡིད་ཀྱི་མུན་སེལ་ཞེས་བྱ་བ་བཞུགས་སོ། །

**答觉丹喇嘛芒特协宁问答·消除意暗**

1种，10页。

ཨ་མེས་ངག་དབང་ཀུན་དགའ་བསོད་ནམས། 阿梅·阿旺衮噶索南（1597—1660）撰述。

四川省甘孜藏族自治州德格县德格地区德格寺印经院木刻版之刻印本。

普通藏纸，梵夹装中印本（45.6×6.3cm），楷体，墨色，横刊藏文六行，四周双栏，全。

索书号：003227/23。保存基本完好，今藏民族文化宫中国民族图书馆。

༄༅། །འཇམ་དབྱངས་ཁ་ཆེའི་དྲིས་ལན་སོགས་བཅུ་བཞི་པ་ཞེས་བྱ་བ་བཞུགས་སོ། །

**绛央喀且问答十四则**

1 种，23 页。

གཡག་སྡེ་པཎ་ཆེན་བརྩོན་འགྲུས་དར་རྒྱས། 雅迪班钦・宗哲达杰（1299—1378）撰述。

西藏地区藏传佛教寺院印经院传抄之缮写本。

普通藏纸，梵夹装中印本（44.5×4.9cm），楷体，墨色，横书藏文六行，四周双栏，全。

索书号：003803/13。保存基本完好，今藏民族文化宫中国民族图书馆。

༄༅། །རྗེ་རྒོད་ཚང་པའི་ཞལ་གདམས་དྲི་བ་ཞུས་ལན་གྱི་སྐོར་རྣམས་ཞེས་བྱ་བ་བཞུགས་སོ། །

**果仓巴语教问答类**

1 种，10 页。

རྒོད་ཚང་པ་མགོན་པོ་རྡོ་རྗེ། 郭仓巴・贡波多结 (1189—1258) 撰述。

西藏地区藏传佛教寺院印经院传抄之缮写本。

普通藏纸，梵夹装中印本（45.2×6.1cm），楷体，墨色，横书藏文七行，四周双栏，全。

索书号：003861/1。保存基本完好，今藏民族文化宫中国民族图书馆。

༄༅། །རྗེ་དྭགས་པོའི་ཞལ་གདམས་དང་། རྗེ་སྒོམ་ཚུལ་གྱི་ཞུ་ལན་ཞེས་བྱ་བ་བཞུགས་སོ། །

**塔波大师之语教与答贡慈大师问**

1 种，10 页。

དྭགས་པོ་ལྷ་རྗེ་བསོད་ནམས་རིན་ཆེན། 塔波拉杰・索南仁钦（1079—1153）撰述。

四川省甘孜藏族自治州德格县德格地区德格寺印经院木刻版之刻印本。

普通藏纸，梵夹装中印本（46.7×6.5cm），楷体，墨色，横刊藏文六行，四周双栏，全。

索书号：000944/10。保存基本完好，今藏民族文化宫中国民族图书馆。

༄༅། །རྗེ་བདག་ཉིད་ཆེན་པོར་དཔེ་རྒྱན་སོ་གཉིས་ཀྱིས་བསྟོད་ཚིག་ཡན་ལག་བདུན་པ་དང་བཅས་པ་བློ་བཟང་དགྱེས་པའི་སྒྲ་དབྱངས་ཞེས་བྱ་བ་བཞུགས་སོ། །

**以三十二类譬喻修饰法所作宗喀巴大师赞及加行七法・善慧喜悦之音**

1 种，7 页。

པཎ་ཆེན་ཨེར་ཏེ་ནི་བློ་བཟང་ཐུབ་བསྟན་ཆོས་ཀྱི་ཉི་མ། 班禅额尔德尼・洛桑图丹曲吉尼玛（1883—1937）撰述。

西藏自治区日喀则地区扎什伦布寺印经院木刻版之刻印本。

普通藏纸，梵夹装中印本（45×6.5cm），楷体，墨色，横刊藏文六行，四周双栏，全。

索书号：003545/10。保存基本完好，今藏民族文化宫中国民族图书馆。

༄༅། །རྗེ་བཙུན་ཐམས་ཅད་མཁྱེན་པའི་གསུང་འབུམ་ཐོར་བུ་བ་ལས་དོན་རྒྱན་སོ་ལྔའི་དཔེར་བརྗོད་རྣམས་ཞེས་བྱ་བ་བཞུགས་སོ། །

**至尊一切智散集中三十五种意义修词法举例**

1 种，11 页。

ཏཱ་ལའི་བླ་མ་དགེ་འདུན་རྒྱ་མཚོ། 达赖喇嘛・格登嘉措（1476—1541）撰述。

西藏自治区拉萨地区孜雪印经院木刻版之刻印本。

普通藏纸，梵夹装中印本（48.2×6.2cm），楷体，墨色，横刊藏文六行，四周双栏，全。

索书号：001164/17。保存基本完好，今藏民族文化宫中国民族图书馆。

༄། །རྗེ་བཙུན་རིན་པོ་ཆེ་གྲགས་པ་རྒྱལ་མཚན་གྱི་བསྟོད་པ་མཚན་གྱི་ཕྲེང་བ་ཞེས་བྱ་བ་བཞུགས་སོ། །

**至尊大宝师札巴坚参赞·名称鬘**

1种，2页。

ཀློ་བོ་མཁན་ཆེན་བསོད་ནམས་ལྷུན་གྲུབ། 珞沃堪钦·索南伦珠（1441—1525）撰述。

四川省甘孜藏族自治州德格县德格地区德格寺印经院木刻版之刻印本。

普通藏纸，梵夹装中印本（47.1×6.1cm），楷体，墨色，横刊藏文六行，四周双栏，全。

索书号：003839/7。保存基本完好，今藏民族文化宫中国民族图书馆。

༄། །རྗེ་བཙུན་ས་སྐྱ་པཎྜི་ཆེན་པོ་ལ་འཕྲིན་དུ་གསོལ་བ་ཞེས་བྱ་བ་བཞུགས་སོ། །

**至尊萨迦班智达前启白书**

ཀློ་བོ་མཁན་ཆེན་བསོད་ནམས་ལྷུན་གྲུབ། 珞沃堪钦·索南伦珠（1441—1525）撰述。

四川省甘孜藏族自治州德格县德格地区德格寺印经院木刻版之刻印本。

普通藏纸，梵夹装中印本（47.1×6.1cm），楷体，墨色，横刊藏文六行，四周双栏，全。

索书号：003838/25。保存基本完好，今藏民族文化宫中国民族图书馆。

༄། །ཉག་སྟོན་ཤེས་རབ་འོད་ལ་གདམས་པ་གསུམ་ཞེས་བྱ་བ་བཞུགས་སོ། །

**致聂敦·希饶沃之教言三则**

1种，5页。

ཕག་མོ་གྲུ་པ་རྡོ་རྗེ་རྒྱལ་པོ། 帕摩竹巴·多结嘉波（1110—1170）撰述。

西藏地区藏传佛教寺院印经院传抄之抄写本。

普通藏纸，梵夹装中印本（45.3×5.8cm），楷体，墨色，横书藏文七行，四周双栏，全。

索书号：003852/36。保存基本完好，今藏民族文化宫中国民族图书馆。

༄། །ཉམས་མགུར་གྱི་སྐོར་བཞུགས་སོ། །

**道情歌类**

1种，7页。

ཆེ་ཧོར་བློ་བཟང་བྱང་ཆུབ་བསྟན་པའི་སྒྲོན་མེ། 却西·洛桑强曲丹贝准美（1861—1933）撰述。

青海省湟中县鲁沙尔地区塔尔寺（固奔乾巴林）印经院木刻版之刻印本。

普通藏纸，梵夹装中印本（45.7×6.5cm），楷体，墨色，横刊藏文六行，四周双栏，全。

索书号：003776/20。保存基本完好，今藏民族文化宫中国民族图书馆。

༄། །ཉམས་མགུར་རྣམས་ཕྱོགས་གཅིག་ཏུ་བསྡེབས་པ་བཞུགས་སོ། །

**道情歌合编**

1种，3页。

པཎ་ཆེན་ཨེར་ཏེ་ནི་བློ་བཟང་དཔལ་ལྡན་ཡེ་ཤེས། 班禅额尔德尼·洛桑白旦益希（1738—1780）撰述。

西藏自治区日喀则地区扎什伦布寺印经院木刻版之刻印本。

普通藏纸，梵夹装中印本（49.1×6.8cm），楷体，墨色，横刊藏文六行，四周双栏，全。

索书号：000674/11。保存基本完好，今藏民族文化宫中国民族图书馆。

༄། །ཉམས་མགུར་རྣམས་ཕྱོགས་གཅིག་ཏུ་བསྡེབས་པ་བཞུགས་སོ། །

**道情歌合编**

1种，3页。

པཎ་ཆེན་ཨེར་ཏེ་ནི་བློ་བཟང་དཔལ་ལྡན་ཡེ་ཤེས། 班禅额尔德尼·洛桑白旦益希（1738—1780）撰述。

西藏自治区日喀则地区扎什伦布寺印经院木刻版之刻印本。

普通藏纸，梵夹装中印本（49.1×6.8cm），楷体，墨色，横刊藏文六行，四周双栏，全。

索书号：000669/4。保存基本完好，今藏民族文化宫中国民族图书馆。

༄༅། །ཉམས་མགུར་དང་འགྲེལ་པའི་གསོལ་འདེབས་རྗེས་འཛིན་སྨོན་ཚིག་སོགས་ཀྱི་རིམ་པ་རྣམས་ཕྱོགས་གཅིག་ཏུ་བསྡེབས་པ་བཞུགས་སོ། །

**道情歌及注释之启请、忆念、发愿等次第合编**

1 种，26 页。

པཎ་ཆེན་ཨེར་དེ་ནི་བློ་བཟང་དཔལ་ལྡན་བསྟན་པའི་ཉི་མ། 班禅额尔德尼·洛桑白旦丹贝尼玛（1782—1853）撰述。

西藏自治区日喀则地区扎什伦布寺印经院木刻版之刻印本。

普通藏纸，梵夹装中印本（48.7×7cm），楷体，墨色，横刊藏文六行，四周双栏，全。

索书号：003533/3。保存基本完好，今藏民族文化宫中国民族图书馆。

༄༅། །ཉམས་མགུར་བཞུགས་སོ། །

**道情歌**

1 种，6 页。

དོལ་པོ་པ་ཤེས་རབ་རྒྱལ་མཚན། 多波巴·希饶坚参（1293—1361）撰述。

西藏地区藏传佛教寺院印经院传抄之缮写本。

普通藏纸，梵夹装中印本（50.2×7.5cm），草体，墨色，横书藏文七行，四周双栏，全。

索书号：001249/3。保存基本完好，今藏民族文化宫中国民族图书馆。

༄༅། །ཉམས་དབྱངས་དཀོན་མཆོག་ཐུགས་རྗེ་ཉིད། ཉེ་བར་སྐུལ་བའི་ཡི་གེ་བཞུགས་སོ། །

**道情·劝动三宝悲心文**

1 种，1 页。

ཨ་མེས་ངག་དབང་ཀུན་དགའ་བསོད་ནམས། 阿梅·阿旺衮噶索南（1597—1660）撰述。

四川省甘孜藏族自治州德格县德格地区德格寺印经院木刻版之刻印本。

普通藏纸，梵夹装中印本（45.6×6.3cm），楷体，墨色，横刊藏文六行，四周双栏，全。

索书号：003220/146。保存基本完好，今藏民族文化宫中国民族图书馆。

༄༅། །ཉམས་དབྱངས་གདན་ས་མ་བཞུགས་སོ། །

**道情·丹萨玛**

1 种，1 页。

ཨ་མེས་ངག་དབང་ཀུན་དགའ་བསོད་ནམས། 阿梅·阿旺衮噶索南（1597—1660）撰述。

四川省甘孜藏族自治州德格县德格地区德格寺印经院木刻版之刻印本。

普通藏纸，梵夹装中印本（45.6×6.3cm），楷体，墨色，横刊藏文六行，四周双栏，全。

索书号：003220/132。保存基本完好，今藏民族文化宫中国民族图书馆。

༄༅། །ཉམས་དབྱངས་འདིར་སྣང་ཞེན་པ་གཅོད་པའི་རལ་གྲི་ཞེས་བྱ་བ་བཞུགས་སོ། །

**道情·断平生贪念之剑**

1 种，1 页。

ཨ་མེས་ངག་དབང་ཀུན་དགའ་བསོད་ནམས། 阿梅·阿旺衮噶索南（1597—1660）撰述。

四川省甘孜藏族自治州德格县德格地区德格寺印经院木刻版之刻印本。

普通藏纸，梵夹装中印本（45.6×6.3cm），楷体，墨色，横刊藏文六行，四周双栏，全。

索书号：003220/144。保存基本完好，今藏民族文化宫中国民族图书馆。

༄༅། །ཉམས་དབྱངས་ཚིགས་སུ་བཅད་པ་མི་དབང་ཆོས་རྒྱལ་ཆེན་པོ་མཉེས་པར་བྱེད་པའི་མཆོད་རྫས་ཞེས་བྱ་བ་བཞུགས་སོ། །

**道情颂 · 人主大法王所喜之供物**

1 种，1 页。

ཨ་མེས་ངག་དབང་ཀུན་དགའ་བསོད་ནམས། 阿梅 · 阿旺衮噶索南（1597—1660）撰述。

四川省甘孜藏族自治州德格县德格地区德格寺印经院木刻版之刻印本。

普通藏纸，梵夹装中印本（45.6 × 6.3cm），楷体，墨色，横刊藏文六行，四周双栏，全。

索书号：003220/169。保存基本完好，今藏民族文化宫中国民族图书馆。

༄༅། །ཉམས་དབྱངས་ཚེ་འདིའི་ཞེན་པ་སེལ་བྱེད་ཅེས་བྱ་བ་བཞུགས་སོ། །

**道情 · 消除平生贪欲**

1 种，1 页。

ཨ་མེས་ངག་དབང་ཀུན་དགའ་བསོད་ནམས། 阿梅 · 阿旺衮噶索南（1597—1660）撰述。

四川省甘孜藏族自治州德格县德格地区德格寺印经院木刻版之刻印本。

普通藏纸，梵夹装中印本（45.6 × 6.3cm），楷体，墨色，横刊藏文六行，四周双栏，全。

索书号：003220/131。保存基本完好，今藏民族文化宫中国民族图书馆。

༄༅། །ཉེ་གནས་ལ་གདམས་པའི་བསྟན་ཆོས་ཞེས་བྱ་བ་བཞུགས་སོ། །

**致近侍之教诫**

1 种，1 页。

ཕག་མོ་གྲུ་པ་རྡོ་རྗེ་རྒྱལ་པོ། 帕摩竹巴 · 多结嘉波（1110—1170）撰述。

西藏地区藏传佛教寺院印经院传抄之缮写本。

普通藏纸，梵夹装中印本（45.3 × 5.8cm），草体，墨色，横书藏文七行，四周双栏，全。

索书号：003848/29。保存基本完好，今藏民族文化宫中国民族图书馆。

༄༅། །གཉན་རྗེ་དཔོན་སློབ་རིན་པོ་ཆེའི་བསྟོད་འགྲེལ་ནོར་བུའི་དོ་ཤལ་ཞེས་བྱ་བ་བཞུགས་སོ། །

**年孜师徒仁波且之赞释 · 摩尼璎珞**

1 种，6 页。

གུང་ཐང་དཀོན་མཆོག་བསྟན་པའི་སྒྲོན་མེ། 贡唐 · 恭却丹贝准美（1762—1822）撰述。

甘肃省甘南藏族自治州夏河地区拉卜楞寺（拉章扎喜齐）印经院木刻版之刻印本。

普通藏纸，梵夹装中印本（47.2 × 6.2cm），楷体，墨色，横刊藏文六行，四周双栏，全。

索书号：000921/7。保存基本完好，今藏民族文化宫中国民族图书馆。

༄༅། །སྙན་ངག་གི་བསྟན་བཅོས་རྒྱ་མཚོའི་སྙིང་པོ་ཞེས་བྱ་བ་བཞུགས་སོ། །

**诗论 · 海藏**

1 种，5 页。

དངུལ་ཆུ་དྷརྨ་བྷ་དྲ། 欧曲 · 达摩巴扎（亦称欧曲喇嘛 · 曲桑洛桑次仁，1772—1851）撰述。

西藏地区藏传佛教寺院印经院木刻版之刻印本。

普通藏纸，梵夹装中印本（49.8 × 6cm），楷体，墨色，横刊藏文六行，四周双栏，全。

索书号：001046/8。保存基本完好，今藏民族文化宫中国民族图书馆。

**༄༅། །སྙན་ངག་གི་བསྟན་བཅོས་ཆེན་པོ་མེ་ལོང་ལས་བཤད་པའི་དོན་རྒྱན་སུམ་ཅུ་སོ་ལྔའི་རྣམ་པར་བཤད་པ་བློ་གསལ་གཞོན་ནུའི་མགུལ་རྒྱན་ཡིད་འོང་ཨུཏྤལའི་ཕྲེང་བ་ཞེས་བྱ་བ་བཞུགས་སོ། །**

**诗镜中所说三十五种意义修饰法解说・智童颈饰悦意青莲鬘**

1 种，23 页。

ཨ་མེས་ངག་དབང་ཀུན་དགའ་བསོད་ནམས། 阿梅・阿旺衮噶索南（1597—1660）撰述。

四川省甘孜藏族自治州德格县德格地区德格寺印经院木刻版之刻印本。

普通藏纸，梵夹装中印本（45.6×6.3cm），楷体，墨色，横刊藏文六行，四周双栏，全。

索书号：003208/12。保存基本完好，今藏民族文化宫中国民族图书馆。

**༄༅། །སྙན་ངག་གི་དཔེར་བརྗོད་དང་འབྲེལ་བར་མཁན་རིན་པོ་ཆེའི་རྣམ་ཐར་དང་། འཕགས་མ་དབྱངས་ཅན་མའི་ཡོན་ཏན་བརྗོད་པ་བཅས་བཞུགས་སོ། །**

**结合诗律例话而作堪仁波且传与圣妙音母功德说**

1 种，39 页。

རྒྱལ་མཁ ན་སྤྲུལ་སྐལ་བཟང་གྲགས་པ་རྒྱ་མཚོ། 嘉堪朱・格桑札巴嘉措（1880—？）撰述。

甘肃省甘南藏族自治州夏河县拉卜楞地区拉卜楞寺（拉章扎喜齐）印经院木刻版之刻印本。

普通藏纸，梵夹装中印本（44.7×6cm），楷体，墨色，横刊藏文六行，四周双栏，全。

索书号：001072/4。保存基本完好，今藏民族文化宫中国民族图书馆。

**༄༅། །སྙན་ངག་གི་ལམ་ནས་དྲངས་པའི་འཕྲིན་ཡིག་གི་སྐོར་ཨུཏྤལ་དགའ་ཚལ་རྒྱས་པའི་དྲི་བཟང་ཞེས་བྱ་བ་བཞུགས་སོ། །**

**由诗词道而作之书札类・青莲苑花开之芬香**

1 种，44 页。

ཚས་པ་རྒྱ་མཁར་བ་ངག་དབང་དགེ་འདུན་རྒྱ་མཚོ། 齐巴嘉喀哇・阿旺格登嘉措（1839—1905）撰述。

甘肃省甘南藏族自治州夏河县拉卜楞地区拉卜楞寺（拉章扎喜齐）印经院木刻版之刻印本。

普通藏纸，梵夹装中印本（47.3×6.5cm），楷体，墨色，横刊藏文六行，四周双栏，全。

索书号：001166/23。保存基本完好，今藏民族文化宫中国民族图书馆。

**༄༅། །སྙན་ངག་མངོན་བརྗོད་བརྡ་གསར་རྙིང་གི་རྣམ་གཞག་མདོར་བསྡུས་བློ་གསལ་ཡིད་འཕྲོག་ཅེས་བྱ་བ་བཞུགས་སོ། །**

**词章、辞藻、新旧词语解说略解・智者悦意**

1 种，12 页。

ཅོ་ནེ་གྲགས་པ་བཤད་སྒྲུབ། 卓尼・札巴协珠（1675—1748）撰述。

甘肃省甘南藏族自治州卓尼地区卓尼寺（觉乃噶旦协珠林）印经院木刻版之刻印本。

普通藏纸，梵夹装中印本（48.6×6.3cm），楷体，墨色，横刊藏文七行，四周双栏，全。

索书号：003672/27。保存基本完好，今藏民族文化宫中国民族图书馆。

**༄༅། །སྙན་ངག་དཔེར་བརྗོད་ཅེས་བྱ་བ་བཞུགས་སོ། །**

**诗学举例**

1 种，41 页。

མཁན་པོ་ངག་དབང་ཐུབ་བསྟན་རྒྱ་མཚོ། 堪

波・阿旺图丹嘉措（1836—1889）撰述。

甘肃省甘南藏族自治州碌曲地区希仓噶萨噶旦协珠曲科林寺印经院木刻版之刻印本。

普通藏纸，梵夹装中印本（45.3×6cm），楷体，墨色，横刊藏文六行，四周双栏，全。

索书号：001120/6。保存基本完好，今藏民族文化宫中国民族图书馆。

༄༅། །སྙན་ངག་མེ་ལོང་གི་དཀའ་འགྲེལ་དབྱངས་ཅན་དགྱེས་པའི་གླུ་དབྱངས་ཞེས་བྱ་བ་བཞུགས་སོ། །

**诗镜难释・妙音喜悦之歌声**

1 种，148 页。

ཏཱ་ལའི་བླ་མ་ངག་དབང་བློ་བཟང་རྒྱ་མཚོ། 达赖喇嘛・阿旺洛桑嘉措（1617—1682）撰述。

西藏自治区拉萨地区布达拉宫印经院木刻版之刻印本。

普通藏纸，梵夹装中印本（46.6×5.9cm），楷体，墨色，横刊藏文六行，四周双栏，全。

索书号：000699/3。保存基本完好，今藏民族文化宫中国民族图书馆。

༄༅། །སྙན་ངག་མེ་ལོང་གི་འགྲེལ་པ་དབྱངས་ཅན་དགྱེས་པའི་རོལ་མཚོ་ཞེས་བྱ་བ་བཞུགས་སོ། །

**诗镜释・妙音喜悦游戏海**

1 函，1 种，228 页。

འཇུ་མི་ཕམ་འཇམ་དབྱངས་རྣམ་རྒྱལ་རྒྱ་མཚོ། 局米朌・绛央南杰嘉措（1846—1912）撰述。

四川省甘孜藏族自治州德格县德格地区德格寺印经院木刻版之刻印本。

普通藏纸，梵夹装短印本（38.3×5.8cm），楷体，墨色，横刊藏文六行，四周双栏，全。

索书号：000408/6。保存基本完好，今藏民族文化宫中国民族图书馆。

༄༅། །སྙན་ངག་མེ་ལོང་གི་དོན་རྒྱན་གྱི་ངོ་བོ་གསལ་བྱེད་ཅེས་བྱ་བ་བཞུགས་སོ། །

**诗镜意义修饰词之自性明解**

1 种，6 页。

ཐུའུ་བཀྭན་ངག་དབང་ཆོས་ཀྱི་རྒྱ་མཚོ། 土观・阿旺曲吉嘉措（1680—1736）撰述。

北京地区藏传佛教皇家寺院印经院木刻版之刻印本。

普通纸，梵夹装短印本（38.2×6cm），楷体，墨色，横刊藏文六行，四周双栏，全。

索书号：001229/23。保存基本完好，今藏民族文化宫中国民族图书馆。

༄༅། །སྙན་ངག་མེ་ལོང་གི་དོན་རྒྱན་སོ་ལྔའི་དཔེར་བརྗོད་ཅེས་བྱ་བ་བཞུགས་སོ། །

**诗镜意义修饰词三十五种例说**

1 种，28 页。

ཐུའུ་བཀྭན་ངག་དབང་ཆོས་ཀྱི་རྒྱ་མཚོ། 土观・阿旺曲吉嘉措（1680—1736）撰述。

北京地区藏传佛教皇家寺院印经院木刻版之刻印本。

普通纸，梵夹装短印本（38.2×6cm），楷体，墨色，横刊藏文六行，四周双栏，全。

索书号：001229/24。保存基本完好，今藏民族文化宫中国民族图书馆。

༄༅། །སྙན་ངག་མེ་ལོང་གི་ཚིག་དོན་ཉམས་མཛེས་ཚངས་སྲས་མགྲིན་དབྱངས་སྐལ་བཟང་འདོད་དགུ་ལྷུན་འཇོ་ཞེས་བྱ་བ་བཞུགས་སོ། །

**诗镜句义修饰・梵子歌音・具缘随愿任运天成**

1 种，28 页。

གུང་ཐང་བློ་གྲོས་རྒྱ་མཚོ། 贡唐・洛哲嘉措（1851—1930）撰述。

甘肃省甘南藏族自治州夏河县拉卜楞地区拉卜楞寺（拉章扎喜齐）印经院木刻

版之刻印本。

普通藏纸，梵夹装中印本（44.5×6.4cm），楷体，墨色，横刊藏文六行，四周双栏，全。

索书号：001141/9。保存基本完好，今藏民族文化宫中国民族图书馆。

༄༅། །སྙན་ངག་མེ་ལོང་གི་ལུས་དང་རྒྱན་གྱི་མཚན་ཉིད་དང་དབྱེ་བ་དཔེར་བརྗོད་རྣམས་དྲན་ཐོར་བཀོད་པ་ཞེས་བྱ་བ་བཞུགས་སོ། །

**诗镜之身及修饰之相并分别举例等记录**

1 种，40 页。

ཞབས་དྲུང་ཆོས་རྗེ་ངག་དབང་ཚེ་རིང་། 夏仲法尊·阿旺慈仁（？—1792）撰述。

蒙古国乌兰巴托地区藏传佛教库伦寺印经院木刻版之刻印本。

普通藏纸，梵夹装中印本（46.8×5.2cm），楷体，墨色，横刊藏文六行，四周双栏，全。

索书号：000759/3。保存基本完好，今藏民族文化宫中国民族图书馆。

༄༅། །སྙན་ངག་མེ་ལོང་གི་ལེའུ་གཉིས་པའི་མཚུངས་པ་གསལ་བྱེད་ཀྱི་སྒྲའི་སྒོ་ནས་རང་གི་བླ་མ་ལ་བསྟོད་པ་བྱིན་རླབས་འབོད་པའི་དབྱངས་སྙན་རོལ་མོ་ཞེས་བྱ་བ་བཞུགས་སོ། །

**依诗镜第二品中相应字音所作本师赞·加持引出之雅乐**

1 种，9 页。

ཨ་ལག་ཤ་ངག་དབང་བསྟན་དར་ལྷ་རམས་པ། 阿拉夏·阿旺丹达拉然巴（1759—？）撰述。

青海省湟中县鲁沙尔地区塔尔寺（固奔乾巴林）印经院木刻版之刻印本。

普通藏纸，梵夹装中印本（48.5×6.7cm），楷体，墨色，横刊藏文六行，四周双栏，全。

索书号：001208/10。保存基本完好，今藏民族文化宫中国民族图书馆。

༄༅། །སྙན་ངག་མེ་ལོང་ལས་ལམ་རྣམ་པར་དབྱེ་བའི་རྣམ་པར་བཅད་པ་དང་པོའི་འགྲེལ་པ་ཞེས་བྱ་བ་བཞུགས་སོ། །

**诗镜剖析第一章注释**

1 种，51 页。

འབྲུག་པ་པད་མ་དཀར་པོ། 周巴·白玛嘎波（1527—1592）撰述。

西藏地区藏传佛教寺院印经院木刻版之刻印本。

普通藏纸，梵夹装中印本（45.3×6.1cm），楷体，墨色，横刊藏文六行，四周双栏，全。

索书号：003660/39。保存基本完好，今藏民族文化宫中国民族图书馆。

༄༅། །སྙན་ངག་མེ་ལོང་ལས་བཤད་པའི་རྒྱན་རྣམས་ཀྱི་དཔེར་བརྗོད་རྒྱ་སྐར་ཕྲེང་མཛེས་དང་། མིང་གི་མངོན་བརྗོད་ཉུང་འདུས་ཙིཏྟ་མ་ཎིའི་དོ་ཤལ་ཞེས་བྱ་བ་བཞུགས་སོ། །

**诗镜中所说之诸修饰词举例说明行星美鬘及名之词藻略篇·心宝璎珞**

1 种，46 页。

སུམ་པ་པཎྜི་ཏ་ཡེ་ཤེས་དཔལ་འབྱོར། 松巴班智达·益希白觉（1704—1788）撰述。

内蒙古自治区呼和浩特地区藏传佛教曲果赛波寺印经院木刻版之刻印本。

普通藏纸，梵夹装中印本（51.9×7.8cm），楷体，墨色，横刊藏文七行，四周双栏，全。

索书号：001040/12。保存基本完好，今藏民族文化宫中国民族图书馆。

༄༅། །སྙན་ངག་མེ་ལོང་ལས་ལེའུ་གཉིས་པའི་དཔེར་བརྗོད་ངོ་མཚར་སྙན་ཚིག་གཏམ་གྱི་འདབ་བརྒྱ་པ་ཞེས་བྱ་བ་བཞུགས་སོ། །

**诗镜第二品中之引喻·希有雅语百叶莲**

1 种，61 页。

རྟ་ཚག་རྗེ་དྲུང་ངག་དབང་དཀོན་མཆོག་ཉི་མ། 达扎济咙 · 阿旺恭却尼玛（1653—1707）撰述。

西藏地区藏传佛教寺院印经院传抄之缮写本。

普通藏纸，梵夹装中印本（46.1×5.3cm），楷体，墨色，横书藏文七行，四周双栏，全。

索书号：003921/13。保存基本完好，今藏民族文化宫中国民族图书馆。

༄༅། །སྙན་ངག་གསལ་བར་བྱེད་པའི་བསྟན་བཅོས་དབྱངས་ཅན་ཞལ་ལུང་ཉི་མ་འབུམ་གྱི་འོད་ཅན་ཞེས་བྱ་བ་བཞུགས་སོ། །

**诗词显明论 · 妙音语教 · 俱胝日光**

1 种，30 页。

འཇམ་དབྱངས་བཞད་པ་ངག་དབང་བརྩོན་འགྲུས། 嘉木样协巴 · 阿旺宗哲（1648—1721）撰述。

甘肃省甘南藏族自治州夏河县拉卜楞地区拉卜楞寺（拉章扎喜齐）印经院木刻版之刻印本。

普通藏纸，梵夹装中印本（47.2×6.8cm），楷体，墨色，横刊藏文六行，四周双栏，全。

索书号：000853/12。保存基本完好，今藏民族文化宫中国民族图书馆。

༄༅། །སྙན་དངགས་ཀྱི་བསྟན་བཅོས་མུ་ཏིག་ཕྲེང་བ་ཞེས་བྱ་བ་བཞུགས་སོ། །

**词章论 · 珍珠鬘**

1 种，31 页。

ཨ་ཀྱཱ་ཡོངས་འཛིན་བློ་བཟང་དོན་གྲུབ། 阿迦雍增 · 洛桑顿珠（1774—？）撰述。

青海省湟中县鲁沙尔地区塔尔寺（固奔乾巴林）印经院木刻版之刻印本。

普通藏纸，梵夹装中印本（44.5×6.5cm），楷体，墨色，横刊藏文六行，四周双栏，全。

索书号：003736/27。保存基本完好，今藏民族文化宫中国民族图书馆。

༄༅། །སྙན་དངགས་ཀྱི་དཔེར་བརྗོད་རྩོམ་འཕྲོ་ཅན་བཞུགས་སོ། །

**诗学举例著述余论**

1 种，32 页。

གུང་ཐང་དཀོན་མཆོག་བསྟན་པའི་སྒྲོན་མེ། 贡唐 · 恭却丹贝准美（1762—1823）撰述。

甘肃省甘南藏族自治州夏河县拉卜楞地区拉卜楞寺（拉章扎喜齐）印经院木刻版之刻印本。

普通藏纸，梵夹装中印本（47.2×6.2cm），楷体，墨色，横刊藏文六行，四周双栏，全。

索书号：000927/8。保存基本完好，今藏民族文化宫中国民族图书馆。

༄༅། །སྙན་དངགས་ཀྱི་ཚིགས་བཅད་འགའ་ཞིག་བཞུགས་སོ། །

**部分诗词颂文**

1 种，3 页。

འཇམ་དབྱངས་བཞད་པ་ངག་དབང་བརྩོན་འགྲུས། 嘉木样协巴 · 阿旺宗哲（1648—1721）撰述。

甘肃省甘南藏族自治州夏河县拉卜楞地区拉卜楞寺（拉章扎喜齐）印经院木刻版之刻印本。

普通藏纸，梵夹装中印本（47.2×6.8cm），楷体，墨色，横刊藏文六行，四周双栏，全。

索书号：000853/11。保存基本完好，今藏民族文化宫中国民族图书馆。

༄༅། །སྙན་དངགས་ཀྱི་ལེགས་བཤད་ཀུན་མཁྱེན་ལྔ་པའི་ཞལ་ལུང་ཞེས་བྱ་བ་བཞུགས་སོ། །

**诗学嘉言 · 衮庆第五世语教**

1 种，25 页。

ཇ་གོད་ནམ་མཁའ་སེང་གེ། 阿果・南喀桑格（1712—1780）撰述。

西藏地区藏传佛教寺院印经院木刻版之刻印本。

普通藏纸，梵夹装中印本（46.6×5.8cm），楷体，墨色，横刊藏文六行，四周双栏，全。

索书号：000818/16。保存基本完好，今藏民族文化宫中国民族图书馆。

༄༅། །ཏའི་སི་ཏུ་ཆོས་ཀྱི་རིན་ཆེན་ལ་གདམས་པ་ཞེས་བྱ་བ་བཞུགས་སོ། །

**致大司徒・曲吉仁钦之教诫**

རེད་མདའ་བ་གཞོན་ནུ་བློ་གྲོས། 热达哇・雄努洛哲（1349—1412）撰述。

西藏地区藏传佛教寺院印经院传抄之缮写本。

普通藏纸，梵夹装中印本（44×4.3cm），草体，墨色，横书藏文七行，四周双栏，全。

索书号：006117/80。保存基本完好，今藏民族文化宫中国民族图书馆。

༄༅། །ཧྲེ་བོ་དགེ་བཤེས་དཀོན་མཆོག་དཔལ་ལ་བསྒྲུར་བ་དང་། བསྟན་བཅོས་སེམས་ལ་གྲོས་འདེབས། དགེ་བཤེས་མཆོད་སྟོན་ལ་གདམས་པ་བཅས་བཞུགས་སོ། །

**致格西恭却白书、说心识论、致格西却敦之教言**

ཕག་མོ་གྲུ་པ་རྡོ་རྗེ་རྒྱལ་པོ། 帕摩竹巴・多结嘉波（1110—1170）撰述。

西藏地区藏传佛教寺院印经院传抄之缮写本。

普通藏纸，梵夹装中印本（45.3×5.8cm），草体，墨色，横书藏文七行，四周双栏，全。

索书号：003852/46。保存基本完好，今藏民族文化宫中国民族图书馆。

༄༅། །རྟོགས་ལྡན་རིང་མོའི་དྲིས་ལན་ཞེས་བྱ་བ་བཞུགས་སོ། །

**多旦仁莫问答篇**

1种，2页。

ས་སྐྱ་ཀུན་དགའ་རྒྱལ་མཚན། 萨迦・衮噶坚参（1182—1251）撰述。

四川省甘孜藏族自治州德格县德格地区德格寺印经院木刻版之刻印本。

普通藏纸，梵夹装中印本（49.9×6.8cm），楷体，墨色，横刊藏文六行，四周双栏，全。

索书号：003092/20。保存基本完好，今藏民族文化宫中国民族图书馆。

༄༅། །སྟག་ལུང་དཔལ་བྱུང་གི་གསུང་ལན་ཞེས་བྱ་བ་བཞུགས་སོ། །

**答达隆白仲书**

1种，5页。

ཏཱ་ར་ནཱ་ཐ་ཀུན་དགའ་སྙིང་པོ། 多罗那塔・衮噶宁波（1575—1634）撰述。

西藏地区藏传佛教达丹寺院印经院木刻版之刻印本。

普通藏纸，梵夹装中印本（43.6×8.2cm），楷体，墨色，横刊藏文六行，四周双栏，全。

索书号：001029/27。保存基本完好，今藏民族文化宫中国民族图书馆。

༄༅། །སྟོང་ར་ཆོས་རྗེ་ཀུན་དགའ་ལེགས་གྲུབ་པའི་དྲིས་ལན་ཞེས་བྱ་བ་བཞུགས་སོ། །

**答东拉法主衮噶勒珠巴问答**

1种，5页。

ས་སྐྱ་ངག་དབང་ཀུན་དགའ་རིན་ཆེན། 萨迦・阿旺衮噶仁钦（1517　1584）撰述。

西藏地区藏传佛教寺院印经院传抄之缮写本。

普通藏纸，梵夹装中印本（44.8×5.8cm），

楷体，墨色，横书藏文七行，四周双栏，全。

索书号：003214/13。保存基本完好，今藏民族文化宫中国民族图书馆。

༄༅། །སྟོན་པ་བདེ་བར་གཤེགས་པའི་གསུང་གསང་བ་བསམ་གྱིས་མི་ཁྱབ་པ་ལ་བསྔགས་པ་པདྨ་དཀར་པོའི་ཆུན་འཕྱང་མ་ཞེས་བྱ་བ་བཞུགས་སོ། །

**大师善逝不可思议密语赞·白莲花环**

1 种，23 页。

དཔལ་སྤྲུལ་འཇིགས་མེད་ཆོས་ཀྱི་དབང་པོ། 白朱·吉迈曲吉旺波（1808—1887）撰述。

多康地区藏传佛教寺院印经院木刻版之刻印版。

普通藏纸，梵夹装中印本（45.2×4.3cm），楷体，墨色，横刊藏文六行，四周双栏，全。

索书号：005941/7。保存基本完好，今藏民族文化宫中国民族图书馆。

༄༅། །བསྟན་བཅོས་བདུད་རྩི་ཐིགས་པ་ལྷ་བཙན་རྣ་རལ་བ་ལ་གདམས་པ་ཞེས་བྱ་བ་བཞུགས་སོ། །

**甘露滴论·致拉赞纳惹哇之教言**

ཕག་མོ་གྲུ་པ་རྡོ་རྗེ་རྒྱལ་པོ། 帕摩竹巴·多结嘉波（1110—1170）撰述。

西藏地区藏传佛教寺院印经院传抄之缮写本。

普通藏纸，梵夹装中印本（45.3×5.8cm），楷体，墨色，横书藏文七行，四周双栏，全。

索书号：003852/37。保存基本完好，今藏民族文化宫中国民族图书馆。

༄༅། །བསྟན་པའི་རྩ་ལག་དམ་པར་གྱུར་པའི་བླ་སྤྲུལ་ཁག་གི་ཞབས་བརྟན་གསོལ་འདེབས་ཀྱི་རིམ་པ་རྣམས་ཕྱོགས་གཅིག་ཏུ་བསྒྲིགས་པ་ཞེས་བྱ་བ་བཞུགས་སོ། །

**向佛教本支之上师活佛等长久住世启请次第合编**

1 种，24 页。

པཎ་ཆེན་ཨེར་ཏེ་ནི་བློ་བཟང་ཐུབ་བསྟན་ཆོས་ཀྱི་ཉི་མ། 班禅额尔德尼·洛桑图丹曲吉尼玛（1883—1937）撰述。

西藏自治区日喀则地区扎什伦布寺印经院木刻版之刻印本。

普通藏纸，梵夹装中印本（45×6.5cm），楷体，墨色，横刊藏文六行，四周双栏，全。

索书号：003546/35。保存基本完好，今藏民族文化宫中国民族图书馆。

༄༅། །བསྟན་པའི་གསལ་བྱེད་ཁྲི་དྭགས་སྤྲུལ་པའི་སྐུའི་འཁྲུངས་རབས་གསོལ་འདེབས་སྨོན་ཚིག་དང་བཅས་པ་དགེ་ལེགས་འདབ་བརྒྱ་བཞད་པའི་སྨོན་ལམ་ཞེས་བྱ་བ་བཞུགས་སོ། །

**阐明佛教之赤达活佛本生纪启请愿文·福善百叶莲开敷愿**

1 种，5 页。

སྟག་ཕུ་ཞབས་དྲུང་གར་དབང་བློ་བཟང་ཆོས་ཀྱི་དབང་ཕྱུག 达普夏仲·噶旺洛桑曲吉旺秋（18 世纪中叶）撰述。

西藏地区藏传佛教寺院印经院传抄之缮写本。

普通藏纸，梵夹装中印本（45.4×5.2cm），草体，墨色，横书藏文七行，四周双栏，全。

索书号：003835/5。保存基本完好，今藏民族文化宫中国民族图书馆。

༧༧། །བསྟན་པའི་གསལ་བྱེད་ཇོ་བོ་བླ་མ་བསྐལ་བཟང་དགེ་ལེགས་རྒྱལ་མཚན་གྱི་སྐྱེས་རབས་གསོལ་འདེབས་དད་པའི་ཀུན་དུ་བཞད་པའི་ཟླ་ཟེར་ཞེས་བྱ་བ་བཞུགས་སོ། །

**阐明佛教之觉沃喇嘛格桑格勒坚参本生纪启请文·信莲盛开之月光**

1种，3页。

སྟག་ཕུ་ཞབས་དྲུང་གར་དབང་བློ་བཟང་ཆོས་ཀྱི་དབང་ཕྱུག 达普夏仲·噶旺洛桑曲吉旺秋（18世纪中叶）撰述。

西藏地区藏传佛教寺院印经院传抄之缮写本。

普通藏纸，梵夹装中印本（45.4×5.2cm），楷体，墨色，横书藏文七行，四周双栏，全。

索书号：003835/6。保存基本完好，今藏民族文化宫中国民族图书馆。

༧༧། །བསྟན་པའི་གསལ་བྱེད་དམ་པ་འཇམ་དབྱངས་བཞད་པའི་སྤྲུལ་པའི་སྐུ་རིན་པོ་ཆེའི་དྲིས་ལན་ཞེས་བྱ་བ་བཞུགས་སོ། །

**答宏法大师嘉木样协巴问**

1种，6页。

ལྕང་སྐྱ་རོལ་པའི་རྡོ་རྗེ། 章嘉·若贝多结（1717—1786）撰述。

北京地区藏传佛教皇家寺院印经院木刻版之刻印本。

普通纸，梵夹装中印本（46.8×6.1cm），楷体，墨色，横刊藏文五行，四周双栏，全。

索书号：000764/7。保存基本完好，今藏民族文化宫中国民族图书馆。

༧༧། །བསྟན་པའི་གསལ་བྱེད་རྫ་ར་ཚོ་སྤྲུལ་སྐུ་བློ་བཟང་བསྟན་པའི་དངོས་གྲུབ་ཀྱི་འཁྲུངས་རབས་གསོལ་འདེབས་དོན་གཉིས་ལྷུན་གྱིས་གྲུབ་པའི་དགའ་སྟོན་ཅེས་བྱ་བ་བཞུགས་སོ། །

**阐明佛教之杂惹洛活佛洛桑丹贝欧珠本生纪启请文·二利任运成就之喜宴**

སྟག་ཕུ་ཞབས་དྲུང་གར་དབང་བློ་བཟང་ཆོས་ཀྱི་དབང་ཕྱུག 达普夏仲·噶旺洛桑曲吉旺秋（18世纪中叶）撰述。

西藏地区藏传佛教寺院印经院传抄之缮写本。

普通藏纸，梵夹装中印本（45.4×5.2cm），楷体，墨色，横书藏文七行，四周双栏，全。

索书号：003835/7。保存基本完好，今藏民族文化宫中国民族图书馆。

༧༧། །བསྟོད་པ་བརྒྱ་ལྔ་བཅུ་པའི་རྣམ་བཤད་ལམ་བཟང་གསལ་བྱེད་རིན་ཆེན་སྒྲོན་མ་ཞེས་བྱ་བ་བཞུགས་སོ། །

**一百五十赞注释·阐明妙道大宝灯**

1函，1种，219页。

ཡོངས་འཛིན་ཡེ་ཤེས་རྒྱལ་མཚན། 维增·益希坚参（1713—1793）撰述。

西藏自治区拉萨地区布达拉宫印经院木刻版之刻印本。

普通藏纸，梵夹装中印本（48.5×6.4cm），楷体，墨色，横刊藏文六行，四周双栏，全。

索书号：003333/2。保存基本完好，今藏民族文化宫中国民族图书馆。

༧༧། །བསྟོད་དབྱངས་རྒྱ་མཚོ་སྙན་ངག་རིན་པོ་ཆེའི་རྒྱན་རྣམ་པར་བཀྲ་བ་ཞེས་བྱ་བ་བཞུགས་སོ། །

**赞颂海·灿烂诗宝庄严**

1种，46页。

ས་སྐྱ་འཕགས་པ་བློ་གྲོས་རྒྱལ་མཚན། 萨

迦·帕巴洛哲坚参（1235—1280）撰述。

四川省甘孜藏族自治州德格县德格地区德格寺印经院木刻版之刻印本。

普通藏纸，梵夹装中印本（47.7×6.2cm），楷体，墨色，横刊藏文六行，四周双栏，全。

索书号：000358/5。保存基本完好，今藏民族文化宫中国民族图书馆。

༄༅། །བསྟོད་ཚོགས་ཞེས་བྱ་བ་བཞུགས་སོ། །

**赞颂类**

1 种，18 页。

འབྲུག་རྒྱལ་དབང་ཀུན་དགའ་དཔལ་འབྱོར། 周嘉旺·衮噶白觉（1428—1476）撰述。

西藏地区藏传佛教寺院印经院木刻版之刻印本。

普通藏纸，梵夹装中印本（45.1×4.9cm），楷体，墨色，横刊藏文六行，四周双栏，全。

索书号：005790/3。保存基本完好，今藏民族文化宫中国民族图书馆。

༄༅། །བསྟོད་ཚོགས་གསོལ་འདེབས་སྲས་བཅས་རྒྱལ་བ་དགྱེས་པའི་རོལ་མོ་ཡོན་ཏན་རྒྱ་མཚོ་མཐའ་ཡས་པའི་སྤྲིན་ཞེས་བྱ་བ་བཞུགས་སོ། །

**赞颂集启请文·佛菩萨喜悦之音乐无涯功德海之云**

1 种，192 页。

འཇམ་དབྱངས་མཁྱེན་བརྩེ་དབང་པོ། 绛央庆则旺波（1820—1892）撰述。

四川省甘孜藏族自治州德格地区德格寺印经院木刻版之刻印本。

普通藏纸，梵夹装短印本（29.7×4.6cm），楷体，墨色，横刊藏文六行，四周双栏，全。

索书号：006301/5。保存基本完好，今藏民族文化宫中国民族图书馆。

༄༅། །ཐར་རྩེ་རྡོ་རྗེ་འཆང་གི་སྨན་སྐུའི་ནང་ཞུགས་འདོད་གསོལ་ཞེས་བྱ་བ་བཞུགས་སོ། །

**塔孜多结强之香泥像中装藏祈愿文**

1 种，10 页。

ས་སྐྱ་ཀུན་དགའ་བློ་གྲོས། 萨迦·衮噶洛哲（1729—1783）撰述。

西藏地区藏传佛教寺院印经院传抄之缮写本。

普通藏纸，梵夹装中印本（45.2×5.6cm），草体，墨色，横书藏文七行，四周双栏，全。

索书号：003922/58。保存基本完好，今藏民族文化宫中国民族图书馆。

༄༅། །ཐུབ་བསྟན་ལྷ་ཆེན་གྱི་མཁན་ཆེན་རིན་ཆེན་རྒྱལ་མཚན་ལ་གདམས་ཡིག་ཡིད་བདེའི་དཔལ་སྟེར་ཞེས་བྱ་བ་བཞུགས་སོ། །

**致土丹拉钦大堪波仁钦坚参书·适意吉祥施**

1 种，1 页。

ཨ་མེས་ངག་དབང་ཀུན་དགའ་བསོད་ནམས། 阿梅·阿旺衮噶索南（1597—1660）撰述。

四川省甘孜藏族自治州德格县德格地区德格寺印经院木刻版之刻印本。

普通藏纸，梵夹装中印本（45.6×6.3cm），楷体，墨色，横刊藏文六行，四周双栏，全。

索书号：003220/192。保存基本完好，今藏民族文化宫中国民族图书馆。

༄༅། །ཐུབ་བསྟན་ལྷ་ཆེན་གྱི་མཁན་ཆེན་ལ་བསྟོད་པ་རབ་སྙན་ལྷའི་རྔ་སྒྲ་ཞེས་བྱ་བ་བཞུགས་སོ། །

**土丹拉钦寺之堪钦赞·天鼓雅音**

1 种，1 页。

ཨ་མེས་ངག་དབང་ཀུན་དགའ་བསོད་ནམས། 阿梅·阿旺衮噶索南（1597—1660）撰述。

四川省甘孜藏族自治州德格县德格地区德格寺印经院木刻版之刻印本。

普通藏纸，梵夹装中印本（45.6×6.3cm），楷体，墨色，横刊藏文六行，四周双栏，全。

索书号：003210/23。保存基本完好，今藏民族文化宫中国民族图书馆。

**༄༅། །ཐུབ་བསྟན་ལྷ་ཆེན་གྱི་ཆོ་འཕྲུལ་ཟླ་བའི་སྨོན་ལམ་ཆེན་མོའི་སྐབས་སུ་སྨྲས་པའི་ལེགས་བཤད་ཅེས་བྱ་བ་བཞུགས་སོ། །**

**土丹拉钦寺神变节正月大愿法会时宣讲之嘉言**

1种，1页。

ཨ་མེས་ཞབས་ངག་དབང་ཀུན་དགའ་བསོད་ནམས། 阿梅·阿旺衮噶索南（1597—1660）撰述。

四川省甘孜藏族自治州德格县德格地区德格寺印经院木刻版之刻印本。

普通藏纸，梵夹装中印本（45.6×6.3cm），楷体，墨色，横刊藏文六行，四周双栏，全。

索书号：003220/167。保存基本完好，今藏民族文化宫中国民族图书馆。

**༄༅། །ཐུབ་བསྟན་ལྷ་ཆེན་གྱི་མཆོད་རོལ་ལ་བསྔགས་པའི་ཚིགས་བཅད་ཅེས་བྱ་བ་བཞུགས་སོ། །**

**土丹拉钦寺之供乐赞颂**

1种，1页。

ཨ་མེས་ཞབས་ངག་དབང་ཀུན་དགའ་བསོད་ནམས། 阿梅·阿旺衮噶索南（1597—1660）撰述。

四川省甘孜藏族自治州德格县德格地区德格寺印经院木刻版之刻印本。

普通藏纸，梵夹装中印本（45.6×6.3cm），楷体，墨色，横刊藏文六行，四周双栏，全。

索书号：003220/74。保存基本完好，今藏民族文化宫中国民族图书馆。

**༄༅། །ཐུབ་པ་གནས་བརྟན་བཅུ་དྲུག་གི་བསྟོད་པ་ཨུཏྤལ་ཡའི་ཕྲེང་བ་ཞེས་བྱ་བ་བཞུགས་སོ། །**

**释迦佛及十六尊者赞·优钵罗花鬘**

1种，4页。

ཞུ་ཆེན་ཚུལ་ཁྲིམས་རིན་ཆེན། 许钦·慈称仁钦（1697—1774）撰述。

四川省甘孜藏族自治州德格县德格地区德格寺印经院木刻版之刻印本。

普通藏纸，梵夹装中印本（47.4×6.7cm），楷体，墨色，横刊藏文六行，四周双栏，全。

索书号：000419/2。保存基本完好，今藏民族文化宫中国民族图书馆。

**༄༅། །ཐུབ་པའི་དབང་པོ་དང་ཉེ་སྲས་བརྒྱད་ཀྱི་མཚན་བརྒྱའི་བསྟོད་པ་གཟུངས་སྔགས་དང་བཅས་པ་ཞེས་བྱ་བ་བཞུགས་སོ། །**

**释迦牟尼及八大菩萨一百名称赞及陀罗尼咒等**

1种，39页。

ཀོང་སྤྲུལ་ཡོན་ཏན་རྒྱ་མཚོ། 贡朱·云丹嘉措（1813—1890）撰述。

四川省甘孜藏族自治州德格县德格地区德格寺印经院木刻版之刻印本。

普通藏纸，梵夹装中印本（45×5.5cm），楷体，墨色，横刊藏文六行，四周双栏，全。

索书号：004426/19。保存基本完好，今藏民族文化宫中国民族图书馆。

**༄༅། །ཐུབ་པའི་དབང་པོའི་བསྟོད་པ་ཞེས་བྱ་བ་བཞུགས་སོ། །**

**能仁王佛赞**

1种，2页。

འབྲུག་པ་པད་མ་དཀར་པོ། 竹巴·白玛嘎波（1527—1592）撰述。

西藏地区藏传佛教寺院印经院木刻版

之刻印本。

普通藏纸，梵夹装中印本（45.3×6.1cm），楷体，墨色，横刊藏文六行，四周双栏，全。

索书号：003660/3。保存基本完好，今藏民族文化宫中国民族图书馆。

༄༅། །ཐུབ་པའི་དབང་པོའི་བསྟོད་པ་ལེགས་བཤད་སྙིང་པོའི་ས་བཅད་ཅེས་བྱ་བ་བཞུགས་སོ། །

**能仁王佛赞·嘉言藏科判**

1 种，8 页。

ཐེ་ཤྲི་ཐུ་པཎྜི་ཏ་ཚེ་འཕེལ་དབང་ཕྱུག་རྡོ་རྗེ། 比锡图班智达·慈培旺秋多结（1836—？）撰述。

内蒙古地区藏传佛教噶旦彭措林寺印经院木刻版之刻印本。

普通藏纸，梵夹装中印本（48.2×6.2cm），楷体，墨色，横刊藏文六行，四周双栏，全。

索书号：000747/1。保存基本完好，今藏民族文化宫中国民族图书馆。

༄༅། །ཐུབ་པའི་དབང་པོ་ལ་བདུད་བཏུལ་བ་དང་ཆོ་འཕྲུལ་ཆེན་པོ་བསྟན་པ་ལས་བརྩམས་ཏེ་བསྟོད་པ་བདུད་དཔུང་ཟིལ་གནོན་འཇིགས་མེད་རྡོ་རྗེའི་འབྲུག་སྒྲ་ཞེས་བྱ་བ་བཞུགས་སོ། །

**从能仁王佛示现降魔及大神变而赞颂·威镇魔军无畏金刚雷声**

1 种，6 页。

ཞབས་དྲུང་རྗེ་བཙུན་ངག་དབང་ཚེ་རིང་། 夏仲法尊·阿旺慈仁（？—1792）撰述。

蒙古国乌兰巴托地区藏传佛教库伦寺印经院木刻版之刻印本。

普通藏纸，梵夹装中印本（46.8×5.2cm），楷体，墨色，横刊藏文六行，四周双栏，全。

索书号：000749/8。保存基本完好，今藏民族文化宫中国民族图书馆。

༄༅། །ཐུབ་དབང་ཞལ་པད་མ་ཞེས་བྱ་བ་བཞུགས་སོ། །

**能仁莲面篇**

1 种，3 页。

པཎ་ཆེན་ཨེར་དེ་ནི་བློ་བཟང་ཆོས་ཀྱི་རྒྱལ་མཚན། 班禅额尔德尼·洛桑曲吉坚参（1567—1662）撰述。

西藏自治区日喀则地区扎什伦布寺印经院木刻版之刻印本。

普通藏纸，梵夹装中印本（49.4×6.5cm），楷体，墨色，横刊藏文六行，四周双栏，全。

索书号：000785/3。保存基本完好，今藏民族文化宫中国民族图书馆。

༄༅། །ཐུབ་དབང་སངས་རྒྱས་བཅོམ་ལྡན་འདས་ལ་བསྟོད་པ་ངོ་མཚར་ཀ་ལ་པིངྐའི་སྒྲ་དབྱངས་ཞེས་བྱ་བ་བཞུགས་སོ། །

**薄伽梵能仁王佛赞·希有迦陵频伽之音**

1 种，4 页。

ངག་དབང་ཡེ་ཤེས་ཐུབ་བསྟན་རབ་འབྱམས་པ། 阿旺益希图丹饶绛巴（1782—？）撰述。

蒙古国乌兰巴托地区藏传佛教库伦寺印经院木刻版之刻印本。

普通藏纸，梵夹装中印本（49×6.3cm），楷体，墨色，横刊藏文六行，四周双栏，全。

索书号：000884/57。保存基本完好，今藏民族文化宫中国民族图书馆。

༄༅། །མཐོང་གྲོལ་དབུ་ཞྭའི་འབེལ་གཏམ་མདོར་བསྡུས་པ་ཞེས་བྱ་བ་བཞུགས་སོ། །

**见者解脱帽祝词略摄**

1 种，3 页。

འཇུ་མི་ཕམ་འཇམ་དབྱངས་རྣམ་རྒྱལ་རྒྱ་མཚོ། 局米盼·绛央南杰嘉措（1846—1912）撰述。

四川省甘孜藏族自治州德格县德格地区德格寺印经院木刻版之刻印本。

普通藏纸，梵夹装短印本（38.3×5.8cm），楷体，墨色，横刊藏文六行，四周双栏，全。

索书号：000406/31。保存基本完好，今藏民族文化宫中国民族图书馆。

༄༅། །དོན་རྒྱན་སོ་ལྔའི་དཔེར་བརྗོད་པ། ཚངས་སྲས་དགྱེས་པའི་གླུ་དབྱངས་ཞེས་བྱ་བ་བཞུགས་སོ། །

**三十五类意义修饰举例·梵天子悦意之歌音**

1种，17页。

ཛ་ཡ་པཎྜི་ཏ་བློ་བཟང་འཕྲིན་ལས། 扎雅班智达·洛桑成勒（1642—1715）撰述。

北京地区藏传佛教皇家寺院印经院木刻版之刻印本。

普通纸，梵夹装中印本（46.8×5.9cm），楷体，墨色，横刊藏文六行，四周双栏，全。

索书号：003784/14。保存基本完好，今藏民族文化宫中国民族图书馆。

༄༅། །དོན་རྒྱན་སོ་ལྔའི་དཔེར་བརྗོད་དབྱོད་ལྡན་ཡིད་ཀྱི་དགའ་སྟོན་ཞེས་བྱ་བ་བཞུགས་སོ། །

**三十五种修词举例·智者意悦喜宴**

1种，27页。

གིཏྟི་བློ་བཟང་འཕྲིན་ལས། 格迪·洛桑成勒（1849—1905）撰述。

甘肃省甘南藏族自治州碌曲县郎木地区郎木寺印经院木刻版之刻印本。

普通藏纸，梵夹装中印本（44.8×6.1cm），楷体，墨色，横刊藏文六行，四周双栏，全。

索书号：001085/23。保存基本完好，今藏民族文化宫中国民族图书馆。

༄༅། །འདི་ནི་སྙན་དངགས་རྒྱ་མཚོ་ཀུ་མུད་ལྡན་ཞེས་བྱ་བ་བཞུགས་སོ། །

**诗词海·君陀罗**

1种，4页。

གཡག་སྡེ་པཎ་ཆེན་བརྩོན་འགྲུས་དར་རྒྱས། 雅迪班钦·宗哲达杰（1299—1378）撰述。

西藏地区藏传佛教寺院印经院传抄之缮写本。

普通藏纸，梵夹装中印本（44.5×4.9cm），楷体，墨色，横书藏文七行，四周双栏，全。

索书号：003803/7。保存基本完好，今藏民族文化宫中国民族图书馆。

༄༅། །སྟག་ས་ངག་དབང་གྲགས་པའི་སྙན་དངགས་ཀྱི་བསྟན་བཅོས་མི་དམན་པའི་ཞུ་ལན་ཞེས་བྱ་བ་བཞུགས་སོ། །

**达波·阿旺札巴之修词学论·答下人问**

1种，31页。

སྟག་ས་པོ་མཁན་ཆེན་ངག་དབང་གྲགས་པ། 达波堪钦·阿旺札巴（1450—？）撰述。

西藏地区藏传佛教寺院印经院木刻版之刻印本。

普通藏纸，梵夹装中印本（43.1×4.9cm），楷体，墨色，横刊藏文六行，四周双栏，全。

索书号：004433/11。保存基本完好，今藏民族文化宫中国民族图书馆。

༄༅། །ཞེབ་སྦྱོར་དང་དཎྜིའི་གཞུང་ལས་ལེའུ་གཉིས་པའི་དཔེར་བརྗོད་དང་གསུམ་པའི་ཀུན་བཟང་འཁོར་ལོ་འཚོ་བྱེད་སྨན་གྱི་བཤད་པ་དབྱངས་འཆར་ཤུང་བསྟན་གསལ་བའི་སྒྲོན་མེ་ཞེས་བྱ་བ་བཞུགས་སོ། །

**诗律拼合与旦志论第二品中譬喻修饰、第三品普贤轮养生药解说·显音记别明灯**

1种，45页。

རྒྱལ་སྲས་སྐལ་བཟང་ཐུབ་བསྟན། 嘉赛·格桑图丹亦称雍增诺门汗（1743—1810）撰述。

西藏自治区拉萨市达孜地区噶旦寺（噶旦南巴嘉威林）印经院木刻版之刻印本。

普通藏纸，梵夹装中印本（47×7cm），楷体，墨色，横刊藏文六行，四周双栏，全。

索书号：000812/7。保存基本完好，今藏民族文化宫中国民族图书馆。

༄༅། །གནས་ལྔ་རིག་པའི་པཎྜི་ཏ་ཆེན་པོ་སྐྱབས་རྗེ་དཔལ་རི་བ་བློ་གྲོས་རབ་གསལ་མཆོག་གི་ཞལ་སྔ་ནས་སྙན་ངག་གི་བསྟན་བཅོས་མེ་ལོང་མའི་སྙིང་ནས་བཀའ་ཁྲིད་ནོད་སྐབས་ལེའུ་བར་པའི་དཀའ་གནད་བརྗེད་བྱང་དུ་བཀོད་པ་ཞེས་བྱ་བ་བཞུགས་སོ། །

**五明处大班智达怙主巴日哇·洛哲饶萨所著诗镜论中接受教导中篇之难义要点备忘录**

1 种，23 页。

ཏཱ་ལའི་བླ་མ་ཐུབ་བསྟན་རྒྱ་མཚོ། 达赖喇嘛·图丹嘉措（1876—1933）撰述。

西藏自治区拉萨地区孜雪印经院木刻版之刻印本。

普通藏纸，梵夹装中印本（49.5×7.3cm），楷体，墨色，横刊藏文六行，四周双栏，全。

索书号：000724/2。保存基本完好，今藏民族文化宫中国民族图书馆。

༄༅། །དཔེ་རྒྱན་གྱི་སྒོ་ནས་བླ་མ་ལ་བསྟོད་པ་ཡོན་ཏན་རྒྱ་མཚོར་གཞོལ་བའི་དད་པའི་ཆུ་བོ་ཞེས་བྱ་བ་བཞུགས་སོ། །

**依譬喻修辞法作上师赞·功德海中流出之信泉**

1 种，4 页。

ཨ་ལག་ཤ་བསྟན་དར་ལྷ་རམས་པ། 阿拉夏·丹达拉然巴（1759—?）撰述。

青海省湟中县鲁沙尔地区塔尔寺（固奔乾巴林）印经院木刻版之刻印本。

普通藏纸，梵夹装中印本（48.5×6.7cm），楷体，墨色，横刊藏文六行，四周双栏，全。

索书号：001208/9。保存基本完好，今藏民族文化宫中国民族图书馆。

༄༅། །ཕུལ་བྱུང་སྙན་ཚིག་སྤེལ་ལེགས་དང་། གསུང་མགུར་རྣམས་ཞེས་བྱ་བ་བཞུགས་སོ། །

**卓越词章书翰与道情歌等**

1 种，58 页。

ཇོ་ནང་པ་ཀུན་དགའ་གྲོལ་མཆོག 觉 囊 巴·衮噶卓却（1507—1575）撰述。

西藏地区藏传佛教寺院印经院木刻版之刻印本。

普通藏纸，梵夹装中印本（46.5×5.3cm），楷体，墨色，横刊藏文六行，四周双栏，全。

索书号：005060/18。保存基本完好，今藏民族文化宫中国民族图书馆。

༄༅། །ཕྱག་མཛོད་མཁན་སྤྲུལ་ལ་བསྩལ་བ་གཙུག་ནོར་འདྲེན་པའི་ཤིང་རྟ་ཞེས་བྱ་བ་བཞུགས་སོ། །

**致恰佐堪波活佛书·引顶宝之车**

1 种，3 页。

པཎ་ཆེན་ཨེར་ཏེ་ནི་བློ་བཟང་ཐུབ་བསྟན་ཆོས་ཀྱི་ཉི་མ། 班禅额尔德尼·洛桑图丹曲吉尼玛（1883—1937）撰述。

西藏自治区日喀则地区扎什伦布寺印经院木刻版之刻印本。

普通藏纸，梵夹装中印本（45×6.5cm），楷体，墨色，横刊藏文六行，四周双栏，全。

索书号：003548/25。保存基本完好，今藏民族文化宫中国民族图书馆。

༄༅། །འཕགས་པ་ལྷ་ཡིས་དྲིས་ལན་ངང་པའི་རྒྱལ་པོ་སྟོབས་བཅུ་པ་ཞེས་བྱ་བ་བཞུགས་སོ། །

**答拉巴问·鹅王十力**

1 种，23 页。

དྭགས་པོ་མཁན་ཆེན་ངག་དབང་གྲགས་པ། 达波堪钦·阿旺札巴（1450—？）撰述。

西藏地区藏传佛教寺院印经院木刻版之刻印本。

普通藏纸，梵夹装中印本（43.1×4.9cm），楷体，墨色，横刊藏文六行，四周双栏，全。

索书号：004433/8。保存基本完好，今藏民族文化宫中国民族图书馆。

༧༧༡། །འཕགས་ཡུལ་མཁས་པའི་དབང་པོ་དཎྜིའི་དགོངས་བཞེད་སྙན་ངག་མེ་ལོང་གི་དཔེར་བརྗོད་དྲི་ཟའི་བུ་མོའི་གླུ་དབྱངས་ཞེས་བྱ་བ་བཞུགས་སོ། །

**印度善巧王阿阇黎达里扎所乐许之诗镜论著中举例解说·乾达婆女之歌声**

ཨ་མཆོག་འཇམ་དབྱངས་མཁྱེན་རབ་རྒྱ་མཚོ། 阿却·绛央庆饶嘉措（1849—1944）撰述。

四川省阿坝地区藏传佛教玛威桑格寺印经院木刻版之刻印本。

普通藏纸，梵夹装中印本（44.9×6.2cm），楷体，墨色，横刊藏文六行，四周双栏，全。

索书号：000887/41。保存基本完好，今藏民族文化宫中国民族图书馆。

༧༧༢། །བོ་དོང་མཁན་པོ་ཆོས་རྒྱལ་བའི་དྲིས་ལན་ཞེས་བྱ་བ་བཞུགས་སོ། །

**答博当堪波曲杰哇问**

1种，2页。

རེད་མདའ་བ་གཞོན་ནུ་བློ་གྲོས། 热达哇·雄努洛哲（1349—1412）撰述。

西藏地区藏传佛教寺院印经院传抄之缮写本。

普通藏纸，梵夹装中印本（44×4.3cm），草体，墨色，横书藏文七行，四周双栏，全。

索书号：006117/35。保存基本完好，今藏民族文化宫中国民族图书馆。

༧༧༣། །བྱ་དཀའ་བཞི་སྦྱེབས་སྙན་ངག་མཛེས་རྒྱན་གྱི་བསླབ་བྱ་ཞེས་བྱ་བ་བཞུགས་སོ། །

**四种难作体修饰法·诗学美妙庄严**

1种，4页。

ཁལ་ཁ་མཁན་པོ་ངག་དབང་བློ་བཟང་མཁས་གྲུབ། 喀尔喀堪波·阿旺洛桑凯珠（1779—1838）撰。

西藏地区藏传佛教寺院印经院木刻版之刻印本。

普通藏纸，梵夹装中印本（52.5×7.2cm），楷体，墨色，横刊藏文六行，四周双栏，全。

索书号：001238/12。保存基本完好，今藏民族文化宫中国民族图书馆。

༧༧༤། །བྱ་དཀའི་རྒྱན་གྱིས་སྤྲས་པའི་ཚིགས་བཅད་འདི། བྱ་ལོར་ཉི་མ་འཕྲུལ་ཐབས་ཙམ་དུ་བྲིས་ཞེས་བྱ་བ་བཞུགས་སོ། །

**于酉年悠忽度日当中略撰用难作体修饰法所作颂文**

1种，2页。

ཆེ་ཤོས་ངག་དབང་བཤད་སྒྲུབ་བསྟན་པའི་ཉི་མ། 却西·阿旺协珠丹贝尼玛（1787—1860）撰述、。

青海省湟中县鲁沙尔地区塔尔寺（固奔乾巴林）印经院木刻版之刻印本。

普通藏纸，梵夹装中印本（45×7cm），楷体，墨色，横刊藏文六行，四周双栏，全。

索书号：003783/40。保存基本完好，今藏民族文化宫中国民族图书馆。

༄༅། །དབྱངས་ཅན་ཞལ་ལུང་སྙན་དངགས་ལེའུ་གསུམ་གྱི་དཔེར་བརྗོད་བཻཌཱུརྻ་དཀར་པོའི་ཕྲེང་བ་ཞེས་བྱ་བ་བཞུགས་སོ། །

**妙音口传诗品第三章之举例·白琉璃鬘**

1 种，40 页。

ཏཱ་ལའི་བླ་མ་ཐུབ་བསྟན་རྒྱ་མཚོ། 达赖喇嘛·图丹嘉措（1876—1933）撰述。

西藏自治区拉萨地区布达拉宫印经院木刻版之刻印本。

普通藏纸，梵夹装中印本（49.5×7.3cm），楷体，墨色，横刊藏文六行，四周双栏，全。

索书号：000724/1。保存基本完好，今藏民族文化宫中国民族图书馆。

༄༅། །འབམ་བྱ་དགོན་གྱི་གྲྭ་རིགས་ཚུལ་ཁྲིམས་བསྟན་འཛིན་ནས་སྔ་ཕྱི་ཅི་རིགས་པར་དྲི་བ་ཞུས་པའི་དྲིས་ལན་རྣམས་ཕྱོགས་གཅིག་ཏུ་བཀོད་པ་ཞེས་བྱ་བ་བཞུགས་སོ། །

**班布寺僧众及持律诸师前后所问教义诸位答复书合编**

1 种，153 页。

རོང་ཐ་བློ་བཟང་དམ་ཆོས་རྒྱ་མཚོ། 荣塔·洛桑丹曲嘉措（1805—1900）撰述。

多康地区藏传佛教惹聂特钦林寺印经院木刻版之刻印本。

普通藏纸，梵夹装中印本（46.5×5.6cm），楷体，墨色，横刊藏文六行，四周双栏，全。

索书号：004526/14。保存基本完好，今藏民族文化宫中国民族图书馆。

༄༅། །མི་དབང་བསོད་ནམས་སྟོབས་རྒྱས་ལ་ཞལ་གདམས་སུ་གནང་བ་ཞེས་བྱ་བ་བཞུགས་སོ། །

**致颇罗鼐索南多结之教诫**

1 种，5 页。

ཕུར་ལྕོག་ངག་དབང་བྱམས་པ། 普觉·阿旺强巴（1682—1762）撰述。

西藏自治区拉萨地区孜雪印经院木刻版之刻印本。

普通藏纸，梵夹装中印本（49.6×6cm），楷体，墨色，横刊藏文六行，四周双栏，全。

索书号：004841/8。保存基本完好，今藏民族文化宫中国民族图书馆。

༄༅། །མིའི་དབང་པོ་མགོན་པོ་རྒྱལ་མཚན་གྱི་དྲིས་ལན་རྒྱལ་སྲས་བཞད་པའི་མེ་ཏོག་ཅེས་བྱ་བ་བཞུགས་སོ། །

**人主贡波坚参问答书·佛子悦意之花**

1 种，7 页。

གློ་བོ་མཁན་ཆེན་བསོད་ནམས་ལྷུན་གྲུབ། 珞沃堪钦·索南伦珠（1441—1525）撰述。

四川省甘孜藏族自治州德格县德格地区德格寺印经院木刻版之刻印本。

普通藏纸，梵夹装中印本（47.1×6.1cm），楷体，墨色，横刊藏文六行，四周双栏，全。

索书号：003838/18。保存基本完好，今藏民族文化宫中国民族图书馆。

༄༅། །མིའི་དབང་པོ་མགོན་པོ་རྒྱལ་མཚན་གྱི་དྲིས་ལན་སྔོན་རབས་གསལ་བའི་མེ་ལོང་ཞེས་བྱ་བ་བཞུགས་སོ། །

**人主贡波坚参问答书·往世明镜**

1 种，5 页。

གློ་བོ་མཁན་ཆེན་བསོད་ནམས་ལྷུན་གྲུབ། 珞沃堪钦·索南伦珠（1441—1525）撰述。

四川省甘孜藏族自治州德格县德格地区德格寺印经院木刻版之刻印本。

普通藏纸，梵夹装中印本（47.1×6.1cm），楷体，墨色，横刊藏文六行，四周双栏，全。

索书号：003838/20。保存基本完好，今藏民族文化宫中国民族图书馆。

༄༅། །མིའི་དབང་པོ་མགོན་པོ་རྒྱལ་མཚན་གྱི་དྲིས་ལན་པདྨའི་སྙིང་པོ་ཞེས་བྱ་བ་བཞུགས་སོ། །

**人主贡波坚参问答书 · 莲花藏**

1 种，4 页。

ཀློ་བོ་མཁན་ཆེན་བསོད་ནམས་ལྷུན་གྲུབ། 珞沃堪钦 · 索南伦珠（1441—1525）撰述。

四川省甘孜藏族自治州德格县德格地区德格寺印经院木刻版之刻印本。

普通藏纸，梵夹装中印本（47.1×6.1cm），楷体，墨色，横刊藏文六行，四周双栏，全。

索书号：003838/16。保存基本完好，今藏民族文化宫中国民族图书馆。

༄༅། །མེ་སྦྲུལ་ཟླ་ཚེས་ཉིན་བཟང་ལ་རིན་པོ་ཆེར་བསྩལ་བའི་ཆབ་ཤོག་རྣམ་གསུམ་བྱམས་པའི་ཆུ་རྒྱུན་ཞེས་བྱ་བ་བཞུགས་སོ། །

**丁巳年吉月吉日赐乾巴活佛书三种 · 慈氏水流**

1 种，5 页。

པཎ་ཆེན་ཨེར་ཏེ་ནི་བློ་བཟང་ཐུབ་བསྟན་ཆོས་ཀྱི་ཉི་མ། 班禅额尔德尼 · 洛桑图丹曲吉尼玛（1883—1937）撰述。

西藏自治区日喀则地区扎什伦布寺印经院木刻版之刻印本。

普通藏纸，梵夹装中印本（45×6.5cm），楷体，墨色，横刊藏文六行，四周双栏，全。

索书号：003548/15。保存基本完好，今藏民族文化宫中国民族图书馆。

༄༅། །མེ་སྦྲུལ་ལོར་གདན་ས་བཀྲ་ཤིས་རབ་བརྟན་ནས་ངག་དབང་བཀྲ་ཤིས་རྟེན་བཞུགས་ཞུལ་བར་བཏང་སྐབས་རྒྱལ་དབང་ཐམས་ཅད་མཁྱེན་པ་ཆེན་པོར་ཕུལ་བའི་ཞུ་ཡིག་སྐལ་བཟང་ཕན་བདེའི་སྒོ་འབྱེད་ཅེས་བྱ་བ་བཞུགས་སོ། །

**丁巳年扎喜饶丹寺阿旺扎喜装藏时呈佛王一切智大师书 · 开具缘利乐门**

1 种，14 页。

རྟ་ཚག་རྗེ་དྲུང་ངག་དབང་དཀོན་མཆོག་ཉི་མ། 达扎济咙 · 阿旺恭却尼玛（1653—1707）撰述。

西藏地区藏传佛教寺院印经院传抄之缮写本。

普通藏纸，梵夹装中印本（46.1×5.3cm），草体，墨色，横书藏文七行，四周双栏，全。

索书号：003921/3。保存基本完好，今藏民族文化宫中国民族图书馆。

༄༅། །སྨོན་ལམ་རྒྱལ་མཚན་གྱི་དྲིས་ལན་ཞེས་བྱ་བ་བཞུགས་སོ། །

**答孟兰坚参问**

1 种，4 页。

བུ་སྟོན་ཐུགས་སྲས་སྒྲ་ཚད་པ། 布敦弟子 · 扎蔡巴（1318—1388）撰述。

西藏地区藏传佛教寺院印经院木刻版之刻印本。

普通藏纸，梵夹装中印本（49.7×7cm），楷体，墨色，横刊藏文六行，四周双栏，全。

索书号：003092/13。保存基本完好，今藏民族文化宫中国民族图书馆。

༄༅། །ཚངས་པའི་བུ་མོ་དབྱངས་ཅན་མ་ལ་བསྟོད་པ་རྒྱན་གྱི་ཕྲེང་བ་ཞེས་བྱ་བ་བཞུགས་སོ། །

**大梵天女妙音佛母赞 · 庄严鬘**

1 种，3 页。

ཨ་མེས་ཞབས་ངག་དབང་ཀུན་དགའ་བསོད་ནམས། 阿梅·阿旺衮噶索南（1597—1660）撰述。

四川省甘孜藏族自治州德格县德格地区德格寺印经院木刻版之刻印本。

普通藏纸，梵夹装中印本（45.6×6.3cm），楷体，墨色，横刊藏文六行，四周双栏，全。

索书号：003220/71。保存基本完好，今藏民族文化宫中国民族图书馆。

༧༢། །ཚངས་སྲས་ལྷ་མོར་སྔན་ཚིག་གི་བསྟོད་པ་དབྱངས་ཅན་དགྱེས་བྱེད་པང་འགྲོའི་རྒྱུད་མངས་ཞེས་བྱ་བ་བཞུགས་སོ། །

**梵子天母赞美诗篇·妙音悦意之琵琶**

1种，5页。

པཎ་ཆེན་ཨེར་དེ་ནི་བློ་བཟང་ཐུབ་བསྟན་ཆོས་ཀྱི་ཉི་མ། 班禅额尔德尼·洛桑图丹曲吉尼玛（1883—1937）撰述。

西藏自治区日喀则地区扎什伦布寺印经院木刻版之刻印本。

普通藏纸，梵夹装中印本（45×6.5cm），楷体，墨色，横刊藏文六行，四周双栏，全。

索书号：003548/4。保存基本完好，今藏民族文化宫中国民族图书馆。

༧༢། །ཚིག་གི་གཏེར་ཞེས་བྱ་བའི་བསྟན་བཅོས་བཞུགས་སོ། །

**语词库论**

1种，33页。

ས་སྐྱ་ཀུན་དགའ་རྒྱལ་མཚན། 萨迦·衮噶坚参（1182—1251）撰述。

四川省甘孜藏族自治州德格县德格地区德格印经院木刻版之刻印本。

普通藏纸，梵夹装中印本（47.7×6.2cm），楷体，墨色，横刊藏文六行，四周双栏，全。

索书号：000353/7。保存基本完好，今藏民族文化宫中国民族图书馆。

༧༢། །ཚིག་སྦྱོར་ཕུན་སུམ་ཚོགས་པའི་སྙན་ངག་གི་ལམ་ནས་དྲངས་པའི་བློ་སྦྱོང་ཞེས་བྱ་བ་བཞུགས་སོ། །

**由措词美满之诗路而引出之修心法**

1种，4页。

ཙོང་ཁ་པ་བློ་བཟང་གྲགས་པ། 宗喀巴·洛桑札巴（1357—1419）撰述。

甘肃省甘南藏族自治州夏河县拉卜楞地区拉卜楞寺（拉章扎喜齐）印经院木刻版之刻印本。

普通藏纸，梵夹装中印本（47.4×6.8cm），楷体，墨色，横刊藏文六行，四周双栏，全。

索书号：000373/6。保存基本完好，今藏民族文化宫中国民族图书馆。

༧༢། །ཞ་ལུ་ལོ་ཙཱ་བ་ལ་དྲི་བ་མཛད་པ་ཞེས་བྱ་བ་བཞུགས་སོ། །

**夏鲁译师前启问书**

1种，4页。

གློ་བོ་མཁན་ཆེན་བསོད་ནམས་ལྷུན་གྲུབ། 珞沃堪钦·索南伦珠（1441—1525）撰述。

四川省甘孜藏族自治州德格县德格地区德格寺印经院木刻版之刻印本。

普通藏纸，梵夹装中印本（47.1×6.1cm），楷体，墨色，横刊藏文六行，四周双栏，全。

索书号：003838/22。保存基本完好，今藏民族文化宫中国民族图书馆。

༄༅། །ཞྭ་སེར་ཅོད་པན་འཛིན་པའི་པཎྜི་ཏ་དཀོན་མཆོག་འཇིགས་མེད་དབང་པོའམ་འཇམ་དབྱངས་ལེགས་བཤད་འཕྲེང་བའི་བློ་གྲོས་ཀྱི་པདྨོ་ལས་བྱུང་བའི་འཕྲིན་ཡིག་སྙན་ངག་གི་རིམ་པ་བུང་བ་མྱོས་པའི་དབྱངས་ཞེས་བྱ་བ་བཞུགས་སོ། །

**主持黄帽派之班智达恭却吉迈旺波或文殊嘉言鬘智莲中所出之书信诗词次第·醉蜂之歌**

1 种，59 页。

འཇམ་དབྱངས་བཞད་པ་དཀོན་མཆོག་འཇིགས་མེད་དབང་པོ། 嘉木样协巴·恭却吉迈旺波（1728—1791）撰述。

甘肃省甘南藏族自治州夏河县拉卜楞地区拉卜楞寺（拉章扎喜齐）印经院木刻版之刻印本。

普通藏纸，梵夹装中印本（48.4×7.4cm），楷体，墨色，横刊藏文六行，四周双栏，全。

索书号：000877/1。保存基本完好，今藏民族文化宫中国民族图书馆。

༄༅། །ཞྭ་སེར་བསྟན་པའི་སྲོག་ཤིང་དམ་པ་གེ་རྡེ་མཆོག་སྤྲུལ་རིན་པོ་ཆེ་ནས་དུས་འཁོར་གྱི་སྐོར་ལས་བརྩམས་ཏེ་དྲི་བ་འགའ་ཞིག་གནང་བའི་ལན་སོགས་དྲིས་ལན་འགའ་ཞིག་ཅེས་བྱ་བ་བཞུགས་སོ། །

**答黄帽教派之栋梁大德格迪活佛有关时轮法类部分提问等部分问答**

1 种，17 页。

སྒོ་མང་བློ་བཟང་ཚུལ་ཁྲིམས་རྒྱ་མཚོ། 郭芒·洛桑慈称嘉措（1841—1907）撰述。

甘肃省甘南藏族自治州夏河县拉卜楞地区拉卜楞寺（拉章扎喜齐）印经院木刻版之刻印本。

普通藏纸，梵夹装中印本（47×6.2cm），楷体，墨色，横刊藏文六行，四周双栏，全。

索书号：001234/9。保存基本完好，今藏民族文化宫中国民族图书馆。

༄༅། །ཞིང་ཁྱད་པར་འཕགས་པའི་སྐྱབས་ཡུལ་ཀུན་འདུས་ཉིད་རྣམས་ལ་ཕུལ་བའི་བསྐུར་ཡིག་སྙན་དངགས་བསྟོད་དཀར་པོའི་ཕྲེང་བ་ཞེས་བྱ་བ་བཞུགས་སོ། །

**献与殊胜境总摄皈依处诸大德之诗章赞文·白莲花鬘**

1 种，49 页。

ཞུ་ཆེན་ཚུལ་ཁྲིམས་རིན་ཆེན། 许钦·慈称仁钦（1697—1774）撰述。

四川省甘孜藏族自治州德格县德格地区德格寺印经院木刻版之刻印本。

普通藏纸，梵夹装中印本（47.4×6.7cm），楷体，墨色，横刊藏文六行，四周双栏，全。

索书号：000419/13。保存基本完好，今藏民族文化宫中国民族图书馆。

༄༅། །ཞུ་འཕྲིན་གྱི་རིམ་པ་ཕྱོགས་གཅིག་ཏུ་བསྒྲིགས་པ་སྐྱེ་བ་ལྷ་བའི་སྒྲ་དབྱངས་ཞེས་བྱ་བ་བཞུགས་སོ། །

**书函次第合编·右旋白螺音**

1 种，49 页。

དཀྱིལ་ཟུར་དཀའ་ཆེན་བློ་བཟང་སྦྱིན་པ། 纪苏·嘎钦洛桑金巴（1821—？）撰述。

四川省甘孜藏族自治州德格县德格地区德格寺印经院木刻版之刻印本。

普通藏纸，梵夹装中印本（51.8×7.1cm），楷体，墨色，横刊藏文六行，四周双栏，全。

索书号：000679/6。保存基本完好，今藏民族文化宫中国民族图书馆。

༄༅། །ཞུ་འཕྲིན་གྱི་རིམ་པ་ཕྱོགས་གཅིག་ཏུ་བསྡེབས་པ་ཁ་བའི་དུས་ཀྱི་མེ་ཏོག་ཅེས་བྱ་བ་བཞུགས་སོ། །

**书函次第合编·雪期鲜花**

1 种，17 页。

དངུལ་ཆུ་དྷརྨ་བྷ་དྲ། 欧曲·达摩巴扎（亦称欧曲喇嘛·曲桑洛桑次仁，1772—1851）撰述。

西藏地区藏传佛教寺院印经院木刻版之刻印本。

普通藏纸，梵夹装中印本（49.8×6cm），楷体，墨色，横刊藏文六行，四周双栏，全。

索书号：001046/10。保存基本完好，今藏民族文化宫中国民族图书馆。

༄༅། །ཞུ་འཕྲིན་གྱི་རིམ་པ་ཕྱོགས་གཅིག་ཏུ་བསྒྲིགས་པ་ཞེས་བྱ་བ་བཞུགས་སོ། །

**书函次第合编**

1 种，47 页。

དཀྲིལ་ཟུར་དཀའ་ཆེན་བློ་བཟང་སྦྱིན་པ། 纪苏·嘎钦洛桑金巴（1821—？）撰述。

四川省甘孜藏族自治州德格县德格地区德格寺印经院木刻版之刻印本。

普通藏纸，梵夹装中印本（51.8×7.1cm），楷体，墨色，横刊藏文六行，四周双栏，全。

索书号：000678/13。保存基本完好，今藏民族文化宫中国民族图书馆。

༄༅། །ཞུ་འཕྲིན་ཆབ་ཤོག་གི་སྐོར་རྣམས་ཞེས་བྱ་བ་བཞུགས་སོ། །

**书信公文汇编**

1 种，34 页。

ཞྭ་དམར་དཀོན་མཆོག་ཡན་ལག། 夏玛·恭却延拉（1525—1583）撰述。

西藏地区藏传佛教寺院印经院传抄之缮写本。

普通藏纸，梵夹装中印本（45×5.3cm），草体，墨色，横书藏文七行，四周双栏，全。

索书号：003273/9。保存基本完好，今藏民族文化宫中国民族图书馆。

༄༅། །ཞུས་ལན་ཡིད་བཞིན་ནོར་བུ་ཞེས་བྱ་བ་བཞུགས་སོ། །

**问答·如意宝**

1 种，3 页。

ཕག་མོ་གྲུ་པ་རྡོ་རྗེ་རྒྱལ་པོ། 帕摩竹巴·多结嘉波（1110—1170）撰述。

西藏地区藏传佛教寺院印经院传抄之缮写本。

普通藏纸，梵夹装中印本（45.3×5.8cm），草体，墨色，横书藏文七行，四周双栏，全。

索书号：003852/19。保存基本完好，今藏民族文化宫中国民族图书馆。

༄༅། །བཟོད་པ་ཀུ་ཕྲིའི་དྲིས་ལན་ཞེས་བྱ་བ་བཞུགས་སོ། །

**答索巴国师问**

1 种，7 页。

ལྕང་སྐྱ་རོལ་པའི་རྡོ་རྗེ། 章嘉·若贝多结（亦称益希丹贝准美，1717—1786）撰述。

北京地区藏传佛教皇家寺院印经院木刻版之刻印本。

普通纸，梵夹装中印本（46.8×6.1cm），楷体，墨色，横刊藏文五行，四周双栏，全。

索书号：000764/10。保存基本完好，今藏民族文化宫中国民族图书馆。

༄༅། །ཡིག་བསྐུར་གྱི་རྣམ་བཞག་མདོ་ཙམ་བརྗོད་པ་མེ་ཏོག་ནོར་བུའི་ཕྲེང་བ་ཞེས་བྱ་བ་བཞུགས་སོ། །

**信札略释·花摩尼鬘**

1 种，6 页。

འཇུ་མི་ཕམ་འཇམ་དབྱངས་རྣམ་རྒྱལ་རྒྱ་མཚོ། 局米盼·绛央南杰嘉措（1846—1912）撰述。

四川省甘孜藏族自治州德格县德格地区德格寺印经院木刻版之刻印本。

普通藏纸，梵夹装短印本（38.3×5.8cm），楷体，墨色，横刊藏文六行，四周双栏，全。

索书号：000397/6。保存基本完好，

今藏民族文化宫中国民族图书馆。

༄༅། །ཡིག་བསྐུར་རྣམ་བཞག་ཅེས་བྱ་བ་བཞུགས་སོ། །

**书牍轨范**

1 种，12 页。

ཨ་ལག་ཤ་ངག་དབང་བསྟན་དར་ལྷ་རམས་པ། 阿拉夏・阿旺达丹拉然巴（1759—？）撰述。

青海省湟中县鲁沙尔地区塔尔寺（固奔乾巴林）印经院木刻版之刻印本。

普通藏纸，梵夹装中印本（48.5×6.7cm），楷体，墨色，横刊藏文六行，四周双栏，全。

索书号：001208/15。保存基本完好，今藏民族文化宫中国民族图书馆。

༄༅། །ཡིག་བསྐུར་རྣམ་བཞག་ཉུང་ངུ་རྣམ་གསལ་ཞེས་བྱ་བ་བཞུགས་སོ། །

**尺牍简明篇**

1 种，12 页。

དཔལ་མང་པཎྜི་ཏ་དཀོན་མཆོག་རྒྱལ་མཚན། 白芒班智达・恭却坚参（1764—1853）撰述。

甘肃省甘南地区藏传佛教噶旦曲科林寺印经院木刻版之刻印本。

普通藏纸，梵夹装中印本（48×6.5cm），楷体，墨色，横刊藏文六行，四周双栏，全。

索书号：000822/7。保存基本完好，今藏民族文化宫中国民族图书馆。

༄༅། །ཡིག་བསྐུར་རྣམ་བཞག་མདོར་བསྡུས་ཞེས་བྱ་བ་བཞུགས་སོ། །

**书牍轨范略篇**

1 种，8 页。

དངུལ་ཆུ་དྷརྨ་བྷ་དྲ། 欧曲・达摩巴扎（亦称欧曲喇嘛・曲桑洛桑次仁，1772—1851）撰述。

西藏地区藏传佛教寺院印经院木刻版之刻印本。

普通藏纸，梵夹装中印本（49.8×6cm），楷体，墨色，横刊藏文六行，四周双栏，全。

索书号：001046/9。保存基本完好，今藏民族文化宫中国民族图书馆。

༄༅། །ཡིག་བསྐུར་སོགས་ཀྱི་རྣམ་བཞག་བློ་གསར་དགའ་སྟོན་སྒོ་འབྱེད་ཅེས་བྱ་བ་བཞུགས་སོ། །

**书札类・开智者庆宴之门**

1 种，70 页。

སུམ་པ་པཎྜི་ཏ་ཡེ་ཤེས་དཔལ་འབྱོར། 松巴班智达・益希白觉（1704—1788）撰述。

内蒙古自治区呼和浩特地区藏传佛教曲果赛波寺印经院木刻版之刻印本。

普通藏纸，梵夹装中印本（51.9×7.8cm），楷体，墨色，横刊藏文七行，四周双栏，全。

索书号：001040/13。保存基本完好，今藏民族文化宫中国民族图书馆。

༄༅། །རང་བསྟོད་ཆེན་པོ་ང་རྒྱལ་གྱི་ཚིགས་སུ་བཅད་པ་ཞེས་བྱ་བ་བཞུགས་སོ། །

**自赞我慢颂文**

1 种，1 页。

གཡག་སྡེ་པཎ་ཆེན་བརྩོན་འགྲུས་དར་རྒྱས། 雅迪班钦・宗哲达杰（1289—1378）撰述。

西藏地区藏传佛教寺院印经院传抄之缮写本。

普通藏纸，梵夹装中印本（44.5×4.9cm），楷体，墨色，横书藏文七行，四周双栏，全。

索书号：003803/6。保存基本完好，今藏民族文化宫中国民族图书馆。

༄༅། །རང་དང་ཉེ་གནས་གྲྭ་པ་རྣམས་ལ་ཉི་ཐྲང་དུ་སྨྲས་པའི་གདམས་པ་ཞེས་བྱ་བ་བཞུགས་སོ། །

**与近侍僧侣讲述数日之教诫**

1 种，1 页。

ཨ་མེས་ངག་དབང་ཀུན་དགའ་བསོད་ནམས། 阿梅・阿旺衮噶索南（1597—1660）撰述。

四川省甘孜藏族自治州德格县德格地区德格寺印经院木刻版之刻印本。

普通藏纸，梵夹装中印本（45.6×6.3cm），楷体，墨色，横刊藏文六行，四周双栏，全。

索书号：003220/202。保存基本完好，今藏民族文化宫中国民族图书馆。

༄༅། །རང་བྱུང་ཐོག་མའི་གསར་རྩོམ་ལྷག་གཟིག་མེ་ཏོག་ཅེས་བྱ་བ་བཞུགས་སོ། །

**自然本初新作・百合鲜花**

1 种，1 页。

ཆེ་ཤོས་བློ་བཟང་བྱང་ཆུབ་བསྟན་པའི་སྒྲོན་མེ། 却西・洛桑强曲丹贝准美（1861—1933）撰述。

青海省湟中县鲁沙尔地区塔尔寺（固奔乾巴林）印经院木刻版之刻印本。

普通藏纸，梵夹装中印本（45.7×6.5cm），楷体，墨色，横刊藏文六行，四周双栏，全。

索书号：003775/2。保存基本完好，今藏民族文化宫中国民族图书馆。

༄༅། །རང་གཞན་གྱི་དོན་དུ་བྲིས་པའི་མཆོད་བརྗོད་ཀྱི་ཡི་གེ་བློ་གསལ་ཚིམ་བྱེད་ཅེས་བྱ་བ་བཞུགས་སོ། །

**为自他所撰书首礼赞文・智者满足**

1 种，2 页。

ཨ་མེས་ངག་དབང་ཀུན་དགའ་བསོད་ནམས། 阿梅・阿旺衮噶索南（1597—1660）撰述。

四川省甘孜藏族自治州德格县德格地区德格寺印经院木刻版之刻印本。

普通藏纸，梵夹装中印本（45.6×6.3cm），楷体，墨色，横刊藏文六行，四周双栏，全。

索书号：003220/112。保存基本完好，今藏民族文化宫中国民族图书馆。

༄༅། །རང་གཞན་ཆོས་ལ་སྐུལ་བའི་མགུར་དབྱངས་ཀྱི་རིམ་པ་ཕྱོགས་གཅིག་ཏུ་བཀོད་པ་སྐལ་བཟང་ཡིད་ཀྱི་གདུང་སེལ་ཞེས་བྱ་བ་བཞུགས་སོ། །

**鼓励自他入于正法之道情歌次第合编・除贤劫心之痛苦**

1 种，12 页。

ཞྭ་དམར་དགེ་འདུན་བསྟན་འཛིན་རྒྱ་མཚོ། 夏玛・格登丹增嘉措（1852—1912）撰述。

甘肃省甘南藏族自治州夏河县拉卜楞地区拉卜楞寺（拉章扎喜齐）印经院木刻版之刻印本。

普通藏纸，梵夹装中印本（45.8×6.4cm），楷体，墨色，横刊藏文六行，四周双栏，全。

索书号：001254/7。保存基本完好，今藏民族文化宫中国民族图书馆。

༄༅། །རང་རིག་དོན་གྱི་བླ་མ་ལ་གསོལ་བ་འདེབས་པ་ངེས་དོན་ཆོས་ཀྱི་སྒྲ་དབྱངས་ཞེས་བྱ་བ་བཞུགས་སོ། །

**自证真实上师前祈愿文・了义法音**

1 种，4 页。

ཞབས་དྲུང་རྗེ་བཙུན་ངག་དབང་ཚེ་རིང་། 夏仲法尊・阿旺慈仁（？—1792）撰述。

蒙古国乌兰巴托地区藏传佛教库伦寺院印经院木刻版之刻印本。

普通藏纸，梵夹装中印本（46.8×5.2cm），楷体，墨色，横刊藏文六行，四周双栏，全。

索书号：000751/1。保存基本完好，今藏民族文化宫中国民族图书馆。

༄༅། །རབ་འབྱམས་པ་བློ་གྲོས་རབ་གསལ་གྱིས་དྲིས་པའི་ལན་ཞེས་བྱ་བ་བཞུགས་སོ། །

**广通经义者洛哲饶萨问答书**

1 种，13 页。

གློ་བོ་མཁན་ཆེན་བསོད་ནམས་ལྷུན་གྲུབ། 洛沃堪钦·索南伦珠（1441—1525）撰述。

四川省甘孜藏族自治州德格县德格地区德格寺印经院木刻版之刻印本。

普通藏纸，梵夹装中印本（47.1×6.1cm），楷体，墨色，横刊藏文六行，四周双栏，全。

索书号：003838/23。保存基本完好，今藏民族文化宫中国民族图书馆。

༄༅། །རབ་འབྱམས་སྨྲ་བ་ཀུན་དགའ་བཀྲ་ཤིས་ཀྱི་དྲིས་ལན་དོན་ཚན་ལྔ་པ་ཞེས་བྱ་བ་བཞུགས་སོ། །

**博学者衮噶扎喜之问答第五节**

1 种，9 页。

སྟག་ཕུ་ཞབས་དྲུང་གུ་ཤྲཱི་དཔལ་ལྡན་དོན་གྲུབ། 达普夏仲·固释白旦顿珠（1382—1466）撰述。

西藏地区藏传佛教寺院印经院传抄之缮写本。

普通藏纸，梵夹装中印本（45.2×5.4cm），草体，墨色，横书藏文七行，四周双栏，全。

索书号：003892/8。保存基本完好，今藏民族文化宫中国民族图书馆。

༄༅། །རབ་འབྱམས་སྨྲ་བ་བསམ་གཏན་རྒྱ་མཚོ་ལ་གདམས་པ་དོན་གཉིས་ལྷུན་འགྲུབ་ཅེས་བྱ་བ་བཞུགས་སོ། །

**致热绛巴·桑丹嘉措书·二利任运成就**

1 种，2 页。

ཨ་མེས་ངག་དབང་ཀུན་དགའ་བསོད་ནམས། 阿梅·阿旺衮噶索南（1597—1660）撰述。

四川省甘孜藏族自治州德格县德格地区德格寺印经院木刻版之刻印本。

普通藏纸，梵夹装中印本（45.6×6.3cm），楷体，墨色，横刊藏文六行，四周双栏，全。

索书号：003220/228。保存基本完好，今藏民族文化宫中国民族图书馆。

༄༅། །རི་བོ་དྭངས་བསིལ་དུ་སྨོན་ལམ་སྐབས་བསྙེན་བཀུར་མང་འགྱེད་བསྐུལ་བའི་དབྱིད་ཁྲ་ཞེས་བྱ་བ་བཞུགས་སོ། །

**清凉山愿会时命多作恭敬承事之文书**

1 种，4 页。

པཎ་ཆེན་ཨེར་ཏེ་ནི་བློ་བཟང་ཐུབ་བསྟན་ཆོས་ཀྱི་ཉི་མ། 班禅额尔德尼·洛桑图丹曲吉尼玛（1883—1937）撰述。

西藏自治区日喀则地区扎什伦布寺印经院木刻版之刻印本。

普通藏纸，梵夹装中印本（45×6.5cm），楷体，墨色，横刊藏文六行，四周双栏，全。

索书号：003548/42。保存基本完好，今藏民族文化宫中国民族图书馆。

༄༅། །རི་བོ་རྩེ་ལྔའི་གནས་བསྟོད་དང་འབྲེལ་བའི་མགུར་འཇམ་དཔལ་དགྱེས་པའི་མཆོད་སྤྲིན་ཞེས་བྱ་བ་བཞུགས་སོ། །

**结合五台山圣地赞之道情歌·文殊悦意之供养云**

1 种，5 页。

ལྕང་སྐྱ་རོལ་པའི་རྡོ་རྗེ། 章嘉·若贝多结（1717—1786）撰述。

北京地区藏传佛教皇家寺院印经院木刻版之刻印本。

普通纸，梵夹装中印本（46.8×6.1cm），楷体，墨色，横刊藏文五行，四周双栏，全。

索书号：000763/52。保存基本完好，今藏民族文化宫中国民族图书馆。

༄༅། །རི་བོ་རྩེ་ལྔའི་གནས་བསྟོད་དོན་ལྡན་ཚངས་པའི་སྒྲ་དབྱངས་ཞེས་བྱ་བ་བཞུགས་སོ། །

**五台山圣地赞·具义梵音**

1 种，6 页。

རྒྱལ་མཁན་པོ་གྲགས་པ་རྒྱལ་མཚན། 嘉堪波·札巴坚参（1762—1836）撰述。

甘肃省甘南藏族自治州夏河县拉卜楞地区拉卜楞寺（拉章扎喜齐）印经院木刻版之刻印本。

普通藏纸，梵夹装中印本（47.4×6.3cm），楷体，墨色，横刊藏文六行，四周双栏，全。

索书号：000849/14。保存基本完好，今藏民族文化宫中国民族图书馆。

༄༅། །རི་བོ་རྩེ་ལྔའི་གནས་བསྟོད་ཅེས་བྱ་བ་བཞུགས་སོ། །

**五台山圣地赞**

བཀའ་འགྱུར་པ་བློ་བཟང་ཚུལ་ཁྲིམས། 嘎居巴·洛桑慈称（1761—？）撰述。

北京地区藏传佛教皇家寺院印经院木刻版之刻印本。

普通纸，梵夹装中印本（46.8×7.2cm），楷体，墨色，横刊藏文五行，四周双栏，全。

索书号：003859/15。保存基本完好，今藏民族文化宫中国民族图书馆。

༄༅། །རིག་པའི་དབང་ཕྱུག་དཔལ་་ཆོས་ཀྱི་གྲགས་པ་ལ་བསྟོད་པ་སེང་གེའི་ང་རོ་དང་བསྔོ་བ་ལེ་ཚན་གཉིས་བཅས་ཞེས་བྱ་བ་བཞུགས་སོ། །

**智明自在师白曲吉札巴赞·狮子吼及回向二篇**

1 种，14 页。

ཨ་ཁྱུང་ངག་དབང་མཁྱེན་རབ། 阿琼·阿旺庆饶（18 世纪下半叶）撰述。

甘肃省甘南藏族自治州碌曲县郎木地区郎木寺印经院木刻版之刻印本。

普通藏纸，梵夹装中印本（46.8×6.4cm），楷体，墨色，横刊藏文六行，四周双栏，全。

索书号：000937/20。保存基本完好，今藏民族文化宫中国民族图书馆。

༄༅། །རིགས་བརྒྱའི་ཁྱབ་བདག་རྡོ་རྗེ་འཆང་དཔལ་ས་སྐྱ་པ་ཆེན་པོ་ཀུན་དགའི་ཞབས་ལ་བསྟོད་ཅིང་གསོལ་བ་འདེབས་པ་དད་པའི་ས་བོན་ཞེས་བྱ་བ་བཞུགས་སོ། །

**百部遍主金刚持具德萨迦派衮噶索南赞及启请文·信士种子**

1 种，2 页。

ཨ་མེས་ངག་དབང་ཀུན་དགའ་བསོད་ནམས། 阿梅·阿旺衮噶索南（1597—1660）撰述。

四川省甘孜藏族自治州德格县德格地区德格寺印经院木刻版之刻印本。

普通藏纸，梵夹装中印本（45.6×6.3cm），楷体，墨色，横刊藏文六行，四周双栏，全。

索书号：003213/20。保存基本完好，今藏民族文化宫中国民族图书馆。

༄༅། །རིགས་དང་དཀྱིལ་འཁོར་ཀུན་གྱི་བདག་པོ་ཁྱབ་བདག་བླ་མ་དཀོན་མཆོག་མཚན་ཅན་གྱི་བསྟོད་པ་རིག་འཛིན་གྲུབ་པའི་སྒྲ་དབྱངས་ཞེས་བྱ་བ་བཞུགས་སོ། །

**一切部与曼荼罗主遍主上师恭却坚参·持明成就音**

1 种，5 页。

འཇམ་དབྱངས་བཞད་པ་ངག་དབང་བརྩོན་འགྲུས། 嘉木样协巴·阿旺宗哲（1648—1721）撰述。

甘肃省甘南藏族自治州夏河县拉卜楞地区拉卜楞寺（拉章扎喜齐）印经院木刻版之刻印本。

普通藏纸，梵夹装中印本（47.2×6.8cm），

楷体，墨色，横刊藏文六行，四周双栏，全。

索书号：000867/5。保存基本完好，今藏民族文化宫中国民族图书馆。

༄༅། །རིགས་ལྡན་དྲག་པོ་འཁོར་ལོ་ཅན་ལ་གསོལ་འདེབས་དང་འབྲེལ་བར་ལོག་སྒྲོན་གྱི་ཉེར་འཚེ་བཟློག་པའི་སྨོན་འཛིན་ཞེས་བྱ་བ་བཞུགས་སོ། །

**具种威猛轮王前与祈愿相结合之回遮邪愿损害之愿文**

1 种，2 页。

པཎ་ཆེན་ཨེར་དེ་ནི་བློ་བཟང་ཐུབ་བསྟན་ཆོས་ཀྱི་ཉི་མ། 班禅额尔德尼・洛桑图丹曲吉尼玛（1883—1937）撰述。

西藏自治区日喀则地区扎什伦布寺印经院木刻版之刻印本。

普通藏纸，梵夹装中印本（45×6.5cm），楷体，墨色，横刊藏文六行，四周双栏，全。

索书号：003548/78。保存基本完好，今藏民族文化宫中国民族图书馆。

༄༅། །རིགས་ལྡན་རྣམས་ཀྱི་གསོལ་འདེབས་དང་། །འཇིགས་བྱེད་སྨོན་ལམ་སོགས་ཞེས་བྱ་བ་བཞུགས་སོ། །

**诸具种之祈请文及怖畏金刚愿文等**

1 种，4 页。

ཨ་མཆོག་འཇམ་དབྱངས་མཁྱེན་རབ་རྒྱ་མཚོ། 阿却・绛央庆饶嘉措（1849—1944）撰述。

四川省阿坝地区藏传佛教玛威桑格寺印经院木刻版之刻印本。

普通藏纸，梵夹装中印本（44.9×6.2cm），楷体，墨色，横刊藏文六行，四周双栏，全。

索书号：000887/17。保存基本完好，今藏民族文化宫中国民族图书馆。

༄༅། །རོང་སྟོན་གྱི་མ་ལ་གདམས་པའི་འཕོ་བའི་དཔེ་མང་པོ་མི་འདྲ་བའི་ཞུ་དག་རྗེའི་གསུང་བཞིན་བགྱིས་པ་ཞེས་བྱ་བ་བཞུགས་སོ། །

**传授绒敦生母之往生法按尊者所言对不同诸版本校勘**

1 种，2 页。

ཨ་མེས་ངག་དབང་ཀུན་དགའ་བསོད་ནམས། 阿梅・阿旺衮噶索南（1597—1660）撰述。

四川省甘孜藏族自治州德格县德格地区德格寺印经院木刻版之刻印本。

普通藏纸，梵夹装中印本（45.6×6.3cm），楷体，墨色，横刊藏文六行，四周双栏，全。

索书号：003199/16。保存基本完好，今藏民族文化宫中国民族图书馆。

༄༅། །རོམ་བྱེ་ཚུལ་བྱང་ལ་གདམས་པ་ཞེས་བྱ་བ་བཞུགས་སོ། །

**致绒且慈强之教诲**

1 种，2 页。

ཕག་མོ་གྲུ་པ་རྡོ་རྗེ་རྒྱལ་པོ། 帕摩竹巴・多结嘉波（1110—1170）撰述。

西藏地区藏传佛教寺院印经院传抄之缮写本。

普通藏纸，梵夹装中印本（45.3×5.8cm），楷体，墨色，横书藏文七行，四周双栏，全。

索书号：003852/31。保存基本完好，今藏民族文化宫中国民族图书馆。

༄༅། །རླབས་ཆེན་ཚོགས་གཉིས་མ་ཞེས་བྱ་བ་བཞུགས་སོ། །

**宏伟二资粮篇**

1 种，4 页。

རྫོང་དཀར་འཇིགས་མེད་བསམ་གཏན། 宗嘎・吉迈桑丹（1814—1897）撰述。

青海省化隆回族自治县金源地区土哇寺（土哇贡扎喜曲迪）印经院木刻版之刻印本。

普通藏纸，梵夹装中印本（46.8×6.4cm），楷体，墨色，横刊藏文六行，四周双栏，全。

索书号：003901/13。保存基本完好，今藏民族文化宫中国民族图书馆。

༄༅། །ལབ་མཁན་ཆེན་བློ་བཟང་འཇམ་དབྱངས་བསྟན་པའི་རྒྱལ་མཚན་གྱི་སྐུ་འཕྲེང་གསོལ་འདེབས་ཞེས་བྱ་བ་བཞུགས་སོ། །

**拉布寺大堪波·洛桑绛央丹贝坚参之历辈启请文**

1 种，4 页。

པཎ་ཆེན་ཨེར་ཏེ་ནི་བློ་བཟང་ཐུབ་བསྟན་ཆོས་ཀྱི་ཉི་མ། 班禅额尔德尼·洛桑图丹曲吉尼玛（1883—1937）撰述。

西藏自治区日喀则地区扎什伦布寺印经院木刻版之刻印本。

普通藏纸，梵夹装中印本（45×6.5cm），楷体，墨色，横刊藏文六行，四周双栏，全。

索书号：003546/59。保存基本完好，今藏民族文化宫中国民族图书馆。

༄༅། །ལེགས་སྦྱར་སྐད་ངག་གི་ཕྲེང་བ་དོན་བཟང་པོ་བརྡོག་ཅེས་བྱ་བ་བཞུགས་སོ། །

**雅语修词鬘**

1 种，5 页。

གཡག་སྡེ་པཎ་ཆེན་བརྩོན་འགྲུས་དར་རྒྱས། 雅迪班钦·宗哲达杰（1299—1378）撰述。

西藏地区藏传佛教寺院印经院传抄之缮写本。

普通藏纸，梵夹装中印本（44.5×4.9cm），楷体，墨色，横书藏文七行，四周双栏，全。

索书号：003803/10。保存基本完好，今藏民族文化宫中国民族图书馆。

༄༅། །ལོ་ཆེན་བློ་བཟང་འོད་ཟེར་གྱི་དྲིས་ལན་ཀུན་མཁྱེན་འཇམ་དབྱངས་བཞད་པས་གསུང་པ་ཞེས་བྱ་བ་བཞུགས་སོ། །

**遍智嘉木样协巴多结所述大译师洛桑沃色之问答**

1 种，3 页。

འཇམ་དབྱངས་བཞད་པ་ངག་དབང་བརྩོན་འགྲུས། 嘉木样协巴·阿旺宗哲（1648—1721）撰述。

甘肃省甘南藏族自治州夏河县拉卜楞地区拉卜楞寺（拉章扎喜齐）印经院木刻版之刻印本。

普通藏纸，梵夹装中印本（47.2×6.8cm），楷体，墨色，横刊藏文六行，四周双栏，全。

索书号：000853/28。保存基本完好，今藏民族文化宫中国民族图书馆。

༄༅། །ལོ་ཙཱ་བ་དོན་བཟང་གི་དྲིས་ལན་ཞེས་བྱ་བ་བཞུགས་སོ། །

**答译师顿桑问**

1 种，5 页。

རེད་མདའ་བ་གཞོན་ནུ་བློ་གྲོས། 热达哇·雄努洛哲（1349—1412）撰述。

西藏地区藏传佛教寺院印经院传抄之缮写本。

普通藏纸，梵夹装中印本（44×4.3cm），草体，墨色，横书藏文六行，四周双栏，全。

索书号：006117/31。保存基本完好，今藏民族文化宫中国民族图书馆。

༄༅། །ཤཱཀྱའི་བཙུན་པ་བློ་བཟང་ཡེ་ཤེས་ཀྱིས་མཁས་དབང་དཎྜིའི་གཞུང་ལ་སྦྱངས་པ་ཅུང་ཟད་བགྱིས་སྐབས་ཀྱི་ལེའུ་གཉིས་པའི་གཟུགས་ཅན་བཅུ་གཉིས་པ་ཡན་གྱི་དཔེར་བརྗོད་ཅེས་བྱ་བ་བཞུགས་སོ། །

**释迦比丘・洛桑益希对善巧恒智之论著略作研习时所著第二章形象化修饰法第十二类以上之举例**

1 种，51 页。

པཎ་ཆེན་ཨེར་དེ་ནི་བློ་བཟང་ཡེ་ཤེས། 班禅额尔德尼・洛桑益希（1663—1737）撰述。

西藏地区藏传佛教寺院印经院木刻版之刻印本。

普通藏纸，梵夹装中印本（48.7×6.5cm），草体，墨色，横书藏文六行，四周双栏，全。

索书号：003501/3。保存基本完好，今藏民族文化宫中国民族图书馆。

༄༅། །ཤངས་པ་དགེ་བཤེས་ངག་དབང་གི་དྲིས་ལན་ཞེས་བྱ་བ་བཞུགས་སོ། །

**答祥巴格西阿旺问**

1 种，19 页。

བྱང་པ་རྣམ་རྒྱལ་གྲགས་པ་བཟང་པོ། 羌巴南杰札巴桑波（1395—1475）撰述。

西藏地区藏传佛教寺院印经院传抄之缮写本。

普通藏纸，梵夹装中印本（44×4.3cm），草体，墨色，横书藏文七行，四周双栏，全。

索书号：004717/10。保存基本完好，今藏民族文化宫中国民族图书馆。

༄༅། །ཤར་ཕྱོགས་མ་ཧཱ་ཙི་ནའི་ཡུལ་གྱི་བུ་ཅའོ་ཧུད་མཐའ་དག་ལ་སྤྲིངས་པའི་བསླབ་བྱ་དགེ་ལེགས་པ་དྨོ་བཞད་པའི་ཉི་འོད་ཅེས་བྱ་བ་བཞུགས་སོ། །

**致中国佛教会诸人士书・善莲开敷日光**

1 种，5 页。

པཎ་ཆེན་ཨེར་དེ་ནི་བློ་བཟང་ཐུབ་བསྟན་ཆོས་ཀྱི་ཉི་མ། 班禅额尔德尼・洛桑图丹曲吉尼玛（1883—1937）撰述。

西藏自治区日喀则地区扎什伦布寺印经院木刻版之刻印本。

普通藏纸，梵夹装中印本（45×6.5cm），楷体，墨色，横刊藏文六行，四周双栏，全。

索书号：003545/45。保存基本完好，今藏民族文化宫中国民族图书馆。

༄༅། །ཤེར་སྙིང་གི་འགྲེལ་པ་ཞེས་བྱ་བ་བཞུགས་སོ། །

**心经舞**

1 种，14 页。

ཏཱ་ར་ནཱ་ཐ་ཀུན་དགའ་སྙིང་པོ། 多罗那塔・衮噶宁波（1575—1634）撰述。

西藏地区藏传佛教达丹寺印经院木刻版之刻印本。

普通藏纸，梵夹装中印本（43.6×8.2cm），楷体，墨色，横刊藏文六行，四周双栏，全。

索书号：001030/12。保存基本完好，今藏民族文化宫中国民族图书馆。

༄༅། །བཤེས་གཉེན་རྣམ་རྒྱལ་གྲགས་པའི་དྲིས་ལན་ཞེས་བྱ་བ་བཞུགས་སོ། །

**答善知识南杰札巴问**

1 种，6 页。

འབྲུག་པ་པད་མ་དཀར་པོ། 竹巴・白玛嘎波（1527—1592）撰述。

西藏地区藏传佛教寺院印经院木刻版

之刻印本。

普通藏纸，梵夹装中印本（45.3×6.1cm），草体，墨色，横书藏文六行，四周双栏，全。

索书号：003660/30。保存基本完好，今藏民族文化宫中国民族图书馆。

༄༅། །བཤེས་པའི་སྤྲིངས་ཡིག་གི་རྣམ་བཤད་འཕགས་པའི་དགོངས་པ་ཀུན་གསལ་ཞེས་བྱ་བ་བཞུགས་སོ། །

**亲友书解说·普显圣者密意**

1 种，46 页。

དཀྱིལ་ཟུར་དཀའ་ཆེན་བློ་བཟང་སྦྱིན་པ། 纪苏嘎钦·洛桑金巴（1812—？）撰述。

四川省甘孜藏族自治州德格县德格地区德格寺印经院木刻版之刻印本。

普通藏纸，梵夹装中印本（51.8×7.1cm），楷体，墨色，横刊藏文六行，四周双栏，全。

索书号：000677/2。保存基本完好，今藏民族文化宫中国民族图书馆。

༄༅། །བཤེས་པའི་སྤྲིངས་ཡིག་ཐར་ལམ་བདེ་བའི་ཐེམ་སྐས་ཞེས་བྱ་བ་བཞུགས་སོ། །

**亲友书解脱坦途之阶梯**

1 种，43 页。

རོང་སྟོན་ཤེས་བྱ་ཀུན་རིག 荣敦·希恰衮柔（1367—1449）撰述。

四川省甘孜藏族自治州德格县德格地区德格寺印经院木刻版之刻印本。

普通藏纸，梵夹装中印本（50.9×6.5cm），楷体，墨色，横刊藏文六行，四周双栏，全。

索书号：003891/4。保存基本完好，今藏民族文化宫中国民族图书馆。

༄༅། །བཤེས་སྤྲིངས་ཀྱི་དགོངས་པ་གསལ་བར་བཤད་པའི་མཆན་འགྲེལ་ཞེས་བྱ་བ་བཞུགས་སོ། །

**阐明亲友书密意注解**

1 种，20 页。

ཅོ་ནེ་གྲགས་པ་བཤད་སྒྲུབ། 卓尼·札巴协珠（1675—1748）撰述。

甘肃省甘南藏族自治州卓尼地区卓尼寺（觉乃噶旦协珠林）印经院木刻版之刻印本。

普通藏纸，梵夹装中印本（48.6×6.3cm），楷体，墨色，横刊藏文六行，四周双栏，全。

索书号：003690/4。保存基本完好，今藏民族文化宫中国民族图书馆。

༄༅། །ས་སྐྱ་པཎྜི་ཏ་ཀུན་དགའ་རྒྱལ་མཚན་དཔལ་བཟང་པོ་ལ་བསྟོད་པ་དངོས་གྲུབ་མཆོག་སྩོལ་འདོད་དོན་ཀུན་འགྲུབ་ཅེས་བྱ་བ་བཞུགས་སོ། །

**萨迦班智达衮噶坚参·悉地殊胜施·随愿普成**

1 种，2 页。

ཨ་མེས་ངག་དབང་ཀུན་དགའ་བསོད་ནམས། 阿梅·阿旺衮噶索南（1597—1660）撰述。

四川省甘孜藏族自治州德格县德格地区德格寺印经院木刻版之刻印本。

普通藏纸，梵夹装中印本（49.9×6.8cm），楷体，墨色，横刊藏文六行，四周双栏，全。

索书号：003220/12。保存基本完好，今藏民族文化宫中国民族图书馆。

༄༅། །ས་སྐྱའི་ལྟ་སྒྲུབ་གནད་འགག་ཞིག་ལ་དྲིས་ལན་ཐེ་ཚོམ་སེལ་ཞེས་བྱ་བ་བཞུགས་སོ། །

**萨迦派见修扼要·消除问答疑惑**

1 种，7 页。

འཇུ་མི་ཕམ་འཇམ་དབྱངས་རྣམ་རྒྱལ་རྒྱ་མཚོ། 局米盼·绛央南杰嘉措（1846—1912）撰述。

四川省甘孜藏族自治州德格县德格地

区德格寺印经院木刻版之刻印本。

普通藏纸，梵夹装短印本（38.3×5.8cm），楷体，墨色，横刊藏文六行，四周双栏，全。

索书号：000408/4.。保存基本完好，今藏民族文化宫中国民族图书馆。

༄༅། །ས་ལོས་རབ་འབྱམས་པ་དབང་ཕྱུག་རྒྱལ་མཚན་ལ་གནང་བའི་གདམས་པ་ཞེས་བྱ་བ་བཞུགས་སོ། །

**萨迦译师致热绛巴·旺秋坚参之教诲**

1 种，1 页。

ས་ལོ་འཇམ་དབྱངས་ཀུན་དགའ་བསོད་ནམས། 萨迦译师·绛央衮噶索南（1485—1533）撰述。

西藏地区藏传佛教寺院印经院传抄之缮写本。

普通藏纸，梵夹装中印本（45×5.3cm），草体，墨色，横书藏文七行，四周双栏，全。

索书号：003215/31。保存基本完好，今藏民族文化宫中国民族图书馆。

༄༅། །སངས་རྒྱས་བྱང་སེམས་ཀྱི་སྐུ་བསྟོད་སྣ་ཚོགས་ཕྱོགས་གཅིག་ཏུ་བཀོད་པ་བྱིན་རླབས་བདུད་རྩིའི་རོལ་མཚོ་ཞེས་བྱ་བ་བཞུགས་སོ། །

**各种佛菩萨神像赞合编·加持甘露游戏海**

1 种，7 页。

ཆེ་ཤོས་བློ་བཟང་བྱང་ཆུབ་བསྟན་པའི་སྒྲོན་མེ། 却西·洛桑强曲丹贝准美（1861—1933）撰述。

青海省湟中县鲁沙尔地区塔尔寺（固奔乾巴林）印经院木刻版之刻印本。

普通藏纸，梵夹装中印本（45.7×6.5cm），楷体，墨色，横刊藏文六行，四周双栏，全。

索书号：003776/2。保存基本完好，今藏民族文化宫中国民族图书馆。

༄༅། །སུ་ཉིད་དགེ་བཤེས་ངག་དབང་གི་དྲིས་ལན་གྱི་ཐེ་ཚོམ་གཅོད་པའི་རལ་གྲི་ཞེས་བྱ་བ་བཞུགས་སོ། །

**苏聂格西阿旺之问答·决疑之利剑**

1 种，8 页。

རྒྱལ་མཁན་པོ་གྲགས་པ་རྒྱལ་མཚན། 嘉堪波·札巴坚参（1762—1836）撰述。

甘肃省甘南藏族自治州夏河县拉卜楞地区拉卜楞寺（拉章扎喜齐）印经院木刻版之刻印本。

普通藏纸，梵夹装中印本（47.4×6.3cm），楷体，墨色，横刊藏文六行，四周双栏，全。

索书号：000851/6。保存基本完好，今藏民族文化宫中国民族图书馆。

༄༅། །སོག་ཡུལ་སོགས་ནས་མདོ་སྔགས་ཀྱི་གནད་རྣམས་ལ་དྲི་བ་ཕྲང་དུ་བྱུང་རིགས་རྣམས་ཀྱི་དྲི་བ་དང་དྲིས་ལན་ཕྱོགས་གཅིག་ཏུ་བསྒྲིབས་པ་ཞེས་བྱ་བ་བཞུགས་སོ། །

**蒙古等地区提问关于显密诸教要点之教理等问答合编**

1 种，14 页。

ར་སྒྲེང་ཁྲི་ཆེན་བསྟན་པ་རབ་རྒྱས། 热振赤钦·丹巴饶杰（1759—1816）撰述。

西藏地区藏传佛教噶旦桑丹林寺印经院木刻版之刻印本。

普通藏纸，梵夹装中印本（56.1×7.1cm），楷体，墨色，横刊藏文六行，四周双栏，全。

索书号：000794/26。保存基本完好，今藏民族文化宫中国民族图书馆。

༄༅། །སློབ་དཔོན་དབྱིག་པ་ཅན་གྱིས་མཛད་པའི་སྙན་ངག་མེ་ལོང་མ་ཞེས་བྱ་བ་སྐད་གཉིས་ཤན་སྦྱར་ཞེས་བྱ་བ་བཞུགས་སོ། །

**梵藏对照持杖论所著诗镜**

1 种，52 页。

སི་ཏུ་ཆོས་ཀྱི་འབྱུང་གནས། 司都·曲吉迥乃（1699—1774）撰述。

四川省甘孜藏族自治州德格县八邦地区八邦寺印经院木刻版之刻印本。

普通藏纸，梵夹装中印本（46.5×7cm），楷体，墨色，横刊藏文六行，四周双栏，全。

索书号：006139/4。保存基本完好，今藏民族文化宫中国民族图书馆。

༄༅། །སློབ་དཔོན་སེང་གེ་རྒྱལ་མཚན་གྱི་ཞུས་ལན་དང་བླ་མའི་རྣལ་འབྱོར་གྱི་ཡན་ལག་ཅེས་བྱ་བ་བཞུགས་སོ། །

**阿阇黎桑格坚参问答及上师瑜伽支分**

1种，3页。

ས་སྐྱ་བླ་མ་བསོད་ནམས་རྒྱལ་མཚན། 萨迦喇嘛·索南坚参（1312—1375）撰述。

西藏地区藏传佛教寺院印经院传抄之缮写本。

普通藏纸，梵夹装中印本（45.3×5.9cm），草体，墨色，横书藏文七行，四周双栏，全。

索书号：003873/3。保存基本完好，今藏民族文化宫中国民族图书馆。

༄༅། །སློབ་དཔོན་སེང་གེ་བཟང་པོ་ལ་བསྟོད་པ་བྱིན་རླབས་མྱུར་འཇུག་ཅེས་བྱ་བ་བཞུགས་སོ། །

**阿阇黎桑格桑波赞·速入加持**

1种，3页。

ཨ་ཀྱཱ་ཡོངས་འཛིན་བློ་བཟང་དོན་གྲུབ། 阿迦雍增·洛桑顿珠（1774—？）撰述。

青海省湟中县鲁沙尔地区塔尔寺（固奔乾巴林）印经院木刻版之刻印本。

普通藏纸，梵夹装中印本（47.9×6.3cm），楷体，墨色，横刊藏文六行，四周双栏，全。

索书号：003736/4。保存基本完好，今藏民族文化宫中国民族图书馆。

༄༅། །གསང་སྔགས་རྙིང་མའི་ཞུས་ལན་ཟིན་བྲིས་ཞེས་བྱ་བ་བཞུགས་སོ། །

**旧密问答笔录**

1种，2页。

ཨ་མེས་ངག་དབང་ཀུན་དགའ་བསོད་ནམས། 阿梅·阿旺衮噶索南（1597—1660）撰述。

四川省甘孜藏族自治州德格县德格地区德格寺印经院木刻版之刻印本。

普通藏纸，梵夹装中印本（45.6×6.3cm），楷体，墨色，横刊藏文六行，四周双栏，全。

索书号：003223/9。保存基本完好，今藏民族文化宫中国民族图书馆。

༄༅། །གསང་འདུས་བསྙེན་ཡིག་ཀུན་མཁྱེན་བླ་མའི་གསུང་ལས་བརྩམས་པའི་དྲིས་ལན་ཞེས་བྱ་བ་བཞུགས་སོ། །

**密集闭关静修法·遍智嘉木样上师语教中之问答类**

1种，4页。

དཔལ་མང་པཎྜི་ཏ་དཀོན་མཆོག་རྒྱལ་མཚན། 阿芒班智达·恭却坚参（1764—1853）撰述。

甘肃省甘南地区藏传佛教噶旦曲科林寺印经院木刻版之刻印本。

普通藏纸，梵夹装中印本（48×6.5cm），楷体，墨色，横刊藏文六行，四周双栏，全。

索书号：000823/9。保存基本完好，今藏民族文化宫中国民族图书馆。

༄༅། །གསུང་ལན་རྟོགས་པའི་རྫོག་མ་བསྒྲུབ་བའི་ནོར་བུ་ཞེས་བྱ་བ་བཞུགས་སོ། །

**回答问难澄清疑惑·摩尼珠**

1种，9页。

ཞུ་ཆེན་ཚུལ་ཁྲིམས་རིན་ཆེན་། 许钦·慈称仁钦（1697—1774）撰述。

四川省甘孜藏族自治州德格县德格地区德格寺印经院木刻版之刻印本。

普通藏纸，梵夹装中印本（47.4×6.7cm），楷体，墨色，横刊藏文六行，四周双栏，全。

索书号：000415/10。保存基本完好，今藏民族文化宫中国民族图书馆。

༄༅། །གསོལ་འདེབས་ཀྱི་ཏ་ཀའི་འཕྲེང་མཛེས་ཀྱི་རྣམ་བཤད་ཚིག་དོན་རབ་གསལ་ཞེས་བྱ་བ་བཞུགས་སོ། །

**祈愿文·澄水珠鬘解说·显明句义**

1 种，26 页。

འཇམ་དབྱངས་བཞད་པ་དཀོན་མཆོག་འཇིགས་མེད་དབང་པོ། 嘉木样协巴·恭却吉迈旺波（1728—1791）撰述。

甘肃省甘南藏族自治州夏河县拉卜楞地区拉卜楞寺（拉章扎喜齐）印经院木刻版之刻印本。

普通藏纸，梵夹装中印本（47.4×6.3cm），楷体，墨色，横刊藏文六行，四周双栏，全。

索书号：000874/10。保存基本完好，今藏民族文化宫中国民族图书馆。

## ༦、མངོན་བརྗོད་ཀྱི་སྐོར།
## 6. 藻词异名

༄༅། །མངོན་བརྗོད་ཀྱི་བསྟན་བཅོས་འཆི་བ་མེད་པའི་མཛོད་ཅེས་བྱ་བ་བཞུགས་སོ། །

**藻饰词论·长寿宝藏**

1 种，113 页。

འཇམ་དབྱངས་བཞད་པ་ངག་དབང་བརྩོན་འགྲུས། 嘉木样协巴·阿旺宗哲（1648—1721）撰述。

甘肃省甘南藏族自治州夏河县拉卜楞地区拉卜楞寺（拉章扎喜齐）印经院木刻版之刻印本。

普通藏纸，梵夹装中印本（47.2×6.8cm），楷体，墨色，横刊藏文六行，四周双栏，全。

索书号：000867/13。保存基本完好，今藏民族文化宫中国民族图书馆。

༄༅། །མངོན་བརྗོད་སྣ་ཚོགས་གསལ་བ་ལས་ཉེར་མཁོ་བྱུར་བཀོལ་བློ་གསལ་རྣ་རྒྱན་ཞེས་བྱ་བ་བཞུགས་སོ། །

**藻饰词类明载·智者耳饰**

1 种，67 页。

འཇམ་དབྱངས་མཁྱེན་བརྩེ་དབང་པོ། 绛央庆则旺波（1820—1892）撰述。

四川省甘孜藏族自治州德格县德格地区德格寺印经院木刻版之刻印本。

普通藏纸，梵夹装中印本（29.7×4.6cm），楷体，墨色，横刊藏文六行，四周双栏，全。

索书号：006317/2。保存基本完好，今藏民族文化宫中国民族图书馆。

## ༧、སྙན་སྦྱོར་གྱི་སྐོར།
## 7. 韵律

༄༅། །མཉམ་པའི་སྙན་སྦྱོར་གྱི་མཚན་ཉིད་ཉུང་ངུ་རྣམ་གསལ་དབྱངས་ཅན་གྱི་མགུལ་རྒྱན་ཞེས་བྱ་བ་བཞུགས་སོ། །

**平和拼音势相略显篇·妙音项饰**

1 种，5 页。

འཇམ་དབྱངས་བཞད་པ་ངག་དབང་བརྩོན་འགྲུས། 嘉木样协巴阿旺宗哲（1648—1721）撰述。

甘肃省甘南藏族自治州夏河县拉卜楞地区拉卜楞寺（拉章扎喜齐）印经院木刻版之刻印本。

普通藏纸，梵夹装中印本（47.2×6.8cm），楷体，墨色，横刊藏文六行，四周双栏，全。

索书号：000853/26。保存基本完好，今藏民族文化宫中国民族图书馆。

༄༅། །སྡེབ་སྦྱོར་གྱི་རྣམ་གཞག་ཉུང་ངུ་ཡིག་ཆ་དང་བཅས་པ་འཇམ་དབྱངས་བཞད་པས་མཛད་པ་ཞེས་བྱ་བ་བཞུགས་སོ། །

**嘉木样协巴著韵律建立论略篇及表格**

1 种，2 页。

འཇམ་དབྱངས་བཞད་པ་ངག་དབང་བརྩོན་འགྲུས། 嘉木样协巴 · 阿旺宗哲（1648—1722）撰述。

甘肃省甘南藏族自治州夏河县拉卜楞地区拉卜楞寺（拉章扎喜齐）印经院木刻版之刻印本。

普通藏纸，梵夹装中印本（47.2 × 6.8cm），楷体，墨色，横刊藏文六行，四周双栏，全。

索书号：000853/25。保存基本完好，今藏民族文化宫中国民族图书馆。

༄༅། །སྡེབ་སྦྱོར་གྱི་མན་ངག་རིན་ཆེན་ཕྲེང་བ་ཞེས་བྱ་བ་བཞུགས་སོ། །

**韵律要诀 · 珍宝鬘**

1 种，7 页。

དཔལ་སྤྲུལ་འཇིགས་མེད་ཆོས་ཀྱི་དབང་པོ 白朱 · 吉迈曲吉旺波（1808—1887）撰述。

多康地区藏传佛教寺院印经院木刻版之刻印版。

普通藏纸，梵夹装中印本（45.2 × 4.3cm），楷体，墨色，横刊藏文六行，四周双栏，全。

索书号：005941/19。保存基本完好，今藏民族文化宫中国民族图书馆。

༄༅། །སྡེབ་སྦྱོར་རྣམས་ཀྱི་མཚན་ཉིད་ཐོས་པས་ཆུབ་པ་ཞེས་བྱ་བ་བཞུགས་སོ། །

**声律之性相 · 闻者通达**

1 种，13 页。

སི་ཏུ་ཆོས་ཀྱི་འབྱུང་གནས། 司都 · 曲吉迥乃（1699—1774）撰述。

四川省甘孜藏族自治州德格县八邦地区八邦寺印经院木刻版之刻印本。

普通藏纸，梵夹装中印本（46.5 × 7cm），楷体，墨色，横刊藏文六行，四周双栏，全。

索书号：006140/10。保存基本完好，今藏民族文化宫中国民族图书馆。

༄༅། །སྡེབ་སྦྱོར་སྣ་ཚོགས་མེ་ཏོག་གི་ཆུན་པོ་ཞེས་བྱ་བའི་བསྟན་བཅོས་བཞུགས་སོ། །

**韵律诸种花束**

1 种，13 页。

ས་སྐྱ་ཀུན་དགའ་རྒྱལ་མཚན། 萨迦 · 衮噶坚参（1182—1251）撰述。

四川省甘孜藏族自治州德格县德格地区德格寺印经院木刻版之刻印本。

普通藏纸，梵夹装中印本（47.7 × 6.2cm），楷体，墨色，横刊藏文六行，四周双栏，全。

索书号：000353/7。保存基本完好，今藏民族文化宫中国民族图书馆。

༄༅། །སྡེབ་སྦྱོར་ལས་བརྩམས་པའི་དྲིས་ལན་མཐོང་བ་འཛུམ་ཤོར་ངོ་མཚར་དགའ་བསྐྱེད་ཅེས་བྱ་བ་བཞུགས་སོ། །

**韵律学中问答 · 见者开颜生希有欢悦**

1 种，5 页。

ཆེ་ཤོས་བློ་བཟང་བྱང་ཆུབ་བསྟན་པའི་སྒྲོན་མེ། 却西 · 洛桑强曲丹贝准美（1861—1933）撰述。

青海省湟中县鲁沙尔地区塔尔寺（固奔乾巴林）印经院木刻版之刻印本。

普通藏纸，梵夹装中印本（45.7 × 6.5cm），楷体，墨色，横刊藏文六行，四周双栏，全。

索书号：003776/11。保存基本完好，

今藏民族文化宫中国民族图书馆。

### ༨、ཟློས་གར་གྱི་སྐོར།
### 8. 戏剧

༄༅། །ཟློས་གར་གྱི་བསྟན་བཅོས་ཡང་དག་ལམ་དུ་
བཀྲི་བའི་རོལ་རྩེད་ཅེས་བྱ་བ་བཞུགས་སོ། །

**对话剧本 · 引导至正道之趣话**

1 种，15 页。

ངག་དབང་ཡེ་ཤེས་ཐུབ་བསྟན་རབ་འབྱམས་པ། 阿旺益希图丹饶绛巴（1782—？）撰述。

蒙古国乌兰巴托地区藏传佛教库伦寺印经院木刻版之刻印本。

普通藏纸，梵夹装中印本（49×6.3cm），楷体，墨色，横刊藏文六行，四周双栏，全。

索书号：000884/50。保存基本完好，今藏民族文化宫中国民族图书馆。

༄༅། །རིག་པའི་གནས་ལྔ་ལས་བཟོ་རིག་པའི་ཁྱེ་བྲག
རོལ་མོའི་བསྟན་བཅོས་ཀྱི་རྣམ་པར་བཤད་པ་
འཇམ་དབྱངས་བླ་མ་དགྱེས་པའི་སྙན་པའི་
སྒྲ་དབྱངས་བློ་གསལ་ཡིད་འཕྲོག་འཕྲིན་ལས་
ཡོངས་ཁྱབ་ཅེས་བྱ་བ་བཞུགས་སོ། །

**五明学处中工巧明之分别音乐论详解 · 文殊上师所喜雅音 · 智者悦意之事业普遍**

1 种，40 页。

ཨ་མེས་ངག་དབང་ཀུན་དགའ་བསོད་ནམས། 阿梅 · 阿旺衮噶索南（1597—1660）撰述。

四川省甘孜藏族自治州德格县德格地区德格寺印经院木刻版之刻印本。

普通藏纸，梵夹装中印本（45.6×6.3cm），楷体，墨色，横刊藏文六行，四周双栏，全。

索书号：003199/9。保存基本完好，今藏民族文化宫中国民族图书馆。

## གཉིས་པ། ལོ་རྒྱུས་དེབ་ཐེར་གྱི་སྐོར།
## 二、史志类

### ༡、རྣམ་ཐར་དང་རྟོགས་བརྗོད་ཀྱི་སྐོར།
### 1. 传记、证道记、本生

༄༅། །ཀརྨ་ཀ་ཚང་བརྒྱུད་པ་རིན་པོ་ཆེའི་རྣམ་ཐར་
རབ་འབྱམས་ནོར་བུ་ཟླ་བ་ཆུ་ཤེལ་གྱི་ཕྲེང་བའི་
ཁ་སྐོང་ཞེས་བྱ་བ་བཞུགས་སོ། །

**嘎玛冈仓传承广史 · 摩尼月晶鬘 · 补遗**

1 种，47 页。

སི་ཏུ་ཆོས་ཀྱི་འབྱུང་གནས། 司都 · 曲吉迥乃（1699—1774）撰述。

四川省甘孜藏族自治州德格县八邦地区八邦寺印经院木刻版之刻印本。

普通藏纸，梵夹装中印本（46.5×7cm），楷体，墨色，横刊藏文六行，四周双栏，全。

索书号：006144/1。保存基本完好，今藏民族文化宫中国民族图书馆。

༄༅། །ཀུན་མཁྱེན་སྐུ་འཕྲེང་གསུམ་པའི་གསང་བའི་
རྣམ་ཐར་ཞེས་བྱ་བ་བཞུགས་སོ། །

**第三世嘉木样秘传**

1 种，6 页。

འཇམ་དབྱངས་བཞད་པ་བློ་བཟང་ཐུབ་བསྟན་འཇིགས་མེད་རྒྱ་མཚོ། 嘉木样协巴 · 洛桑图丹吉迈嘉措（1792—1855）撰述。

甘肃省甘南藏族自治州夏河县拉卜楞地区拉卜楞寺（拉章扎喜齐）印经院木刻版之刻印本。

普通藏纸，梵夹装中印本（47.2×6.8cm），楷体，墨色，横刊藏文六行，四周双栏，全。

索书号：000928/2。保存基本完好，

今藏民族文化宫中国民族图书馆。

༄༅། །ཀུན་མཁྱེན་འཇམ་དབྱངས་བཞད་པའི་རྡོ་རྗེའི་གསང་རྣམ་རྩ་བ་མཚན་དང་བཅས་པ་ཞེས་བྱ་བ་བཞུགས་སོ། །

**遍智嘉木样协贝多结秘传根本名相**

1 种，4 页。

འཇམ་དབྱངས་བཞད་པ་ངག་དབང་བརྩོན་འགྲུས། 嘉木样协巴・阿旺宗哲（1648—1721）撰述。

甘肃省甘南藏族自治州夏河县拉卜楞地区拉卜楞寺（拉章扎喜齐）印经院木刻版之刻印本。

普通藏纸，梵夹装中印本（47.2×6.8cm），楷体，墨色，横刊藏文六行，四周双栏，全。

索书号：000867/3。保存基本完好，今藏中国民族图书馆。

༄༅། །ཀུན་མཁྱེན་བླ་མ་འཇམ་དབྱངས་བཞད་པའི་རྡོ་རྗེ་རྗེ་བཙུན་བློ་བཟང་ཐུབ་བསྟན་འཇིགས་མེད་རྒྱ་མཚོ་དཔལ་བཟང་པོའི་ཞལ་སྔ་ནས་ཀྱི་རྣམ་པར་ཐར་པ་བཤད་སྒྲུབ་བསྟན་པའི་མཛེས་རྒྱན་ཞེས་བྱ་བ་བཞུགས་སོ། །

**遍智上师嘉木样协贝多结至尊洛桑图丹吉迈嘉措传・说修教法之美饰**

1 种，205 页。

འཇམ་དབྱངས་བཞད་པ་བློ་བཟང་ཐུབ་བསྟན་འཇིགས་མེད་རྒྱ་མཚོ། 嘉木样协巴・洛桑图丹吉迈嘉措（1792—1855）撰述。

甘肃省甘南藏族自治州夏河县拉卜楞地区拉卜楞寺（拉章扎喜齐）印经院木刻版之刻印本。

普通藏纸，梵夹装中印本（47.5×5.4cm），楷体，墨色，横刊藏文六行，四周双栏，全。

索书号：000928/1。保存基本完好，今藏民族文化宫中国民族图书馆。

༄༅། །ཀུན་མཁྱེན་བླ་མ་རྡོ་རྗེ་འཆང་ཆེན་པོ་འཇམ་དབྱངས་མཁྱེན་བརྩེ་དབང་པོའི་རྣམ་ཐར་ཆུང་ངུར་བསྡུས་པ་ཞེས་བྱ་བ་བཞུགས་སོ། །

**遍智上师金刚大持绛央庆则旺波小传**

1 种，9 页。

འཇམ་དབྱངས་མཁྱེན་བརྩེ་དབང་པོ། 绛央庆则旺波（1820—1892）撰述。

四川省甘孜藏族自治州德格县德格地区德格寺印经院木刻版之刻印本。

普通藏纸，梵夹装短印本（29.7×4.6cm），楷体，墨色，横刊藏文六行，四周双栏，全。

索书号：006302/5。保存基本完好，今藏民族文化宫中国民族图书馆。

༄༅། །ཀུན་མཁྱེན་བླ་མའི་རྣམ་ཐར་དང་བྱ་ཀ་ལན་ཏ་ཀའི་དྲིས་ལན་ལེགས་པར་བཤད་པ་ཡ་མ་ཚོ། །

**遍智上师传与迦陵达迦之问答・希有嘉言**

1 种，4 页。

འཇམ་དབྱངས་བཞད་པ་ངག་དབང་བརྩོན་འགྲུས། 嘉木样协巴・阿旺宗哲（1648—1721）撰述。

甘肃省甘南藏族自治州夏河县拉卜楞地区拉卜楞寺（拉章扎喜齐）印经院木刻版之刻印本。

普通藏纸，梵夹装中印本（47.2×6.8cm），楷体，墨色，横刊藏文六行，四周双栏，全。

索书号：000853/2。保存基本完好，今藏民族文化宫中国民族图书馆。

༄༅། །ཀུན་མཁྱེན་སངྒྷ་བྷ་དྲའི་རྟོགས་པ་བརྗོད་པའི་ཡལ་འདབ་དགུ་པ་ཞེས་བྱ་བ་བཞུགས་སོ། །

**遍智僧贤传・本生之九**

1 种，12 页。

ཇོ་ནང་པ་ཀུན་དགའ་གྲོལ་མཆོག 觉囊巴・衮噶卓却（1507—1575）撰述。

西藏地区藏传佛教寺院印经院木刻版

之刻印本。

普通藏纸，梵夹装中印本（46×5.3cm），楷体，墨色，横刊藏文六行，四周双栏，全。

索书号：005060/8。保存基本完好，今藏民族文化宫中国民族图书馆。

**༄༅། །ཀུན་མཁྱེན་བསོད་ནམས་སེང་གེའི་རྣམ་པར་ཐར་པ་དད་པ་རྒྱ་མཚོའི་རླབས་ཕྲེང་རྣམ་པར་གཡོ་བ་ཞེས་བྱ་བ་བཞུགས་སོ། །**

**一切智索南桑格传·信海滔滔**

1种，138页。

ཨ་མེས་ངག་དབང་ཀུན་དགའ་བསོད་ནམས། 阿梅·阿旺衮噶索南（1597—1660）撰述。

四川省甘孜藏族自治州德格县德格地区德格寺印经院木刻版之刻印本。

普通藏纸，梵夹装中印本（45.6×6.3cm），楷体，墨色，横刊藏文六行，四周双栏，全。

索书号：003228/2。保存基本完好，今藏民族文化宫中国民族图书馆。

**༄༅། །ཀུན་དགའ་མཆོག་གྲུབ་ཀྱི་རྣམ་ཐར་ངོ་མཚར་དད་པའི་གླང་པོ་སྐུལ་བའི་ལྕགས་ཀྱུ་ཞེས་བྱ་བ་བཞུགས་སོ། །**

**衮噶却珠传·激发虔诚大象之铁钩**

1种，15页。

ཇོ་ནང་པ་ཀུན་དགའ་གྲོལ་མཆོག 觉囊巴·衮噶卓却（1507—1575）撰述。

西藏地区藏传佛教寺院印经院木刻版之刻印本。

普通藏纸，梵夹装中印本（46×5.3cm），楷体，墨色，横刊藏文六行，四周双栏，全。

索书号：002751/7。保存基本完好，今藏民族文化宫中国民族图书馆。

**༄༅། །ཀློང་རྡོལ་བླ་མ་རང་ཉིད་ཀྱིས་མཛད་པའི་རྣམ་ཐར་དང་གསུང་འཐོར་འགའ་ཞེས་བྱ་བ་བཞུགས་སོ། །**

**隆多喇嘛自传与其部分散集**

1种，19页。

ཀློང་རྡོལ་བླ་མ་ངག་དབང་བློ་བཟང་། 隆朵喇嘛·阿旺洛桑（1719—1795）撰述。

北京地区藏传佛教皇家寺院印经院木刻版之刻印本。

普通纸，梵夹装中印本（53×7.1cm），楷体，墨色，横刊藏文六行，四周双栏，全。

索书号：001005/16。保存基本完好，今藏民族文化宫中国民族图书馆。

**༄༅། །དཀྱིལ་འཁོར་རྒྱ་མཚོའི་མངའ་བདག་རྗེ་བཙུན་ངག་དབང་ཐུབ་བསྟན་བསྐལ་བཟང་བསྟན་པའི་སྒྲོན་མེ་དཔལ་བཟང་པོའི་རྣམ་པར་ཐར་པ་བསམ་འཕེལ་ནོར་བུའི་བང་མཛོད་ཅེས་བྱ་བ་བཞུགས་སོ། །**

**曼荼罗海主至尊阿旺图丹格桑丹贝准美传·如意宝藏**

1种，111页。

བླ་འབུམ་ཤེས་རབ་རྒྱ་མཚོ། 鲁奔·希饶嘉措（1884—1968）撰述。

安多地区藏传佛教寺院印经院木刻版之刻印本。

普通藏纸，梵夹装中印本（44.8×6.3cm），楷体，墨色，横刊藏文六行，四周双栏，全。

索书号：000932/1。保存基本完好，今藏民族文化宫中国民族图书馆。

༄༅། །དཀྱིལ་འཁོར་རྒྱ་མཚོའི་མངའ་བདག་རྡོ་རྗེ་འཆང་ཛ་ཡ་པཎྜི་ཏ་བློ་བཟང་འཕྲིན་ལས་དཔལ་བཟང་པོའི་རྣམ་ཐར་དཔག་བསམ་ཡོངས་འདུའི་དབང་པོ་ཞེས་བྱ་བ་བཞུགས་སོ། །

**曼荼罗海主金刚持扎雅班智达·洛桑成勒传·如意聚宝树**

1种，92页。

བཀའ་འགྱུར་པ་བློ་བཟང་ཚུལ་ཁྲིམས། 嘎居巴·洛桑慈称（1761—？）撰述。

北京地区藏传佛教皇家寺院印经院木刻版之刻印本。

普通纸，梵夹装中印本（46.8×7.2cm），楷体，墨色，横刊藏文六行，四周双栏，全。

索书号：001146/11。保存基本完好，今藏民族文化宫中国民族图书馆。

༄༅། །དཀྱིལ་ཟུར་དཀའ་ཆེན་བློ་བཟང་སྦྱིན་པའི་སྤྱོད་ཚུལ་དྲང་པོའི་གཏམ་གྱིས་གསལ་བར་བརྗོད་པ་རིན་ཆེན་དབང་གི་རྒྱལ་པོའི་དོ་ཤལ་ཞེས་བྱ་བ་བཞུགས་སོ། །

**吉苏嘎钦·洛桑金巴之自行传记·大宝王璎珞**

1种，11页。

དཀྱིལ་ཟུར་དཀའ་ཆེན་བློ་བཟང་སྦྱིན་པ། 纪苏嘎钦·洛桑金巴（1812—？）撰述

四川省甘孜藏族自治州德格县德格地区德格寺印经院木刻版之刻印本。

普通藏纸，梵夹装中印本（51.8×7.1cm），楷体，墨色，横刊藏文六行，四周双栏，全。

索书号：000679/1。保存基本完好，今藏民族文化宫中国民族图书馆。

༄༅། །བཀའ་དྲིན་མཚུངས་མེད་རྗེ་བཙུན་བླ་མ་དམ་པ་རིན་ཆེན་དབང་རྒྱལ་དཔལ་བཟང་པོའི་རྣམ་པར་ཐར་པ་རྒྱལ་བསྟན་ཉིན་བྱེད་ཅེས་བྱ་བ་བཞུགས་སོ། །

**恩德无比至尊上师仁钦旺杰传·佛教日光**

1种，27页。

ཀེའུ་ཚང་བློ་བཟང་འཇམ་དབྱངས་སྨོན་ལམ། 格邬仓·洛桑绛央孟兰（1750—1814）撰述。

四川省甘孜藏族自治州甘孜县甘孜地区甘孜寺印经院木刻版之刻印本。

普通藏纸，梵夹装中印本（54.4×7.1cm），楷体，墨色，横刊藏文六行，四周双栏，全。

索书号：000790/5。保存基本完好，今藏民族文化宫中国民族图书馆。

༄༅། །བཀའ་དྲིན་མཚུངས་མེད་རྡོ་རྗེ་འཆང་དབང་རྗེ་བཙུན་ཤེས་རབ་རྒྱ་མཚོའི་ཞལ་སྔ་ནས་ཀྱི་རྣམ་པར་ཐར་པ་འདོད་སྲིད་མཚོ་ཆེ་ལས་སྒྲོལ་བའི་གྲུ་གཟིངས་ཞེས་བྱ་བ་བཞུགས་སོ། །

**恩德无等金刚持主至尊希饶嘉措传·度脱欲界大海之舟楫**

1种，146页。

འཇམ་དབྱངས་བཞད་པ་བསྐལ་བཟང་ཐུབ་བསྟན་དབང་ཕྱུག 嘉木样协巴·格桑图丹旺秋（1856—1916）撰述。

甘肃省甘南藏族自治州夏河县拉卜楞地区拉卜楞寺（拉章扎喜齐）印经院木刻版之刻印本。

普通藏纸，梵夹装中印本（48.1×6.3cm），楷体，墨色，横刊藏文六行，四周双栏，全。

索书号：000842/1。保存基本完好，今藏民族文化宫中国民族图书馆。

༄༅། །བཀའ་དྲིན་མཚུངས་མེད་ཞང་སྟོན་རྡོ་རྗེ་འཆང་བསྟན་པ་རྒྱ་མཚོ་དཔལ་བཟང་པོའི་ཞལ་སྔ་ནས་ཀྱི་རྣམ་པར་ཐར་པ་གཟུར་གནས་མཁས་པའི་གཙུག་ནོར་ཞེས་བྱ་བ་བཞུགས་སོ། །

**恩德无等之祥敦多结强丹巴嘉措传·正直智者之顶宝**

1 种，108 页。

ཞང་སྟོན་བསྟན་པ་རྒྱ་མཚོ། 祥敦·丹巴嘉措（1825—1895）撰述。

甘肃省甘南藏族自治州夏河县拉卜楞地区拉卜楞寺（拉章扎喜齐）印经院木刻版之刻印本。

普通藏纸，梵夹装中印本（46.6×6.4cm），楷体，墨色，横刊藏文六行，四周双栏，全。

索书号：000938/3。保存基本完好，今藏民族文化宫中国民族图书馆。

༄༅། །བཀའ་དྲིན་གསུམ་ལྡན་གྱི་བླ་མ་རྡོ་རྗེ་འཆང་ཆེན་པོ་རྗེ་བཙུན་བློ་བཟང་ཆོས་འབྱོར་ལྷུན་གྲུབ་ཀྱི་རྣམ་ཐར་ཉུང་བསྡུས་བཞུགས་པའི་དབུ་ཕྱོགས་སོ། །

**具足三恩上师金刚持至尊洛桑曲觉伦珠略传**

1 种，8 页。

རོང་ཐ་བློ་བཟང་དམ་ཆོས་རྒྱ་མཚོ། 荣塔·洛桑丹曲嘉措（1805—1900）撰述。

多康地区藏传佛教惹聂特钦林寺印经院木刻版之刻印本。

普通藏纸，梵夹装中印本（缩印本），楷体，墨色，横刊藏文六行，四周双栏，全。

索书号：004526/23。保存基本完好，今藏民族文化宫中国民族图书馆。

༄༅། །བཀའ་དྲིན་གསུམ་ལྡན་གྱི་རིགས་དང་དཀྱིལ་འཁོར་རྒྱ་མཚོའི་མངའ་བདག་མཁན་ཆེན་ཡོངས་འཛིན་རྡོ་རྗེ་འཆང་རྗེ་བཙུན་བློ་བཟང་ཚུལ་ཁྲིམས་བྱམས་པ་རྒྱ་མཚོ་དཔལ་བཟང་པོའི་རྣམ་པར་ཐར་པ་རྒྱ་མཚོ་ལྟ་བུའི་ནང་ནས་དད་པའི་གསོས་སུ་ཆ་ཤས་ཙམ་བརྗོད་པ་མཁས་མང་མཛེས་པར་བྱེད་པའི་དོན་བཟང་མེ་ཏོག་གི་མགུལ་རྒྱན་གསར་པ་ཞེས་བྱ་བ་བཞུགས་སོ། །

**具足三恩诸部曼荼罗海主大堪波经师金刚持至尊洛桑慈称强巴嘉措传·似海中培养诚信之略说·诸学者妙义鲜花之项饰**

1 种，157 页。

ཏཱ་ལའི་བླ་མ་ཐུབ་བསྟན་རྒྱ་མཚོ། 达赖喇嘛·图丹嘉措（1876—1933）撰述。

西藏自治区拉萨地区布达拉宫印经院木刻版之刻印本。

普通藏纸，梵夹装中印本（49.5×7.3cm），楷体，墨色，横刊藏文六行，四周双栏，全。

索书号：000722/1。保存基本完好，今藏民族文化宫中国民族图书馆。

༄༅། །བཀའ་གདམས་ཀྱི་དགེ་བའི་བཤེས་གཉེན་གནས་བརྟན་ཆེན་པོ་ཁ་དྲོན་ནང་པ་རྗེ་བཙུན་བློ་བཟང་བསྟན་འཛིན་དཔལ་བཟང་པོའི་ཞལ་སྔ་ནས་ཀྱི་རྣམ་པར་ཐར་པའི་ཆ་ཤས་ཙམ་བརྗོད་པ་དད་པའི་སྒོ་འབྱེད་ཅེས་བྱ་བ་བཞུགས་སོ། །

**噶当善知识大上座喀准囊巴·至尊洛桑丹增传略·入正信门径**

1 种，32 页。

ཁ་དྲོན་ནང་པ་བློ་བཟང་བསྟན་འཛིན། 喀准囊巴·洛桑丹增（1730—1795）撰述。

多麦地区藏传佛教寺院印经院木刻版之刻印本。

普通藏纸，梵夹装中印本（45.5×6.2cm），楷体，墨色，横刊藏文六行，四周双栏，全。

索书号：001074/1。保存基本完好，今藏民族文化宫中国民族图书馆

༄༅། །བཀའ་བབས་བདུན་ལྡན་གྱི་བརྒྱུད་པའི་རྣམ་ཐར་ངོ་མཚར་རྨད་དུ་བྱུང་བ་རིན་པོ་ཆེའི་ཁུངས་ལྟ་བུའི་གཏམ་ཞེས་བྱ་བ་བཞུགས་སོ། །

**七系付法传承史·希有宝源论**

1 种，70 页。

ཏཱ་ར་ནཱ་ཐ་ཀུན་དགའ་སྙིང་པོ། 达拉那塔·衮噶宁波（1575—1634）撰述。

西藏地区藏传佛教达丹寺印经院木刻版之刻印本。

普通藏纸，梵夹装中印本（43.6×8.2cm），楷体，墨色，横刊藏文六行，四周双栏，全。

索书号：001033/8。保存基本完好，今藏民族文化宫中国民族图书馆

༄༅། །བཀའ་རང་བབས་རྣམ་ཐར་ལྷ་ས་མ་བཀའ་རྒྱ་མ་ཞེས་བྱ་བ་བཞུགས་སོ། །

**亲承语旨史事·拉萨玛秘本**

1 种，8 页。

བླ་མ་ཞང་བརྩོན་འགྲུས་གྲགས་པ། 喇嘛祥·宗哲札巴（1123—1193）撰述。

西藏地区藏传佛教寺院印经院传抄之缮写本。

普通藏纸，梵夹装中印本（41.5×5.2cm），草体，墨色，横书藏文七行，四周双栏，全。

索书号：003844/60。保存基本完好，今藏民族文化宫中国民族图书馆。

༄༅། །བཀའ་རང་བབས་མ་གསང་སྔགས་རྡོ་རྗེ་ཐེག་པ་རྣམ་ཐར་བཀའ་རྒྱ་མ་ཞེས་བྱ་བ་བཞུགས་སོ། །

**亲承语旨·密咒金刚乘史事秘本**

1 种，9 页。

བླ་མ་ཞང་བརྩོན་འགྲུས་གྲགས་པ། 喇嘛祥·宗哲札巴（1123—1193）撰述。

西藏地区藏传佛教寺院印经院传抄之缮写本。

普通藏纸，梵夹装中印本（41.5×5.2cm），草体，墨色，横书藏文七行，四周双栏，全。

索书号：003844/62。保存基本完好，今藏民族文化宫中国民族图书馆。

༄༅། །སྐྱབས་མགོན་དཀོན་མཆོག་བསྟན་པའི་རྒྱལ་མཚན་དཔལ་བཟང་པོའི་གསང་བའི་རྣམ་ཐར་དད་པའི་པདྨོ་བཞད་པའི་ཉིན་བྱེད་ཅེས་བྱ་བ་བཞུགས་སོ། །

**救怙主恭却丹贝坚参秘传·信莲盛开之日**

1 种，5 页。

ཨ་མཆོག་འཇམ་དབྱངས་མཁྱེན་རབ་རྒྱ་མཚོ། 阿却·绛央庆饶嘉措（1849—1944）撰述。

四川省阿坝地区藏传佛教玛威桑格林寺印经院木刻版之刻印本。

普通藏纸，梵夹装中印本（44.9×6.2cm），楷体，墨色，横刊藏文六行，四周双栏，全。

索书号：000887/4。保存基本完好，今藏民族文化宫中国民族图书馆。

༄༅། །སྐྱབས་མགོན་སྐལ་ལྡན་རྒྱ་མཚོའི་ཉེ་བའི་སྲས་ཆེན་དཔལ་ཆོས་མཁན་ཆེན་ཞལ་སྔ་ནས་བློ་བཟང་ལུང་རྟོགས་ཆོས་ཀྱི་རྒྱ་མཚོ་དཔལ་བཟང་པོའི་རྣམ་པར་ཐར་པ་སྤྱོད་པ་མཆོག་གི་རྒྱན་ཞེས་བྱ་བ་བཞུགས་སོ། །

**怙主格旦嘉措之近传大弟子贝曲堪钦洛桑隆多曲吉嘉措传·圣行庄严**

1 种，150 页。

རྫོང་དཀར་འཇིགས་མེད་དམ་ཆོས་རྒྱ་མཚོ། 宗嘎·吉迈丹曲嘉措（1898—1946）撰述。

青海省海东市化隆回族自治县金源地区丹斗寺（丹斗协吉央贡）印经院木刻版

之刻印本。

普通藏纸，梵夹装中印本（44.2×6.2cm），楷体，墨色，横刊藏文六行，四周双栏，全。

索书号：000799/2。保存基本完好，今藏民族文化宫中国民族图书馆。

༄༅། །སྐྱབས་མགོན་རྗེ་བཙུན་དམ་པ་བློ་བཟང་ཐུབ་བསྟན་དབང་ཕྱུག་འཇིགས་མེད་རྒྱ་མཚོ་དཔལ་བཟང་པོའི་མཛད་པའི་ཆ་ཤས་བརྗོད་བྱར་བྱས་པའི་གཏམ་གྱི་ཕྲེང་བ་རྣམ་ཐར་རྒྱས་པའི་སྙིང་པོ་མདོར་བསྡུས་ཏེ་བཀོད་པ་སྒྲ་འདོད་བུང་བའི་གླུ་དབྱངས་ཞེས་བྱ་བ་བཞུགས་སོ། །

**怙主至尊丹巴·洛桑图丹旺秋吉迈嘉措之部分事业语鬘·摄广传心要略篇·喜悦蜂之歌声**

1种，44页。

ཁལ་ཁ་མཁན་པོ་ངག་དབང་བློ་བཟང་མཁས་གྲུབ། 喀尔喀堪波·阿旺洛桑凯珠（1779—1838）撰述。

蒙古国乌兰巴托地区藏传佛教库伦寺印经院木刻版之刻印本。

普通藏纸，梵夹装中印本（52.5×7.2cm），楷体，墨色，横刊藏文六行，四周双栏，全。

索书号：001237/21。保存基本完好，今藏民族文化宫中国民族图书馆。

༄༅། །སྐྱབས་མགོན་རྗེ་བཙུན་དམ་པ་བློ་བཟང་ཚུལ་ཁྲིམས་འཇིགས་མེད་བསྟན་པའི་རྒྱལ་མཚན་དཔལ་བཟང་པོའི་གསང་བའི་རྣམ་ཐར་ལས་བརྩམས་པའི་བསྟོད་པ་དད་པའི་ཤིང་རྟ་ཞེས་བྱ་བ་བཞུགས་སོ། །

**怙主至尊丹巴洛桑慈称吉迈丹贝坚参秘传之赞颂·信者之车**

1种，7页。

ངག་དབང་ཡེ་ཤེས་ཐུབ་བསྟན་རབ་འབྱམས་པ། 阿旺益希图丹饶绛巴（1782—？）撰述。

蒙古国乌兰巴托地区藏传佛教库伦寺印经院木刻版之刻印本。

普通藏纸，梵夹装中印本（49×6.3cm），楷体，墨色，横刊藏文六行，四周双栏，全。

索书号：000884/4。保存基本完好，今藏民族文化宫中国民族图书馆。

༄༅། །སྐྱབས་མགོན་རྗེ་བཙུན་དམ་པ་རིན་པོ་ཆེའི་སྐྱེ་ཕྲེང་རིམ་བྱོན་རྣམས་ཀྱི་རྣམ་ཐར་མདོ་ཙམ་བཀོད་པ་པད་དཀར་ཕྲེང་མཛེས་ཞེས་བྱ་བ་བཞུགས་སོ། །

**怙主至尊丹巴历辈活佛传略·白莲美鬘**

1种，9页。

ངག་དབང་ཡེ་ཤེས་ཐུབ་བསྟན་རབ་འབྱམས་པ། 阿旺益希图丹饶绛巴（1782—？）撰述。

蒙古国乌兰巴托地区藏传佛教库伦寺印经院木刻版之刻印本。

普通藏纸，梵夹装中印本（49×6.3cm），楷体，墨色，横刊藏文六行，四周双栏，全。

索书号：000884/3。保存基本完好，今藏民族文化宫中国民族图书馆。

༄༅། །སྐྱབས་གསུམ་ཀུན་འདུས་ཀྱི་ངོ་བོ་བཀའ་དྲིན་མཚུངས་མེད་རྡོ་རྗེ་འཆང་ཆེན་པོ་དཀོན་མཆོག་འཇིགས་མེད་དབང་པོའི་རྣམ་ཐར་དད་པའི་ལྕགས་ཀྱུ་ཞེས་བྱ་བ་བཞུགས་སོ། །

**三宝总聚体恩德无比人金刚持恭却吉迈旺波传·信者之钩**

1种，5页。

རྒྱལ་མཁན་པོ་གྲགས་པ་རྒྱལ་མཚན། 嘉堪波·札巴坚参（1762 1836）撰述。

甘肃省甘南藏族自治州夏河县拉卜楞地区拉卜楞寺（拉章扎喜齐）印经院木刻版之刻印本。

普通藏纸，梵夹装中印本（47.4×6.3cm），楷体，墨色，横刊藏文六行，四周双栏，全。

索书号：000850/1。保存基本完好，今藏民族文化宫中国民族图书馆。

༄༅། །སྐྱིད་གྲོང་རྗེ་བོའི་རྣམ་ཐར་དྲི་མེད་སྣང་བ་ཞེས་བྱ་བ་བཞུགས་སོ། །

**吉仲觉沃传·无垢光明**

1 种，16 页。

ལྷོ་བོ་མཁན་ཆེན་བསོད་ནམས་ལྷུན་གྲུབ། 珞沃堪钦·索南伦珠（1441—1525）撰述。

四川省甘孜藏族自治州德格县德格地区德格寺印经院木刻版之刻印本。

普通藏纸，梵夹装中印本（47.1×6.1cm），楷体，墨色，横刊藏文六行，四周双栏，全。

索书号：003840/33。保存基本完好，今藏民族文化宫中国民族图书馆。

༄༅། །སྐྱེ་དགུའི་བདག་མོའི་རྟོགས་བརྗོད་ངོ་མཚར་འདབ་བརྒྱ་རྒོད་པའི་པདྨོ་ཞེས་བྱ་བ་བཞུགས་སོ། །

**吉固达莫传·希有百叶莲花**

1 种，6 页。

པཎ་ཆེན་ཨེར་ཏེ་ནི་བློ་བཟང་ཆོས་ཀྱི་རྒྱལ་མཚན། 班禅额尔德尼·洛桑却吉坚参（1567—1662）撰述。

西藏自治区日喀则地区扎什伦布寺印经院木刻版之刻印本。

普通藏纸，梵夹装中印本（49.4×6.5cm），楷体，墨色，横刊藏文六行，四周双栏，全。

索书号：000785/12。保存基本完好，今藏民族文化宫中国民族图书馆。

༄༅། །སྐྱེ་རྒུའི་འདྲེན་མཆོག་དམ་པ་བྲག་གཡབ་ཆུང་ཚང་སྤྲུལ་སྐུ་རིན་པོ་ཆེ་བསྐལ་བཟང་ཐུབ་བསྟན་དབང་ཕྱུག་གི་རྣམ་ཐར་དད་པའི་སྒོ་འབྱེད་ཅེས་བྱ་བ་བཞུགས་སོ། །

**众生导师大德扎雅琼仓活佛格桑图丹旺秋传·开信者门**

1 种，13 页。

འཇམ་དབྱངས་བཞད་པ་དཀོན་མཆོག་འཇིགས་མེད་དབང་པོ། 嘉木样协巴·恭却吉迈旺波（1728—1791）撰述。

甘肃省甘南藏族自治州夏河县拉卜楞地区拉卜楞寺（拉章扎喜齐）印经院木刻版之刻印本。

普通藏纸，梵夹装中印本（48.4×7.4cm），楷体，墨色，横刊藏文六行，四周双栏，全。

索书号：000869/4。保存基本完好，今藏民族文化宫中国民族图书馆。

༄༅། །སྐྱེ་རྒུའི་དཔུང་གཉེན་སྟག་ཚ་སྤྲུལ་ཕྲེང་རིམ་བྱོན་གྱི་རྣམ་པར་ཐར་པ་མདོ་ཙམ་བརྗོད་པ་རིག་བྱེད་ངག་གི་གླིང་བུ་ཞེས་བྱ་བ་བཞུགས་སོ། །

**众生之护友达察历代活佛传略·有表语笛**

1 种，14 页。

རྫོང་དཀར་འཇིགས་མེད་དམ་ཆོས་རྒྱ་མཚོ། 宗嘎·吉迈丹曲嘉措（1898—1946）撰述。

青海省化隆回族自治县金源地区丹斗寺（丹斗协吉央贡）印经院木刻版之刻印本。

普通藏纸，梵夹装中印本（44.2×6.2cm），楷体，墨色，横刊藏文六行，四周双栏，全。

索书号：000799/5。保存基本完好，今藏民族文化宫中国民族图书馆。

༄༅། །སྲས་མཆོག་དམ་པ་ཆོས་དབྱིངས་རྡོ་རྗེའི་དག་སྣང་མགུར་མའི་འགྲེལ་པ་རྣམ་ཐར་དང་བཅས་པ་དད་ལྡན་གཙུག་རྒྱན་པད་དཀར་ཚུན་པོ་ཞེས་བྱ་བ་བཞུགས་སོ། །

**胜士大德曲英多结之净相道歌篇释及传记·具信顶严白莲簇**

1种，19页。

ཀཱིརྟི་བློ་བཟང་འཕྲིན་ལས། 格迪·洛桑成勒（1849—1905）撰述。

甘肃省甘南藏族自治州碌曲县郎木地区郎木寺印经院木刻版之刻印本。

普通藏纸，梵夹装中印本（44.8×6.1cm），楷体，墨色，横刊藏文七行，四周双栏，全。

索书号：001082/9。保存基本完好，今藏民族文化宫中国民族图书馆。

༄༅། །སྐྱེས་རབས་ཀྱི་ཆོས་འབྱུང་བསྡུས་དོན་དང་བཅས་པ་ཞེས་བྱ་བ་བཞུགས་སོ། །

**本生事纪教史略义等**

1种，8页。

ལྷའི་དབང་པོ་རྡོ་རྗེ་རིན་ཆེན། 拉旺波·多结仁钦（14世纪）撰述。

西藏地区藏传佛教寺院印经院传抄之缮写本。

普通藏纸，梵夹装中印本（45.4×5.5cm），草体，墨色，横书藏文七行，四周双栏，全。

索书号：004553/18。保存基本完好，今藏民族文化宫中国民族图书馆。

༄༅། །སྐྱེས་རབས་ཀྱི་བཤད་པ་མདོར་བསྡུས་ཞེས་བྱ་བ་བཞུགས་སོ། །

**本生事纪略讲**

1种，10页。

མཁན་པོ་ངག་དབང་ཐུབ་བསྟན་རྒྱ་མཚོ། 堪波·阿旺图丹嘉措（1836—1889）撰述。

甘肃省甘南藏族自治州碌曲地区希仓噶萨噶旦协珠曲科林寺印经院木刻版之刻印本。

普通藏纸，梵夹装中印本（45.3×6cm），楷体，墨色，横刊藏文六行，四周双栏，全。

索书号：001122/17。保存基本完好，今藏民族文化宫中国民族图书馆。

༄༅། །སྐྱེས་རབས་ཀྱི་ས་བཅད་ཅེས་བྱ་བ་བཞུགས་སོ། །

**本生事纪科判**

1种，8页。

འཇམ་དབྱངས་བཞད་པ་དཀོན་མཆོག་འཇིགས་མེད་དབང་པོ། 嘉木样协巴·恭却吉迈旺波（1728—1791）撰述。

甘肃省甘南藏族自治州夏河县拉卜楞地区拉卜楞寺（拉章扎喜齐）印经院木刻版之刻印本。

普通藏纸，梵夹装中印本（48.4×7.4cm），楷体，墨色，横刊藏文六行，四周双栏，全。

索书号：000875/1。保存基本完好，今藏民族文化宫中国民族图书馆。

༄༅། །སྐྱེས་རབས་རྣམ་གསུམ་ཞེས་བྱ་བ་བཞུགས་སོ། །

**本生事纪三则**

1种，12页。

ཕག་མོ་གྲུ་པ་རྡོ་རྗེ་རྒྱལ་པོ། 帕莫竹巴·多结嘉波（1110—1170）撰述。

西藏地区藏传佛教寺院印经院传抄之缮写本。

普通藏纸，梵夹装中印本（45.3×5.8cm），草体，墨色，横书藏文七行，四周双栏，全。

索书号：003848/6。保存基本完好，今藏民族文化宫中国民族图书馆。

༄༅། །སྐྱེས་རབས་ལུང་གི་གསེར་འཕྲེང་ཞེས་བྱ་བ་བཞུགས་སོ། །

**佛本生纪·经教金鬘**

1 种，2 页。

འབྲུག་པ་པད་མ་དཀར་པོ། 竹巴·白玛嘎波（1527—1592）撰述。

西藏地区藏传佛教寺院印经院木刻版之刻印本。

普通藏纸，梵夹装中印本（45.3 × 6.1cm），楷体，墨色，横刊藏文六行，四周双栏，全。

索书号：003660/6。保存基本完好，今藏民族文化宫中国民族图书馆。

༄༅། །སྐྱེས་རབས་སོ་བཞི་པའི་དོན་རྣམ་པར་བཤད་པ་ཐེག་ཆེན་གསལ་བའི་སྒྲོན་མེ་ཞེས་བྱ་བ་བཞུགས་སོ། །

**本生三十四事释义·大乘明灯**

1 种，388 页。

ཡོངས་འཛིན་ཡེ་ཤེས་རྒྱལ་མཚན། 雍增·益希坚参（1713—1793）撰述。

西藏自治区拉萨地区布达拉宫印经院木刻版之刻印本。

普通藏纸，梵夹装中印本（48.5 × 6.4cm），楷体，墨色，横刊藏文六行，四周双栏，全。

索书号：003328/3。保存基本完好，今藏民族文化宫中国民族图书馆。

༄༅། །ཁྲི་དགེ་མཆོག་སྤྲུལ་རིན་པོ་ཆེའི་རྣམ་ཐར་ཤེལ་དཀར་མེ་ལོང་ཞེས་བྱ་བ་བཞུགས་སོ། །

**恰格活佛传·白晶镜**

1 种，14 页。

ཧོར་ཚང་ཁྲི་ཆེན་འཇིགས་མེད་རིགས་པའི་སེང་གེ། 霍尔仓赤钦·吉迈柔贝桑格（1747—1815）撰述。

西藏地区藏传佛教寺院印经院传抄之缮写本。

普通藏纸，梵夹装中印本（43 × 5.3cm），草体，墨色，横书藏文七行，四周双栏，全。

索书号：001212/3。保存基本完好，今藏民族文化宫中国民族图书馆。

༄༅། །ཁྱབ་བདག་འཁོར་ལོའི་མགོན་པོ་བཀའ་དྲིན་ཟླ་མེད་རྗེ་བཙུན་བློ་བཟང་བསྟན་པའི་དབང་ཕྱུག་ཚུལ་ཁྲིམས་ཕུན་ཚོགས་དཔལ་བཟང་པོའི་རྣམ་པར་ཐར་པ་ཀུན་བཟང་སྤྱོད་ཚུལ་གསལ་བའི་མེ་ལོང་ཞེས་བྱ་བ་བཞུགས་སོ། །

**遍主轮怙主恩德无比之至尊洛桑丹贝旺秋慈称彭措传·普贤行法明镜**

1 种，166 页。

ཞྭ་དམར་དགེ་འདུན་བསྟན་འཛིན་རྒྱ་མཚོ། 夏玛·格登丹增嘉措（1852—1912）撰述。

甘肃省甘南藏族自治州夏河县拉卜楞地区拉卜楞寺（拉章扎喜齐）印经院木刻版之刻印本。

普通藏纸，梵夹装中印本（45.8 × 6.4cm），楷体，墨色，横刊藏文六行，四周双栏，全。

索书号：001253/1。保存基本完好，今藏民族文化宫中国民族图书馆。

༄༅། །ཁྱབ་བདག་འཁོར་ལོའི་མགོན་པོ་རྒྱལ་བ་སྨུས་པ་ཆེན་པོའི་རྣམ་པར་ཐར་པ་མདོ་ཙམ་བཤད་པ་ཡིད་འཕྲོག་ཨུཏྤ་ལའི་ཆུན་པོ་ཞེས་བྱ་བ་བཞུགས་སོ། །

**遍主轮怙主梅巴钦波传略·悦意之青莲花束**

1 种，9 页。

ཨ་མེས་ངག་དབང་ཀུན་དགའ་བསོད་ནམས། 阿梅·阿旺衮噶索南（1597—1660）撰述。

四川省甘孜藏族自治州德格县德格地区德格寺印经院木刻版之刻印本。

普通藏纸，梵夹装中印本（49.9 × 6.8cm），楷体，墨色，横刊藏文六行，四周双栏，全。

索书号：003198/4。保存基本完好，今藏民族文化宫中国民族图书馆。

༄༅། །ཁྱབ་བདག་འཁོར་ལོའི་མགོན་པོ་རྒྱལ་བ་སྲས་པ་ཆེན་པོའི་རྣམ་ཐར་འབྲིང་པོ་བྱིན་རླབས་དགོས་འདོད་ཀུན་འབྱུང་ཞེས་བྱ་བ་བཞུགས་སོ། །

**遍主轮怙主梅巴钦波传中篇·加持随愿普生**

1 种，42 页。

ཨ་མེས་ངག་དབང་ཀུན་དགའ་བསོད་ནམས། 阿梅·阿旺衮噶索南（1597—1660）撰述。

四川省甘孜藏族自治州德格县德格地区德格寺印经院木刻版之刻印本。

普通藏纸，梵夹装中印本（45.6×6.3cm），楷体，墨色，横刊藏文六行，四周双栏，全。

索书号：003198/3。保存基本完好，今藏民族文化宫中国民族图书馆。

༄༅། །ཁྱབ་བདག་འཁོར་ལོའི་མགོན་པོ་དཔལ་ས་སྐྱ་པ་ཆེན་པོ་སྔགས་འཆང་བླ་མ་ཐམས་ཅད་མཁྱེན་པ་ཀུན་དགའ་བསོད་ནམས་གྲགས་པ་རྒྱལ་མཚན་དཔལ་བཟང་པོའི་རྣམ་པར་ཐར་པ་ངོ་མཚར་ཡོན་ཏན་ངག་དབང་རིན་པོ་ཆེ་འདུས་པའི་རྒྱ་མཚོ་འཕེལ་བར་བྱེད་པ་ལྷུན་ཚོགས་བདུད་རྩིའི་ཆར་རྒྱུན་ཞེས་བྱ་བ་བཞུགས་སོ། །

**遍主轮怙主具德萨迦派咒师一切智阿旺衮噶索南札巴坚参传·希有功德聚宝海补篇·圆满甘露长流**

1 种，98 页。

ཨ་མེས་ངག་དབང་ཀུན་དགའ་བསོད་ནམས། 阿梅·阿旺衮噶索南（1597—1660）撰述。

四川省甘孜藏族自治州德格县德格地区德格寺印经院木刻版之刻印本。

普通藏纸，梵夹装中印本（45.6×6.3cm），楷体，墨色，横刊藏文六行，四周双栏，全。

索书号：003213/21。保存基本完好，今藏民族文化宫中国民族图书馆。

༄༅། །ཁྱབ་བདག་འཁོར་ལོའི་དབང་ཕྱུག་དཔལ་འབྱོར་ལྷུན་གྲུབ་ཀྱི་རྣམ་ཐར་སྐལ་བཟང་དད་པའི་ཤིང་རྟ་ཞེས་བྱ་བ་བཞུགས་སོ། །

**遍主轮自在班觉伦珠传·具缘信者之车**

1 种，44 页。

ཏཱ་ལའི་བླ་མ་ངག་དབང་བློ་བཟང་རྒྱ་མཚོ། 达赖喇嘛·阿旺洛桑嘉措（1617—1682）撰述。

西藏自治区拉萨地区布达拉宫印经院木刻版之刻印本。

普通藏纸，梵夹装中印本（46.6×5.9cm），楷体，墨色，横刊藏文六行，四周双栏，全。

索书号：000687/7。保存基本完好，今藏民族文化宫中国民族图书馆。

༄༅། །ཁྱབ་བདག་རྡོ་རྗེ་འཆང་མཁན་ཆེན་ཆོས་ཀྱི་རྒྱལ་པོ་བློ་བཟང་ཆོས་ཀྱི་རྒྱལ་མཚན་གྱི་གསང་བའི་རྣམ་ཐར་དད་པའི་ཤིང་རྟ་ཞེས་བྱ་བ་བཞུགས་སོ། །

**遍主金刚持大堪波法王洛桑曲吉坚参秘传·信者之车**

1 种，8 页。

ཏཱ་ལའི་བླ་མ་ངག་དབང་བློ་བཟང་རྒྱ་མཚོ། 达赖喇嘛·阿旺洛桑嘉措（1617—1682）撰述。

西藏自治区拉萨地区布达拉宫印经院木刻版之刻印本。

普通藏纸，梵夹装中印本（46.6×5.9cm），楷体，墨色，横刊藏文六行，四周双栏，全。

索书号：000687/4。保存基本完好，今藏民族文化宫中国民族图书馆。

༄༅། །ཁྱབ་བདག་རྡོ་རྗེ་འཆང་ཕ་བོང་ཁའི་སྤྲུལ་སྐུ་རིན་པོ་ཆེའི་འཁྲུངས་རབས་གསོལ་འདེབས་བཻ་ཌཱུརྻའི་ཕྲེང་བ་དང་། སྐུ་ཚེའི་བར་ཆད་ཞི་བའི་གསོལ་འདེབས་ལེ་ཚན་དང་། ཁང་གསར་རྡོ་རྗེ་འཆང་གི་འཁྲུངས་རབས་གསོལ་འདེབས། གྲིབ་ཁྲུས་བྱ་ཚུལ། གཡུ་སྒྲོན་མའི་གསེར་སྐྱེམས་བཅས་ཞེས་བྱ་བ་བཞུགས་སོ། །

**遍主金刚持帕邦喀活佛本生纪启请文、吠琉璃鬘及灭除身寿障碍祈请篇、康萨金刚持本事纪启请文、洗除秽障法、玉灯母前供神饮法等**

1 种，10 页。

སྟག་ཕུ་ཞབས་དྲུང་པདྨ་བཛྲ། 达普夏仲・白玛巴遮亦称仁增白玛伦珠（1876—1941）撰述。

西藏地区藏传佛教寺院印经院木刻版之刻印本。

普通藏纸，梵夹装中印本（45.5×5.3cm），楷体，墨色，横刊藏文六行，四周双栏，全。

索书号：003897/15。保存基本完好，今藏民族文化宫中国民族图书馆。

༄༅། །ཁྱབ་བདག་རྡོ་རྗེ་སེམས་དཔའི་ངོ་བོ་བཀའ་དྲིན་མཚུངས་མེད་རྗེ་བཙུན་འཇིགས་མེད་དམ་ཆོས་རྒྱ་མཚོ་དཔལ་བཟང་པོའི་གསང་གསུམ་རྨད་དུ་བྱུང་བའི་རྟོགས་པ་བརྗོད་པ་གདུང་སེལ་སྨན་གྱི་ལྗོན་པ་ཞེས་བྱ་བ་བཞུགས་སོ། །

**遍主金刚萨埵之体性恩德无等之至尊吉迈丹曲嘉措卓越之三密事传记・除苦之药树**

1 种，287 页。

རྫོང་དཀར་འཇིགས་མེད་དམ་ཆོས་རྒྱ་མཚོ། 宗嘎・吉迈丹曲嘉措（1898—1946）撰述。

青海省化隆回族自治县金源地区丹斗寺（丹斗协吉央贡）印经院木刻版之刻印本。

普通藏纸，梵夹装中印本（44.2×6.2cm），楷体，墨色，横刊藏文六行，四周双栏，全。

索书号：000797/2。保存基本完好，今藏民族文化宫中国民族图书馆。

༄༅། །ཁྱབ་བདག་རྡོ་རྗེ་སེམས་དཔའི་ངོ་བོ་དཔལ་ལྡན་བླ་མ་དམ་པ་ཡེ་ཤེས་བསྟན་པའི་སྒྲོན་མེ་དཔལ་བཟང་པོའི་རྣམ་པར་ཐར་པ་ཙམ་བརྗོད་པ་དགེ་ལྡན་བསྟན་པའི་མཛེས་རྒྱན་ཞེས་བྱ་བ་བཞུགས་སོ། །

**遍主金刚萨埵之体性具德上师益希丹贝准美略传・噶丹教派妙庄严**

1 种，414 页。

ཐུའུ་བཀྭན་བློ་བཟང་ཆོས་ཀྱི་ཉི་མ། 土观・洛桑曲吉尼玛（1737—1802）撰述。

青海省互助土族自治县五十地区佑宁寺（贡隆乾巴林）印经院木刻版之刻印本。

普通藏纸，梵夹装中印本（48.5×6.5cm），楷体，墨色，横刊藏文七行，四周双栏，全。

索书号：003635/2。保存基本完好，今藏民族文化宫中国民族图书馆。

༄༅། །ཁྲི་ཆེན་མཆོག་གི་སྤྲུལ་པའི་སྐུ་བློ་བཟང་འཇམ་དཔལ་བསྟན་འཛིན་སེང་གེ་དཔལ་བཟང་པོའི་རྣམ་ཐར་ངོ་མཚར་མེ་ཏོག་ཕྲེང་མཛེས་ཞེས་བྱ་བ་བཞུགས་སོ། །

**赤钦活佛洛桑绛白丹增桑格传・希有花鬘**

1 种，39 页。

ཀིཏྟེ་བློ་བཟང་འཕྲིན་ལས། 格迪・洛桑成勒（1849—1905）撰述。

甘肃省甘南藏族自治州碌曲县郎木地区郎木寺印经院木刻版之刻印本。

普通藏纸，梵夹装中印本（44.8×6.1cm），楷体，墨色，横刊藏文七行，四周双栏，全。

索书号：001082/8。保存基本完好，

今藏民族文化宫中国民族图书馆。

༄༅། །ཁྲི་ཆེན་མཆོག་སྤྲུལ་རྗེ་བཙུན་འཇམ་དབྱངས་བསྟན་པའི་ཉི་མ་དཔལ་བཟང་པོའི་ཞལ་སྔ་ནས་ཀྱི་རྣམ་པར་ཐར་པ་སྐལ་བཟང་མགྲིན་རྒྱན་ཞེས་བྱ་བ་བཞུགས་སོ། །

**赤钦活佛至尊绛央丹贝尼玛传·具缘项饰**

1 种，24 页。

བླ་ཀོ་འཇིགས་མེད་འཕྲིན་ལས་རྒྱ་མཚོ། 拉科·吉迈成勒嘉措（1866—1947）撰述。

甘肃省甘南藏族自治州夏河县拉卜楞地区拉卜楞寺（拉章扎喜齐）印经院木刻版之刻印本。

普通藏纸，梵夹装中印本（46.7×6.2cm），楷体，墨色，横刊藏文六行，四周双栏，全。

索书号：001003/2。保存基本完好，今藏民族文化宫中国民族图书馆。

༄༅། །ཁྲི་ཆེན་དཔལ་ལྡན་གྲགས་པའི་རྣམ་ཐར་ཞེས་བྱ་བ་བཞུགས་སོ། །

**赤钦白旦札巴传**

1 种，17 页。

ཧོར་ཚང་ཁྲི་ཆེན་འཇིགས་མེད་རིགས་པའི་སེང་གེ། 霍尔仓赤钦·吉迈柔贝桑格（1747—1815）撰述。

西藏地区藏传佛教寺院印经院传抄之缮写本。

普通藏纸，梵夹装中印本（43×5.3cm），草体，墨色，横书藏文七行，四周双栏，全。

索书号：001212/21。保存基本完好，今藏民族文化宫中国民族图书馆。

༄༅། །ཁྲི་ཆེན་སྤྲུལ་པའི་སྐུ་བློ་བཟང་བསྟན་པའི་ཉི་མ་དཔལ་བཟང་པོའི་རྣམ་པར་ཐར་པ་དབྱོད་ལྡན་ཡིད་དབང་འགུགས་པའི་ཕོ་ཉ་ཞེས་བྱ་བ་བཞུགས་སོ། །

**赤钦活佛洛桑丹贝尼玛传·招具智意王之使者**

1 种，44 页。

ཏཱ་ལའི་བླ་མ་བསྐལ་བཟང་རྒྱ་མཚོ། 达赖喇嘛·格桑嘉措（1708—1757）撰述。

北京地区藏传佛教皇家寺院印经院木刻版之刻印本。

普通纸，梵夹装中印本（49.4×6.5cm），楷体，墨色，横刊藏文六行，四周双栏，全。

索书号：001128/3。保存基本完好，今藏民族文化宫中国民族图书馆。

༄༅། །མཁན་ཆེན་མིང་ཅན་དགེ་འདུན་རྒྱ་མཚོའི་རྟོགས་བརྗོད་བསམ་འཕེལ་དབང་རྒྱལ་ཞེས་བྱ་བ་བཞུགས་སོ། །

**堪钦·格登嘉措传·如意权王**

1 种，5 页。

མཁན་ཆེན་དགེ་འདུན་རྒྱ་མཚོ། 堪钦·格登嘉措（1679—1765）撰述。

西藏地区藏传佛教寺院印经院木刻版之刻印本。

普通藏纸，梵夹装中印本（45.5×6.5cm），楷体，墨色，横刊藏文六行，四周双栏，全。

索书号：001155/1。保存基本完好，今藏民族文化宫中国民族图书馆。

༄༅། །མཁན་ཆེན་བསོད་ནམས་ལྷུན་གྲུབ་ཀྱི་རྣམ་ཐར་བློ་གསལ་ཀླུའི་དབང་པོའི་གཙུག་གི་ནོར་བུ་ཞེས་བྱ་བ་བཞུགས་སོ། །

**堪钦索南伦珠传·明慧龙王顶髻摩尼**

1 种，19 页。

ས་ལོ་འཇམ་དབྱངས་ཀུན་དགའ་བསོད་ནམས། 萨迦译师·绛央衮噶索南（1485—1533）撰述。

西藏地区藏传佛教寺院印经院传抄之缮写本。

普通藏纸，梵夹装中印本（45×5.3cm），草体，墨色，横书藏文七行，四周双栏，全。

索书号：003215/9。保存基本完好，今藏民族文化宫中国民族图书馆。

༄༅། །མཁའ་སྤྱོད་པ་ཉིད་ཀྱིས་མཛད་པའི་རྣམ་ཐར་ཞེས་བྱ་བ་བཞུགས་སོ། །

**喀觉巴自传**

1 种，6 页。

དྲུང་ཆེན་མཁའ་སྤྱོད་པ་ནམ་མཁའ་རྒྱལ་མཚན། 仲钦喀觉巴·南喀坚参（1370—1433）撰述。

西藏自治区昌都地区藏传佛教寺院经院传抄之缮写本。

普通藏纸，梵夹装中印本（45.3×5.2cm），草体，墨色，横书藏文七行，四周双栏，全。

索书号：003920/23。保存基本完好，今藏民族文化宫中国民族图书馆。

༄༅། །མཁས་གྲུབ་ཆེན་པོ་རྗེ་བཙུན་བླ་མ་དགེ་འདུན་འཇམ་དཔལ་གྲུབ་པའི་རྡོ་རྗེའི་རྣམ་པར་ཐར་པ་པད་མ་དཀར་པོའི་འཁྲི་ཤིང་ཞེས་བྱ་བ་བཞུགས་སོ། །

**善巧成就师至尊上师格登绛白珠巴多结传·白莲宝树**

1 种，36 页。

ཚས་པ་རྒྱ་མཁར་བ་ངག་དབང་དགེ་འདུན་རྒྱ་མཚོ། 齐巴嘉喀哇·阿旺格登嘉措（1839—1905）撰述。

甘肃省甘南藏族自治州夏河县拉卜楞地区拉卜楞寺（拉章扎喜齐）印经院木刻版之刻印本。

普通藏纸，梵夹装中印本（47.3×6.5cm），楷体，墨色，横刊藏文六行，四周双栏，全。

索书号：001166/1。保存基本完好，今藏民族文化宫中国民族图书馆。

༄༅།། །མཁས་གྲུབ་ཆེན་པོ་དམ་པ་གཉིས་ཀྱི་རྣམ་ཐར་མདོ་ཙམ་བརྗོད་པ་ཞེས་བྱ་བ་བཞུགས་སོ། །

**善巧成就之二位大师传略**

1 种，8 页。

ངག་དབང་ཡེ་ཤེས་ཐུབ་བསྟན་རབ་འབྱམས་པ། 阿旺益希图丹饶绛巴（1782—？）撰述。

蒙古国乌兰巴托地区藏传佛教库伦寺印经院木刻版之刻印本。

普通藏纸，梵夹装中印本（49×6.3cm），楷体，墨色，横刊藏文六行，四周双栏，全。

索书号：000883/8。保存基本完好，今藏民族文化宫中国民族图书馆。

༄༅། །མཁས་གྲུབ་ཆེན་པོ་རྣམ་གཉིས་ཀྱི་རྣམ་ཐར་དང་རང་གི་སྤྱོད་ཚུལ་གསལ་བར་སྟོན་པ་དྭངས་ཤེལ་མེ་ལོང་ཞེས་བྱ་བ་བཞུགས་སོ། །

**善巧成就二位大师传与自行传·洁晶明镜**

1 种，83 页。

ཛ་ཧོད་བློ་བཟང་བྱམས་པ་རབ་རྒྱས། 阿果·洛桑绛巴饶杰（1781—1849）撰述。

安多地区藏传佛教扎喜协珠林寺印经院木刻版之刻印本。

普通藏纸，梵夹装中印本（47.5×6.4cm），楷体，墨色，横刊藏文七行，四周双栏，全。

索书号：000815/1。保存基本完好，今藏民族文化宫中国民族图书馆。

༄༅། །མཁས་གྲུབ་ཆེན་པོ་གསུམ་གྱི་ཡོན་ཏན་མདོར་བསྡུས་པའི་སྒོ་ནས་རྟོགས་པ་བརྗོད་པ་མཁས་པའི་ཡིད་འཕྲོག་གྲུབ་པའི་རྒྱན་ཅེས་བྱ་བ་བཞུགས་སོ། །

善巧成就略摄三功德门而说史事·智者悦意成就之严饰

1 种，51 页。

པཎ་ཆེན་ཨེར་ཏེ་ནི་བློ་བཟང་ཆོས་ཀྱི་རྒྱལ་མཚན། 班禅额尔德尼·洛桑曲吉坚参（1567—1662）撰述。

西藏自治区日喀则地区扎什伦布寺印经院木刻版之刻印本。

普通藏纸，梵夹装中印本（49.4×6.5cm），楷体，墨色，横刊藏文六行，四周双栏，全。

索书号：000785/4。保存基本完好，今藏民族文化宫中国民族图书馆。

༄༅། །མཁས་གྲུབ་ཐམས་ཅད་མཁྱེན་པ་དགེ་ལེགས་དཔལ་བཟང་པོའི་རྣམ་པར་ཐར་པ་ཞེས་བྱ་བ་བཞུགས་སོ། །

贤哲一切智格勒白桑传

1 种，13 页。

འཇམ་དབྱངས་བཞད་པ་དཀོན་མཆོག་འཇིགས་མེད་དབང་པོ། 嘉木样协巴·恭却吉迈旺波（1728—1791）撰述。

甘肃省甘南藏族自治州夏河县拉卜楞地区拉卜楞寺（拉章扎喜齐）印经院木刻版之刻印本。

普通藏纸，梵夹装中印本（48.4×7.4cm），楷体，墨色，横刊藏文六行，四周双栏，全。

索书号：000871/2。保存基本完好，今藏民族文化宫中国民族图书馆。

༄༅། །མཁས་གྲུབ་ཐམས་ཅད་མཁྱེན་པའི་རྣམ་ཐར་མཁས་པའི་ཡིད་འཕྲོག་ཅེས་བྱ་བ་བཞུགས་སོ། །

凯珠一切智传·智者悦意

1 种，14 页。

པཎ་ཆེན་ཨེར་ཏེ་ནི་མཁས་གྲུབ་དགེ་ལེགས་དཔལ་བཟང་། 班禅额尔德尼·凯珠格勒白桑（1385—1438）撰述。

西藏自治区拉萨市达孜地区噶旦寺（喜足尊胜洲）印经院木刻版之刻印本。

普通藏纸，梵夹装中印本（50.4×6cm），楷体，墨色，横刊藏文六行，四周双栏，全。

索书号：002927/2。保存基本完好，今藏民族文化宫中国民族图书馆。

༄༅། །མཁས་གྲུབ་ཐམས་ཅད་མཁྱེན་པའི་གསང་བའི་རྣམ་ཐར་རྗེ་བཙུན་ཆོས་ཀྱི་རྒྱལ་མཚན་གྱིས་མཛད་པ་ཞེས་བྱ་བ་བཞུགས་སོ། །

至尊曲吉坚参撰凯珠一切智秘传

1 种，37 页。

པཎ་ཆེན་ཨེར་ཏེ་ནི་མཁས་གྲུབ་དགེ་ལེགས་དཔལ་བཟང་། 班禅额尔德尼·凯珠格勒白桑（1385—1438）撰述。

西藏自治区拉萨市达孜地区噶旦寺（喜足尊胜洲）印经院木刻版之刻印本。

普通藏纸，梵夹装中印本（50.4×6cm），楷体，墨色，横刊藏文六行，四周双栏，全。

索书号：002938/10。保存基本完好，今藏民族文化宫中国民族图书馆。

༄༅། །མཁས་གྲུབ་ལེགས་པ་དོན་གྲུབ་ཀྱི་གསང་བའི་རྣམ་ཐར་གྱི་སྙིང་པོ་དངོས་གྲུབ་ཀུན་འབྱུང་ཞེས་བྱ་བ་བཞུགས་སོ། །

凯珠·勒巴顿珠秘传心要·悉地普生

1 种，18 页。

པཎ་ཆེན་ཨེར་ཏེ་ནི་དབེན་ས་པ་བློ་བཟང་དོན་

གྲུབ། 班禅额尔德尼·温萨巴·洛桑顿珠（1505—1566）撰述。

西藏自治区日喀则市萨迦地区萨迦寺印经院木刻版之刻印本。

普通藏纸，梵夹装中印本（47×6.2cm），楷体，墨色，横刊藏文六行，四周双栏，全。

索书号：003757/17。保存基本完好，今藏民族文化宫中国民族图书馆。

༄༅། །མཁས་བཙུན་བཟང་པོའི་བདག་ཉིད་སྒོ་མང་མཁན་རིན་པོ་ཆེ་བློ་བཟང་ཆོས་དར་པའི་ཞལ་སྔ་ནས་ཀྱི་རྟོགས་པ་བརྗོད་པ་གཟུར་གནས་མཁས་པའི་དགའ་སྟོན་ཞེས་བྱ་བ་བཞུགས་སོ། །

**善巧戒严贤良大师果芒堪波洛桑曲达传·正直善巧之喜宴**

1 种，49 页。

གུང་ཐང་དཀོན་མཆོག་བསྟན་པའི་སྒྲོན་མེ། 贡唐·恭却丹贝准美（1762—1823）撰述。

甘肃省甘南藏族自治州夏河县拉卜楞地区拉卜楞寺（拉章扎喜齐）印经院木刻版之刻印本。

普通藏纸，梵夹装中印本（47.2×6.2cm），楷体，墨色，横刊藏文六行，四周双栏，全。

索书号：000921/4。保存基本完好，今藏民族文化宫中国民族图书馆。

༄༅། །མཁས་ཤིང་གྲུབ་པའི་དབང་ཕྱུག་ཀུན་མཁྱེན་འཇམ་དབྱངས་བཞད་པའི་རྡོ་རྗེའི་རྣམ་པར་ཐར་པ་ངོ་མཚར་སྐལ་བཟང་འཇུག་ངོགས་ཞེས་བྱ་བ་བཞུགས་སོ། །

**善巧成就自在遍智嘉木样协贝多结传·稀有具缘津梁**

1 种，123 页。

འཇམ་དབྱངས་བཞད་པ་དཀོན་མཆོག་འཇིགས་མེད་དབང་པོ། 嘉木样协巴·恭却吉迈旺波（1728—1791）撰述。

甘肃省甘南藏族自治州夏河县拉卜楞地区拉卜楞寺（拉章扎喜齐）印经院木刻版之刻印本。

普通藏纸，梵夹装中印本（48.4×7.4cm），楷体，墨色，横刊藏文六行，四周双栏，全。

索书号：000869/2。保存基本完好，今藏民族文化宫中国民族图书馆。

༄༅། །མཁས་ཤིང་གྲུབ་པའི་དབང་ཕྱུག་རྡོ་རྗེ་འཆང་དངོས་རྗེ་བཙུན་དགེ་འདུན་ཆོས་སྐྱོང་རྒྱ་མཚོ་དཔལ་བཟང་པོའི་རྣམ་པར་ཐར་པ་མདོ་ཙམ་བརྗོད་པ་སྐལ་བཟང་དད་པའི་པད་མོ་བཞད་པའི་ཉིན་བྱེད་ཅེས་བྱ་བ་བཞུགས་སོ། །

**善巧成就自在师金刚持体至尊格登曲迥嘉措传略·具缘信莲盛开之日光**

1 种，55 页。

ཐར་ཤུལ་དགེ་འདུན་ཆོས་སྐྱོང་རྒྱ་མཚོ། 塔秀·格登曲迥嘉措（1810—1888）撰述。

青海省湟中县鲁沙尔地区塔尔寺（固奔乾巴林）印经院木刻版之刻印本。

普通藏纸，梵夹装中印本（44.5×6.5cm），楷体，墨色，横刊藏文六行，四周双栏，全。

索书号：001227/2。保存基本完好，今藏民族文化宫中国民族图书馆。

༄༅། །གངས་ཅན་གྱི་ཡུལ་དུ་བྱོན་པའི་ལོ་པཎ་རྣམས་ཀྱི་མཚན་ཐོ་རགས་རིམ་ཚིགས་བཅད་དུ་བསྡེབས་པ་མ་ཧཱ་པཎྜི་ཏ་ཤྲཱི་ལ་རཏྣའི་གསུང་ཞེས་བྱ་བ་བཞུགས་སོ། །

**大班智达希拉热达那所述莅临雪域之诸译师、班智达简略名录偈**

1 种，283 页。

འཇམ་དབྱངས་མཁྱེན་བརྩེ་དབང་པོ། 绛央庆则旺波（亦称衮噶丹贝坚参，1820—

1892）撰述。

四川省甘孜藏族自治州德格县德格地区德格寺印经院木刻版之刻印本。

普通藏纸，梵夹装短印本（29.7×4.6cm），楷体，墨色，横刊藏文六行，四周双栏，全。

索书号：006319/2。保存基本完好，今藏民族文化宫中国民族图书馆。

༄༅། །གངས་རིའི་ལྗོངས་ཀྱི་སྨྲ་བའི་སེང་གེ་གཅིག་བྱ་འཇམ་མགོན་མི་ཕམ་རྒྱ་མཚོའི་རྣམ་ཐར་སྙིང་པོ་བསྡུས་པ་དང་གསུང་རབ་ཀྱི་དཀར་ཆག་སྣར་འགྱུར་བསྟན་པའི་མཛེས་རྒྱན་ཞེས་བྱ་བ་བཞུགས་སོ། །

**雪山唯一言说狮子妙音怙主米盼嘉措略传及其著作目录·旧译教典庄严**

1种，56页。

འཇུ་མི་ཕམ་འཇམ་དབྱངས་རྣམ་རྒྱལ་རྒྱ་མཚོ། 局米盼·绛央南杰嘉措（1864—1912）撰述。

四川省甘孜藏族自治州德格县德格地区德格寺印经院木刻版之刻印本。

普通藏纸，梵夹装短印本（38.3×5.8cm），楷体，墨色，横刊藏文六行，四周双栏，全。

索书号：000407/13。保存基本完好，今藏民族文化宫中国民族图书馆。

༄༅། །ཀུང་རུ་ཡེ་ཤེས་ཀྱི་མཁའ་འགྲོ་མའི་རྣམ་པར་ཐར་པ་པད་དཀར་འཕྲེ་ཤིང་ཞེས་བྱ་བ་བཞུགས་སོ། །

**贡茹智慧空性母之史事·白莲宝树**

1种，18页。

ཞང་སྟོན་བསྟན་པ་རྒྱ་མཚོ། 祥敦·丹巴嘉措（1825—1895）撰述。

甘肃省甘南藏族自治州夏河县拉卜楞地区拉卜楞寺（拉章扎喜齐）印经院木刻版之刻印本。

普通藏纸，梵夹装中印本（46.6×6.4cm），楷体，墨色，横刊藏文六行，四周双栏，全。

索书号：000938/12。保存基本完好，今藏民族文化宫中国民族图书馆。

༄༅། །ཀུང་རུ་ཡེ་ཤེས་ཀྱི་མཁའ་འགྲོ་མའི་སྤྲུལ་པའི་སྐུ་དཀོན་མཆོག་རིག་འཛིན་དཔལ་མོའི་འཁྲུངས་རབས་གསོལ་འདེབས་ཞེས་བྱ་བ་བཞུགས་སོ། །

**贡茹益希空行母之化身活佛恭却仁增白姆本生祈愿文**

1种，3页。

སྡེ་ཁྲི་འཇམ་དབྱངས་ཐུབ་བསྟན་ཉི་མ། 德赤·绛央图丹尼玛（1779—1862）撰述。

甘肃省甘南藏族自治州夏河县拉卜楞地区拉卜楞寺（拉章扎喜齐）印经院木刻版之刻印本。

普通藏纸，梵夹装中印本（47.2×6.6cm），楷体，墨色，横刊藏文六行，四周双栏，全。

索书号：000849/3。保存基本完好，今藏民族文化宫中国民族图书馆。

༄༅། །གྲུབ་ཆེན་སྐལ་ལྡན་རྒྱ་མཚོའི་རྣམ་ཐར་མགུར་མའི་ཚུལ་དུ་བསྒྲིགས་པ་ཐུགས་རྗེའི་ཆར་སྤྲིན་བསྐུལ་བའི་དབྱིད་ཀྱི་ཕོ་ཉ་ཞེས་བྱ་བ་བཞུགས་སོ། །

**大成就师格旦嘉措之史事道情歌编·催动悲雨云之杜鹃声**

1种，8页。

ཨ་ཁྱུང་ངག་དབང་མཁྱེན་རབ། 阿琼·阿旺庆饶（18世纪下半叶）撰述。

甘肃省甘南藏族自治州碌曲县郎木地区郎木寺印经院木刻版之刻印本。

普通藏纸，梵夹装中印本（46.8×6.4cm），楷体，墨色，横刊藏文六行，四周双栏，全。

索书号：000937/11。保存基本完好，今藏民族文化宫中国民族图书馆。

༄༅། །གྲུབ་ཆེན་སྐལ་ལྡན་རྒྱ་མཚོའི་རྣམ་ཐར་ཡིད་བཞིན་དབང་གི་རྒྱལ་པོ་ཞེས་བྱ་བ་བཞུགས་སོ། །

**大成就者格旦嘉措传·如意王**

1 种，74 页。

ཤར་སྐལ་ལྡན་རྒྱ་མཚོ། 夏·格旦嘉措（1607—1677）撰述。

青海省黄南藏族自治州同仁县隆务地区隆务寺印经院木刻版之刻印本。

普通藏纸，梵夹装中印本（46.5×5.6cm），楷体，墨色，横刊藏文六行，四周双栏，全。

索书号：001048/3。保存基本完好，今藏民族文化宫中国民族图书馆。

༄༅། །གྲུབ་ཆེན་མཁའ་སྤྱོད་པའི་རྣམ་པར་ཐར་པ་གོ་བདེ་གཏམ་ཐབས་ཞེས་བྱ་བ་བཞུགས་སོ། །

**大成就者喀觉巴传·易知录**

1 种，30 页。

དྲུང་ཆེན་མཁའ་སྤྱོད་པ་ནམ་མཁའ་རྒྱལ་མཚན། 仲钦喀觉巴·南喀坚参（1370—1433）撰述。

西藏地区藏传佛教寺院印经院木刻版之刻印本。

普通藏纸，梵夹装中印本（45.3×5.2cm），楷体，墨色，横刊藏文六行，四周双栏，全。

索书号：003920/22。保存基本完好，今藏民族文化宫中国民族图书馆。

༄༅། །གྲུབ་ཆེན་རྗེ་བཙུན་བུདྡྷ་གུཔྟ་ནཱ་ཐའི་ཞབས་ཀྱི་རྣམ་པར་ཐར་པ་ཞེས་བྱ་བ་བཞུགས་སོ། །

**大成就师至尊佛陀笈多那塔传**

1 种，17 页。

ཏཱ་ར་ནཱ་ཐ་ཀུན་དགའ་སྙིང་པོ། 达拉那塔·衮噶宁波（1575—1634）撰述。

西藏地区藏传佛教达丹寺印经院木刻版之刻印本。

普通藏纸，梵夹装中印本（43.6×8.2cm），楷体，墨色，横刊藏文六行，四周双栏，全。

索书号：001029/4。保存基本完好，今藏民族文化宫中国民族图书馆。

༄༅། །གྲུབ་ཆེན་བུདྡྷ་གུཔྟའི་རྣམ་ཐར་རྗེ་བཙུན་ཉིད་ཀྱི་ཞལ་ལུང་ལས་གཞན་དུ་རང་རྟོག་གི་དྲི་མས་མ་སྦགས་པའི་ཡི་གེ་ཡང་དག་པ་ཞེས་བྱ་བ་བཞུགས་སོ། །

**大成就师佛陀笈多传·至尊亲授未染私见文字确切**

1 种，17 页。

ཏཱ་ར་ནཱ་ཐ་ཀུན་དགའ་སྙིང་པོ། 达拉那塔·衮噶宁波（1575—1634）撰述。

西藏地区藏传佛教达丹寺印经院木刻版之刻印本。

普通藏纸，梵夹装中印本（43.6×8.2cm），楷体，墨色，横刊藏文六行，四周双栏，全。

索书号：003251/9。保存基本完好，今藏民族文化宫中国民族图书馆。

༄༅། །གྲུབ་ཆེན་མི་ཏྲ་ཛོ་ཀིའི་ཕྱི་ནང་གསང་གསུམ་གྱི་རྣམ་ཐར་ལོ་རྒྱུས་སྐལ་ལྡན་དད་པའི་འཇུག་ངོགས་ཞེས་བྱ་བ་བཞུགས་སོ། །

**大成就师米扎佐格之内外密三种史事·具缘信士门径**

1 种，38 页。

བཀའ་འགྱུར་བ་བློ་བཟང་ཚུལ་ཁྲིམས། 嘎居尔巴·洛桑慈称（1761—？）撰述。

北京地区藏传佛教皇家寺院印经院木刻版之刻印本。

普通纸，梵夹装中印本（46.8×7.2cm），楷体，墨色，横刊藏文六行，四周双栏，全。

索书号：001147/4。保存基本完好，今藏民族文化宫中国民族图书馆。

༄༅། །གྲུབ་མཆོག་དམ་པ་རྒྱ་མཁར་མཁན་ཆེན་རིན་པོ་ཆེ་རྗེ་དཀོན་མཆོག་བསྟན་པའི་རྒྱལ་མཚན་དཔལ་བཟང་པོའི་རྣམ་པར་ཐར་པ་ངོ་མཚར་བསྔགས་པའི་ནོར་བུའི་ཕྲེང་བ་ཞེས་བྱ་བ་བཞུགས་སོ། །

**大成就师嘉喀堪钦·恭却丹贝坚参传·希有赞颂摩尼鬘**

1种，52页。

ཆས་པ་རྒྱ་མཁར་བ་ངག་དབང་དགེ་འདུན་རྒྱ་མཚོ། 齐巴嘉喀哇·阿旺格登嘉措（1839—1905）撰述。

甘肃省甘南藏族自治州夏河县拉卜楞地区拉卜楞寺（拉章扎喜齐）印经院木刻版之刻印本。

普通藏纸，梵夹装中印本（47.3×6.5cm），楷体，墨色，横刊藏文六行，四周双栏，全。

索书号：001166/5。保存基本完好，今藏民族文化宫中国民族图书馆。

༄༅། །གྲུབ་ཐོབ་བརྒྱད་ཅུའི་རྣམ་ཐར་དང་མཐུན་པའི་བསྟོད་པ་སྐལ་ལྡན་གྲོལ་བའི་ལམ་མཆོག་ཅེས་བྱ་བ་བཞུགས་སོ། །

**八十四位成就师史事赞·具缘解脱胜道**

1种，16页。

ཆས་པ་རྒྱ་མཁར་བ་ངག་དབང་དགེ་འདུན་རྒྱ་མཚོ། 齐巴嘉喀哇·阿旺格登嘉措（1839—1905）撰述。

甘肃省甘南藏族自治州夏河县拉卜楞地区拉卜楞寺（拉章扎喜齐）印经院木刻版之刻印本。

普通藏纸，梵夹装中印本（47.3×6.5cm），楷体，墨色，横刊藏文六行，四周双栏，全。

索书号：001166/3。保存基本完好，今藏民族文化宫中国民族图书馆。

༄༅། །གྲུབ་ཐོབ་ཆེན་པོ་ཡོན་ཏན་དཔལ་དང་ལ་ཏུ་བ་བསོད་ནམས་སེང་གེའི་རྣམ་ཐར་ཞེས་བྱ་བ་བཞུགས་སོ། །

**大成就师云丹白与拉杜哇索南桑格传**

1种，4页。

གློ་བོ་མཁན་ཆེན་བསོད་ནམས་ལྷུན་གྲུབ། 珞沃堪钦·索南伦珠（1441—1525）撰述。

四川省甘孜藏族自治州德格县德格地区德格寺印经院木刻版之刻印本。

普通藏纸，梵夹装中印本（47.1×6.1cm），楷体，墨色，横刊藏文六行，四周双栏，全。

索书号：003837/13。保存基本完好，今藏民族文化宫中国民族图书馆。

༄༅། །གྲུབ་པའི་གནས་ཆེན་པོ་ཤམྦྷ་ལའི་རྣམ་བཤད་འཕགས་ཡུལ་གྱི་རྟོགས་བརྗོད་དང་བཅས་པ་ངོ་མཚར་བྱེ་བའི་འབྱུང་གནས་ཞེས་བྱ་བ་བཞུགས་སོ། །

**香巴拉注疏·圣地传记·开希有之源**

1种，50页。

པཎ་ཆེན་ཆེར་དེ་ནི་དཔལ་ལྡན་ཡེ་ཤེས། 班禅额尔德尼·白日益希（1738—1780）撰述。

西藏自治区日喀则地区扎什伦布寺印经院木刻版之刻印本。

普通藏纸，梵夹装中印本（49.1×6.8cm），楷体，墨色，横刊藏文六行，四周双栏，全。

索书号：003517/24。保存基本完好，今藏民族文化宫中国民族图书馆。

༄༅། །གྲུབ་པའི་དབང་ཕྱུག་བཀའ་དྲིན་གསུམ་ལྡན་གྱི་རྗེ་བའི་བླ་མ་རྡོ་རྗེ་འཆང་རྗེ་བཙུན་བྱང་ཆུབ་རིན་ཆེན་དཔལ་བཟང་པོའི་རྣམ་ཐར་མདོ་ཙམ་བརྗོད་པ་སྒྲུབ་བརྒྱུད་བསྟན་པའི་མཛེས་རྒྱན་ཞེས་བྱ་བ་བཞུགས་སོ། །

**成就自在三恩本师金刚持至尊强曲仁钦传略修派教法之美严庄饰**

1 种，16 页。

གསེར་ཏོག་བློ་བཟང་ཚུལ་ཁྲིམས་རྒྱ་མཚོ། 赛朵·洛桑慈称嘉措（1845—1915）撰述。

甘肃省甘南藏族自治州夏河县拉卜楞地区拉卜楞寺（拉章扎喜齐）印经院木刻版之刻印本。

普通藏纸，梵夹装中印本（46.6×6.5cm），楷体，墨色，横刊藏文六行，四周双栏，全。

索书号：001107/2。保存基本完好，今藏民族文化宫中国民族图书馆。

༄༅། །གྲུབ་པའི་དབང་ཕྱུག་བཀྲ་ཤིས་རྒྱ་མཚོ་སློབ་བརྒྱུད་དང་བཅས་པའི་རྣམ་ཐར་མུ་ཏིག་ཕྲེང་མཛེས་ཞེས་བྱ་བ་བཞུགས་སོ། །

**大成就者扎希嘉措师徒传承史·珍珠美鬘**

1 种，8 页。

ཐུའུ་བཀྭན་བློ་བཟང་ཆོས་ཀྱི་ཉི་མ། 土观·洛桑曲吉尼玛（1737—1802）撰述。

青海省互助土族自治县五十地区佑宁寺（贡隆乾巴林）印经院木刻版之刻印本。

普通藏纸，梵夹装中印本（48.5×6.5cm），楷体，墨色，横刊藏文七行，四周双栏，全。

索书号：003636/15。保存基本完好，今藏民族文化宫中国民族图书馆。

༄༅། །གྲུབ་པའི་དབང་ཕྱུག་ངག་དབང་ཆོས་ཀྱི་རྒྱ་མཚོའི་རྣམ་ཐར་དཔག་བསམ་ལྗོན་བཟང་ཞེས་བྱ་བ་བཞུགས་སོ། །

**大成就者阿旺曲吉嘉措传·如意妙树**

1 种，37 页。

ཐུའུ་བཀྭན་བློ་བཟང་ཆོས་ཀྱི་ཉི་མ། 土观·洛桑曲吉尼玛（1737—1802）撰述。

青海省互助土族自治县五十地区佑宁寺（贡隆乾巴林）印经院木刻版之刻印本。

普通藏纸，梵夹装中印本（48.5×6.5cm），楷体，墨色，横刊藏文七行，四周双栏，全。

索书号：003636/16。保存基本完好，今藏民族文化宫中国民族图书馆。

༄༅། །གྲུབ་པའི་དབང་ཕྱུག་མི་ལ་ལ་བརྟེན་པའི་བླ་མའི་རྣལ་འབྱོར་དང་རྣམ་ཐར་ཆུང་བའི་གསུང་མགུར་རྣམས་བཞུགས་སོ། །

**依成就自在师米拉热巴修上师瑜伽与略传中之道情歌等**

1 种，18 页。

པཎ་ཆེན་ཨེར་ཏེ་ནི་བློ་བཟང་ཆོས་ཀྱི་རྒྱལ་མཚན། 班禅额尔德尼·洛桑却吉坚参（1567—1662）撰述。

西藏自治区日喀则地区扎什伦布寺印经院木刻版之刻印本。

普通藏纸，梵夹装中印本（49.4×6.5cm），楷体，墨色，横刊藏文六行，四周双栏，全。

索书号：000785/15。保存基本完好，今藏民族文化宫中国民族图书馆。

༄༅། །གྲུབ་དབང་ཀུར་ཁྲི་རིན་པོ་ཆེས་མཛད་པའི་སློབ་དཔོན་ནམ་མཁའ་སེང་གེའི་འཁྲུངས་རབས་གསོལ་འདེབས་དང་རྒྱལ་བསྟན་མ་གཉིས་ཞེས་བྱ་བ་བཞུགས་སོ། །

**成就自在师古底仁波且所著阿阇黎南喀桑格之本生启请文与佛教篇**

1 种，3 页。

ཇ་གོད་ནམ་མཁའ་སེང་གེ། 阿郭・南喀桑格（1712—1780）撰述。

多麦地区藏传佛教扎喜协珠林寺印经院木刻版之刻印本。

普通藏纸，梵夹装中印本（46.6×5.8cm），楷体，墨色，横刊藏文六行，四周双栏，全。

索书号：000817/2。保存基本完好，今藏民族文化宫中国民族图书馆。

༄༅། །གྲུབ་དབང་སྟག་ཕུ་སྤྲུལ་སྐུ་རིན་པོ་ཆེའི་རྣམ་ཐར་མདོ་ཙམ་བརྗོད་པ་སྐལ་བཟང་རྣ་བའི་བཅུད་ལེན་ཞེས་བྱ་བ་བཞུགས་སོ། །

**成就自在师达普活佛传略・具缘耳中精英**

1 种，14 页。

ངག་དབང་ཡེ་ཤེས་ཐུབ་བསྟན་རབ་འབྱམས་པ། 阿旺益希图丹饶绛巴（1782—？）撰述。

蒙古国乌兰巴托地区藏传佛教库伦寺印经院木刻版之刻印本。

普通藏纸，梵夹装中印本（49×6.3cm），楷体，墨色，横刊藏文六行，四周双栏，全。

索书号：000883/2。保存基本完好，今藏民族文化宫中国民族图书馆。

༄༅། །གྲུབ་དབང་བློ་བཟང་རྒྱ་མཚོའི་གསང་བའི་རྣམ་ཐར་དང་འབྲེལ་བའི་གསོལ་འདེབས་དངོས་གྲུབ་ཀུན་འབྱུང་ཞེས་བྱ་བ་བཞུགས་སོ། །

**大成就师洛桑嘉措秘传结合之祈祷文・悉地普生**

1 种，4 页。

ཨ་རོལ་བློ་བཟང་ལུང་རིགས་རྒྱ་མཚོ། 阿若・洛桑隆柔嘉措（1805—1886）撰述。

青海省黄南藏族自治州同仁县隆务地区隆务寺印经院木刻版之刻印本。

普通藏纸，梵夹装中印本（45.6×6.2cm），楷体，墨色，横刊藏文六行，四周双栏，全。

索书号：001224/10。保存基本完好，今藏民族文化宫中国民族图书馆。

༄༅། །དགེ་ལྡན་བཀའ་བརྒྱུད་རིན་པོ་ཆེའི་ཟབ་ལམ་བརྒྱུད་པའི་རྣམ་པར་ཐར་པ་མདོར་བསྡུས་གཏེར་གྱི་ཁ་བྱང་ལྟ་བུ་ཞེས་བྱ་བ་བཞུགས་སོ། །

**格旦噶举之甚深道传承略史・宝藏录**

1 种，11 页。

པཎ་ཆེན་ཨེར་དེ་ནི་བློ་བཟང་ཆོས་ཀྱི་རྒྱལ་མཚན། 班禅额尔德尼・洛桑曲吉坚参（1567—1662）撰述。

西藏自治区日喀则地区扎什伦布寺印经院木刻版之刻印本。

普通藏纸，梵夹装中印本（48×6.9cm），楷体，墨色，横刊藏文六行，四周双栏，全。

索书号：000785/5。保存基本完好，今藏民族文化宫中国民族图书馆。

༄༅། །དགེ་ལྡན་ཁྲི་ཐོག་བདུན་བཅུ་པ་ཡོངས་འཛིན་པཎྜི་ཏ་ངག་དབང་ཆོས་འཕེལ་གྱིས་རང་གི་སྤྱོད་ཚུལ་འགའ་ཞིག་བརྗོད་པ་དགེ་ལྡན་རིང་ལུགས་རྒྱས་བྱེད་ཅེས་བྱ་བ་བཞུགས་སོ། །

**第七十辈噶旦赤巴荣增・班智达阿旺曲培所撰自行传略・发扬噶旦宗风**

1 种，93 页。

དགའ་ལྡན་ཁྲི་པ་ངག་དབང་ཆོས་འཕེལ། 噶旦赤巴・阿旺曲培（1760—1839）撰述。

西藏自治区拉萨市达孜地区噶旦寺（喜足尊胜洲）印经院木刻版之刻印本。

普通藏纸，梵夹装中印本（46.3×6.1cm），楷体，墨色，横刊藏文六行，四周双栏，全。

索书号：003817/2。保存基本完好，今藏民族文化宫中国民族图书馆。

༄༅། །དགེ་ལྡན་ཁྲི་ཐོག་བདུན་ཅུ་པའི་རྣམ་ཐར་གྱི་རྩ་བ་ཚིགས་སུ་བཅད་པ་དགེ་ལྡན་གསེར་ཁྲིར་འཛེགས་པའི་ཐེམ་སྐས་སོགས་བསྟན་བཅོས་ཉེར་དགུ་ཞེས་བྱ་བ་བཞུགས་སོ། །

**第七十代格旦赤巴之史事根本颂文·登格旦金座之梯等二十九篇**

1 种，204 页。

དཀའ་ལྡན་ཁྲི་པ་ངག་དབང་ཆོས་འཕེལ། 噶旦赤巴·阿旺曲培（1760—1839）撰述。

西藏自治区拉萨市达孜地区噶旦寺（喜足尊胜洲）印经院木刻版之刻印本。

普通藏纸，梵夹装中印本（48×6.9cm），楷体，墨色，横刊藏文六行，四周双栏，全。

索书号：003817/3。保存基本完好，今藏民族文化宫中国民族图书馆。

༄༅། །དགེ་ལྡན་ཁྲི་རིན་པོ་ཆེ་ཡ་ཆི་ཐུ་ནོ་མིན་ཧན་གྱི་རྣམ་ཐར་མཁའ་སྤྱོད་འགྲུབ་པའི་གཏམ་སྙན་ལྷའི་ཟ་བོ་ཆེ་ཞེས་བྱ་བ་བཞུགས་སོ། །

**格旦赤巴仁波且阿齐图诺门罕传·成就空行之天鼓妙语**

1 种，29 页。

ལྕང་སྐྱ་རོལ་པའི་རྡོ་རྗེ། 章嘉·若贝多结（1717—1786）撰述。

北京地区藏传佛教皇家寺院印经院木刻版之刻印本。

普通纸，梵夹装中印本（46.8×6.1cm），楷体，墨色，横刊藏文六行，四周双栏，全。

索书号：000761/1。保存基本完好，今藏民族文化宫中国民族图书馆。

༄༅། །དགེ་ལྡན་བསྟན་པའི་སྲོག་ཤིང་ཆེན་པོ་རྗེ་བཙུན་ངག་དབང་ཐུབ་བསྟན་རྒྱ་མཚོ་དཔལ་བཟང་པོའི་ཞལ་སྔ་ནས་ཀྱི་རྣམ་པར་ཐར་པ་ངོ་མཚར་རིན་ཆེན་བྱེ་བའི་གཏེར་མཛོད་ཅེས་བྱ་བ་བཞུགས་སོ། །

**格旦教法中轴至尊阿旺嘉措传·希有俱胝大宝秘藏**

1 函，1 种，231 页。

མཁན་པོ་ངག་དབང་ཐུབ་བསྟན་རྒྱ་མཚོ། 堪波·阿旺图丹嘉措（1836—1889) 撰述。

甘肃省甘南藏族自治州碌曲地区希仓噶萨噶旦协珠曲科林寺印经院木刻版之刻印本。

普通藏纸，梵夹装中印本（45.3×6cm），楷体，墨色，横刊藏文七行，四周双栏，全。

索书号：001118/1。保存基本完好，今藏民族文化宫中国民族图书馆。

༄༅། །དགོན་དགེ་འདུན་རབ་རྒྱས་གླིང་གི་སྤྲུལ་སྐུ་དཀོན་མཆོག་བསྟན་དར་གྱི་སྐྱེས་རབས་གསོལ་འདེབས་མཆན་འགྲེལ་ཞེས་བྱ་བ་བཞུགས་སོ། །

**格登饶吉林寺活佛恭却丹达本生启请文注释**

1 种，5 页。

པཎ་ཆེན་ཨེར་ཏེ་ནི་བློ་བཟང་དཔལ་ལྡན་ཆོས་ཀྱི་གྲགས་པ་བསྟན་པའི་དབང་ཕྱུག 班禅额尔德尼·洛桑白旦却吉札巴丹贝旺秋（1855—1882）撰述。

西藏自治区日喀则地区扎什伦布寺印经院木刻版之刻印本。

普通藏纸，梵夹装中印本（47.2×6.4cm），楷体，墨色，横刊藏文六行，四周双栏，全。

索书号：000720/11。保存基本完好，今藏民族文化宫中国民族图书馆。

༄༅། །འགྲོ་བ་མགོན་པོ་གཙང་པ་རྒྱ་རས་པའི་རྣམ་པར་ཐར་པ་ངོ་མཚར་དད་པའི་རླབས་འཕྲེང་ཞེས་བྱ་བ་བཞུགས་སོ། །

**众生怙主藏巴・嘉热巴传・希有信浪**

1 种，66 页。

འབྲུག་པ་པད་མ་དཀར་པོ། 竹巴・白玛嘎波（1527—1592）撰述。

西藏地区藏传佛教寺院印经院木刻版之刻印本。

普通藏纸，梵夹装中印本（45.3×6.1cm），楷体，墨色，横刊藏文六行，四周双栏，全。

索书号：003659/6。保存基本完好，今藏民族文化宫中国民族图书馆。

༄༅། །རྗེ་སྒོམ་ལེགས་པ་རྒྱལ་མཚན་སོགས་ཀྱི་རྣམ་ཐར་ཞེས་བྱ་བ་བཞུགས་སོ། །

**嘉恭勒巴坚参等诸师传**

1 种，51 页。

ཇོ་ནང་པ་ཀུན་དགའ་གྲོལ་མཆོག 觉囊巴・衮噶卓却（1507—1575）撰述。

西藏地区藏传佛教寺院印经院木刻版之刻印本。

普通藏纸，梵夹装中印本（46×5.3cm），楷体，墨色，横刊藏文六行，四周双栏，全。

索书号：002751/9。保存基本完好，今藏民族文化宫中国民族图书馆。

༄༅། །རྒྱལ་ཀུན་འདུས་པའི་ངོ་བོ་ཁྱབ་བདག་ཧེ་རུ་ཀ་དུར་ཁྲོད་གར་གྱིས་རྣམ་པར་རོལ་པ་གདན་གསུམ་ཚང་བའི་སྤྱི་དཔོན་རྗེ་བཙུན་བླ་མ་དབང་ཕྱུག་རབ་བརྟན་བསྟན་པའི་རྒྱལ་མཚན་དཔལ་བཟང་པོའི་རྟོགས་པ་བརྗོད་པ་བདུད་རྩིའི་ཟ་མ་ཏོག་ཅེས་བྱ་བ་བཞུགས་སོ། །

**诸佛总集自性遍主嘿汝嘎袈裟舞戏三座圆满之部主至尊上师旺秋饶丹丹贝坚参传・甘露宝箧**

1 种，55 页。

ཏཱ་ལའི་བླ་མ་ངག་དབང་བློ་བཟང་རྒྱ་མཚོ། 达赖喇嘛・阿旺洛桑嘉措（1617—1682）撰述。

西藏自治区拉萨地区布达拉宫印经院木刻版之刻印本。

普通藏纸，梵夹装中印本（46.6×5.9cm），楷体，墨色，横刊藏文七行，四周双栏，全。

索书号：000688/3。保存基本完好，今藏民族文化宫中国民族图书馆。

༄༅། །རྒྱལ་ཁམས་པ་ཏཱ་ར་ནཱ་ཐས་བདག་ཉིད་ཀྱི་རྣམ་ཐར་ངེས་པར་བརྗོད་པའི་དེབ་གཏེར་ཤིན་ཏུ་ཞིབ་མོ་མ་བཅོས་ལྷུག་པའི་རྟོགས་བརྗོད་ཅེས་བྱ་བ་བཞུགས་སོ། །

**游佛国者多罗那塔自传・详述纪实长行体传记**

1 种，326 页。

ཏཱ་ར་ནཱ་ཐ་ཀུན་དགའ་སྙིང་པོ། 达拉那塔・衮噶宁波（1575—1634）撰述。

西藏地区藏传佛教达丹寺印经院木刻版之刻印本。

普通藏纸，梵夹装中印本（43.6×8.2cm），楷体，墨色，横刊藏文六行，四周双栏，全。

索书号：001018/4。保存基本完好，今藏民族文化宫中国民族图书馆。

༄༅། །རྒྱལ་བ་ཀུན་གྱི་མཁྱེན་བརྩེ་ནུས་གསུམ་གཅིག་བསྡུས་པའི་བདག་ཉིད་རྗེ་བཙུན་བློ་བཟང་བསྟན་པའི་རྒྱལ་མཚན་དཔལ་བཟང་པོའི་རྣམ་པར་ཐར་པ་མདོ་ཙམ་བརྗོད་པ་དད་པའི་རྒྱན་ཞེས་བྱ་བ་བཞུགས་སོ། །

**诸佛之智悲力总聚体至尊洛桑丹贝坚参传略·信士庄严**

1 种，46 页。

ཐར་ཤུལ་དགེ་འདུན་ཆོས་སྐྱོང་རྒྱ་མཚོ། 塔秀·格登曲迥嘉措（1810—1888）撰述。

青海省湟中县鲁沙尔地区塔尔寺（固奔乾巴林）印经院木刻版之刻印本。

普通藏纸，梵夹装中印本（44.5×6.5cm），楷体，墨色，横刊藏文六行，四周双栏，全。

索书号：001227/4。保存基本完好，今藏民族文化宫中国民族图书馆。

༄༅། །རྒྱལ་བ་ཁྱབ་བདག་རྡོ་རྗེ་འཆང་ཆེན་པོ་དང་ངོ་བོ་དབྱེར་མ་མཆིས་པ་རྗེ་བཙུན་བློ་བཟང་བསྐལ་བཟང་རྒྱ་མཚོ་དཔལ་བཟང་པོའི་ཞལ་སྔ་ནས་ལ་གསང་བའི་རྣམ་པར་ཐར་པའི་སྒོ་ནས་བསྟོད་པ་ཐུགས་རྗེའི་ཉིན་བྱེད་འདྲེན་པའི་སྐྱ་རེངས་ཞེས་བྱ་བ་བཞུགས་སོ། །

**与佛金刚持体性无别之至尊洛桑格桑嘉措秘传门中赞颂文·引出大悲日光之黎明**

1 种，56 页。

ལྕང་སྐྱ་རོལ་པའི་རྡོ་རྗེ། 章嘉·若贝多结（1717—1786）撰述。

北京地区藏传佛教皇家寺院印经院木刻版之刻印本。

普通藏纸，梵夹装中印本（46.8×6.1cm），楷体，墨色，横刊藏文六行，四周双栏，全。

索书号：000760/2。保存基本完好，今藏民族文化宫中国民族图书馆。

༄༅། །རྒྱལ་བ་རྒོད་ཚང་པ་མངོན་པར་རྫོགས་པ་སངས་རྒྱས་པའི་རྣམ་པར་ཐར་པ་ཞེས་བྱ་བ་བཞུགས་སོ། །

**郭仓巴现证等觉传**

1 种，5 页。

རྒོད་ཚང་པ་མགོན་པོ་རྡོ་རྗེ། 郭仓巴·贡波多结（1189—1258）撰述。

西藏地区藏传佛教寺院印经院传抄之缮写本。

普通藏纸，梵夹装中印本（45.2×6.1cm），草体，墨色，横书藏文七行，四周双栏，全。

索书号：003862/34。保存基本完好，今藏民族文化宫中国民族图书馆。

༄༅། །རྒྱལ་བ་རྒོད་ཚང་པའི་རྣམ་ཐར་དཀར་མ་ཞེས་བྱ་བ་བཞུགས་སོ། །

**法王郭仓巴传**

1 种，9 页。

རྒོད་ཚང་པ་མགོན་པོ་རྡོ་རྗེ། 郭仓巴·贡波多结（1189—1258）撰述。

西藏地区藏传佛教寺院印经院传抄之缮写本。

普通藏纸，梵夹装中印本（45.2×6.1cm），草体，墨色，横书藏文七行，四周双栏，全。

索书号：003859/2。保存基本完好，今藏民族文化宫中国民族图书馆。

༄༅། །རྒྱལ་བ་བློ་བཟང་དོན་གྲུབ་ལ་རྣམ་ཐར་གྱི་སྒོ་ནས་གསོལ་བ་འདེབས་པ་དངོས་གྲུབ་ཀུན་འབྱུང་ཞེས་བྱ་བ་བཞུགས་སོ། །

**佛王洛桑顿珠传记启请文·悉地普生**

1 种，4 页。

མཁས་གྲུབ་སངས་རྒྱས་ཡེ་ཤེས། 凯珠·桑杰益希（1525—1590）撰述。

西藏自治区日喀则地区扎什伦布寺印

经院木刻版之刻印本。

普通藏纸，梵夹装中印本（48×6.5cm），楷体，墨色，横刊藏文六行，四周双栏，全。

索书号：001221/1。保存基本完好，今藏民族文化宫中国民族图书馆。

༄༅། །རྒྱལ་བ་འབྲི་ཁུང་པ་ཁུ་དབོན་གསུམ་གྱི་རྣམ་པར་ཐར་པ་ཞེས་བྱ་བ་བཞུགས་སོ། །

**佛王直贡巴三叔侄传**

1种，7页。

ཀརྨ་མི་བསྐྱོད་རྡོ་རྗེ། 嘎玛·米觉多结（1507—1554）撰述。

西藏地区藏传佛教寺院印经院传抄之缮写本。

普通藏纸，梵夹装中印本（44.6×5.3cm），草体，墨色，横书藏文六行，四周双栏，全。

索书号：003879/2。保存基本完好，今藏民族文化宫中国民族图书馆。

༄༅། །རྒྱལ་བ་ཡོངས་འཛིན་པཎྜི་ཏ་ཆེན་པོ་ཡེ་ཤེས་རྒྱལ་མཚན་དཔལ་བཟང་པོ་ལ་གསང་རྣམ་གྱི་སྒོ་ནས་གསོལ་བ་འདེབས་པ་རིན་པོ་ཆེའི་ཕྲེང་བ་ཞེས་བྱ་བ་བཞུགས་སོ། །

**荣增班智达·益希坚参前由密门而作祈愿文·大宝鬘**

1种，5页。

པཎ་ཆེན་ཨེར་ཏེ་ནི་བློ་བཟང་དཔལ་ལྡན་བསྟན་པའི་ཉི་མ། 班禅额尔德尼·洛桑白旦丹贝尼玛（1782—1853）撰述。

西藏自治区日喀则地区扎什伦布寺印经院木刻版之刻印本。

普通藏纸，梵夹装中印本（48.7×7cm），楷体，墨色，横刊藏文六行，四周双栏，全。

索书号：003533/8。保存基本完好，今藏民族文化宫中国民族图书馆。

༄༅། །རྒྱལ་བའི་དབང་པོ་ཀརྨ་པ་བདུད་འདུལ་རྡོ་རྗེའི་རྣམ་ཐར་ཉུང་དུ་དད་པའི་ཟླ་ཤེལ་ཞེས་བྱ་བ་བཞུགས་སོ། །

**佛王嘎玛巴杜堆多结传略·信者月晶**

1种，5页。

སི་ཏུ་ཆོས་ཀྱི་འབྱུང་གནས། 司都·曲吉迥乃（1699—1774）撰述。

四川省甘孜藏族自治州德格县德格地区八邦寺印经院传抄之缮写本。

普通藏纸，梵夹装中印本（46.5×7cm），楷体，墨色，横书藏文六行，四周双栏，全。

索书号：006147/2。保存基本完好，今藏民族文化宫中国民族图书馆。

༄༅། །རྒྱལ་བའི་དབང་པོ་ཐམས་ཅད་མཁྱེན་གཟིགས་རྡོ་རྗེ་འཆང་བློ་བཟང་བསྐལ་བཟང་རྒྱ་མཚོ་དཔལ་བཟང་པོའི་ཞལ་སྔ་ནས་ཀྱི་རྣམ་པར་ཐར་པ་མདོ་ཙམ་བརྗོད་པ་དཔག་བསམ་རིན་པོ་ཆེའི་སྙེ་མ་ཞེས་བྱ་བ་བཞུགས་སོ། །

**佛王一切智见金刚持洛桑格桑嘉措口述传略·如意大宝穗**

1种，558页。

ཏཱ་ལའི་བླ་མ་བསྐལ་བཟང་རྒྱ་མཚོ། 达赖喇嘛·格桑嘉措（1708—1757）撰述。

北京地区藏传佛教皇家寺院印经院木刻版之刻印本。

普通纸，梵夹装中印本（49.4×6.5cm），楷体，墨色，横刊藏文六行，四周双栏，全。

索书号：002581/1。保存基本完好，今藏民族文化宫中国民族图书馆。

༄༅། །རྒྱལ་བའི་དབང་པོ་ཐམས་ཅད་མཁྱེན་གཟིགས་རྡོ་རྗེ་འཆང་བློ་བཟང་བསྐལ་བཟང་རྒྱ་མཚོ་དཔལ་བཟང་པོའི་ཞལ་སྔ་ནས་ཀྱི་རྣམ་པར་ཐར་པ་མདོ་ཙམ་བརྗོད་པ་དཔག་བསམ་རིན་པོ་ཆེའི་སྙེ་མ་ཞེས་བྱ་བ་བཞུགས་སོ། །

**佛王一切智见金刚持洛桑格桑嘉措略传·如意大宝穗**

1种，558页。

ལྕང་སྐྱ་རོལ་པའི་རྡོ་རྗེ། 章嘉·若贝多结（1717—1786）撰述。

北京地区藏传佛教皇家寺院印经院木刻版之刻印本。

普通纸，梵夹装中印本（46.8×6.1cm），楷体，墨色，横刊藏文六行，四周双栏，全。

索书号：000760/1。保存基本完好，今藏民族文化宫中国民族图书馆。

༄༅། །རྒྱལ་བའི་སྲས་པོ་ཨེརྟི་ནི་མེར་གེན་མཁན་པོ་བློ་བཟང་ཚེ་འཕེལ་པའི་རྣམ་པར་ཐར་པ་གཏམ་དུ་བརྗོད་པ་པད་མ་དཀར་པོའི་ཕྲེང་བ་ཞེས་བྱ་བ་བཞུགས་སོ། །

**嘉色额尔德尼麦尔根堪波·洛桑次培传·白莲鬘**

1种，108页。

སྡེ་ཁྲི་འཇམ་དབྱངས་ཐུབ་བསྟན་ཉི་མ། 第赤·绛央图丹尼玛（1779—1862）撰述。

甘肃省甘南藏族自治州夏河县拉卜楞地区拉卜楞寺（拉章扎喜齐）印经院木刻版之刻印本。

普通藏纸，梵夹装中印本（47.2×6.6cm），楷体，墨色，横刊藏文六行，四周双栏，全。

索书号：000890/8。保存基本完好，今藏民族文化宫中国民族图书馆。

༄༅། །རྒྱལ་བུ་དགའ་བྱེད་ས་སྐྱོང་གི་རྟོགས་བརྗོད་ཅེས་བྱ་བ་བཞུགས་སོ། །

**嘉布噶且王传**

1种，6页。

ཏཱ་ར་ནཱ་ཐ་ཀུན་དགའ་སྙིང་པོ། 达拉那塔·衮噶宁波（1575—1634）撰述。

西藏地区藏传佛教达丹寺印经院木刻版之刻印本。

普通藏纸，梵夹装中印本（43.6×8.2cm），楷体，墨色，横刊藏文六行，四周双栏，全。

索书号：001029/5。保存基本完好，今藏民族文化宫中国民族图书馆。

༄༅། །རྒྱལ་བུ་ཟླ་མཛེས་ཀྱི་རྟོགས་པ་བརྗོད་པ་དད་ལྡན་སྐྱེ་བོའི་རྣ་རྒྱན་ཞེས་བྱ་བ་བཞུགས་སོ། །

**嘉布达孜传·具信士夫耳饰**

1种，17页。

ཀཱིརྟི་བློ་བཟང་འཕྲིན་ལས། 格迪·洛桑成勒（1849—1905）撰述。

甘肃省甘南藏族自治州碌曲县郎木地区郎木寺印经院木刻版之刻印本。

普通藏纸，梵夹装中印本（44.8×6.1cm），楷体，墨色，横刊藏文七行，四周双栏，全。

索书号：001081/1。保存基本完好，今藏民族文化宫中国民族图书馆。

༄༅། །རྒྱལ་དབང་ཐམས་ཅད་མཁྱེན་པ་དྲུག་པ་ཆེན་པོའི་འཁྲུངས་རབས་གསོལ་འདེབས་ཞབས་བརྟན་དང་བཅས་པ་ཞེས་བྱ་བ་བཞུགས་སོ། །

**佛王一切智第六世本生事纪之启请文·请住世文等**

1种，3页。

པཎ་ཆེན་ཨེར་ཏེ་ནི་བློ་བཟང་ཡེ་ཤེས། 班禅额尔德尼·洛桑益希（1663—1737）撰述。

西藏自治区日喀则地区扎什伦布寺印

经院木刻版之刻印本。

普通藏纸，梵夹装中印本（48.7×6.5cm），楷体，墨色，横刊藏文六行，四周双栏，全。

索书号：000769/10。保存基本完好，今藏民族文化宫中国民族图书馆。

༄༅། །རྒྱལ་དབང་དྲུག་པ་བློ་བཟང་ཚངས་དབྱངས་རྒྱ་མཚོའི་རྣམ་ཐར་གནད་དགག་བསྡུས་པ་ཙན་དན་སྦྲུལ་གྱི་སྙིང་པོ་ཞེས་བྱ་བ་བཞུགས་སོ། །

**第六世达赖喇嘛洛桑仓央嘉措传摄要·蛇心旃檀**

1种，11页。

ཆས་པ་རྒྱ་མཁར་བ་ངག་དབང་དགེ་འདུན་རྒྱ་མཚོ། 齐巴嘉喀哇·阿旺格登嘉措（1839—1905）撰述。

甘肃省甘南藏族自治州夏河县拉卜楞地区拉卜楞寺（拉章扎喜齐）印经院木刻版之刻印本。

普通藏纸，梵夹装中印本（47.3×6.5cm），楷体，墨色，横刊藏文六行，四周双栏，全。

索书号：001166/4。保存基本完好，今藏民族文化宫中国民族图书馆。

༄༅། །རྒྱལ་སྲས་གཙང་རིན་པོ་ཆེའི་རྣམ་པར་ཐར་པ་སྙན་དངགས་ཀྱི་བུང་བ་རྣམ་པར་རྩེ་བ་ཞེས་བྱ་བ་བཞུགས་སོ། །

**佛子绛仁波且传·歌蜂戏舞**

1种，8页。

འབྲུག་པ་པད་མ་དཀར་པོ། 竹巴·白玛嘎波（1527—1529）撰述。

西藏地区藏传佛教寺院印经院木刻版之刻印本。

普通藏纸，梵夹装中印本（45.3×6.1cm），楷体，墨色，横刊藏文六行，四周双栏，全。

索书号：003659/10。保存基本完好，今藏民族文化宫中国民族图书馆。

༄༅། །རྒྱལ་སྲས་གཞོན་ནུ་པདྨ་དཀར་པོའི་རྟོགས་བརྗོད་ཅེས་བྱ་བ་བཞུགས་སོ། །

**佛子白玛嘎波本生传**

1种，5页。

འབྲུག་པ་པད་མ་དཀར་པོ། 竹巴·白玛嘎波（1527—1592）撰述。

西藏地区藏传佛教寺院印经院木刻版之刻印本。

普通藏纸，梵夹装中印本（45.3×6.1cm），楷体，墨色，横刊藏文六行，四周双栏，全。

索书号：003659/4。保存基本完好，今藏民族文化宫中国民族图书馆。

༄༅། །རྒྱལ་སྲས་རིན་པོ་ཆེའི་རྣམ་ཐར་རྒྱས་པ་ཞེས་བྱ་བ་བཞུགས་སོ། །

**嘉色大师传记广本**

1种，66页。

རྒྱལ་སྲས་ཐོགས་མེད་བཟང་པོ། 嘉赛·陀迈桑波（1295—1369）撰述。

四川省甘孜藏族自治州德格县德格地区德格寺印经院木刻版之刻印本。

普通藏纸，梵夹装短印本（39.5×7cm），楷体，墨色，横刊藏文六行，四周双栏，全。

索书号：003750/2。保存基本完好，今藏民族文化宫中国民族图书馆。

༄༅། །རྒྱལ་སྲས་ལ་རྣམ་ཐར་གྱི་སྒོ་ནས་བསྟོད་པའི་ཚིགས་བཅད་ཅེས་བྱ་བ་བཞུགས་སོ། །

**嘉色师前由史事门而作赞颂**

1种，3页。

ཏཱ་ར་ནཱ་ཐ་ཀུན་དགའ་སྙིང་པོ། 达拉那塔·衮噶宁波（1575—1634）撰述。

西藏地区藏传佛教达丹寺印经院木刻

版之刻印本。

普通藏纸，梵夹装中印本（43.6×8.2cm），楷体，墨色，横刊藏文六行，四周双栏，全。

索书号：001021/5。保存基本完好，今藏民族文化宫中国民族图书馆。

༄༅། །རྒྱུད་ཀྱི་རྒྱལ་པོ་དཔལ་ཀྱེ་རྡོ་རྗེའི་བྱུང་ཚུལ་དང་བརྒྱུད་པའི་བླ་མ་དམ་པ་རྣམས་ཀྱི་རྣམ་པར་ཐར་པ་ངོ་མཚར་རྒྱ་མཚོ་ཞེས་བྱ་བ་བཞུགས་སོ། །

**密续王吉祥喜金刚来源史与传承师传·希有海**

1种，52页。

ངོར་ཆེན་ཀུན་དགའ་བཟང་པོ། 俄钦·衮噶桑波（1382—1456）撰述。

四川省甘孜藏族自治州德格县德格地区德格寺印经院木刻版之刻印本。

普通藏纸，梵夹装中印本（48.5×6.5cm），楷体，墨色，横刊藏文六行，四周双栏，全。

索书号：000502/3。保存基本完好，今藏民族文化宫中国民族图书馆。

༄༅། །བསྒྲུབ་བརྒྱུད་ཀརྨ་ཀ་ཚང་བརྒྱུད་པ་རིན་པོ་ཆེའི་རྣམ་པར་ཐར་པ་རབ་འབྱམས་ནོར་བུ་ཟླ་བ་ཆུ་ཤེལ་གྱི་ཕྲེང་བ་ཞེས་བྱ་བའི་པུསྟ་ཀ་ཕྱི་མ། །

**道统嘎玛甘仓传承广史·摩尼月晶鬘·末卷**

1种，350页。

སི་ཏུ་ཆོས་ཀྱི་འབྱུང་གནས། 司徒班钦·曲吉迥乃（1699—1774）撰述。

四川省甘孜藏族自治州德格县八邦地区八邦寺印经院木刻版之刻印本。

普通藏纸，梵夹装中印本（46.5×7cm），楷体，墨色，横刊藏文六行，四周双栏，全。

索书号：006144/1。保存基本完好，今藏民族文化宫中国民族图书馆。

༄༅། །བསྒྲུབ་བརྒྱུད་ཀརྨ་ཀ་ཚང་བརྒྱུད་པ་རིན་པོ་ཆེའི་རྣམ་པར་ཐར་པ་རབ་འབྱམས་ནོར་བུ་ཟླ་བ་ཆུ་ཤེལ་གྱི་ཕྲེང་བ་ཞེས་བྱ་བའི་པུསྟ་ཀ་ཕྱི་མ་བཞུགས་སོ། །

**道统嘎玛甘仓传承广史·摩尼月晶鬘**

1种，34页。

སི་ཏུ་ཆོས་ཀྱི་འབྱུང་གནས། 司都·曲吉迥乃（1700—1774）撰述。

四川省甘孜藏族自治州德格县八邦地区八邦寺印经院木刻版之刻印本。

普通藏纸，梵夹装中印本（46.5×7cm），楷体，墨色，横刊藏文六行，四周双栏，全。

索书号：006145/1。保存基本完好，今藏民族文化宫中国民族图书馆。

༄༅། །ངེས་པ་དོན་གྱི་ཐེག་པ་མཆོག་གི་བཤེས་གཉེན་ཆེན་པོ་དཀོན་མཆོག་དགེ་ལེགས་པའི་ཞལ་སྔ་ནས་ཀྱི་རྣམ་པར་ཐར་པ་ཐར་འདོད་དེད་དཔོན་ཞེས་བྱ་བ་བཞུགས་སོ། །

**了义胜乘之大善知识恭却格勒传·求解脱者之领航**

1种，8页。

འཇམ་དབྱངས་བཞད་པ་བསྐལ་བཟང་ཐུབ་བསྟན་དབང་ཕྱུག 嘉木样协巴·格桑图丹旺秋（1856—1916）撰述。

甘肃省甘南藏族自治州夏河县拉卜楞地区拉卜楞寺（拉章扎喜齐）印经院木刻版之刻印本。

普通藏纸，梵夹装中印本（48.1×6.3cm），楷体，墨色，横刊藏文六行，四周双栏，全。

索书号：000843/2。保存基本完好，今藏民族文化宫中国民族图书馆。

༄༅། །ངེས་པ་དོན་གྱི་བཤེས་གཉེན་ཆེན་པོ་མཁས་གྲུབ་བསྟན་འཛིན་པའི་རྟོགས་པ་བརྗོད་པ་ལེགས་ཚོགས་སྒོ་འབྱེད་ཅེས་བྱ་བ་བཞུགས་སོ། །

**了义大善知识凯珠丹增传·开福善门**

1 种，54 页。

ཀུང་ཐང་དཀོན་མཆོག་བསྟན་པའི་སྒྲོན་མེ། 贡唐·恭却丹贝准美（1762—1823）撰述。

甘肃省甘南藏族自治州夏河县拉卜楞地区拉卜楞寺（拉章扎喜齐）印经院木刻版之刻印本。

普通藏纸，梵夹装中印本（47.2×6.2cm），楷体，墨色，横刊藏文六行，四周双栏，全。

索书号：000921/3。保存基本完好，今藏民族文化宫中国民族图书馆。

༄༅། །ཨ་གྲོད་སྤྲུལ་པའི་སྐུ་རིན་པོ་ཆེ་བློ་བཟང་བྱམས་པ་རབ་རྒྱས་ཀྱི་རྣམ་ཐར་ཁ་སྐོང་ཞེས་བྱ་བ་བཞུགས་སོ། །

**阿果活佛洛桑强巴饶吉传补遗**

1 种，12 页。

དཔལ་མང་པཎྜི་ཏ་དཀོན་མཆོག་རྒྱལ་མཚན། 阿芒班智达·恭却坚参（1764—1853）撰述。

甘肃省甘南地区藏传佛教噶旦曲科林寺印经院木刻版之刻印本。

普通藏纸，梵夹装中印本（48×6.5cm），楷体，墨色，横刊藏文六行，四周双栏，全。

索书号：000829/10。保存基本完好，今藏民族文化宫中国民族图书馆。

༄༅། །སྔགས་འཆང་དགེ་འདུན་སེང་གེ་དཔལ་བཟང་པོའི་རྣམ་པར་ཐར་པ་ཤེལ་གྱི་མེ་ལོང་ཞེས་བྱ་བ་བཞུགས་སོ། །

**持密大师格登桑格传·水晶镜**

1 种，12 页。

ཁལ་ཁ་མཁན་པོ་ངག་དབང་བློ་བཟང་མཁས་གྲུབ། 喀尔喀堪波·阿旺洛桑凯珠（1779—1838）撰述。

西藏地区藏传佛教寺院印经院木刻版之刻印本。

普通藏纸，梵夹装中印本（52.5×7.2cm），楷体，墨色，横刊藏文六行，四周双栏，全。

索书号：001241/41。保存基本完好，今藏民族文化宫中国民族图书馆。

༄༅། །སྔོན་རྒྱ་གར་དུ་ཙཀྵུ་མིག་གི་དགའ་སྟོན་དུ་སྐྱེ་བ་བཞེས་པའི་རྟོགས་བརྗོད་རིན་པོ་ཆེའི་ཕྲེང་བ་ཞེས་བྱ་བ་བཞུགས་སོ། །

**往昔印度眼目童子喜筵中受生故事·大宝鬘**

1 种，6 页。

ལྕང་ལུང་པཎྜི་ཏ་ངག་དབང་བློ་བཟང་བསྟན་པའི་རྒྱལ་མཚན། 江隆班智达·阿旺洛桑丹贝坚参（1770—1845）撰述。

北京地区藏传佛教皇家寺院印经院木刻版之刻印本。

普通纸，梵夹装短印本（39.5×5.9cm），楷体，墨色，横刊藏文六行，四周双栏，全。

索书号：003705/4。保存基本完好，今藏民族文化宫中国民族图书馆。

༄༅། །བཅོམ་ལྡན་འདས་ཀྱི་འཁྲུངས་རབས་སོ་བཞི་པའི་སྙིང་པོ་སྡོམ་ཚིག་ཙམ་ཞིག་ཅེས་བྱ་བ་བཞུགས་སོ། །

**薄伽梵本生三十四事纲领要略**

1 种，10 页。

ཞྭ་ལུ་བློ་གསལ་བསྟན་སྐྱོང་། 夏鲁·洛萨丹迥（1840—1867）撰述。

西藏地区藏传佛教寺院印经院木刻版之刻印本。

普通藏纸，梵夹装中印本（48.7×6cm），楷体，墨色，横刊藏文六行，四周双栏，全。

索书号：000792/3。保存基本完好，今藏民族文化宫中国民族图书馆。

༄༅། །བཅོམ་ལྡན་འདས་ཐུབ་པའི་དབང་པོའི་རྣམ་པར་ཐར་པ་ལ་བསྟོད་པ་བདུད་དཔུང་ཕྱེ་མར་འཐག་པ་ཞེས་བྱ་བ་བཞུགས་སོ། །

**簿伽梵能仁王佛传赞·粉碎魔军**

1 种，8 页。

དྭ་ལའི་བླ་མ་དགེ་འདུན་གྲུབ་པ། 达赖喇嘛·格登珠巴（1391—1474）撰述。

西藏自治区拉萨地区布达拉宫印经院木刻版之刻印本。

普通藏纸，梵夹装中印本（46.9×6.2cm），楷体，墨色，横刊藏文六行，四周双栏，全。

索书号：001751/1。保存基本完好，今藏民族文化宫中国民族图书馆。

༄༅། །ཆོས་ཀྱི་རྒྱལ་པོ་མཉམ་མེད་སྒམ་པོ་པ་ཆེན་པོའི་རྣམ་ཐར་ཡིད་བཞིན་གྱི་ནོར་བུ་ཐར་པ་རིན་པོ་ཆེའི་རྒྱན་གྱི་མཆོག་ཅེས་བྱ་བ་བཞུགས་སོ། །

**法王念迈冈波巴钦波传·如意摩尼解脱宝庄严**

1 种，125 页。

དྭགས་པོ་ལྷ་རྗེ་བསོད་ནམས་རིན་ཆེན། 塔波拉杰·索南仁钦（1079—1153）撰述。

四川省甘孜藏族自治州德格县德格地区德格寺印经院木刻版之刻印本。

普通藏纸，梵夹装中印本（46.7×6.3cm），楷体，墨色，横刊藏文六行，四周双栏，全。

索书号：000944/1。保存基本完好，今藏民族文化宫中国民族图书馆。

༄༅། །ཆོས་ཀྱི་རྗེ་ཀུན་མཁྱེན་འཇམ་དབྱངས་བཞད་པའི་རྡོ་རྗེའི་རྣམ་པར་ཐར་པ་དད་པ་དང་ལྡན་པ་དག་ལ་གཏམ་དུ་བྱ་བ་ངོ་མཚར་གངྒཱའི་ཆུ་རྒྱུན་ཞེས་བྱ་བ་བཞུགས་སོ། །

**遍智嘉木样协贝多结传·诸具信者传为希有佳话之恒河长流**

1 种，36 页。

འཇམ་དབྱངས་བཞད་པ་དཀོན་མཆོག་འཇིགས་མེད་དབང་པོ། 嘉木样协巴·恭却吉迈旺波（1728—1791）撰述。

甘肃省甘南藏族自治州夏河县拉卜楞地区拉卜楞寺（拉章扎喜齐）印经院木刻版之刻印本。

普通藏纸，梵夹装中印本（48.4×7.4cm），楷体，墨色，横刊藏文六行，四周双栏，全。

索书号：000869/1。保存基本完好，今藏民族文化宫中国民族图书馆。

༄༅། །ཆོས་ཀྱི་རྗེ་མཁའ་སྤྱོད་དབང་པོའི་དུས་གསུམ་གྱི་རྣམ་པར་ཐར་པ་རིན་པོ་ཆེ་དབང་གི་རྒྱལ་པོའི་ཕྲེང་བ་ཞེས་བྱ་བ་བཞུགས་སོ། །

**法王喀觉旺波三生传·大宝王鬘**

1 种，28 页。

ཞྭ་དམར་ཆོས་གྲགས་ཡེ་ཤེས། 夏玛·曲札益希（1453—1524）撰述。

西藏地区藏传佛教寺院印经院传抄之金汁写本。

瓷青纸，梵夹装中印本（46×6.5cm），楷体，墨色，横书藏文六行，四周双栏，全。

索书号：003259/7。保存基本完好，今藏民族文化宫中国民族图书馆。

༄༅། །ཆོས་ཀྱི་རྗེ་རྒོད་ཚང་པའི་རྣམ་ཐར་ཐུགས་དམ་བཅུ་གཉིས་མ་ཞེས་བྱ་བ་བཞུགས་སོ། །

**法王郭仓巴传·十二修证篇**

1 种，6 页。

རྒོད་ཚང་པ་མགོན་པོ་རྡོ་རྗེ། 郭仓巴・贡波多结（1189—1258）撰述。

西藏地区藏传佛教寺院印经院传抄之缮写本。

普通藏纸，梵夹装中印本（45.2×6.1cm），草体，墨色，横书藏文七行，四周双栏，全。

索书号：003859/1。保存基本完好，今藏民族文化宫中国民族图书馆。

༄༅། །ཆོས་ཀྱི་རྗེ་རྒྱལ་ཚབ་དམ་པ་ཀུན་དགའ་དབང་ཕྱུག་གི་རྣམ་ཐར་བསམ་པ་དོ་འབྱུང་གི་ནོར་བུའི་ཕྲེང་བ་ཞེས་བྱ་བ་བཞུགས་སོ། །

**法王嘉察丹巴・衮噶旺秋传・如意摩尼鬘**

1种，11页。

ཨ་མེས་ངག་དབང་ཀུན་དགའ་བསོད་ནམས། 阿梅・阿旺衮噶索南（1597—1660）撰述。

四川省甘孜藏族自治州德格县德格地区德格寺印经院木刻版之刻印本。

普通藏纸，梵夹装中印本（49.9×6.8cm），楷体，墨色，横刊藏文六行，四周双栏，全。

索书号：003198/6。保存基本完好，今藏民族文化宫中国民族图书馆。

༄༅། །ཆོས་ཀྱི་རྗེ་མཉམ་མེད་སྒམ་པོ་པའི་རྣམ་པར་ཐར་པ་ལེགས་པར་བཤད་པ་གསུང་རབ་ཀྱི་གཏེར་མཛོད་ཅེས་བྱ་བ་བཞུགས་སོ། །

**无等法主冈波巴传・善说经教宝库**

1种，69页。

ཞྭ་དམར་ཆོས་གྲགས་ཡེ་ཤེས། 夏玛・曲札益希（1453—1524）撰述。

西藏地区藏传佛教寺院印经院传抄之金汁写本。

瓷青纸，梵夹装中印本（46×6.5cm），楷体，墨色，横书藏文六行，四周双栏，全。

索书号：003259/6。保存基本完好，今藏民族文化宫中国民族图书馆。

༄༅། །ཆོས་ཀྱི་རྗེ་དཔལ་ལྡན་སྒམ་པོ་པ་ཆེན་པོའི་རྣམ་པར་ཐར་པ་ཡིད་བཞིན་གྱི་ནོར་བུ་རིན་པོ་ཆེ་ཀུན་ཁྱབ་སྙན་པའི་བ་དན་ཐར་པ་རིན་པོ་ཆེའི་རྒྱན་གྱི་མཆོག་ཅེས་བྱ་བ་བཞུགས་སོ། །

**法王具吉祥冈波巴钦波传・如意摩尼四方扬名之幡解脱宝庄严**

1种，62页。

དྭགས་པོ་ལྷ་རྗེ་བསོད་ནམས་རིན་ཆེན། 塔波拉杰・索南仁钦（1079—1153）撰述。

四川省甘孜藏族自治州德格县德格地区德格寺印经院木刻版之刻印本。

普通藏纸，梵夹装中印本（46.7×6.3cm），楷体，墨色，横刊藏文六行，四周双栏，全。

索书号：000944/4。保存基本完好，今藏民族文化宫中国民族图书馆。

༄༅། །ཆོས་ཀྱི་རྗེ་ཚུལ་ཁྲིམས་རྒྱལ་མཚན་གྱི་རྣམ་པར་ཐར་པ་དགོས་འདོད་ཀུན་འབྱུང་ཞེས་བྱ་བ་བཞུགས་སོ། །

**法王慈称坚参传・随愿普生**

1种，27页。

གློ་བོ་མཁན་ཆེན་བསོད་ནམས་ལྷུན་གྲུབ། 珞沃堪钦・索南伦珠（1441—1525）撰述。

四川省甘孜藏族自治州德格县德格地区德格寺印经院木刻版之刻印本。

普通藏纸，梵夹装中印本（47.1×6.1cm），楷体，墨色，横刊藏文六行，四周双栏，全。

索书号：003836/27。保存基本完好，今藏民族文化宫中国民族图书馆。

༄༅། །ཆོས་ཀྱི་རྗེ་རིན་པོ་ཆེ་དཔལ་ལྡན་བླ་མ་ནམ་མཁའ་བློ་གྲོས་ཀྱི་རྣམ་པར་ཐར་པ་དད་པའི་དགའ་སྟོན་སྦྱིན་པ་ཞེས་བྱ་བ་བཞུགས་སོ། །

**法主具德上师南喀洛哲传·信士喜宴施**

1 种，20 页。

ཞྭ་དམར་ཆོས་གྲགས་ཡེ་ཤེས། 夏玛·曲札益希（1453—1524）撰述。

西藏地区藏传佛教寺院印经院传抄之金汁写本。

瓷青纸，梵夹装中印本（46×6.5cm），楷体，墨色，横书藏文六行，四周双栏，全。

索书号：003265/6。保存基本完好，今藏民族文化宫中国民族图书馆。

༄༅། །ཆོས་ཀྱི་རྗེ་ས་སྐྱ་པཎྜི་ཏ་ཀུན་དགའ་རྒྱལ་མཚན་གྱི་རྟོགས་པ་བརྗོད་པ་དྲི་ཟའི་རྒྱུད་དབྱངས་ཞེས་བྱ་བ་བཞུགས་སོ། །

**法王萨迦班智达·衮噶坚参传·乾达婆之歌音**

1 种，7 页。

པཎ་ཆེན་ཨེར་ཏེ་ནི་བློ་བཟང་ཆོས་ཀྱི་རྒྱལ་མཚན། 班禅额尔德尼·洛桑曲吉坚参（1567—1662）撰述。

西藏自治区日喀则地区扎什伦布寺印经院木刻版之刻印本。

普通藏纸，梵夹装中印本（49.4×6.5cm），楷体，墨色，横刊藏文六行，四周双栏，全。

索书号：000785/9。保存基本完好，今藏民族文化宫中国民族图书馆。

༄༅། །ཆོས་གྲྭ་ཆེན་པོ་བཀྲ་ཤིས་ལྷུན་པོ་དཔལ་གྱི་སྡེ་ཆེན་ཕྱོགས་ཐམས་ཅད་ལས་རྣམ་པར་རྒྱལ་བའི་གསང་སྔགས་རྒྱལ་བ་གྲྭ་ཚང་གི་རྡོ་རྗེ་སློབ་དཔོན་རྣམས་ཀྱི་རྟོགས་བརྗོད་དཔག་བསམ་སྡོང་པོ་ཞེས་བྱ་བ་བཞུགས་སོ། །

**扎什伦布大寺尊胜诸方密宗院诸金刚阿阇梨之史事·如意宝树**

1 种，93 页。

གུ་གེ་ཡོངས་འཛིན་བློ་བཟང་བསྟན་འཛིན། 古格雍增·洛桑丹增（1748—1813）撰述。

西藏地区藏传佛教寺院印经院木刻版之刻印本。

普通藏纸，梵夹装中印本（48.2×6.5cm），楷体，墨色，横刊藏文六行，四周双栏，全。

索书号：003830/4。保存基本完好，今藏民族文化宫中国民族图书馆。

༄༅། །ཆོས་གྲྭ་ཆེན་པོ་ཐུབ་བསྟན་ལྷ་ཆེན་གྱི་མཁན་ཆེན་མཁས་པའི་དབང་པོ་བྱམས་པ་བསམ་གཏན་རྒྱ་མཚོ་བས་རང་གི་རྣམ་ཐར་རྟོགས་བརྗོད་གསར་དུ་མཛད་པ་ལ་ལེགས་སོ་ཕུལ་བའི་ཚིགས་བཅད་བཅུ་དྒུ་པ་ངོ་མཚར་གྱི་གཏམ་གསར་སྨུ་ཏིག་གི་ཕྲེང་བ་བཞུགས་སོ། །

**图丹拉钦寺之堪钦大学者强巴桑丹嘉措自传新篇献赞许十九偈·希有新语珍珠鬘**

1 种，4 页。

ཨ་མེས་ངག་དབང་ཀུན་དགའ་བསོད་ནམས། 阿梅·阿旺衮噶索南（1597—1660）撰述。

四川省甘孜藏族自治州德格县德格地区德格寺印经院木刻版之刻印本。

普通藏纸，梵夹装中印本（49.9×6.8cm），楷体，墨色，横刊藏文六行，四周双栏，全。

索书号：003213/7。保存基本完好，今藏民族文化宫中国民族图书馆。

༄༅། །ཆོས་གྲྭ་ཆེན་པོ་ཐུབ་བསྟན་ལྷ་ཆེན་གྱི་མཁན་ཆེན་ཉིད་ཀྱི་གོང་གི་རྣམ་ཐར་མཛད་པ་ལ་ལེགས་སོའི་ཚིགས་བཅད་གོང་ནས་གནང་བའི་ཞུ་ལན་མཁན་ཆེན་གྱིས་ཕུལ་བའི་ཚིགས་བཅད་བཞུགས་སོ། །

**图丹拉钦寺之堪钦所撰上述自传大长赐以赞偈后堪钦回敬之颂文**

1 种，1 页。

ཨ་མེས་ངག་དབང་ཀུན་དགའ་བསོད་ནམས། 阿梅·阿旺衮噶索南（1597—1660）撰述。

四川省甘孜藏族自治州德格县德格地区德格寺印经院木刻版之刻印本。

普通藏纸，梵夹装中印本（45.6×6.3cm），楷体，墨色，横刊藏文六行，四周双栏，全。

索书号：003213/8。保存基本完好，今藏民族文化宫中国民族图书馆。

༄༅། །ཆོས་རྗེ་རྒོད་ཚང་པའི་རྣམ་ཐར་ཐུགས་དམ་བཅུ་གཉིས་མ་བཞུགས་སོ། །

**法王郭仓巴传·十二修证篇**

1 种，6 页。

རྒོད་ཚང་པ་མགོན་པོ་རྡོ་རྗེ། 郭仓巴·贡波多结（1189—1258）撰述。

西藏地区藏传佛教寺院印经院木刻版之刻印本。

普通藏纸，梵夹装中印本（45.2×6.1cm），楷体，墨色，横刊藏文六行，四周双栏，全。

索书号：003859/1。保存基本完好，今藏民族文化宫中国民族图书馆。

༄༅། །ཆོས་རྗེ་འབྲིག་རྟེན་དབང་པོའི་སྐྱེས་རབས་དགེ་ལེགས་ཡོངས་སུ་སྨིན་པའི་སྙེ་མ་ཞེས་བྱ་བ་བཞུགས་སོ། །

**法主吉典旺波本生传·妙善成熟穗**

1 种，26 页。

ཞྭ་དམར་ཆོས་གྲགས་ཡེ་ཤེས། 夏玛·曲札益希（1453—1524）撰述。

西藏地区藏传佛教寺院印经院传抄之金汁写本。

瓷青纸，梵夹装中印本（46×6.5cm），楷体，墨色，横书藏文六行，四周双栏，全。

索书号：003259/8。保存基本完好，今藏民族文化宫中国民族图书馆。

༄༅། །ཆོས་རྗེ་ཐམས་ཅད་མཁྱེན་པ་བུ་སྟོན་ལོ་ཙཱ་བའི་རྣམ་པར་ཐར་པ་མཛེས་པའི་མེ་ཏོག་ཅེས་བྱ་བ་བཞུགས་སོ། །

**法主一切智布敦译师传·礼敬之花**

1 种，42 页。

བུ་སྟོན་ཐུགས་སྲས་སྒྲ་ཚད་པ་ 布敦弟子·扎蔡巴（1318—1388）撰述。

西藏地区藏传佛教寺院印经院木刻版之刻印本。

普通藏纸，梵夹装中印本（49.7×7cm），楷体，墨色，横刊藏文六行，四周双栏，全。

索书号：003091/2。保存基本完好，今藏民族文化宫中国民族图书馆。

༄༅། །ཆོས་འབྱུང་མཁས་པའི་དགའ་སྟོན་གྱི་ཡན་ལག་གསུམ་པ་བོད་ཀྱི་སྐབས་ལས་དགུ་པ་འབྲི་གུང་བཀའ་བརྒྱུད་ཀྱི་རྣམ་ཐར་སྙིང་པོ་བཞུགས་སོ། །

**正法史贤者喜宴第三支分吐蕃品第九节直贡嘎举派传记要义**

1 种，12 页。

དཔའ་བོ་གཙུག་ལག་ཕྲེང་བ། 巴沃·祖拉昌哇（1504—1566）撰述。

西藏自治区拉萨地区珞卓沃隆寺印经院木刻版之刻印本。

普通藏纸，梵夹装中印本（47.5×6.2cm），楷体，墨色，横刊藏文六行，四周双栏，全。

索书号：002867/11。保存基本完好，今藏民族文化宫中国民族图书馆。

༄༅། །ཆོས་སྨྲ་བའི་དགེ་སློང་བློ་བཟང་ཆོས་ཀྱི་རྒྱལ་མཚན་གྱི་སྤྱོད་ཚུལ་གསལ་བར་སྟོན་པ་ནོར་བུའི་ཕྲེང་བ་ཞེས་བྱ་བ་བཞུགས་སོ། །

**说法比丘·洛桑曲吉坚参德行史·摩尼鬘**

1 种，225 页。

པཎ་ཆེན་ཨེར་ཏེ་ནི་བློ་བཟང་ཆོས་ཀྱི་རྒྱལ་མཚན། 班禅额尔德尼·洛桑曲吉坚参（1567—1662）撰述。

西藏自治区日喀则地区扎什伦布寺印经院木刻版之刻印本。

普通藏纸，梵夹装中印本（49.4×6.5cm），楷体，墨色，横刊藏文六行，四周双栏，全。

索书号：000785/2。保存基本完好，今藏民族文化宫中国民族图书馆。

༄༅། །ཇོ་བོ་རྗེ་དཔལ་ལྡན་ཨ་ཏི་ཤའི་རྣམ་ཐར་དོན་བསྡུས་སོགས་ཞེས་བྱ་བ་བཞུགས་སོ། །

**具德阿底峡尊者略传等**

1 种，22 页。

ཇོ་ནང་པ་ཀུན་དགའ་གྲོལ་མཆོག 觉囊巴·衮噶卓却（1507—1575）撰述。

西藏地区藏传佛教寺院印经院木刻版之刻印本。

普通藏纸，梵夹装中印本（47.2×6.8cm），楷体，墨色，横刊藏文六行，四周双栏，全。

索书号：002751/2。保存基本完好，今藏民族文化宫中国民族图书馆。

༄༅། །ཇོ་བོ་རྗེ་དཔལ་ལྡན་ཨ་ཏི་ཤའི་རྣམ་པར་ཐར་པའི་རིམ་པ་འགའ་ཞིག་ཅེས་བྱ་བ་བཞུགས་སོ། །

**具德阿底峡尊者传记诸次第**

1 种，13 页。

ཇོ་ནང་པ་ཀུན་དགའ་གྲོལ་མཆོག 觉囊巴·衮噶卓却（1507—1575）撰述。

西藏地区藏传佛教寺院印经院木刻版之刻印本。

普通藏纸，梵夹装中印本（46×5.3cm），楷体，墨色，横刊藏文六行，四周双栏，全。

索书号：004511/9。保存基本完好，今藏民族文化宫中国民族图书馆。

༄༅། །འཇམ་མགོན་རྒྱལ་བ་གཉིས་པའི་བསྟན་པའི་རྩ་ལག་ཆེ་ཤོས་སྤྲུལ་པའི་སྐུ་རིན་པོ་ཆེ་ངག་དབང་བཤད་སྒྲུབ་བསྟན་པའི་ཉི་མའི་རྣམ་པར་ཐར་པ་མཁས་པའི་མགུལ་རྒྱན་པད་མ་དཀར་པོའི་འཕྲེང་བ་ཞེས་བྱ་བ་བཞུགས་སོ། །

**文殊怙主第二佛陀教法主流却西活佛阿旺协珠丹贝尼玛传·智者项饰白莲鬘·下卷**

1 种，92 页。

ཆེ་ཤོས་ངག་དབང་བཤད་སྒྲུབ་བསྟན་པའི་ཉི་མ། 却西·阿旺协珠丹贝尼玛（1787—1860）撰述。

青海省湟中县鲁沙尔地区塔尔寺（固奔乾巴林）印经院木刻版之刻印本。

普通藏纸，梵夹装中印本（45×7cm），楷体，墨色，横刊藏文六行，四周双栏，全。

索书号：003782/5。保存基本完好，今藏民族文化宫中国民族图书馆。

༄༅། །འཇམ་མགོན་རྒྱལ་བ་གཉིས་པའི་བསྟན་པའི་སྲོག་ཤིང་ཆེན་པོ་སྤྲུལ་བའི་སྐུ་རིན་པོ་ཆེའི་འཁྲུངས་རབས་དང་འབྲེལ་བའི་བསྟོད་པ་མུ་ཏིག་ཕྲེང་བ་ཞེས་བྱ་བ་བཞུགས་སོ། །

**文殊怙主第二佛陀宗喀教法之栋梁活佛仁波且本生事纪赞·珍珠鬘**

1 种，3 页。

ཛོང་དཀར་འཇིགས་མེད་བསམ་གཏན། 宗嘎·吉迈桑丹（1814—1897）撰述。

青海省化隆回族自治县金源地区土哇寺（土哇贡扎西曲迪）印经院木刻版之刻印本。

普通藏纸，梵夹装中印本（46.8×6.4cm），楷体，墨色，横刊藏文六行，四周双栏，全。

索书号：003901/10。保存基本完好，今藏民族文化宫中国民族图书馆。

༄༅། །འཇམ་མགོན་རྒྱལ་བ་གཉིས་པའི་བསྟན་པའི་སྲོག་ཤིང་བླ་མེད་དྭགས་པོ་བམ་ཆོས་བླ་མ་རིན་པོ་ཆེ་བློ་བཟང་འཇམ་དཔལ་ལྷུན་གྲུབ་རྒྱ་མཚོ་དཔལ་བཟང་པོའི་རྣམ་པར་ཐར་པ་མདོ་ཙམ་དུ་བརྗོད་པ་དད་པའི་འོ་མཚོ་འཕེལ་བྱེད་ཟླ་བའི་འཁྲིད་ཤིང་ཞེས་བྱ་བ་བཞུགས་སོ། །

**文殊怙主第二佛陀之无比教法做砥柱达波班曲上师洛桑绛白伦珠嘉措传略·正信乳海增盛之月藤**

1 种，83 页。

པ་བོང་ཁ་པ་བདེ་ཆེན་སྙིང་པོ། 帕邦喀巴·德钦宁波（1878—1941）撰述。

西藏自治区拉萨市达孜地区噶旦寺（喜足尊胜洲）印经院木刻版之刻印本。

普通藏纸，梵夹装中印本（49.1×5.9cm），楷体，墨色，横刊藏文六行，四周双栏，全。

索书号：003308/2。保存基本完好，今藏民族文化宫中国民族图书馆。

༄༅། །འཇམ་མགོན་རྒྱལ་བ་གཉིས་པའི་རྣམ་ཐར་དང་ལམ་རིམ་གཉིས་འཛིན་ཅིང་ཀློག་པའི་ཕན་ཡོན་མདོར་བསྡུས་ཞེས་བྱ་བ་བཞུགས། །

**文殊怙主第二佛陀宗喀巴传与菩提道次第二者信持并念诵功德略说**

1 种，3 页。

ཀིརྟི་བློ་བཟང་འཕྲིན་ལས། 格迪·洛桑成勒（1849—1905）撰述。

西藏地区藏传佛教寺院印经院传抄之缮写本。

普通藏纸，梵夹装中印本（44.8×6.1cm），草体，墨色，横书藏文七行，四周双栏，全。

索书号：001082/21。保存基本完好，今藏民族文化宫中国民族图书馆。

༄༅། །འཇམ་མགོན་རྒྱལ་བའི་བསྟན་པ་འཛིན་སྐྱོང་སྤེལ་བ་ལ་འགྲན་ཟླ་དང་བྲལ་བ་སྒོ་མང་མཁན་སྤྲུལ་བློ་བཟང་ཚུལ་ཁྲིམས་རྒྱ་མཚོ་བའི་རྣམ་པར་ཐར་པ་ཐར་འདོད་ལམ་བཟང་ཞེས་བྱ་བ་བཞུགས་སོ། །

**护持文殊怙主佛教无与伦比果芒堪波活佛洛桑慈称嘉措传·求解脱之妙道**

1 种，134 页。

སྒོ་མང་བློ་བཟང་ཚུལ་ཁྲིམས་རྒྱ་མཚོ། 果芒·洛桑慈称嘉措（1841—1907）撰述。

甘肃省甘南藏族自治州夏河县拉卜楞地区拉卜楞寺（拉章扎喜齐）印经院木刻版之刻印本。

普通藏纸，梵夹装中印本（47×6.2cm），楷体，墨色，横刊藏文六行，四周双栏，全。

索书号：001233/1。保存基本完好，今藏民族文化宫中国民族图书馆。

༄༅། །འཇམ་མགོན་རྒྱལ་བའི་དབང་པོའི་ཉེ་སྲས་རོང་ཆེན་བསྟན་པའི་ཉི་མ་ཆེན་པོ་ངག་དབང་བསྟན་པ་ཚེ་རིང་དཔལ་བཟང་པོའི་གསང་བའི་རྣམ་ཐར་མདོ་ཙམ་བརྗོད་པ་གསང་བ་མཆོག་གི་གཏེར་ཞེས་བྱ་བ་བཞུགས་སོ། །

**文殊怙主佛王之近传弟子教法之日绒钦大师阿旺洛桑丹巴慈仁秘传略篇·秘密胜库**

1 种，6 页。

རྫོང་དཀར་འཇིགས་མེད་དམ་ཆོས་རྒྱ་མཚོ། 宗嘎·吉迈丹曲嘉措（1898—1946）撰述。

青海省化隆回族自治县金源地区丹斗寺（丹斗协吉央贡）印经院木刻版之刻印本。

普通藏纸，梵夹装中印本（44.2×6.2cm），楷体，墨色，横刊藏文六行，四周双栏，全。

索书号：000799/4。保存基本完好，今藏民族文化宫中国民族图书馆。

༄༅། །འཇམ་མགོན་བསྟན་པའི་གསལ་བྱེད་ལྕང་ལུང་པཎྜི་ཏ་ཧོ་ཐོག་ཐུ་ངག་དབང་བློ་བཟང་བསྟན་པའི་རྒྱལ་མཚན་དཔལ་བཟང་པོའི་འཁྲུངས་རབས་དང་འབྲེལ་བའི་གསོལ་འདེབས་བརྟན་བཞུགས་སྨོན་ཚིག་དང་བཅས་པ་འདོད་འབྱུང་དཔག་བསམ་ལྗོན་པ་ཞེས་བྱ་བ་བཞུགས་སོ། །

**文殊怙主阐明圣教江隆班智达呼图克图·阿旺洛桑丹贝坚参之本生史事启请文、长久住世文、发愿文等·随求之源如意树**

1种，5页。

ལྕང་ལུང་པཎྜི་ཏ་ངག་དབང་བློ་བཟང་བསྟན་པའི་རྒྱལ་མཚན། 江隆班智达·阿旺洛桑丹贝坚参（1770—1845）撰述。

北京地区藏传佛教皇家寺院印经院木刻版之刻印本。

普通纸，梵夹装短印本（39.5×5.9cm），楷体，墨色，横刊藏文六行，四周双栏，全。

索书号：001153/2。保存基本完好，今藏民族文化宫中国民族图书馆。

༄༅། །འཇམ་མགོན་བླ་མའི་རྣམ་ཐར་གསོལ་འདེབས་ཞེས་བྱ་བ་བཞུགས་སོ། །

**妙音怙主上师传祈请文**

1种，24页。

འཇུ་མི་ཕམ་འཇམ་དབྱངས་རྣམ་རྒྱལ་རྒྱ་མཚོ། 局米盼·绛央南杰嘉措（1846—1912）撰述。

四川省甘孜藏族自治州德格县德格地区德格寺印经院木刻版之刻印本。

普通藏纸，梵夹装短印本（38.3×5.8cm），楷体，墨色，横刊藏文六行，四周双栏，全。

索书号：000409/14。保存基本完好，今藏民族文化宫中国民族图书馆。

༄༅། །འཇམ་དཔལ་དབྱངས་དངོས་རྗེ་བཙུན་དཀོན་མཆོག་བསྟན་པའི་རྒྱ་མཚོ་དཔལ་བཟང་པོའི་ཞལ་སྔ་ནས་ཀྱི་རྣམ་པར་ཐར་པ་རིན་པོ་ཆེའི་ལྗོན་ཤིང་ཞེས་བྱ་བ་བཞུགས་སོ། །

**文殊真现至尊恭却丹贝嘉措传·大宝如意树**

1种，225页。

མཁན་པོ་ངག་དབང་ཐུབ་བསྟན་རྒྱ་མཚོ། 堪波·阿旺图丹嘉措（1836—1889) 撰述。

甘肃省甘南藏族自治州碌曲地区喜仓噶萨噶旦协珠曲科林寺印经院木刻版之刻印本。

普通藏纸，梵夹装中印本（45.3×6cm），楷体，墨色，横刊藏文七行，四周双栏，全。

索书号：001119/1。保存基本完好，今藏民族文化宫中国民族图书馆。

༄༅། །འཇམ་དཔལ་དབྱངས་ཆོས་ཀྱི་རྗེ་དཀོན་མཆོག་ཆོས་འཕེལ་གྱི་རྟོགས་བརྗོད་མཁས་པའི་རྣ་རྒྱན་ཞེས་བྱ་བ་བཞུགས་སོ། །

**妙音法王恭却曲培传·智者耳饰**

1种，19页。

ཏཱ་ལའི་བླ་མ་ངག་དབང་བློ་བཟང་རྒྱ་མཚོ། 达赖喇嘛·阿旺洛桑嘉措（1617—1682）撰述。

西藏自治区拉萨地区布达拉宫印经院木刻版之刻印本。

普通藏纸，梵夹装中印本（46.6×5.9cm），楷体，墨色，横刊藏文七行，四周双栏，全。

索书号：000687/6。保存基本完好，

今藏民族文化宫中国民族图书馆。

༄༅། །འཇམ་དབྱངས་བཀྲ་ཤིས་དཔལ་ལྡན་གྱི་རྟོགས་པ་བརྗོད་པའི་ཡལ་འདབ་བཅུ་པ་ཞེས་བྱ་བ་བཞུགས་སོ། །

**绛央扎喜白旦传·本生之十**

1种，9页。

ཇོ་ནང་པ་ཀུན་དགའ་གྲོལ་མཆོག 觉囊巴·衮噶卓却（1507—1575）撰。

西藏地区藏传佛教寺院印经院木刻版之刻印本。

普通藏纸，梵夹装中印本（46×5.3cm），楷体，墨色，横刊藏文六行，四周双栏，全。

索书号：005060/9。保存基本完好，今藏民族文化宫中国民族图书馆。

༄༅། །འཇམ་དབྱངས་བླ་མ་ཆོས་ཀྱི་རྒྱལ་པོ་རྗེ་བཙུན་འཇིགས་མེད་ལུང་རིགས་རྒྱ་མཚོ་དཔལ་བཟང་པོའི་རྣམ་པར་ཐར་པ་མདོ་ཙམ་བརྗོད་པ་བཤད་སྒྲུབ་བསྟན་པའི་མཛེས་རྒྱན་ཞེས་བྱ་བ་བཞུགས་སོ། །

**绛央喇嘛法王大德吉迈隆柔嘉措略传·讲修教法之美妙庄严**

1种，22页。

ཛོང་དཀར་འཇིགས་མེད་བསམ་གཏན། 宗嘎·吉迈桑丹（1814—1897）撰述。

青海省化隆回族自治县金源地区土哇寺（土哇贡扎西曲迪）印经院木刻版之刻印本。

普通藏纸，梵夹装中印本（46.8×6.4cm），楷体，墨色，横刊藏文六行，四周双栏，全。

索书号：003901/5。保存基本完好，今藏民族文化宫中国民族图书馆。

༄༅། །འཇམ་དབྱངས་བླ་མ་རྗེ་བཙུན་དཀོན་མཆོག་བསྟན་པའི་སྒྲོན་མེའི་རྣམ་པར་ཐར་པ་བརྗོད་པའི་གཏམ་དད་པའི་པདྨོ་བཞད་པའི་ཉིན་བྱེད་ཅེས་བྱ་བ་བཞུགས་སོ། །

**嘉木样上师至尊恭却丹贝准美传·信莲开放之丽日**

1种，194页。

གུང་ཐང་དཀོན་མཆོག་བསྟན་པའི་སྒྲོན་མེ། 贡唐·恭却丹贝准美（1762—1823）撰述。

甘肃省甘南藏族自治州夏河县拉卜楞地区拉卜楞寺（拉章扎喜齐）印经院木刻版之刻印本。

普通藏纸，梵夹装中印本（47.2×6.2cm），楷体，墨色，横刊藏文六行，四周双栏，全。

索书号：003595/21。保存基本完好，今藏民族文化宫中国民族图书馆。

༄༅། །འཇམ་དབྱངས་བླ་མ་རྗེ་བཙུན་ཤེས་རབ་བཀྲ་ཤིས་དཔལ་བཟང་པོའི་རྣམ་ཐར་ཆ་ཙམ་བརྗོད་པ་ཡབ་གཅིག་དགྱེས་པའི་མཆོད་སྤྲིན་ཞེས་བྱ་བ་བཞུགས་སོ། །

**绛央喇嘛希饶扎喜略传·父师所喜供养云**

1种，10页。

ཛོང་དཀར་འཇིགས་མེད་བསམ་གཏན། 宗嘎·吉迈桑丹（1814—1897）撰述。

青海省化隆回族自治县金源地区土哇寺（土哇贡扎西曲迪）印经院木刻版之刻印本。

普通藏纸，梵夹装中印本（46.8×6.4cm），楷体，墨色，横刊藏文六行，四周双栏，全。

索书号：003901/4。保存基本完好，今藏民族文化宫中国民族图书馆。

༄༅། །འཇམ་དབྱངས་བླ་མ་ཡོངས་འཛིན་ཆོས་ཀྱི་རྒྱལ་པོ་བློ་བཟང་དཔལ་ལྡན་གྱི་ཞལ་སྔ་ནས་ཀྱི་ཐུན་མོང་བའི་རྣམ་པར་ཐར་པ་ཆ་ཙམ་བརྗོད་པ་རྫོགས་ལྡན་དེ་ཉིད་སྣང་བ་ཞེས་བྱ་བ་བཞུགས་སོ། །

**文殊上师雍增法王洛桑白旦之共通史事略说·圆劫真实光明**

1 种，108 页。

རྫོང་དཀར་འཇིགས་མེད་དམ་ཆོས་རྒྱ་མཚོ། 宗嘎·吉迈丹曲嘉措（1898—1946）撰述。

青海省化隆回族自治县金源地区丹斗寺（丹斗协吉央贡）印经院木刻版之刻印本。

普通藏纸，梵夹装中印本（44.2 × 6.2cm），楷体，墨色，横刊藏文六行，四周双栏，全。

索书号：000800/3。保存基本完好，今藏民族文化宫中国民族图书馆。

༄༅། །འཇམ་དབྱངས་སངས་རྒྱས་རིན་ཆེན་གྱི་རྣམ་ཐར་དགེ་ལེགས་རིན་པོ་ཆེའི་གཏེར་ཞེས་བྱ་བ་བཞུགས་སོ། །

**绛央桑结仁钦传·妙善宝藏**

1 种，11 页。

ས་ལོ་འཇམ་དབྱངས་ཀུན་དགའ་བསོད་ནམས། 萨迦译师·绛央衮噶索南（1485—1533）撰述。

西藏地区藏传佛教寺院印经院传抄之缮写本。

普通藏纸，梵夹装中印本（45 × 5.3cm），草体，墨色，横书藏文七行，四周双栏，全。

索书号：003215/10。保存基本完好，今藏民族文化宫中国民族图书馆。

༄༅། །འཇིག་རྟེན་དབང་ཕྱུག་ཐམས་ཅད་མཁྱེན་པ་ཡོན་ཏན་རྒྱ་མཚོ་དཔལ་བཟང་པོའི་རྣམ་པར་ཐར་པ་ནོར་བུའི་འཕྲེང་བ་ཞེས་བྱ་བ་བཞུགས་སོ། །

**世间自在一切智云丹嘉措传·摩尼鬘**

1 种，52 页。

ཏཱ་ལའི་བླ་མ་ངག་དབང་བློ་བཟང་རྒྱ་མཚོ། 达赖喇嘛·阿旺洛桑嘉措（1617—1682）撰述。

西藏自治区拉萨地区布达拉宫印经院木刻版之刻印本。

普通藏纸，梵夹装中印本（46.6 × 5.9cm），楷体，墨色，横刊藏文七行，四周双栏，全。

索书号：000687/3。保存基本完好，今藏民族文化宫中国民族图书馆。

༄༅། །རྗེ་དཀོན་མཆོག་འཇིགས་མེད་དབང་པོའི་རྣམ་པར་ཐར་པ་དད་པའི་པདྨོ་རྒྱས་པའི་ཉིན་བྱེད་ཅེས་བྱ་བ་བཞུགས་སོ། །

**至尊恭却吉迈旺波传·信莲盛开之日**

1 种，16 页。

རྒྱལ་མཁན་པོ་གྲགས་པ་རྒྱལ་མཚན། 嘉堪波·札巴坚参（1762—1836）撰述。

甘肃省甘南藏族自治州夏河县拉卜楞地区拉卜楞寺（拉章扎喜齐）印经院木刻版之刻印本。

普通藏纸，梵夹装中印本（47.4 × 6.3cm），楷体，墨色，横刊藏文六行，四周双栏，全。

索书号：000851/7。保存基本完好，今藏民族文化宫中国民族图书馆。

༄༅། །རྗེ་དཀོན་མཆོག་འཇིགས་མེད་དབང་པོའི་གསང་བའི་རྣམ་ཐར་ཞེས་བྱ་བ་བཞུགས་སོ། །

**至尊恭却吉迈旺波秘传**

1 种，5 页。

འཇམ་དབྱངས་བཞད་པ་དཀོན་མཆོག་འཇིགས་མེད་དབང་པོ། 嘉木样协巴·恭却吉迈旺波（1728—1791）撰述。

甘肃省甘南藏族自治州夏河县拉卜楞地区拉卜楞寺（拉章扎喜齐）印经院木刻版之刻印本。

普通藏纸，梵夹装中印本（48.4 × 7.4cm），楷体，墨色，横刊藏文六行，四周双栏，全。

索书号：000868/1。保存基本完好，今藏民族文化宫中国民族图书馆。

༄༅། །རྗེ་དཀོན་མཆོག་འཇིགས་མེད་དབང་པོའི་གསང་བའི་རྣམ་ཐར་ཞེས་བྱ་བ་བཞུགས་སོ། །

**至尊恭却吉迈旺波秘传**

1种，5页。

གུང་ཐང་དཀོན་མཆོག་བསྟན་པའི་སྒྲོན་མེ། 贡唐·恭却丹贝准美（1762—1823）撰述。

甘肃省甘南藏族自治州夏河县拉卜楞地区拉卜楞寺（拉章扎喜齐）印经院木刻版之刻印本。

普通藏纸，梵夹装中印本（47.2×6.2cm），楷体，墨色，横刊藏文六行，四周双栏，全。

索书号：000921/1。保存基本完好，今藏民族文化宫中国民族图书馆。

༄༅། །རྗེ་བཀའ་འགྱུར་བླ་མ་སོགས་རིམ་པ་ལྔའི་རྣམ་ཐར་རགས་བསྡུས་ཙོ་མཚར་དད་པའི་ས་བོན་ཞེས་བྱ་བ་བཞུགས་སོ། །

**至尊甘珠尔传经师等五代传略·希有虔信之种子**

1种，5页。

དངུལ་ཆུ་དྷརྨ་བྷ་དྲ། 欧曲·达摩巴扎（亦称欧曲喇嘛·曲桑洛桑次仁，1772—1851）撰述。

西藏地区藏传佛教寺院印经院木刻版之刻印本。

普通藏纸，梵夹装中印本（49.8×6cm），楷体，墨色，横刊藏文六行，四周双栏，全。

索书号：001042/1。保存基本完好，今藏民族文化宫中国民族图书馆。

༄༅། །རྗེ་མཁས་གྲུབ་འཕྲིན་ལས་དབང་ཕྱུག་གི་རྣམ་པར་ཐར་པ་མདོ་ཙམ་བརྗོད་པ་བདུད་རྩིའི་རྫིང་བུ་ཞེས་བྱ་བ་བཞུགས་སོ། །

**至尊凯珠成勒旺秋传略·甘露池**

1种，15页。

རྒྱལ་མཁན་པོ་གྲགས་པ་རྒྱལ་མཚན། 嘉堪波·札巴坚参（1762—1836）撰述。

甘肃省甘南藏族自治州夏河县拉卜楞地区拉卜楞寺（拉章扎喜齐）印经院木刻版之刻印本。

普通藏纸，梵夹装中印本（47.4×6.3cm），楷体，墨色，横刊藏文六行，四周双栏，全。

索书号：000851/8。保存基本完好，今藏民族文化宫中国民族图书馆。

༄༅། །རྗེ་མཁས་ཤིང་གྲུབ་པའི་དབང་ཕྱུག་རྗེ་དབུས་པ་འཇམ་དབྱངས་བཤེས་གཉེན་དཔལ་བཟང་པོའི་རྣམ་པར་ཐར་པ་མདོ་ཙམ་བརྗོད་པ་རིན་ཆེན་ཕྲེང་མཛེས་ཞེས་བྱ་བ་བཞུགས་སོ། །

**至尊善巧成就自在师孜卫巴·绛央协念传略·大宝美鬘**

1种，21页。

སེ་ཁྲི་འཇམ་དབྱངས་ཐུབ་བསྟན་ཉི་མ། 德赤·绛央图丹尼玛（1779—1862）撰。

甘肃省甘南藏族自治州夏河县拉卜楞地区拉卜楞寺（拉章扎喜齐）印经院木刻版之刻印本。

普通藏纸，梵夹装中印本（47×6.6cm），楷体，墨色，横刊藏文六行，四周双栏，全。

索书号：000890/7。保存基本完好，今藏民族文化宫中国民族图书馆。

༄༅། །རྗེ་རྒོད་ཚང་པའི་གསང་བའི་རྣམ་ཐར་བཀའ་རྒྱ་མ་ཞེས་བྱ་བ་བཞུགས་སོ། །

**郭仓巴秘传**

1种，16页。

སྐོད་ཚང་པ་མགོན་པོ་རྡོ་རྗེ། 郭仓巴·贡波多结（1189—1258）撰述。

西藏地区藏传佛教寺院印经院传抄之缮写本。

普通藏纸，梵夹装中印本（45.2×6.1cm），草体，墨色，横书藏文七行，四周双栏，全。

索书号：003862/35。保存基本完好，今藏民族文化宫中国民族图书馆。

༄༅། །རྗེ་རྒྱལ་བ་གཉིས་པའི་རྒྱུད་འཛིན་ཆེན་པོ་གུང་ཐང་འཇམ་པའི་དབྱངས་དཀོན་མཆོག་བསྟན་པའི་སྒྲོན་མེ་དཔལ་བཟང་པོའི་རྟོགས་པ་བརྗོད་པ་ཐུབ་བསྟན་མཛེས་བྱེད་པདྨ་དཀར་པོའི་དོ་ཤལ་ཞེས་བྱ་བ་བཞུགས་སོ། །

**住持第二佛陀圣教之大师贡唐·嘉木样恭却丹贝准美传·美饰圣教之白莲璎珞**

1种，6页。

ཁལ་ཁ་མཁན་པོ་ངག་དབང་བློ་བཟང་མཁས་གྲུབ། 喀尔喀堪波·阿旺洛桑凯珠（1779—1838）撰述。

西藏地区藏传佛教寺院印经院木刻版之刻印本。

普通藏纸，梵夹装中印本（52.5×7.2cm），楷体，墨色，横刊藏文六行，四周双栏，全。

索书号：001241/12。保存基本完好，今藏民族文化宫中国民族图书馆。

༄༅། །རྗེ་སྒམ་པོ་པས་མཛད་པའི་ཏཻ་ལོ་ནཱ་རོའི་རྣམ་ཐར་ཞེས་བྱ་བ་བཞུགས་སོ། །

**至尊甘波巴所著德洛与那若传**

1种，7页。

དྭགས་པོ་ལྷ་རྗེ་བསོད་ནམས་རིན་ཆེན། 塔波拉杰·索南仁钦（1079—1153）撰述。

四川省甘孜藏族自治州德格县德格地区德格寺印经院木刻版之刻印本。

普通藏纸，梵夹装中印本（47×6.5cm），楷体，墨色，横刊藏文六行，四周双栏，全。

索书号：000944/2。保存基本完好，今藏民族文化宫中国民族图书馆。

༄༅། །རྗེ་འཇམ་དབྱངས་བསྟན་པའི་ཉི་མའི་རྣམ་ཐར་བཀའ་རྩོམ་མདོར་བསྡུས་ཞེས་བྱ་བ་བཞུགས་སོ། །

**至尊绛央丹贝尼玛传略**

1种，5页。

རྒྱ་ནག་པ་འཇམ་དབྱངས་བསྟན་པའི་ཉི་མ། 嘉那巴·绛央丹贝尼玛（1686—1738）撰述。

甘肃省甘南藏族自治州夏河县拉卜楞地区拉卜楞寺（拉章扎喜齐）印经院木刻版之刻印本。

普通藏纸，梵夹装中印本（47.2×6.5cm），楷体，墨色，横刊藏文六行，四周双栏，全。

索书号：001078/1。保存基本完好，今藏民族文化宫中国民族图书馆。

༄༅། །རྗེ་འཇམ་དབྱངས་བཞད་པའི་རྡོ་རྗེའི་གསང་བའི་རྣམ་པར་ཐར་པ་ཞེས་བྱ་བ་བཞུགས་སོ། །

**嘉木样协贝多结秘传**

1种，5页。

འཇམ་དབྱངས་བཞད་པ་ངག་དབང་བརྩོན་འགྲུས། 嘉木样协巴·阿旺宗哲（1648—1721）撰述。

甘肃省甘南藏族自治州夏河县拉卜楞地区拉卜楞寺（拉章扎喜齐）印经院木刻版之刻印本。

普通藏纸，梵夹装中印本（47.2×6.8cm），楷体，墨色，横刊藏文六行，四周双栏，全。

索书号：000867/2。保存基本完好，今藏民族文化宫中国民族图书馆。

**༄༅། །རྗེ་ཉིད་ཀྱི་རྣམ་ཐར་ཞུས་ལན་མ་ཞེས་བྱ་བ་བཞུགས་སོ། །**

**索南伦珠自传·应答篇**

1 种，15 页。

གློ་བོ་མཁན་ཆེན་བསོད་ནམས་ལྷུན་གྲུབ། 珞沃堪钦·索南伦珠（1441—1525）撰述。

四川省甘孜藏族自治州德格县德格地区德格寺印经院木刻版之刻印本。

普通藏纸，梵夹装中印本（47.1×6.1cm），楷体，墨色，横刊藏文六行，四周双栏，全。

索书号：003836/28。保存基本完好，今藏民族文化宫中国民族图书馆。

**༄༅། །རྗེ་ཐམས་ཅད་མཁྱེན་པ་དགེ་འདུན་གྲུབ་པ་དཔལ་བཟང་པོའི་རྣམ་ཐར་ངོ་མཚར་རྨད་བྱུང་ནོར་བུའི་ཕྲེང་བ་ཞེས་བྱ་བ་བཞུགས་སོ། །**

**至尊一切智格登珠巴传·希有卓越摩尼鬘**

1 种，63 页。

ཏཱ་ལའི་བླ་མ་དགེ་འདུན་གྲུབ་པ། 达赖喇嘛·格登珠巴（1391—1474）撰述。

西藏自治区拉萨地区布达拉宫印经院木刻版之刻印本。

普通藏纸，梵夹装中印本（46.9×6.2cm），楷体，墨色，横刊藏文六行，四周双栏，全。

索书号：001175/2。保存基本完好，今藏民族文化宫中国民族图书馆。

**༄༅། །རྗེ་ཐམས་ཅད་མཁྱེན་པ་ཙོང་ཁ་པ་ཆེན་པོའི་རྣམ་ཐར་གོ་སླ་བར་བརྗོད་པ་བདེ་ལེགས་ཀུན་གྱི་འབྱུང་གནས་ཞེས་བྱ་བ་ལས་ལེའུ་དང་པོ་བཞུགས་སོ། །**

**至尊一切智宗喀巴大师传易知录·善乐之源第一品**

1 种，19 页。

ཆ་ཧར་དགེ་བཤེས་བློ་བཟང་ཚུལ་ཁྲིམས། 恰哈尔格西·洛桑慈称（1740—1810）撰述。

北京地区藏传佛教皇家寺院印经院木刻版之刻印本。

普通纸，梵夹装中印本（48.6×6.7cm），楷体，墨色，横刊藏文六行，四周双栏，全。

索书号：000728/1。保存基本完好，今藏民族文化宫中国民族图书馆。

**༄༅། །རྗེ་ཐམས་ཅད་མཁྱེན་པ་ཙོང་ཁ་པ་ཆེན་པོའི་རྣམ་ཐར་གྱི་བསྡུས་དོན་ཅུང་ཟད་བརྗོད་པ་ཞེས་བྱ་བ་བཞུགས་སོ། །**

**至尊一切智宗喀巴大师略传**

1 种，2 页。

ཆ་ཧར་དགེ་བཤེས་བློ་བཟང་ཚུལ་ཁྲིམས། 恰哈尔格西·洛桑慈称（1740—1810）撰述。

北京地区藏传佛教皇家寺院印经院木刻版之刻印本。

普通纸，梵夹装中印本（48.6×6.7cm），楷体，墨色，横刊藏文六行，四周双栏，全。

索书号：001222/13。保存基本完好，今藏民族文化宫中国民族图书馆。

**༄༅། །རྗེ་ཐམས་ཅད་མཁྱེན་པ་ཙོང་ཁ་པ་ཆེན་པོའི་རྣམ་ཐར་བསྡུས་དོན་ཞེས་བྱ་བ་བཞུགས་སོ། །**

**至尊一切智宗喀巴大师传摄义**

1 种，15 页。

ཆ་ཧར་དགེ་བཤེས་བློ་བཟང་ཚུལ་ཁྲིམས། 恰哈尔格西·洛桑慈称（1740—1810）撰述。

北京地区藏传佛教皇家寺院印经院木刻版之刻印本。

普通纸，梵夹装中印本（48.6×6.7cm），楷体，墨色，横刊藏文六行，四周双栏，全。

索书号：000728/10。保存基本完好，今藏民族文化宫中国民族图书馆。

༄༅། །རྗེ་ཐམས་ཅད་མཁྱེན་པ་ཙོང་ཁ་པ་ཆེན་པོའི་རྣམ་ཐར་ལེའུ་གཉིས་པ་ཞེས་བྱ་བ་བཞུགས་སོ། །

**至尊一切智宗喀巴大师传第二品**

1 种，20 页。

ཆ་ཧར་དགེ་བཤེས་བློ་བཟང་ཚུལ་ཁྲིམས། 恰哈尔格西·洛桑慈称（1740—1810）撰述。

北京地区藏传佛教皇家寺院印经院木刻版之刻印本。

普通纸，梵夹装中印本（48.6×6.7cm），楷体，墨色，横刊藏文六行，四周双栏，全。

索书号：000728/2。保存基本完好，今藏民族文化宫中国民族图书馆。

༄༅། །རྗེ་ཐམས་ཅད་མཁྱེན་པ་ཙོང་ཁ་པ་ཆེན་པོའི་རྣམ་ཐར་ལེའུ་གསུམ་པ་ཞེས་བྱ་བ་བཞུགས་སོ། །

**至尊一切智宗喀巴大师传第三品**

1 种，24 页。

ཆ་ཧར་དགེ་བཤེས་བློ་བཟང་ཚུལ་ཁྲིམས། 恰哈尔格西·洛桑慈称（1740—1810）撰述。

北京地区藏传佛教皇家寺院印经院木刻版之刻印本。

普通纸，梵夹装中印本（48.6×6.7cm），楷体，墨色，横刊藏文六行，四周双栏，全。

索书号：000728/3。保存基本完好，今藏民族文化宫中国民族图书馆。

༄༅། །རྗེ་ཐམས་ཅད་མཁྱེན་པ་ཙོང་ཁ་པ་ཆེན་པོའི་རྣམ་ཐར་ལེའུ་བཞི་པ་ཞེས་བྱ་བ་བཞུགས་སོ། །

**至尊一切智宗喀巴大师传第四品**

1 种，32 页。

ཆ་ཧར་དགེ་བཤེས་བློ་བཟང་ཚུལ་ཁྲིམས། 恰哈尔格西·洛桑慈称（1740—1810）撰述。

北京地区藏传佛教皇家寺院印经院木刻版之刻印本。

普通纸，梵夹装中印本（48.6×6.7cm），楷体，墨色，横刊藏文六行，四周双栏，全。

索书号：000728/4。保存基本完好，今藏民族文化宫中国民族图书馆。

༄༅། །རྗེ་ཐམས་ཅད་མཁྱེན་པ་ཙོང་ཁ་པ་ཆེན་པོའི་རྣམ་ཐར་ལེའུ་ལྔ་པ་ཞེས་བྱ་བ་བཞུགས་སོ། །

**至尊一切智宗喀巴大师传第五品**

1 种，80 页。

ཆ་ཧར་དགེ་བཤེས་བློ་བཟང་ཚུལ་ཁྲིམས། 恰哈尔格西·洛桑慈称（1740—1810）撰述。

北京地区藏传佛教皇家寺院印经院木刻版之刻印本。

普通纸，梵夹装中印本（48.6×6.7cm），楷体，墨色，横刊藏文六行，四周双栏，全。

索书号：000728/5。保存基本完好，今藏民族文化宫中国民族图书馆。

༄༅། །རྗེ་ཐམས་ཅད་མཁྱེན་པ་ཙོང་ཁ་པ་ཆེན་པོའི་རྣམ་ཐར་ལེའུ་དྲུག་པ་ཞེས་བྱ་བ་བཞུགས་སོ། །

**至尊一切智宗喀巴大师传第六品**

1 种，66 页。

ཆ་ཧར་དགེ་བཤེས་བློ་བཟང་ཚུལ་ཁྲིམས། 恰哈尔格西·洛桑慈称（1740—1810）撰述。

北京地区藏传佛教皇家寺院印经院木刻版之刻印本。

普通纸，梵夹装中印本（48.6×6.7cm），楷体，墨色，横刊藏文六行，四周双栏，全。

索书号：000728/6。保存基本完好，今藏民族文化宫中国民族图书馆。

༄༅། །རྗེ་ཐམས་ཅད་མཁྱེན་པ་ཙོང་ཁ་པ་ཆེན་པོའི་རྣམ་ཐར་ལེའུ་བདུན་པ་ཞེས་བྱ་བ་བཞུགས་སོ། །

**至尊一切智宗喀巴大师传第七品**

1 种，41 页。

ཆ་ཧར་དགེ་བཤེས་བློ་བཟང་ཚུལ་ཁྲིམས། 恰哈尔格西·洛桑慈称（1740—1810）撰述。

北京地区藏传佛教皇家寺院印经院木刻版之刻印本。

普通纸，梵夹装中印本（48.6×6.7cm），楷体，墨色，横刊藏文六行，四周双栏，全。

索书号：000728/7。保存基本完好，今藏民族文化宫中国民族图书馆。

༄༅། །རྗེ་ཐམས་ཅད་མཁྱེན་པ་ཙོང་ཁ་པ་ཆེན་པོའི་རྣམ་ཐར་ལེའུ་བརྒྱད་པ་ཞེས་བྱ་བ་བཞུགས་སོ། །

**至尊一切智宗喀巴大师传第八品**

1 种，44 页。

ཆ་ཧར་དགེ་བཤེས་བློ་བཟང་ཚུལ་ཁྲིམས། 恰哈尔格西·洛桑慈称（1740—1810）撰述。

北京地区藏传佛教皇家寺院印经院木刻版之刻印本。

普通纸，梵夹装中印本（48.6×6.7cm），楷体，墨色，横刊藏文六行，四周双栏，全。

索书号：000728/8。保存基本完好，今藏民族文化宫中国民族图书馆。

༄༅། །རྗེ་ཐམས་ཅད་མཁྱེན་པ་ཙོང་ཁ་པ་ཆེན་པོའི་རྣམ་ཐར་ལེའུ་དགུ་པ་ཞེས་བྱ་བ་བཞུགས་སོ། །

**至尊一切智宗喀巴大师传第九品**

1 种，48 页。

ཆ་ཧར་དགེ་བཤེས་བློ་བཟང་ཚུལ་ཁྲིམས། 恰哈尔格西·洛桑慈称（1740—1810）撰述。

北京地区藏传佛教皇家寺院印经院木刻版之刻印本。

普通纸，梵夹装中印本（48.6×6.7cm），楷体，墨色，横刊藏文六行，四周双栏，全。

索书号：000728/9。保存基本完好，今藏民族文化宫中国民族图书馆。

༄༅། །རྗེ་ཐམས་ཅད་མཁྱེན་པ་ལོ་ཙཱ་བ་ཆེན་པོའི་རྣམ་པར་ཐར་པ་ངོ་མཚར་རྒྱ་མཚོ་ཞེས་བྱ་བ་བཞུགས་སོ། །

**至尊一切智大译师传·希有海**

1 种，130 页。

ཞྭ་དམར་ཆོས་གྲགས་ཡེ་ཤེས། 夏玛·曲札益希（1453—1524）撰述。

西藏地区藏传佛教寺院印经院传抄之金汁写本。

瓷青加厚纸，梵夹装中印本（46×6.5cm），楷体，墨色，横书藏文六行，四周双栏，全。

索书号：003265/5。保存基本完好，今藏民族文化宫中国民族图书馆。

༄༅། །རྗེ་དྲུང་སྤྲུལ་པའི་སྐུ་དགེ་འདུན་ཆོས་རྒྱལ་དབང་ཕྱུག་གི་རྣམ་པར་ཐར་པ་གྲུབ་དབང་དགྱེས་པའི་རོལ་མཚོ་ཞེས་བྱ་བ་བཞུགས་སོ། །

**吉仲活佛格登曲嘉旺秋传·成就自在者所喜游戏海**

1 种，23 页。

པཎ་ཆེན་ཨེར་ཏེ་ནི་བློ་བཟང་ཡེ་ཤེས། 班禅额尔德尼·洛桑益希（1663—1737）撰述。

西藏自治区日喀则地区扎什伦布寺印经院木刻版之刻印本。

普通藏纸，梵夹装中印本（48.7×6.5cm），楷体，墨色，横刊藏文六行，四周双栏，全。

索书号：000769/8。保存基本完好，今藏民族文化宫中国民族图书馆。

༄༅། །རྗེ་བླ་མ་ངག་དབང་ཆོས་ལྡན་དཔལ་བཟང་པོའི་རྣམ་ཐར་དད་པའི་རོལ་མཚོ་སོགས་གསུང་ཐོར་བུ་རྣམས་ཕྱོགས་གཅིག་ཏུ་བཀོད་པ་གླེགས་བམ་ལྔ་པའི་དཀར་ཆག་ཅེས་བྱ་བ་བཞུགས་སོ། །

**至尊上师阿旺曲旦传·诚信游戏海等散集合编第五函目录**

1 种，3 页。

ལྕང་སྐྱ་ངག་དབང་བློ་བཟང་ཆོས་ལྡན། 章嘉·阿旺洛桑曲旦（1642—1714）撰述。

北京地区藏传佛教皇家寺院印经院木刻版之刻印本。

普通纸，梵夹装中印本（49×6.8cm），楷体，墨色，横刊藏文六行，四周双栏，全。

索书号：003553/1。保存基本完好，今藏民族文化宫中国民族图书馆。

༄༅། །རྗེ་བླ་མ་མཆན་བརྗོད་པར་དཀའ་བ་དཀོན་མཆོག་བསྟན་པའི་སྒྲོན་མེ་དཔལ་བཟང་པོའི་རྟོགས་པ་བརྗོད་པ་ངོ་མཚར་ལྷའི་རོལ་མོ་མཁས་པའི་ཡིད་འཕྲོག་ཅེས་བྱ་བ་བཞུགས་སོ། །

**上师恭却丹贝准美秘传·希有天乐·智者悦意**

1种，11页。

རྒྱལ་མཁན་པོ་གྲགས་པ་རྒྱལ་མཚན། 嘉堪波·札巴坚参（1762—1836）撰述。

甘肃省甘南藏族自治州夏河县拉卜楞地区拉卜楞寺（拉章扎喜齐）印经院木刻版之刻印本。

普通纸，梵夹装中印本（47.4×6.3cm），楷体，墨色，横刊藏文六行，四周双栏，全。

索书号：000850/2。保存基本完好，今藏民族文化宫中国民族图书馆。

༄༅། །རྗེ་བླ་མ་སྲིད་ཞིའི་གཙུག་རྒྱན་པཎ་ཆེན་ཐམས་ཅད་མཁྱེན་པ་བློ་བཟང་དཔལ་ལྡན་ཡེ་ཤེས་དཔལ་བཟང་པོའི་ཞལ་སྔ་ནས་ཀྱི་རྣམ་པར་ཐར་པ་ཉི་མའི་འོད་ཟེར་གྱི་ཟུར་འདེབས་ཤེལ་དཀར་མེ་ལོང་ཞེས་བྱ་བ་བཞུགས་སོ། །

**至尊上师有寂顶严班禅一切智洛桑白旦益希传·日之光明附篇·白晶镜**

1种，78页。

པཎ་ཆེན་ཨེར་ཏེ་ནི་བློ་བཟང་དཔལ་ལྡན་ཡེ་ཤེས། 班禅额尔德尼·洛桑白旦益希（1738—1780）撰述。

西藏自治区日喀则地区扎什伦布寺印经院木刻版之刻印本。

普通藏纸，梵夹装中印本（49.1×6.8cm），楷体，墨色，横刊藏文六行，四周双栏，全。

索书号：000668/4。保存基本完好，今藏民族文化宫中国民族图书馆。

༄༅། །རྗེ་བླ་མ་སྲིད་ཞིའི་གཙུག་རྒྱན་པཎ་ཆེན་ཐམས་ཅད་མཁྱེན་པ་བློ་བཟང་དཔལ་ལྡན་ཡེ་ཤེས་དཔལ་བཟང་པོའི་ཞལ་སྔ་ནས་ཀྱི་རྣམ་པར་ཐར་པ་ཉི་མའི་འོད་ཟེར་ཞེས་བྱ་བ་བཞུགས་སོ། །

**至尊上师有寂顶严班禅一切智洛桑白旦益希传·日之光明**

1种，375页。

པཎ་ཆེན་ཨེར་ཏེ་ནི་བློ་བཟང་དཔལ་ལྡན་ཡེ་ཤེས། 班禅额尔德尼·洛桑白旦益希（1738—1780）撰述。

西藏自治区日喀则地区扎什伦布寺印经院木刻版之刻印本。

普通藏纸，梵夹装中印本（49.1×6.8cm），楷体，墨色，横刊藏文六行，四周双栏，全。

索书号：000668/2。保存基本完好，今藏民族文化宫中国民族图书馆。

༄༅། །རྗེ་བླ་མ་སྲིད་ཞིའི་གཙུག་རྒྱན་པཎ་ཆེན་ཐམས་ཅད་མཁྱེན་པ་བློ་བཟང་དཔལ་ལྡན་ཡེ་ཤེས་དཔལ་བཟང་པོའི་ཞལ་སྔ་ནས་ཀྱི་རྣམ་པར་ཐར་པ་ཉི་མའི་འོད་ཟེར་ཞེས་བྱ་བའི་སྨད་ཆ་བཞུགས་སོ། །

**至尊上师有寂顶严班禅一切智洛桑白旦益希传·日之光明·下集**

1种，307页。

པཎ་ཆེན་ཨེར་ཏེ་ནི་བློ་བཟང་དཔལ་ལྡན་ཡེ་ཤེས། 班禅额尔德尼·洛桑白旦益希（1738—

1780）撰述。

西藏自治区日喀则地区扎什伦布寺印经院木刻版之刻印本。

普通藏纸，梵夹装中印本（49.1×6.8cm），楷体，墨色，横刊藏文六行，四周双栏，全。

索书号：000668/3。保存基本完好，今藏民族文化宫中国民族图书馆。

༄༅། །རྗེ་མར་པ་དང་རྗེ་བཙུན་མི་ལའི་རྣམ་ཐར་ཞེས་བྱ་བ་བཞུགས་སོ། །

**至尊玛尔巴与至尊米拉传**

1种，6页。

དྭགས་པོ་ལྷ་རྗེ་བསོད་ནམས་རིན་ཆེན། 塔波拉杰·索南仁钦（1079—1153）撰述。

四川省甘孜藏族自治州德格县德格地区德格寺印经院木刻版之刻印本。

普通藏纸，梵夹装中印本（47×6.5cm），楷体，墨色，横刊藏文六行，四周双栏，全。

索书号：000944/3。保存基本完好，今藏民族文化宫中国民族图书馆。

༄༅། །རྗེ་ཙོང་ཁ་པའི་རྣམ་ཐར་གྱི་སྙིང་པོ་ཉམས་ལེན་དུ་འཁྱེར་བའི་མན་ངག་ཅེས་བྱ་བ་བཞུགས་སོ། །

**至尊宗喀巴传心要·修验要诀**

1种，4页。

ཚ་ཧར་དགེ་བཤེས་བློ་བཟང་ཚུལ་ཁྲིམས། 恰哈尔格西·洛桑慈称（1740—1810）撰述。

北京地区藏传佛教皇家寺院印经院木刻版之刻印本。

普通纸，梵夹装中印本（48.6×6.7cm），楷体，墨色，横刊藏文六行，四周双栏，全。

索书号：000728/11。保存基本完好，今藏民族文化宫中国民族图书馆。

༄༅། །རྗེ་བཙུན་དཀོན་མཆོག་འཇིགས་མེད་དབང་པོའི་རྣམ་པར་ཐར་པ་དད་པའི་པདྨོ་རྒྱས་པའི་ཉིན་བྱེད་ཅེས་བྱ་བ་བཞུགས་སོ། །

**至尊恭却吉迈旺波传·信莲盛开之日**

1种，16页。

རྒྱལ་མཁན་པོ་གྲགས་པ་རྒྱལ་མཚན། 嘉堪波·札巴坚参（1762—1836）撰述。

甘肃省甘南藏族自治州夏河县拉卜楞地区拉卜楞寺（拉章扎喜齐）印经院木刻版之刻印本。

普通藏纸，梵夹装中印本（47.4×6.3cm），楷体，墨色，横刊藏文六行，四周双栏，全。

索书号：000851/7。保存基本完好，今藏民族文化宫中国民族图书馆。

༄༅། །རྗེ་བཙུན་དཀོན་མཆོག་འཇིགས་མེད་དབང་པོའི་གསང་བའི་རྣམ་ཐར་ཞེས་བྱ་བ་བཞུགས་སོ། །

**至尊恭却吉迈旺波秘传**

1种，5页。

འཇམ་དབྱངས་བཞད་པ་དཀོན་མཆོག་འཇིགས་མེད་དབང་པོ། 嘉木样协巴·恭却吉迈旺波（1728　1791）撰述。

甘肃省甘南藏族自治州夏河县拉卜楞地区拉卜楞寺（拉章扎喜齐）印经院木刻版之刻印本。

普通藏纸，梵夹装中印本（48.4×7.4cm），楷体，墨色，横刊藏文六行，四周双栏，全。

索书号：000868/1。保存基本完好，今藏民族文化宫中国民族图书馆。

༄༅། །རྗེ་བཙུན་དཀོན་མཆོག་བསྟན་པའི་སྒྲོན་མེ་དཔལ་བཟང་པོའི་ཞལ་སྔ་ནས་ཀྱི་གསང་བའི་རྣམ་པར་ཐར་པ་དངོས་གྲུབ་ཀྱི་སྙེ་མ་ཞེས་བྱ་བ་བཞུགས་སོ། །

**至尊恭却丹贝准美秘传·悉地穗**

1种，9页。

རྒྱལ་མཁན་པོ་གྲགས་པ་རྒྱལ་མཚན། 嘉堪波·札巴坚参（1762—1836）撰述。

甘肃省甘南藏族自治州夏河县拉卜楞地区拉卜楞寺（拉章扎喜齐）印经院木刻版之刻印本。

普通藏纸，梵夹装中印本（47×6.2cm），楷体，墨色，横刊藏文六行，四周双栏，全。

索书号：000850/3。保存基本完好，今藏民族文化宫中国民族图书馆。

**༄༅། །རྗེ་བཙུན་དཀོན་མཆོག་བསྟན་པའི་སྒྲོན་མེ་དཔལ་བཟང་པོའི་གསང་བའི་རྣམ་པར་ཐར་པ་རྫོགས་ལྡན་སྤྲིན་གྱི་སྒྲ་དབྱངས་ཞེས་བྱ་བ་བཞུགས་སོ། །**

**至尊恭却丹贝准美秘传·圆劫雷声**

1 种，5 页。

སྡེ་ཁྲི་འཇམ་དབྱངས་ཐུབ་བསྟན་ཉི་མ། 德赤·绛央图丹尼玛（1778—1862）撰述。

甘肃省甘南藏族自治州夏河县拉卜楞地区拉卜楞寺（拉章扎喜齐）印经院木刻版之刻印本。

普通藏纸，梵夹装中印本（47.2×6.6cm），楷体，墨色，横刊藏文六行，四周双栏，全。

索书号：000890/4. 保存基本完好，今藏民族文化宫中国民族图书馆。

**༄༅། །རྗེ་བཙུན་སྐལ་བཟང་ཐུབ་བསྟན་དབང་ཕྱུག་དཔལ་བཟང་པོའི་རྣམ་ཐར་ཁ་སྐོང་ཤེས་ལྡན་ཡིད་ཀྱི་དགའ་སྟོན་རིན་ཆེན་འཕྲེང་བའི་མཛེས་རྒྱན་ཞེས་བྱ་བ་བཞུགས་སོ། །**

**至尊格桑图丹旺秋传补遗·智者喜宴大宝鬘美饰**

1 种，94 页。

བླ་ཁོ་འཇིགས་མེད་འཕྲིན་ལས་རྒྱ་མཚོ། 拉科·吉迈成勒嘉措（1866—1947）撰述。

甘肃省甘南藏族自治州夏河县拉卜楞地区拉卜楞寺（拉章扎喜齐）印经院木刻版之刻印本。

普通藏纸，梵夹装中印本（46.7×6.2cm），楷体，墨色，横刊藏文六行，四周双栏，全。

索书号：001003/1。保存基本完好，今藏民族文化宫中国民族图书馆。

**༄༅། །རྗེ་བཙུན་མཁས་པའི་དབང་པོ་བསོད་ནམས་སེང་གེའི་རྣམ་པར་ཐར་པ་ཉི་མའི་འོད་ཟེར་ཞེས་བྱ་བ་བཞུགས་སོ། །**

**至尊智王索南桑格传·日光**

1 种，18 页。

གློ་བོ་མཁན་ཆེན་བསོད་ནམས་ལྷུན་གྲུབ། 珞沃堪钦·索南伦珠（1441—1525）撰述。

四川省甘孜藏族自治州德格县德格地区德格寺印经院木刻版之刻印本。

普通藏纸，梵夹装中印本（47.1×6.1cm），楷体，墨色，横刊藏文六行，四周双栏，全。

索书号：003836/26。保存基本完好，今藏民族文化宫中国民族图书馆。

**༄༅། །རྗེ་བཙུན་དགེ་འདུན་བསྟན་འཛིན་ནོར་བུ་དཔལ་བཟང་པོའི་རྣམ་པར་ཐར་པ་གཏམ་དུ་བརྗོད་པ་རྣམ་སད་ལྷའི་རྔ་ཆེན་སྐལ་བཟང་གདུལ་བྱའི་རེ་སྐོང་ཞེས་བྱ་བ་བཞུགས་སོ། །**

**至尊格登丹增诺布传·天趣鼓音·具缘化机满愿**

1 种，101 页。

བླ་ཁོ་འཇིགས་མེད་འཕྲིན་ལས་རྒྱ་མཚོ། 拉科·吉迈成勒嘉措（1866—1947）撰述。

甘肃省甘南藏族自治州夏河县拉卜楞地区拉卜楞寺（拉章扎喜齐）印经院木刻版之刻印本。

普通藏纸，梵夹装中印本（46.7×6.2cm），

楷体，墨色，横刊藏文六行，四周双栏，全。

索书号：001003/5。保存基本完好，今藏民族文化宫中国民族图书馆。

༄༅། །རྗེ་བཙུན་མཆོག་སྤྲུལ་རིན་པོ་ཆེ་སུ་མ་ཏི་པྲ་ཛྙཱ་ཨེར་ཏེ་ནི་ཡི་ལོ་ཀ་སན་ཧུ་ཐོག་ཐུ་བློ་བཟང་བསམ་གྲུབ་དཔལ་བཟང་པོའི་རྣམ་ཐར་གྱི་ཁ་སྐོང་པད་དཀར་ཕྲེང་བ་ཞེས་བྱ་བ་བཞུགས་སོ། །

**至尊活佛苏玛底巴格希额尔德尼依罗格森呼图克图洛桑萨珠传补遗·白莲鬘**

1种，11页。

ངག་དབང་ཡེ་ཤེས་ཐུབ་བསྟན་རབ་འབྱམས་པ། 阿旺益希图丹饶绛巴（1782—？）撰述。

蒙古国乌兰巴托地区藏传佛教库伦寺印经院木刻版之刻印本。

普通藏纸，梵夹装中印本（49×6.3cm），楷体，墨色，横刊藏文六行，四周双栏，全。

索书号：000883/5。保存基本完好，今藏民族文化宫中国民族图书馆。

༄༅། །རྗེ་བཙུན་འཇམ་པའི་དབྱངས་དཀོན་མཆོག་རྒྱ་མཚོའི་རྣམ་པར་ཐར་པ་བྱིན་རླབས་འདོད་དགུའི་ཆར་འབེབས་ཞེས་བྱ་བ་བཞུགས་སོ། །

**至尊妙音恭却嘉措传·加持随愿雨降**

1种，41页。

ཨ་མེས་ངག་དབང་ཀུན་དགའ་བསོད་ནམས། 阿梅·阿旺衮噶索南（1597—1660）撰。

西藏地区藏传佛教寺院印经院木刻版之刻印本。

普通藏纸，梵夹装中印本（45.6×6.3cm），楷体，墨色，横刊藏文六行，四周双栏，全。

索书号：003198/5。保存基本完好，今藏民族文化宫中国民族图书馆。

༄༅། །རྗེ་བཙུན་འཇམ་དཔལ་རྒྱ་མཚོའི་རྣམ་ཐར་དད་པའི་ཆུ་རྒྱུན་ཞེས་བྱ་བ་བཞུགས་སོ། །

**至尊大德绛白嘉措传·诚信长流**

1种，13页。

སྤྱན་སྔ་བློ་གྲོས་རྒྱ་མཚོ། 金厄·洛哲嘉措（1402—1472）撰述。

西藏地区藏传佛教寺院印经院木刻版之刻印本。

普通藏纸，梵夹装中印本（47.9×6.7cm），楷体，墨色，横刊藏文六行，四周双栏，全。

索书号：003768/3。保存基本完好，今藏民族文化宫中国民族图书馆。

༄༅། །རྗེ་བཙུན་འཇམ་དབྱངས་བཞད་པའི་རྡོ་རྗེའི་རྣམ་ཐར་བཀའ་རྩོམ་ཚིགས་བཅད་མ་ཞེས་བྱ་བ་བཞུགས་སོ། །

**至尊嘉木样协贝多结传偈颂篇**

1种，8页。

འཇམ་དབྱངས་བཞད་པ་ངག་དབང་བརྩོན་འགྲུས། 嘉木样协巴·阿旺宗哲（1648—1721）撰述。

甘肃省甘南藏族自治州夏河县拉卜楞地区拉卜楞寺（拉章扎喜齐）印经院木刻版之刻印本。

普通藏纸，梵夹装中印本（47.2×6.8cm），楷体，墨色，横刊藏文六行，四周双栏，全。

索书号：000853/1。保存基本完好，今藏民族文化宫中国民族图书馆。

༄༅། །རྗེ་བཙུན་འཇམ་དབྱངས་བཞད་པའི་རྡོ་རྗེའི་གསང་བའི་རྣམ་པར་ཐར་པ་ཞེས་བྱ་བ་བཞུགས་སོ། །

**至尊嘉木样协贝多结秘传**

1种，5页。

འཇམ་དབྱངས་བཞད་པ་ངག་དབང་བརྩོན་འགྲུས། 嘉木样协巴·阿旺宗哲（1648—

1721）撰述。

甘肃省甘南藏族自治州夏河县拉卜楞地区拉卜楞寺（拉章扎喜齐）印经院木刻版之刻印本。

普通藏纸，梵夹装中印本（47.2×6.8cm），楷体，墨色，横刊藏文六行，四周双栏，全。

索书号：000867/2。保存基本完好，今藏民族文化宫中国民族图书馆。

༄༅། །རྗེ་བཙུན་ཐམས་ཅད་མཁྱེན་པ་བཀའ་དྲིན་ཅན་བསོད་ནམས་གྲགས་པའི་དཔལ་རྣམ་དཔྱོད་མཆོག་གི་སྡེའི་རྣམ་པར་ཐར་པ་ངོ་མཚར་རྨད་དུ་བྱུང་བའི་རོལ་རྩེད་ཅེས་བྱ་བ་བཞུགས་སོ། །

**至尊一切智具恩师索南札巴之德行史·希有殊胜之游戏**

1种，26页。

ངག་དབང་ཡེ་ཤེས་ཐུབ་བསྟན་རབ་འབྱམས་པ། 阿旺益希图丹饶绛巴（1782—?）撰述。

蒙古国乌兰巴托地区藏传佛教库伦寺印经院木刻版之刻印本。

普通藏纸，梵夹装中印本（49×6.3cm），楷体，墨色，横刊藏文六行，四周双栏，全。

索书号：000883/7。保存基本完好，今藏民族文化宫中国民族图书馆。

༄༅། །རྗེ་བཙུན་ཐམས་ཅད་མཁྱེན་པ་བསོད་ནམས་རྒྱ་མཚོའི་རྣམ་ཐར་དངོས་གྲུབ་རྒྱ་མཚོའི་ཤིང་རྟ་ཞེས་བྱ་བ་བཞུགས་སོ། །

**至尊一切智索南嘉措传·悉地海车**

1种，109页。

ཏཱ་འལི་བླ་མ་ངག་དབང་བློ་བཟང་རྒྱ་མཚོ། 达赖喇嘛·阿旺洛桑嘉措（1617—1682）撰述。

西藏自治区拉萨地区布达拉宫印经院木刻版之刻印本。

普通藏纸，梵夹装中印本（46.6×5.9cm），楷体，墨色，横刊藏文七行，四周双栏，全。

索书号：000687/2。保存基本完好，今藏民族文化宫中国民族图书馆。

༄༅། །རྗེ་བཙུན་ཐམས་ཅད་མཁྱེན་པའི་གསུང་འབུམ་ཐོར་བུ་ལས་ཁྱབ་བདག་རྡོ་རྗེ་འཆང་ཆེན་པོའི་ངོ་བོ་གྲུབ་པའི་དབང་ཕྱུག་རྗེ་བཙུན་བླ་མ་ཀུན་དགའ་རྒྱལ་མཚན་དཔལ་བཟང་པོའི་ངོ་མཚར་བའི་རྣམ་ཐར་མདོ་ཙམ་དུ་བརྗོད་པ་ནོར་བུའི་ཐེམ་སྐས་ཞེས་བྱ་བ་བཞུགས་སོ། །

**至尊一切智散集中遍主大金刚持之自性成就自在至尊上师衮噶坚参之希有传略·摩尼阶梯**

1种，40页。

ཏཱ་ལའི་བླ་མ་དགེ་འདུན་རྒྱ་མཚོ། 达赖喇嘛·格登嘉措（1476—1541）撰述。

西藏自治区拉萨地区布达拉宫印经院木刻版之刻印本。

普通藏纸，梵夹装中印本（48.2×6.2cm），楷体，墨色，横刊藏文七行，四周双栏，全。

索书号：001162/3。保存基本完好，今藏民族文化宫中国民族图书馆。

༄༅། །རྗེ་བཙུན་ཐམས་ཅད་མཁྱེན་པའི་གསུང་འབུམ་ཐོར་བུ་ལས་རྗེ་ཉིད་ཀྱི་རྣམ་ཐར་ཞེས་བྱ་བ་བཞུགས་སོ། །

**至尊一切智散集中之大师传记**

1种，38页。

ཏཱ་ལའི་བླ་མ་དགེ་འདུན་རྒྱ་མཚོ། 达赖喇嘛·格登嘉措（1476—1541）撰述。

西藏自治区拉萨地区布达拉宫印经院木刻版之刻印本。

普通藏纸，梵夹装中印本（48.2×6.2cm），楷体，墨色，横刊藏文六行，四周双栏，全。

索书号：001162/2。保存基本完好，今藏民族文化宫中国民族图书馆。

༄༅།། །རྗེ་བཙུན་མཐུ་སྟོབས་ཞབས་ཀྱི་རྣམ་པར་ཐར་པ་ངོ་མཚར་གྱི་རྨ་བྱ་རྣམ་པར་རྩེ་བ་ཞེས་བྱ་བ་བཞུགས་སོ། །

**至尊图铎夏传·希有孔雀戏舞**

1 种，4 页。

འབྲུག་པ་པད་མ་དཀར་པོ། 竹巴·白玛嘎波（1527—1592）撰述。

西藏地区藏传佛教寺院印经院木刻版之刻印本。

普通藏纸，梵夹装中印本（45.3×6.1cm），楷体，墨色，横刊藏文六行，四周双栏，全。

索书号：003659/8。保存基本完好，今藏民族文化宫中国民族图书馆。

༄༅། །རྗེ་བཙུན་དམ་པ་སྐལ་ལྡན་རྒྱ་མཚོའི་གསུང་ལས་རྗེ་བཙུན་ཆོས་ཀྱི་རྒྱ་མཚོ་དཔལ་བཟང་པོའི་རྣམ་པར་ཐར་པ་ལེགས་པར་བཞུགས་སོ། །

**至尊大德格旦嘉措文集中大德曲吉嘉措传记**

1 种，11 页。

ཤར་སྐལ་ལྡན་རྒྱ་མཚོ། 夏·格旦嘉措（1607—1677）撰述。

青海省黄南藏族自治州同仁县隆务地区隆务寺（绒沃贡钦德钦曲科林）印经院木刻版之刻印本。

普通藏纸，梵夹装中印本（46.5×5.6cm），楷体，墨色，横刊藏文六行，四周双栏，全。

索书号：001048/4。保存基本完好，今藏民族文化宫中国民族图书馆。

༄༅། །རྗེ་བཙུན་དམ་པ་སྐུ་ཕྲེང་ལྔ་པའི་རྣམ་ཐར་ཆུང་ཆུང་ཞེས་བྱ་བ་བཞུགས་སོ། །

**至尊丹巴第五世传略**

1 种，14 页。

ངག་དབང་ཡེ་ཤེས་ཐུབ་བསྟན་རབ་འབྱམས་པ། 阿旺益希图丹饶绛巴（1782—？）撰述。

蒙古国乌兰巴托地区藏传佛教库伦寺印经院木刻版之刻印本。

普通藏纸，梵夹装中印本（49×6.3cm），楷体，墨色，横刊藏文六行，四周双栏，全。

索书号：000884/7。保存基本完好，今藏民族文化宫中国民族图书馆。

༄༅། །རྗེ་བཙུན་དཔལ་ལྡན་བླ་མ་དམ་པ་ལྕང་ལུང་ཨརྻ་པཎྜི་ཏ་རིན་པོ་ཆེ་ངག་དབང་བློ་བཟང་བསྟན་པའི་རྒྱལ་མཚན་དཔལ་བཟང་པོའི་རྣམ་པར་ཐར་པ་མཁས་པའི་ཡིད་འཕྲོག་ནོར་བུའི་དོ་ཤལ་ཞེས་བྱ་བ་བཞུགས་སོ། །

**至尊具德上师江隆阿雅班智达·阿旺洛桑丹贝坚参传·智者意乐宝璎珞**

1 种，224 页。

ལྕང་ལུང་པཎྜི་ཏ་ངག་དབང་བློ་བཟང་བསྟན་པའི་རྒྱལ་མཚན། 江隆班智达·阿旺洛桑丹贝坚参（1770—1845）撰述。

北京地区藏传佛教皇家寺院印经院木刻版之刻印本。

普通纸，梵夹装短印本（39.5×5.9cm），楷体，墨色，横刊藏文六行，四周双栏，全。

索书号：001153/4。保存基本完好，今藏民族文化宫中国民族图书馆。

༄༅། །རྗེ་བཙུན་དཔལ་ལྡན་བླ་མ་དམ་པ་ལྕང་ལུང་ཨརྻ་པཎྜི་ཏ་རིན་པོ་ཆེ་ངག་དབང་བློ་བཟང་བསྟན་པའི་རྒྱལ་མཚན་དཔལ་བཟང་པོའི་རྣམ་ཐར་མཁས་པའི་ཡིད་འཕྲོག་ནོར་བུའི་དོ་ཤལ་ཞེས་བྱ་བ་བཞུགས་སོ། །

**至尊具德上师江隆阿雅班智达·阿旺洛桑丹贝坚参传·智者意乐宝璎珞·下集**

1 种，209 页。

ལྕང་ལུང་པཎྜི་ཏ་ངག་དབང་བློ་བཟང་བསྟན་པའི་རྒྱལ་མཚན། 江隆班智达·阿旺洛桑丹贝坚参（1770—1845）撰述。

北京地区藏传佛教皇家寺院印经院木刻版之刻印本。

普通纸，梵夹装短印本（39.5×5.9cm），楷体，墨色，横刊藏文六行，四周双栏，全。

索书号：001153/6。保存基本完好，今藏民族文化宫中国民族图书馆。

༄༅། །རྗེ་བཙུན་བླ་མ་མཁས་ཤིང་གྲུབ་པའི་དབང་ཕྱུག་ངེས་པའི་དོན་གྱི་ཀུན་སྤངས་ཆེན་པོ་ངག་དབང་སྟོབས་ལྡན་པའི་རྣམ་ཐར་མདོ་ཙམ་བརྗོད་པ་དད་པའི་པདྨོ་བཞད་པའི་ཉིན་བྱེད་ཅེས་བྱ་བ་བཞུགས་སོ། །

**至尊上师善巧成就自在遍知了义阿旺多旦传略·信莲喜开之丽日**

1种，50页。

ཇ་ཧོད་བློ་བཟང་བྱམས་པ་རབ་རྒྱས། 阿果·洛桑乾巴饶杰（1781—1849）撰述。

多麦地区藏传佛教扎喜协珠林寺印经院木刻版之刻印本。

普通藏纸，梵夹装中印本（47.5×6.4cm），楷体，墨色，横刊藏文六行，四周双栏，全。

索书号：000815/2。保存基本完好，今藏民族文化宫中国民族图书馆。

༄༅། །རྗེ་བཙུན་བླ་མ་གྲུབ་པའི་དབང་ཕྱུག་ཆེན་པོ་བློ་བཟང་རྣམ་རྒྱལ་གྱི་གསང་བ་མཆོག་གི་མཛད་པ་ལས་བརྩམས་ཏེ་རྟོགས་པ་བརྗོད་པ་དངོས་གྲུབ་ཀྱི་སྙེ་མ་ཞེས་བྱ་བ་བཞུགས་སོ། །

**至尊上师成就自在大德洛桑南杰秘密事业史事·悉地穗**

1种，52页。

ཡོངས་འཛིན་ཡེ་ཤེས་རྒྱལ་མཚན། 雍增·益希坚参（1713—1793）撰述。

西藏自治区拉萨地区布达拉宫印经院木刻版之刻印本。

普通藏纸，梵夹装中印本（48.5×6.4cm），楷体，墨色，横刊藏文七行，四周双栏，全。

索书号：003340/3。保存基本完好，今藏民族文化宫中国民族图书馆。

༄༅། །རྗེ་བཙུན་བླ་མ་གྲུབ་པའི་དབང་ཕྱུག་བློ་བཟང་རྣམ་རྒྱལ་དཔལ་བཟང་པོའི་རྣམ་པར་ཐར་པ་ཐུབ་བསྟན་མཛེས་རྒྱན་རིན་པོ་ཆེའི་ཕྲེང་བ་ཞེས་བྱ་བ་བཞུགས་སོ། །

**至尊上师成就自在大德洛桑南杰传·佛教美饰大宝鬘**

1种，84页。

ཡོངས་འཛིན་ཡེ་ཤེས་རྒྱལ་མཚན། 雍增·益希坚参（1713—1793）撰述。

西藏自治区拉萨地区布达拉宫印经院木刻版之刻印本。

普通藏纸，梵夹装中印本（48.5×6.4cm），楷体，墨色，横刊藏文七行，四周双栏，全。

索书号：003340/2。保存基本完好，今藏民族文化宫中国民族图书馆。

༄༅། །རྗེ་བཙུན་བླ་མ་ངག་དབང་བློ་བཟང་ཆོས་ལྡན་དཔལ་བཟང་པོའི་རྣམ་པར་ཐར་པ་དད་པའི་རོལ་མཚོ་ཞེས་བྱ་བ་བཞུགས་སོ། །

**至尊上师阿旺洛桑曲旦传·诚信游戏海**

1种，40页。

ལྕང་སྐྱ་ངག་དབང་བློ་བཟང་ཆོས་ལྡན། 章嘉·阿旺洛桑曲旦（1642—1714）撰述。

北京地区藏传佛教皇家寺院印经院木刻版之刻印本。

普通纸，梵夹装中印本（49×6.8cm），楷体，墨色，横刊藏文六行，四周双栏，全。

索书号：003553/2。保存基本完好，今藏民族文化宫中国民族图书馆。

༄༅། །རྗེ་བཙུན་བླ་མ་ངག་དབང་བློ་བཟང་སྨོན་ལམ་དཔལ་བཟང་པོའི་རྣམ་པར་ཐར་པ་རིན་པོ་ཆེའི་ཕྲེང་བ་ཐར་འདོད་ཡིད་འཕྲོག་ཅེས་བྱ་བ་བཞུགས་སོ། །

**至尊上师阿旺洛桑孟兰传·大宝鬘·求解脱悦意**

1 种，24 页。

ཐེ་བོ་བློ་བཟང་བསམ་གཏན། 迭部·洛桑三丹（1687—1749）撰述。

多麦地区藏传佛教噶旦绛曲却培林寺印经院木刻版之刻印本。

普通藏纸，梵夹装中印本（45.7×6cm），楷体，墨色，横刊藏文七行，四周双栏，全。

索书号：000881/1。保存基本完好，今藏民族文化宫中国民族图书馆。

༄༅། །རྗེ་བཙུན་བླ་མ་ཐམས་ཅད་མཁྱེན་པ་ལྕང་སྐྱ་རོལ་པའི་རྡོ་རྗེའི་འཁྲུངས་རབས་ཀྱི་ཕྲེང་བ་གཏམ་དུ་བརྗོད་པ་ངོ་མཚར་དད་པའི་ལྗོན་ཤིང་ཞེས་བྱ་བ་བཞུགས་སོ། །

**至尊上师一切智章嘉若贝多结本生传·希有信者如意宝树**

1 种，121 页。

འཇམ་དབྱངས་བཞད་པ་དཀོན་མཆོག་འཇིགས་མེད་དབང་པོ། 嘉木样协巴·恭却吉迈旺波（1728—1791）撰述。

甘肃省甘南藏族自治州夏河县拉卜楞地区拉卜楞寺（拉章扎喜齐）印经院木刻版之刻印本。

普通藏纸，梵夹装中印本（48.4×7.4cm），楷体，墨色，横刊藏文六行，四周双栏，全。

索书号：000869/3。保存基本完好，今藏民族文化宫中国民族图书馆。

༄༅། །རྗེ་བཙུན་བླ་མ་དམ་པ་བཀའ་དྲིན་མཚུངས་མེད་རྗེ་བློ་བཟང་ཚུལ་ཁྲིམས་དཔལ་བཟང་པོའི་ཐུན་མོང་བའི་རྣམ་པར་ཐར་པ་མདོ་ཙམ་བརྗོད་པ་དད་པའི་པདྨོ་བཞད་པའི་ཉི་མའི་འོད་ཟེར་ལམ་མཆོག་གསལ་བྱེད་ཅེས་བྱ་བ་བཞུགས་སོ། །

**恩德无比之至尊上师洛桑慈称传略·信莲盛开之日光·胜道明解**

1 种，14 页。

ཆ་ཧར་དགེ་བཤེས་བློ་བཟང་ཚུལ་ཁྲིམས། 恰哈尔格西·洛桑慈称（1740—1810）撰述。

北京地区藏传佛教皇家寺院印经院木刻版之刻印本。

普通纸，梵夹装中印本（48.6×6.7cm），楷体，墨色，横刊藏文六行，四周双栏，全。

索书号：000736/2。保存基本完好，今藏民族文化宫中国民族图书馆。

༄༅། །རྗེ་བཙུན་བླ་མ་དམ་པ་སྐྱེ་དགུའི་གཙུག་རྒྱན་རྣམ་འདྲེན་བླ་མེད་དཔལ་ལྷ་བཙུན་དགེ་ལེགས་བསྟན་འཛིན་པའི་རྣམ་པར་ཐར་པ་ཆོས་ཚུལ་སྒོ་བརྒྱ་འབྱེད་པའི་ལྡེ་མིག་ཐར་པའི་ལམ་སྟོན་ཞེས་བྱ་བ་བཞུགས་སོ། །

**至尊上师大德众生顶严无等导师拉宗·格勒丹增传·开多种法门之钥·显示解脱道**

1 种，84 页。

དཔལ་མང་པཎྜི་ཏ་དཀོན་མཆོག་རྒྱལ་མཚན། 白芒班智达·恭却坚参（1764—1853）撰述。

甘肃省甘南地区藏传佛教噶旦曲科林寺印经院木刻版之刻印本。

普通藏纸，梵夹装中印本（48×6.5cm），楷体，墨色，横刊藏文六行，四周双栏，全。

索书号：000829/15。保存基本完好，

今藏民族文化宫中国民族图书馆。

༧༢། །རྗེ་བཙུན་བླ་མ་དམ་པ་ངག་དབང་བློ་གྲོས་དཔལ་བཟང་པོ་དེ་ཉིད་ཀྱི་རྣམ་ཐར་མུ་ཏིག་གི་འཕྲེང་བ་ཞེས་བྱ་བ་བཞུགས་སོ། །

**至尊上师大德阿旺洛哲传·珍珠鬘**

1 种，16 页。

དཔལ་མང་པཎྜི་ཏ་དཀོན་མཆོག་རྒྱལ་མཚན། 白芒班智达·恭却坚参（1764—1853）撰述。

甘肃省甘南地区藏传佛教噶旦曲科林寺印经院木刻版之刻印本。

普通藏纸，梵夹装中印本（48×6.5cm），楷体，墨色，横刊藏文六行，四周双栏，全。

索书号：000823/17。保存基本完好，今藏民族文化宫中国民族图书馆。

༧༣། །རྗེ་བཙུན་བླ་མ་དམ་པ་ལྕང་ལུང་ཨརྱ་པཎྜི་ཏ་ངག་དབང་བློ་བཟང་བསྟན་པའི་རྒྱལ་མཚན་དཔལ་བཟང་པོའི་རྟོགས་པ་བརྗོད་པ་པུཎྜ་རཱི་ཀའི་འཕྲེང་ཞེས་བྱ་བ་བཞུགས་སོ། །

**至尊上师江隆阿雅班智达·阿旺洛桑丹贝坚参传·苯扎日伽树**

1 种，20 页。

ལྕང་ལུང་པཎྜི་ཏ་ངག་དབང་བློ་བཟང་བསྟན་པའི་རྒྱལ་མཚན། 江隆班智达·阿旺洛桑丹贝坚参（1770—1845）撰述。

北京地区藏传佛教皇家寺院印经院木刻版之刻印本。

普通纸，梵夹装短印本（39.5×5.9cm），楷体，墨色，横刊藏文六行，四周双栏，全。

索书号：001153/5。保存基本完好，今藏民族文化宫中国民族图书馆。

༧༤། །རྗེ་བཙུན་བླ་མ་དམ་པ་བློ་བཟང་བཀྲ་ཤིས་རབ་རྒྱས་དཔལ་བཟང་པོའི་རྣམ་པར་ཐར་པ་མདོ་ཙམ་བརྗོད་པ་བློ་ལྡན་ཡིད་ཀྱི་དགའ་སྟོན་ཞེས་བྱ་བ་བཞུགས་སོ། །

**至尊上师大德洛桑扎喜饶吉传略·智者意悦喜宴**

1 种，64 页。

ཀིརྟི་བློ་བཟང་འཕྲིན་ལས། 格迪·洛桑成勒（1849—1905）撰述。

甘肃省甘南藏族自治州碌曲县郎木地区郎木寺印经院木刻版之刻印本。

普通藏纸，梵夹装中印本（44.8×6.1cm），楷体，墨色，横刊藏文六行，四周双栏，全。

索书号：001080/7。保存基本完好，今藏民族文化宫中国民族图书馆。

༧༥། །རྗེ་བཙུན་བླ་མ་དམ་པ་ཚུལ་ཁྲིམས་བསྟན་པའི་ཉི་མ་དཔལ་བཟང་པོའི་རྣམ་པར་ཐར་པ་ནོར་བུའི་དོ་ཤལ་ཞེས་བྱ་བ་བཞུགས་སོ། །

**至尊上师慈称丹贝尼玛传·摩尼瓔珞**

1 种，114 页。

གུང་ཐང་དཀོན་མཆོག་བསྟན་པའི་སྒྲོན་མེ། 贡唐·恭却丹贝准美（1762—1823）撰述。

甘肃省甘南藏族自治州夏河县拉卜楞地区拉卜楞寺（拉章扎喜齐）印经院木刻版之刻印本。

普通藏纸，梵夹装中印本（47×6.2cm），楷体，墨色，横刊藏文六行，四周双栏，全。

索书号：000921/2。保存基本完好，今藏民族文化宫中国民族图书馆。

༧༦། །རྗེ་བཙུན་བླ་མ་དམ་པའི་རྣམ་ཐར་སྐལ་ལྡན་རེ་སྐོང་གི་ཟུར་འདེབས་ཞེས་བྱ་བ་བཞུགས་སོ། །

**至尊上师传·具缘满愿附篇**

1 种，21 页。

ཁྲར་དགེ་བློ་གྲོས་རྒྱ་མཚོ། 恰格·洛哲嘉措（1664—1740）撰述。

安多地区藏传佛教寺院印经院木刻版之刻印本。

普通藏纸，梵夹装中印本（45.5×6.5cm），楷体，墨色，横刊藏文六行，四周双栏，全。

索书号：000936/3。保存基本完好，今藏民族文化宫中国民族图书馆。

༄༅། །རྗེ་བཙུན་བླ་མ་སྨྲས་པ་ཆེན་པོའི་རྣམ་པར་ཐར་པ་ངོ་མཚར་རྒྱ་མཚོ་ཞེས་བྱ་བ་བཞུགས་སོ། །

**至尊上师梅钦大师传·希有大海**

1种，27页。

གོ་བོ་རབ་འབྱམས་པ་བསོད་ནམས་སེང་གེ། 郭沃然绛巴·索南桑格（1429—1489）撰述。

四川省甘孜藏族自治州德格县德格地区德格寺印经院木刻版之刻印本。

普通藏纸，梵夹装中印本（46.3×6cm），楷体，墨色，横刊藏文六行，四周双栏，全。

索书号：000387/1。保存基本完好，今藏民族文化宫中国民族图书馆。

༄༅། །རྗེ་བཙུན་བླ་མ་ཙོང་ཁ་པ་ཆེན་པོའི་ངོ་མཚར་རྨད་དུ་བྱུང་བའི་རྣམ་པར་ཐར་པ་དད་པའི་འཇུག་ངོགས་ཞེས་བྱ་བ་བཞུགས་སོ། །

**至尊上师宗喀巴大师希有卓越之传记·正信津梁**

1种，74页。

ཙོང་ཁ་པ་བློ་བཟང་གྲགས་པ། 宗喀巴·洛桑札巴(1357—1419)撰述。

甘肃省甘南藏族自治州夏河县拉卜楞地区拉卜楞寺（拉章扎喜齐）印经院木刻版之刻印本。

普通藏纸，梵夹装中印本（47.4×6.8cm），楷体，墨色，横刊藏文六行，四周双栏，全。

索书号：000359/1。保存基本完好，今藏民族文化宫中国民族图书馆。

༄༅། །རྗེ་བཙུན་བླ་མའི་རྣམ་པར་ཐར་པ་སྐལ་ལྡན་རེ་སྐོང་ཞེས་བྱ་བ་བཞུགས་སོ། །

**至尊上师传·具缘满愿**

1种，15页。

ཁྲར་དགེ་བློ་གྲོས་རྒྱ་མཚོ། 恰格·洛哲嘉措（1664—1740）撰述。

安多地区藏传佛教寺院印经院木刻版之刻印本。

普通藏纸，梵夹装中印本（45.5×6.5cm），楷体，墨色，横刊藏文六行，四周双栏，全。

索书号：000936/2。保存基本完好，今藏民族文化宫中国民族图书馆。

༄༅། །རྗེ་བཙུན་བླ་མའི་རྣམ་པར་ཐར་པ་ངོ་མཚར་རྒྱ་མཚོ་ཞེས་བྱ་བ་བཞུགས་སོ། །

**至尊上师传·希有海**

1种，14页。

གློ་བོ་མཁན་ཆེན་བསོད་ནམས་ལྷུན་གྲུབ། 珞沃堪钦·索南伦珠（1441—1525）撰述。

四川省甘孜藏族自治州德格县德格地区德格寺印经院木刻版之刻印本。

普通藏纸，梵夹装中印本（47.1×6.1cm），楷体，墨色，横刊藏文六行，四周双栏，全。

索书号：003840/2。保存基本完好，今藏民族文化宫中国民族图书馆。

༄༅། །རྗེ་བཙུན་བླ་མའི་རྣམ་པར་ཐར་པ་ངོ་མཚར་རྒྱ་མཚོ་ཞེས་བྱ་བ་བཞུགས་སོ། །

**至尊上师传·希有海**

1种，14页。

ཁྲར་དགེ་བློ་གྲོས་རྒྱ་མཚོ། 恰格·洛哲嘉措（1664—1740）撰述。

安多地区藏传佛教寺院印经院木刻版之刻印本。

普通藏纸，梵夹装中印本（45.5×6.5cm），楷体，墨色，横刊藏文六行，四周双栏，全。

索书号：003840/2。保存基本完好，今藏民族文化宫中国民族图书馆。

༄༅། །རྗེ་བཙུན་བླ་མའི་རྣམ་པར་ཐར་པ་ཞུས་ལན་མ་ངོ་མཚར་རྒྱ་མཚོ་ཞེས་བྱ་བ་བཞུགས་སོ། །

**至尊上师之传记问答文・希有海**

1 种，8 页。

གློ་བོ་མཁན་ཆེན་བསོད་ནམས་ལྷུན་གྲུབ། 珞沃堪钦・索南伦珠（1441—1525）撰述。

四川省甘孜藏族自治州德格县德格地区德格寺印经院木刻版之刻印本。

普通藏纸，梵夹装中印本（47.1×6.1cm），楷体，墨色，横刊藏文六行，四周双栏，全。

索书号：003840/1。保存基本完好，今藏民族文化宫中国民族图书馆。

༄༅། །རྗེ་བཙུན་བློ་བཟང་ཆོས་ཀྱི་ཉི་མའི་གསང་གསུམ་རྨད་དུ་བྱུང་བའི་མཛད་བཟང་འདབ་བརྒྱའི་དགའ་ཚལ་གྱི་ཆ་ཙམ་གཏམ་དུ་བྱས་པ་རྟོགས་བརྗོད་པདྨ་དཀར་པོའི་སྨད་ཆ་བཞུགས་སོ། །

**至尊洛桑曲吉尼玛三密殊身事业莲苑中史事略说・白莲篇・下卷**

1 种，313 页。

གུང་ཐང་དཀོན་མཆོག་བསྟན་པའི་སྒྲོན་མེ། 贡唐・贡却丹贝准美（1762—1823）撰述。

甘肃省甘南藏族自治州夏河县拉卜楞地区拉卜楞（拉章扎喜齐）寺印经院木刻版之刻印本。

普通藏纸，梵夹装中印本（47.2×6.2cm），楷体，墨色，横刊藏文六行，四周双栏，全。

索书号：000923/2。保存基本完好，今藏民族文化宫中国民族图书馆。

༄༅། །རྗེ་བཙུན་བློ་བཟང་འཇམ་དབྱངས་ཡེ་ཤེས་བསྟན་པའི་རྒྱལ་མཚན་དཔལ་བཟང་པོའི་རྣམ་པར་ཐར་པ་སོགས་ཞེས་བྱ་བ་བཞུགས་སོ། །

**至尊洛桑绛央益希丹贝坚参传等**

1 种，11 页。

བླ་ཀོ་འཇིགས་མེད་འཕྲིན་ལས་རྒྱ་མཚོ། 拉科・吉迈成勒嘉措（1866—1947）撰述。

甘肃省甘南藏族自治州夏河县拉卜楞地区拉卜楞寺（拉章扎喜齐）印经院木刻版之刻印本。

普通藏纸，梵夹装中印本（46.7×6.2cm），楷体，墨色，横刊藏文六行，四周双栏，全。

索书号：001003/4。保存基本完好，今藏民族文化宫中国民族图书馆。

༄༅། །རྗེ་བཙུན་བློ་བཟང་དཔལ་ལྡན་ཆོས་ཀྱི་གྲགས་པ་བསྟན་པའི་དབང་ཕྱུག་དཔལ་བཟང་པོའི་རྣམ་ཐར་དད་ལྡན་པད་ཚལ་བཞད་པའི་ཉིན་བྱེད་སྣང་བ་ཞེས་བྱ་བ་བཞུགས་སོ། །

**至尊洛桑白旦曲吉札巴丹贝旺秋传・信莲盛开之日光**

1 种，303 页。

པཎ་ཆེན་ཨེར་ཏེ་ནི་བློ་བཟང་དཔལ་ལྡན་ཆོས་ཀྱི་གྲགས་པ་བསྟན་པའི་དབང་ཕྱུག 班禅额尔德尼・洛桑白旦却吉札巴丹贝旺秋（1855—1882）撰述。

西藏自治区日喀则地区扎什伦布寺印经院木刻版之刻印本。

普通藏纸，梵夹装中印本（47.2×6.4cm），楷体，墨色，横刊藏文六行，四周双栏，全。

索书号：000719/3。保存基本完好，今藏民族文化宫中国民族图书馆。

༄། །རྗེ་བཙུན་བྱམས་མགོན་གྱི་སེམས་བསྐྱེད་སོགས་ཀྱི་རྟོགས་བརྗོད་མདོ་སྡེ་ལས་བྱུང་བ་ཞེས་བྱ་བ་བཞུགས་སོ། །

**经论中所出至尊弥勒之发心等史事**

1种，11页。

ཟ་ཧོར་ནམ་མཁའ་སེང་གེ། 阿果・南喀桑格（1712—1780）撰述。

多麦地区藏传佛教扎喜协珠林寺印经院木刻版之刻印本。

普通藏纸，梵夹装中印本（46.6×5.8cm），楷体，墨色，横刊藏文六行，四周双栏，全。

索书号：000817/8。保存基本完好，今藏民族文化宫中国民族图书馆。

༄། །རྗེ་བཙུན་མར་པའི་རྣམ་ཐར་ཞེས་བྱ་བ་བཞུགས་སོ། །

**至尊玛尔巴传**

1种，3页。

བླ་མ་ཞང་བརྩོན་འགྲུས་གྲགས་པ། 喇嘛祥・宗哲札巴（1123—1193）撰述。

西藏地区藏传佛教寺院印经院传抄之缮写本。

普通藏纸，梵夹装中印本（41.5×5.2cm），草体，墨色，横书藏文七行，四周双栏，全。

索书号：003842/24。保存基本完好，今藏民族文化宫中国民族图书馆。

༄། །རྗེ་བཙུན་ཙོང་ཁ་པའི་རྣམ་ཐར་ཆེན་མོའི་ཟུར་འདེབས་རྣམ་ཐར་ལེགས་བཤད་ཀུན་འདུས་ཞེས་བྱ་བ་བཞུགས་སོ། །

**至尊宗喀巴大师传附篇・嘉言总集**

1种，13页。

ཙོང་ཁ་པ་བློ་བཟང་གྲགས་པ། 宗喀巴・洛桑札巴 (1357—1419) 撰述。

甘肃省甘南藏族自治州夏河县拉卜楞地区拉卜楞寺（拉章扎喜齐）印经院木刻版之刻印本。

普通藏纸，梵夹装中印本（47.4×6.8cm），楷体，墨色，横刊藏文六行，四周双栏，全。

索书号：000359/2。保存基本完好，今藏民族文化宫中国民族图书馆。

༄། །རྗེ་བཙུན་གཡུ་ཐོག་ཡོན་ཏན་མགོན་པོ་རྙིང་མའི་རྣམ་པར་ཐར་པ་བཀའ་རྒྱ་མ་གཟི་བརྗིད་རིན་པོ་ཆེའི་གཏེར་མཛོད་ཅེས་བྱ་བ་བཞུགས་སོ། །

**至尊老宇陀・云丹贡波传・秘籍宝库**

1种，149页。

སྡེ་སྲིད་སངས་རྒྱས་རྒྱ་མཚོ། 第司・桑结嘉措（1653—1705）撰述。

四川省甘孜藏族自治州德格县德格地区德格寺印经院木刻版之刻印本。

普通藏纸，梵夹装中印本（53.5×7cm），楷体，墨色，横刊藏文六行，四周双栏，全。

索书号：002704/1。保存基本完好，今藏民族文化宫中国民族图书馆。

༄། །རྗེ་བཙུན་ཤེས་རབ་རྒྱ་མཚོ་དཔལ་བཟང་པོའི་རྟོགས་པ་བརྗོད་པ་འཛམ་བུའི་གསེར་གྱི་མཆོད་སྡོང་ཞེས་བྱ་བ་བཞུགས་སོ། །

**至尊希饶嘉措传・阎浮提金塔**

1种，20页。

ཚས་པ་རྒྱ་མཁར་བ་ངག་དབང་དགེ་འདུན་རྒྱ་མཚོ། 齐巴嘉喀哇・阿旺格登嘉措（1839—1905）撰述。

甘肃省甘南藏族自治州夏河县拉卜楞地区拉卜楞寺（拉章扎喜齐）印经院木刻版之刻印本。

普通藏纸，梵夹装中印本（47.3×6.5cm），楷体，墨色，横刊藏文六行，四周双栏，全。

索书号：001165/2。保存基本完好，今藏民族文化宫中国民族图书馆。

༄༅། །རྗེ་བཙུན་སངས་རྒྱས་རིན་ཆེན་གྱི་རྣམ་ཐར་ཁ་སྐོང་ཨུཏྤ་ལའི་ཆུན་པོ་ཞེས་བྱ་བ་བཞུགས་སོ། །

**至尊桑结仁钦传补遗·青莲花束**

1 种，7 页。

ས་ལོ་འཇམ་དབྱངས་ཀུན་དགའ་བསོད་ནམས། 萨迦译师·绛央贡噶索南（1485—1533）撰述。

西藏地区藏传佛教寺院印经院传抄之缮写本。

普通藏纸，梵夹装中印本（45×5.3cm），草体，墨色，横书藏文七行，四周双栏，全。

索书号：003215/11。保存基本完好，今藏民族文化宫中国民族图书馆。

༄༅། །རྗེ་བཙུན་ཡ་ཟླ་རྒྱ་ཀྲི་པ་བཙུན་མོ་ཅན་གྱི་རྣམ་པར་ཐར་པ་དད་པའི་ངང་པ་རྣམ་པར་རྩེ་བ་ཞེས་བྱ་བ་བཞུགས་སོ། །

**至尊衮邦·希饶嘉措传·信鹅戏舞**

1 种，5 页。

འབྲུག་པ་པད་མ་དཀར་པོ། 竹巴·白玛嘎波（1527—1529）撰述。

西藏地区藏传佛教寺院印经院木刻版之刻印本。

普通藏纸，梵夹装中印本（45.3×6cm），楷体，墨色，横刊藏文六行，四周双栏，全。

索书号：003659/9。保存基本完好，今藏民族文化宫中国民族图书馆。

༄༅། །རྗེ་ཞྭ་དམར་བ་ན་རིམ་རྣམས་ཀྱི་རྣམ་ཐར་ལུང་བསྟན་དགེ་བསྐུལ་དང་བཅས་པ་ཞེས་བྱ་བ་བཞུགས་སོ། །

**红帽派世系记及记别劝善等**

1 种，10 页。

ཞྭ་དམར་དཀོན་མཆོག་ཡན་ལག 夏玛·恭却延拉（1525—1583）撰述。

西藏地区藏传佛教寺院印经院传抄之缮写本。

普通藏纸，梵夹装中印本（45×5.3cm），草体，墨色，横书藏文七行，四周双栏，全。

索书号：003273/13。保存基本完好，今藏民族文化宫中国民族图书馆。

༄༅། །རྗེ་རིན་པོ་ཆེའི་རྣམ་ཐར་གྱི་ཟུར་རྒྱན་བདེ་ལེགས་ཀུན་འབྱུང་ཞེས་བྱ་བ་བཞུགས་སོ། །

**至尊宗喀巴大师传附篇·乐善普生**

1 种，25 页。

ཆ་ཧར་དགེ་བཤེས་བློ་བཟང་ཚུལ་ཁྲིམས། 恰哈尔格西·洛桑慈称（1740—1810）撰述。

北京地区藏传佛教皇家寺院印经院木刻版之刻印本。

普通纸，梵夹装中印本（48.6×6.7cm），楷体，墨色，横刊藏文六行，四周双栏，全。

索书号：003945/1。保存基本完好，今藏民族文化宫中国民族图书馆。

༄༅། །རྗེ་རིན་པོ་ཆེའི་རྣམ་ཐར་དང་འབྲེལ་བའི་རྟོགས་བརྗོད་ཀྱི་འགྲེལ་བ་དགོངས་པ་གསལ་བར་བྱེད་པའི་སྒྲོན་མེ་ཞེས་བྱ་བ་བཞུགས་སོ། །

**至尊宗喀巴大师传及其轶事解说·阐明密意之灯**

1 种，25 页。

ཅོ་ནེ་གྲགས་པ་བཤད་སྒྲུབ། 卓尼·札巴协珠（1675—1748）撰述。

甘肃省甘南藏族自治州卓尼县卓尼地区卓尼寺（觉乃噶旦协珠林）印经院木刻版之刻印本。

普通藏纸，梵夹装中印本（48.6×6.3cm），楷体，墨色，横刊藏文六行，四周双栏，全。

索书号：003677/12。保存基本完好，今藏民族文化宫中国民族图书馆。

༧༢། །རྗེ་རིན་པོ་ཆེའི་གསང་བའི་རྣམ་ཐར་རྒྱ་མཚོ་ལྟ་བུ་ལས་ཆ་ཤས་ཉུང་ངུ་ཞིག་ཡོངས་སུ་བརྗོད་པའི་གཏམ་རིན་པོ་ཆེའི་སྙེ་མ་ཞེས་བྱ་བ་བཞུགས་སོ། །

**至尊宗喀巴大师秘传·沧海一滴略说大宝穗**

1 种，18 页。

ཙོང་ཁ་པ་བློ་བཟང་གྲགས་པ། 宗喀巴·洛桑札巴（1357—1419）撰述。

甘肃省甘南藏族自治州夏河县拉卜楞地区拉卜楞寺（拉章扎喜齐）印经院木刻版之刻印本。

普通藏纸，梵夹装中印本（47.4×6.8cm），楷体，墨色，横刊藏文六行，四周双栏，全。

索书号：000359/3。保存基本完好，今藏民族文化宫中国民族图书馆。

༧༢། །རྗེའི་རྣམ་ཐར་ཉམས་ལེན་དུ་བྱ་ཚུལ་དངོས་གྲུབ་མཆོག་སྩོལ་ཞེས་བྱ་བ་བཞུགས་སོ། །

**宗喀巴大师传·作验修法·悉地殊胜施**

1 种，4 页。

ཆ་ཧར་དགེ་བཤེས་བློ་བཟང་ཚུལ་ཁྲིམས། 恰哈尔格西·洛桑慈称（1740—1810）撰述。

北京地区藏传佛教皇家寺院印经院木刻版之刻印本。

普通纸，梵夹装中印本（48.6×6.7cm），楷体，墨色，横刊藏文六行，四周双栏，全。

索书号：000734/17。保存基本完好，今藏民族文化宫中国民族图书馆。

༧༢། །རྗེའི་རྣམ་ཐར་ཤིན་ཏུ་གསང་བ་ངོ་མཚར་རྨད་དུ་བྱུང་བའི་གཏམ་ཞེས་བྱ་བ་བཞུགས་སོ། །

**至尊宗喀巴大师极密传记·希有卓越之史话**

1 种，4 页。

ཙོང་ཁ་པ་བློ་བཟང་གྲགས་པ། 宗喀巴·洛桑札巴 (1357—1419) 撰述。

甘肃省甘南藏族自治州夏河县拉卜楞地区拉卜楞寺（拉章扎喜齐）印经院木刻版之刻印本。

普通藏纸，梵夹装中印本（47.4×6.8cm），楷体，墨色，横刊藏文六行，四周双栏，全。

索书号：000359/16。保存基本完好，今藏民族文化宫中国民族图书馆。

༧༢། །ཉང་སྟོན་ཁྲ་ཚང་པ་བློ་གྲོས་མཆོག་གི་རྡོ་རྗེའི་རྟོགས་པ་བརྗོད་པ་ཉུང་ངུ་རྣམ་གསལ་ཞེས་བྱ་བ་བཞུགས་སོ། །

**娘师察仓巴·洛哲却格多结传略篇**

1 种，63 页。

ཏཱ་ལའི་བླ་མ་ངག་དབང་བློ་བཟང་རྒྱ་མཚོ། 达赖喇嘛·阿旺洛桑嘉措（1617—1682）撰述。

西藏自治区拉萨地区布达拉宫印经院木刻版之刻印本。

普通藏纸，梵夹装中印本（46.6×5.9cm），楷体，墨色，横刊藏文七行，四周双栏，全。

索书号：000688/1。保存基本完好，今藏民族文化宫中国民族图书馆。

༧༢། །གཉོས་ཆེན་པོ་རྒྱལ་བ་ལྷ་ནང་པའི་རྟོགས་པ་བརྗོད་པའི་ཡལ་འདབ་བརྒྱད་པ་ཞེས་བྱ་བ་བཞུགས་སོ། །

**聂大师嘉哇拉囊巴传·本生之八**

1 种，16 页。

ཇོ་ནང་པ་ཀུན་དགའ་གྲོལ་མཆོག 觉囊巴·衮噶卓却（1507—1575）撰述。

西藏地区藏传佛教寺院印经院木刻版之刻印版。

普通藏纸，梵夹装中印本（46.5×5.3cm），楷体，墨色，横刊藏文六行，四周双栏，全。

索书号：005060/7。保存基本完好，今藏民族文化宫中国民族图书馆。

**༄༅། །མཉམ་མེད་ཤཱཀྱའི་རྒྱལ་པོ་དང་འཛམ་གླིང་མཛེས་བྱེད་རྒྱན་དྲུག་མཆོག་གཉིས་ཀྱི་རྟོགས་པ་བརྗོད་པ་ལྷའི་དཔག་བསམ་ལྗོན་ཤིང་ཞེས་བྱ་བ་བཞུགས་སོ། །**

**无等释迦王佛与赡部洲二胜六庄严之史事·天之如意宝树**

1 种，46 页。

རྒྱལ་མཁན་པོ་གྲགས་པ་རྒྱལ་མཚན། 嘉堪波·札巴坚参（1762—1836）撰述。

甘肃省甘南藏族自治州夏河县拉卜楞地区拉卜楞寺（拉章扎喜齐）印经院木刻版之刻印本。

普通藏纸，梵夹装中印本（47.4×6.3cm），楷体，墨色，横刊藏文六行，四周双栏，全。

索书号：000846/2。保存基本完好，今藏民族文化宫中国民族图书馆。

**༄༅། །མཉམ་མེད་ཤཱཀྱའི་རྒྱལ་པོ་གཙོར་མཛད་པའི་སྐྱབས་མགོན་དམ་པ་རྣམས་ཀྱི་རྣམ་པར་ཐར་པ་ཐེག་མཆོག་ལམ་བཟང་གསལ་བའི་སྒྲོན་མེ་ཞེས་བྱ་བ་བཞུགས་སོ། །**

**无等释迦王佛为首之诸救怙主之史事·胜乘妙道明灯**

1 种，88 页。

ཀུ་ཁྲི་དཀའ་བཅུ་པ་བློ་བཟང་ཚེ་འཕེལ། 固释嘎局巴·洛桑慈培（1760—？）撰述。

北京地区藏传佛教皇家寺院印经院木刻版之刻印本。

普通纸，梵夹装中印本（47.8×7.5cm），楷体，墨色，横刊藏文六行，四周双栏，全。

索书号：001092/2。保存基本完好，今藏民族文化宫中国民族图书馆。

**༄༅། །སྙན་ངག་གི་དཔེར་བརྗོད་དང་འབྲེལ་བར་མཁན་རིན་པོ་ཆེའི་རྣམ་ཐར་དང་། འཕགས་མ་དབྱངས་ཅན་མའི་ཡོན་ཏན་བརྗོད་པ་བཅས་བཞུགས་སོ། །**

**结合诗律例话而作堪波仁波且传与圣妙音母功德说**

1 种，39 页。

རྒྱལ་མཁན་སྤྲུལ་སྐལ་བཟང་གྲགས་པ་རྒྱ་མཚོ། 嘉堪朱·格桑札巴嘉措（1880—？）撰述。

甘肃省甘南藏族自治州夏河县拉卜楞地区拉卜楞寺（拉章扎喜齐）印经院木刻版之刻印本。

普通藏纸，梵夹装中印本（44.7×6cm），楷体，墨色，横刊藏文六行，四周双栏，全。

索书号：001072/4。保存基本完好，今藏民族文化宫中国民族图书馆。

**༄༅། །སྙིགས་དུས་ཀྱི་ཐམས་ཅད་མཁྱེན་ཅིང་གཟིགས་པ་ཆེན་པོ་རྗེ་བཙུན་བློ་བཟང་ཐུབ་བསྟན་འཇིགས་མེད་རྒྱ་མཚོ་དཔལ་བཟང་པོའི་རྟོགས་པ་བརྗོད་པ་ལྷའི་རྔ་ཆེན་ཞེས་བྱ་བ་བཞུགས་སོ། །**

**浊世之一切智见大师至尊洛桑图丹吉迈成勒嘉措传·天之大鼓**

1 种，13 页。

འཇམ་དབྱངས་བཞད་པ་བསྐལ་བཟང་ཐུབ་བསྟན་དབང་ཕྱུག 嘉木样协巴·格桑图丹旺秋 (1856—1916) 撰述。

甘肃省甘南藏族自治州夏河县拉卜楞地区拉卜楞寺（拉章扎喜齐）印经院木刻版之刻印本。

普通藏纸，梵夹装中印本（48.1×6.3cm），楷体，墨色，横刊藏文六行，四周双栏，全。

索书号：000842/3。保存基本完好，今藏民族文化宫中国民族图书馆。

༄༅། །ཏཱ་ར་ནཱ་ཐ་ཡི་གསང་བའི་རྣམ་ཐར་མདོར་བསྡུས་ཞེས་བྱ་བ་བཞུགས་སོ།། །(རྣམ་ཀ)

**多罗那塔秘传略之一**

1 种，3 页。

ཏཱ་ར་ནཱ་ཐ་ཀུན་དགའ་སྙིང་པོ། 多罗那塔·衮噶宁波 (1575—1634) 撰述。

西藏地区藏传佛教达丹寺院印经院木刻版之刻印本。

普通藏纸，梵夹装中印本 (43.6×8.2cm)，楷体，墨色，横刊藏文六行，四周双栏，全。

索书号：001018/1。保存基本完好，今藏民族文化宫中国民族图书馆。

༄༅། །ཏཱ་ར་ནཱ་ཐ་ཡི་གསང་བའི་རྣམ་ཐར་མདོར་བསྡུས་ཞེས་བྱ་བ་བཞུགས་སོ།། །(རྣམ་ཁ)

**多罗那塔秘传略之二**

1 种，9 页。

ཏཱ་ར་ནཱ་ཐ་ཀུན་དགའ་སྙིང་པོ། 多罗那塔·衮噶宁波 (1575—1634) 撰述。

西藏地区藏传佛教达丹寺院印经院木刻版之刻印本。

普通藏纸，梵夹装中印本 (43.6×8.2cm)，楷体，墨色，横刊藏文六行，四周双栏，全。

索书号：001018/2。保存基本完好，今藏民族文化宫中国民族图书馆。

༄༅། །ཏཱ་ར་ནཱ་ཐ་ཡི་གསང་བའི་རྣམ་ཐར་མདོར་བསྡུས་ཞེས་བྱ་བ་བཞུགས་སོ།། །(རྣམ་ག)

**多罗那塔秘传略之三**

1 种，6 页。

ཏཱ་ར་ནཱ་ཐ་ཀུན་དགའ་སྙིང་པོ། 多罗那塔·衮噶宁波 (1575—1634) 撰述。

西藏地区藏传佛教达丹寺院印经院木刻版之刻印本。

普通藏纸，梵夹装中印本 (43.6×8.2cm)，楷体，墨色，横刊藏文六行，四周双栏，全。

索书号：001018/3。保存基本完好，今藏民族文化宫中国民族图书馆。

༄༅། །ཏཱའི་སི་ཏུར་འབོད་པའི་ཀརྨ་བསྟན་པའི་ཉིན་བྱེད་ཀྱི་རང་ཚུལ་དྲང་པོར་བརྗོད་པ་དྲི་བྲལ་ཤེལ་གྱི་མེ་ལོང་ཞེས་བྱ་བ་བཞུགས་སོ། །

**大司徒丹贝尼玛自述纪实·无垢晶镜**

1 种，371 页。

སི་ཏུ་ཆོས་ཀྱི་འབྱུང་གནས། 司都·曲吉迥乃 (1699—1774) 撰述。

四川省甘孜藏族自治州德格县德格地区八邦寺印经院传抄之缮写本。

普通藏纸，梵夹装中印本 (46.5×7cm)，楷体，墨色，横书藏文六行，四周双栏，全。

索书号：006147/1。保存基本完好，今藏民族文化宫中国民族图书馆。

༄༅། །རྟོགས་བརྗོད་རིན་པོ་ཆེའི་མཏུག་སྤུད་ནོར་བུའི་ཐེམ་སྐས་ཞེས་བྱ་བ་བཞུགས་སོ། །

**传记宝聚·摩尼阶梯**

1 种，6 页。

སྟག་ཚང་བློ་བཟང་རབ་བརྟན། 达仓·洛桑饶丹 (1676—1745) 撰述。

甘肃省甘南藏族自治州碌曲县郎木地区郎木寺印经院木刻版之刻印本。

普通藏纸，梵夹装中印本 (47.6×5.7cm)，楷体，墨色，横刊藏文六行，四周双栏，全。

索书号：001247/33。保存基本完好，今藏民族文化宫中国民族图书馆。

༄༅། །རྟོགས་ལྡན་རིན་པོ་ཆེ་ཆོས་ཀྱི་དཔལ་ཡེ་ཤེས་ཀྱི་རྣམ་པར་ཐར་པ་ངོ་མཚར་མཆོག་ཏུ་རྒྱས་པའི་ལྗོན་པ་རྒྱས་པ་ཞེས་བྱ་བ་བཞུགས་སོ། །

**得证大师曲吉白益希传·稀有繁茂如意树**

1 种，14 页。

ཞྭ་དམར་ཆོས་གྲགས་ཡེ་ཤེས། 夏玛·曲札益希 (1453—1524) 撰述。

西藏地区藏传佛教寺院印经院传抄之金汁写本。

瓷青纸，梵夹装中印本 (46×6.5cm)，楷体，墨色，横书藏文六行，四周双栏，全。

索书号：003259/9。保存基本完好，今藏民族文化宫中国民族图书馆。

༄༅། །རྟོགས་ལྡན་རིན་པོ་ཆེ་ཞྭ་དམར་ཅོད་པན་འཛིན་པ་ལྔ་པ་སྤྲུལ་སྐུ་ཐམས་ཅད་མཁྱེན་པ་དཀོན་མཆོག་འབངས་ཀྱི་རྣམ་པར་ཐར་པ་ཞེས་བྱ་བ་བཞུགས་སོ། །

**悟道大师继承红帽法冠第五世活佛一切智恭却邦传**

1 种，12 页。

ཀརྨ་མི་བསྐྱོད་རྡོ་རྗེ། 嘎玛·米觉多结 (1507—1554) 撰述。

西藏地区藏传佛教寺院印经院传抄之抄写本。

普通藏纸，梵夹装中印本 (44.6×5.3cm)，草体，墨色，横书藏文七行，四周双栏，全。

索书号：003878/4。保存基本完好，今藏民族文化宫中国民族图书馆。

༄༅། །རྟོགས་པ་བརྗོད་པ་ཉི་མའི་འོད་ཟེར་བརྒྱ་པའི་སྙིང་པོ་ཞེས་བྱ་བ་བཞུགས་སོ། །

**传记·日光百辐明藏**

ཀླུ་འབུམ་ཤེས་རབ་རྒྱ་མཚོ། 鲁奔·希饶嘉措 (1884—1968) 撰述。

1 种，16 页。

甘肃省甘南藏族自治州夏河县拉卜楞地区拉卜楞寺（拉章扎喜齐）印经院木刻版之刻印本。

普通藏纸，梵夹装中印本 (44.8×6.2cm)，楷体，墨色，横刊藏文六行，四周双栏，全。

索书号：000932/2。保存基本完好，今藏民族文化宫中国民族图书馆。

༄༅། །རྟོགས་པ་བརྗོད་པ་རིན་པོ་ཆེ་དཔག་བསམ་འཁྲི་ཤིང་གི་དོན་ཉུང་ངུར་སྒྲིང་བ་ངོ་མཚར་སྣང་བའི་ཐིག་ལེ་དང་ཀུས་པདྨ་བཞད་པའི་གཉེན་གཅིག་ཅེས་བྱ་བ་བཞུགས་སོ། །

**传记大宝如意树意义略说·希有现起之明点·莲开之友**

1 种，62 页。

རོང་ཐ་བློ་བཟང་དམ་ཆོས་རྒྱ་མཚོ། 荣塔·洛桑丹曲嘉措 (1805—1900) 撰述。

多康地区藏传佛教惹聂特钦林寺印经院木刻版之刻印本。

普通藏纸，梵夹装中印本 (46.5×5.6cm)，楷体，墨色，横刊藏文六行，四周双栏，全。

索书号：004526/2。保存基本完好，今藏民族文化宫中国民族图书馆。

༄༅། །རྟོགས་པ་བརྗོད་པའི་རྒྱུད་ལས་བརྩམས་ཏེ་སྐལ་བ་བཟང་པོ་དང་ལྡན་པ་རྣམས་ལ་གཏམ་དུ་བྱ་བ་སྲིལ་མའི་བསྣན་བཅོས་ཟླ་གཞོན་འཛུམ་པའི་ཕོན་པོ་ཞེས་བྱ་བ་བཞུགས་སོ། །

**由说本生续起对贤劫具缘诸人士史话增篇·月童笑悦之花簇**

1 种，29 页。

ཙོང་དཀར་འཇིགས་མེད་དམ་ཆོས་རྒྱ་མཚོ། 宗嘎·吉迈丹曲嘉措 (1898—1946) 撰述。

青海省化隆回族自治县金源地区土哇寺（土哇贡扎喜曲迪）印经院木刻版之刻印本。

普通藏纸，梵夹装中印本 (44.2×6.2cm)，楷体，墨色，横刊藏文六行，四周双栏，全。

索书号：000799/7。保存基本完好，

今藏民族文化宫中国民族图书馆。

༧༢། །རྟོགས་པ་བརྗོད་པའི་ཚིགས་སུ་བཅད་པ་ཨུཏྤལའི་ཕྲེང་བ་ཞེས་བྱ་བ་བཞུགས་སོ། །

**本生颂・青莲花鬘**

1 种，52 页。

ཞྭ་དམར་ཆོས་གྲགས་ཡེ་ཤེས། 夏玛・曲札益希 (1453—1524) 撰述。

西藏地区藏传佛教寺院印经院传抄之金汁写本。

瓷青纸，梵夹装中印本 (46×6.5cm)，楷体，墨色，横书藏文六行，四周双栏，全。

索书号：003272/4。保存基本完好，今藏民族文化宫中国民族图书馆。

༧༣། །སྟོན་པ་མཉམ་མེད་ཤཱཀྱའི་རྒྱལ་པོའི་འཁྲུངས་རབས་ལས་བརྩམས་པའི་རྟོགས་བརྗོད་བརྒྱ་ལྔ་བཅུ་རྩ་གཅིག་པ་དད་ལྡན་རེ་བ་སྐོང་བའི་ཡིད་བཞིན་ནོར་བུའི་འཕྲེང་མཛེས་ཞེས་བྱ་བ་བཞུགས་སོ། །

**无等导师释迦王佛本生事纪一百五十一事・具信满愿如意摩尼美鬘**

1 种，200 页。

ཀུ་ཤྲི་དཀའ་བཅུ་པ་བློ་བཟང་ཚེ་འཕེལ། 固释嘎局巴・洛桑慈培 (1760—？ ) 撰述。

北京地区藏传佛教皇家寺院嵩祝寺印经院木刻版之刻印本。

普通纸，梵夹装中印本 (47.8×7.5cm)，楷体，墨色，横刊藏文六行，四周双栏，全。

索书号：001092/1。保存基本完好，今藏民族文化宫中国民族图书馆。

༧༤། །སྟོན་པ་ཐམས་ཅད་མཁྱེན་པའི་སྐྱེས་རབས་ཕྲེང་། བཅུ་ཕྲག་གསུམ་དང་བཞི་ནི་དཔའ་བོའི་སྣེ། ཕྱི་ནས་རང་བྱུང་རྡོ་རྗེས་བདུན་ལྷག་པའི། དྲུག་ཅུས་བརྒྱ་རྩ་རྫོགས་པར་མཛད་པ་བཞུགས་སོ། །

**让迥多结据勇论师所著三十四行佛本生鬘续著六十七行共满百行之佛百行传**

1 种，278 页。

ཀརྨ་རང་བྱུང་རྡོ་རྗེ། 嘎玛・让迥多结 (1284—1339) 撰述。

西藏地区藏传佛教噶旦曲科林寺印经院木刻版之刻印本。

普通藏纸，梵夹装中印本 (46.5×6.4cm)，楷体，墨色，横刊藏文六行，四周双栏，全。

索书号：001167/1。保存基本完好，今藏民族文化宫中国民族图书馆。

༧༥། །སྟོན་པ་ཐུགས་རྗེ་ཅན་གྱི་འཁྲུངས་རབས་སོ་བཞི་པའི་སྙིང་པོ་བསྡུས་པའི་ཚིགས་སུ་བཅད་པ་ཐེག་ཆེན་ཆོས་ཀྱི་སྒྲ་དབྱངས་ཞེས་བྱ་བ་བཞུགས་སོ། །

**大悲导师释迦牟尼本生三十事摄要颂・大乘法音**

1 种，4 页。

ཡོངས་འཛིན་ཡེ་ཤེས་རྒྱལ་མཚན། 雍增・益希坚参 (1713—1793) 撰述。

西藏自治区拉萨地区孜雪印经院木刻版之刻印本。

普通藏纸，梵夹装中印本 (48.5×6.4cm)，楷体，墨色，横刊藏文六行，四周双栏，全。

索书号：003328/2。保存基本完好，今藏民族文化宫中国民族图书馆。

༧༦། །སྟོན་པ་སངས་རྒྱས་ཀྱི་རྣམ་ཐར་དད་ཅིང་དགའ་སྐྱེད་ཅེས་བྱ་བ་བཞུགས་སོ། །

**佛世尊传・诚信生喜**

1 种，226 页。

བུ་སྟོན་རིན་ཆེན་གྲུབ། 布敦·仁钦珠 (1290—1364) 撰述。

西藏地区藏传佛教寺院印经院木刻版之刻印本。

普通藏纸，梵夹装中印本 (49.7×7cm)，楷体，墨色，横刊藏文六行，四周双栏，全。

索书号：003086/5。保存基本完好，今藏民族文化宫中国民族图书馆。

༄༅། །བསྟན་པའི་རྩ་ལག་ཡིལ་གོག་སན་ཨེར་དེ་ནི་མེར་ཀེན་པཎྜི་ཏ་ཧོ་ཐོག་ཐུ་བློ་བཟང་བསྟན་པ་དར་རྒྱས་ཀྱི་རྣམ་ཐར་ནོར་བུའི་མེ་ལོང་ཞེས་བྱ་བ་བཞུགས་སོ། །

**圣教栋梁伊阁森额尔德尼麦尔根班智达呼图克图洛桑丹巴达吉传·摩尼明镜**

1种，12页。

ཀུང་ཐང་དཀོན་མཆོག་བསྟན་པའི་སྒྲོན་མེ། 贡唐·恭却丹贝准美 (1762—1823) 撰述。

甘肃省甘南藏族自治州夏河县拉卜楞地区拉卜楞寺（拉章扎喜齐）印经院木刻版之刻印本。

普通藏纸，梵夹装中印本 (47.2×6.2cm)，楷体，墨色，横刊藏文六行，四周双栏，全。

索书号：000921/5。保存基本完好，今藏民族文化宫中国民族图书馆。

༄༅། །བསྟན་པའི་སྲོག་ཤིང་ཟླ་མེད་པ་མཁན་པོ་རིན་པོ་ཆེ་ངག་དབང་ཐུབ་བསྟན་རྒྱ་མཚོའི་ཞལ་སྔ་ནས་ཀྱི་རྣམ་པར་ཐར་པ་བསྟན་པའི་མཛེས་རྒྱན་ཞེས་བྱ་བ་བཞུགས་སོ། །

**圣教之无比栋梁堪波阿旺图丹嘉措传·教之庄严**

1种，11页。

ཞང་སྟོན་བསྟན་པ་རྒྱ་མཚོ། 祥敦·丹巴嘉措 (1825—1895) 撰述。

甘肃省甘南藏族自治州夏河县拉卜楞地区拉卜楞寺（拉章扎喜齐）印经院木刻版之刻印本。

普通藏纸，梵夹装中印本 (46.6×6.4cm)，楷体，墨色，横刊藏文六行，四周双栏，全。

索书号：000939/11。保存基本完好，今藏民族文化宫中国民族图书馆。

༄༅། །བསྟན་པའི་གསལ་བྱེད་ཆེན་པོ་རྒྱལ་ཁང་རྩེ་རིན་པོ་ཆེ་རྗེ་བློ་བཟང་དཔལ་འབྱོར་ལྷུན་གྲུབ་ཀྱི་རྣམ་པར་ཐར་པ་སྐལ་བཟང་རྣ་བའི་བཅུད་ལེན་ཞེས་བྱ་བ་བཞུགས་སོ། །

**阐明圣教师嘉康孜仁波且洛桑白觉伦珠传·具缘耳中精英**

1种，39页。

ངག་དབང་ཡེ་ཤེས་ཐུབ་བསྟན་རབ་འབྱམས་པ། 阿旺益希图丹饶绛巴 (1782—？ ) 撰述。

蒙古国乌兰巴托地区藏传佛教库伦寺印经院木刻版之刻印本。

普通藏纸，梵夹装中印本 (49×6.3cm)，楷体，墨色，横刊藏文六行，四周双栏，全。

索书号：000883/3。保存基本完好，今藏民族文化宫中国民族图书馆。

༄༅། །ཐམས་ཅད་མཁྱེན་པ་ཆེན་པོ་ཉི་མའི་གཉེན་གྱི་རྟོགས་པ་བརྗོད་པ་མ་ལླི་ཀའི་ཕྲེང་བ་ཞེས་བྱ་བ་བཞུགས་སོ། །

**一切智释迦佛本生传·摩利嘎花鬘**

1种，29页。

ཞུ་ཆེན་ཚུལ་ཁྲིམས་རིན་ཆེན། 许钦·慈称仁钦 (1697—1774) 撰述。

四川省甘孜藏族自治州德格县德格地区德格寺印经院木刻版之刻印本。

普通藏纸，梵夹装中印本 (47.4×6.7cm)，楷体，墨色，横刊藏文六行，四周双栏，全。

索书号：000419/1。保存基本完好，今藏民族文化宫中国民族图书馆。

༄༅། །ཐམས་ཅད་མཁྱེན་པ་པདྨ་དཀར་པོའི་རྣམ་ཐར་ཐུགས་རྗེ་ཆེན་པོའི་ཟློས་གར་གྱི་འཕྲོས་བརྗོད་པ་སྒྱུ་མ་ཆེན་པོའི་དོ་ར་ཞེས་བྱ་བ་བཞུགས་སོ། །

**一切智白玛嘎波传·大悲歌舞之余叙·大幻游戏苑**

1 种，34 页。

འབྲུག་པ་པད་མ་དཀར་པོ། 竹巴·白玛嘎波 (1527—1592) 撰述。

西藏地区藏传佛教寺院印经院木刻版之刻印本。

普通藏纸，梵夹装中印本 (45.3×6.1cm)，楷体，墨色，横刊藏文六行，四周双栏，全。

索书号：003659/2。保存基本完好，今藏民族文化宫中国民族图书馆。

༄༅། །ཐམས་ཅད་མཁྱེན་པ་རོལ་པའི་རྡོ་རྗེ་ཡི་རྟོགས་བརྗོད་དགེ་ལྡན་བསྟན་པའི་མཛེས་རྒྱན་གྱི། ཡང་རྒྱན་སྙན་ངག་སྨུ་ཏིག་ཆུན་པོ་རྒྱན། གླེགས་བམ་རིན་ཆེན་ཟ་མ་ཏོག་འདིར་བཞུགས། །

**一切智若贝多结传·噶旦教派妙庄严之诗颂·珍珠流苏宝卷箧**

1 种，67 页。

ཐུའུ་བཀྭན་བློ་བཟང་ཆོས་ཀྱི་ཉི་མ། 土观·洛桑曲吉尼玛 (1737—1802) 撰述。

青海省互助土族自治县五十地区佑宁寺（贡隆乾巴林）印经院木刻版之刻印本。

普通藏纸，梵夹装中印本 (48.5×6.5cm)，楷体，墨色，横刊藏文七行，四周双栏，全。

索书号：003635/3。保存基本完好，今藏民族文化宫中国民族图书馆。

༄༅། །ཐུབ་པའི་དབང་པོ་འཕགས་པ་གནས་བརྟན་བཅུ་དྲུག་དང་བཅས་པའི་རྟོགས་པ་བརྗོད་པ་རྒྱལ་བསྟན་རིན་པོ་ཆེའི་མཛེས་རྒྱན་ཕུལ་བྱུང་གསེར་གྱི་ཕྲེང་བ་ཞེས་བྱ་བ་བཞུགས་སོ། །

**释迦牟尼王佛及圣十六尊者传记·佛教大宝庄严饰最胜黄金鬘**

1 种，301 页。

ཡོངས་འཛིན་ཡེ་ཤེས་རྒྱལ་མཚན། 雍增·益希坚参 (1713—1793) 撰述。

西藏自治区拉萨地区布达拉宫印经院木刻版之刻印本。

普通藏纸，梵夹装中印本 (48.5×6.4cm)，楷体，墨色，横刊藏文七行，四周双栏，全。

索书号：003337/2。保存基本完好，今藏民族文化宫中国民族图书馆。

༄༅། །དམ་པ་གོང་མའི་རྣམ་ཐར་དང་འབྲེལ་བའི་བུའི་གཡང་འགུགས་རིགས་བརྒྱུད་བཟང་པོའི་ཆུ་རྒྱུན་འཛད་མེད་ཅེས་བྱ་བ་བཞུགས་སོ། །

**结合先德之史事招来弟子福运法·传嗣无尽善流**

1 种，11 页。

བི་ཤྲི་ཐུ་པཎྜི་ཏ་ཚེ་འཕེལ་དབང་ཕྱུག་རྡོ་རྗེ། 比锡图班智达·慈培旺秋多结 (1836—？) 撰述。

蒙古地区藏传佛教噶旦彭措林寺印经院木刻版之刻印本。

普通藏纸，梵夹装中印本 (48.2×6.2cm)，楷体，墨色，横刊藏文七行，四周双栏，全。

索书号：000747/55。保存基本完好，今藏民族文化宫中国民族图书馆。

༄༅། །དུས་གསུམ་གྱི་རྒྱལ་བ་སྲས་བཅས་ཀྱི་མཁྱེན་བརྩེའི་སྤྱི་གཟུགས་མཁས་པ་དང་གྲུབ་པའི་པ་རོལ་ཏུ་སོན་པ་རིགས་ཀུན་ཁྱབ་བདག་གསུ་ཐོག་གསར་མ་ཡོན་ཏན་མགོན་པོའི་རྣམ་པར་ཐར་པ་ཞེས་བྱ་བ་བཞུགས་སོ། །

三时佛菩萨智悲之共相大贤大哲诸部遍主新宇陀·云丹贡波传

1种，18页。

སྡེ་སྲིད་སངས་རྒྱས་རྒྱ་མཚོ། 第司·桑结嘉措(1653—1705)撰述。

四川省甘孜藏族自治州德格县德格地区德格寺印经院木刻版之刻印本。

普通藏纸，梵夹装中印本(53.5×7cm)，楷体，墨色，横刊藏文六行，四周双栏，全。

索书号：002704/3。保存基本完好，今藏民族文化宫中国民族图书馆。

༄༅། །དུས་གསུམ་རྒྱལ་བ་ཀུན་གྱི་སྤྱི་གཟུགས་བཀའ་དྲིན་གསུམ་ལྡན་རྗེ་བཙུན་བླ་མ་ཐམས་ཅད་མཁྱེན་པ་དྷརྨ་བྷ་དྲ་དཔལ་བཟང་པོའི་རྣམ་པར་ཐར་པ་ཞྭ་སེར་བསྟན་པའི་མཛེས་རྒྱན་ཞེས་བྱ་བ་བཞུགས་སོ། །

三世诸佛之总体三恩至尊上师一切智达摩巴扎传·黄帽法派妙庄严

1种，215页。

དངུལ་ཆུ་དྷརྨ་བྷ་དྲ། 欧曲·达摩巴扎（亦称欧曲喇嘛·曲桑洛桑次仁，1772—1851）撰述。

西藏地区藏传佛教寺院印经院木刻版之刻印本。

普通藏纸，梵夹装中印本(49.8×6cm)，楷体，墨色，横刊藏文六行，四周双栏，全。

索书号：001042/5。保存基本完好，今藏民族文化宫中国民族图书馆。

༄༅། །དུས་གསུམ་རྒྱལ་བའི་སྙིང་རྗེའི་རང་གཟུགས་རྗེ་བཙུན་ཀུན་དཀའ་ཆོས་འཕགས་ཐུབ་བསྟན་ཉི་མ་དཔལ་བཟང་པོའི་རྣམ་ཐར་སྐལ་བཟང་བློ་གསལ་མགྲུལ་རྒྱན་ཞེས་བྱ་བ་བཞུགས་སོ། །

三世诸佛悲心之自体至尊衮噶曲帕图丹尼玛传·具缘智者项饰

1种，53页。

ཀིརྟི་བློ་བཟང་འཕྲིན་ལས། 格迪·洛桑成勒(1849—1905)撰述。

甘肃省甘南藏族自治州碌曲县郎木地区郎木寺印经院木刻版之刻印本。

普通藏纸，梵夹装中印本(44.8×6.1cm)，楷体，墨色，横刊藏文六行，四周双栏，全。

索书号：001082/3。保存基本完好，今藏民族文化宫中国民族图书馆。

༄༅། །དུས་གསུམ་རྒྱལ་བའི་སྤྱི་གཟུགས་རྗེ་འཇམ་དབྱངས་མཁྱེན་རབ་རྒྱ་མཚོ་དཔལ་བཟང་པོའི་འཁྲུངས་རབས་དང་བཅས་པའི་རྣམ་པར་ཐར་པ་ཟུང་ཟད་གཏམ་དུ་བརྗོད་པ་དད་པའི་རྒྱ་གཏེར་འཕེལ་བའི་ཟླ་ཤེལ་ཞེས་བྱ་བ་བཞུགས་སོ། །

三世诸佛之总体至尊绛央庆饶嘉措本生事纪史略·信海增生之月晶

1种，81页。

ཨ་མཆོག་འཇམ་དབྱངས་མཁྱེན་རབ་རྒྱ་མཚོ། 阿却·绛央庆饶嘉措(1849—1944)撰述。

四川省阿坝地区藏传佛教玛威桑格林寺印经院木刻版之刻印本。

普通藏纸，梵夹装中印本(44.9×6.2cm)，楷体，墨色，横刊藏文六行，四周双栏，全。

索书号：000888/4。保存基本完好，今藏民族文化宫中国民族图书馆。

༄༅། །དུས་གསུམ་རྒྱལ་བའི་སྤྱི་གཟུགས་རྗེ་བཙུན་དཀོན་མཆོག་འཇིགས་མེད་དབང་པོའི་ཞལ་སྔ་ནས་ཀྱི་རྣམ་པར་ཐར་པ་རྒྱལ་སྲས་རྒྱ་མཚོའི་འཇུག་ངོགས་ཞེས་བྱ་བ་བཞུགས་སོ། །

**三世诸佛总体至尊恭却吉迈旺波传·佛子海之门径**

1 种，259 页。

ཀུང་ཐང་དཀོན་མཆོག་བསྟན་པའི་སྒྲོན་མེ། 贡唐·恭却丹贝准美 (1762—1823) 撰述。

甘肃省甘南藏族自治州夏河县拉卜楞地区拉卜楞寺 ( 拉章扎喜齐 ) 印经院木刻版之刻印本。

普通藏纸，梵夹装中印本 (47.2 × 6.2cm)，楷体，墨色，横刊藏文六行，四周双栏，全。

索书号：003591/2。保存基本完好，今藏民族文化宫中国民族图书馆。

༄༅། །དུས་གསུམ་རྒྱལ་བའི་སྤྱི་གཟུགས་རྗེ་བཙུན་དཀོན་མཆོག་འཇིགས་མེད་དབང་པོའི་ཞལ་སྔ་ནས་ཀྱི་རྣམ་པར་ཐར་པ་རྒྱལ་སྲས་རྒྱ་མཚོའི་འཇུག་ངོགས་ཞེས་བྱ་བ་བཞུགས་སོ། །

**三世诸佛之总体至尊恭却吉迈旺波传·佛子海之津梁**

1 种，278 页。

འཇམ་དབྱངས་བཞད་པ་དཀོན་མཆོག་འཇིགས་མེད་དབང་པོ། 嘉木样协巴·恭却吉迈旺波 (1728—1791) 撰述。

甘肃省甘南藏族自治州夏河县拉卜楞地区拉卜楞寺 ( 拉章扎喜齐 ) 印经院木刻版之刻印本。

普通藏纸，梵夹装中印本 (48.4 × 7.4cm)，楷体，墨色，横刊藏文六行，四周双栏，全。

索书号：000868/2。保存基本完好，今藏民族文化宫中国民族图书馆。

༄༅། །དུས་གསུམ་རྒྱལ་བའི་ཡེ་ཤེས་ཀྱི་རང་གཟུགས་ཀུན་མཁྱེན་འཇམ་དབྱངས་བཞད་པ་རྗེ་བཙུན་སྐལ་བཟང་ཐུབ་བསྟན་དབང་ཕྱུག་དཔལ་བཟང་པོའི་ཞལ་སྔ་ནས་ཀྱི་རྣམ་པར་ཐར་པ་དབྱར་དུས་རྔོག་མའི་འབྲུག་སྒྲ་ཞེས་བྱ་བ་བཞུགས་སོ། །

**三世佛慧之本体衮庆绛央协巴至尊格桑图丹旺秋传·初夏之雷声**

1 种，9 页。

ཞང་སྟོན་བསྟན་པ་རྒྱ་མཚོ། 祥敦·丹巴嘉措 (1825—1895) 撰述。

甘肃省甘南藏族自治州夏河县拉卜楞地区拉卜楞寺 ( 拉章扎喜齐 ) 印经院木刻版之刻印本。

普通藏纸，梵夹装中印本 (46.6 × 6.4cm)，楷体，墨色，横刊藏文六行，四周双栏，全。

索书号：000940/8。保存基本完好，今藏民族文化宫中国民族图书馆。

༄༅། །དུས་གསུམ་སངས་རྒྱས་ཀུན་གྱི་བདག་ཉིད་རྗེ་བཙུན་ཐམས་ཅད་མཁྱེན་གཟིགས་ཆེན་པོ་བློ་བཟང་དཔལ་ལྡན་ཡེ་ཤེས་དཔལ་བཟང་པོའི་གསང་རྣམ་གྱི་སྒོ་ནས་གསོལ་བ་འདེབས་ཚུལ་ཞེས་བྱ་བ་བཞུགས་སོ། །

**三世诸佛之主体至尊一切智洛桑白旦益希前由秘密门而作祈祷之法**

1 种，4 页。

པཎ་ཆེན་ཨེར་ཏེ་ནི་དཔལ་ལྡན་ཡེ་ཤེས། 班禅额尔德尼·白旦益希 (1738—1780) 撰述。

西藏自治区日喀则地区扎什伦布寺印经院木刻版之刻印本。

普通藏纸，梵夹装中印本 (49.1 × 6.8cm)，楷体，墨色，横刊藏文六行，四周双栏，全。

索书号：000668/1。保存基本完好，今藏民族文化宫中国民族图书馆。

༄༅། །དུས་གསུམ་སངས་རྒྱས་ཐམས་ཅད་ཀྱི། བགྲོད་པ་གཅིག་པའི་ལམ་གྱི་མཆོག ཟབ་མོ་བླ་མའི་རྣམ་ཐར་གྱི། ཉམས་ལེན་གསང་བའི་ཉེ་ལམ་བཞུགས། །

**甚深上师传·实修秘密捷径**

1 种，13 页。

ངོར་ཆེན་དཀོན་མཆོག་ལྷུན་གྲུབ། 俄钦·恭却伦珠 (1497—1540) 撰述。

四川省甘孜藏族自治州德格县德格地区德格寺印经院木刻版之刻印本。

普通藏纸，梵夹装中印本 (46.5×6.5cm)，楷体，墨色，横刊藏文六行，四周双栏，全。

索书号：003773/23。保存基本完好，今藏民族文化宫中国民族图书馆。

༄༅། །དུས་གསུམ་སངས་རྒྱས་ཐམས་ཅད་ཀྱི་ངོ་བོ་རིགས་དང་དཀྱིལ་འཁོར་རྒྱ་མཚོའི་མངའ་བདག་བཀའ་དྲིན་མཚུངས་མེད་རྗེ་བཙུན་ངག་དབང་བྱམས་པ་རིན་པོ་ཆེའི་རྣམ་པར་ཐར་པ་དད་པའི་འདབ་བརྒྱ་བཞད་པར་བྱེད་པའི་ཉི་མ་ཞེས་བྱ་བ་བཞུགས་སོ། །

**一切三世诸佛之种姓与曼荼罗海主恩德无比之至尊阿旺乾巴仁波且传·开百叶信莲之日**

1 种，153 页。

པཎ་ཆེནཨེར་ཏེ་ནི་དཔལ་ལྡན་ཡེ་ཤེས། 班禅额尔德尼·白旦益希 (1738—1780) 撰述。

西藏自治区日喀则地区扎什伦布寺印经院木刻版之刻印本。

普通藏纸，梵夹装中印本 (49.1×6.8cm)，楷体，墨色，横刊藏文六行，四周双栏，全。

索书号：000670/2。保存基本完好，今藏民族文化宫中国民族图书馆。

༄༅། །དེ་བཞིན་གཤེགས་པ་ཤཱཀྱ་སེང་གེའི་མཛད་པ་བརྒྱ་པའི་མཛེས་རྒྱན་ཞེས་བྱ་བ་བཞུགས་སོ། །

**如来释迦桑格之百行传·美妙庄严**

1 种，6 页。

ཞྭ་དམར་ཆོས་གྲགས་ཡེ་ཤེས། 夏玛·曲札益希 (1453—1524) 撰述。

西藏地区藏传佛教寺院印经院传抄之金汁写本。

瓷青纸，梵夹装中印本 (46×6.5cm)，楷体，墨色，横书藏文六行，四周双栏，全。

索书号：003259/2。保存基本完好，今藏民族文化宫中国民族图书馆。

༄༅། །དེ་བཞིན་གཤེགས་པས་ལེགས་པར་གསུངས་པའི་གསུང་རབ་རྒྱ་མཚོའི་སྙིང་པོར་གྱུར་པ་རིག་པ་འཛིན་པའི་སྡེ་སྣོད་དམ། སྔ་འགྱུར་རྒྱུད་འབུམ་རིན་པོ་ཆེའི་རྟོགས་པ་བརྗོད་པ་འཛམ་གླིང་ཐ་གྲུ་ཁྱབ་པའི་རྒྱན་ཞེས་བྱ་བ་བཞུགས་སོ། །

**如来所说经海心要·持明藏或说旧译续集大宝论述·赡部洲庄严**

1 种，250 页。

མཁྱེན་བརྩེ་འོད་ཟེར་འཇིགས་མེད་གླིང་པ། 庆孜沃赛吉迈林巴 (1729—1798) 撰述。

四川省甘孜藏族自治州德格县德格地区德格寺印经院木刻版之刻印本。

普通藏纸，梵夹装中印本 (48.5×6.7cm)，楷体，墨色，横刊藏文六行，四周双栏，全。

索书号：000539/1。保存基本完好，今藏民族文化宫中国民族图书馆。

༄༅། །དྲན་པ་ཤེས་རབ་བཀྲ་ཤིས་ཀྱི་རྣམ་ཐར་མུ་ཐི་ལའི་ཕྲེང་བ་ཞེས་བྱ་བ་བཞུགས་སོ། །

**瞻巴希饶扎喜传·珍珠鬘**

1 种，10 页。

རྒྱལ་མཁན་པོ་གྲགས་པ་རྒྱལ་མཚན། 嘉堪波·

札巴坚参 (1762—1836) 撰述。

甘肃省甘南藏族自治州夏河县拉卜楞地区拉卜楞寺(拉章扎喜齐)印经院木刻版之刻印本。

普通藏纸，梵夹装中印本 (47.4×6.3cm)，楷体，墨色，横刊藏文六行，四周双栏，全。

索书号：000851/9。保存基本完好，今藏民族文化宫中国民族图书馆。

༄༅། །དྲིན་ཅན་བླ་མ་དགེ་ལེགས་རྒྱ་མཚོའི་རྣམ་པར་ཐར་པ་ཕྱོགས་ཙམ་བརྗོད་པ་དགེ་ལེགས་ཆར་འབེབས་ཞེས་བྱ་བ་བཞུགས་སོ། །

**具恩上师格勒嘉措传略·妙善雨降**

1 种，60 页。

ཕུར་ལྕོག་ངག་དབང་བྱམས་པ། 普觉·阿旺强巴 (1682—1762) 撰述。

西藏自治区拉萨地区孜雪印经院木刻版之刻印本。

普通藏纸，梵夹装中印本 (49.6×6cm)，楷体，墨色，横刊藏文六行，四周双栏，全。

索书号：003810/1。保存基本完好，今藏民族文化宫中国民族图书馆。

༄༅། །དྲིན་ཅན་རྩ་བའི་བླ་མ་ངག་དབང་བློ་བཟང་རྒྱ་མཚོའི་ཐུན་མོང་ཕྱིའི་རྣམ་ཐར་དུ་ཀཱུ་ལའི་གོས་བཟང་གླེགས་བམ་གསུམ་པའི་འཕྲོས་བཞི་པ་ཞེས་བྱ་བ་བཞུགས་སོ། །

**具恩本师阿旺洛桑嘉措外传·轻縠妙衣第三函之余事第四函**

1 种，360 页。

ཏཱ་ལའི་བླ་མ་ངག་དབང་བློ་བཟང་རྒྱ་མཚོ། 达赖喇嘛·阿旺洛桑嘉措 (1617—1682) 撰述。

西藏自治区拉萨地区孜雪印经院木刻版之刻印本。

普通藏纸，梵夹装中印本 (46.6×5.9cm)，楷体，墨色，横刊藏文六行，四周双栏，全。

索书号：002571/1。保存基本完好，今藏民族文化宫中国民族图书馆。

༄༅། །དྲིན་ཅན་རྩ་བའི་བླ་མ་ངག་དབང་བློ་བཟང་རྒྱ་མཚོའི་ཐུན་མོང་ཕྱིའི་རྣམ་ཐར་དུ་ཀཱུ་ལའི་གོས་བཟང་གླེགས་བམ་གསུམ་པའི་འཕྲོས་བཞི་པ་ཞེས་བྱ་བ་བཞུགས་སོ། །

**具恩本师阿旺洛桑嘉措外传·轻縠妙衣第三函之余事第四函**

1 种，364 页。

སྡེ་སྲིད་སངས་རྒྱས་རྒྱ་མཚོ། 第司·桑结嘉措 (1653—1705) 撰述。

四川省甘孜藏族自治州德格县德格地区德格寺印经院木刻版之刻印本。

普通藏纸，梵夹装中印本 (53.5×7cm)，楷体，墨色，横刊藏文六行，四周双栏，全。

索书号：000701/1。保存基本完好，今藏民族文化宫中国民族图书馆。

༄༅། །དྲིན་ཅན་རྩ་བའི་བླ་མ་ངག་དབང་བློ་བཟང་རྒྱ་མཚོའི་རྣམ་ཐར་དུ་ཀཱུ་ལའི་གོས་བཟང་གླེགས་བམ་བཞི་པའི་འཕྲོས་ལྔ་པ་ཞེས་བྱ་བ་བཞུགས་སོ། །

**具恩本师阿旺洛桑嘉措外传·轻縠妙衣第四函之余事第五函**

1 种，338 页。

ཏཱ་ལའི་བླ་མ་ངག་དབང་བློ་བཟང་རྒྱ་མཚོ། 达赖喇嘛·阿旺洛桑嘉措 (1617 1682) 撰述。

西藏自治区拉萨地区孜雪印经院木刻版之刻印本。

普通藏纸，梵夹装中印本 (46.6×5.9cm)，楷体，墨色，横刊藏文六行，四周双栏，全。

索书号：002573/1。保存基本完好，今藏民族文化宫中国民族图书馆。

༄། །དྲིན་ཅན་རྩ་བའི་བླ་མ་ངག་དབང་བློ་བཟང་རྒྱ་མཚོའི་རྣམ་ཐར་དུ་ཀཱུ་ལའི་གོས་བཟང་གླེགས་བམ་བཞི་པའི་འཕྲོས་ལྷ་པ་ཞེས་བྱ་བ་བཞུགས་སོ། །

**具恩本师阿旺洛桑嘉措传·轻縠妙衣第四函之余事第五函**

1 种，339 页。

སྡེ་སྲིད་སངས་རྒྱས་རྒྱ་མཚོ། 第司·桑结嘉措 (1653—1705) 撰述。

四川省甘孜藏族自治州德格县德格地区德格寺印经院木刻版之刻印本。

普通藏纸，梵夹装中印本 (53.5×7cm)，楷体，墨色，横刊藏文六行，四周双栏，全。

索书号：000684/1。保存基本完好，今藏民族文化宫中国民族图书馆。

༄། །དྲིན་ཅན་རྩ་བའི་བླ་མ་ངག་དབང་བློ་བཟང་རྒྱ་མཚོའི་རྣམ་ཐར་དུ་ཀཱུ་ལའི་གོས་བཟང་གླེགས་བམ་ལྷ་པའི་འཕྲོས་དྲུག་པ་ཞེས་བྱ་བ་བཞུགས་སོ། །

**具恩本师阿旺洛桑嘉措传·轻縠妙衣第五函之余事第六函**

1 函，1 种，383 页。

སྡེ་སྲིད་སངས་རྒྱས་རྒྱ་མཚོ། 第司·桑结嘉措 (1653—1705) 撰述。

四川省甘孜藏族自治州德格县德格地区德格寺印经院木刻版之刻印本。

普通藏纸，梵夹装中印本 (53.5×7cm)，楷体，墨色，横刊藏文六行，四周双栏，全。

索书号：002575/1。保存基本完好，今藏民族文化宫中国民族图书馆。

༄། །དྲུང་ཆེན་མཁའ་སྤྱོད་པ་ནམ་མཁའ་རྒྱལ་མཚན་གྱི་རྟོགས་པ་བརྗོད་པ་ཡིད་ཀྱི་ཟླ་ཟེར་ཞེས་བྱ་བ་བཞུགས་སོ། །

**仲钦喀觉巴·南喀坚参传·意之月光**

1 种，23 页。

དྲུང་ཆེན་མཁའ་སྤྱོད་པ་ནམ་མཁའ་རྒྱལ་མཚན། 仲钦喀觉巴·南喀坚参 (1370—1433) 撰述。

西藏自治区昌都地区藏传佛教寺院印经院传抄之缮写本。

普通藏纸，梵夹装中印本 (45.1×5.2cm)，草体，墨色，横书藏文七行，四周双栏，全。

索书号：003920/21。保存基本完好，今藏民族文化宫中国民族图书馆。

༄། །དྭགས་པོ་སྒོམ་པའི་རྣམ་ཐར་ཞེས་བྱ་བ་བཞུགས་སོ། །

**达波贡巴传**

1 种，3 页。

བླ་མ་ཞང་བརྩོན་འགྲུས་གྲགས་པ། 喇嘛祥·宗哲札巴 (1123—1193) 撰述。

西藏地区藏传佛教寺院印经院传抄之缮写本。

普通藏纸，梵夹装中印本 (41.5×5.2cm)，草体，墨色，横书藏文七行，四周双栏，全。

索书号：003842/27。保存基本完好，今藏民族文化宫中国民族图书馆。

༄། །བདག་ཅག་གི་སྟོན་པ་སྔོན་བྱང་ཆུབ་སེམས་དཔའ་ལྷའི་དབང་པོ་བརྒྱ་བྱིན་བུམ་པ་ཅན་དུ་འཁྲུངས་པའི་རྟོགས་བརྗོད་ཀྱི་འགྲེལ་པ་ལེགས་བཤད་སྒྲོན་མེ་ཞེས་བྱ་བ་བཞུགས་སོ། །

**释迦佛往昔生为菩萨天王帝释具瓶史事解说·嘉言明灯**

1 种，21 页。

ལྕང་ལུང་པཎྜི་ཏ་ངག་དབང་བློ་བཟང་བསྟན་པའི་རྒྱལ་མཚན། 江隆班智达·阿旺洛桑丹贝坚参 (1770—1845) 撰述。

北京地区藏传佛教皇家寺院印经院木刻版之刻印本。

普通纸，梵夹装短印本 (39.5×5.9cm)，楷体，墨色，横刊藏文六行，四周双栏，全。

索书号：003709/10。保存基本完好，今藏民族文化宫中国民族图书馆。

༧༢། །བདག་ཉིད་ཆེན་པོ་མཁས་མཆོག་དཔལ་འབོར་མཛད་པའི་སྐྱེས་རབས་སོ་བཞི་པའི་དོན་རྣམ་པར་བཤད་པ་ཐེག་ཆེན་གསལ་བའི་སྒྲོན་མེ་ལས་རྟོགས་བརྗོད་བཅུ་པ་ནས་ཉི་ཤུ་རྩ་གསུམ་པ་བར་གྱི་རྣམ་བཤད་ཅེས་བྱ་བ་བཞུགས་སོ། །

**大师凯却巴沃所著本生三十四事释义·大乘明灯中自第十事至二十三事释义**

1 种，270 页。

ཡོངས་འཛིན་ཡེ་ཤེས་རྒྱལ་མཚན། 雍增·益希坚参 (1713—1793) 撰述。

西藏自治区拉萨地区孜雪印经院木刻版之刻印本。

普通藏纸，梵夹装中印本 (48.5 × 6.4cm)，楷体，墨色，横刊藏文六行，四周双栏，全。

索书号：003329/2。保存基本完好，今藏民族文化宫中国民族图书馆。

༧༣། །བདག་ཉིད་ཆེན་པོ་མཁས་མཆོག་དཔལ་འབོར་མཛད་པའི་སྐྱེས་རབས་སོ་བཞི་པའི་དོན་རྣམ་པར་བཤད་པ་ཐེག་ཆེན་གསལ་བའི་སྒྲོན་མེ་ལས་རྟོགས་བརྗོད་ཉེར་བཞི་པ་མན་གྱི་རྣམ་བཤད་ཅེས་བྱ་བ་བཞུགས་སོ། །

**大师凯却巴沃所著本生三十四事释义·大乘明灯中自第二十四事至以下诸事释义**

1 种，270 页。

ཡོངས་འཛིན་ཡེ་ཤེས་རྒྱལ་མཚན། 雍增·益希坚参 (1713—1793) 撰述。

西藏自治区拉萨地区孜雪印经院木刻版之刻印本。

普通藏纸，梵夹装中印本 (48.5 × 6.4cm)，楷体，墨色，横刊藏文六行，四周双栏，全。

索书号：003330/2。保存基本完好，今藏民族文化宫中国民族图书馆。

༧༤། །བདག་ཉིད་ཆེན་པོ་མཁས་མཆོག་དཔལ་འབོར་མཛད་པའི་སྐྱེས་རབས་སོ་བཞི་པའི་དོན་རྣམ་པར་བཤད་པ་ཐེག་ཆེན་གསལ་བའི་སྒྲོན་མེའི་བསྡུས་དོན་ཞེས་བྱ་བ་བཞུགས་སོ། །

**大师凯却巴沃所著本生三十四事释义·大乘明灯之摄义**

1 种，66 页。

ཡོངས་འཛིན་ཡེ་ཤེས་རྒྱལ་མཚན། 雍增·益希坚参 (1713—1793) 撰述。

西藏自治区拉萨地区孜雪印经院木刻版之刻印本。

普通藏纸，梵夹装中印本 (48.5 × 6.4cm)，楷体，墨色，横刊藏文六行，四周双栏，全。

索书号：003330/3。保存基本完好，今藏民族文化宫中国民族图书馆。

༧༥། །བདག་ཉིད་ཆེན་པོ་རྫོང་དཀར་སྤྱན་སྔ་པ་དཀོན་མཆོག་ཕུན་ཚོགས་དཔལ་བཟང་པོའི་རྟོགས་པ་བརྗོད་པ་ལེགས་ཚོགས་སྒོ་བརྒྱ་འབྱེད་པའི་བདེན་གཏམ་ཞེས་བྱ་བ་བཞུགས་སོ། །

**大德宗嘎坚厄巴·恭却彭措传·启福泽百门之真实语**

1 种，17 页。

རྫོང་དཀར་འཇིགས་མེད་དམ་ཆོས་རྒྱ་མཚོ། 宗嘎·吉迈丹巴嘉措 (1898—1946) 撰述。

青海省化隆回族自治县金源地区丹斗寺 ( 丹斗协吉央贡 ) 印经院木刻版之刻印本。

普通藏纸，梵夹装中印本 (44.2 × 6.2cm)，楷体，墨色，横刊藏文六行，四周双栏，全。

索书号：000799/6。保存基本完好，今藏民族文化宫中国民族图书馆。

༄༅། །བདེ་མཆོག་ཆོས་འབྱུང་བརྒྱུད་པའི་རྣམ་ཐར་དང་བཅས་པ་ཞེས་བྱ་བ་བཞུགས་སོ། །

**上乐法源传承史**

1种，29页。

གོ་བོ་རབ་འབྱམས་པ་བསོད་ནམས་སེང་གེ། 郭沃然绛巴・索南桑格 (1429—1489) 撰述。

四川省甘孜藏族自治州德格县德格地区德格寺印经院木刻版之刻印本。

普通藏纸，梵夹装中印本 (46.3×6cm)，楷体，墨色，横刊藏文六行，四周双栏，全。

索书号：000388/4。保存基本完好，今藏民族文化宫中国民族图书馆。

༄༅། །འདྲེན་མཆོག་དམ་པ་ཆོས་ཀྱི་རྗེ་ནམ་མཁའ་སེང་གེ་དཔལ་བཟང་པོའི་རྣམ་པར་ཐར་པ་དཔག་བསམ་ལྗོན་པ་དགེ་ལེགས་འབྱུང་གནས་ཞེས་བྱ་བ་བཞུགས་སོ། །

**导师法王南喀桑格传・如意宝树妙善之源**

1种，85页。

ཇ་ཧོད་ནམ་མཁའ་སེང་གེ། 阿果・南喀桑格 (1712—1780) 撰述。

多麦地区藏传佛教扎喜协珠林寺印经院木刻版之刻印本。

普通藏纸，梵夹装中印本 (46.6×5.8cm)，楷体，墨色，横刊藏文六行，四周双栏，全。

索书号：000817/1。保存基本完好，今藏民族文化宫中国民族图书馆。

༄༅། །རྡོ་རྗེ་འཆང་དཀོན་མཆོག་བསྟན་པའི་སྒྲོན་མེའི་ཞལ་སྔ་ནས་ཀྱི་རྣམ་ཐར་རྗེ་ཉིད་ཀྱིས་བསྐུལ་བ་ཞེས་བྱ་བ་བཞུགས་སོ། །

**金刚持恭却丹贝准美自传**

1种，4页。

ལྕང་ལུང་པཎྜི་ཏ་ངག་དབང་བློ་བཟང་བསྟན་པའི་རྒྱལ་མཚན། 江隆班智达・阿旺洛桑丹贝坚参 (1770—1845) 撰述。

北京地区藏传佛教皇家寺院印经院木刻版之刻印本。

普通纸，梵夹装短印本 (39.5×5.9cm)，楷体，墨色，横刊藏文六行，四周双栏，全。

索书号：003710/11。保存基本完好，今藏民族文化宫中国民族图书馆。

༄༅། །རྡོ་རྗེ་འཆང་ཆེན་པོ་པཎ་ཆེན་ཐམས་ཅད་མཁྱེན་པ་བློ་བཟང་ཡེ་ཤེས་དཔལ་བཟང་པོའི་སྐུ་གསུང་ཐུགས་ཀྱི་མཛད་པ་མ་ལུས་པ་གསལ་བར་བྱེད་པའི་རྣམ་པར་ཐར་པ་འོད་དཀར་ཅན་གྱི་འཕྲེང་བའི་སྨད་ཆ་ཞེས་བྱ་བ་བཞུགས་སོ། །

**大金刚持班禅一切智洛桑益希一切身语意之事业明显之传记・白光鬘・下集**

1种，135页。

པཎ་ཆེན་ཨེར་ཏེ་ནི་བློ་བཟང་དཔལ་ལྡན་ཡེ་ཤེས། 班禅额尔德尼・洛桑白旦益希 (1738—1780) 撰述。

西藏自治区日喀则地区扎什伦布寺印经院木刻版之刻印本。

普通藏纸，梵夹装中印本 (49.1×6.8cm)，楷体，墨色，横刊藏文六行，四周双栏，全。

索书号：000670/1。保存基本完好，今藏民族文化宫中国民族图书馆。

༄༅། །རྡོ་རྗེ་འཆང་དོན་ཡོད་མཁས་གྲུབ་དཔལ་བཟང་པོའི་རྣམ་པར་ཐར་པ་བདེ་གཤེགས་གཞུང་ལམ་ཞེས་བྱ་བ་བཞུགས་སོ། །

**金刚持顿悦凯珠传・善逝正道**

1种，51页。

ཕུར་ལྕོག་ངག་དབང་བྱམས་པ། 普觉・阿旺强巴 (1682—1762) 撰述。

西藏自治区拉萨地区孜雪印经院木刻版之刻印本。

普通藏纸，梵夹装中印本(49.6×6cm)，楷体，墨色，横刊藏文六行，四周双栏，全。

索书号：001077/2。保存基本完好，今藏民族文化宫中国民族图书馆。

༄༅། །རྡོ་རྗེ་འཆང་རང་ཉིད་ཀྱི་རྣམ་པར་ཐར་པ་ཚིགས་བཅད་མ་ལི་ཀའི་ཕྲེང་བ་ཞེས་བྱ་བ་བཞུགས་སོ། །

**金刚持上师自传颂文·摩利迦花鬘**

1种，6页。

ཛོང་དཀར་འཇིགས་མེད་བསམ་གཏན། 宗嘎·吉迈桑丹(1814—1897)撰述。

青海省化隆回族自治县金源地区土哇寺(土哇贡扎西曲迪)印经院木刻版之刻印本。

普通藏纸，梵夹装中印本(46.8×6.4cm)，楷体，墨色，横刊藏文六行，四周双栏，全。

索书号：003901/6。保存基本完好，今藏民族文化宫中国民族图书馆。

༄༅། །རྡོ་རྗེ་འཛིན་པ་ཆེན་པོ་ཆོས་ཀྱི་མགོན་པོའི་རྣམ་པར་ཐར་པ་ཆེ་ལོང་ཙམ་བརྗོད་པ་གྲུབ་པའི་རོལ་རྩེད་ཅེས་བྱ་བ་བཞུགས་སོ། །

**金刚大持曲吉贡波传略·成就游戏**

1种，17页。

འབྲུག་པ་པད་མ་དཀར་པོ། 竹巴·白玛嘎波(1527—1592)撰述。

西藏地区藏传佛教寺院印经院木刻版之刻印本。

普通藏纸，梵夹装中印本(45.3×6.1cm)，楷体，墨色，横刊藏文六行，四周双栏，全。

索书号：003659/11.保存基本完好，今藏民族文化宫中国民族图书馆。

༄༅། །རྡོ་རྗེའི་གནས་པ་བཅུ་གཉིས་ཤིན་ཏུ་གསང་བ་ཉམས་རྟོགས་ཀྱི་རྣམ་ཐར་ལགས་སོ། །

**十二金刚处极密修法之史事**

1种，5页。

ཏཱ་ར་ནཱ་ཐ་ཀུན་དགའ་སྙིང་པོ། 多罗纳塔·衮噶宁波(1575—1634)撰述。

西藏地区藏传佛教达丹寺印经院木刻版之刻印本。

普通藏纸，梵夹装中印本(43.6×8.2cm)，楷体，墨色，横刊藏文六行，四周双栏，全。

索书号：001018/6。保存基本完好，今藏民族文化宫中国民族图书馆。

༄༅། །ནག་པོ་སྤྱོད་པའི་རྟོགས་པ་བརྗོད་པའི་ཡལ་འདབ་གཉིས་པ་བཞུགས་སོ། །

**黑行传·本生之二**

1种，40页。

ཇོ་ནང་པ་ཀུན་དགའ་གྲོལ་མཆོག 觉囊巴·衮噶卓却(1507—1575)撰述。

西藏自治区日喀则地区普帕寺印经院木刻版之刻印本。

普通藏纸，梵夹装中印木(46×5.3cm)，楷体，墨色，横刊藏文六行，四周双栏，全。

索书号：005060/2。保存基本完好，今藏民族文化宫中国民族图书馆。

༄༅། །ནང་ཏིང་ངེས་འཛིན་གྱི་ཉམས་སྣང་རྣམ་ཐར་རང་བསྟོད་སྙན་བརྒྱུད་ཀྱི་ལྡེ་མིག་སྐྱེ་བཅུ་དྲུག་མ་ཕྲན་དང་བཅས་ཞེས་བྱ་བ་བཞུགས་སོ། །

**内三摩地之修验史事自赞·耳传之钥十六生之事业等**

1种，34页。

ལྷོ་བྲག་ནམ་མཁའ་རྒྱལ་མཚན། 珞扎·南喀坚参(1326—1401)撰述。

西藏地区藏传佛教寺院印经院木刻版

之刻印本。

普通藏纸，梵夹装中印本(45.2×4.8cm)，楷体，墨色，横刊藏文六行，四周双栏，全。

索书号：001214/2。保存基本完好，今藏民族文化宫中国民族图书馆。

༄༅། །གནས་ལྔ་རིག་པའི་པཎྜི་ཏ་ཆེན་པོ་ཀོ་ཁྲི་ངག་དབང་སྐལ་བཟང་བའི་འཁྲུངས་རབས་རྣམ་ཐར་གཡས་འཁྱིལ་དུང་གི་སྒྲ་དབྱངས་ཞེས་བྱ་བ་བཞུགས་སོ། །

**通五明大班智达果释阿旺格桑本生史事·右旋螺声**

1种，47页。

སྒོ་མང་བློ་བཟང་ཚུལ་ཁྲིམས་རྒྱ་མཚོ། 郭芒·洛桑慈称嘉措(1841—1907)撰述。

甘肃省甘南藏族自治州夏河县拉卜楞地区拉卜楞寺(拉章扎喜齐)印经院木刻版之刻印本。

普通藏纸，梵夹装中印本(47×6.2cm)，楷体，墨色，横刊藏文六行，四周双栏，全。

索书号：001233/5。保存基本完好，今藏民族文化宫中国民族图书馆。

༄༅། །གནས་བརྟན་བཅུ་དྲུག་གི་རྟོགས་བརྗོད་རྣམས་ནས་བཏུས་ཏེ་བཀོད་པའི་གནས་བརྟན་རྣམ་ཐར་ཕན་བདེའི་འབྱུང་གནས་ཞེས་བྱ་བ་བཞུགས་སོ། །

**从十六尊者故事中选编之尊者传记·利乐之源**

1种，19页。

ངག་དབང་ཡེ་ཤེས་ཐུབ་བསྟན་རབ་འབྱམས་པ། 阿旺益希图丹饶绛巴(1782—？ )撰述。

甘肃省甘南藏族自治州夏河县拉卜楞地区拉卜楞寺(拉章扎喜齐)印经院木刻版之刻印本。

普通藏纸，梵夹装中印本(49×6.3cm)，楷体，墨色，横刊藏文六行，四周双栏，全。

索书号：000883/58。保存基本完好，今藏民族文化宫中国民族图书馆。

༄༅། །རྣམ་ཐར་དཀར་ཆག་ཅེས་བྱ་བ་བཞུགས་སོ། །

**传记目录**

1种，1页。

དངུལ་ཆུ་དྷརྨ་བྷ་དྲ། 欧曲·达摩巴扎(亦称欧曲喇嘛·曲桑洛桑次仁，1772—1851)撰述。

西藏地区藏传佛教寺院印经院木刻版之刻印本。

普通藏纸，梵夹装中印本(49.8×6cm)，楷体，墨色，横刊藏文六行，四周双栏，全。

索书号：001042/4。保存基本完好，今藏民族文化宫中国民族图书馆。

༄༅། །རྣམ་ཐར་བཀའ་རྩོམ་ཞེས་བྱ་བ་བཞུགས་སོ། །

**传记著作等**

1种，36页。

ལྕང་སྐྱ་ངག་དབང་བློ་བཟང་ཆོས་ལྡན། 章嘉·阿旺洛桑曲旦(1642—1714)撰述。

北京地区藏传佛教皇家寺院印经院木刻版之刻印本。

普通纸，梵夹装中印本(49×6.8cm)，楷体，墨色，横刊藏文六行，四周双栏，全。

索书号：003560/23。保存基本完好，今藏民族文化宫中国民族图书馆。

༄༅། །རྣམ་ཐར་དད་པའི་སྒོ་འབྱེད་ཅེས་བྱ་བ་བཞུགས་སོ། །

**传记·开诚信门**

1种，13页。

སྦྱིན་ཟླ་བློ་གྲོས་རྒྱལ་མཚན། 金厄·洛哲坚

参 (1402—1472) 撰述。

西藏地区藏传佛教嘉玛仁钦寺印经院木刻版之刻印本。

普通藏纸，梵夹装中印本 (49.9×6.7cm)，楷体，墨色，横刊藏文六行，四周双栏，全。

索书号：003768/2。保存基本完好，今藏民族文化宫中国民族图书馆。

༄༅། །རྣམ་ཐར་དད་པའི་པདྨོ་རྒྱས་པའི་འཛུམ་ཟེར་སོགས་རྣམ་ཐར་ཚིགས་བཅད་འགའ་ཞིག་ཅེས་བྱ་བ་བཞུགས་སོ། །

**传记信莲盛开之笑颜容光等部分传记颂文**

1 种，8 页。

བླ་ཁོ་འཇིགས་མེད་འཕྲིན་ལས་རྒྱ་མཚོ། 拉科·吉迈成勒嘉措 (1866—1947) 撰述。

甘肃省甘南藏族自治州夏河县拉卜楞地区拉卜楞寺 (拉章扎喜齐) 印经院木刻版之刻印本。

普通藏纸，梵夹装中印本 (46.7×6.2cm)，楷体，墨色，横刊藏文六行，四周双栏，全。

索书号：001002/3。保存基本完好，今藏民族文化宫中国民族图书馆。

༄༅། །རྣམ་ཐར་ནོར་བུའི་ཕྲེང་བ་ཞེས་བྱ་བ་བཞུགས་སོ། །

**传记·摩尼鬘**

1 种，4 页。

རྒྱལ་མཁན་པོ་གྲགས་པ་རྒྱལ་མཚན། 嘉堪波·札巴坚参 (1762—1836) 撰述。

甘肃省甘南藏族自治州夏河县拉卜楞地区拉卜楞寺 (拉章扎喜齐) 印经院木刻版之刻印本。

普通藏纸，梵夹装中印本 (47.4×6.3cm)，楷体，墨色，横刊藏文六行，四周双栏，全。

索书号：000846/6。保存基本完好，今藏民族文化宫中国民族图书馆。

༄༅། །རྣམ་ཐར་དཔེ་རྫི་ཞེས་བྱ་བ་བཞུགས་སོ། །

**传记导言**

1 种，17 页。

ཇོ་ནང་པ་ཀུན་དགའ་གྲོལ་མཆོག 觉囊巴·衮噶卓却 (1507—1575) 撰述。

西藏自治区日喀则地区普帕寺印经院木刻版之刻印本。

普通藏纸，梵夹装中印本 (46×5.3cm)，楷体，墨色，横刊藏文六行，四周双栏，全。

索书号：005060/11。保存基本完好，今藏民族文化宫中国民族图书馆。

༄༅། །རྣམ་ཐར་ཕྱིལ་རྒྱན་ནོར་བུའི་དོ་ཤལ་ཞེས་བྱ་བ་བཞུགས་སོ། །

**传记续篇·摩尼瓔珞**

1 种，17 页。

ཇོ་ནང་པ་ཀུན་དགའ་གྲོལ་མཆོག 觉囊巴·衮噶卓却 (1495—1566) 撰述。

西藏自治区日喀则地区普帕寺印经院木刻版之刻印本。

普通藏纸，梵夹装中印本 (46×5.3cm)，楷体，墨色，横刊藏文六行，四周双栏，全。

索书号：005060/17。保存基本完好，今藏民族文化宫中国民族图书馆。

༄༅། །རྣམ་ཐར་ཚིགས་བཅད་མ་དང་། དྲང་སྲོང་དགྱེས་པ་གཉིས་ཞེས་བྱ་བ་བཞུགས་སོ། །

**传记颂文与仙人悦意**

1 种，24 页。

གཡག་སྡེ་པཎ་ཆེན་བརྩོན་འགྲུས་དར་རྒྱས། 雅德班钦·宗珠达杰 (1299—1378) 撰述。

西藏地区藏传佛教寺院印经院木刻版之刻印本。

普通藏纸，梵夹装中印本 (48.5×6.4cm)，楷体，墨色，横刊藏文六行，四周双栏，全。

索书号：003803/2。保存基本完好，今藏民族文化宫中国民族图书馆。

༄༅། །རྣམ་ཐར་ཚིག་གསལ་དོན་གསལ་ཞེས་བྱ་བ་བཞུགས་སོ། །

**传记句义明显**

1 种，3 页。

ཁལ་ཁ་མཁན་པོ་ངག་དབང་བློ་བཟང་མཁས་གྲུབ། 喀尔喀堪波・阿旺洛桑凯珠 (1779—1838) 撰述。

西藏自治区拉萨地区孜雪印经院木刻版之刻印本。

普通藏纸，梵夹装中印本 (52.5×7.2cm)，楷体，墨色，横刊藏文六行，四周双栏，全。

索书号：001241/34。保存基本完好，今藏民族文化宫中国民族图书馆。

༄༅། །རྣམ་ཐར་ཟུར་འདེབས་མཛེས་རྒྱན་རིན་པོ་ཆེའི་ལུང་ཡིག་ཅེས་བྱ་བ་བཞུགས་སོ། །

**传记附篇・美妙庄严大宝教言**

1 种，25 页。

ཇོ་ནང་པ་ཀུན་དགའ་གྲོལ་མཆོག　觉囊巴・衮噶卓却 (1507—1575) 撰述。

西藏自治区日喀则地区普帕寺印经院木刻版之刻印本。

普通藏纸，梵夹装中印本 (46×5.3cm)，楷体，墨色，横刊藏文六行，四周双栏，全。

索书号：005060/15。保存基本完好，今藏民族文化宫中国民族图书馆。

༄༅། །རྣམ་ཐར་ཡང་རྒྱན་ནོར་བུའི་སྤྲ་བཀོད་ཅེས་བྱ་བ་བཞུགས་སོ། །

**传记续篇・摩尼宝饰**

1 种，45 页。

ཇོ་ནང་པ་ཀུན་དགའ་གྲོལ་མཆོག　觉囊巴・衮噶卓却 (1507—1575) 撰述。

西藏自治区日喀则地区普帕寺印经院木刻版之刻印本。

普通藏纸，梵夹装中印本 (46×5.3cm)，楷体，墨色，横刊藏文六行，四周双栏，全。

索书号：005060/16。保存基本完好，今藏民族文化宫中国民族图书馆。

༄༅། །རྣམ་པར་ཐར་པ་རྗེ་ཉིད་ཀྱི་གསུང་ལས་བྱུང་བ་ཞེས་བྱ་བ་བཞུགས་སོ། །

**至尊仁达哇语教所出之传记**

1 种，5 页。

རེད་མདའ་བ་གཞོན་ནུ་བློ་གྲོས། 仁达哇・雄努洛哲 (1349—1412) 撰述。

四川省甘孜藏族自治州德格县德格地区八邦寺印经院木刻版之刻印本。

普通藏纸，梵夹装中印本 (44×4.3cm)，楷体，墨色，横刊藏文六行，四周双栏，全。

索书号：006117/13。保存基本完好，今藏民族文化宫中国民族图书馆。

༄༅། །རྣམ་པར་ཐར་པ་ཚིགས་སུ་བཅད་པ་ཞེས་བྱ་བ་བཞུགས་སོ། །

**传记颂文**

1 种，5 页。

ཞྭ་དམར་དཀོན་མཆོག་ཡན་ལག　夏玛・恭却延拉 (1525—1583) 撰述。

西藏自治区拉萨市堆隆德庆地区楚布寺印经院木刻版之刻印本。

普通藏纸，梵夹装中印本 (45×5.3cm)，楷体，墨色，横刊藏文六行，四周双栏，全。

索书号：003273/3。保存基本完好，今藏民族文化宫中国民族图书馆。

༄༅། །རྣལ་འབྱོར་གྱི་དབང་ཕྱུག་ཆེན་པོ་ཀུན་དགའ་ལེགས་པའི་རྣམ་ཐར་གསུང་འབུམ་རྒྱ་མཚོ་ལས་དད་པའི་ཀུ་ཤས་ཆུ་ཐིགས་ཙམ་བླངས་པ་ངོ་མཚར་བདུད་རྩིའི་ཟིལ་མངར་ཞེས་བྱ་བ་བཞུགས་སོ། །

**瑜伽自在师衮噶勒巴传·文集海中以净信古夏草所取之希有甘露滴**

1 种，81 页。

འབྲུག་པ་ཀུན་དགའ་ལེགས་པ། 竹巴·衮噶勒巴 (1455—1528) 撰述。

西藏自治区拉萨市堆隆地区兰帕寺印经院木刻版之刻印本。

普通藏纸，梵夹装中印本 (45×6cm)，楷体，墨色，横刊藏文六行，四周双栏，全。

索书号：003898/2。保存基本完好，今藏民族文化宫中国民族图书馆。

༄༅། །རྣལ་འབྱོར་གྱི་དབང་ཕྱུག་བི་རཱུ་པའི་རྟོགས་བརྗོད་ལས་འཕྲོས་པའི་བསྟོད་པ་ཨུཏྤ་ལའི་ཕྲེང་བ་ཞེས་བྱ་བ་བཞུགས་སོ། །

**瑜伽自在师毗茹巴传中所附赞颂·青莲花鬘**

1 种，15 页。

ཞུ་ཆེན་ཚུལ་ཁྲིམས་རིན་ཆེན། 许钦·慈称仁钦 (1697—1774) 撰述。

四川省甘孜藏族自治州德格县德格地区德格寺印经院木刻版之刻印本。

普通藏纸，梵夹装中印本 (47.4×6.7cm)，楷体，墨色，横刊藏文六行，四周双栏，全。

索书号：000412/5。保存基本完好，今藏民族文化宫中国民族图书馆。

༄༅། །རྣལ་འབྱོར་གྱི་དབང་ཕྱུག་བུདྡྷ་ཛོ་ཛེའི་གསང་བའི་རྣམ་ཐར་དངོས་གྲུབ་རིན་ཆེན་བང་མཛོད་ཅེས་བྱ་བ་བཞུགས་སོ། །

**瑜伽自在师布托多结秘传·悉地宝藏**

1 种，7 页。

ཀཱིརྟི་བློ་བཟང་འཕྲིན་ལས། 格迪·洛桑成勒 (1849—1904) 撰述。

甘肃省甘南藏族自治州碌曲县郎木地区达仓郎木寺印经院木刻版之刻印本。

普通藏纸，梵夹装中印本 (44.8×6.1cm)，楷体，墨色，横刊藏文六行，四周双栏，全。

索书号：001062/2。保存基本完好，今藏民族文化宫中国民族图书馆。

༄༅། །རྣལ་འབྱོར་གྱི་མིང་ཅན་ཀུན་དགའ་ལེགས་པའི་རྣམ་ཐར་བྱུང་ཚུལ་ལྷུག་པར་སྨྲས་པ་ཞིབ་མོའི་རྙིང་མོ་ཧ་ལེ་ཧོ་ལེ་སྣ་ཟིན་སྤུ་ཟིན་ནས་བཀོད་པ་ཞེས་བྱ་བ་བཞུགས་སོ། །

**瑜伽师衮噶勒巴传·急草成章**

1 种，169 页。

འབྲུག་པ་ཀུན་དགའ་ལེགས་པ། 竹巴·衮噶勒巴 (1455—1528) 撰述。

西藏自治区拉萨市堆隆地区兰帕寺印经院木刻版之刻印本。

普通藏纸，梵夹装中印本 (45×6cm)，楷体，墨色，横刊藏文六行，四周双栏，全。

索书号：003898/1。保存基本完好，今藏民族文化宫中国民族图书馆。

༄༅། །པཎ་ཆེན་བློ་བཟང་ཆོས་ཀྱི་རྒྱལ་མཚན་གྱི་རྣམ་ཐར་གསལ་བར་སྟོན་པ་ནོར་བུའི་ཕྲེང་བའི་སྨད་ཆ་ཞེས་བྱ་བ་བཞུགས་སོ། །

**班禅·洛桑曲吉坚参传·摩尼鬘·下卷**

1 种，35 页。

པཎ་ཆེན་ཨེར་ཏེ་ནི་བློ་བཟང་ཡེ་ཤེས། 班禅额尔德尼·洛桑益希 (1663—1737) 撰述。

西藏自治区日喀则地区扎什伦布寺印经院木刻版之刻印本。

普通藏纸，梵夹装中印本 (48.7×6.5cm)，楷体，墨色，横刊藏文六行，四周双栏，全。

索书号：000769/7。保存基本完好，今藏民族文化宫中国民族图书馆。

༄༅། །པཎྜི་ཏ་ཆེན་པོ་ཤཱཀྱ་མཆོག་ལྡན་གྱི་རྣམ་པར་ཐར་པ་ཞིབ་མོ་རྣམ་པར་འབྱེད་པ་ཞེས་བྱ་བ་བཞུགས་སོ། །

**大班智达释迦却旦传·详加辨析**

1 种，108 页。

རྗེ་ནང་པ་ཀུན་དགའ་གྲོལ་མཆོག 觉囊巴·衮噶卓却 (1507—1575) 撰述。

西藏自治区日喀则地区普帕寺印经院木刻版之刻印本。

普通藏纸，梵夹装中印本 (46×5.3cm)，楷体，墨色，横刊藏文六行，四周双栏，全。

索书号：002751/4。保存基本完好，今藏民族文化宫中国民族图书馆。

༄༅། །པཎྜི་ཏ་ཆོས་ཀྱི་ཉིན་བྱེད་ཀྱི་རྟོགས་པ་བརྗོད་པའི་ཡལ་འདབ་བཅུ་གཅིག་པ་ཞེས་བྱ་བ་བཞུགས་སོ། །

**班智达曲吉宁且传·本生之十一**

1 种，8 页。

རྗེ་ནང་པ་ཀུན་དགའ་གྲོལ་མཆོག 觉囊巴·衮噶卓却 (1507—1575) 撰述。

西藏自治区日喀则地区普帕寺印经院木刻版之刻印本。

普通藏纸，梵夹装中印本 (46×5.3cm)，楷体，墨色，横刊藏文六行，四周双栏，全。

索书号：005060/1。保存基本完好，今藏民族文化宫中国民族图书馆。

༄༅། །པཎྜི་ཏ་འབར་བའི་གཙོ་བོའི་རྟོགས་པ་བརྗོད་པའི་ཡལ་འདབ་དང་པོ་ཞེས་བྱ་བ་བཞུགས་སོ། །

**班智达跋哇传·本生之一**

1 种，24 页。

རྗེ་ནང་པ་ཀུན་དགའ་གྲོལ་མཆོག 觉囊巴·衮噶卓却 (1507—1575) 撰述。

西藏自治区日喀则地区普帕寺印经院木刻版之刻印本。

普通藏纸，梵夹装中印本 (46×5.3cm)，楷体，墨色，横刊藏文六行，四周双栏，全。

索书号：005060/1。保存基本完好，今藏民族文化宫中国民族图书馆。

༄༅། །པཎྜི་ཏའི་རྣམ་པར་ཐར་པ་དད་པའི་གླང་པོ་སྐུལ་བའི་ལྕགས་ཀྱུ་ཞེས་བྱ་བ་བཞུགས་སོ། །

**班智达传·激发虔诚大象之铁钩**

1 种，12 页。

རྗེ་ནང་པ་ཀུན་དགའ་གྲོལ་མཆོག 觉囊巴·衮噶卓却 (1507—1575) 撰述。

西藏自治区日喀则地区普帕寺印经院木刻版之刻印本。

普通藏纸，梵夹装中印本 (46×5.3cm)，楷体，墨色，横刊藏文六行，四周双栏，全。

索书号：002751/5。保存基本完好，今藏民族文化宫中国民族图书馆。

༄༅། །དཔལ་ཆེན་རྟ་མགྲིན་ཡང་གསང་ཁྲོས་པའི་དབང་གི་བླ་མ་བརྒྱུད་པའི་རྣམ་ཐར་མདོར་ཙམ་བརྗོད་པ་དད་པའི་སྤྲོ་ལོང་གཡོ་བྱེད་ངོ་མཚར་སྣང་བ་ཞེས་བྱ་བ་བཞུགས་སོ། །

**大吉祥极密马头金刚忿怒王灌顶上师传承传略·虔诚起信希有光明之附篇**

1 种，77 页。

ལྕང་ལུང་པཎྜི་ཏ་ངག་དབང་བློ་བཟང་བསྟན་པའི་རྒྱལ་མཚན། 江隆班智达·阿旺洛桑丹贝坚参 (1770—1845) 撰述。

北京地区藏传佛教皇家寺院嵩祝寺印经院木刻版之刻印本。

普通纸，梵夹装短印本 (39.5×5.9cm)，楷体，墨色，横刊藏文六行，四周双栏，全。

索书号：003706/11。保存基本完好，今藏民族文化宫中国民族图书馆。

༄༅། །དཔལ་ཆེན་པོ་རྒྱ་ལོའི་རྣམ་ཐར་ཞེས་བྱ་བ་བཞུགས་སོ། །

**大德噶译师传**

1种，4页。

བླ་མ་ཞང་བརྩོན་འགྲུས་གྲགས་པ། 喇嘛祥·宗哲札巴 (1123—1193) 撰述。

西藏地区藏传佛教寺院印经院传抄之缮写本。

普通藏纸，梵夹装中印本 (41.5×5.2cm)，草体，墨色，横书藏文七行，四周双栏，全。

索书号：003842/26。保存基本完好，今藏民族文化宫中国民族图书馆。

༄༅། །དཔལ་ཏེ་ལོ་པའི་རྣམ་ཐར་"ཞེས་བྱ་བ་བཞུགས་སོ། །

**迪珞巴传**

1种，3页。

བླ་མ་ཞང་བརྩོན་འགྲུས་གྲགས་པ། 喇嘛祥·宗哲札巴 (1123—1193) 撰述。

西藏地区藏传佛教寺院印经院传抄之缮写本。

普通藏纸，梵夹装中印本 (41.5×5.2cm)，草体，墨色，横书藏文七行，四周双栏，全。

索书号：003842/20。保存基本完好，今藏民族文化宫中国民族图书馆。

༄༅། །དཔལ་ལྡན་བླ་མ་འཇམ་པའི་དབྱངས་ཀྱི་རྣམ་པར་ཐར་པ་ལེགས་བཤད་ཁྱད་པར་གསུམ་ལྡན་ཞེས་བྱ་བ་བཞུགས་སོ། །

**具德上师嘉木样传·嘉言三种**

1种，60页。

ཇོ་ནང་པ་ཀུན་དགའ་གྲོལ་མཆོག 觉囊巴·衮噶卓却 (1507—1575) 撰述。

西藏自治区日喀则地区普帕寺印经院木刻版之刻印本。

普通藏纸，梵夹装中印本 (46×5.3cm)，楷体，墨色，横刊藏文六行，四周双栏，全。

索书号：002751/6。保存基本完好，今藏民族文化宫中国民族图书馆。

༄༅། །དཔལ་ལྡན་བླ་མ་དམ་པ་ཀུན་མཁྱེན་ཆེན་པོ་ངག་དབང་བློ་བཟང་དཔལ་བཟང་པོའི་རྣམ་པར་ཐར་པ་དད་པའི་སྙུ་གུ་ཞེས་བྱ་བ་བཞུགས་སོ། །

**具德上师大德大遁世者阿旺洛桑传·诚信之苗**

1种，16页。

འཇམ་དབྱངས་བཞད་པ་དཀོན་མཆོག་འཇིགས་མེད་དབང་པོ། 嘉木样协巴·恭却吉迈旺波亦称衮庆吉迈旺波 (1728—1791) 撰述。

甘肃省甘南藏族自治州夏河县拉卜楞地区拉卜楞寺（拉章扎喜齐）印经院木刻版之刻印本。

普通藏纸，梵夹装中印本 (48.4×7.4cm)，楷体，墨色，横刊藏文六行，四周双栏，全。

索书号：000869/5。保存基本完好，今藏民族文化宫中国民族图书馆。

༄༅། །དཔལ་ལྡན་བླ་མ་དམ་པ་མཁན་ཆེན་ཐམས་ཅད་མཁྱེན་པ་དོན་གྱི་སླད་དུ་མཚན་ནས་སྨོས་ཏེ་གཞོན་ནུ་དཔལ་གྱི་རྣམ་པར་ཐར་པ། ཡོན་ཏན་རིན་པོ་ཆེ་མཆོག་ཏུ་རྒྱས་པའི་ལྗོན་པ་ཞེས་བྱ་བ་བཞུགས་སོ། །

**具德师尊大堪波一切智讳名勋努白传·功德宝繁茂如意树**

1种，74页。

ཞྭ་དམར་ཆོས་གྲགས་ཡེ་ཤེས། 夏玛·曲札益希 (1453—1524) 撰。

西藏地区藏传佛教寺院印经院传抄之

金汁写本。

瓷青纸，梵夹装中印本(46×6.5cm)，楷体，墨色，横书藏文六行，四周双栏，全。

索书号：003259/11。保存基本完好，今藏民族文化宫中国民族图书馆。

༄༅། །དཔལ་ལྡན་བླ་མ་དམ་པ་དགེ་འདུན་རྒྱ་མཚོ་དཔལ་བཟང་པོའི་རྣམ་པར་ཐར་པ་ཕྱོགས་ཙམ་བརྗོད་པ་འདོད་དགུའི་འབྱུང་གནས་དཔག་བསམ་ལྗོན་ཤིང་ཞེས་བྱ་བ་བཞུགས་སོ། །

**具德上师大德格登嘉措传略·随愿之源·如意宝树**

1种，466页。

མཁན་ཆེན་དགེ་འདུན་རྒྱ་མཚོ། 堪钦·格登嘉措(1679—1765)撰述。

青海省黄南藏族自治州同仁县隆务地区隆务寺(绒沃贡钦德钦曲科林)印经院木刻版之刻印本。

普通藏纸，梵夹装中印本(45.5×6.5cm)，楷体，墨色，横刊藏文六行，四周双栏，全。

索书号：001155/2。保存基本完好，今藏民族文化宫中国民族图书馆。

༄༅། །དཔལ་ལྡན་བླ་མ་དམ་པ་ངག་དབང་ཆོས་ཀྱི་རྒྱལ་པོའི་རྣམ་པར་ཐར་པ་ངོ་མཚར་འོད་བརྒྱ་པ་ཞེས་བྱ་བ་བཞུགས་སོ། །

**具德上师阿旺曲吉嘉波传·希有百光**

1种，37页。

འབྲུག་པ་པད་མ་དཀར་པོ། 竹巴·白玛嘎波(1527—1592)撰述。

西藏地区藏传佛教寺院印经院木刻版之刻印本。

普通藏纸，梵夹装中印本(45.3×6.1cm)，楷体，墨色，横刊藏文六行，四周双栏，全。

索书号：003659/7。保存基本完好，今藏民族文化宫中国民族图书馆。

༄༅། །དཔལ་ལྡན་བླ་མ་དམ་པ་ཆོས་ཀྱི་རྗེ་རབ་འབྱོར་སེང་གེའི་ཞལ་སྔ་ནས་ཀྱི་རྣམ་པར་ཐར་པ་ཆེ་ལོང་ཙམ་སྨོས་པ་ཞེས་བྱ་བ་བཞུགས་སོ། །

**具德师尊法王饶觉桑格传略说**

1种，5页。

ཞྭ་དམར་ཆོས་གྲགས་ཡེ་ཤེས། 夏玛·曲札益希(1453—1524)撰述。

西藏地区藏传佛教寺院印经院传抄之金汁写本。

瓷青纸，梵夹装中印本(46×6.5cm)，楷体，墨色，横书藏文六行，四周双栏，全。

索书号：003265/7。保存基本完好，今藏民族文化宫中国民族图书馆。

༄༅། །དཔལ་ལྡན་བླ་མ་དམ་པ་རྡོ་རྗེ་འཆང་ཆེན་པོ་ངག་དབང་དོན་གྲུབ་དཔལ་བཟང་པོའི་ཞལ་སྔ་ནས་ཀྱི་རྣམ་པར་ཐར་པ་ལེགས་བཤད་པདྨ་དཀར་པོའི་འཕྲེང་བ་ཞེས་བྱ་བ་བཞུགས་སོ། །

**具德上师大金刚持阿旺顿珠传·嘉言白莲鬘**

1种，20页。

གུ་ཤྲཱི་དཀའ་བཅུ་པ་བློ་བཟང་ཚེ་འཕེལ། 固释嘎局巴·洛桑慈培(1760—？)撰述。

北京地区藏传佛教皇家寺院嵩祝寺印经院木刻版之刻印本。

普通纸，梵夹装中印本(47.8×7.5cm)，楷体，墨色，横刊藏文六行，四周双栏，全。

索书号：001092/3。保存基本完好，今藏民族文化宫中国民族图书馆。

༄༅། །དཔལ་ལྡན་བླ་མ་དམ་པ་གནས་ལྔ་གཟིགས་པའི་མ་ཧཱ་པཎྜི་ཏ་ཧྲཱ་ནའི་མཚན་ཅན་གྱི་རྣམ་པར་ཐར་པའི་ཆ་ཤས་ཙམ་ཚིགས་བཅད་དུ་བསྡེབས་པ་དད་ཀུས་པདྨོ་བཞད་པའི་ཉིན་བྱེད་ཞྭ་སེར་བསྟན་པའི་མཛེས་རྒྱན་མཚོ་བྱུང་ཡང་འགྲོའི་དབྱངས་སྙན་ཞེས་བྱ་བ་བཞུགས་སོ། །

**具德上师观见五明大班智达达那之传记颂文·信莲笑开之日光·黄教美饰·海生琵琶之声**

1 种，11 页。

རོང་ཐ་བློ་བཟང་དམ་ཆོས་རྒྱ་མཚོ། 荣塔·洛桑丹曲嘉措 (1805—1900) 撰述。

多康地区藏传佛教惹聂特钦寺印经院木刻版之刻印本。

普通藏纸，梵夹装中印本 (46.5×5.6cm)，楷体，墨色，横刊藏文六行，四周双栏，全。

索书号：004526/22。保存基本完好，今藏民族文化宫中国民族图书馆。

༄༅། །དཔལ་ལྡན་བླ་མ་དམ་པ་རྣལ་འབྱོར་གྱི་དབང་ཕྱུག་ཆེན་པོ་བློ་བཟང་ཆོས་ཀྱི་ཉི་མའི་ཐུན་མོང་མ་ཡིན་པའི་རྣམ་པར་ཐར་པ་པུཎྜ་རི་ཀའི་འཁྲི་ཤིང་ཞེས་བྱ་བ་བཞུགས་སོ། །

**大德上师瑜伽大自在王洛桑曲吉尼玛不共传记·芬陀利花芸香树**

1 种，66 页。

ཐུའུ་བཀྭན་བློ་བཟང་ཆོས་ཀྱི་ཉི་མ། 土观·洛桑曲吉尼玛 (1737—1802) 撰述。

青海省湟中县鲁沙尔地区塔尔寺 ( 固奔乾巴林 ) 印经院木刻版之刻印本。

普通藏纸，梵夹装中印本 (48.5×6.5cm)，楷体，墨色，横刊藏文六行，四周双栏，全。

索书号：003644/3。保存基本完好，今藏民族文化宫中国民族图书馆。

༄༅། །དཔལ་ལྡན་བླ་མ་དམ་པ་མཚན་བརྗོད་པར་དཀའ་བ་རྗེ་གསེར་ཁང་པ་རིན་པོ་ཆེ་བློ་བཟང་བསྟན་འཛིན་རྒྱ་མཚོ་དཔལ་བཟང་པོའི་རྣམ་ཐར་མདོར་བསྡུས་དད་པའི་འོ་མཚོ་བཞད་པའི་ཟླ་བའི་ཕྲེང་བ་ཞེས་བྱ་བ་བཞུགས་སོ། །

**具德上师至尊色康巴·洛桑丹增嘉措略传·净信乳海之月光鬘**

1 种，53 页。

རྫོང་དཀར་འཇིགས་མེད་བསམ་གཏན། 宗嘎·吉迈桑丹 (1814—1897) 撰述。

青海省化隆回族自治县金源地区土哇寺 ( 土哇贡扎喜曲迪 ) 印经院木刻版之刻印本。

普通藏纸，梵夹装中印本 (46.8×6.4cm)，楷体，墨色，横刊藏文六行，四周双栏，全。

索书号：003901/2。保存基本完好，今藏民族文化宫中国民族图书馆。

༄༅། །དཔལ་ལྡན་བླ་མ་དམ་པ་ཡོངས་ཀྱི་དགེ་བའི་བཤེས་གཉེན་ཆེན་པོ་མཁས་ཤིང་གྲུབ་པའི་དབང་ཕྱུག་བྱ་བྲལ་ནོམ་ཆི་མཁན་པོ་མཚན་བརྗོད་པར་དཀའ་བ་བློ་བཟང་བཤད་སྒྲུབ་དཔལ་བཟང་པོའི་ཞལ་སྔ་ནས་ཀྱི་རྣམ་པར་ཐར་པ་དད་ལྡན་དགའ་བསྐྱེད་ནོར་བུའི་ཐེམ་སྐས་ཞེས་བྱ་བ་བཞུགས་སོ། །

**具德上师大善知识善巧成就自在主离世务者诺齐堪波·洛桑协珠传·具信悦意宝梯**

1 种，68 页。

ལྕང་ལུང་པཎྜི་ཏ་ངག་དབང་བློ་བཟང་བསྟན་པའི་རྒྱལ་མཚན། 江隆班智达·阿旺洛桑丹贝坚参 (1770—1845) 撰述。

北京地区藏传佛教皇家寺院嵩祝寺印经院木刻版之刻印本。

普通纸，梵夹装短印本 (39.5×5.9cm)，楷体，墨色，横刊藏文六行，四周双栏，全。

索书号：003709/9。保存基本完好，

今藏民族文化宫中国民族图书馆。

༄༅། །དཔལ་ལྡན་བླ་མ་དམ་པ་ཡོངས་འཛིན་རྡོ་རྗེ་འཆང་ཆེན་པོ་བློ་བཟང་བྱམས་པའི་དཔལ་གྱི་སྐུ་གསུང་ཐུགས་ཀྱི་རྟོགས་པ་བརྗོད་པ་ཐུབ་བསྟན་ཀུནྡ་བཞད་པའི་ཟླ་འོད་ཅེས་བྱ་བ་བཞུགས་སོ། །

**具德上师雍增大金刚持洛桑乾巴之身语意传·佛教君陀花开之月光**

1 种，69 页。

པཎ་ཆེན་ཨེར་ཏེ་ནི་བསྟན་པའི་ཉི་མ། 班禅额尔德尼·丹贝尼玛 (1782—1853) 撰述。

西藏自治区日喀则地区扎什伦布寺印经院木刻版之刻印本。

普通藏纸，梵夹装中印本 (48.7 × 7cm)，楷体，墨色，横刊藏文六行，四周双栏，全。

索书号：003535/3。保存基本完好，今藏民族文化宫中国民族图书馆。

༄༅། །དཔལ་ལྡན་བླ་མ་དམ་པའི་རྣམ་ཐར་ངོ་མཚར་རྒྱ་མཚོའི་རླབས་འཕྲེང་གཡོ་བ་དད་པའི་པདྨོ་རྒྱས་བྱེད་ཅེས་བྱ་བ་བཞུགས་སོ། །

**具德上师传·希有海潮澎湃·信莲盛开之日**

1 种，89 页。

ས་སྐྱ་ངག་དབང་ཆོས་གྲགས། 萨迦·阿旺曲札 (1572—1641) 撰述。

西藏自治区日喀则市萨迦地区萨迦寺印经院传抄之缮写本。

普通藏纸，梵夹装中印本 (47.6 × 6.2cm)，草体，墨色，横书藏文七行，四周双栏，全。

索书号：006255/20。保存基本完好，今藏民族文化宫中国民族图书馆。

༄༅། །དཔལ་ལྡན་བླ་མ་དམ་པའི་རྣམ་ཐར་བསྟོད་པ་དད་པའི་ལྗོན་ཤིང་ཞེས་བྱ་བ་བཞུགས་སོ། །

**具德上师大德传赞·信士宝树**

1 种，3 页。

ཏཱ་ར་ནཱ་ཐ་ཀུན་དགའ་སྙིང་པོ། 多罗那塔·衮噶宁波 (1575—1634) 撰述。

西藏地区藏传佛教寺院印经院木刻版之刻印本。

普通藏纸，梵夹装中印本 (43.6 × 8.2cm)，楷体，墨色，横刊藏文六行，四周双栏，全。

索书号：001018/5。保存基本完好，今藏民族文化宫中国民族图书馆。

༄༅། །དཔལ་ལྡན་བླ་མ་བློ་གྲོས་བརྟན་པ་ལ་རྣམ་ཐར་གྱི་སྒོ་ནས་བསྟོད་པ་ཞེས་བྱ་བ་བཞུགས་སོ། །

**具德上师洛哲丹巴传赞**

1 种，10 页。

དྭགས་པོ་མཁན་ཆེན་ངག་དབང་གྲགས་པ། 达波堪钦·阿旺札巴 (1450—？ ) 撰述。

西藏地区藏传佛教寺院印经院木刻版之刻印本。

普通藏纸，梵夹装中印本 (43.1 × 4.9cm)，楷体，墨色，横刊藏文六行，四周双栏，全。

索书号：004433/17。保存基本完好，今藏民族文化宫中国民族图书馆。

༄༅། །དཔལ་ལྡན་བླ་མའི་རྣམ་ཐར་བསྟོད་པ་དད་པའི་ལྗོན་ཤིང་ཞེས་བྱ་བ་བཞུགས་སོ། །

**游佛国者多罗那塔自传·详述纪实长行体传记**

1 种，3 页。

ཏཱ་ར་ནཱ་ཐ་ཀུན་དགའ་སྙིང་པོ། 多罗那塔·衮噶宁波 (1575—1634) 撰述。

西藏地区藏传佛教达丹寺院印经院木刻版之刻印本。

普通藏纸，梵夹装中印本 (43.6 × 8.2cm)，

楷体，墨色，横刊藏文六行，四周双栏，全。

索书号：001018/5。保存基本完好，今藏民族文化宫中国民族图书馆。

༄༅། །དཔལ་ལྡན་ཞྭ་ལུ་པའི་བསྟན་པ་ལ་བཀའ་དྲིན་ཆེ་བའི་སྐྱེས་བུ་དམ་པ་རྣམས་ཀྱི་རྣམ་ཐར་ལོ་རྒྱུས་ངོ་མཚར་དད་པའི་འཇུག་ངོགས་ཞེས་བྱ་བ་བཞུགས་སོ། །

**具德夏鲁巴师传教法诸大恩正士之传记·稀有信者之门径**

1种，236页。

ཞྭ་ལུ་བློ་གསལ་བསྟན་སྐྱོང་། 夏鲁·洛萨丹迥 (1804—1867) 撰述。

西藏自治区山南市乃东地区噶旦彭措林寺印经院木刻版之刻印本。

普通藏纸，梵夹装中印本 (48.7×6cm)，楷体，墨色，横刊藏文六行，四周双栏，全。

索书号：000792/7。保存基本完好，今藏民族文化宫中国民族图书馆。

༄༅། །དཔལ་ལྡན་རིག་པ་འཛིན་པའི་འཁོར་ལོས་བསྒྱུར་བ་ཆེན་པོ་སྡེ་ཁྲི་རིན་པོ་ཆེ་བློ་བཟང་དོན་གྲུབ་པའི་ཞལ་སྔ་ནས་ཀྱི་རྣམ་པར་ཐར་པ་གསང་ཆེན་ཆོས་ཀྱིས་བསྔགས་པའི་རོལ་མོ་ཞེས་བྱ་བ་བཞུགས་སོ། །

**持明转轮大师德赤洛桑顿珠传·大密法所赞之音乐**

1种，22页。

ཀུང་ཐང་དཀོན་མཆོག་བསྟན་པའི་སྒྲོན་མེ། 贡唐·恭却丹贝准美 (1762—1823) 撰述。

甘肃省甘南藏族自治州夏河县拉卜楞地区拉卜楞寺（拉章扎喜齐）印经院木刻版之刻印本。

普通藏纸，梵夹装中印本 (47.2×6.2cm)，楷体，墨色，横刊藏文六行，四周双栏，全。

索书号：003591/11。保存基本完好，今藏民族文化宫中国民族图书馆。

༄༅། །དཔལ་ལྡན་རིག་པ་འཛིན་པའི་འཁོར་ལོས་སྒྱུར་བ་སྤྲིན་གྱི་ཞོན་པའི་རྟོགས་བརྗོད་མཁའ་འགྲོ་རྣམ་པར་རྩེན་པའི་རྒྱུད་མངས་ངོ་མཚར་རྣ་བའི་བཅུད་ལེན་ཞེས་བྱ་བ་བཞུགས་སོ། །

**具德持明转轮王驾云传奇·空行娱乐之琵琶·耳之希有精英**

1种，13页。

ཀྱ་ནག་པ་འཇམ་དབྱངས་བསྟན་པ་ཉི་མ། 嘉纳巴·绛央丹巴尼玛 (1686—1738) 撰述。

甘肃省甘南藏族自治州夏河县拉卜楞地区拉卜楞寺（拉章扎喜齐）印经院木刻版之刻印本。

普通藏纸，梵夹装中印本 (47.2×6.5cm)，楷体，墨色，横刊藏文六行，四周双栏，全。

索书号：001079/1。保存基本完好，今藏民族文化宫中国民族图书馆。

༄༅། །དཔལ་ལྡན་ས་སྐྱ་པཎྜི་ཏ་ཆེན་པོའི་རྣམ་པར་ཐར་པ་ཞེས་བྱ་བ་བཞུགས་སོ། །

**具德萨迦班智达传**

1种，12页。

ས་སྐྱ་ཀུན་དགའ་རྒྱལ་མཚན། 萨迦·衮噶坚参 (1182—1251) 撰述。

四川省甘孜藏族自治州德格县德格地区德格寺印经院木刻版之刻印本。

普通藏纸，梵夹装中印本 (47.7×6.2cm)，楷体，墨色，横刊藏文六行，四周双栏，全。

索书号：000355/12。保存基本完好，今藏民族文化宫中国民族图书馆。

༄༅། །དཔལ་ནཱ་རོ་པའི་རྣམ་ཐར་ཞེས་བྱ་བ་བཞུགས་སོ། །

**那若巴传**

1 种，3 页。

ལྷ་མ་ཞང་བརྩོན་འགྲུས་གྲགས་པ། 喇嘛祥·宗珠札巴 (1123—1193) 撰述。

西藏地区藏传佛教寺院印经院传抄之缮写本。

普通藏纸，梵夹装中印本 (41.5×5.2cm)，草体，墨色，横书藏文七行，四周双栏，全。

索书号：003842/21。保存基本完好，今藏民族文化宫中国民族图书馆。

༄༅། །དཔལ་ཕག་མོ་གྲུ་པའི་རྣམ་ཐར་རིན་པོ་ཆེ་མི་ཟད་རྒྱ་མཚོའི་གཏེར་ཞེས་བྱ་བ་བཞུགས་སོ། །

**帕摩竹巴传·无尽宝海藏**

1 种，13 页。

ཕག་མོ་གྲུ་པ་རྡོ་རྗེ་རྒྱལ་པོ། 帕莫竹巴·多结嘉波 (1110—1170) 撰述。

西藏自治区山南市乃东地区丹萨梯寺印经院传抄之缮写本。

普通藏纸，梵夹装中印本 (45.3×5.8cm)，草体，墨色，横书藏文七行，四周双栏，全。

索书号：003848/5。保存基本完好，今藏民族文化宫中国民族图书馆。

༄༅། །དཔལ་ནཱ་རོ་ཏཱ་དང་གཉིས་སུ་མེད་པ་བླ་མ་གྲུབ་པའི་དབང་པོ་འཇིགས་མེད་བསམ་གཏན་པའི་ཞལ་སྔ་ནས་ཀྱི་རྣོགས་པ་བརྗོད་པ་ཟུང་འཇུག་གྲུབ་པའི་བདེན་གཏམ་ཞེས་བྱ་བ་བཞུགས་སོ། །

**与吉祥贝惹哇无二之上师成就自在师吉迈桑丹传·成就双运之真实语**

1 种，115 页。

རྫོང་དཀར་འཇིགས་མེད་དམ་ཆོས་རྒྱ་མཚོ། 宗嘎·吉迈丹曲嘉措 (1898—1946) 撰。

青海省化隆回族自治县金源地区丹斗寺（丹斗协吉央贡）印经院木刻版之刻印本。

普通藏纸，梵夹装中印本 (44.2×6.2cm)，楷体，墨色，横刊藏文六行，四周双栏，全。

索书号：000798/3。保存基本完好，今藏民族文化宫中国民族图书馆。

༄༅། །དཔལ་ས་སྐྱ་པ་སྔགས་འཆང་བླ་མ་ཐམས་ཅད་མཁྱེན་པ་ཆེན་པོ་ངག་དབང་ཀུན་དགའ་བསོད་ནམས་གྲགས་པ་རྒྱལ་མཚན་དཔལ་བཟང་པོའི་རྣོགས་པ་བརྗོད་པ་ངོ་མཚར་ཡོན་ཏན་རིན་པོ་ཆེ་འདུས་པའི་རྒྱ་མཚོ་ཞེས་བྱ་བ་བཞུགས་སོ། །

**具德萨迦咒师一切智阿旺衮噶索南札巴坚参传·希有功德聚宝海**

1 函，1 种，271 页。

ཨ་མེས་ངག་དབང་ཀུན་དགའ་བསོད་ནམས། 阿梅·阿旺衮噶索南 (1597—1660) 撰述。

四川省甘孜藏族自治州德格县德格地区德格寺印经院木刻版之刻印本。

普通藏纸，梵夹装中印本 (45.6×6.3cm)，草体，墨色，横书藏文七行，四周双栏，全。

索书号：003213/6。保存基本完好，今藏民族文化宫中国民族图书馆。

༄༅། །དཔལ་ས་སྐྱ་པ་ཆེན་པོ་སྔགས་འཆང་ངག་དབང་ཀུན་དགའ་བསོད་ནམས་ཀྱི་སྔོན་གྱི་སྐྱེས་རབས་རྣམས་ཆོས་སྐྱོང་ཡིད་བཞིན་ནོར་བུའི་གསུང་ཤོག་ཏུ་ཕུལ་བའི་དོན་འགྲེལ་སྐལ་བཟང་ཀུན་གྱི་ཡིད་འཕྲོག་ཅེས་བྱ་བ་བཞུགས་སོ། །

**具德萨迦派咒师阿旺衮噶索南前世本生事纪护法如意摩尼所献文书释义·具缘意乐**

1 种，3 页。

ཨ་མེས་ངག་དབང་ཀུན་དགའ་བསོད་ནམས། 阿梅·阿旺衮噶索南 (1597—1660) 撰述。

四川省甘孜藏族自治州德格县德格地区德格寺印经院木刻版之刻印本。

普通藏纸，梵夹装中印本 (45.6 × 6.3cm)，草体，墨色，横书藏文七行，四周双栏，全。

索书号：003213/3。保存基本完好，今藏民族文化宫中国民族图书馆。

༄༅། །དཔལ་ས་སྐྱ་ལོ་ཙཱ་བ་ཆེན་པོའི་རྣམ་པར་ཐར་པ་འཇམ་པའི་དབྱངས་ཀྱི་ཡོན་ཏན་རྣམ་པར་བཀོད་པ་ཞེས་བྱ་བ་བཞུགས་སོ། །

**萨迦大译师传·文殊功德庄严**

1 种，49 页。

ངོར་ཆེན་དཀོན་མཆོག་ལྷུན་གྲུབ། 俄钦·恭却伦珠 (1497—1540) 撰述。

四川省甘孜藏族自治州德格县德格地区德格寺印经院木刻版之刻印本。

普通藏纸，梵夹装中印本 (46.5 × 6.5cm)，楷体，墨色，横刊藏文六行，四周双栏，全。

索书号：000582/3。保存基本完好，今藏民族文化宫中国民族图书馆。

༄༅། །དཔལ་ས་སྐྱའི་གནས་བཤད་རྗེ་བཙུན་གོང་མ་རྣམས་ཀྱི་རྣམ་ཐར་སྙན་བརྒྱུད་དང་བཅས་པ་ཕུན་ཚོགས་རྒྱ་མཚོའི་གཏེར་ཞེས་བྱ་བ་གྲུབ་པའི་དབང་ཕྱུག་ཆེན་པོ་འཇམ་དབྱངས་བསོད་ནམས་དབང་པོའི་གསུང་རྩོམ་གནང་འཕྲོ་འཕྲོར་བྱུར་བཞུགས་པ་རྣམས་ས་སྐྱ་པ་སྔགས་འཆང་ངག་དབང་ཀུན་དགའ་བསོད་ནམས་ཀྱིས་བླ་མའི་སྐུ་གསུང་ཐུགས་ཀྱི་རྣམ་ཐར་རྣམས་དྲན་པའི་རྐྱེན་གྱིས་དད་པའི་དབང་གིས་ཕྱོགས་གཅིག་ཏུ་བསྒྲིགས་པ་ཞེས་བྱ་བ་བཞུགས་སོ། །

**吉祥萨迦圣地志诸至尊先师之传记及耳传圆满海藏具德萨迦派咒师阿旺衮噶索南因忆念上师身语意史实而起虔信编辑之成就自在妙音大师索南旺波著作散篇**

1 种，379 页。

ཨ་མེས་ཞབས་ངག་དབང་ཀུན་དགའ་བསོད་ནམས། 阿梅·阿旺衮噶索南 (1597—1660) 撰述。

西藏地区藏传佛教寺院印经院传抄之缮写本。

普通藏纸，梵夹装中印本 (45.6 × 6.3cm)，草体，墨色，横书藏文七行，四周双栏，全。

索书号：003222/3。保存基本完好，今藏民族文化宫中国民族图书馆。

༄༅། །དཔོན་དར་མ་གཞོན་ནུའི་རྣམ་ཐར་བཀའ་རྒྱ་མ་ཞེས་བྱ་བ་བཞུགས་སོ། །

**本钦·达玛勋努秘传**

1 种，23 页。

བླ་མ་ཞང་བརྩོན་འགྲུས་གྲགས་པ། 喇嘛祥·宗珠札巴 (1123—1193) 撰述。

西藏地区藏传佛教寺院印经院木刻版之刻印本。

普通藏纸，梵夹装中印本 (41.5 × 5.2cm)，楷体，墨色，横刊藏文六行，四周双栏，全。

索书号：003844/4。保存基本完好，今藏民族文化宫中国民族图书馆。

༄༅། །ཕག་མོ་གྲུ་པའི་རྣམ་ཐར་གཟི་བརྗིད་འབར་བའི་སྒྲོན་མ་ཞེས་བྱ་བ་བཞུགས་སོ། །

**帕莫竹巴传·光辉明灯**

1 种，34 页。

ཕག་མོ་གྲུ་པ་རྡོ་རྗེ་རྒྱལ་པོ། 帕摩竹巴·多结嘉波 (1110—1170) 撰述。

西藏地区藏传佛教寺院印经院传抄之缮写本。

普通藏纸，梵夹装中印本 (45.3 × 5.8cm)，楷体，墨色，横刊藏文六行，四周双栏，全。

索书号：003848/2。保存基本完好，今藏民族文化宫中国民族图书馆。

༄༅། །ཕྱག་ན་པདྨོ་སྐལ་ལྡན་རྒྱ་མཚོའི་སྐྱེས་པའི་རབས་ཀྱི་རྒྱུད་གསང་གསུམ་སྣང་བའི་སྒྲོན་མེ་ཞེས་བྱ་བ་བཞུགས་སོ། །

**莲花手师尊格旦嘉措之本生事纪传承·三密明灯**

1 种，172 页。

རྫོང་དཀར་འཇིགས་མེད་དམ་ཆོས་རྒྱ་མཚོ། 宗嘎·吉迈丹曲嘉措 (1898—1946) 撰述。

青海省化隆回族自治县金源地区丹斗寺 ( 丹斗协吉央贡 ) 印经院木刻版之刻印本。

普通藏纸，梵夹装中印本 (44.2×6.2cm)，楷体，墨色，横刊藏文六行，四周双栏，全。

索书号：000798/2。保存基本完好，今藏民族文化宫中国民族图书馆。

༄༅། །འཕགས་པའི་གནས་བརྟན་བཅུ་དྲུག་གི་རྣམ་པར་ཐར་པ་ཞེས་བྱ་བ་བཞུགས་སོ། །

**圣十六尊者传**

1 种，9 页。

པཎ་ཆེན་ཨེར་ཏེ་ནི་བློ་བཟང་དཔལ་ལྡན་ཡེ་ཤེས། 班禅额尔德尼·洛桑白旦益希 (1738—1780) 撰述。

西藏自治区日喀则地区扎什伦布寺印经院木刻版之刻印本。

普通藏纸，梵夹装中印本 (49.1×6.8cm)，楷体，墨色，横刊藏文六行，四周双栏，全。

索书号：000670/3。保存基本完好，今藏民族文化宫中国民族图书馆。

༄༅། །འཕགས་པའི་གནས་བརྟན་ཆེན་པོ་རབ་འབྱོར་གྱི་རྟོགས་པ་བརྗོད་པ་ཚངས་པའི་སྒྲ་དབྱངས་ཞེས་བྱ་བ་བཞུགས་སོ། །

**圣大尊者须菩提传·梵天之音**

1 种，4 页。

པཎ་ཆེན་ཨེར་ཏེ་ནི་བློ་བཟང་ཆོས་ཀྱི་རྒྱལ་མཚན། 班禅额尔德尼·洛桑曲吉坚参 (1567—1662) 撰述。

西藏自治区日喀则地区扎什伦布寺印经院木刻版之刻印本。

普通藏纸，梵夹装中印本 (49.4×6.5cm)，楷体，墨色，横刊藏文六行，四周双栏，全。

索书号：000785/6。保存基本完好，今藏民族文化宫中国民族图书馆。

༄༅། །འཕགས་པའི་ཡུལ་གྱི་མི་རྗེ་ས་སྐྱོང་འོད་ཟེར་གྱི་རིགས་སྲས་གཞོན་ནུ་ཟླ་མཛེས་ཀྱི་རྟོགས་བརྗོད་ངོ་མཚར་ལེགས་བྱས་ཟླ་བའི་འོད་ཟེར་ཕྲེང་བ་ཞེས་བྱ་བ་བཞུགས་སོ། །

**印度国王光明种姓太子勋努达孜传·希有妙善月光鬘**

1 种，20 页。

ཆས་པ་རྒྱ་མཁར་བ་ངག་དབང་དགེ་འདུན་རྒྱ་མཚོ། 齐巴嘉喀哇·阿旺格登嘉措 (1839—1905) 撰述。

甘肃省甘南藏族自治州夏河县拉卜楞地区拉卜楞寺 ( 拉章扎喜齐 ) 印经院木刻版之刻印本。

普通藏纸，梵夹装中印本 (47×6.2cm)，楷体，墨色，横刊藏文六行，四周双栏，全。

索书号：001166/6。保存基本完好，今藏民族文化宫中国民族图书馆。

༄༅། །འཕགས་ཡུལ་མཁས་གྲུབ་ཡོངས་ཀྱི་གཙུག་རྒྱན་གྲུབ་པའི་སློབ་དཔོན་ཆེན་པོ་མི་ཏྲ་ཛོ་ཀིའི་རྟོགས་པ་བརྗོད་པ་ཟུང་འཇུག་གྲུབ་པའི་གཏམ་སྙན་ཞེས་བྱ་བ་བཞུགས་སོ། །

**印度善巧成就之顶严大成就轨范师米扎佐格传·双运成就妙语**

1 种，3 页。

དྲུང་ཆེན་ཤེས་རབ་རྒྱ་མཚོ། 仲钦·希饶嘉

措 (1803—1875) 撰述。

甘肃省甘南藏族自治州夏河县拉卜楞地区拉卜楞寺（拉章扎喜齐）印经院木刻版之刻印本。

普通藏纸，梵夹装中印本 (48×6cm)，楷体，墨色，横刊藏文六行，四周双栏，全。

索书号：003691/3。保存基本完好，今藏民族文化宫中国民族图书馆。

༄༅། །བྱ་ཕུད་མདོ་སྔགས་དར་རྒྱས་གླིང་གི་བླ་མའི་རྣམ་ཐར་ཐོར་བུ་ཞེས་བྱ་བ་བཞུགས་སོ། །

**恰普多阿达吉林上师传记补遗**

1 种，11 页。

རྟ་ཚག་རྗེ་དྲུང་ཡེ་ཤེས་བསྟན་པའི་མགོན་པོ། 达扎济咙·益希丹贝贡波 (1760—1810) 撰述。

西藏自治区拉萨地区孜雪印经院木刻版之刻印本。

普通藏纸，梵夹装中印本 (45.7×6.5cm)，楷体，墨色，横刊藏文六行，四周双栏，全。

索书号：003801/8。保存基本完好，今藏民族文化宫中国民族图书馆。

༄༅། །བྱང་ཆུབ་ལམ་གྱི་རིམ་པའི་བླ་མ་བརྒྱུད་པའི་རྣམ་པར་ཐར་པ་རྒྱལ་བསྟན་མཛེས་པའི་རྒྱན་མཆོག་ཕུལ་བྱུང་ནོར་བུའི་འཕྲེང་བ་ཞེས་བྱ་བ་བཞུགས་སོ། །

**菩提道次第师承史·佛教庄严最胜摩尼鬘**

1 种，456 页。

ཡོངས་འཛིན་ཡེ་ཤེས་རྒྱལ་མཚན། 雍增·益希坚参 (1713—1793) 撰述。

西藏自治区拉萨地区孜雪印经院木刻版之刻印本。

普通藏纸，梵夹装中印本 (48.5×6.5cm)，楷体，墨色，横刊藏文六行，四周双栏，全。

索书号：003332/2。保存基本完好，今藏民族文化宫中国民族图书馆。

༄༅། །བྱང་ཆུབ་ལམ་གྱི་རིམ་པའི་བླ་མ་བརྒྱུད་པའི་རྣམ་པར་ཐར་པ་རྒྱལ་བསྟན་མཛེས་པའི་རྒྱན་མཆོག་ཕུལ་བྱུང་ནོར་བུའི་ཕྲེང་བ་ཞེས་བྱ་བ་བཞུགས་སོ། །

**菩提道次第师承史·佛教庄严最胜鬘**

1 种，498 页。

ཡོངས་འཛིན་ཡེ་ཤེས་རྒྱལ་མཚན། 雍增·益希坚参 (1713—1793) 撰述。

西藏自治区拉萨地区孜雪印经院木刻版之刻印本。

普通藏纸，梵夹装中印本 (48.5×6.4cm)，楷体，墨色，横刊藏文六行，四周双栏，全。

索书号：003331/2。保存基本完好，今藏民族文化宫中国民族图书馆。

༄༅། །བྱང་ཆུབ་སེམས་དཔའ་ཆེན་པོ་ཉེ་བའི་སྲས་བརྒྱད་ཀྱི་རྟོགས་བརྗོད་ནོར་བུའི་ཕྲེང་བ་ཞེས་བྱ་བ་བཞུགས་སོ། །

**八大菩萨之史事·摩尼鬘**

1 种，226 页。

འཇུ་མི་ཕམ་འཇམ་དབྱངས་རྣམ་རྒྱལ་རྒྱ་མཚོ། 局米盼·绛央南杰嘉措 (1846—1912) 撰述。

四川省甘孜藏族自治州德格县德格地区德格寺印经院木刻版之刻印本。

普通藏纸，梵夹装短印本 (38.3×5.8cm)，楷体，墨色，横刊藏文六行，四周双栏，全。

索书号：003397/5。保存基本完好，今藏民族文化宫中国民族图书馆。

༄༅། །བྱང་ཆུབ་སེམས་དཔའ་ཆེན་པོ་རྟག་ཏུ་ངུའི་རྟོགས་བརྗོད་ངོ་མཚར་དད་པའི་འཁྲི་ཤིང་ཞེས་བྱ་བ་བཞུགས་སོ། །

**大菩萨常啼之史事·希有信仰宝树**

1 种，14 页。

ཆས་པ་རྒྱ་མཁར་བ་ངག་དབང་དགེ་འདུན་རྒྱ་མཚོ། 齐巴嘉喀哇·阿旺格登嘉措(1839—1905)撰述。

甘肃省甘南藏族自治州夏河县拉卜楞地区拉卜楞寺(拉章扎西喜齐)印经院木刻版之刻印本。

普通藏纸，梵夹装中印本(47.3×6.5cm)，楷体，墨色，横刊藏文六行，四周双栏，全。

索书号：001165/6。保存基本完好，今藏民族文化宫中国民族图书馆。

༄༅། །བྱང་ཆུབ་སེམས་དཔའ་སེམས་དཔའ་ཆེན་པོ་འཁོར་ལོས་བསྒྱུར་བའི་རྒྱལ་པོ་གསེར་མདོག་གི་རྟོགས་པ་བརྗོད་པ་རབ་དགའི་རྒྱུད་མངས་ཞེས་བྱ་བ་བཞུགས་སོ། །

**菩提萨陀埵转轮金光法王传奇·梵天琵琶**

1种，5页。

ཞྭ་དམར་ཆོས་གྲགས་ཡེ་ཤེས། 夏玛·曲札益希(1453—1524)撰述。

西藏地区藏传佛教寺院印经院传抄之缮写本。

瓷青纸，梵夹装中印本(46×6.5cm)，草体，墨色，横书藏文七行，四周双栏，全。

索书号：003259/5。保存基本完好，今藏民族文化宫中国民族图书馆。

༄༅། །བྱང་ཆུབ་སེམས་དཔའ་སེམས་དཔའ་ཆེན་པོ་རྟ་ཡི་རྒྱལ་པོར་སྐྱེས་པའི་རྟོགས་པ་བརྗོད་པ་སྙན་དངགས་ཀྱི་གཏེར་ཞེས་བྱ་བ་བཞུགས་སོ། །

**菩萨摩诃萨化为马王传奇·辞章宝藏**

1种，7页。

ཞྭ་དམར་ཆོས་གྲགས་ཡེ་ཤེས། 夏玛·曲札益希(1453—1524)撰述。

西藏地区藏传佛教寺院印经院传抄之缮写本。

瓷青纸，梵夹装中印本(46×6.5cm)，楷体，墨色，横书藏文六行，四周双栏，全。

索书号：003259/4。保存基本完好，今藏民族文化宫中国民族图书馆。

༄༅། །བྱང་ཆུབ་སེམས་དཔའ་སེམས་དཔའ་ཆེན་པོ་ཞི་བའི་ལྷའི་རྟོགས་པ་བརྗོད་པ་པདྨ་དཀར་པོའི་ཕྲེང་བ་བྱིན་རླབས་ཀྱི་དྲི་བསུང་འགྲོ་བྱེད་ཅེས་བྱ་བ་བཞུགས་སོ། །

**菩萨摩诃萨寂天传·白莲鬘·能散加持芬香**

1种，18页。

པཎ་ཆེན་ཨེར་ཏེ་ནི་བློ་བཟང་ཆོས་ཀྱི་རྒྱལ་མཚན། 班禅额尔德尼·洛桑曲吉坚参(1567—1662)撰述。

西藏自治区日喀则地区扎什伦布寺印经院木刻版之刻印本。

普通藏纸，梵夹装中印本(49.4×6.5cm)，楷体，墨色，横刊藏文六行，四周双栏，全。

索书号：000789/11。保存基本完好，今藏民族文化宫中国民族图书馆。

༄༅། །བྱང་ཆུབ་སེམས་དཔའ་སེམས་དཔའ་ཆེན་པོ་གཞོན་ནུ་ནོར་བཟང་གི་རྟོགས་པ་བརྗོད་པ་བསྐལ་བ་བཟང་པོའི་གཏམ་རྒྱལ་སྲས་ཀུན་ཏུ་དགའ་བའི་ཟློས་གར་ཞེས་བྱ་བ་བཞུགས་སོ། །

**菩萨摩诃萨·善财童子传记·贤劫之语·佛子皆喜之歌舞**

1种，9页。

ཐུའུ་བཀྭན་བློ་བཟང་ཆོས་ཀྱི་ཉི་མ། 土观·洛桑曲吉尼玛(1737—1802)撰述。

青海省湟中县鲁沙尔地区塔尔寺(固奔乾巴林)印经院木刻版之刻印本。

普通藏纸，梵夹装中印本(48.5×6.5cm)，楷体，墨色，横刊藏文六行，四周双栏，全。

索书号：003636/17。保存基本完好，

今藏民族文化宫中国民族图书馆。

༄༅། །བྱང་ཕྱོགས་བསྟན་པའི་གསལ་བྱེད་པཎྜི་ཏ་ཧོ་ཐོག་ཐུ་པཀྵི་ནོ་མོན་ཧན་བླ་མའི་རྟོགས་བརྗོད་སྙན་ངག་མཁས་པའི་མགྲིན་རྒྱན་ཞེས་བྱ་བ་བཞུགས་སོ། །

**北方教法显明师班智达呼图克图巴哈希诺门汗上师传・善巧诗词者之项饰**

1 种，5 页。

གསེར་ཏོག་བློ་བཟང་ཚུལ་ཁྲིམས། 赛朵・洛桑慈称嘉措 (1845—1915) 撰述。

甘肃省甘南藏族自治州夏河县拉卜楞地区拉卜楞寺 ( 拉章扎喜齐 ) 印经院木刻版之刻印本。

普通藏纸，梵夹装中印本 (46.3 × 6.5cm)，楷体，墨色，横刊藏文六行，四周双栏，全。

索书号：001107/4。保存基本完好，今藏民族文化宫中国民族图书馆。

༄༅། །བྱང་ཕྱོགས་པོ་རོད་སྐྱོངས་ཀྱི་བསྟན་པའི་མངའ་བདག་སེམས་དཔའ་ཆེན་པོ་མཁན་ཆེན་པཎྜི་ཏ་དྷརྨ་ར་ཛ་སྐལ་བཟང་ཆོས་ཀྱི་རྒྱལ་མཚན་དཔལ་བཟང་པོའི་རྣམ་པར་ཐར་པ་སྐལ་ལྡན་རྣ་བའི་བཅུད་ལེན་སྙན་པའི་ཚངས་དབྱངས་ཞེས་བྱ་བ་བཞུགས་སོ། །

**北方波热地区教主大堪钦班智达法王格桑曲吉坚参传・具缘耳闻精英・美雅梵音**

1 种，57 页。

ཆས་པ་རྒྱ་མཁར་བ་ངག་དབང་དགེ་འདུན་རྒྱ་མཚོ། 齐巴嘉喀哇・阿旺格登嘉措 (1839—1905) 撰述。

甘肃省甘南藏族自治州夏河县拉卜楞地区拉卜楞寺 ( 拉章扎喜齐 ) 印经院木刻版之刻印本。

普通藏纸，梵夹装中印本 (47.3 × 6.5cm)，楷体，墨色，横刊藏文六行，四周双栏，全。

索书号：001166/2。保存基本完好，今藏民族文化宫中国民族图书馆。

༄༅། །བྱམས་ཆེན་ཆོས་ཀྱི་རྗེ་ཤཱཀྱ་ཡེ་ཤེས་དཔལ་བཟང་པོའི་རྣམ་པར་ཐར་པ་མདོར་བསྡུས་ཙམ་ཞིག་ཅེས་བྱ་བ་བཞུགས་སོ། །

**大慈法王释迦益希略传**

1 种，15 页。

བྲག་རི་དགེ་བཤེས་རིན་ཆེན་དོན་གྲུབ། 扎迪格西・仁钦顿珠 (18 世纪上半叶 ) 撰述。

西藏自治区拉萨地区色拉寺 ( 曲迪钦波色拉特钦林 ) 印经院木刻版之刻印本。

普通藏纸，梵夹装中印本 (45 × 5.7cm)，楷体，墨色，横刊藏文六行，四周双栏，全。

索书号：003774/8。保存基本完好，今藏民族文化宫中国民族图书馆。

༄༅། །བླ་ཆེན་བྱང་ཆུབ་སེམས་དཔའ་དགོངས་པ་རབ་གསལ་གྱི་རྣམ་པར་ཐར་པ་མདོ་ཙམ་གཏམ་དུ་བརྗོད་པ་རིན་པོ་ཆེའི་ཕྲེང་མཛེས་ཞེས་བྱ་བ་བཞུགས་སོ། །

**大喇嘛菩萨・贡巴饶萨略传・大宝鬘**

1 种，7 页。

ཐུའུ་བཀྭན་བློ་བཟང་ཆོས་ཀྱི་ཉི་མ། 土观・洛桑曲吉尼玛 (1737—1802) 撰述。

青海省湟中县鲁沙尔地区塔尔寺 ( 固奔乾巴林 ) 印经院木刻版之刻印本。

普通藏纸，梵夹装中印本 (48.5 × 6.5cm)，楷体，墨色，横刊藏文六行，四周双栏，全。

索书号：003636/14。保存基本完好，今藏民族文化宫中国民族图书馆。

༄༅། །བླ་ན་མེད་པའི་ཡོན་ཏན་གྱི་དབང་ཕྱུག་ཏུ་གྲུབ་པ་ཡབ་གཅིག་འཇམ་དབྱངས་ཐུབ་བསྟན་རྒྱ་མཚོ་དཔལ་བཟང་པོའི་རྣམ་པར་ཐར་པ་ཐུན་མོང་དུ་བསྒྲག་པར་རྗེས་སུ་གནང་བ་ལེགས་མཛད་གཏམ་གྱི་སྙིང་པོ་སྐལ་པ་བཟང་པོའི་རྣ་ཆ་ཞེས་བྱ་བ་བཞུགས་སོ། །

**无上功德自在成就师嘉木样图丹嘉措传·共通开许善业史话心要·贤劫耳饰**

1 种，239 页。

རྫོང་དཀར་འཇིགས་མེད་དམ་ཆོས་རྒྱ་མཚོ། 宗嘎·吉迈丹曲嘉措 (1898—1946) 撰述。

青海省化隆回族自治县金源地区丹斗寺 ( 丹斗协吉央贡 ) 印经院木刻版之刻印本。

普通藏纸，梵夹装中印本 (44.2×6.2cm)，楷体，墨色，横刊藏文六行，四周双栏，全。

索书号：000800/1。保存基本完好，今藏民族文化宫中国民族图书馆。

༄༅། །བླ་ན་མེད་པའི་ཡོན་ཏན་གྱི་དབང་ཕྱུག་ཏུ་གྲུབ་པ་ཡབ་གཅིག་འཇམ་དབྱངས་ཐུབ་བསྟན་རྒྱ་མཚོ་དཔལ་བཟང་པོའི་རྣམ་པར་ཐར་པ་ཐུན་མོང་མ་ཡིན་པ་གསར་པའི་གཏམ་གྱི་སྙིང་པོ་སྐལ་པ་བཟང་པོའི་རྣ་ཆ་ཞེས་བྱ་བ་བཞུགས་སོ། །

**无上功德自在成就师绛央图丹嘉措传·不共新语精要·贤劫耳饰**

1 种，6 页。

རྫོང་དཀར་འཇིགས་མེད་དམ་ཆོས་རྒྱ་མཚོ། 宗嘎·吉迈丹曲嘉措 (1898—1946) 撰述。

青海省化隆回族自治县金源地区丹斗寺 ( 丹斗协吉央贡 ) 印经院木刻版之刻印本。

普通藏纸，梵夹装中印本 (44.2×6.2cm)，楷体，墨色，横刊藏文六行，四周双栏，全。

索书号：000800/2。保存基本完好，今藏民族文化宫中国民族图书馆。

༄༅། །བླ་མ་བརྒྱུད་པའི་རྣམ་པར་ཐར་པ་ངོ་མཚར་སྣང་བ་ཞེས་བྱ་བ་བཞུགས་སོ། །

**师承传·希有光明**

1 种，57 页。

ས་སྐྱ་བླ་མ་བསོད་ནམས་རྒྱལ་མཚན། 萨迦喇嘛·索南坚参 (1312—1375) 撰述。

四川省甘孜藏族自治州德格县德格地区德格寺印经院木刻版之刻印本。

普通藏纸，梵夹装中印本 (45.3×5.9cm)，楷体，墨色，横刊藏文六行，四周双栏，全。

索书号：003873/5。保存基本完好，今藏民族文化宫中国民族图书馆。

༄༅། །བླ་མ་ཐམས་ཅད་མཁྱེན་པའི་རྣམ་ཐར་ངོ་མཚར་མཛད་པ་བཅུ་གཉིས་པ་ཞེས་བྱ་བ་བཞུགས་སོ། །

**上师一切智之十二希有事业传记**

1 种，21 页。

ཏཱ་ལའི་བླ་མ་དགེ་འདུན་གྲུབ་པ། 达赖喇嘛·格登珠巴 (1391—1474) 撰述。

西藏自治区拉萨地区孜雪印经院木刻版之刻印本。

普通藏纸，梵夹装中印本 (46.9×6.2cm)，楷体，墨色，横刊藏文六行，四周双栏，全。

索书号：001175/3。保存基本完好，今藏民族文化宫中国民族图书馆。

༄༅། །བླ་མ་དྭགས་པོ་ལྷ་རྗེའི་རྣམ་ཐར་ཞེས་བྱ་བ་བཞུགས་སོ། །

**上师达波拉吉传**

1 种，3 页。

བླ་མ་ཞང་བརྩོན་འགྲུས་གྲགས་པ། 喇嘛祥·宗珠札巴 (1123—1193) 撰述。

西藏地区藏传佛教寺院印经院木刻版之刻印本。

普通藏纸，梵夹装中印本(41.5×5.2cm)，楷体，墨色，横刊藏文六行，四周双栏，全。

索书号：003842/24。保存基本完好，今藏民族文化宫中国民族图书馆。

༄༅། །བླ་མ་བཻ་རོའི་རྣམ་ཐར་ཞེས་བྱ་བ་བཞུགས་སོ། །

**上师毗若遮那传**

1 种，3 页。

བླ་མ་ཞང་བརྩོན་འགྲུས་གྲགས་པ། 喇嘛祥·宗珠札巴 (1123—1193) 撰述。

西藏地区藏传佛教寺院印经院木刻版之刻印本。

普通藏纸，梵夹装中印本(41.5×5.2cm)，楷体，墨色，横刊藏文六行，四周双栏，全。

索书号：003842/29。保存基本完好，今藏民族文化宫中国民族图书馆。

༄༅། །བླ་མ་མི་ལ་རས་པའི་རྣམ་ཐར་ཞེས་བྱ་བ་བཞུགས་སོ། །

**上师米拉热巴传**

1 种，3 页。

བླ་མ་ཞང་བརྩོན་འགྲུས་གྲགས་པ། 喇嘛祥·宗珠札巴 (1123—1193) 撰述。

西藏地区藏传佛教寺院印经院木刻版之刻印本。

普通藏纸，梵夹装中印本(41.5×5.2cm)，楷体，墨色，横刊藏文六行，四周双栏，全。

索书号：003842/23。保存基本完好，今藏民族文化宫中国民族图书馆。

༄༅། །བླ་མ་དམར་ཆོས་ཀྱི་རྒྱལ་པོའི་རྣམ་པར་ཐར་པ་བཞུགས་སོ། །

**红法教王上师传**

1 种，7 页。

ཀློ་བོ་མཁན་ཆེན་བསོད་ནམས་ལྷུན་གྲུབ། 珞沃堪钦·索南伦珠 (1441—1525) 撰述。

四川省甘孜藏族自治州德格县德格地区德格寺印经院木刻版之刻印本。

普通藏纸，梵夹装中印本(47.1×6.1cm)，楷体，墨色，横刊藏文六行，四周双栏，全。

索书号：003840/32。保存基本完好，今藏民族文化宫中国民族图书馆。

༄༅། །བླ་མ་རིན་པོ་ཆེའི་རྣམ་ཐར་ལེའུ་གཉིས་པ་ཞེས་བྱ་བ་བཞུགས་སོ། །

**大宝上师传第二章**

1 种，42 页。

ཆ་ཧར་དགེ་བཤེས་བློ་བཟང་ཚུལ་ཁྲིམས། 恰哈尔格西·洛桑慈称 (1740—1810) 撰述。

北京地区藏传佛教皇家寺院嵩祝寺印经院木刻版之刻印本。

普通纸，梵夹装中印本(48.6×6.7cm)，楷体，墨色，横刊藏文六行，四周双栏，全。

索书号：000736/3。保存基本完好，今藏民族文化宫中国民族图书馆。

༄༅། །བླ་མ་རིན་པོ་ཆེའི་རྣམ་ཐར་ལེའུ་གསུམ་པ་ཞེས་བྱ་བ་བཞུགས་སོ། །

**大宝上师传第三章**

1 种，47 页。

ཆ་ཧར་དགེ་བཤེས་བློ་བཟང་ཚུལ་ཁྲིམས། 恰哈尔格西·洛桑慈称 (1740—1810) 撰述。

北京地区藏传佛教皇家寺院嵩祝寺印经院木刻版之刻印本。

普通纸，梵夹装中印本(48.6×6.7cm)，楷体，墨色，横刊藏文六行，四周双栏，全。

索书号：000736/4。保存基本完好，今藏民族文化宫中国民族图书馆。

༄༅། །བླ་མ་རིན་པོ་ཆེའི་རྣམ་ཐར་ལེའུ་བཞི་པ་ཞེས་བྱ་བ་བཞུགས་སོ། །

**大宝上师传第四章**

1 种，108 页。

ཚ་ཧར་དགེ་བཤེས་བློ་བཟང་ཚུལ་ཁྲིམས། 恰哈尔格西・洛桑慈称 (1740—1810) 撰述。

北京地区藏传佛教皇家寺院嵩祝寺印经院木刻版之刻印本。

普通纸，梵夹装中印本 (48.6×6.7cm)，楷体，墨色，横刊藏文六行，四周双栏，全。

索书号：000736/5。保存基本完好，今藏民族文化宫中国民族图书馆。

༄༅། །བླ་མ་རིན་པོ་ཆེའི་རྣམ་ཐར་ལེའུ་ལྔ་པ་ཞེས་བྱ་བ་བཞུགས་སོ། །

**大宝上师传第五章**

1 种，98 页。

ཚ་ཧར་དགེ་བཤེས་བློ་བཟང་ཚུལ་ཁྲིམས། 恰哈尔格西・洛桑慈称 (1740—1810) 撰述。

北京地区藏传佛教皇家寺院嵩祝寺印经院木刻版之刻印本。

普通纸，梵夹装中印本 (48.6×6.7cm)，楷体，墨色，横刊藏文六行，四周双栏，全。

索书号：000736/6。保存基本完好，今藏民族文化宫中国民族图书馆。

༄༅། །བླ་མ་རིན་པོ་ཆེའི་རྣམ་ཐར་ལེའུ་དྲུག་པ་ཞེས་བྱ་བ་བཞུགས་སོ། །

**大宝上师传第六章**

1 种，28 页。

ཚ་ཧར་དགེ་བཤེས་བློ་བཟང་ཚུལ་ཁྲིམས། 恰哈尔格西・洛桑慈称 (1740—1810) 撰述。

北京地区藏传佛教皇家寺院嵩祝寺印经院木刻版之刻印本。

普通纸，梵夹装中印本 (48.6×6.7cm)，楷体，墨色，横刊藏文六行，四周双栏，全。

索书号：000736/7。保存基本完好，今藏民族文化宫中国民族图书馆。

༄༅། །བླ་མ་རིན་པོ་ཆེའི་རྣམ་ཐར་ལེའུ་བདུན་པ་ཞེས་བྱ་བ་བཞུགས་སོ། །

**大宝上师传第七章**

1 种，21 页。

ཚ་ཧར་དགེ་བཤེས་བློ་བཟང་ཚུལ་ཁྲིམས། 恰哈尔格西・洛桑慈称 (1740—1810) 撰述。

北京地区藏传佛教皇家寺院嵩祝寺印经院木刻版之刻印本。

普通纸，梵夹装中印本 (48.6×6.7cm)，楷体，墨色，横刊藏文六行，四周双栏，全。

索书号：000736/8。保存基本完好，今藏民族文化宫中国民族图书馆。

༄༅། །བླ་མ་གཤེན་པ་བའི་རྣམ་ཐར་ཞེས་བྱ་བ་བཞུགས་སོ། །

**上师辛巴哇传**

1 种，3 页。

བླ་མ་ཞང་བརྩོན་འགྲུས་གྲགས་པ། 喇嘛祥・宗珠札巴 (1123—1193) 撰述。

西藏地区藏传佛教寺院印经院木刻版之刻印本。

普通藏纸，梵夹装中印本 (41.5×5.2cm)，楷体，墨色，横刊藏文六行，四周双栏，全。

索书号：003842/27。保存基本完好，今藏民族文化宫中国民族图书馆。

༄༅། །བླ་མའི་རྣམ་ཐར་རིན་ཆེན་ཕྲེང་བ་ཞེས་བྱ་བ་བཞུགས་སོ། །

**大师传・大宝鬘**

1 种，23 页。

གློ་བོ་མཁན་ཆེན་བསོད་ནམས་ལྷུན་གྲུབ། 珞沃堪钦・索南伦珠 (1441—1525) 撰述。

四川省甘孜藏族自治州德格县德格地区德格寺印经院木刻版之刻印本。

普通藏纸，梵夹装中印本 (47.1 × 6.1cm)，楷体，墨色，横刊藏文六行，四周双栏，全。

索书号：003836/25。保存基本完好，今藏民族文化宫中国民族图书馆。

༄༅། །བླ་མའི་རྣམ་ཐར་རིན་ཆེན་ཕྲེང་བ་ཞེས་བྱ་བ་བཞུགས་སོ། །

**大师传・大宝鬘**

1 种，23 页。

ཀློ་བོ་མཁན་ཆེན་བསོད་ནམས་ལྷུན་གྲུབ། 珞沃堪钦・索南伦珠 (1441—1525) 撰述。

四川省甘孜藏族自治州德格县德格地区德格寺印经院木刻版之刻印本。

普通藏纸，梵夹装中印本 (47.1 × 6.1cm)，楷体，墨色，横刊藏文六行，四周双栏，全。

索书号：003840/29。保存基本完好，今藏民族文化宫中国民族图书馆。

༄༅། །བློ་བཟང་བཀའ་འབུམ་ལས། རྗེ་བླ་མ་སྐྱབས་མཆོག་དཔལ་བཟང་པོའི་རྣམ་ཐར་ཐུན་མོང་དང་ཐུན་མོང་མ་ཡིན་པ་ཀུན་མཁྱེན་ལེགས་པ་དོན་གྲུབ་ཀྱི་རྣམ་ཐར་སོགས་ཞེས་བྱ་བ་བཞུགས་སོ། །

**洛桑顿珠文集中宗喀巴大师共与不共传记即衮庆・勒巴顿珠传等**

1 种，11 页。

པཎ་ཆེན་ཨེར་ཏེ་ནི་དབེན་ས་པ་བློ་བཟང་དོན་གྲུབ། 班禅额尔德尼・温萨巴・洛桑顿珠 (1505—1566) 撰述。

西藏自治区日喀则市萨迦地区萨迦寺印经院木刻版之刻印本。

普通藏纸，梵夹装中印本 (47.1 × 6.2cm)，楷体，墨色，横刊藏文六行，四周双栏，全。

索书号：003756/11。保存基本完好，今藏民族文化宫中国民族图书馆。

༄༅། །འབབ་རོང་པ་དར་མ་དབང་ཕྱུག་གི་རྟོགས་པ་བརྗོད་པའི་ཡལ་འདབ་ལྔ་པ་ཞེས་བྱ་བ་བཞུགས་སོ། །

**跋绒巴・达玛旺秋传・本生之五**

1 种，12 页。

ཇོ་ནང་པ་ཀུན་དགའ་གྲོལ་མཆོག 觉囊巴・衮噶卓却 (1507—1575) 撰述。

西藏自治区日喀则地区普帕寺印经院木刻版之刻印本。

普通藏纸，梵夹装中印本 (46.2 × 6.2cm)，楷体，墨色，横刊藏文六行，四周双栏，全。

索书号：005060/5。保存基本完好，今藏民族文化宫中国民族图书馆。

༄༅། །མི་ཉག་བྱང་པ་རིག་འཛིན་ཆེན་པོ་ངག་གི་དབང་པོའི་རྣམ་པར་ཐར་པ་ངོ་མཚར་བཀོད་པའི་རྒྱ་མཚོ་ཞེས་བྱ་བ་བཞུགས་སོ། །

**米雅北部大持明师阿格旺波传・希有庄严海**

1 种，64 页。

ཏཱ་ལའི་བླ་མ་ངག་དབང་བློ་བཟང་རྒྱ་མཚོ། 达赖喇嘛・阿旺洛桑嘉措 (1617—1682) 撰述。

西藏自治区拉萨地区布达拉宫印经院木刻版之刻印本。

普通藏纸，梵夹装中印本 (46.6 × 5.9cm)，楷体，墨色，横刊藏文七行，四周双栏，全。

索书号：000687/8。保存基本完好，今藏民族文化宫中国民族图书馆。

༄༅། །དམར་ཆོས་ཀྱི་རྒྱལ་པོ་བླ་མ་རིན་པོ་ཆེའི་རྣམ་ཐར་ཞེས་བྱ་བ་བཞུགས་སོ། །

**红法教王大宝上师传**

1 种，4 页。

ཀློ་བོ་མཁན་ཆེན་བསོད་ནམས་ལྷུན་གྲུབ། 珞沃堪钦・索南伦珠 (1441—1525) 撰述。

四川省甘孜藏族自治州德格县德格地区德格寺印经院木刻版之刻印本。

普通藏纸，梵夹装中印本 (47.1×6.1cm)，楷体，墨色，横刊藏文六行，四周双栏，全。

索书号：003837/12。保存基本完好，今藏民族文化宫中国民族图书馆。

༄༅། །སྨྱུང་གནས་ཀྱི་བླ་མ་བརྒྱུད་པའི་རྣམ་ཐར་མདོར་བསྡུས་ཕན་ཡོན་དང་བཅས་པ་བཞུགས་སོ། །

**斋戒之师承史略及其功德等**

1 种，54 页。

པཎ་ཆེན་ཨེར་དེ་ནི་བློ་བཟང་དཔལ་ལྡན་ཡེ་ཤེས། 班禅额尔德尼·洛桑白旦益希 (1738—1780) 撰述。

西藏自治区日喀则地区扎什伦布寺印经院木刻版之刻印本。

普通藏纸，梵夹装中印本 (49.1×6.8cm)，楷体，墨色，横刊藏文六行，四周双栏，全。

索书号：000674/4。保存基本完好，今藏民族文化宫中国民族图书馆。

༄༅། །མཚན་སྒྲོགས་མཁན་ཆེན་གྱི་སྤྲུལ་པའི་སྐུ་རིན་པོ་ཆེའི་རྣམ་ཐར་རགས་བསྡུས་བྱིན་རླབས་བསྐྱང་ཞིམ་སྒྲོ་བའི་ས་ཏ་ཀ་རའི་དགའ་ཚལ་ཞེས་བྱ་བ་བཞུགས་སོ། །

**参卓大堪波活佛仁波且传略·迎来加持喜悦之红柿乐园**

1 种，6 页。

ཨ་མཆོག་འཇམ་དབྱངས་མཁྱེན་རབ་རྒྱ་མཚོ། 阿却·绛央庆饶嘉措 (1849—1944) 撰述。

四川省阿坝地区藏传佛教玛威桑格林寺印经院木刻版刻印本。

普通藏纸，梵夹装中印本 (44.9×6.2cm)，草体，墨色，横书藏文七行，四周双栏，全。

索书号：000888/38。保存基本完好，今藏民族文化宫中国民族图书馆。

༄༅། །མཚུངས་མེད་ཆོས་དཔལ་ཡེ་ཤེས་ཀྱི་རྣམ་པར་ཐར་པ་ཚིགས་སུ་བཅད་པ་རིན་པོ་ཆེའི་ཕྲེང་བ་ཞེས་བྱ་བ་བཞུགས་སོ། །

**无等曲白益希颂传·大宝鬘**

1 种，8 页。

ཞྭ་དམར་ཆོས་གྲགས་ཡེ་ཤེས། 夏玛尔·曲札益希 (1453—1524) 撰述。

西藏自治区山南地区塔巴寺印经院传抄之金汁写本。

普通藏纸，梵夹装中印本 (46×6.5cm)，草体，墨色，横书藏文七行，四周双栏，全。

索书号：003259/10。保存基本完好，今藏民族文化宫中国民族图书馆。

༄༅། །འཛམ་གླིང་བྱང་ཕྱོགས་ཀྱི་ཐུབ་པའི་རྒྱལ་ཚབ་ཆེན་པོ་དཔལ་ལྡན་ས་སྐྱ་པའི་གདུང་རབས་རིན་པོ་ཆེ་ཇི་ལྟར་བྱོན་པའི་ཚུལ་གྱི་རྣམ་པར་ཐར་པ་ངོ་མཚར་རིན་པོ་ཆེའི་བང་མཛོད་དགོས་འདོད་ཀུན་འབྱུང་ཞེས་བྱ་བ་བཞུགས་སོ། །

**赡部洲北部传承佛统具德萨迦派世系史·希有宝库·随愿普生**

1 种，379 页。

ཨ་མེས་ངག་དབང་ཀུན་དགའ་བསོད་ནམས། 阿梅·阿旺衮噶索南 (1597—1660) 撰述。

西藏地区藏传佛教寺院印经院传抄之缮写本。

普通藏纸，梵夹装中印本 (45.6×6.3cm)，草体，墨色，横书藏文七行，四周双栏，全。

索书号：003222/2。保存基本完好，今藏民族文化宫中国民族图书馆。

༄༅། །ཞང་འབྲུག་སྒྲ་རྒྱལ་མཚན་གྱི་བརྗོད་པ་བརྗོད་པའི་ཡལ་འདབ་བདུན་པ་ཞེས་བྱ་བ་བཞུགས་སོ། །

**祥·珠札坚参传·本生之七**

1种，6页。

རྗེ་ནང་པ་ཀུན་དགའ་གྲོལ་མཆོག 觉囊巴·衮噶卓却 (1507—1575) 撰述。

西藏自治区日喀则地区藏传佛教帕普寺印经院木刻版之刻印本。

普通藏纸，梵夹装中印本 (46×4.3cm)，楷体，墨色，横刊藏文六行，四周双栏，全。

索书号：005060/6。保存基本完好，今藏民族文化宫中国民族图书馆。

༄༅། །ཞང་རིན་པོ་ཆེའི་རྣམ་ཐར་བཀའ་རྒྱ་མ་བསམ་ཡས་འཆིམ་ཕུ་མ་ལྷ་བཙུན་ལ་གདམས་པ་ཞེས་བྱ་བ་བཞུགས་སོ། །

**喇嘛祥大师秘传·桑耶秦普玛·致拉尊之教诫**

1种，4页。

བླ་མ་ཞང་བརྩོན་འགྲུས་གྲགས་པ། 喇嘛祥·宗哲札巴 (1123—1193) 撰述。

西藏地区藏传佛教寺院印经院传抄之缮写本。

普通藏纸，梵夹装中印本 (41.5×5.2cm)，草体，墨色，横书藏文七行，四周双栏，全。

索书号：003843/73。保存基本完好，今藏民族文化宫中国民族图书馆。

༄༅། །ཉི་སེར་བསྟན་པའི་ཉིན་བྱེད་སྐུ་འབུམ་ཆེ་ཚོགས་སྤྲུལ་སྐུ་རིན་པོ་ཆེ་ངག་དབང་བཤད་སྒྲུབ་ཉི་མ་སྐུ་འཕྲེང་སྔ་ཕྱིའི་རྣམ་ཐར་མཁས་པའི་མགུལ་རྒྱན་པད་དཀར་འཕྲེང་བ་ཞེས་བྱ་བ་བཞུགས་སོ། །

**黄教日轮塔尔寺却西活佛阿旺协珠尼玛世系传·智者项饰白莲鬘**

1种，94页。

ཚེ་ཚོགས་ངག་དབང་བཤད་སྒྲུབ་བསྟན་པའི་ཉི་མ། 却西·阿旺协珠丹贝尼玛 (1787—1860) 撰述。

青海省湟中县鲁沙尔地区塔尔寺(固奔乾巴林)印经院木刻版之刻印本。

普通藏纸，梵夹装中印本 (45×7cm)，楷体，墨色，横刊藏文六行，四周双栏，全。

索书号：003782/4。保存基本完好，今藏民族文化宫中国民族图书馆。

༄༅། །ཉི་སེར་རིང་ལུགས་པ་སྐལ་བཟང་ཐུབ་བསྟན་དབང་ཕྱུག་གི་རྟོགས་པ་བརྗོད་པ་རིན་ཆེན་ཕྲེང་བ་ཞེས་བྱ་བའི་སྟོད་ཆ་བཞུགས་སོ། །

**黄帽宗派师格桑图丹旺秋传·大宝鬘·上集**

1种，331页。

འཇམ་དབྱངས་བཞད་པ་བསྐལ་བཟང་ཐུབ་བསྟན་དབང་ཕྱུག 嘉木样协巴·格桑图丹旺秋 (1856—1916) 撰。

甘肃省甘南藏族自治州夏河县拉卜楞地区拉卜楞寺(拉章扎喜齐)印经院木刻版之刻印本。

普通藏纸，梵夹装中印本 (48.1×6.3cm)，楷体，墨色，横刊藏文六行，四周双栏，全。

索书号：000842/2。保存基本完好，今藏民族文化宫中国民族图书馆。

༄༅། །ཉི་སེར་རིང་ལུགས་པ་སྐལ་བཟང་ཐུབ་བསྟན་དབང་ཕྱུག་གི་རྟོགས་པ་བརྗོད་པ་རིན་ཆེན་ཕྲེང་བ་ཞེས་བྱ་བའི་སྨད་ཆ་བཞུགས་སོ། །

**黄帽宗派师格桑图丹旺秋传·大宝鬘·下集**

1函，1种，430页。

འཇམ་དབྱངས་བཞད་པ་བསྐལ་བཟང་ཐུབ་བསྟན་དབང་ཕྱུག 嘉木样协巴·格桑图丹旺秋 (1856—1916) 撰述。

甘肃省甘南藏族自治州夏河县拉卜楞地区拉卜楞寺(拉章扎喜齐)印经院木刻

版之刻印本。

普通藏纸，梵夹装中印本 (48.1 × 6.3cm)，楷体，墨色，横刊藏文六行，四周双栏，全。

索书号：000843/1。保存基本完好，今藏民族文化宫中国民族图书馆。

༄༅། །ཟ་ཧོར་གྱི་བནྡེ་ངག་དབང་བློ་བཟང་རྒྱ་མཚོའི་འདི་སྣང་འཁྲུལ་བའི་རོལ་རྩེད་རྟོགས་བརྗོད་ཀྱི་ཚུལ་དུ་བཀོད་པ་དུ་ཀཱུ་ལའི་གོས་བཟང་ལས་གླེགས་བམ་དང་པོ་བཞུགས་སོ། །

**萨霍尔僧人阿旺洛桑嘉措幻化游戏之传记·轻纱妙衣·第一函**

1 种，364 页。

ཏཱ་ལའི་བླ་མ་ངག་དབང་བློ་བཟང་རྒྱ་མཚོ། 达赖喇嘛·阿旺洛桑嘉措 (1617—1682) 撰述。

西藏自治区拉萨地区布达拉宫印经院木刻版之刻印本。

普通藏纸，梵夹装中印本 (46.6 × 5.9cm)，楷体，墨色，横刊藏文六行，四周双栏，全。

索书号：004569/1。保存基本完好，今藏民族文化宫中国民族图书馆。

༄༅། །ཟ་ཧོར་གྱི་བནྡེ་ངག་དབང་བློ་བཟང་རྒྱ་མཚོའི་འདི་སྣང་འཁྲུལ་བའི་རོལ་རྩེད་རྟོགས་བརྗོད་ཀྱི་ཚུལ་དུ་བཀོད་པ་དུ་ཀཱུ་ལའི་གོས་བཟང་ལས་གླེགས་བམ་གཉིས་པ་བཞུགས་སོ། །

**萨霍尔僧人阿旺洛桑嘉措幻化游戏之传记·轻纱妙衣·第二函**

1 种，281 页。

ཏཱ་ལའི་བླ་མ་ངག་དབང་བློ་བཟང་རྒྱ་མཚོ། 达赖喇嘛·阿旺洛桑嘉措 (1617—1682) 撰述。

西藏自治区拉萨地区布达拉宫印经院木刻版之刻印本。

普通藏纸，梵夹装中印本 (46.6 × 5.9cm)，楷体，墨色，横刊藏文六行，四周双栏，全。

索书号：000685/1。保存基本完好，今藏民族文化宫中国民族图书馆。

༄༅། །ཟ་ཧོར་གྱི་བནྡེ་ངག་དབང་བློ་བཟང་རྒྱ་མཚོའི་འདི་སྣང་འཁྲུལ་བའི་རོལ་རྩེད་རྟོགས་བརྗོད་ཀྱི་ཚུལ་དུ་བཀོད་པ་དུ་ཀཱུ་ལའི་གོས་བཟང་ལས་གླེགས་བམ་གསུམ་པ་བཞུགས་སོ། །

**萨霍尔僧人阿旺洛桑嘉措幻化游戏之传记·轻纱妙衣·第三函**

1 种，246 页。

ཏཱ་ལའི་བླ་མ་ངག་དབང་བློ་བཟང་རྒྱ་མཚོ། 达赖喇嘛·阿旺洛桑嘉措 (1617—1682) 撰述。

西藏自治区拉萨地区布达拉宫印经院木刻版之刻印本。

普通藏纸，梵夹装中印本 (46.6 × 5.9cm)，楷体，墨色，横刊藏文六行，四周双栏，全。

索书号：000682/1。保存基本完好，今藏民族文化宫中国民族图书馆。

༄༅། །ཟུར་ཆེན་ཐམས་ཅད་མཁྱེན་པ་ཆོས་དབྱིངས་རང་གྲོལ་གྱི་རྣམ་ཐར་ཐེག་མཆོག་བསྟན་པའི་ཤིང་རྟ་ཞེས་བྱ་བ་བཞུགས་སོ། །

**苏钦一切智曲央让卓传·大乘圣教之车**

1 种，121 页。

ཏཱ་ལའི་བླ་མ་ངག་དབང་བློ་བཟང་རྒྱ་མཚོ། 达赖喇嘛·阿旺洛桑嘉措 (1617—1682) 撰述。

西藏自治区拉萨地区布达拉宫印经院木刻版之刻印本。

普通藏纸，梵夹装中印本 (46.6 × 5.9cm)，楷体，墨色，横刊藏文六行，四周双栏，全。

索书号：003433/2。保存基本完好，今藏民族文化宫中国民族图书馆。

༄༅། །ཡི་གེའི་བསྟན་བཅོས་མདོར་བསྡུས་དང་། མི་ཏྲ་ཛོ་ཀིའི་རྣམ་ཐར་ཞེས་བྱ་བ་བཞུགས། །

**文字略论与米扎佐格史事**

1 种，9 页。

ཛ་ཡ་པཎྜི་ཏ་བློ་བཟང་འཕྲིན་ལས། 扎雅班智达・洛桑成勒 (1642—1715) 撰述。

北京地区藏传佛教皇家寺院印经院木刻版之刻印本。

普通纸，梵夹装中印本 (46.8×5.9cm)，楷体，墨色，横刊藏文六行，四周双栏，全。

索书号：003785/2。保存基本完好，今藏民族文化宫中国民族图书馆。

༄༅། །ཡེར་པ་བའི་རྣམ་ཐར་ཞེས་བྱ་བ་བཞུགས་སོ། །

**叶巴哇传**

1 种，3 页。

བླ་མ་ཞང་བརྩོན་འགྲུས་གྲགས་པ། 喇嘛祥・宗珠札巴 (1123—1193) 撰述。

西藏地区藏传佛教寺院印经院木刻版之刻印本。

普通藏纸，梵夹装中印本 (41.5×5.2cm)，楷体，墨色，横刊藏文六行，四周双栏，全。

索书号：003842/28。保存基本完好，今藏民族文化宫中国民族图书馆。

༄༅། །ཡོངས་ཀྱི་དགེ་བའི་བཤེས་གཉེན་ཆེན་པོ་རྒྱལ་མཁན་ཆེན་གྲགས་པ་རྒྱལ་མཚན་པའི་ཞལ་སྔ་ནས་ཀྱི་རྣམ་པར་ཐར་པ་ནོར་བུའི་ཕྲེང་བ་ཞེས་བྱ་བ་བཞུགས་སོ། །

**大善知识嘉堪钦札巴坚参传・摩尼鬘**

1 种，62 页。

རྒྱལ་མཁན་པོ་གྲགས་པ་རྒྱལ་མཚན། 嘉堪波・札巴坚参 (1762—1836) 撰述。

甘肃省甘南藏族自治州夏河县拉卜楞地区拉卜楞寺（拉章扎喜齐）印经院木刻版之刻印本。

普通藏纸，梵夹装中印本 (47.4×6.3cm)，楷体，墨色，横刊藏文六行，四周双栏，全。

索书号：000846/4。保存基本完好，今藏民族文化宫中国民族图书馆。

༄༅། །ཡོངས་ཀྱི་དགེ་བའི་བཤེས་གཉེན་ཆེན་པོ་བློ་བཟང་ཚུལ་ཁྲིམས་ཀྱི་རྟོགས་པ་བརྗོད་པ་དད་ལྡན་རེ་སྐོང་ནོར་བུའི་དོ་ཤལ་ཞེས་བྱ་བ་བཞུགས་སོ། །

**大善知识洛桑慈称传・具信满愿・摩尼瓔珞**

1 种，36 页。

འབྲོང་རྩེ་བློ་བཟང་ཚུལ་ཁྲིམས། 仲则・洛桑慈称 (1769—？ ) 撰述。

西藏自治区日喀则地区扎什伦布寺印经院木刻版之刻印本。

普通藏纸，梵夹装中印本 (48.5×6.8cm)，楷体，墨色，横刊藏文六行，四周双栏，全。

索书号：000796/1。保存基本完好，今藏民族文化宫中国民族图书馆。

༄༅། །ཡོངས་འཛིན་དམ་པ་མཁན་པོ་བློ་བཟང་རྣམ་རྒྱལ་བའི་རྣམ་ཐར་ཞེས་བྱ་བ་བཞུགས་སོ། །

**经师大德堪波洛桑南杰传**

1 种，4 页。

འཇམ་དབྱངས་བཞད་པ་བསྐལ་བཟང་ཐུབ་བསྟན་དབང་ཕྱུག 嘉木样协巴・格桑图丹旺秋 (1856—1916) 撰述。

甘肃省甘南藏族自治州夏河县拉卜楞地区拉卜楞寺（拉章扎喜齐）印经院木刻版之刻印本。

普通藏纸，梵夹装中印本 (48.1×6.3cm)，楷体，墨色，横刊藏文六行，四周双栏，全。

索书号：000843/3。保存基本完好，今藏民族文化宫中国民族图书馆。

༄༅། །ཡོངས་འཛིན་དམ་པ་རྗེ་བཙུན་བློ་བཟང་ཚུལ་ཁྲིམས་དཔལ་བཟང་པོའི་རྣམ་ཐར་རྗེ་རང་ཉིད་ནས་མཛད་པ་ཞེས་བྱ་བ་བཞུགས་སོ། །

**荣增至尊洛桑慈称自传**

1 种，9 页。

འབྲོང་རྩེ་བློ་བཟང་ཚུལ་ཁྲིམས། 仲则 · 洛桑慈称 (1769—？ ) 撰述。

西藏自治区日喀则地区扎什伦布寺印经院木刻版之刻印本。

普通藏纸，梵夹装中印本 (48.1 × 6.8cm)，楷体，墨色，横刊藏文六行，四周双栏，全。

索书号：000796/2。保存基本完好，今藏民族文化宫中国民族图书馆。

༄༅། །ཡོངས་རྫོགས་བསྟན་པའི་མངའ་བདག་བཀའ་དྲིན་མཉམ་མེད་རྗེ་བཙུན་བློ་བཟང་ལུང་རིགས་རྒྱ་མཚོ་དཔལ་བཟང་པོའི་ཞལ་སྔ་ནས་ཀྱི་རྣམ་པར་ཐར་པ་མདོ་ཙམ་བརྗོད་པ་དད་ལྡན་རྣ་བའི་བཅུད་ལེན་ཞེས་བྱ་བ་བཞུགས་སོ། །

**圆满教主恩德无等之至尊洛桑隆柔嘉措传略 · 具信耳之采英**

1 种，1 页。

ཨ་རོལ་བློ་བཟང་ལུང་རིགས་རྒྱ་མཚོ། 阿若 · 洛桑隆柔嘉措 (1805—1886) 撰述。

青海省黄南藏族自治州同仁县隆务地区隆务寺 ( 绒沃贡钦德钦曲科林 ) 印经院木刻版之刻印本。

普通藏纸，梵夹装中印本 (45.6 × 6.2cm)，楷体，墨色，横刊藏文六行，四周双栏，全。

索书号：001224/1。保存基本完好，今藏民族文化宫中国民族图书馆。

༄༅། །ཡོངས་རྫོགས་བསྟན་པའི་མངའ་བདག་རྗེ་བཙུན་བླ་མ་རྡོ་རྗེ་འཆང་དཀོན་མཆོག་རྒྱལ་མཚན་དཔལ་བཟང་པོའི་ཞལ་སྔ་ནས་ཀྱི་རྣམ་པར་ཐར་པ་ཐར་འདོད་འཇུག་ངོགས་ཞེས་བྱ་བ་བཞུགས་སོ། །

**圆满教主至尊上师金刚持恭却坚参传 · 求解脱者之门**

1 种，282 页。

དཔལ་མང་པཎྜི་ཏ་དཀོན་མཆོག་རྒྱལ་མཚན། 白芒班智达 · 恭却坚参 (1764—1853) 撰述。

甘肃省甘南地区藏传佛教噶旦曲科林寺印经院木刻版之刻印本。

普通藏纸，梵夹装中印本 (48 × 6.5cm)，楷体，墨色，横刊藏文六行，四周双栏，全。

索书号：000828/1。保存基本完好，今藏民族文化宫中国民族图书馆。

༄༅། །གཡུང་སྟོན་རི་ཁྲོད་པའི་རྟོགས་པ་བརྗོད་པ་ངོ་མཚར་རྒྱ་མཚོའི་ཆ་རླབས་ཀྱི་རང་སྒྲ་ཞེས་བྱ་བ་བཞུགས་སོ། །

**雍敦日绰巴传 · 希有海自发浪声**

1 种，6 页。

པཎ་ཆེན་ཨེར་ཏེ་ནི་བློ་བཟང་ཆོས་ཀྱི་རྒྱལ་མཚན། 班禅额尔德尼 · 洛桑曲吉坚参 (1567—1662) 撰述。

西藏自治区日喀则地区扎什伦布寺印经院木刻版之刻印本。

普通藏纸，梵夹装中印本 (49.4 × 6.5cm)，楷体，墨色，横刊藏文六行，四周双栏，全。

索书号：000785/10。保存基本完好，今藏民族文化宫中国民族图书馆。

༄༅། །ར་ཏན་བྷ་ཧུ་ལའི་རྟོགས་པ་བརྗོད་པའི་ཡལ་འདབ་གསུམ་པ་ཞེས་བྱ་བ་བཞུགས་སོ། །

**惹丹婆呼拉传 · 本生之三**

1 种，5 页。

ཇོ་ནང་པ་ཀུན་དགའ་གྲོལ་མཆོག 觉囊巴·衮噶卓却 (1507—1575) 撰述。

西藏地区藏传佛教寺院印经院木刻版之刻印本。

普通藏纸，梵夹装中印本 (48.1 × 6.3cm)，楷体，墨色，横刊藏文六行，四周双栏，全。

索书号：005060/3。保存基本完好，今藏民族文化宫中国民族图书馆。

༄༅། །རང་གི་རྣམ་ཐར་དུ་བྱས་པ་ཤེལ་དཀར་མེ་ལོང་ཞེས་བྱ་བ་བཞུགས་སོ། །

**自传·白晶镜**

1 种，103 页。

ཞྭ་ལུ་བློ་གསལ་བསྟན་སྐྱོང་། 夏鲁·洛萨丹迥 (1804—1867) 撰述。

西藏地区藏传佛教寺院印经院木刻版之刻印本。

普通藏纸，梵夹装中印本 (48.7 × 6cm)，楷体，墨色，横刊藏文六行，四周双栏，全。

索书号：000792/5。保存基本完好，今藏民族文化宫中国民族图书馆。

༄༅། །རིག་འཛིན་འཇིགས་མེད་གླིང་པའི་འཁྲུངས་རབས་རྣམ་ཐར་ཆུང་བསྡུས་ཞེས་བྱ་བ་བཞུགས་སོ། །

**持明师吉迈林巴本生事纪略篇**

1 种，4 页。

མཁྱེན་བརྩེ་འོད་ཟེར་འཇིགས་མེད་གླིང་པ། 庆孜沃赛·吉迈林巴 (1729—1798) 撰述。

四川省甘孜藏族自治州德格县德格地区德格寺印经院木刻版之刻印本。

普通藏纸，梵夹装中印本 (48.5 × 6.7cm)，楷体，墨色，横刊藏文六行，四周双栏，全。

索书号：000541/34。保存基本完好，今藏民族文化宫中国民族图书馆。

༄༅། །རིག་འཛིན་དབང་ཕྱུག་རོལ་པའི་རྡོ་རྗེའི་རྣམ་པར་ཐར་པ་དབྱངས་ཅན་མགུལ་གྱི་སྒྲ་དབྱངས་ཞེས་བྱ་བ་བཞུགས་སོ། །

**持明自在师若贝多结传·妙音嗓声**

1 种，18 页。

སི་ཏུ་ཆོས་ཀྱི་འབྱུང་གནས། 司都·曲吉迥乃 (1699—1774) 撰述。

四川省甘孜藏族自治州德格县八邦地区八邦寺印经院木刻版之刻印本。

普通藏纸，梵夹装中印本 (46.5 × 7cm)，楷体，墨色，横刊藏文六行，四周双栏，全。

索书号：006143/1。保存基本完好，今藏民族文化宫中国民族图书馆。

༄༅། །རིགས་ཐམས་ཅད་དང་དཀྱིལ་འཁོར་ཀུན་གྱི་ཁྱབ་བདག་དྲུག་པ་རྡོ་རྗེ་སེམས་དཔའི་ངོ་བོ་རྗེ་བཙུན་མུས་ཆེན་སངས་རྒྱས་རྒྱལ་མཚན་གྱི་རྣམ་པར་ཐར་པ་སཀ་གསུམ་གྱི་བདག་ཉིད་ཅན་དད་པ་རྒྱ་མཚོ་སྤེལ་བའི་ཆུ་རྒྱུན་ངོ་མཚར་དོན་གཉིས་ལྷུན་ཚོགས་ཞེས་བྱ་བ་བཞུགས་སོ། །

**一切种性与曼荼罗之第六遍主具金刚萨埵体相之至尊梅钦桑结坚参传三章信海增益之水流稀有二利圆满**

1 种，314 页。

ཨ་མེས་ངག་དབང་ཀུན་དགའ་བསོད་ནམས། 阿梅·阿旺衮噶索南 (1592—1660) 撰述。

西藏地区藏传佛教寺院印经院传抄之缮写本。

普通藏纸，梵夹装中印本 (45.6 × 6.3cm)，草体，墨色，横书藏文七行，四周双栏，全。

索书号：003198/1。保存基本完好，今藏民族文化宫中国民族图书馆。

༄༅། །རིགས་དང་དཀྱིལ་འཁོར་ཀུན་གྱི་ཁྱབ་བདག་རྡོ་རྗེ་འཆང་བློ་གསལ་རྒྱ་མཚོ་གྲགས་པ་རྒྱལ་མཚན་དཔལ་བཟང་པོའི་རྣམ་པར་ཐར་པ་སློབ་བཤད་བསྟན་པའི་ཉི་འོད་ཅེས་བྱ་བ་བཞུགས་སོ། །

**一切部与曼荼罗遍主金刚持洛萨嘉措札巴坚参传·学讲教法之日光**

1 种，120 页。

ཏཱ་ལའི་བླ་མ་ངག་དབང་བློ་བཟང་རྒྱ་མཚོ། 达赖喇嘛·阿旺洛桑嘉措 (1617—1682) 撰述。

西藏自治区拉萨地区布达拉宫印经院木刻版之刻印本。

普通藏纸，梵夹装中印本 (46.6×5.9cm)，楷体，墨色，横刊藏文六行，四周双栏，全。

索书号：000688/2。保存基本完好，今藏民族文化宫中国民族图书馆。

༄༅། །རིགས་དང་དཀྱིལ་འཁོར་ཀུན་གྱི་ཁྱབ་བདག་དཔལ་ལྡན་བླ་མ་དམ་པ་རྡོ་རྗེ་འཆང་ངག་དབང་བློ་བཟང་མཁས་གྲུབ་དཔལ་བཟང་པོའི་རྣམ་ཐར་དད་པའི་འཁྲི་ཤིང་ཞེས་བྱ་བ་བཞུགས་སོ། །

**一切部与曼荼罗遍主具德上师金刚持阿旺洛桑凯珠传·正信宝树**

1 种，63 页。

ངག་དབང་ཡེ་ཤེས་ཐུབ་བསྟན་རབ་འབྱམས་པ། 阿旺益希图丹饶绛巴 (1782—？ ) 撰述。

蒙古国乌兰巴托地区藏传佛教库伦寺印经院木刻版之刻印本。

普通藏纸，梵夹装中印本 (49×6.3cm)，楷体，墨色，横刊藏文六行，四周双栏，全。

索书号：000883/1。保存基本完好，今藏民族文化宫中国民族图书馆。

༄༅། །རིགས་དང་དཀྱིལ་འཁོར་ཀུན་གྱི་བདག་པོ་མཁན་རིན་པོ་ཆེ་བློ་བཟང་ཚུལ་ཁྲིམས་རྒྱ་མཚོ་དཔལ་བཟང་པོའི་ཞལ་སྔ་ནས་ཀྱི་རྣམ་པར་ཐར་པ་ཚིགས་བཅད་དུ་སྤེལ་བས་པ་དད་པའི་འཁྲི་ཤིང་རྒྱས་པའི་མེ་ཏོག་ཅེས་བྱ་བ་བཞུགས་སོ། །

**一切部与曼荼罗遍主大堪波洛桑慈称嘉措传偈句颂·信树盛开之花**

1 种，19 页。

བླ་ཁོ་འཇིགས་མེད་འཕྲིན་ལས་རྒྱ་མཚོ། 拉科·吉迈成勒嘉措 (1866—1947) 撰述。

甘肃省甘南藏族自治州夏河县拉卜楞地区拉卜楞寺 ( 拉章扎喜齐 ) 印经院木刻版之刻印本。

普通藏纸，梵夹装中印本 (46.7×6.2cm)，楷体，墨色，横刊藏文六行，四周双栏，全。

索书号：001003/3。保存基本完好，今藏民族文化宫中国民族图书馆。

༄༅། །རིགས་དང་དཀྱིལ་འཁོར་རྒྱ་མཚོའི་མངའ་བདག་བཀའ་དྲིན་གསུམ་ལྡན་རྗེ་ཞྭ་དམར་བ་དགེ་འདུན་བསྟན་འཛིན་རྒྱ་མཚོ་དཔལ་བཟང་པོའི་རྟོགས་པ་བརྗོད་པ་མཛད་བཟང་རིན་ཆེན་ཁམས་ཚོགས་ལེགས་སྣང་ཉམས་འགྱུར་གཟི་བྱིན་འབར་བའི་སྔོན་མེད་རྣམ་ཐར་ནོར་བུའི་འཕྲེང་བ་ཞེས་བྱ་བ་བཞུགས་སོ། །

**一切部与曼荼罗海主具足三恩上师夏玛尔·格登丹增嘉措传·妙善事业福善威光空前传记摩尼鬘**

1 种，191 页。

ཏཱ་ལའི་བླ་མ་ཐུབ་བསྟན་རྒྱ་མཚོ། 达赖喇嘛·图丹嘉措 (1876—1933) 撰述。

西藏自治区拉萨地区布达拉宫印经院木刻版之刻印本。

普通藏纸，梵夹装中印本 (49.5×7.3cm)，楷体，墨色，横刊藏文六行，四周双栏，全。

索书号：000722/3。保存基本完好，今藏民族文化宫中国民族图书馆。

༄༅། །རིགས་དང་དཀྱིལ་འཁོར་རྒྱ་མཚོའི་མངའ་བདག་རྗེ་བཙུན་བློ་བཟང་ཆོས་ཀྱི་ཉི་མའི་གསང་གསུམ་རྨད་དུ་བྱུང་བའི་རྟོགས་བརྗོད་པདྨ་དཀར་པོའི་སྟོད་ཆ་ཞེས་བྱ་བ་བཞུགས་སོ། །

**一切部与曼荼罗海主至尊洛桑曲吉尼玛三密殊胜事业之传记·白莲花·上集**

1种，236页。

ཐུའུ་བཀྭན་བློ་བཟང་ཆོས་ཀྱི་ཉི་མ། 土观·洛桑曲吉尼玛 (1737—1802) 撰述。

青海省互助土族自治县五十地区佑宁寺(贡隆乾巴林)印经院木刻版之刻印本。

普通藏纸，梵夹装中印本(48.5×6.5cm)，楷体，墨色，横刊藏文七行，四周双栏，全。

索书号：003643/36。保存基本完好，今藏民族文化宫中国民族图书馆。

༄༅། །རིགས་དང་དཀྱིལ་འཁོར་རྒྱ་མཚོའི་མངའ་བདག་རྗེ་བཙུན་བློ་བཟང་ཆོས་ཀྱི་ཉི་མའི་གསང་གསུམ་རྨད་དུ་བྱུང་བའི་རྟོགས་བརྗོད་པདྨ་དཀར་པོའི་སྨད་ཆ་ཞེས་བྱ་བ་བཞུགས་སོ། །

**一切部与曼荼罗海主至尊洛桑曲吉尼玛三密殊胜事业莲花乐园之传记·白莲花·下集**

1种，347页。

གུང་ཐང་དཀོན་མཆོག་བསྟན་པའི་སྒྲོན་མེ། 贡唐·恭却丹贝准美 (1762—1823) 撰述。

甘肃省甘南藏族自治州夏河县拉卜楞地区拉卜楞寺(拉章扎喜齐)印经院木刻版之刻印本。

普通藏纸，梵夹装中印本(47.2×6.2cm)，楷体，墨色，横刊藏文六行，四周双栏，全。

索书号：000922/2。保存基本完好，今藏民族文化宫中国民族图书馆。

༄༅། །རིགས་དང་དཀྱིལ་འཁོར་རྒྱ་མཚོའི་མངའ་བདག་ཆོས་ཀྱི་རྒྱལ་པོ་རྗེ་བཙུན་བློ་བཟང་བསྟན་པ་རྒྱ་མཚོ་དཔལ་བཟང་པོའི་ཐུན་མོང་བའི་རྣམ་ཐར་མདོ་ཙམ་བརྗོད་པ་དད་པའི་ཀུནྡ་བཞད་པའི་ཟླ་བའི་འོད་ཟེར་ཞེས་བྱ་བ་བཞུགས་སོ། །

**一切部与曼荼罗海主法王大德洛桑丹巴嘉措共通略传·净信君陀花开之月光**

1种，53页。

རྫོང་དཀར་འཇིགས་མེད་བསམ་གཏན། 宗嘎·吉迈桑丹 (1814—1897) 撰述。

青海省化隆回族自治县金源地区土哇寺(土哇贡扎喜曲迪)印经院木刻版之刻印本。

普通藏纸，梵夹装中印本(46.8×6.4cm)，楷体，墨色，横刊藏文六行，四周双栏，全。

索书号：003901/3。保存基本完好，今藏民族文化宫中国民族图书馆。

༄༅། །རིགས་དང་དཀྱིལ་འཁོར་རྒྱ་མཚོའི་མངའ་བདག་རྗེ་བཙུན་བློ་བཟང་འཕྲིན་ལས་བསྟན་པ་རྒྱ་མཚོ་དཔལ་བཟང་པོའི་རྣམ་པར་ཐར་པ་ངོ་མཚར་རྩིབས་སྟོང་བཀྲ་བའི་གསེར་གྱི་འཁོར་ལོ་ཐུབ་བསྟན་མཛེས་རྒྱན་ཞེས་བྱ་བ་བཞུགས་སོ། །

**一切部与曼荼罗海主至尊洛桑成列丹巴嘉措传·稀有千辐金轮·圣教美妙庄严**

1种，400页。

གིརྟི་བློ་བཟང་འཕྲིན་ལས། 格迪·洛桑成勒 (1849—1905) 撰述。

甘肃省甘南藏族自治州碌曲县郎木地区郎木寺印经院木刻版之刻印本。

普通藏纸，梵夹装中印本(44.8×6.1cm)，楷体，墨色，横刊藏文七行，四周双栏，全。

索书号：001080/1。保存基本完好，

今藏民族文化宫中国民族图书馆。

༧༢༡ །རིགས་དང་དཀྱིལ་འཁོར་རྒྱ་མཚོའི་མངའ་བདག་རྡོ་རྗེ་སེམས་དཔའི་ངོ་བོ་བཀའ་དྲིན་གསུམ་ལྡན་རྗེ་བཙུན་བླ་མ་ཐམས་ཅད་མཁྱེན་པ་བློ་བཟང་ཆོས་འཕེལ་དཔལ་བཟང་པོའི་ཞལ་སྔ་ནས་ཀྱི་རྣམ་པར་ཐར་པ་དགེ་ལྡན་བསྟན་པའི་ཉི་འོད་ཞེས་བྱ་བ་བཞུགས་སོ། །

**一切部与曼荼罗海主金刚萨捶具三恩体性至尊上师一切智洛桑曲培传·格旦教法之日光**

1 种，209 页。

དངུལ་ཆུ་དབྱངས་ཅན་གྲུབ་པའི་རྡོ་རྗེ། 欧曲·央金朱贝多结 (1809—1887) 撰述。

西藏自治区日喀则地区藏传佛教扎喜格培林寺印经院木刻版之刻印本。

普通藏纸，梵夹装中印本 (49×6.5cm)，楷体，墨色，横刊藏文六行，四周双栏，全。

索书号：001014/4。保存基本完好，今藏民族文化宫中国民族图书馆。

༧༢༡ །རིགས་ལྡན་གྲགས་པའི་རྟོགས་པ་བརྗོད་པ་དྲི་མེད་འོད་དཀར་འཁྱིལ་བའི་ཟླ་བ་ཞེས་བྱ་བ་བཞུགས་སོ། །

**柔旦札巴传·无垢白光旋之月**

1 种，4 页。

པཎ་ཆེན་ཨེར་ཏེ་ནི་བློ་བཟང་ཆོས་ཀྱི་རྒྱལ་མཚན། 班禅额尔德尼·洛桑曲吉坚参 (1567—1662) 撰述。

西藏自治区日喀则地区扎什伦布寺印经院木刻版之刻印本。

普通藏纸，梵夹装中印本 (49.4×6.5cm)，楷体，墨色，横刊藏文六行，四周双栏，全。

索书号：000785/7。保存基本完好，今藏民族文化宫中国民族图书馆。

༧༢༡ །རིགས་ལྡན་ཆོས་ཀྱི་རྒྱལ་པོ་ཆེན་པོའི་རྣམ་ཐར་ཞེས་བྱ་བ་བཞུགས་སོ། །

**法王南杰扎桑传**

1 种，7 页。

བྱང་པ་རྣམ་རྒྱལ་གྲགས་པ་བཟང་པོ། 羌巴·南杰札巴桑波 (1395—1475) 撰述。

西藏地区藏传佛教寺院印经院传抄之缮写本。

普通藏纸，梵夹装中印本 (44×4.3cm)，楷体，墨色，横刊藏文六行，四周双栏，全。

索书号：005109/10。保存基本完好，今藏民族文化宫中国民族图书馆。

༧༢༡ །རིགས་ལྡན་ཆོས་ཀྱི་རྒྱལ་པོ་རྣམ་རྒྱལ་གྲགས་པ་བཟང་པོའི་རྣམ་པར་ཐར་པ་རབ་བསྔགས་སྙན་པའི་འབྲུག་སྒྲ་ཞེས་བྱ་བ་བཞུགས་སོ། །

**具种法王南杰札巴桑波传·龙吟雅音**

1 种，32 页。

ཇོ་ནང་པ་ཀུན་དགའ་གྲོལ་མཆོག 觉囊巴·衮噶卓却 (1507—1575) 撰述。

西藏自治区日喀则地区藏传佛教帕普寺印经院木刻版之刻印本。

普通藏纸，梵夹装中印本 (46×5.3cm)，楷体，墨色，横刊藏文六行，四周双栏，全。

索书号：002751/3。保存基本完好，今藏民族文化宫中国民族图书馆。

༧༢༡ །རིགས་ལྡན་ཉེར་ལྔ་པ་དྲག་པོ་འཁོར་ལོ་ཅན་གྱི་རྟོགས་བརྗོད་ཅེས་བྱ་བ་བཞུགས་སོ། །

**第二十五辈法胤武轮王传奇**

1 种，77 页。

རྫོང་དཀར་འཇིགས་མེད་དམ་ཆོས་རྒྱ་མཚོ། 宗嘎·吉迈丹曲嘉措 (1898—1946) 撰述。

青海省化隆回族自治县金源地区丹斗寺（丹斗协吉央贡）印经院木刻版之刻印本。

普通藏纸，梵夹装中印本 (44.2 × 6.2cm)，楷体，墨色，横刊藏文六行，四周双栏，全。

索书号：000798/1。保存基本完好，今藏民族文化宫中国民族图书馆。

༄༅། །རོང་ཆེན་བསྟན་པའི་སྒྲོན་མེ་ཆེན་པོ་སྐལ་བཟང་བློ་གྲོས་ཀུན་དགའ་ལུང་རྟོགས་རྒྱ་མཚོ་དཔལ་བཟང་པོའི་རྣམ་པར་ཐར་པ་གསེར་གྱི་གར་བུ་ཞེས་བྱ་བ་བཞུགས་སོ། །

**教法明灯绒钦大师格桑洛哲衮噶隆多嘉措传·黄金丸**

1 种，83 页。

ཛོང་དཀར་འཇིགས་མེད་དམ་ཆོས་རྒྱ་མཚོ། 宗嘎·吉迈丹曲嘉措 (1898—1946) 撰述。

青海省化隆回族自治县金源乡丹斗寺 ( 丹斗协吉央贡 ) 印经院木刻版之刻印本。

普通藏纸，梵夹装中印本 (44.2 × 6.2cm)，楷体，墨色，横刊藏文六行，四周双栏，全。

索书号：000799/3。保存基本完好，今藏民族文化宫中国民族图书馆。

༄༅། །རོང་སྟོན་ཆོས་ཀྱི་རྒྱལ་པོ་གྲུབ་དབང་སྐལ་ལྡན་རྒྱ་མཚོའི་གསུང་ལས། བླ་མའི་རྣམ་ཐར་གྱི་རིམ་པ་འཇམ་དཔལ་བསྟན་པའི་མཛེས་རྒྱན་ཞེས་བྱ་བ་བཞུགས་སོ། །

**荣敦法王格旦嘉措文集中上师传记次第·文殊教法庄严**

1 种，116 页。

ཤར་སྐལ་ལྡན་རྒྱ་མཚོ། 夏·格旦嘉措 (1607—1677) 撰述。

青海省黄南藏族自治州同仁县隆务地区隆务寺 ( 绒沃贡钦德钦曲科林 ) 印经院木刻版之刻印本。

普通藏纸，梵夹装中印本 (46.5 × 5.6cm)，楷体，墨色，横刊藏文六行，四周双栏，全。

索书号：001048/5。保存基本完好，今藏民族文化宫中国民族图书馆。

༄༅། །རོང་ཟོམ་ཆོས་ཀྱི་བཟང་པོའི་རྟོགས་པ་བརྗོད་པའི་ཡལ་འདབ་བཞི་པ་ཞེས་བྱ་བ་བཞུགས་སོ། །

**绒松·曲吉桑波传·本生之四**

1 种，6 页。

ཇོ་ནང་པ་ཀུན་དགའ་གྲོལ་མཆོག 觉囊巴·衮噶卓却 (1507—1575) 撰述。

西藏自治区日喀则地区藏传佛教帕普寺印经院木刻版之刻印本。

普通藏纸，梵夹装中印本 (46 × 5.3cm)，楷体，墨色，横刊藏文六行，四周双栏，全。

索书号：005060/4。保存基本完好，今藏民族文化宫中国民族图书馆。

༄༅། །ལུང་རྟོགས་ཡོན་ཏན་གྱི་གཏེར་མཛོད་བདེ་ཐང་མཁན་ཆེན་འཇམ་དབྱངས་ཐུབ་བསྟན་རྒྱ་མཚོའི་རྟོགས་བརྗོད་གཡས་འཁྱིལ་དུང་གི་སྒྲ་དབྱངས་ཞེས་བྱ་བ་བཞུགས་སོ། །

**教证功德宝藏之德塘大堪波绛央图丹嘉措传·右旋螺音**

1 种，15 页。

བླ་ཀོ་འཇིགས་མེད་འཕྲིན་ལས་རྒྱ་མཚོ། 拉科·吉迈成勒嘉措 (1866—1947) 撰述。

甘肃省甘南藏族自治州夏河县拉卜楞地区拉卜楞寺 ( 拉章扎喜齐 ) 印经院木刻版之刻印本。

普通藏纸，梵夹装中印本 (46.7 × 6.2cm)，楷体，墨色，横刊藏文六行，四周双栏，全。

索书号：001000/13。保存基本完好，今藏民族文化宫中国民族图书馆。

༄༅། །འཇམ་མགོན་བླ་མ་ཚོང་ཁ་པ་ཆེན་པོའི་བསྟོད་པ་དང་མགུར་འབུམ་གྱི་བཤད་པ་གསལ་བའི་གཏམ་གྱི་དཔེ་ཚོགས།

**大德洛桑成勒法语合编中自行传记·极显明镜**

1种，26页。

ཛ་ཡ་པཎྜི་ཏ་བློ་བཟང་འཕྲིན་ལས། 扎雅班智达·洛桑成勒(1642—1715)撰述。

北京地区藏传佛教皇家寺院印经院木刻版之刻印本。

普通纸，梵夹装中印本(46.8×5.9cm)，楷体，墨色，横刊藏文六行，四周双栏，全。

索书号：003785/1。保存基本完好，今藏民族文化宫中国民族图书馆。

༄༅། །ཤཱཀྱའི་དགེ་སློང་འཇམ་དབྱངས་མཁྱེན་རབ་རྒྱ་མཚོའི་རྟོགས་བརྗོད་མདོར་བསྡུས་མི་དབང་གཙུག་རྒྱན་ཞེས་བྱ་བ་བཞུགས་སོ། །

**释迦比丘·绛央庆饶嘉措传略·王者顶饰**

1种，16页。

ཨ་མཆོག་འཇམ་དབྱངས་མཁྱེན་རབ་རྒྱ་མཚོ། 阿却·绛央庆饶嘉措(1849—1944)撰述。

甘肃省甘南地区藏传佛教玛哇桑格林寺印经院木刻版之刻印本。

普通藏纸，梵夹装中印本(44.9×6.2cm)，楷体，墨色，横刊藏文六行，四周双栏，全。

索书号：000888/2。保存基本完好，今藏民族文化宫中国民族图书馆。

༄༅། །ཤཱཀྱའི་དགེ་སློང་བློ་བཟང་ཡེ་ཤེས་ཀྱི་སྤྱོད་ཚུལ་གསལ་བར་བྱེད་པ་འོད་དཀར་ཅན་གྱི་ཕྲེང་བ་ཞེས་བྱ་བ་བཞུགས་སོ། །

**释迦比丘·洛桑益希之自行传记·白光鬘**

1种，400页。

པཎ་ཆེན་ཨེར་ཏེ་ནི་བློ་བཟང་ཡེ་ཤེས། 班禅额尔德尼·洛桑益希(1663—1737)撰述。

西藏自治区日喀则地区扎什伦布寺印经院木刻版之刻印本。

普通藏纸，梵夹装中印本(49.1×6.8cm)，楷体，墨色，横刊藏文六行，四周双栏，全。

索书号：003501/2。保存基本完好，今藏民族文化宫中国民族图书馆。

༄༅། །ཤཱཀྱའི་བཙུན་པ་ངག་དབང་བློ་བཟང་བསམ་གཏན་གྱི་སྤྱོད་ཚུལ་མདོར་བསྡུས་པ་དད་ལྡན་མགུལ་རྒྱན་ཤེལ་དཀར་ཕྲེང་མཛེས་ཞེས་བྱ་བ་བཞུགས་སོ། །

**释迦尊者阿旺洛桑三丹德行略篇·具信项饰白晶鬘**

1种，89页。

ཐེ་བོ་བློ་བཟང་བསམ་གཏན། 迭部·洛桑三丹(1687—1749)撰述。

甘肃省甘南藏族自治州迭部县绒地区噶旦绛曲却培林印经院木刻版之刻印本。

普通藏纸，梵夹装中印本(40.5×5.6cm)，楷体，墨色，横刊藏文六行，四周双栏，全。

索书号：000880/1。保存基本完好，今藏民族文化宫中国民族图书馆。

༄༅། །ས་སྐྱ་ལོ་ཙཱ་བའི་རྣམ་པར་ཐར་པ་ངོ་མཚར་གསལ་བའི་མེ་ལོང་དགོས་འདོད་ཀུན་འབྱུང་ཞེས་བྱ་བ་བཞུགས་སོ། །

**萨迦译师传·希有明镜·随愿普生**

1种，25页。

ཨ་མེས་ངག་དབང་ཀུན་དགའ་བསོད་ནམས། 阿梅·阿旺衮噶索南(1597—1660)撰述。

西藏地区藏传佛教寺院印经院传抄之缮写本。

普通藏纸，梵夹装中印本(45.6×6.3cm)，

草体，墨色，横书藏文七行，四周双栏，全。

索书号：002633/1。保存基本完好，今藏民族文化宫中国民族图书馆。

༄༅། །སངས་རྒྱས་ཀྱི་རྟོགས་པ་བརྗོད་པའི་ཚིགས་སུ་བཅད་པ་རིན་ཆེན་དོན་འདུས་ཞེས་བྱ་བ་བཞུགས་སོ། །

**佛世尊史事颂文・大宝义集**

1 种，11 页。

ཞུ་ཆེན་ཚུལ་ཁྲིམས་རིན་ཆེན། 许钦・慈称仁钦 (1697—1774) 撰述。

四川省甘孜藏族自治州德格县德格地区德格寺印经院木刻版之刻印本。

普通藏纸，梵夹装中印本 (47.4×6.7cm)，楷体，墨色，横刊藏文六行，四周双栏，全。

索书号：000412/1。保存基本完好，今藏民族文化宫中国民族图书馆。

༄༅། །སངས་རྒྱས་རིན་ཆེན་སྒང་པ་ཁུ་དབོན་གྱི་རྣམ་ཐར་དད་པའི་ཆུ་རྒྱུན་ཞེས་བྱ་བ་བཞུགས་སོ། །

**桑结仁钦冈巴叔侄传・诚信长流**

1 种，45 页。

སྤྱན་སྔ་བློ་གྲོས་རྒྱལ་མཚན། 金厄・洛哲坚参 (1402—1472) 撰述。

西藏地区藏传佛教寺院印经院木刻版之刻印本。

普通藏纸，梵夹装中印本 (47.9×6.7cm)，楷体，墨色，横刊藏文六行，四周双栏，全。

索书号：003768/4。保存基本完好，今藏民族文化宫中国民族图书馆。

༄༅། །སངས་རྒྱས་རིན་ཆེན་གྱི་རྣམ་པར་ཐར་པ་མཚན་བཀྲས་ལེགས་པར་བརྒྱན་པ་ཞེས་བྱ་བ་བཞུགས་སོ། །

**桑结仁钦大师传・百相庄严**

1 种，51 页。

ཇོ་ནང་པ་ཀུན་དགའ་གྲོལ་མཆོག 觉囊巴・衮噶卓却 (1507—1575) 撰述。

西藏自治区日喀则地区藏传佛教帕普寺印经院木刻版之刻印本。

普通藏纸，梵夹装中印本 (46×5.3cm)，楷体，墨色，横刊藏文六行，四周双栏，全。

索书号：002751/8。保存基本完好，今藏民族文化宫中国民族图书馆。

༄༅། །ས་ར་གནས་སེམས་དཔའ་ཆེན་པོ་རྒྱལ་སྲ་ཆོས་ཀྱི་དགའ་བའི་རྟོགས་བརྗོད་དྲི་མེད་པདྨ་དཀར་པོའི་ཕྲེང་བ་ཞེས་བྱ་བ་བཞུགས་སོ། །

**登地大菩萨嘉波曲吉噶哇传・无垢白莲鬘**

1 种，21 页。

ཚས་པ་རྒྱ་མཁར་བ་ངག་དབང་དགེ་འདུན་རྒྱ་མཚོ། 齐巴嘉喀哇・阿旺格登嘉措 (1839—1905) 撰述。

甘肃省甘南藏族自治州夏河县拉卜楞地区拉卜楞寺（拉章扎喜齐）印经院木刻版之刻印本。

普通藏纸，梵夹装中印本 (47.3×6.5cm)，楷体，墨色，横刊藏文六行，四周双栏，全。

索书号：001165/7。保存基本完好，今藏民族文化宫中国民族图书馆。

༄༅། །སུ་མ་ཏི་པྲ་ཛྙཱ་ཤེར་ཏེ་ནི་ཡི་ལོ་ཀོ་སན་ཧུ་ཐོག་ཐུ་རྗེ་བཙུན་བློ་བཟང་བསམ་གྲུབ་དཔལ་བཟང་པོའི་རྣམ་ཐར་ནོར་བུའི་ཕྲེང་བ་ཞེས་བྱ་བ་བཞུགས་སོ། །

**苏玛底巴格希额尔德尼伊罗果森呼图克图至尊洛桑桑珠传・摩尼鬘**

1 种，38 页。

ངག་དབང་ཡེ་ཤེས་ཐུབ་བསྟན་རབ་འབྱམས་པ། 阿旺益希图丹饶绛巴 (1782—？ ) 撰述。

蒙古国乌兰巴托地区藏传佛教库伦寺

印经院木刻版之刻印本。

普通藏纸，梵夹装中印本 (49×6.3cm)，楷体，墨色，横刊藏文六行，四周双栏，全。

索书号：000883/4。保存基本完好，今藏民族文化宫中国民族图书馆。

༄༅། །སེམས་དཔའ་ཆེན་པོ་པདྨ་དཀར་པོའི་རྣམ་ཐར་ཐུགས་རྗེ་ཆེན་པོའི་ཟློས་གར་ཞེས་བྱ་བ་བཞུགས་སོ། །

**勇识大师白玛嘎波传·大悲歌舞**

1 种，83 页。

འབྲུག་པ་པདྨ་དཀར་པོ། 竹巴·白玛嘎波 (1527—1592) 撰述。

西藏地区藏传佛教寺院印经院木刻版之刻印本。

普通藏纸，梵夹装中印本 (45.3×6.1cm)，楷体，墨色，横刊藏文六行，四周双栏，全。

索书号：003659/1。保存基本完好，今藏民族文化宫中国民族图书馆。

༄༅། །སློབ་དཔོན་ཀུན་བློའི་རྣམ་ཐར་ཟུར་ཙམ་བརྗོད་པ་ཞེས་བྱ་བ་བཞུགས་སོ། །

**阿阇黎衮洛传略**

1 种，5 页。

ལོ་བྲག་ནམ་མཁའ་རྒྱལ་མཚན། 珞扎·南喀坚参 (1326—1401) 撰述。

西藏地区藏传佛教寺院印经院木刻版之刻印本。

普通藏纸，梵夹装中印本 (45.2×4.8cm)，楷体，墨色，横刊藏文六行，四周双栏，全。

索书号：001214/6。保存基本完好，今藏民族文化宫中国民族图书馆。

༄༅། །སློབ་དཔོན་ཆེན་པོ་སྒྲོད་འཆང་དབང་པོའི་རྣམ་ཐར་ངོ་མཚར་རྨད་པའི་སྒྲ་དབྱངས་ཞེས་བྱ་བ་བཞུགས་སོ། །

**大阿阇黎觉强旺波传·希有美誉声**

1 种，38 页。

ཏཱ་ར་ནཱ་ཐ་ཀུན་དགའ་སྙིང་པོ། 多罗那塔·衮噶宁波 (1575—1634) 撰述。

西藏地区藏传佛教达丹寺印经院木刻版之刻印本。

普通藏纸，梵夹装中印本 (43.6×8.2cm)，楷体，墨色，横刊藏文六行，四周双栏，全。

索书号：001029/2。保存基本完好，今藏民族文化宫中国民族图书馆。

༄༅། །སློབ་དཔོན་རྡོ་རྗེ་དྲིལ་བུ་པའི་ལོ་རྒྱུས་ཞེས་བྱ་བ་བཞུགས་སོ། །

**阿阇梨多结智布巴史事**

1 种，30 页。

ས་སྐྱ་གྲགས་པ་རྒྱལ་མཚན། 萨迦·札巴坚参 (1147—1216) 撰述。

四川省甘孜藏族自治州德格县德格地区德格寺印经院木刻版之刻印本。

普通藏纸，梵夹装中印本 (47.7×7.2cm)，楷体，墨色，横刊藏文六行，四周双栏，全。

索书号：000350/13。保存基本完好，今藏民族文化宫中国民族图书馆。

༄༅། །སློབ་དཔོན་དཔའ་བོའི་རྣམ་ཐར་མདོར་བསྡུས་དང་སྐྱེས་རབས་སོ་བཞི་པའི་ཤིས་བརྗོད་ཀྱི་དོན་འགྲེལ་བཅས་བཞུགས་སོ། །

**阿阇梨圣勇略传及本生三十四事之吉祥颂释义等**

1 种，9 页。

པཎ་ཆེན་ཨེར་ཏེ་ནི་བློ་བཟང་དཔལ་ལྡན་བསྟན་པའི་ཉི་མ། 班禅额尔德尼·洛桑白旦丹

贝尼玛 (1782—1853) 撰述。

西藏自治区日喀则地区扎什伦布寺印经院木刻版之刻印本。

普通藏纸，梵夹装中印本 (48.7×7cm)，楷体，墨色，横刊藏文六行，四周双栏，全。

索书号：003531/6。保存基本完好，今藏民族文化宫中国民族图书馆。

༄༅། །སློབ་དཔོན་དཔའ་བོས་མཛད་པའི་སྐྱེས་རབས་སོ་བཞི་པའི་འགྲེལ་བཤད་དད་པའི་རིན་ཆེན་འདྲེན་པའི་ཤིང་རྟ་ཞེས་བྱ་བ་བཞུགས་སོ། །

**阿阇梨巴沃著三十四本生传注释·载运虔信珍宝之车**

1 种，250 页。

ཀུ་གེ་ཡོངས་འཛིན་བློ་བཟང་བསྟན་འཛིན། 古格雍增·洛桑丹增 (1784—1813) 撰述。

西藏地区藏传佛教寺院印经院木刻版之刻印本。

普通藏纸，梵夹装中印本 (48.2×6.5cm)，楷体，墨色，横刊藏文六行，四周双栏，全。

索书号：003832/2。保存基本完好，今藏民族文化宫中国民族图书馆。

༄༅། །སློབ་དཔོན་དཔའ་བོས་མཛད་པའི་སངས་རྒྱས་ཀྱི་སྐྱེས་རབས་སོ་བཞི་པའི་སྙིང་པོའི་དོན་རབ་ཏུ་གསལ་བ་ཚིག་ཉུང་དོན་མང་བདེ་བླག་ཏུ་རྟོགས་བྱེད་ཅེས་བྱ་བ་བཞུགས་སོ། །

**阿阇梨巴沃著佛本生三十四行要义显明·言简意赅**

1 种，16 页。

ཨ་མེས་ངག་དབང་ཀུན་དགའ་བསོད་ནམས། 阿梅·阿旺衮噶索南 (1597—1660) 撰述。

西藏地区藏传佛教寺院印经院传抄之缮写本。

普通藏纸，梵夹装中印本 (45.6×6.3cm)，草体，墨色，横书藏文七行，四周双栏，全。

索书号：003199/8。保存基本完好，今藏民族文化宫中国民族图书馆。

༄༅། །སློབ་དཔོན་སྒྲོལ་འཆང་དབང་པོའི་རྣམ་ཐར་གྱི་འཕྲོས་དོན་ཁ་སྐོང་ལ་ཉེ་བར་མཁོ་ཞིང་གྲུབ་ཐོབ་གཞན་མང་པོའི་བྱུང་ཚུལ་རྟོགས་པར་བྱེད་པའི་ཡི་གེ་ཡང་དག་པ་ཞེས་བྱ་བ་བཞུགས་སོ། །

**阿阇黎觉强旺波传中余事补遗所需其他诸多成就者之来历通晓正净篇**

1 种，2 页。

ཏཱ་ར་ནཱ་ཐ་ཀུན་དགའ་སྙིང་པོ། 多罗那塔·衮噶宁波 (1575—1634) 撰述。

西藏地区藏传佛教达丹寺印经院木刻版之刻印本。

普通藏纸，梵夹装中印本 (43.6×8.2cm)，楷体，墨色，横刊藏文六行，四周双栏，全。

索书号：001029/2。保存基本完好，今藏民族文化宫中国民族图书馆。

༄༅། །སློབ་དཔོན་རིན་པོ་ཆེ་པདྨ་འབྱུང་གནས་ལ་གུ་རུའི་མཚན་གྱི་རྣམ་གྲངས་འགའ་ཞིག་རྣམ་ཐར་མདོར་བསྡུས་དང་སྦྱར་ནས་བསྟོད་པ་བར་ཆད་ཀུན་སེལ་ཞེས་བྱ་བ་བཞུགས་སོ། །

**结合莲花生大师八名号传略赞颂·魔障全消**

1 种，2 页。

ཨ་མེས་ངག་དབང་ཀུན་དགའ་བསོད་ནམས། 阿梅·阿旺衮噶索南 (1597—1660) 撰述。

西藏地区藏传佛教寺院印经院传抄之缮写本。

普通藏纸，梵夹装中印本 (45.6×6.3cm)，草体，墨色，横书藏文七行，四周双栏，全。

索书号：003220/62。保存基本完好，今藏民族文化宫中国民族图书馆。

༄༅། །སློབ་དཔོན་བཤད་སྒྲུབ་མིང་ཅན་གྱི་རྣམ་ཐར་ཟུར་པ་གཟུར་གནས་དགའ་བྱེད་ཅེས་བྱ་བ་བཞུགས་སོ། །

**阿阇梨札巴协珠传·正直者悦意**

1 种，16 页。

ཅོ་ནེ་གྲགས་པ་བཤད་སྒྲུབ། 卓尼·札巴协珠 (1675—1748) 撰述。

甘肃省甘南藏族自治州卓尼县卓尼地区卓尼寺（觉乃噶旦协珠林）印经院木刻版之刻印本。

普通藏纸，梵夹装中印本 (48.6×6.3cm)，楷体，墨色，横刊藏文六行，四周双栏，全。

索书号：003690/20。保存基本完好，今藏民族文化宫中国民族图书馆。

༄༅། །སློབ་དཔོན་བཤད་སྒྲུབ་མཚན་ཅན་གྱི་རྣམ་ཐར་རྒྱུ་སྐར་རྣམ་པར་རྩེ་བ་ཞེས་བྱ་བ་བཞུགས་སོ། །

**阿阇黎札巴协珠传·行星游戏**

1 种，15 页。

ཅོ་ནེ་གྲགས་པ་བཤད་སྒྲུབ། 卓尼·札巴协珠 (1675—1748) 撰述。

甘肃省甘南藏族自治州卓尼县卓尼地区卓尼寺（觉乃噶旦协珠林）印经院木刻版之刻印本。

普通藏纸，梵夹装中印本 (48.6×6.3cm)，楷体，墨色，横刊藏文六行，四周双栏，全。

索书号：003686/20。保存基本完好，今藏民族文化宫中国民族图书馆。

༄༅། །སློབ་དཔོན་ཨ་བྱ : ཨ་ཀ་རའི་རྟོགས་པ་བརྗོད་པ་ཚངས་པའི་དབྱངས་སྙན་ཞེས་བྱ་བ་བཞུགས་སོ། །

**阿阇梨阿坝雅嘎惹传·梵天雅音**

**1 种，5 页。**

པཎ་ཆེན་ཨེར་དེ་ནི་བློ་བཟང་ཆོས་ཀྱི་རྒྱལ་མཚན། 班禅额尔德尼·洛桑曲吉坚参 (1567—1662) 撰述。

西藏自治区日喀则地区扎什伦布寺印经院木刻版之刻印本。

普通藏纸，梵夹装中印本 (49.4×6.5cm)，楷体，墨色，横刊藏文六行，四周双栏，全。

索书号：000785/8。保存基本完好，今藏民族文化宫中国民族图书馆。

༄༅། །གསང་ཆེན་བླ་ན་མེད་པའི་བསྟན་པའི་གདུང་འཛིན་པ་ཆེན་པོ་རྣལ་འབྱོར་གྱི་དབང་ཕྱུག་ཡབ་རྗེ་རྡོ་རྗེ་འཆང་བློ་བཟང་སངས་རྒྱས་དཔལ་བཟང་པོའི་རྣམ་པར་ཐར་པ་མདོར་བསྡུས་ས་བོན་ཙམ་དུ་བཀོད་པ་གྲུབ་རིགས་རྒྱ་མཚོའི་མཛེས་རྒྱན་ཞེས་བྱ་བ་བཞུགས་སོ། །

**大密无上教法承嗣瑜伽自在师金刚持洛桑桑结传略·成就海之美妙庄严**

1 种，16 页。

ཕ་བོང་ཁ་པ་བདེ་ཆེན་སྙིང་པོ། 帕邦喀巴·德钦宁波 (1878—1941) 撰述。

西藏地区藏传佛教寺院印经院木刻版之刻印本。

普通藏纸，梵夹装中印本 (49.1×5.9cm)，楷体，墨色，横刊藏文六行，四周双栏，全。

索书号：003309/1。保存基本完好，今藏民族文化宫中国民族图书馆。

༄༅། །བསོད་ནམས་ཡེ་ཤེས་དབང་པོའི་རྣམ་ཐར་མཐོང་བ་དོན་ལྡན་ཞེས་བྱ་བ་བཞུགས་སོ། །

**索南益希旺波传·见者具义**

1 种，29 页。

འོལ་ཁ་བསོད་ནམས་ཡེ་ཤེས་དབང་པོ། 沃喀·索南益希旺波 (1556—1592) 撰述。

西藏地区藏传佛教寺院印经院传抄之缮写本。

普通藏纸，梵夹装中印本 (44.5 × 5.6cm)，草体，墨色，横书藏文七行，四周双栏，全。

索书号：003919/2。保存基本完好，今藏民族文化宫中国民族图书馆。

༄༅། །ལྷ་ཁང་ཆེན་མོར་སྔགས་འཆང་བླ་མའི་འཁྲུངས་རབས་གསར་དུ་བཞེངས་པའི་དཀར་ཆག་ཅེས་བྱ་བ་བཞུགས་སོ། །

**新绘大殿后院走廊北面壁画持咒上师本生事纪目录**

1 种，3 页。

ཨ་མེས་ངག་དབང་ཀུན་དགའ་བསོད་ནམས། 阿梅・阿旺衮噶索南 (1597—1660) 撰述。

西藏地区藏传佛教寺院印经院传抄之缮写本。

普通藏纸，梵夹装中印本 (45.6 × 6.3cm)，草体，墨色，横书藏文七行，四周双栏，全。

索书号：003210/21。保存基本完好，今藏民族文化宫中国民族图书馆。

༄༅། །ལྷ་ཁང་ཆེན་མོར་མཆོད་དཔོན་སྨོན་ལམ་རིན་ཆེན་གྱིས་སྔགས་འཆང་བླ་མ་ཀུན་དགའི་མཚན་ཅན་གྱི་འཁྲུངས་རབས་བཞེངས་པའི་དཀར་ཆག་ཅེས་བྱ་བ་བཞུགས་སོ། །

**却本・孟兰仁钦为大殿绘制咒师衮噶索南本生事纪志**

1 种，2 页。

ཨ་མེས་ངག་དབང་ཀུན་དགའ་བསོད་ནམས། 阿梅・阿旺衮噶索南 (1597—1660) 撰述。

西藏地区藏传佛教寺院印经院传抄之缮写本。

普通藏纸，梵夹装中印本 (45.6 × 6.3cm)，草体，墨色，横书藏文七行，四周双栏，全。

索书号：003210/22。保存基本完好，今藏民族文化宫中国民族图书馆。

༄༅། །ལྷ་དང་བཅས་པའི་འགྲོ་བ་མཐའ་ཡས་པའི་གཙུག་གི་ནོར་བུའི་ཁྲི་ལ་ཞབས་ཟུང་གིས་རྣམ་པར་བརྫེན་པའི་འདྲེན་མཆོག་ཆོས་ཀྱི་རྗེའི་རྣམ་ཐར་ངོ་མཚར་སྣང་བའི་ཉིན་བྱེད་ཅེས་བྱ་བ་བཞུགས་སོ། །

**双足践登无边人天众生顶髻宝座导师法王传・希有之丽日**

1 种，35 页。

ངོར་ཆེན་དཀོན་མཆོག་ལྷུན་གྲུབ། 俄钦・恭却伦珠 (1497—1540) 撰述。

四川省甘孜藏族自治州德格县德格地区德格寺印经院木刻版之刻印本。

普通藏纸，梵夹装中印本 (46.5 × 6.5cm)，楷体，墨色，横刊藏文六行，四周双栏，全。

索书号：000582/2。保存基本完好，今藏民族文化宫中国民族图书馆。

༄༅། །ཨུ་ཛུ་ཆིན་ཕང་ཧོག་གི་སྤྲུལ་སྐུ་འཇིགས་མེད་བསྟན་འཛིན་རྒྱ་མཚོའི་རྣམ་ཐར་ཞེས་བྱ་བ་བཞུགས་སོ། །

**乌珠穆沁旗活佛吉迈丹增嘉措传**

1 种，24 页。

ཚེ་ཤོས་བློ་བཟང་བྱང་ཆུབ་བསྟན་པའི་སྒྲོན་མེ། 却西・洛桑强曲丹贝准美 (1861—1933) 撰述。

青海省湟中县鲁沙尔地区塔尔寺（固奔乾巴林）印经院木刻版之刻印本。

普通藏纸，梵夹装中印本 (45.7 × 6.5cm)，楷体，墨色，横刊藏文六行，四周双栏，全。

索书号：003776/3。保存基本完好，今藏民族文化宫中国民族图书馆。

༄༅། །ཨེར་དེ་ནི་ཨི་ལ་ཁུག་སན་མེར་ཁན་པཎྜི་ཏ་ཧུ་ཐོག་ཐུ་བློ་བཟང་བསྟན་པ་དར་རྒྱས་ཀྱི་སྐྱེས་རབས་རྣམ་ཐར་བཞུགས་སོ། །

**额尔德尼伊拉库森麦根班智达呼图克图洛桑丹巴达杰之本生传**

1 种，7 页。

པཎ་ཆེན་ཨེར་ཏེ་ནི་བློ་བཟང་དཔལ་ལྡན་བསྟན་པའི་ཉི་མ། 班禅额尔德尼・洛桑白旦丹贝尼玛 (1782—1853) 撰述。

西藏自治区日喀则地区扎什伦布寺印经院木刻版之刻印本。

普通藏纸，梵夹装中印本 (48.7×7cm)，楷体，墨色，横刊藏文六行，四周双栏，全。

索书号：003531/7。保存基本完好，今藏民族文化宫中国民族图书馆。

## ༢、ཆོས་འབྱུང་གི་སྐོར།
## 2. 教法源流

༄༅། །གྲུབ་མཐའ་ཐམས་ཅད་ཀྱི་ཁུངས་དང་འདོད་ཚུལ་སྟོན་པ་ལེགས་བཤད་ཤེལ་གྱི་མེ་ལོང་ལས་བཀའ་བརྒྱུད་པའི་གྲུབ་མཐའ་བྱུང་ཚུལ་ཞེས་བྱ་བ་བཞུགས་སོ། །

**善说诸宗源流及教义晶镜史・噶举派源流**

1 种，25 页。

ཐུའུ་བཀྭན་བློ་བཟང་ཆོས་ཀྱི་ཉི་མ། 土观・洛桑曲吉尼玛 (1737—1802) 撰述。

青海省互助土族自治县五十地区佑宁寺 ( 郭隆乾巴林 ) 印经院木刻版之刻印本。

普通藏纸，梵夹装中印本 (48.5×6.5cm)，楷体，墨色，横刊藏文六行，四周双栏，全。

索书号：003636/5。保存基本完好，今藏民族文化宫中国民族图书馆。

༄༅། །གྲུབ་མཐའ་ཐམས་ཅད་ཀྱི་ཁུངས་དང་འདོད་ཚུལ་སྟོན་པ་ལེགས་བཤད་ཤེལ་གྱི་མེ་ལོང་ལས་བཀའ་གདམས་པའི་གྲུབ་མཐའ་བྱུང་ཚུལ་ཞེས་བྱ་བ་བཞུགས་སོ། །

**善说诸宗源流及教义晶镜史・噶当派源流**

1 种，15 页。

ཐུའུ་བཀྭན་བློ་བཟང་ཆོས་ཀྱི་ཉི་མ། 土观・洛桑曲吉尼玛 (1737—1802) 撰述。

青海省互助土族自治县五十地区佑宁寺 ( 郭隆乾巴林 ) 印经院木刻版之刻印本。

普通藏纸，梵夹装中印本 (48.5×6.5cm)，楷体，墨色，横刊藏文六行，四周双栏，全。

索书号：003636/4。保存基本完好，今藏民族文化宫中国民族图书馆。

༄༅། །གྲུབ་མཐའ་ཐམས་ཅད་ཀྱི་ཁུངས་དང་འདོད་ཚུལ་སྟོན་པ་ལེགས་བཤད་ཤེལ་གྱི་མེ་ལོང་ལས་དགེ་ལྡན་པའི་གྲུབ་མཐའ་བྱུང་ཚུལ་ཞེས་བྱ་བ་བཞུགས་སོ། །

**善说诸宗源流及教义晶镜史・格旦派源流**

1 种，73 页。

ཐུའུ་བཀྭན་བློ་བཟང་ཆོས་ཀྱི་ཉི་མ། 土观・洛桑曲吉尼玛 (1737—1802) 撰述。

青海省互助土族自治县五十地区佑宁寺 ( 郭隆乾巴林 ) 印经院木刻版之刻印本。

普通藏纸，梵夹装中印本 (48.5×6.5cm)，楷体，墨色，横刊藏文六行，四周双栏，全。

索书号：003636/9。保存基本完好，今藏民族文化宫中国民族图书馆。

༄༅། །གྲུབ་མཐའ་ཐམས་ཅད་ཀྱི་ཁུངས་དང་འདོད་ཚུལ་སྟོན་པ་ལེགས་བཤད་ཤེལ་གྱི་མེ་ལོང་ལས་རྒྱ་གར་འཕགས་པའི་ཡུལ་དུ་ཕྱི་ནང་གི་གྲུབ་མཐའ་བྱུང་ཚུལ་ཞེས་བྱ་བ་བཞུགས་སོ། །

**善说诸宗源流及教义晶镜史・印度圣城内宗派源流**

1 种，25 页。

ཐུའུ་བཀྭན་བློ་བཟང་ཆོས་ཀྱི་ཉི་མ། 土观・洛桑曲吉尼玛 (1737—1802) 撰述。

青海省互助土族自治县五十地区佑宁寺 ( 郭隆乾巴林 ) 印经院木刻版之刻印本。

普通藏纸，梵夹装中印本 (48.5 × 6.5cm)，楷体，墨色，横刊藏文六行，四周双栏，全。

索书号：003636/2。保存基本完好，今藏民族文化宫中国民族图书馆。

༄༅། །གྲུབ་མཐའ་ཐམས་ཅད་ཀྱི་ཁུངས་དང་འདོད་ཚུལ་སྟོན་པ་ལེགས་བཤད་ཤེལ་གྱི་མེ་ལོང་ལས་རྒྱ་ནག་གི་ཡུལ་དུ་ནང་པ་སངས་རྒྱས་པའི་ཆོས་ལུགས་བྱུང་ཚུལ་ཞེས་བྱ་བ་བཞུགས་སོ། །

**善说诸宗源流及教义晶镜史 · 汉地佛教源流**

1 种，16 页。

ཐུའུ་བཀྭན་བློ་བཟང་ཆོས་ཀྱི་ཉི་མ། 土观 · 洛桑曲吉尼玛 (1737—1802) 撰述。

青海省互助土族自治县五十地区佑宁寺 ( 郭隆乾巴林 ) 印经院木刻版之刻印本。

普通藏纸，梵夹装中印本 (48.5 × 6.5cm)，楷体，墨色，横刊藏文六行，四周双栏，全。

索书号：003636/12。保存基本完好，今藏民族文化宫中国民族图书馆。

༄༅། །གྲུབ་མཐའ་ཐམས་ཅད་ཀྱི་ཁུངས་དང་འདོད་ཚུལ་སྟོན་པ་ལེགས་བཤད་ཤེལ་གྱི་མེ་ལོང་ལས་ཇོ་ནང་པའི་གྲུབ་མཐའ་བྱུང་ཚུལ་ཞེས་བྱ་བ་བཞུགས་སོ། །

**善说诸宗源流及教义晶镜史 · 觉囊派源流**

1 种，13 页。

ཐུའུ་བཀྭན་བློ་བཟང་ཆོས་ཀྱི་ཉི་མ། 土观 · 洛桑曲吉尼玛 (1737—1802) 撰述。

青海省互助土族自治县五十地区佑宁寺 ( 郭隆乾巴林 ) 印经院木刻版之刻印本。

普通藏纸，梵夹装中印本 (48.5 × 6.5cm)，楷体，墨色，横刊藏文六行，四周双栏，全。

索书号：003636/8。保存基本完好，今藏民族文化宫中国民族图书馆。

༄༅། །གྲུབ་མཐའ་ཐམས་ཅད་ཀྱི་ཁུངས་དང་འདོད་ཚུལ་སྟོན་པ་ལེགས་བཤད་ཤེལ་གྱི་མེ་ལོང་ལས་བོད་ཡུལ་དུ་བསྟན་པ་སྔ་ཕྱི་དང་གསང་སྔགས་རྙིང་མའི་གྲུབ་མཐའ་བྱུང་ཚུལ་ཞེས་བྱ་བ་བཞུགས་སོ། །

**善说诸宗源流及教义晶镜史 · 西藏前后宏期密宗旧派源流**

1 种，18 页。

ཐུའུ་བཀྭན་བློ་བཟང་ཆོས་ཀྱི་ཉི་མ། 土观 · 洛桑曲吉尼玛 (1737—1802) 撰述。

青海省互助土族自治县五十地区佑宁寺 ( 郭隆乾巴林 ) 印经院木刻版之刻印本。

普通藏纸，梵夹装中印本 (48.5 × 6.5cm)，楷体，墨色，横刊藏文六行，四周双栏，全。

索书号：003636/3。保存基本完好，今藏民族文化宫中国民族图书馆。

༄༅། །གྲུབ་མཐའ་ཐམས་ཅད་ཀྱི་ཁུངས་དང་འདོད་ཚུལ་སྟོན་པ་ལེགས་བཤད་ཤེལ་གྱི་མེ་ལོང་ལས་བོན་གྱི་གྲུབ་མཐའ་བྱུང་ཚུལ་ཞེས་བྱ་བ་བཞུགས་སོ། །

**善说诸宗源流及教义晶镜史 · 本教源流**

1 种，7 页。

ཐུའུ་བཀྭན་བློ་བཟང་ཆོས་ཀྱི་ཉི་མ། 土观 · 洛桑曲吉尼玛 (1737—1802) 撰述。

青海省互助土族自治县五十地区佑宁寺 ( 郭隆乾巴林 ) 印经院木刻版之刻印本。

普通藏纸，梵夹装中印本 (48.5 × 6.5cm)，楷体，墨色，横刊藏文六行，四周双栏，全。

索书号：003636/10。保存基本完好，今藏民族文化宫中国民族图书馆。

༄༅། །གྲུབ་མཐའ་ཐམས་ཅད་ཀྱི་ཁུངས་དང་འདོད་ཚུལ་སྟོན་པ་ལེགས་བཤད་ཤེལ་གྱི་མེ་ལོང་ལས་མ་ཧཱ་ཙཱི་ནའི་ཡུལ་དུ་རིག་བྱེད་དང་གྲུབ་མཐའ་བྱུང་ཚུལ་ཞེས་བྱ་བ་བཞུགས་སོ། །

**善说诸宗源流及教义晶镜史·摩诃支那明论与宗派源流**

1 种，15 页。

ཐུའུ་བཀྭན་བློ་བཟང་ཆོས་ཀྱི་ཉི་མ། 土观·洛桑曲吉尼玛 (1737—1802) 撰述。

青海省互助土族自治县五十地区佑宁寺 ( 郭隆乾巴林 ) 印经院木刻版之刻印本。

普通藏纸，梵夹装中印本 (48.5×6.5cm)，楷体，墨色，横刊藏文六行，四周双栏，全。

索书号：003636/11。保存基本完好，今藏民族文化宫中国民族图书馆。

༄༅། །གྲུབ་མཐའ་ཐམས་ཅད་ཀྱི་ཁུངས་དང་འདོད་ཚུལ་སྟོན་པ་ལེགས་བཤད་ཤེལ་གྱི་མེ་ལོང་ལས་ཞི་བྱེད་པའི་གྲུབ་མཐའ་བྱུང་ཚུལ་ཞེས་བྱ་བ་བཞུགས་སོ། །

**善说诸宗源流及教义晶镜史·希结派源流**

1 种，9 页。

ཐུའུ་བཀྭན་བློ་བཟང་ཆོས་ཀྱི་ཉི་མ། 土观·洛桑曲吉尼玛 (1737—1802) 撰述。

青海省互助土族自治县五十地区佑宁寺 ( 郭隆乾巴林 ) 印经院木刻版之刻印本。

普通藏纸，梵夹装中印本 (48.5×6.5cm)，楷体，墨色，横刊藏文六行，四周双栏，全。

索书号：003636/6。保存基本完好，今藏民族文化宫中国民族图书馆。

༄༅། །གྲུབ་མཐའ་ཐམས་ཅད་ཀྱི་ཁུངས་དང་འདོད་ཚུལ་སྟོན་པ་ལེགས་བཤད་ཤེལ་གྱི་མེ་ལོང་ལས་ས་སྐྱ་པའི་གྲུབ་མཐའ་བྱུང་ཚུལ་ཞེས་བྱ་བ་བཞུགས་སོ། །

**善说诸宗源流及教义晶镜史·萨迦派源流**

1 种，20 页。

ཐུའུ་བཀྭན་བློ་བཟང་ཆོས་ཀྱི་ཉི་མ། 土观·洛桑曲吉尼玛 (1737—1802) 撰述。

青海省互助土族自治县五十地区佑宁寺 ( 郭隆乾巴林 ) 印经院木刻版之刻印本。

普通藏纸，梵夹装中印本 (48.5×6.5cm)，楷体，墨色，横刊藏文六行，四周双栏，全。

索书号：003636/7。保存基本完好，今藏民族文化宫中国民族图书馆。

༄༅། །གྲུབ་མཐའ་ཐམས་ཅད་ཀྱི་ཁུངས་དང་འདོད་ཚུལ་སྟོན་པ་ལེགས་བཤད་ཤེལ་གྱི་མེ་ལོང་ལས་ཧོར་ལི་ཤམྦྷ་ལ་རྣམས་སུ་གྲུབ་མཐའ་བྱུང་ཚུལ་གྲུབ་དོན་བཤད་པས་མཇུག་བསྡུ་བ་དང་བཅས་པ་ཞེས་བྱ་བ་བཞུགས་སོ། །

**善说诸宗源流及教义晶镜史·蒙古、于阗、香拔拉宗教源流**

1 种，19 页。

ཐུའུ་བཀྭན་བློ་བཟང་ཆོས་ཀྱི་ཉི་མ། 土观·洛桑曲吉尼玛 (1737—1802) 撰述。

青海省互助土族自治县五十地区佑宁寺 ( 郭隆乾巴林 ) 印经院木刻版之刻印本。

普通藏纸，梵夹装中印本 (48.5×6.5cm)，楷体，墨色，横刊藏文六行，四周双栏，全。

索书号：003636/13。保存基本完好，今藏民族文化宫中国民族图书馆。

༄༅། །གྲུབ་མཐའ་སོ་སོས་འདོད་ཚུལ་བཞུགས་སོ། །

**各宗派所许情况**

1 种，10 页。

ཞབས་དྲུང་ཆོས་རྗེ་ངག་དབང་ཚེ་རིང་། 夏仲法尊·阿旺慈仁(？—1792)撰述。

蒙古国乌兰巴托地区藏传佛教库伦寺印经院木刻版之刻印本。

普通藏纸，梵夹装中印本(46.8×5.2cm)，楷体，墨色，横刊藏文六行，四周双栏，全。

索书号：000758/3。保存基本完好，今藏民族文化宫中国民族图书馆。

༄༅། །དགེ་ལྡན་ཆོས་འབྱུང་ནོར་བུའི་ཕྲེང་བ་རྩོམ་འཕྲོ་ཞེས་བྱ་བ་བཞུགས་སོ། །

**格旦教史·摩尼鬘·未完著作**

1种，85页。

འཇམ་དབྱངས་བཞད་པ་དཀོན་མཆོག་འཇིགས་མེད་དབང་པོ། 嘉木样协巴·恭却吉迈旺波(1728—1791)撰述。

甘肃省甘南藏族自治州夏河县拉卜楞地区拉卜楞寺(拉章扎喜齐)印经院木刻版之刻印本。

普通藏纸，梵夹装中印本(48.4×7.4cm)，楷体，墨色，横刊藏文六行，四周双栏，全。

索书号：000871/3。保存基本完好，今藏民族文化宫中国民族图书馆。

༄༅། །དགེ་བའི་བཤེས་གཉེན་བཀའ་གདམས་པ་རྣམས་ཀྱི་དམ་པའི་ཆོས་འབྱུང་བའི་ཚུལ་ལེགས་པར་བཤད་པ་ངོ་མཚར་རྒྱ་མཚོ་ཞེས་བྱ་བ་བཞུགས་སོ། །

**噶当派诸善知识之正法来源史·希有嘉言海**

1种，102页。

ཨ་མེས་ངག་དབང་ཀུན་དགའ་བསོད་ནམས། 阿梅·阿旺衮噶索南(1592—1660)撰述。

四川省甘孜藏族自治州德格县德格地区德格寺印经院木刻版之刻印本。

普通藏纸，梵夹装中印本(45.6×6.3cm)，楷体，墨色，横刊藏文六行，四周双栏，全。

索书号：000499/2。保存基本完好，今藏民族文化宫中国民族图书馆。

༄༅། །རྒྱ་གར་རྡོ་རྗེའི་གདན་གྱི་ནུབ་ཕྱོགས་དང་ལྷོ་བྱང་རྣམས་སུ་བསྟན་པ་དར་ཚུལ་དང་རིགས་ལྡན་འབྱོན་ཚུལ་སོགས་གསལ་བར་བཀོད་པ་རིགས་ལྡན་དགྱེས་པའི་མཆོད་སྤྲིན་ཞེས་བྱ་བ་བཞུགས་སོ། །

**印度金刚座西方及南北诸方佛教弘扬与香巴拉王世系情况等说明·王族悦意供养云**

1种，13页。

ཆེ་ཤོས་ངག་དབང་བཤད་སྒྲུབ་བསྟན་པའི་ཉི་མ། 却西·阿旺协珠丹贝尼玛(1787—1860)撰述。

青海省湟中县鲁沙尔地区塔尔寺(固奔乾巴林)印经院木刻版之刻印本。

普通藏纸，梵夹装中印本(45×7cm)，楷体，墨色，横刊藏文六行，四周双栏，全。

索书号：003783/7。保存基本完好，今藏民族文化宫中国民族图书馆。

༄༅། །རྒྱལ་བའི་བསྟན་པའི་ནང་མཛོད་དམ་པའི་ཆོས་འདུལ་བའི་བྱུང་ཚུལ་བརྗོད་པ་རྒྱལ་བསྟན་རིན་པོ་ཆེའི་གསལ་བྱེད་ཉིན་མོར་བྱེད་པའི་སྣང་བ་ཞེས་བྱ་བ་བཞུགས་སོ། །

**佛教内库正法毗奈耶来源史·能明大宝佛教之日光**

1种，154页。

ཡོངས་འཛིན་ཡེ་ཤེས་རྒྱལ་མཚན། 维增·益希坚参(1713—1793)撰述。

西藏自治区拉萨地区孜雪(雪域利乐宝库)印经院木刻版之刻印本。

普通藏纸，梵夹装中印本(48.5×6.4cm)，楷体，墨色，横刊藏文六行，四周双栏，全。

索书号：003334/2。保存基本完好，今藏民族文化宫中国民族图书馆。

༄༅། །རྒྱལ་རབས་དང་འབྲེལ་བའི་རྒྱ་བོད་ཀྱི་ཆོས་འབྱུང་དགོས་འདོད་ཀུན་འབྱུང་ཞེས་བྱ་བ་བཞུགས་སོ། །

**与王朝相关之印藏佛教史·随欲普现**

1 种，31 页。

ཅོ་ནེ་གྲགས་པ་བཤད་སྒྲུབ། 卓尼·札巴协珠 (1675—1748) 撰述。

甘肃省甘南藏族自治州卓尼县卓尼地区卓尼寺 ( 觉乃噶旦协珠林 ) 印经院木刻版之刻印本。

普通藏纸，梵夹装中印本 (48.6×6.3cm)，楷体，墨色，横刊藏文六行，四周双栏，全。

索书号：003677/2。保存基本完好，今藏民族文化宫中国民族图书馆。

༄༅། །རྒྱུད་རྒྱལ་གཤིན་རྗེ་གཤེད་སྐོར་གྱི་ཆོས་འབྱུང་རྒྱས་པ་ཡིད་ཆེས་ངོ་མཚར་བཞུགས་སོ། །

**密续王阎曼德迦法类之法源广释·虔信希有**

1 种，74 页。

ཏཱ་ར་ནཱ་ཐ་ཀུན་དགའ་སྙིང་པོ། 多罗塔·衮噶宁波 (1575—1634) 撰述。

西藏地区藏传佛教达丹寺印经院木刻版之刻印本。

普通藏纸，梵夹装中印本 (43.6×8.2cm)，楷体，墨色，横刊藏文六行，四周双栏，全。

索书号：001027/1。保存基本完好，今藏民族文化宫中国民族图书馆。

༄༅། །གྲྭ་ས་ཆེན་པོ་བཞི་དང་རྒྱུད་པ་སྟོད་སྨད་ཆགས་ཚུལ་པད་དཀར་འཕྲེང་བ་ཞེས་བྱ་བ་བཞུགས་སོ། །

**四大寺院及上下密院建立缘起·白莲鬘**

1 种，62 页。

ཕུར་ལྕོག་ངག་དབང་བྱམས་པ། 普觉·阿旺强巴 (1682—1762) 撰述。

西藏自治区拉萨地区孜雪 ( 雪域利乐宝库 ) 印经院木刻版之刻印本。

普通藏纸，梵夹装中印本 (49.6×6cm)，楷体，墨色，横刊藏文六行，四周双栏，全。

索书号：001077/12。保存基本完好，今藏民族文化宫中国民族图书馆。

༄༅། །ཆེན་པོ་ཧོར་གྱི་ཡུལ་དུ་དམ་པའི་ཆོས་ཇི་ལྟར་བྱུང་བའི་ཚུལ་བཤད་པ་རྒྱལ་བའི་བསྟན་པ་རིན་པོ་ཆེ་གསལ་བར་བྱེད་པའི་སྒྲོན་མེ་ཞེས་བྱ་བ་བཞུགས་སོ། །

**大霍尔地区正法如何兴起情况讲说·阐明佛教之明灯**

1 种，162 页。

ཀུ་ཤྲཱི་དཀའ་བཅུ་པ་བློ་བཟང་ཚེ་འཕེལ། 古释嘎居巴·洛桑次培 (1760—？ ) 撰述。

北京地区藏传佛教皇家寺院印经院木刻版之刻印本。

普通纸，梵夹装中印本 (47.8×7.5cm)，楷体，墨色，横刊藏文六行，四周双栏，全。

索书号：001098/1。保存基本完好，今藏民族文化宫中国民族图书馆。

༄༅། །ཆོས་ཀྱི་རྗེ་དཔལ་ལྡན་བླ་མ་དམ་པ་རྣམས་ལས་དམ་པའི་ཆོས་ཇི་ལྟར་ཐོས་པའི་ཚུལ་ལེགས་པར་བཤད་པ་ཟབ་རྒྱས་ཆོས་ཀུན་གསལ་བའི་ཉིན་བྱེད་ཅེས་བྱ་བ་ལས་ཁྱབ་བདག་འཁོར་ལོའི་མགོན་པོ་རྒྱལ་བ་སྲས་པ་ཆེན་པོ་རྡོ་རྗེ་འཆང་སངས་རྒྱས་རྒྱལ་མཚན་གྱིས་རྗེས་སུ་བཟུང་བའི་ཚུལ་གྱི་སྐབས་བཞུགས་སོ། །

**从诸法主具德师尊闻习正法录·善说甚深诸法丽日中由遍主论怙主梅钦·桑杰坚参摄受品**

1 种，70 页。

ཨ་མེས་ངག་དབང་ཀུན་དགའ་བསོད་ནམས། 阿梅·阿旺衮噶索南 (1597—1660) 撰述。

西藏地区藏传佛教寺院印经院传抄之缮写本。

普通藏纸，梵夹装中印本 (45.6×6.3cm)，草体，墨色，横书藏文七行，四周双栏，全。

索书号：003221/4。保存基本完好，今藏民族文化宫中国民族图书馆。

༄༅། །ཆོས་ཀྱི་རྗེ་དཔལ་ལྡན་བླ་མ་དམ་པ་རྣམས་ལས་དམ་པའི་ཆོས་ཇི་ལྟར་ཐོས་པའི་ཚུལ་ལེགས་པར་བཤད་པ་ཟབ་རྒྱས་ཆོས་ཀུན་གསལ་བའི་ཉིན་བྱེད་ཅེས་བྱ་བ་ལས་མཁན་ཆེན་འཇམ་པའི་དབྱངས་ངག་དབང་ཆོས་ཀྱི་གྲགས་པས་རྗེས་སུ་བཟུང་བའི་ཚུལ་གྱི་སྐབས་བཞུགས་སོ། །

**从诸法主具德师尊闻习正法录·善说甚深诸法丽日中由堪钦绛白央·阿旺曲吉札巴摄受品**

1种，81页。

ཨ་མེས་ངག་དབང་ཀུན་དགའ་བསོད་ནམས།

阿梅·阿旺衮噶索南 (1597—1660) 撰述。

西藏地区藏传佛教寺院印经院传抄之缮写本。

普通藏纸，梵夹装中印本 (45.6×6.3cm)，草体，墨色，横书藏文七行，四周双栏，全。

索书号：003221/10。保存基本完好，今藏民族文化宫中国民族图书馆。

༄༅། །ཆོས་ཀྱི་རྗེ་དཔལ་ལྡན་བླ་མ་དམ་པ་རྣམས་ལས་དམ་པའི་ཆོས་ཇི་ལྟར་ཐོས་པའི་ཚུལ་ལེགས་པར་བཤད་པ་ཟབ་རྒྱས་ཆོས་ཀུན་གསལ་བའི་ཉིན་བྱེད་ཅེས་བྱ་བ་ལས་འགོན་སྟོན་འཇམ་པའི་དབྱངས་ཀུན་དགའ་བསོད་ནམས་ལྷུན་གྲུབ་ཀྱིས་རྗེས་སུ་བཟུང་བའི་ཚུལ་གྱི་སྐབས་བཞུགས་སོ། །

**从诸法主具德师尊闻习正法录·善说甚深诸法丽日中由昆敦绛贝央衮噶索南伦珠摄受品**

1种，7页。

ཨ་མེས་ངག་དབང་ཀུན་དགའ་བསོད་ནམས།

阿梅·阿旺衮噶索南 (1592—1660) 撰述。

西藏地区藏传佛教寺院印经院传抄之缮写本。

普通藏纸，梵夹装中印本 (45.6×6.3cm)，草体，墨色，横书藏文七行，四周双栏，全。

索书号：003221/6。保存基本完好，今藏民族文化宫中国民族图书馆。

༄༅། །ཆོས་ཀྱི་རྗེ་དཔལ་ལྡན་བླ་མ་དམ་པ་རྣམས་ལས་དམ་པའི་ཆོས་ཇི་ལྟར་ཐོས་པའི་ཚུལ་ལེགས་པར་བཤད་པ་ཟབ་རྒྱས་ཆོས་ཀུན་གསལ་བའི་ཉིན་བྱེད་ཅེས་བྱ་བ་ལས་ཆོས་ཀྱི་རྗེ་ཉམས་དང་རྟོགས་པའི་མངའ་བདག་རྗེ་བཙུན་དབང་ཕྱུག་རབ་བརྟན་གྱིས་རྗེས་སུ་བཟུང་བའི་ཚུལ་གྱི་སྐབས་བཞུགས་སོ། །

**从诸法主具德师尊闻习正法录·善说甚深诸法丽日中由法主证悟大师至尊旺秋饶丹摄受品**

1种，29页。

ཨ་མེས་ངག་དབང་ཀུན་དགའ་བསོད་ནམས།

阿梅·阿旺衮噶索南 (1597—1660) 撰述。

西藏地区藏传佛教寺院印经院传抄之缮写本。

普通藏纸，梵夹装中印本 (45.6×6.3cm)，草体，墨色，横书藏文七行，四周双栏，全。

索书号：003221/9。保存基本完好，今藏民族文化宫中国民族图书馆。

༄༅། །ཆོས་ཀྱི་རྗེ་དཔལ་ལྡན་བླ་མ་དམ་པ་རྣམས་ལས་དམ་པའི་ཆོས་ཟི་ལྷར་ཐོས་པའི་ཚུལ་ལེགས་པར་བཤད་པ་ཟབ་རྒྱས་ཆོས་ཀུན་གསལ་བའི་ཉིན་བྱེད་ཅེས་བྱ་བ་ལས་ཆོས་ཀྱི་རྗེ་སྟོམ་བརྩོན་དམ་པ་སྨིན་པ་གྲགས་པས་རྗེས་སུ་བཟུང་བའི་ཚུལ་གྱི་སཀ་བཞུགས་སོ། །

**从诸法主具德师尊闻习正法录・善说甚深诸法丽日中由法主顿宗丹巴・金巴札巴摄受品**

1 种，14 页。

ཨ་མེས་ངག་དབང་ཀུན་དགའ་བསོད་ནམས།

阿梅・阿旺衮噶索南 (1597—1660) 撰述。

西藏地区藏传佛教寺院印经院传抄之缮写本。

普通藏纸，梵夹装中印本 (45.6 × 6.3cm)，草体，墨色，横书藏文七行，四周双栏，全。

索书号：003221/8。保存基本完好，今藏民族文化宫中国民族图书馆。

༄༅། །ཆོས་ཀྱི་རྗེ་དཔལ་ལྡན་བླ་མ་དམ་པ་རྣམས་ལས་དམ་པའི་ཆོས་ཟི་ལྷར་ཐོས་པའི་ཚུལ་ལེགས་པར་བཤད་པ་ཟབ་རྒྱས་ཆོས་ཀུན་གསལ་བའི་ཉིན་བྱེད་ཅེས་བྱ་བ་ལས་རྗེ་ཐར་རྩེ་པ་ནམ་མཁའ་དཔལ་བཟང་པོས་རྗེས་སུ་བཟུང་བའི་ཚུལ་གྱི་སཀ་ཅེས་བྱ་བ་བཞུགས་སོ། །

**从诸法主具德师尊闻习正法录・善说甚深诸法丽日中由至尊塔孜巴・南喀白桑波摄受品**

1 种，5 页。

ཨ་མེས་ངག་དབང་ཀུན་དགའ་བསོད་ནམས།

阿梅・阿旺衮噶索南 (1597—1660) 撰述。

西藏地区藏传佛教寺院印经院传抄之缮写本。

普通藏纸，梵夹装中印本 (45.6 × 6.3cm)，草体，墨色，横书藏文七行，四周双栏，全。

索书号：003221/5。保存基本完好，今藏民族文化宫中国民族图书馆。

༄༅། །ཆོས་ཀྱི་རྗེ་དཔལ་ལྡན་བླ་མ་དམ་པ་རྣམས་ལས་དམ་པའི་ཆོས་ཟི་ལྷར་ཐོས་པའི་ཚུལ་ལེགས་པར་བཤད་པ་ཟབ་རྒྱས་ཆོས་ཀུན་གསལ་བའི་ཉིན་བྱེད་ཅེས་བྱ་བ་ལས་རྗེ་ལུ་ཕུ་པ་འབུམ་ཆེན་ཀུན་དགའ་དཔལ་འབྱོར་གྱིས་རྗེས་སུ་བཟུང་བའི་ཚུལ་གྱི་སཀ་བཞུགས་སོ། །

**从诸法主具德师尊闻习正法录・善说甚深诸法丽日中由至尊鲁普哇・奔钦衮噶白觉摄受品**

1 种，9 页。

ཨ་མེས་ངག་དབང་ཀུན་དགའ་བསོད་ནམས།

阿梅・阿旺衮噶索南 (1597—1660) 撰述。

西藏地区藏传佛教寺院印经院传抄之缮写本。

普通藏纸，梵夹装中印本 (45.6 × 6.3cm)，草体，墨色，横书藏文七行，四周双栏，全。

索书号：003221/7。保存基本完好，今藏民族文化宫中国民族图书馆。

༄༅། །ཆོས་ཀྱི་རྗེ་དཔལ་ལྡན་བླ་མ་དམ་པ་རྣམས་ལས་དམ་པའི་ཆོས་ཟི་ལྷར་ཐོས་པའི་ཚུལ་ལེགས་པར་བཤད་པ་ཟབ་རྒྱས་ཆོས་ཀུན་གསལ་བའི་ཉིན་བྱེད་ཅེས་བྱ་བ་ལས་སྤྲུལ་པའི་སྐུ་སྤྱན་སྔ་ཆོས་ཀྱི་སྤྱན་ལྡན་གྱིས་རྗེས་སུ་བཟུང་བའི་ཚུལ་གྱི་སཀ་ཅེས་བྱ་བ་བཞུགས་སོ། །

**从诸法主具德师尊闻习正法录・善说甚深诸法丽日中由活佛坚厄・曲吉坚旦摄受品**

1 种，80 页。

ཨ་མེས་ངག་དབང་ཀུན་དགའ་བསོད་ནམས།

阿梅・阿旺衮噶索南 (1597—1660) 撰述。

西藏地区藏传佛教寺院印经院传抄之缮写本。

普通藏纸，梵夹装中印本 (45.6×6.3cm)，草体，墨色，横书藏文七行，四周双栏，全。

索书号：003221/12。保存基本完好，今藏民族文化宫中国民族图书馆。

༄༅། །ཆོས་ཀྱི་རྗེ་དཔལ་ལྡན་བླ་མ་དམ་པ་རྣམས་ལས་དམ་པའི་ཆོས་ཇི་ལྟར་ཐོས་པའི་ཚུལ་ལེགས་པར་བཤད་པ་ཟབ་རྒྱས་ཆོས་ཀུན་གསལ་བའི་ཉིན་བྱེད་ཅེས་བྱ་བ་ལས་ཡབ་རྗེ་སྲས་པའི་སངས་རྒྱས་ཕྱགས་འཆང་མཚུངས་མེད་གྲགས་པ་བློ་གྲོས་ཀྱིས་རྗེས་སུ་བཟུང་བའི་ཚུལ་གྱི་སྐབས་བཞུགས་སོ། །

**从诸法主具德师尊闻习正法录·善说甚深诸法丽日中由札巴洛哲摄受品**

1种，25页。

ཨ་མེས་ངག་དབང་ཀུན་དགའ་བསོད་ནམས། 阿梅·阿旺衮噶索南 (1597—1660) 撰述。

西藏地区藏传佛教寺院印经院传抄之缮写本。

普通藏纸，梵夹装中印本 (45.6×6.3cm)，草体，墨色，横书藏文七行，四周双栏，全。

索书号：003221/3。保存基本完好，今藏民族文化宫中国民族图书馆。

༄༅། །ཆོས་ཀྱི་རྗེ་དཔལ་ལྡན་བླ་མ་དམ་པ་རྣམས་ལས་དམ་པའི་ཆོས་ཇི་ལྟར་ཐོས་པའི་ཚུལ་ལེགས་པར་བཤད་པ་ཟབ་རྒྱས་ཆོས་ཀུན་གསལ་བའི་ཉིན་བྱེད་ཅེས་བྱ་བ་བཞུགས་སོ། །

**从诸法主具德师尊闻习正法录·善说甚深诸法丽日**

1种，32页。

ཨ་མེས་ངག་དབང་ཀུན་དགའ་བསོད་ནམས། 阿梅·阿旺衮噶索南 (1597—1660) 撰述。

西藏地区藏传佛教寺院印经院传抄之缮写本。

普通藏纸，梵夹装中印本 (45.6×6.3cm)，草体，墨色，横书藏文七行，四周双栏，全。

索书号：003221/2。保存基本完好，今藏民族文化宫中国民族图书馆。

༄༅། །ཆོས་ཀྱི་རྗེ་དཔལ་ལྡན་བླ་མ་དམ་པ་རྣམས་ལས་དམ་པའི་ཆོས་ཇི་ལྟར་ཐོས་པའི་ཚུལ་ལེགས་པར་བཤད་པ་ཟབ་རྒྱས་ཆོས་ཀུན་གསལ་བའི་ཉིན་བྱེད་ཅེས་བྱ་བ་ལས་རིགས་ལྡན་འཇམ་པའི་དབྱངས་གྲུབ་མཆོག་མཐུ་སྟོབས་དབང་ཕྱུག་མཆེད་ཀྱིས་རྗེས་སུ་བཟུང་བའི་ཚུལ་གྱི་སྐབས་བཞུགས་སོ། །

**从诸法主具德师尊闻习正法录·善说甚深诸法丽日中由法主绛贝央珠却图多旺秋昆仲摄受品**

1种，17页。

ཨ་མེས་ངག་དབང་ཀུན་དགའ་བསོད་ནམས། 阿梅·阿旺衮噶索南 (1597—1660) 撰述。

西藏地区藏传佛教寺院印经院传抄之缮写本。

普通藏纸，梵夹装中印本 (45.6×6.3cm)，草体，墨色，横书藏文七行，四周双栏，全。

索书号：003221/11。保存基本完好，今藏民族文化宫中国民族图书馆。

༄༅། །ཆོས་ཀྱི་རྗེ་དཔལ་ལྡན་བླ་མ་དམ་པ་རྣམས་ལས་དམ་པའི་ཆོས་ཐོས་པའི་ཚུལ་གསལ་བར་བཤད་པའི་ཡི་གེ་ཐུབ་བསྟན་རྒྱས་པའི་ཉིན་བྱེད་ཅེས་བྱ་བའི་ལེགས་པར་བཤད་པ་ཞེས་བྱ་བ་བཞུགས་སོ། །

**从诸法主上师前闻法记·弘扬佛教之丽日**

1种，128页。

ངོར་ཆེན་དཀོན་མཆོག་ལྷུན་གྲུབ། 俄钦·恭却伦珠 (1479—1540) 撰述。

四川省甘孜藏族自治州德格县德格地

区德格寺印经院木刻版之刻印本。

普通藏纸，梵夹装中印本 (46.5×6.5cm)，楷体，墨色，横刊藏文六行，四周双栏，全。

索书号：000582/4。保存基本完好，今藏民族文化宫中国民族图书馆。

༧༡། །ཆོས་འབྱུང་མཁས་པའི་དགའ་སྟོན་གྱི་བོད་ཡུལ་གྱི་སྐབས་ལ་ལེའུ་བཅུ་ལས་སྐབས་དྲུག་པ་བཀའ་གདམས་ཆོས་འབྱུང་ཞེས་བྱ་བ་བཞུགས་སོ། །

**正法史贤者喜宴中吐蕃品共十节中第六节噶举派源流**

1 种，45 页。

དཔའ་བོ་གཙུག་ལག་ཕྲེང་བ། 巴沃・祖拉昌哇 (1504—1566) 撰述。

西藏地区藏传佛教寺院印经院木刻版之刻印本。

普通藏纸，梵夹装中印本 (47.5×6.2cm)，楷体，墨色，横刊藏文六行，四周双栏，全。

索书号：002313/8。保存基本完好，今藏民族文化宫中国民族图书馆。

༧༡། །ཆོས་འབྱུང་མཁས་པའི་དགའ་སྟོན་གྱི་ཡན་ལག་གསུམ་པ་བོད་ཀྱི་སྐབས་ལ་ལེའུ་བཅུ་ལས་བཅུ་པ་ཆོས་རྒྱུད་སྣ་ཚོགས་པའི་ཆོས་འབྱུང་ཞེས་བྱ་བ་བཞུགས་སོ། །

**正法史贤者喜宴第三支分吐蕃品共十节中第十节诸种法统之源流**

1 种，13 页。

དཔའ་བོ་གཙུག་ལག་ཕྲེང་བ། 巴沃・祖拉昌哇 (1504—1566) 撰述。

西藏第区藏传佛教寺院印经院木刻版之刻印本。

普通藏纸，梵夹装中印本 (47.5×6.2cm)，楷体，墨色，横刊藏文六行，四周双栏，全。

索书号：002313/12。保存基本完好，今藏民族文化宫中国民族图书馆。

༧༡། །ཆོས་འབྱུང་མཁས་པའི་དགའ་སྟོན་གྱི་ཡན་ལག་གསུམ་པ་བོད་ཀྱི་སྐབས་ལས་བདུན་པ་བཀའ་བརྒྱུད་སྤྱིའི་ཆོས་འབྱུང་ཞེས་བྱ་བ་བཞུགས་སོ། །

**正法史贤者喜宴第三支分吐蕃品第七节噶举派总源流**

1 种，61 页。

དཔའ་བོ་གཙུག་ལག་ཕྲེང་བ། 巴沃・祖拉昌哇 (1504—1566) 撰述。

西藏地区藏传佛教寺院印经院木刻版之刻印本。

普通藏纸，梵夹装中印本 (47.5×6.2cm)，楷体，墨色，横刊藏文六行，四周双栏，全。

索书号：002313/9。保存基本完好，今藏民族文化宫中国民族图书馆。

༧༢། །ཆོས་འབྱུང་མཁས་པའི་དགའ་སྟོན་གྱི་ཡན་ལག་གསུམ་པ་བོད་ཀྱི་སྐབས་ལས་དགུ་པ་འབྲི་གུང་བཀའ་བརྒྱུད་ཀྱི་རྣམ་ཐར་སྙིང་པོ་ཞེས་བྱ་བ་བཞུགས་སོ། །

**正法史贤者喜宴第三支分吐蕃品第九节直贡嘎举派传记要义**

1 种，12 页。

དཔའ་བོ་གཙུག་ལག་ཕྲེང་བ། 巴沃・祖拉昌哇 (1504—1566) 撰述。

西藏地区藏传佛教寺院印经院木刻版之刻印本。

普通藏纸，梵夹装中印本 (47.5×6.2cm)，楷体，墨色，横刊藏文六行，四周双栏，全。

索书号：002313/11。保存基本完好，今藏民族文化宫中国民族图书馆。

༄༅། །ཆོས་འབྱུང་མཁས་པའི་དགའ་སྟོན་གྱི་ཡན་ལག་གསུམ་པ་བོད་ཡུལ་གྱི་སྐབས་ལ་ལེའུ་བཅུ་ལས་སྐབས་ལྔ་པ་གསང་སྔགས་རྙིང་མའི་ཆོས་འབྱུང་ཞེས་བྱ་བ་བཞུགས་སོ། །

**正法史贤者喜宴第三支分吐蕃品第十节中第五节旧密教法史**

1 种，65 页。

དཔའ་བོ་གཙུག་ལག་ཕྲེང་བ། 巴沃·祖拉昌哇 (1504—1566) 撰述。

西藏自治区藏传佛教寺院印经院木刻版之刻印本。

普通藏纸，梵夹装中印本 (47.5×6.2cm)，楷体，墨色，横刊藏文六行，四周双栏，全。

索书号：002313/7。保存基本完好，今藏民族文化宫中国民族图书馆。

༄༅། །ཆོས་འབྱུང་མཁས་པའི་དགའ་སྟོན་གྱི་ཡན་ལག་བཞི་པ་ལ་ལི་ཡུལ། རྒྱ་ནག་ལྗང་མ། མི་ཉག ཧོར། རྒྱ་ནག་ཕྱི་མ་རྣམས་སུ་རྒྱལ་པོ་དང་ཆོས་ཇི་ལྟར་བྱུང་བ་རྣམས་ཞེས་བྱ་བ་བཞུགས་སོ། །

**正法史贤者喜宴第四支分黎域、汉地、弭药、蒙古诸地王统及教法源流**

1 种，25 页。

དཔའ་བོ་གཙུག་ལག་ཕྲེང་བ། 巴沃·祖拉昌哇 (1504—1566) 撰述。

西藏地区藏传佛教寺院印经院木刻版之刻印本。

普通藏纸，梵夹装中印本 (47.5×6.2cm)，楷体，墨色，横刊藏文六行，四周双栏，全。

索书号：002313/13。保存基本完好，今藏民族文化宫中国民族图书馆。

༄༅། །ཆོས་འབྱུང་འབེལ་གཏམ་ཉུང་ངུ་ཞེས་བྱ་བ་བཞུགས་སོ། །

**佛教派流略谈**

1 种，17 页。

དཔལ་སྤྲུལ་འཇིགས་མེད་ཆོས་ཀྱི་དབང་པོ། 白珠·吉迈曲吉旺波 (1808—1887) 撰述。

西藏地区藏传佛教寺院印经院木刻版之刻印本。

普通藏纸，梵夹装中印本 (45.3×5.8cm)，楷体，墨色，横刊藏文六行，四周双栏，全。

索书号：005941/13。保存基本完好，今藏民族文化宫中国民族图书馆。

༄༅། །ཆོས་འབྱུང་ལས་བླངས་པའི་ཡིག་ཆུང་ཞེས་བྱ་བ་བཞུགས་སོ། །

**教法史中所出之小品**

1 种，6 页。

ཚ་ཧར་དགེ་བཤེས་བློ་བཟང་ཚུལ་ཁྲིམས། 恰哈尔格西·洛桑慈称 (1740—1810) 撰述。

北京地区藏传佛教皇家寺院印经院木刻版之刻印本。

普通纸，梵夹装中印本 (48.6×6.7cm)，楷体，墨色，横刊藏文六行，四周双栏，全。

索书号：000734/19。保存基本完好，今藏民族文化宫中国民族图书馆。

༄༅། །མཆོག་དམན་གྱི་དངོས་གྲུབ་དང་འདི་ཕྱིའི་ཆོས་སྲིད་ཀྱི་དཔལ་འབྱོར་ཐམས་ཅད་འབད་མེད་དུ་སྒྲུབ་པའི་མན་ངག་རྗེ་བླ་མའི་ལེགས་བཤད་ལས་སྙིང་པོ་བསྡུས་པ་ཞེས་བྱ་བ་བཞུགས་སོ། །

**上下悉地及今后之教政一切荣华富贵无须努力而成之教授·至尊宗喀巴大师嘉言中摄要**

1 种，21 页。

ཞབས་དྲུང་ཆོས་རྗེ་ངག་དབང་ཚེ་རིང་། 夏仲法尊·阿旺次仁 (？　1792) 撰述。

蒙古国乌兰巴托地区藏传佛教库伦寺印经院木刻版之刻印本。

普通藏纸，梵夹装中印本 (46.8×5.2cm)，

楷体，墨色，横刊藏文六行，四周双栏，全。

索书号：000748/14。保存基本完好，今藏民族文化宫中国民族图书馆。

༄༅། །ཇོ་བོ་རྗེ་དཔལ་ལྡན་ཨ་ཏི་ཤའི་རྗེས་འབྲངས་བཀའ་གདམས་ཀྱི་བྱུང་ཚུལ་ལེགས་པར་བཤད་པ་ཉུང་གསལ་ཀུན་དགའ་ཞེས་བྱ་བ་བཞུགས་སོ། །

**具德尊者阿底峡传嗣之噶当派源流·简明悦众嘉言**

1 种，4 页。

ཨ་མེས་ངག་དབང་ཀུན་དགའ་བསོད་ནམས། 阿梅·阿旺衮噶索南 (1597—1660) 撰述。

西藏地区藏传佛教寺院印经院传抄之缮写本。

普通藏纸，梵夹装中印本 (45.6 × 6.3cm)，草体，墨色，横书藏文七行，四周双栏，全。

索书号：003199/5。保存基本完好，今藏民族文化宫中国民族图书馆。

༄༅། །འཇམ་དཔལ་ཞི་དྲག་གི་བསྐྲུང་བ་བཀྲ་ཤིས་ལྷུན་པོའི་རྟེན་གསུང་བྲོན་རྣམས་ཀྱི་འབྱུང་ཁུངས་ཞེས་བྱ་བ་བཞུགས་སོ། །

**扎什伦布寺文殊静怒护法像曾述说诸尊之来历等**

1 种，24 页。

ཀུ་གེ་ཡོངས་འཛིན་བློ་བཟང་བསྟན་འཛིན། 古格经师·洛桑丹增 (1748—1813) 撰述。

西藏自治区藏传佛教寺院印经院木刻版之刻印本。

普通藏纸，梵夹装中印本 (48.2 × 6.5cm)，楷体，墨色，横刊藏文六行，四周双栏，全。

索书号：000745/9。保存基本完好，今藏民族文化宫中国民族图书馆。

༄༅། །འཇིག་རྟེན་སྣོད་བཅུད་ཀྱི་རྣམ་བཞག་བསྟན་པའི་བྱུང་ཚུལ་དང་བཅས་མདོ་ཙམ་བརྗོད་པ་བློ་མུན་རྣམ་སེལ་རིན་ཆེན་སྒྲོན་མེ་ཞེས་བྱ་བ་བཞུགས་སོ། །

**情器世间建立论及佛教史略说·消除心暗大宝明灯**

1 种，42 页。

ཁལ་ཁ་དམ་ཚིག་རྡོ་རྗེ། 喀尔喀·丹慈多结 (1781—1855) 撰述。

甘肃省甘南藏族自治州夏河县拉卜楞地区拉卜楞寺（拉章扎喜齐）印经院木刻版之刻印本。

普通藏纸，梵夹装中印本 (47 × 6.5cm)，楷体，墨色，横刊藏文六行，四周双栏，全。

索书号：001057/7。保存基本完好，今藏民族文化宫中国民族图书馆。

༄༅། །བསྟན་རྩིས་ཞེས་བྱ་བ་བཞུགས་སོ། །

**佛教纪年**

1 种，26 页。

འཇམ་དབྱངས་བཞད་པ་ངག་དབང་བརྩོན་འགྲུས། 嘉木样协巴·阿旺宗哲 (1648—1721) 撰述。

甘肃省甘南藏族自治州夏河县拉卜楞地区拉卜楞寺（拉章扎喜齐）印经院木刻版之刻印本。

普通藏纸，梵夹装中印本 (47.2 × 6.8cm)，楷体，墨色，横刊藏文六行，四周双栏，全。

索书号：000853/6。保存基本完好，今藏民族文化宫中国民族图书馆。

༄༅། །བསྟན་རྩིས་འཕྲོས་དོན་དང་བཅས་པ་ཞེས་བྱ་བ་བཞུགས་སོ། །

**佛教纪年余义**

1 种，7 页。

ཅོ་ནེ་གྲགས་པ་བཤད་སྒྲུབ། 卓尼·札巴协珠 (1675—1748) 撰述。

甘肃省甘南藏族自治州卓尼县卓尼地区卓尼寺（觉乃噶旦协珠林）印经院木刻版之刻印本。

普通藏纸，梵夹装中印本 (48.6 × 6.3cm)，楷体，墨色，横刊藏文六行，四周双栏，全。

索书号：003675/2。保存基本完好，今藏民族文化宫中国民族图书馆。

༄༅། །བསྟན་འཛིན་གྱི་སྐྱེས་བུ་རྒྱ་བོད་དུ་བྱོན་པའི་མིང་གི་གྲངས་ཞེས་བྱ་བ་བཞུགས་སོ། །

**印藏所出主持佛教人士名目**

1 种，31 页。

ཀློང་རྡོལ་བླ་མ་ངག་དབང་བློ་བཟང་། 隆朵喇嘛・阿旺洛桑 (1719—1795) 撰述。

北京地区藏传佛教皇家寺院印经院木刻版之刻印本。

普通纸，梵夹装中印本 (53 × 7.1cm)，楷体，墨色，横刊藏文六行，四周双栏，全。

索书号：001005/6。保存基本完好，今藏民族文化宫中国民族图书馆。

༄༅། །དམ་པའི་ཆོས་ཀྱི་འཁོར་ལོས་བསྒྱུར་བ་རྣམས་ཀྱི་བྱུང་བ་གསལ་བར་བྱེད་པ་མཁས་པའི་དགའ་སྟོན་ཞེས་བྱ་བ་ལས་ཡན་ལག་གསུམ་པ་བོད་ཀྱི་སྐབས་ལ་ལེའུ་བཅུ་ལས་བཞི་པ་ལོ་པཎ་ཆོས་འབྱུང་ཞེས་བྱ་བ་བཞུགས་སོ། །

**正法转轮史明解・贤者喜宴第三支分吐蕃品共十节中第四节译师及班智达史事**

1 种，14 页。

དཔའ་བོ་གཙུག་ལག་ཕྲེང་བ། 巴沃・祖拉昌哇 (1504—1566) 撰述。

西藏地区藏传佛教寺院印经院木刻版之刻印本。

普通藏纸，梵夹装中印本 (47.5 × 6.2cm)，楷体，墨色，横刊藏文六行，四周双栏，全。

索书号：002867/6。保存基本完好，今藏民族文化宫中国民族图书馆。

༄༅། །དམ་པའི་ཆོས་ཀྱི་འཁོར་ལོས་བསྒྱུར་བ་རྣམས་ཀྱི་བྱུང་བ་གསལ་བར་བྱེད་པ་མཁས་པའི་དགའ་སྟོན་ཞེས་བྱ་བ་ལས་ཡན་ལག་གསུམ་པ་བོད་ཀྱི་སྐབས་ལ་ལེའུ་བཅུ་ལས་གསུམ་པ་འདུལ་བའི་ཆོས་འབྱུང་ཞེས་བྱ་བ་བཞུགས་སོ། །

**正法转轮史明解・贤者喜宴第三支分吐蕃品共十节中第三节毗奈耶法源流**

1 种，22 页。

དཔའ་བོ་གཙུག་ལག་ཕྲེང་བ། 巴沃・祖拉昌哇 (1504—1566) 撰述。

西藏地区藏传佛教寺院印经院木刻版之刻印本。

普通藏纸，梵夹装中印本 (47.5 × 6.2cm)，楷体，墨色，横刊藏文六行，四周双栏，全。

索书号：002867/5。保存基本完好，今藏民族文化宫中国民族图书馆。

༄༅། །དམ་པའི་ཆོས་ཀྱི་འཁོར་ལོས་བསྒྱུར་བ་རྣམས་ཀྱི་བྱུང་བ་གསལ་བར་བྱེད་པ་མཁས་པའི་དགའ་སྟོན་ཞེས་བྱ་བའི་ལེགས་པར་བཤད་པ་ལ་ཡན་ལག་ཆེན་པོ་ལྔ་ལས་ཡན་ལག་དང་ཕོ་འཇིག་རྟེན་གྱི་ཁམས་སྤྱིར་བསྟན་པ་དང་། ཡན་ལག་གཉིས་པ་རྒྱ་གར་གྱི་སྐབས་ལ་ལེའུ་བཞི་ལས་དང་ཕོ་སྟོན་པའི་མཛད་པ་བཤད་པ། གཉིས་པ་བཀའ་བསྡུ་བ་ཁྱད་པར་དུ་བཤད་པ། གསུམ་པ་དཀོན་མཆོག་གསུམ་གྱི་རྟེན་བྱུང་ཚུལ། བཞི་པ་རྒྱ་གར་གྱི་རྒྱལ་རབས་རྣམས་ཞེས་བྱ་བ་བཞུགས་སོ། །

**正法转轮史明解・贤者喜宴・善说第五支分中总示世间界品；第二支分印度品共四节；第一节佛行论；第二节结集专论；第三节三宝由来；第四节印度王统史**

1 种，51 页。

དཔའ་བོ་གཙུག་ལག་ཕྲེང་བ། 巴沃 · 祖拉昌哇 (1504—1566) 撰述。

西藏地区藏传佛教寺院印经院木刻版之刻印本。

普通藏纸，梵夹装中印本 (47.5 × 6.2cm)，楷体，墨色，横刊藏文六行，四周双栏，全。

索书号：002867/1。保存基本完好，今藏民族文化宫中国民族图书馆。

༄༅། །དམ་པའི་ཆོས་ཀྱི་བྱུང་བ་བརྗོད་པ་ལས་གཙོ་བོར་བརྩམས་པའི་གཏམ་སྐལ་བཟང་རྣ་བའི་བཅུད་ལེན་ཞེས་བྱ་བ་བཞུགས་སོ། །

**正法源流论说中之重要法语 · 具缘耳中采英**

1 种，29 页。

འཇམ་དབྱངས་མཁྱེན་བརྩེ་དབང་པོ། 绛央庆则旺波 (1820—1892) 撰述。

四川省甘孜藏族自治州德格县德格地区德格寺印经院木刻版之刻印本。

普通藏纸，梵夹装短印本 (29.7 × 4.6cm)，楷体，墨色，横刊藏文六行，四周双栏，全。

索书号：006319/3。保存基本完好，今藏民族文化宫中国民族图书馆。

༄༅། །དམ་པའི་ཆོས་རིན་པོ་ཆེ་འཕགས་པའི་ཡུལ་དུ་ཇི་ལྟར་དར་བའི་ཚུལ་གསལ་བར་སྟོན་པ་དགོས་འདོད་ཀུན་འབྱུང་ཞེས་བྱ་བ་བཞུགས་སོ། །

**印度正法宝弘扬史明示 · 愿欲普生**

1 种，131 页。

ཏཱ་ར་ནཱ་ཐ་ཀུན་དགའ་སྙིང་པོ། 多罗纳塔 · 衮噶宁波 (1575—1634) 撰述。

西藏地区藏传佛教达丹寺印经院木刻版之刻印本。

普通藏纸，梵夹装中印本 (43.6 × 8.2cm)，楷体，墨色，横刊藏文六行，四周双栏，全。

索书号：002419/2。保存基本完好，今藏民族文化宫中国民族图书馆。

༄༅། །བདེ་བར་གཤེགས་པའི་བསྟན་པའི་གསལ་བྱེད་ཆོས་ཀྱི་འབྱུང་གནས་གསུང་རབ་རིན་པོ་ཆེའི་མཛོད་ཅེས་བྱ་བ་བཞུགས་སོ། །

**善逝教派源流史 · 圣言宝藏**

1 种，212 页。

བུ་སྟོན་རིན་ཆེན་གྲུབ། 布敦 · 仁钦珠 (1290—1364) 撰述。

西藏自治区拉萨地区孜雪印经院木刻版之刻印本。

普通纸，梵夹装中印本 (49.7 × 7cm)，楷体，墨色，横刊藏文六行，四周双栏，全。

索书号：003088/5。保存基本完好，今藏民族文化宫中国民族图书馆。

༄༅། །མདོ་དང་སྔགས་ཀྱི་ཆོས་རྒྱུན་ཇི་ལྟར་ཐོད་པའི་ཐོབ་ཡིག་ཐུབ་བསྟན་ནོར་བུའི་གཏེར་མཛོད་ཅེས་བྱ་བ་བཞུགས་སོ། །

**显密法统如何得受法录 · 佛教宝藏**

1 种，300 页。

མཁན་པོ་ངག་དབང་ཐུབ་བསྟན་རྒྱ་མཚོ། 堪波 · 阿旺图丹嘉措 (1836—1889) 撰述。

甘肃省甘南藏族自治州碌曲地区希仓噶萨噶旦协珠曲科林寺印经院木刻版之刻印本。

普通藏纸，梵夹装中印本 (45.3 × 6cm)，楷体，墨色，横刊藏文六行，四周双栏，全。

索书号：001124/1。保存基本完好，今藏民族文化宫中国民族图书馆。

༄༅། །མདོ་སྨད་སྐུ་འབུམ་བྱམས་པ་གླིང་དང་ལྷ་ལྡན་ཆོ་འཕྲུལ་སྨོན་ལམ་ཆེན་མོ་བཅས་ཀྱི་ཚོགས་མགོན་དུ་ཕེབས་སྐབས་སྐྱེས་རབས་སོགས་ཀྱི་གསུང་བཤད་ལྷུགས་བསྒྲིགས་ཞེས་བྱ་བ་བཞུགས་སོ། །

**青海固奔乾巴林寺与拉萨神变大愿法会在寺中讲述释迦本生等之开示**

1 种，158 页。

ཏཱ་ལའི་བླ་མ་ཐུབ་བསྟན་རྒྱ་མཚོ། 达赖喇嘛·图丹嘉措 (1876—1933) 撰述。

西藏自治区拉萨地区孜雪印经院木刻版之刻印本。

普通藏纸，梵夹装中印本 (49.5×7.3cm)，楷体，墨色，横刊藏文六行，四周双栏，全。

索书号：000723/1。保存基本完好，今藏民族文化宫中国民族图书馆。

༄༅། །མདོ་སྨད་བསྟན་པའི་བདག་པོ་བཙན་པོ་ཧུ་ཐོག་ཐུ་བསྐལ་བཟང་ཐུབ་བསྟན་འཕྲིན་ལས་རྒྱ་མཚོ་དཔལ་བཟང་པོ་ནས་བཀའ་འདྲི་གནང་བའི་ལན་སྨུན་ནག་མདའ་འཕེན་ཞེས་བྱ་བ་བཞུགས་སོ། །

**答多麦地区佛教主宰呼图克图格桑图丹成勒嘉措问·黑暗中放矢**

1 种，14 页。

དངུལ་ཆུ་དབྱངས་ཅན་གྲུབ་པའི་རྡོ་རྗེ། 欧曲·央金珠贝多结 (1809—1887) 撰述。

西藏自治区日喀则地区扎西格培林寺印经院木刻版之刻印本。

普通藏纸，梵夹装中印本 (49×6.5cm)，楷体，墨色，横刊藏文六行，四周双栏，全。

索书号：001015/20。保存基本完好，今藏民族文化宫中国民族图书馆。

༄༅། །རྣལ་འབྱོར་རྒྱུད་ཀྱི་དམ་པའི་ཆོས་འབྱུང་བའི་ཚུལ་ལེགས་པར་བཤད་པ་ཡོ་ག་ཆོས་ཀུན་གསལ་བའི་ཉིན་བྱེད་ཅེས་བྱ་བ་བཞུགས་སོ། །

**瑜伽续正法源流·善说瑜伽诸法之丽日**

1 种，91 页。

ཨ་མེས་ངག་དབང་ཀུན་དགའ་བསོད་ནམས། 阿梅·阿旺衮噶索南 (1597—1660) 撰述。

西藏地区藏传佛教寺院印经院传抄之缮写本。

普通藏纸，梵夹装中印本 (45.6×6.3cm)，草体，墨色，横书藏文七行，四周双栏，全。

索书号：003200/8。保存基本完好，今藏民族文化宫中国民族图书馆。

༄༅། །རྣལ་འབྱོར་རྒྱུད་ཀྱི་དམ་པའི་ཆོས་འབྱུང་བའི་ཚུལ་ལེགས་པར་བཤད་པ་ཡོ་ག་བསྟན་པའི་སྒོ་འབྱེད་ཅེས་བྱ་བ་བཞུགས་སོ། །

**瑜伽续正法源流·善说嘉言·启瑜伽教法之门**

1 种，109 页。

ཨ་མེས་ངག་དབང་ཀུན་དགའ་བསོད་ནམས། 阿梅·阿旺衮噶索南 (1597—1660) 撰述。

西藏地区藏传佛教寺院印经院传抄之缮写本。

普通藏纸，梵夹装中印本 (45.6×6.3cm)，草体，墨色，横书藏文七行，四周双栏，全。

索书号：003209/3。保存基本完好，今藏民族文化宫中国民族图书馆。

༄༅། །དཔལ་འཁོར་ལོ་བདེ་མཆོག་གི་དམ་པའི་ཆོས་བྱུང་བའི་ཚུལ་ལེགས་པར་བཤད་པ་ཡིད་བཞིན་རིན་པོ་ཆེའི་ཕྲེང་བ་དགོས་འདོད་ཀུན་འབྱུང་ཞེས་བྱ་བ་བཞུགས་སོ། །

**吉祥上乐轮正法源流·善说嘉言如意宝鬘·随愿普生**

1 种，150 页。

ཨ་མེས་ངག་དབང་ཀུན་དགའ་བསོད་ནམས། 阿梅・阿旺衮噶索南 (1597—1660) 撰述。

西藏地区藏传佛教寺院印经院传抄之缮写本。

普通藏纸，梵夹装中印本 (45.6×6.3cm)，草体，墨色，横书藏文七行，四周双栏，全。

索书号：004506/4。保存基本完好，今藏民族文化宫中国民族图书馆。

༄༅། །དཔལ་མཉམ་མེད་རི་བོ་དགའ་ལྡན་པའི་བསྟན་
པ་ཞྭ་སེར་ཅོད་པན་འཆང་བའི་རིང་ལུགས་ཆོས་
ཐམས་ཅད་ཀྱི་རྩ་བ་གསལ་བར་བྱེད་པ་བཻཌཱུར་
སེར་པོའི་མེ་ལོང་ཞེས་བྱ་བ་བཞུགས་སོ། །

**阐明吉祥无等噶旦山黄帽派一切法之根本・黄琉璃镜**

1 种，419 页。

སྡེ་སྲིད་སངས་རྒྱས་རྒྱ་མཚོ། 第斯・桑结嘉措 (1653—1705) 撰述。

四川省甘孜藏族自治州德格县德格地区德格寺印经院木刻版之刻印本。

普通藏纸，梵夹装中印本 (53.5×7cm)，楷体，墨色，横刊藏文六行，四周双栏，全。

索书号：001271/1。保存基本完好，今藏民族文化宫中国民族图书馆。

༄༅། །དཔལ་དུས་ཀྱི་འཁོར་ལོའི་ཟབ་པ་དང་རྒྱ་ཆེ་བའི་
དམ་པའི་ཆོས་བྱུང་བའི་ཚུལ་ལེགས་པར་བཤད་པ་
ངོ་མཚར་དད་པའི་ཤིང་རྟ་ཞེས་བྱ་བ་བཞུགས་སོ། །

**吉祥时轮深广源流・善说希有之信车**

1 种，283 页。

ཨ་མེས་ངག་དབང་ཀུན་དགའ་བསོད་ནམས། 阿梅・阿旺衮噶索南 (1597—1660) 撰述。

西藏地区藏传佛教寺院印经院传抄之缮写本。

普通藏纸，梵夹装中印本 (45.6×6.3cm)，草体，墨色，横书藏文七行，四周双栏，全。

索书号：003204/2。保存基本完好，今藏民族文化宫中国民族图书馆。

༄༅། །དཔལ་རྡོ་རྗེ་འཇིགས་བྱེད་ཀྱི་ཆོས་འབྱུང་ཁམས་
གསུམ་ལས་རྣམ་པར་རྒྱལ་བ་དངོས་གྲུབ་ཀྱི་
གཏེར་མཛོད་ཅེས་བྱ་བ་བཞུགས་སོ། །

**吉祥怖畏金刚法源・胜出三界悉地宝藏**

1 种，417 页。

འཇམ་དབྱངས་བཞད་པ་ངག་དབང་བརྩོན་འགྲུས། 嘉木样协巴・阿旺宗哲 (1648—1721) 撰述。

甘肃省甘南藏族自治州夏河县拉卜楞地区拉卜楞寺（拉章扎喜齐）印经院木刻版之刻印本。

普通藏纸，梵夹装中印本 (47.2×6.8cm)，楷体，墨色，横刊藏文六行，四周双栏，全。

索书号：000857/1。保存基本完好，今藏民族文化宫中国民族图书馆。

༄༅། །དཔལ་རྡོ་རྗེ་ནག་པོ་ཆེན་པོའི་ཟབ་མོའི་ཆོས་
སྐོར་རྣམས་བྱུང་བའི་ཚུལ་ལེགས་པར་བཤད་
པ་བསྟན་སྲུང་ཆོས་ཀུན་གསལ་བའི་ཉིན་བྱེད་
ཅེས་བྱ་བ་བཞུགས་སོ། །

**吉祥金刚大黑天甚深法类源流・善说护法诸法显明之日光**

1 种，230 页。

ཨ་མེས་ངག་དབང་ཀུན་དགའ་བསོད་ནམས། 阿梅・阿旺衮噶索南 (1597—1660) 撰述。

西藏地区藏传佛教寺院印经院传抄之缮写本。

普通藏纸，梵夹装中印本 (45.6×6.3cm)，草体，墨色，横书藏文七行，四周双栏，全。

索书号：003207/3。保存基本完好，今藏民族文化宫中国民族图书馆。

༧༡། །དཔལ་ལྡན་བླ་མ་མཆོག་ནས་ཟབ་རྒྱས་གདམས་པའི་ཆོས་རྒྱུན་གསན་བཞེས་མཛད་ཚུལ་ཉུང་ངུའི་ཚིག་ཏུ་འགོད་པ་དད་པའི་རྫིང་བུ་འཕེལ་བ་ཟླ་ཟེར་ཞེས་བྱ་བ་བཞུགས་སོ། །

**具德上师听受深广教诫法统情况略记·信池增盛之月光**

1 种，206 页。

རྫོང་དཀར་འཇིགས་མེད་དམ་ཆོས་རྒྱ་མཚོ། 宗嘎·吉迈丹曲多结 (1898—1946) 撰述。

青海省化隆回族自治县金源地区丹斗寺 ( 丹斗协吉央贡 ) 印经院木刻版之刻印本。

普通藏纸，梵夹装中印本 (44.2×6.2cm)，楷体，墨色，横刊藏文六行，四周双栏，全。

索书号：000801/1。保存基本完好，今藏民族文化宫中国民族图书馆。

༧༢། །དཔལ་ལྡན་བླ་མ་དམ་པ་རྣམས་ལས་དམ་པའི་ཆོས་ཐོས་པའི་ཡི་གེ་དོན་གཉེར་གདེངས་ཅན་རོལ་བའི་རྒྱ་གཉེར་ཞེས་བྱ་བ་ལས་གླེགས་བམ་དང་པོ་ཞེས་བྱ་བ་བཞུགས་སོ། །

**从诸大德上师前闻得正法录·求义戏海·第一函**

1 种，343 页。

ཞུ་ཆེན་ཚུལ་ཁྲིམས་རིན་ཆེན། 许钦·慈称仁钦 (1697—1774) 撰述。

四川省甘孜藏族自治州德格县德格地区德格寺印经院木刻版之刻印本。

普通藏纸，梵夹装中印本 (47.4×6.7cm)，楷体，墨色，横刊藏文六行，四周双栏，全。

索书号：000410/2。保存基本完好，今藏民族文化宫中国民族图书馆。

༧༣། །དཔལ་ལྡན་བླ་མ་དམ་པ་རྣམས་ལས་དམ་པའི་ཆོས་ཐོས་པའི་ཡི་གེ་དོན་གཉེར་གདེངས་ཅན་རོལ་བའི་རྒྱ་གཉེར་ཞེས་བྱ་བ་ལས་གླེགས་བམ་གཉིས་པ་ཞེས་བྱ་བ་བཞུགས་སོ། །

**从诸大德上师前闻得正法录·求义戏海·第二函**

1 种，280 页。

ཞུ་ཆེན་ཚུལ་ཁྲིམས་རིན་ཆེན། 许钦·慈称仁钦 (1697—1774) 撰述。

四川省甘孜藏族自治州德格县德格地区德格寺印经院木刻版之刻印本。

普通藏纸，梵夹装中印本 (47.4×6.7cm)，楷体，墨色，横刊藏文六行，四周双栏，全。

索书号：000410/1。保存基本完好，今藏民族文化宫中国民族图书馆。

༧༤། །དཔལ་ལྡན་བླ་མ་དམ་པ་རྣམས་ལས་མདོ་དང་སྔགས་ཀྱིས་བསྡུས་པའི་ཟབ་པ་དང་རྒྱ་ཆེ་བའི་ཆོས་ཚུལ་ཇི་སྙར་མནོས་པའི་ཐོབ་ཡིག་ལུང་ཆོས་བདུད་རྩིའི་རོལ་མཚོ་ཞེས་བྱ་བ་བཞུགས་སོ། །

**从诸大德上师前敬聆显密所摄之深广正法闻法录·教法甘露游戏海**

1 种，321 页。

དཔལ་མང་པཎྜི་ཏ་དཀོན་མཆོག་རྒྱལ་མཚན། 阿芒班智达·恭却坚参 (1764—1853) 撰述。

甘肃省甘南藏族自治州夏河县拉卜楞地区拉卜楞寺 ( 拉章扎喜齐 ) 印经院木刻版之刻印本。

普通藏纸，梵夹装中印本 (48×6.5cm)，楷体，墨色，横刊藏文六行，四周双栏，全。

索书号：000827/1。保存基本完好，今藏民族文化宫中国民族图书馆。

༄༅། །དཔལ་གཤིན་རྗེ་གཤེད་སྐོར་གྱི་དམ་པའི་ཆོས་བྱུང་བའི་ཚུལ་ལེགས་པར་བཤད་པ་འཇམ་དཔལ་ཆོས་ཀུན་གསལ་བའི་ཉིན་བྱེད་ཅེས་བྱ་བ་བཞུགས་སོ། །

**吉祥阎罗德迦解说门类正法来历嘉言·文殊全法显明之日光**

1种，71页。

ཨ་མེས་ངག་དབང་ཀུན་དགའ་བསོད་ནམས།

阿梅·阿旺衮噶索南 (1597—1660) 撰述。

四川省甘孜藏族自治州德格县德格地区德格寺印经院木刻版之刻印本。

普通藏纸，梵夹装中印本 (45.6×6.3cm)，楷体，墨色，横刊藏文六行，四周双栏，全。

索书号：000498/3。保存基本完好，今藏民族文化宫中国民族图书馆。

༄༅། །དཔལ་གཤིན་རྗེ་གཤེད་དམར་ནག་འཇིགས་གསུམ་གྱི་དམ་པའི་ཆོས་བྱུང་བའི་ཚུལ་ལེགས་པར་བཤད་པ་ཟབ་ཡངས་ཆོས་སྒོ་འབྱེད་པའི་རིན་པོ་ཆེའི་ལྡེ་མིག་དགོས་འདོད་ཀུན་འབྱུང་ཞེས་བྱ་བ་བཞུགས་སོ། །

**吉祥阎罗德迦红黑怖畏三尊之正法源流·善说嘉言开深广法门之宝钥随愿普生**

1种，61页。

ཨ་མེས་ངག་དབང་ཀུན་དགའ་བསོད་ནམས།

阿梅·阿旺衮噶索南 (1597—1660) 撰述。

西藏地区藏传佛教寺院印经院传抄之缮写本。

普通藏纸，梵夹装中印本 (45.6×6.3cm)，草体，墨色，横书藏文七行，四周双栏，全。

索书号：004506/2。保存基本完好，今藏民族文化宫中国民族图书馆。

༄༅། །དཔལ་ས་སྐྱ་པའི་ཡབ་ཆོས་ཀྱི་སྙིང་ཁུ་འཁོར་ལོ་སྡོམ་པའི་དམ་པའི་ཆོས་བྱུང་བའི་ཚུལ་ལེགས་པར་བཤད་པ་བདེ་མཆོག་ཆོས་ཀུན་གསལ་བའི་ཉིན་བྱེད་ཅེས་བྱ་བ་བཞུགས་སོ། །

**萨迦派父法之精华上乐轮正法来历嘉言篇·上乐金法显明之日光**

1种，145页。

ཨ་མེས་ངག་དབང་ཀུན་དགའ་བསོད་ནམས།

阿梅·阿旺衮噶索南 (1597—1660) 撰述。

四川省甘孜藏族自治州德格县德格地区德格寺印经院木刻版之刻印本。

普通藏纸，梵夹装中印本 (45.6×6.3cm)，楷体，墨色，横刊藏文六行，四周双栏，全。

索书号：000497/1。保存基本完好，今藏民族文化宫中国民族图书馆。

༄༅། །དཔལ་གསང་བ་འདུས་པའི་ཆོས་ཀྱི་བྱུང་ཚུལ་མདོ་ཙམ་དང་བསྐྱེད་རྫོགས་ཀྱི་ཉམས་ལེན་འགོས་ལུགས་གཙང་མ་ཡིད་འཕྲོག་ལྷ་ཡི་རོལ་མོ་ཞེས་བྱ་བ་བཞུགས་སོ། །

**吉祥密集法源简况与桂传规之生圆次第修持法·意悦仙乐**

1种，43页。

ཨ་མེས་ངག་དབང་ཀུན་དགའ་བསོད་ནམས།

阿梅·阿旺衮噶索南 (1597—1660) 撰述。

西藏地区藏传佛教寺院印经院传抄之缮写本。

普通藏纸，梵夹装中印本 (45.6×6.3cm)，草体，墨色，横书藏文七行，四周双栏，全。

索书号：003201/3。保存基本完好，今藏民族文化宫中国民族图书馆。

༄༅། །དཔལ་གསང་བ་འདུས་པའི་དམ་པའི་ཆོས་ཀྱི་བྱུང་བའི་ཚུལ་ལེགས་པར་བཤད་པ་གསང་འདུས་ཆོས་ཀུན་གསལ་བའི་ཉིན་བྱེད་ཅེས་བྱ་བ་བཞུགས་སོ། །

**吉祥密集金刚正法来历嘉言·密集全法显明之日光**

1 种，96 页。

ཨ་མེས་ངག་དབང་ཀུན་དགའ་བསོད་ནམས། 阿梅·阿旺衮噶索南 (1597—1660) 撰述。

四川省甘孜藏族自治州德格县德格地区德格寺印经院木刻版之刻印本。

普通藏纸，梵夹装中印本 (45.6×6.3cm)，楷体，墨色，横刊藏文六行，四周双栏，全。

索书号：000498/1。保存基本完好，今藏民族文化宫中国民族图书馆。

༄༅། །དཔལ་གསང་བ་འདུས་པའི་དམ་པའི་ཆོས་བྱུང་བའི་ཚུལ་ལེགས་པར་བཤད་པ་ངོ་མཚར་རིན་པོ་ཆེའི་བང་མཛོད་ཅེས་བྱ་བ་བཞུགས་སོ། །

**吉祥密集正法源流·善说嘉言希有宝库**

1 种，141 页。

ཨ་མེས་ངག་དབང་ཀུན་དགའ་བསོད་ནམས། 阿梅·阿旺衮噶索南 (1597—1660) 撰述。

西藏地区藏传佛教寺院印经院传抄之缮写本。

普通藏纸，梵夹装中印本 (45.6×6.3cm)，草体，墨色，横书藏文七行，四周双栏，全。

索书号：003209/4。保存基本完好，今藏民族文化宫中国民族图书馆。

༄༅། །དཔལ་གསང་བ་འདུས་པའི་དམ་པའི་ཆོས་བྱུང་བའི་ཚུལ་ལེགས་པར་བཤད་པ་གསང་འདུས་ཆོས་ཀུན་གསལ་བའི་ཉིན་བྱེད་ཅེས་བྱ་བ་བཞུགས་སོ། །

**吉祥密集正法源流·善说嘉言·密集全法显明之日光**

1 种，96 页。

ཨ་མེས་ངག་དབང་ཀུན་དགའ་བསོད་ནམས། 阿梅·阿旺衮噶索南 (1597—1660) 撰述。

西藏地区藏传佛教寺院印经院传抄之缮写本。

普通藏纸，梵夹装中印本 (45.6×6.3cm)，草体，墨色，横书藏文七行，四周双栏，全。

索书号：000498/1。保存基本完好，今藏民族文化宫中国民族图书馆。

༄༅། །དཔལ་གསང་བ་འདུས་པའི་རྩ་བའི་རྒྱུད་ཀྱི་རྒྱ་ཆེར་བཤད་པ་སྒྲོན་མ་གསལ་བར་བྱེད་པ་ཞེས་བྱ་བའི་གཞུང་བཀོད་ཚུལ་གསང་དོན་རྣམ་པར་གསལ་བའི་རིན་པོ་ཆེའི་མཆོད་སྡོང་ཞེས་བྱ་བ་བཞུགས་སོ། །

**吉祥密集根本续广释明灯之教典密意·明宝供灶**

1 种，63 页。

གསེར་ཏོག་བློ་བཟང་ཚུལ་ཁྲིམས་རྒྱ་མཚོ། 色朵·洛桑慈称嘉措 (1845—1915) 撰述。

甘肃省甘南藏族自治州夏河县拉卜楞地区拉卜楞寺（拉章扎喜齐）印经院木刻版之刻印本。

普通藏纸，梵夹装中印本 (46.3×6.5cm)，楷体，墨色，横刊藏文六行，四周双栏，全。

索书号：001108/7。保存基本完好，今藏民族文化宫中国民族图书馆。

༄༅། །ཕུར་པ་རྒྱུད་ལུགས་ལས་ཆོས་འབྱུང་ངོ་མཚར་སྣང་བྱེད་ཅེས་བྱ་བ་བཞུགས་སོ། །

**金刚橛续规法源史·希有日光**

1 种，5 页。

མཁྱེན་བརྩེ་འོད་ཟེར་འཇིགས་མེད་གླིང་པ། 庆则沃赛·吉迈林巴 (1729—1798) 撰述。

四川省甘孜藏族自治州德格县德格地区德格寺印经院木刻版之刻印本。

普通藏纸，梵夹装中印本 (48.5 × 6.7cm)，楷体，墨色，横刊藏文六行，四周双栏，全。

索书号：000542/2。保存基本完好，今藏民族文化宫中国民族图书馆。

༄༅། །འཕགས་ཡུལ་རྒྱ་ནག་ཆེན་པོ་བོད་དང་སོག་ཡུལ་དུ་དམ་པའི་ཆོས་བྱུང་ཚུལ་དཔག་བསམ་ལྗོན་བཟང་ཞེས་བྱ་བ་བཞུགས་སོ། །

**印度、支那、西藏、蒙古等地之正法源流史·如意宝树**

1 种，417 页。

སུམ་པ་ཡེ་ཤེས་དཔལ་འབྱོར། 松巴·益希班觉 (1704—1788) 撰述。

内蒙古自治区呼和浩特地区藏传佛教曲果赛波寺印经院木刻版之刻印本。

普通藏纸，梵夹装中印本 (51.9 × 7.8cm)，楷体，墨色，横刊藏文六行，四周双栏，全。

索书号：001034/1。保存基本完好，今藏民族文化宫中国民族图书馆。

༄༅། །བོད་ཡུལ་གྱི་བསྙེན་རྫོགས་ཀྱི་མཁན་རྒྱུད་བསྟན་པ་ཞེས་བྱ་བ་བཞུགས་སོ། །

**西藏近圆堪波传承开示**

1 种，18 页。

ཞྭ་དམར་ཆོས་གྲགས་ཡེ་ཤེས། 夏玛·曲札益希 (1453—1524) 撰述。

西藏地区藏传佛教寺院印经院传抄之金汁写本。

瓷青加厚纸，梵夹装中印本 (46 × 6.5cm)，楷体，墨色，横书藏文六行，四周双栏，全。

索书号：003262/8。保存基本完好，今藏民族文化宫中国民族图书馆。

༄༅། །གཞལ་ཡས་ཁང་གི་རྣམ་པར་བཤད་པ་སྐལ་བཟང་རྣམས་ཀྱིས་མ་རིག་པའི་ལིང་ཏོག་སེལ་བའི་མིག་ཐུར་ཞེས་བྱ་བ་བཞུགས་སོ། །

**无量宫解说·具缘消除无明翳之眼匙**

1 种，5 页。

ཨ་མེས་ངག་དབང་ཀུན་དགའ་བསོད་ནམས། 阿梅·阿旺衮噶索南 (1597—1660) 撰述。

西藏地区藏传佛教寺院印经院传抄之缮写本。

普通藏纸，梵夹装中印本 (45.6 × 6.3cm)，草体，墨色，横书藏文七行，四周双栏，全。

索书号：003208/7。保存基本完好，今藏民族文化宫中国民族图书馆。

༄༅། །ཡར་ལུངས་སྣེ་གདོང་དུ་གུ་ཤྲི་ཆེན་པོའི་ཆོས་འཁོར་དུས་ཀྱི་བསྟན་རྩིས་ཞེས་བྱ་བ་བཞུགས་སོ། །

**雅隆乃东寺大国师转法轮会期佛教大事纪**

1 种，81 页。

ས་སྐྱ་བླ་མ་བསོད་ནམས་རྒྱལ་མཚན། 萨迦喇嘛·索南坚参 (1312—1375) 撰述。

西藏自治区藏传佛教寺院印经院传抄之缮写本。

普通藏纸，梵夹装中印本 (45.3 × 5.9cm)，草体，墨色，横书藏文七行，四周双栏，全。

索书号：003877/8。保存基本完好，今藏民族文化宫中国民族图书馆。

༄༅། །རི་བོ་དགའ་ལྡན་པའི་བསྟན་པ་བླ་རབས་དང་བཅས་པ་ཆོས་འབྱུང་གསལ་བར་སྟོན་པའི་སྒྲོན་མེ་ཞེས་བྱ་བ་བཞུགས་སོ། །

**噶旦山派历代师承教法源流史明灯**

1 种，16 页。

ཅོ་ནེ་གྲགས་པ་བཤད་སྒྲུབ། 卓尼·札巴协珠 (1675—1748) 撰述。

甘肃省甘南藏族自治州卓尼县卓尼地

区卓尼寺(觉乃噶旦协珠林)印经院木刻版之刻印本。

普通藏纸，梵夹装中印本(48.6×6.3cm)，楷体，墨色，横刊藏文六行，四周双栏，全。

索书号：003679/3。保存基本完好，今藏民族文化宫中国民族图书馆。

༄༅། །རིས་མེད་ཆོས་ཀྱི་འབྱུང་གནས་མདོ་ཙམ་སྨོས་པ་བློ་གསལ་མགྲིན་པའི་མཛེས་རྒྱན་ཞེས་བྱ་བ་བཞུགས་སོ། །

**无偏见之佛教史略解说·智者美妙项饰**

1种，16页。

ཀོང་སྤྲུལ་ཡོན་ཏན་རྒྱ་མཚོ། 广珠·云丹嘉措(1813—1899)撰述。

四川省甘孜藏族自治州德格县八邦地区八邦寺印经院木刻版之刻印本。

普通藏纸，梵夹装中印本(45×5.5cm)，楷体，墨色，横刊藏文六行，四周双栏，全。

索书号：004427/32。保存基本完好，今藏民族文化宫中国民族图书馆。

༄༅། །ཐུ་བཙུན་བློ་བཟང་འཕྲིན་ལས་ཀྱི། ངག་རྣམས་ཕྱོགས་སུ་བསྒྲིགས་པ་ལས། རྩ་བརྒྱུད་བླ་མ་ཡོངས་འཛིན་གཞན། འགའ་ཡི་གསོལ་འདེབས་རིམ་པ་བཞུགས། །

**大德洛桑成勒法语合编中诸上师前启请次第**

1种，81页。

ཛ་ཡ་པཎྜི་ཏ་བློ་བཟང་འཕྲིན་ལས། 扎雅班智达·洛桑成勒(1642—1715)撰述。

北京地区藏传佛教皇家寺院印经院木刻版之刻印本。

普通纸，梵夹装中印本(46.8×5.9cm)，楷体，墨色，横刊藏文六行，四周双栏，全。

索书号：003784/2。保存基本完好，今藏民族文化宫中国民族图书馆。

༄༅། །ཤཱཀྱའི་དགེ་སློང་བློ་བཟང་ཆོས་ཀྱི་རྒྱལ་མཚན་དཔལ་བཟང་པོས་དགེ་བའི་བཤེས་གཉེན་ཇི་ལྟར་བསྟེན་ཚུལ་གྱི་རིམ་པ་གསལ་བྱེད་ནོར་བུའི་མེ་ལོང་ཞེས་བྱ་བ་བཞུགས་སོ། །

**释迦比丘洛桑曲吉坚参所依止善知识法·摩尼明镜**

1种，35页。

པཎ་ཆེན་ཨེར་ཏེ་ནི་བློ་བཟང་ཆོས་ཀྱི་རྒྱལ་མཚན། 班禅额尔德尼·洛桑曲吉坚参(1567—1662)撰述。

西藏自治区日喀则地区扎什伦布寺印经院木刻版之刻印本。

普通藏纸，梵夹装中印本(49.4×6.5cm)，楷体，墨色，横刊藏文六行，四周双栏，全。

索书号：000786/11。保存基本完好，今藏民族文化宫中国民族图书馆。

༄༅། །གསུང་རབ་རྣམ་དག་ཆུའི་དྲི་མ་སེལ་བྱེད་ནོར་བུ་ཀེ་ཏ་ཀ་ཞེས་བྱ་བ་བཞུགས་སོ། །

**清净经论除垢之澄水宝珠**

1种，13页。

སུམ་པ་ཡེ་ཤེས་དཔལ་འབྱོར། 松巴·益希班觉(1704—1788)撰述。

内蒙古自治区呼和浩特地区藏传佛教曲果赛波寺印经院木刻版之刻印本。

普通藏纸，梵夹装中印本(51.9×7.8cm)，楷体，墨色，横刊藏文六行，四周双栏，全。

索书号：001037/19。保存基本完好，今藏民族文化宫中国民族图书馆。

## ༣、རྒྱལ་རབས་དང་གདན་རབས་ཀྱི་སྐོར།

## 3. 王统记、法嗣记

༄༅། །གངས་ཅན་བོད་ཀྱི་ཡུལ་དུ་བྱོན་པའི་གསང་སྔགས་གསར་རྙིང་གི་གདན་རབས་མདོར་བསྡུས་ངོ་མཚར་པདྨོའི་དགའ་ཚལ་ཞེས་བྱ་བ་བཞུགས་སོ། །

**传入雪域地之新旧密宗法嗣略说·希有莲花欢笑园**

1种，104页。

འཇམ་དབྱངས་མཁྱེན་བརྩེ་དབང་པོ། 绛央庆则旺波(1820—1892)撰述。

四川省甘孜藏族自治州德格县德格地区德格寺印经院木刻版之刻印本。

普通藏纸，梵夹装短印本(29.4×4.6cm)，楷体，墨色，横刊藏文六行，四周双栏，全。

索书号：006318/4。保存基本完好，今藏民族文化宫中国民族图书馆。

༄༅། །སྔགས་འཆང་ངག་གི་དབང་པོ་དེ་ཉིད་ཀྱི་ཐུགས་ཀྱི་སྲས་མཆོག་སྔགས་འཆང་གྲགས་པ་བློ་གྲོས་རྒྱལ་མཚན་དཔལ་བཟང་པོ་ལས་རིམ་པར་འཕེལ་ཏེ་དཔལ་ས་སྐྱ་པའི་གདུང་བརྒྱུད་དྲི་མ་མེད་པ་རྒྱུན་མ་ཆད་པར་འབྱུང་བའི་རྟེན་འབྲེལ་དུ་དུས་མཆོད་པ་སྒེར་གྱི་གདུང་རབས་སྒྲིག་པར་མཛད་པ་བཞུགས་སོ། །

**为持密大师阿旺衮噶仁钦之弟子札巴洛追坚参依次承嗣之无垢萨迦世系绵延不断而编之堆却拉章世系**

1种，1页。

ས་སྐྱ་ངག་དབང་ཀུན་དགའ་རིན་ཆེན། 萨迦·阿旺衮噶仁钦(1517—1584)撰述。

西藏地区藏传佛教寺院印经院传抄之缮写本。

普通藏纸，梵夹装中印本(44.8×5.8cm)，草体，墨色，横书藏文七行，四周双栏，全。

索书号：003214/4。保存基本完好，今藏民族文化宫中国民族图书馆。

༄༅། །ཚས་པའི་བླ་རབས་དང་གདུང་བརྒྱུད་བྱུང་ཚུལ་གྱི་ཐོག་མའི་ལོ་རྒྱུས་ཨུཏྤལ་རྣ་བའི་རྒྱན་ཞེས་བྱ་བ་བཞུགས་སོ། །

**齐巴活佛世系与传承源流早期史·青莲耳饰**

1种，9页。

ཚས་པ་རྒྱ་མཁར་བ་ངག་དབང་དགེ་འདུན་རྒྱ་མཚོ། 齐巴嘉喀哇·阿旺格登嘉措(1839—1905)撰述。

甘肃省甘南藏族自治州夏河县拉卜楞地区拉卜楞寺(拉章扎喜齐)印经院木刻版之刻印本。

普通藏纸，梵夹装中印本(47.3×6.5cm)，楷体，墨色，横刊藏文六行，四周双栏，全。

索书号：001165/30。保存基本完好，今藏民族文化宫中国民族图书馆。

༄༅། །ཆོས་རྗེ་ཤར་པའི་གདུང་བརྒྱུད་ཀྱི་རིམ་པ་ཇི་ལྟར་བྱོན་པའི་ཚུལ་བཞུགས་སོ། །

**法王夏尔巴种姓传衍次第如何来历情况**

1种，5页。

གློ་བོ་མཁན་ཆེན་བསོད་ནམས་ལྷུན་གྲུབ། 珞沃堪钦·索南伦珠(1441—1525)撰述。

四川省甘孜藏族自治州德格县德格地区德格寺印经院木刻版之刻印本。

普通藏纸，梵夹装中印本(47.1×6.1cm)，楷体，墨色，横刊藏文六行，四周双栏，全。

索书号：003836/29。保存基本完好，今藏民族文化宫中国民族图书馆。

**༄༅། །ཆོས་འབྱུང་མཁས་པའི་དགའ་སྟོན་གྱི་ཡན་ལག་གསུམ་པ་བོད་ཀྱི་སྐབས་ལ་ལེའུ་བཅུ་ལས་སྐབས་གཉིས་པ་བོད་ཀྱི་རྒྱལ་རབས་ཞེས་བྱ་བ་བཞུགས་སོ། །**

**正法史贤者喜宴第三支分吐蕃品共十节中第二节吐蕃王统史**

1 种，155 页。

དཔའ་བོ་གཙུག་ལག་ཕྲེང་བ། 巴沃 · 祖拉昌哇 (1504—1566) 撰述。

西藏自治区藏传佛教寺院印经院木刻版之刻印本。

普通藏纸，梵夹装中印本 (47.5 × 6.2cm)，楷体，墨色，横刊藏文六行，四周双栏，全。

索书号：002867/4。保存基本完好，今藏民族文化宫中国民族图书馆。

**༄༅། །རྗེ་བཙུན་ས་སྐྱ་པའི་གདུང་རབས་ལ་བརྟེན་པའི་བཀའ་བསྒོ་ཞེས་བྱ་བ་བཞུགས་སོ། །**

**依至尊萨迦派世系之嘱托祈祷文**

1 种，3 页。

ས་སྐྱ་ཀུན་དགའ་བློ་གྲོས། 萨迦 · 衮噶洛哲 (1729—1783) 撰述。

西藏地区藏传佛教寺院印经院传抄之缮写本。

普通藏纸，梵夹装中印本 (45.2 × 5.6cm)，草体，墨色，横书藏文七行，四周双栏，全。

索书号：003922/6。保存基本完好，今藏民族文化宫中国民族图书馆。

**༄༅། །སྟོབས་ཀྱི་འཁོར་ལོས་སྒྱུར་བ་སྡེ་སྲིད་ཕག་མོ་གྲུ་པ་སོགས་བོད་ཀྱི་རྒྱལ་བློན་མང་པོའི་གདུང་རབས་མདོ་ཙམ་བརྗོད་པའི་རབ་ཏུ་བྱེད་པ་ཡ་རབས་མགུལ་རྒྱན་ཞེས་བྱ་བ་བཞུགས་སོ། །**

**转势轮王第司帕莫竹巴等西藏诸王臣世系略说篇 · 上流项饰**

1 种，12 页。

ཨ་ཀྱཱ་བློ་བཟང་བསྟན་པའི་རྒྱལ་མཚན། 阿嘉 · 洛桑丹贝坚参 (1708—1768) 撰述。

北京地区藏传佛教皇家寺院印经院木刻版之刻印本。

普通纸，梵夹装中印本 (46.7 × 6cm)，楷体，墨色，横刊藏文六行，四周双栏，全。

索书号：001222/3。保存基本完好，今藏民族文化宫中国民族图书馆。

**༄༅། །དམ་པའི་ཆོས་ཀྱི་འཁོར་ལོས་བསྒྱུར་བ་རྣམས་ཀྱི་བྱུང་བ་གསལ་བར་བྱེད་པ་མཁས་པའི་དགའ་སྟོན་ཞེས་བྱ་བའི་ལེགས་པར་བཤད་པ་ལ་ཡན་ལག་ཆེན་པོ་ལྔ་ལས་ཡན་ལག་དང་པོ་འཇིག་རྟེན་གྱི་ཁམས་སྤྱིར་བསྟན་པ་དང་། ཡན་ལག་གཉིས་པ་རྒྱ་གར་གྱི་སྐབས་ལ་ལེའུ་བཞི་ལས་དང་པོ་སྟོན་པའི་མཛད་པ་བཤད་པ། གཉིས་པ་བཀའ་བསྡུ་བ་ཁྱད་པར་དུ་བཤད་པ། གསུམ་པ་དཀོན་མཆོག་གསུམ་གྱི་རྟེན་བྱུང་ཚུལ། བཞི་པ་རྒྱ་གར་གྱི་རྒྱལ་རབས་རྣམས་ཞེས་བྱ་བ་བཞུགས་སོ། །**

**正法转轮史明解 · 贤者喜宴 · 善说五支分中第一支分部总示世间界品；第二支分印度品共四节：第一节佛行论，第二节结集专论，第三节三宝之由来，第四节印度王统史**

1 种，51 页。

དཔའ་བོ་གཙུག་ལག་ཕྲེང་བ། 巴沃 · 祖拉昌哇 (1504—1566) 撰述。

西藏自治区藏传佛教寺院印经院木刻版之刻印本。

普通藏纸，梵夹装中印本 (47.5 × 6.2cm)，楷体，墨色，横刊藏文六行，四周双栏，全。

索书号：002867/1。保存基本完好，今藏民族文化宫中国民族图书馆。

༄༅། །དུས་འཁོར་ནས་བཤད་པའི་ཤམྦྷ་ལའི་རྒྱལ་རབས་ཆོས་བརྒྱུད་དང་བཅས་སྐར་རྩིས་སྐོར་འགའ་ཞིག་བཞུགས་སོ། །

**时轮所说香巴拉王统法传等部分星算法**

1 种，17 页。

ཅོ་ནེ་གྲགས་པ་བཤད་སྒྲུབ། 卓尼・札巴协珠 (1675—1748) 撰述。

甘肃省甘南藏族自治州卓尼县卓尼地区卓尼寺（觉乃噶旦协珠林）印经院木刻版之刻印本。

普通藏纸，梵夹装中印本 (48.6 × 6.3cm)，楷体，墨色，横刊藏文六行，四周双栏，全。

索书号：003679/27。保存基本完好，今藏民族文化宫中国民族图书馆。

༄༅། །དེ་བཞིན་གཤེགས་པའི་གདུང་རབས་ཞེས་བྱ་བ་བཞུགས་སོ། །

**如来释迦世系**

1 种，4 页。

བྱང་པ་ནམ་རྒྱལ་གྲགས་པ་བཟང་པོ། 强巴・南杰札巴桑波 (1395—1475) 撰述。

西藏地区藏传佛教寺院印经院传抄之缮写本。

普通藏纸，梵夹装中印本 (44 × 4.3cm)，草体，墨色，横书藏文七行，四周双栏，全。

索书号：005109/9。保存基本完好，今藏民族文化宫中国民族图书馆。

༄༅། །སྡེ་དགེའི་གདུང་རབས་སྨྱུར་འབྱོན་ཕྲིན་བཅོལ་ཞེས་བྱ་བ་བཞུགས་སོ། །

**德格世系迅速传承祈愿文**

1 种，3 页。

ས་སྐྱ་ཀུན་དགའ་བློ་གྲོས། 萨迦・衮噶洛哲 (1729—1783) 撰述。

西藏地区藏传佛教寺院印经院传抄之缮写本。

普通藏纸，梵夹装中印本 (45.2 × 5.6cm)，草体，墨色，横书藏文七行，四周双栏，全。

索书号：003233/57。保存基本完好，今藏民族文化宫中国民族图书馆。

༄༅། །དཔལ་ས་སྐྱ་བའི་འཁོན་གྱི་གདུང་རབས་ཚིགས་སུ་བཅད་པ་ལྔ་བཅུ་རྩ་གཉིས་པ་བཞུགས་སོ། །

**萨迦昆氏世系五十二颂文**

1 种，6 页。

བྱང་པ་ནམ་རྒྱལ་གྲགས་པ་བཟང་པོ། 强巴・南杰札巴桑波 (1395—1475) 撰述。

西藏地区藏传佛教寺院印经院传抄之缮写本。

普通藏纸，梵夹装中印本 (44 × 4.3cm)，草体，墨色，横书藏文七行，四周双栏，全。

索书号：005109/6。保存基本完好，今藏民族文化宫中国民族图书馆。

༄༅། །ཕྱི་བྲང་ཉི་ལྡེ་ན་བཞུགས་པའི་རིགས་ལྡན་ཆེན་པོའི་སྐུ་གདུང་གི་ལོ་རྒྱུས་ཀྱི་ཡི་གེ་ཞེས་བྱ་བ་བཞུགས་སོ། །

**奉安尼德拉章之大法胤王遗体之史事**

1 种，3 页。

ཨ་མེས་ངག་དབང་ཀུན་དགའ་བསོད་ནམས། 阿梅・阿旺衮噶索南 (1597—1660) 撰述。

西藏地区藏传佛教寺院印经院传抄之缮写本。

普通藏纸，梵夹装中印本 (45.6 × 6.3cm)，草体，墨色，横书藏文七行，四周双栏，全。

索书号：003210/35。保存基本完好，今藏民族文化宫中国民族图书馆。

༄༅། །འཛམ་གླིང་བྱང་ཕྱོགས་ཀྱི་ཐུབ་པའི་རྒྱལ་ཚབ་ཆེན་པོ་དཔལ་ལྡན་ས་སྐྱ་པའི་གདུང་རབས་རིན་པོ་ཆེ་ཇི་ལྟར་བྱོན་པའི་ཚུལ་གྱི་རྣམ་པར་ཐར་པ་ངོ་མཚར་རིན་པོ་ཆེའི་བང་མཛོད་དགོས་འདོད་ཀུན་འབྱུང་ཞེས་བྱ་བ་བཞུགས་སོ། །

**赡部洲北方继承佛统萨迦派世系史·希有宝藏·随求普生**

1 种，334 页。

ཨ་མེས་ངག་དབང་ཀུན་དགའ་བསོད་ནམས། 阿梅·阿旺衮噶索南 (1597—1660) 撰述。

四川省甘孜藏族自治州德格县德格地区德格寺印经院木刻版之刻印本。

普通藏纸，梵夹装中印本 (45.6 × 6.3cm)，楷体，墨色，横刊藏文六行，四周双栏，全。

索书号：000500/1。保存基本完好，今藏民族文化宫中国民族图书馆。

༄༅། །ཤཱཀྱ་རྣམས་ཀྱི་རྒྱལ་རབས་ཞེས་བྱ་བ་བཞུགས་སོ། །

**释迦王族记**

1 种，19 页。

ས་སྐྱ་གྲགས་པ་རྒྱལ་མཚན། 萨迦·札巴坚参 (1147—1216) 撰述。

四川省甘孜藏族自治州德格县德格地区德格寺印经院木刻版之刻印本。

普通藏纸，梵夹装中印本 (47.7 × 6.2cm)，楷体，墨色，横刊藏文六行，四周双栏，全。

索书号：000352/8。保存基本完好，今藏民族文化宫中国民族图书馆。

༄༅། །ས་སྐྱ་པའི་གདུང་རབས་ཞེས་བྱ་བ་བཞུགས་སོ། །

**萨迦派世系**

1 种，3 贞。

བུ་སྟོན་ཐུགས་སྲས་སྒྲ་ཚད་པ། 布敦弟子·扎蔡巴 (1318—1388) 撰述。

西藏地区藏传佛教寺院印经院木刻版之刻印本。

普通藏纸，梵夹装中印本 (49.7 × 7cm)，楷体，墨色，横刊藏文六行，四周双栏，全。

索书号：003092/14。保存基本完好，今藏民族文化宫中国民族图书馆。

༄༅། །ས་སྐྱ་པའི་གདུང་རབས་ཡ་རབས་ཀྱི་ཁ་རྒྱན་ཞེས་བྱ་བ་བཞུགས་སོ། །

**萨迦派世系·雅士口严**

1 种，5 页。

ངོར་ཆེན་དཀོན་མཆོག་ལྷུན་གྲུབ། 俄钦·恭却伦珠 (1497—1540) 撰述。

四川省甘孜藏族自治州德格县德格地区德格寺印经院木刻版之刻印本。

普通藏纸，梵夹装中印本 (46.5 × 6.5cm)，楷体，墨色，横刊藏文六行，四周双栏，全。

索书号：003773/17。保存基本完好，今藏民族文化宫中国民族图书馆。

༄༅། །ཨོ་རོད་ཧུན་གར་གྱི་རྒྱལ་རབས་སོགས་མདོར་བསྡུས་སུ་བཀོད་པ་དད་པའི་ཤིང་རྟ་ཞེས་བྱ་བ་བཞུགས་སོ། །

**厄鲁特蒙古准噶尔王朝世系等略说·信者之车**

1 种，7 页。

སེང་ཆེན་བློ་བཟང་བསྟན་འཛིན་དཔལ་འབྱོར། 桑钦·洛桑丹增班觉 (1784—1843) 撰述。

西藏自治区拉萨地区孜雪印经院木刻版之刻印本。

普通藏纸，梵夹装中印本 (45.6 × 6.3cm)，楷体，墨色，横刊藏文六行，四周双栏，全。

索书号：003818/19。保存基本完好，今藏民族文化宫中国民族图书馆。

## ༤、ཆབ་ཤོག་གི་སྐོར།

## 4. 书札

༄། །ཀརྨ་ཕུན་ཚོགས་རྣམ་རྒྱལ་ལ་གནང་བའི་གསུང་ཤོག་བཞུགས། །

**致嘎玛·彭措南杰书**

1 种，1 页。

ཨ་མེས་ངག་དབང་ཀུན་དགའ་བསོད་ནམས། 阿梅·阿旺衮噶索南 (1597—1660) 撰述。

西藏地区藏传佛教寺院印经院传抄之缮写本。

普通藏纸，梵夹装中印本 (45.6×6.3cm)，草体，墨色，横书藏文七行，四周双栏，全。

索书号：003220/173。保存基本完好，今藏民族文化宫中国民族图书馆。

༄། །ཀུན་མཁྱེན་ཆེན་པོ་ཡ་ཀན་བཞད་པའི་རྡོ་རྗེ་ལ་ཕུལ་བའི་ཞུ་ཡིག་པདྨ་དཀར་པོ་བཞུགས། །

**遍智父师协贝多结之书札·白莲花**

1 种，5 页。

ཧོར་ཚང་ཁྲི་ཆེན་འཇིགས་མེད་རིགས་པའི་སེང་གེ། 霍尔仓赤钦·吉迈柔贝多结 (1747—1815) 撰述。

西藏地区藏传佛教寺院印经院传抄之缮写本。

普通藏纸，梵夹装中印本 (43×5.3cm)，楷体，墨色，横书藏文七行，四周双栏，全。

索书号：001212/5。保存基本完好，今藏民族文化宫中国民族图书馆。

༄། །ཀུན་གཟིགས་པཎ་ཆེན་ཐམས་ཅད་མཁྱེན་པ་སོགས་མཆོག་དམན་རྣམས་ལ་གནང་བའི་ཆབ་ཤོག་གི་རིམ་པ་ཕྱོགས་གཅིག་ཏུ་བཀོད་པ་བཞུགས་སོ། །

**致遍智班禅一切智等上下诸人书次第合编**

1 种，89 页。

ཏཱ་ལའི་བླ་མ་ཐུབ་བསྟན་རྒྱ་མཚོ། 达赖喇嘛·图丹嘉措 (1876—1933) 撰述。

西藏自治区拉萨地区孜雪印经院木刻版之刻印本。

普通藏纸，梵夹装中印本 (49.5×7.3cm)，楷体，墨色，横刊藏文六行，四周双栏，全。

索书号：000726/2。保存基本完好，今藏民族文化宫中国民族图书馆。

༄། །བཀའ་བློན་གུང་པཎྜི་ཏར་གནང་བའི་ཆབ་ཤོག་ཚན་གཉིས་བཞུགས་སོ། །

**致噶伦公·班智达之书函二则**

1 种，5 页。

ལྕང་སྐྱ་རོལ་པའི་རྡོ་རྗེ། 章嘉·若贝多结 (1717—1786) 撰述。

北京地区藏传佛教皇家寺院印经院木刻版之刻印本。

普通纸，梵夹装中印本 (46.8×6.1cm)，楷体，墨色，横刊藏文五行，四周双栏，全。

索书号：000764/48。保存基本完好，今藏民族文化宫中国民族图书馆。

༄། །བཀའ་བློན་མདོ་མཁར་བར་གནང་བའི་ཆབ་ཤོག་བཞུགས་སོ། །

**致噶伦朵喀哇之书函**

1 种，3 页。

ལྕང་སྐྱ་རོལ་པའི་རྡོ་རྗེ། 章嘉·若贝多结 (1717—1786) 撰述。

北京地区藏传佛教皇家寺院印经院木

刻版之刻印本。

普通纸，梵夹装中印本(46.8×6.1cm)，楷体，墨色，横刊藏文五行，四周双栏，全。

索书号：000764/22。保存基本完好，今藏民族文化宫中国民族图书馆。

༄། །བཀའ་ཤོག་སྐོར་བཞུགས། །

**公文命令类**

1 种，2 页。

པཎ་ཆེན་ཨེར་ཏེ་ནི་བློ་བཟང་དཔལ་ལྡན་ཡེ་ཤེས། 班禅额尔德尼·洛桑白旦益希(1738—1780)撰述。

西藏自治区日喀则地区扎什伦布寺印经院木刻版之刻印本。

普通藏纸，梵夹装中印本(49.1×6.8cm)，楷体，墨色，横刊藏文六行，四周双栏，全。

索书号：000673/32。保存基本完好，今藏民族文化宫中国民族图书馆。

༄། །བཀའ་ཤོག་ཆོས་སྦྱིན་སྤྲུལ་བའི་ཕྲེང་བ་རིམ་པ་སྔ་མ་ཞེས་བྱ་བ་བཞུགས་སོ། །

**书翰·馈法鬘次第前篇**

1 种，35 页。

ཞྭ་དམར་ཆོས་གྲགས་ཡེ་ཤེས། 夏玛·曲札益希(1453—1524)撰述。

西藏地区藏传佛教寺院印经院传抄之金汁写本。

瓷青纸，梵夹装中印本(46×6.5cm)，草体，墨色，横书藏文七行，四周双栏，全。

索书号：003271/1。保存基本完好，今藏民族文化宫中国民族图书馆。

༄། །བཀྲ་ཤིས་འཁྱིལ་གྱི་དགེ་བའི་བཤེས་གཉེན་ཆེན་པོ་བློ་བཟང་རྒྱ་མཚོར་ཕུལ་བ་ཐུགས་རྗེ་བསྐུལ་བའི་སྒྲ་དབྱངས་ཞེས་བྱ་བ་བཞུགས་སོ། །

**致扎喜齐（拉卜楞寺）大善知识洛桑嘉措书·劝发悲心之声**

1 种，9 页。

ཆོས་དཔལ་ཞིང་བློ་བཟང་རྒྱ་མཚོ། 曲白辛·洛桑嘉措(1855—1923)撰述。

甘肃省甘南藏族自治州夏河县拉卜楞地区拉卜楞寺（拉章扎喜齐）印经院木刻版之刻印本。

普通藏纸，梵夹装中印本(48.1×6.1cm)，楷体，墨色，横刊藏文六行，四周双栏，全。

索书号：001225/8。保存基本完好，今藏民族文化宫中国民族图书馆。

༄། །བཀྲ་ཤིས་འཁྱིལ་སྒོ་མང་མཁན་སྤྲུལ་གྲྭ་ཉེ་ངག་དབང་དགེ་ལེགས་ཚང་ལ་ལྷུགས་རྟ་གནམ་ལོ་གསར་བཞད་ཀྱི་རྟེན་འབྲུང་ཞུ་འཕྲིན་གཞན་གསོས་བྱ་མོའི་དབྱངས་སྙན་ཞེས་བྱ་བ་བཞུགས་སོ། །

**庚午祝贺新岁致扎喜齐（拉卜楞）果芒堪波活佛扎聂·阿旺格勒书·杜鹃雅音**

1 种，4 页。

པཎ་ཆེན་ཨེར་ཏེ་ནི་བློ་བཟང་ཐུབ་བསྟན་ཆོས་ཀྱི་ཉི་མ། 班禅额尔德尼·洛桑图丹却吉尼玛(1883—1937)撰述。

西藏自治区日喀则地区扎什伦布寺印经院木刻版之刻印本。

普通藏纸，梵夹装中印本(45×6.5cm)，楷体，墨色，横刊藏文六行，四周双栏，全。

索书号：003548/21。保存基本完好，今藏民族文化宫中国民族图书馆。

༄༅། །བཀྲ་ཤིས་རབ་བརྟན་པར་གནང་བའི་བཀའ་ཤོག་ཅེས་བྱ་བ་བཞུགས་སོ།། །

**致扎西饶丹之文书**

1 种，1 页。

ཨ་མེས་ངག་དབང་ཀུན་དགའ་བསོད་ནམས། 阿梅・阿旺衮噶索南 (1597—1660) 撰述。

西藏地区藏传佛教寺院印经院传抄之缮写本。

普通藏纸，梵夹装中印本 (45.6×6.3cm)，草体，墨色，横书藏文七行，四周双栏，全。

索书号：003220/182。保存基本完好，今藏民族文化宫中国民族图书馆。

༄༅། །སྐུ་འབུམ་ཁྲི་པ་ཤིང་བཟ་སྤྲུལ་པའི་སྐུར་བསྐུལ་བའི་ཆབ་ཤོག་དོན་ལྡན་སྒྲ་དབྱངས་ཞེས་བྱ་བ་བཞུགས་སོ། །

**致固奔（塔尔寺）座主辛萨活佛书・具义歌声**

1 种，2 页。

པཎ་ཆེན་ཨེར་ཏེ་ནི་བློ་བཟང་ཐུབ་བསྟན་ཆོས་ཀྱི་ཉི་མ། 班禅额尔德尼・洛桑图丹却吉尼玛 (1883—1937) 撰述。

西藏自治区日喀则地区扎什伦布寺印经院木刻版之刻印本。

普通藏纸，梵夹装中印本 (45×6.5cm)，楷体，墨色，横刊藏文六行，四周双栏，全。

索书号：003548/32。保存基本完好，今藏民族文化宫中国民族图书馆。

༄༅། །སྐྱེ་བོ་རྣམས་དང་ལྷ་ཀླུ་གཞི་བདག་རྣམས་དགེ་བཅུའི་ཁྲིམས་ལ་གནས་པར་བསྐུལ་བའི་ཚིགས་བཅད་གདོང་ལྔའི་དབང་པོའི་སྒྲ་དབྱངས་སོགས་ཆབ་ཤོག་བཀའ་བསྒོའི་རིམ་པ་བཞུགས་སོ། །

**劝动诸士夫及天、龙、地神等住入十善法戒之颂文・狮子吼音等吩咐文书次第**

1 种，6 页。

པཎ་ཆེན་ཨེར་ཏེ་ནི་བློ་བཟང་དཔལ་ལྡན་བསྟན་པའི་ཉི་མ། 班禅额尔德尼・洛桑白旦丹贝尼玛 (1782—1853) 撰述。

西藏自治区日喀则地区扎什伦布寺印经院木刻版之刻印本。

普通藏纸，梵夹装中印本 (48.7×7cm)，楷体，墨色，横刊藏文六行，四周双栏，全。

索书号：003533/26。保存基本完好，今藏民族文化宫中国民族图书馆。

༄༅། །སྐྱེས་བུ་དམ་པ་རྣམས་ལ་སྤྲིངས་པའི་ཡི་གེ་བཞུགས། །

**致胜士夫书**

1 种，18 页。

ས་སྐྱ་ཀུན་དགའ་རྒྱལ་མཚན། 萨迦・衮噶坚参 (1182—1251) 撰述。

四川省甘孜藏族自治州德格县德格地区德格寺印经院木刻版之刻印本。

普通藏纸，梵夹装中印本 (47.7×6.2cm)，楷体，墨色，横刊藏文六行，四周双栏，全。

索书号：000355/4。保存基本完好，今藏民族文化宫中国民族图书馆。

༄༅། །སྐྱེས་བུ་བློ་ལྡན་རྣམས་ལ་སྤྲིངས་ཡིག་བཞུགས། །

**致诸智士书**

1 种，1 页。

ཨ་མེས་ངག་དབང་ཀུན་དགའ་བསོད་ནམས། 阿梅・阿旺衮噶索南 (1597—1660) 撰述。

西藏地区藏传佛教寺院印经院传抄之缮写本。

普通藏纸，梵夹装中印本 (45×6.3cm)，草体，墨色，横书藏文七行，四周双栏，全。

索书号：003220/165。保存基本完好，今藏民族文化宫中国民族图书馆。

༄༅། །ཁམས་ཕྱོགས་ཀྱི་ས་སྐྱ་པའི་དགོན་ཆེན་ས་དཀར་འདབ་འདོབ་སོགས་ལ་བླ་མ་གནང་དུས་ཀྱི་ཡི་གེ། །

**致赴任康区萨嘎拓朵等萨迦派寺院主持之文书**

1 种，4 页。

ཨ་མེས་ངག་དབང་ཀུན་དགའ་བསོད་ནམས། 阿梅・阿旺衮噶索南 (1597—1660) 撰述。

西藏地区藏传佛教寺院印经院传抄之缮写本。

普通藏纸，梵夹装中印本 (45×6.3cm)，草体，墨色，横书藏文七行，四周双栏，全。

索书号：003220/180。保存基本完好，今藏民族文化宫中国民族图书馆。

༄༅། །ཁའུ་སྨན་ཆབས་ཀྱི་གཞི་བདག་སྤྱི་ལ་སྤྲིངས་ཡིག་ཅེས་བྱ་བ་བཞུགས་སོ། །

**致喀邬曼恰之地祇书**

1 种，3 页。

ས་སྐྱ་ཀུན་དགའ་བློ་གྲོས། 萨迦・衮噶洛哲 (1729—1783) 撰述。

西藏地区藏传佛教寺院印经院传抄之缮写本。

普通藏纸，梵夹装中印本 (45.2×5.6cm)，草体，墨色，横书藏文七行，四周双栏，全。

索书号：003231/33。保存基本完好，今藏民族文化宫中国民族图书馆。

༄༅། །ཁྲི་ཆེན་རྡོ་རྗེ་འཆང་ངག་དབང་མཆོག་ལྡན་པའི་སྐུ་ཞབས་སུ་ཕུལ་བའི་ཞུ་ཡིག་ཅེས་བྱ་བ་བཞུགས་སོ། །

**致赤钦多结強・阿旺却旦书**

1 种，3 页。

ལྕང་སྐྱ་རོལ་པའི་རྡོ་རྗེ། 章嘉・若贝多结 (1717—1786) 撰述。

北京地区藏传佛教皇家寺院印经院木刻版之刻印本。

普通纸，梵夹装中印本 (46.8×6.1cm)，楷体，墨色，横刊藏文六行，四周双栏，全。

索书号：000764/15。保存基本完好，今藏民族文化宫中国民族图书馆。

༄༅། །ཁྲི་ཆེན་དཔལ་ལྡན་གྲགས་པ་མཆོག་གི་སྤྲུལ་སྐུ་རིན་པོ་ཆེ་ནས་གསར་རྩོམ་གྱི་ཆབ་ཤོག་སྐོར་བཞུགས། །

**赤钦白旦札巴活佛新撰之书函类**

1 种，9 页。

ཧོར་ཚང་ཁྲི་ཆེན་འཇིགས་མེད་རིགས་པའི་སེང་གེ། 霍尔仓赤钦・吉迈柔贝多结 (1747—1815) 撰述。

西藏地区藏传佛教寺院印经院传抄之缮写本。

普通藏纸，梵夹装中印本 (43×5.3cm)，楷体，墨色，横书藏文六行，四周双栏，全。

索书号：001212/5。保存基本完好，今藏民族文化宫中国民族图书馆。

༄༅། །མཁན་ཆེན་ཐམས་ཅད་མཁྱེན་པ་ངག་དབང་ཆོས་གྲགས་ལ་ཕུལ་བའི་ཞུ་ཡིག་ཅེས་བྱ་བ་བཞུགས་སོ། །

**致堪钦一切智阿旺曲札书**

1 种，1 页。

ཨ་མེས་ངག་དབང་ཀུན་དགའ་བསོད་ནམས། 阿梅・阿旺衮噶索南 (1597—1660) 撰述。

西藏地区藏传佛教寺院印经院传抄之缮写本。

普通藏纸，梵夹装中印本 (45.6×6.3cm)，草体，墨色，横书藏文七行，四周双栏，全。

索书号：003220/163。保存基本完好，今藏民族文化宫中国民族图书馆。

༄༅། །མཁན་ཆེན་ཐམས་ཅད་མཁྱེན་པ་ངག་དབང་ཆོས་གྲགས་ལ་ཕུལ་བའི་ཞུ་ཡིག་ཅེས་བྱ་བ་བཞུགས་སོ། །

**致堪钦一切智阿旺曲札书**

1 种，2 页。

ཨ་མེས་ངག་དབང་ཀུན་དགའ་བསོད་ནམས། 阿梅・阿旺衮噶索南 (1597—1660) 撰述。

西藏地区藏传佛教寺院印经院传抄之缮写本。

普通藏纸，梵夹装中印本 (45.6 × 6.3cm)，草体，墨色，横书藏文七行，四周双栏，全。

索书号：003220/164。保存基本完好，今藏民族文化宫中国民族图书馆。

༄༅། །མཁས་གྲུབ་དགེ་ལེགས་དཔལ་བཟང་ལ་སྤྲིང་ཡིག་ཅེས་བྱ་བ་བཞུགས་སོ། །

**致凯珠・格勒白桑之书札**

1 种，11 页。

བྱང་པ་རྣམ་རྒྱལ་གྲགས་པ་བཟང་པོ། 强巴・南杰札巴桑波 (1395—1475) 撰述。

西藏地区藏传佛教寺院印经院传抄之缮写本。

普通藏纸，梵夹装中印本 (44 × 4.3cm)，草体，墨色，横书藏文七行，四周双栏，全。

索书号：004717/20。保存基本完好，今藏民族文化宫中国民族图书馆。

༄༅། །མཁས་དབང་ཟླ་ན་ས་ག་རས་ཞུ་ཡིག་ཞལ་བཀྲུས་ཞེས་བྱ་བ་བཞུགས་སོ། །

**大学者萨丹嘉措书抄**

1 种，1 页。

ཨ་མེས་ངག་དབང་ཀུན་དགའ་བསོད་ནམས། 阿梅・阿旺衮噶索南 (1597—1660) 撰述。

西藏地区藏传佛教寺院印经院传抄之缮写本。

普通藏纸，梵夹装中印本 (45.6 × 6.3cm)，草体，墨色，横书藏文七行，四周双栏，全。

索书号：003213/14。保存基本完好，今藏民族文化宫中国民族图书馆。

༄༅། །གོང་ས་སྐྱབས་མགོན་ཡབ་སྲས་ཀྱིས་མཚོན་པའི་བླ་མ་ཁག་ལ་ཞུ་ཡིག་དང་། སེར་སྐྱ་མཆོག་དམན་བར་མར་བསྐྱལ་བའི་ཆབ་ཤོག་གི་རིམ་པ་རྣམས་ཕྱོགས་གཅིག་ཏུ་བཀོད་པ་སྤེལ་ལེགས་མེ་ཏོག་གསར་པའི་དོ་ཤལ་ཞེས་བྱ་བ་བཞུགས་སོ། །

**最上怙主所代表之诸上师前呈献文书与致僧俗尊卑中庸诸人士之书札合编・善妙鲜花之璎珞**

1 种，83 页。

ཕ་བོང་ཁ་པ་བདེ་ཆེན་སྙིང་པོ། 帕邦喀巴・德钦宁波 (1878—1941) 撰述。

西藏地区藏传佛教寺院印经院木刻版之刻印本。

普通藏纸，梵夹装中印本 (49.1 × 5.9)，楷体，墨色，横刊藏文六行，四周双栏，全。

索书号：003296/2。保存基本完好，今藏民族文化宫中国民族图书馆。

༄༅། །གོང་ས་རིན་པོ་ཆེར་ཕུལ་བའི་ཞུ་ཡིག་དགེ་ལེགས་རྒྱ་ཆེན་མ་ཞེས་བྱ་བ་བཞུགས་སོ། །

**上佛王书・广大妙善篇**

1 种，4 页。

ལྕང་སྐྱ་རོལ་པའི་རྡོ་རྗེ། 章嘉・若贝多结 (1717—1786) 撰述。

北京地区藏传佛教皇家寺院印经院木刻版之刻印本。

普通纸，梵夹装中印本 (46.8 × 6.1cm)，楷体，墨色，横刊藏文六行，四周双栏，全。

索书号：000764/12。保存基本完好，今藏民族文化宫中国民族图书馆。

༄༅། །གོང་ས་རིན་པོ་ཆེར་ཕུལ་བའི་ཞུ་ཡིག་བདེ་འབྱུང་གཙུག་རྒྱན་མ་ཞེས་བྱ་བ་བཞུགས་སོ། །

**上佛王书 · 大自在天顶严篇**

1 种，4 页。

ལྕང་སྐྱ་རོལ་པའི་རྡོ་རྗེ། 章嘉 · 若贝多结 (1717—1786) 撰述。

北京地区藏传佛教皇家寺院印经院木刻版之刻印本。

普通纸，梵夹装中印本 (46.8 × 6.1cm)，楷体，墨色，横刊藏文六行，四周双栏，全。

索书号：000764/14。保存基本完好，今藏民族文化宫中国民族图书馆。

༄༅། །གོང་ས་རིན་པོ་ཆེར་ཕུལ་བའི་ཞུ་ཡིག་དཔལ་ལྡན་ཕུན་ཚོགས་མ་ཞེས་བྱ་བ་བཞུགས་སོ། །

**上佛王书 · 具德圆满篇**

1 种，4 页。

ལྕང་སྐྱ་རོལགཔའི་རྡོ་རྗེ། 章嘉 · 若贝多结 (1717—1786) 撰述。

北京地区藏传佛教皇家寺院印经院木刻版之刻印本。

普通纸，梵夹装中印本 (46.8 × 6.1cm)，楷体，墨色，横刊藏文六行，四周双栏，全。

索书号：000764/13。保存基本完好，今藏民族文化宫中国民族图书馆。

༄༅། །བྲ་ཉེ་ངག་དབང་དགེ་ལེགས་ལ་ཕུལ་བའི་ཆབ་ཤོག་ཐུགས་བསྐྱེད་མདོངས་མཐའ་བསྐྱུལ་བའི་དབྱར་སྐྱེས་ཟ་གསང་ཞེས་བྱ་བ་བཞུགས་སོ། །

**致扎聂 · 阿旺格勒书 · 发心感动孔雀起舞之雷音**

1 种，4 页。

པཎ་ཆེན་ཨེར་ཏེ་ནི་བློ་བཟང་ཐུབ་བསྟན་ཆོས་ཀྱི་ཉི་མ། 班禅额尔德尼 · 洛桑图丹却吉尼玛 (1883—1937) 撰述。

西藏自治区日喀则地区扎什伦布寺印经院木刻版之刻印本。

普通藏纸，梵夹装中印本 (45 × 6.5cm)，楷体，墨色，横刊藏文六行，四周双栏，全。

索书号：003548/20。保存基本完好，今藏民族文化宫中国民族图书馆。

༄༅། །སློ་བོ་མཁན་ཆེན་ལ་ཕུལ་བའི་ཞུ་ཡིག་ཅེས་བྱ་བ་བཞུགས་སོ། །

**致珞沃堪钦书**

1 种，2 页。

ས་ལོ་འཇམ་དབྱངས་ཀུན་དགའ་བསོད་ནམས། 萨迦译师 · 绛央衮噶索南 (4185—1533) 撰述。

西藏地区藏传佛教寺院印经院传抄之缮写本。

普通藏纸，梵夹装中印本 (45 × 5.3cm)，草体，墨色，横书藏文七行，四周双栏，全。

索书号：003215/20。保存基本完好，今藏民族文化宫中国民族图书馆。

༄༅། །དགེ་བཤེས་ཕྲས་ཆེན་པོ་ལ་སྤྲིངས་པ་ཞེས་བྱ་བ་བཞུགས་སོ། །

**致格西贝钦波书**

1 种，12 页。

ཕག་མོ་གྲུ་པ་རྡོ་རྗེ་རྒྱལ་པོ། 帕莫竹巴 · 多结嘉波 (1110—1170) 撰述。

西藏地区藏传佛教寺院印经院传抄之缮写本。

普通藏纸，梵夹装中印本 (45.3 × 5.8cm)，草体，墨色，横书藏文七行，四周双栏，全。

索书号：003852/49。保存基本完好，今藏民族文化宫中国民族图书馆。

༄༅། །རྒྱ་བོད་ཧོར་སོག་གི་མཆོག་དམན་བར་པ་རྣམས་ལ་འཕྲིན་ཡིག་སྙན་ངག་ཏུ་བཀོད་པ་རབ་སྙན་རྒྱུད་མངས་ཞེས་བྱ་བ་བཞུགས་སོ། །

**致汉藏蒙尊卑中庸三品大众诗咏书函·悦耳琵琶**

1种，289页。

ཏཱ་ལའི་བླ་མ་ངག་དབང་བློ་བཟང་རྒྱ་མཚོ། 达赖喇嘛·阿旺洛桑嘉措(1617—1682)撰述。

西藏自治区拉萨地区孜雪印经院木刻版之刻印本。

普通藏纸，梵夹装中印本(46.6×5.9cm)，楷体，墨色，横刊藏文六行，四周双栏，全。

索书号：003417/4。保存基本完好，今藏民族文化宫中国民族图书馆。

༄༅། །རྒྱ་བོད་ཧོར་གྱི་མཆོག་དམན་བར་པ་ལ་སོང་བའི་འཕྲིན་ཡིག་གི་རིམ་པ་་ཕྱོགས་གཅིག་ཏུ་བཀོད་པ་དཔྱོད་ལྡན་ཡིད་ཀྱི་ཤིང་རྟ་ཞེས་བྱ་བ་བཞུགས་སོ། །

**致汉蒙藏上中下三等人士书函次第合编·智者如意之车**

1种，79页。

ཏཱ་ལའི་བླ་མ་བསྐལ་བཟང་རྒྱ་མཚོ། 达赖喇嘛·格桑嘉措(1708—1757)撰述。

北京地区藏传佛教皇家寺院印经院木刻版之刻印本。

普通纸，梵夹装中印本(49.4×6.5cm)，楷体，墨色，横刊藏文六行，四周双栏，全。

索书号：001129/12。保存基本完好，今藏民族文化宫中国民族图书馆。

༄༅། །རྒྱ་བོད་ཧོར་གསུམ་གྱི་བླ་དཔོན་ཆེ་ཕྲ་མཆོག་དམན་བར་གསུམ་ལ་སྤྲིངས་པའི་ཡི་གེ་མཁས་པ་དགྱེས་བྱེད་ཀུན་བཟང་མཆོད་སྤྲིན་ཞེས་བྱ་བ་བཞུགས་སོ། །

**致汉藏蒙三区上中下僧侣与官员书·智者所悦普贤供养云**

1种，12页。

ཆེ་ཤོས་བློ་བཟང་བྱང་ཆུབ་བསྟན་པའི་སྒྲོན་མེ། 却西·洛桑强曲丹贝准美(1861—1933)撰述。

青海省湟中县鲁沙尔地区塔尔寺(固奔乾巴林)印经院木刻版之刻印本。

普通藏纸，梵夹装中印本(45.7×6.5cm)，楷体，墨色，横刊藏文六行，四周双栏，全。

索书号：003776/25。保存基本完好，今藏民族文化宫中国民族图书馆。

༄༅། །རྒྱལ་དབང་ཐམས་ཅད་མཁྱེན་པ་བློ་བཟང་སྐལ་བཟང་རྒྱ་མཚོ་དཔལ་བཟང་པོའི་ཞབས་པད་རིན་པོ་ཆེའི་དྲུང་དུ་ཕུལ་བའི་ཞུ་ཡིག་ཅེས་བྱ་བ་བཞུགས་སོ། །

**呈佛王一切智洛桑格桑嘉措座前之书信**

1种，5页。

ལྕང་སྐྱ་རོལ་པའི་རྡོ་རྗེ། 章嘉·若贝多结(1717—1786)撰述。

北京地区藏传佛教皇家寺院印经院木刻版之刻印本。

普通纸，梵夹装中印本(46.8×6.1cm)，楷体，墨色，横刊藏文六行，四周双栏，全。

索书号：000764/11。保存基本完好，今藏民族文化宫中国民族图书馆。

༄༅། །རྒྱལ་དབང་སྲིད་ཞིའི་གཙུག་རྒྱན་མཆོག་ལ་སྔ་ཕྱིར་ཕུལ་བ་སོགས་ཆབ་ཤོག་གི་སྐོར་འགའ་ཞིག་བཞུགས་སོ། །

**有寂之顶严尊上达赖座前先后上呈之部分书札类**

1 种，24 页。

ཞྭ་དམར་དགེ་འདུན་བསྟན་འཛིན་རྒྱ་མཚོ། 夏玛·格登丹增嘉措 (1852—1912) 撰述。

甘肃省甘南藏族自治州夏河县拉卜楞地区拉卜楞寺 ( 拉章扎西齐 ) 印经院木刻版之刻印本。

普通藏纸，梵夹装中印本 (45.8 × 6.4cm)，楷体，墨色，横刊藏文六行，四周双栏，全。

索书号：001256/13。保存基本完好，今藏民族文化宫中国民族图书馆。

༄༅། །རྒྱལ་རྩེ་བ་ལ་གནང་བའི་བཀའ་ཤོག་ཅེས་བྱ་བ་བཞུགས་སོ། །

**致江孜哇书**

1 种，2 页。

ས་ལོ་འཇམ་དབྱངས་ཀུན་དགའ་བསོད་ནམས། 萨迦译师·绛央衮噶索南 (1485—1533) 撰述。

西藏地区藏传佛教寺院印经院传抄之缮写本。

普通藏纸，梵夹装中印本 (45 × 5.3cm)，草体，墨色，横书藏文七行，四周双栏，全。

索书号：003215/27。保存基本完好，今藏民族文化宫中国民族图书馆。

༄༅། །སྒྲ་ཚད་པ་དཀོན་མཆོག་རྒྱལ་མཚན་ལ་གནང་བ་དང་བྱང་པ་ཆོས་རྗེ་རིན་ཆེན་བཟང་པོ་ལ་གནང་བའི་བཀའ་ཤོག་ཅེས་བྱ་བ་བཞུགས་སོ། །

**致扎策巴·衮却坚参书及姜巴法主仁钦桑波书**

1 种，4 页。

ས་ལོ་འཇམ་དབྱངས་ཀུན་དགའ་བསོད་ནམས། 萨迦译师·绛央衮噶索南 (1485—1533) 撰述。

西藏地区藏传佛教寺院印经院传抄之缮写本。

普通藏纸，梵夹装中印本 (45 × 5.3cm)，草体，墨色，横书藏文七行，四周双栏，全。

索书号：003215/24。保存基本完好，今藏民族文化宫中国民族图书馆。

༄༅། །ཨགས་ཟུར་ཧེ་ཧོར་སྤྲུལ་སྐུར་བསྐུལ་འཕྲིན་བཞུགས། །

**致阿苏·哲霍尔活佛书**

1 种，3 页。

པཎ་ཆེན་ཨེར་ཏེ་ནི་བློ་བཟང་ཐུབ་བསྟན་ཆོས་ཀྱི་ཉི་མ། 班禅额尔德尼·洛桑图丹曲吉尼玛 (1883—1937) 撰述。

西藏自治区日喀则地区扎什伦布寺印经院木刻版之刻印本。

普通藏纸，梵夹装中印本 (45 × 6.5cm)，楷体，墨色，横刊藏文六行，四周双栏，全。

索书号：003548/23。保存基本完好，今藏民族文化宫中国民族图书馆。

༄༅། །ཅོ་ནེ་བློ་བཟང་རྒྱ་མཚོར་བསྐུལ་བའི་ཆབ་ཤོག་ཅེས་བྱ་བ་བཞུགས་སོ། །

**赐卓尼·洛桑嘉措书**

1 种，4 页。

པཎ་ཆེན་ཨེར་ཏེ་ནི་བློ་བཟང་ཐུབ་བསྟན་ཆོས་ཀྱི་ཉི་མ། 班禅额尔德尼·洛桑图丹曲吉尼玛 (1883—1937) 撰述。

西藏自治区日喀则地区扎什伦布寺印经院木刻版之刻印本。

普通藏纸，梵夹装中印本 (45 × 6.5cm)，楷体，墨色，横刊藏文六行，四周双栏，全。

索书号：003548/16。保存基本完好，

今藏民族文化宫中国民族图书馆。

༄༅། །ཆབ་མདོ་འཕགས་པ་ལྷར་ཕྱུལ་བའི་ཞུ་ཡིག་བཞུགས། །

**致昌都帕巴拉书**

1 种，2 页。

ལྕང་སྐྱ་རོལ་པའི་རྡོ་རྗེ། 章嘉・若贝多结(1717—1786) 撰述。

北京地区藏传佛教皇家寺院印经院木刻版之刻印本。

普通纸，梵夹装中印本 (46.8×6.1cm)，楷体，墨色，横刊藏文五行，四周双栏，全。

索书号：000704/16。保存基本完好，今藏民族文化宫中国民族图书馆。

༄༅། །ཆབ་ཤོག་སྐོར་བཞུགས་སོ། །

**书函类**

1 种，10 页。

པཎ་ཆེན་ཨེར་ཏེ་ནི་བློ་བཟང་དཔལ་ལྡན་ཡེ་ཤེས། 班禅额尔德尼・洛桑白旦益希(1738—1780) 撰述。

西藏自治区日喀则地区扎什伦布寺印经院木刻版之刻印本。

普通藏纸，梵夹装中印本 (49.1×6.8cm)，楷体，墨色，横刊藏文六行，四周双栏，全。

索书号：000669/12。保存基本完好，今藏民族文化宫中国民族图书馆。

༄༅། །ཆབ་ཤོག་སྐོར་བཞུགས་སོ། །

**书札类**

1 种，8 页。

པཎ་ཆེན་ཨེར་ཏེ་ནི་བློ་བཟང་དཔལ་ལྡན་ཡེ་ཤེས། 班禅额尔德尼・洛桑白旦益希 (1738—1780) 撰述。

西藏自治区日喀则地区扎什伦布寺印经院木刻版之刻印本。

普通藏纸，梵夹装中印本 (49.1×6.8cm)，楷体，墨色，横刊藏文六行，四周双栏，全。

索书号：000673/31。保存基本完好，今藏民族文化宫中国民族图书馆。

༄༅། །ཆབ་ཤོག་གི་སྐོར་རྣམས་ཆབས་ཅིག་ཏུ་བསྡེབས་པ་ཞེས་བྱ་བ་བཞུགས་སོ། །

**诸书札类合编**

1 种，6 页。

པཎ་ཆེན་ཨེར་ཏེ་ནི་བློ་བཟང་དཔལ་ལྡན་ཡེ་ཤེས། 班禅额尔德尼・洛桑白旦益希 (1738—1780) 撰述。

西藏自治区日喀则地区扎什伦布寺印经院木刻版之刻印本。

普通藏纸，梵夹装中印本 (49.1×6.8cm)，楷体，墨色，横刊藏文六行，四周双栏，全。

索书号：003517/13。保存基本完好，今藏民族文化宫中国民族图书馆。

༄༅། །ཆབ་ཤོག་གི་སྐོར་སྣ་ཚོགས་བཞུགས་སོ། །

**各种书札类**

1 种，13 页。

པཎ་ཆེན་ཨེར་ཏེ་ནི་བློ་བཟང་ཐུབ་བསྟན་ཆོས་ཀྱི་ཉི་མ། 班禅额尔德尼・洛桑图丹却吉尼玛(1883—1937) 撰述。

西藏自治区日喀则地区扎什伦布寺印经院木刻版之刻印本。

普通藏纸，梵夹装中印本 (45×6.5cm)，楷体，墨色，横刊藏文六行，四周双栏，全。

索书号：003548/35。保存基本完好，今藏民族文化宫中国民族图书馆。

༄༅། །ཆབ་ཤོག་གི་རིམ་པ་འགའ་ཞིག་ཅེས་བྱ་བ་བཞུགས་སོ། །

**部分书札次第**

1 种，62 页。

ཀིརྟི་བློ་བཟང་འཕྲིན་ལས། 格迪・洛桑成勒 (1849—1905) 撰述。

甘肃省甘南藏族自治州碌曲县郎木地区朗木寺印经院木刻版之刻印本。

普通藏纸，梵夹装中印本 (44.8×6.1cm)，楷体，墨色，横刊藏文六行，四周双栏，全。

索书号：001085/24。保存基本完好，今藏民族文化宫中国民族图书馆。

༄༅། །ཆབ་ཤོག་གི་རིམ་པ་རྣམས་ཕྱོགས་གཅིག་ཏུ་བསྒྲིགས་པ་མིའམ་ཅིའི་གླུ་གར་བཞུགས། །

**各种书信次第合编・非人歌舞**

1 种，19 页。

མཁྱེན་བརྩེ་འོད་ཟེར་འཇིགས་མེད་གླིང་པ། 庆孜沃赛・吉迈林巴 (1729—1798) 撰述。

四川省甘孜藏族自治州德格县德格地区德格寺印经院木刻版之刻印本。

普通藏纸，梵夹装中印本 (48.5×6.7cm)，楷体，墨色，横刊藏文六行，四周双栏，全。

索书号：000541/36。保存基本完好，今藏民族文化宫中国民族图书馆。

༄༅། །ཆབ་ཤོག་འགའ་ཞིག་ཅེས་བྱ་བ་བཞུགས་སོ། །

**部分书札次第**

1 种，21 页。

དཔལ་མང་པཎྜི་ཏ་དཀོན་མཆོག་རྒྱལ་མཚན། 白芒班智达・恭却坚参 (1764—1853) 撰述。

甘肃省甘南地区藏传佛教噶旦曲科林寺印经院木刻版之刻印本。

普通藏纸，梵夹装中印本 (48×6.5cm)，楷体，墨色，横刊藏文六行，四周双栏，全。

索书号：000822/6。保存基本完好，今藏民族文化宫中国民族图书馆。

༄༅། །ཆབ་ཤོག་སྙན་ངགས་འགའ་ཞིག་ཕྱོགས་སུ་བཀོད་པ་དྲི་ཟའི་འཛིག་རྟེན་མངོན་པར་དགའ་བའི་གླུ་གར་ཞེས་བྱ་བ་བཞུགས་སོ། །

**部分诗词书札合编・乾闼婆世间现喜之舞蹈**

1 种，11 页。

ཆོས་དཔལ་ཞིང་བློ་བཟང་རྒྱ་མཚོ། 曲辛白・洛桑嘉措 (1855—1923) 撰述。

甘肃省甘南藏族自治州夏河县拉卜楞地区拉卜楞寺 ( 拉章扎喜齐 ) 印经院木刻版之刻印本。

普通藏纸，梵夹装中印本 (48.1×6.1cm)，楷体，墨色，横刊藏文六行，四周双栏，全。

索书号：001225/9。保存基本完好，今藏民族文化宫中国民族图书馆。

༄༅། །ཆབ་ཤོག་སྙན་ངགས་ལེ་ཚན་བཞུགས་སོ། །

**诗体书札类**

**1 种，3 页。**

ལྕང་སྐྱ་རོལ་པའི་རྡོ་རྗེ། 章嘉・若贝多结 (1717—1786) 撰述。

北京地区藏传佛教皇家寺院印经院木刻版之刻印本。

普通纸，梵夹装中印本 (46.8×6.1cm)，楷体，墨色，横刊藏文五行，四周双栏，全。

索书号：000764/23。保存基本完好，今藏民族文化宫中国民族图书馆。

༄༅། །ཆབ་ཤོག་མཐོ་རིས་དཔལ་མོའི་རྣ་རྒྱན་ཨུཏྤལ་ཕྲེང་མཛེས་བཞུགས། །

**书札类・增上吉祥母之耳饰・青莲美鬘**

1 种，26 页。

རྒྱལ་མཁན་པོ་གྲགས་པ་རྒྱལ་མཚན། 嘉堪波·札巴坚参 (1762—1836) 撰述。

甘肃省甘南藏族自治州夏河县拉卜楞地区拉卜楞寺（拉章扎喜齐）印经院木刻版之刻印本。

普通藏纸，梵夹装中印本 (47.4×6.3cm)，楷体，墨色，横刊藏文六行，四周双栏，全。

索书号：000850/30。保存基本完好，今藏民族文化宫中国民族图书馆。

༄༅། །ཆབ་ཤོག་འཐོར་བུ་འགའ་ཞིག་བཞུགས་སོ། །

**部分零散书札**

1种，8页。

པཎ་ཆེན་ཨེར་དེ་ནི་བློ་བཟང་ཐུབ་བསྟན་ཆོས་ཀྱི་ཉི་མ། 班禅额尔德尼·洛桑图丹曲吉尼玛 (1883—1937) 撰述。

西藏自治区日喀则地区扎什伦布寺印经院木刻版之刻印本。

普通藏纸，梵夹装中印本 (45×6.5cm)，楷体，墨色，横刊藏文六行，四周双栏，全。

索书号：003548/36。保存基本完好，今藏民族文化宫中国民族图书馆。

༄༅། །ཆབ་ཤོག་སྣ་ཚོགས་ཀྱི་སྐོར་བཞུགས་སོ། །

**各种书札类**

1种，9页。

ཀེའུ་ཚང་བློ་བཟང་འཇམ་དབྱངས་སྨོན་ལམ། 格邬仓·洛桑绛央孟兰 (1750—1814) 撰述。

四川省甘孜藏族自治州甘孜县甘孜地区甘孜寺印经院木刻版之刻印本。。

普通藏纸，梵夹装中印本 (54.4×7.1cm)，楷体，墨色，横书藏文六行，四周双栏，全。

索书号：000791/10。保存基本完好，今藏民族文化宫中国民族图书馆。

༄༅། །ཆབ་ཤོག་ཕྱོགས་གཅིག་ཏུ་བསྒྲིགས་པ་ཞེས་བྱ་བ་བཞུགས་སོ། །

**书函合编**

1种，21页。

པཎ་ཆེན་ཨེར་དེ་ནི་བློ་བཟང་དཔལ་ལྡན་ཆོས་ཀྱི་གྲགས་པ་བསྟན་པའི་དབང་ཕྱུག 班禅额尔德尼·洛桑白旦却吉札巴丹贝旺秋 (1855—1882) 撰述。

西藏自治区日喀则地区扎什伦布寺印经院之刻印本。

普通藏纸，梵夹装中印本 (47.2×6.4cm)，楷体，墨色，横刊藏文六行，四周双栏，全。

索书号：000720/13。保存基本完好，今藏民族文化宫中国民族图书馆。

༄༅། །ཆབ་ཤོག་བཞུགས་སོ། །

**书信类**

1种，4页。

གུ་གེ་ཡོངས་འཛིན་བློ་བཟང་བསྟན་འཛིན། 古格雍增·洛桑丹增 (1748—1813) 撰述。

西藏地区藏传佛教寺院印经院木刻版之刻印本。

普通藏纸，梵夹装中印本 (48.2×6.5cm)，楷体，墨色，横刊藏文六行，四周双栏，全。

索书号：003831/19。保存基本完好，今藏民族文化宫中国民族图书馆。

༄༅། །ཆེན་སྟག་ཡོན་མཆོད་ལ་སྤྲིང་བ་ཐོག་མདའ་དམར་པོ་བཞུགས། །

**致琼杜施主与福田书·红霹雳**

1种，9页。

དྲུང་ཆེན་མཁའ་སྤྱོད་པ་ནམ་མཁའ་རྒྱལ་མཚན། 仲钦喀觉巴·南喀坚参 (1370—1433) 撰述。

西藏地区藏传佛教寺院印经院传抄之缮写本。

普通藏纸，梵夹装中印本 (45.3×5.2cm)，草体，墨色，横书藏文七行，四周双栏，全。

索书号：003920/8。保存基本完好，今藏民族文化宫中国民族图书馆。

༄༅། །ཆོས་རྒྱལ་ནོར་བུ་ལ་ཕུལ་བའི་ཞུ་ཡིག་ཅེས་བྱ་བ་བཞུགས་སོ། །

**法王诺布之呈文**

1 种，3 页。

གློ་བོ་མཁན་ཆེན་བསོད་ནམས་ལྷུན་གྲུབ། 珞沃堪钦·索南伦珠 (1441—1525) 撰述。

四川省甘孜藏族自治州德格县德格地区德格寺印经院木刻版之刻印本。

普通藏纸，梵夹装中印本 (47.1×6.1cm)，楷体，墨色，横刊藏文六行，四周双栏，全。

索书号：003838/30。保存基本完好，今藏民族文化宫中国民族图书馆。

༄༅། །ཆོས་རྗེ་རིན་པོ་ཆེ་ཆོས་རྒྱལ་བའི་དྲུང་དུ་ཞུ་ཡིག་ཅེས་བྱ་བ་བཞུགས་སོ། །

**呈法王书**

1 种，2 页。

བྱང་པ་རྣམ་རྒྱལ་གྲགས་པ་བཟང་པོ། 强巴·南杰札巴桑波 (1395—1475) 撰述。

西藏地区藏传佛教寺院印经院传抄之缮写本。

普通藏纸，梵夹装中印本 (44×4.3cm)，草体，墨色，横书藏文七行，四周双栏，全。

索书号：004717/3。保存基本完好，今藏民族文化宫中国民族图书馆。

༄༅། །ཆོས་ལས་པ་རཏྣ་རྡྷ་ཛ་དང་རབ་འབྱམས་སྨྲ་བ་ཀུན་དགའ་བསམ་འགྲུབ་གཉིས་ལ་ཐུན་མོང་དུ་སྤྲིངས་ཡིག་ཅེས་བྱ་བ་བཞུགས་སོ། །

**致曲勒巴·仁钦坚参及饶绛巴·衮噶萨珠书**

1 种，2 页。

ཨ་མེས་ངག་དབང་ཀུན་དགའ་བསོད་ནམས། 阿梅·阿旺衮噶索南 (1597—1660) 撰述。

西藏地区藏传佛教寺院印经院传抄之缮写本。

普通藏纸，梵夹装中印本 (45.6×6.3cm)，草体，墨色，横书藏文七行，四周双栏，全。

索书号：003220/191。保存基本完好，今藏民族文化宫中国民族图书馆。

༄༅། །ཆོས་ལས་པ་རིན་ཆེན་རྒྱལ་མཚན་ལ་བསྐུར་བའི་ཡི་གེ་ཞེས་བྱ་བ་བཞུགས་སོ། །

**致曲勒巴·仁钦坚参书**

1 种，1 页。

ཨ་མེས་ངག་དབང་ཀུན་དགའ་བསོད་ནམས། 阿梅·阿旺衮噶索南 (1597—1660) 撰述。

西藏地区藏传佛教寺院印经院传抄之缮写本。

普通藏纸，梵夹装中印本 (45.6×6.3cm)，草体，墨色，横书藏文七行，四周双栏，全。

索书号：003220/186。保存基本完好，今藏民族文化宫中国民族图书馆。

༄༅། །མཆེད་ཟློག་ཆེན་པོ་ལ་མདོ་ཁམས་སུ་སྤྲིངས་པ་ཞེས་བྱ་བ་བཞུགས་སོ། །

**致多康至友莫钦波书**

1 种，7 页。

ཕག་མོ་གྲུ་པ་རྡོ་རྗེ་རྒྱལ་པོ། 帕莫竹巴·多结嘉波 (1110—1170) 撰述。

西藏地区藏传佛教寺院印经院传抄之

缮写本。

普通藏纸，梵夹装中印本(45.3×5.8cm)，草体，墨色，横书藏文七行，四周双栏，全。

索书号：003852/48。保存基本完好，今藏民族文化宫中国民族图书馆。

༄༅། །མཆོག་དམན་དུ་མར་བསྐུལ་བའི་འཕྲིན་ཡིག་གི་རིམ་པ་ངོ་མཚར་ཨུཏྤལའི་ཆུན་པོ་ཞེས་བྱ་བ་བཞུགས་སོ། །

**致诸尊卑人士之书札次第·稀有青莲束**

1种，11页。

ཐར་ཤུལ་དགེ་འདུན་ཆོས་སྐྱོང་རྒྱ་མཚོ། 塔秀·格登曲迥嘉措(1811—1885)撰述。

青海省湟中县鲁沙尔地区塔尔寺(固奔乾巴林)印经院木刻版之刻印本。

普通藏纸，梵夹装中印本(44.5×6.5cm)，楷体，墨色，横刊藏文六行，四周双栏，全。

索书号：001227/20。保存基本完好，今藏民族文化宫中国民族图书馆。

༄༅། །ཛའི་སང་རབ་འབྱམས་པ་ངག་དབང་བསྟན་འཛིན་ལ་གནང་བའི་འཕྲིན་ཆུང་ཞེས་བྱ་བ་བཞུགས་སོ། །

**致吉桑饶绛巴·阿旺丹增书函**

1种，17页。

ལྕང་སྐྱ་རོལ་པའི་རྡོ་རྗེ། 章嘉·若贝多结(1717—1786)撰述。

北京地区藏传佛教皇家寺院印经院木刻版之刻印本。

普通纸，梵夹装中印本(46.8×6.1cm)，楷体，墨色，横刊藏文五行，四周双栏，全。

索书号：000764/20。保存基本完好，今藏民族文化宫中国民族图书馆。

༄༅། །འཇམ་དབྱངས་བཞད་པའི་སྤྲུལ་སྐུ་རིན་པོ་ཆེའི་འཕྲིན་ཡིག་གི་ལན་ཞེས་བྱ་བ་བཞུགས་སོ། །

**答嘉木样协巴活佛书**

1种，5页。

ལྕང་སྐྱ་རོལ་པའི་རྡོ་རྗེ། 章嘉·若贝多结(1717—1786)撰述。

北京地区藏传佛教皇家寺院印经院木刻版之刻印本。

普通纸，梵夹装中印本(46.8×6.1cm)，楷体，墨色，横刊藏文五行，四周双栏，全。

索书号：000764/18。保存基本完好，今藏民族文化宫中国民族图书馆。

༄༅། །འཇིག་རྟེན་དབང་ཕྱུག་དཔལ་ཀརྨ་པའི་དྲུང་དུ་ཕུལ་བའི་ཞུ་ཡིག་ཅེས་བྱ་བ་བཞུགས་སོ། །

**上呈世间自在佛嘎玛巴书**

1种，41页。

སི་ཏུ་ཆོས་ཀྱི་འབྱུང་གནས། 司都·曲吉迥乃(1699—1774)撰述。

四川省甘孜藏族自治州德格县八邦地区八邦寺印经院木刻版之刻印本。

普通藏纸，梵夹装中印本(46.5×7cm)，楷体，墨色，横刊藏文六行，四周双栏，全。

索书号：006143/9。保存基本完好，今藏民族文化宫中国民族图书馆。

༄༅། །རྗེ་དོན་ཡོད་མཁས་གྲུབ་ཀྱི་གསུང་འབུམ་ལས་ཆབ་ཤོག་གི་རིམ་པ་ཞེས་བྱ་བ་བཞུགས་སོ། །

**顿悦凯珠文集中书札次第**

1种，4页。

ཞོག་དཀའ་བཅུ་དོན་ཡོད་མཁས་གྲུབ། 雪嘎局·顿悦凯珠(生卒年不详)撰述。

西藏自治区拉萨地区布达拉宫印经院木刻版之刻印本。

普通藏纸，梵夹装中印本(50×6.7cm)，楷体，墨色，横刊藏文六行，四周双栏，全。

索书号：000942/27。保存基本完好，今藏民族文化宫中国民族图书馆。

༄༅། །རྗེ་བཙུན་འཇམ་དབྱངས་བཞད་པའི་རྡོ་རྗེའི་གསུང་འབུམ་ཁྲིགས་ཆགས་སུ་བསྡེབས་པ་ལས་ཆབ་ཤོག་སྙན་དངགས་ཀྱི་སྐོར་ཞེས་བྱ་བ་བཞུག་སོ། །

**至尊嘉木样协巴多结文集列编中书札诗词类**

1种，10页。

འཇམ་དབྱངས་བཞད་པ་ངག་དབང་བརྩོན་འགྲུས། 嘉木样协巴阿旺宗哲 (1648—1721) 撰。

甘肃省甘南藏族自治州夏河县拉卜楞地区拉卜楞寺（拉章扎喜齐）印经院木刻版之刻印本。

普通藏纸，梵夹装中印本 (47.2×6.8cm)，楷体，墨色，横刊藏文六行，四周双栏，全。

索书号：000853/10。保存基本完好，今藏民族文化宫中国民族图书馆。

༄༅། །རྗེ་བཙུན་ཐམས་ཅད་མཁྱེན་པའི་གསུང་འབུམ་ཐོར་བུ་བ་ལས་ཆབ་ཤོག་སྙན་ངག་གི་སྐོར་རྣམས་བཞུགས་སོ། །

**至尊一切智文集中书札诗词类**

1种，122页。

དྭ་ལའི་བླ་མ་དགེ་འདུན་རྒྱ་མཚོ། 达赖喇嘛·格登嘉措 (1476—1541) 撰述。

西藏自治区拉萨地区孜雪印经院（雪域利乐宝库）木刻版之刻印本。

普通藏纸，梵夹装中印本 (48.2×6.2)，楷体，墨色，横刊藏文六行，四周双栏，全。

索书号：001164/15。保存基本完好，今藏民族文化宫中国民族图书馆。

༄༅། །སྙན་དངགས་ཀྱི་ལམ་ནས་དྲངས་པའི་འཕྲིན་ཡིག་གི་སྐོར་ཨུཏྤལ་དགའ་ཚལ་རྒྱས་པའི་དྲི་བཟང་ཞེས་བྱ་བ་བཞུགས་སོ། །

**由诗词道而作之书札类·青莲苑花开之芬香**

1种，44页。

ཚས་པ་རྒྱ་མཁར་བ་ངག་དབང་དགེ་འདུན་རྒྱ་མཚོ། 齐巴嘉喀哇·阿旺格登嘉措 (1839—1905) 撰述。

甘肃省甘南藏族自治州夏河县拉卜楞地区拉卜楞寺（拉章扎西齐）印经院木刻版之刻印本。

普通藏纸，梵夹装中印本 (47.3×6.5cm)，楷体，墨色，横刊藏文六行，四周双栏，全。

索书号：001166/23。保存基本完好，今藏民族文化宫中国民族图书馆。

༄༅། །གཏིང་སྐྱེས་སྤྲུལ་བའི་སྐུར་ཕུལ་བའི་ཞུ་ཤོག་བསྐལ་བྱང་ཡིད་ཀྱི་རེ་བ་ཀུན་སྐོང་ཞེས་བྱ་བ་བཞུགས་སོ། །

**致顶济活佛书信记录·普满心愿**

1种，6页。

པཎ་ཆེན་ཨེར་ཏེ་ནི་བློ་བཟང་ཐུབ་བསྟན་ཆོས་ཀྱི་ཉི་མ། 班禅额尔德尼·洛桑图丹却吉尼玛 (1883—1937) 撰述。

西藏自治区日喀则地区扎什伦布寺印经院木刻版之刻印本。

普通藏纸，梵夹装中印本 (45×6.5cm)，楷体，墨色，横刊藏文六行，四周双栏，全。

索书号：003548/24。保存基本完好，今藏民族文化宫中国民族图书馆。

༄༅། །རྟ་འབུལ་དུས་རྒྱ་ནག་རྒྱལ་པོ་ལ་ཕུལ་བའི་ཞུ་ཡིག་ཅེས་བྱ་བ་བཞུགས་སོ། །

**献马时上中央皇帝之呈文**

1种，2页。

ས་ལོ་འཇམ་དབྱངས་ཀུན་དགའ་བསོད་ནམས། 萨迦译师·绛央衮噶索南 (1485—1533) 撰述。

西藏地区藏传佛教寺院印经院传抄之缮写本。

普通藏纸，梵夹装中印本 (45×5.3cm)，草体，墨色，横书藏文七行，四周双栏，全。

索书号：003215/18。保存基本完好，今藏民族文化宫中国民族图书馆。

༄༅། །སྟོན་པ་ལ་ཕྲིན་དུ་གསོལ་བ་སོགས་ཕྲིན་ཡིག་གི་སྐོར་ཞེས་བྱ་བ་བཞུགས་སོ། །

**佛祖启请书等书函类**

1 种，12 页。

རེད་མདའ་བ་གཞོན་ནུ་བློ་གྲོས། 热达哇·雄努洛哲 (1349—1412) 撰述。

西藏地区藏传佛教寺院印经院传抄之缮写本。

普通藏纸，梵夹装中印本 (44×4.3cm)，草体，墨色，横书藏文七行，四周双栏，全。

索书号：006117/25。保存基本完好，今藏民族文化宫中国民族图书馆。

༄༅། །བསྟན་པའི་རྩ་ལག་དམ་པ་སྐུ་འབུམ་ཆེ་ཚོས་སྤྲུལ་པའི་སྐུ་རིན་པོ་ཆེར་ཕུལ་བའི་ཞུ་འཕྲིན་ཞེས་བྱ་བ་བཞུགས་སོ། །

**致圣教本支大德固奔（塔尔寺）却西活佛书**

1 种，2 页。

པཎ་ཆེན་ཨེར་དེ་ནི་བློ་བཟང་ཐུབ་བསྟན་ཆོས་ཀྱི་ཉི་མ། 班禅额尔德尼·洛桑图丹却吉尼玛 (1883—1937) 撰述。

西藏自治区日喀则地区扎什伦布寺印经院木刻版之刻印本。

普通藏纸，梵夹装中印本 (45×6.5cm)，楷体，墨色，横刊藏文六行，四周双栏，全。

索书号：003548/33。保存基本完好，今藏民族文化宫中国民族图书馆。

༄༅། །ཐམས་ཅད་མཁྱེན་པ་འཇིག་རྟེན་གྱི་མིག་གཅིག་ཞ་ལུ་ལོ་ཆེན་ལ་ཕུལ་བའི་ཞུ་ཡིག་འཇམ་དབྱངས་དགེས་པའི་ཅོད་པན་ཞེས་བྱ་བ་བཞུགས་སོ། །

**致一切智世间慧眼夏鲁大译师书·文殊喜悦之冠**

1 种，4 页。

ས་ལོ་འཇམ་དབྱངས་ཀུན་དགའ་བསོད་ནམས། 萨迦译师·绛央衮噶索南 (1485—1533) 撰述。

西藏地区藏传佛教寺院印经院传抄之缮写本。

普通藏纸，梵夹装中印本 (45×5.3cm)，草体，墨色，横书藏文七行，四周双栏，全。

索书号：003215/23。保存基本完好，今藏民族文化宫中国民族图书馆。

༄༅། །ཐུབ་བསྟན་གདན་ས་པ་ཆོས་རྣམ་རྒྱལ་ལ་གནང་བའི་བཀའ་ཤོག་ཅེས་བྱ་བ་བཞུགས་སོ། །

**致土丹寺座主曲南杰之文书**

1 种，2 页。

ཨ་མེས་ངག་དབང་ཀུན་དགའ་བསོད་ནམས། 阿梅·阿旺衮噶索南 (1597—1660) 撰述。

西藏地区藏传佛教寺院印经院传抄之缮写本。

普通藏纸，梵夹装中印本 (45.6×6.3cm)，草体，墨色，横书藏文七行，四周双栏，全。

索书号：003320/184。保存基本完好，今藏民族文化宫中国民族图书馆。

༄༅། །དམ་ཕུད་དང་ཆབ་ཤོག་གི་སྐོར་བཞུགས་སོ། །

**献新誓言与书信类**

1 种，69 页。

ཇོ་ནང་པ་ཀུན་དགའ་གྲོལ་མཆོག 觉囊巴·衮噶卓却 (1507—1575) 撰述。

西藏地区藏传佛教寺院印经院传抄之缮写本。

普通藏纸，梵夹装中印本 (46×5.3cm)，草体，墨色，横书藏文七行，四周双栏，全。

索书号：004511/3。保存基本完好，今藏民族文化宫中国民族图书馆。

༄༅། །བདག་ཆེན་ཀུན་ལེགས་པ་ལ་གནང་བའི་བཀའ་ཤོག་མ་བུ་བཞུགས་སོ། །

**致达钦衮勒巴书子母篇**

1 种，3 页。

ས་སྐྱ་ངག་དབང་ཀུན་དགའ་རིན་ཆེན། 萨迦·阿旺衮噶仁钦 (1517—1584) 撰述。

西藏地区藏传佛教寺院印经院传抄之缮写本。

普通藏纸，梵夹装中印本 (44.8×5.8cm)，草体，墨色，横书藏文七行，四周双栏，全。

索书号：003214/26。保存基本完好，今藏民族文化宫中国民族图书馆。

༄༅། །བདག་ཆེན་འཇམ་པའི་དབྱངས་ལ་ཕུལ་བའི་ཞུ་ཡིག་བཞུགས་སོ། །

**呈大长绛贝央书**

1 种，2 页。

ངོར་ཆེན་དཀོན་མཆོག་ལྷུན་གྲུབ། 俄钦·恭却伦珠 (1497—1540) 撰述。

四川省甘孜藏族自治州德格县德格地区德格寺印经院木刻版之刻印本。

普通藏纸，梵夹装中印本 (46.5×6.5cm)，楷体，墨色，横刊藏文六行，四周双栏，全。

索书号：003773/10。保存基本完好，今藏民族文化宫中国民族图书馆。

༄༅། །འདམ་ཐོག་བསེབ་རྫོང་རྒྱལ་པོར་སྤྲིངས་ཡིག་ཅེས་བྱ་བ་བཞུགས་སོ། །

**致丹托·赛绒嘉波书**

1 种，3 页。

ས་སྐྱ་ཀུན་དགའ་བློ་གྲོས། 萨迦·衮噶洛哲 (1729—1783) 撰述。

西藏地区藏传佛教寺院印经院传抄之缮写本。

普通藏纸，梵夹装中印本 (45.2×5.6cm)，草体，墨色，横书藏文七行，四周双栏，全。

索书号：003231/31。保存基本完好，今藏民族文化宫中国民族图书馆。

༄༅། །མདོ་སྨད་བཀྲ་ཤིས་འཁྱིལ་ནས་དཔལ་མང་སྤྲུལ་སྐུ་གང་གིས་ཞུ་ཡིག་ཕུལ་ལན་སེམས་པོའི་མགྲིན་སྒྲེས་ཞེས་བྱ་བ་བཞུགས་སོ། །

**致多麦区扎喜齐（拉卜楞寺）阿芒活佛来函之复书·梵天歌声**

1 种，3 页。

པཎ་ཆེན་ཨེར་དེ་ནི་བློ་བཟང་ཐུབ་བསྟན་ཆོས་ཀྱི་ཉི་མ། 班禅额尔德尼·洛桑图丹却吉尼玛 (1883—1937) 撰述。

西藏自治区日喀则地区扎什伦布寺印经院木刻版之刻印本。

普通藏纸，梵夹装中印本 (45×6.5cm)，楷体，墨色，横刊藏文六行，四周双栏，全。

索书号：003548/28。保存基本完好，今藏民族文化宫中国民族图书馆。

༄༅། །མདོ་སྨད་སྤྲ་རྒྱལ་སྲས་སྤྲུལ་སྐུ་མངའ་བདག་འཕགས་མཆོག་ཆོས་སྐུ་ནས་ཆབ་ཤོག་འབྱོར་བའི་བཀའ་ལན་དགྱེད་ཀྱི་རྒྱལ་མོའི་དབྱངས་སྙན་ཞེས་བྱ་བ་བཞུགས་སོ། །

**多麦区布嘉赛活佛来函之复书·杜鹃歌声**

1 种，3 页。

པཎ་ཆེན་ཨེར་དེ་ནི་བློ་བཟང་ཐུབ་བསྟན་ཆོས་ཀྱི་ཉི་མ། 班禅额尔德尼・洛桑图丹却吉尼玛(1883—1937) 撰述。

西藏自治区日喀则地区扎什伦布寺印经院木刻版之刻印本。

普通藏纸，梵夹装中印本(45×6.5cm)，楷体，墨色，横刊藏文六行，四周双栏，全。

索书号：003548/27。保存基本完好，今藏民族文化宫中国民族图书馆。

༄༅། །རྡོ་རྗེ་འཆང་ཞང་སྟོན་ཆོས་ཀྱི་རྒྱལ་པོའི་བཀའ་འབུམ་ལས་ཆབ་ཤོག་གི་སྐོར་བཞུགས་སོ། །

**金刚持祥敦法王文集中书札类**

1 种，29 页。

ཞང་སྟོན་བསྟན་པ་རྒྱ་མཚོ། 祥敦・丹巴嘉措 (1825—1895) 撰述。

甘肃省甘南藏族自治州夏河县拉卜楞地区拉卜楞寺(拉章扎喜齐)印经院木刻版之刻印本。

普通藏纸，梵夹装中印本(46.6×6.4cm)，楷体，墨色，横刊藏文六行，四周双栏，全。

索书号：000940/1。保存基本完好，今藏民族文化宫中国民族图书馆。

༄༅། །གནས་སར་པ་ལ་གནང་བའི་བཀའ་ཤོག་ཅེས་བྱ་བ་བཞུགས་སོ། །

**致奈萨哇书**

1 种，10 页。

ས་ལོ་འཇམ་དབྱངས་ཀུན་དགའ་བསོད་ནམས། 萨迦译师・绛央衮噶索南 (1485—1533) 撰述。

西藏地区藏传佛教寺院印经院传抄之缮写本。

普通藏纸，梵夹装中印本(45×5.3cm)，草体，墨色，横书藏文七行，四周双栏，全。

索书号：003215/29。保存基本完好，今藏民族文化宫中国民族图书馆。

༄༅། །པཎ་ཆེན་མཆོག་སྤྲུལ་རིན་པོ་ཆེ་བློ་བཟང་དཔལ་ལྡན་ཡེ་ཤེས་ཞལ་སྔ་ནས་འབུལ་བའི་ཞུ་ཤོག་ཞབས་བརྟན་འབུལ་དུས་ཀྱི་ཚིགས་བཅད་བཅས་བཞུགས་སོ། །

**呈班禅活佛洛桑白旦益希书信・请长久住世颂文等**

1 种，4 页。

ལྕང་སྐྱ་རོལ་པའི་རྡོ་རྗེ། 章嘉・若贝多结 (1717—1786) 撰述。

北京地区藏传佛教皇家寺院印经院木刻版之刻印本。

普通纸，梵夹装中印本(46.8×6.1cm)，楷体，墨色，横刊藏文五行，四周双栏，全。

索书号：000764/17。保存基本完好，今藏民族文化宫中国民族图书馆。

༄༅། །པཎ་ཆེན་ཐམས་ཅད་མཁྱེན་པ་བློ་བཟང་དཔལ་ལྡན་བསྟན་པའི་ཉི་མ་ཕྱོགས་ལས་རྣམ་རྒྱལ་དཔལ་བཟང་པོའི་ཞལ་སྔ་ནས་བསླབ་བྱའི་ཚུལ་དུ་གདམས་པའི་ཆབ་ཤོག་ཅེས་བྱ་བ་བཞུགས་སོ། །

**班禅一切智洛桑白旦丹巴尼玛乔勒南杰大师之训诲教言书札注释**

1 种，9 页。

རྒྱ་ནག་པ་འཇམ་དབྱངས་བསྟན་པའི་ཉི་མ། 嘉那巴・绛央丹贝尼玛 (1686—1738) 撰述。

甘肃省甘南藏族自治州夏河县拉卜楞地区拉卜楞寺(拉章扎喜齐)印经院木刻版之刻印本。

普通藏纸，梵夹装中印本(47.2×6.5cm)，楷体，墨色，横刊藏文六行，四周双栏，全。

索书号：001078/10。保存基本完好，今藏民族文化宫中国民族图书馆。

༄༅། །དཔོན་ས་བཀྲ་ཤིས་ཚེ་རིང་བསོད་ནམས་རྒྱལ་མོ་ལ་སྤྲིངས་ཡིག་ཅེས་བྱ་བ་བཞུགས་སོ། །

**致奔萨·扎喜慈仁索南嘉莫书**

1 种，1 页。

ཨ་མེས་ངག་དབང་ཀུན་དགའ་བསོད་ནམས། 阿梅·阿旺衮噶索南 (1597—1660) 撰述。

西藏地区藏传佛教寺院印经院传抄之缮写本。

普通藏纸，梵夹装中印本 (45.6×6.3cm)，草体，墨色，横书藏文七行，四周双栏，全。

索书号：003320/175。保存基本完好，今藏民族文化宫中国民族图书馆。

༄༅། །དཔྱོད་ལྡན་མགུ་བ་སྐྱེད་པའི་འཕྲིན་ཡིག་གི་རིམ་པ་ཚངས་པའི་སྒྲ་དབྱངས་ཞེས་བྱ་བ་བཞུགས་སོ། །

**智者生喜之书信次第·梵天之音**

1 种，6 页。

སྟག་ཕུ་གར་དབང་བློ་བཟང་ཆོས་ཀྱི་དབང་ཕྱུག 达普·噶旺洛桑曲吉旺秋 (18 世纪中叶 ) 撰述。

西藏地区藏传佛教寺院印经院传抄之缮写本。

普通藏纸，梵夹装中印本 (45.4×5.2cm)，草体，墨色，横书藏文七行，四周双栏，全。

索书号：003835/24。保存基本完好，今藏民族文化宫中国民族图书馆。

༄༅། །སྤྲིང་ཡིག་སློབ་མ་ལ་ཕན་པ་ཞེས་བྱ་བ་བཞུགས་སོ། །

**利益弟子书**

1 种，76 页。

ངོར་ཆེན་ཀུན་དགའ་བཟང་པོ། 俄钦·衮噶桑波 (1382—1456) 撰述。

四川省甘孜藏族自治州德格县德格地区德格寺印经院木刻版之刻印本。

普通藏纸，梵夹装中印本 (48.5×6.5cm)，楷体，墨色，横刊藏文六行，四周双栏，全。

索书号：000504/5。保存基本完好，今藏民族文化宫中国民族图书馆。

༄༅། །སྤྲུལ་སྐུ་འཁྲུངས་མིན་བརྟགས་པའི་ཞུ་འཕྲིན་ཅེས་བྱ་བ་བཞུགས་སོ། །

**有关活佛转世与否之占卜书**

1 种，3 页。

ཨ་མེས་ངག་དབང་ཀུན་དགའ་བསོད་ནམས། 阿梅·阿旺衮噶索南 (1597—1660) 撰述。

西藏地区藏传佛教寺院印经院传抄之缮写本。

普通藏纸，梵夹装中印本 (45.6×6.3cm)，草体，墨色，横书藏文七行，四周双栏，全。

索书号：003213/15。保存基本完好，今藏民族文化宫中国民族图书馆。

༄༅། །ཕྱོགས་བཅུའི་སངས་རྒྱས་དང་བྱང་ཆུབ་སེམས་དཔའ་རྣམས་ལ་ཞུ་བའི་འཕྲིན་ཡིག་ཅེས་བྱ་བ་བཞུགས་སོ། །

**上十方诸菩萨书**

1 种，15 页。

ས་སྐྱ་ཀུན་དགའ་རྒྱལ་མཚན། 萨迦·衮噶坚参 (1182—1251) 撰述。

四川省甘孜藏族自治州德格县德格地区德格寺印经院木刻版之刻印本。

普通藏纸，梵夹装中印本 (47.7×6.2cm)，楷体，墨色，横刊藏文六行，四周双栏，全。

索书号：000355/3。保存基本完好，今藏民族文化宫中国民族图书馆。

༄༅། །ཕྲིན་ཡིག་སྣ་ཚོགས་ཀྱི་རིམ་པ་ཕྱོགས་གཅིག་ཏུ་བསྒྲིགས་པ་འཇིགས་མེད་སེང་གེའི་སྒྲ་དབྱངས་ཞེས་བྱ་བ་བཞུགས་སོ། །

**各种书札次第合编·无畏狮子吼声**

1 种，17 页。

པཎ་ཆེན་ཨེར་དེ་ནི་བློ་བཟང་ཐུབ་བསྟན་ཆོས་ཀྱི་ཉི་མ། 班禅额尔德尼·洛桑图丹却吉尼玛 (1883—1937) 撰述。

西藏自治区日喀则地区扎什伦布寺印经院木刻版之刻印本。

普通藏纸，梵夹装中印本 (45×6.5cm)，楷体，墨色，横刊藏文六行，四周双栏，全。

索书号：003548/19。保存基本完好，今藏民族文化宫中国民族图书馆。

༄༅། །འཕྲིན་ཡིག་གི་སྐོར་ཕྱོགས་གཅིག་ཏུ་བཀོད་པ་ཞེས་བྱ་བ་བཞུགས་སོ། །

**书函汇编**

1 种，42 页。

ཨ་ལག་ཤ་བསྟན་དར་ལྷ་རམས་པ། 阿拉夏·丹达拉然巴 (1759—？ ) 撰述。

青海省湟中县鲁沙尔地区塔尔寺（固奔乾巴林）印经院木刻版之刻印本。

普通藏纸，梵夹装中印本 (48.5×6.7cm)，楷体，墨色，横刊藏文六行，四周双栏，全。

索书号：001208/11。保存基本完好，今藏民族文化宫中国民族图书馆。

༄༅། །འཕྲིན་ཡིག་གི་རྣམ་པར་བཞག་པ་བློ་གསལ་རྣ་རྒྱན་སི་ཏུ་ཧྭ་རའི་འཕྲེང་མཛེས་ཞེས་བྱ་བ་བཞུགས་སོ། །

**书札规范·智者耳饰·丹石美鬘**

1 种，34 页。

འཇམ་དབྱངས་བཞད་པ་ངག་དབང་བརྩོན་འགྲུས། 嘉木样协巴·阿旺宗哲 (1648—1722) 撰述。

甘肃省甘南藏族自治州夏河县拉卜楞地区拉卜楞寺（拉章扎喜齐）印经院木刻版之刻印本。

普通藏纸，梵夹装中印本 (47.2×6.8cm)，楷体，墨色，横刊藏文六行，四周双栏，全。

索书号：000853/13。保存基本完好，今藏民族文化宫中国民族图书馆。

༄༅། །འཕྲིན་ཡིག་ཏུ་ཚིག་སྦྱོར་བྱས་པ་འགའ་ཞིག་ཅེས་བྱ་བ་བཞུགས་སོ། །

**一些书信遣词法**

1 种，21 页。

ཡོངས་འཛིན་ཡེ་ཤེས་རྒྱལ་མཚན། 雍增·益希坚参 (1713—1739) 撰述。

西藏自治区拉萨地区布达拉宫印经院木刻版之刻印本。

普通藏纸，梵夹装中印本 (48.5×6.4cm)，楷体，墨色，横刊藏文六行，四周双栏，全。

索书号：003338/21。保存基本完好，今藏民族文化宫中国民族图书馆。

༄༅། །འཕྲིན་ཡིག་འཐོར་བུ་སྣ་ཚོགས་ཕྱོགས་སུ་བསྡེབས་པ་དབྱངས་ཅན་དགྱེས་པའི་དགའ་སྟོན་ཞེས་བྱ་བ་ཞུགས་སོ། །

**各种书札散集合编·妙音悦意之喜宴**

1 种，14 页。

པཎ་ཆེན་ཨེར་དེ་ནི་བློ་བཟང་ཐུབ་བསྟན་ཆོས་ཀྱི་ཉི་མ། 班禅额尔德尼·洛桑图丹曲吉尼玛 (1883—1937) 撰述。

西藏自治区日喀则地区扎什伦布寺印经院木刻版之刻印本。

普通藏纸，梵夹装中印本 (45×6.5cm)，楷体，墨色，横刊藏文六行，四周双栏，全。

索书号：003548/13。保存基本完好，

今藏民族文化宫中国民族图书馆。

༄༅། །འཕྲིན་ཡིག་སྣ་ཚོགས་ཀྱི་རིམ་པ་ཕྱོགས་གཅིག་ཏུ་བསྒྲིགས་པ་འཇིགས་མེད་སེང་གེའི་སྒྲ་དབྱངས་ཞེས་བྱ་བ་བཞུགས་སོ། །

**各种书札次第合编·无畏狮子吼声**

1 种，17 页。

པཎ་ཆེན་ཨེར་དེ་ནི་བློ་བཟང་ཐུབ་བསྟན་ཆོས་ཀྱི་ཉི་མ 班禅额尔德尼·洛桑图丹曲吉尼玛 (1883—1937) 撰述。

西藏地区藏传佛教寺院印经院传抄之缮写本。

普通藏纸，梵夹装中印本 (45×6.5cm)，草体，墨色，横书藏文七行，四周双栏，全。

索书号：003548/19。保存基本完好，今藏民族文化宫中国民族图书馆。

༄༅། །འཕྲིན་ཡིག་དཔེར་བརྗོད་ཨུཏྤལ་གཞོན་ནུའི་དོ་ཤལ་ཞེས་བྱ་བ་བཞུགས་སོ། །

**书信举例·鲜青莲华瓔珞**

1 种，131 页。

འཇམ་དབྱངས་མཁྱེན་བརྩེ་དབང་པོ། 绛央庆则旺波 (1820—1892) 撰述。

四川省甘孜藏族自治州德格县德格地区德格寺印经院木刻版之刻印本。

普通藏纸，梵夹装短印本 (29.7×4.6cm)，楷体，墨色，横刊藏文六行，四周双栏，全。

索书号：000318/2。保存基本完好，今藏民族文化宫中国民族图书馆。

༄༅། །བེ་རི་རྒྱལ་པོ་ལ་གནང་བའི་བཀའ་ཤོག་ཅེས་བྱ་བ་བཞུགས་སོ། །

**致贝日嘉波之文书**

1 种，3 页。

ཨ་མེས་ངག་དབང་ཀུན་དགའ་བསོད་ནམས། 阿梅·阿旺衮噶索南 (1597—1660) 撰述。

西藏地区藏传佛教寺院印经院传抄之缮写本。

普通藏纸，梵夹装中印本 (45.6×6.3cm)，草体，墨色，横书藏文七行，四周双栏，全。

索书号：003220/179。保存基本完好，今藏民族文化宫中国民族图书馆。

༄༅། །བྱམས་མགོན་རིན་པོ་ཆེར་ཕུལ་བའི་ཆབ་ཤོག་ཅེས་བྱ་བ་བཞུགས་སོ། །

**致乾贡活佛书**

1 种，4 页。

པཎ་ཆེན་ཨེར་དེ་ནི་བློ་བཟང་ཐུབ་བསྟན་ཆོས་ཀྱི་ཉི་མ། 班禅额尔德尼·洛桑图丹却吉尼玛 (1883—1937) 撰述。

西藏自治区日喀则地区扎什伦布寺印经院木刻版之刻印本。

普通藏纸，梵夹装中印本 (45×6.5cm)，楷体，墨色，横刊藏文六行，四周双栏，全。

索书号：003548/14。保存基本完好，今藏民族文化宫中国民族图书馆。

༄༅། །དབུས་གཙང་ཁམས་གསུམ་གྱི་ས་སྐྱའི་མི་སེར་ལ་གནང་བའི་ཆབ་ཤོག་ཅེས་བྱ་བ་བཞུགས་སོ། །

**致卫藏康三区萨迦领户百姓书**

1 种，1 页。

ས་སྐྱ་ཀུན་དགའ་བློ་གྲོས། 萨迦·衮噶洛哲 (1729—1783) 撰述。

西藏自治区日喀则地区藏传佛教寺院传抄之缮写本。

普通藏纸，梵夹装中印本 (45.2×5.6cm)，草体，墨色，横书藏文七行，四周双栏，全。

索书号：003231/21。保存基本完好，今藏民族文化宫中国民族图书馆。

༄༅། །མང་ཐོས་ཀླུ་སྒྲུབ་རྒྱ་མཚོའི་སྐུ་སྐྱེས་ལ་གནང་བའི་བཀའ་ཤོག་ཅེས་བྱ་བ་བཞུགས་སོ། །

**致芒特·鲁珠嘉措转世之文书**

1 种，1 页。

ཨ་མེས་ངག་དབང་ཀུན་དགའ་བསོད་ནམས། 阿梅·阿旺衮噶索南 (1597—1660) 撰述。

西藏地区藏传佛教寺院印经院传抄之缮写本。

普通藏纸，梵夹装中印本 (45.6 × 6.3cm)，草体，墨色，横书藏文七行，四周双栏，全。

索书号：003220/185。保存基本完好，今藏民族文化宫中国民族图书馆。

༄༅། །མི་དབང་ཀརྨ་འཇིགས་བྲལ་རྡོ་རྗེ་ལ་གདམས་པའི་ཡི་གེ་བཞུགས་སོ། །

**致人主嘎玛·吉哲多结书**

1 种，1 页。

ཨ་མེས་ངག་དབང་ཀུན་དགའ་བསོད་ནམས། 阿梅·阿旺衮噶索南 (1597—1660) 撰述。

西藏地区藏传佛教寺院印经院传抄之缮写本。

普通藏纸，梵夹装中印本 (45.6 × 6.3cm)，草体，墨色，横书藏文七行，四周双栏，全。

索书号：003220/194。保存基本完好，今藏民族文化宫中国民族图书馆。

༄༅། །མི་དབང་མཐུ་སྟོབས་ལ་ཕུལ་བའི་ཡི་གེ་ཞེས་བྱ་བ་བཞུགས་སོ། །

**致人主图朵旺波书**

1 种，1 页。

ཨ་མེས་ངག་དབང་ཀུན་དགའ་བསོད་ནམས། 阿梅·阿旺衮噶索南 (1597—1660) 撰述。

西藏地区藏传佛教寺院印经院传抄之缮写本。

普通藏纸，梵夹装中印本 (45.6 × 6.3cm)，草体，墨色，横书藏文七行，四周双栏，全。

索书号：003220/171。保存基本完好，今藏民族文化宫中国民族图书馆。

༄༅། །མི་དབང་བསོད་ནམས་མཐུ་སྟོབས་དབང་པོ་ཉེའི་ཕྱག་ཏུ་ཕུལ་བའི་ཡི་གེ་བཞུགས་སོ། །

**呈人主索南图朵旺波书**

1 种，1 页。

ཨ་མེས་ངག་དབང་ཀུན་དགའ་བསོད་ནམས། 阿梅·阿旺衮噶索南 (1597—1660) 撰述。

西藏地区藏传佛教寺院印经院传抄之缮写本。

普通藏纸，梵夹装中印本 (45.6 × 6.3cm)，草体，墨色，横书藏文七行，四周双栏，全。

索书号：003220/170。保存基本完好，今藏民族文化宫中国民族图书馆。

༄༅། །མིའི་དབང་པོ་ཨ་སེང་རྡོ་རྗེ་བརྟན་པ་ལ་ཕུལ་བ་ཞེས་བྱ་བ་བཞུགས་སོ། །

**上人主阿桑多结丹巴书**

1 种，4 页。

གློ་བོ་མཁན་ཆེན་བསོད་ནམས་ལྷུན་གྲུབ། 珞沃堪钦·索南伦珠 (1441—1525) 撰述。

四川省甘孜藏族自治州德格地区德格寺印经院木刻版之刻印本。

普通藏纸，梵夹装中印本 (47.1 × 6.1cm)，楷体，墨色，横刊藏文六行，四周双栏，全。

索书号：003838/43。保存基本完好，今藏民族文化宫中国民族图书馆。

༄༅། །མེ་སྟག་ལོར་ཉེ་གྲགས་སྤྲུལ་པའི་སྐུ་རིན་པོ་ཆེ་ཕེབས་གནོང་སྡེ་དགེ་ཞེ་ཆེན་རྒྱལ་ཚབ་པ་ནས་སྙན་ངག་གི་ལམ་ནས་དྲངས་པའི་འཕྲིན་ཡིག་བྱུང་བའི་ལན་སྙན་ཚིག་ཏུ་བསྒྲུང་འཕྲུལ་བའི་པུཎྜ་རཱི་ཀའི་མེ་ཏོག་ཅེས་བྱ་བ་བཞུགས་སོ། །

**火虎年经尼札活佛面呈德格·协钦嘉策巴所引诗词书信之诗词复函·美语芬香白莲花**

1 种，3 页。

སྟག་ཕུ་ཞབས་དྲུང་གར་དབང་བློ་བཟང་ཆོས་ཀྱི་དབང་ཕྱུག 达普夏仲·噶旺洛桑曲吉旺秋 (18 世纪中叶 ) 撰述。

西藏地区藏传佛教寺院印经院传抄之缮写本。

普通藏纸，梵夹装中印本 (45.4×5.2cm)，草体，墨色，横书藏文七行，四周双栏，全。

索书号：003833/31。保存基本完好，今藏民族文化宫中国民族图书馆。

༄༅། །མེ་སྟག་ལོར་གསོལ་དཔོན་ཏཱ་བླ་མའི་གནོང་བྱང་ཕྱོགས་བསྟན་འགྲོའི་གཙུག་རྒྱན་ཁལ་ཁ་རྗེ་བཙུན་དམ་པ་རིན་པོ་ཆེ་ནས་བཀའ་མཆིད་རིང་འཚོའི་རྟེན་འབྱུང་དང་འབྲེལ་བ་གནང་བའི་ལན་དུ་ཕུལ་བའི་ཞུ་འཕྲིན་རྨ་བྱ་དགའ་བའི་ཟློས་གར་ཞེས་བྱ་བ་བཞུགས་སོ། །

**火虎年经索本大喇嘛面呈北方宏教利生之顶严喀尔喀哲布尊丹巴手书有关永生缘起之复函·孔雀喜舞**

1 种，7 页。

སྟག་ཕུ་ཞབས་དྲུང་གར་དབང་བློ་བཟང་ཆོས་ཀྱི་དབང་ཕྱུག། 达普夏仲·噶旺洛桑曲吉旺秋 (18 世纪中叶 ) 撰述。

西藏地区藏传佛教寺院印经院传抄之缮写本。

普通藏纸，梵夹装中印本 (45.4×5.2cm)，草体，墨色，横书藏文七行，四周双栏，全。

索书号：003833/30。保存基本完好，今藏民族文化宫中国民族图书馆。

༄༅། །མེ་སྦྲུལ་ཟླ་ཚེས་ཉིན་བྱམས་པ་རིན་པོ་ཆེར་བསྩལ་བའི་ཆབ་ཤོག་རྣམ་གསུམ་བྱམས་པའི་ཆུ་ཀླུང་ཞེས་བྱ་བ་བཞུགས་སོ། །

**丁巳年吉月吉日赐乾巴活佛书三种·慈氏水流**

1 种，5 页。

པཎ་ཆེན་ཨེར་དེ་ནི་བློ་བཟང་ཐུབ་བསྟན་ཆོས་ཀྱི་ཉི་མ། 班禅额尔德尼·洛桑图丹却吉尼玛 (1883—1937) 撰述。

西藏自治区日喀则地区扎什伦布寺印经院木刻版之刻印本。

普通藏纸，梵夹装中印本 (45×6.5cm)，楷体，墨色，横刊藏文六行，四周双栏，全。

索书号：003548/15。保存基本完好，今藏民族文化宫中国民族图书馆。

༄༅། །མེ་སྦྲུལ་ལོར་གདན་ས་བཀྲ་ཤིས་རབ་བརྟན་ནས་ངག་དབང་བཀྲ་ཤིས་རྟེན་བཞུགས་ཕུལ་བར་བཏང་སྐབས་རྒྱལ་དབང་ཐམས་ཅད་མཁྱེན་པ་ཆེན་པོར་ཕུལ་བའི་ཞུ་ཡིག་སྐལ་བཟང་ཕན་བདེའི་སྒོ་འབྱེད་ཅེས་བྱ་བ་བཞུགས་སོ། །

**丁巳年扎喜饶丹寺阿旺扎喜装藏时呈佛王一切智大师书·开具缘利乐门**

1 种，14 页。

རྟ་ཚག་རྗེ་དྲུང་ངག་དབང་དཀོན་མཆོག་ཉི་མ། 达扎济咙·阿旺恭却尼玛 (1653—1707) 撰述。

西藏地区藏传佛教寺院印经院传抄之缮写本。

普通藏纸，梵夹装中印本 (46.1×5.3cm)，草体，墨色，横书藏文七行，四周双栏，全。

索书号：003921/3。保存基本完好，

今藏民族文化宫中国民族图书馆。

༄༅། །ཞ་ལུ་རི་སྦུག་སྐྱི་སོར་གནང་བའི་བཀའ་ཤོག་ཅེས་བྱ་བ་བཞུགས་སོ། །

**致夏鲁·日普吉索之文书**

1 种，1 页。

ཨ་མེས་ངག་དབང་ཀུན་དགའ་བསོད་ནམས། 阿梅·阿旺衮噶索南 (1597—1660) 撰述。

西藏地区藏传佛教寺院印经院传抄之缮写本。

普通藏纸，梵夹装中印本 (45.6×6.3cm)，草体，墨色，横书藏文七行，四周双栏，全。

索书号：003220/181。保存基本完好，今藏民族文化宫中国民族图书馆。

༄༅། །ཞྭ་སེར་ཅོད་པན་འཛིན་པའི་པཎྜི་ཏ་དཀོན་མཆོག་འཇིགས་མེད་དབང་པོའམ་འཇམ་དབྱངས་ལེགས་བཤད་འཕྲེང་བའི་བློ་གྲོས་ཀྱི་པདྨོ་ལས་བྱུང་བའི་འཕྲིན་ཡིག་སྙན་ངག་གི་རིམ་པ་བུང་བ་སྨྱོས་པའི་དབྱངས་ཞེས་བྱ་བ་བཞུགས་སོ། །

**主持黄帽派之班智达恭却吉迈旺波或文殊嘉言鬘智莲中所出之书信诗词次第·醉蜂之歌**

1 种，59 页。

འཇམ་དབྱངས་བཞད་པ་དཀོན་མཆོག་འཇིགས་མེད་དབང་པོ། 嘉木样协巴·恭却吉迈旺波 (1728—1791) 撰述。

甘肃省甘南藏族自治州夏河县拉卜楞地区拉卜楞寺（拉章扎喜齐）印经院木刻版之刻印本。

普通藏纸，梵夹装中印本 (48.4×7.4cm)，楷体，墨色，横刊藏文六行，四周双栏，全。

索书号：000877/1。保存基本完好，今藏民族文化宫中国民族图书馆。

༄༅། །ཞིང་ཁྱད་པར་འཕགས་པའི་སྐྱབས་ཡུལ་ཀུན་འདུས་ཉིད་རྣམས་ལ་ཕུལ་བའི་བསྐུར་ཡིག་སྙན་དངགས་པདྨ་དཀར་པོའི་ཕྲེང་བ་ཞེས་བྱ་བ་བཞུགས་སོ། །

**献与殊胜境总摄皈依处诸大德之诗章赞文·白莲花鬘**

1 种，49 页。

ཞུ་ཆེན་ཚུལ་ཁྲིམས་རིན་ཆེན། 许钦·慈称仁钦 (1697—1774) 撰述。

四川省甘孜藏族自治州德格县德格地区德格寺印经院木刻版之刻印本。

普通藏纸，梵夹装中印本 (47.4×6.7cm)，楷体，墨色，横刊藏文六行，四周双栏，全。

索书号：000419/13。保存基本完好，今藏民族文化宫中国民族图书馆。

༄༅། །ཞིང་ཆེན་ལབ་ཁྲར་ཆོས་སྡེ་ཆེན་པོ་བཀྲ་ཤིས་འཁྱིལ་གྱི་དུས་འཁོར་གྲྭ་ཚང་འདུས་སྤྱི་ནས་འཕྲིན་ཡིག་སྤྲེལ་འབྱོར་གྱི་ལན་ཏམྦུ་རའི་སྒྲ་དབྱངས་ཞེས་བྱ་བ་བཞུགས་སོ། །

**致扎喜齐（拉卜楞大寺）时轮僧院总会来函之复书·琵琶歌声**

1 种，3 页。

པཎ་ཆེན་ཨེར་ཏེ་ནི་བློ་བཟང་ཐུབ་བསྟན་ཆོས་ཀྱི་ཉི་མ། 班禅额尔德尼·洛桑图丹却吉尼玛 (1883—1937) 撰述。

西藏自治区日喀则地区扎什伦布寺印经院木刻版之刻印本。

普通藏纸，梵夹装中印本 (45×6.5cm)，楷体，墨色，横刊藏文六行，四周双栏，全。

索书号：003548/26。保存基本完好，今藏民族文化宫中国民族图书馆。

༄༅། །ཕྱག་འབྲིན་གྱི་རིམ་པ་ཕྱོགས་གཅིག་ཏུ་བསྒྲིགས་པ་སྒྲེ་བ་ལྷ་པའི་སྒྲ་དབྱངས་ཞེས་བྱ་བ་བཞུགས་སོ། །

**书函次第合编・右旋白螺音**

1 种，49 页。

དཀྱིལ་ཟུར་དཀའ་ཆེན་བློ་བཟང་སྦྱིན་པ། 吉苏嘎钦・洛桑金巴 (1812—？ ) 撰述。

四川省甘孜藏族自治州德格县德格地区德格寺印经院木刻版之刻印本。

普通藏纸，梵夹装中印本 (51.8 × 7.1cm)，楷体，墨色，横刊藏文六行，四周双栏，全。

索书号：000679/6。保存基本完好，今藏民族文化宫中国民族图书馆。

༄༅། །ཕྱག་འབྲིན་གྱི་རིམ་པ་ཕྱོགས་གཅིག་ཏུ་བསྒྲིགས་པ་ཞེས་བྱ་བ་བཞུགས་སོ། །

**书函次第合编**

1 种，47 页。

དཀྱིལ་ཟུར་དཀའ་ཆེན་བློ་བཟང་སྦྱིན་པ། 吉苏嘎钦・洛桑金巴 (1812—？ ) 撰述。

四川省甘孜藏族自治州德格县德格地区德格寺印经院木刻版之刻印本。

普通藏纸，梵夹装中印本 (51.8 × 7.1cm)，楷体，墨色，横刊藏文六行，四周双栏，全。

索书号：000678/13。保存基本完好，今藏民族文化宫中国民族图书馆。

༄༅། །ཕྱག་འབྲིན་གྱི་རིམ་པ་ཕྱོགས་གཅིག་ཏུ་བསྡེབས་པ་ཁ་བའི་དུས་ཀྱི་མེ་ཏོག་ཅེས་བྱ་བ་བཞུགས་སོ། །

**呈文次第合编・雪期鲜花**

1 种，17 页。

དངུལ་ཆུ་དྷརྨ་བྷ་དྲའམ་དངུལ་ཆུ་བླ་མ་ཆོས་བཟང་བློ་བཟང་ཚེ་རིང་། 欧曲・达玛巴扎 (1772—1851) 撰述。

西藏地区藏传佛教寺院印经院木刻版之刻印本。

普通藏纸，梵夹装中印本 (49.8 × 6cm)，楷体，墨色，横刊藏文六行，四周双栏，全。

索书号：001046/10。保存基本完好，今藏民族文化宫中国民族图书馆。

༄༅། །ཕྱག་བྲིན་ཆབ་ཤོག་གི་སྐོར་རྣམས་བཞུགས་སོ། །

**书信公文汇编**

1 种，34 页。

ཞྭ་དམར་དཀོན་མཆོག་ཡན་ལག 夏玛・恭却延拉 (1525—1583) 撰述。

西藏地区藏传佛教寺院印经院传抄之缮写本。

普通藏纸，梵夹装中印本 (45 × 5.3cm)，草体，墨色，横书藏文七行，四周双栏，全。

索书号：003273/9。保存基本完好，今藏民族文化宫中国民族图书馆。

༄༅། །གཞི་བདག་གཙུག་ན་རིན་ཆེན་ལ་སྤྲིངས་ཡིག་ཅེས་བྱ་བ་བཞུགས་སོ། །

**致地祇祖那仁钦书**

1 种，2 页。

ས་སྐྱ་ཀུན་དགའ་བློ་གྲོས། 萨迦・衮噶洛哲 (1729—1783) 撰述。

西藏地区藏传佛教寺院印经院传抄之缮写本。

普通藏纸，梵夹装中印本 (45.2 × 5.6cm)，草体，墨色，横书藏文七行，四周双栏，全。

索书号：003231/34。保存基本完好，今藏民族文化宫中国民族图书馆。

༄༅། །ཡར་རྒྱབ་དཔོན་ཆེན་ལ་གནང་བའི་བཀའ་ཤོག་ཅེས་བྱ་བ་བཞུགས་སོ། །

**致雅嘉长官之文书**

1 种，1 页。

ཨ་མེས་ངག་དབང་ཀུན་དགའ་བསོད་ནམས། 阿

梅・阿旺衮噶索南 (1597—1660) 撰述。

西藏地区藏传佛教寺院印经院传抄之缮写本。

普通藏纸，梵夹装中印本 (45.2×6.3cm)，草体，墨色，横书藏文七行，四周双栏，全。

索书号：003220/177。保存基本完好，今藏民族文化宫中国民族图书馆。

༄༅། །ཡི་དམ་ཆོས་སྐྱོང་རྣམས་ལ་བརྟེན་པའི་བཀའ་བསྒོ་བྱེད་ཚུལ་དང་ལྷ་སྲིན་སྡེ་བརྒྱད་སྤྲ་སོགས་ལ་ཆབ་ཤོག་བཀའ་བསྒོའི་རིམ་པ་ཕྱོགས་གཅིག་ཏུ་བསྡེབས་པ་ཞེས་བྱ་བ་བཞུགས་སོ། །

**依诸本尊护法作吩咐之法与天龙八部等前行文吩咐次第合编**

1 种，6 页。

པཎ་ཆེན་ཨེར་ཏེ་ནི་བློ་བཟང་དཔལ་ལྡན་ཡེ་ཤེས། 班禅额尔德尼・洛桑白旦益希 (1738—1780) 撰述。

西藏自治区日喀则地区扎什伦布寺印经院木刻版之刻印本。

普通藏纸，梵夹装中印本 (49.1×6.8cm)，楷体，墨色，横刊藏文六行，四周双栏，全。

索书号：003548/26。保存基本完好，今藏民族文化宫中国民族图书馆。

༄༅། །ཡུ་མོ་སྤྲུལ་སྐུ་ལ་གནང་བའི་བཀའ་ཤོག་ཅེས་བྱ་བ་བཞུགས་སོ། །

**致宇莫活佛书**

1 种，1 页。

ཨ་མེས་ངག་དབང་ཀུན་དགའ་བསོད་ནམས། 阿梅・阿旺衮噶索南 (1597—1660) 撰述。

西藏地区藏传佛教寺院印经院传抄之缮写本。

普通藏纸，梵夹装中印本 (45.6×6.3cm)，楷体，墨色，横书藏文七行，四周双栏，全。

索书号：003220/230。保存基本完好，今藏民族文化宫中国民族图书馆。

༄༅། །ཡུལ་མཆོག་དམན་དུ་མ་ལ་ཕུལ་བའི་སྤྲིང་ཡིག་གི་སྐོར་སྒྲ་དོན་རྒྱན་གྱི་རོལ་མཚོ་ཞེས་བྱ་བ་བཞུགས་སོ། །

**致若干尊卑人士之书札类・音义饰词之游戏海**

1 种，27 页。

གུང་ཐང་དཀོན་མཆོག་བསྟན་པའི་སྒྲོན་མེ། 贡唐・恭却丹贝准美 (1762—1823) 撰述。

甘肃省甘南藏族自治州夏河县拉卜楞地区拉卜楞寺（拉章扎喜齐）印经院木刻版之刻印本。

普通藏纸，梵夹装中印本 (47.2×6.2cm)，楷体，墨色，横刊藏文六行，四周双栏，全。

索书号：000927/7。保存基本完好，今藏民族文化宫中国民族图书馆。

༄༅། །ཡུལ་མཆོག་དམན་བར་གསུམ་ལ་ཕུལ་བའི་འཕྲིན་ཡིག་གི་སྐོར་བཞུགས་སོ། །

**致尊卑中庸三者书札类**

1 种，26 页。

སྡེ་ཁྲི་འཇམ་དབྱངས་ཐུབ་བསྟན་ཉི་མ། 德赤・绛央图丹尼玛 (1779—1862) 撰述。

甘肃省甘南藏族自治州夏河县拉卜楞地区拉卜楞寺（拉章扎喜齐）印经院木刻版之刻印本。

普通藏纸，梵夹装中印本 (47.2×6.6cm)，楷体，墨色，横刊藏文六行，四周双栏，全。

索书号：000894/5。保存基本完好，今藏民族文化宫中国民族图书馆。

༄༅། །ཡུལ་མཆོག་དམན་བར་གསུམ་ལ་སྤྲུལ་བའི་འཕྲིན་ཡིག་དང་དྲིས་ལན་གྱི་སྐོར་ཞེས་བྱ་བ་བཞུགས་སོ། །

**致尊卑人士之书札与问答类**

1 种，62 页。

མཁན་པོ་ངག་དབང་ཐུབ་བསྟན་རྒྱ་མཚོ། 堪波・阿旺图丹嘉措 (1836—1889) 撰述。

甘肃省甘南藏族自治州碌曲地区希噶萨仓噶旦协珠曲科林寺印经院木刻版之刻印本。

普通藏纸，梵夹装中印本 (45.3×6.cm)，楷体，墨色，横刊藏文七行，四周双栏，全。

索书号：001120/7。保存基本完好，今藏民族文化宫中国民族图书馆。

༄༅། །ཡོངས་འཛིན་རྡོ་རྗེ་འཆང་ཆེན་པོར་ཕུལ་བའི་ཞུ་འཕྲིན་སོགས་ཀྱི་སྐོར་བཞུགས་སོ། །

**致雍增大金刚持书函等类**

1 种，9 页。

པཎ་ཆེན་ཨེར་ཏེ་ནི་བློ་བཟང་ཐུབ་བསྟན་ཆོས་ཀྱི་ཉི་མ། 班禅额尔德尼・洛桑图丹却吉尼玛 (1883—1937) 撰述。

西藏自治区日喀则地区扎什伦布寺印经院木刻版之刻印本。

普通藏纸，梵夹装中印本 (45×6.5cm)，楷体，墨色，横刊藏文六行，四周双栏，全。

索书号：003548/18。保存基本完好，今藏民族文化宫中国民族图书馆。

༄༅། །ཡོངས་འཛིན་རྡོ་རྗེ་འཆང་ཆེན་པོར་འབུལ་གནང་མཛད་པའི་ཆབ་ཤོག་བརྩེ་གདུང་བཟང་ཞིང་སྐྱེད་པའི་གླུ་དབྱངས་ཞེས་བྱ་བ་བཞུགས་སོ། །

**致雍增大金刚持书・催动悲心之歌声**

1 种，3 页。

པཎ་ཆེན་ཨེར་ཏེ་ནི་བློ་བཟང་ཐུབ་བསྟན་ཆོས་ཀྱི་ཉི་མ། 班禅额尔德尼・洛桑图丹却吉尼玛 (1883—1937) 撰述。

西藏自治区日喀则地区扎什伦布寺印经院木刻版之刻印本。

普通藏纸，梵夹装中印本 (45×6.5cm)，楷体，墨色，横刊藏文六行，四周双栏，全。

索书号：003548/12。保存基本完好，今藏民族文化宫中国民族图书馆。

༄༅། །ཡོངས་འཛིན་རིན་པོ་ཆེ་སྐྱིད་གྲོང་བླ་མར་ཕུལ་བའི་ཡི་གེ་སོགས་སྙིངས་ཡིག་ལེ་ཚན་བཞུགས་སོ། །

**致雍增仁波且吉宗喇嘛书等书函类**

1 种，6 页。

ལྕང་སྐྱ་རོལ་པའི་རྡོ་རྗེ། 章嘉・若贝多结 (1717—1786) 撰述。

北京地区藏传佛教皇家寺院印经院木刻版之刻印本。

普通纸，梵夹装中印本 (46.8×6.1cm)，楷体，墨色，横刊藏文五行，四周双栏，全。

索书号：000764/19。保存基本完好，今藏民族文化宫中国民族图书馆。

༄༅། །རང་གི་སློབ་བུ་ཆགས་ཅན་འགའ་ལ་སྨྲས་པའི་ཡི་གེ་ཞེས་བྱ་བ་བཞུགས་སོ། །

**对自家若干具耽著弟子宣说之文书**

1 种，1 页。

ཨ་མེས་ངག་དབང་ཀུན་དགའ་བསོད་ནམས། 阿梅・阿旺衮噶索南 (1597—1660) 撰述。

西藏地区藏传佛教寺院印经院传抄之缮写本。

普通藏纸，梵夹装中印本 (45.6×6.3cm)，草体，墨色，横书藏文七行，四周双栏，全。

索书号：003220/203。保存基本完好，今藏民族文化宫中国民族图书馆。

༄༅། །རབ་འབྱམས་པ་བསོད་ནམས་བློ་གྲོས་ལ་བསྐུར་བའི་འཕོ་བའི་ཡི་གེ་བཞུགས་སོ། །

**就往生法致饶绛巴·索南洛哲书**

1 种，1 页。

ཨ་མེས་ངག་དབང་ཀུན་དགའ་བསོད་ནམས། 阿梅·阿旺衮噶索南 (1597—1660) 撰述。

西藏地区藏传佛教寺院印经院传抄之缮写本。

普通藏纸，梵夹装中印本 (45.6×6.3cm)，草体，墨色，横书藏文七行，四周双栏，全。

索书号：003220/201。保存基本完好，今藏民族文化宫中国民族图书馆。

༄༅། །རབ་འབྱམས་སྨྲ་བ་ཀི་ར་ཊིའི་མཐའ་ཅན་ལ་གནང་བའི་བཀའ་ཤོག་བཞུགས་སོ། །

**致饶绛巴索南色之书札**

1 种，1 页。

ཨ་མེས་ངག་དབང་ཀུན་དགའ་བསོད་ནམས། 阿梅·阿旺衮噶索南 (1597—1660) 撰述。

西藏地区藏传佛教寺院印经院传抄之缮写本。

普通藏纸，梵夹装中印本 (45.6×6.3cm)，草体，墨色，横书藏文七行，四周双栏，全。

索书号：003220/210。保存基本完好，今藏民族文化宫中国民族图书馆。

༄༅། །རེ་སྐོང་ཁུལ་ཨ་རོལ་སྤྲུལ་པའི་སྐུ་ནས་ཞུ་ཡིག་ཕུལ་བའི་བཀའ་ལན་ཞེས་བྱ་བ་བཞུགས་སོ། །

**致安多热贡地区阿若活佛来函之复书**

1 种，3 页。

པཎ་ཆེན་ཨེར་ཏེ་ནི་བློ་བཟང་ཐུབ་བསྟན་ཆོས་ཀྱི་ཉི་མ། 班禅额尔德尼·洛桑图丹却吉尼玛 (1883—1937) 撰述。

西藏自治区日喀则地区扎什伦布寺印经院木刻版之刻印本。

普通藏纸，梵夹装中印本 (45×6.5cm)，楷体，墨色，横刊藏文六行，四周双栏，全。

索书号：003548/30。保存基本完好，今藏民族文化宫中国民族图书馆。

༄༅། །རེ་སྐོང་རི་ཁྲོད་དབང་པོ་ཁ་རྒྱལ་ལགས་སུ་བསྩལ་བའི་ཞུ་འཕྲིན་དཔྱིད་ཀྱི་ཕོ་ཉ་ཞེས་བྱ་བ་བཞུགས་སོ། །

**致热贡日朝旺波卡嘉书·春使杜鹃**

1 种，3 页。

པཎ་ཆེན་ཨེར་ཏེ་ནི་བློ་བཟང་ཐུབ་བསྟན་ཆོས་ཀྱི་ཉི་མ། 班禅额尔德尼·洛桑图丹却吉尼玛 (1883—1937) 撰述。

西藏自治区日喀则地区扎什伦布寺印经院木刻版之刻印本。

普通藏纸，梵夹装中印本 (45×6.5cm)，楷体，墨色，横刊藏文六行，四周双栏，全。

索书号：003548/31。保存基本完好，今藏民族文化宫中国民族图书馆。

༄༅། །ལུང་རིགས་ནོར་གྱིས་ཕྱུག་པ་དགེ་བའི་བཤེས་གཉེན་དཀའ་ཆེན་སངས་དཔལ་ལགས་སུ་བསྩལ་བའི་ཆབ་ཤོག་ཅེས་བྱ་བ་བཞུགས་སོ། །

**赐教理丰富之善知识嘎钦桑白书**

1 种，4 页。

པཎ་ཆེན་ཨེར་ཏེ་ནི་བློ་བཟང་ཐུབ་བསྟན་ཆོས་ཀྱི་ཉི་མ། 班禅额尔德尼·洛桑图丹却吉尼玛 (1883—1937) 撰述。

西藏自治区日喀则地区扎什伦布寺印经院木刻版之刻印本。

普通藏纸，梵夹装中印本 (45×6.5cm)，楷体，墨色，横刊藏文六行，四周双栏，全。

索书号：003548/17。保存基本完好，今藏民族文化宫中国民族图书馆。

༧༧། །ཞིགས་འབུལ་དང་འཕྲིན་ཡིག་ཚིགས་བཅད་
ཐོར་བུ་སྣ་ཚོགས་ཞེས་བྱ་བ་བཞུགས་སོ། །

**献词、书信、赞偈散篇**

1 种，93 页。

འཇམ་དབྱངས་མཁྱེན་བརྩེ་དབང་པོ། 绛央庆则旺波 (1820—1892) 撰述。

四川省甘孜藏族自治州德格县德格地区德格寺印经院木刻版之刻印本。

普通藏纸，梵夹装短印本 (29.7×4.6cm)，楷体，墨色，横刊藏文六行，四周双栏，全。

索书号：006320/2。保存基本完好，今藏民族文化宫中国民族图书馆。

༧༧། །ཁར་མདོ་སྨད་པ་མི་ཕམ་དབྱངས་ཅན་དགེས་
པའི་རྡོ་རྗེས་སྤྲུལ་བའི་འཕྲིན་ཡིག་གི་སྐོར་ཡིད་
འཕྲོག་དྲི་ཟའི་ཟློས་གར་ཞེས་བྱ་བ་བཞུགས་སོ། །

**夏多麦巴·米盼央金格贝多结所作书函类·意乐俳优之舞**

1 种，153 页。

རྫོང་དཀར་འཇིགས་མེད་དམ་ཆོས་རྒྱ་མཚོ། 宗嘎·吉迈丹曲嘉措 (1898—1946) 撰述。

青海省化隆回族自治县金源地区丹斗寺（丹斗协吉央贡）印经院木刻版之刻印本。

普通藏纸，梵夹装中印本 (44.2×6.2cm)，楷体，墨色，横刊藏文六行，四周双栏，全。

索书号：000811/1。保存基本完好，今藏民族文化宫中国民族图书馆。

༧༧། །བཤེས་གཉེན་དམ་པ་རཏྣ་ཨཪྠསིདྡྷིས་མཛད་
པའི་གསུང་འབུམ་འཐོར་བུ་ལས་ཞུ་ཤོག་དང་
དྲིས་ལན་སོགས་བཞུགས་སོ། །

**善知识仁钦顿珠所著散集中呈义与问答等**

1 种，27 页。

བྲ་ཏི་དགེ་བཤེས་རིན་ཆེན་དོན་གྲུབ། 扎迪格西·仁钦顿珠 (18 世纪 ) 撰述。

西藏地区藏传佛教寺院印经院传抄之缮写本。

普通藏纸，梵夹装中印本 (45×5.9cm)，草体，墨色，横书藏文七行，四周双栏，全。

索书号：003774/7。保存基本完好，今藏民族文化宫中国民族图书馆。

༧༧། །ས་ཡམ་ཡ་དུ་ཚེ་བརྟན་རྡོ་རྗེ་ལ་གནང་བའི་
བཀའ་ཤོག་ཅེས་བྱ་བ་བཞུགས་སོ། །

**致延木亚地方之慈丹多结书**

1 种，1 页。

ཨ་མེས་ངག་དབང་ཀུན་དགའ་བསོད་ནམས། 阿梅·阿旺衮噶索南 (1597—1660) 撰述。

西藏地区藏传佛教寺院印经院传抄之缮写本。

普通藏纸，梵夹装中印本 (45.6×6.3cm)，草体，墨色，横书藏文七行，四周双栏，全。

索书号：003220/231。保存基本完好，今藏民族文化宫中国民族图书馆。

༧༧། །སངས་རྒྱས་བསྟན་པའི་རྒྱ་ལག་ཏུ་སྲུར་པའི་
ཆོས་ལྡན་ས་འཛིན་སོགས་བསྔགས་འོས་རྣམས་
ལ་ཕུལ་བའི་ཞུ་ཡིག་རྣམས་བཞུགས་སོ། །

**献与护教人王土司等堪可赞颂之诸人之书信**

1 种，24 页。

ཞུ་ཆེན་ཚུལ་ཁྲིམས་རིན་ཆེན། 许钦·慈称仁钦 (1697—1774) 撰述。

四川省甘孜藏族自治州德格县德格地区德格寺印经院木刻版之刻印本。

普通藏纸，梵夹装中印本 (47.4×6.7cm)，楷体，墨色，横刊藏文六行，四周双栏，全。

索书号：004149/14。保存基本完好，今藏民族文化宫中国民族图书馆。

༄༅། །སེང་གེ་རྩེ་པ་ལ་གནང་བའི་བཀའ་ཤོག་ཅེས་བྱ་བ་བཞུགས་སོ། །

**致桑格孜巴书**

1 种，11 页。

ས་ལོ་འཇམ་དབྱངས་ཀུན་དགའ་བསོད་ནམས། 萨迦译师・绛央衮噶索南 (1485—1533) 撰述。

西藏地区藏传佛教寺院印经院传抄之缮写本。

普通藏纸，梵夹装中印本 (45×5.3cm)，草体，墨色，横书藏文七行，四周双栏，全。

索书号：003215/28。保存基本完好，今藏民族文化宫中国民族图书馆。

༄༅། །གསུང་མགུར་དང་ཆབ་ཤོག་སྐོར་བཞུགས་སོ། །

**道情歌与书札类**

1 种，15 页。

སྒོ་མང་བློ་བཟང་ཚུལ་ཁྲིམས་རྒྱ་མཚོ། 郭芒・洛桑慈称嘉措 (1814—1907) 撰述。

甘肃省甘南藏族自治州夏河县拉卜楞地区拉卜楞（拉章扎喜齐）寺印经院木刻版之刻印本。

普通藏纸，梵夹装中印本 (47×6.2cm)，草体，墨色，横书藏文七行，四周双栏，全。

索书号：001233/12。保存基本完好，今藏民族文化宫中国民族图书馆。

༄༅། །གསུང་ལན་ཆབ་ཤོག་གི་སྐོར་རྣམས་བཞུགས་སོ། །

**答复书函类**

1 种，14 页。

པཎ་ཆེན་ཨེར་ཏེ་ནི་བློ་བཟང་དཔལ་ལྡན་ཡེ་ཤེས། 班禅额尔德尼・洛桑白旦益希 (1738—1780) 撰述。

西藏自治区日喀则地区扎什伦布寺印经院木刻版之刻印本。

普通藏纸，梵夹装中印本 (49.1×6.8cm)，楷体，墨色，横刊藏文六行，四周双栏，全。

索书号：000674/7。保存基本完好，今藏民族文化宫中国民族图书馆。

༄༅། །ཁམས་རྩེར་གནང་བའི་གསུང་ཤོག་ཅེས་བྱ་བ་བཞུགས་སོ། །

**颁赐萨孜之文书**

1 种，1 页。

ཨ་མེས་ངག་དབང་ཀུན་དགའ་བསོད་ནམས། 阿梅・阿旺衮噶索南 (1597—1660) 撰述。

西藏地区藏传佛教寺院印经院传抄之缮写本。

普通藏纸，梵夹装中印本 (45.6×6.3cm)，草体，墨色，横书藏文七行，四周双栏，全。

索书号：003220/174。保存基本完好，今藏民族文化宫中国民族图书馆。

༄༅། །ཧོར་ཁང་གསར་པར་གནང་བའི་སྤྲིངས་ཡིག་ཅེས་བྱ་བ་བཞུགས་སོ། །

**致霍尔康萨哇书**

1 种，3 页。

ས་སྐྱ་ཀུན་དགའ་བློ་གྲོས། 萨迦・衮噶洛哲 (1729—1783) 撰述。

西藏地区藏传佛教寺院印经院传抄之缮写本。

普通藏纸，梵夹装中印本 (45.2×5.6cm)，草体，墨色，横书藏文七行，四周双栏，全。

索书号：003231/28。保存基本完好，今藏民族文化宫中国民族图书馆。

༄༅། །ལྷ་འདྲེ་བཀའ་ཤོག་དང་སྡེ་བརྒྱད་བཀའ་ཤོག་བཞུགས་སོ། །

**鬼神书札与天龙八部书札**

1 种，7 页。

པཎ་ཆེན་ཨེར་ཏེ་ནི་བློ་བཟང་དཔལ་ལྡན་ཆོས་

གྱི་གྲགས་པ་བསྟན་པའི་དབང་ཕྱུག 班禅额尔德尼·洛桑白旦却吉札巴丹贝旺秋 (1855—1882) 撰述。

西藏自治区日喀则地区扎什伦布寺印经院木刻版之刻印本。

普通藏纸，梵夹装中印本 (47.2×6.4cm)，楷体，墨色，横刊藏文六行，四周双栏，全。

索书号：000720/17。保存基本完好，今藏民族文化宫中国民族图书馆。

༄༅། །ལྷུན་གྲུབ་རྩེའི་མཁན་པོ་ཐམས་ཅད་མཁྱེན་པ་ལ་གནང་བའི་བཀའ་ཤོག་བཞུགས་སོ། །

**致一切智伦珠孜堪波书**

1种，1页。

ས་ལོ་འཇམ་དབྱངས་ཀུན་དགའ་བསོད་ནམས། 萨迦译师·绛央衮噶索南 (1485—1533) 撰述。

西藏地区藏传佛教寺院印经院传抄之缮写本。

普通藏纸，梵夹装中印本 (45×5.3cm)，草体，墨色，横书藏文七行，四周双栏，全。

索书号：003215/26。保存基本完好，今藏民族文化宫中国民族图书馆。

༄༅། །ཨ་ལག་ལྷ་མ་རིན་པོ་ཆེར་ཕུལ་བའི་ཆབ་ཤོག་དཔྱིད་ཀྱི་དགའ་སྟོན་འདྲེན་པའི་ཕོ་ཉ་ཞེས་བྱ་བ་བཞུགས་སོ། །

**致阿拉喇嘛活佛书·引导春宴之使**

1种，5页。

པཎ་ཆེན་ཨེར་ཏེ་ནི་བློ་བཟང་ཐུབ་བསྟན་ཆོས་ཀྱི་ཉི་མ། 班禅额尔德尼·洛桑图丹却吉尼玛 (1883—1937) 撰述。

西藏自治区日喀则地区扎什伦布寺印经院木刻版之刻印本。

普通藏纸，梵夹装中印本 (45×6.5cm)，楷体，墨色，横刊藏文六行，四周双栏，全。

索书号：003548/22。保存基本完好，今藏民族文化宫中国民族图书馆。

༄༅། །ཨ་སེང་རྡོ་རྗེ་བརྟན་པ་ལ་ཕུལ་བའི་ཞུ་ཡིག་ཅེས་བྱ་བ་བཞུགས་སོ། །

**上阿桑多结丹巴之呈文**

1种，1页。

ཀློ་བོ་མཁན་ཆེན་བསོད་ནམས་ལྷུན་གྲུབ། 珞沃堪钦·索南伦珠 (1441—1525) 撰述。

四川省甘孜藏族自治州德格县德格地区德格寺印经院木刻版之刻印本。

普通藏纸，梵夹装中印本 (47.1×6.1cm)，楷体，墨色，横刊藏文六行，四周双栏，全。

索书号：003838/34。保存基本完好，今藏民族文化宫中国民族图书馆。

## ༥、གནས་བསྟོད་དང་གནས་བཤད་ཀྱི་སྐོར།

## 5. 圣地赞、胜地解说

༄༅། །ཀ་ཕྲེང་དང་གནས་བསྟོད་ཅེས་བྱ་བ་བཞུགས་སོ། །

**藏文字母嵌头诗与圣地赞**

1种，5页。

རྒྱལ་མཁན་པོ་གྲགས་པ་རྒྱལ་མཚན། 嘉堪波·札巴坚参 (1762—1836) 撰述。

甘肃省甘南藏族自治州夏河县拉卜楞地区拉卜楞寺（拉章扎喜齐）印经院木刻版之刻印本。

普通藏纸，梵夹装中印本 (47.4×6.3cm)，楷体，墨色，横刊藏文六行，四周双栏，全。

索书号：000850/7。保存基本完好，今藏民族文化宫中国民族图书馆。

༄། །ཀམ་པོ་གནས་ནང་མན་དང་ཤྲིང་ཆེན་འབྲིང་རིར་གསུངས་པ་ལགས་སོ། །

**在岗波乃囊寺及峨眉山之著述**

1 种，15 页。

དྲུང་ཆེན་མཁའ་སྤྱོད་པ་ནམ་མཁའ་རྒྱལ་མཚན། 仲钦喀觉巴·南喀坚参 (1370—1433) 撰述。

西藏地区藏传佛教寺院印经院传抄之缮写本。

普通藏纸，梵夹装中印本 (45.3×5.2cm)，草体，墨色，横书藏文七行，四周双栏，全。

索书号：003920/6。保存基本完好，今藏民族文化宫中国民族图书馆。

༄། །ཀུན་འདུས་པདྨ་ལྷ་རྩེའི་གནས་ཡིག་སྐལ་ལྡན་རེ་སྐོང་ཞེས་བྱ་བ་བཞུགས་སོ། །

**衮堆白玛拉孜方志·具缘满愿**

1 种，3 页。

སྟག་ཕུ་ཞབས་དྲུང་པདྨ་བཛྲ། 达普夏仲·白玛巴扎（亦称仁增白玛伦珠，1876—1912) 撰述。

西藏自治区拉萨地区孜雪印经院木刻版之刻印本。

普通藏纸，梵夹装中印本 (45.5×5.3cm)，楷体，墨色，横刊藏文六行，四周双栏，全。

索书号：003897/14。保存基本完好，今藏民族文化宫中国民族图书馆。

༄། །བཀྲ་ཤིས་ལྷུན་པོའི་གནས་བསྟོད། གནས་མཆོག་མགར་མོ་ཆོས་རྫོང་གི་བསྟོད་པ། དབེན་ས་ཆོས་ཀྱི་ཕོ་བྲང་གི་གནས་བསྟོད་བཅས་ཞེས་བྱ་བ་བཞུགས་སོ། །

**扎什伦布圣地赞、噶莫却宗圣地赞、温萨却吉颇章圣地赞**

1 种，12 页。

འཕྲོང་རྩེ་བློ་བཟང་ཚུལ་ཁྲིམས། 仲孜·洛桑慈称 (1769—？ ) 撰述。

西藏自治区日喀则地区扎什伦布寺印经院木刻版之刻印本。

普通藏纸，梵夹装中印本 (48.5×6.8cm)，楷体，墨色，横刊藏文六行，四周双栏，全。

索书号：000796/10。保存基本完好，今藏民族文化宫中国民族图书馆。

༄། །འཕྱོག་པོ་རི་ཁྲོད་ཀྱི་གནས་བཤད་ཅེས་བྱ་བ་བཞུགས་སོ། །

**乔波日朝圣地解说**

1 种，3 页。

ཏཱ་ར་ནཱ་ཐ་ཀུན་དགའ་སྙིང་པོ། 多罗那塔·衮噶宁波 (1575—1634) 撰述。

西藏地区藏传佛教达丹旦曲林寺印经院木刻版之刻印本。

普通藏纸，梵夹装中印本 (43.6×8.2cm)，楷体，墨色，横刊藏文六行，四周双栏，全。

索书号：001029/6。保存基本完好，今藏民族文化宫中国民族图书馆。

༄། །སྒྲུབ་པའི་གནས་མཆོག་དབེན་གནས་ཆོས་ཀྱི་ཕོ་བྲང་གི་གནས་བསྟོད་ཅེས་བྱ་བ་བཞུགས་སོ། །

**修行圣地寂静法宫圣地赞**

1 种，3 页。

པཎ་ཆེན་ཨེར་ཏེ་ནི་བློ་བཟང་དཔལ་ལྡན་ཡེ་ཤེས། 班禅额尔德尼·洛桑白旦益希 (1738—1780) 撰述。

西藏自治区日喀则地区扎什伦布寺印经院木刻版之刻印本。

普通藏纸，梵夹装中印本 (49.1×6.8cm)，楷体，墨色，横刊藏文六行，四周双栏，全。

索书号：000674/8。保存基本完好，今藏民族文化宫中国民族图书馆。

༄༅། །གྲུབ་པའི་གནས་མཆོག་ཤམྦྷ་ལའི་ཞིང་བཀོད་བཤད་པ་ཀ་ལཱ་པར་བགྲོད་པའི་ཐེམ་སྐས་ཞེས་བྱ་བ་བཞུགས་སོ། །

**成就圣地香巴拉刹土庄严解说·趣香巴拉之阶梯**

1 种，32 页。

ཀུ་ཤྲི་དཀའ་བཅུ་པ་བློ་བཟང་ཚེ་འཕེལ། 固释嘎局哇·洛桑慈培 (1760—？ ) 撰述。

北京地区藏传佛教皇家寺院印经院木刻版之刻印本。

普通纸，梵夹装中印本 (47.8×7.5cm)，楷体，墨色，横刊藏文六行，四周双栏，全。

索书号：001094/16。保存基本完好，今藏民族文化宫中国民族图书馆。

༄༅། །གྲུབ་པའི་དབང་ཕྱུག་ཆེན་པོ་ཀ་བ་བཛྲ་ཡིས་དཔལ་འཁོར་ལོ་སྡོམ་པའི་རྣལ་འབྱོར་ལ་བརྟེན་ནས་གསང་ཆེན་ལམ་གྱི་སྙིང་པོ་བཅུ་གཅིག་ཀུན་ཏུ་འོད་ཀྱི་ས་མངོན་དུ་མཛད་པའི་གནས་མཆོག་ཤེལ་དགོན་བཀྲ་ཤིས་ལྗོངས་ཀྱི་གནས་ཀྱི་རང་བཞིན་མདོ་ཙམ་བརྗོད་པ་ཀུན་ཏུ་བཟང་པོའི་མཆོད་སྤྲིན་དགེ་ལེགས་ནོར་བུའི་དོ་ཤལ་ཞེས་བྱ་བ་བཞུགས་སོ། །

**成就自在大师嘎哇坝遮所著依上乐轮瑜伽证得大密道心要十一地普光地之胜迹协贡扎喜迥之自性略说·普贤供养之妙善宝璎珞**

1 种，6 页。

རྫོང་དཀར་འཇིགས་མེད་བསམ་གཏན། 宗嘎·吉迈桑丹 (1814—1897) 撰述。

青海省化隆回族自治县金源地区土哇寺(土哇贡扎喜曲迪)印经院木刻版之刻印本。

普通纸，梵夹装中印本 (46.8×6.4cm)，楷体，墨色，横刊藏文六行，四周双栏，全。

索书号：003901/20。保存基本完好，今藏民族文化宫中国民族图书馆。

༄༅། །དགའ་ལྡན་ཕུན་ཚོགས་གླིང་གི་གནས་བཤད་ཅེས་བྱ་བ་བཞུགས་སོ། །

**噶旦彭措林寺胜地解说**

1 种，19 页。

ཏཱ་ར་ནཱ་ཐ་ཀུན་དགའ་སྙིང་པོ། 多罗那塔·衮噶宁波 (1575—1634) 撰述。

西藏地区藏传佛教达丹旦曲林寺印经院木刻版之刻印本。

普通藏纸，梵夹装中印本 (43.6×8.2cm)，楷体，墨色，横刊藏文六行，四周双栏，全。

索书号：003258/12。保存基本完好，今藏民族文化宫中国民族图书馆。

༄༅། །སྒྲུབ་གནས་སྐྱིད་ཕུག་བདེ་ལྡན་གྱི་གནས་བཤད་ཅེས་བྱ་བ་བཞུགས་སོ། །

**修行处吉普德旦胜地解说**

1 种，2 页。

ཏཱ་ར་ནཱ་ཐ་ཀུན་དགའ་སྙིང་པོ། 多罗那塔·衮噶宁波 (1575—1634) 撰述。

西藏地区藏传佛教达丹旦曲林寺印经院木刻版之刻印本。

普通藏纸，梵夹装中印本 (43.6×8.2cm)，楷体，墨色，横刊藏文六行，四周双栏，全。

索书号：003258/11。保存基本完好，今藏民族文化宫中国民族图书馆。

༄༅། །ཇོ་ནང་གི་གནས་བཤད་ཅེས་བྱ་བ་བཞུགས་སོ། །

**觉囊胜地解说**

1 种，13 页。

ཏཱ་ར་ནཱ་ཐ་ཀུན་དགའ་སྙིང་པོ། 多罗那塔·衮噶宁波 (1575—1634) 撰述。

西藏地区藏传佛教达丹旦曲林寺印经院木刻版之刻印本。

普通藏纸，梵夹装中印本 (43.6×8.2cm)，楷体，墨色，横刊藏文六行，四周双栏，全。

索书号：003258/10。保存基本完好，今藏民族文化宫中国民族图书馆。

༄༅། །དྲང་སྲོང་ཀུན་སྨོན་བཀྲ་ཤིས་བདེ་དགའ་ཚལ་གྱི་གནས་བསྟོད་ཅེས་བྱ་བ་བཞུགས་སོ། །

**仙人普愿吉祥安乐苑圣地赞**

1 种，2 页。

རྟ་ཚག་རྗེ་དྲུང་ཡེ་ཤེས་བསྟན་པའི་མགོན་པོ། 达扎济咙・益希丹贝贡波 (1760—1810) 撰述。

西藏地区藏传佛教寺院印经院传抄之缮写本。

普通藏纸，梵夹装中印本 (45.7×6.5cm)，草体，墨色，横书藏文七行，四周双栏，全。

索书号：003801/22。保存基本完好，今藏民族文化宫中国民族图书馆。

༄༅། །གདན་ས་ཆེན་པོ་ར་ལུང་གི་ཁྱད་པར་འཕགས་པ་ཅུང་ཟད་བརྗོད་པ་ངོ་མཚར་གྱི་གཏེར་ཞེས་བྱ་བ་བཞུགས་སོ། །

**热隆寺殊胜略说・稀有宝藏**

1 种，10 页。

འབྲུག་པ་པད་མ་དཀར་པོ། 竹巴・白玛嘎波 (1527—1592) 撰述。

西藏地区藏传佛教寺院印经院木刻版之刻印本。

普通藏纸，梵夹装中印本 (45.3×6.1cm)，楷体，墨色，横刊藏文六行，四周双栏，全。

索书号：003660/9。保存基本完好，今藏民族文化宫中国民族图书馆。

༄༅། །བདེ་བ་ཅན་གྱི་ཞིང་གི་བསྔགས་བརྗོད་དང་། དགེ་ལྡན་བཀྲ་ཤིས་འཁྱིལ། དབེན་གནས་རྗོ་འུ་རྒྱའི་རི་ཁྲོད། ཀན་ཀྱའི་གཉའ་གོང་བྲག་དཀར་རྣམས་ཀྱི་གནས་བསྟོད་ཅེས་བྱ་བ་བཞུགས་སོ། །

**极乐世界赞词及具善扎喜齐寺、觉厄嘉日朝、甘加白石崖寺等圣地赞**

1 种，14 页。

རྒྱལ་མཁན་སྤྲུལ་སྐལ་བཟང་གྲགས་པ་རྒྱ་མཚོ། 嘉堪朱・格桑札巴嘉措 (1880—？ ) 撰述。

西藏自治区日喀则地区扎什伦布寺印经院木刻版之刻印本。

普通藏纸，梵夹装中印本 (44.7×6cm)，楷体，墨色，横刊藏文六行，四周双栏，全。

索书号：001072/12。保存基本完好，今藏民族文化宫中国民族图书馆。

༄༅། །ནང་ཧས་པོ་ཏ་ལའི་གནས་བསྟོད་ཅེས་བྱ་བ་བཞུགས་སོ། །

**南海普陀山胜地赞**

1 种，3 页。

པཎ་ཆེན་ཨེར་ཏེ་ནི་བློ་བཟང་ཐུབ་བསྟན་ཆོས་ཀྱི་ཉི་མ། 班禅额尔德尼・洛桑图丹却吉尼玛 (1883—1937) 撰述。

西藏自治区日喀则地区扎什伦布寺印经院木刻版之刻印本。

普通藏纸，梵夹装中印本 (45×6.5cm)，楷体，墨色，横刊藏文六行，四周双栏，全。

索书号：003545/55。保存基本完好，今藏民族文化宫中国民族图书馆。

༄༅། །གནས་ཁྱད་པར་ཅན་རྣམས་ལ་བསྟོད་པའི་རིམ་པ་ཕྱོགས་གཅིག་ཏུ་བསྒྲིགས་པ་ཞེས་བྱ་བ་བཞུགས་སོ། །

**诸殊胜圣地赞颂次第合编**

1 种，22 页。

རྫོང་དཀར་འཇིགས་མེད་དམ་ཆོས་རྒྱ་མཚོ། 宗嘎·吉迈丹曲嘉措 (1898—1946) 撰述。

青海省化隆回族自治县金源地区土哇寺（土哇贡扎喜曲迪）印经院木刻版之刻印本。

普通纸，梵夹装中印本 (44.2×6.2cm)，楷体，墨色，横刊藏文六行，四周双栏，全。

索书号：000800/6。保存基本完好，今藏民族文化宫中国民族图书馆。

༄༅། །གནས་ཆེན་མཁར་ཆུའི་བསྟོད་པ་དབེན་པའི་གནས་ལ་དགའ་བའི་ངང་བ་རྣམས་དགའ་བ་བསྐྱེད་པའི་པད་མ་ཅན་ཞེས་བྱ་བ་བཞུགས་སོ། །

**圣地喀曲赞·阿兰若处鹅群欢乐之莲苑**

1 种，2 页。

འབྲུག་པ་པདྨ་དཀར་པོ། 竹巴·白玛嘎波 (1527—1592) 撰述。

西藏地区藏传佛教寺院印经院木刻版之刻印本。

普通藏纸，梵夹装中印本 (45.3×6.1cm)，楷体，墨色，横刊藏文六行，四周双栏，全。

索书号：003660/12。保存基本完好，今藏民族文化宫中国民族图书馆。

༄༅། །གནས་ཆེན་གྱི་རང་བཞིན་བརྗོད་པ་རྒྱུད་མངས་སྒྲ་དབྱངས་ཞེས་བྱ་བ་བཞུགས་སོ། །

**圣地道场特性述略·琵琶声音**

1 种，4 页。

ཨ་གོད་བློ་བཟང་བྱམས་པ་རབ་རྒྱས། 阿果·洛桑乾巴饶吉 (1781—1849) 撰述。

多麦地区藏传佛教扎喜协珠林寺印经院木刻版之刻印本。

普通纸，梵夹装中印本 (47.5×6.4cm)，楷体，墨色，横刊藏文六行，四周双栏，全。

索书号：000816/15。保存基本完好，今藏民族文化宫中国民族图书馆。

༄༅། །གནས་ཆེན་ཤེལ་དཀར་གྱི་རང་བཞིན་བརྗོད་པ་ཁུ་བྱུག་མགྲིན་པའི་རྒྱང་གླུ་ཞེས་བྱ་བ་བཞུགས་སོ། །

**协嘎圣地道场特性述说·杜鹃遥歌**

1 种，6 页。

ཨ་གོད་བློ་བཟང་བྱམས་པ་རབ་རྒྱས། 阿果·洛桑乾巴饶吉 (1781—1849) 撰述。

多麦地区藏传佛教扎喜协珠林寺印经院木刻版之刻印本。

普通纸，梵夹装中印本 (47.5×6.4cm)，楷体，墨色，横刊藏文六行，四周双栏，全。

索书号：000816/30。保存基本完好，今藏民族文化宫中国民族图书馆。

༄༅། །གནས་བསྟོད་ཀྱི་སྐོར་བཞུགས་སོ། །

**圣地赞颂类**

1 种，12 页。

གེ་དྷེ་བློ་བཟང་འཕྲིན་ལས། 格迪·洛桑成勒 (1849—1905) 撰述。

甘肃省甘南藏族自治州碌曲县郎木地区郎木寺印经院木刻版之刻印本。

普通藏纸，梵夹装中印本 (44.8×6.1cm)，楷体，墨色，横刊藏文六行，四周双栏，全。

索书号：001083/16。保存基本完好，今藏民族文化宫中国民族图书馆。

༄༅། །གནས་བསྟོད་སྐོར་བཞུགས་སོ། །

**圣地赞颂类**

1 种，3 页。

པཎ་ཆེན་ཨེར་དེ་ནི་བློ་བཟང་དཔལ་ལྡན་ཡེ་ཤེས། 班禅额尔德尼·洛桑白旦益希 (1738—1780) 撰述。

西藏自治区日喀则地区扎什伦布寺印经院木刻版之刻印本。

普通藏纸，梵夹装中印本(49.1×6.8cm)，楷体，墨色，横刊藏文六行，四周双栏，全。

索书号：000673/24。保存基本完好，今藏民族文化宫中国民族图书馆。

༄༅། །གནས་བསྟོད་རྣམས་བཞུགས་སོ། །

**诸圣地赞**

1种，3页。

པཎ་ཆེན་ཨེར་ཏེ་ནི་བློ་བཟང་དཔལ་ལྡན་ཡེ་ཤེས། 班禅额尔德尼·洛桑白旦益希(1738—1780)撰述。

西藏自治区日喀则地区扎什伦布寺印经院木刻版之刻印本。

普通藏纸，梵夹装中印本(49.1×6.8cm)，楷体，墨色，横刊藏文六行，四周双栏，全。

索书号：000669/13。保存基本完好，今藏民族文化宫中国民族图书馆。

༄༅། །གནས་ཡིག་ཅེས་བྱ་བ་བཞུགས་སོ། །

**圣地解说**

1种，6页。

ཀོང་སྤྲུལ་ཡོན་ཏན་རྒྱ་མཚོ། 贡朱·云丹嘉措(1813—1890)撰述。

四川省甘孜藏族自治州德格县八邦地区八邦寺印经院木刻版之刻印本。

普通藏纸，梵夹装中印本(45×5.5cm)，楷体，墨色，横刊藏文六行，四周双栏，全。

索书号：004427/41。保存基本完好，今藏民族文化宫中国民族图书馆。

༄༅། །བོད་ཡུལ་ལྷོ་དེ་ཝི་ཀོ་ཊའི་གནས་བཤད་མདོར་བསྡུས་པ་མཚན་གྱི་འདོད་འཇོ་ཞེས་བྱ་བ་བཞུགས་སོ། །

**西藏南部底威果扎圣地略说·稀有如意**

1种，2页。

འབྲུག་པ་པདྨ་དཀར་པོ། 竹巴·白玛嘎波(1527—1592)撰述。

西藏地区藏传佛教寺院印经院木刻版之刻印本。

普通藏纸，梵夹装中印本(45.3×6.1cm)，楷体，墨色，横刊藏文六行，四周双栏，全。

索书号：003659/13。保存基本完好，今藏民族文化宫中国民族图书馆。

༄༅། །ཙག་རི་བསམ་གཏན་གླིང་གི་གནས་བསྟོད་ཀ་ཕྲིང་བྱ་དཀའི་རྒྱན་གྱིས་ཚིག་གི་ཕྲེང་བ་ཞེས་བྱ་བ་བཞུགས་སོ། །

**扎日萨丹林寺圣地赞·嵌字诗难作饰词鬘**

1种，3页。

ཆེ་ཤོས་བློ་བཟང་བྱང་ཆུབ་བསྟན་པའི་སྒྲོན་མེ། 却西·洛桑强曲丹贝准美(1861—1933)撰述。

青海省湟中县鲁沙尔地区塔尔寺(固奔乾巴林)印经院木刻版之刻印本。

普通藏纸，梵夹装中印本(45.7×6.5cm)，楷体，墨色，横刊藏文六行，四周双栏，全。

索书号：003775/45。保存基本完好，今藏民族文化宫中国民族图书馆。

༄༅། །དབེན་གནས་དགའ་ལྡན་ཆོས་གླིང་གི་གནས་བསྟོད་ནགས་ཀྱི་བུང་བའི་གླུ་དབྱངས་ཞེས་བྱ་བ་བཞུགས་སོ། །

**噶旦曲林圣地赞·林中蜂之歌声**

1种，3页。

དཀྱིལ་ཟུར་བློ་བཟང་སྦྱིན་པ། 吉苏·洛桑金巴(1821—？)撰述。

四川省甘孜藏族自治州德格县德格地区德格寺印经院木刻版之刻印本。

普通藏纸，梵夹装中印本(51.8×7.1cm)，楷体，墨色，横刊藏文六行，四周双栏，全。

索书号：000677/24。保存基本完好，今藏民族文化宫中国民族图书馆。

༧༣། །དབེན་གནས་སྟག་ཚང་བཀྲ་ཤིས་ཆོས་གླིང་གི་གནས་ཀྱི་ལོ་རྒྱུས་བཤད་པ་ཞེས་བྱ་བ་བཞུགས་སོ། །

**兰若达仓扎喜曲林寺圣地志**

1 种，7 页。

སྟག་ཚང་བློ་བཟང་རབ་བརྟན། 达仓·洛桑饶丹 (1676—1745) 撰述。

甘肃省甘南藏族自治州碌曲县郎木地区郎木寺印经院木刻版之刻印本。

普通藏纸，梵夹装中印本 (47.6×5.7cm)，楷体，墨色，横刊藏文六行，四周双栏，全。

索书号：001247/10。保存基本完好，今藏民族文化宫中国民族图书馆。

༧༤། །དབེན་པའི་གནས་མཆོག་དགའ་ལྡན་བཀྲ་ཤིས་ཐེག་ཆེན་གླིང་གི་གནས་ཀྱི་བསྔགས་པ་མདོ་ཙམ་བརྗོད་པ་གཡས་འཁྱིལ་བཞད་པའི་སྒྲ་དབྱངས་ཞེས་བྱ་བ་བཞུགས་སོ། །

**殊胜兰若噶旦扎喜特钦林寺圣地赞略篇·右旋法螺之声**

1 种，6 页。

ཛོང་དཀར་འཇིགས་མེད་བསམ་གཏན། 宗嘎·吉迈桑丹 (1814—1897) 撰述。

青海省化隆回族自治县金源地区土哇寺（土哇贡扎喜曲迪）印经院木刻版之刻印本。

普通纸，梵夹装中印本 (46.8×6.4cm)，楷体，墨色，横刊藏文六行，四周双栏，全。

索书号：003901/18。保存基本完好，今藏民族文化宫中国民族图书馆。

༧༥། །འབྲས་སྤུངས་བཀྲ་ཤིས་ཆེ་འཕེལ་གླིང་གི་གནས་བསྟོད་ཅེས་བྱ་བ་བཞུགས་སོ། །

**哲蚌扎喜慈培林寺圣地赞**

1 种，3 页。

ཁལ་ཁ་མཁན་པོ་ངག་དབང་བློ་བཟང་མཁས་གྲུབ། 喀尔喀堪波·阿旺洛桑凯珠 (1779—1838) 撰述。

西藏地区藏传佛教寺院印经院木刻版之刻印本。

普通藏纸，梵夹装中印本 (52.5×7.2cm)，楷体，墨色，横刊藏文六行，四周双栏，全。

索书号：001241/30。保存基本完好，今藏民族文化宫中国民族图书馆。

༧༦། །ཙ་རི་ཏྲ་ཞེས་པའི་གནས་ལ་བསྟོད་པ་པད་དཀར་ལེགས་བཤད་ཅེས་བྱ་བ་བཞུགས་སོ། །

**杂日扎圣地赞·白莲嘉言**

1 种，10 页。

འབྲུག་པ་པདྨ་དཀར་པོ། 竹巴·白玛嘎波 (1527—1592) 撰述。

西藏地区藏传佛教寺院印经院木刻版之刻印本。

普通藏纸，梵夹装中印本 (45.3×6.1cm)，楷体，墨色，横刊藏文六行，四周双栏，全。

索书号：003666/10。保存基本完好，今藏民族文化宫中国民族图书馆。

༧༧། །ཚེ་རིང་སྦྱོངས་དྲུག་གི་དཔལ་ཡོན་ལ་བསྟོད་པ་ཚིགས་སུ་བཅད་པ་མཐོང་བས་ཡིད་འཕྲོག་ཅེས་བྱ་བ་བཞུགས་སོ། །

**六长寿区吉祥功德赞颂·见者意悦**

1 种，2 页。

པཎ་ཆེན་ཨེར་དེ་ནི་བློ་བཟང་ཐུབ་བསྟན་ཆོས་ཀྱི་ཉི་མ། 班禅额尔德尼·洛桑图丹却吉尼玛 (1883—1937) 撰述。

西藏自治区日喀则地区扎什伦布寺印经院木刻版之刻印本。

普通藏纸，梵夹装中印本 (45×6.5cm)，楷体，墨色，横刊藏文六行，四周双栏，全。

索书号：003545/56。保存基本完好，今藏民族文化宫中国民族图书馆。

༄༅། །ཡིད་དགའ་ཆོས་འཛིན་གཉིས་པ་དཔལ་སྣར་ཐང་ཆོས་སྡེའི་གནས་ལ་བསྟོད་པ་བསྐལ་བཟང་རྣ་བའི་བདུད་རྩི་ཞེས་བྱ་བ་བཞུགས་སོ། །

**第二悦意苑那塘寺圣地赞·具缘耳中甘露**

1 种，4 页。

དཀྱིལ་ཟུར་བློ་བཟང་སྦྱིན་པ། 吉苏·洛桑金巴 (1821—？ ) 撰述。

四川省甘孜藏族自治州德格县德格地区德格寺印经院木刻版之刻印本。

普通藏纸，梵夹装中印本 (51.8×7.1cm)，楷体，墨色，横刊藏文六行，四周双栏，全。

索书号：000678/10。保存基本完好，今藏民族文化宫中国民族图书馆。

༄༅། །རི་ཁྲོད་དགའ་ལྡན་ཆོས་གླིང་གི་གནས་བསྟོད་དག་སྣང་ནོར་བུའི་བང་མཛོད་ཀྱི་ལྡེ་མིག་ཅེས་བྱ་བ་བཞུགས་སོ། །

**山林噶旦曲林寺圣地赞**

1 种，5 页。

ཀུ་གེ་ཡོངས་འཛིན་བློ་བཟང་བསྟན་འཛིན། 古格雍增·洛桑丹增 (1748—1813) 撰述。

西藏地区藏传佛教寺院印经院木刻版之刻印本。

普通藏纸，梵夹装中印本 (48.2×6.5cm)，楷体，墨色，横刊藏文六行，四周双栏，全。

索书号：003831/15。保存基本完好，今藏民族文化宫中国民族图书馆。

༄༅། །རི་བོ་རྩེ་ལྔའི་གནས་བསྟོད་ཅེས་བྱ་བ་བཞུགས་སོ། །

**五台山圣地赞**

1 种，4 页。

བཀའ་འགྱུར་པ་བློ་བཟང་ཚུལ་ཁྲིམས། 嘎居巴·洛桑慈称 (1761—？ ) 撰述。

北京地区藏传佛教皇家寺院印经院木刻版之刻印本。

普通纸，梵夹装中印本 (46.8×7.2cm)，楷体，墨色，横刊藏文六行，四周双栏，全。

索书号：003895/15。保存基本完好，今藏民族文化宫中国民族图书馆。

༄༅། །རི་བོ་རྩེ་ལྔའི་གནས་བསྟོད་དོན་ལྡན་ཚངས་པའི་སྒྲ་དབྱངས་ཞེས་བྱ་བ་བཞུགས་སོ། །

**五台山圣地赞·具义梵音**

1 种，6 页。

རྒྱལ་མཁན་པོ་གྲགས་པ་རྒྱན་མཚན། 嘉堪波·札巴坚参 (1762—1836) 撰述。

甘肃省甘南藏族自治州夏河县拉卜楞地区拉卜楞寺 ( 拉章扎喜齐 ) 印经院木刻版之刻印本。

普通藏纸，梵夹装中印本 (47.4×6.3cm)，楷体，墨色，横刊藏文六行，四周双栏，全。

索书号：000849/14。保存基本完好，今藏民族文化宫中国民族图书馆。

༄༅། །སེ་ར་ཐེག་ཆེན་གླིང་གི་རྒྱབ་རིའི་ཆེད་བརྗོད་གནས་ཡིག་ཅེས་བྱ་བ་བཞུགས་སོ། །

**色拉特钦林寺之后山圣地赞词**

1 种，9 页。

ར་སྒྲེང་ཁྲི་ཆེན་བསྟན་པ་རབ་རྒྱས། 热振赤钦·丹巴饶杰 (1759—1816) 撰述。

西藏地区藏传佛教寺院印经院木刻版之刻印本。

普通藏纸，梵夹装中印本 (56.1×7.1cm)，

楷体，墨色，横刊藏文六行，四周双栏，全。

索书号：000795/22。保存基本完好，今藏民族文化宫中国民族图书馆。

## ༦、གནས་མཆོག་དཀར་ཆག་དང་སྐུ་གསུང་ཐུགས་རྟེན་དཀར་ཆག་གི་སྐོར།

## 6. 圣地志、佛像佛、经佛塔志

༄༅། །དཀར་ཆག་སྐོར་ཚད་དཀར་ཆག་ཅེས་བྱ་བ་བཞུགས་སོ། །

**史志与右绕量目录**

1 种，1 页。

དངུལ་ཆུ་དྷ་རྨ་བྷ་དྲ། 欧曲・达摩巴扎（亦称欧曲喇嘛・曲桑洛桑次仁，1772—1851）撰述。

西藏地区藏传佛教寺院印经院木刻版之刻印本。

普通藏纸，梵夹装中印本 (49.8×6cm)，楷体，墨色，横刊藏文六行，四周双栏，全。

索书号：001045/8。保存基本完好，今藏民族文化宫中国民族图书馆。

༄༅། །དཀར་ཆག་གི་རིམ་པ་དུ་མ་དང་སྐུ་གསུང་ཐུགས་རྟེན་བཞེངས་པའི་སྨོན་ཚིག་གི་རིམ་པ་ཞེས་བྱ་བ་བཞུགས་སོ། །

**造佛像经塔等志书目录与愿文次第**

1 种，111 页。

ཕུར་ལྕོག་ངག་དབང་བྱམས་པ། 普觉・阿旺强巴 (1682—1762) 撰述。

西藏自治区藏传佛教寺院印经院木刻版之刻印本。

普通藏纸，梵夹装中印本 (49.6×6cm)，楷体，墨色，横刊藏文六行，四周双栏，全。

索书号：001077/9。保存基本完好，今藏民族文化宫中国民族图书馆。

༄༅། །དཀར་ཆག་དང་སྐོར་ཚད་ཀྱི་རིམ་པ་ཕྱོགས་གཅིག་ཏུ་བསྒྲིགས་པ་ཞེས་བྱ་བ་བཞུགས་སོ། །

**史志与右绕量次第合编**

1 种，30 页。

དངུལ་ཆུ་དྷ་རྨ་བྷ་དྲ། 欧曲・达摩巴扎（亦称欧曲喇嘛・曲桑洛桑次仁，1772—1851）撰述。

西藏地区藏传佛教寺院印经院木刻版之刻印本。

普通藏纸，梵夹装中印本 (49.8×6cm)，楷体，墨色，横刊藏文六行，四周双栏，全。

索书号：001045/9。保存基本完好，今藏民族文化宫中国民族图书馆。

༄༅། །བཀའ་དྲིན་མཚུངས་མེད་རྗེ་བཙུན་བསྟན་པ་རྒྱ་མཚོ་དཔལ་བཟང་པོའི་སྐུ་གདུང་མཆོད་རྟེན་གྱི་དཀར་ཆག་ནོར་བུའི་ཕྲེང་བ་ཞེས་བྱ་བ་བཞུགས་སོ། །

**恩德无等之至尊丹巴嘉措之灵塔目录・摩尼鬘**

1 种，5 页。

ཞང་སྟོན་བསྟན་པ་རྒྱ་མཚོ། 祥敦・丹巴嘉措 (1825—1895) 撰述。

甘肃省甘南藏族自治州夏河县拉卜楞地区拉卜楞寺（拉章扎喜齐）印经院木刻版之刻印本。

普通藏纸，梵夹装中印本 (46.6×6.4cm)，楷体，墨色，横刊藏文六行，四周双栏，全。

索书号：000938/4。保存基本完好，今藏民族文化宫中国民族图书馆。

༄༅། །བཀའ་གདམས་ཆོས་ཀྱི་ཕོ་བྲང་གི་འཁོར་ཆེན་དཀར་ཆག་ཟིན་བྲིས་ཞེས་བྱ་བ་བཞུགས་སོ། །

**噶当法宫大经轮目录笔记**

1 种，9 页。

སྟག་ཕུ་ཞབས་དྲུང་གར་དབང་བློ་བཟང་ཆོས་ཀྱི་དབང་ཕྱུག 达普夏仲・噶旺洛桑曲吉旺秋 (18 世纪中叶 ) 撰述。

西藏自治区藏传佛教寺院印经院传抄之缮写本。

普通藏纸，梵夹装中印本 (45.4×5.2cm)，楷体，墨色，横书藏文七行，四周双栏，全。

索书号：003833/34。保存基本完好，今藏民族文化宫中国民族图书馆。

༄༅། །བཀྲ་ཤིས་དགེ་འཕེལ་གྱི་གནས་བསྟོད་དང་ཉམས་མགུར་སྐོར་ཞེས་བྱ་བ་བཞུགས་སོ། །

**扎喜格培圣地赞与道情歌类**

1 种，12 页。

སྡེ་ཁྲི་འཇམ་དབྱངས་ཐུབ་བསྟན་ཉི་མ། 德赤・绛央图丹尼玛 (1779—1862) 撰述。

甘肃省甘南藏族自治州夏河县拉卜楞地区拉卜楞寺 ( 拉章扎喜齐 ) 印经院木刻版之刻印本。

普通藏纸，梵夹装中印本 (47.2×6.6cm)，楷体，墨色，横刊藏文六行，四周双栏，全。

索书号：000891/18。保存基本完好，今藏民族文化宫中国民族图书馆。

༄༅། །བཀྲ་ཤིས་མཐོང་སྨོན་གྱི་གཙུག་ལག་ཁང་བཞེངས་ཚུལ་གྱི་དཀར་ཆག་ཅེས་བྱ་བ་བཞུགས་སོ། །

**扎喜通孟寺建造经堂志**

1 种，2 页。

འབྲུག་པ་པད་མ་དཀར་པོ། 竹巴・白玛嘎波 (1527—1592) 撰述。

西藏地区藏传佛教寺院印经院木刻版之刻印本。

普通藏纸，梵夹装中印本 (46.6×6.4cm)，楷体，墨色，横刊藏文六行，四周双栏，全。

索书号：003660/7。保存基本完好，今藏民族文化宫中国民族图书馆。

༄༅། །བཀྲ་ཤིས་ལྷུན་པོའི་རིན་པོ་ཆེའི་མཆོད་རྟེན་མཐོང་བས་དོན་དང་ལྡན་ཅིང་ཐོས་པས་རྣམ་པར་གྲོལ་བའི་དཀར་ཆག་ཅེས་བྱ་བ་བཞུགས་སོ། །

**扎什伦布之大宝塔・见者具义并闻者解脱之目录**

1 种，6 页。

པཎ་ཆེན་ཨེར་དེ་ནི་བློ་བཟང་ཆོས་ཀྱི་རྒྱལ་མཚན། 班禅额尔德尼・洛桑曲吉坚参 (1567—1662) 撰述。

西藏自治区日喀则地区扎什伦布寺印经院木刻版之刻印本。

普通藏纸，梵夹装中印本 (49.4×6.5cm)，楷体，墨色，横刊藏文六行，四周双栏，全。

索书号：000788/23。保存基本完好，今藏民族文化宫中国民族图书馆。

༄༅། །སྐུ་གསུང་ཐུགས་རྟེན་དང་མ་ཎི་རིལ་བུའི་དཀར་ཆག་ཕན་ཡོན་མདོར་བསྡུས་བཞུགས་སོ། །

**佛像佛经佛塔与嘛呢丸目录・功德略篇**

1 种，5 页。

སྟག་ཚང་བློ་བཟང་རབ་བརྟན། 达仓・洛桑饶丹 (1676—1745) 撰述。

甘肃省甘南藏族自治州碌曲县郎木地区郎木寺印经院木刻版之刻印本。

普通藏纸，梵夹装中印本 (47.6×5.7cm)，楷体，墨色，横刊藏文六行，四周双栏，全。

索书号：001247/19。保存基本完好，今藏民族文化宫中国民族图书馆。

༄༅། །སྐུ་གསུང་ཐུགས་རྟེན་བཞེངས་པའི་དཀར་ཆག་དང་བཅའ་ཡིག་སྐོར་ཕྱོགས་གཅིག་ཏུ་བསྒྲིགས་པ་ཞེས་བྱ་བ་བཞུགས་སོ། །

**建造佛像、佛经、佛塔志及规约合编**

1 种，23 页。

ལྕང་སྐྱ་ངག་དབང་བློ་བཟང་ཆོས་ལྡན། 章嘉·阿旺洛桑曲旦 (1642—1714) 撰述。

北京地区藏传佛教皇家寺院印经院木刻版之刻印本。

普通纸，梵夹装中印本 (49 × 6.8cm)，楷体，墨色，横刊藏文六行，四周双栏，全。

索书号：003553/14。保存基本完好，今藏民族文化宫中国民族图书馆。

༄༅། །སྐུ་གསུང་ཐུགས་རྟེན་གསར་བཞེངས་ཀྱི་དཀར་ཆག་མགོ་རྒྱན་དང་སྨོན་ཚིག་སྐོར་ཞེས་བྱ་བ་བཞུགས་སོ། །

**新建佛像、经、塔志·顶严及发愿文等类**

1 种，32 页。

ཇ་མཁོད་བློ་བཟང་བྱམས་པ་རབ་རྒྱས། 阿果·洛桑强巴饶杰 (1781—1849) 撰述。

多麦地区藏传佛教扎喜协珠林寺印经院木刻版之刻印本。

普通藏纸，梵夹装中印本 (47.5 × 6.4cm)，楷体，墨色，横刊藏文六行，四周双栏，全。

索书号：000815/25。保存基本完好，今藏民族文化宫中国民族图书馆。

༄༅། །སྐུ་གསུང་ཐུགས་རྟེན་གསར་བཞེངས་ཀྱི་དཀར་ཆག་དང་ཞལ་བྱང་པར་སྨོན་བཤད་པ་འགའ་ཟུང་བཅས་ཕྱོགས་བསྒྲིགས་སུ་བཀོད་པ་བདེ་ལེགས་དགོས་འདོད་ཀུན་སྩོལ་ནོར་བུའི་གན་མཛོད་ཅེས་བྱ་བ་བཞུགས་སོ། །

**新建佛像经塔之目录及标题版本愿文等合编·普赐随求吉祥宝藏**

1 种，138 页。

ཞྭ་དམར་དགེ་འདུན་བསྟན་འཛིན་རྒྱ་མཚོ། 夏玛·格登丹增嘉措 (1852—1912) 撰述。

甘肃省甘南藏族自治州夏河县拉卜楞地区拉卜楞寺（拉章扎喜齐）印经院木刻版之刻印本。

普通藏纸，梵夹装中印本 (45.8 × 6.4cm)，楷体，墨色，横刊藏文六行，四周双栏，全。

索书号：001253/2。保存基本完好，今藏民族文化宫中国民族图书馆。

༄༅། །སྐུ་གསུང་ཐུགས་རྟེན་གསར་བཞེངས་ཀྱི་ཞལ་བྱང་རྒྱབ་ཡིག་སྨོན་ལམ་འདོད་གསོལ་དཀར་ཆག་དེབ་ཐེར་མགོ་བརྗོད་བཅས་ཕྱོགས་སྒྲིགས་སུ་བཀོད་པ་ལེགས་ཚོགས་དཔལ་གྱི་བང་མཛོད་ཅེས་བྱ་བ་བཞུགས་སོ། །

**新造佛像塔之题词、背文、愿文、随求祈请目录书册序文等合编·妙聚吉祥之库**

1 种，324 页。

ཏཱ་ལའི་བླ་མ་བསྐལ་བཟང་རྒྱ་མཚོ། 达赖喇嘛·格桑嘉措 (1708—1757) 撰述。

北京地区藏传佛教皇家寺院印经院木刻版之刻印本。

普通纸，梵夹装中印本 (49.4 × 6.5cm)，楷体，墨色，横刊藏文六行，四周双栏，全。

索书号：001130/2。保存基本完好，今藏民族文化宫中国民族图书馆。

༄༅། །སྐུ་གསུང་ཐུགས་རྟེན་གསར་བཞེངས་རིན་པོ་ཆེའི་མཆོད་རྫས་ཁང་བཟང་གི་དཀར་ཆག་དང་ཐམ་ཕུད་དེབ་ཁྲིམས་ཡིག་འགོ་རྒྱངས་སྡེ་བཞིའི་སྒོ་འཕར་ཕྱེ་བའི་སྐལ་བཟང་གི་ལྡེགས་བམ་དང་པོ་ཞེས་བྱ་བ་བཞུགས་སོ། །

**新造佛像经塔大宝供物妙室之目录与印章新册清规制约之始末·开四部法门之具缘·第一函**

1 种，311 页。

ཏཱ་ལའི་བླ་མ་ངག་དབང་བློ་བཟང་རྒྱ་མཚོ། 达赖喇嘛·阿旺洛桑嘉措 (1617—1682) 撰述。

西藏自治区拉萨地区孜雪印经院木刻版之刻印本。

普通藏纸，梵夹装中印本 (46.6×5.9cm)，楷体，墨色，横刊藏文六行，四周双栏，全。

索书号：000695/1。保存基本完好，今藏民族文化宫中国民族图书馆。

༄༅། །སྐུ་གསུང་ཐུགས་རྟེན་གསར་བཞེངས་རིན་པོ་ཆེའི་མཆོད་རྫས་ཁང་བཟང་གི་དཀར་ཆག་དང་ཐམ་ཕུད་དེབ་ཁྲིམས་ཡིག་འགོ་རྒྱངས་སྡེ་བཞིའི་སྒོ་འཕར་ཕྱེ་བའི་སྐལ་བཟང་གི་ལྡིགས་བམ་གཉིས་པ་ཞེས་བྱ་བ་བཞུགས་སོ། །

**新造佛像经塔大宝供物妙室之目录与印章新册清规制约之始末·开四部法门之具缘·第二函**

1 种，308 页。

ཏཱ་ལའི་བླ་མ་ངག་དབང་བློ་བཟང་རྒྱ་མཚོ། 达赖喇嘛·阿旺洛桑嘉措 (1617—1682) 撰述。

西藏自治区拉萨市孜雪印经院木刻版之刻印本。

普通藏纸，梵夹装中印本 (46.6×5.9cm)，楷体，墨色，横刊藏文六行，四周双栏，全。

索书号：000696/1。保存基本完好，今藏民族文化宫中国民族图书馆。

༄༅། །སྐུ་གསུང་ཐུགས་རྟེན་གསར་བཞེངས་རིན་པོ་ཆེའི་མཆོད་རྫས་ཁང་བཟང་གི་དཀར་ཆག་དང་ཐམ་ཕུད་དེབ་ཁྲིམས་ཡིག་འགོ་རྒྱངས་སྡེ་བཞིའི་སྒོ་འཕར་ཕྱེ་བའི་སྐལ་བཟང་གི་ལྡིགས་བམ་གསུམ་པ་ཞེས་བྱ་བ་བཞུགས་སོ། །

**新造佛像经塔大宝供物妙室之目录与印章新册清规制约之始末·开四部法门之具缘·第三函**

1 种，110 页。

ཏཱ་ལའི་བླ་མ་ངག་དབང་བློ་བཟང་རྒྱ་མཚོ། 达赖喇嘛·阿旺洛桑嘉措 (1617—1682) 撰述。

西藏自治区拉萨地区孜雪印经院木刻版之刻印本。

普通藏纸，梵夹装中印本 (46.6×5.9cm)，楷体，墨色，横刊藏文六行，四周双栏，全。

索书号：000697/1。保存基本完好，今藏民族文化宫中国民族图书馆。

༄༅། །སྐྱབས་མགོན་རྗེ་བཙུན་དམ་པ་བཞི་པ་ཆེན་པོའི་གདུང་རྟེན་རིན་པོ་ཆེའི་དཀར་ཆག་ཅེས་བྱ་བ་བཞུགས་སོ། །

**怙主至尊丹巴第四世灵骨塔志**

1 种，29 页。

ཁལ་ཁ་མཁན་པོ་ངག་དབང་བློ་བཟང་མཁས་གྲུབ། 喀尔喀堪波·阿旺洛桑凯珠 (1779—1838) 撰述。

西藏地区藏传佛教寺院印经院木刻版之刻印本。

普通藏纸，梵夹装中印本 (52.5×7.2cm)，楷体，墨色，横刊藏文六行，四周双栏，全。

索书号：001238/10。保存基本完好，今藏民族文化宫中国民族图书馆。

༄༅། །བསྐལ་བཟང་རྣམ་འདྲེན་སྟོང་གི་སྐུ་བརྙན་གསར་བཞེངས་ཀྱི་དཀར་ཆག་ཕན་བདེའི་གནས་ལ་འགོད་བྱེད་ཚངས་ཆེན་ང་རོ་ཞེས་བྱ་བ་བཞུགས་སོ། །

**新建贤劫千佛像志·能置利乐处之大梵天吼声**

1 种，13 页。

ལྕང་ལུང་པཎྜི་ཏ་ངག་དབང་བློ་བཟང་བསྟན་པའི་རྒྱལ་མཚན། 江隆班智达·阿旺洛桑丹贝坚参 (1770—1845) 撰述。

北京地区藏传佛教皇家寺院印经院木

刻版之刻印本。

普通纸，梵夹装短印本 (39.5 × 5.9cm)，楷体，墨色，横刊藏文六行，四周双栏，全。

索书号：003707/14。保存基本完好。今藏民族文化宫中国民族图书馆。

༄༅། །བསྐལ་བཟང་ལྷ་ཁང་རྟེན་དང་བརྟེན་པའི་དཀར་ཆག་རྫོགས་ལྡན་སྨིན་གྱི་ང་སྒྲ་ཞེས་བྱ་བ་བཞུགས་སོ། །

**贤劫佛殿之能依与所依目录·圆劫雷声**

1 种，29 页。

སྡེ་ཁྲི་འཇམ་དབྱངས་ཐུབ་བསྟན་ཉི་མ། 德赤·绛央图丹尼玛 (1779—1862) 撰述。

甘肃省甘南藏族自治州夏河县拉卜楞地区拉卜楞寺（拉章扎喜齐）印经院木刻版之刻印本。

普通藏纸，梵夹装中印本 (47.2 × 6.6cm)，楷体，墨色，横刊藏文六行，四周双栏，全。

索书号：000891/9。保存基本完好，今藏民族文化宫中国民族图书馆。

༄༅། །ཁུ་རེ་ཆེན་མོར་བཞེངས་པའི་བྱམས་པ་སྐུ་བརྙན་གྱི་དཀར་ཆག་དད་པའི་བཞིན་རས་གསལ་བར་བྱེད་པའི་ནོར་བུའི་མེ་ལོང་ཞེས་བྱ་བ་བཞུགས་སོ། །

**大库伦造弥勒像志·信士容颜开朗之宝镜**

1 种，50 页。

ཁལ་ཁ་མཁན་པོ་ངག་དབང་བློ་བཟང་མཁས་གྲུབ། 喀尔喀堪波·阿旺洛桑凯珠 (1779—1838) 撰述。

西藏地区藏传佛教寺院印经院木刻版之刻印本。

普通藏纸，梵夹装中印本 (52.5 × 7.2cm)，楷体，墨色，横刊藏文六行，四周双栏，全。

索书号：001237/8。保存基本完好，今藏民族文化宫中国民族图书馆。

༄༅། །འགོན་དཀོན་མཆོག་རྒྱལ་པོའི་གདུང་ཁང་རྟེན་བཅས་ཉམས་གསོ་བྱེད་པའི་དཀར་ཆག་ཅེས་བྱ་བ་བཞུགས་སོ། །

**修建昆恭却嘉波灵堂及佛像经塔志**

1 种，1 页。

ཨ་མེས་ངག་དབང་ཀུན་དགའ་བསོད་ནམས། 阿梅·阿旺衮噶索南 (1597—1660) 撰述。

西藏地区藏传佛教寺院印经院传抄之缮写本。

普通藏纸，梵夹装中印本 (45.6 × 6.3cm)，草体，墨色，横书藏文七行，四周双栏，全。

索书号：003219/20。保存基本完好，今藏民族文化宫中国民族图书馆。

༄༅། །འཁོར་ལོའི་མགོན་པོ་བཀའ་དྲིན་མཉམ་མེད་པཎྜི་ཏ་ནོ་མོན་ཧན་རྗེ་བཙུན་དགེ་འདུན་བསྟན་འཛིན་རྒྱ་མཚོ་དཔལ་བཟང་པོའི་རིང་བསྲེལ་མཆོད་སྡོང་གི་དཀར་ཆག་གཡས་འཁྱིལ་དུང་གི་སྒྲ་དབྱངས་ཞེས་བྱ་བ་བཞུགས་སོ། །

**法轮怙主恩德无比之班智达诺门罕至尊格登丹增嘉措之灵骨塔目录·右旋螺声**

1 种，18 页。

ཞྭ་དམར་དགེ་འདུན་བསྟན་འཛིན་རྒྱ་མཚོ། 夏玛·格登丹增嘉措 (1852—1912) 撰述。

甘肃省甘南藏族自治州夏河县拉卜楞地区拉卜楞寺（拉章扎喜齐）印经院木刻版之刻印本。

普通藏纸，梵夹装中印本 (45.8 × 6.4cm)，楷体，墨色，横刊藏文六行，四周双栏，全。

索书号：001253/4。保存基本完好，今藏民族文化宫中国民族图书馆。

༄༅། །གངས་ཅན་མཁས་གྲུབ་ཀུན་གྱི་གཙུག་རྒྱན་ཐམས་ཅད་མཁྱེན་པ་བུ་སྟོན་རིན་ཆེན་གྲུབ་ཡབ་སྲས་ཀྱི་བཀའ་འབུམ་པར་དུ་སྒྲིལ་བའི་འདོད་དོན་སྨོན་ཚིག་ཕན་བདེའི་ལང་ཚོ་གསར་དུ་འཆར་བ་ཐར་འདོད་ཅི་དགར་འཇུག་པའི་ལྷའི་ཁྲུས་རྫིང་དང་བལ་ཡུལ་མཆོད་རྟེན་འཕགས་པ་ཤིང་ཀུན་ཉམས་གསོ་བགྱིས་པའི་དཀར་ཆག་ཛོ་མཚར་དད་པའི་སྒོ་འབྱེད་བཅས་ཞེས་བྱ་བ་བཞུགས་སོ། །

**西藏诸善巧成就者之顶严一切智布敦·仁钦珠师徒文集付梓之祈愿文·利乐之春光·求解脱者喜入之沐浴天池及尼泊尔灵塔帕巴辛衮维修目录·开希有信门**

1 种，12 页。

ཏཱ་ལའི་བླ་མ་ཐུབ་བསྟན་རྒྱ་མཚོ། 达赖喇嘛·图丹嘉措 (1876—1933) 撰述。

西藏自治区拉萨地区孜雪印经院木刻版之刻印本。

普通藏纸，梵夹装中印本 (49.5×7.3cm)，楷体，墨色，横刊藏文六行，四周双栏，全。

索书号：000726/6。保存基本完好，今藏民族文化宫中国民族图书馆。

༄༅། །གྲུབ་པའི་འཁོར་ལོ་བསྒྱུར་བ་འཇམ་པའི་དབྱངས་བསོད་ནམས་དབང་པོའི་གསུང་འབུམ་དཀར་ཆག་ནོར་བུའི་ཕྲེང་བ་ཞེས་བྱ་བ་བཞུགས་སོ། །

**成就转轮王绛贝央索南旺波文集目录·摩尼鬘**

1 种，3 页。

ཨ་མེས་ངག་དབང་ཀུན་དགའ་བསོད་ནམས། 阿梅·阿旺衮噶索南 (1597—1660) 撰述。

西藏地区藏传佛教寺院印经院传抄之缮写本。

普通藏纸，梵夹装中印本 (45.6×6.3cm)，草体，墨色，横书藏文七行，四周双栏，全。

索书号：003227/27。保存基本完好，今藏民族文化宫中国民族图书馆。

༄༅། །གྲུབ་པའི་སློབ་དཔོན་ཆེན་པོ་མཚོ་སྐྱེས་རྡོ་རྗེའི་སྐུ་བརྙན་མཐོང་བ་དོན་ལྡན་རྟེན་དང་བརྟེན་པར་བཅས་པའི་དཀར་ཆག་མཁས་པའི་ཡིད་འཕྲོག་ཅེས་བྱ་བ་བཞུགས་སོ། །

**获成就之大阿阇梨措吉多结之身像·见者具义及能依所依等目录·智者悦意**

1 种，15 页。

རྒྱལ་མཁན་པོ་གྲགས་པ་རྒྱལ་མཚན། 嘉堪波·札巴坚参 (1762—1836) 撰述。

甘肃省甘南藏族自治州夏河县拉卜楞地区拉卜楞寺（拉章扎喜齐）印经院木刻版之刻印本。

普通藏纸，梵夹装中印本 (47.4×6.3cm)，楷体，墨色，横刊藏文六行，四周双栏，全。

索书号：000849/6。保存基本完好，今藏民族文化宫中国民族图书馆。

༄༅། །དགའ་ལྡན་ཕུག་པོ་ཆེའི་སྒྲུབ་གནས་ལ་སྲི་ཞུ་བགྱིས་པའི་དཀར་ཆག་དགའ་ལྡན་བསྟན་པ་རྒྱས་བྱེད་ཅེས་བྱ་བ་བཞུགས་སོ། །

**对噶旦普波且修行圣地作侍奉之目录·能宏噶旦教法**

1 种，13 页。

ཡོངས་འཛིན་ཡེ་ཤེས་རྒྱལ་མཚན། 雍增·益希坚参 (1713—1793) 撰述。

西藏自治区拉萨地区布达拉宫印经院木刻版之刻印本。

普通藏纸，梵夹装中印本 (48.5×6.4cm)，楷体，墨色，横刊藏文六行，四周双栏，全。

索书号：003344/11。保存基本完好，今藏民族文化宫中国民族图书馆。

༄༅། །དགའ་ལྡན་ཕུན་ཚོགས་གླིང་གི་བྱམས་ཆེན་མཐོང་བ་དོན་ལྡན་གྱི་དཀར་ཆག་ངོ་མཚར་དད་གུས་རྒྱས་པའི་པདྨོ་བློ་ལྡན་ཡིད་ཀྱི་རེ་སྐོང་ཞེས་བྱ་བ་བཞུགས་སོ། །

**噶旦彭措林寺之通哇顿旦大弥勒像志·希有盛开之信莲·智者满愿**

1 种，16 页。

རོང་ཐ་བློ་བཟང་དམ་ཆོས་རྒྱ་མཚོ། 荣塔·洛桑丹曲嘉措 (1865—1900) 撰述。

西藏地区藏传佛教惹聂特钦林寺印经院木刻版之刻印本。

普通藏纸，梵夹装中印本 (46.5 × 5.6cm)，楷体，墨色，横刊藏文六行，四周双栏，全。

索书号：004528/8。保存基本完好，今藏民族文化宫中国民族图书馆。

༄༅། །དགེ་འདུན་དབྱེན་འདུམ་གྱི་མཆོད་རྟེན་ཆེན་པོ་བཞེངས་པའི་དཀར་ཆག་དྭངས་ཤེལ་མེ་ལོང་ཞེས་བྱ་བ་བཞུགས་སོ། །

**僧伽和解大塔建立之目录·水晶明镜**

1 种，12 页。

ཞུ་ཆེན་ཚུལ་ཁྲིམས་རིན་ཆེན། 许钦·慈称仁钦 (1697—1774) 撰述。

四川省甘孜藏族自治州德格县德格地区德格寺印经院木刻版之刻印本。

普通藏纸，梵夹装中印本 (47.1 × 6.7cm)，楷体，墨色，横刊藏文六行，四周双栏，全。

索书号：000418/12。保存基本完好，今藏民族文化宫中国民族图书馆。

༄༅། །དགེ་ལྡན་རིང་ལུགས་འཛིན་པ་གསན་རྒྱ་ཆེན་པོ་འདོད་པ་རྣམས་ལ་ཕན་པའི་མཚན་ཐོ་ཞེས་བྱ་བ་བཞུགས་སོ། །

**饶益格旦宗规乐于多听博闻者之名录**

1 种，13 页。

ཀློང་རྡོལ་བླ་མ་ངག་དབང་བློ་བཟང་། 隆朵喇嘛·阿旺洛桑 (1719—1795) 撰述。

北京地区藏传佛教皇家寺院印经院木刻版之刻印本。

普通纸，梵夹装中印本 (53 × 7.1cm)，楷体，墨色，横刊藏文六行，四周双栏，全。

索书号：001005/5。保存基本完好，今藏民族文化宫中国民族图书馆。

༄༅། །དགེ་བཟང་གླིང་གི་རྟེན་གཙོ་བྱམས་ཆེན་མཐོང་བ་དོན་ལྡན་གྱི་དཀར་ཆག་དད་པའི་ཤིང་རྟ་ཞེས་བྱ་བ་བཞུགས་སོ། །

**格桑林寺主要佛像弥勒大像通哇顿旦志·诚信之车**

1 种，5 页。

ལྕང་ལུང་པཎྜི་ཏ་ངག་དབང་བློ་བཟང་བསྟན་པའི་རྒྱལ་མཚན། 江隆班智达·阿旺洛桑丹贝坚参 (1770—1845) 撰述。

北京地区藏传佛教皇家寺院印经院木刻版之刻印本。

普通纸，梵夹装短印本 (39.5 × 5.9cm)，楷体，墨色，横刊藏文六行，四周双栏，全。

索书号：003709/14。保存基本完好，今藏民族文化宫中国民族图书馆。

༄༅། །རྒྱལ་ཁབ་ཆེན་པོའི་ནུབ་སྒོའི་མཆོད་རྟེན་དཀར་པོའི་དཀར་ཆག་དད་པ་རྒྱས་བྱེད་ཅེས་བྱ་བ་བཞུགས་སོ། །

**大都西门之白塔寺志·宏扬正信**

1 种，7 页。

ལྕང་སྐྱ་རོལ་པའི་རྡོ་རྗེ། 章嘉·若贝多结 (1717—1786) 撰述。

北京地区藏传佛教皇家寺院印经院木刻版之刻印本。

普通纸，梵夹装中印本 (46.8 × 6.1cm)，楷体，墨色，横刊藏文六行，四周双栏，全。

索书号：000766/15。保存基本完好，今藏民族文化宫中国民族图书馆。

༄༅། །རྒྱལ་ཆེན་རྗེ་ཇོ་བོ་ལ་དབུ་རྒྱན་ཕུལ་བའི་དཀར་ཆག་དགེ་ལེགས་སྙིང་པོ་ཞེས་བྱ་བ་བཞུགས་སོ། །

**嘉钦孜觉沃前供冠目录·福善心要**

1 种，8 页。

སེང་ཆེན་བློ་བཟང་བསྟན་འཛིན་དཔལ་འབྱོར། 桑钦·洛桑丹增班觉 (1784—1843) 撰述。

西藏自治区拉萨地区孜雪印经院木刻版之刻印本。

普通藏纸，梵夹装中印本 (45.6×6.3cm)，楷体，墨色，横刊藏文六行，四周双栏，全。

索书号：003818/20。保存基本完好，今藏民族文化宫中国民族图书馆。

༄༅། །རྒྱལ་བ་མཆོག་གི་བདག་ཉིད་གང་དེའི་སྐུ་གདུང་རིན་པོ་ཆེ་ཡིད་བཞིན་ནོར་བུ་སྙིང་པོར་བཞུགས་པའི་མཆོད་སྡོང་ཆེན་པོ་རྟེན་དང་བརྟེན་པར་བཅས་པའི་དཀར་ཆག་ངོ་མཚར་འདབ་སྟོང་འབྱེད་པའི་ཉིན་བྱེད་ཅེས་བྱ་བ་བཞུགས་སོ། །

**达赖活佛大宝灵骨如意摩尼安住之大灵塔能依所依等目录·希有千叶莲花开敷之日光**

1 种，39 页。

ཏཱ་ལའི་བླ་མ་འཇམ་དཔལ་རྒྱ་མཚོ། 达赖喇嘛·绛白嘉措 (1758—1804) 撰述。

西藏自治区拉萨地区孜雪印经院木刻版之刻印本。

普通藏纸，梵夹装中印本 (49.5×7.3cm)，楷体，墨色，横刊藏文六行，四周双栏，全。

索书号：001017/8。保存基本完好，今藏民族文化宫中国民族图书馆。

༄༅། །རྒྱལ་བ་མཆོག་གི་བདག་ཉིད་གང་དེའི་སྐུ་གདུང་རིན་པོ་ཆེ་ཡིད་བཞིན་ནོར་བུ་སྙིང་པོར་བཞུགས་པའི་མཆོད་སྡོང་ཆེན་པོ་རྟེན་དང་བརྟེན་པར་བཅས་པའི་དཀར་ཆག་ངོ་མཚར་འདབ་སྟོང་འབྱེད་པའི་ཉིན་བྱེད་ཅེས་བྱ་བ་བཞུགས་སོ། །

**最胜主宰之大宝遗体灵塔如意摩尼装藏供物能依所依等目录·开希有千叶莲花之日**

1 种，42 页。

པཎ་ཆེན་ཨེར་ཏེ་ནི་བློ་བཟང་དཔལ་ལྡན་ཡེ་ཤེས། 班禅喇嘛·洛桑白旦益希 (1738—1780) 撰述。

西藏自治区日喀则地区扎什伦布寺印经院木刻版之刻印本。

普通藏纸，梵夹装中印本 (49.1×6.8cm)，楷体，墨色，横刊藏文六行，四周双栏，全。

索书号：000668/5。保存基本完好，今藏民族文化宫中国民族图书馆。

༄༅། །རྒྱལ་བ་བྱམས་པའི་གོས་སྐུ་མཐོང་བ་དོན་ལྡན་གྱི་དཀར་ཆག་བཞུགས་སོ། །

**缎缀弥勒佛像通哇顿旦志**

1 种，4 页。

ལྕང་སྐྱ་ངག་དབང་བློ་བཟང་ཆོས་ལྡན། 章嘉·阿旺洛桑曲旦 (1642—1714) 撰述。

北京地区藏传佛教皇家寺院印经院木刻版之刻印本。

普通纸，梵夹装中印本 (49×6.8cm)，楷体，墨色，横刊藏文六行，四周双栏，全。

索书号：003565/82。保存基本完好，今藏民族文化宫中国民族图书馆。

༄༅། །རྒྱལ་བ་མ་ཕམ་པའི་སྣང་བརྙན་མཐོང་བ་དོན་ལྡན་གྱི་དཀར་ཆག་བྱམས་མགོན་འཛུམ་ཞལ་བལྟ་བའི་མེ་ལོང་ཞེས་བྱ་བ་བཞུགས་སོ། །

**弥勒佛像通哇顿旦·观弥勒笑颜镜**

1 种，8 页。

ལྕང་ལུང་པཎྜི་ཏ་ངག་དབང་བློ་བཟང་བསྟན་པའི་རྒྱལ་མཚན། 江隆班智达・阿旺洛桑丹贝坚参 (1770—1845) 撰述。

北京地区藏传佛教皇家寺院印经院木刻版之刻印本。

普通纸，梵夹装短印本 (39.5×5.9cm)，楷体，墨色，横刊藏文六行，四周双栏，全。

索书号：003709/13。保存基本完好，今藏民族文化宫中国民族图书馆。

### ༄༅། །རྒྱལ་བྱེད་ཚལ་གྱི་གཙུག་ལག་ཁང་བཞེངས་ཚུལ་གྱི་དཀར་ཆག་ཅེས་བྱ་བ་བཞུགས་སོ། །

**嘉且采寺建造经堂志**

1 种，2 页。

འབྲུག་པ་པད་མ་དཀར་པོ། 竹巴・白玛嘎波 (1527—1592) 撰述。

西藏地区藏传佛教寺院印经院木刻版之刻印本。

普通藏纸，梵夹装中印本 (45.3×6.1cm)，楷体，墨色，横刊藏文六行，四周双栏，全。

索书号：003660/8。保存基本完好，今藏民族文化宫中国民族图书馆。

### ༄༅། །རྒྱུད་སྡེ་རྣམ་བཞིའི་དཀྱིལ་འཁོར་བའི་ལྷ་མང་པོའི་མཚན་བོ་རིན་ཆེན་བུམ་བཟང་ཞེས་བྱ་བ་བཞུགས་སོ། །

**四部密续曼陀罗中众多佛尊名称册・大宝妙瓶**

1 种，17 页。

ཅོ་ནེ་གྲགས་པ་བཤད་སྒྲུབ། 卓尼・札巴协珠 (1675—1748) 撰述。

甘肃省甘南藏族自治州卓尼县卓尼地区卓尼寺（觉乃噶旦协珠林）印经院木刻版之刻印本。

普通纸，梵夹装中印本 (48.6×6.3cm)，楷体，墨色，横刊藏文六行，四周双栏，全。

索书号：003690/10。保存基本完好，今藏民族文化宫中国民族图书馆。

### ༄༅། །སྣར་ཆེན་གྱི་རྟེན་མཆོག་གན་རྫོ་ལའི་དཀར་ཆག་ཅེས་བྱ་བ་བཞུགས་སོ། །

**噶尔钦寺最胜佛像经塔神堂目录**

1 种，4 页。

ཞྭ་དམར་དཀོན་མཆོག་ཡན་ལག 夏玛・恭却延拉 (1525—1583) 撰述。

西藏地区藏传佛教寺院印经院传抄之缮写本。

普通藏纸，梵夹装中印本 (45×5.3cm)，楷体，墨色，横书藏文七行，四周双栏，全。

索书号：003273/15。保存完好，今藏民族文化宫中国民族图书馆。

### ༄༅། །སྒོ་རུམ་བླ་མ་ལྷ་ཁང་གསར་པའི་དཀར་ཆག་ཡིད་ཀྱི་འདོད་འཇོ་ཞེས་བྱ་བ་བཞུགས་སོ། །

**新建果仁殿先师堂志・志愿如意**

1 种，2 页。

ཨ་མེས་ངག་དབང་ཀུན་དགའ་བསོད་ནམས། 阿梅・阿旺衮噶索南 (1597—1660) 撰述。

西藏地区藏传佛教寺院印经院传抄之缮写本。

普通藏纸，梵夹装中印本 (45.6×6.3cm)，草体，墨色，横书藏文七行，四周双栏，全。

索书号：003210/32。保存基本完好，今藏民族文化宫中国民族图书馆。

### ༄༅། །ཉིད་རང་གི་འདྲ་འབག་ཡིད་བཞིན་ནོར་བུའི་གཟུངས་གཞུག་གི་དཀར་ཆག་ཅེས་བྱ་བ་བཞུགས་སོ། །

**新造自身像如意摩尼装藏志**

1 种，2 页。

ཨ་མེས་ངག་དབང་ཀུན་དགའ་བསོད་ནམས། 阿

梅·阿旺衮噶索南 (1597—1660) 撰述。

西藏地区藏传佛教寺院印经院传抄之缮写本。

普通藏纸，梵夹装中印本 (45.6×6.3cm)，草体，墨色，横书藏文七行，四周双栏，全。

索书号：003210/31。保存基本完好，今藏民族文化宫中国民族图书馆。

༄༅། །དངོས་གྲུབ་གླིང་དུ་དཀར་མོ་ཉི་ཟླ་དང་བདུད་རྒྱལ་གྱི་འདྲར་སྐུ་བཞེངས་པའི་བྱིན་རྟེན་གཟུངས་བཞུགས་ཐོ་བཞུགས་སོ། །

**欧珠林建造嘎莫尼达及堆嘉魔王雕像之灵物装藏录**

1 种，6 页。

ས་སྐྱ་ཀུན་དགའ་བློ་གྲོས། 萨迦·衮噶洛哲 (1729—1783) 撰述。

西藏地区藏传佛教寺院印经院传抄之缮写本。

普通藏纸，梵夹装中印本 (45.2×5.6cm)，草体，墨色，横书藏文七行，四周双栏，全。

索书号：003231/41。保存基本完好，今藏民族文化宫中国民族图书馆。

༄༅། །སྔགས་འཆང་ཆོས་ཀྱི་རྒྱལ་པོའི་སྐུ་འདྲ་དགོས་འདོད་ཀུན་འབྱུང་ལ་གཟུངས་གཞུག་ཕྱུལ་བའི་དཀར་ཆག་དོན་གཉིས་ལྷུན་གྲུབ་ཅེས་བྱ་བ་བཞུགས་སོ། །

**咒师法王身像贵道衮迥装藏志·二利任运成就**

1 种，5 页。

ཨ་མེས་ཞབས་ངག་དབང་ཀུན་དགའ་བསོད་ནམས། 阿梅·阿旺衮噶索南 (1597—1660) 撰述。

西藏地区藏传佛教寺院印经院传抄之缮写本。

普通藏纸，梵夹装中印本 (45.6×6.3cm)，草体，墨色，横刊藏文六行，四周双栏，全。

索书号：003227/44。保存完好，今藏民族文化宫中国民族图书馆。

༄༅། །བཅོམ་ལྡན་འདས་མི་འཁྲུགས་པའི་སྐུ་བརྟན་བཞེངས་པའི་དཀར་ཆག་དད་པའི་པད་མོ་བཞད་པའི་ཉི་འོད། སྐུ་འབུམ་བྱམས་པ་གླིང་གི་གཟིམ་ཁང་གོང་དུ་བཞུགས་པའི་རྟེན་གྱི་དཀར་ཆག ཕོའུ་ཧུའི་མཆོད་རྟེན་དཀར་པོའི་སྐོར་ཚད་དང་ཕན་ཡོན། སྐུ་བརྟན་མཐོང་བ་དོན་ལྡན་གྱི་དཀར་ཆག་བསྐོར་ཚད་བཅས་ཕྱོགས་གཅིག་ཏུ་བཀོད་པ་བཞུགས་སོ། །

**建造薄伽梵不动佛像目录·信莲盛开之日光，固奔（塔尔寺）上寝宫之佛像经塔目录，诺乌呼白塔之绕量与功德、通哇顿旦佛像目录、转绕数量等汇编**

1 种，17 页。

ཐུའུ་བཀྭན་བློ་བཟང་ཆོས་ཀྱི་ཉི་མ། 土观·洛桑曲吉尼玛 (1737—1820) 撰述。

青海省互助县五十地区佑宁寺（郭隆乾巴林）印经院木刻版之刻印本。

普通藏纸，梵夹装中印本 (48.5×6.5cm)，楷体，墨色，横刊藏文六行，四周双栏，全。

索书号：003636/20。保存基本完好，今藏民族文化宫中国民族图书馆。

༄༅། །བཅོམ་ལྡན་འདས་མི་འཁྲུགས་པའི་སྐུང་བརྟན་ལྷ་མིའི་གཙུག་རྒྱན་གྱི་དཀར་ཆག་མངོན་དགའི་གནས་ལ་འགོད་བྱེད་ལྷ་ཡི་རོལ་མོ་ཞེས་བྱ་བ་བཞུགས་སོ། །

**薄伽梵阿閦佛像人天顶髻庄严志·能置现喜处之天乐**

1 种，4 页。

ཞང་ལུང་པཎྜི་ཏ་ངག་དབང་བློ་བཟང་བསྟན་པའི་རྒྱལ་མཚན། 江隆班智达·阿旺洛桑丹贝坚参 (1770—1845) 撰述。

北京地区藏传佛教皇家寺院印经院木

刻版之刻印本。

普通纸，梵夹装短印本(39.5×5.9cm)，楷体，墨色，横刊藏文六行，四周双栏，全。

索书号：003707/13。保存基本完好，今藏民族文化宫中国民族图书馆。

༄༅། །བཅོམ་ལྡན་འདས་སྨན་གྱི་བླའི་སྐུ་བརྙན་སྲིད་ཞིའི་མཛེས་རྒྱན་གྱི་དཀར་ཆག་དད་གསུམ་གནས་ལ་འགོད་བྱེད་ལྷ་ཡི་རྔ་སྒྲ་ཞེས་བྱ་བ་བཞུགས་སོ། །

**薄伽梵药师佛像有寂庄严志·能置三信处之天鼓音**

1种，17页。

ལྕང་ལུང་པཎྜི་ཏ་ངག་དབང་བློ་བཟང་བསྟན་པའི་རྒྱལ་མཚན། 江隆班智达·阿旺洛桑丹贝坚参(1770—1845)撰述。

北京地区藏传佛教皇家寺院印经院木刻版之刻印本。

普通纸，梵夹装短印本(39.5×5.9cm)，楷体，墨色，横刊藏文六行，四周双栏，全。

索书号：003707/12。保存基本完好，今藏民族文化宫中国民族图书馆。

༄༅། །ཆགས་རུ་འོད་གསལ་སྒྲུབ་སྡེའི་ཇོ་བོ་རིན་པོ་ཆེའི་སྐུ་བརྙན་མཐོང་འགྲོལ་ཆེན་མོའི་དཀར་ཆག་ངོ་མཚར་འབྲས་བུས་བརྗིད་པའི་ཡོངས་འདུའི་འཁྲི་ཤིང་ཞེས་བྱ་བ་བཞུགས་སོ། །

**恰如沃色禅室觉沃像见得解脱目录·希有果实累累之如意树**

1种，51页。

སྟག་ཕུ་ཞབས་དྲུང་གར་དབང་བློ་བཟང་ཆོས་ཀྱི་དབང་ཕྱུག 达普夏仲·噶旺洛桑曲吉旺秋(18世纪中叶)撰述。

西藏地区藏传佛教寺院印经院传抄之缮写本。

普通藏纸，梵夹装中印本(45.4×5.2cm)，草体，墨色，横书藏文七行，四周双栏，全。

索书号：003833/1。保存基本完好，今藏民族文化宫中国民族图书馆。

༄༅། །ཆོས་སྡེ་ཆེན་པོ་དགའ་ལྡན་ཐེག་ཆེན་བཤད་སྒྲུབ་གླིང་གི་དཀར་ཆག་དྲི་མེད་ཤེལ་དཀར་མེ་ལོང་ཞེས་བྱ་བ་བཞུགས་སོ། །

**噶旦特钦协珠林寺志·无垢水晶镜**

1种，8页。

ལྕང་ལུང་པཎྜི་ཏ་ངག་དབང་བློ་བཟང་བསྟན་པའི་རྒྱལ་མཚན། 江隆班智达·阿旺洛桑丹贝坚参(1770—1845)撰述。

北京地区藏传佛教皇家寺院印经院木刻版之刻印本。

普通纸，梵夹装短印本(39.5×5.9cm)，楷体，墨色，横刊藏文六行，四周双栏，全。

索书号：003709/18。保存基本完好，今藏民族文化宫中国民族图书馆。

༄༅། །ཆོས་སྡེ་ཆེན་པོ་དགེ་འཕེལ་དགའ་ལྡན་ཆོས་མཛོད་གླིང་གི་དཀར་ཆག་ཛམ་བུ་ན་དའི་འཁྲི་ཤིང་ཞེས་བྱ་བ་བཞུགས་སོ། །

**格培噶旦曲佐林寺志·赡部那达树**

1种，16页。

ལྕང་ལུང་པཎྜི་ཏ་ངག་དབང་བློ་བཟང་བསྟན་པའི་རྒྱལ་མཚན། 江隆班智达·阿旺洛桑丹贝坚参(1770—1845)撰述。

北京地区藏传佛教皇家寺院印经院木刻版之刻印本。

普通纸，梵夹装短印本(39.5×5.9cm)，楷体，墨色，横刊藏文六行，四周双栏，全。

索书号：003707/16。保存基本完好，今藏民族文化宫中国民族图书馆。

༄༅། །ཆོས་སྡེ་ཆེན་པོ་དགེ་འཕེལ་དགའ་ལྡན་ཆོས་མཛོད་གླིང་། དགའ་ལྡན་ཐེག་ཆེན་བསོད་ནམས་ཀུན་སྤུད་གླིང་། དགའ་ལྡན་ཐེག་ཆེན་བཤད་སྒྲུབ་གླིང་རྣམས་ཀྱི་སྐོར་ཚད་ཅེས་བྱ་བ་བཞུགས་སོ། །

**格培噶旦曲佐林、噶旦特钦索南衮堆林、噶旦特钦协珠林等大寺绕行量**

1 种，7 页。

ལྕང་ལུང་པཎྜི་ཏ་ངག་དབང་བློ་བཟང་བསྟན་པའི་རྒྱལ་མཚན། 江隆班智达・阿旺洛桑丹贝坚参 (1770—1845) 撰述。

北京地区藏传佛教皇家寺院印经院木刻版之刻印本。

普通纸，梵夹装短印本 (39.5 × 5.9cm)，楷体，墨色，横刊藏文六行，四周双栏，全。

索书号：003709/22。保存基本完好，今藏民族文化宫中国民族图书馆。

༄༅། །ཆོས་སྡེ་དམ་པ་ཀ་རིང་བཀྲ་ཤིས་དར་རྒྱས་གླིང་གི་འཆི་མེད་གྲུབ་པའི་ལྷ་ཁང་མཐོང་འགྲོལ་ཆེན་མོ་ལ་བསྔགས་པ་མདོ་ཙམ་བརྗོད་པ་ཀུན་ཏུ་བཟང་པོའི་འཁོར་ལོ་འདོད་དོན་ལྷུན་གྲུབ་ཅེས་བྱ་བ་བཞུགས་སོ། །

**嘎仁扎西达杰寺之长寿成就佛殿主圣通卓钦莫赞颂略篇・普贤轮随愿运成**

1 种，3 页。

རྫོང་དཀར་འཇིགས་མེད་བསམ་གཏན། 宗嘎・吉迈桑丹 (1814—1897) 撰述。

青海省化隆回族自治县金源地区土哇寺（土哇贡扎喜曲迪）印经院木刻版之刻印本。

普通藏纸，梵夹装中印本 (46.8 × 6.4cm)，楷体，墨色，横刊藏文六行，四周双栏，全。

索书号：003901/19。保存基本完好，今藏民族文化宫中国民族图书馆。

༄༅། །ཆོས་སྡེའི་གཙུག་ལག་ཁང་གཞན་འཕྲུལ་མཐོང་བར་དགའ་བ་ཞེས་བྱ་བ་བསྐྲུན་པ་ལས་འཕྲོས་པའི་སྙེང་བ་ཀུན་དགའི་འཛུམ་ཟེར་འཛག་པའི་ཟླ་གཞོན་ཞེས་བྱ་བ་བཞུགས་སོ། །

**喜他化显现殿建造缘起・欢笑新月**

1 种，54 页。

ཞུ་ཆེན་ཚུལ་ཁྲིམས་རིན་ཆེན། 许钦・慈称仁钦 (1697—1774) 撰述。

四川省甘孜藏族自治州德格县德格地区德格寺印经院木刻版之刻印本。

普通藏纸，梵夹装中印本 (47.4 × 6.7cm)，楷体，墨色，横刊藏文六行，四周双栏，全。

索书号：000419/7。保存基本完好，今藏民族文化宫中国民族图书馆。

༄༅། །ཆོས་ཟོམ་འདུ་ཁང་གི་ལྷ་ཚོགས་ཀྱི་དཀར་ཆག་དག་ཅེས་བྱ་བ་བཞུགས་སོ། །

**曲松堆康佛殿佛尊海会志**

1 种，3 页。

གློ་བོ་མཁན་ཆེན་བསོད་ནམས་ལྷུན་གྲུབ། 珞沃堪钦・索南伦珠 (1441—1525) 撰述。

四川省甘孜藏族自治州德格县德格地区德格寺印经院木刻版之刻印本。

普通藏纸，梵夹装中印本 (47.1 × 6.1cm)，楷体，墨色，横刊藏文六行，四周双栏，全。

索书号：003838/55。保存基本完好，今藏民族文化宫中国民族图书馆。

༄༅། །མཆོད་ཁང་གསར་བསྐྲུན་གྱི་དཀར་ཆག་གསལ་བའི་མེ་ལོང་ཞེས་བྱ་བ་བཞུགས་སོ། །

**新建经堂志・明镜**

1 种，4 页。

ཨ་ཀྱོད་ནམ་མཁའ་སེང་གེ། 阿郭・南喀桑格 (1712—1780) 撰述。

多麦地区藏传佛教扎喜协珠林寺印经

院木刻版之刻印本。

普通藏纸，梵夹装中印本 (46.6×5.8cm)，楷体，墨色，横刊藏文六行，四周双栏，全。

索书号：000818/10。保存基本完好，今藏民族文化宫中国民族图书馆。

༄༅། །མཆོད་རྟེན་དཀར་ཆག་དགོས་འདོད་ཀུན་འབྱུང་ཞེས་བྱ་བ་བཞུགས་སོ། །

**灵塔目录 · 随求普生**

1 种，4 页。

ཟི་བོ་བློ་བཟང་བསམ་གཏན། 迭部 · 洛桑三丹 (1687—1749) 撰述。

多麦地区藏传佛教噶旦强曲却培林寺印经院木刻版之刻印本。

普通藏纸，梵夹装中印本 (45.7×6cm)，楷体，墨色，横刊藏文六行，四周双栏，全。

索书号：000882/22。保存基本完好，今藏民族文化宫中国民族图书馆。

༄༅། །མཆོད་རྟེན་དཀར་ཆག་ངོ་མཚར་དད་པའི་པདྨ་རྒྱས་བྱེད་ཅེས་བྱ་བ་བཞུགས་སོ། །

**佛塔目录 · 希有信莲盛开**

1 种，14 页。

ཆེ་ཤོས་བློ་བཟང་བྱང་ཆུབ་བསྟན་པའི་སྒྲོན་མེ། 却西 · 洛桑强曲丹贝准美 (1861—1933) 撰述。

青海省湟中县鲁沙尔地区塔尔寺 ( 固奔乾巴林 ) 印经院木刻版之刻印本。

普通藏纸，梵夹装中印本 (45.7×6.5cm)，楷体，墨色，横刊藏文六行，四周双栏，全。

索书号：003776/15。保存基本完好，今藏民族文化宫中国民族图书馆。

༄༅། །མཆོད་རྟེན་དཀར་ཆག་མཐོང་ཐོས་དོན་ལྡན་ཞེས་བྱ་བ་བཞུགས་སོ། །

**灵塔目录 · 见闻具义**

1 种，3 页。

ཟི་བོ་བློ་བཟང་བསམ་གཏན། 迭部 · 洛桑三丹 (1687—1749) 撰述。

多麦地区藏传佛教噶旦强曲却培林寺印经院木刻版之刻印本。

普通藏纸，梵夹装中印本 (45.7×6cm)，楷体，墨色，横刊藏文六行，四周双栏，全。

索书号：000882/21。保存基本完好，今藏民族文化宫中国民族图书馆。

༄༅། །མཆོད་རྟེན་དཀར་ཆག་རིན་ཆེན་གཏེར་གྱི་ཁ་བྱང་ཞེས་བྱ་བ་བཞུགས་སོ། །

**灵塔目录 · 大宝藏标题**

1 种，10 页。

སྒོ་མང་བློ་བཟང་ཚུལ་ཁྲིམས་རྒྱ་མཚོ། 郭芒 · 洛桑慈称嘉措 (1841—1907) 撰述。

甘肃省甘南藏族自治州夏河县拉卜楞地区拉卜楞寺 ( 拉章扎喜齐 ) 印经院木刻版之刻印本。

普通藏纸，梵夹装中印本 (47×6.2cm)，楷体，墨色，横刊藏文六行，四周双栏，全。

索书号：001234/11。保存基本完好，今藏民族文化宫中国民族图书馆。

༄༅། །མཆོད་རྟེན་གྱི་རྣམ་བཞག་ཕན་བདེའི་གསོས་སྦྱོར་ཅེས་བྱ་བ་བཞུགས་སོ། །

**灵塔建立论 · 长养利乐**

1 种，13 页。

ཛ་ཧོད་ནམ་མཁའ་སེང་གེ། 阿郭 · 南喀桑格 (1712—1780) 撰述。

多麦地区藏传佛教扎喜协珠林寺印经院木刻版之刻印本。

普通藏纸，梵夹装中印本 (46.6×5.8cm)，楷体，墨色，横刊藏文六行，四周双栏，全。

索书号：000818/7。保存基本完好，今藏民族文化宫中国民族图书馆。

༄༅། །མཆོད་རྟེན་སྒྲུབ་པའི་ཐོ་ཞེས་བྱ་བ་བཞུགས་སོ། །

**建造佛塔记录册**

1 种，2 页。

ཀློ་བོ་མཁན་ཆེན་བསོད་ནམས་ལྷུན་གྲུབ། 珞沃堪钦・索南伦珠 (1441—1525) 撰述。

四川省甘孜藏族自治州德格县德格地区德格寺印经院木刻版之刻印本。

普通藏纸，梵夹装中印本 (47.1×6.1cm)，楷体，墨色，横刊藏文六行，四周双栏，全。

索书号：003836/63。保存基本完好，今藏民族文化宫中国民族图书馆。

༄༅། །མཆོད་རྟེན་རབ་གནས་རིན་ཆེན་དྲྭ་བ་ཞེས་བྱ་བ་བཞུགས་སོ། །

**佛塔开光・大宝网络**

1 种，4 页。

ཀློང་ཆེན་རབ་འབྱམས་པ་དྲི་མེད་འོད་ཟེར། 隆钦饶绛巴・智迈沃赛 (1308—1363) 撰述。

四川省甘孜藏族自治州德格县德格地区德格寺印经院木刻版之刻印本。

普通藏纸，梵夹装中印本 (53×7.1cm)，楷体，墨色，横刊藏文六行，四周双栏，全。

索书号：000530/53。保存基本完好，今藏民族文化宫中国民族图书馆。

༄༅། །མཆོད་སྡོང་དགེ་ལེགས་འོད་འབར་གྱི་དཀར་ཆག་ཡིད་འཕྲོག་རྣ་རྒྱན་ཞེས་བྱ་བ་བཞུགས་སོ། །

**灵骨塔祥光志・悦意耳饰**

1 种，11 页。

ཀིརྟི་བློ་བཟང་འཕྲིན་ལས། 格迪・洛桑成勒 (1849—1905) 撰述。

甘肃省甘南藏族自治州碌曲县郎木地区郎木寺印经院木刻版之刻印本。

普通藏纸，梵夹装中印本 (44.8×6.1cm)，楷体，墨色，横刊藏文六行，四周双栏，全。

索书号：001085/26。保存基本完好，今藏民族文化宫中国民族图书馆。

༄༅། །མཆོད་སྡོང་མཐོང་བ་དོན་ལྡན་གྱི་དཀར་ཆག་ཐོག་མཐའ་བར་དུ་དགེ་བའི་གཏམ་གཡས་འཁྱིལ་ཆོས་དུང་དཀར་པོའི་སྒྲ་དབྱངས་ཞེས་བྱ་བ་བཞུགས་སོ། །

**灵骨塔见者具义志・右旋白螺法音**

1 种，108 页。

ཀིརྟི་བློ་བཟང་འཕྲིན་ལས། 格迪・洛桑成勒 (1849—1905) 撰述。

甘肃省甘南藏族自治州碌曲县郎木地区郎木寺印经院木刻版之刻印本。

普通藏纸，梵夹装中印本 (44.8×6.1cm)，楷体，墨色，横刊藏文六行，四周双栏，全。

索书号：001081/3。保存基本完好，今藏民族文化宫中国民族图书馆。

༄༅། །མཆོད་སྡོང་འཛམ་གླིང་རྒྱན་གཅིག་གཙོ་བོར་གྱུར་པའི་ལྷ་ས་ར་མོ་ཆེ་རིགས་གསུམ་བླ་རི་དང་བཅས་པ་སྤྱི་བྱེ་བྲག་གི་སྐོར་ཚད་བྱང་ཆེན་བགྲོད་པའི་མྱུར་ལམ་ཞེས་བྱ་བ་བཞུགས་སོ། །

**赡部洲独严灵塔为主圣之拉萨小昭寺及密教三部神魂山等总别绕行量・趣大菩提道之捷径**

1 种，111 页。

སྡེ་སྲིད་སངས་རྒྱས་རྒྱ་མཚོ། 第斯・桑结嘉措 (1653—1705) 撰述。

四川省甘孜藏族自治州德格县德格地区德格寺印经院木刻版之刻印本。

普通藏纸，梵夹装中印本(53×7cm)，楷体，墨色，横刊藏文六行，四周双栏，全。

索书号：002371/2。保存基本完好，今藏民族文化宫中国民族图书馆。

༧༢། །མཆོད་སྡོང་འཛམ་གླིང་མཛེས་རྒྱན་གྱི་དཀར་ཆག་དད་པའི་འདབ་སྟོང་བཞད་པའི་ཉིན་བྱེད་ཅེས་བྱ་བ་བཞུགས་སོ། །

**灵塔赡部洲庄严之目录·信莲笑开之日**

1种，56页。

པཎ་ཆེན་ཨེར་ཏེ་ནི་བློ་བཟང་དཔལ་ལྡན་ཆོས་ཀྱི་གྲགས་པ་བསྟན་པའི་དབང་ཕྱུག 班禅额尔德尼·洛桑白旦却吉札巴丹贝旺秋(1855—1882)撰述。

西藏自治区日喀则地区扎什伦布寺印经院木刻版之刻印本。

普通藏纸，梵夹装中印本(47.2×6.4cm)，楷体，墨色，横刊藏文六行，四周双栏，全。

索书号：000719/4。保存基本完好，今藏民族文化宫中国民族图书馆。

༧༢། །འཆི་མེད་དགོན་པ་བཀྲ་ཤིས་དར་རྒྱས་བཤད་སྒྲུབ་གླིང་ན་བཞུགས་པའི་བྱིན་རླབས་འོད་འབར་མཆོད་རྟེན་མཐོང་བ་དོན་ལྡན་གྱི་དཀར་ཆག་ཅེས་བྱ་བ་བཞུགས་སོ། །

**扎喜达杰协珠林寺中奉安之加持光炽塔·见者具义志**

1种，39页。

གུ་ཤྲི་དཀའ་བཅུ་པ་བློ་བཟང་ཚེ་འཕེལ། 古释嘎局巴·洛桑慈培(1760—？ )撰述。

北京地区藏传佛教皇家寺院印经院木刻版之刻印本。

普通纸，梵夹装中印本(47.8×7.5cm)，楷体，墨色，横刊藏文六行，四周双栏，全。

索书号：001099/9。保存基本完好，今藏民族文化宫中国民族图书馆。

༧༢། །འཛམ་དབྱངས་མཐུ་སྟོབས་དབང་ཕྱུག་གི་དགོངས་རྫོགས་ཀྱི་རྟེན་བཞེངས་དུས་ཀྱི་རྟེན་གྱི་གཟུངས་བཞུགས་དཀར་ཆག་ཅེས་བྱ་བ་བཞུགས་སོ། །

**造绛央图多旺秋灵塔时之装藏志**

1种，5页。

ཨ་མེས་ངག་དབང་ཀུན་དགའ་བསོད་ནམས། 阿梅·阿旺衮噶索南(1597—1660)撰述。

西藏地区藏传佛教寺院印经院传抄之缮写本。

普通藏纸，梵夹装中印本(45.6×6.3cm)，草体，墨色，横书藏文七行，四周双栏，全。

索书号：003227/35。保存基本完好，今藏民族文化宫中国民族图书馆。

༧༢། །རྗེ་བདག་ཉིད་ཆེན་པོ་སོགས་ཀྱི་སྐུ་བརྙན་འགའ་ཞིག་གི་ལོ་རྒྱུས་ཅུང་ཟད་བརྗོད་པ་མཉན་པར་འོས་པའི་གཏམ་གྱི་ཕྲེང་བ་ཞེས་བྱ་བ་བཞུགས་སོ། །

**至尊宗喀巴大师等部分身像之史事略说·堪闻语鬘**

1种，12页。

དྲུང་ཆེན་ཤེས་རབ་རྒྱ་མཚོ། 仲钦·希饶嘉措(1803—1875)撰述。

多麦地区藏传佛教格旦南杰林印经院木刻版之刻印本。

普通藏纸，梵夹装中印本(48×6cm)，楷体，墨色，横刊藏文六行，四周双栏，全。

索书号：003691/11。保存基本完好，今藏民族文化宫中国民族图书馆。

**༄༅། །རྗེ་སྨུས་ཆེན་གྱི་དངུལ་སྐུ་ཁྱད་པར་ཅན་གྱི་གཟུངས་བཞུགས་ཀྱི་ཐོ་ཞེས་བྱ་བ་བཞུགས་སོ། །**

**至尊梅钦之殊胜银像内之装藏录**

1 种，3 页。

ཨ་མེས་ངག་དབང་ཀུན་དགའ་བསོད་ནམས། 阿梅·阿旺衮噶索南 (1597—1660) 撰述。

西藏地区藏传佛教寺院印经院传抄之缮写本。

普通藏纸，梵夹装中印本 (45.6×6.3cm)，草体，墨色，横书藏文七行，四周双栏，全。

索书号：003220/157。保存基本完好，今藏民族文化宫中国民族图书馆。

**༄༅། །རྗེ་བཙུན་བླ་མ་རིན་པོ་ཆེའི་གསུང་ལས། གཟིམས་ཚང་འཆི་མེད་ཀུན་འཁྱིལ། བཀའ་གདམས་འཁྱིལ། བདེ་ལྡན་ཀུན་གསལ་སོགས་ལ་རྟེན་གསར་བཞུགས་ཀྱིས་དེབ་ཡིག་མཆོད་བརྗོད་བཅས་ཞེས་བྱ་བ་བཞུགས་སོ། །**

**至尊上师文集中长寿普聚教诫汇聚·具乐普明、寝室中新置佛像经塔等登记册及礼赞等**

1 种，2 页。

རྟ་ཚག་རྗེ་དྲུང་ཡེ་ཤེས་བསྟན་པའི་མགོན་པོ། 达扎济咙·益希丹贝贡波 (1760—1810) 撰述。

西藏地区藏传佛教寺院印经院木刻版之刻印本。

普通藏纸，梵夹装中印本 (45.7×6.5cm)，楷体，墨色，横刊藏文六行，四周双栏，全。

索书号：003801/1。保存基本完好，今藏民族文化宫中国民族图书馆。

**༄༅། །རྗེ་བཙུན་མི་ལའི་སྲས་མཁར་དགུ་ཐོག་ཏུ། དར་གཤམས་ཕུལ་བའི་དཀར་ཆག་ཅེས་བྱ་བ་བཞུགས་སོ། །**

**至尊米拉九层阁楼上供献绸缎彩帘之目录**

1 种，4 页。

ཀློང་རྡོལ་བླ་མ་ངག་དབང་བློ་བཟང་། 隆朵喇嘛·阿旺洛桑 (1719—1795) 撰述。

北京地区藏传佛教皇家寺院印经院木刻版之刻印本。

普通纸，梵夹装中印本 (53×7.1cm)，楷体，墨色，横刊藏文六行，四周双栏，全。

索书号：001005/15。保存基本完好，今藏民族文化宫中国民族图书馆。

**༄༅། །རྗེ་བཙུན་རིན་པོ་ཆེ་གྲགས་པ་རྒྱལ་མཚན་གྱི་སྐུ་བརྙན་གཟུངས་བཞུགས་ཀྱི་དཀར་ཆག་དངོས་གྲུབ་ཀུན་འབྱུང་ཞེས་བྱ་བ་བཞུགས་སོ། །**

**至尊上师札巴坚参身像装藏志·悉地普生**

1 种，5 页。

ཨ་མེས་ངག་དབང་ཀུན་དགའ་བསོད་ནམས། 阿梅·阿旺衮噶索南 (1597—1660) 撰述。

西藏地区藏传佛教寺院印经院传抄之缮写本。

普通藏纸，梵夹装中印本 (45.6×6.3cm)，草体，墨色，横书藏文七行，四周双栏，全。

索书号：003220/226。保存基本完好，今藏民族文化宫中国民族图书馆。

**༄༅། །རྗེ་ཚར་ཆེན་དང་རྟ་ར་བ་བསོད་ནམས་ཆོས་འཕེལ་ཐམས་ཅད་མཁྱེན་པ་ངག་དབང་ཆོས་གྲགས་གསུམ་གྱི་ནང་རྟེན་བཞེངས་པའི་དཀར་ཆག་ཅེས་བྱ་བ་བཞུགས་སོ། །**

**为至尊察钦建银塔、为达惹哇索南曲培和一切智阿旺曲札建身像志**

1 种，1 页。

ཨ་མེས་ངག་དབང་ཀུན་དགའ་བསོད་ནམས། 阿梅・阿旺衮噶索南 (1597—1660) 撰述。

西藏地区藏传佛教寺院印经院传抄之缮写本。

普通藏纸，梵夹装中印本 (45.6×6.3cm)，草体，墨色，横书藏文七行，四周双栏，全。

索书号：003210/39。保存基本完好，今藏民族文化宫中国民族图书馆。

༄༅། །རྗེ་ཚར་ཆེན་ཡབ་སྲས་ཀྱི་སྐུ་གདུང་ལ་གདུང་ཚྭ་བཏབ་པའི་གྲངས་དང་དངུལ་གདུང་དང་སྐུ་འདྲ་རིན་པོ་ཆེ་བཞེངས་པའི་སྨོན་ལམ་ཚིགས་བཅད་ཅེས་བྱ་བ་བཞུགས་སོ། །

**至尊察钦师徒分遗体敷尸盐数及灵塔塑身像发愿颂**

1 种，2 页。

ཨ་མེས་ངག་དབང་ཀུན་དགའ་བསོད་ནམས། 阿梅・阿旺衮噶索南 (1597—1660) 撰述。

西藏地区藏传佛教寺院印经院传抄之缮写本。

普通藏纸，梵夹装中印本 (45.6×6.3cm)，卓体，墨色，横书藏文七行，四周双栏，全。

索书号：003210/10。保存基本完好，今藏民族文化宫中国民族图书馆。

༄༅། །རྗེའི་སྐུའི་དཀར་ཆག་དད་པའི་པདྨོ་བཞད་པའི་ཉིན་བྱེད་སོགས་དཀར་ཆག་གི་སྐོར་ཞེས་བྱ་བ་བཞུགས་སོ། །

**至尊宗喀巴大师身像志・信莲开放之日光等目录志书类**

1 种，52 页。

བླ་ཁོ་འཇིགས་མེད་འཕྲིན་ལས་རྒྱ་མཚོ། 拉科・吉迈成勒嘉措 (1866—1947) 撰述。

甘肃省甘南藏族自治州夏河县拉卜楞地区拉卜楞寺（拉章扎喜齐）印经院木刻版之刻印本。

普通藏纸，梵夹装中印本 (46.7×6.2cm)，楷体，墨色，横刊藏文六行，四周双栏，全。

索书号：001001/4。保存基本完好，今藏民族文化宫中国民族图书馆。

༄༅། །ཉིས་ཐོག་བླ་བྲང་གི་གཙུག་ལག་ཁང་མཛོན་དགའ་བདེ་བ་ཅན་དུ་བཞུགས་པའི་རྟེན་གཙོ་གཉིས་ཀྱི་གཟུངས་གཞུག་གི་དཀར་ཆག་དོན་གཉིས་ལྷུན་གྲུབ་ཅེས་བྱ་བ་བཞུགས་སོ། །

**安住于尼托拉章温噶德哇坚大殿之两尊主圣像装藏志・二利任运成就**

1 种，5 页。

ཨ་མེས་ངག་དབང་ཀུན་དགའ་བསོད་ནམས། 阿梅・阿旺衮噶索南 (1597—1660) 撰述。

西藏地区藏传佛教寺院印经院传抄之缮写本。

普通藏纸，梵夹装中印本 (45.6×6.3cm)，草体，墨色，横书藏文七行，四周双栏，全。

索书号：003210/40。保存基本完好，今藏民族文化宫中国民族图书馆。

༄༅། །མཉམ་མེད་ཐུབ་པའི་དབང་པོ་བསྐལ་བཟང་རྣམ་འདྲེན་སྟོང་དང་ལྷག་ལྷ་དུ་མས་བསྐོར་བའི་སྣང་བརྙན་གཙུག་ལག་ཁང་བཅས་གསར་བཞེངས་ཀྱི་དཀར་ཆག་ལེགས་བྱས་ཟད་མི་ཤེས་པའི་བང་མཛོད་ཅེས་བྱ་བ་བཞུགས་སོ། །

**新建无等能仁王佛及贤劫千佛诸本尊从而围绕之佛会庙堂等之目录・妙善无尽宝藏**

1 种，29 页。

ཞྭ་དམར་དགེ་འདུན་བསྟན་འཛིན་རྒྱ་མཚོ། 夏玛・格登丹增嘉措 (1852—1912) 撰述。

甘肃省甘南藏族自治州夏河县拉卜楞地区拉卜楞寺（拉章扎喜齐）印经院木刻

版之刻印本。

普通藏纸，梵夹装中印本(45.8×6.4cm)，楷体，墨色，横刊藏文六行，四周双栏，全。

索书号：001253/3。保存基本完好，今藏民族文化宫中国民族图书馆。

༧༢། །གཏེར་གསར་དམ་རྫས་སོགས་རྟེན་རབ་འབྱམས་ཕྱོགས་བསྡུས་ཀྱི་བཞུགས་བྱང་གཞན་ལ་ཕན་པ་མཆོག་ཏུ་དགེ་བའི་དབྱངས་སྙན་ཞེས་བྱ་བ་བཞུགས་སོ། །

**新掘伏藏、法器等大量圣物汇集之名录·利他至善之乐音**

1种，65页。

འཇམ་དབྱངས་མཁྱེན་བརྩེ་དབང་པོ། 绛央庆则旺波(1820—1892)撰述。

四川省甘孜藏族自治州德格县德格地区德格寺印经院木刻版之刻印本。

普通藏纸，梵夹装短印本(29.7×4.6cm)，楷体，墨色，横刊藏文六行，四周双栏，全。

索书号：006322/7。保存基本完好，今藏民族文化宫中国民族图书馆。

༧༢། །རྟེན་དང་མཆོད་རྫས་སྣ་ཚོགས་ཀྱི་ཁ་བྱང་། དགེ་བ་རྫོགས་བྱང་དུ་བསྔོ་བ། བཀའ་བསྒོ་འགའ་ཞིག བསྔོ་བ། སྨོན་ལམ་ཐོར་བུ་བཅས་ཞེས་བྱ་བ་བཞུགས་སོ། །

**佛像及各种供物之标题、善根圆满回向菩萨、部分禳解、回向、发愿散集等**

1种，18页。

ཐུའུ་བཀྭན་བློ་བཟང་ཆོས་ཀྱི་ཉི་མ། 土观·洛桑曲吉尼玛(1737—1802)撰述。

青海省互助土族自治县五十地区佑宁寺(郭隆乾巴林)印经院木刻版之刻印本。

普通藏纸，梵夹装中印本(48.5×6.5cm)，楷体，墨色，横刊藏文六行，四周双栏，全。

索书号：003635/22。保存基本完好，今藏民族文化宫中国民族图书馆。

༧༢། །རྟེན་ཐོ་དད་པའི་འོ་མཚོ་འཕེལ་བའི་དགེ་ལེགས་སྣང་བ་བཞད་པའི་བཅུ་དྲུག་ཆ་རྫོགས་ཟླ་བ་ཞེས་བྱ་བ་བཞུགས་སོ། །

**佛像、经、塔等记载册·净信乳海增盛之望月妙善光明**

1种，5页。

རྫོང་དཀར་བློ་བཟང་བསམ་གཏན། 宗嘎·洛桑三丹(1814—1897)撰述。

青海省化隆回族自治县金源地区土哇寺(土哇贡扎喜曲迪)印经院木刻版之刻印本。

普通藏纸，梵夹装中印本(46.8×6.4cm)，楷体，墨色，横刊藏文六行，四周双栏，全。

索书号：003901/21。保存基本完好，今藏民族文化宫中国民族图书馆。

༧༢། །རྟེན་བསྡུས་འཛམ་གླིང་སྤྱི་ནོར་གྱི་ཕབ་རྟའི་དཀར་ཆག་ངན་འགྲོའི་སྒོ་འགེགས་མཛོན་མཐོར་འཛེགས་པའི་ཐེམ་སྐས་ཞེས་བྱ་བ་བཞུགས་སོ། །

**灵物摄要赡部洲总宝酵剂目录·阻恶趣门登天之梯**

1种，10页。

རྟ་ཚག་རྗེ་དྲུང་ཡེ་ཤེས་བསྟན་པའི་མགོན་པོ། 达扎济咙·益希丹贝贡波(1760—1810)撰述。

西藏地区藏传佛教寺院印经院木刻版之刻印本。

普通藏纸，梵夹装中印本(45.7×6.5cm)，楷体，墨色，横刊藏文六行，四周双栏，全。

索书号：003798/36。保存基本完好，今藏民族文化宫中国民族图书馆。

༄༅། །རྟེན་བཞེངས་ཀྱི་དཀར་ཆག་གི་སྐོར་བྱང་ཆེན་སྒོ་འབྱེད་ཅེས་བྱ་བ་བཞུགས་སོ། །

**建造佛像经塔志·开大菩提之门**

1 种，18 页。

ཀིརྟི་བློ་བཟང་འཕྲིན་ལས། 格迪·洛桑成勒 (1849—1905) 撰述。

甘肃省甘南藏族自治州碌曲县郎木地区郎木寺印经院木刻版之刻印本。

普通藏纸，梵夹装中印本 (44.8×6.1cm)，楷体，墨色，横刊藏文六行，四周双栏，全。

索书号：001085/25。保存基本完好，今藏民族文化宫中国民族图书馆。

༄༅། །རྟེན་བཞེངས་ཀྱི་དཀར་ཆག་མཐོང་བ་དོན་ལྡན་ཞེས་བྱ་བ་བཞུགས་སོ། །

**造佛像经塔之目录·见者具义**

1 种，15 页。

ཁལ་ཁ་མཁན་པོ་ངག་དབང་བློ་བཟང་མཁས་གྲུབ། 喀尔喀堪波·阿旺洛桑凯珠 (1779—1838) 撰述。

西藏地区藏传佛教寺院印经院木刻版之刻印本。

普通藏纸，梵夹装中印本 (52.5×7.2cm)，楷体，墨色，横刊藏文六行，四周双栏，全。

索书号：001241/40。保存基本完好，今藏民族文化宫中国民族图书馆。

༄༅། །རྟེན་གསར་བཞེངས་ཀྱི་དཀར་ཆག་དང་རྒྱབ་ཡིག་གི་སྐོར་རྣམས་ཞེས་བྱ་བ་བཞུགས་སོ། །

**新造佛像经塔之目录·背文等类**

1 种，4 页。

པཎ་ཆེན་ཨེར་ཏེ་ནི་བློ་བཟང་དཔལ་ལྡན་ཡེ་ཤེས། 班禅额尔德尼·洛桑白旦益希 (1738—1780) 撰述。

西藏自治区日喀则地区扎什伦布寺印经院木刻版之刻印本。

普通藏纸，梵夹装中印本 (49.1×6.8cm)，楷体，墨色，横刊藏文六行，四周双栏，全。

索书号：003517/18。保存基本完好，今藏民族文化宫中国民族图书馆。

༄༅། །རྟེན་གསར་བཞེངས་ཀྱི་དཀར་ཆག་དང་རྒྱབ་ཡིག་སྐོར་ཞེས་བྱ་བ་བཞུགས་སོ། །

**新造佛像经塔之目录、背文等类**

1 种，6 页。

པཎ་ཆེན་ཨེར་ཏེ་ནི་བློ་བཟང་དཔལ་ལྡན་ཡེ་ཤེས། 班禅额尔德尼·洛桑白旦益希 (1738—1780) 撰述。

西藏自治区日喀则地区扎什伦布寺印经院木刻版之刻印本。

普通藏纸，梵夹装中印本 (49.1×6.8cm)，楷体，墨色，横刊藏文六行，四周双栏，全。

索书号：000673/28。保存基本完好，今藏民族文化宫中国民族图书馆。

༄༅། །རྟེན་གསར་བཞེངས་ཀྱི་དཀར་ཆག་དང་རྒྱབ་ཡིག་ཞལ་བྱང་འདོད་གསོལ་སྨོན་ཚིག་གི་རིམ་པ་རྣམས་ཕྱོགས་གཅིག་ཏུ་བསྡེབས་པ་ཞེས་བྱ་བ་བཞུགས་སོ། །

**新造佛像、经、塔之目录、背文、标题、祈祷愿文等次第合编**

1 种，12 页。

པཎ་ཆེན་ཨེར་ཏེ་ནི་བློ་བཟང་དཔལ་ལྡན་བསྟན་པའི་ཉི་མ། 班禅额尔德尼·洛桑白旦丹贝尼玛 (1782—1853) 撰述。

西藏自治区日喀则地区扎什伦布寺印经院木刻版之刻印本。

普通藏纸，梵夹装中印本 (48.7×7cm)，楷体，墨色，横刊藏文六行，四周双栏，全。

索书号：003532/25。保存基本完好，

今藏民族文化宫中国民族图书馆。

༧༢། །རྟེན་གསར་བཞེངས་ཀྱི་དཀར་ཆག་དང་རྒྱབ་ཡིག་ཞལ་བྱང་སྨོན་ཚིག་འདོད་གསོལ་གྱི་སྐོར་ཞེས་བྱ་བ་བཞུགས་སོ། །

**新造佛像、经、塔之目录、背文、标题、愿文祈祷等类**

1 种，9 页。

པཎ་ཆེན་ཨེར་ཏེ་ནི་བློ་བཟང་དཔལ་ལྡན་བསྟན་པའི་ཉི་མ། 班禅额尔德尼 · 洛桑白旦丹贝尼玛 (1782—1853) 撰述。

西藏自治区日喀则地区扎什伦布寺印经院木刻版之刻印本。

普通藏纸，梵夹装中印本 (48.7 × 7cm)，楷体，墨色，横刊藏文六行，四周双栏，全。

索书号：003528/13。保存基本完好，今藏民族文化宫中国民族图书馆。

༧༢། །རྟེན་གསར་བཞེངས་ཀྱི་དཀར་ཆག་དང་རྒྱབ་ཡིག་ཞལ་བྱང་སོགས་ཀྱི་སྐོར་རྣམས་ཞེས་བྱ་བ་བཞུགས་སོ། །

**新造佛像经塔之目录与背文标题等类**

1 种，28 页。

པཎ་ཆེན་ཨེར་ཏེ་ནི་བློ་བཟང་དཔལ་ལྡན་ཡེ་ཤེས། 班禅额尔德尼 · 洛桑白旦益希 (1738—1780) 撰述。

西藏自治区日喀则地区扎什伦布寺印经院木刻版之刻印本。

普通藏纸，梵夹装中印本 (49.1 × 6.8cm)，楷体，墨色，横刊藏文六行，四周双栏，全。

索书号：000672/27。保存基本完好，今藏民族文化宫中国民族图书馆。

༧༢། །རྟེན་གསར་བཞེངས་ཀྱི་དཀར་ཆག་དང་རྒྱབ་ཡིག་ཞལ་བྱང་སོགས་ཀྱི་སྐོར་ཞེས་བྱ་བ་བཞུགས་སོ། །

**新造佛像经塔之目录与背文标题等类**

པཎ་ཆེན་ཨེར་ཏེ་ནི་བློ་བཟང་དཔལ་ལྡན་ཡེ་ཤེས། 班禅额尔德尼 · 洛桑白旦益希 (1738—1780) 撰述。

西藏自治区日喀则地区扎什伦布寺印经院木刻版之刻印本。

普通藏纸，梵夹装中印本 (49.1 × 6.8cm)，楷体，墨色，横刊藏文六行，四周双栏，全。

索书号：000669/10。保存基本完好，今藏民族文化宫中国民族图书馆。

༧༢། །རྟེན་གསར་བཞེངས་ཀྱི་དཀར་ཆག་དང་ཐང་སྐུའི་རྒྱབ་ཡིག་སོགས་ཞེས་བྱ་བ་བཞུགས་སོ། །

**新造佛像经塔之目录与画像背文等**

1 种，14 页。

པཎ་ཆེན་ཨེར་ཏེ་ནི་བློ་བཟང་དཔལ་ལྡན་ཡེ་ཤེས། 班禅额尔德尼 · 洛桑白旦益希 (1738—1780) 撰述。

西藏自治区日喀则地区扎什伦布寺印经院木刻版之刻印本。

普通藏纸，梵夹装中印本 (49.1 × 6.8cm)，楷体，墨色，横刊藏文六行，四周双栏，全。

索书号：000674/20。保存基本完好，今藏民族文化宫中国民族图书馆。

༧༢། །རྟེན་གསུམ་མཆོད་རྫས་ཀྱི་དཀར་ཆག་དང་མཆོད་རྒྱ་ཐེབས་སྦྱོར་སོགས་དེབ་ཐེར་འགོ་རྒྱན་གྱི་རིམ་པ་ཕྱོགས་བཀོད་ཨུཏྤལ་མེ་ཏོག་ཕྲེང་མཛེས་ཞེས་བྱ་བ་བཞུགས་སོ། །

**佛像、佛经、佛塔供物之目录与供事基金等册卷首次第合编 · 青莲花美鬘**

1 种，38 页。

ཏཱ་ལའི་བླ་མ་ཐུབ་བསྟན་རྒྱ་མཚོ། 达赖喇嘛・图丹嘉措 (1876—1933) 撰述。

西藏自治区拉萨地区孜雪印经院木刻版之刻印本。

普通藏纸，梵夹装中印本 (49.5 × 7.3cm)，楷体，墨色，横刊藏文六行，四周双栏，全。

索书号：000725/9。保存基本完好，今藏民族文化宫中国民族图书馆。

༧༢། །རྟེན་གསུམ་བཞེངས་པའི་དཀར་ཆག་དང་། ལྷན་དར་ཕུལ་བའི་སྐོར་རྣམས་ཞེས་བྱ་བ་བཞུགས་སོ། །

**建造佛像、经、塔目录与献敬神哈达类**

1 种，16 页。

ཛ་ཡ་པཎྜི་ཏ་བློ་བཟང་འཕྲིན་ལས། 扎雅班智达・洛桑成勒 (1642—1715) 撰述。

北京地区藏传佛教皇家寺院印经院木刻版之刻印本。

普通纸，梵夹装中印本 (46.8 × 5.9cm)，楷体，墨色，横刊藏文六行，四周双栏，全。

索书号：003784/12。保存基本完好，今藏民族文化宫中国民族图书馆。

༧༣། །ཐང་སྐུའི་རྒྱབ་ཡིག་ལེ་ཚན་དང་མཆོད་རྫས་གསར་བསྐྲུན་གྱི་འདོད་གསོལ་སྨོན་ལམ་གྱི་རིམ་པ་ཞེས་བྱ་བ་བཞུགས་སོ། །

**佛教画轴之背文品类与新制供物之祈愿文次第**

1 种，52 页。

ཕུར་ལྕོག་ངག་དབང་བྱམས་པ། 普觉・阿旺强巴 (1682—1762) 撰述。

西藏自治区拉萨地区孜雪印经院木刻版之刻印本。

普通藏纸，梵夹装中印本 (49.6 × 6cm)，楷体，墨色，横刊藏文六行，四周双栏，全。

索书号：001077/10。保存基本完好，今藏民族文化宫中国民族图书馆。

༧༤། །ཐམས་ཅད་མཁྱེན་པ་འཇིག་རྟེན་གྱི་མིག་གཅིག་ཞ་ལུ་ལོ་ཆེན་ལ་ཕུལ་བའི་ཞུ་ཡིག་འཇམ་དབྱངས་དགེས་པའི་ཅོད་པན་ཞེས་བྱ་བ་བཞུགས་སོ། །

**致一切智世间慧眼夏鲁大译师书・文殊喜悦之冠**

1 种，4 页。

ས་ལོ་འཇམ་དབྱངས་ཀུན་དགའ་བསོད་ནམས། 萨迦译师・绛央衮噶索南 (1485—1533) 撰述。

西藏地区藏传佛教寺院印经院传抄之缮写本。

普通藏纸，梵夹装中印本 (45 × 5.3cm)，草体，墨色，横书藏文七行，四周双栏，全。

索书号：003215/23。保存基本完好，今藏民族文化宫中国民族图书馆。

༧༥། །ཐམས་ཅད་མཁྱེན་པ་ཞྭ་དམར་ཅོད་པན་འཛིན་པ་རྣམས་དང་བདེ་ཆེན་གྱི་དཔོན་རབས་མཆོད་ཡོན་དུ་འབྲེལ་ཚུལ་སོགས་བྲིས་ཀྱི་དཀར་ཆག་དང་བཅས་པ་ཞེས་བྱ་བ་བཞུགས་སོ། །

**一切智红帽派诸大师与德钦官员世代结供施之缘之壁画目录**

1 种，2 页。

ཞྭ་དམར་ཆོས་གྲགས་ཡེ་ཤེས། 夏玛・曲札益希 (1453—1542) 撰述。

西藏地区藏传佛教寺院印经院传抄之金汁写本。

瓷青纸，梵夹装中印本 (46 × 6.5cm)，草体，墨色，横书藏文七行，四周双栏，全。

保索书号：003271/12。存基本完好，今藏民族文化宫中国民族图书馆。

༄༅། །ཐར་རྩེ་རྡོ་རྗེ་འཆང་གི་སྐུ་གདུང་ལ་སྣན་ཀལ་ཕུལ་བའི་ཞལ་བྱང་ཞེས་བྱ་བ་བཞུགས་སོ། །

**塔孜金刚持之灵塔前献敬神哈达题辞**

1 种，2 页。

ས་སྐྱ་ཀུན་དགའ་བློ་གྲོས། 萨迦・衮噶洛哲 (1729—1783) 撰述。

西藏地区藏传佛教寺院印经院传抄之缮写本。

普通藏纸，梵夹装中印本 (45.2 × 5.6cm)，草体，墨色，横书藏文七行，四周双栏，全。

索书号：003231/42。保存基本完好，今藏民族文化宫中国民族图书馆。

༄༅། །ཐུབ་བསྟན་དར་རྒྱས་གླིང་གི་ལྷ་ཁང་གི་ལྡེབ་རྩོམ་ལྷུ་ཏིག་གི་ཕྲེང་བ་ངོ་མཚར་རབ་བཀོད་ཅེས་བྱ་བ་བཞུགས་སོ། །

**图丹达结林寺佛殿中榜文・珍珠鬘希有庄严**

1 种，4 页。

བཀའ་འགྱུར་པ་བློ་བཟང་ཚུལ་ཁྲིམས། 甘珠尔巴・洛桑慈称 (1761—？ ) 撰述。

北京地区藏传佛教皇家寺院印经院木刻版之刻印本。

普通纸，梵夹装中印本 (46.8 × 7.2cm)，楷体，墨色，横刊藏文六行，四周双栏，全。

索书号：001142/15。保存基本完好，今藏民族文化宫中国民族图书馆。

༄༅། །ཐུབ་བསྟན་རྣམ་རྒྱལ་གྱི་མཁན་གསར་བསྐོ་སྐབས་ཀྱི་ཐོ་ཞེས་བྱ་བ་བཞུགས་སོ། །

**图丹南杰殿新授堪波名录**

1 种，3 页。

ས་སྐྱ་ཀུན་དགའ་བློ་གྲོས། 萨迦・衮噶洛哲 (1729—1783) 撰述。

西藏地区藏传佛教寺院印经院传抄之缮写本。

普通藏纸，梵夹装中印本 (45.2 × 5.6cm)，草体，墨色，横书藏文七行，四周双栏，全。

索书号：003231/49。保存基本完好，今藏民族文化宫中国民族图书馆。

༄༅། །མཐོང་བ་དོན་ལྡན་རྡོ་སྐུའི་དཀར་ཆག་སྐལ་བཟང་དད་པའི་པདྨོ་ཁ་འབྱེད་ཅེས་བྱ་བ་བཞུགས་སོ། །

**通哇顿旦觉沃像志・具缘信莲开敷**

1 种，5 页。

ཆས་པ་རྒྱ་མཁར་བ་ངག་དབང་དགེ་འདུན་རྒྱ་མཚོ། 齐巴嘉喀哇・阿旺格登嘉措 (1839—1905) 撰述。

甘肃省甘南藏族自治州夏河县拉卜楞地区拉卜楞寺 ( 拉章扎喜齐 ) 印经院木刻版之刻印本。

普通藏纸，梵夹装中印本 (47.3 × 6.5cm)，楷体，墨色，横刊藏文六行，四周双栏，全。

索书号：001166/20。保存基本完好，今藏民族文化宫中国民族图书馆。

༄༅། །དེ་བཞིན་གཤེགས་པའི་བྱང་ཆུབ་ཆེན་པོ་མཆོད་རྟེན་གྱི་དཀར་ཆག་ངོ་མཚར་མེ་ལོང་ཞེས་བྱ་བ་བཞུགས་སོ། །

**如来大菩提塔目录・希有镜**

1 种，6 页。

ཞུ་ཆེན་ཚུལ་ཁྲིམས་རིན་ཆེན། 许钦・慈称仁钦 (1697—1774) 撰述。

四川省甘孜藏族自治州德格县德格地区德格寺印经院木刻版之刻印本。

普通藏纸，梵夹装中印本 (47.4 × 6.7cm)，楷体，墨色，横刊藏文六行，四周双栏，全。

索书号：000419/8。保存基本完好，今藏民族文化宫中国民族图书馆。

༄༅། །དྲིན་ཅན་རྩ་བའི་བླ་མ་འཇམ་དབྱངས་སྐུ་མཆེད་དང་རྗེ་བཙུན་སྲས་ཆེན་རྒྱལ་ཡུམ་ལྷ་སྲས་བསོད་ནམས་རྒྱལ་མོ་རྣམས་དགོངས་པ་རྫོགས་ཐབས་དངུལ་གདུང་རིན་པོ་ཆེ་གསུམ་སོགས་རྟེན་བཞེངས་གསར་དུ་བགྱིས་པ་རྣམས་ལ་གཟུངས་རྫོང་བཞུགས་ཚུལ་གྱི་དཀར་ཆག་དད་པ་སྐྱེད་བྱེད་བཞུགས་སོ། །

**为追悼恩师绛央昆仲及尊者梅钦、王后索南嘉莫等新建三座银灵塔之装藏目录志·能生正信**

1 种，18 页。

ཨ་མེས་ངག་དབང་ཀུན་དགའ་བསོད་ནམས། 阿梅·阿旺衮噶索南 (1597—1660) 撰述。

西藏地区藏传佛教寺院印经院传抄之缮写本。

普通藏纸，梵夹装中印本 (45.6×6.3cm)，草体，墨色，横书藏文七行，四周双栏，全。

索书号：003227/29。保存完好，今藏民族文化宫中国民族图书馆。

༄༅། །བདེ་བར་གཤེགས་པའི་སྐུ་གསུང་ཐུགས་ཀྱི་རྟེན་བཞེངས་པ་དང་ཕྱག་མཆོད་སྐོར་བའི་ཕན་ཡོན་བསྟན་པ་རྣམ་དཀར་ལས་ལ་སྤྲོ་བྱེད་དཀར་ཆག་ལྷའི་རྔ་ཆེན་ཞེས་བྱ་བ་བཞུགས་སོ། །

**建造如来身语意所依与礼供功德赞·鼓励净业录·大天鼓**

1 种，35 页。

ཀུང་ཐང་དཀོན་མཆོག་བསྟན་པའི་སྒྲོན་མེ། 贡唐·恭却丹贝准美 (1762—1823) 撰述。

甘肃省甘南藏族自治州夏河县拉卜楞地区拉卜楞寺（拉章扎喜齐）印经院木刻版之刻印本。

普通藏纸，梵夹装中印本 (47.2×6.2cm)，楷体，墨色，横刊藏文六行，四周双栏，全。

索书号：000921/15。保存基本完好，今藏民族文化宫中国民族图书馆。

༄༅། །བདེ་བར་གཤེགས་པའི་སྐུ་གསུང་ཐུགས་ཀྱི་རྟེན་བཞེངས་པ་སོགས་ཀྱི་ཕན་ཡོན་བཤད་པ་དགེ་ལེགས་ཆར་འབེབས་ཞེས་བྱ་བ་བཞུགས་སོ། །

**建造如来身像、经、塔等之功德解说·吉祥雨降**

1 种，14 页。

ལྕང་སྐྱ་ངག་དབང་བློ་བཟང་ཆོས་ལྡན། 章嘉·阿旺洛桑曲旦 (1642—1714) 撰述。

北京地区藏传佛教皇家寺院印经院木刻版之刻印本。

普通纸，梵夹装中印本 (49×6.8cm)，楷体，墨色，横刊藏文六行，四周双栏，全。

索书号：003564/7。保存基本完好，今藏民族文化宫中国民族图书馆。

༄༅། །བདེ་བར་གཤེགས་པའི་སྐུ་གསུང་ཐུགས་ཀྱི་རྟེན་བཞེངས་པ་སོགས་ཀྱི་ཕན་ཡོན་བཤད་པ་དགེ་ལེགས་རིན་ཆེན་འདྲེན་པའི་ཤིང་རྟ་ཞེས་བྱ་བ་བཞུགས་སོ། །

**建造如来身语意之所依等之功德讲说·引福善大宝之车**

1 种，25 页。

འཇམ་དབྱངས་བཞད་པ་དཀོན་མཆོག་འཇིགས་མེད་དབང་པོ། 嘉木样协巴·恭却吉迈旺波 (1728—1791) 撰述。

甘肃省甘南藏族自治州夏河县拉卜楞地区拉卜楞寺（拉章扎喜齐）印经院木刻版之刻印本。

普通藏纸，梵夹装中印本 (48.4×7.4cm)，楷体，墨色，横刊藏文六行，四周双栏，全。

索书号：003564/7。保存基本完好，今藏民族文化宫中国民族图书馆。

༄༅། །ནང་རྟེན་གྱི་མཚན་བྱང་ཐོས་པས་དགའ་བ་འཁྱིལ་བ་ཞེས་བྱ་བ་བཞུགས་སོ། །

**装藏名录·闻者所生喜漩**

1 种，22 页。

མཁན་པོ་ངག་དབང་ཐུབ་བསྟན་རྒྱ་མཚོ། 堪波·阿旺图丹嘉措 (1836—1889) 撰述。

甘肃省甘南藏族自治州碌曲地区希仓噶萨噶旦协珠曲科林印经院木刻版之刻印本。

普通藏纸，梵夹装中印本 (45.3 × 6cm)，楷体，墨色，横刊藏文六行，四周双栏，全。

索书号：001119/4。保存基本完好，今藏民族文化宫中国民族图书馆。

༄༅། །གནས་མཆོག་རི་བོ་རྩེ་ལྔ་མཇལ་སྐབས་ཀྱི་གནས་བསྟོད་དང་འབྲེལ་བའི་མགུར་འཇམ་དཔལ་དགྱེས་པའི་མཆོད་སྤྲིན་ཞེས་བྱ་བ་དང་། དུས་ཆེན་ཁྱད་པར་ཅན་གྱི་རྣམ་བཤད་ཅེས་བྱ་བ་བཞུགས་སོ། །

**朝礼圣地五台山时之圣迹赞结合文殊悦意之供养云歌及特殊大节日略说等**

1 种，3 页。

ཨ་ཀྱཱ་ཡོངས་འཛིན་བློ་བཟང་དོན་གྲུབ། 阿迦雍增·洛桑顿珠 (1774—?) 撰述。

青海省海东市湟中县鲁沙尔地区塔尔寺（固奔乾巴林）印经院木刻版之刻印本。

普通藏纸，梵夹装中印本 (47.9 × 6.3cm)，楷体，墨色，横刊藏文六行，四周双栏，全。

索书号：000935/27。保存基本完好，今藏民族文化宫中国民族图书馆。

༄༅། །གནས་མཆོག་བསོད་ནམས་ཀུན་སྡུད་གླིང་གི་དཀར་ཆག་ཀ་ལ་པིང་ཀའི་གླུ་དབྱངས་ཞེས་བྱ་བ་བཞུགས་སོ། །

**胜地索南衮堆林寺志·迦陵频迦鸟歌**

1 种，33 页。

ལྕང་ལུང་པཎྜི་ཏ་ངག་དབང་བློ་བཟང་བསྟན་པའི་རྒྱལ་མཚན། 江隆班智达·阿旺洛桑丹贝坚参 (1770—1845) 撰述。

北京地区藏传佛教皇家寺院印经院木刻版之刻印本。

普通纸，梵夹装短印本 (39.5 × 5.9cm)，楷体，墨色，横刊藏文六行，四周双栏，全。

索书号：003705/30。保存基本完好，今藏民族文化宫中国民族图书馆。

༄༅། །གནས་མཆོག་བསོད་ནམས་ཀུན་སྡུད་གླིང་གི་མགོན་ཁང་གཏུམ་དྲག་རོལ་བའི་དགའ་ཚལ་དུ་བཞུགས་པའི་དཔལ་ལྡན་ལྷ་མོ་དྲེལ་སྐད་མའི་ཆེ་བརྗོད་ཅེས་བྱ་བ་བཞུགས་སོ། །

**胜地索南衮堆林寺护法殿威猛戏苑中供奉之骡鸣吉祥天母赞**

1 种，7 页。

ལྕང་ལུང་པཎྜི་ཏ་ངག་དབང་བློ་བཟང་བསྟན་པའི་རྒྱལ་མཚན། 江隆班智达·阿旺洛桑丹贝坚参 (1770—1845) 撰述。

北京地区藏传佛教皇家寺院印经院木刻版之刻印本。

普通纸，梵夹装短印本 (39.5 × 5.9cm)，楷体，墨色，横刊藏文六行，四周双栏，全。

索书号：003708/29。保存基本完好，今藏民族文化宫中国民族图书馆。

**༄༅། །གནས་མཆོག་བསོད་ནམས་ཀུན་སྡུད་གླིང་གི་རྟེན་གཙོ་ཇོ་བོ་མ་ཧཱ་བོ་དྷི་དཀར་ཆག་ཆེད་དུ་བརྗོད་པ་དྭངས་ཤེལ་མེ་ལོང་ཞེས་བྱ་བ་བཞུགས་སོ། །**

**胜地索南衮堆林寺主要佛像觉沃摩诃菩提志·水晶明镜**

1种，20页。

ལྕང་ལུང་པཎྜི་ཏ་ངག་དབང་བློ་བཟང་བསྟན་པའི་རྒྱལ་མཚན། 江隆班智达·阿旺洛桑丹贝坚参 (1770—1845) 撰述。

北京地区藏传佛教皇家寺院印经院木刻版之刻印本。

普通纸，梵夹装短印本 (39.5×5.9cm)，楷体，墨色，横刊藏文六行，四周双栏，全。

索书号：003705/28。保存基本完好，今藏民族文化宫中国民族图书馆。

**༄༅། །གནས་མཆོག་བསོད་ནམས་ཀུན་སྡུད་གླིང་དུ་ཇོ་བོ་མི་བསྐྱོད་རྡོ་རྗེ་སྒྲོལ་ཞིའི་འཇིགས་སྐྱོབ་མའི་སྐུ་བརྙན་གསར་བཞེངས་ཀྱི་དཀར་ཆག་བཀྲ་ཤིས་ཚངས་དབྱངས་ཞེས་བྱ་བ་བཞུགས་སོ། །**

**胜地索南衮堆林寺新塑觉沃不动金刚救有寂怖畏母佛像志·吉祥梵音**

1种，6页。

ལྕང་ལུང་པཎྜི་ཏ་ངག་དབང་བློ་བཟང་བསྟན་པའི་རྒྱལ་མཚན། 江隆班智达·阿旺洛桑丹贝坚参 (1770—1845) 撰述。

北京地区藏传佛教皇家寺院印经院木刻版之刻印本。

普通纸，梵夹装短印本 (39.5×5.9cm)，楷体，墨色，横刊藏文六行，四周双栏，全。

索书号：003705/29。保存基本完好，今藏民族文化宫中国民族图书馆。

**༄༅། །རྣམ་རྒྱལ་མཆོད་རྟེན། བདུད་འདུལ་་མཆོད་རྟེན། ལྷ་བབས་མཆོད་རྟེན་གསུམ་གྱི་དཀར་ཆག་མཐོང་བ་དོན་ལྡན་བཞུགས་སོ། །**

**尊胜塔、降魔塔、天降塔三种目录·见者具义**

1种，2页。

སྟག་ཚང་བློ་བཟང་རབ་བརྟན། 达仓·洛桑饶丹 (1676—1745) 撰述。

甘肃省甘南藏族自治州碌曲县郎木地区郎木寺印经院木刻版之刻印本。

普通藏纸，梵夹装中印本 (47.6×5.7cm)，楷体，墨色，横刊藏文六行，四周双栏，全。

索书号：001247/21。保存基本完好，今藏民族文化宫中国民族图书馆。

**༄༅། །དཔལ་མཆོག་རིག་པ་མེད་པའི་མཆོད་རྟེན་གྱི་སྣང་བརྙན་དགེ་ལེགས་འདོད་དགུའི་ཆར་འབེབས་ཀྱི་དཀར་ཆག་ཨུཏྤ་ལའི་ཕྲེང་བ་ཞེས་བྱ་བ་བཞུགས་སོ། །**

**吉祥殊胜惹巴麦巴塔形·妙善随欲雨降志·青莲鬘**

1种，7页。

སི་ཏུ་ཆོས་ཀྱི་འབྱུང་གནས། 司徒·曲吉迥乃 (1699—1774) 撰述。

四川省甘孜藏族自治州德格县八邦地区八邦寺印经院木刻版之刻印本。

普通藏纸，梵夹装中印本 (46.5×7cm)，楷体，墨色，横刊藏文六行，四周双栏，全。

索书号：006146/3。保存基本完好，今藏民族文化宫中国民族图书馆。

༄༅། །དཔལ་ལྡན་བླ་མ་དམ་པ་ཡོངས་འཛིན་ཆོས་ཀྱི་རྒྱལ་པོ་རྗེ་བཙུན་བློ་བཟང་ཚུལ་ཁྲིམས་དཔལ་བཟང་པོ་དེ་ཉིད་ཀྱི་དགོངས་རྫོགས་སུ་ཆོས་གཟུགས་ཀྱི་སྐུང་བརྟན་ལེ་ཚན་བཞེངས་པའི་དཀར་ཆག་ཅེས་བྱ་བ་བཞུགས་སོ། །

**具德上师雍增·至尊洛桑慈称圆寂灵塔志**

1种，5页。

འཕྲོང་རྩེ་བློ་བཟང་ཚུལ་ཁྲིམས། 仲孜·洛桑慈称(1769—？ )撰述。

西藏自治区日喀则地区扎什伦布寺印经院木刻版之刻印本。

普通藏纸，梵夹装中印本(48.5×6.8cm)，楷体，墨色，横刊藏文六行，四周双栏，全。

索书号：000796/12。保存基本完好，今藏民族文化宫中国民族图书馆。

༄༅། །དཔལ་ལྡན་འབྲས་སྤུངས་ཀྱི་མཆོད་རྟེན་གྱི་བཀོད་པ་བུ་ལུགས་ལྟར་བྲིས་པ་ཞེས་བྱ་བ་བཞུགས་སོ། །

**依布敦传规记录之具德哲蚌佛塔庄严录**

1种，4页。

ཀློང་རྡོལ་བླ་མ་ངག་དབང་བློ་བཟང་། 隆朵喇嘛·阿旺洛桑(1719—1795)撰述。

北京地区藏传佛教皇家寺院印经院木刻版之刻印本。

普通纸，梵夹装中印本(53×7.1cm)，楷体，墨色，横刊藏文六行，四周双栏，全。

索书号：001004/8。保存基本完好，今藏民族文化宫中国民族图书馆。

༄༅། །དཔལ་ལྡན་ས་སྐྱ་དང་ངོར་ཨེ་ཝཾ་ཆོས་ལྡན་གཉིས་ཀྱི་རིང་ལུགས་འཛིན་པ་རྣམས་ཀྱིས་ཐོག་དྲངས་ས་ལུགས་ཡོངས་རྫོགས་ཀྱི་བསྟན་པའི་སྦྱིན་བདག་སྡེ་དགེ་ཆོས་རྒྱལ་རིན་ཆེན་གྱི་ཐུགས་དམ་དད་རྟེན་ཐང་སྐུ་ཆེ་ཆུང་བཅུ་བདུན་གྱི་དཀར་ཆག་ས་ངོར་ངོ་མཚར་རྒྱ་མཚོའི་བང་མཛོད་ཅེས་བྱ་བ་བཞུགས་སོ། །

**具德萨迦及俄尔埃旺曲旦两寺之宗风为首之萨迦传规佛法施主德格法王仁钦之誓愿信财卷轴画像大小十七帧目录·萨俄希有海之宝库**

1种，21页。

ས་སྐྱ་ཀུན་དགའ་བློ་གྲོས། 萨迦·衮噶洛哲(1729—1783)撰述。

西藏自治区藏传佛教寺院印经院传抄之缮写本。

普通藏纸，梵夹装中印本(45.2×5.6cm)，草体，墨色，横书藏文七行，四周双栏，全。

索书号：003231/6。保存基本完好，今藏民族文化宫中国民族图书馆。

༄༅། །དཔལ་ས་སྐྱའི་དབུ་རྩེའི་བླ་མ་ལྷ་ཁང་གི་རྟེན་གསར་བཞེངས་སོགས་ཀྱི་གཟུངས་རྫོང་གི་དཀར་ཆག་ཅེས་བྱ་བ་བཞུགས་སོ། །

**新建吉祥萨迦邬孜大殿先师佛像之佛堂装藏志**

1种，3页。

ཨ་མེས་ངག་དབང་ཀུན་དགའ་བསོད་ནམས། 阿梅·阿旺衮噶索南(1597—1660)撰述。

西藏地区藏传佛教寺院印经院传抄之缮写本。

普通藏纸，梵夹装中印本(45.6×6.3cm)，草体，墨色，横书藏文七行，四周双栏，全。

索书号：003210/42。保存基本完好，今藏民族文化宫中国民族图书馆。

༄༅། །དཔལ་ས་སྐྱའི་བཞི་ཐོག་བླ་བྲང་གི་མགོན་ཁང་ཆེན་མོ་གསར་བཞེངས་ཀྱི་རྟེན་རྣམས་ཀྱི་གཟུངས་གཞུག་བཞུགས་ཚུལ་གྱི་དཀར་ཆག་མཐོང་བ་ཡིད་འཕྲོག་ཅེས་བྱ་བ་བཞུགས་སོ། །

**新建吉祥萨迦希陀拉章护法大殿之佛像佛塔等装藏志·见者悦意**

1 种，11 页。

ཨ་མེས་ངག་དབང་ཀུན་དགའ་བསོད་ནམས། 阿梅·阿旺衮噶索南 (1597—1660) 撰述。

西藏地区藏传佛教寺院印经院传抄之缮写本。

普通藏纸，梵夹装中印本 (45.6×6.3cm)，草体，墨色，横书藏文七行，四周双栏，全。

索书号：003219/7。保存基本完好，今藏民族文化宫中国民族图书馆。

༄༅། །དཔལ་ས་སྐྱར་ཞལ་གཏོར་ཆེན་སྐབས་ཟོར་ལས་པ་རིམ་ཅན་ནས་སྔོན་འགྲོ་སྒྲུབ་བསྙེན་གྱི་རྟེན་བླ་རྡོ་བྲམ་གཟུགས་ཀྱི་རི་མོ་ཅན་གྱི་བཞུགས་ཁང་ཞིང་བཀོད་ཐོ་བཞུགས་སོ། །

**萨迦寺大施食期放咒师于前行成修所依、神魂石、婆罗门画像安置处薄册**

1 种，8 页。

ས་སྐྱ་ཀུན་དགའ་བློ་གྲོས། 萨迦·衮噶洛哲 (1729—1783) 撰述。

西藏地区藏传佛教寺院印经院传抄之缮写本。

普通藏纸，梵夹装中印本 (45.2×5.6cm)，草体，墨色，横书藏文七行，四周双栏，全。

索书号：003231/40。保存基本完好，今藏民族文化宫中国民族图书馆。

༄༅། །ཕུན་ཚོགས་བསམ་གཏན་གླིང་གི་གསེར་ཁང་ལྷ་ཁང་གི་དཀར་ཆག་བཀྲ་ཤིས་ཞེས་བྱ་བ་བཞུགས་སོ། །

**彭措萨丹林寺金殿志**

1 种，4 页。

གློ་བོ་མཁན་ཆེན་བསོད་ནམས་ལྷུན་གྲུབ། 珞沃堪钦·索南伦珠 (1441—1525) 撰述。

四川省甘孜藏族自治州德格县德格地区德格寺印经院木刻版之刻印本。

普通藏纸，梵夹装中印本 (47.1×6.1cm)，楷体，墨色，横刊藏文六行，四周双栏，全。

索书号：003838/57。保存基本完好，今藏民族文化宫中国民族图书馆。

༄༅། །ཕྱོགས་ཐམས་ཅད་ལས་རྣམ་པར་རྒྱལ་བའི་ཆོས་སྡེ་ཆེན་པོ་སྐུ་འབུམ་དགའ་ལྡན་བྱམས་པ་གླིང་གི་རྒྱུད་པ་གྲྭ་ཚང་གི་བྱམས་ཆེན་གྱི་དཀར་ཆག་སོགས་ཞེས་བྱ་བ་བཞུགས་སོ། །

**尊胜一切大法庙塔尔寺噶旦乾巴林密宗僧院中弥勒大像目录等**

1 种，19 页。

ཨ་ཀྱཱ་བློ་བཟང་བསྟན་པའི་རྒྱལ་མཚན། 阿迦·洛桑丹贝坚参 (1708—1768) 撰述。

北京地区藏传佛教皇家寺院印经院木刻版之刻印本。

普通纸，梵夹装中印本 (46.7×6cm)，楷体，墨色，横刊藏文六行，四周双栏，全。

索书号：001222/2。保存基本完好，今藏民族文化宫中国民族图书馆。

༄༅། །བལ་ཡུལ་རང་བྱུང་མཆོད་རྟེན་ཆེན་པོའི་ལོ་རྒྱུས་ཞེས་བྱ་བ་བཞུགས་སོ། །

**尼泊尔自现大塔志**

1 种，15 页。

སི་ཏུ་ཆོས་ཀྱི་འབྱུང་གནས། 司都·曲吉迥

乃 (1700—1774) 撰述。

四川省甘孜藏族自治州德格县八邦地区八邦寺印经院木刻版之刻印本。

普通藏纸，梵夹装中印本 (46.5×7cm)，楷体，墨色，横刊藏文六行，四周双栏，全。

索书号：006140/5。保存基本完好，今藏民族文化宫中国民族图书馆。

༄༅། །བྱང་ཆུབ་ཆེན་པོའི་མཆོད་རྟེན་བཞེངས་པའི་བཞུགས་བྱང་དཀར་ཆག་ཚོགས་གཉིས་ཁང་བཟང་བགྲོད་པའི་ཐེམ་སྐས་ཞེས་བྱ་བ་བཞུགས་སོ། །

**建造大菩提塔之装藏目录·趣二资粮宫阶梯**

1 种，8 页。

ཞུ་ཆེན་ཚུལ་ཁྲིམས་རིན་ཆེན། 许钦·慈称仁钦 (1697—1774) 撰述。

四川省甘孜藏族自治州德格县德格地区德格寺印经院木刻版之刻印本。

普通藏纸，梵夹装中印本 (47.4×6.7cm)，楷体，墨色，横刊藏文六行，四周双栏，全。

索书号：000417/16。保存基本完好，今藏民族文化宫中国民族图书馆。

༄༅། །བྱམས་གླིང་མཆོད་རྟེན་ཆེན་མོ་ཐོས་པས་རྣམ་གྲོལ་ལ་ཞིག་གསོས་ཇི་ལྟར་བགྱིས་པའི་དཀར་ཆག་མི་ཕམ་བླ་མ་དགྱེས་པའི་སྒྲ་དབྱངས་ཞེས་བྱ་བ་བཞུགས་སོ། །

**乾林大塔闻则解脱修缮志·米盼上师喜悦之音乐**

1 种，12 页。

འབུལ་སྟོད་པ་བློ་བཟང་ཡེ་ཤེས་བསྟན་པའི་རྒྱལ་མཚན། 补堆巴·洛桑益希丹贝坚参 (19 世纪下半叶) 撰述。

西藏地区藏传佛教寺院印经院传抄之缮写本。

普通藏纸，梵夹装中印本 (45.4×6.1cm)，草体，墨色，横书藏文七行，四周双栏，全。

索书号：003829/19。保存基本完好，今藏民族文化宫中国民族图书馆。

༄༅། །བླ་ཆེན་འཕགས་པའི་དངུལ་གདུང་རིན་པོ་ཆེའི་དཀར་ཆག་དགེ་ལེགས་བཅུད་ཀྱི་ཉིང་ཁུ་སྒྲོང་གྲོལ་ཆེན་མོ་ཞེས་བྱ་བ་བཞུགས་སོ། །

**大喇嘛八思巴银灵塔志·妙善精华大解脱**

1 种，33 页。

ས་སྐྱ་ཀུན་དགའ་བློ་གྲོས། 萨迦·衮噶洛哲 (1729—1783) 撰述。

西藏地区藏传佛教寺院印经院传抄之缮写本。

普通藏纸，梵夹装中印本 (45.2×5.6cm)，草体，墨色，横书藏文七行，四周双栏，全。

索书号：003231/3。保存基本完好，今藏民族文化宫中国民族图书馆。

༄༅། །བླ་མ་རྒྱལ་བ་རྒྱལ་སྲས་བསྟན་སྲུང་ནོར་ལྷ་རྣམས་ལ་ཡན་ལག་བདུན་པ་འབུལ་བ་གསོལ་བ་འདེབས་པ་སྐུ་གསུང་ཐུགས་རྟེན་དང་མཆོད་རྫས་གསར་བསྐྲུན་རྣམས་ཀྱི་དཀར་ཆག་བསྔོ་བ་སྨོན་ལམ་བསྡོམས་པ་ཕུན་ཚོགས་སྡེ་བཞིའི་བང་མཛོད་ཅེས་བྱ་བ་བཞུགས་སོ། །

**诸上师、佛、菩萨、护法、财神等前献七支供祈祷文及新造佛像、经、塔、供物等目录回向发愿等文·四分圆满宝藏**

1 种，51 页。

ཞུ་ཆེན་ཚུལ་ཁྲིམས་རིན་ཆེན། 许钦·慈称仁钦 (1697—1774) 撰述。

四川省甘孜藏族自治州德格县德格地区德格寺印经院木刻版之刻印本。

普通藏纸，梵夹装中印本 (47.4×6.7cm)，

楷体，墨色，横刊藏文六行，四周双栏，全。

索书号：000414/20。保存基本完好，今藏民族文化宫中国民族图书馆。

༄༅། །གློ་གླིང་དགེ་ལྡན་བཀྲ་ཤིས་འཁྱིལ་གྱི་འདུ་ཁང་དཀར་ཆག་ལེགས་བྱས་གཏམ་གྱི་མེ་ཏོག་ཅེས་བྱ་བ་བཞུགས་སོ། །

**洛林格旦扎喜齐寺大殿志·善语之花**

1 种，71 页。

ཀིརྟི་བློ་བཟང་འཕྲིན་ལས། 格迪·洛桑成勒 (1849—1905) 撰述。

甘肃省甘南藏族自治州碌曲县郎木地区郎木寺印经院木刻版之刻印本。

普通藏纸，梵夹装中印本 (44.8 × 6.1cm)，楷体，墨色，横刊藏文六行，四周双栏，全。

索书号：001081/4。保存基本完好，今藏民族文化宫中国民族图书馆。

༄༅། །དབུ་རྩེ་རྙིང་མ་དང་སྒོ་རིམ་གྱི་རྟེན་གསུམ་རྣམས་ཀྱི་དཀར་ཆག་གི་འགོའི་ཚིགས་བཅད་ཅེས་བྱ་བ་བཞུགས་སོ། །

**邬孜旧殿与果绒殿之佛像经塔志之卷首诗**

1 种，14 页。

ས་ལོ་འཇམ་དབྱངས་ཀུན་དགའ་བསོད་ནམས། 萨迦译师·绛央衮噶索南 (1485—1533) 撰述。

西藏地区藏传佛教寺院印经院传抄之缮写本。

普通藏纸，梵夹装中印本 (45 × 5.3cm)，草体，墨色，横书藏文七行，四周双栏，全。

索书号：003215/33。保存基本完好，今藏民族文化宫中国民族图书馆。

༄༅། །དབུས་གཙང་གི་གནས་རྟེན་རགས་རིམ་གྱི་མཚན་བྱང་མདོར་བསྡུས་དད་པའི་ས་བོན་ཞེས་བྱ་བ་བཞུགས་སོ། །

**卫藏圣地略志·正信种子**

1 种，18 页。

འཇམ་དབྱངས་མཁྱེན་བརྩེ་དབང་པོ། 绛央庆则旺波 (1820—1892) 撰述。

四川省甘孜藏族自治州德格县德格地区德格寺印经院木刻版之刻印本。

普通藏纸，梵夹装短印本 (29.4 × 4.6cm)，楷体，墨色，横刊藏文六行，四周双栏，全。

索书号：006324/3。保存基本完好，今藏民族文化宫中国民族图书馆。

༄༅། །དབེན་གནས་སྟག་ཚང་བཀྲ་ཤིས་ཆོས་གླིང་གི་གནས་ཀྱི་ལོ་རྒྱུས་བཤད་པ་བཞུགས་སོ། །

**兰若达仓扎喜曲林寺圣地志**

1 种，7 页。

སྟག་ཚང་བློ་བཟང་རབ་བརྟན། 达仓·洛桑饶丹 (1676—1745) 撰述。

甘肃省甘南藏族自治州碌曲县郎木地区郎木寺印经院木刻版之刻印本。

普通藏纸，梵夹装中印本 (47.6 × 5.7cm)，楷体，墨色，横刊藏文六行，四周双栏，全。

索书号：001247/10。保存基本完好，今藏民族文化宫中国民族图书馆。

༄༅། །འབྲས་སྤུངས་མཆོད་རྟེན་གྱི་ཆགས་ཚད་ཤེལ་དཀར་མེ་ལོང་ཞེས་བྱ་བ་བཞུགས་སོ། །

**聚果灵塔之量度·白晶镜**

1 种，3 页。

བླ་ཀོ་འཇིགས་མེད་འཕྲིན་ལས་རྒྱ་མཚོ། 拉科·吉迈成勒嘉措 (1866—1947) 撰述。

甘肃省甘南藏族自治州夏河县拉卜楞地区拉卜楞寺（拉章扎喜齐）印经院木刻

版之刻印本。

普通藏纸，梵夹装中印本(46.7×6.2cm)，楷体，墨色，横刊藏文六行，四周双栏，全。

索书号：001002/21。保存基本完好，今藏民族文化宫中国民族图书馆。

༄༅། །སྨན་པ་གྲྭ་ཁང་གསར་གསོས་བགྱིས་པའི་དཀར་ཆག་དྭངས་ཤེལ་མེ་ལོང་ཞེས་བྱ་བ་བཞུགས་སོ། །

**曼巴扎仓修葺志·水晶镜**

1种，5页。

ཆེ་ཤོས་བློ་བཟང་བྱང་ཆུབ་བསྟན་པའི་སྒྲོན་མེ། 却西·洛桑绛曲丹贝准美(1861—1933)撰述。

青海省海东市湟中县鲁沙尔地区塔尔寺(固奔乾巴林)印经院木刻版之刻印本。

普通藏纸，梵夹装中印本(45.7×6.5cm)，楷体，墨色，横刊藏文六行，四周双栏，全。

索书号：003777/36。保存基本完好，今藏民族文化宫中国民族图书馆。

༄༅། །ཚ་གན་ཧོ་ཐོག་ཐུ་དགེ་འདུན་བསྟན་འཛིན་ནོར་བུ་དཔལ་བཟང་པོའི་སྐུ་གདུང་རིན་པོ་ཆེ་དགེ་ལེགས་འོད་འབར་གྱི་དཀར་ཆག་ཨུཏྤལ་གཞོན་ནུའི་ཆུན་པོ་ཞེས་བྱ་བ་བཞུགས་སོ། །

**察干呼图克图格登丹增诺布之灵骨妙善光炽志·鲜青莲花束**

1种，18页。

བླ་ཀོ་འཇིགས་མེད་འཕྲིན་ལས་རྒྱ་མཚོ། 拉科·吉迈成勒嘉措(1866—1947)撰述。

甘肃省甘南藏族自治州夏河县拉卜楞地区拉卜楞寺(拉章扎喜齐)印经院木刻版之刻印本。

普通藏纸，梵夹装中印本(46.7×6.2cm)，楷体，墨色，横刊藏文六行，四周双栏，全。

索书号：001002/16。保存基本完好，今藏民族文化宫中国民族图书馆。

༄༅། །ཞ་ལུའི་གཙུག་ལག་ཁང་གི་གཞལ་ཡས་ཁང་ནུབ་མ། བྱང་མ། ཤར་མ། ལྷོ་མ་རྣམས་ན་བཞུགས་པའི་དཀྱིལ་འཁོར་སོགས་ཀྱི་དཀར་ཆག་བཞུགས་སོ། །

**夏鲁寺之无量宫殿东西南北诸方所安置曼荼罗等之目录**

1种，24页。

བུ་སྟོན་རིན་ཆེན་གྲུབ། 布敦·仁钦珠(1290—1364)撰述。

西藏自治区拉萨地区孜雪印经院木刻版之刻印本。

普通藏纸，梵夹装中印本(49.7×7cm)，楷体，墨色，横刊藏文六行，四周双栏，全。

索书号：003081/2。保存基本完好，今藏民族文化宫中国民族图书馆。

༄༅། །བཞི་ཐོག་གི་མགོན་ཁང་ཆེན་མོ་གསར་དུ་བཞེངས་པའི་དཀར་ཆག་བླ་མའི་ལུང་བསྟན་སྔོན་དུ་གྱུར་པའི་ངོ་མཚར་གཏམ་གྱི་ཕྲེང་བ་ཞེས་བྱ་བ་བཞུགས་སོ། །

**新建希陀拉章护法殿志·显现上师授记之希有语鬘**

1种，1页。

ཨ་མེས་ངག་དབང་ཀུན་དགའ་བསོད་ནམས། 阿梅·阿旺衮噶索南(1597—1660)撰述。

西藏地区藏传佛教寺院印经院传抄之缮写本。

普通藏纸，梵夹装中印本(45.6×6.3cm)，草体，墨色，横书藏文七行，四周双栏，全。

索书号：003210/34。保存基本完好，今藏民族文化宫中国民族图书馆。

༄༅། །བཞི་སྡེ་མགོན་ཁང་ཆེན་མོ་གསར་དུ་བཞེངས་པའི་དཀར་ཆག་ཅེས་བྱ་བ་བཞུགས་སོ། །

**新造希陀拉章护法大殿志**

1 种，6 页。

ས་སྐྱ་ཀུན་དགའ་བློ་གྲོས། 萨迦 · 衮噶洛哲 (1729—1783) 撰述。

西藏地区藏传佛教寺院印经院传抄之缮写本。

普通藏纸，梵夹装中印本 (45.2 × 5.6cm)，草体，墨色，横书藏文七行，四周双栏，全。

索书号：003231/5。保存基本完好，今藏民族文化宫中国民族图书馆。

༄༅། །གཟིགས་སྣང་རྒྱ་ཅན་གྱི་དཀར་ཆག་འགོ་བརྗོད་ཅེས་བྱ་བ་བཞུགས་སོ། །

**宏大观显之目录序言**

1 种，6 页。

པཎ་ཆེན་ཨེར་ཏེ་ནི་བློ་བཟང་ཐུབ་བསྟན་ཆོས་ཀྱི་ཉི་མ། 班禅喇嘛 · 洛桑图丹曲吉尼玛 (1883—1937) 撰述。

西藏自治区日喀则地区扎什伦布寺印经院木刻版之刻印本。

普通藏纸，梵夹装中印本 (45 × 6.5cm)，楷体，墨色，横刊藏文六行，四周双栏，全。

索书号：003547/66。保存基本完好，今藏民族文化宫中国民族图书馆。

༄༅། །གཟིམས་དཔོན་ཆོས་འཕེལ་ནས་བཞེངས་པའི་འདྲ་སྐུའི་སྔོན་ཚིག་དཀར་ཆག་བཞུགས་སོ། །

**侍寝宫曲培所造肖像原文目录**

1 种，1 页。

རྟ་ཚག་ཡེ་ཤེས་བསྟན་པའི་མགོན་པོ། 达扎 · 益希丹贝贡波 (1760—1810) 撰述。

西藏地区藏传佛教寺院印经院木刻版之刻印本。

普通藏纸，梵夹装中印本 (45.7 × 6.5cm)，楷体，墨色，横刊藏文六行，四周双栏，全。

索书号：003801/17。保存基本完好，今藏民族文化宫中国民族图书馆。

༄༅། །གཟུངས་འཇུག་དཀར་ཆག་དད་པའི་འཇུག་སྒོ་ཞེས་བྱ་བ་བཞུགས་སོ། །

**装藏目录 · 信士入门**

1 种，5 页。

བཀའ་འགྱུར་པ་བློ་བཟང་ཚུལ་ཁྲིམས། 甘珠尔巴 · 洛桑慈称 (1761—？ ) 撰述。

北京地区藏传佛教皇家寺院印经院木刻版之刻印本。

普通纸，梵夹装中印本 (46.8 × 7.2cm)，楷体，墨色，横刊藏文六行，四周双栏，全。

索书号：001146/18。保存基本完好，今藏民族文化宫中国民族图书馆。

༄༅། །འོག་མིན་སྲས་མཁར་གྱི་གནས་སྤྲུལ་བའི་ཕོ་བྲང་ཆེན་པོར་གསེར་ཏོག་ཟི་ལྷར་བསྒྲུབ་པ་ལས་བརྩམས་པའི་དཀར་ཆག་གི་ཡིག་ཚངས་བཟོད་པ་ངོ་མཚར་རྒྱ་མཚོ་རྨད་དུ་བྱུང་བའི་གཏམ་ཞེས་བྱ་བ་བཞུགས་སོ། །

**密严刹土色喀胜地应化宫金顶修缮志褒文 · 希有海殊胜语**

1 种，3 页。

དཔའ་བོ་གཙུག་ལག་ཕྲེང་བ། 巴沃 · 祖拉昌哇 (1504—1566) 撰述。

西藏自治区藏传佛教寺院印经院木刻版之刻印本。

普通藏纸，梵夹装中印本 (47.5 × 6.2cm)，楷体，墨色，横刊藏文六行，四周双栏，全。

索书号：006511/2。保存基本完好，今藏民族文化宫中国民族图书馆。

༄༅། །གཡའ་ལུང་འཇག་གཞོངས་ཀྱི་འཁོན་སྐུ་འབུམ་བྱིན་ཅན་ལ་ཉམས་གསོ་བགྱིས་སྐབས་གཟུངས་འཕར་སོང་ཐོ་བཀོད་པ་བཞུགས་སོ། །

**修复雅隆嘉雄之昆氏具加持之佛像塔时新增装藏录**

1 种，3 页。

ས་སྐྱ་ཀུན་དགའ་བློ་གྲོས། 萨迦・衮噶洛哲 (1729—1783) 撰述。

1 种，3 页。

西藏地区藏传佛教寺院印经院传抄之之缮写本。

普通藏纸，梵夹装中印本 (45.2 × 5.6cm)，草体，墨色，横书藏文七行，四周双栏，全。

索书号：003231/54。保存基本完好，今藏民族文化宫中国民族图书馆。

༄༅། །ར་མོ་ཆེ་གཙུག་ལག་ཁང་རྟེན་དང་བརྟེན་པར་བཅས་པ་ཉམས་གསོས་བགྱིས་པའི་དཀར་ཆག་མུ་ཏིག་དོ་ཤལ་གསར་པ་འཛད་མེད་ཕན་བདེའི་རྒྱན་སྤྲུར་ཅེས་བྱ་བ་བཞུགས་སོ། །

**小昭寺能依所依等维修目录・珍珠新璎珞・利乐无尽庄严**

1 种，9 页。

ཏཱ་ལའི་བླ་མ་ཐུབ་བསྟན་རྒྱ་མཚོ། 达赖喇嘛・图丹嘉措 (1867—1933) 撰述。

西藏自治区拉萨地区孜雪印经院木刻版之刻印本。

普通藏纸，梵夹装中印本 (49.5 × 7.3cm)，楷体，墨色，横刊藏文六行，四周双栏，全。

索书号：000726/5。保存基本完好，今藏民族文化宫中国民族图书馆。

༄༅། །རབ་བྱུང་བཅུ་བཞི་པའི་ས་ཕག་ལོ་བླ་བྲང་རྒྱལ་མཚན་མཐོན་པོ་ནས་བཞེངས་གནང་མགོན་པོ་ཚེ་དཔག་མེད་ཀྱི་དཀར་ཆག་རིན་ཆེན་ལྗོན་ཤིང་ཞེས་བྱ་བ་བཞུགས་སོ། །

**第十四饶迴土猪年拉章高幢宫建造无量寿佛像志・大宝树**

1 种，4 页。

ལྕང་ལུང་པཎྜི་ཏ་ངག་དབང་བློ་བཟང་བསྟན་པའི་རྒྱལ་མཚན། 江隆班智达・阿旺洛桑丹贝坚参 (1770—1845) 撰述。

北京地区藏传佛教皇家寺院印经院木刻版之刻印本。

普通纸，梵夹装短印本 (39.5 × 5.9cm)，楷体，墨色，横刊藏文六行，四周双栏，全。

索书号：003709/15。保存基本完好，今藏民族文化宫中国民族图书馆。

༄༅། །རི་བོ་དགེ་རྒྱས་དགའ་ལྡན་བཤད་སྒྲུབ་གླིང་གི་སྐོར་ཚད་ཅེས་བྱ་བ་བཞུགས་སོ། །

**日沃格吉噶旦协珠林寺之绕行量**

1 种，18 页。

ཁལ་ཁ་མཁན་པོ་ངག་དབང་བློ་བཟང་མཁས་གྲུབ། 喀尔喀堪波・阿旺洛桑凯珠 (1779—1838) 撰述。

西藏地区藏传佛教寺院印经院木刻版之刻印本。

普通藏纸，梵夹装中印本 (52.5 × 7.2cm)，楷体，墨色，横刊藏文六行，四周双栏，全。

索书号：001237/20。保存基本完好，今藏民族文化宫中国民族图书馆。

༄༅། །རི་བོ་དྭངས་བསིལ་གྱི་དཀར་ཆག་མཛུག་མ་ཚང་བ་ཞེས་བྱ་བ་བཞུགས་སོ། །

**清凉山胜地志**

1 种，28 页。

ལྕང་སྐྱ་རོལ་པའི་རྡོ་རྗེ། 章嘉·若贝多结 (1717—1786) 撰述。

北京地区藏传佛教皇家寺院印经院木刻版之刻印本。

普通纸，梵夹装中印本 (46.8×6.1cm)，楷体，墨色，横刊藏文六行，四周双栏，全。

索书号：000766/16。保存基本完好，今藏民族文化宫中国民族图书馆。

༄༅། །རིགས་དང་དཀྱིལ་འཁོར་ཀུན་གྱི་ཁྱབ་བདག་རྡོ་རྗེ་འཆང་ཆེན་པོ་དཔལ་ལྡན་བླ་མ་དམ་པ་འཇམ་དབྱངས་བཞད་པའི་རྡོ་རྗེས་མཛད་པའི་ཆོས་སྡེ་ཆེན་པོ་དགའ་ལྡན་གྱི་དཀར་ཆག་ཅེས་བྱ་བ་བཞུགས་སོ། །

**一切部与曼荼罗遍主大金刚持具德上师嘉木样协贝多结所著大噶旦寺志**

1种，14页。

འཇམ་དབྱངས་བཞད་པ་ངག་དབང་བརྩོན་འགྲུས། 嘉木样协巴·阿旺宗哲 (1648—1721) 撰述。

甘肃省甘南藏族自治州夏河县拉卜楞地区拉卜楞寺（拉章扎喜齐）印经院木刻版之刻印本。

普通藏纸，梵夹装中印本 (47.2×6.8cm)，楷体，墨色，横刊藏文六行，四周双栏，全。

索书号：000853/4。保存基本完好，今藏民族文化宫中国民族图书馆。

༄༅། །རིགས་དང་དཀྱིལ་འཁོར་རྒྱ་མཚོའི་སྤྲོ་བསྡུའི་བདག་ཉིད་དོན་གྱི་སྐད་དུ་མཚན་ནས་སྨོས་ཏེ་མཁན་ཆེན་ཡོངས་འཛིན་ཕུར་ལྕོག་རྡོ་རྗེ་འཆང་ཆེན་པོའི་སྐུ་གདུང་ཟ་མ་ཏོག་སྙིང་པོར་བཞུགས་པའི་གདུང་རྟེན་ལེ་ལག་དང་བཅས་པའི་དཀར་ཆག་ལྷ་ཡི་རྫིང་བཟང་ཞེས་བྱ་བ་བཞུགས་སོ། །

**一切部与曼荼罗海主因事称名大堪波经师普觉大金刚持之灵骨宝箧装藏之墓塔补遗目录·天之妙池**

1种，51页。

ཏཱ་ལའི་བླ་མ་ཐུབ་བསྟན་རྒྱ་མཚོ། 达赖喇嘛·图丹嘉措 (1876—1933) 撰述。

西藏自治区拉萨地区孜雪印经院木刻版之刻印本。

普通藏纸，梵夹装中印本 (49.5×7.3cm)，楷体，墨色，横刊藏文六行，四周双栏，全。

索书号：000722/2。保存基本完好，今藏民族文化宫中国民族图书馆。

༄༅། །ལི་ཐང་དུ་ཐུབ་བསྟན་བྱམས་ཆེན་ཆོས་འཁོར་ཕྱོགས་ཐམས་ཅད་ལས་རྣམ་པར་རྒྱལ་བ་བཏབ་སྟེ་ཐུབ་ཆེན་ཁམས་གསུམ་ཟིལ་གནོན་བཞེངས་པའི་ནང་བཞུགས་ཕུལ་བའི་དཀར་ཆག་སུ་བཀོད་ཁྲ་ཞེས་བྱ་བ་བཞུགས་སོ། །

**理塘建造释教大慈法轮尊胜诸方寺及威慑三界大佛像装置内藏之目录**

1种，29页。

འོལ་ཁ་བསོད་ནམས་ཡེ་ཤེས་དབང་པོ། 沃喀·索南益希旺波 (1556—1592) 撰述。

西藏地区藏传佛教寺院印经院传抄之缮写本。

普通藏纸，梵夹装中印本 (44.5×5.6cm)，草体，墨色，横书藏文七行，四周双栏，全。

索书号：003919/8。保存基本完好，

今藏民族文化宫中国民族图书馆。

༄༅། །ཁྱུང་སྟོན་བྱམས་པའི་དཀར་ཆག་གདངས་སྙན་ཆོས་ཀྱི་གཎྜི་ཞེས་བྱ་བ་བཞུགས་སོ། །

**慈氏记别录·雅音法之犍椎**

1 种，12 页。

ཀུང་ཐང་དཀོན་མཆོག་བསྟན་པའི་སྒྲོན་མེ། 贡唐·恭却丹贝准美 (1762—1823) 撰述。

甘肃省甘南藏族自治州夏河县拉卜楞地区拉卜楞寺（拉章扎喜齐）印经院木刻版之刻印本。

普通藏纸，梵夹装中印本 (47.2×6.2cm)，楷体，墨色，横刊藏文六行，四周双栏，全。

索书号：000921/16。保存基本完好，今藏民族文化宫中国民族图书馆。

༄༅། །ལེགས་བྱས་བསོད་ནམས་ཞིང་གི་དམ་པ་ཕུལ་བྱུང་རྟེན་གསུམ་བཞེངས་པའི་དཀར་ཆག་ཕན་བདེའི་སྣང་བརྙན་གསལ་བར་འཆར་བའི་ཤེལ་དཀར་མེ་ལོང་ཞེས་བྱ་བ་བཞུགས་སོ། །

**善作福田中建造殊胜佛像、佛经、佛塔之目录·显利乐像之水晶镜**

1 种，28 页。

བཀའ་འགྱུར་པ་བློ་བཟང་ཚུལ་ཁྲིམས། 甘珠尔巴·洛桑慈称 (1761—？) 撰述。

北京地区藏传佛教皇家寺院印经院木刻版之刻印本。

普通纸，梵夹装中印本 (46.8×7.2cm)，楷体，墨色，横刊藏文六行，四周双栏，全。

索书号：001143/11。保存基本完好，今藏民族文化宫中国民族图书馆。

༄༅། །ཤབ་སྒོ་ལྔའི་ཡུལ་ལྗོངས་ཁྱད་པར་ཅན་དགེ་སྡིང་སྲིན་པོ་ཆོས་རྫོང་ཁམས་གསུམ་ཟིལ་གནོན་གྱི་མགོན་ཁང་སྲིད་གསུམ་རྣམ་རྒྱལ་བཞེངས་དུས་བཀའ་བསྒོ་འཕྲིན་བཅོལ་མཛད་པའི་ཡི་གེ་ཞེས་བྱ་བ་བཞུགས་སོ། །

**夏布果阿胜地格顶森波曲宗三界威慑护法殿斯松南杰建造时敕令请托事业文**

1 种，3 页。

ཨ་མེས་ངག་དབང་ཀུན་དགའ་བསོད་ནམས། 阿梅·阿旺衮噶索南 (1597—1660) 撰述。

西藏地区藏传佛教寺院印经院传抄之缮写本。

普通藏纸，梵夹装中印本 (45.6×6.3cm)，草体，墨色，横书藏文七行，四周双栏，全。

索书号：003220/158。保存基本完好，今藏民族文化宫中国民族图书馆。

༄༅། །བཤད་སྒྲུབ་བསྟན་པའི་འབྱུང་གནས་ཆོས་སྡེ་ཆེན་པོ་དགོན་ལུང་བྱམས་པ་གླིང་གི་དཀར་ཆག་དབྱོད་ལྡན་ཡིད་དབང་འགུགས་པའི་ཕོ་ཉ་ཞེས་བྱ་བ་བཞུགས་སོ། །

**弘教古刹贡隆乾巴林（佑宁寺）志·招智士情意之使者**

1 种，71 页。

ཐུའུ་བཀྭན་བློ་བཟང་ཆོས་ཀྱི་ཉི་མ། 土观·洛桑曲吉尼玛 (1737—1802) 撰述。

青海省互助土族自治县五十地区佑宁寺（郭隆乾巴林）印经院木刻版之刻印本。

普通纸，梵夹装中印本 (48.5×6.5cm)，楷体，墨色，横刊藏文六行，四周双栏，全。

索书号：003636/18。保存基本完好，今藏民族文化宫中国民族图书馆。

༧༧༡ །སངས་རྒྱས་ཀྱི་བསྟན་པ་སྤྱི་དང་བྱེ་བྲག་ས་སྐྱ་པའི་ལྟ་གྲུབ་ལ་བཀའ་དྲིན་ཆེ་བའི་སྐྱེས་མཆོག་དམ་པ་རྣམས་ཀྱི་བྲིས་སྐུ་གཙོ་བསྡུས་ཆེན་པོའི་དཀར་ཆག་ཡིད་བཞིན་རིན་ཆེན་ཕྲེང་མཛེས་ཞེས་བྱ་བ་བཞུགས་སོ། །

**恩德广被于佛教及萨迦派见道之诸胜士贤哲画像集成目录·如意大宝美鬘**

1 种，6 页。

ཨ་མེས་ངག་དབང་ཀུན་དགའ་བསོད་ནམས། 阿梅·阿旺衮噶索南 (1597—1660) 撰述。

西藏地区藏传佛教寺院印经院传抄之缮写本。

普通藏纸，梵夹装中印本 (45.6×6.3cm)，草体，墨色，横书藏文七行，四周双栏，全。

索书号：003227/30。保存基本完好，今藏民族文化宫中国民族图书馆。

༧༧༣ །གསུང་འབོར་བྲུ་ལས་རྟེན་གསུམ་གྱི་དཀར་ཆག་དང་སྙོར་ཚད་ཀྱི་རིམ་པ་ཕྱོགས་བཀོད་བཞུགས་སོ། །

**散集中关于佛像佛经佛塔之目录与量度次第汇编**

1 种，15 页。

གུང་ཐང་དཀོན་མཆོག་བསྟན་པའི་སྒྲོན་མེ། 贡唐·恭却丹贝准美 (1762—1823) 撰述。

甘肃省甘南藏族自治州夏河县拉卜楞地区拉卜楞寺（拉章扎喜齐）印经院木刻版之刻印本。

普通藏纸，梵夹装中印本 (47.2×6.2cm)，楷体，墨色，横刊藏文六行，四周双栏，全。

索书号：003595/18。保存基本完好，今藏民族文化宫中国民族图书馆。

༧༧༢ །གསེར་ཁང་ཆེན་མོ་རྟེན་དང་བརྟེན་པར་བཅས་པའི་དཀར་ཆག་བྱང་ཆེན་ཐར་ལམ་བགྲོད་པའི་ཐེམ་སྐས་ཞེས་བྱ་བ་བཞུགས་སོ། །

**色康大殿能依所依等目录·趣大菩提解脱道之阶梯**

1 种，51 页。

རྒྱལ་མཁན་པོ་གྲགས་པ་རྒྱལ་མཚན། 嘉堪波·札巴坚参 (1762—1836) 撰述。

甘肃省甘南藏族自治州夏河县拉卜楞地区拉卜楞寺（拉章扎喜齐）印经院木刻版之刻印本。

普通藏纸，梵夹装中印本 (47.4×6.3cm)，楷体，墨色，横刊藏文六行，四周双栏，全。

索书号：000851/10。保存基本完好，今藏民族文化宫中国民族图书馆。

༧༧༤ །གསེར་གདུང་དགེ་ལེགས་གཟི་འབར་སོགས་སྐུ་གསུང་ཐུགས་རྟེན་དང་གཙུག་ལག་ཁང་རྣམས་ལ་རབ་གནས་སྐབས་ཀྱི་ཡོན་བསྔོའི་གསུང་བཤད་སྐོར་ཞེས་བྱ་བ་བཞུགས་སོ། །

**灵堂、佛像、经、塔、庙宇开光时供施教言讲说类**

1 种，27 页。

རྟ་ཚག་རྗེ་དྲུང་ཡེ་ཤེས་བསྟན་པའི་མགོན་པོ། 达扎济咙·益希丹贝贡波 (1760—1810) 撰述。

西藏地区藏传佛教寺院印经院木刻版之刻印本。

普通藏纸，梵夹装中印本 (45.7×6.5cm)，楷体，墨色，横刊藏文六行，四周双栏，全。

索书号：003797/9。保存基本完好，今藏民族文化宫中国民族图书馆。

༄༅། །བསམ་གྲུབ་གླིང་གི་གསེར་ཁང་གི་དཀར་ཆག་ཅེས་བྱ་བ་བཞུགས་སོ། །

**萨珠林寺金殿志**

1种，4页。

ཀློ་བོ་མཁན་ཆེན་བསོད་ནམས་ལྷུན་གྲུབ། 珞沃堪钦·索南伦珠(1441—1525)撰述。

四川省甘孜藏族自治州德格县德格地区德格寺印经院木刻版之刻印本。

普通藏纸，梵夹装中印本(47.1×6.1cm)，楷体，墨色，横刊藏文六行，四周双栏，全。

索书号：003838/52。保存基本完好，今藏民族文化宫中国民族图书馆。

༄༅། །ལྷ་ཁང་ཆེན་མོ་ན་བཞུགས་པའི་ས་སྐྱ་པ་ཆེན་པོའི་གསེར་སྐུ་སྐུ་ཚད་མ་མཐོང་བ་དོན་ལྡན་དང་འོད་དཔག་མེད་ཀྱི་གསེར་སྐུ་དགོས་འདོད་ཀུན་འབྱུང་གཉིས་ཀྱི་གཟུངས་གཞུག་སོགས་ཀྱི་དཀར་ཆག་དབྱོད་ལྡན་ཡིད་འཕྲོག་ཅེས་བྱ་བ་བཞུགས་སོ། །

**安奉于大殿之萨钦等身像通哇顿旦与无量光佛金身像贵多衮迥两尊装藏志等·智者意乐**

1种，11页。

ཨ་མེས་ངག་དབང་ཀུན་དགའ་བསོད་ནམས། 阿梅·阿旺衮噶索南(1597—1660)撰述。

西藏地区藏传佛教寺院印经院传抄之缮写本。

普通藏纸，梵夹装中印本(45.6×6.3cm)，草体，墨色，横书藏文七行，四周双栏，全。

索书号：003210/17。保存基本完好，今藏民族文化宫中国民族图书馆。

༄༅། །ལྷ་རྒྱལ་སྒང་གི་ཆོས་སྡེ་སྲིད་གསུམ་དགེ་ལེགས་ཡོངས་འདུའི་གཙུག་ལག་ཁང་རྟེན་དང་བརྟེན་པར་བཅས་པ་བསྐྲུན་པ་ལས་འཕྲོས་པའི་འབེལ་གཏམ་བཀྲ་ཤིས་འཁྱིལ་བའི་སྒྲ་དབྱངས་ཞེས་བྱ་བ་བཞུགས་སོ། །

**拉嘉尚寺三界善妙聚集大殿建造佛像等谈论·吉祥旋音声**

1种，31页。

ཞུ་ཆེན་ཚུལ་ཁྲིམས་རིན་ཆེན། 许钦·慈称仁钦(1697—1774)撰述。

四川省甘孜藏族自治州德格县德格地区德格寺印经院木刻版之刻印本。

普通藏纸，梵夹装中印本(47.4×6.7cm)，楷体，墨色，横刊藏文六行，四周双栏，全。

索书号：000417/15。保存基本完好，今藏民族文化宫中国民族图书馆。

༄༅། །ལྷ་ལྡན་སྤྲུལ་པའི་གཙུག་ལག་ཁང་གི་དཀར་ཆག་ཤེལ་དཀར་མེ་ལོང་ཞེས་བྱ་བ་བཞུགས་སོ། །

**拉萨大昭寺之目录·白晶镜**

1种，23页。

ཏཱ་ལའི་བླ་མ་ངག་དབང་བློ་བཟང་རྒྱ་མཚོ། 达赖喇嘛·阿旺洛桑嘉措(1617—1682)撰述。

西藏自治区拉萨市孜雪印经院木刻版之刻印本。

普通藏纸，梵夹装中印本(46.6×5.9cm)，楷体，墨色，横刊藏文六行，四周双栏，全。

索书号：003417/2。保存基本完好，今藏民族文化宫中国民族图书馆。

## ༧、དཔར་ཁང་དཔེ་མཛོད་དཀར་ཆག་གི་སྐོར།
## 7. 藏版藏书目录

༧༨། །ཀུན་དགའ་གྲོལ་མཆོག་གི་གསུང་འབུམ་པོ་ཏི་གསུམ་པའི་དཀར་ཆག་བཞུགས་སོ། །

**衮噶卓却文集第三函目录**

1 种，2 页。

ཇོ་ནང་པ་ཀུན་དགའ་གྲོལ་མཆོག 觉囊巴 · 衮噶卓却 (1507—1575) 撰述。

西藏地区藏传佛教寺院印经院传抄之缮写本。

普通藏纸，梵夹装中印本 (46×5.3cm)，草体，墨色，横书藏文七行，四周双栏，全。

索书号：004511/1。保存基本完好，今藏民族文化宫中国民族图书馆。

༧༩། །ཀུན་དགའ་གྲོལ་མཆོག་གི་གསུང་འབུམ་པོ་ཏི་ལྔ་པའི་དཀར་ཆག་བཞུགས་སོ། །

**衮噶卓却文集第五函目录**

1 种，3 页。

ཇོ་ནང་པ་ཀུན་དགའ་གྲོལ་མཆོག 觉囊巴 · 衮噶卓却 (1507—1575) 撰述。

西藏地区藏传佛教寺院印经院传抄之缮写本。

普通藏纸，梵夹装中印本 (46×5.3cm)，草体，墨色，横书藏文七行，四周双栏，全。

索书号：006032/1。保存基本完好，今藏民族文化宫中国民族图书馆。

༨༠། །ཀུན་དགའ་བཟང་པོའི་གསུང་འབུམ་ཀ་པའི་དཀར་ཆག་བཞུགས་སོ། །

**衮噶桑波文集 ཀ 字函目录**

1 种，2 页。

ངོར་ཆེན་ཀུན་དགའ་བཟང་པོ། 俄钦 · 衮噶桑波 (1382—1456) 撰述。

四川省甘孜藏族自治州德格县德格地区德格寺印经院木刻版之刻印本。

普通藏纸，梵夹装中印本 (48.5×6.5cm)，楷体，墨色，横刊藏文六行，四周双栏，全。

索书号：000501/1。保存基本完好，今藏民族文化宫中国民族图书馆。

༨༡། །ཀུན་དགའ་བཟང་པོའི་གསུང་འབུམ་ཁ་པའི་དཀར་ཆག་བཞུགས་སོ། །

**衮噶桑波文集 ཁ 字函目录**

1 种，2 页。

ངོར་ཆེན་ཀུན་དགའ་བཟང་པོ། 俄钦 · 衮噶桑波 (1382—1456) 撰述。

四川省甘孜藏族自治州德格县德格地区德格寺印经院木刻版之刻印本。

普通藏纸，梵夹装中印本 (48.5×6.5cm)，楷体，墨色，横刊藏文六行，四周双栏，全。

索书号：000502/1。保存基本完好，今藏民族文化宫中国民族图书馆。

༨༢། །ཀུན་དགའ་བཟང་པོའི་གསུང་འབུམ་ག་པའི་དཀར་ཆག་བཞུགས་སོ། །

**衮噶桑波文集 ག 字函目录**

1 种，2 页。

ངོར་ཆེན་ཀུན་དགའ་བཟང་པོ། 俄钦 · 衮噶桑波 (1382—1456) 撰述。

四川省甘孜藏族自治州德格县德格地区德格寺印经院木刻版之刻印本。

普通藏纸，梵夹装中印本 (48.5×6.5cm)，楷体，墨色，横刊藏文六行，四周双栏，全。

索书号：000503/1。保存基本完好，今藏民族文化宫中国民族图书馆。

༄༅། །ཀུན་དགའ་བཟང་པོའི་གསུང་འབུམ་ཨ་པའི་དཀར་ཆག་བཞུགས་སོ། །

**衮噶桑波文集 ཨ 字函目录**

1 种，2 页。

ངོར་ཆེན་ཀུན་དགའ་བཟང་པོ། 俄钦 · 衮噶桑波 (1382—1456) 撰述。

四川省甘孜藏族自治州德格县德格地区德格寺印经院木刻版之刻印本。

普通藏纸，梵夹装中印本 (48.5 × 6.5cm)，楷体，墨色，横刊藏文六行，四周双栏，全。

索书号：000504/1。保存基本完好，今藏民族文化宫中国民族图书馆。

༄༅། །ཀུན་མཁྱེན་ཆོས་ཀྱི་རྒྱལ་པོ་རིག་འཛིན་འཇིགས་མེད་གླིང་པའི་བཀའ་འབུམ་ཡོངས་རྫོགས་ཀྱི་བཞུགས་བྱང་ཆོས་རབ་རྣམ་འབྱེད་བཞུགས་སོ། །

**衮庆法王吉迈林巴文集细目明晰**

1 种，13 页。

མཁྱེན་བརྩེ་འོད་ཟེར་འཇིགས་མེད་གླིང་པ། 庆则沃赛 · 吉迈林巴 (1729—1798) 撰述。

四川省甘孜藏族自治州德格县德格地区德格寺印经院木刻版之刻印本。

普通藏纸，梵夹装中印本 (48.5 × 6.7cm)，楷体，墨色，横刊藏文六行，四周双栏，全。

索书号：000541/38。保存基本完好，今藏民族文化宫中国民族图书馆。

༄༅། །ཀུན་མཁྱེན་བུ་སྟོན་གྱི་བཀའ་འབུམ་དཀར་ཆག་བཞུགས་སོ། །

**遍智布敦文集目录**

1 种，5 页。

བུ་སྟོན་ཐུགས་སྲས་སྒྲ་ཚད་པ། 布敦弟子扎蔡巴 (1318—1388) 撰述。

西藏地区藏传佛教寺院印经院木刻版之刻印本。

普通藏纸，梵夹装中印本 (49.7 × 7cm)，楷体，墨色，横刊藏文六行，四周双栏，全。

索书号：003092/17。保存基本完好，今藏民族文化宫中国民族图书馆。

༄༅། །ཀརྨ་མི་བསྐྱོད་རྡོ་རྗེའི་གསུང་འབུམ་ཙ་པའི་དཀར་ཆག་བཞུགས་སོ། །

**嘎玛 · 米觉多结文集 ཙ 字函目录**

1 种，1 页。

ཀརྨ་མི་བསྐྱོད་རྡོ་རྗེ། 嘎玛 · 米觉多结 (1507—1554) 撰述。

西藏地区藏传佛教寺院印经院传抄之缮写本。

普通藏纸，梵夹装中印本 (44.6 × 5.3cm)，草体，墨色，横书藏文七行，四周双栏，全。

索书号：003880/1。保存基本完好，今藏民族文化宫中国民族图书馆。

༄༅། །ཀརྨ་མི་བསྐྱོད་རྡོ་རྗེའི་གསུང་འབུམ་ཉ་པའི་དཀར་ཆག་བཞུགས་སོ། །

**嘎玛 · 米觉多结文集 ཉ 字函目录**

1 种，1 页。

ཀརྨ་མི་བསྐྱོད་རྡོ་རྗེ། 嘎玛 · 米觉多结 (1507—1554) 撰述。

西藏地区藏传佛教寺院印经院传抄之缮写本。

普通藏纸，梵夹装中印本 (44.6 × 5.3cm)，草体，墨色，横书藏文七行，四周双栏，全。

索书号：003881/1。保存基本完好，今藏民族文化宫中国民族图书馆。

༄༅། །ཀརྨ་མི་བསྐྱོད་རྡོ་རྗེའི་གསུང་འབུམ་ཏ་པའི་དཀར་ཆག་བཞུགས་སོ། །

**嘎玛 · 米觉多结文集 ཏ 字函目录**

1 种，1 页。

ཀརྨ་མི་བསྐྱོད་རྡོ་རྗེ། 嘎玛·米觉多结(1507—1554)撰述。

西藏地区藏传佛教寺院印经院传抄之缮写本。

普通藏纸，梵夹装中印本(44.6×5.3cm)，草体，墨色，横书藏文七行，四周双栏，全。

索书号：003882/1。保存基本完好，今藏民族文化宫中国民族图书馆。

༄༅། །ཀརྨ་མི་བསྐྱོད་རྡོ་རྗེའི་གསུང་འབུམ་ཐ་པའི་དཀར་ཆག་བཞུགས་སོ། །

**嘎玛·米觉多结文集 ཐ 字函目录**

1种，1页。

ཀརྨ་མི་བསྐྱོད་རྡོ་རྗེ། 嘎玛·米觉多结(1507—1554)撰述。

西藏地区藏传佛教寺院印经院传抄之缮写本。

普通藏纸，梵夹装中印本(44.6×5.3cm)，草体，墨色，横书藏文七行，四周双栏，全。

索书号：003883/1。保存基本完好，今藏民族文化宫中国民族图书馆。

༄༅། །ཀརྨ་མི་བསྐྱོད་རྡོ་རྗེའི་གསུང་འབུམ་ད་པའི་དཀར་ཆག་བཞུགས་སོ། །

**嘎玛·米觉多结文集 ད 字函目录**

1种，1页。

ཀརྨ་མི་བསྐྱོད་རྡོ་རྗེ། 嘎玛·米觉多结(1507—1554)撰述。

西藏地区藏传佛教寺院印经院传抄之缮写本。

普通藏纸，梵夹装中印本(44.6×5.3cm)，草体，墨色，横书藏文七行，四周双栏，全。

索书号：003884/1。保存基本完好，今藏民族文化宫中国民族图书馆。

༄༅། །ཀརྨ་མི་བསྐྱོད་རྡོ་རྗེའི་གསུང་འབུམ་ཏ་པའི་དཀར་ཆག་བཞུགས་སོ། །

**嘎玛·米觉多结文集 ཏ 字函目录**

1种，1页。

ཀརྨ་མི་བསྐྱོད་རྡོ་རྗེ། 嘎玛·米觉多结(1507—1554)撰述。

西藏地区藏传佛教寺院印经院传抄之缮写本。

普通藏纸，梵夹装中印本(44.6×5.3cm)，草体，墨色，横书藏文七行，四周双栏，全。

索书号：004547/1。保存基本完好，今藏民族文化宫中国民族图书馆。

༄༅། །ཀུན་མཁྱེན་པད་མ་དཀར་པོའི་བཀའ་འབུམ་གླེགས་བམ་ཁ་པའི་བཞུགས་ཐོ། །

**遍智大师白玛嘎波文集 ཁ 字函目录**

1种，1页。

འབྲུག་པ་པད་མ་དཀར་པོ། 竹巴·白玛嘎波(1527—1592)撰述。

西藏地区藏传佛教寺院印经院木刻版之刻印本。

普通藏纸，梵夹装中印本(45.3×6.1cm)，楷体，墨色，横刊藏文六行，四周双栏，全。

索书号：003660/1。保存基本完好，今藏民族文化宫中国民族图书馆。

༄༅། །ཀུན་མཁྱེན་པད་མ་དཀར་པོའི་བཀའ་འབུམ་གླེགས་བམ་ག་པའི་བཞུགས་ཐོ། །

**遍智大师白玛嘎波文集 ག 字函目录**

1种，1页。

འབྲུག་པ་པད་མ་དཀར་པོ། 竹巴·白玛嘎波(1527—1592)撰述。

西藏地区藏传佛教寺院印经院木刻版之刻印本。

普通藏纸，梵夹装中印本(45.3×6.1cm)，

楷体，墨色，横刊藏文六行，四周双栏，全。

索书号：003661/1。保存基本完好，今藏民族文化宫中国民族图书馆。

༄༅། །ཀུན་མཁྱེན་པད་མ་དཀར་པོའི་བཀའ་འབུམ་གླེགས་བམ་ང་པའི་བཞུགས་ཐོ། །

**遍智大师白玛嘎波文集 ང 字函目录**

1 种，1 页。

འབྲུག་པ་པད་མ་དཀར་པོ། 竹巴·白玛嘎波 (1527—1592) 撰述。

西藏地区藏传佛教寺院印经院木刻版之刻印本。

普通藏纸，梵夹装中印本 (45.3×6.1cm)，楷体，墨色，横刊藏文六行，四周双栏，全。

索书号：003662/1。保存基本完好，今藏民族文化宫中国民族图书馆。

༄༅། །ཀུན་མཁྱེན་པད་མ་དཀར་པོའི་བཀའ་འབུམ་གླེགས་བམ་ཅ་པའི་བཞུགས་ཐོ། །

**遍智大师白玛嘎波文集 ཅ 字函目录**

1 种，1 页。

འབྲུག་པ་པད་མ་དཀར་པོ། 竹巴·白玛嘎波 (1527—1592) 撰述。

西藏地区藏传佛教寺院印经院木刻版之刻印本。

普通藏纸，梵夹装中印本 (45.3×6.1cm)，楷体，墨色，横刊藏文六行，四周双栏，全。

索书号：003663/1。保存基本完好，今藏民族文化宫中国民族图书馆。

༄༅། །ཀུན་མཁྱེན་པད་མ་དཀར་པོའི་བཀའ་འབུམ་གླེགས་བམ་ཆ་པའི་བཞུགས་ཐོ། །

**遍智大师白玛嘎波文集 ཆ 字函目录**

1 种，1 页。

འབྲུག་པ་པད་མ་དཀར་པོ། 竹巴·白玛嘎波 (1527—1592) 撰述。

西藏地区藏传佛教寺院印经院木刻版之刻印本。

普通藏纸，梵夹装中印本 (45.3×6.1cm)，楷体，墨色，横刊藏文六行，四周双栏，全。

索书号：003664/1。保存基本完好，今藏民族文化宫中国民族图书馆。

༄༅། །ཀུན་མཁྱེན་པད་མ་དཀར་པོའི་བཀའ་འབུམ་གླེགས་བམ་ཇ་པའི་བཞུགས་ཐོ། །

**遍智大师白玛嘎波文集 ཇ 字函目录**

1 种，1 页。

འབྲུག་པ་པད་མ་དཀར་པོ། 竹巴·白玛嘎波 (1527—1592) 撰述。

西藏地区藏传佛教寺院印经院木刻版之刻印本。

普通藏纸，梵夹装中印本 (45.3×6.1cm)，楷体，墨色，横刊藏文六行，四周双栏，全。

索书号：003665/1。保存基本完好，今藏民族文化宫中国民族图书馆。

༄༅། །ཀུན་མཁྱེན་པད་མ་དཀར་པོའི་བཀའ་འབུམ་གླེགས་བམ་ཉ་པའི་བཞུགས་ཐོ། །

**遍智大师白玛嘎波文集 ཉ 字函目录**

1 种，1 页。

འབྲུག་པ་པད་མ་དཀར་པོ། 竹巴·白玛嘎波 (1527—1592) 撰述。

西藏地区藏传佛教寺院印经院木刻版之刻印本。

普通藏纸，梵夹装中印本 (45.3×6.1cm)，楷体，墨色，横刊藏文六行，四周双栏，全。

索书号：003666/1。保存基本完好，今藏民族文化宫中国民族图书馆。

༄༅། །ཀུན་མཁྱེན་པད་མ་དཀར་པོའི་བཀའ་འབུམ་གླེགས་བམ་ད་པའི་བཞུགས་སོ། །

**遍智大师白玛嘎波文集 ད 字函目录**

1 种，1 页。

འབྲུག་པ་པད་མ་དཀར་པོ། 竹巴·白玛嘎波 (1527—1592) 撰述。

西藏地区藏传佛教寺院印经院木刻版之刻印本。

普通藏纸，梵夹装中印本 (45.3×6.1cm)，楷体，墨色，横刊藏文六行，四周双栏，全。

索书号：003667/1。保存基本完好，今藏民族文化宫中国民族图书馆。

༄༅། །ཀུན་མཁྱེན་པད་མ་དཀར་པོའི་བཀའ་འབུམ་གླེགས་བམ་ཐ་པའི་བཞུགས་སོ། །

**遍智大师白玛嘎波文集 ཐ 字函目录**

1 种，1 页。

འབྲུག་པ་པད་མ་དཀར་པོ། 竹巴·白玛嘎波 (1527—1592) 撰述。

西藏地区藏传佛教寺院印经院木刻版之刻印本。

普通藏纸，梵夹装中印本 (45.3×6.1cm)，楷体，墨色，横刊藏文六行，四周双栏，全。

索书号：003668/1。保存基本完好，今藏民族文化宫中国民族图书馆。

༄༅། །ཀུན་གཟིགས་ལྔ་པ་ཆེན་པོའི་གསུང་འབུམ་ནང་མ་ཁ་པའི་དཀར་ཆག་བཞུགས་སོ། །

**遍智普观第五世达赖喇嘛文集 ཁ 字函目录**

1 种，3 页。

ཏཱ་ལའི་བླ་མ་ངག་དབང་བློ་བཟང་རྒྱ་མཚོ། 达赖喇嘛·阿旺洛桑嘉措 (1617—1682) 撰述。

西藏自治区拉萨地区孜雪印经院木刻版之刻印本。

普通藏纸，梵夹装中印本 (46.6×5.9cm)，楷体，墨色，横刊藏文六行，四周双栏，全。

索书号：003420/1。保存基本完好，今藏民族文化宫中国民族图书馆。

༄༅། །ཀུན་གཟིགས་ལྔ་པ་ཆེན་པོའི་གསུང་འབུམ་ནང་མ་ང་པའི་དཀར་ཆག་བཞུགས་སོ། །

**遍智普观第五世达赖喇嘛文集 ང 字函目录**

1 种，2 页。

ཏཱ་ལའི་བླ་མ་ངག་དབང་བློ་བཟང་རྒྱ་མཚོ། 达赖喇嘛·阿旺洛桑嘉措 (1617—1682) 撰述。

西藏自治区拉萨地区孜雪印经院木刻版之刻印本。

普通藏纸，梵夹装中印本 (46.6×5.9cm)，楷体，墨色，横刊藏文六行，四周双栏，全。

索书号：000683/1。保存基本完好，今藏民族文化宫中国民族图书馆。

༄༅། །ཀུན་གཟིགས་པཎ་ཆེན་ཆོས་ཀྱི་རྒྱལ་པོ་རྗེ་བཙུན་བློ་བཟང་དཔལ་ལྡན་ཆོས་ཀྱི་གྲགས་པ་བསྟན་པའི་དབང་ཕྱུག་དཔལ་བཟང་པོའི་གསུང་འབུམ་ཀ་པའི་དཀར་ཆག་བཞུགས་སོ། །

**普照班禅法王主尊洛桑白旦却吉札巴丹贝旺秋文集 ཀ 字函目录**

1 种，1 页。

པཎ་ཆེན་ཨེར་ཏེ་ནི་བློ་བཟང་དཔལ་ལྡན་ཆོས་ཀྱི་གྲགས་པ་བསྟན་པའི་དབང་ཕྱུག 班禅额尔德尼·洛桑白旦曲吉札巴丹贝旺秋 (1855—1882) 撰述。

西藏自治区日喀则地区扎什伦布寺印经院木刻版之刻印本。

普通藏纸，梵夹装中印本 (47.2×6.4cm)，楷体，墨色，横刊藏文六行，四周双栏，全。

索书号：000719/1。保存基本完好，今藏民族文化宫中国民族图书馆。

༄༅། །ཀུན་གཟིགས་པཎ་ཆེན་ཆོས་ཀྱི་རྒྱལ་པོ་རྗེ་བཙུན་བློ་བཟང་དཔལ་ལྡན་ཆོས་ཀྱི་གྲགས་པ་བསྟན་པའི་དབང་ཕྱུག་དཔལ་བཟང་པོའི་གསུང་འབུམ་ག་པའི་དཀར་ཆག་བཞུགས་སོ། །

**普照班禅法王主尊洛桑白旦却吉札巴丹贝旺秋文集 ག 字函目录**

1 种，1 页。

པཎ་ཆེན་ཨེར་ཏེ་ནི་བློ་བཟང་དཔལ་ལྡན་ཆོས་ཀྱི་གྲགས་པ་བསྟན་པའི་དབང་ཕྱུག 班禅额尔德尼·洛桑白旦曲吉札巴丹贝旺秋 (1855—1882) 撰述。

西藏自治区日喀则地区扎什伦布寺印经院木刻版之刻印本。

普通藏纸，梵夹装中印本 (47.2×6.4cm)，楷体，墨色，横刊藏文六行，四周双栏，全。

索书号：000721/1。保存基本完好，今藏民族文化宫中国民族图书馆。

༄༅། །ཀོང་སྤྲུལ་ཡོན་ཏན་རྒྱ་མཚོའི་གསུང་འབུམ་ཁ་དང་ག་བའི་དཀར་ཆག་བཞུགས་སོ། །

**广珠·云丹嘉措文集 ཁ 字函 ག 字函目录**

1 种，1 页。

ཀོང་སྤྲུལ་ཡོན་ཏན་རྒྱ་མཚོ། 广珠·云丹嘉措 (1813—1890) 撰述。

四川省甘孜藏族自治州德格县八邦地区八邦寺印经院木刻版之刻印本。

普通藏纸，梵夹装中印本 (45×5.5cm)，楷体，墨色，横刊藏文六行，四周双栏，全。

索书号：004423/32。保存基本完好，今藏民族文化宫中国民族图书馆。

༄༅། །གློ་བོ་མཁན་ཆེན་བསོད་ནམས་ལྷུན་གྲུབ་ཀྱི་བཀའ་འབུམ་གྱི་ཀ་པའི་དཀར་ཆག་དགོས་འདོད་ཀུན་འབྱུང་བཞུགས་སོ། །

**珞沃堪钦·索南伦珠文集 ཀ 字函目录**

1 种，12 页。

གློ་བོ་མཁན་ཆེན་བསོད་ནམས་ལྷུན་གྲུབ། 珞沃堪钦·索南伦珠 (1441—1525) 撰述。

四川省甘孜藏族自治州德格县德格地区德格寺印经院木刻版之刻印本。

普通藏纸，梵夹装中印本 (47.1×6.1cm)，楷体，墨色，横刊藏文六行，四周双栏，全。

索书号：003836/1。保存基本完好，今藏民族文化宫中国民族图书馆。

༄༅། །གློ་བོ་མཁན་ཆེན་བསོད་ནམས་ལྷུན་གྲུབ་ཀྱི་བཀའ་འབུམ་ཁ་པའི་དཀར་ཆག་བཞུགས་སོ། །

**珞沃堪钦·索南伦珠文集 ཁ 字函目录**

1 种，1 页。

གློ་བོ་མཁན་ཆེན་བསོད་ནམས་ལྷུན་གྲུབ། 珞沃堪钦·索南伦珠 (1441—1525) 撰述。

四川省甘孜藏族自治州德格县德格地区地区德格寺印经院木刻版之刻印本。

普通藏纸，梵夹装中印本 (47.1×6.1cm)，楷体，墨色，横刊藏文六行，四周双栏，全。

索书号：003837/1。保存基本完好，今藏民族文化宫中国民族图书馆。

༄༅། །གློ་བོ་མཁན་ཆེན་བསོད་ནམས་ལྷུན་གྲུབ་ཀྱི་བཀའ་འབུམ་ག་པའི་དཀར་ཆག་བཞུགས་སོ། །

**珞沃堪钦·索南伦珠文集 ག 字函目录**

1 种，2 页。

གློ་བོ་མཁན་ཆེན་བསོད་ནམས་ལྷུན་གྲུབ། 珞沃堪钦·索南伦珠 (1441—1525) 撰述。

四川省甘孜藏族自治州德格县德格地区德格寺印经院木刻版之刻印本。

普通藏纸，梵夹装中印本(47.1×6.1cm)，楷体，墨色，横刊藏文六行，四周双栏，全。

索书号：003838/1。保存基本完好，今藏民族文化宫中国民族图书馆。

༄༅། །ཀློ་བོ་མཁན་ཆེན་བསོད་ནམས་ལྷུན་གྲུབ་ཀྱི་བཀའ་འབུམ་གྱི་དཀར་ཆག་རིན་པོ་ཆེའི་ཕྲེང་བ་བཞུགས་སོ། །

**珞沃堪钦·索南伦珠文集目录·大宝鬘**

1种，6页。

ཀློ་བོ་མཁན་ཆེན་བསོད་ནམས་ལྷུན་གྲུབ། 珞沃堪钦·索南伦珠(1441—1525)撰述。

四川省甘孜藏族自治州德格县德格地区德格寺印经院木刻版之刻印本。

普通藏纸，梵夹装中印本(47.1×6.1cm)，楷体，墨色，横刊藏文六行，四周双栏，全。

索书号：003839/1。保存基本完好，今藏民族文化宫中国民族图书馆。

༄༅། །ཀློང་རྫོལ་བླ་མའི་གསུང་འབུམ་གྱི་དཀར་ཆག་གསེར་གྱི་ཐག་པ་བཞུགས་སོ། །

**隆朵喇嘛文集目录·黄金链**

1种，3页。

ཀློང་རྫོལ་བླ་མ་ངག་དབང་བློ་བཟང་། 隆朵喇嘛·阿旺洛桑(1719—1795)撰述。

北京地区藏传佛教皇家寺院印经院木刻版之刻印本。

普通纸，梵夹装中印本(53×7.1cm)，楷体，墨色，横刊藏文六行，四周双栏，全。

索书号：001004/1。保存基本完好，今藏民族文化宫中国民族图书馆。

༄༅། །དཀར་ཆག་གི་རིམ་པ་ཕྱོགས་གཅིག་ཏུ་བསྒྲིགས་པ་ཞེས་བྱ་བ་བཞུགས་སོ། །

**目录次第合编**

1种，17页。

དཀྱིལ་ཟུར་བློ་བཟང་སྦྱིན་པ། 纪苏·洛桑金巴(1821—？ )撰述。

四川省甘孜藏族自治州德格县德格地区德格寺印经院木刻版之刻印本。

普通藏纸，梵夹装中印本(51.8×7.1cm)，楷体，墨色，横刊藏文六行，四周双栏，全。

索书号：000678/9。保存基本完好，今藏民族文化宫中国民族图书馆。

༄༅། །དཀར་ཆག་ནོར་བུའི་ཕྲེང་བ་ལས། གླེགས་བམ་རིན་ཆེན་དང་པོ་དང་གཉིས་པ་བཞུགས་སོ། །

**目录摩尼鬘中第一函与第二函**

1种，2页。

ཛ་ཡ་པཎྜི་ཏ་བློ་བཟང་འཕྲིན་ལས། 扎雅班智达·洛桑成勒(1642—1715)撰述。

北京地区藏传佛教皇家寺院印经院木刻版之刻印本。

普通纸，梵夹装中印本(46.8×5.9cm)，楷体，墨色，横刊藏文六行，四周双栏，全。

索书号：003784/1。保存基本完好，今藏民族文化宫中国民族图书馆。

༄༅། །དཀར་ཆག་སྣ་ཚོགས་དཔག་བསམ་ལྗོན་བཟང་ཞེས་བྱ་བ་བཞུགས་སོ། །

**目录集·如意树**

1种，17页。

སི་ཏུ་ཆོས་ཀྱི་འབྱུང་གནས། 司都·曲吉迥乃(1699—1774)撰述。

四川省甘孜藏族自治州德格县八邦地区八邦寺印经院木刻版之刻印本。

普通藏纸，梵夹装中印本(46.5×7cm)，楷体，墨色，横刊藏文六行，四周双栏，全。

索书号：006143/2。保存基本完好，今藏民族文化宫中国民族图书馆。

༄༅། །དཀར་ཆག་རིན་པོ་ཆེའི་སྒྲོན་མ་ཞེས་བྱ་བ་བཞུགས་སོ། །

**目录·大宝明灯**

1 种，5 页。

གློ་བོ་མཁན་ཆེན་བསོད་ནམས་ལྷུན་གྲུབ། 珞沃堪钦·索南伦珠 (1441—1525) 撰述。

四川省甘孜藏族自治州德格县德格地区德格寺印经院木刻版之刻印本。

普通藏纸，梵夹装中印本 (47.1×6.1cm)，楷体，墨色，横刊藏文六行，四周双栏，全。

索书号：003838/53。保存基本完好，今藏民族文化宫中国民族图书馆。

༄༅། །དཀར་ཆག་གསལ་བའི་མེ་ལོང་ཞེས་བྱ་བ་བཞུགས་སོ། །

**目录·明镜**

1 种，1 页。

རྒྱ་གར་ཤེས་རབ་རྒྱལ་མཚན། 嘉噶·希饶坚参 (1436—1482) 撰述。

西藏地区藏传佛教寺院印经院传抄之金汁写本。

磁青纸，梵夹装中印本 (46×6.5cm)，草体，金色，横书藏文七行，四周双栏，全。

索书号：003923/1。保存基本完好，今藏民族文化宫中国民族图书馆。

༄༅། །བཀའ་འགྱུར་དཀར་ཆག་བཞུགས་སོ། །

**甘珠尔目录**

1 种，9 页。

སི་ཏུ་ཆོས་ཀྱི་འབྱུང་གནས། 司都·曲吉迥乃 (1699—1774) 撰述。

四川省甘孜藏族自治州德格县八邦地区八邦寺印经院木刻版之刻印本。

普通藏纸，梵夹装中印本 (46.5×7cm)，楷体，墨色，横刊藏文六行，四周双栏，全。

索书号：006142/2。保存基本完好，今藏民族文化宫中国民族图书馆。

༄༅། །བཀའ་འགྱུར་གྱི་དཀར་ཆག་བསྟན་པ་རྒྱས་བྱེད་ཅེས་བྱ་བ་བཞུགས་སོ། །

**甘珠尔目录·宏扬佛教**

1 种，33 页。

ཞྭ་དམར་ཆོས་གྲགས་ཡེ་ཤེས། 夏玛·曲札益希 (1453—1524) 撰述。

西藏地区藏传佛教寺院印经院传抄之缮写本。

瓷青加厚纸，梵夹装中印本 (46×6.5cm)，楷体，墨色，横书藏文六行，四周双栏，全。

索书号：003272/2。保存基本完好，今藏民族文化宫中国民族图书馆。

༄༅། །བཀའ་འགྱུར་པའི་ངག་བསྒྲིགས་ཐོར་བུ་ལས་པོ་ཏི་དང་པོའི་དཀར་ཆག་བཞུགས་སོ། །

**甘珠尔巴之教语散集第一函目录**

1 种，4 页。

བཀའ་འགྱུར་པ་བློ་བཟང་ཚུལ་ཁྲིམས། 甘珠尔巴·洛桑慈称 (1761—？ ) 撰述。

北京地区藏传佛教皇家寺院印经院木刻版之刻印本。

普通纸，梵夹装中印本 (46.8×7.2cm)，楷体，墨色，横刊藏文六行，四周双栏，全。

索书号：003894/1。保存基本完好，今藏民族文化宫中国民族图书馆。

༧༢། །བཀའ་འགྱུར་པའི་ངག་བསྒྲིག་ཐོར་བུ་ལས་པོ་ཏི་གཉིས་པའི་དཀར་ཆག་བཞུགས་སོ། །

**甘珠尔巴之教语散集第二函目录**

1 种，2 页。

བཀའ་འགྱུར་པ་བློ་བཟང་ཚུལ་ཁྲིམས། 甘珠尔巴・洛桑慈称 (1761—？ ) 撰述。

北京地区藏传佛教皇家寺院印经院木刻版之刻印本。

普通纸，梵夹装中印本 (46.8×7.2cm)，楷体，墨色，横刊藏文六行，四周双栏，全。

索书号：003895/1。保存基本完好，今藏民族文化宫中国民族图书馆。

༧༣། །བཀའ་དྲིན་མཉམ་མེད་རྡོ་རྗེ་འཆང་འཇིགས་མེད་འཕྲིན་ལས་རྒྱ་མཚོ་དཔལ་བཟང་པོའི་ཞལ་སྔ་ནས་ཀྱི་བཀའ་འབུམ་ཀ་པའི་དཀར་ཆག་ནོར་བུའི་ཕྲེང་བ་ཞེས་བྱ་བ་བཞུགས་སོ། །

**恩德无比之金刚持吉迈成勒嘉措文集 ཀ 字函目录・摩尼鬘**

1 种，2 页。

བླ་ཁོ་འཇིགས་མེད་འཕྲིན་ལས། 拉科・吉迈成勒 (1866—1947) 撰述。

甘肃省甘南藏族自治州夏河县拉卜楞地区拉卜楞寺 ( 拉章扎喜齐 ) 印经院木刻版之刻印本。

普通藏纸，梵夹装中印本 (46.7×6.2cm)，楷体，墨色，横刊藏文六行，四周双栏，全。

索书号：000998/1。保存基本完好，今藏民族文化宫中国民族图书馆。

༧༤། །བཀའ་དྲིན་མཉམ་མེད་རྡོ་རྗེ་འཆང་འཇིགས་མེད་འཕྲིན་ལས་རྒྱ་མཚོ་དཔལ་བཟང་པོའི་ཞལ་སྔ་ནས་ཀྱི་བཀའ་འབུམ་ཁ་པའི་དཀར་ཆག་ནོར་བུའི་ཕྲེང་བ་ཞེས་བྱ་བ་བཞུགས་སོ། །

**恩德无比之金刚持吉迈成勒嘉措文集 ཁ 字函目录・摩尼鬘**

1 种，3 页。

བླ་ཁོ་འཇིགས་མེད་འཕྲིན་ལས། 拉科・吉迈成勒 (1866—1947) 撰述。

甘肃省甘南藏族自治州夏河县拉卜楞地区拉卜楞寺 ( 拉章扎喜齐 ) 印经院木刻版之刻印本。

普通藏纸，梵夹装中印本 (46.7×6.2cm)，楷体，墨色，横刊藏文六行，四周双栏，全。

索书号：000999/1。保存基本完好，今藏民族文化宫中国民族图书馆。

༧༥། །བཀའ་དྲིན་མཉམ་མེད་རྡོ་རྗེ་འཆང་འཇིགས་མེད་འཕྲིན་ལས་རྒྱ་མཚོ་དཔལ་བཟང་པོའི་ཞལ་སྔ་ནས་ཀྱི་བཀའ་འབུམ་ང་པའི་དཀར་ཆག་ནོར་བུའི་ཕྲེང་བ་ཞེས་བྱ་བ་བཞུགས་སོ། །

**恩德无比之金刚持吉迈成勒嘉措文集 ང 字函目录・摩尼鬘**

1 种，2 页。

བླ་ཁོ་འཇིགས་མེད་འཕྲིན་ལས། 拉科・吉迈成勒 (1866—1947) 撰述。

甘肃省甘南藏族自治州夏河县拉卜楞地区拉卜楞寺 ( 拉章扎喜齐 ) 印经院木刻版之刻印本。

普通藏纸，梵夹装中印本 (46.7×6.2cm)，楷体，墨色，横刊藏文六行，四周双栏，全。

索书号：001001/1。保存基本完好，今藏民族文化宫中国民族图书馆。

༧༢། །བཀའ་དྲིན་མཚུངས་མེད་བླ་མ་རྡོ་རྗེ་འཆང་ཆེན་པོའི་གསུང་འབུམ་ཀ་པའི་དཀར་ཆག་བཞུགས་སོ། །

**恩德无等之大金刚持上师文集 ཀ 字函目录**

1 种，1 页。

རྫོང་དཀར་འཛིགས་མེད་དམ་ཆོས་རྒྱ་མཚོ། 宗噶・吉迈丹曲嘉措 (1898—1946) 撰述。

青海省化隆回族自治县金源地区丹斗寺 ( 丹斗协吉央贡 ) 印经院木刻版之刻印本。

普通藏纸，梵夹装中印本 (44.2×6.2cm)，楷体，墨色，横刊藏文六行，四周双栏，全。

索书号：000797/1。保存基本完好，今藏民族文化宫中国民族图书馆。

༧༢། །བཀའ་དྲིན་མཚུངས་མེད་བླ་མ་རྡོ་རྗེ་འཆང་ཆེན་པོའི་གསུང་འབུམ་ཆ་པའི་དཀར་ཆག་བཞུགས་སོ། །

**恩德无等之大金刚持上师文集 ཆ 字函目录**

1 种，1 页。

རྫོང་དཀར་འཛིགས་མེད་དམ་ཆོས་རྒྱ་མཚོ། 宗噶・吉迈丹曲嘉措 (1898—1946) 撰述。

青海省化隆回族自治县金源地区丹斗寺 ( 丹斗协吉央贡 ) 印经院木刻版之刻印本。

普通藏纸，梵夹装中印本 (44.2×6.2cm)，楷体，墨色，横刊藏文六行，四周双栏，全。

索书号：000802/1。保存基本完好，今藏民族文化宫中国民族图书馆。

༧༢། །བཀའ་དྲིན་མཚུངས་མེད་བླ་མ་རྡོ་རྗེ་འཆང་ཆེན་པོའི་གསུང་འབུམ་ད་པའི་དཀར་ཆག་བཞུགས་སོ། །

**恩德无等之大金刚持上师文集 ད 字函目录**

1 种，1 页。

རྫོང་དཀར་འཛིགས་མེད་དམ་ཆོས་རྒྱ་མཚོ། 宗噶・吉迈丹曲嘉措 (1898—1946) 撰述。

青海省化隆回族自治县金源地区丹斗寺 ( 丹斗协吉央贡 ) 印经院木刻版之刻印本。

普通藏纸，梵夹装中印本 (44.2×6.2cm)，楷体，墨色，横刊藏文六行，四周双栏，全。

索书号：000807/1。保存基本完好，今藏民族文化宫中国民族图书馆。

༧༢། །བཀའ་དྲིན་མཚུངས་མེད་བླ་མ་རྡོ་རྗེ་འཆང་ཆེན་པོའི་གསུང་འབུམ་ན་པའི་དཀར་ཆག་བཞུགས་སོ། །

**恩德无等之大金刚持上师文集 ན 字函目录**

1 种，1 页。

རྫོང་དཀར་འཛིགས་མེད་རྒྱ་མཚོ། 宗噶・吉迈丹曲嘉措 (1898—1946) 撰述。

青海省化隆回族自治县金源地区丹斗寺 ( 丹斗协吉央贡 ) 印经院木刻版之刻印本。

普通藏纸，梵夹装中印本 (44.2×6.2cm)，楷体，墨色，横刊藏文六行，四周双栏，全。

索书号：000808/1。保存基本完好，今藏民族文化宫中国民族图书馆。

༧༢། །བཀའ་དྲིན་གསུམ་ལྡན་གྱི་བླ་མ་རྡོ་རྗེ་འཆང་མ་ཧཱ་པཎྜི་ཏ་རྗེ་བཙུན་བློ་བཟང་དམ་ཆོས་རྒྱ་མཚོའི་གསུང་འབུམ་ཁ་པའི་དཀར་ཆག་བཞུགས་སོ། །

**具足三恩上师金刚持大班智达至尊洛桑丹曲嘉措文集 ཁ 字函目录**

1 种，3 页。

རོང་ཐ་བློ་བཟང་དམ་ཆོས་རྒྱ་མཚོ། 荣塔・洛桑丹曲嘉措 (1805—1900) 撰述。

多康地区藏传佛教惹聂特钦林寺印经院木刻版之刻印本。

普通藏纸，梵夹装中印本 (46.5×5.6cm)，楷体，墨色，横刊藏文六行，四周双栏，全。

索书号：004526/1。保存基本完好，

今藏民族文化宫中国民族图书馆。

༧༢། །བཀའ་དྲིན་གསུམ་ལྡན་གྱི་བླ་མ་རྡོ་རྗེ་འཆང་མ་ཧཱ་པཎྜི་ཏ་རྗེ་བཙུན་བློ་བཟང་དམ་ཆོས་རྒྱ་མཚོའི་གསུང་འབུམ་ག་པའི་དཀར་ཆག་བཞུགས་སོ། །

**具足三恩上师金刚持大班智达至尊洛桑丹曲嘉措 ག 字函目录**

1 种，3 页。

རོང་ཐ་བློ་བཟང་དམ་ཆོས་རྒྱ་མཚོ། 荣塔・洛桑丹曲嘉措 (1805—1900) 撰述。

多康地区藏传佛教惹聂特钦林寺印经院木刻版之刻印本。

普通藏纸，梵夹装中印本 (46.5×5.6cm)，楷体，墨色，横刊藏文六行，四周双栏，全。

索书号：004527/1。保存基本完好，今藏民族文化宫中国民族图书馆。

༧༢། །བཀའ་དྲིན་གསུམ་ལྡན་གྱི་བླ་མ་རྡོ་རྗེ་འཆང་མ་ཧཱ་པཎྜི་ཏ་རྗེ་བཙུན་བློ་བཟང་དམ་ཆོས་རྒྱ་མཚོའི་གསུང་འབུམ་ང་པའི་དཀར་ཆག་བཞུགས་སོ། །

**具足三恩上师金刚持大班智达至尊洛桑丹曲嘉措 ང 字函目录**

1 种，4 页。

རོང་ཐ་བློ་བཟང་དམ་ཆོས་རྒྱ་མཚོ། 荣塔・洛桑丹曲嘉措 (1805—1900) 撰述。

多康地区藏传佛教惹聂特钦寺印经院木刻版之刻印本。

普通藏纸，梵夹装中印本 (46.5×5.6cm)，楷体，墨色，横刊藏文六行，四周双栏，全。

索书号：004528/1。保存基本完好，今藏民族文化宫中国民族图书馆。

༧༢། །བཀའ་འབུམ་གྱི་དཀར་ཆག་རིན་ཆེན་ལྡེ་མིག་ཅེས་བྱ་བ་བཞུགས་སོ། །

**文集目录・大宝钥**

1 种，7 页。

བུ་སྟོན་ཐུགས་སྲས་སྒྲ་ཚད་པ། 布敦弟子・扎蔡巴 (1318—1388) 撰述。

西藏地区藏传佛教寺院印经院木刻版之刻印本。

普通藏纸，梵夹装中印本 (49.7×7cm)，楷体，墨色，横刊藏文六行，四周双栏，全。

索书号：003092/16。保存基本完好，今藏民族文化宫中国民族图书馆。

༧༢། །བཀའ་འབུམ་པོད་གཉིས་པའི་དཀར་ཆག་བཞུགས་སོ། །

**文集第二函目录**

1 种，2 页。

གུང་ཐང་དཀོན་མཆོག་བསྟན་པའི་སྒྲོན་མེ། 贡唐・恭却丹贝准美 (1762—1823) 撰述。

甘肃省甘南藏族自治州夏河县拉卜楞地区拉卜楞寺（拉章扎喜齐）印经院木刻版之刻印本。

普通藏纸，梵夹装中印本 (47.2×6.2cm)，楷体，墨色，横刊藏文六行，四周双栏，全。

索书号：000918/1。保存基本完好，今藏民族文化宫中国民族图书馆。

༧༢། །བཀའ་འབུམ་པོད་དང་པོའི་དཀར་ཆག་བཞུགས་སོ། །

**文集第一函目录**

1 种，2 页。

གུང་ཐང་དཀོན་མཆོག་བསྟན་པའི་སྒྲོན་མེ། 贡唐・恭却丹贝准美 (1762—1823) 撰述。

甘肃省甘南藏族自治州夏河县拉卜楞地区拉卜楞寺（拉章扎喜齐）印经院木刻

版之刻印本。

普通藏纸，梵夹装中印本(47.2×6.2cm)，楷体，墨色，横刊藏文六行，四周双栏，全。

索书号：000917/1。保存基本完好，今藏民族文化宫中国民族图书馆。

༄༅། །བཀའ་འབུམ་པོད་བཞི་པའི་དཀར་ཆག་བཞུགས་སོ། །

**文集第四函目录**

1种，3页。

ཀུང་ཐང་དཀོན་མཆོག་བསྟན་པའི་སྒྲོན་མེ། 贡唐·恭却丹贝准美(1762—1823)撰述。

甘肃省甘南藏族自治州夏河县拉卜楞地区拉卜楞寺(拉章扎喜齐)印经院木刻版之刻印本。

普通藏纸，梵夹装中印本(47.2×6.2cm)，楷体，墨色，横刊藏文六行，四周双栏，全。

索书号：000920/1。保存基本完好，今藏民族文化宫中国民族图书馆。

༄༅། །བཀྲ་ཤིས་བསམ་གཏན་གླིང་གི་བཀའ་བསྟན་རིན་པོ་ཆེའི་དཀར་ཆག་ཐུབ་བསྟན་གསལ་བྱེད་ཅེས་བྱ་བ་བཞུགས་སོ། །

**扎西萨丹林寺之甘珠尔与丹珠尔目录·阐明佛教**

1种，67页。

ཡོངས་འཛིན་ཡེ་ཤེས་རྒྱལ་མཚན། 雍增·益希坚参(1713—1793)撰述。

西藏自治区拉萨地区孜雪印经院木刻版之刻印本。

普通藏纸，梵夹装中印本(48.5×6.4cm)，楷体，墨色，横刊藏文六行，四周双栏，全。

索书号：003340/19。保存基本完好，今藏民族文化宫中国民族图书馆。

༄༅། །སྐྱབས་མགོན་རྗེ་བཙུན་བློ་བཟང་ཐུབ་བསྟན་ཆོས་ཀྱི་ཉི་མ་དགེ་ལེགས་རྣམ་རྒྱལ་དཔལ་བཟང་པོའི་བཀའ་འབུམ་ཁ་པའི་དཀར་ཆག་རིན་པོ་ཆེའི་ཕྲེང་བ་ཞེས་བྱ་བ་བཞུགས་སོ། །

**怙主至尊上师洛桑图丹曲吉尼玛格勒南杰文集ཁ字函目录·大宝鬘**

1种，5页。

པཎ་ཆེན་ཨེར་ཏེ་ནི་བློ་བཟང་ཐུབ་བསྟན་ཆོས་ཀྱི་ཉི་མ། 班禅额尔德尼·洛桑图丹曲吉尼玛(1883—1937)撰述。

西藏自治区日喀则地区扎什伦布寺印经院木刻版之刻印本。

普通藏纸，梵夹装中印本(45×6.5cm)，楷体，墨色，横刊藏文六行，四周双栏，全。

索书号：003545/1。保存基本完好，今藏民族文化宫中国民族图书馆。

༄༅། །སྐྱབས་མགོན་རྗེ་བཙུན་བློ་བཟང་ཐུབ་བསྟན་ཆོས་ཀྱི་ཉི་མ་དགེ་ལེགས་རྣམ་རྒྱལ་དཔལ་བཟང་པོའི་བཀའ་འབུམ་ག་པའི་དཀར་ཆག་རིན་པོ་ཆེའི་ཕྲེང་བ་ཞེས་བྱ་བ་བཞུགས་སོ། །

**怙主至尊上师洛桑图丹曲吉尼玛格勒南杰文集ག字函目录·大宝鬘**

1种，5页。

པཎ་ཆེན་ཨེར་ཏེ་ནི་བློ་བཟང་ཐུབ་བསྟན་ཆོས་ཀྱི་ཉི་མ། 班禅额尔德尼·洛桑图丹曲吉尼玛(1883—1937)撰述。

西藏自治区日喀则地区扎什伦布寺印经院木刻版之刻印本。

普通藏纸，梵夹装中印本(45×6.5cm)，楷体，墨色，横刊藏文六行，四周双栏，全。

索书号：003546/1。保存基本完好，今藏民族文化宫中国民族图书馆。

༄༅། །སྐྱབས་མགོན་རྗེ་བཙུན་བློ་བཟང་ཐུབ་བསྟན་ཆོས་ཀྱི་ཉི་མ་དགེ་ལེགས་རྣམ་རྒྱལ་དཔལ་བཟང་པོའི་བཀའ་འབུམ་ང་པའི་དཀར་ཆག་རིན་པོ་ཆེའི་ཕྲེང་བ་ཞེས་བྱ་བ་བཞུགས་སོ། །

**怙主至尊上师洛桑图丹曲吉尼玛格勒南杰文集 ང 字函目录·大宝鬘**

1 种，6 页。

པཎ་ཆེན་ཨེར་ཏེ་ནི་བློ་བཟང་ཐུབ་བསྟན་ཆོས་ཀྱི་ཉི་མ། 班禅额尔德尼·洛桑图丹曲吉尼玛(1883—1937) 撰述。

西藏自治区日喀则地区扎什伦布寺印经院木刻版之刻印本。

普通藏纸，梵夹装中印本 (45×6.5cm)，楷体，墨色，横刊藏文六行，四周双栏，全。

索书号：003547/1。保存基本完好，今藏民族文化宫中国民族图书馆。

༄༅། །སྐྱབས་མགོན་རྗེ་བཙུན་བློ་བཟང་ཐུབ་བསྟན་ཆོས་ཀྱི་ཉི་མ་དགེ་ལེགས་རྣམ་རྒྱལ་དཔལ་བཟང་པོའི་བཀའ་འབུམ་ཅ་པའི་དཀར་ཆག་རིན་པོ་ཆེའི་ཕྲེང་བ་ཞེས་བྱ་བ་བཞུགས་སོ། །

**怙主至尊上师洛桑图丹曲吉尼玛格勒南杰文集 ཅ 字函目录·大宝鬘**

1 种，6 页。

པཎ་ཆེན་ཨེར་ཏེ་ནི་བློ་བཟང་ཐུབ་བསྟན་ཆོས་ཀྱི་ཉི་མ། 班禅额尔德尼·洛桑图丹曲吉尼玛(1883—1937) 撰述。

西藏自治区日喀则地区扎什伦布寺印经院木刻版之刻印本。

普通藏纸，梵夹装中印本 (45×6.5cm)，楷体，墨色，横刊藏文六行，四周双栏，全。

索书号：003548/1。保存基本完好，今藏民族文化宫中国民族图书馆。

༄༅། །སྐྱབས་རྗེ་བཀའ་དྲིན་ཟླ་མེད་ཁང་གསར་རྡོ་རྗེ་འཆང་ཆེན་པོའི་གསུང་འབུམ་ཀ་པའི་དཀར་ཆག་བཞུགས་སོ། །

**恩德无比怙主康萨大金刚持文集 ཀ 字函目录**

1 种，2 页。

ཁང་གསར་བློ་བཟང་ཚུལ་ཁྲིམས་བསྟན་པའི་རྒྱལ་མཚན། 康萨·洛桑慈称丹贝坚参(1848—？ ) 撰述。

西藏地区藏传佛教寺院印经院木刻版之刻印本。

普通藏纸，梵夹装中印本 (49.5×6.8cm)，楷体，墨色，横刊藏文六行，四周双栏，全。

索书号：000929/1。保存基本完好，今藏民族文化宫中国民族图书馆。

༄༅། །སྐྱབས་རྗེ་བཀའ་དྲིན་ཟླ་མེད་ཁང་གསར་རྡོ་རྗེ་འཆང་ཆེན་པོའི་གསུང་འབུམ་ཁ་པའི་དཀར་ཆག་བཞུགས་སོ། །

**恩德无比怙主康萨大金刚持文集 ཁ 字函目录**

1 种，1 页。

ཁང་གསར་བློ་བཟང་ཚུལ་ཁྲིམས་བསྟན་པའི་རྒྱལ་མཚན། 康萨·洛桑慈称丹贝坚参(1848—？ ) 撰述。

西藏地区藏传佛教寺院印经院木刻版之刻印本。

普通藏纸，梵夹装中印本 (49.5×6.8cm)，楷体，墨色，横刊藏文六行，四周双栏，全。

索书号：000930/1。保存基本完好，今藏民族文化宫中国民族图书馆。

༄༅། །སྐྱབས་རྗེ་རྡོ་རྗེ་འཆང་ཆེན་པོ་རྗེ་བཙུན་འཇམ་དབྱངས་མཁྱེན་རབ་རྒྱ་མཚོ་དཔལ་བཟང་པོའི་བཀའ་འབུམ་གྱི་པོད་དང་པོའི་དཀར་ཆག་འདོད་འཇོའི་བུམ་བཟང་ཞེས་བྱ་བ་བཞུགས་སོ། །

**大金刚持至尊绛央庆饶嘉措文集第一函目录·如意妙瓶**

1 种，4 页。

ཨ་མཆོག་འཇམ་དབྱངས་མཁྱེན་རབ་རྒྱ་མཚོ། 阿却·绛央庆饶嘉措 (1849—1944) 撰述。

四川省阿坝地区藏传佛教玛威桑格林寺印经院木刻版之刻印本。

普通藏纸，梵夹装中印本 (44.9 × 6.2cm)，楷体，墨色，横刊藏文六行，四周双栏，全。

索书号：000887/1。保存基本完好，今藏民族文化宫中国民族图书馆。

༄༅། །སྐྱབས་རྗེ་རྡོ་རྗེ་འཆང་ཆེན་པོ་རྗེ་བཙུན་འཇམ་དབྱངས་མཁྱེན་རབ་རྒྱ་མཚོ་དཔལ་བཟང་པོའི་བཀའ་འབུམ་གྱི་པོད་གཉིས་པའི་དཀར་ཆག་འདོད་འཇོའི་བུམ་བཟང་ཞེས་བྱ་བ་བཞུགས་སོ། །

**大金刚持至尊绛央庆饶嘉措文集第二函目录·如意妙瓶**

1 种，16 页。

ཨ་མཆོག་འཇམ་དབྱངས་མཁྱེན་རབ་རྒྱ་མཚོ། 阿却·绛央庆饶嘉措 (1849—1944) 撰述。

四川省阿坝地区藏传佛教玛威桑格林寺院印经院木刻版之刻印本。

普通藏纸，梵夹装中印本 (44.9 × 6.2cm)，楷体，墨色，横刊藏文六行，四周双栏，全。

索书号：000888/1。保存基本完好，今藏民族文化宫中国民族图书馆。

༄༅། །སྐྱིད་ཤོད་མཆོག་སྤྲུལ་ངག་དབང་བསྟན་འཛིན་འཕྲིན་ལས་ཆོས་དབང་གྲགས་པའི་སྡེའི་གསུང་འབུམ་དཀར་ཆག་བཞུགས་སོ། །

**吉雪活佛阿旺丹增成勒曲旺札巴文集目录**

1 种，3 页。

སྐྱིད་ཤོད་ཞབས་དྲུང་ངག་དབང་བསྟན་འཛིན་འཕྲིན་ལས། 吉雪夏仲·阿旺丹增成勒 (1639—1682) 撰述。

西藏地区藏传佛教寺院印经院木刻版之刻印本。

普通藏纸，梵夹装中印本 (49.5 × 7cm)，楷体，墨色，横刊藏文六行，四周双栏，全。

索书号：000852/1。保存基本完好，今藏民族文化宫中国民族图书馆。

༄༅། །བསྐལ་བཟང་རྒྱ་མཚོའི་གསུང་འབུམ་ཀ་པོད་ཀྱི་དཀར་ཆག་བཞུགས་སོ། །

**格桑嘉措文集 ཀ 字函目录**

1 种，1 页。

ཏཱ་ལའི་བླ་མ་བསྐལ་བཟང་རྒྱ་མཚོ། 达赖喇嘛·格桑嘉措 (1708—1757) 撰述。

北京地区藏传佛教皇家寺院印经院木刻版之刻印本。

普通纸，梵夹装中印本 (49.4 × 6.5cm)，楷体，墨色，横刊藏文六行，四周双栏，全。

索书号：001125/1。保存基本完好，今藏民族文化宫中国民族图书馆。

༄༅། །བསྐལ་བཟང་རྒྱ་མཚོའི་གསུང་འབུམ་ཁ་པོད་ཀྱི་དཀར་ཆག་བཞུགས་སོ། །

**格桑嘉措文集 ཁ 字函目录**

1 种，2 页。

ཏཱ་ལའི་བླ་མ་བསྐལ་བཟང་རྒྱ་མཚོ། 达赖喇嘛·格桑嘉措 (1708—1757) 撰述。

北京地区藏传佛教皇家寺院印经院木

刻版之刻印本。

普通纸，梵夹装中印本 (49.4×6.5cm)，楷体，墨色，横刊藏文六行，四周双栏，全。

索书号：001126/1。保存基本完好，今藏民族文化宫中国民族图书馆。

༄༅། །བསྐལ་བཟང་རྒྱ་མཚོའི་གསུང་འབུམ་ག་པོད་ཀྱི་དཀར་ཆག་བཞུགས་སོ། །

**格桑嘉措文集 ག 字函目录**

1 种，1 页。

ཏཱ་ལའི་བླ་མ་བསྐལ་བཟང་རྒྱ་མཚོ། 达赖喇嘛·格桑嘉措 (1708—1757) 撰述。

北京地区藏传佛教皇家寺院印经院木刻版之刻印本。

普通纸，梵夹装中印本 (49.4×6.5cm)，楷体，墨色，横刊藏文六行，四周双栏，全。

索书号：001127/1。保存基本完好，今藏民族文化宫中国民族图书馆。

༄༅། །བསྐལ་བཟང་རྒྱ་མཚོའི་གསུང་འབུམ་ང་པོད་ཀྱི་དཀར་ཆག་བཞུགས་སོ། །

**格桑嘉措文集 ང 字函目录**

1 种，4 页。

ཏཱ་ལའི་བླ་མ་བསྐལ་བཟང་རྒྱ་མཚོ། 达赖喇嘛·格桑嘉措 (1708—1757) 撰述。

北京地区藏传佛教皇家寺院印经院木刻版之刻印本。

普通纸，梵夹装中印本 (49.4×6.5cm)，楷体，墨色，横刊藏文六行，四周双栏，全。

索书号：001128/1。保存基本完好，今藏民族文化宫中国民族图书馆。

༄༅། །བསྐལ་བཟང་རྒྱ་མཚོའི་གསུང་འབུམ་ཅ་པོད་ཀྱི་དཀར་ཆག་བཞུགས་སོ། །

**格桑嘉措文集 ཅ 字函目录**

1 种，1 页。

ཏཱ་ལའི་བླ་མ་བསྐལ་བཟང་རྒྱ་མཚོ། 达赖喇嘛·格桑嘉措 (1708—1757) 撰述。

北京地区藏传佛教皇家寺院印经院木刻版之刻印本。

普通纸，梵夹装中印本 (49.4×6.5cm)，楷体，墨色，横刊藏文六行，四周双栏，全。

索书号：001129/1。保存基本完好，今藏民族文化宫中国民族图书馆。

༄༅། །བསྐལ་བཟང་རྒྱ་མཚོའི་གསུང་འབུམ་ཆ་པོད་ཀྱི་དཀར་ཆག་བཞུགས་སོ། །

**格桑嘉措文集 ཆ 字函目录**

1 种，2 页。

ཏཱ་ལའི་བླ་མ་བསྐལ་བཟང་རྒྱ་མཚོ། 达赖喇嘛·格桑嘉措 (1708—1757) 撰述。

北京地区藏传佛教皇家寺院印经院木刻版之刻印本。

普通纸，梵夹装中印本 (49.4×6.5cm)，楷体，墨色，横刊藏文六行，四周双栏，全。

索书号：001130/1。保存基本完好，今藏民族文化宫中国民族图书馆。

༄༅། །བསྐལ་བཟང་རྒྱ་མཚོའི་གསུང་འབུམ་ཇ་པོད་ཀྱི་དཀར་ཆག་བཞུགས་སོ། །

**格桑嘉措文集 ཇ 字函目录**

1 种，1 页。

ཏཱ་ལའི་བླ་མ་བསྐལ་བཟང་རྒྱ་མཚོ། 达赖喇嘛·格桑嘉措 (1708—1757) 撰述。

北京地区藏传佛教皇家寺院印经院木刻版之刻印本。

普通纸，梵夹装中印本 (49.4×6.5cm)，楷体，墨色，横刊藏文六行，四周双栏，全。

索书号：001131/1。保存基本完好，今藏民族文化宫中国民族图书馆。

༄༅། །ཁམས་གསུམ་ཆོས་ཀྱི་རྒྱལ་པོ་ཙོང་ཁ་པའི་བཀའ་འབུམ་རིན་པོ་ཆེ་གླེགས་བམ་མཐོང་བ་དོན་ལྡན་གྱི་དཀར་ཆག་ངོ་མཚར་བའི་གཏམ་གསལ་བྱེད་ཤེལ་དཀར་མེ་ལོང་ཞེས་བྱ་བ་བཞུགས་སོ། །

**三界法王宗喀巴文集·大宝卷帙目录·见者具义·稀有嘉言明解·白晶明镜**

1 种，17 页。

ཐེ་བོ་བློ་བཟང་བསམ་གཏན། 迭部·洛桑三丹 (1687—1749) 撰述。

多麦地区藏传佛教噶旦强曲却培林寺印经院木刻版之刻印本。

普通纸，梵夹装中印本 (45.7×6cm)，楷体，墨色，横刊藏文六行，四周双栏，全。

索书号：000882/24。保存基本完好，今藏民族文化宫中国民族图书馆。

༄༅། །ཁལ་ཁ་དམ་ཆོག་རྡོ་རྗེའི་གསུང་འབུམ་བ་པའི་དཀར་ཆག་བཞུགས་སོ། །

**喀尔喀丹慈多结文集 བ 字函目录**

1 种，1 页。

ཁལ་ཁ་དམ་ཆོག་རྡོ་རྗེ། 喀尔喀·丹慈多结 (1781—1855) 撰述。

甘肃省甘南藏族自治州夏河县拉卜楞地区拉卜楞寺（拉章扎喜齐）印经院木刻版之刻印本。

普通藏纸，梵夹装中印本 (47×6.5cm)，楷体，墨色，横刊藏文六行，四周双栏，全。

索书号：001070/1。保存基本完好，今藏民族文化宫中国民族图书馆。

༄༅། །ཁྱབ་བདག་རྡོ་རྗེ་འཆང་ཕ་བོང་ཁ་པ་དཔལ་བཟང་པོའི་གསུང་འབུམ་པོད་ཀ་པའི་དཀར་ཆག་བཞུགས་སོ། །

**遍主金刚持帕邦喀巴文集 ཀ 字函目录**

1 种，4 页。

ཕ་བོང་ཁ་པ་བདེ་ཆེན་སྙིང་པོ། 帕邦喀巴·德钦宁波 (1878—1941) 撰述。

西藏地区藏传佛教寺院印经院木刻版之刻印本。

普通藏纸，梵夹装中印本 (49.1×5.9cm)，楷体，墨色，横刊藏文六行，四周双栏，全。

索书号：003289/1。保存基本完好，今藏民族文化宫中国民族图书馆。

༄༅། །ཁྱབ་བདག་རྡོ་རྗེ་འཆང་ཕ་བོང་ཁ་པ་དཔལ་བཟང་པོའི་གསུང་འབུམ་པོད་ཁ་པའི་དཀར་ཆག་བཞུགས་སོ། །

**遍主金刚持帕邦喀巴文集 ཁ 字函目录**

1 种，2 页。

ཕ་བོང་ཁ་པ་བདེ་ཆེན་སྙིང་པོ། 帕邦喀巴·德钦宁波 (1878—1941) 撰述。

西藏地区藏传佛教寺院印经院木刻版之刻印本。

普通藏纸，梵夹装中印本 (49.1×5.9cm)，楷体，墨色，横刊藏文六行，四周双栏，全。

索书号：003290/1。保存基本完好，今藏民族文化宫中国民族图书馆。

༄༅། །ཁྱབ་བདག་རྡོ་རྗེ་འཆང་ཕ་བོང་ཁ་པ་དཔལ་བཟང་པོའི་གསུང་འབུམ་པོད་ག་པའི་དཀར་ཆག་བཞུགས་སོ། །

**遍主金刚持帕邦喀巴文集 ག 字函目录**

1 种，2 页。

ཕ་བོང་ཁ་པ་བདེ་ཆེན་སྙིང་པོ། 帕邦喀巴·德钦宁波 (1878—1941) 撰述。

西藏地区藏传佛教寺院印经院木刻版之刻印本。

普通藏纸，梵夹装中印本(49.1×5.9cm)，楷体，墨色，横刊藏文六行，四周双栏，全。

索书号：003291/1。保存基本完好，今藏民族文化宫中国民族图书馆。

༧༢། །ཁྱབ་བདག་རྡོ་རྗེ་འཆང་ཕ་བོང་ཁ་པ་དཔལ་བཟང་པོའི་གསུང་འབུམ་པོད་ང་པའི་དཀར་ཆག་བཞུགས་སོ། །

**遍主金刚持帕邦喀巴文集 ང 字函目录**

1种，2页。

ཕ་བོང་ཁ་པ་བདེ་ཆེན་སྙིང་པོ། 帕邦喀巴·德钦宁波(1878—1941)撰述。

西藏地区藏传佛教寺院印经院木刻版之刻印本。

普通藏纸，梵夹装中印本(49.1×5.9cm)，楷体，墨色，横刊藏文六行，四周双栏，全。

索书号：003292/1。保存基本完好，今藏民族文化宫中国民族图书馆。

༧༣། །ཁྱབ་བདག་རྡོ་རྗེ་འཆང་ཕ་བོང་ཁ་པ་དཔལ་བཟང་པོའི་གསུང་འབུམ་པོད་ཅ་པའི་དཀར་ཆག་བཞུགས་སོ། །

**遍主金刚持帕邦喀巴文集 ཅ 字函目录**

1种，2页。

ཕ་བོང་ཁ་པ་བདེ་ཆེན་སྙིང་པོ། 帕邦喀巴·德钦宁波(1878—1941)撰述。

西藏地区藏传佛教寺院印经院木刻版之刻印本。

普通藏纸，梵夹装中印本(49.1×5.9cm)，楷体，墨色，横刊藏文六行，四周双栏，全。

索书号：003293/1。保存基本完好，今藏民族文化宫中国民族图书馆。

༧༤། །ཁྱབ་བདག་རྡོ་རྗེ་འཆང་ཕ་བོང་ཁ་པ་དཔལ་བཟང་པོའི་གསུང་འབུམ་པོད་ཆ་པའི་དཀར་ཆག་བཞུགས་སོ། །

**遍主金刚持帕邦喀巴文集 ཆ 字函目录**

1种，2页。

ཕ་བོང་ཁ་པ་བདེ་ཆེན་སྙིང་པོ། 帕邦喀巴·德钦宁波(1878—1941)撰述。

西藏地区藏传佛教寺院印经院木刻版之刻印本。

普通藏纸，梵夹装中印本(49.1×5.9cm)，楷体，墨色，横刊藏文六行，四周双栏，全。

索书号：003294/1。保存基本完好，今藏民族文化宫中国民族图书馆。

༧༥། །ཁྱབ་བདག་རྡོ་རྗེ་འཆང་ཕ་བོང་ཁ་པ་དཔལ་བཟང་པོའི་གསུང་འབུམ་པོད་ཇ་པའི་དཀར་ཆག་བཞུགས་སོ། །

**遍主金刚持帕邦喀巴文集 ཇ 字函目录**

1种，2页。

ཕ་བོང་ཁ་པ་བདེ་ཆེན་སྙིང་པོ། 帕邦喀巴·德钦宁波(1878—1941)撰述。

西藏地区藏传佛教寺院印经院木刻版之刻印本。

普通藏纸，梵夹装中印本(49.1×5.9cm)，楷体，墨色，横刊藏文六行，四周双栏，全。

索书号：003295/1。保存基本完好，今藏民族文化宫中国民族图书馆。

༧༦། །ཁྱབ་བདག་རྡོ་རྗེ་འཆང་ཕ་བོང་ཁ་པ་དཔལ་བཟང་པོའི་གསུང་འབུམ་པོད་ཉ་པའི་དཀར་ཆག་བཞུགས་སོ། །

**遍主金刚持帕邦喀巴文集 ཉ 字函目录**

1种，1页。

ཕ་བོང་ཁ་པ་བདེ་ཆེན་སྙིང་པོ། 帕邦喀巴·德钦宁波(1878—1941)撰述。

西藏地区藏传佛教寺院印经院木刻版之刻印本。

普通藏纸，梵夹装中印本 (49.1×5.9cm)，楷体，墨色，横刊藏文六行，四周双栏，全。

索书号：003296/1。保存基本完好，今藏民族文化宫中国民族图书馆。

༄༅། །ཁྱབ་བདག་རྡོ་རྗེ་འཆང་ཕ་བོང་ཁ་པ་དཔལ་བཟང་པོའི་གསུང་འབུམ་པོད་ཏ་པའི་དཀར་ཆག་བཞུགས་སོ། །

**遍主金刚持帕邦喀巴文集 ཏ 字函目录**

1 种，1 页。

ཕ་བོང་ཁ་པ་བདེ་ཆེན་སྙིང་པོ། 帕邦喀巴·德钦宁波 (1878—1941) 撰述。

西藏地区藏传佛教寺院印经院木刻版之刻印本。

普通藏纸，梵夹装中印本 (49.1×5.9cm)，楷体，墨色，横刊藏文六行，四周双栏，全。

索书号：003297/1。保存基本完好，今藏民族文化宫中国民族图书馆。

༄༅། །ཁྱབ་བདག་རྡོ་རྗེ་འཆང་ཕ་བོང་ཁ་པ་དཔལ་བཟང་པོའི་གསུང་འབུམ་པོད་ཐ་པའི་དཀར་ཆག་བཞུགས་སོ། །

**遍主金刚持帕邦喀巴文集 ཐ 字函目录**

1 种，3 页。

ཕ་བོང་ཁ་པ་བདེ་ཆེན་སྙིང་པོ། 帕邦喀巴·德钦宁波 (1878—1941) 撰述。

西藏地区藏传佛教寺院印经院木刻版之刻印本。

普通藏纸，梵夹装中印本 (49.1×5.9cm)，楷体，墨色，横刊藏文六行，四周双栏，全。

索书号：003308/1。保存基本完好，今藏民族文化宫中国民族图书馆。

༄༅། །ཁྱབ་བདག་རྡོ་རྗེ་སེམས་དཔའི་ངོ་བོ་ལྕང་སྐྱ་རོལ་པའི་རྡོ་རྗེ་ཡེ་ཤེས་བསྟན་པའི་སྒྲོན་མེ་དཔལ་བཟང་པོའི་གསུང་འབུམ་བཀའ་རྒྱ་མའི་ཐོ་ཡིག་གསེར་གྱི་སྐུད་པར་བརྒྱུས་པའི་རིན་ཆེན་དོ་ཤལ་ཞེས་བྱ་བ་བཞུགས་སོ། །

**遍主金刚萨埵章嘉·若贝多结益希丹贝准美文集秘籍名录·金线串连之大宝璎珞**

1 种，4 页。

ལྕང་ལུང་པཎྜི་ཏ་ངག་དབང་བློ་བཟང་བསྟན་པའི་རྒྱལ་མཚན། 江隆班智达·阿旺洛桑丹贝坚参 (1770—1845) 撰述。

北京地区藏传佛教皇家寺院印经院木刻版之刻印本。

普通纸，梵夹装短印本 (39.5×5.9cm)，楷体，墨色，横刊藏文六行，四周双栏，全。

索书号：003707/11。保存基本完好，今藏民族文化宫中国民族图书馆。

༄༅། །ཁྱབ་བདག་སེང་ཆེན་རྡོ་རྗེ་འཛིན་པ་བློ་བཟང་བསྟན་འཛིན་དཔལ་འབྱོར་གྱི་གསུང་འབུམ་དཀར་ཆག་བཞུགས་སོ། །

**桑钦·洛桑丹增班觉文集目录**

1 种，3 页。

སེང་ཆེན་བློ་བཟང་བསྟན་འཛིན་དཔལ་འབྱོར། 桑钦·洛桑丹增班觉 (1784—1843) 撰述。

西藏自治区拉萨地区孜雪印经院木刻版之刻印本。

普通藏纸，梵夹装中印本 (45.6×6.3cm)，楷体，墨色，横刊藏文六行，四周双栏，全。

索书号：003818/1。保存基本完好，今藏民族文化宫中国民族图书馆。

༄༅། །ཁྱབ་བདག་ཧེ་རུ་ཀ་དཔལ་ངུར་སྨིག་གི་ཟོལ་ལ་བརྙེན་པ་རྗེ་དཀོན་མཆོག་བསྟན་པའི་རྒྱལ་མཚན་དཔལ་བཟང་པོའི་བཀའ་འབུམ་ལས་པོད་ཀ་པའི་དཀར་ཆག་བཞུགས་སོ། །

**遍主嘿汝嘎示现缁衣相至尊恭却丹贝坚参文集 ཀ 字函目录**

1 种，2 页。

ཨ་མཆོག་དཀོན་མཆོག་བསྟན་པའི་རྒྱལ་མཚན། 阿却 · 恭却丹贝坚参 (1799—1847) 撰述。

多麦地区藏传佛教玛威桑格林寺印经院木刻版之刻印本。

普通藏纸，梵夹装中印本 (44.9 × 6.2cm)，楷体，墨色，横刊藏文六行，四周双栏，全。

索书号：000885/1。保存基本完好，今藏民族文化宫中国民族图书馆。

༄༅། །ཁྲ་དགེ་བློ་གྲོས་རྒྱ་མཚོའི་གསུང་འབུམ་པོད་གཅིག་གི་དཀར་ཆག་བཞུགས་སོ། །

**恰格 · 洛哲嘉措文集一帙之目录**

1 种，1 页。

ཁྲ་དགེ་བློ་གྲོས་རྒྱ་མཚོ། 恰格 · 洛哲嘉措 (1664—1740) 撰述。

安多地区藏传佛教寺院印经院木刻版之刻印本。

普通藏纸，梵夹装中印本 (45.5 × 6.5cm)，楷体，墨色，横刊藏文六行，四周双栏，全。

索书号：000936/1。保存基本完好，今藏民族文化宫中国民族图书馆。

༄༅། །མཁན་ཆེན་ཆོས་ཀྱི་རྒྱལ་པོའི་གསུང་འབུམ་ལས་ཉེར་ལྔའི་སྡེ་ཚན་བཞུགས་སོ། །

**大堪波法王文集二十五章节**

1 种，3 页。

མཁན་ཆེན་བློ་བཟང་བསྟན་འཛིན་རྒྱལ་མཚན། 堪钦 · 洛桑丹增坚参 (1639—1691) 撰述。

西藏地区藏传佛教寺院印经院木刻版之刻印本。

普通藏纸，梵夹装中印本 (41 × 6.5cm)，楷体，墨色，横刊藏文六行，四周双栏，全。

索书号：001220/42。保存基本完好，今藏民族文化宫中国民族图书馆。

༄༅། །མཁས་གྲུབ་ཐམས་ཅད་མཁྱེན་པ་དགེ་ལེགས་དཔལ་བཟང་པོའི་གསུང་འབུམ་ཀ་པའི་དཀར་ཆག་བཞུགས་སོ། །

**凯珠一切智格勒白桑文集 ཀ 字函目录**

1 种，1 页。

པཎ་ཆེན་ཨེར་དེ་ནི་མཁས་གྲུབ་དགེ་ལེགས་དཔལ་བཟང་། 班禅额尔德尼 · 凯珠格勒白桑 (1385—1438) 撰述。

西藏自治区拉萨市达孜地区甘丹寺 ( 卓日格旦南巴嘉哇林 ) 印经院木刻版之刻印本。

普通藏纸，梵夹装中印本 (50.4 × 6cm)，楷体，墨色，横刊藏文六行，四周双栏，全。

索书号：002927/1。保存基本完好，今藏民族文化宫中国民族图书馆。

༄༅། །མཁས་གྲུབ་ཐམས་ཅད་མཁྱེན་པ་དགེ་ལེགས་དཔལ་བཟང་པོའི་གསུང་འབུམ་ཁ་པའི་དཀར་ཆག་བཞུགས་སོ། །

**凯珠一切智格勒白桑文集 ཁ 字函目录**

1 种，1 页。

པཎ་ཆེན་ཨེར་དེ་ནི་མཁས་གྲུབ་དགེ་ལེགས་དཔལ་བཟང་། 班禅额尔德尼 · 凯珠格勒白桑 (1385—1438) 撰述。

西藏自治区拉萨市达孜地区甘丹寺 ( 卓日格旦南巴嘉哇林 ) 印经院木刻版之刻印本。

普通藏纸，梵夹装中印本 (50.4 × 6cm)，楷体，墨色，横刊藏文六行，四周双栏，全。

索书号：002928/1。保存基本完好，今藏民族文化宫中国民族图书馆。

༄༅། །མཁས་གྲུབ་ཐམས་ཅད་མཁྱེན་པ་དགེ་ལེགས་དཔལ་བཟང་པོའི་ག་པའི་གསུང་འབུམ་ག་པའི་དཀར་ཆག་བཞུགས་སོ། །

**凯珠一切智格勒白桑文集 ག 字函目录**

1 种，1 页。

པཎ་ཆེན་ཨེར་དེ་ནི་མཁས་གྲུབ་དགེ་ལེགས་དཔལ་བཟང་། 班禅额尔德尼・凯珠格勒白桑 (1385—1438) 撰述。

西藏自治区拉萨市达孜地区甘丹寺 ( 卓日格旦南巴嘉哇林 ) 印经院木刻版之刻印本。

普通藏纸，梵夹装中印本 (50.4×6cm)，楷体，墨色，横刊藏文六行，四周双栏，全。

索书号：002929/1。保存基本完好，今藏民族文化宫中国民族图书馆。

༄༅། །མཁས་གྲུབ་ཐམས་ཅད་མཁྱེན་པ་དགེ་ལེགས་དཔལ་བཟང་པོའི་གསུང་འབུམ་ང་པའི་དཀར་ཆག་བཞུགས་སོ། །

**凯珠一切智格勒白桑文集 ང 字函目录**

1 种，1 页。

པཎ་ཆེན་ཨེར་དེ་ནི་མཁས་གྲུབ་དགེ་ལེགས་དཔལ་བཟང་། 班禅额尔德尼・凯珠格勒白桑 (1385—1438) 撰述。

西藏自治区拉萨市达孜地区甘丹寺 ( 卓日格旦南巴嘉哇林 ) 印经院木刻版之刻印本。

普通藏纸，梵夹装中印本 (50.4×6cm)，楷体，墨色，横刊藏文六行，四周双栏，全。

索书号：002930/1。保存基本完好，今藏民族文化宫中国民族图书馆。

༄༅། །མཁས་གྲུབ་ཐམས་ཅད་མཁྱེན་པ་དགེ་ལེགས་དཔལ་བཟང་པོའི་གསུང་འབུམ་ཅ་པའི་དཀར་ཆག་བཞུགས་སོ། །

**凯珠一切智格勒白桑文集 ཅ 字函目录**

1 种，1 页。

པཎ་ཆེན་ཨེར་དེ་ནི་མཁས་གྲུབ་དགེ་ལེགས་དཔལ་བཟང་། 班禅额尔德尼・凯珠格勒白桑 (1385—1438) 撰述。

西藏自治区拉萨市达孜地区噶丹寺 ( 卓日格旦南巴嘉哇林 ) 印经院木刻版之刻印本。

普通藏纸，梵夹装中印本 (50.4×6cm)，楷体，墨色，横刊藏文六行，四周双栏，全。

索书号：002931/1。保存基本完好，今藏民族文化宫中国民族图书馆。

༄༅། །མཁས་གྲུབ་ཐམས་ཅད་མཁྱེན་པ་དགེ་ལེགས་དཔལ་བཟང་པོའི་གསུང་འབུམ་ཆ་པའི་དཀར་ཆག་བཞུགས་སོ། །

**凯珠一切智格勒白桑文集 ཆ 字函目录**

1 种，1 页。

པཎ་ཆེན་ཨེར་དེ་ནི་མཁས་གྲུབ་དགེ་ལེགས་དཔལ་བཟང་། 班禅额尔德尼・凯珠格勒白桑 (1385—1438) 撰述。

西藏自治区拉萨市达孜地区甘丹寺 ( 卓日格旦南巴嘉哇林 ) 印经院木刻版之刻印本。

普通藏纸，梵夹装中印本 (50.4×6cm)，楷体，墨色，横刊藏文六行，四周双栏，全。

索书号：002932/1。保存基本完好，今藏民族文化宫中国民族图书馆。

༄༅། །མཁས་གྲུབ་ཐམས་ཅད་མཁྱེན་པ་དགེ་ལེགས་དཔལ་བཟང་པོའི་གསུང་འབུམ་ཛ་པའི་དཀར་ཆག་བཞུགས་སོ། །

**凯珠一切智格勒白桑文集 ཛ 字函目录**

1 种，1 页。

པཎ་ཆེན་ཨེར་དེ་ནི་མཁས་གྲུབ་དགེ་ལེགས་དཔལ་བཟང་། 班禅额尔德尼 · 凯珠格勒白桑 (1385—1438) 撰述。

西藏自治区达孜地区噶旦寺 ( 卓日格旦南巴嘉哇林 ) 印经院木刻版之刻印本。

普通藏纸，梵夹装中印本 (50.4×6cm)，楷体，墨色，横刊藏文六行，四周双栏，全。

索书号：002933/1。保存基本完好，今藏民族文化宫中国民族图书馆。

༄༅། །མཁས་གྲུབ་ཐམས་ཅད་མཁྱེན་པ་དགེ་ལེགས་དཔལ་བཟང་པོའི་གསུང་འབུམ་ཉ་པའི་དཀར་ཆག་བཞུགས་སོ། །

**凯珠一切智格勒白桑文集 ཉ 字函目录**

1 种，1 页。

པཎ་ཆེན་ཨེར་དེ་ནི་མཁས་གྲུབ་དགེ་ལེགས་དཔལ་བཟང་། 班禅额尔德尼 · 凯珠格勒白桑 (1385—1438) 撰述。

西藏自治区达孜地区噶旦寺 ( 卓日格旦南巴嘉哇林 ) 印经院木刻版之刻印本。

普通藏纸，梵夹装中印本 (50.4×6cm)，楷体，墨色，横刊藏文六行，四周双栏，全。

索书号：002934/1。保存基本完好，今藏民族文化宫中国民族图书馆。

༄༅། །མཁས་གྲུབ་ཐམས་ཅད་མཁྱེན་པ་དགེ་ལེགས་དཔལ་བཟང་པོའི་གསུང་འབུམ་ཏ་པའི་དཀར་ཆག་བཞུགས་སོ། །

**凯珠一切智格勒白桑文集 ཏ 字函目录**

1 种，1 页。

པཎ་ཆེན་ཨེར་དེ་ནི་མཁས་གྲུབ་དགེ་ལེགས་དཔལ་བཟང་། 班禅额尔德尼 · 凯珠格勒白桑 (1385—1438) 撰述。

西藏自治区拉萨市达孜地区甘丹寺 ( 卓日格旦南巴嘉哇林 ) 印经院木刻版之刻印本。

普通藏纸，梵夹装中印本 (50.4×6cm)，楷体，墨色，横刊藏文六行，四周双栏，全。

索书号：002935/1。保存基本完好，今藏民族文化宫中国民族图书馆。

༄༅། །མཁས་གྲུབ་ཐམས་ཅད་མཁྱེན་པ་དགེ་ལེགས་དཔལ་བཟང་པོའི་གསུང་འབུམ་ཐ་པའི་དཀར་ཆག་བཞུགས་སོ། །

**凯珠一切智格勒白桑文集 ཐ 字函目录**

1 种，1 页。

པཎ་ཆེན་ཨེར་དེ་ནི་མཁས་གྲུབ་དགེ་ལེགས་དཔལ་བཟང་། 班禅额尔德尼 · 凯珠格勒白桑 (1385—1438) 撰述。

西藏自治区拉萨市达孜地区甘丹寺 ( 卓日格旦南巴嘉哇林 ) 印经院木刻版之刻印本。

普通藏纸，梵夹装中印本 (50.4×6cm)，楷体，墨色，横刊藏文六行，四周双栏，全。

索书号：002936/1。保存基本完好，今藏民族文化宫中国民族图书馆。

༄༅། །མཁས་གྲུབ་ཐམས་ཅད་མཁྱེན་པ་དགེ་ལེགས་དཔལ་བཟང་པོའི་གསུང་འབུམ་ད་པའི་དཀར་ཆག་བཞུགས་སོ། །

**凯珠一切智格勒白桑文集 ད 字函目录**

1 种，2 页。

པཎ་ཆེན་ཨེར་དེ་ནི་མཁས་གྲུབ་དགེ་ལེགས་དཔལ་བཟང་། 班禅额尔德尼 · 凯珠格勒白桑 (1385—1438) 撰述。

西藏自治区拉萨市达孜地区甘丹寺(卓日格旦南巴嘉哇林)印经院木刻版之刻印本。

普通藏纸，梵夹装中印本(50.4×6cm)，楷体，墨色，横刊藏文六行，四周双栏，全。

索书号：002937/1。保存基本完好，今藏民族文化宫中国民族图书馆。

༄༅། །མཁས་གྲུབ་ཐམས་ཅད་མཁྱེན་པ་དགེ་ལེགས་དཔལ་བཟང་པོའི་གསུང་འབུམ་ཨ་པའི་དཀར་ཆག་བཞུགས་སོ། །

**凯珠一切智格勒白桑文集 ཨ 字函目录**

1种，2页。

པཎ་ཆེན་ཨེར་དེ་ནི་མཁས་གྲུབ་དགེ་ལེགས་དཔལ་བཟང་། 班禅额尔德尼·凯珠格勒白桑(1385—1438)撰述。

西藏自治区拉萨市达孜地区甘丹寺(卓日格旦南巴嘉哇林)印经院木刻版之刻印本。

普通藏纸，梵夹装中印本(50.4×6cm)，楷体，墨色，横刊藏文六行，四周双栏，全。

索书号：002938/1。保存基本完好，今藏民族文化宫中国民族图书馆。

༄༅། །མཁས་གྲུབ་དཔལ་ལྡན་དོན་གྲུབ་ཀྱི་གསུང་འབུམ་དཀར་ཆག་བཞུགས་སོ། །

**凯珠·白旦顿珠文集目录**

1种，3页。

སྟག་ཕུ་ཞབས་དྲུང་ཀུ་ཤྲཱི་དཔལ་ལྡན་དོན་གྲུབ། 达普夏仲·固释白旦顿珠(1382—1466)撰述。

西藏地区藏传佛教寺院印经院传抄之缮写本。

普通藏纸，梵夹装中印本(45.2×5.4cm)，楷体，墨色，横书藏文七行，四周双栏，全。

索书号：003892/1。保存基本完好，今藏民族文化宫中国民族图书馆。

༄༅། །མཁས་གྲུབ་སངས་རྒྱས་ཡེ་ཤེས་ཀྱི་གསུང་འབུམ་དཀར་ཆག་བཞུགས་སོ། །

**凯珠桑结益希文集目录**

1种，1页。

མཁས་གྲུབ་སངས་རྒྱས་ཡེ་ཤེས། 凯珠·桑结益希(1525—1590)撰述。

西藏自治区日喀则地区扎什伦布寺印经院木刻版之刻印本。

普通藏纸，梵夹装中印本(48×6.5cm)，楷体，墨色，横刊藏文六行，四周双栏，全。

索书号：003814/1。保存基本完好，今藏民族文化宫中国民族图书馆。

༄༅། །མཁས་པའི་དབང་པོ་ཨ་ལག་ཤ་བསྟན་དར་ལྷ་རམས་པའི་གསུང་འབུམ་གྱི་དཀར་ཆག་བཞུགས་སོ། །

**智王阿拉夏·丹达拉然巴文集目录**

1种，3页。

ཨ་ལག་ཤ་བསྟན་དར་ལྷ་རམས་པ། 阿拉夏·丹达拉然巴(1759—？ )撰述。

青海省湟中县鲁沙尔地区塔尔寺(固奔乾巴林)印经院木刻版之刻印本。

普通藏纸，梵夹装中印本(48.5×6.7cm)，楷体，墨色，横刊藏文六行，四周双栏，全。

索书号：001207/1。保存基本完好，今藏民族文化宫中国民族图书馆。

༄༅། །གུང་ཐང་དཀོན་མཆོག་བསྟན་པའི་སྒྲོན་མེའི་བཀའ་འབུམ་གླེགས་བམ་པོད་དང་པོའི་དཀར་ཆག་བཞུགས་སོ། །

**贡唐恭却丹贝准美文集第一函目录**

1种，2页。

ཀུང་ཐང་དཀོན་མཆོག་བསྟན་པའི་སྒྲོན་མེ། 贡唐·恭却丹贝准美 (1762—1823) 撰述。

甘肃省甘南藏族自治州夏河县拉卜楞地区拉卜楞寺（拉章扎喜齐）印经院木刻版之刻印本。

普通藏纸，梵夹装中印本 (47.2×6.2cm)，楷体，墨色，横刊藏文六行，四周双栏，全。

索书号：000917/1。保存基本完好，今藏民族文化宫中国民族图书馆。

༧༢། །ཀུང་ཐང་དཀོན་མཆོག་བསྟན་པའི་སྒྲོན་མེའི་བཀའ་འབུམ་གླེགས་བམ་པོད་གཉིས་པའི་དཀར་ཆག་བཞུགས་སོ། །

**贡唐恭却丹贝准美文集第二函目录**

1 种，2 页。

ཀུང་ཐང་དཀོན་མཆོག་བསྟན་པའི་སྒྲོན་མེ། 贡唐·恭却丹贝准美 (1762—1823) 撰述。

甘肃省甘南藏族自治州夏河县拉卜楞地区拉卜楞寺（拉章扎喜齐）印经院木刻版之刻印本。

普通藏纸，梵夹装中印本 (47.2×6.2cm)，楷体，墨色，横刊藏文六行，四周双栏，全。

索书号：000918/1。保存基本完好，今藏民族文化宫中国民族图书馆。

༧༢། །ཀུང་ཐང་དཀོན་མཆོག་བསྟན་པའི་སྒྲོན་མེའི་བཀའ་འབུམ་གླེགས་བམ་པོད་བཞི་པའི་དཀར་ཆག་བཞུགས་སོ། །

**贡唐恭却丹贝准美文集第四函目录**

1 种，3 页。

ཀུང་ཐང་དཀོན་མཆོག་བསྟན་པའི་སྒྲོན་མེ། 贡唐·恭却丹贝准美 (1762—1823) 撰述。

甘肃省甘南藏族自治州夏河县拉卜楞地区拉卜楞寺（拉章扎喜齐）印经院木刻版之刻印本。

普通藏纸，梵夹装中印本 (47.2×6.2cm)，楷体，墨色，横刊藏文六行，四周双栏，全。

索书号：000920/1。保存基本完好，今藏民族文化宫中国民族图书馆。

༧༢། །ཀུང་ཐང་དཀོན་མཆོག་བསྟན་པའི་སྒྲོན་མེའི་བཀའ་འབུམ་གླེགས་བམ་པོད་དྲུག་པའི་དཀར་ཆག་བཞུགས་སོ། །

**贡唐恭却丹贝准美文集第六函目录**

1 种，1 页。

ཀུང་ཐང་དཀོན་མཆོག་བསྟན་པའི་སྒྲོན་མེ། 贡唐·恭却丹贝准美 (1762—1823) 撰述。

甘肃省甘南藏族自治州夏河县拉卜楞地区拉卜楞寺（拉章扎喜齐）印经院木刻版之刻印本。

普通藏纸，梵夹装中印本 (47.2×6.2cm)，楷体，墨色，横刊藏文六行，四周双栏，全。

索书号：000922/1。保存基本完好，今藏民族文化宫中国民族图书馆。

༧༢། །ཀུང་ཐང་དཀོན་མཆོག་བསྟན་པའི་སྒྲོན་མེའི་བཀའ་འབུམ་གླེགས་བམ་པོད་བདུན་པའི་དཀར་ཆག་བཞུགས་སོ། །

**贡唐恭却丹贝准美文集第七函目录**

1 种，1 页。

ཀུང་ཐང་དཀོན་མཆོག་བསྟན་པའི་སྒྲོན་མེ། 贡唐·恭却丹贝准美 (1762—1823) 撰述。

甘肃省甘南藏族自治州夏河县拉卜楞地区拉卜楞寺（拉章扎喜齐）印经院木刻版之刻印本。

普通藏纸，梵夹装中印本 (47.2×6.2cm)，楷体，墨色，横刊藏文六行，四周双栏，全。

索书号：000923/1。保存基本完好，今藏民族文化宫中国民族图书馆。

༄༅། །ཀུང་ཐང་དཀོན་མཆོག་བསྟན་པའི་སྒྲོན་མེའི་བཀའ་འབུམ་གླེགས་བམ་པོད་བརྒྱད་པའི་དཀར་ཆག་བཞུགས་སོ། །

**贡唐恭却丹贝准美文集第八函目录**

1 种，2 页。

ཀུང་ཐང་དཀོན་མཆོག་བསྟན་པའི་སྒྲོན་མེ། 贡唐・恭却丹贝准美 (1762—1823) 撰述。

甘肃省甘南藏族自治州夏河县拉卜楞地区拉卜楞寺 ( 拉章扎喜齐 ) 印经院木刻版之刻印本。

普通藏纸，梵夹装中印本 (47.2 × 6.2cm)，楷体，墨色，横刊藏文六行，四周双栏，全。

索书号：000924/1。保存基本完好，今藏民族文化宫中国民族图书馆。

༄༅། །ཀུང་ཐང་དཀོན་མཆོག་བསྟན་པའི་སྒྲོན་མེའི་བཀའ་འབུམ་གླེགས་བམ་པོད་དགུ་པའི་དཀར་ཆག་བཞུགས་སོ། །

**贡唐恭却丹贝准美文集第九函目录**

1 种，2 页。

ཀུང་ཐང་དཀོན་མཆོག་བསྟན་པའི་སྒྲོན་མེ། 贡唐・恭却丹贝准美 (1762—1823) 撰述。

甘肃省甘南藏族自治州夏河县拉卜楞地区拉卜楞寺 ( 拉章扎喜齐 ) 印经院木刻版之刻印本。

普通藏纸，梵夹装中印本 (47.2 × 6.2cm)，楷体，墨色，横刊藏文六行，四周双栏，全。

索书号：000925/1。保存基本完好，今藏民族文化宫中国民族图书馆。

༄༅། །ཀུང་ཐང་དཀོན་མཆོག་བསྟན་པའི་སྒྲོན་མེའི་བཀའ་འབུམ་གླེགས་བམ་པོད་བཅུ་པའི་དཀར་ཆག་བཞུགས་སོ། །

**贡唐恭却丹贝准美文集第十函目录**

1 种，3 页。

ཀུང་ཐང་དཀོན་མཆོག་བསྟན་པའི་སྒྲོན་མེ། 贡唐・恭却丹贝准美 (1762—1823) 撰述。

甘肃省甘南藏族自治州夏河县拉卜楞地区拉卜楞寺 ( 拉章扎喜齐 ) 印经院木刻版之刻印本。

普通藏纸，梵夹装中印本 (47.2 × 6.2cm)，楷体，墨色，横刊藏文六行，四周双栏，全。

索书号：000926/1。保存基本完好，今藏民族文化宫中国民族图书馆。

༄༅། །གྲགས་པ་རྒྱལ་མཚན་གྱི་གསུང་འབུམ་ཀ་པོད་ཀྱི་དཀར་ཆག་བཞུགས་སོ། །

**札巴坚参文集 ཀ 字函目录**

1 种，1 页。

འདུལ་འཛིན་གྲགས་པ་རྒྱལ་མཚན། 堆增・札巴坚参 (1374—1434) 撰述。

西藏地区藏传佛教寺院印经院木刻版之刻印本。

普通藏纸，梵夹装中印本 (49 × 6cm)，楷体，墨色，横刊藏文六行，四周双栏，全。

索书号：001242/1。保存基本完好，今藏民族文化宫中国民族图书馆。

༄༅། །གྲུབ་པའི་འཁོར་ལོ་བསྒྱུར་བ་འཇམ་པའི་དབྱངས་བསོད་ནམས་དབང་པོའི་གསུང་འབུམ་དཀར་ཆག་ནོར་བུའི་ཕྲེང་བ་བཞུགས་སོ། །

**成就转轮王绛贝央索南旺波文集目录・摩尼鬘**

1 种，3 页。

ཨ་མེས་ངག་དབང་ཀུན་དགའ་བསོད་ནམས། 阿梅・阿旺衮噶索南 (1597—1660) 撰述。

四川省甘孜藏族自治州德格县德格地区德格寺印经院木刻版之刻印本。

普通藏纸，梵夹装中印本 (45.6 × 6.3cm)，楷体，墨色，横刊藏文六行，四周双栏，全。

索书号：003227/27。保存基本完好，今藏民族文化宫中国民族图书馆。

**༄༅། །གྲུབ་པའི་དབང་ཕྱུག་བློ་བཟང་དོན་ཡོད་གྲུབ་པའི་གསུང་འབུམ་ཀ་པའི་དཀར་ཆག་བཞུགས་སོ། །**

**成就自在师洛桑顿珠文集 ཀ 字函目录**

1 种，3 页。

པཎ་ཆེན་ཨེར་དེ་ནི་དབེན་ས་པ་བློ་བཟང་དོན་གྲུབ། 班禅额尔德尼·温萨巴·洛桑顿珠(1505—1566) 撰述。

西藏自治区日喀则市萨迦地区萨迦寺印经院木刻版之刻印本。

普通藏纸，梵夹装中印本(47×6.2cm)，楷体，墨色，横刊藏文六行，四周双栏，全。

索书号：003756/1。保存基本完好，今藏民族文化宫中国民族图书馆。

**༄༅། །གྲུབ་པའི་དབང་ཕྱུག་བློ་བཟང་དོན་གྲུབ་ཀྱི་གསུང་འབུམ་ཁ་པའི་དཀར་ཆག་བཞུགས་སོ། །**

**成就自在师洛桑顿珠文集 ཁ 字函目录**

1 种，2 页。

པཎ་ཆེན་ཨེར་དེ་ནི་དབེན་ས་པ་བློ་བཟང་དོན་གྲུབ། 班禅额尔德尼·温萨巴·洛桑顿珠(1505—1566) 撰述。

西藏自治区日喀则市萨迦地区萨迦寺印经院木刻版之刻印本。

普通藏纸，梵夹装中印本(47×6.2cm)，楷体，墨色，横刊藏文六行，四周双栏，全。

索书号：003757/1。保存基本完好，今藏民族文化宫中国民族图书馆。

**༄༅། །དགེ་འདུན་ཆོས་སྐྱོང་རྒྱ་མཚོའི་བཀའ་འབུམ་གྱི་དཀར་ཆག་བཞུགས་སོ། །**

**格登曲迥嘉措文集目录**

1 种，3 页。

ཐར་ཤུལ་དགེ་འདུན་ཆོས་སྐྱོང་རྒྱ་མཚོ། 塔秀·格登曲迥嘉措(1811—1888) 撰述。

青海省湟中县鲁沙尔地区塔尔寺(固奔乾巴林)印经院木刻版之刻印本。

普通藏纸，梵夹装中印本(44.5×6.5cm)，楷体，墨色，横刊藏文六行，四周双栏，全。

索书号：001227/1。保存基本完好，今藏民族文化宫中国民族图书馆。

**༄༅། །དགེ་ལྡན་སྙན་བརྒྱུད་ཀྱི་གདམས་པའི་གཏེར་མཛོད་རྗེ་ཤེས་རབ་རྒྱ་མཚོ་དཔལ་བཟང་པོའི་གསུང་འབུམ་ཀ་པའི་དཀར་ཆག་བཞུགས་སོ། །**

**格旦耳传教授宝库至尊希饶嘉措文集 ཀ 字函目录**

1 种，1 页。

དྲུང་ཆེན་ཤེས་རབ་རྒྱ་མཚོ། 仲钦·希饶嘉措(1803—1875) 撰述。

多麦地区藏传佛教格旦南杰林寺印经院木刻版之刻印本。

普通藏纸，梵夹装中印本(48×6cm)，楷体，墨色，横刊藏文六行，四周双栏，全。

索书号：003691/1。保存基本完好，今藏民族文化宫中国民族图书馆。

**༄༅། །དགེ་ལྡན་སྙན་བརྒྱུད་ཀྱི་གདམས་པའི་གཏེར་མཛོད་རྗེ་ཤེས་རབ་རྒྱ་མཚོ་དཔལ་བཟང་པོའི་གསུང་འབུམ་ཁ་པའི་དཀར་ཆག་བཞུགས་སོ། །**

**格旦耳传教授宝库至尊希饶嘉措文集 ཁ 字函目录**

1 种，19 页。

དྲུང་ཆེན་ཤེས་རབ་རྒྱ་མཚོ། 仲钦·希饶嘉措(1803—1875) 撰述。

多麦地区藏传佛教格旦南杰林寺印经院木刻版之刻印本。

普通藏纸，梵夹装中印本(48×6cm)，楷体，墨色，横刊藏文六行，四周双栏，全。

索书号：003692/1。保存基本完好，今藏民族文化宫中国民族图书馆。

**༄༅། །དགེ་ལྡན་བསྟན་བརྒྱུད་ཀྱི་གདམས་པའི་གཏེར་མཛོད་རྗེ་ཤེས་རབ་རྒྱ་མཚོ་དཔལ་བཟང་པོའི་གསུང་འབུམ་ག་པའི་དཀར་ཆག་བཞུགས་སོ། །**
**格旦耳传教授宝库至尊希饶嘉措文集 ག 字函目录**

1 种，2 页。

དྲུང་ཆེན་ཤེས་རབ་རྒྱ་མཚོ། 仲钦・希饶嘉措 (1803—1875) 撰述。

多麦地区藏传佛教格旦南杰林寺印经院木刻版之刻印本。

普通藏纸，梵夹装中印本 (48×6cm)，楷体，墨色，横刊藏文六行，四周双栏，全。

索书号：003693/1。保存基本完好，今藏民族文化宫中国民族图书馆。

**༄༅། །དགེ་ལྡན་བསྟན་བརྒྱུད་ཀྱི་གདམས་པའི་གཏེར་མཛོད་རྗེ་ཤེས་རབ་རྒྱ་མཚོ་དཔལ་བཟང་པོའི་གསུང་འབུམ་ང་པའི་དཀར་ཆག་བཞུགས་སོ། །**
**格旦耳传教授宝库至尊希饶嘉措文集 ང 字函目录**

1 种，2 页。

དྲུང་ཆེན་ཤེས་རབ་རྒྱ་མཚོ། 仲钦・希饶嘉措 (1803—1875) 撰述。

多麦地区藏传佛教格旦南杰林寺印经院木刻版之刻印本。

普通藏纸，梵夹装中印本 (48×6cm)，楷体，墨色，横刊藏文六行，四周双栏，全。

索书号：003694/1。保存基本完好，今藏民族文化宫中国民族图书馆。

**༄༅། །དགེ་ལྡན་བསྟན་བརྒྱུད་ཀྱི་གདམས་པའི་གཏེར་མཛོད་རྗེ་ཤེས་རབ་རྒྱ་མཚོ་དཔལ་བཟང་པོའི་གསུང་འབུམ་ཅ་པའི་དཀར་ཆག་བཞུགས་སོ། །**
**格旦耳传教授宝库至尊希饶嘉措文集 ཅ 字函目录**

1 种，2 页。

དྲུང་ཆེན་ཤེས་རབ་རྒྱ་མཚོ། 仲钦・希饶嘉措 (1803—1875) 撰述。

多麦地区藏传佛教格旦南杰林寺印经院木刻版之刻印本。

普通藏纸，梵夹装中印本 (48×6cm)，楷体，墨色，横刊藏文六行，四周双栏，全。

索书号：003695/1。保存基本完好，今藏民族文化宫中国民族图书馆。

**༄༅། །དགེ་ལྡན་བསྟན་བརྒྱུད་ཀྱི་གདམས་པའི་གཏེར་མཛོད་རྗེ་ཤེས་རབ་རྒྱ་མཚོ་དཔལ་བཟང་པོའི་གསུང་འབུམ་ཆ་པའི་དཀར་ཆག་བཞུགས་སོ། །**
**格旦耳传教授宝库至尊希饶嘉措文集 ཆ 字函目录**

1 种，1 页。

དྲུང་ཆེན་ཤེས་རབ་རྒྱ་མཚོ། 仲钦・希饶嘉措 (1803—1875) 撰述。

多麦地区藏传佛教格旦南杰林寺印经院木刻版之刻印本。

普通藏纸，梵夹装中印本 (48×6cm)，楷体，墨色，横刊藏文六行，四周双栏，全。

索书号：003696/1。保存基本完好，今藏民族文化宫中国民族图书馆。

༄༅། །དགེ་ལྡན་སྙན་བརྒྱུད་ཀྱི་གདམས་པའི་གཏེར་མཛོད་རྗེ་ཤེས་རབ་རྒྱ་མཚོ་དཔལ་བཟང་པོའི་གསུང་འབུམ་ཛ་པའི་དཀར་ཆག་བཞུགས་སོ། །

**格旦耳传教授宝库至尊希饶嘉措文集 ཛ 字函目录**

1 种，2 页。

དྲུང་ཆེན་ཤེས་རབ་རྒྱ་མཚོ། 仲钦・希饶嘉措 (1803—1875) 撰述。

多麦地区藏传佛教格旦南杰林寺印经院木刻版之刻印本。

普通藏纸，梵夹装中印本 (48×6cm)，楷体，墨色，横刊藏文六行，四周双栏，全。

索书号：003697/1。保存基本完好，今藏民族文化宫中国民族图书馆。

༄༅། །དགེ་ལྡན་རིང་ལུགས་འཛིན་པ་གསན་རྒྱ་ཆེན་པོ་འདོད་པ་རྣམས་ལ་ཕན་པའི་མཚན་ཐོ་ཞེས་བྱ་བ་བཞུགས་སོ། །

**饶益格旦宗规乐于多听博闻者之名录**

1 种，13 页。

ཀློང་རྡོལ་བླ་མ་ངག་དབང་བློ་བཟང་། 隆朵喇嘛・阿旺洛桑 (1719—1795) 撰述。

北京地区藏传佛教皇家寺院印经院木刻版之刻印本。

普通纸，梵夹装中印本 (53×7.1cm)，楷体，墨色，横刊藏文六行，四周双栏，全。

索书号：001005/5。保存基本完好，今藏民族文化宫中国民族图书馆。

༄༅། །རྒྱ་གར་ཤེས་རབ་རྒྱལ་མཚན་གྱི་གསུང་འབུམ་གྱི་དཀར་ཆག་གསལ་བའི་མེ་ལོང་བཞུགས་སོ། །

**嘉噶希饶坚参文集目录**

1 种，1 页。

རྒྱ་གར་ཤེས་རབ་རྒྱལ་མཚན། 嘉噶・希饶坚参 (1436—1482) 撰述。

西藏地区藏传佛教寺院印经院传抄之金汁写本。

瓷青纸，梵夹装中印本 (46×6.5cm)，楷体，墨色，横书藏文六行，四周双栏，全。

索书号：003923/1。保存基本完好，今藏民族文化宫中国民族图书馆。

༄༅། །རྒྱལ་མཁན་པོ་གྲགས་པ་རྒྱལ་མཚན་གྱི་གསུང་འབུམ་གྱི་དཀར་ཆག་དད་པའི་སྒོ་འབྱེད་ཅེས་བྱ་བ་བཞུགས་སོ། །

**嘉堪波札巴坚参文集目录・开诚信之门**

1 种，14 页。

རྒྱལ་མཁན་པོ་གྲགས་པ་རྒྱལ་མཚན། 嘉堪波・札巴坚参 (1762—1836) 撰述。

甘肃省甘南藏族自治州夏河县拉卜楞地区拉卜楞寺（拉章扎喜齐）印经院木刻版之刻印本。

普通藏纸，梵夹装中印本 (47.4×6.3cm)，楷体，墨色，横刊藏文六行，四周双栏，全。

索书号：000851/14。保存基本完好，今藏民族文化宫中国民族图书馆。

༄༅། །རྒྱལ་བའི་བཀའ་འགྱུར་རིན་པོ་ཆེ་གསེར་སྦྱངས་བཙོ་མས་གསར་བཞེངས་ཀྱི་དཀར་ཆག་དགེ་ལེགས་འདོད་དགུ་ཆར་དུ་སྙིལ་བ་དཔག་བསམ་ཡོངས་འདུའི་འཁྲི་ཤིང་ཞེས་བྱ་བ་བཞུགས་སོ། །

**新制纯金书写甘珠尔大宝经藏目录・吉祥随愿雨降・如意宝树**

1 种，33 页。

རྒྱལ་སྲས་སྐལ་བཟང་ཐུབ་བསྟན། 嘉赛・格桑图丹 (1743—1810) 撰述。

西藏自治区拉萨市达孜地区甘丹寺（卓日格旦南巴嘉哇林）印经院木刻版之刻印本。

普通藏纸，梵夹装中印本(47×7cm)，楷体，墨色，横刊藏文六行，四周双栏，全。

索书号：000814/4。保存基本完好，今藏民族文化宫中国民族图书馆。

༄༅། །རྒྱལ་བའི་བཀའ་འགྱུར་རིན་པོ་ཆེའི་དཀར་ཆག་བཻཌཱུརྱའི་ཞུན་མའི་བཞིན་སྟོད་ཅེས་བྱ་བ་བཞུགས་སོ། །

**大藏经·甘珠尔目录·吠琉璃熔器**

1种，120页。

རྟ་ཚག་རྗེ་དྲུང་ཡེ་ཤེས་བསྟན་པའི་མགོན་པོ། 达扎济咙·益希丹贝贡波(1760—1810)撰述。

西藏自治区拉萨地区孜雪印经院木刻版之刻印本。

普通藏纸，梵夹装中印本(45.7×6.5cm)，楷体，墨色，横刊藏文六行，四周双栏，全。

索书号：003798/35。保存基本完好，今藏民族文化宫中国民族图书馆。

༄༅། །རྒྱལ་ཚབ་ཆོས་རྗེའི་བཀའ་འབུམ་ཀ་པའི་དཀར་ཆག་བཞུགས་སོ། །

**嘉策法王文集 ཀ 字函目录**

1种，2页。

རྒྱལ་ཚབ་རྗེ་དར་མ་རིན་ཆེན། 嘉策杰·达玛仁钦(1364—1432)撰述。

甘肃省甘南藏族自治州夏河县拉卜楞地区拉卜楞寺(拉章扎喜齐)印经院木刻版之刻印本。

普通藏纸，梵夹装中印本(50.3×6cm)，楷体，墨色，横刊藏文六行，四周双栏，全。

索书号：002919/1。保存基本完好，今藏民族文化宫中国民族图书馆。

༄༅། །རྒྱལ་ཚབ་ཆོས་རྗེའི་བཀའ་འབུམ་ཁ་པའི་དཀར་ཆག་བཞུགས་སོ། །

**嘉策法王文集 ཁ 字函目录**

1种，1页。

རྒྱལ་ཚབ་རྗེ་དར་མ་རིན་ཆེན། 嘉策杰·达玛仁钦(1364—1432)撰述。

甘肃省甘南藏族自治州夏河县拉卜楞地区拉卜楞寺(拉章扎喜齐)印经院木刻版之刻印本。

普通藏纸，梵夹装中印本(50.3×6cm)，楷体，墨色，横刊藏文六行，四周双栏，全。

索书号：002920/1。保存基本完好，今藏民族文化宫中国民族图书馆。

༄༅། །རྒྱལ་ཚབ་ཆོས་རྗེའི་བཀའ་འབུམ་ག་པའི་དཀར་ཆག་བཞུགས་སོ། །

**嘉策法王文集 ག 字函目录**

1种，1页。

རྒྱལ་ཚབ་རྗེ་དར་མ་རིན་ཆེན། 嘉策杰·达玛仁钦(1364—1432)撰述。

甘肃省甘南藏族自治州夏河县拉卜楞地区拉卜楞寺(拉章扎喜齐)印经院木刻版之刻印本。

普通藏纸，梵夹装中印本(50.3×6cm)，楷体，墨色，横刊藏文六行，四周双栏，全。

索书号：002921/1。保存基本完好，今藏民族文化宫中国民族图书馆。

༄༅། །རྒྱལ་ཚབ་ཆོས་རྗེའི་བཀའ་འབུམ་ང་པའི་དཀར་ཆག་བཞུགས་སོ། །

**嘉策法王文集 ང 字函目录**

1种，1页。

རྒྱལ་ཚབ་རྗེ་དར་མ་རིན་ཆེན། 嘉策杰·达玛仁钦(1364—1432)撰述。

甘肃省甘南藏族自治州夏河县拉卜楞

地区拉卜楞寺（拉章扎喜齐）印经院木刻版之刻印本。

普通藏纸，梵夹装中印本 (50.3×6cm)，楷体，墨色，横刊藏文六行，四周双栏，全。

索书号：002922/1。保存基本完好，今藏民族文化宫中国民族图书馆。

༄༅། །རྒྱལ་ཚབ་ཆོས་རྗེའི་བཀའ་འབུམ་ཙ་པའི་དཀར་ཆག་བཞུགས་སོ། །

**嘉策法王文集 ཙ 字函目录**

1 种，1 页。

རྒྱལ་ཚབ་རྗེ་དར་མ་རིན་ཆེན། 嘉策杰・达玛仁钦 (1364—1432) 撰述。

甘肃省甘南藏族自治州夏河县拉卜楞地区拉卜楞寺（拉章扎喜齐）印经院木刻版之刻印本。

普通藏纸，梵夹装中印本 (50.3×6cm)，楷体，墨色，横刊藏文六行，四周双栏，全。

索书号：002923/1。保存基本完好，今藏民族文化宫中国民族图书馆。

༄༅། །རྒྱལ་ཚབ་ཆོས་རྗེའི་བཀའ་འབུམ་ཚ་པའི་དཀར་ཆག་བཞུགས་སོ། །

**嘉策法王文集 ཚ 字函目录**

1 种，1 页。

རྒྱལ་ཚབ་རྗེ་དར་མ་རིན་ཆེན། 嘉策杰・达玛仁钦 (1364—1432) 撰述。

甘肃省甘南藏族自治州夏河县拉卜楞地区拉卜楞寺（拉章扎喜齐）印经院木刻版之刻印本。

普通藏纸，梵夹装中印本 (50.3×6cm)，楷体，墨色，横刊藏文六行，四周双栏，全。

索书号：002924/1。保存基本完好，今藏民族文化宫中国民族图书馆。

༄༅། །རྒྱལ་ཚབ་ཆོས་རྗེའི་བཀའ་འབུམ་ཛ་པའི་དཀར་ཆག་བཞུགས་སོ། །

**嘉策法王文集 ཛ 字函目录**

1 种，1 页。

རྒྱལ་ཚབ་རྗེ་དར་མ་རིན་ཆེན། 嘉策杰・达玛仁钦 (1364—1432) 撰述。

甘肃省甘南藏族自治州夏河县拉卜楞地区拉卜楞寺（拉章扎喜齐）印经院木刻版之刻印本。

普通藏纸，梵夹装中印本 (50.3×6cm)，楷体，墨色，横刊藏文六行，四周双栏，全。

索书号：002925/1。保存基本完好，今藏民族文化宫中国民族图书馆。

༄༅། །རྒྱལ་ཚབ་ཆོས་རྗེའི་བཀའ་འབུམ་ཉ་པའི་དཀར་ཆག་བཞུགས་སོ། །

**嘉策法王文集 ཉ 字函目录**

1 种，2 页。

རྒྱལ་ཚབ་རྗེ་དར་མ་རིན་ཆེན། 嘉策杰・达玛仁钦 (1364—1432) 撰述。

甘肃省甘南藏族自治州夏河县拉卜楞地区拉卜楞寺（拉章扎喜齐）印经院木刻版之刻印本。

普通藏纸，梵夹装中印本 (50.3×6cm)，楷体，墨色，横刊藏文六行，四周双栏，全。

索书号：002926/1。保存基本完好，今藏民族文化宫中国民族图书馆。

༄༅། །རྒྱལ་སྲས་རྡོ་རྗེ་འཆང་གི་གསུང་འབུམ་དཀར་ཆག་བཞུགས་སོ། །

**嘉色金刚持文集目录**

1 种，2 页。

རྒྱལ་སྲས་བློ་བཟང་ངག་དབང་ཐོགས་མེད། 嘉色・洛桑阿旺陀迈（约 19 世纪末叶）撰述。

多麦地区藏传佛教寺院印经院传抄之

缮写本。

普通藏纸，梵夹装中印本(49.5×7cm)，楷体，墨色，横书藏文七行，四周双栏，全。

索书号：003755/5。保存基本完好，今藏民族文化宫中国民族图书馆。

༄༅། །རྒྱལ་སྲས་རིན་པོ་ཆེའི་བཀའ་འབུམ་དཀར་ཆག་བཞུགས་སོ། །

**嘉色仁波且文集目录**

1 种，1 页。

རྒྱལ་སྲས་སྐལ་བཟང་ཐུབ་བསྟན། 嘉色·格桑图丹 (1743—1810) 撰述。

西藏自治区拉萨市达孜地区甘丹寺(卓日格旦南巴嘉哇林)印经院木刻版之刻印本。

普通藏纸，梵夹装中印本(47×7cm)，楷体，墨色，横刊藏文六行，四周双栏，全。

索书号：003743/1。保存基本完好，今藏民族文化宫中国民族图书馆。

༄༅། །རྒྱལ་སྲས་རིན་པོ་ཆེའི་བཀའ་འབུམ་གྱི་དཀར་ཆག་མ་རིག་མུན་སེལ་ཞེས་བྱ་བ་བཞུགས་སོ། །

**嘉色大师文集目录·普除无明**

1 种，4 页。

རྒྱལ་སྲས་ཐོགས་མེད་བཟང་པོ། 嘉色·陀迈桑波(亦称欧曲·嘉色·陀迈桑波，1295—1369)撰述。

四川省甘孜藏族自治州德格县德格地区德格寺印经院木刻版之刻印本。

普通藏纸，梵夹装短印本(39.5×7cm)，楷体，墨色，横刊藏文六行，四周双栏，全。

索书号：003750/1。保存基本完好，今藏民族文化宫中国民族图书馆。

༄༅། །རྒྱུད་སྡེ་བདུན་ཅུ་རྩ་གཉིས་ཀྱི་དཀར་ཆག་གསལ་བའི་སྒྲོན་མེ་བཞུགས་སོ། །

**七十二续部目录·明灯**

1 种，3 页。

གློ་བོ་མཁན་ཆེན་བསོད་ནམས་ལྷུན་གྲུབ། 珞沃堪钦·索南伦珠 (1441—1525) 撰述。

四川省甘孜藏族自治州德格县德格地区德格寺印经院木刻版之刻印本。

普通藏纸，梵夹装中印本(47.1×6.1cm)，楷体，墨色，横刊藏文六行，四周双栏，全。

索书号：003836/39。保存基本完好，今藏民族文化宫中国民族图书馆。

༄༅། །རྒྱུད་སྡེའི་དཀར་ཆག་བཞུགས་སོ། །

**续部目录**

1 种，23 页。

ས་སྐྱ་འཕགས་པ་བློ་གྲོས་རྒྱལ་མཚན། 萨迦·八思巴洛哲坚参 (1235—1280) 撰述。

四川省甘孜藏族自治州德格县德格地区德格寺印经院木刻版之刻印本。

普通藏纸，梵夹装中印本(47.7×6.2cm)，楷体，墨色，横刊藏文六行，四周双栏，全。

索书号：000358/3。保存基本完好，今藏民族文化宫中国民族图书馆。

༄༅། །བརྒྱད་ཏོག་གསེར་གསུམ་གྱི་དཀར་ཆག་བཞུགས་སོ། །

**八千颂、宝箧经、金光明经三种目录**

1 种，3 页。

གློ་བོ་མཁན་ཆེན་བསོད་ནམས་ལྷུན་གྲུབ། 珞沃堪钦·索南伦珠 (1441—1525) 撰述。

四川省甘孜藏族自治州德格县德格地区德格寺印经院木刻版之刻印本。

普通藏纸，梵夹装中印本(47.1×6.1cm)，楷体，墨色，横刊藏文六行，四周双栏，全。

索书号：003838/62。保存基本完好，今藏民族文化宫中国民族图书馆。

༧༢། །སྒྲ་ཚད་པ་ཉིད་ཀྱི་བཀའ་འབུམ་དཀར་ཆག་བཞུགས་སོ། །

**扎蔡巴文集目录**

1 种，2 页。

བུ་སྟོན་ཐུགས་སྲས་སྒྲ་ཚད་པ། 布敦弟子·扎蔡巴 (1318—1388) 撰述。

西藏地区藏传佛教寺院印经院木刻版之刻印本。

普通藏纸，梵夹装中印本 (49.7×7cm)，楷体，墨色，横刊藏文六行，四周双栏，全。

索书号：003092/15。保存基本完好，今藏民族文化宫中国民族图书馆。

༧༣། །སྒྲུབ་ཐབས་དཀར་ཆག་ཅེས་བྱ་བ་བཞུགས་སོ། །

**修法目录**

1 种，1 页。

དངུལ་ཆུ་དྷརྨ་བྷ་དྲ། 欧曲·达玛巴扎（亦称欧曲喇嘛·曲桑洛桑次仁，1772—1851) 撰述。

西藏地区藏传佛教寺院印经院木刻版之刻印本。

普通藏纸，梵夹装中印本 (49.8×6cm)，楷体，墨色，横刊藏文六行，四周双栏，全。

索书号：001044/33。保存基本完好，今藏民族文化宫中国民族图书馆。

༧༤། །ངག་དབང་བཤད་སྒྲུབ་བསྟན་པའི་ཉི་མའི་གསུང་འབུམ་གླེགས་བམ་དང་པོའི་དཀར་ཆག་བཞུགས་སོ། །

**阿旺协珠丹贝尼玛文集 ཀ 字函目录**

1 种，3 页。

ཆེ་ཤོས་ངག་དབང་བཤད་སྒྲུབ་བསྟན་པའི་ཉི་མ། 却西·阿旺协珠丹贝尼玛 (1787—1860) 撰述。

青海省湟中县鲁沙尔地区塔尔寺 ( 固奔乾巴林 ) 印经院木刻版之刻印本。

普通藏纸，梵夹装中印本 (45×7cm)，楷体，墨色，横刊藏文六行，四周双栏，全。

索书号：003782/1。保存基本完好，今藏民族文化宫中国民族图书馆。

༧༥། །ངག་དབང་བཤད་སྒྲུབ་བསྟན་པའི་ཉི་མའི་གསུང་འབུམ་གླེགས་བམ་གཉིས་པའི་དཀར་ཆག་བཞུགས་སོ། །

**阿旺协珠丹贝尼玛文集 ཁ 字函目录**

1 种，3 页。

ཆེ་ཤོས་ངག་དབང་བཤད་སྒྲུབ་བསྟན་པའི་ཉི་མ། 却西·阿旺协珠丹贝尼玛 (1787—1860) 撰述。

青海省湟中县鲁沙尔地区塔尔寺 ( 固奔乾巴林 ) 印经院木刻版之刻印本。

普通藏纸，梵夹装中印本 (45×7cm)，楷体，墨色，横刊藏文六行，四周双栏，全。

索书号：003783/1。保存基本完好，今藏民族文化宫中国民族图书馆。

༧༦། །སྔགས་འཆང་གྲགས་པ་བློ་གྲོས་ཀྱི་གསུང་འབུམ་དཀར་ཆག་པདྨའི་ཕྲེང་བ་ཞེས་བྱ་བ་བཞུགས་སོ། །

**咒师札巴洛哲文集目录·莲花鬘**

1 种，2 页。

ཨ་མེས་ངག་དབང་ཀུན་དགའ་བསོད་ནམས། 阿梅·阿旺衮噶索南 (1597—1660) 撰述。

西藏地区藏传佛教寺院印经院传抄之缮写本。

普通藏纸，梵夹装中印本 (45.6×6.3cm)，草体，墨色，横书藏文七行，四周双栏，全。

索书号：003227/28。保存基本完好，

今藏民族文化宫中国民族图书馆。

༄༅། །སྔགས་འཆང་ཆེན་པོ་ངག་དབང་ཀུན་དགའ་རིན་ཆེན་གྱི་བཀའ་འབུམ་པོ་ཏི་གཉིས་པའི་དཀར་ཆག་བཞུགས་སོ། །

**持密大师阿旺衮噶仁钦文集第二函目录**

1 种，1 页。

ས་སྐྱ་ངག་དབང་ཀུན་དགའ་རིན་ཆེན། 萨迦·阿旺衮噶仁钦 (1517—1584) 撰述。

西藏地区藏传佛教寺院印经院传抄之缮写本。

普通藏纸，梵夹装中印本 (44.8×5.8cm)，草体，墨色，横书藏文七行，四周双栏，全。

索书号：003214/1。保存基本完好，今藏民族文化宫中国民族图书馆。

༄༅། །སྔགས་འཆང་ཆེན་པོ་ངག་དབང་ཀུན་དགའ་རིན་ཆེན་གྱི་བཀའ་འབུམ་པོ་ཏི་གསུམ་པའི་དཀར་ཆག་བཞུགས་སོ། །

**持密大师阿旺衮噶仁钦文集第三函目录**

1 种，1 页。

ས་སྐྱ་ངག་དབང་ཀུན་དགའ་རིན་ཆེན། 萨迦·阿旺衮噶仁钦 (1517—1584) 撰述。

西藏地区藏传佛教寺院印经院传抄之缮写本。

普通藏纸，梵夹装中印本 (44.8×5.8cm)，草体，墨色，横书藏文七行，四周双栏，全。

索书号：006538/1。保存基本完好，今藏民族文化宫中国民族图书馆。

༄༅། །སྔགས་འཆང་ཆོས་ཀྱི་རྒྱལ་པོ་ངག་དབང་ཀུན་དགའ་རིན་ཆེན་གྱི་གསུང་འབུམ་གྱི་དཀར་ཆག་རིན་ཆེན་ཕྲེང་བ་ཞེས་བྱ་བ་བཞུགས་སོ། །

**咒师法王阿旺衮噶仁钦文集目录·大宝鬘**

1 种，5 页。

ཨ་མེས་ངག་དབང་ཀུན་དགའ་བསོད་ནམས། 阿梅·阿旺衮噶索南 (1597—1660) 撰述。

西藏地区藏传佛教寺院印经院传抄之缮写本。

普通藏纸，梵夹装中印本 (45.6×6.3cm)，草体，墨色，横书藏文七行，四周双栏，全。

索书号：003227/26。保存完好，今藏民族文化宫中国民族图书馆。

༄༅། །ལྕང་སྐྱ་རོལ་པའི་རྡོ་རྗེའི་གསུང་འབུམ་ཀ་པའི་དཀར་ཆག་བཞུགས་སོ། །

**章嘉若贝多结文集 ཀ 字函目录**

1 种，1 页。

ལྕང་སྐྱ་རོལ་པའི་རྡོ་རྗེ། 章嘉·若贝多结 (1717—1786) 撰述。

北京地区藏传佛教皇家寺院印经院木刻版之刻印本。

普通纸，梵夹装中印本 (46.8×6.1cm)，楷体，墨色，横刊藏文六行，四周双栏，全。

索书号：003566/1。保存基本完好，今藏民族文化宫中国民族图书馆。

༄༅། །ལྕང་སྐྱ་རོལ་པའི་རྡོ་རྗེའི་གསུང་འབུམ་ཁ་པའི་དཀར་ཆག་བཞུགས་སོ། །

**章嘉若贝多结文集 ཁ 字函目录**

1 种，2 页。

ལྕང་སྐྱ་རོལ་པའི་རྡོ་རྗེ། 章嘉·若贝多结 (1717—1786) 撰述。

北京地区藏传佛教皇家寺院印经院木刻版之刻印本。

普通纸，梵夹装中印本 (46.8×6.1cm)，楷体，墨色，横刊藏文六行，四周双栏，全。

索书号：003567/1。保存基本完好，今藏民族文化宫中国民族图书馆。

༄༅། །ལྕང་སྐྱ་རོལ་པའི་རྡོ་རྗེའི་གསུང་འབུམ་ག་པའི་དཀར་ཆག་བཞུགས་སོ། །

**章嘉若贝多结文集 ག 字函目录**

1 种，3 页。

ལྕང་སྐྱ་རོལ་པའི་རྡོ་རྗེ། 章嘉·若贝多结(1717—1786) 撰述。

北京地区藏传佛教皇家寺院印经院木刻版之刻印本。

普通纸，梵夹装中印本(46.8×6.1cm)，楷体，墨色，横刊藏文六行，四周双栏，全。

索书号：003568/1。保存基本完好，今藏民族文化宫中国民族图书馆。

༄༅། །ལྕང་སྐྱ་རོལ་པའི་རྡོ་རྗེའི་གསུང་འབུམ་ང་པའི་དཀར་ཆག་བཞུགས་སོ། །

**章嘉若贝多结文集 ང 字函目录**

1 种，1 页。

ལྕང་སྐྱ་རོལ་པའི་རྡོ་རྗེ། 章嘉·若贝多结(1717—1786) 撰述。

北京地区藏传佛教皇家寺院印经院木刻版之刻印本。

普通纸，梵夹装中印本(46.8×6.1cm)，楷体，墨色，横刊藏文六行，四周双栏，全。

索书号：003569/1。保存基本完好，今藏民族文化宫中国民族图书馆。

༄༅། །ལྕང་སྐྱ་རོལ་པའི་རྡོ་རྗེའི་གསུང་འབུམ་ཅ་པའི་དཀར་ཆག་བཞུགས་སོ། །

**章嘉若贝多结文集 ཅ 字函目录**

1 种，3 页。

ལྕང་སྐྱ་རོལ་པའི་རྡོ་རྗེ། 章嘉·若贝多结(1717—1786) 撰述。

北京地区藏传佛教皇家寺院印经院木刻版之刻印本。

普通纸，梵夹装中印本(46.8×6.1cm)，楷体，墨色，横刊藏文六行，四周双栏，全。

索书号：003570/1。保存基本完好，今藏民族文化宫中国民族图书馆。

༄༅། །ལྕང་སྐྱ་རོལ་པའི་རྡོ་རྗེའི་གསུང་འབུམ་ཆ་པའི་དཀར་ཆག་བཞུགས་སོ། །

**章嘉若贝多结文集 ཆ 字函目录**

1 种，1 页。

ལྕང་སྐྱ་རོལ་པའི་རྡོ་རྗེ། 章嘉·若贝多结(1717—1786) 撰述。

北京地区藏传佛教皇家寺院印经院木刻版之刻印本。

普通纸，梵夹装中印本(46.8×6.1cm)，楷体，墨色，横刊藏文六行，四周双栏，全。

索书号：003571/1。保存基本完好，今藏民族文化宫中国民族图书馆。

༄༅། །ལྕང་སྐྱ་རོལ་པའི་རྡོ་རྗེའི་གསུང་འབུམ་ཇ་པའི་དཀར་ཆག་བཞུགས་སོ། །

**章嘉若贝多结文集 ཇ 字函目录**

1 种，1 页。

ལྕང་སྐྱ་རོལ་པའི་རྡོ་རྗེ། 章嘉·若贝多结(1717—1786) 撰述。

北京地区藏传佛教皇家寺院印经院木刻版之刻印本。

普通纸，梵夹装中印本(46.8×6.1cm)，楷体，墨色，横刊藏文六行，四周双栏，全。

索书号：003572/1。保存基本完好，今藏民族文化宫中国民族图书馆。

༄༅། །ཆ་ཧར་དགེ་བཤེས་ཀྱི་གསུང་འབུམ་ཀ་པོད་ཀྱི་དཀར་ཆག་བཞུགས་སོ། །

**恰哈尔格西文集 ཀ 字函目录**

1 种，4 页。

ཆ་ཧར་དགེ་བཤེས་བློ་བཟང་ཚུལ་ཁྲིམས། 恰哈

尔格西·洛桑慈称 (1740—1810) 撰述。

北京地区藏传佛教皇家寺院印经院木刻版之刻印本。

普通纸，梵夹装中印本 (48.6×6.7cm)，楷体，墨色，横刊藏文六行，四周双栏，全。

索书号：000727/1。保存基本完好，今藏民族文化宫中国民族图书馆。

༄༅། །ཆ་ཧར་དགེ་བཤེས་ཀྱི་གསུང་འབུམ་ག་པོད་ཀྱི་དཀར་ཆག་བཞུགས་སོ། །

**恰哈尔格西文集 ག 字函目录**

1 种，3 页。

ཆ་ཧར་དགེ་བཤེས་བློ་བཟང་ཚུལ་ཁྲིམས། 恰哈尔格西·洛桑慈称 (1740—1810) 撰述。

北京地区藏传佛教皇家寺院印经院木刻版之刻印本。

普通纸，梵夹装中印本 (48.6×6.7cm)，楷体，墨色，横刊藏文六行，四周双栏，全。

索书号：000729/1。保存基本完好，今藏民族文化宫中国民族图书馆。

༄༅། །ཆ་ཧར་དགེ་བཤེས་ཀྱི་གསུང་འབུམ་ང་པོད་ཀྱི་དཀར་ཆག་བཞུགས་སོ། །

**恰哈尔格西文集 ང 字函目录**

1 种，3 页。

ཆ་ཧར་དགེ་བཤེས་བློ་བཟང་ཚུལ་ཁྲིམས། 恰哈尔格西·洛桑慈称 (1740—1810) 撰述。

北京地区藏传佛教皇家寺院印经院木刻版之刻印本。

普通纸，梵夹装中印本 (48.6×6.7cm)，楷体，墨色，横刊藏文六行，四周双栏，全。

索书号：000730/1。保存基本完好，今藏民族文化宫中国民族图书馆。

༄༅། །ཆ་ཧར་དགེ་བཤེས་ཀྱི་གསུང་འབུམ་ཇ་པོད་ཀྱི་དཀར་ཆག་བཞུགས་སོ། །

**恰哈尔格西文集 ཇ 字函目录**

1 种，2 页。

ཆ་ཧར་དགེ་བཤེས་བློ་བཟང་ཚུལ་ཁྲིམས། 恰哈尔格西·洛桑慈称 (1740—1810) 撰述。

北京地区藏传佛教皇家寺院印经院木刻版之刻印本。

普通纸，梵夹装中印本 (48.6×6.7cm)，楷体，墨色，横刊藏文六行，四周双栏，全。

索书号：000733/1。保存基本完好，今藏民族文化宫中国民族图书馆。

༄༅། །ཆ་ཧར་དགེ་བཤེས་ཀྱི་གསུང་འབུམ་ཐ་པོད་ཀྱི་དཀར་ཆག་བཞུགས་སོ། །

**恰哈尔格西文集 ཐ 字函目录**

1 种，4 页。

ཆ་ཧར་དགེ་བཤེས་བློ་བཟང་ཚུལ་ཁྲིམས། 恰哈尔格西·洛桑慈称 (1740—1810) 撰述。

北京地区藏传佛教皇家寺院印经院木刻版之刻印本。

普通纸，梵夹装中印本 (48.6×6.7cm)，楷体，墨色，横刊藏文六行，四周双栏，全。

索书号：000735/1。保存基本完好，今藏民族文化宫中国民族图书馆。

༄༅། །ཆིངས་སུ་ཛུག་ཐུའི་གསུང་འབུམ་ཁ་པོད་ཀྱི་དཀར་ཆག་བཞུགས་སོ། །

**羌苏祖图文集 ཁ 字函目录**

1 种，2 页。

ཆིངས་སུ་ཙུག་ཐུ་བློ་བཟང་ནོར་བུ་ཤེས་རབ། 羌苏祖图·洛桑诺布希饶 (1737—？ ) 撰述。

北京地区藏传佛教皇家寺院印经院木刻版之刻印本。

普通纸，梵夹装短印本 (38.2×6.1cm)，楷体，墨色，横刊藏文六行，四周双栏，全。

索书号：000832/1。保存基本完好，今藏民族文化宫中国民族图书馆。

**༧༣། །ཆིངས་སུ་ཛུག་ཐུའི་གསུང་འབུམ་ཀ་པོད་ཀྱི་དཀར་ཆག་བཞུགས་སོ། །**

**羌苏祖图文集 ཀ 字函目录**

1 种，2 页。

ཆིངས་སུ་ཛུག་ཐུ་བློ་བཟང་ནོར་བུ་ཤེས་རབ། 羌苏祖图·洛桑诺布希饶 (1737—？ ) 撰述。

北京地区藏传佛教皇家寺院印经院木刻版之刻印本。

普通纸，梵夹装短印本 (38.2×6.1cm)，楷体，墨色，横刊藏文六行，四周双栏，全。

索书号：000833/1。保存基本完好，今藏民族文化宫中国民族图书馆。

**༧༣། །ཆིངས་སུ་ཛུག་ཐུའི་གསུང་འབུམ་ཅ་པོད་ཀྱི་དཀར་ཆག་བཞུགས་སོ། །**

**羌苏祖图文集 ཅ 字函目录**

1 种，3 页。

ཆིངས་སུ་ཛུག་ཐུ་བློ་བཟང་ནོར་བུ་ཤེས་རབ། 羌苏祖图·洛桑诺布希饶 (1737—？ ) 撰述。

北京地区藏传佛教皇家寺院印经院木刻版之刻印本。

普通纸，梵夹装短印本 (38.2×6.1cm)，楷体，墨色，横刊藏文六行，四周双栏，全。

索书号：000835/1。保存基本完好，今藏民族文化宫中国民族图书馆。

**༧༣། །ཆིངས་སུ་ཛུག་ཐུའི་གསུང་འབུམ་ཆ་པོད་ཀྱི་དཀར་ཆག་བཞུགས་སོ། །**

**羌苏祖图文集 ཆ 字函目录**

1 种，3 页。

ཆིངས་སུ་ཛུག་ཐུ་བློ་བཟང་ནོར་བུ་ཤེས་རབ། 羌苏祖图·洛桑诺布希饶 (1737—？ ) 撰述。

北京地区藏传佛教皇家寺院印经院木刻版之刻印本。

普通纸，梵夹装短印本 (38.2×6.1cm)，楷体，墨色，横刊藏文六行，四周双栏，全。

索书号：000836/1。保存基本完好，今藏民族文化宫中国民族图书馆。

**༧༣། །ཆོས་སྐྱོང་རྗེས་གནང་གི་དཀར་ཆག་བཞུགས་སོ། །**

**护法随许目录**

1 种，1 页。

དངུལ་ཆུ་དྷརྨ་བྷ་དྲ། 欧曲·达玛巴扎（亦称欧曲喇嘛·曲桑洛桑次仁，1772—1851) 撰述。

西藏地区藏传佛教寺院印经院木刻版之刻印本。

普通藏纸，梵夹装中印本 (49.8×6cm)，楷体，墨色，横刊藏文六行，四周双栏，全。

索书号：001045//15。保存基本完好，今藏民族文化宫中国民族图书馆。

**༧༣། །ཆོས་རྗེ་མཚུངས་མེད་རིན་པོ་ཆེ་གཡག་སྡེ་པཎ་ཆེན་གྱི་བཀའ་འབུམ་གྱི་དཀར་ཆག་བཞུགས་སོ། །**

**法主雅德班钦文集目录**

1 种，4 页。

གཡག་སྡེ་པཎ་ཆེན་བརྩོན་འགྲུས་དར་རྒྱས། 雅德班钦·宗追达杰 (1289—1378) 撰述。

西藏地区藏传佛教寺院印经院传抄之缮写本。

普通藏纸，梵夹装中印本 (44.5×4.9cm)，草体，墨色，横书藏文七行，四周双栏，全。

索书号：003803/1。保存基本完好，今藏民族文化宫中国民族图书馆。

༄༅། །ཆོས་ལ་བསྐུལ་བའི་གདམ་ལྷའི་ཟ་བོ་ཆེ་ཞེས་བྱ་བ་སོགས་ཆོས་ཚན་འགའ་ཞིག་བཞུགས་སོ། །

**劝受正法之嘉言·天鼓等部分法目**

1 种，9 页。

ཀུ་ཤྲི་དཀའ་བཅུ་པ་བློ་བཟང་ཚེ་འཕེལ། 固释嘎局巴·洛桑慈培 (1760—？ ) 撰述。

北京地区藏传佛教皇家寺院印经院木刻版之刻印本。

普通纸，梵夹装中印本 (47.8×7.5cm)，楷体，墨色，横刊藏文六行，四周双栏，全。

索书号：001094/11。保存基本完好，今藏民族文化宫中国民族图书馆。

༄༅། །འཆི་མེད་དམ་རྫས་པབ་རྒྱུན་གྱི་དཀར་ཆག་བཞུགས་སོ། །

**长寿加持药丸沿袭目录**

1 种，3 页。

ཆེ་ཤོས་བློ་བཟང་བྱང་ཆུབ་བསྟན་པའི་སྒྲོན་མེ། 却西·洛桑强曲丹贝准美 (1861—1933) 撰述。

青海省湟中县鲁沙尔地区塔尔寺 ( 固奔乾巴林 ) 印经院木刻版之刻印本。

普通藏纸，梵夹装中印本 (45.7×6.5cm)，楷体，墨色，横刊藏文六行，四周双栏，全。

索书号：003775/41。保存基本完好，今藏民族文化宫中国民族图书馆。

༄༅། །འཇམ་དཔལ་རྒྱ་མཚོའི་གསུང་འབུམ་ཀ་པོད་ཀྱི་དཀར་ཆག་བཞུགས་སོ། །

**绛白嘉措文集 ཀ 字函目录**

1 种，2 页。

ཏཱ་ལའི་བླ་མ་འཇམ་དཔལ་རྒྱ་མཚོ། 达赖喇嘛·绛白嘉措 1758—1804) 撰述。

西藏自治区拉萨地区孜雪印经院木刻版之刻印本。

普通藏纸，梵夹装中印本 (49.5×7.3cm)，楷体，墨色，横刊藏文六行，四周双栏，全。

索书号：001017/1。保存基本完好，今藏民族文化宫中国民族图书馆。

༄༅། །འཇམ་དབྱངས་མཁྱེན་བརྩེ་དབང་པོའི་གསུང་འབུམ་ཀ་པའི་དཀར་ཆག་བཞུགས་སོ། །

**绛央庆则旺波文集 ཀ 字函目录**

1 种，1 页。

འཇམ་དབྱངས་མཁྱེན་བརྩེ་དབང་པོ། 绛央庆则旺波 (1820—1892) 撰述。

四川省甘孜藏族自治州德格县德格地区德格寺印经院木刻版之刻印本。

普通藏纸，梵夹装短印本 (29.7×4.6cm)，楷体，墨色，横刊藏文六行，四周双栏，全。

索书号：006301/1。保存基本完好，今藏民族文化宫中国民族图书馆。

༄༅། །འཇམ་དབྱངས་མཁྱེན་བརྩེ་དབང་པོའི་གསུང་འབུམ་ཁ་པའི་དཀར་ཆག་བཞུགས་སོ། །

**绛央庆则旺波文集 ཁ 字函目录**

1 种，1 页。

འཇམ་དབྱངས་མཁྱེན་བརྩེ་དབང་པོ། 绛央庆则旺波 (1820—1892) 撰述。

四川省甘孜藏族自治州德格县德格地区德格寺印经院木刻版之刻印本。

普通藏纸，梵夹装短印本 (29.7×4.6cm)，楷体，墨色，横刊藏文六行，四周双栏，全。

索书号：006302/1。保存基本完好，今藏民族文化宫中国民族图书馆。

༄༅། །འཇམ་དབྱངས་མཁྱེན་བརྩེ་དབང་པོའི་གསུང་འབུམ་ག་པའི་དཀར་ཆག་བཞུགས་སོ། །

**绛央庆则旺波文集 ག 字函目录**

1 种，1 页。

འཇམ་དབྱངས་མཁྱེན་བརྩེ་དབང་པོ། 绛央庆

则旺波 (1820—1892) 撰述。

四川省甘孜藏族自治州德格县德格地区德格寺印经院木刻版之刻印本。

普通藏纸，梵夹装短印本 (29.7×4.6cm)，楷体，墨色，横刊藏文六行，四周双栏，全。

索书号：006303/1。保存基本完好，今藏民族文化宫中国民族图书馆。

### ༄༅། །འཇམ་དབྱངས་མཁྱེན་བརྩེ་དབང་པོའི་གསུང་འབུམ་ང་པའི་དཀར་ཆག་བཞུགས་སོ། །

### 绛央庆则旺波文集 ང 字函目录

1 种，1 页。

འཇམ་དབྱངས་མཁྱེན་བརྩེ་དབང་པོ། 绛央庆则旺波 (1820—1892) 撰述。

四川省甘孜藏族自治州德格县德格地区德格寺印经院木刻版之刻印本。

普通藏纸，梵夹装短印本 (29.7×4.6cm)，楷体，墨色，横刊藏文六行，四周双栏，全。

索书号：006304/1。保存基本完好，今藏民族文化宫中国民族图书馆。

### ༄༅། །འཇམ་དབྱངས་མཁྱེན་བརྩེ་དབང་པོའི་གསུང་འབུམ་ཅ་པའི་དཀར་ཆག་བཞུགས་སོ། །

### 绛央庆则旺波文集 ཅ 字函目录

1 种，1 页。

འཇམ་དབྱངས་མཁྱེན་བརྩེ་དབང་པོ། 绛央庆则旺波 (1820—1892) 撰述。

四川省甘孜藏族自治州德格县德格地区德格寺印经院木刻版之刻印本。

普通藏纸，梵夹装短印本 (29.7×4.6cm)，楷体，墨色，横刊藏文六行，四周双栏，全。

索书号：006305/1。保存基本完好，今藏民族文化宫中国民族图书馆。

### ༄༅། །འཇམ་དབྱངས་མཁྱེན་བརྩེ་དབང་པོའི་གསུང་འབུམ་ཆ་པའི་དཀར་ཆག་བཞུགས་སོ། །

### 绛央庆则旺波文集 ཆ 字函目录

1 种，2 页。

འཇམ་དབྱངས་མཁྱེན་བརྩེ་དབང་པོ། 绛央庆则旺波 (1820—1892) 撰述。

四川省甘孜藏族自治州德格县德格地区德格寺印经院木刻版之刻印本。

普通藏纸，梵夹装短印本 (29.7×4.6cm)，楷体，墨色，横刊藏文六行，四周双栏，全。

索书号：006306/1。保存基本完好，今藏民族文化宫中国民族图书馆。

### ༄༅། །འཇམ་དབྱངས་མཁྱེན་བརྩེ་དབང་པོའི་གསུང་འབུམ་ཇ་པའི་དཀར་ཆག་བཞུགས་སོ། །

### 绛央庆则旺波文集 ཇ 字函目录

1 种，1 页。

འཇམ་དབྱངས་མཁྱེན་བརྩེ་དབང་པོ། 绛央庆则旺波 (1820—1892) 撰述。

四川省甘孜藏族自治州德格县德格地区德格寺印经院木刻版之刻印本。

普通藏纸，梵夹装短印本 (29.7×4.6cm)，楷体，墨色，横刊藏文六行，四周双栏，全。

索书号：006307/1。保存基本完好，今藏民族文化宫中国民族图书馆。

### ༄༅། །འཇམ་དབྱངས་མཁྱེན་བརྩེ་དབང་པོའི་གསུང་འབུམ་ཉ་པའི་དཀར་ཆག་བཞུགས་སོ། །

### 绛央庆则旺波文集 ཉ 字函目录

1 种，1 页。

འཇམ་དབྱངས་མཁྱེན་བརྩེ་དབང་པོ། 绛央庆则旺波 (1820—1892) 撰述。

四川省甘孜藏族自治州德格县德格地区德格寺印经院木刻版之刻印本。

普通藏纸，梵夹装短印本 (29.7×4.6cm)，楷体，墨色，横刊藏文六行，四周双栏，全。

索书号：006308/1。保存基本完好，今藏民族文化宫中国民族图书馆。

**༄༅། །འཇམ་དབྱངས་མཁྱེན་བརྩེ་དབང་པོའི་གསུང་འབུམ་ཏ་པའི་དཀར་ཆག་བཞུགས་སོ། །**

**绛央庆则旺波文集 ཏ 字函目录**

1 种，3 页。

འཇམ་དབྱངས་མཁྱེན་བརྩེ་དབང་པོ། 绛央庆则旺波 (1820—1892) 撰述。

四川省甘孜藏族自治州德格县德格地区德格寺印经院木刻版之刻印本。

普通藏纸，梵夹装短印本 (29.7 × 4.6cm)，楷体，墨色，横刊藏文六行，四周双栏，全。

索书号：006309/1。保存基本完好，今藏民族文化宫中国民族图书馆。

**༄༅། །འཇམ་དབྱངས་མཁྱེན་བརྩེ་དབང་པོའི་གསུང་འབུམ་ཐ་པའི་དཀར་ཆག་བཞུགས་སོ། །**

**绛央庆则旺波文集 ཐ 字函目录**

1 种，2 页。

འཇམ་དབྱངས་མཁྱེན་བརྩེ་དབང་པོ། 绛央庆则旺波 (1820—1892) 撰述。

四川省甘孜藏族自治州德格县德格地区德格寺印经院木刻版之刻印本。

普通藏纸，梵夹装短印本 (29.7 × 4.6cm)，楷体，墨色，横刊藏文六行，四周双栏，全。

索书号：006310/1。保存基本完好，今藏民族文化宫中国民族图书馆。

**༄༅། །འཇམ་དབྱངས་མཁྱེན་བརྩེ་དབང་པོའི་གསུང་འབུམ་ད་པའི་དཀར་ཆག་བཞུགས་སོ། །**

**绛央庆则旺波文集 ད 字函目录**

1 种，1 页。

འཇམ་དབྱངས་མཁྱེན་བརྩེ་དབང་པོ། 绛央庆则旺波 (1820—1892) 撰述。

四川省甘孜藏族自治州德格县德格地区德格寺印经院木刻版之刻印本。

普通藏纸，梵夹装短印本 (29.7 × 4.6cm)，楷体，墨色，横刊藏文六行，四周双栏，全。

索书号：006311/1。保存基本完好，今藏民族文化宫中国民族图书馆。

**༄༅། །འཇམ་དབྱངས་མཁྱེན་བརྩེ་དབང་པོའི་གསུང་འབུམ་ན་པའི་དཀར་ཆག་བཞུགས་སོ། །**

**绛央庆则旺波文集 ན 字函目录**

1 种，1 页。

འཇམ་དབྱངས་མཁྱེན་བརྩེ་དབང་པོ། 绛央庆则旺波 (1820—1892) 撰述。

四川省甘孜藏族自治州德格县德格地区德格寺印经院木刻版之刻印本。

普通藏纸，梵夹装短印本 (29.7 × 4.6cm)，楷体，墨色，横刊藏文六行，四周双栏，全。

索书号：006312/1。保存基本完好，今藏民族文化宫中国民族图书馆。

**༄༅། །འཇམ་དབྱངས་མཁྱེན་བརྩེ་དབང་པོའི་གསུང་འབུམ་པ་པའི་དཀར་ཆག་བཞུགས་སོ། །**

**绛央庆则旺波文集 པ 字函目录**

1 种，1 页。

འཇམ་དབྱངས་མཁྱེན་བརྩེ་དབང་པོ། 绛央庆则旺波 (1820—1892) 撰述。

四川省甘孜藏族自治州德格县德格地区德格寺印经院木刻版之刻印本。

普通藏纸，梵夹装短印本 (29.7 × 4.6cm)，楷体，墨色，横刊藏文六行，四周双栏，全。

索书号：003313/1。保存基本完好，今藏民族文化宫中国民族图书馆。

༄༅། །འཇམ་དབྱངས་མཁྱེན་བརྩེ་དབང་པོའི་གསུང་འབུམ་ཕ་པའི་དཀར་ཆག་བཞུགས་སོ། །

**绛央庆则旺波文集 ཕ 字函目录**

1 种，1 页。

འཇམ་དབྱངས་མཁྱེན་བརྩེ་དབང་པོ། 绛央庆则旺波 (1820—1892) 撰述。

四川省甘孜藏族自治州德格县德格地区德格寺印经院木刻版之刻印本。

普通藏纸，梵夹装短印本 (29.7×4.6cm)，楷体，墨色，横刊藏文六行，四周双栏，全。

索书号：006314/1。保存基本完好，今藏民族文化宫中国民族图书馆。

༄༅། །འཇམ་དབྱངས་མཁྱེན་བརྩེ་དབང་པོའི་གསུང་འབུམ་བ་པའི་དཀར་ཆག་བཞུགས་སོ། །

**绛央庆则旺波文集 བ 字函目录**

1 种，2 页。

འཇམ་དབྱངས་མཁྱེན་བརྩེ་དབང་པོ། 绛央庆则旺波 (1820—1892) 撰述。

四川省甘孜藏族自治州德格县德格地区德格寺印经院木刻版之刻印本。

普通藏纸，梵夹装短印本 (29.7×4.6cm)，楷体，墨色，横刊藏文六行，四周双栏，全。

索书号：006315/1。保存基本完好，今藏民族文化宫中国民族图书馆。

༄༅། །འཇམ་དབྱངས་མཁྱེན་བརྩེ་དབང་པོའི་གསུང་འབུམ་མ་པའི་དཀར་ཆག་བཞུགས་སོ། །

**绛央庆则旺波文集 མ 字函目录**

1 种，1 页。

འཇམ་དབྱངས་མཁྱེན་བརྩེ་དབང་པོ། 绛央庆则旺波 (1820—1892) 撰述。

四川省甘孜藏族自治州德格县德格地区德格寺印经院木刻版之刻印本。

普通藏纸，梵夹装短印本 (29.7×4.6cm)，楷体，墨色，横刊藏文六行，四周双栏，全。

索书号：006316/1。保存基本完好，今藏民族文化宫中国民族图书馆。

༄༅། །འཇམ་དབྱངས་མཁྱེན་བརྩེ་དབང་པོའི་གསུང་འབུམ་ཙ་པའི་དཀར་ཆག་བཞུགས་སོ། །

**绛央庆则旺波文集 ཙ 字函目录**

1 种，1 页。

འཇམ་དབྱངས་མཁྱེན་བརྩེ་དབང་པོ། 绛央庆则旺波 (1820—1892) 撰述。

四川省甘孜藏族自治州德格县德格地区德格寺印经院木刻版之刻印本。

普通藏纸，梵夹装短印本 (29.7×4.6cm)，楷体，墨色，横刊藏文六行，四周双栏，全。

索书号：006317/1。保存基本完好，今藏民族文化宫中国民族图书馆。

༄༅། །འཇམ་དབྱངས་མཁྱེན་བརྩེ་དབང་པོའི་གསུང་འབུམ་ཚ་པའི་དཀར་ཆག་བཞུགས་སོ། །

**绛央庆则旺波文集 ཚ 字函目录**

1 种，1 页。

འཇམ་དབྱངས་མཁྱེན་བརྩེ་དབང་པོ། 绛央庆则旺波 (1820—1892) 撰述。

四川省甘孜藏族自治州德格县德格地区德格寺印经院木刻版之刻印本。

普通藏纸，梵夹装短印本 (29.7×4.6cm)，楷体，墨色，横刊藏文六行，四周双栏，全。

索书号：006318/1。保存基本完好，今藏民族文化宫中国民族图书馆。

༄༅། །འཇམ་དབྱངས་མཁྱེན་བརྩེ་དབང་པོའི་གསུང་འབུམ་ཛ་པའི་དཀར་ཆག་བཞུགས་སོ། །

**绛央庆则旺波文集 ཛ 字函目录**

1 种，1 页。

འཇམ་དབྱངས་མཁྱེན་བརྩེ་དབང་པོ། 绛央庆

则旺波 (1820—1892) 撰述。

四川省甘孜藏族自治州德格县德格地区德格寺印经院木刻版之刻印本。

普通藏纸，梵夹装短印本 (29.7×4.6cm)，楷体，墨色，横刊藏文六行，四周双栏，全。

索书号：006319/1。保存基本完好，今藏民族文化宫中国民族图书馆。

༄༅། །འཇམ་དབྱངས་མཁྱེན་བརྩེ་དབང་པོའི་གསུང་འབུམ་ཝ་པའི་དཀར་ཆག་བཞུགས་སོ། །

**绛央庆则旺波文集 ཝ 字函目录**

1 种，1 页。

འཇམ་དབྱངས་མཁྱེན་བརྩེ་དབང་པོ། 绛央庆则旺波 (1820—1892) 撰述。

四川省甘孜藏族自治州德格县德格地区德格寺印经院木刻版之刻印本。

普通藏纸，梵夹装短印本 (29.7×4.6cm)，楷体，墨色，横刊藏文六行，四周双栏，全。

索书号：006320/1。保存基本完好，今藏民族文化宫中国民族图书馆。

༄༅། །འཇམ་དབྱངས་མཁྱེན་བརྩེ་དབང་པོའི་གསུང་འབུམ་ཞ་པའི་དཀར་ཆག་བཞུགས་སོ། །

**绛央庆则旺波文集 ཞ 字函目录**

1 种，1 页。

འཇམ་དབྱངས་མཁྱེན་བརྩེ་དབང་པོ། 绛央庆则旺波 (1820—1892) 撰述。

四川省甘孜藏族自治州德格县德格地区德格寺印经院木刻版之刻印本。

普通藏纸，梵夹装短印本 (29.7×4.6cm)，楷体，墨色，横刊藏文六行，四周双栏，全。

索书号：006321/1。保存基本完好，今藏民族文化宫中国民族图书馆。

༄༅། །འཇམ་དབྱངས་མཁྱེན་བརྩེ་དབང་པོའི་གསུང་འབུམ་ཟ་པའི་དཀར་ཆག་བཞུགས་སོ། །

**绛央庆则旺波文集 ཟ 字函目录**

1 种，2 页。

འཇམ་དབྱངས་མཁྱེན་བརྩེ་དབང་པོ། 绛央庆则旺波 (1820—1892) 撰述。

四川省甘孜藏族自治州德格县德格地区德格寺印经院木刻版之刻印本。

普通藏纸，梵夹装短印本 (29.7×4.6cm)，楷体，墨色，横刊藏文六行，四周双栏，全。

索书号：006322/1。保存基本完好，今藏民族文化宫中国民族图书馆。

༄༅། །འཇམ་དབྱངས་མཁྱེན་བརྩེ་དབང་པོའི་གསུང་འབུམ་འ་པའི་དཀར་ཆག་བཞུགས་སོ། །

**绛央庆则旺波文集 འ 字函目录**

1 种，1 页。

འཇམ་དབྱངས་མཁྱེན་བརྩེ་དབང་པོ། 绛央庆则旺波 (1820—1892) 撰述。

四川省甘孜藏族自治州德格县德格地区德格寺印经院木刻版之刻印本。

普通藏纸，梵夹装短印本 (29.7×4.6cm)，楷体，墨色，横刊藏文六行，四周双栏，全。

索书号：006323/1。保存基本完好，今藏民族文化宫中国民族图书馆。

༄༅། །འཇམ་དབྱངས་མཁྱེན་བརྩེ་དབང་པོའི་གསུང་འབུམ་ཡ་པའི་དཀར་ཆག་བཞུགས་སོ། །

**绛央庆则旺波文集 ཡ 字函目录**

1 种，1 页。

འཇམ་དབྱངས་མཁྱེན་བརྩེ་དབང་པོ། 绛央庆则旺波 (1820—1892) 撰述。

四川省甘孜藏族自治州德格县德格地区德格寺印经院木刻版之刻印本。

普通藏纸，梵夹装短印本 (29.7×4.6cm)，楷体，墨色，横刊藏文六行，四周双栏，全。

索书号：006324/1。保存基本完好，今藏民族文化宫中国民族图书馆。

༄༅། །རྗེ་ཐམས་ཅད་མཁྱེན་པ་དགེ་འདུན་རྒྱ་མཚོའི་གསུང་འབུམ་པོད་དང་པོའི་དཀར་ཆག་ཅེས་བྱ་བ་བཞུགས་སོ། །

**至尊一切智格登嘉措文集第一函目录**

1 种，1 页。

དྭ་ལའི་བླ་མ་དགེ་འདུན་རྒྱ་མཚོ། 达赖喇嘛·格登嘉措 (1476—1541) 撰述。

西藏自治区拉萨地区孜雪印经院木刻版之刻印本。

普通藏纸，梵夹装中印本 (48.2×6.2cm)，楷体，墨色，横刊藏文六行，四周双栏，全。

索书号：001162/1。保存基本完好，今藏民族文化宫中国民族图书馆。

༄༅། །རྗེ་ཐམས་ཅད་མཁྱེན་པ་དགེ་འདུན་རྒྱ་མཚོའི་གསུང་འབུམ་པོད་གཉིས་པའི་དཀར་ཆག་ཅེས་བྱ་བ་བཞུགས་སོ། །

**至尊一切智格登嘉措文集第二函目录**

1 种，1 页。

དྭ་ལའི་བླ་མ་དགེ་འདུན་རྒྱ་མཚོ། 达赖喇嘛·格登嘉措 (1476—1541) 撰述。

西藏自治区拉萨地区孜雪印经院木刻版之刻印本。

普通藏纸，梵夹装中印本 (48.2×6.2cm)，楷体，墨色，横刊藏文六行，四周双栏，全。

索书号：001163/1。保存基本完好，今藏民族文化宫中国民族图书馆。

༄༅། །རྗེ་ཐམས་ཅད་མཁྱེན་པ་དགེ་འདུན་རྒྱ་མཚོའི་གསུང་འབུམ་པོད་གསུམ་པའི་དཀར་ཆག་ཅེས་བྱ་བ་བཞུགས་སོ། །

**至尊一切智格登嘉措文集第三函目录**

1 种，1 页。

དྭ་ལའི་བླ་མ་དགེ་འདུན་རྒྱ་མཚོ། 达赖喇嘛·格登嘉措 (1476—1541) 撰述。

西藏自治区拉萨地区孜雪印经院木刻版之刻印本。

普通藏纸，梵夹装中印本 (48.2×6.2cm)，楷体，墨色，横刊藏文六行，四周双栏，全。

索书号：001164/1。保存基本完好，今藏民族文化宫中国民族图书馆。

༄༅། །རྗེ་དོན་ཡོད་མཁས་གྲུབ་ཀྱི་གསུང་འབུམ་ལས་དཀར་ཆག་གི་རིམ་པ་ཞེས་བྱ་བ་བཞུགས་སོ། །

**顿悦凯珠文集目录次第**

1 种，19 页。

ཞོག་དཀའ་བཅུ་དོན་ཡོད་མཁས་གྲུབ། 雪嘎局·顿悦凯珠 ( 生卒年不详 ) 撰述。

西藏自治区拉萨地区孜雪印经院木刻版之刻印本。

普通藏纸，梵夹装中印本 (50×6.7cm)，楷体，墨色，横刊藏文六行，四周双栏，全。

索书号：000942/24。保存基本完好，今藏民族文化宫中国民族图书馆。

༄༅། །རྗེ་སྨན་ལྷ་རིན་པོ་ཆེ་བློ་གྲོས་རྒྱལ་མཚན་གྱི་བཀའ་འབུམ་གླེགས་བམ་དང་པོའི་དཀར་ཆག་ངོ་མཚར་འཕྲུལ་གྱི་སྒོ་ཆེན་རྣམ་པར་དབྱེ་བའི་ལྡེ་མིག་ཅེས་བྱ་བ་བཞུགས་སོ། །

**至尊金厄大师洛哲坚参文集第一函目录·开幻化大门之钥**

1 种，3 页。

སྨན་ལྷ་བློ་གྲོས་རྒྱལ་མཚན། 金厄·洛哲坚

参 (1402—1472) 撰述。

西藏地区藏传佛教寺院印经院木刻版之刻印本。

普通藏纸，梵夹装中印本 (47.9×6.7cm)，楷体，墨色，横刊藏文六行，四周双栏，全。

索书号：003767/1。保存基本完好，今藏民族文化宫中国民族图书馆。

༄༅། །རྗེ་སྤྱན་སྔ་རིན་པོ་ཆེ་བློ་གྲོས་རྒྱལ་མཚན་གྱི་བཀའ་འབུམ་གླེགས་བམ་གཉིས་པའི་དཀར་ཆག་ལུང་རིགས་འོད་སྣང་འཛག་པའི་ཉི་མ་བཞུགས་སོ། །

**至尊金厄大师洛哲坚参文集第二函目录·教理光辉之日**

1 种，4 页。

སྤྱན་སྔ་བློ་གྲོས་རྒྱལ་མཚན། 金厄·洛哲坚参 (1402—1472) 撰述。

西藏地区藏传佛教寺院印经院木刻版之刻印本。

普通藏纸，梵夹装中印本 (47.9×6.7cm)，楷体，墨色，横刊藏文六行，四周双栏，全。

索书号：003768/1。保存基本完好，今藏民族文化宫中国民族图书馆。

༄༅། །རྗེ་སྤྱན་སྔ་རིན་པོ་ཆེ་བློ་གྲོས་རྒྱལ་མཚན་གྱི་བཀའ་འབུམ་གླེགས་བམ་གསུམ་པའི་དཀར་ཆག་འདོད་དགུའི་ཆར་འབེབས་བཞུགས་སོ། །

**至尊金厄大师洛哲坚参文集第三函目录·随愿雨降**

1 种，2 页。

སྤྱན་སྔ་བློ་གྲོས་རྒྱལ་མཚན། 金厄·洛哲坚参 (1402—1472) 撰述。

西藏地区藏传佛教寺院印经院木刻版之刻印本。

普通藏纸，梵夹装中印本 (47.9×6.7cm)，楷体，墨色，横刊藏文六行，四周双栏，全。

索书号：003769/1。保存基本完好，今藏民族文化宫中国民族图书馆。

༄༅། །རྗེ་བླ་མ་ངག་དབང་ཆོས་ལྡན་དཔལ་བཟང་པོའི་རྣམ་ཐར་དད་པའི་རོལ་མཚོ་སོགས་གསུང་ཐོར་བུ་རྣམས་ཕྱོགས་གཅིག་ཏུ་བཀོད་པ་གླེགས་བམ་ལྔ་པའི་དཀར་ཆག་བཞུགས་སོ། །

**至尊上师阿旺曲旦传·诚信游戏海等散集合编第五函目录**

1 种，3 页。

ལྕང་སྐྱ་ངག་དབང་བློ་བཟང་ཆོས་ལྡན། 章嘉·阿旺洛桑曲旦 (1642—1714) 撰述。

北京地区藏传佛教皇家寺院印经院木刻版之刻印本。

普通纸，梵夹装中印本 (49×6.8cm)，楷体，墨色，横刊藏文六行，四周双栏，全。

索书号：003553/1。保存基本完好，今藏民族文化宫中国民族图书馆。

༄༅། །རྗེ་བླ་མ་ལྕང་ལུང་པཎྜི་ཏ་རིན་པོ་ཆེའི་འཁྲུངས་རབས་གསོལ་འདེབས་དང་རྣམ་ཐར་ལོ་ཚན་གྱི་ཐེམས་བྱང་བཞུགས་སོ། །

**至尊上师江隆阿雅班智达之本生史事与传记目录**

1 种，2 页。

ལྕང་ལུང་པཎྜི་ཏ་ངག་དབང་བློ་བཟང་བསྟན་པའི་རྒྱལ་མཚན། 江隆班智达·阿旺洛桑丹贝坚参 (1770—1845) 撰述。

北京地区藏传佛教皇家寺院印经院木刻版之刻印本。

普通纸，梵夹装短印本 (39×5.9cm)，楷体，墨色，横刊藏文六行，四周双栏，全。

索书号：001153/1。保存基本完好，今藏民族文化宫中国民族图书馆。

**༄༅། །རྗེ་བླ་མ་ལ་བརྟེན་པའི་བླ་མའི་རྣལ་འབྱོར་དགའ་ལྡན་ལྷ་བརྒྱ་མར་གྲགས་པའི་ཁྲིད་ཡིག་སྙན་རྒྱུད་མན་ངག་གཏེར་གྱི་ཁ་བྱང་ཞེས་བྱ་བ་བཞུགས་སོ། །**

**依宗喀巴大师之上师瑜伽喜足天众篇讲义·耳传教授藏之标题**

1 种，10 页。

ཡོངས་འཛིན་ཡེ་ཤེས་རྒྱལ་མཚན། 雍增·益希坚参 (1713—1793) 撰述。

西藏自治区拉萨地区布达拉宫印经院木刻版之刻印本。

普通藏纸，梵夹装中印本 (48.5×6.4cm)，楷体，墨色，横刊藏文六行，四周双栏，全。

索书号：003342/3。保存基本完好，今藏民族文化宫中国民族图书馆。

**༄༅། །རྗེ་བཙུན་གྲུབ་པའི་དབང་ཕྱུག་རྡོ་རྗེ་འཆང་དོན་ཡོད་མཁས་གྲུབ་རིན་པོ་ཆེའི་གསུང་འབུམ་གླེགས་བམ་གྱི་དཀར་ཆག་བཞུགས་སོ། །**

**成就自在金刚持大师顿悦凯珠文集目录**

1 种，3 页。

ཞོལ་དཀའ་བཅུ་དོན་ཡོད་མཁས་གྲུབ། 雪嘎局·顿悦凯珠 ( 生卒年不详 ) 撰述。

西藏自治区拉萨地区孜雪印经院木刻版之刻印本。

普通藏纸，梵夹装中印本 (50×6.7cm)，楷体，墨色，横刊藏文六行，四周双栏，全。

索书号：003812/1。保存基本完好，今藏民族文化宫中国民族图书馆。

**༄༅། །རྗེ་བཙུན་འཇམ་དབྱངས་མཁྱེན་རབ་རྒྱ་མཚོའི་བཀའ་འབུམ་གླེགས་བམ་གཉིས་པའི་དཀར་ཆག་ཅེས་བྱ་བ་བཞུགས་སོ། །**

**至尊绛央庆饶嘉措文集第二函目录**

1 种，16 页。

ཨ་མཆོག་འཇམ་དབྱངས་མཁྱེན་རབ་རྒྱ་མཚོ། 阿却·绛央庆饶嘉措 (1849—1944) 撰述。

四川省阿坝地区藏传佛教玛威桑格林寺印经院木刻版之刻印本。

普通藏纸，梵夹装中印本 (44.9×6.2cm)，楷体，墨色，横刊藏文六行，四周双栏，全。

索书号：000888/1。保存基本完好，今藏民族文化宫中国民族图书馆。

**༄༅། །རྗེ་བཙུན་ཐམས་ཅད་མཁྱེན་པའི་བཀའ་འབུམ་པར་དུ་བསྒྲུབས་པའི་དཀར་ཆག་དགེ་ལེགས་ཕུལ་བྱུང་བཞུགས་སོ། །**

**至尊一切智文集目录·殊胜妙善**

1 种，2 页。

ཇོ་ནང་པ་ཀུན་དགའ་གྲོལ་མཆོག 觉囊巴·衮噶卓却 (1507—1575) 撰述。

西藏地区藏传佛教寺院印经院木刻版之刻印本。

普通藏纸，梵夹装中印本 (46×5.3cm)，楷体，墨色，横刊藏文六行，四周双栏，全。

索书号：002751/1。保存基本完好，今藏民族文化宫中国民族图书馆。

**༄༅། །རྗེ་བཙུན་ཐམས་ཅད་མཁྱེན་པའི་གསུང་འབུམ་ཐོར་བུ་བ་ལས་དཀར་ཆག་སྙན་ངག་རྣམས་ཞེས་བྱ་བ་བཞུགས་སོ། །**

**至尊一切智散集中目录诗词等**

1 种，33 页。

ཏཱ་ལའི་བླ་མ་དགེ་འདུན་རྒྱ་མཚོ། 达赖喇嘛·格登嘉措 (1476—1541) 撰述。

西藏自治区拉萨地区孜雪印经院木刻版之刻印本。

普通藏纸，梵夹装中印本 (48.2×6.2cm)，楷体，墨色，横刊藏文六行，四周双栏，全。

索书号：004164/9。保存基本完好，

今藏民族文化宫中国民族图书馆。

༄༅། །རྗེ་བཙུན་བླ་མ་དམ་པ་གུང་ཐང་འཇམ་པའི་དབྱངས་དཀོན་མཆོག་བསྟན་པའི་སྒྲོན་མེ་དཔལ་བཟང་པོའི་གསུང་འབུམ་གླེགས་བམ་ཀ་པའི་དཀར་ཆག་བཞུགས་སོ། །

**至尊上师贡唐绛贝央恭却丹贝准美文集 ཀ 字函目录**

1 种，2 页。

གུང་ཐང་དཀོན་མཆོག་བསྟན་པའི་སྒྲོན་མེ། 贡唐・恭却丹贝准美 (1762—1823) 撰述。

甘肃省甘南藏族自治州夏河县拉卜楞地区拉卜楞寺（拉章扎喜齐）印经院木刻版之刻印本。

普通藏纸，梵夹装中印本 (47.2×6.2cm)，楷体，墨色，横刊藏文六行，四周双栏，全。

索书号：003588/1。保存基本完好，今藏民族文化宫中国民族图书馆。

༄༅། །རྗེ་བཙུན་བླ་མ་དམ་པ་གུང་ཐང་འཇམ་པའི་དབྱངས་དཀོན་མཆོག་བསྟན་པའི་སྒྲོན་མེ་དཔལ་བཟང་པོའི་གསུང་འབུམ་གླེགས་བམ་ཁ་པའི་དཀར་ཆག་བཞུགས་སོ། །

**至尊上师贡唐绛贝央恭却丹贝准美文集 ཁ 字函目录**

1 种，1 页。

གུང་ཐང་དཀོན་མཆོག་བསྟན་པའི་སྒྲོན་མེ། 贡唐・恭却丹贝准美 (1762—1823) 撰述。

甘肃省甘南藏族自治州夏河县拉卜楞地区拉卜楞寺（拉章扎喜齐）印经院木刻版之刻印本。

普通藏纸，梵夹装中印本 (47.2×6.2cm)，楷体，墨色，横刊藏文六行，四周双栏，全。

索书号：003589/1。保存基本完好，今藏民族文化宫中国民族图书馆。

༄༅། །རྗེ་བཙུན་བླ་མ་དམ་པ་གུང་ཐང་འཇམ་པའི་དབྱངས་དཀོན་མཆོག་བསྟན་པའི་སྒྲོན་མེ་དཔལ་བཟང་པོའི་གསཡང་འབུམ་གླེགས་བམ་ག་པའི་དཀར་ཆག་བཞུགས་སོ། །

**至尊上师贡唐绛贝央恭却丹贝准美文集 ག 字函目录**

1 种，2 页。

གུང་ཐང་དཀོན་མཆོག་བསྟན་པའི་སྒྲོན་མེ། 贡唐・恭却丹贝准美 (1762—1823) 撰述。

甘肃省甘南藏族自治州夏河县拉卜楞地区拉卜楞寺（拉章扎喜齐）印经院木刻版之刻印本。

普通藏纸，梵夹装中印本 (47.2×6.2cm)，楷体，墨色，横刊藏文六行，四周双栏，全。

索书号：003590/1。保存基本完好，今藏民族文化宫中国民族图书馆。

༄༅། །རྗེ་བཙུན་བླ་མ་དམ་པ་གུང་ཐང་འཇམ་པའི་དབྱངས་དཀོན་མཆོག་བསྟན་པའི་སྒྲོན་མེ་དཔལ་བཟང་པོའི་གསུང་འབུམ་གླེགས་བམ་ང་པའི་དཀར་ཆག་བཞུགས་སོ། །

**至尊上师贡唐绛贝央恭却丹贝准美文集 ང 字函目录**

1 种，2 页。

གུང་ཐང་དཀོན་མཆོག་བསྟན་པའི་སྒྲོན་མེ། 贡唐・恭却丹贝准美 (1762—1823) 撰述。

甘肃省甘南藏族自治州夏河县拉卜楞地区拉卜楞寺（拉章扎喜齐）印经院木刻版之刻印本。

普通藏纸，梵夹装中印本 (47.2×6.2cm)，楷体，墨色，横刊藏文六行，四周双栏，全。

索书号：003591/1。保存基本完好，今藏民族文化宫中国民族图书馆。

༧༢༡། །རྗེ་བཙུན་བླ་མ་དམ་པ་ཀུང་ཐང་འཇམ་པའི་དབྱངས་དཀོན་མཆོག་བསྟན་པའི་སྒྲོན་མེ་དཔལ་བཟང་པོའི་གསུང་འབུམ་གླེགས་བམ་ཙ་པའི་དཀར་ཆག་བཞུགས་སོ། །

至尊上师贡唐绛贝央恭却丹贝准美文集 ཙ 字函目录

1 种，2 页。

ཀུང་ཐང་དཀོན་མཆོག་བསྟན་པའི་སྒྲོན་མེ། 贡唐・恭却丹贝准美 (1762—1823) 撰述。

甘肃省甘南藏族自治州夏河县拉卜楞地区拉卜楞寺（拉章扎喜齐）印经院木刻版之刻印本。

普通藏纸，梵夹装中印本 (47.2×6.2cm)，楷体，墨色，横刊藏文六行，四周双栏，全。

索书号：003592/1。保存基本完好，今藏民族文化宫中国民族图书馆。

༧༢༡། །རྗེ་བཙུན་བླ་མ་དམ་པ་ཀུང་ཐང་འཇམ་པའི་དབྱངས་དཀོན་མཆོག་བསྟན་པའི་སྒྲོན་མེ་དཔལ་བཟང་པོའི་གསུང་འབུམ་གླེགས་བམ་ཚ་པའི་དཀར་ཆག་བཞུགས་སོ། །

至尊上师贡唐绛贝央恭却丹贝准美文集 ཚ 字函目录

1 种，2 页。

ཀུང་ཐང་དཀོན་མཆོག་བསྟན་པའི་སྒྲོན་མེ། 贡唐・恭却丹贝准美 (1762—1823) 撰述。

甘肃省甘南藏族自治州夏河县拉卜楞地区拉卜楞寺（拉章扎喜齐）印经院木刻版之刻印本。

普通藏纸，梵夹装中印本 (47.2×6.2cm)，楷体，墨色，横刊藏文六行，四周双栏，全。

索书号：003593/1。保存基本完好，今藏民族文化宫中国民族图书馆。

༧༢༡། །རྗེ་བཙུན་བླ་མ་དམ་པ་ཀུང་ཐང་འཇམ་པའི་དབྱངས་དཀོན་མཆོག་བསྟན་པའི་སྒྲོན་མེ་དཔལ་བཟང་པོའི་གསུང་འབུམ་གླེགས་བམ་ཛ་པའི་དཀར་ཆག་བཞུགས་སོ། །

至尊上师贡唐绛贝央恭却丹贝准美文集 ཛ 字函目录

1 种，3 页。

ཀུང་ཐང་དཀོན་མཆོག་བསྟན་པའི་སྒྲོན་མེ། 贡唐・恭却丹贝准美 (1762—1823) 撰述。

甘肃省甘南藏族自治州夏河县拉卜楞地区拉卜楞寺（拉章扎喜齐）印经院木刻版之刻印本。

普通藏纸，梵夹装中印本 (47.2×6.2cm)，楷体，墨色，横刊藏文六行，四周双栏，全。

索书号：003594/1。保存基本完好，今藏民族文化宫中国民族图书馆。

༧༢༡། །རྗེ་བཙུན་བླ་མ་དམ་པ་ཀུང་ཐང་འཇམ་པའི་དབྱངས་དཀོན་མཆོག་བསྟན་པའི་སྒྲོན་མེ་དཔལ་བཟང་པོའི་གསུང་འབུམ་གླེགས་བམ་ཝ་པའི་དཀར་ཆག་བཞུགས་སོ། །

至尊上师贡唐绛贝央恭却丹贝准美文集 ཝ 字函目录

1 种，3 页。

ཀུང་ཐང་དཀོན་མཆོག་བསྟན་པའི་སྒྲོན་མེ། 贡唐・恭却丹贝准美 (1762—1823) 撰述。

甘肃省甘南藏族自治州夏河县拉卜楞地区拉卜楞寺（拉章扎喜齐）印经院木刻版之刻印本。

普通藏纸，梵夹装中印本 (47.2×6.2cm)，楷体，墨色，横刊藏文六行，四周双栏，全。

索书号：003595/1。保存基本完好，今藏民族文化宫中国民族图书馆。

༄༅། །རྗེ་བཙུན་བླ་མ་དམ་པ་གྲུབ་མཆོག་འཇམ་དབྱངས་བདེ་བའི་རྡོ་རྗེ་དཔལ་བཟང་པོའི་གསུང་འབུམ་དཀར་ཆག་ཨུཏྤལའི་ཕྲེང་བ་ཞེས་བྱ་བ་བཞུགས་སོ། །

**至尊上师得证师绛央德威多结文集目录·青莲鬘**

1 种，4 页。

འཇམ་དབྱངས་བདེ་བའི་རྡོ་རྗེ། 绛央德威多结 (1682—？ ) 撰述。

西藏自治区拉萨地区孜雪印经院木刻版之刻印本。

普通藏纸，梵夹装中印本 (45.8 × 5.4cm)，楷体，墨色，横刊藏文六行，四周双栏，全。

索书号：003794/1。保存基本完好，今藏民族文化宫中国民族图书馆。

༄༅། །རྗེ་བཙུན་བླ་མ་དམ་པ་ཐུའུ་བཀྭན་བློ་བཟང་ཆོས་ཀྱི་ཉི་མ་དཔལ་བཟང་པོའི་གསུང་འབུམ་ཀ་པོད་ཀྱི་དཀར་ཆག་བཞུགས་སོ། །

**至尊大德上师土观洛桑曲吉尼玛文集 ཀ 字函目录**

1 种，2 页。

ཐུའུ་བཀྭན་བློ་བཟང་ཆོས་ཀྱི་ཉི་མ། 土观·洛桑曲吉尼玛 (1737—1802) 撰述。

青海省互助县五十地区佑宁寺 ( 郭隆乾巴林 ) 印经院木刻版之刻印本。

普通藏纸，梵夹装中印本 (48.5 × 6.5cm)，楷体，墨色，横刊藏文六行，四周双栏，全。

索书号：003635/1。保存基本完好，今藏民族文化宫中国民族图书馆。

༄༅། །རྗེ་བཙུན་བླ་མ་དམ་པ་ཐུའུ་བཀྭན་བློ་བཟང་ཆོས་ཀྱི་ཉི་མ་དཔལ་བཟང་པོའི་གསུང་འབུམ་ཁ་པོད་ཀྱི་དཀར་ཆག་བཞུགས་སོ། །

**至尊大德上师土观洛桑曲吉尼玛文集 ཁ 字函目录**

1 种，2 页。

ཐུའུ་བཀྭན་བློ་བཟང་ཆོས་ཀྱི་ཉི་མ། 土观·洛桑曲吉尼玛 (1737—1802) 撰述。

青海省互助县五十地区佑宁寺 ( 郭隆乾巴林 ) 印经院木刻版之刻印本。

普通藏纸，梵夹装中印本 (48.5 × 6.5cm)，楷体，墨色，横刊藏文六行，四周双栏，全。

索书号：003636/1。保存基本完好，今藏民族文化宫中国民族图书馆。

༄༅། །རྗེ་བཙུན་བླ་མ་དམ་པ་ཐུའུ་བཀྭན་བློ་བཟང་ཆོས་ཀྱི་ཉི་མ་དཔལ་བཟང་པོའི་གསུང་འབུམ་ག་པོད་ཀྱི་དཀར་ཆག་བཞུགས་སོ། །

**至尊大德上师土观洛桑曲吉尼玛文集 ག 字函目录**

1 种，3 页。

ཐུའུ་བཀྭན་བློ་བཟང་ཆོས་ཀྱི་ཉི་མ། 土观·洛桑曲吉尼玛 (1737—1802) 撰述。

青海省互助县五十地区佑宁寺 ( 郭隆乾巴林 ) 印经院木刻版之刻印本。

普通藏纸，梵夹装中印本 (48.5 × 6.5cm)，楷体，墨色，横刊藏文六行，四周双栏，全。

索书号：003637/1。保存基本完好，今藏民族文化宫中国民族图书馆。

༄༅། །རྗེ་བཙུན་བླ་མ་དམ་པ་ཐུའུ་བཀྭན་བློ་བཟང་ཆོས་ཀྱི་ཉི་མ་དཔལ་བཟང་པོའི་གསུང་འབུམ་ང་པོད་ཀྱི་དཀར་ཆག་བཞུགས་སོ། །

**至尊大德上师土观洛桑曲吉尼玛文集 ང 字函目录**

1 种，3 页。

ཐུའུ་བཀྭན་བློ་བཟང་ཆོས་ཀྱི་ཉི་མ། 土观・洛桑曲吉尼玛 (1737—1802) 撰述。

青海省互助县五十地区佑宁寺 ( 郭隆乾巴林 ) 印经院木刻版之刻印本。

普通藏纸，梵夹装中印本 (48.5×6.5cm)，楷体，墨色，横刊藏文六行，四周双栏，全。

索书号：003638/1。保存基本完好，今藏民族文化宫中国民族图书馆。

༧༧༡ །རྗེ་བཙུན་བླ་མ་དམ་པ་ཐུའུ་བཀྭན་བློ་བཟང་ཆོས་ཀྱི་ཉི་མ་དཔལ་བཟང་པོའི་གསུང་འབུམ་ཅ་པོད་ཀྱི་དཀར་ཆག་བཞུགས་སོ། །

**至尊大德上师土观洛桑曲吉尼玛文集 ཅ 字函目录**

1 种，3 页。

ཐུའུ་བཀྭན་བློ་བཟང་ཆོས་ཀྱི་ཉི་མ། 土观・洛桑曲吉尼玛 (1737—1802) 撰述。

青海省互助县五十地区佑宁寺 ( 郭隆乾巴林 ) 印经院木刻版之刻印本。

普通藏纸，梵夹装中印本 (48.5×6.5cm)，楷体，墨色，横刊藏文六行，四周双栏，全。

索书号：003639/1。保存基本完好，今藏民族文化宫中国民族图书馆。

༧༧༡ །རྗེ་བཙུན་བླ་མ་དམ་པ་ཐུའུ་བཀྭན་བློ་བཟང་ཆོས་ཀྱི་ཉི་མ་དཔལ་བཟང་པོའི་གསུང་འབུམ་ཆ་པོད་ཀྱི་དཀར་ཆག་བཞུགས་སོ། །

**至尊大德上师土观洛桑曲吉尼玛文集 ཆ 字函目录**

1 种，3 页。

ཐུའུ་བཀྭན་བློ་བཟང་ཆོས་ཀྱི་ཉི་མ། 土观・洛桑曲吉尼玛 (1737—1802) 撰述。

青海省互助县五十地区佑宁寺 ( 郭隆乾巴林 ) 印经院木刻版之刻印本。

普通藏纸，梵夹装中印本 (48.5×6.5cm)，楷体，墨色，横刊藏文六行，四周双栏，全。

索书号：003640/1。保存基本完好，今藏民族文化宫中国民族图书馆。

༧༧༡ །རྗེ་བཙུན་བླ་མ་དམ་པ་ཐུའུ་བཀྭན་བློ་བཟང་ཆོས་ཀྱི་ཉི་མ་དཔལ་བཟང་པོའི་གསུང་འབུམ་ཇ་པོད་ཀྱི་དཀར་ཆག་བཞུགས་སོ། །

**至尊大德上师土观洛桑曲吉尼玛文集 ཇ 字函目录**

1 种，3 页。

ཐུའུ་བཀྭན་བློ་བཟང་ཆོས་ཀྱི་ཉི་མ། 土观・洛桑曲吉尼玛 (1737—1802) 撰述。

青海省互助县五十地区佑宁寺 ( 郭隆乾巴林 ) 印经院木刻版之刻印本。

普通藏纸，梵夹装中印本 (48.5×6.5cm)，楷体，墨色，横刊藏文六行，四周双栏，全。

索书号：003641/1。保存基本完好，今藏民族文化宫中国民族图书馆。

༧༧༡ །རྗེ་བཙུན་བླ་མ་དམ་པ་ཐུའུ་བཀྭན་བློ་བཟང་ཆོས་ཀྱི་ཉི་མ་དཔལ་བཟང་པོའི་གསུང་འབུམ་ཉ་པོད་ཀྱི་དཀར་ཆག་བཞུགས་སོ། །

**至尊大德上师土观洛桑曲吉尼玛文集 ཉ 字函目录**

1 种，3 页。

ཐུའུ་བཀྭན་བློ་བཟང་ཆོས་ཀྱི་ཉི་མ། 土观・洛桑曲吉尼玛 (1737—1802) 撰述。

青海省互助县五十地区佑宁寺 ( 郭隆乾巴林 ) 印经院木刻版之刻印本。

普通藏纸，梵夹装中印本 (48.5×6.5cm)，楷体，墨色，横刊藏文六行，四周双栏，全。

索书号：003642/1。保存基本完好，今藏民族文化宫中国民族图书馆。

༄༅། །རྗེ་བཙུན་བླ་མ་དམ་པ་ཐུའུ་བཀྭན་བློ་བཟང་ཆོས་ཀྱི་ཉི་མ་དཔལ་བཟང་པོའི་གསུང་འབུམ་ཏ་པོད་ཀྱི་དཀར་ཆག་བཞུགས་སོ། །

**至尊大德上师土观洛桑曲吉尼玛文集 ཏ 字函目录**

1 种，1 页。

ཐུའུ་བཀྭན་བློ་བཟང་ཆོས་ཀྱི་ཉི་མ། 土观 · 洛桑曲吉尼玛 (1737—1802) 撰述。

青海省互助县五十地区佑宁寺 ( 郭隆乾巴林 ) 印经院木刻版之刻印本。

普通藏纸，梵夹装中印本 (48.5 × 6.5cm)，楷体，墨色，横刊藏文六行，四周双栏，全。

索书号：003643/1。保存基本完好，今藏民族文化宫中国民族图书馆。

༄༅། །རྗེ་བཙུན་བླ་མ་དམ་པ་ཐུའུ་བཀྭན་བློ་བཟང་ཆོས་ཀྱི་ཉི་མ་དཔལ་བཟང་པོའི་གསུང་འབུམ་ཐ་པོད་ཀྱི་དཀར་ཆག་བཞུགས་སོ། །

**至尊大德上师土观洛桑曲吉尼玛文集 ཐ 字函目录**

1 种，2 页。

ཐུའུ་བཀྭན་བློ་བཟང་ཆོས་ཀྱི་ཉི་མ། 土观 · 洛桑曲吉尼玛 (1737—1802) 撰述。

青海省互助县五十地区佑宁寺 ( 郭隆乾巴林 ) 印经院木刻版之刻印本。

普通藏纸，梵夹装中印本 (48.5 × 6.5cm)，楷体，墨色，横刊藏文六行，四周双栏，全。

索书号：003644/1。保存基本完好，今藏民族文化宫中国民族图书馆。

༄༅། །རྗེ་བཙུན་བླ་མ་དམ་པ་བློ་བཟང་ཆོས་ཀྱི་ཉི་མ་དཔལ་བཟང་པོའི་སྐུ་ན་ཕྲ་དུས་ཀྱི་གསུང་ཐོར་བུ་འགའ་ཞིག་ཕྱོགས་གཅིག་ཏུ་བསྒྲིགས་པ་ཞེས་བྱ་བ་བཞུགས་སོ། །

**至尊大德上师洛桑曲吉尼玛幼时言教散集合编目录**

1 种，13 页。

ཐུའུ་བཀྭན་བློ་བཟང་ཆོས་ཀྱི་ཉི་མ། 土观 · 洛桑曲吉尼玛 (1737—1802) 撰述。

青海省互助县五十地区佑宁寺 ( 郭隆乾巴林 ) 印经院木刻版之刻印本。

普通藏纸，梵夹装中印本 (48.5 × 6.5cm)，楷体，墨色，横刊藏文六行，四周双栏，全。

索书号：003638/6。保存基本完好，今藏民族文化宫中国民族图书馆。

༄༅། །རྗེ་བཙུན་བླ་མ་རྡོ་རྗེ་འཆང་གསེར་ཏོག་ཆོས་ཀྱི་རྒྱལ་པོ་བློ་བཟང་ཚུལ་ཁྲིམས་རྒྱ་མཚོ་དཔལ་བཟང་པོའི་གསུང་འབུམ་ལས་གླེགས་བམ་དང་པོའི་དཀར་ཆག་ཅེས་བྱ་བ་བཞུགས་སོ། །

**至尊上师金刚持色多法王洛桑慈称嘉措文集第一函目录**

1 种，2 页。

གསེར་ཏོག་བློ་བཟང་ཚུལ་ཁྲིམས་རྒྱ་མཚོ། 赛铎 · 洛桑慈称嘉措 (1845—1915) 撰述。

甘肃省甘南藏族自治州夏河县拉卜楞地区拉卜楞寺 ( 拉章扎喜齐 ) 印经院木刻版之刻印本。

普通藏纸，梵夹装中印本 (46.3 × 6.5cm)，楷体，墨色，横刊藏文六行，四周双栏，全。

索书号：001107/1。保存基本完好，今藏民族文化宫中国民族图书馆。

༧༢། །རྗེ་བཙུན་བླ་མ་རྡོ་རྗེ་འཆང་གསེར་ཏོག་ཆོས་ཀྱི་རྒྱལ་པོ་བློ་བཟང་ཚུལ་ཁྲིམས་རྒྱ་མཚོ་དཔལ་བཟང་པོའི་གསུང་འབུམ་ལས་གླེགས་བམ་གཉིས་པའི་དཀར་ཆག་ཅེས་བྱ་བ་བཞུགས་སོ། །

**至尊上师金刚持色多法王洛桑慈称嘉措文集第二函目录**

1 种，2 页。

གསེར་ཏོག་བློ་བཟང་ཚུལ་ཁྲིམས་རྒྱ་མཚོ། 赛铎·洛桑慈称嘉措 (1845—1915) 撰述。

甘肃省甘南藏族自治州夏河县拉卜楞地区拉卜楞寺（拉章扎喜齐）印经院木刻版之刻印本。

普通藏纸，梵夹装中印本 (46.3×6.5cm)，楷体，墨色，横刊藏文六行，四周双栏，全。

索书号：001108/1。保存基本完好，今藏民族文化宫中国民族图书馆。

༧༢། །རྗེ་བཙུན་བླ་མ་རྡོ་རྗེ་འཆང་གསེར་ཏོག་ཆོས་ཀྱི་རྒྱལ་པོ་བློ་བཟང་ཚུལ་ཁྲིམས་རྒྱ་མཚོ་དཔལ་བཟང་པོའི་གསུང་འབུམ་ལས་གླེགས་བམ་གསུམ་པའི་དཀར་ཆག་ཅེས་བྱ་བ་བཞུགས་སོ། །

**至尊上师金刚持色多法王洛桑慈称嘉措文集第三函目录**

1 种，2 页。

གསེར་ཏོག་བློ་བཟང་ཚུལ་ཁྲིམས་རྒྱ་མཚོ། 赛铎·洛桑慈称嘉措 (1845—1915) 撰述。

甘肃省甘南藏族自治州夏河县拉卜楞地区拉卜楞寺（拉章扎喜齐）印经院木刻版之刻印本。

普通藏纸，梵夹装中印本 (46.3×6.5cm)，楷体，墨色，横刊藏文六行，四周双栏，全。

索书号：001109/1。保存基本完好，今藏民族文化宫中国民族图书馆。

༧༢། །རྗེ་བཙུན་བླ་མ་རྡོ་རྗེ་འཆང་གསེར་ཏོག་ཆོས་ཀྱི་རྒྱལ་པོ་བློ་བཟང་ཚུལ་ཁྲིམས་རྒྱ་མཚོ་དཔལ་བཟང་པོའི་གསུང་འབུམ་ལས་གླེགས་བམ་བཞི་པའི་དཀར་ཆག་ཅེས་བྱ་བ་བཞུགས་སོ། །

**至尊上师金刚持色多法王洛桑慈称嘉措文集第四函目录**

1 种，3 页。

གསེར་ཏོག་བློ་བཟང་ཚུལ་ཁྲིམས་རྒྱ་མཚོ། 赛铎·洛桑慈称嘉措 (1845—1915) 撰述。

甘肃省甘南藏族自治州夏河县拉卜楞地区拉卜楞寺（拉章扎喜齐）印经院木刻版之刻印本。

普通藏纸，梵夹装中印本 (46.3×6.5cm)，楷体，墨色，横刊藏文六行，四周双栏，全。

索书号：001110/1。保存基本完好，今藏民族文化宫中国民族图书馆。

༧༢། །རྗེ་བཙུན་བླ་མ་རྡོ་རྗེ་འཆང་གསེར་ཏོག་ཆོས་ཀྱི་རྒྱལ་པོ་བློ་བཟང་ཚུལ་ཁྲིམས་རྒྱ་མཚོ་དཔལ་བཟང་པོའི་གསུང་འབུམ་ལས་གླེགས་བམ་ལྔ་པའི་དཀར་ཆག་ཅེས་བྱ་བ་བཞུགས་སོ། །

**至尊上师金刚持色多法王洛桑慈称嘉措文集第五函目录**

1 种，4 页。

གསེར་ཏོག་བློ་བཟང་ཚུལ་ཁྲིམས་རྒྱ་མཚོ། 赛铎·洛桑慈称嘉措 (1845—1915) 撰述。

甘肃省甘南藏族自治州夏河县拉卜楞地区拉卜楞寺（拉章扎喜齐）印经院木刻版之刻印本。

普通藏纸，梵夹装中印本 (46.3×6.5cm)，楷体，墨色，横刊藏文六行，四周双栏，全。

索书号：001111/1。保存基本完好，今藏民族文化宫中国民族图书馆。

**༄༅། །རྗེ་བཙུན་བླ་མ་དབྱངས་ཅན་གྲུབ་པའི་རྡོ་རྗེའི་བཀའ་འབུམ་ཀ་པའི་དཀར་ཆག་བཞུགས་སོ། །**

**至尊上师央金珠贝多结文集 ཀ 字函目录**

1 种，2 页。

དངུལ་ཆུ་དབྱངས་ཅན་གྲུབ་པའི་རྡོ་རྗེ། 欧曲 · 央金珠贝多结 (1809—1887) 撰述。

西藏自治区日喀则地区扎西格培林寺印经院木刻版之刻印本。

普通藏纸，梵夹装中印本 (49×6.5cm)，楷体，墨色，横刊藏文六行，四周双栏，全。

索书号：001014/1。保存基本完好，今藏民族文化宫中国民族图书馆。

**༄༅། །རྗེ་བཙུན་བློ་བཟང་ཆོས་ཀྱི་རྒྱལ་མཚན་གྱི་གསུང་འབུམ་ཀ་པའི་དཀར་ཆག་བཞུགས་སོ། །**

**至尊洛桑曲吉坚参文集 ཀ 字函目录**

1 种，1 页。

པཎ་ཆེན་ཨེར་ཏེ་ནི་བློ་བཟང་ཆོས་ཀྱི་རྒྱལ་མཚན། 班禅额尔德尼 · 洛桑却吉坚参 (1567—1662) 撰述。

西藏自治区日喀则地区扎什伦布寺印经院木刻版之刻印本。

普通藏纸，梵夹装中印本 (49.4×6.5cm)，楷体，墨色，横刊藏文六行，四周双栏，全。

索书号：000785/1。保存基本完好，今藏民族文化宫中国民族图书馆。

**༄༅། །རྗེ་བཙུན་བློ་བཟང་ཆོས་ཀྱི་རྒྱལ་མཚན་གྱི་གསུང་འབུམ་ཁ་པའི་དཀར་ཆག་བཞུགས་སོ།**

**至尊洛桑曲吉坚参文集 ཁ 字函目录**

1 种，2 页。

པཎ་ཆེན་ཨེར་ཏེ་ནི་བློ་བཟང་ཆོས་ཀྱི་རྒྱལ་མཚན། 班禅额尔德尼 · 洛桑却吉坚参 (1567—1662) 撰述。

西藏自治区日喀则地区扎什伦布寺印经院木刻版之刻印本。

普通藏纸，梵夹装中印本 (49.4×6.5cm)，楷体，墨色，横刊藏文六行，四周双栏，全。

索书号：000786/1。保存基本完好，今藏民族文化宫中国民族图书馆。

**༄༅། །རྗེ་བཙུན་བློ་བཟང་ཆོས་ཀྱི་རྒྱལ་མཚན་གྱི་གསུང་འབུམ་ག་པའི་དཀར་ཆག་བཞུགས་སོ། །**

**至尊曲吉坚参文集 ག 字函目录**

1 种，2 页。

པཎ་ཆེན་ཨེར་ཏེ་ནི་བློ་བཟང་ཆོས་ཀྱི་རྒྱལ་མཚན། 班禅额尔德尼 · 洛桑却吉坚参 (1567—1662) 撰述。

西藏自治区日喀则地区扎什伦布寺印经院木刻版之刻印本。

普通藏纸，梵夹装中印本 (49.4×6.5cm)，楷体，墨色，横刊藏文六行，四周双栏，全。

索书号：000787/1。保存基本完好，今藏民族文化宫中国民族图书馆。

**༄༅། །རྗེ་བཙུན་བློ་བཟང་ཆོས་ཀྱི་རྒྱལ་མཚན་གྱི་གསུང་འབུམ་ང་པའི་དཀར་ཆག་བཞུགས་སོ། །**

**至尊洛桑曲吉坚参文集 ང 字函目录**

1 种，1 页。

པཎ་ཆེན་ཨེར་ཏེ་ནི་བློ་བཟང་ཆོས་ཀྱི་རྒྱལ་མཚན། 班禅额尔德尼 · 洛桑却吉坚参 (1567—1662) 撰述。

西藏自治区日喀则地区扎什伦布寺印经院木刻版之刻印本。

普通藏纸，梵夹装中印本 (49.4×6.5cm)，楷体，墨色，横刊藏文六行，四周双栏，全。

索书号：000788/1。保存基本完好，今藏民族文化宫中国民族图书馆。

༧༧༡ །རྗེ་བཙུན་བློ་བཟང་ཆོས་ཀྱི་རྒྱལ་མཚན་གྱི་གསུང་འབུམ་ཙ་པའི་དཀར་ཆག་བཞུགས་སོ། །

**至尊洛桑曲吉坚参文集 ཙ 字函目录**

1 种，1 页。

པཎ་ཆེན་ཨེར་དེ་ནི་བློ་བཟང་ཆོས་ཀྱི་རྒྱལ་མཚན།

班禅额尔德尼・洛桑却吉坚参 (1567—1662) 撰述。

西藏自治区日喀则地区扎什伦布寺印经院木刻版之刻印本。

普通藏纸，梵夹装中印本 (49.4×6.5cm)，楷体，墨色，横刊藏文六行，四周双栏，全。

索书号：000789/1。保存基本完好，今藏民族文化宫中国民族图书馆。

༧༧༡ །རྗེ་བཙུན་བློ་བཟང་དཔལ་ལྡན་ཡེ་ཤེས་ཀྱི་གསུང་འབུམ་བཀའ་རྒྱ་མ་རྣམས་ཀྱི་དཀར་ཆག་ཆབས་ཅིག་ཏུ་བསྡེབས་པ་བཞུགས་སོ། །

**至尊洛桑白旦益希诸密语集之目录合编**

1 种，2 页。

པཎ་ཆེན་ཨེར་དེ་ནི་བློ་བཟང་དཔལ་ལྡན་ཡེ་ཤེས།

班禅额尔德尼・洛桑白旦益希 (1738—1780) 撰述。

西藏自治区日喀则地区扎什伦布寺印经院木刻版之刻印本。

普通藏纸，梵夹装中印本 (49.1×6.8cm)，楷体，墨色，横刊藏文六行，四周双栏，全。

索书号：000676/1。保存基本完好，今藏民族文化宫中国民族图书馆。

༧༧༡ །རྗེ་བཙུན་བློ་བཟང་དཔལ་ལྡན་ཡེ་ཤེས་ཀྱི་གསུང་འབུམ་ཁ་པའི་དཀར་ཆག་བཞུགས་སོ། །

**至尊洛桑白旦益希文集 ཁ 字函目录**

1 种，1 页。

པཎ་ཆེན་ཨེར་དེ་ནི་བློ་བཟང་དཔལ་ལྡན་ཡེ་ཤེས།

班禅额尔德尼・洛桑白旦益希 (1738—1780) 撰述。

西藏自治区日喀则地区扎什伦布寺印经院木刻版之刻印本。

普通藏纸，梵夹装中印本 (49.1×6.8cm)，楷体，墨色，横刊藏文六行，四周双栏，全。

索书号：000669/1。保存基本完好，今藏民族文化宫中国民族图书馆。

༧༧༡ །རྗེ་བཙུན་བློ་བཟང་དཔལ་ལྡན་ཡེ་ཤེས་ཀྱི་གསུང་འབུམ་ག་པའི་དཀར་ཆག་བཞུགས་སོ། །

**至尊洛桑白旦益希文集 ག 字函目录**

1 种，1 页。

པཎ་ཆེན་ཨེར་དེ་ནི་བློ་བཟང་དཔལ་ལྡན་ཡེ་ཤེས།

班禅额尔德尼・洛桑白旦益希 (1738—1780) 撰述。

西藏自治区日喀则地区扎什伦布寺印经院木刻版之刻印本。

普通藏纸，梵夹装中印本 (49.1×6.8cm)，楷体，墨色，横刊藏文六行，四周双栏，全。

索书号：003512/1。保存基本完好，今藏民族文化宫中国民族图书馆。

༧༧༡ །རྗེ་བཙུན་བློ་བཟང་དཔལ་ལྡན་ཡེ་ཤེས་ཀྱི་གསུང་འབུམ་ང་པའི་དཀར་ཆག་བཞུགས་སོ། །

**至尊洛桑白旦益希文集 ང 字函目录**

1 种，3 页。

པཎ་ཆེན་ཨེར་དེ་ནི་བློ་བཟང་དཔལ་ལྡན་ཡེ་ཤེས།

班禅额尔德尼・洛桑白旦益希 (1738—1780) 撰述。

西藏自治区日喀则地区扎什伦布寺印经院木刻版之刻印本。

普通藏纸，梵夹装中印本 (49.1×6.8cm)，楷体，墨色，横刊藏文六行，四周双栏，全。

索书号：004643/1。保存基本完好，今藏民族文化宫中国民族图书馆。

༄༅། །རྗེ་བཙུན་བློ་བཟང་དཔལ་ལྡན་ཡེ་ཤེས་ཀྱི་གསུང་འབུམ་ཅ་པའི་དཀར་ཆག་བཞུགས་སོ། །

**至尊洛桑白旦益希文集 ཅ 字函目录**

1 种，1 页。

པཎ་ཆེན་ཨེར་ཏེ་ནི་བློ་བཟང་དཔལ་ལྡན་ཡེ་ཤེས། 班禅额尔德尼・洛桑白旦益希 (1738—1780) 撰述。

西藏自治区日喀则地区扎什伦布寺印经院木刻版之刻印本。

普通藏纸，梵夹装中印本 (49.1×6.8cm)，楷体，墨色，横刊藏文六行，四周双栏，全。

索书号：000672/1。保存基本完好，今藏民族文化宫中国民族图书馆。

༄༅། །རྗེ་བཙུན་བློ་བཟང་དཔལ་ལྡན་ཡེ་ཤེས་ཀྱི་གསུང་འབུམ་ཆ་པའི་དཀར་ཆག་བཞུགས་སོ། །

**至尊洛桑白旦益希文集 ཆ 字函目录**

1 种，1 页。

པཎ་ཆེན་ཨེར་ཏེ་ནི་བློ་བཟང་དཔལ་ལྡན་ཡེ་ཤེས། 班禅额尔德尼・洛桑白旦益希 (1738—1780) 撰述。

西藏自治区日喀则地区扎什伦布寺印经院木刻版之刻印本。

普通藏纸，梵夹装中印本 (49.1×6.8cm)，楷体，墨色，横刊藏文六行，四周双栏，全。

索书号：000673/1。保存基本完好，今藏民族文化宫中国民族图书馆。

༄༅། །རྗེ་བཙུན་བློ་བཟང་དཔལ་ལྡན་ཡེ་ཤེས་ཀྱི་གསུང་འབུམ་ཇ་པའི་དཀར་ཆག་བཞུགས་སོ། །

**至尊洛桑白旦益希文集 ཇ 字函目录**

1 种，2 页。

པཎ་ཆེན་ཨེར་ཏེ་ནི་བློ་བཟང་དཔལ་ལྡན་ཡེ་ཤེས། 班禅额尔德尼・洛桑白旦益希 (1738—1780) 撰述。

西藏自治区日喀则地区扎什伦布寺印经院木刻版之刻印本。

普通藏纸，梵夹装中印本 (49.1×6.8cm)，楷体，墨色，横刊藏文六行，四周双栏，全。

索书号：003516/1。保存基本完好，今藏民族文化宫中国民族图书馆。

༄༅། །རྗེ་བཙུན་བློ་བཟང་དཔལ་ལྡན་ཡེ་ཤེས་ཀྱི་གསུང་འབུམ་ཉ་པའི་དཀར་ཆག་བཞུགས་སོ། །

**至尊洛桑白旦益希文集 ཉ 字函目录**

1 种，3 页。

པཎ་ཆེན་ཨེར་ཏེ་ནི་བློ་བཟང་དཔལ་ལྡན་ཡེ་ཤེས། 班禅额尔德尼・洛桑白旦益希 (1738—1780) 撰述。

西藏自治区日喀则地区扎什伦布寺印经院木刻版之刻印本。

普通藏纸，梵夹装中印本 (49.1×6.8cm)，楷体，墨色，横刊藏文六行，四周双栏，全。

索书号：003517/1。保存基本完好，今藏民族文化宫中国民族图书馆。

༄༅། །རྗེ་བཙུན་རཏྣ་བྷ་ཛའི་གསུང་འབུམ་གྱི་དཀར་ཆག་བཞུགས་སོ། །

**至尊惹纳达扎文集目录**

1 种，3 页。

དཔལ་མང་པཎྜི་ཏ་དཀོན་མཆོག་རྒྱལ་མཚན། 阿芒班智达・恭却坚参 (1764—1853) 撰述。

甘肃省甘南地区藏传佛教噶旦曲科林寺印经院木刻版之刻印本。

普通藏纸，梵夹装中印本 (48×6.5cm)，楷体，墨色，横刊藏文六行，四周双栏，全。

索书号：004419/1。保存基本完好，今藏民族文化宫中国民族图书馆。

༄། །རྗེ་བཙུན་རེད་མདའ་བ་གཞོན་ནུ་བློ་གྲོས་ཀྱི་གསུང་འབུམ་གྱི་དཀར་ཆག་བཞུགས་སོ། །

**至尊仁达哇·雄努洛哲文集目录**

1 种，12 页。

རེད་མདའ་བ་གཞོན་ནུ་བློ་གྲོས། 仁达哇·雄努洛哲 1349—1412) 撰述。

西藏地区藏传佛教寺院印经院传抄之缮写本。

普通藏纸，梵夹装中印本 (44×4.3cm)，草体，墨色，横书藏文七行，四周双栏，全。

索书号：006117/1。保存基本完好，今藏民族文化宫中国民族图书馆。

༄། །རྗེ་བཙུན་བསམ་གཏན་གླིང་པའི་ཨ་ཏིའི་ཆོས་སྐོར་གྱི་དཀར་ཆག་ཐེག་མཆོག་རིན་ཅེན་དོ་ཤལ་ཞེས་བྱ་བ་བཞུགས་སོ། །

**至尊萨丹林寺阿第法类目录·胜乘宝璎珞**

1 种，10 页。

ཏཱ་ལའི་བླ་མ་ངག་དབང་བློ་བཟང་རྒྱ་མཚོ། 达赖喇嘛·阿旺洛桑嘉措 (1617—1682) 撰述。

西藏自治区拉萨地区孜雪印经院木刻版之刻印本。

普通藏纸，梵夹装中印本 (46.6×5.9cm)，楷体，墨色，横刊藏文六行，四周双栏，全。

索书号：000702//26。保存基本完好，今藏民族文化宫中国民族图书馆。

༄། །རྗེ་བཙུན་བསོད་ནམས་ཡེ་ཤེས་དབང་པོའི་གསུང་འབུམ་དཀར་ཆག་བཞུགས་སོ། །

**至尊索南益希旺波文集目录**

1 种，5 页。

འོལ་ཁ་བསོད་ནམས་ཡེ་ཤེས་དབང་པོ། 沃喀·索南益希旺波 (1556—1592) 撰述。

西藏地区藏传佛教寺院印经院传抄之缮写本。

普通藏纸，梵夹装中印本 (44.5×5.6cm)，草体，墨色，横书藏文七行，四周双栏，全。

索书号：003919/1。保存基本完好，今藏民族文化宫中国民族图书馆。

༄། །ཏཱའི་སི་ཏུ་བསྟན་པའི་ཉིན་བྱེད་ཀྱི་གསུང་རབ་རིན་པོ་ཆེའི་བཞུགས་བྱང་པོད་དང་པོའི་དཀར་ཆག་རིན་ཆེན་ཕྲེང་བ་བཞུགས་སོ། །

**大司徒丹贝宁且文集第一函目录·大宝鬘**

1 种，3 页。

སི་ཏུ་ཆོས་ཀྱི་འབྱུང་གནས། 司徒·曲吉迥乃 (1699—1774) 撰述。

四川省甘孜藏族自治州德格县八邦地区八邦寺印经院木刻版之刻印本。

普通藏纸，梵夹装中印本 (46.5×7cm)，楷体，墨色，横刊藏文六行，四周双栏，全。

索书号：006134/1。保存基本完好，今藏民族文化宫中国民族图书馆。

༄། །རྟ་ཚག་བློ་བཟང་བསྟན་པའི་མགོན་པོའི་གསུང་འབུམ་པོད་དང་པོའི་དཀར་ཆག་བཞུགས་སོ། །

**达扎·洛桑丹贝贡波文集第一函目录**

1 种，2 页。

རྟ་ཚག་རྗེ་དྲུང་ཡེ་ཤེས་བསྟན་པའི་མགོན་པོ། 达扎济咙·益希丹贝贡波 (1760—1810) 撰述。

西藏地区藏传佛教寺院印经院木刻版之刻印本。

普通藏纸，梵夹装中印本 (45.7×6.5cm)，楷体，墨色，横刊藏文六行，四周双栏，全。

索书号：003797/1。保存基本完好，今藏民族文化宫中国民族图书馆。

༄༅། །རྟ་ཚག་བློ་བཟང་བསྟན་པའི་མགོན་པོའི་གསུང་འབུམ་པོད་གཉིས་པའི་དཀར་ཆག་བཞུགས་སོ། །

**达扎·洛桑丹贝贡波文集第二函目录**

1 种，2 页。

རྟ་ཚག་རྗེ་དྲུང་ཡེ་ཤེས་བསྟན་པའི་མགོན་པོ། 达扎济咙·益希丹贝贡波 (1760—1810) 撰述。

西藏地区藏传佛教寺院印经院木刻版之刻印本。

普通藏纸，梵夹装中印本 (45.7×6.5cm)，楷体，墨色，横刊藏文六行，四周双栏，全。

索书号：003798/1。保存基本完好，今藏民族文化宫中国民族图书馆。

༄༅། །བསྟན་འགྱུར་གྱི་དཀར་ཆག་ཡིད་བཞིན་ནོར་བུ་དབང་གི་རྒྱལ་པོའི་ཕྲེང་བ་ཞེས་བྱ་བ་བཞུགས་སོ། །

**大藏经·丹珠尔目录·如意摩尼自在王鬘**

1 种，122 页。

བུ་སྟོན་རིན་ཆེན་གྲུབ། 布敦·仁钦珠 (1290—1364) 撰述。

西藏自治区拉萨地区孜雪印经院木刻版之刻印本。

普通藏纸，梵夹装中印本 (49.7×7cm)，楷体，墨色，横刊藏文六行，四周双栏，全。

索书号：003090/8。保存基本完好，今藏民族文化宫中国民族图书馆。

༄༅། །བསྟན་འགྱུར་རིན་པོ་ཆེའི་དཀར་ཆག་བློ་གསལ་མགུལ་རྒྱན་ཅིནྟ་མ་ཎིའི་ཕྲེང་མཛེས་ཞེས་བྱ་བ་བཞུགས་སོ། །

**丹珠尔目录·智者项饰·如意珠美鬘**

1 种，35 页。

ཐུའུ་བཀྭན་ངག་དབང་ཆོས་ཀྱི་རྒྱ་མཚོ། 土观·阿旺曲吉嘉措 (1680—1736) 撰述。

北京地区藏传佛教皇家寺院印经院木刻版之刻印本。

普通纸，梵夹装短印本 (38.2×6cm)，楷体，墨色，横刊藏文六行，四周双栏，全。

索书号：001229/22。保存基本完好，今藏民族文化宫中国民族图书馆。

༄༅། །བསྟན་བཅོས་འགྱུར་རོ་འཚལ་གྱི་དཀར་ཆག་ཡིད་བཞིན་གྱི་ནོར་བུ་རིན་པོ་ཆེའི་ཟ་མ་ཏོག་ཅེས་བྱ་བ་བཞུགས་སོ། །

**丹珠尔目录·如意摩尼宝箧**

1 种，116 页。

བུ་སྟོན་ཐུགས་སྲས་སྒྲ་ཚད་པ། 布敦弟子扎蔡巴 (1318—1388) 撰述。

西藏地区藏传佛教寺院印经院木刻版之刻印本。

普通藏纸，梵夹装中印本 (49.7×7cm)，楷体，墨色，横刊藏文六行，四周双栏，全。

索书号：003092/18。保存基本完好，今藏民族文化宫中国民族图书馆。

༄༅། །ཐམས་ཅད་མཁྱེན་པ་ལྔ་པ་ཆེན་པོའི་གསུང་འབུམ་པོད་ཉ་པའི་དཀར་ཆག་བཞུགས་སོ། །

**一切智第五世达赖喇嘛文集 ཉ 字函目录**

1 种，1 页。

ཏཱ་ལའི་བླ་མ་ངག་དབང་བློ་བཟང་རྒྱ་མཚོ། 达赖喇嘛·阿旺洛桑嘉措 (1617—1682) 撰述。

西藏自治区拉萨地区孜雪印经院木刻版之刻印本。

普通藏纸，梵夹装中印本 (46.6×5.9cm)，楷体，墨色，横刊藏文六行，四周双栏，全。

索书号：000687/1。保存基本完好，今藏民族文化宫中国民族图书馆。

༧༢། །ཐམས་ཅད་མཁྱེན་པ་ལྔ་པ་ཆེན་པོའི་གསུང་འབུམ་པོད་ཏ་པའི་དཀར་ཆག་བཞུགས་སོ། །

**一切智第五世达赖喇嘛文集 ཏ 字函目录**

1 种，1 页。

ཏཱ་ལའི་བླ་མ་ངག་དབང་བློ་བཟང་རྒྱ་མཚོ། 达赖喇嘛・阿旺洛桑嘉措 (1617—1682) 撰述。

西藏自治区拉萨地区孜雪印经院木刻版之刻印本。

普通藏纸，梵夹装中印本 (46.6×5.9cm)，楷体，墨色，横刊藏文六行，四周双栏，全。

索书号：003433/1。保存基本完好，今藏民族文化宫中国民族图书馆。

༧༢། །ཐམས་ཅད་མཁྱེན་པ་ལྔ་པ་ཆེན་པོའི་གསུང་འབུམ་པོད་ཐ་པའི་དཀར་ཆག་བཞུགས་སོ། །

**一切智第五世达赖喇嘛文集 ཐ 字函目录**

1 种，3 页。

ཏཱ་ལའི་བླ་མ་ངག་དབང་བློ་བཟང་རྒྱ་མཚོ། 达赖喇嘛・阿旺洛桑嘉措 (1617—1682) 撰述。

西藏自治区拉萨地区孜雪印经院木刻版之刻印本。

普通藏纸，梵夹装中印本 (46.6×5.9cm)，楷体，墨色，横刊藏文六行，四周双栏，全。

索书号：003434/1。保存基本完好，今藏民族文化宫中国民族图书馆。

༧༢། །ཐམས་ཅད་མཁྱེན་པ་ལྔ་པ་ཆེན་པོའི་གསུང་འབུམ་པོད་ད་པའི་དཀར་ཆག་བཞུགས་སོ། །

**一切智第五世达赖喇嘛文集 ད 字函目录**

1 种，2 页。

ཏཱ་ལའི་བླ་མ་ངག་དབང་བློ་བཟང་རྒྱ་མཚོ། 达赖喇嘛・阿旺洛桑嘉措 (1617—1682) 撰述。

西藏自治区拉萨地区孜雪印经院木刻版之刻印本。

普通藏纸，梵夹装中印本 (46.6×5.9cm)，楷体，墨色，横刊藏文六行，四周双栏，全。

索书号：005574/1。保存基本完好，今藏民族文化宫中国民族图书馆。

༧༢། །ཐམས་ཅད་མཁྱེན་པ་ལྔ་པ་ཆེན་པོའི་གསུང་འབུམ་པོད་ན་པའི་དཀར་ཆག་བཞུགས་སོ། །

**一切智第五世达赖喇嘛文集 ན 字函目录**

1 种，1 页。

ཏཱ་ལའི་བླ་མ་ངག་དབང་བློ་བཟང་རྒྱ་མཚོ། 达赖喇嘛・阿旺洛桑嘉措 (1617—1682) 撰述。

西藏自治区拉萨地区孜雪印经院木刻版之刻印本。

普通藏纸，梵夹装中印本 (46.6×5.9cm)，楷体，墨色，横刊藏文六行，四周双栏，全。

索书号：003411/1。保存基本完好，今藏民族文化宫中国民族图书馆。

༧༢། །ཐམས་ཅད་མཁྱེན་པ་ལྔ་པ་ཆེན་པོའི་གསུང་འབུམ་པོད་པ་པའི་དཀར་ཆག་བཞུགས་སོ། །

**一切智第五世达赖喇嘛文集 པ 字函目录**

1 种，1 页。

ཏཱ་ལའི་བླ་མ་ངག་དབང་བློ་བཟང་རྒྱ་མཚོ། 达赖喇嘛・阿旺洛桑嘉措 (1617—1682) 撰述。

西藏自治区拉萨地区孜雪印经院木刻版之刻印本。

普通藏纸，梵夹装中印本 (46.6×5.9cm)，楷体，墨色，横刊藏文六行，四周双栏，全。

索书号：003412/1。保存基本完好，今藏民族文化宫中国民族图书馆。

༧༢། །ཐམས་ཅད་མཁྱེན་པ་ལྔ་པ་ཆེན་པོའི་གསུང་འབུམ་པོད་ཕ་པའི་དཀར་ཆག་བཞུགས་སོ། །

**一切智第五世达赖喇嘛文集 ཕ 字函目录**

1 种，1 页。

ཏཱ་ལའི་བླ་མ་ངག་དབང་བློ་བཟང་རྒྱ་མཚོ། 达赖

喇嘛·阿旺洛桑嘉措 (1617—1682) 撰述。

西藏自治区拉萨地区孜雪印经院木刻版之刻印本。

普通藏纸，梵夹装中印本 (46.6×5.9cm)，楷体，墨色，横刊藏文六行，四周双栏，全。

索书号：003413/1。保存基本完好，今藏民族文化宫中国民族图书馆。

༄༅། །ཐམས་ཅད་མཁྱེན་པ་ལྔ་པ་ཆེན་པོའི་གསུང་འབུམ་པོད་བ་པའི་དཀར་ཆག་བཞུགས་སོ། །

**一切智第五世达赖喇嘛文集 བ 字函目录**

1 种，1 页。

ཏཱ་ལའི་བླ་མ་ངག་དབང་བློ་བཟང་རྒྱ་མཚོ། 达赖喇嘛·阿旺洛桑嘉措 (1617—1682) 撰述。

西藏自治区拉萨地区孜雪印经院木刻版之刻印本。

普通藏纸，梵夹装中印本 (46.6×5.9cm)，楷体，墨色，横刊藏文六行，四周双栏，全。

索书号：003414/1。保存基本完好，今藏民族文化宫中国民族图书馆。

༄༅། །ཐམས་ཅད་མཁྱེན་པ་ལྔ་པ་ཆེན་པོའི་གསུང་འབུམ་པོད་ཛ་པའི་དཀར་ཆག་བཞུགས་སོ། །

**一切智第五世达赖喇嘛文集 ཛ 字函目录**

1 种，1 页。

ཏཱ་ལའི་བླ་མ་ངག་དབང་བློ་བཟང་རྒྱ་མཚོ། 达赖喇嘛·阿旺洛桑嘉措 (1617—1682) 撰述。

西藏自治区拉萨地区孜雪印经院木刻版之刻印本。

普通藏纸，梵夹装中印本 (46.6×5.9cm)，楷体，墨色，横刊藏文六行，四周双栏，全。

索书号：003417/1。保存基本完好，今藏民族文化宫中国民族图书馆。

༄༅། །ཐམས་ཅད་མཁྱེན་པ་ལྔ་པ་ཆེན་པོའི་གསུང་འབུམ་པོད་ཕ་པའི་དཀར་ཆག་བཞུགས་སོ། །

**一切智第五世达赖喇嘛文集 ཕ 字函目录**

1 种，1 页。

ཏཱ་ལའི་བླ་མ་ངག་དབང་བློ་བཟང་རྒྱ་མཚོ། 达赖喇嘛·阿旺洛桑嘉措 (1617—1682) 撰述。

西藏自治区拉萨地区孜雪印经院木刻版之刻印本。

普通藏纸，梵夹装中印本 (46.6×5.9cm)，楷体，墨色，横刊藏文六行，四周双栏，全。

索书号：000699/1。保存基本完好，今藏民族文化宫中国民族图书馆。

༄༅། །ཐམས་ཅད་མཁྱེན་པ་དཔལ་དཀོན་མཆོག་ཡན་ལག་རྗེ་ཉིད་ཀྱིས་མཛད་པའི་བཀའ་འབུམ་གྱི་དཀར་ཆག་བཞུགས་སོ། །

**一切智具德恭却延拉大师文集目录**

1 种，3 页。

ཞྭ་དམར་དཀོན་མཆོག་ཡན་ལག　夏玛·恭却延拉 (1525—1583) 撰述。

西藏地区藏传佛教寺院印经院传抄之缮写本。

普通藏纸，梵夹装中印本 (45×5.3cm)，草体，墨色，横书藏文七行，四周双栏，全。

索书号：003273/2。保存基本完好，今藏民族文化宫中国民族图书馆。

༄༅། །ཐམས་ཅད་མཁྱེན་པ་དཔལ་དཀོན་མཆོག་ཡན་ལག་ཞབས་ཀྱི་བཀའ་འབུམ་པོ་ཏི་དང་པོའི་དཀར་ཆག་ཞེས་བྱ་བ་བཞུགས་སོ། །

**一切智具德恭却延拉大师文集第一函目录**

1 种，1 页。

ཞྭ་དམར་དཀོན་མཆོག་ཡན་ལག　夏玛·恭却延拉 (1525—1583) 撰述。

西藏地区藏传佛教寺院印经院传抄之

缮写本。

普通藏纸，梵夹装中印本 (45×5.3cm)，草体，墨色，横书藏文七行，四周双栏，全。

索书号：003273/1。保存基本完好，今藏民族文化宫中国民族图书馆。

༄༅། །ཐུན་མོང་བའི་ལམ་གྱི་རིམ་པ་རྣམས་ཕྱོགས་གཅིག་ཏུ་བཀོད་པ་སྒྲིགས་བམ་དང་པོའི་དཀར་ཆག་བཞུགས་སོ། །

**共通道诸次第合编第一函目录**

1 种，2 页。

ཞང་སྐྱ་ངག་དབང་བློ་བཟང་ཆོས་ལྡན། 章嘉·阿旺洛桑曲旦 (1642—1714) 撰述。

北京地区藏传佛教皇家寺院印经院木刻版之刻印本。

普通纸，梵夹装中印本 (49×6.8cm)，楷体，墨色，横刊藏文六行，四周双栏，全。

索书号：003549/1。保存基本完好，今藏民族文化宫中国民族图书馆。

༄༅། །ཁྱབ་བརྟན་ཡོངས་རྫོགས་ཀྱི་བདག་པོ་རྗེ་བཙུན་བློ་བཟང་ཐུགས་རྗེ་དཔལ་བཟང་པོའི་གསུང་འབུམ་དཀར་ཆག་བཞུགས་སོ། །

**全圆教主至尊洛桑图杰文集目录**

1 种，2 页。

སེར་སྨད་བློ་བཟང་ཐུགས་རྗེ། 色麦·洛桑图杰 (18 世纪中叶) 撰述。

西藏地区藏传佛教寺院印经院传抄之缮写本。

普通藏纸，梵夹装中印本 (45.8×6.4cm)，草体，墨色，横书藏文七行，四周双栏，全。

索书号：004833/1。保存基本完好，今藏民族文化宫中国民族图书馆。

༄༅། །ཐོར་བུའི་དཀར་ཆག་བཞུགས་སོ། །

**散集目录**

1 种，2 页。

དངུལ་ཆུ་དྷརྨ་བྷ་དྲ། 欧曲·达玛巴扎（亦称欧曲喇嘛·曲桑洛桑次仁，1772—1851) 撰述。

西藏地区藏传佛教寺院印经院木刻版之刻印本。

普通藏纸，梵夹装中印本 (49.8×6cm)，楷体，墨色，横刊藏文六行，四周双栏，全。

索书号：001045/4。保存基本完好，今藏民族文化宫中国民族图书馆。

༄༅། །དུས་གསུམ་སངས་རྒྱས་ཐམས་ཅད་ཀྱི་ངོ་བོ་ཁྱབ་བདག་འཁོར་ལོའི་མགོན་པོ་རྗེ་བཙུན་བླ་མ་འཇིགས་མེད་བསམ་གཏན་དཔལ་བཟང་པོའི་བཀའ་འབུམ་རིན་པོ་ཆེའི་དཀར་ཆག་ལེགས་བཤད་གསལ་བྱེད་ངོ་མཚར་སྒྲོན་མེ་ཞེས་བྱ་བ་བཞུགས་སོ། །

**三世诸佛之体性遍主轮怙主至尊上师吉迈萨丹文集目录·嘉言明解希有灯**

1 种，9 页。

རྫོང་དཀར་འཇིགས་མེད་བསམ་གཏན། 宗嘎·吉迈桑丹 (1814—1897) 撰述。

青海省化隆回族自治县金源地区土哇寺（土哇贡扎西曲迪）印经院木刻版之刻印本。

普通藏纸，梵夹装中印本 (46.8×6.4cm)，楷体，墨色，横刊藏文六行，四周双栏，全。

索书号：003901/1。保存基本完好，今藏民族文化宫中国民族图书馆。

༄༅། །དྭགས་པོ་བཀའ་བརྒྱུད་ཀྱི་གྲུབ་མཐའ་ཆེན་པོ་དམ་པའི་ཆོས་དགོངས་པ་གཅིག་པར་གྲགས་པའི་དཀར་ཆག་ཅེས་བྱ་བ་བཞུགས་སོ། །

**达波噶举大教派正法·密意集目录**

1 种，2 页。

ཀརྨ་མི་བསྐྱོད་རྡོ་རྗེ། 嘎玛·米觉多结 (1507—1554) 撰述。

四川省甘孜地区藏传佛教寺院印经院传抄之缮写本。

普通藏纸，梵夹装中印本 (44.6×5.3cm)，草体，墨色，横书藏文七行，四周双栏，全。

索书号：003879/1。保存基本完好，今藏民族文化宫中国民族图书馆。

༄༅། །དྭགས་པོ་མཁན་ཆེན་ངག་དབང་གྲགས་པའི་གསུང་འབུམ་སྐྱིགས་བམ་གཉིས་པའི་དཀར་ཆག་བཞུགས་སོ། །

**达波堪钦·阿旺札巴文集第二函目录**

1 种，1 页。

དྭགས་པོ་མཁན་ཆེན་ངག་དབང་གྲགས་པ། 达波堪钦·阿旺札巴 (1450—？) 撰述。

西藏地区藏传佛教寺院印经院木刻版之刻印本。

普通藏纸，梵夹装中印本 (43.1×4.9cm)，楷体，墨色，横刊藏文六行，四周双栏，全。

索书号：004433/1。保存基本完好，今藏民族文化宫中国民族图书馆。

༄༅། །དྲིས་ལན་གྱི་དཀར་ཆག་མདོར་བསྡུས་བཞུགས་སོ། །

**问答目录略编**

1 种，2 页。

དངུལ་ཆུ་དྷརྨ་བྷ་དྲ། 欧曲·达玛巴扎（亦称欧曲喇嘛·曲桑洛桑次仁，1772—1851) 撰述。

西藏地区藏传佛教寺院印经院木刻版之刻印本。

普通藏纸，梵夹装中印本 (49.8×6cm)，楷体，墨色，横刊藏文六行，四周双栏，全。

索书号：001045/6。保存基本完好，今藏民族文化宫中国民族图书馆。

༄༅། །བྲུང་ཆེན་མཁའ་སྤྱོད་པའི་གསུང་འབུམ་གྱི་དཀར་ཆག་བཞུགས་སོ། །

**仲钦喀觉巴文集目录**

1 种，1 页。

བྲུང་ཆེན་མཁའ་སྤྱོད་པ་གནམ་མཁའ་རྒྱལ་མཚན། 仲钦喀觉巴·南喀坚参 (1370—1433) 撰述。

西藏地区藏传佛教寺院印经院传抄之缮写本。

普通藏纸，梵夹装中印本 (45.3×5.2cm)，草体，墨色，横书藏文七行，四周双栏，全。

索书号：003920/1。保存基本完好，今藏民族文化宫中国民族图书馆。

༄༅། །བདག་ཆེན་མ་གུར་རྒྱལ་གྱི་བརྒྱད་སྟོང་པའི་དཀར་ཆག་བཞུགས་སོ། །

**达钦玛固嘉之般若八千颂目录**

1 种，2 页。

གློ་བོ་མཁན་ཆེན་བསོད་ནམས་ལྷུན་གྲུབ། 珞沃堪钦·索南伦珠 (1441—1525) 撰述。

西藏地区藏传佛教寺院印经院传抄之缮写本。

普通藏纸，梵夹装中印本 (47.1×6.1cm)，草体，墨色，横书藏文七行，四周双栏，全。

索书号：003838/47。保存基本完好，今藏民族文化宫中国民族图书馆。

༄༅། །བདེ་མཆོག་ཡབ་ཡུམ་སྐོར་གྱི་དཀར་ཆག་བཞུགས་སོ། །

**上乐双尊法门目录**

1种，1页。

དངུལ་ཆུ་དྷརྨ་བྷ་དྲ། 欧曲·达玛巴扎（亦称欧曲喇嘛·曲桑洛桑次仁，1772—1851）撰述。西藏地区藏传佛教寺院印经院木刻版之刻印本。

普通藏纸，梵夹装中印本（49.8×6cm），楷体，墨色，横刊藏文六行，四周双栏，全。

索书号：001043/16。保存基本完好，今藏民族文化宫中国民族图书馆。

༄༅། །བདེ་བར་གཤེགས་པའི་བཀའི་དགོངས་འགྲེལ་བསྟན་བཅོས་འབྱུང་རྗེ་ཅོག་པར་དུ་སྒྲུབ་པའི་རྩོལ་ལས་ཏེ་བར་བརྩམས་པའི་གཏམ་ཡང་དག་པར་བརྗོད་པ་དཀར་ཆག་ཡིད་བཞིན་ནོར་བུའི་ཕྲེང་བ་ཞེས་བྱ་བ་བཞུགས་སོ། །

**如意教法密意论·成板作业赞言目录·如意摩尼鬘**

1种，264页。

འཇམ་དབྱངས་བཞད་པ་དཀོན་མཆོག་འཇིགས་མེད་དབང་པོ། 嘉木样协巴·恭却吉迈旺波（1728—1791）撰述。

甘肃省甘南藏族自治州夏河县拉卜楞地区拉卜楞寺（拉章扎喜齐）印经院木刻版之刻印本。

普通藏纸，梵夹装中印本（48.4×7.4cm），楷体，墨色，横刊藏文六行，四周双栏，全。

索书号：000871/1。保存基本完好，今藏民族文化宫中国民族图书馆。

༄༅། །བདེ་གསང་འཇིགས་གསུམ་གྱི་ཆོ་ག་དང་གཏོར་འབུལ་སོགས་ཀྱི་སྐོར་གྱི་དཀར་ཆག་བཞུགས་སོ། །

**上乐、密集、怖畏三尊之仪轨与朵玛供法等目录**

1种，2页。

ལྕང་སྐྱ་ངག་དབང་བློ་བཟང་ཆོས་ལྡན། 章嘉·阿旺洛桑曲旦（1642—1714）撰述。

北京地区藏传佛教皇家寺院印经院木刻版之刻印本。

普通纸，梵夹装中印本（49×6.8cm），楷体，墨色，横刊藏文六行，四周双栏，全。

索书号：003562/1。保存基本完好，今藏民族文化宫中国民族图书馆。

༄༅། །འདུལ་བའི་སྐོར་གྱི་དཀར་ཆག་ཅེས་བྱ་བ་བཞུགས་སོ། །

**毗奈耶门类目录**

1种，1页。

དངུལ་ཆུ་དྷརྨ་བྷ་དྲ། 欧曲·达玛巴扎（亦称欧曲喇嘛·曲桑洛桑次仁，1772—1851）撰述。

西藏地区藏传佛教寺院印经院木刻版之刻印本。

普通藏纸，梵夹装中印本（49.8×6cm），楷体，墨色，横刊藏文六行，四周双栏，全。

索书号：001044/31。保存基本完好，今藏民族文化宫中国民族图书馆。

༄༅། །རྡོ་རྗེ་འཆང་ངག་དབང་ཆོས་གྲགས་ཀྱི་གསུང་འབུམ་ལས་གསུང་ངག་རིན་པོ་ཆེའི་ཆོས་སྐོར་སོགས་ཀྱི་དཀར་ཆག་བཞུགས་སོ། །

**金刚持阿旺曲札文集中大宝语教法类等目录**

1种，2页。

ས་སྐྱ་ངག་དབང་ཆོས་གྲགས། 萨迦·阿旺曲

札 (1572—1641) 撰述。

西藏自治区日喀则市萨迦地区萨迦寺印经院木刻版之刻印本。

普通藏纸，梵夹装中印本 (47.6×6.2cm)，楷体，墨色，横刊藏文六行，四周双栏，全。

索书号：006231/14。保存基本完好，今藏民族文化宫中国民族图书馆。

༄༅། །རྡོ་རྗེ་འཆང་ཆེན་པོ་རྗེ་བཙུན་བློ་བཟང་དཔལ་ལྡན་བསྟན་པའི་ཉི་མ་ཕྱོགས་ལས་རྣམ་རྒྱལ་དཔལ་བཟང་པོའི་བཀའ་འབུམ་ཁ་པའི་དཀར་ཆག་བཞུགས་སོ། །

**大金刚持至尊洛桑白旦丹贝尼玛文集 ཁ 字函目录**

1 种，4 页。

པཎ་ཆེན་ཨེར་ཏེ་ནི་བློ་བཟང་དཔལ་ལྡན་བསྟན་པའི་ཉི་མ། 班禅额尔德尼・洛桑白旦丹贝尼玛 (1782—1853) 撰述。

西藏自治区日喀则地区扎什伦布寺印经院木刻版之刻印本。

普通藏纸，梵夹装中印本 (48.7×7cm)，楷体，墨色，横刊藏文六行，四周双栏，全。

索书号：003528/1。保存基本完好，今藏民族文化宫中国民族图书馆。

༄༅། །རྡོ་རྗེ་འཆང་ཆེན་པོ་རྗེ་བཙུན་བློ་བཟང་དཔལ་ལྡན་བསྟན་པའི་ཉི་མ་ཕྱོགས་ལས་རྣམ་རྒྱལ་དཔལ་བཟང་པོའི་བཀའ་འབུམ་ག་པ་རིན་ལྡན་སྐྱེས་བམ་དང་པོའི་དཀར་ཆག་བཞུགས་སོ། །

**大金刚持至尊洛桑白旦丹贝尼玛文集 ག 字宝生义第一函目录**

1 种，4 页。

པཎ་ཆེན་ཨེར་ཏེ་ནི་བློ་བཟང་དཔལ་ལྡན་བསྟན་པའི་ཉི་མ། 班禅额尔德尼・洛桑白旦丹贝尼玛 (1782—1853) 撰述。

西藏自治区日喀则地区扎什伦布寺印经院木刻版之刻印本。

普通藏纸，梵夹装中印本 (48.7×7cm)，楷体，墨色，横刊藏文六行，四周双栏，全。

索书号：003529/1。保存基本完好，今藏民族文化宫中国民族图书馆。

༄༅། །རྡོ་རྗེ་འཆང་ཆེན་པོ་རྗེ་བཙུན་བློ་བཟང་དཔལ་ལྡན་བསྟན་པའི་ཉི་མ་ཕྱོགས་ལས་རྣམ་རྒྱལ་དཔལ་བཟང་པོའི་བཀའ་འབུམ་ང་པ་རིན་ལྡན་སྐྱེས་བམ་གཉིས་པའི་དཀར་ཆག་བཞུགས་སོ། །

**大金刚持至尊洛桑白旦丹贝尼玛文集 ང 字宝生义第二函目录**

1 种，5 页。

པཎ་ཆེན་ཨེར་ཏེ་ནི་བློ་བཟང་དཔལ་ལྡན་བསྟན་པའི་ཉི་མ། 班禅额尔德尼・洛桑白旦丹贝尼玛 (1782—1853) 撰述。

西藏自治区日喀则地区扎什伦布寺印经院木刻版之刻印本。

普通藏纸，梵夹装中印本 (48.7×7cm)，楷体，墨色，横刊藏文六行，四周双栏，全。

索书号：000779/1。保存基本完好，今藏民族文化宫中国民族图书馆。

༄༅། །རྡོ་རྗེ་འཆང་ཆེན་པོ་རྗེ་བཙུན་བློ་བཟང་དཔལ་ལྡན་བསྟན་པའི་ཉི་མ་ཕྱོགས་ལས་རྣམ་རྒྱལ་དཔལ་བཟང་པོའི་བཀའ་འབུམ་ཅ་པའི་དཀར་ཆག་བཞུགས་སོ། །

**大金刚持至尊洛桑白旦丹贝尼玛文集 ཅ 字函目录**

1 种，3 页。

པཎ་ཆེན་ཨེར་ཏེ་ནི་བློ་བཟང་དཔལ་ལྡན་བསྟན་པའི་ཉི་མ། 班禅额尔德尼・洛桑白旦丹贝尼玛 (1782—1853) 撰述。

西藏自治区日喀则地区扎什伦布寺印

经院木刻版之刻印本。

普通藏纸，梵夹装中印本 (48.7 × 7cm)，楷体，墨色，横刊藏文六行，四周双栏，全。

索书号：003531/1。保存基本完好，今藏民族文化宫中国民族图书馆。

༄༅། །རྡོ་རྗེ་འཆང་ཆེན་པོ་རྗེ་བཙུན་བློ་བཟང་དཔལ་ལྡན་བསྟན་པའི་ཉི་མ་ཕྱོགས་ལས་རྣམ་རྒྱལ་དཔལ་བཟང་པོའི་བཀའ་འབུམ་ཆ་པའི་དཀར་ཆག་བཞུགས་སོ། །

**大金刚持至尊洛桑白旦丹贝尼玛文集 ཆ 字函目录**

1 种，3 页。

པཎ་ཆེན་ཨེར་ཏེ་ནི་བློ་བཟང་དཔལ་ལྡན་བསྟན་པའི་ཉི་མ། 班禅额尔德尼 · 洛桑白旦丹贝尼玛 (1782—1853) 撰述。

西藏自治区日喀则地区扎什伦布寺印经院木刻版之刻印本。

普通藏纸，梵夹装中印本 (48.7 × 7cm)，楷体，墨色，横刊藏文六行，四周双栏，全。

索书号：003532/1。保存基本完好，今藏民族文化宫中国民族图书馆。

༄༅། །རྡོ་རྗེ་འཆང་ཆེན་པོ་རྗེ་བཙུན་བློ་བཟང་དཔལ་ལྡན་བསྟན་པའི་ཉི་མ་ཕྱོགས་ལས་རྣམ་རྒྱལ་དཔལ་བཟང་པོའི་བཀའ་འབུམ་ཛ་པའི་དཀར་ཆག་བཞུགས་སོ། །

**大金刚持至尊洛桑白旦丹贝尼玛文集 ཛ 字函目录**

1 种，6 页。

པཎ་ཆེན་ཨེར་ཏེ་ནི་བློ་བཟང་དཔལ་ལྡན་བསྟན་པའི་ཉི་མ། 班禅额尔德尼 · 洛桑白旦丹贝尼玛 (1782—1853) 撰述。

西藏自治区日喀则地区扎什伦布寺印经院木刻版之刻印本。

普通藏纸，梵夹装中印本 (48.7 × 7cm)，楷体，墨色，横刊藏文六行，四周双栏，全。

索书号：003533/1。保存基本完好，今藏民族文化宫中国民族图书馆。

༄༅། །རྡོ་རྗེ་འཆང་སྙན་གྲགས་རྒྱ་མཚོ་དཔལ་བཟང་པོའི་གསུང་འབུམ་གྱི་དཀར་ཆག་དང་པར་བྱང་སྨོན་ཚིག་གཉིས་བཞུགས་སོ། །

**金刚持年札嘉措文集目录与刊刻后记愿文**

1 种，4 页。

ཆེ་ཤོས་བློ་བཟང་བྱང་ཆུབ་བསྟན་པའི་སྒྲོན་མེ། 却西 · 洛桑强曲丹贝准美 (1861—1933) 撰述。

青海省湟中县鲁沙尔地区塔尔寺 ( 固奔乾巴林 ) 印经院木刻版之刻印本。

普通藏纸，梵夹装中印本 (45.7 × 6.5cm)，楷体，墨色，横刊藏文六行，四周双栏，全。

索书号：003777/29。保存基本完好，今藏民族文化宫中国民族图书馆。

༄༅། །སྟོང་སྟོན་ཆོས་དར་གྱི་གསུང་འབུམ་དཀར་ཆག་རིན་པོ་ཆེ་དོ་ཤལ་ཞེས་བྱ་བ་བཞུགས་སོ། །

**董敦曲达文集目录 · 大宝璎珞**

1 种，3 页。

སྟོང་སྟོན་ཆོས་དར། 董敦曲达 ( 生卒年不详 ) 撰述。

甘肃省甘南地区藏传佛教贡萨噶旦饶吉林寺印经院木刻版之刻印本。

普通藏纸，梵夹装中印本 (46.6 × 6cm)，楷体，墨色，横刊藏文六行，四周双栏，全。

索书号：001211/1。保存基本完好，今藏民族文化宫中国民族图书馆。

༄། །སྡེ་ཁྲི་རིན་པོ་ཆེ་རྗེ་བཙུན་འཇམ་དབྱངས་ཐུབ་བསྟན་ཉི་མ་དཔལ་བཟང་པོའི་བཀའ་འབུམ་གྱི་དཀར་ཆག་ཅེས་བྱ་བ་བཞུགས་སོ། །

**第赤仁波且至尊绛央图丹尼玛文集目录**

1 种，4 页。

སྡེ་ཁྲི་འཇམ་དབྱངས་ཐུབ་བསྟན་ཉི་མ། 第赤 · 绛央图丹尼玛 (1779—1862) 撰述。

甘肃省甘南藏族自治州夏河县拉卜楞地区拉卜楞寺 ( 拉章扎喜齐 ) 印经院木刻版之刻印本。

普通藏纸，梵夹装中印本 (47.2 × 6.6cm)，楷体，墨色，横刊藏文六行，四周双栏，全。

索书号：000890/1。保存基本完好，今藏民族文化宫中国民族图书馆。

༄། །སྡེ་ཁྲི་རིན་པོ་ཆེ་རྗེ་བཙུན་འཇམ་དབྱངས་ཐུབ་བསྟན་ཉི་མ་དཔལ་བཟང་པོའི་བཀའ་འབུམ་ཀ་པའི་དཀར་ཆག་བཞུགས་སོ། །

**第赤仁波且至尊绛央图丹尼玛文集 ཀ 字函目录**

1 种，2 页。

སྡེ་ཁྲི་འཇམ་དབྱངས་ཐུབ་བསྟན་ཉི་མ། 第赤 · 绛央图丹尼玛 (1779—1862) 撰述。

甘肃省甘南藏族自治州夏河县拉卜楞地区拉卜楞寺 ( 拉章扎喜齐 ) 印经院木刻版之刻印本。

普通藏纸，梵夹装中印本 (47.2 × 6.6cm)，楷体，墨色，横刊藏文六行，四周双栏，全。

索书号：000890/2。保存基本完好，今藏民族文化宫中国民族图书馆。

༄། །སྡེ་ཁྲི་རིན་པོ་ཆེ་རྗེ་བཙུན་འཇམ་དབྱངས་ཐུབ་བསྟན་ཉི་མ་དཔལ་བཟང་པོའི་བཀའ་འབུམ་ཁ་པའི་དཀར་ཆག་བཞུགས་སོ། །

**第赤仁波且至尊绛央图丹尼玛文集 ཁ 字函目录**

1 种，2 页。

སྡེ་ཁྲི་འཇམ་དབྱངས་ཐུབ་བསྟན་ཉི་མ། 第赤 · 绛央图丹尼玛 (1779—1862) 撰述。

甘肃省甘南藏族自治州夏河县拉卜楞地区拉卜楞寺 ( 拉章扎喜齐 ) 印经院木刻版之刻印本。

普通藏纸，梵夹装中印本 (47.2 × 6.6cm)，楷体，墨色，横刊藏文六行，四周双栏，全。

索书号：000891/1。保存基本完好，今藏民族文化宫中国民族图书馆。

༄། །སྡེ་ཁྲི་རིན་པོ་ཆེ་རྗེ་བཙུན་འཇམ་དབྱངས་ཐུབ་བསྟན་ཉི་མ་དཔལ་བཟང་པོའི་བཀའ་འབུམ་ག་པའི་དཀར་ཆག་བཞུགས་སོ། །

**第赤仁波且至尊绛央图丹尼玛文集 ག 字函目录**

1 种，2 页。

སྡེ་ཁྲི་འཇམ་དབྱངས་ཐུབ་བསྟན་ཉི་མ། 第赤 · 绛央图丹尼玛 (1779—1862) 撰述。

甘肃省甘南藏族自治州夏河县拉卜楞地区拉卜楞寺 ( 拉章扎喜齐 ) 印经院木刻版之刻印本。

普通藏纸，梵夹装中印本 (47.2 × 6.6cm)，楷体，墨色，横刊藏文六行，四周双栏，全。

索书号：000892/1。保存基本完好，今藏民族文化宫中国民族图书馆。

༄༅། །སྡེ་ཁྲི་རིན་པོ་ཆེ་རྗེ་བཙུན་འཇམ་དབྱངས་ཐུབ་བསྟན་ཉི་མ་དཔལ་བཟང་པོའི་བཀའ་འབུམ་ང་པའི་དཀར་ཆག་བཞུགས་སོ། །

**第赤仁波且至尊绛央图丹尼玛文集 ང 字函目录**

1 种，3 页。

སྡེ་ཁྲི་འཇམ་དབྱངས་ཐུབ་བསྟན་ཉི་མ། 第赤·绛央图丹尼玛 (1779—1862) 撰述。

甘肃省甘南藏族自治州夏河县拉卜楞地区拉卜楞寺 ( 拉章扎喜齐 ) 印经院木刻版之刻印本。

普通藏纸，梵夹装中印本 (47.2 × 6.6cm)，楷体，墨色，横刊藏文六行，四周双栏，全。

索书号：000893/1。保存基本完好，今藏民族文化宫中国民族图书馆。

༄༅། །སྡེ་ཁྲི་རིན་པོ་ཆེ་རྗེ་བཙུན་འཇམ་དབྱངས་ཐུབ་བསྟན་ཉི་མ་དཔལ་བཟང་པོའི་བཀའ་འབུམ་ཅ་པའི་དཀར་ཆག་བཞུགས་སོ། །

**第赤仁波且至尊绛央图丹尼玛文集 ཅ 字函目录**

1 种，2 页。

སྡེ་ཁྲི་འཇམ་དབྱངས་ཐུབ་བསྟན་ཉི་མ། 第赤·绛央图丹尼玛 (1779—1862) 撰述。

甘肃省甘南藏族自治州夏河县拉卜楞地区拉卜楞寺 ( 拉章扎喜齐 ) 印经院木刻版之刻印本。

普通藏纸，梵夹装中印本 (47.2 × 6.6cm)，楷体，墨色，横刊藏文六行，四周双栏，全。

索书号：000894/1。保存基本完好，今藏民族文化宫中国民族图书馆。

༄༅། །བསྡུས་དོན་ས་བཅད་དཀར་ཆག་བཞུགས་སོ། །

**摄义科判目录**

1 种，1 页。

དངུལ་ཆུ་དྷརྨ་བྷ་དྲ། 欧曲·达玛巴扎（亦称欧曲喇嘛·曲桑洛桑次仁，1772—1851) 撰述。

西藏地区藏传佛教寺院印经院木刻版之刻印本。

普通藏纸，梵夹装中印本 (49.8 × 6cm)，楷体，墨色，横刊藏文六行，四周双栏，全。

索书号：001045/2。保存基本完好，今藏民族文化宫中国民族图书馆。

༄༅། །ནམ་མཁའ་སེང་གེའི་གསུང་འབུམ་གྱི་དཀར་ཆག་མཐོང་དོན་རབ་གསལ་མལླི་ཀའི་ཕྲེང་བ་བཞུགས་སོ།

**南喀桑格文集目录·见者显义·玛勒迦鬘**

1 种，5 页。

ཛ་སྟོད་ནམ་མཁའ་སེང་གེ། 阿果·南喀桑格 (1712—1780) 撰述。

多麦地区藏传佛教扎喜协珠林寺印经院木刻版之刻印本。

普通藏纸，梵夹装中印本 (46.6 × 5.8cm)，楷体，墨色，横刊藏文六行，四周双栏，全。

索书号：000818/1。保存基本完好，今藏民族文化宫中国民族图书馆。

༄༅། །སྣང་བ་མཐའ་ཡས་རྗེ་བཙུན་བློ་བཟང་དཔལ་ལྡན་བསྟན་པའི་ཉི་མ་ཕྱོགས་ལས་རྣམ་རྒྱལ་དཔལ་བཟང་པོའི་གསུང་འབུམ་ཉ་པའི་ནང་དུ་ཆོས་ཚན་ཇི་བཞུགས་ཀྱི་དཀར་ཆག་ཕྱོགས་གཅིག་ཏུ་བཀོད་པ་ཞེས་བྱ་བ་བཞུགས་སོ། །

**无量光至尊洛桑白旦丹贝尼玛文集 ཉ 字函中所有法类之目录合编**

1 种，1 页。

པཎ་ཆེན་ཨེར་ཏེ་ནི་བློ་བཟང་དཔལ་ལྡན་བསྟན་པའི་ཉི་མ། 班禅额尔德尼·洛桑白旦丹贝尼玛 (1782—1853) 撰述。

西藏自治区日喀则地区扎什伦布寺印经院木刻版之刻印本。

普通藏纸，梵夹装中印本 (48.7×7cm)，楷体，墨色，横刊藏文六行，四周双栏，全。

索书号：003534/1。保存基本完好，今藏民族文化宫中国民族图书馆。

༄༅། །སྣང་བ་མཐའ་ཡས་རྗེ་བཙུན་བློ་བཟང་དཔལ་ལྡན་བསྟན་པའི་ཉི་མ་གྲགས་ལས་རྣམ་རྒྱལ་དཔལ་བཟང་པོའི་གསུང་འབུམ་ཏ་པའི་ནང་དུ་ཆོས་ཚན་ཇི་བཞུགས་ཀྱི་དཀར་ཆག་གཅིག་ཏུ་བཀོད་པ་ཞེས་བྱ་བ་བཞུགས་སོ། །

**无量光至尊洛桑白旦丹贝尼玛文集 ཏ 字函中所有法类之目录合编**

1 种，2 页。

པཎ་ཆེན་ཨེར་ཏེ་ནི་བློ་བཟང་དཔལ་ལྡན་བསྟན་པའི་ཉི་མ། 班禅额尔德尼・洛桑白旦丹贝尼玛 (1782—1853) 撰述。

西藏自治区日喀则地区扎什伦布寺印经院木刻版之刻印本。

普通藏纸，梵夹装中印本 (48.7×7cm)，楷体，墨色，横刊藏文六行，四周双栏，全。

索书号：003535/1。保存基本完好，今藏民族文化宫中国民族图书馆。

༄༅། །པཎ་ཆེན་ཐམས་ཅད་མཁྱེན་པ་ཆེན་པོ་རྗེ་བཙུན་བློ་བཟང་ཡེ་ཤེས་དཔལ་བཟང་པོའི་བཀའ་འབུམ་ཀ་པའི་དཀར་ཆག་བཞུགས་སོ། །

**班禅一切智至尊洛桑益希文集 ཀ 字函目录**

1 种，1 页。

པཎ་ཆེན་ཨེར་ཏེ་ནི་བློ་བཟང་ཡེ་ཤེས། 班禅额尔德尼・洛桑益希 (1663—1737) 撰述。

西藏自治区日喀则地区扎什伦布寺印经院木刻版之刻印本。

普通藏纸，梵夹装中印本 (48.7×6.5cm)，楷体，墨色，横刊藏文六行，四周双栏，全。

索书号：003501/1。保存基本完好，今藏民族文化宫中国民族图书馆。

༄༅། །པཎ་ཆེན་ཐམས་ཅད་མཁྱེན་པ་ཆེན་པོ་རྗེ་བཙུན་བློ་བཟང་ཡེ་ཤེས་དཔལ་བཟང་པོའི་བཀའ་འབུམ་ཁ་པའི་དཀར་ཆག་བཞུགས་སོ། །

**班禅一切智至尊洛桑益希文集 ཁ 字函目录**

1 种，1 页。

པཎ་ཆེན་ཨེར་ཏེ་ནི་བློ་བཟང་ཡེ་ཤེས། 班禅额尔德尼・洛桑益希 (1663—1737) 撰述。

西藏自治区日喀则地区扎什伦布寺印经院木刻版之刻印本。

普通藏纸，梵夹装中印本 (48.7×6.5cm)，楷体，墨色，横刊藏文六行，四周双栏，全。

索书号：003505/1。保存基本完好，今藏民族文化宫中国民族图书馆。

༄༅། །པཎ་ཆེན་ཐམས་ཅད་མཁྱེན་པ་ཆེན་པོ་རྗེ་བཙུན་བློ་བཟང་ཡེ་ཤེས་དཔལ་བཟང་པོ་ལ་དད་ལྡན་རྣམས་ཀྱིས་སྔ་ཕྱིར་ཞུས་པའི་ཆོས་ཚན་རྣམས་ཀྱི་དཀར་ཆག་ཅེས་བྱ་བ་བཞུགས་སོ། །

**班禅一切智至尊洛桑益希座前诸善信人士前后所求法类之目录**

1 种，1 页。

པཎ་ཆེན་ཨེར་ཏེ་ནི་བློ་བཟང་ཡེ་ཤེས། 班禅额尔德尼・洛桑益希 (1663—1737) 撰述。

西藏自治区日喀则地区扎什伦布寺印经院木刻版之刻印本。

普通藏纸，梵夹装中印本 (48.7×6.5cm)，楷体，墨色，横刊藏文六行，四周双栏，全。

索书号：000769/1。保存基本完好，今藏民族文化宫中国民族图书馆。

༄༅། །དཔལ་མཉམ་མེད་རྒྱལ་བ་རྒོད་ཚང་པའི་གསུང་འབུམ་ག་པའི་དཀར་ཆག་བཞུགས་སོ། །

**无等佛王果仓巴文集 ག 字函目录**

1种，2页。

རྒོད་ཚང་པ་མགོན་པོ་རྡོ་རྗེ། 果仓巴·贡波多结 (1189—1258) 撰述。

西藏地区藏传佛教寺院印经院传抄之缮写本。

普通藏纸，梵夹装中印本 (45.2×6.1cm)，楷体，墨色，横刊藏文六行，四周双栏，全。

索书号：003860/1。保存基本完好，今藏民族文化宫中国民族图书馆。

༄༅། །དཔལ་ལྡན་བླ་མ་དམ་པ་ཤེས་བྱ་ཀུན་མཁྱེན་ཤྲཱི་ནཱ་ཀའི་གསུང་འབུམ་གྱི་བཞུགས་བྱང་འདོད་འབྱུང་རིན་པོ་ཆེའི་ཏོག་ཅེས་བྱ་བ་བཞུགས་ལས་སོ། །

**具德师尊所缘遍智释利聂摩迦文集目录·随愿宝顶**

1种，18页。

དཔལ་སྤྲུལ་འཇིགས་མེད་ཆོས་ཀྱི་དབང་པོ། 巴珠·吉迈曲吉旺波 (1808—1887) 撰述。

多康地区藏传佛教寺院印经院木刻版之刻印本。

普通藏纸，梵夹装中印本 (45.2×4.3cm)，楷体，墨色，横刊藏文六行，四周双栏，全。

索书号：005941/1。保存基本完好，今藏民族文化宫中国民族图书馆。

༄༅། །དཔལ་ལྡན་བླ་མ་དུ་མ་ལས་སྨིན་བྱེད་སྤྱི་བྱེར་གྱི་རྗེས་གནང་སྣ་ཚོགས་ཐོབ་པའི་དཀར་ཆག་བརྒྱུད་རིམ་རིན་ཆེན་གསེར་གྱི་ཐྱེང་བ་ཞེས་བྱ་བ་བཞུགས་སོ། །

**从诸具德上师获得能作成熟各种总别随许法目录承传次第·大宝金鬘**

1种，117页。

ཆེ་ཤོས་བློ་བཟང་བྱང་ཆུབ་བསྟན་པའི་སྒྲོན་མེ། 却西·洛桑强曲丹贝准美 (1861—1933) 撰述。

青海省海东市湟中县鲁沙尔地区塔尔寺（固奔乾巴林）印经院木刻版之刻印本。

普通藏纸，梵夹装中印本 (45.7×6.5cm)，楷体，墨色，横刊藏文六行，四周双栏，全。

索书号：003779/3。保存基本完好，今藏民族文化宫中国民族图书馆。

༄༅། །དཔལ་ལྡན་སྨད་རྒྱུད་གྲྭ་ཚང་གི་དེབ་ཡིག་མགོ་རྒྱན་ལྫུན་ཚོགས་འདོད་དགུའི་རོལ་མཚོ་སོགས་དེབ་རྒྱན་སྣ་ཚོགས་བཞུགས་སོ། །

**具德密宗下院文册·顶严美满·随愿游戏海等各种文册**

1种，10页。

གུང་ཐང་དཀོན་མཆོག་བསྟན་པའི་སྒྲོན་མེ། 贡唐·恭却丹贝准美 (1762—1823) 撰述。

甘肃省甘南藏族自治州夏河县拉卜楞地区拉卜楞寺（拉章扎喜齐）印经院木刻版之刻印本。

普通藏纸，梵夹装中印本 (47.2×6.2cm)，楷体，墨色，横刊藏文六行，四周双栏，全。

索书号：000926/36。保存基本完好，今藏民族文化宫中国民族图书馆。

༄༅། །དཔལ་ས་སྐྱ་པ་ཆེན་པོ་སྔགས་འཆང་བླ་མ་ཐམས་ཅད་མཁྱེན་པ་ངག་དབང་ཀུན་དགའ་བློ་གྲོས་སངས་རྒྱས་བསྟན་པའི་རྒྱལ་མཚན་དཔལ་བཟང་པོའི་གསུང་རབ་པོ་ཏི་ཁ་པའི་དཀར་ཆག་བཞུགས་སོ། །

**具德萨迦派持密上师一切智阿旺衮噶洛哲桑杰丹贝坚参文集 ཁ 字函目录**

1种，1页。

ས་སྐྱ་ཀུན་དགའ་བློ་གྲོས། 萨迦·衮噶洛哲 (1299—1327) 撰述。

西藏地区藏传佛教寺院印经院传抄之缮写本。

普通藏纸，梵夹装中印本(45.2×5.6cm)，草体，墨色，横书藏文七行，四周双栏，全。

索书号：003229/1。保存基本完好，今藏民族文化宫中国民族图书馆。

༧༢། །དཔལ་ས་སྐྱ་པ་ཆེན་པོ་སྔགས་འཆང་བླ་མ་ཐམས་ཅད་མཁྱེན་པ་ངག་དབང་ཀུན་དགའ་བློ་གྲོས་སངས་རྒྱས་བསྟན་པའི་རྒྱལ་མཚན་དཔལ་བཟང་པོའི་གསུང་རབ་པོ་ཏི་ག་པའི་དཀར་ཆག་བཞུགས་སོ། །

**具德萨迦派持密上师一切智阿旺衮噶洛哲桑结丹贝坚参文集 ག 字函目录**

1种，2页。

ས་སྐྱ་ཀུན་དགའ་བློ་གྲོས། 萨迦·衮噶洛哲(1299—1327)撰述。

西藏地区藏传佛教寺院印经院传抄之缮写本。

普通藏纸，梵夹装中印本(45.2×5.6cm)，草体，墨色，横书藏文七行，四周双栏，全。

索书号：003230/1。保存基本完好，今藏民族文化宫中国民族图书馆。

༧༢། །དཔལ་ས་སྐྱ་པ་ཆེན་པོ་སྔགས་འཆང་བླ་མ་ཐམས་ཅད་མཁྱེན་པ་ངག་དབང་ཀུན་དགའ་བློ་གྲོས་སངས་རྒྱས་བསྟན་པའི་རྒྱལ་མཚན་དཔལ་བཟང་པོའི་གསུང་རབ་པོ་ཏི་ང་པའི་དཀར་ཆག་བཞུགས་སོ། །

**具德萨迦派持密上师一切智阿旺衮噶洛哲桑结丹贝坚参文集 ང 字函目录**

1种，3页。

ས་སྐྱ་ཀུན་དགའ་བློ་གྲོས། 萨迦·衮噶洛哲(1299—1327)撰述。

西藏地区藏传佛教寺院印经院传抄之缮写本。

普通藏纸，梵夹装中印本(45.2×5.6cm)，草体，墨色，横书藏文七行，四周双栏，全。

索书号：003231/1。保存基本完好，今藏民族文化宫中国民族图书馆。

༧༢། །དཔལ་ས་སྐྱ་པ་ཆེན་པོ་སྔགས་འཆང་བླ་མ་ཐམས་ཅད་མཁྱེན་པ་ངག་དབང་ཀུན་དགའ་བློ་གྲོས་སངས་རྒྱས་བསྟན་པའི་རྒྱལ་མཚན་དཔལ་བཟང་པོའི་གསུང་རབ་པོ་ཏི་ཅ་པའི་དཀར་ཆག་བཞུགས་སོ། །

**具德萨迦派持密上师一切智阿旺衮噶洛哲桑结丹贝坚参文集 ཅ 字函目录**

1种，3页。

ས་སྐྱ་ཀུན་དགའ་བློ་གྲོས། 萨迦·衮噶洛哲(1299—1327)撰述。

西藏地区藏传佛教寺院印经院传抄之缮写本。

普通藏纸，梵夹装中印本(45.2×5.6cm)，草体，墨色，横书藏文七行，四周双栏，全。

索书号：003232/1。保存基本完好，今藏民族文化宫中国民族图书馆。

༧༢། །དཔལ་ས་སྐྱ་པ་ཆེན་པོ་སྔགས་འཆང་བླ་མ་ཐམས་ཅད་མཁྱེན་པ་ངག་དབང་ཀུན་དགའ་བློ་གྲོས་སངས་རྒྱས་བསྟན་པའི་རྒྱལ་མཚན་དཔལ་བཟང་པོའི་གསུང་རབ་པོ་ཏི་ཆ་པའི་དཀར་ཆག་བཞུགས་སོ། །

**具德萨迦派持密上师一切智阿旺衮噶洛哲桑结丹贝坚参文集 ཆ 字函目录**

1种，4页。

ས་སྐྱ་ཀུན་དགའ་བློ་གྲོས། 萨迦·衮噶洛哲(1299—1327)撰述。

西藏地区藏传佛教寺院印经院传抄之缮写本。

普通藏纸，梵夹装中印本 (45.2×5.6cm)，草体，墨色，横书藏文七行，四周双栏，全。

索书号：003233/1。保存基本完好，今藏民族文化宫中国民族图书馆。

༄༅། །དཔལ་ས་སྐྱ་པ་ཆེན་པོ་སྔགས་འཆང་བླ་མ་ཐམས་ཅད་མཁྱེན་པ་ངག་དབང་ཀུན་དགའ་བློ་གྲོས་སངས་རྒྱས་བསྟན་པའི་རྒྱལ་མཚན་དཔལ་བཟང་པོའི་གསུང་རབ་པོ་ཏི་ཕྲི་པའི་དཀར་ཆག་བཞུགས་སོ། །

**具德萨迦派持密上师一切智阿旺衮噶洛哲桑结丹贝坚参文集 ཕྲི 字函目录**

1 种，4 页。

ས་སྐྱ་ཀུན་དགའ་བློ་གྲོས། 萨迦·衮噶洛哲 (1299—1327) 撰述。

西藏地区藏传佛教寺院印经院传抄之缮写本。

普通藏纸，梵夹装中印本 (45.2×5.6cm)，草体，墨色，横书藏文七行，四周双栏，全。

索书号：003922/1。保存基本完好，今藏民族文化宫中国民族图书馆。

༄༅། །དཔལ་ས་སྐྱ་པ་ཆེན་པོ་སྔགས་འཆང་བླ་མ་ཐམས་ཅད་མཁྱེན་པ་ངག་དབང་ཀུན་དགའ་བསོད་ནམས་གྲགས་པ་རྒྱལ་མཚན་དཔལ་བཟང་པོའི་བཀའ་འབུམ་དཀར་ཆག་བཞུགས་སོ། །

**具德萨迦派咒师一切智阿旺衮噶索南札巴坚参文集目录**

1 种，15 页。

ཨ་མེས་ངག་དབང་ཀུན་དགའ་བསོད་ནམས། 阿梅·阿旺衮噶索南 (1597—1660) 撰述。

西藏地区藏传佛教寺院印经院传抄之缮写本。

普通藏纸，梵夹装中印本 (45.6×6.3cm)，草体，墨色，横书藏文七行，四周双栏，全。

索书号：003213/11。保存基本完好，今藏民族文化宫中国民族图书馆。

༄༅། །དཔལ་ས་སྐྱ་པ་ཆེན་པོ་སྔགས་འཆང་བླ་མ་ཐམས་ཅད་མཁྱེན་པ་ངག་དབང་ཀུན་དགའ་བསོད་ནམས་ཀྱི་གསུང་འབུམ་པོ་ཏི་ཀ་པའི་དཀར་ཆག་བཞུགས་སོ། །

**具德萨迦派大德咒师一切智阿旺衮噶索南文集 ཀ 字函目录**

1 种，8 页。

ཨ་མེས་ངག་དབང་ཀུན་དགའ་བསོད་ནམས། 阿梅·阿旺衮噶索南 (1597—1660) 撰述。

西藏地区藏传佛教寺院印经院传抄之缮写本。

普通藏纸，梵夹装中印本 (45.6×6.3cm)，草体，墨色，横书藏文七行，四周双栏，全。

索书号：003220/1。保存基本完好，今藏民族文化宫中国民族图书馆。

༄༅། །དཔལ་ས་སྐྱ་པ་ཆེན་པོ་སྔགས་འཆང་བླ་མ་ཐམས་ཅད་མཁྱེན་པ་ངག་དབང་ཀུན་དགའ་བསོད་ནམས་ཀྱི་གསུང་འབུམ་པོ་ཏི་ཁ་པའི་དཀར་ཆག་བཞུགས་སོ། །

**具德萨迦派大德咒师一切智阿旺衮噶索南文集 ཁ 字函目录**

1 种，2 页。

ཨ་མེས་ངག་དབང་ཀུན་དགའ་བསོད་ནམས། 阿梅·阿旺衮噶索南 (1597—1660) 撰述。

西藏地区藏传佛教寺院印经院传抄之缮写本。

普通藏纸，梵夹装中印本 (45.6×6.3cm)，草体，墨色，横书藏文七行，四周双栏，全。

索书号：003221/1。保存基本完好，今藏民族文化宫中国民族图书馆。

༧༧། །དཔལ་ས་སྐྱ་པ་ཆེན་པོ་སྔགས་འཆང་བླ་མ་ཐམས་ཅད་མཁྱེན་པ་ངག་དབང་ཀུན་དགའ་བསོད་ནམས་ཀྱི་གསུང་འབུམ་པོ་ཏི་ག་པའི་དཀར་ཆག་བཞུགས་སོ། །

**具德萨迦派大德咒师一切智阿旺衮噶索南文集 ག 字函目录**

1 种，1 页。

ཨ་མེས་ངག་དབང་ཀུན་དགའ་བསོད་ནམས།

阿梅・阿旺衮噶索南 (1597—1660) 撰述。

西藏地区藏传佛教寺院印经院传抄之缮写本。

普通藏纸，梵夹装中印本 (45.6×6.3cm)，草体，墨色，横书藏文七行，四周双栏，全。

索书号：003222/1。保存基本完好，今藏民族文化宫中国民族图书馆。

༧༧། །དཔལ་ས་སྐྱ་པ་ཆེན་པོ་སྔགས་འཆང་བླ་མ་ཐམས་ཅད་མཁྱེན་པ་ངག་དབང་ཀུན་དགའ་བསོད་ནམས་ཀྱི་གསུང་འབུམ་པོ་ཏི་ཅ་པའི་དཀར་ཆག་བཞུགས་སོ། །

**具德萨迦派大德咒师一切智阿旺衮噶索南文集 ཅ 字函目录**

1 种，1 页。

ཨ་མེས་ངག་དབང་ཀུན་དགའ་བསོད་ནམས།

阿梅・阿旺衮噶索南 (1597—1660) 撰述。

西藏地区藏传佛教寺院印经院传抄之缮写本。

普通藏纸，梵夹装中印本 (45.6×6.3cm)，草体，墨色，横书藏文七行，四周双栏，全。

索书号：003198/1。保存基本完好，今藏民族文化宫中国民族图书馆。

༧༧། །དཔལ་ས་སྐྱ་པ་ཆེན་པོ་སྔགས་འཆང་བླ་མ་ཐམས་ཅད་མཁྱེན་པ་ངག་དབང་ཀུན་དགའ་བསོད་ནམས་ཀྱི་གསུང་འབུམ་པོ་ཏི་ཆ་པའི་དཀར་ཆག་བཞུགས་སོ། །

**具德萨迦派大德咒师一切智阿旺衮噶索南文集 ཆ 字函目录**

1 种，1 页。

ཨ་མེས་ངག་དབང་ཀུན་དགའ་བསོད་ནམས།

阿梅・阿旺衮噶索南 (1597—1660) 撰述。

西藏地区藏传佛教寺院印经院传抄之缮写本。

普通藏纸，梵夹装中印本 (45.6×6.3cm)，草体，墨色，横书藏文七行，四周双栏，全。

索书号：003199/1。保存基本完好，今藏民族文化宫中国民族图书馆。

༧༧། །དཔལ་ས་སྐྱ་པ་ཆེན་པོ་སྔགས་འཆང་བླ་མ་ཐམས་ཅད་མཁྱེན་པ་ངག་དབང་ཀུན་དགའ་བསོད་ནམས་ཀྱི་གསུང་འབུམ་པོ་ཏི་ཇ་པའི་དཀར་ཆག་བཞུགས་སོ། །

**具德萨迦派大德咒师一切智阿旺衮噶索南文集 ཇ 字函目录**

1 种，1 页。

ཨ་མེས་ངག་དབང་ཀུན་དགའ་བསོད་ནམས།

阿梅・阿旺衮噶索南 (1597—1660) 撰述。

西藏地区藏传佛教寺院印经院传抄之缮写本。

普通藏纸，梵夹装中印本 (45.6×6.3cm)，草体，墨色，横书藏文七行，四周双栏，全。

索书号：005055/1。保存基本完好，今藏民族文化宫中国民族图书馆。

༄༅། །དཔལ་ས་སྐྱ་པ་ཆེན་པོ་སྔགས་འཆང་བླ་མ་ཐམས་ཅད་མཁྱེན་པ་ངག་དབང་ཀུན་དགའ་བསོད་ནམས་ཀྱི་གསུང་འབུམ་པོ་ཏི་ཉ་པའི་དཀར་ཆག་བཞུགས་སོ། །

具德萨迦派大德咒师一切智阿旺衮噶索南文集ཉ字函目录

1种，1页。

ཨ་མེས་ངག་དབང་ཀུན་དགའ་བསོད་ནམས།

阿梅·阿旺衮噶索南 (1597—1660) 撰述。

西藏地区藏传佛教寺院印经院传抄之缮写本。

普通藏纸，梵夹装中印本 (45.6×6.3cm)，草体，墨色，横书藏文七行，四周双栏，全。

索书号：003200/1。保存基本完好，今藏民族文化宫中国民族图书馆。

༄༅། །དཔལ་ས་སྐྱ་པ་ཆེན་པོ་སྔགས་འཆང་བླ་མ་ཐམས་ཅད་མཁྱེན་པ་ངག་དབང་ཀུན་དགའ་བསོད་ནམས་ཀྱི་གསུང་འབུམ་པོ་ཏི་ཏ་པའི་དཀར་ཆག་བཞུགས་སོ། །

具德萨迦派大德咒师一切智阿旺衮噶索南文集ཏ字函目录

1种，1页。

ཨ་མེས་ངག་དབང་ཀུན་དགའ་བསོད་ནམས།

阿梅·阿旺衮噶索南 (1597—1660) 撰述。

西藏地区藏传佛教寺院印经院传抄之缮写本。

普通藏纸，梵夹装中印本 (45.6×6.3cm)，草体，墨色，横书藏文七行，四周双栏，全。

索书号：003201/1。保存基本完好，今藏民族文化宫中国民族图书馆。

༄༅། །དཔལ་ས་སྐྱ་པ་ཆེན་པོ་སྔགས་འཆང་བླ་མ་ཐམས་ཅད་མཁྱེན་པ་ངག་དབང་ཀུན་དགའ་བསོད་ནམས་ཀྱི་གསུང་འབུམ་པོ་ཏི་ཐ་པའི་དཀར་ཆག་བཞུགས་སོ། །

具德萨迦派大德咒师一切智阿旺衮噶索南文集ཐ字函目录

1种，1页。

ཨ་མེས་ངག་དབང་ཀུན་དགའ་བསོད་ནམས།

阿梅·阿旺衮噶索南 (1597—1660) 撰述。

西藏地区藏传佛教寺院印经院传抄之缮写本。

普通藏纸，梵夹装中印本 (45.6×6.3cm)，草体，墨色，横书藏文七行，四周双栏，全。

索书号：005671/1。保存基本完好，今藏民族文化宫中国民族图书馆。

༄༅། །དཔལ་ས་སྐྱ་པ་ཆེན་པོ་སྔགས་འཆང་བླ་མ་ཐམས་ཅད་མཁྱེན་པ་ངག་དབང་ཀུན་དགའ་བསོད་ནམས་ཀྱི་གསུང་འབུམ་པོ་ཏི་ད་པའི་དཀར་ཆག་བཞུགས་སོ། །

具德萨迦派大德咒师一切智阿旺衮噶索南文集ད字函目录

1种，2页。

ཨ་མེས་ངག་དབང་ཀུན་དགའ་བསོད་ནམས།

阿梅·阿旺衮噶索南 (1597—1660) 撰述。

西藏地区藏传佛教寺院印经院传抄之缮写本。

普通藏纸，梵夹装中印本 (45.6×6.3cm)，草体，墨色，横书藏文七行，四周双栏，全。

索书号：003224/1。保存基本完好，今藏民族文化宫中国民族图书馆。

༧༢། །དཔལ་ས་སྐྱ་པ་ཆེན་པོ་སྔགས་འཆང་བླ་མ་ཐམས་ཅད་མཁྱེན་པ་ངག་དབང་ཀུན་དགའ་བསོད་ནམས་ཀྱི་གསུང་འབུམ་པོ་ཏི་ན་པའི་དཀར་ཆག་བཞུགས་སོ། །

**具德萨迦派大德咒师一切智阿旺衮噶索南文集 ན 字函目录**

1 种，1 页。

ཨ་མེས་ངག་དབང་ཀུན་དགའ་བསོད་ནམས།

阿梅・阿旺衮噶索南 (1597—1660) 撰述。

西藏地区藏传佛教寺院印经院传抄之缮写本。

普通藏纸，梵夹装中印本 (45.6×6.3cm)，草体，墨色，横书藏文七行，四周双栏，全。

索书号：003203/1。保存基本完好，今藏民族文化宫中国民族图书馆。

༧༢། །དཔལ་ས་སྐྱ་པ་ཆེན་པོ་སྔགས་འཆང་བླ་མ་ཐམས་ཅད་མཁྱེན་པ་ངག་དབང་ཀུན་དགའ་བསོད་ནམས་ཀྱི་གསུང་འབུམ་པོ་ཏི་པ་པའི་དཀར་ཆག་བཞུགས་སོ། །

**具德萨迦派大德咒师一切智阿旺衮噶索南文集 པ 字函目录**

1 种，1 页。

ཨ་མེས་ངག་དབང་ཀུན་དགའ་བསོད་ནམས།

阿梅・阿旺衮噶索南 (1597—1660) 撰述。

西藏地区藏传佛教寺院印经院传抄之缮写本。

普通藏纸，梵夹装中印本 (45.6×6.3cm)，草体，墨色，横书藏文七行，四周双栏，全。

索书号：003204/1。保存基本完好，今藏民族文化宫中国民族图书馆。

༧༢། །དཔལ་ས་སྐྱ་པ་ཆེན་པོ་སྔགས་འཆང་བླ་མ་ཐམས་ཅད་མཁྱེན་པ་ངག་དབང་ཀུན་དགའ་བསོད་ནམས་ཀྱི་གསུང་འབུམ་པོ་ཏི་ཕ་པའི་དཀར་ཆག་བཞུགས་སོ། །

**具德萨迦派大德咒师一切智阿旺衮噶索南文集 ཕ 字函目录**

1 种，1 页。

ཨ་མེས་ངག་དབང་ཀུན་དགའ་བསོད་ནམས།

阿梅・阿旺衮噶索南 (1597—1660) 撰述。

西藏地区藏传佛教寺院印经院传抄之缮写本。

普通藏纸，梵夹装中印本 (45.6×6.3cm)，草体，墨色，横书藏文七行，四周双栏，全。

索书号：003205/1。保存基本完好，今藏民族文化宫中国民族图书馆。

༧༢། །དཔལ་ས་སྐྱ་པ་ཆེན་པོ་སྔགས་འཆང་བླ་མ་ཐམས་ཅད་མཁྱེན་པ་ངག་དབང་ཀུན་དགའ་བསོད་ནམས་ཀྱི་གསུང་འབུམ་པོ་ཏི་མ་པའི་དཀར་ཆག་བཞུགས་སོ། །

**具德萨迦派大德咒师一切智阿旺衮噶索南文集 མ 字函目录**

1 种，1 页。

ཨ་མེས་ངག་དབང་ཀུན་དགའ་བསོད་ནམས།

阿梅・阿旺衮噶索南 (1597—1660) 撰述。

西藏地区藏传佛教寺院印经院传抄之缮写本。

普通藏纸，梵夹装中印本 (45.6×6.3cm)，草体，墨色，横书藏文七行，四周双栏，全。

索书号：003206/1。保存基本完好，今藏民族文化宫中国民族图书馆。

༄༅། །དཔལ་ས་སྐྱ་པ་ཆེན་པོ་སྔགས་འཆང་བླ་མ་ཐམས་ཅད་མཁྱེན་པ་ངག་དབང་ཀུན་དགའ་བསོད་ནམས་ཀྱི་གསུང་འབུམ་པོ་ཏི་ཙ་པའི་དཀར་ཆག་བཞུགས་སོ། །

**具德萨迦派大德咒师一切智阿旺衮噶索南文集 ཙ 字函目录**

1种，1页。

ཨ་མེས་ངག་དབང་ཀུན་དགའ་བསོད་ནམས། 阿梅·阿旺衮噶索南 (1597—1660) 撰述。

西藏地区藏传佛教寺院印经院传抄之缮写本。

普通藏纸，梵夹装中印本 (45.6×6.3cm)，草体，墨色，横书藏文七行，四周双栏，全。

索书号：003207/1。保存基本完好，今藏民族文化宫中国民族图书馆。

༄༅། །དཔལ་ས་སྐྱ་པ་ཆེན་པོ་སྔགས་འཆང་བླ་མ་ཐམས་ཅད་མཁྱེན་པ་ངག་དབང་ཀུན་དགའ་བསོད་ནམས་ཀྱི་གསུང་འབུམ་པོ་ཏི་ཚ་པའི་དཀར་ཆག་བཞུགས་སོ། །

**具德萨迦派大德咒师一切智阿旺衮噶索南文集 ཚ 字函目录**

1种，3页。

ཨ་མེས་ངག་དབང་ཀུན་དགའ་བསོད་ནམས། 阿梅·阿旺衮噶索南 (1597—1660) 撰述。

西藏地区藏传佛教寺院印经院传抄之缮写本。

普通藏纸，梵夹装中印本 (45.6×6.3cm)，草体，墨色，横书藏文七行，四周双栏，全。

索书号：003227/1。保存基本完好，今藏民族文化宫中国民族图书馆。

༄༅། །དཔལ་ས་སྐྱ་པ་ཆེན་པོ་སྔགས་འཆང་བླ་མ་ཐམས་ཅད་མཁྱེན་པ་ངག་དབང་ཀུན་དགའ་བསོད་ནམས་ཀྱི་གསུང་འབུམ་པོ་ཏི་ཛ་པའི་དཀར་ཆག་བཞུགས་སོ། །

**具德萨迦派大德咒师一切智阿旺衮噶索南文集 ཛ 字函目录**

1种，1页。

ཨ་མེས་ངག་དབང་ཀུན་དགའ་བསོད་ནམས། 阿梅·阿旺衮噶索南 (1597—1660) 撰述。

西藏地区藏传佛教寺院印经院传抄之缮写本。

普通藏纸，梵夹装中印本 (45.6×6.3cm)，草体，墨色，横书藏文七行，四周双栏，全。

索书号：003209/1。保存基本完好，今藏民族文化宫中国民族图书馆。

༄༅། །དཔལ་ས་སྐྱ་པ་ཆེན་པོ་སྔགས་འཆང་བླ་མ་ཐམས་ཅད་མཁྱེན་པ་ངག་དབང་ཀུན་དགའ་བསོད་ནམས་ཀྱི་གསུང་འབུམ་པོ་ཏི་ཝ་པའི་དཀར་ཆག་བཞུགས་སོ། །

**具德萨迦派大德咒师一切智阿旺衮噶索南文集 ཝ 字函目录**

1种，1页。

ཨ་མེས་ངག་དབང་ཀུན་དགའ་བསོད་ནམས། 阿梅·阿旺衮噶索南 (1597—1660) 撰述。

西藏地区藏传佛教寺院印经院传抄之缮写本。

普通藏纸，梵夹装中印本 (45.6×6.3cm)，草体，墨色，横书藏文七行，四周双栏，全。

索书号：004506/1。保存基本完好，今藏民族文化宫中国民族图书馆。

༧༢། །དཔལ་ས་སྐྱ་པ་ཆེན་པོ་སྔགས་འཆང་བླ་མ་ཐམས་ཅད་མཁྱེན་པ་ངག་དབང་ཀུན་དགའ་བསོད་ནམས་ཀྱི་གསུང་འབུམ་པོ་ཏི་ཞ་པའི་དཀར་ཆག་བཞུགས་སོ། །

**具德萨迦派大德咒师一切智阿旺衮噶索南文集 ཞ 字函目录**

1 种，3 页。

ཨ་མེས་ངག་དབང་ཀུན་དགའ་བསོད་ནམས། 阿梅·阿旺衮噶索南 (1597—1660) 撰述。

西藏地区藏传佛教寺院印经院传抄之缮写本。

普通藏纸，梵夹装中印本 (45.6×6.3cm)，楷体，墨色，横书藏文七行，四周双栏，全。

索书号：003210/1。保存基本完好，今藏民族文化宫中国民族图书馆。

༧༢། །དཔལ་ས་སྐྱ་པ་ཆེན་པོ་སྔགས་འཆང་བླ་མ་ཐམས་ཅད་མཁྱེན་པ་ངག་དབང་ཀུན་དགའ་བསོད་ནམས་ཀྱི་གསུང་འབུམ་པོ་ཏི་ཟ་པའི་དཀར་ཆག་བཞུགས་སོ། །

**具德萨迦派大德咒师一切智阿旺衮噶索南文集 ཟ 字函目录**

1 种，1 页。

ཨ་མེས་ངག་དབང་ཀུན་དགའ་བསོད་ནམས། 阿梅·阿旺衮噶索南 (1597—1660) 撰述。

西藏地区藏传佛教寺院印经院传抄之缮写本。

普通藏纸，梵夹装中印本 (45.6×6.3cm)，草体，墨色，横书藏文七行，四周双栏，全。

索书号：003211/1。保存基本完好，今藏民族文化宫中国民族图书馆。

༧༢། །དཔལ་ས་སྐྱ་པ་ཆེན་པོ་སྔགས་འཆང་བླ་མ་ཐམས་ཅད་མཁྱེན་པ་ངག་དབང་ཀུན་དགའ་བསོད་ནམས་ཀྱི་གསུང་འབུམ་པོ་ཏི་འ་པའི་དཀར་ཆག་བཞུགས་སོ། །

**具德萨迦派大德咒师一切智阿旺衮噶索南文集 འ 字函目录**

1 种，1 页。

ཨ་མེས་ངག་དབང་ཀུན་དགའ་བསོད་ནམས། 阿梅·阿旺衮噶索南 (1597—1660) 撰述。

西藏地区藏传佛教寺院印经院传抄之缮写本。

普通藏纸，梵夹装中印本 (45.6×6.3cm)，草体，墨色，横书藏文七行，四周双栏，全。

索书号：003212/1。保存基本完好，今藏民族文化宫中国民族图书馆。

༧༣། །དཔལ་ལྡན་ས་སྐྱ་པའི་གསེར་ཆོས་སུ་གྲགས་པ་རྗེ་བཙུན་མ་ཀུ་རུ་ཀུ་ལླེའི་བེའུ་བུམ་གྱི་དཀར་ཆག་གསལ་བར་བཀོད་པ་ཨུཏྤ་ལའི་འཕྲེང་བ་ཞེས་བྱ་བ་བཞུགས་སོ། །

**具德萨迦派金法中著称之作明佛母袖珍目录显明篇·青莲鬘**

1 种，6 页。

པཎ་ཆེན་ཨེར་ཏེ་ནི་བློ་བཟང་ཐུབ་བསྟན་ཆོས་ཀྱི་ཉི་མ། 班禅额尔德尼·洛桑图丹曲吉尼玛 (1883—1937) 撰述。

西藏自治区日喀则地区扎什伦布寺印经院木刻版之刻印本。

普通藏纸，梵夹装中印本 (45×6.5cm)，楷体，墨色，横刊藏文六行，四周双栏，全。

索书号：003547/63。保存基本完好，今藏民族文化宫中国民族图书馆。

**༄༅། །དཔལ་ས་སྐྱའི་རྗེ་བཙུན་གོང་མ་ལྔའི་གསུང་རབ་རིན་པོ་ཆེའི་པར་གྱི་སྒོ་འཕར་འབྱེད་པའི་དཀར་ཆག་འཕྲུལ་གྱི་ལྡེ་མིག་ཅེས་བྱ་བ་བཞུགས་སོ། །**

**萨迦派至尊五祖大宝语教版本目录·幻化之钥**

1种，66页。

ས་སྐྱ་འཕགས་པ་བློ་གྲོས་རྒྱལ་མཚན། 萨迦·八思巴洛哲坚参(1235—1280)撰述。

四川省甘孜藏族自治州德格县德格地区德格寺印经院木刻版之刻印本。

普通藏纸，梵夹装中印本(47.7×6.2cm)，楷体，墨色，横刊藏文六行，四周双栏，全。

索书号：000358/13。保存基本完好，今藏民族文化宫中国民族图书馆。

**༄༅། །དཔེ་རྒྱུན་དཀོན་པོ་འགའ་ཞིག་གི་ཐོ་ཡིག་དོན་གཉེར་ཡིད་ཀྱི་ཀུནྡ་བཞད་པའི་ཟླ་འོད་འབུམ་གྱི་སྙེ་མ་ཞེས་བྱ་བ་བཞུགས་སོ། །**

**部分少见之流通书册记录本·求义者心睡莲盛开之月光穗**

1种，60页。

དྲུང་ཆེན་ཤེས་རབ་རྒྱ་མཚོ། 仲钦·希饶嘉措(1803—1875)撰述。

甘肃省甘南地区藏传佛教拉格旦南杰林寺印经院木刻版之刻印本。

普通藏纸，梵夹装中印本(48×6cm)，楷体，墨色，横刊藏文六行，四周双栏，全。

索书号：003697/10。保存基本完好，今藏民族文化宫中国民族图书馆。

**༄༅། །སྤྱན་སྔ་རིན་པོ་ཆེའི་བཀའ་འབུམ་གླེགས་བམ་གསུམ་པའི་དཀར་ཆག་འདོད་དགུའི་ཆར་འབེབས་ཞེས་བྱ་བ་བཞུགས་སོ། །**

**金厄大师文集第三函目录·随愿雨降**

1种，2页。

སྤྱན་སྔ་བློ་གྲོས་རྒྱལ་མཚན། 金厄·洛追坚参(1402—1472)撰述。

西藏地区藏传佛教寺院印经院木刻版之刻印本。

普通藏纸，梵夹装中印本(457.9×6.7cm)，楷体，墨色，横刊藏文六行，四周双栏，全。

索书号：003769/1。保存基本完好，今藏民族文化宫中国民族图书馆。

**༄༅། །ཕག་མོ་གྲུ་པ་རྡོ་རྗེ་རྒྱལ་པོའི་བཀའ་འབུམ་ཀ་ཏུམ་པའི་དཀར་ཆག་བཞུགས་སོ། །**

**帕莫竹巴多结嘉波文集 ཀ 字函目录**

1种，2页。

ཕག་མོ་གྲུ་པ་རྡོ་རྗེ་རྒྱལ་པོ། 帕莫竹巴·多结嘉波(1110—1170)撰述。

西藏地区藏传佛教寺院印经院传抄之缮写本。

普通藏纸，梵夹装中印本(45.3×5.8cm)，草体，墨色，横书藏文七行，四周双栏，全。

索书号：003848/1。保存基本完好，今藏民族文化宫中国民族图书馆。

**༄༅། །ཕག་མོ་གྲུ་པ་རྡོ་རྗེ་རྒྱལ་པོའི་བཀའ་འབུམ་ཁ་ཏུམ་པའི་དཀར་ཆག་བཞུགས་སོ། །**

**帕莫竹巴多结嘉波文集 ཁ 字函目录**

1种，3页。

ཕག་མོ་གྲུ་པ་རྡོ་རྗེ་རྒྱལ་པོ། 帕莫竹巴·多结嘉波(1110—1170)撰述。

西藏地区藏传佛教寺院印经院传抄之缮写本。

普通藏纸，梵夹装中印本(45.3×5.8cm)，草体，墨色，横书藏文七行，四周双栏，全。

索书号：003852/1。保存基本完好，今藏民族文化宫中国民族图书馆。

༄༅། །ཕག་མོ་གྲུ་པ་རྡོ་རྗེ་རྒྱལ་པོའི་བཀའ་འབུམ་ཆ་དུམ་པའི་དཀར་ཆག་བཞུགས་སོ། །

**帕莫竹巴多结嘉波文集 ཆ 字函目录**

1种，1页。

ཕག་མོ་གྲུ་པ་རྡོ་རྗེ་རྒྱལ་པོ། 帕莫竹巴·多结嘉波(1110—1170)撰述。

西藏地区藏传佛教寺院印经院传抄之缮写本。

普通藏纸，梵夹装中印本(45.3×5.8cm)，草体，墨色，横书藏文七行，四周双栏，全。

索书号：003850/1。保存基本完好，今藏民族文化宫中国民族图书馆。

༄༅། །ཕྲིན་ཡིག་བསྟོད་ཚོགས་དྲིས་ལན་བསླབ་བྱ་སྨོན་ལམ་རྣམས་ཀྱི་དཀར་ཆག་ཅེས་བྱ་བ་བཞུགས་སོ། །

**书信、赞颂、问答、教诫、愿文等目录**

1种，3页。

ཀརྨ་མི་བསྐྱོད་རྡོ་རྗེ། 嘎玛·米觉多结(1507—1554)撰述。

西藏地区藏传佛教寺院印经院传抄之缮写本。

普通藏纸，梵夹装中印本(44.6×5.3cm)，草体，墨色，横书藏文七行，四周双栏，全。

索书号：003878/1。保存基本完好，今藏民族文化宫中国民族图书馆。

༄༅། །བུ་སྟོན་ཐམས་ཅད་མཁྱེན་པའི་བཀའ་འབུམ་ཀ་པའི་དཀར་ཆག་ཅེས་བྱ་བ་བཞུགས་སོ། །

**布敦文集 ཀ 字函目录**

1种，1页。

བུ་སྟོན་རིན་ཆེན་གྲུབ། 布敦·仁钦珠（亦称布敦塔捷庆巴，1290—1364)撰述。

西藏自治区拉萨地区孜雪印经院木刻版之刻印本。

普通藏纸，梵夹装中印本(49.7×7cm)，楷体，墨色，横刊藏文六行，四周双栏，全。

索书号：004185/1。保存基本完好，今藏民族文化宫中国民族图书馆。

༄༅། །བུ་སྟོན་ཐམས་ཅད་མཁྱེན་པའི་བཀའ་འབུམ་ཁ་པའི་དཀར་ཆག་ཅེས་བྱ་བ་བཞུགས་སོ། །

**布敦文集 ཁ 字函目录**

1种，1页。

བུ་སྟོན་རིན་ཆེན་གྲུབ། 布敦·仁钦珠（亦称布敦塔捷庆巴，1290—1364)撰述。

西藏自治区拉萨地区孜雪印经院木刻版之刻印本。

普通藏纸，梵夹装中印本(49.7×7cm)，楷体，墨色，横刊藏文六行，四周双栏，全。

索书号：004186/1。保存基本完好，今藏民族文化宫中国民族图书馆。

༄༅། །བུ་སྟོན་ཐམས་ཅད་མཁྱེན་པའི་བཀའ་འབུམ་ག་པའི་དཀར་ཆག་ཅེས་བྱ་བ་བཞུགས་སོ། །

**布敦文集 ག 字函目录**

1种，2页。

བུ་སྟོན་རིན་ཆེན་གྲུབ། 布敦·仁钦珠（亦称布敦塔捷庆巴，1290—1364)撰述。

西藏自治区拉萨地区孜雪印经院木刻版之刻印本。

普通藏纸，梵夹装中印本(49.7×7cm)，楷体，墨色，横刊藏文六行，四周双栏，全。

索书号：003095/1。保存基本完好，今藏民族文化宫中国民族图书馆。

### ༄༅། །བུ་སྟོན་ཐམས་ཅད་མཁྱེན་པའི་བཀའ་འབུམ་ང་པའི་དཀར་ཆག་ཅེས་བྱ་བ་བཞུགས་སོ། །

### 布敦文集 ང 字函目录

1 种，1 页。

བུ་སྟོན་རིན་ཆེན་གྲུབ། 布敦·仁钦珠（亦称布敦塔捷庆巴，1290—1364) 撰述。

西藏自治区拉萨地区孜雪印经院木刻版之刻印本。

普通藏纸，梵夹装中印本 (49.7 × 7cm)，楷体，墨色，横刊藏文六行，四周双栏，全。

索书号：003068/1。保存基本完好，今藏民族文化宫中国民族图书馆。

### ༄༅། །བུ་སྟོན་ཐམས་ཅད་མཁྱེན་པའི་བཀའ་འབུམ་ཅ་པའི་དཀར་ཆག་ཅེས་བྱ་བ་བཞུགས་སོ། །

### 布敦文集 ཅ 字函目录

1 种，2 页。

བུ་སྟོན་རིན་ཆེན་གྲུབ། 布敦·仁钦珠（亦称布敦塔捷庆巴，1290—1364) 撰述。

西藏自治区拉萨地区孜雪印经院木刻版之刻印本。

普通藏纸，梵夹装中印本 (49.7 × 7cm)，楷体，墨色，横刊藏文六行，四周双栏，全。

索书号：003069/1。保存基本完好，今藏民族文化宫中国民族图书馆。

### ༄༅། །བུ་སྟོན་ཐམས་ཅད་མཁྱེན་པའི་བཀའ་འབུམ་ཆ་པའི་དཀར་ཆག་ཅེས་བྱ་བ་བཞུགས་སོ། །

### 布敦文集 ཆ 字函目录

1 种，1 页。

བུ་སྟོན་རིན་ཆེན་གྲུབ། 布敦·仁钦珠 (1290—1364) 撰述。

西藏自治区拉萨地区孜雪印经院木刻版之刻印本。

普通藏纸，梵夹装中印本 (49.7 × 7cm)，楷体，墨色，横刊藏文六行，四周双栏，全。

索书号：003098/1。保存基本完好，今藏民族文化宫中国民族图书馆。

### ༄༅། །བུ་སྟོན་ཐམས་ཅད་མཁྱེན་པའི་བཀའ་འབུམ་ཇ་པའི་དཀར་ཆག་ཅེས་བྱ་བ་བཞུགས་སོ། །

### 布敦文集 ཇ 字函目录

1 种，2 页。

བུ་སྟོན་རིན་ཆེན་གྲུབ། 布敦·仁钦珠 (1290—1364) 撰述。

西藏自治区拉萨地区孜雪印经院木刻版之刻印本。

普通藏纸，梵夹装中印本 (49.7 × 7cm)，楷体，墨色，横刊藏文六行，四周双栏，全。

索书号：003071/1。保存基本完好，今藏民族文化宫中国民族图书馆。

### ༄༅། །བུ་སྟོན་ཐམས་ཅད་མཁྱེན་པའི་བཀའ་འབུམ་ཉ་པའི་དཀར་ཆག་ཅེས་བྱ་བ་བཞུགས་སོ། །

### 布敦文集 ཉ 字函目录

1 种，1 页。

བུ་སྟོན་རིན་ཆེན་གྲུབ། 布敦·仁钦珠 (1290—1364) 撰述。

西藏自治区拉萨地区孜雪印经院木刻版之刻印本。

普通藏纸，梵夹装中印本 (49.7 × 7cm)，楷体，墨色，横刊藏文六行，四周双栏，全。

索书号：004192/1。保存基本完好，今藏民族文化宫中国民族图书馆。

༄༅། །བུ་སྟོན་ཐམས་ཅད་མཁྱེན་པའི་བཀའ་འབུམ་ཏ་པའི་དཀར་ཆག་ཅེས་བྱ་བ་བཞུགས་སོ། །

**布敦文集 ཏ 字函目录**

1 种，1 页。

བུ་སྟོན་རིན་ཆེན་གྲུབ། 布敦·仁钦珠 (1290—1364) 撰述。

西藏自治区拉萨地区孜雪印经院木刻版之刻印本。

普通藏纸，梵夹装中印本 (49.7×7cm)，楷体，墨色，横刊藏文六行，四周双栏，全。

索书号：003101/1。保存基本完好，今藏民族文化宫中国民族图书馆。

༄༅། །བུ་སྟོན་ཐམས་ཅད་མཁྱེན་པའི་བཀའ་འབུམ་ཐ་པའི་དཀར་ཆག་ཅེས་བྱ་བ་བཞུགས་སོ། །

**布敦文集 ཐ 字函目录**

1 种，2 页。

བུ་སྟོན་རིན་ཆེན་གྲུབ། 布敦·仁钦珠 (1290—1364) 撰述。

西藏自治区拉萨地区孜雪印经院木刻版之刻印本。

普通藏纸，梵夹装中印本 (49.7×7cm)，楷体，墨色，横刊藏文六行，四周双栏，全。

索书号：003074/1。保存基本完好，今藏民族文化宫中国民族图书馆。

༄༅། །བུ་སྟོན་ཐམས་ཅད་མཁྱེན་པའི་བཀའ་འབུམ་ད་པའི་དཀར་ཆག་ཅེས་བྱ་བ་བཞུགས་སོ། །

**布敦文集 ད 字函目录**

1 种，1 页。

བུ་སྟོན་རིན་ཆེན་གྲུབ། 布敦·仁钦珠 (1290—1364) 撰述。

西藏自治区拉萨地区孜雪印经院木刻版之刻印本。

普通藏纸，梵夹装中印本 (49.7×7cm)，楷体，墨色，横刊藏文六行，四周双栏，全。

索书号：003075/1。保存基本完好，今藏民族文化宫中国民族图书馆。

༄༅། །བུ་སྟོན་ཐམས་ཅད་མཁྱེན་པའི་བཀའ་འབུམ་ན་པའི་དཀར་ཆག་ཅེས་བྱ་བ་བཞུགས་སོ། །

**布敦文集 ན 字函目录**

1 种，1 页。

བུ་སྟོན་རིན་ཆེན་གྲུབ། 布敦·仁钦珠 (1290—1364) 撰述。

西藏自治区拉萨地区孜雪印经院木刻版之刻印本。

普通藏纸，梵夹装中印本 (49.7×7cm)，楷体，墨色，横刊藏文六行，四周双栏，全。

索书号：003076/1。保存基本完好，今藏民族文化宫中国民族图书馆。

༄༅། །བུ་སྟོན་ཐམས་ཅད་མཁྱེན་པའི་བཀའ་འབུམ་པ་པའི་དཀར་ཆག་ཅེས་བྱ་བ་བཞུགས་སོ། །

**布敦文集 པ 字函目录**

1 种，2 页。

བུ་སྟོན་རིན་ཆེན་གྲུབ། 布敦·仁钦珠 (1290—1364) 撰述。

西藏自治区拉萨地区孜雪印经院木刻版之刻印本。

普通藏纸，梵夹装中印本 (49.7×7cm)，楷体，墨色，横刊藏文六行，四周双栏，全。

索书号：003077/1。保存基本完好，今藏民族文化宫中国民族图书馆。

༄༅། །བུ་སྟོན་ཐམས་ཅད་མཁྱེན་པའི་བཀའ་འབུམ་ཕ་པའི་དཀར་ཆག་ཅེས་བྱ་བ་བཞུགས་སོ། །

**布敦文集 ཕ 字函目录**

1 种，2 页。

བུ་སྟོན་རིན་ཆེན་གྲུབ། 布敦·仁钦珠 (1290—

1364) 撰述。

西藏自治区拉萨地区孜雪印经院木刻版之刻印本。

普通藏纸，梵夹装中印本 (49.7×7cm)，楷体，墨色，横刊藏文六行，四周双栏，全。

索书号：003078/1。保存基本完好，今藏民族文化宫中国民族图书馆。

༄༅། །བུ་སྟོན་ཐམས་ཅད་མཁྱེན་པའི་བཀའ་འབུམ་བ་པའི་དཀར་ཆག་ཅེས་བྱ་བ་བཞུགས་སོ། །

**布敦文集 བ 字函目录**

1 种，1 页。

བུ་སྟོན་རིན་ཆེན་གྲུབ། 布敦 · 仁钦珠 (1290—1364) 撰述。

西藏自治区拉萨地区孜雪印经院木刻版之刻印本。

普通藏纸，梵夹装中印本 (49.7×7cm)，楷体，墨色，横刊藏文六行，四周双栏，全。

索书号：003079/1。保存基本完好，今藏民族文化宫中国民族图书馆。

༄༅། །བུ་སྟོན་ཐམས་ཅད་མཁྱེན་པའི་བཀའ་འབུམ་མ་པའི་དཀར་ཆག་ཅེས་བྱ་བ་བཞུགས་སོ། །

**布敦文集 མ 字函目录**

1 种，1 页。

བུ་སྟོན་རིན་ཆེན་གྲུབ། 布敦 · 仁钦珠 (1290—1364) 撰述。

西藏自治区拉萨地区孜雪印经院木刻版之刻印本。

普通藏纸，梵夹装中印本 (49.7×7cm)，楷体，墨色，横刊藏文六行，四周双栏，全。

索书号：003080/1。保存基本完好，今藏民族文化宫中国民族图书馆。

༄༅། །བུ་སྟོན་ཐམས་ཅད་མཁྱེན་པའི་བཀའ་འབུམ་ཙ་པའི་དཀར་ཆག་ཅེས་བྱ་བ་བཞུགས་སོ། །

**布敦文集 ཙ 字函目录**

1 种，2 页。

བུ་སྟོན་རིན་ཆེན་གྲུབ། 布敦 · 仁钦珠 (1290—1364) 撰述。

西藏自治区拉萨地区孜雪印经院木刻版之刻印本。

普通藏纸，梵夹装中印本 (49.7×7cm)，楷体，墨色，横刊藏文六行，四周双栏，全。

索书号：003081/1。保存基本完好，今藏民族文化宫中国民族图书馆。

༄༅། །བུ་སྟོན་ཐམས་ཅད་མཁྱེན་པའི་བཀའ་འབུམ་ཚ་པའི་དཀར་ཆག་ཅེས་བྱ་བ་བཞུགས་སོ། །

**布敦文集 ཚ 字函目录**

1 种，1 页。

བུ་སྟོན་རིན་ཆེན་གྲུབ། 布敦 · 仁钦珠 (1290—1364) 撰述。

西藏自治区拉萨地区孜雪印经院木刻版之刻印本。

普通藏纸，梵夹装中印本 (49.7×7cm)，楷体，墨色，横刊藏文六行，四周双栏，全。

索书号：003082/1。保存基本完好，今藏民族文化宫中国民族图书馆。

༄༅། །བུ་སྟོན་ཐམས་ཅད་མཁྱེན་པའི་བཀའ་འབུམ་ཛ་པའི་དཀར་ཆག་ཅེས་བྱ་བ་བཞུགས་སོ། །

**布敦文集 ཛ 字函目录**

1 种，1 页。

བུ་སྟོན་རིན་ཆེན་གྲུབ། 布敦 · 仁钦珠 (1290—1364) 撰述。

西藏自治区拉萨地区孜雪印经院木刻版之刻印本。

普通藏纸，梵夹装中印本 (49.7×7cm)，楷体，墨色，横刊藏文六行，四周双栏，全。

索书号：003083/1。保存基本完好，今藏民族文化宫中国民族图书馆。

༄༅། །བུ་སྟོན་ཐམས་ཅད་མཁྱེན་པའི་བཀའ་འབུམ་ཕ་པའི་དཀར་ཆག་ཅེས་བྱ་བ་བཞུགས་སོ། །

**布敦文集 ཕ 字函目录**

1 种，1 页。

བུ་སྟོན་རིན་ཆེན་གྲུབ། 布敦・仁钦珠 (1290—1364) 撰述。

西藏自治区拉萨地区孜雪印经院木刻版之刻印本。

普通藏纸，梵夹装中印本 (49.7×7cm)，楷体，墨色，横刊藏文六行，四周双栏，全。

索书号：003084/1。保存基本完好，今藏民族文化宫中国民族图书馆。

༄༅། །བུ་སྟོན་ཐམས་ཅད་མཁྱེན་པའི་བཀའ་འབུམ་ཞ་པའི་དཀར་ཆག་ཅེས་བྱ་བ་བཞུགས་སོ། །

**布敦文集 ཞ 字函目录**

1 种，1 页。

བུ་སྟོན་རིན་ཆེན་གྲུབ། 布敦・仁钦珠 (1290—1364) 撰述。

西藏自治区拉萨地区孜雪印经院木刻版之刻印本。

普通藏纸，梵夹装中印本 (49.7×7cm)，楷体，墨色，横刊藏文六行，四周双栏，全。

索书号：003085/1。保存基本完好，今藏民族文化宫中国民族图书馆。

༄༅། །བུ་སྟོན་ཐམས་ཅད་མཁྱེན་པའི་བཀའ་འབུམ་ཟ་པའི་དཀར་ཆག་ཅེས་བྱ་བ་བཞུགས་སོ། །

**布敦文集 ཟ 字函目录**

1 种，1 页。

བུ་སྟོན་རིན་ཆེན་གྲུབ། 布敦・仁钦珠 (1290—1364) 撰述。

西藏自治区拉萨地区孜雪印经院木刻版之刻印本。

普通藏纸，梵夹装中印本 (49.7×7cm)，楷体，墨色，横刊藏文六行，四周双栏，全。

索书号：003086/1。保存基本完好，今藏民族文化宫中国民族图书馆。

༄༅། །བུ་སྟོན་ཐམས་ཅད་མཁྱེན་པའི་བཀའ་འབུམ་འ་པའི་དཀར་ཆག་ཅེས་བྱ་བ་བཞུགས་སོ། །

**布敦文集 འ 字函目录**

1 种，1 页。

བུ་སྟོན་རིན་ཆེན་གྲུབ། 布敦・仁钦珠 (1290—1364) 撰述。

西藏自治区拉萨地区孜雪印经院木刻版之刻印本。

普通藏纸，梵夹装中印本 (49.7×7cm)，楷体，墨色，横刊藏文六行，四周双栏，全。

索书号：003087/1。保存基本完好，今藏民族文化宫中国民族图书馆。

༄༅། །བུ་སྟོན་ཐམས་ཅད་མཁྱེན་པའི་བཀའ་འབུམ་ཡ་པའི་དཀར་ཆག་ཅེས་བྱ་བ་བཞུགས་སོ། །

**布敦文集 ཡ 字函目录**

1 种，1 页。

བུ་སྟོན་རིན་ཆེན་གྲུབ། 布敦・仁钦珠 (1290—1364) 撰述。

西藏自治区拉萨地区孜雪印经院木刻版之刻印本。

普通藏纸，梵夹装中印本 (49.7×7cm)，楷体，墨色，横刊藏文六行，四周双栏，全。

索书号：003088/1。保存基本完好，今藏民族文化宫中国民族图书馆。

༄༅། །བུ་སྟོན་ཐམས་ཅད་མཁྱེན་པའི་བཀའ་འབུམ་ར་པའི་དཀར་ཆག་ཅེས་བྱ་བ་བཞུགས་སོ། །

**布敦文集 ར 字函目录**

1 种，1 页。

བུ་སྟོན་རིན་ཆེན་གྲུབ། 布敦 · 仁钦珠 (1290—1364) 撰述。

西藏自治区拉萨地区孜雪印经院木刻版之刻印本。

普通藏纸，梵夹装中印本 (49.7 × 7cm)，楷体，墨色，横刊藏文六行，四周双栏，全。

索书号：003089/1。保存基本完好，今藏民族文化宫中国民族图书馆。

༄༅། །བུ་སྟོན་ཐམས་ཅད་མཁྱེན་པའི་བཀའ་འབུམ་ལ་པའི་དཀར་ཆག་ཅེས་བྱ་བ་བཞུགས་སོ། །

**布敦文集 ལ 字函目录**

1 种，1 页。

བུ་སྟོན་རིན་ཆེན་གྲུབ། 布敦 · 仁钦珠 (1290—1364) 撰述。

西藏自治区拉萨地区孜雪印经院木刻版之刻印本。

普通藏纸，梵夹装中印本 (49.7 × 7cm)，楷体，墨色，横刊藏文六行，四周双栏，全。

索书号：003090/1。保存基本完好，今藏民族文化宫中国民族图书馆。

༄༅། །བུ་སྟོན་ཐུགས་སྲས་སྒྲ་ཚད་པའི་བཀའ་འབུམ་ཤ་པའི་དཀར་ཆག་བཞུགས་སོ། །

**布敦弟子扎蔡巴文集 ཤ 字函目录**

1 种，1 页。

བུ་སྟོན་ཐུགས་སྲས་སྒྲ་ཚད་པ། 布敦弟子扎蔡巴 (1318—1388) 撰述。

西藏地区藏传佛教寺院印经院木刻版之刻印本。

普通藏纸，梵夹装中印本 (49.7 × 7cm)，楷体，墨色，横刊藏文六行，四周双栏，全。

索书号：003091/1。保存基本完好，今藏民族文化宫中国民族图书馆。

༄༅། །བུ་སྟོན་ཐུགས་སྲས་སྒྲ་ཚད་པའི་བཀའ་འབུམ་ས་པའི་དཀར་ཆག་བཞུགས་སོ། །

**布敦弟子扎蔡巴文集 ས 字函目录**

1 种，2 页。

བུ་སྟོན་ཐུགས་སྲས་སྒྲ་ཚད་པ། 布敦弟子扎蔡巴 (1318—1388) 撰述。

西藏地区藏传佛教寺院印经院木刻版之刻印本。

普通藏纸，梵夹装中印本 (49.7 × 7cm)，楷体，墨色，横刊藏文六行，四周双栏，全。

索书号：003092/1。保存基本完好，今藏民族文化宫中国民族图书馆。

༄༅། །བུ་སྟོན་རིན་པོ་ཆེའི་བཀའ་འབུམ་གྱི་དཀར་ཆག་ཆོས་རྗེ་ཉིད་ཀྱིས་མཛད་པ་ཞེས་བྱ་བ་བཞུགས་སོ། །

**布敦法王自撰布敦大师文集目录**

1 种，6 页。

བུ་སྟོན་རིན་ཆེན་གྲུབ། 布敦 · 仁钦珠 (1290—1364) 撰述。

西藏自治区拉萨地区孜雪印经院 ( 雪域利乐宝库 ) 木刻版之刻印本。

普通藏纸，梵夹装中印本 (49.7 × 7cm)，楷体，墨色，横刊藏文六行，四周双栏，全。

索书号：003090/9。保存基本完好，今藏民族文化宫中国民族图书馆。

༄༅། །བླ་མ་ཞང་གི་བཀའ་རྒྱའི་མདོ་ཛཻ་བཞུགས་སོ། །

**喇嘛祥大师文集密籍目录**

1 种，3 页。

བླ་མ་ཞང་བརྩོན་འགྲུས་གྲགས་པ། 喇嘛祥 · 宗

哲札巴 (1123—1193) 撰述。

西藏地区藏传佛教寺院印经院传抄之缮写本。

普通藏纸，梵夹装中印本 (41.5 × 5.2cm)，楷体，墨色，横书藏文七行，四周双栏，全。

索书号：003844/1。保存基本完好，今藏民族文化宫中国民族图书馆。

༄༅། །བླ་མ་ཡང་ཏིག་ཡིད་བཞིན་ནོར་བུའི་ཆོས་སྐོར་པར་དུ་བཞེངས་ཚུལ་དཀར་ཆག་མུ་ཏིག་ཕྲེང་བ་བཞུགས་སོ། །

**上师精要部如意宝法类制板目录·珍珠鬘**

1 种，8 页。

ཀློང་ཆེན་རབ་འབྱམས་པ་དྲི་མེད་འོད་ཟེར། 隆钦饶绛巴·智迈沃赛 (1308—1363) 撰述。

四川省甘孜藏族自治州德格县德格地区德格寺印经院木刻版之刻印本。

普通藏纸，梵夹装中印本 (53 × 7.1cm)，楷体，墨色，横刊藏文六行，四周双栏，全。

索书号：003912/1。保存基本完好，今藏民族文化宫中国民族图书馆。

༄༅། །བློ་བཟང་བཀའ་འབུམ་ལས། གསུང་བཀའ་རྒྱ་མའི་དཀར་ཆག་བཞུགས་སོ། །

**洛桑顿珠文集中极密法语目录**

1 种，2 页。

པཎ་ཆེན་ཨེར་ཏེ་ནི་དབེན་ས་པ་བློ་བཟང་དོན་གྲུབ། 班禅额尔德尼·温萨巴·洛桑敦珠 (1505—1566) 撰述。

西藏自治区日喀则地区扎什伦布寺印经院木刻版之刻印本。

普通藏纸，梵夹装中印本 (47 × 6.2cm)，楷体，墨色，横刊藏文六行，四周双栏，全。

索书号：003756/14。保存基本完好，今藏民族文化宫中国民族图书馆。

༄༅། །བློ་བཟང་བསྟན་པའི་ཉི་མའི་གསུང་འབུམ་ག་པའི་དཀར་ཆག་ཅེས་བྱ་བ་བཞུགས་སོ། །

**洛桑丹贝尼玛文集 ག 字函目录**

1 种，1 页。

དགའ་ལྡན་ཤི་རེ་ཐུ་བློ་བཟང་བསྟན་པའི་ཉི་མ། 噶旦锡热图·洛桑丹贝尼玛 (1689—1772) 撰述。

北京地区藏传佛教皇家寺院印经院木刻版之刻印本。

普通纸，梵夹装中印本 (47 × 6.5cm)，楷体，墨色，横刊藏文六行，四周双栏，全。

索书号：001219/1。保存基本完好，今藏民族文化宫中国民族图书馆。

༄༅། །བློ་བཟང་བྱང་ཆུབ་བསྟན་པའི་སྒྲོན་མེའི་གསུང་འབུམ་ཀ་པའི་དཀར་ཆག་བཞུགས་སོ། །

**洛桑绛曲丹贝准美文集 ཀ 字函目录**

1 种，4 页。

ཚེ་ཤོས་བློ་བཟང་བྱང་ཆུབ་བསྟན་པའི་སྒྲོན་མེ། 却西·洛桑绛曲丹贝准美 (1861—1933) 撰述。

青海省湟中县鲁沙尔地区塔尔寺（固奔乾巴林）印经院木刻版之刻印本。

普通藏纸，梵夹装中印本 (45.7 × 6.5cm)，楷体，墨色，横刊藏文六行，四周双栏，全。

索书号：003775/1。保存基本完好，今藏民族文化宫中国民族图书馆。

༄༅། །བློ་བཟང་བྱང་ཆུབ་བསྟན་པའི་སྒྲོན་མེའི་གསུང་འབུམ་ཁ་པའི་དཀར་ཆག་བཞུགས་སོ། །

**洛桑绛曲丹贝准美文集 ཁ 字函目录**

1 种，2 页。

ཚེ་ཤོས་བློ་བཟང་བྱང་ཆུབ་བསྟན་པའི་སྒྲོན་མེ། 却西·洛桑绛曲丹贝准美 (1861—1933) 撰述。

青海省湟中县鲁沙尔地区塔尔寺（固奔乾巴林）印经院木刻版之刻印本。

普通藏纸，梵夹装中印本 (45.7×6.5cm)，楷体，墨色，横刊藏文六行，四周双栏，全。

索书号：003776/1。保存基本完好，今藏民族文化宫中国民族图书馆。

༄༅། །བློ་བཟང་བྱང་ཆུབ་བསྟན་པའི་སྒྲོན་མེའི་གསུང་འབུམ་ག་པའི་དཀར་ཆག་བཞུགས་སོ། །

**洛桑绛曲丹贝准美文集 ག 字函目录**

1 种，3 页。

ཆེ་ཤོས་བློ་བཟང་བྱང་ཆུབ་བསྟན་པའི་སྒྲོན་མེ། 却西·洛桑绛曲丹贝准美 (1861—1933) 撰述。

青海省湟中县鲁沙尔地区塔尔寺 ( 固奔乾巴林 ) 印经院木刻版之刻印本。

普通藏纸，梵夹装中印本 (45.7×6.5cm)，楷体，墨色，横刊藏文六行，四周双栏，全。

索书号：003777/1。保存基本完好，今藏民族文化宫中国民族图书馆。

༄༅། །བློ་བཟང་བྱང་ཆུབ་བསྟན་པའི་སྒྲོན་མེའི་གསུང་འབུམ་ང་པའི་དཀར་ཆག་བཞུགས་སོ། །

**洛桑绛曲丹贝准美文集 ང 字函目录**

1 种，1 页。

ཆེ་ཤོས་བློ་བཟང་བྱང་ཆུབ་བསྟན་པའི་སྒྲོན་མེ། 却西·洛桑绛曲丹贝准美 (1861—1933) 撰述。

青海省湟中县鲁沙尔地区塔尔寺 ( 固奔乾巴林 ) 印经院木刻版之刻印本。

普通藏纸，梵夹装中印本 (45.7×6.5cm)，楷体，墨色，横刊藏文六行，四周双栏，全。

索书号：003778/1。保存基本完好，今藏民族文化宫中国民族图书馆。

༄༅། །བློ་བཟང་བྱང་ཆུབ་བསྟན་པའི་སྒྲོན་མེའི་གསུང་འབུམ་ཅ་པའི་དཀར་ཆག་བཞུགས་སོ། །

**洛桑绛曲丹贝准美文集 ཅ 字函目录**

1 种，4 页。

ཆེ་ཤོས་བློ་བཟང་བྱང་ཆུབ་བསྟན་པའི་སྒྲོན་མེ། 却西·洛桑绛曲丹贝准美 (1861—1933) 撰述。

青海省湟中县鲁沙尔地区塔尔寺 ( 固奔乾巴林 ) 印经院木刻版之刻印本。

普通藏纸，梵夹装中印本 (45.7×6.5cm)，楷体，墨色，横刊藏文六行，四周双栏，全。

索书号：003779/1。保存基本完好，今藏民族文化宫中国民族图书馆。

༄༅། །འབྲུག་རྒྱལ་དབང་རིན་པོ་ཆེའི་གསུང་འབུམ་གྱི་དཀར་ཆག་དཔེ་ཁྲི་དང་བཅས་པ་བཞུགས་སོ། །

**大宝法王周嘉旺文集目录**

1 种，2 页。

འབྲུག་རྒྱལ་དབང་ཀུན་དགའ་དཔལ་འབྱོར། 周嘉旺·衮噶班觉 (1428—1476) 撰述。

西藏地区藏传佛教寺院印经院木刻版之刻印本。

普通藏纸，梵夹装中印本 (45.1×4.9cm)，楷体，墨色，横刊藏文六行，四周双栏，全。

索书号：005790/1。保存基本完好，今藏民族文化宫中国民族图书馆。

༄༅། །སྨྲ་བའི་སེང་གེ་མི་ཕམ་ཕྱོགས་ལས་རྣམ་པར་རྒྱལ་བའི་གསུང་རབ་རྣམས་ཀྱི་བཞུགས་བྱང་ངོ་མཚར་ནོར་བུའི་མེ་ལོང་བཞུགས་སོ། །

**言说狮子米盼·乔勒南杰文集目录·稀有摩尼鬘**

1 种，16 页。

འཇུ་མི་ཕམ་འཇམ་དབྱངས་རྣམ་རྒྱལ་རྒྱ་མཚོ། 局·米盼绛央南杰嘉措 (1846—1912) 撰述。

四川省甘孜藏族自治州德格县德格地区德格寺印经院木刻版之刻印本。

普通藏纸，梵夹装短印本 (38.3×5.8cm)，楷体，墨色，横刊藏文六行，四周双栏，全。

索书号：000408/1。保存基本完好，今藏民族文化宫中国民族图书馆。

༄༅། །གཙུག་ལག་ཕྲེང་བའི་གསུང་འབུམ་པོ་ཏི་པ་པའི་དཀར་ཆག་དང་ཐེག་མཆོག་ཕོ་བྲང་ཡན་གྱི་བཀོད་ཡིག་རྣམས་ཀྱི་དཀར་ཆག་བཞུགས་སོ། །

**祖拉昌哇文集 པ 字函目录及胜乘宫记述文目录**

1 种，1 页。

དཔའ་བོ་གཙུག་ལག་ཕྲེང་བ། 巴沃・祖拉昌哇 (1504—1566) 撰述。

西藏地区藏传佛教寺院印经院传抄之缮写本。

普通藏纸，梵夹装中印本 (47.5 × 6.2cm)，草体，墨色，横书藏文七行，四周双栏，全。

索书号：006511/1。保存基本完好，今藏民族文化宫中国民族图书馆。

༄༅། །བཙུན་པ་ངག་དབང་བློ་བཟང་བསྟན་པའི་རྒྱལ་མཚན་གྱི་ངག་ཐོར་ལས་གླེགས་བམ་དང་པོའི་ཆོས་ཚན་གྱི་ཐེམས་བྱང་བཞུགས་སོ། །

**大德阿旺洛桑丹贝坚参散集第一卷目录**

1 种，4 页。

ལྕང་ལུང་པཎྜི་ཏ་བློ་བཟང་བསྟན་པའི་རྒྱལ་མཚན། 江隆班智达・阿旺洛桑丹贝坚参 (1770—1845) 撰述。

北京地区藏传佛教皇家寺院印经院木刻版之刻印本。

普通纸，梵夹装短印本 (39.5 × 5.9cm)，楷体，墨色，横刊藏文六行，四周双栏，全。

索书号：003705/1。保存基本完好，今藏民族文化宫中国民族图书馆。

༄༅། །བཙུན་པ་ངག་དབང་བློ་བཟང་བསྟན་པའི་རྒྱལ་མཚན་གྱི་ངག་ཐོར་ལས་གླེགས་བམ་གཉིས་པའི་ཆོས་ཚན་གྱི་ཐེམས་བྱང་བཞུགས་སོ། །

**大德阿旺洛桑丹贝坚参散集第二卷目录**

1 种，2 页。

ལྕང་ལུང་པཎྜི་ཏ་བློ་བཟང་བསྟན་པའི་རྒྱལ་མཚན། 江隆班智达・阿旺洛桑丹贝坚参 (1770—1845) 撰述。

北京地区藏传佛教皇家寺院印经院木刻版之刻印本。

普通纸，梵夹装短印本 (39.5 × 5.9cm)，楷体，墨色，横刊藏文六行，四周双栏，全。

索书号：003706/1。保存基本完好，今藏民族文化宫中国民族图书馆。

༄༅། །བཙུན་པ་ངག་དབང་བློ་བཟང་བསྟན་པའི་རྒྱལ་མཚན་གྱི་ངག་ཐོར་ལས་གླེགས་བམ་གསུམ་པའི་ཆོས་ཚན་གྱི་ཐེམས་བྱང་བཞུགས་སོ། །

**大德阿旺洛桑丹贝坚参散集第三卷目录**

1 种，3 页。

ལྕང་ལུང་པཎྜི་ཏ་བློ་བཟང་བསྟན་པའི་རྒྱལ་མཚན། 江隆班智达・阿旺洛桑丹贝坚参 (1770—1845) 撰述。

北京地区藏传佛教皇家寺院印经院木刻版之刻印本。

普通纸，梵夹装短印本 (39.5 × 5.9cm)，楷体，墨色，横刊藏文六行，四周双栏，全。

索书号：003707/1。保存基本完好，今藏民族文化宫中国民族图书馆。

༄༅། །བཙུན་པ་ངག་དབང་བློ་བཟང་བསྟན་པའི་རྒྱལ་མཚན་གྱི་ངག་ཐོར་ལས་གླེགས་བམ་བཞི་པའི་ཆོས་ཚན་གྱི་ཐེམས་བྱང་བཞུགས་སོ། །

**大德阿旺洛桑丹贝坚参散集第四卷目录**

1 种，3 页。

ལྕང་ལུང་པཎྜི་ཏ་བློ་བཟང་བསྟན་པའི་རྒྱལ་མཚན། 江隆班智达 · 阿旺洛桑丹贝坚参 (1770—1845) 撰述。

北京地区藏传佛教皇家寺院印经院木刻版之刻印本。

普通纸，梵夹装短印本 (39.5 × 5.9cm)，楷体，墨色，横刊藏文六行，四周双栏，全。

索书号：003708/1。保存基本完好，今藏民族文化宫中国民族图书馆。

༄༅། །བཙུན་པ་ངག་དབང་བློ་བཟང་བསྟན་པའི་རྒྱལ་མཚན་གྱི་ངག་ཐོར་ལས་གླེགས་བམ་ལྔ་པའི་ཆོས་ཚན་གྱི་ཐེམས་བྱང་བཞུགས་སོ། །

**大德阿旺洛桑丹贝坚参散集第五卷目录**

1 种，3 页。

ལྕང་ལུང་པཎྜི་ཏ་བློ་བཟང་བསྟན་པའི་རྒྱལ་མཚན། 江隆班智达 · 阿旺洛桑丹贝坚参 (1770—1845) 撰述。

北京地区藏传佛教皇家寺院印经院木刻版之刻印本。

普通纸，梵夹装短印本 (39.5 × 5.9cm)，楷体，墨色，横刊藏文六行，四周双栏，全。

索书号：003709/1。保存基本完好，今藏民族文化宫中国民族图书馆。

༄༅། །ཞང་རིན་པོ་ཆེའི་བཀའ་འབུམ་ཀ་པོད་ཀྱི་དཀར་ཆག་བཞུགས་སོ། །

**喇嘛祥大师文集 ཀ 字函目录**

1 种，6 页。

བླ་མ་ཞང་བརྩོན་འགྲུས་གྲགས་པ། 喇嘛祥 · 宗哲札巴 (1123—1193) 撰述。

西藏地区藏传佛教寺院印经院传抄之缮写本。

普通藏纸，梵夹装中印本 (41.5 × 5.2cm)，草体，墨色，横刊藏文六行，四周双栏，全。

索书号：003842/1。保存基本完好，今藏民族文化宫中国民族图书馆。

༄༅། །ཞང་རིན་པོ་ཆེའི་བཀའ་འབུམ་ཁ་པོད་ཀྱི་དཀར་ཆག་བཞུགས་སོ། །

**喇嘛祥大师文集 ཁ 字函目录**

1 种，1 页。

བླ་མ་ཞང་བརྩོན་འགྲུས་གྲགས་པ། 喇嘛祥 · 宗哲札巴 (1123—1193) 撰述。

西藏地区藏传佛教寺院印经院传抄之缮写本。

普通藏纸，梵夹装中印本 (41.5 × 5.2cm)，草体，墨色，横书藏文七行，四周双栏，全。

索书号：003843/1。保存基本完好，今藏民族文化宫中国民族图书馆。

༄༅། །ཞང་རིན་པོ་ཆེའི་རྣམ་ཐར་བཀའ་རྒྱ་མའི་དཀར་ཆག་བཞུགས་སོ། །

**喇嘛祥大师文集秘传要目**

1 种，26 页。

བླ་མ་ཞང་བརྩོན་འགྲུས་གྲགས་པ། 喇嘛祥 · 宗哲札巴 (1123—1193) 撰述。

西藏地区藏传佛教寺院印经院传抄之缮写本。

普通藏纸，梵夹装中印本 (41.5 × 5.2cm)，草体，墨色，横书藏文七行，四周双栏，全。

索书号：003844/1。保存基本完好，今藏民族文化宫中国民族图书馆。

༄༅། །ཟབ་ཆོས་མཁའ་འགྲོ་ཡང་ཏིག་གི་པུསྟི་ཀ་པར་དུ་བསྒྲུབས་ཚུལ་དཀར་ཆག་ཉུང་ངུ་ཨུཏྤལའི་ཕྲེང་བ་བཞུགས་སོ། །

**深甚法空行精要经卷印版目录略篇 · 青莲鬘**

1 种，7 页。

ཀློང་ཆེན་རབ་འབྱམས་པ་དྲི་མེད་འོད་ཟེར། 隆钦饶绛巴·智迈沃赛 (1296—1363) 撰述。

四川省甘孜藏族自治州德格县德格地区德格寺印经院木刻版之刻印本。

普通藏纸，梵夹装短印本 (38.3×5.8cm)，楷体，墨色，横刊藏文六行，四周双栏，全。

索书号：000530/61。保存基本完好，今藏民族文化宫中国民族图书馆。

༄༅། །ཡོངས་འཛིན་ཆོས་ཀྱི་རྒྱལ་པོའི་བཀའ་འབུམ་གླེགས་བམ་ལྔ་པའི་དཀར་ཆག་བཞུགས་སོ། །

**雍增法王文集第五函目录**

1 种，2 页。

ཞ་དམར་དགེ་འདུན་བསྟན་འཛིན་རྒྱ་མཚོ། 夏玛·格登丹增嘉措 (1852—1912) 撰述。

甘肃省甘南藏族自治州夏河县拉卜楞地区拉卜楞寺 ( 拉章扎喜齐 ) 印经院木刻版之刻印本。

普通藏纸，梵夹装中印本 (45.8×6.4cm)，楷体，墨色，横刊藏文六行，四周双栏，全。

索书号：001256/1。保存基本完好，今藏民族文化宫中国民族图书馆。

༄༅། །ཡོངས་འཛིན་རྡོ་རྗེ་འཆང་གི་གསུང་འབུམ་ཀ་པའི་དཀར་ཆག་བཞུགས་སོ། །

**雍增金刚持文集 ཀ 字函目录**

1 种，3 页。

ཀུ་གེ་ཡོངས་འཛིན་བློ་བཟང་བསྟན་འཛིན། 古格雍增·洛桑丹增 (1748—1813) 撰述。

西藏地区藏传佛教寺院印经院木刻版之刻印本。

普通藏纸，梵夹装中印本 (48.2×6.5cm)，楷体，墨色，横刊藏文六行，四周双栏，全。

索书号：003830/1。保存基本完好，今藏民族文化宫中国民族图书馆。

༄༅། །ཡོངས་འཛིན་རྡོ་རྗེ་འཆང་གི་གསུང་འབུམ་་ཁ་པའི་དཀར་ཆག་བཞུགས་སོ། །

**雍增金刚持文集 ཁ 字函目录**

1 种，3 页。

ཀུ་གེ་ཡོངས་འཛིན་བློ་བཟང་བསྟན་འཛིན། 古格雍增·洛桑丹增 (1748—1813) 撰述。

西藏地区藏传佛教寺院印经院木刻版之刻印本。

普通藏纸，梵夹装中印本 (48.2×6.5cm)，楷体，墨色，横刊藏文六行，四周双栏，全。

索书号：003831/1。保存基本完好，今藏民族文化宫中国民族图书馆。

༄༅། །ཡོངས་འཛིན་རྡོ་རྗེ་འཆང་གི་གསུང་འབུམ་ང་པའི་དཀར་ཆག་བཞུགས་སོ། །

**雍增金刚持文集 ང 字函目录**

1 种，1 页。

ཀུ་གེ་ཡོངས་འཛིན་བློ་བཟང་བསྟན་འཛིན། 古格雍增·洛桑丹增 (1748—1813) 撰述。

西藏地区藏传佛教寺院印经院木刻版之刻印本。

普通藏纸，梵夹装中印本 (48.2×6.5cm)，楷体，墨色，横刊藏文六行，四周双栏，全。

索书号：000745/1。保存基本完好，今藏民族文化宫中国民族图书馆。

༄༅། །ཡོངས་འཛིན་རྡོ་རྗེ་འཆང་གི་གསུང་འབུམ་ཅ་པའི་དཀར་ཆག་བཞུགས་སོ། །

**雍增金刚持文集 ཅ 字函目录**

1 种，1 页。

ཀུ་གེ་ཡོངས་འཛིན་བློ་བཟང་བསྟན་འཛིན། 古格雍增·洛桑丹增 (1748—1813) 撰述。

西藏地区藏传佛教寺院印经院木刻版之刻印本。

普通藏纸，梵夹装中印本 (48.2×6.5cm)，

楷体，墨色，横刊藏文六行，四周双栏，全。

索书号：003832/1。保存基本完好，今藏民族文化宫中国民族图书馆。

**༧༢། །ཡོངས་འཛིན་ཡེ་ཤེས་རྒྱལ་མཚན་གྱི་གསུང་འབུམ་པོད་ཀ་པའི་དཀར་ཆག་བཞུགས་སོ། །**

**雍增益希坚参文集 ཀ 字函目录**

1 种，1 页。

ཡོངས་འཛིན་ཡེ་ཤེས་རྒྱལ་མཚན། 雍增 · 益希坚参 (1713—1793) 撰述。

西藏自治区拉萨地区孜雪印经院木刻版之刻印本。

普通藏纸，梵夹装中印本 (48.5 × 6.4cm)，楷体，墨色，横刊藏文六行，四周双栏，全。

索书号：003328/1。保存基本完好，今藏民族文化宫中国民族图书馆。

**༧༢། །ཡོངས་འཛིན་ཡེ་ཤེས་རྒྱལ་མཚན་གྱི་གསུང་འབུམ་པོད་ཁ་པའི་དཀར་ཆག་བཞུགས་སོ། །**

**雍增益希坚参文集 ཁ 字函目录**

1 种，1 页。

ཡོངས་འཛིན་ཡེ་ཤེས་རྒྱལ་མཚན། 雍增 · 益希坚参 (1713—1793) 撰述。

西藏自治区拉萨地区孜雪印经院木刻版之刻印本。

普通藏纸，梵夹装中印本 (48.5 × 6.4cm)，楷体，墨色，横刊藏文六行，四周双栏，全。

索书号：003329/1。保存基本完好，今藏民族文化宫中国民族图书馆。

**༧༢། །ཡོངས་འཛིན་ཡེ་ཤེས་རྒྱལ་མཚན་གྱི་གསུང་འབུམ་པོད་ག་པའི་དཀར་ཆག་བཞུགས་སོ། །**

**雍增益希坚参文集 ག 字函目录**

1 种，1 页。

ཡོངས་འཛིན་ཡེ་ཤེས་རྒྱལ་མཚན། 雍增 · 益希坚参 (1713—1793) 撰述。

西藏自治区拉萨地区孜雪印经院（雪域利乐宝库）木刻版之刻印本。

普通藏纸，梵夹装中印本 (48.5 × 6.4cm)，楷体，墨色，横刊藏文六行，四周双栏，全。

索书号：003330/1。保存基本完好，今藏民族文化宫中国民族图书馆。

**༧༢། །ཡོངས་འཛིན་ཡེ་ཤེས་རྒྱལ་མཚན་གྱི་གསུང་འབུམ་པོད་ང་པའི་དཀར་ཆག་བཞུགས་སོ། །**

**雍增益希坚参文集 ང 字函目录**

1 种，1 页。

ཡོངས་འཛིན་ཡེ་ཤེས་རྒྱལ་མཚན། 雍增 · 益希坚参 (1713—1793) 撰述。

西藏自治区拉萨地区孜雪印经院木刻版之刻印本。

普通藏纸，梵夹装中印本 (48.5 × 6.4cm)，楷体，墨色，横刊藏文六行，四周双栏，全。

索书号：003331/1。保存基本完好，今藏民族文化宫中国民族图书馆。

**༧༢། །ཡོངས་འཛིན་ཡེ་ཤེས་རྒྱལ་མཚན་གྱི་གསུང་འབུམ་པོད་ཅ་པའི་དཀར་ཆག་བཞུགས་སོ། །**

**雍增益希坚参文集 ཅ 字函目录**

1 种，1 页。

ཡོངས་འཛིན་ཡེ་ཤེས་རྒྱལ་མཚན། 雍增 · 益希坚参 (1713—1793) 撰述。

西藏自治区拉萨地区孜雪印经院木刻版之刻印本。

普通藏纸，梵夹装中印本 (48.5 × 6.4cm)，楷体，墨色，横刊藏文六行，四周双栏，全。

索书号：003332/1。保存基本完好，今藏民族文化宫中国民族图书馆。

༄༅། །ཡོངས་འཛིན་ཡེ་ཤེས་རྒྱལ་མཚན་གྱི་གསུང་འབུམ་པོད་ཆ་པའི་དཀར་ཆག་བཞུགས་སོ། །

**雍增益希坚参文集 ཆ 字函目录**

1 种，1 页。

ཡོངས་འཛིན་ཡེ་ཤེས་རྒྱལ་མཚན། 雍增・益希坚参 (1713—1793) 撰述。

西藏自治区拉萨地区孜雪印经院木刻版之刻印本。

普通藏纸，梵夹装中印本 (48.5×6.4cm)，楷体，墨色，横刊藏文六行，四周双栏，全。

索书号：003333/1。保存基本完好，今藏民族文化宫中国民族图书馆。

༄༅། །ཡོངས་འཛིན་ཡེ་ཤེས་རྒྱལ་མཚན་གྱི་གསུང་འབུམ་པོད་ཇ་པའི་དཀར་ཆག་བཞུགས་སོ། །

**雍增益希坚参文集 ཇ 字函目录**

1 种，1 页。

ཡོངས་འཛིན་ཡེ་ཤེས་རྒྱལ་མཚན། 雍增・益希坚参 (1713—1793) 撰述。

西藏自治区拉萨地区孜雪印经院木刻版之刻印本。

普通藏纸，梵夹装中印本 (48.5×6.4cm)，楷体，墨色，横刊藏文六行，四周双栏，全。

索书号：003334/1。保存基本完好，今藏民族文化宫中国民族图书馆。

༄༅། །ཡོངས་འཛིན་ཡེ་ཤེས་རྒྱལ་མཚན་གྱི་གསུང་འབུམ་པོད་ཉ་པའི་དཀར་ཆག་བཞུགས་སོ། །

**雍增益希坚参文集 ཉ 字函目录**

1 种，1 页。

ཡོངས་འཛིན་ཡེ་ཤེས་རྒྱལ་མཚན། 雍增・益希坚参 (1713—1793) 撰述。

西藏自治区拉萨地区孜雪印经院木刻版之刻印本。

普通藏纸，梵夹装中印本 (48.5×6.4cm)，楷体，墨色，横刊藏文六行，四周双栏，全。

索书号：003335/1。保存基本完好，今藏民族文化宫中国民族图书馆。

༄༅། །ཡོངས་འཛིན་ཡེ་ཤེས་རྒྱལ་མཚན་གྱི་གསུང་འབུམ་པོད་ཏ་པའི་དཀར་ཆག་བཞུགས་སོ། །

**雍增益希坚参文集 ཏ 字函目录**

1 种，1 页。

ཡོངས་འཛིན་ཡེ་ཤེས་རྒྱལ་མཚན། 雍增・益希坚参 (1713—1793) 撰述。

西藏自治区拉萨地区孜雪印经院木刻版之刻印本。

普通藏纸，梵夹装中印本 (48.5×6.4cm)，楷体，墨色，横刊藏文六行，四周双栏，全。

索书号：003336/1。保存基本完好，今藏民族文化宫中国民族图书馆。

༄༅། །ཡོངས་འཛིན་ཡེ་ཤེས་རྒྱལ་མཚན་གྱི་གསུང་འབུམ་པོད་ཐ་པའི་དཀར་ཆག་བཞུགས་སོ། །

**雍增益希坚参文集 ཐ 字函目录**

1 种，1 页。

ཡོངས་འཛིན་ཡེ་ཤེས་རྒྱལ་མཚན། 雍增・益希坚参 (1713—1793) 撰述。

西藏自治区拉萨地区孜雪印经院木刻版之刻印本。

普通藏纸，梵夹装中印本 (48.5×6.4cm)，楷体，墨色，横刊藏文六行，四周双栏，全。

索书号：003337/1。保存基本完好，今藏民族文化宫中国民族图书馆。

༄༅། །ཡོངས་འཛིན་ཡེ་ཤེས་རྒྱལ་མཚན་གྱི་གསུང་འབུམ་པོད་ད་པའི་དཀར་ཆག་བཞུགས་སོ། །

**雍增益希坚参文集 ད 字函目录**

1 种，1 页。

ཡོངས་འཛིན་ཡེ་ཤེས་རྒྱལ་མཚན། 雍增・益希

坚参 (1713—1793) 撰述。

西藏自治区拉萨地区孜雪印经院木刻版之刻印本。

普通藏纸，梵夹装中印本 (48.5 × 6.4cm)，楷体，墨色，横刊藏文六行，四周双栏，全。

索书号：003338/1。保存基本完好，今藏民族文化宫中国民族图书馆。

**༧༢། །ཡོངས་འཛིན་ཡེ་ཤེས་རྒྱལ་མཚན་གྱི་གསུང་འབུམ་པོད་པ་པའི་དཀར་ཆག་བཞུགས་སོ། །**

**雍增益希坚参文集 པ 字函目录**

1 种，1 页。

ཡོངས་འཛིན་ཡེ་ཤེས་རྒྱལ་མཚན། 雍增・益希坚参 (1713—1793) 撰述。

西藏自治区拉萨地区孜雪印经院木刻版之刻印本。

普通藏纸，梵夹装中印本 (48.5 × 6.4cm)，楷体，墨色，横刊藏文六行，四周双栏，全。

索书号：003339/1。保存基本完好，今藏民族文化宫中国民族图书馆。

**༧༢། །ཡོངས་འཛིན་ཡེ་ཤེས་རྒྱལ་མཚན་གྱི་གསུང་འབུམ་པོད་ཕ་པའི་དཀར་ཆག་བཞུགས་སོ། །**

**雍增益希坚参文集 ཕ 字函目录**

1 种，1 页。

ཡོངས་འཛིན་ཡེ་ཤེས་རྒྱལ་མཚན། 雍增・益希坚参 (1713—1793) 撰述。

西藏自治区拉萨地区孜雪印经院木刻版之刻印本。

普通藏纸，梵夹装中印本 (48.5 × 6.4cm)，楷体，墨色，横刊藏文六行，四周双栏，全。

索书号：003340/1。保存基本完好，今藏民族文化宫中国民族图书馆。

**༧༢། །ཡོངས་འཛིན་ཡེ་ཤེས་རྒྱལ་མཚན་གྱི་གསུང་འབུམ་པོད་བ་པའི་དཀར་ཆག་བཞུགས་སོ། །**

**雍增益希坚参文集 བ 字函目录**

1 种，1 页。

ཡོངས་འཛིན་ཡེ་ཤེས་རྒྱལ་མཚན། 雍增・益希坚参 (1713—1793) 撰述。

西藏自治区拉萨地区孜雪印经院木刻版之刻印本。

普通藏纸，梵夹装中印本 (48.5 × 6.4cm)，楷体，墨色，横刊藏文六行，四周双栏，全。

索书号：003341/1。保存基本完好，今藏民族文化宫中国民族图书馆。

**༧༢། །ཡོངས་འཛིན་ཡེ་ཤེས་རྒྱལ་མཚན་གྱི་གསུང་འབུམ་པོད་མ་པའི་དཀར་ཆག་བཞུགས་སོ། །**

**雍增益希坚参文集 མ 字函目录**

1 种，1 页。

ཡོངས་འཛིན་ཡེ་ཤེས་རྒྱལ་མཚན། 雍增・益希坚参 (1713—1793) 撰述。

西藏自治区拉萨地区孜雪印经院木刻版之刻印本。

普通藏纸，梵夹装中印本 (48.5 × 6.4cm)，楷体，墨色，横刊藏文六行，四周双栏，全。

索书号：003342/1。保存基本完好，今藏民族文化宫中国民族图书馆。

**༧༢། །ཡོངས་འཛིན་ཡེ་ཤེས་རྒྱལ་མཚན་གྱི་གསུང་འབུམ་པོད་ཙ་པའི་དཀར་ཆག་བཞུགས་སོ། །**

**雍增益希坚参文集 ཙ 字函目录**

1 种，1 页。

ཡོངས་འཛིན་ཡེ་ཤེས་རྒྱལ་མཚན། 雍增・益希坚参 (1713—1793) 撰述。

西藏自治区拉萨地区孜雪印经院木刻版之刻印本。

普通藏纸，梵夹装中印本 (48.5 × 6.4cm)，

楷体，墨色，横刊藏文六行，四周双栏，全。

索书号：003343/1。保存基本完好，今藏民族文化宫中国民族图书馆。

༄༅། །ཡོངས་འཛིན་ཡེ་ཤེས་རྒྱལ་མཚན་གྱི་གསུང་འབུམ་པོད་ཆ་པའི་དཀར་ཆག་བཞུགས་སོ། །

**雍增益希坚参文集 ཆ 字函目录**

1 种，1 页。

ཡོངས་འཛིན་ཡེ་ཤེས་རྒྱལ་མཚན། 雍增·益希坚参 (1713—1793) 撰述。

西藏自治区拉萨地区孜雪印经院木刻版之刻印本。

普通藏纸，梵夹装中印本 (48.5×6.4cm)，楷体，墨色，横刊藏文六行，四周双栏，全。

索书号：003344/1。保存基本完好，今藏民族文化宫中国民族图书馆。

༄༅། །ཡོངས་འཛིན་ཡེ་ཤེས་རྒྱལ་མཚན་གྱི་གསུང་འབུམ་པོད་ཛ་པའི་དཀར་ཆག་བཞུགས་སོ། །

**雍增益希坚参文集 ཛ 字函目录**

1 种，1 页。

ཡོངས་འཛིན་ཡེ་ཤེས་རྒྱལ་མཚན། 雍增·益希坚参 (1713—1793) 撰述。

西藏自治区拉萨地区孜雪印经院木刻版之刻印本。

普通藏纸，梵夹装中印本 (48.5×6.4cm)，楷体，墨色，横刊藏文六行，四周双栏，全。

索书号：003345/1。保存基本完好，今藏民族文化宫中国民族图书馆。

༄༅། །ཡོངས་རྫོགས་བསྟན་པའི་མངའ་བདག་སྟག་ཕུ་ཡོངས་འཛིན་ཡེ་ཤེས་མཚན་ཅན་དཔལ་བཟང་པོའི་གསུང་འབུམ་དཀར་ཆག་བཞུགས་སོ། །

**达普经师益希嘉措文集目录**

1 种，2 页。

སྟག་ཕུ་ཡོངས་འཛིན་ཡེ་ཤེས་རྒྱ་མཚོ། 达普雍增·益希嘉措 (18 世纪初叶) 撰述。

西藏自治区拉萨地区色麦扎仓印经院木刻版之刻印本。

普通藏纸，梵夹装中印本 (45.6×6.5cm)，楷体，墨色，横刊藏文六行，四周双栏，全。

索书号：003763/1。保存基本完好，今藏民族文化宫中国民族图书馆。

༄༅། །རབ་འབྱམས་རྒྱལ་བའི་གདུང་འཚོབ་ཁྱབ་བདག་མི་ཕམ་དབྱངས་ཅན་དགྱེས་པའི་རྡོ་རྗེ་དཔལ་བཟང་པོའི་བཀའ་འབུམ་པར་དུ་ཇི་ལྟར་བསྒྲུབས་པའི་གཏམ་ནོར་བཟང་ཛམྦུའི་ཆུ་གསེར་ཞེས་བྱ་བ་བཞུགས་སོ། །

**诸佛之承祧遍主米盼央金吉贝多结文集刻竣工记·阎浮檀金妙义**

1 种，13 页。

རྫོང་དཀར་འཇིགས་མེད་དམ་ཆོས་རྒྱ་མཚོ། 宗嘎·吉迈丹曲嘉措 (1898—1946) 撰述。

青海省化隆回族自治县金源地区丹斗寺 (丹斗协吉央贡) 印经院木刻版之刻印本。

普通纸，梵夹装中印本 (44.2×6.2cm)，楷体，墨色，横刊藏文六行，四周双栏，全。

索书号：000797/7。保存基本完好，今藏民族文化宫中国民族图书馆。

༄༅། །རོང་སྟོན་ཤེས་བྱ་ཀུན་རིག་གི་གསུང་འབུམ་ཐོར་བུའི་དཀར་ཆག་དཔག་བསམ་ལྗོན་པ་ཞེས་བྱ་བ་བཞུགས་སོ། །

**绒敦·协恰衮柔散集目录·如意宝树**

1 种，6 页。

རོང་སྟོན་ཤེས་བྱ་ཀུན་རིག 绒敦·协恰衮柔 (1367—1449) 撰述。

四川省阿坝地区藏传佛教寺院印经院传抄之缮写本。

普通藏纸，梵夹装中印本 (50.9×6.5cm)，楷体，墨色，横刊藏文六行，四周双栏，全。

索书号：003891/1。保存基本完好，今藏民族文化宫中国民族图书馆。

**༄༅། །ར་སྒྲེང་ཁྲི་ཆེན་བསྟན་པ་རབ་རྒྱས་ཀྱི་གསུང་འབུམ་པོད་གཉིས་པའི་དཀར་ཆག་བཞུགས་སོ། །**

**热振赤钦·丹巴饶杰文集第二函目录**

1 种，3 页。

ར་སྒྲེང་ཁྲི་ཆེན་བསྟན་པ་རབ་རྒྱས། 热振赤钦·丹巴饶杰 (1759—1816) 撰述。

西藏自治区拉萨地区噶旦桑丹林寺印经院木刻版之刻印本。

普通藏纸，梵夹装中印本 (50.1×7.1cm)，楷体，墨色，横刊藏文六行，四周双栏，全。

索书号：003805/1。保存基本完好，今藏民族文化宫中国民族图书馆。

**༄༅། །ར་སྒྲེང་ཁྲི་ཆེན་བསྟན་པ་རབ་རྒྱས་ཀྱི་གསུང་འབུམ་པོད་དང་པོའི་དཀར་ཆག་བཞུགས་སོ། །**

**热振赤钦·丹巴饶杰文集第一函目录**

1 种，3 页。

ར་སྒྲེང་ཁྲི་ཆེན་བསྟན་པ་རབ་རྒྱས། 热振赤钦·丹巴饶杰 (1759—1816) 撰述。

西藏自治区拉萨地区噶旦桑丹林寺印经院木刻版之刻印本。

普通藏纸，梵夹装中印本 (50.1×7.1cm)，楷体，墨色，横刊藏文六行，四周双栏，全。

索书号：000794/1。保存基本完好，今藏民族文化宫中国民族图书馆。

**༄༅། །རླུང་སེམས་དབྱེར་མེད་སོགས་ཀྱི་དཀར་ཆག་ཅེས་བྱ་བ་བཞུགས་སོ། །**

**风心无别等目录**

1 种，2 页。

ཀརྨ་མི་བསྐྱོད་རྡོ་རྗེ། 嘎玛·米觉多结 (1507—1554) 撰述。

西藏地区藏传佛教寺院印经院传抄之缮写本。

普通藏纸，梵夹装中印本 (44.6×5.3cm)，草体，墨色，横书藏文七行，四周双栏，全。

索书号：003887/1。保存基本完好，今藏民族文化宫中国民族图书馆。

**༄༅། །ཤྲི་ཀེ་ཐུ་ཆོས་རྗེ་བློ་བཟང་ཞི་བའི་གསུང་འབུམ་གྱི་མཛོད་བྱང་བཞུགས་སོ། །**

**锡埒克图法王洛桑希哇文集目录**

1 种，3 页。

ཤྲི་ཀེ་ཐུ་ཆོས་རྗེ་བློ་བཟང་ཞི་བ། 锡埒图克图法王洛桑希哇（生卒年不详）撰述。

北京地区藏传佛教皇家寺院印经院木刻版之刻印本。

普通藏纸，梵夹装中印本 (47×6.8cm)，楷体，墨色，横刊藏文六行，四周双栏，全。

索书号：000793/1。保存基本完好，今藏民族文化宫中国民族图书馆。

**༄༅། །ས་ལོ་ཆེན་པོའི་གསུང་འབུམ་གྱི་དཀར་ཆག་བཞུགས་སོ། །**

**萨迦大译师文集目录**

1 种，5 页。

ས་ལོ་འཇམ་དབྱངས་ཀུན་དགའ་བསོད་ནམས། 萨迦译师·绛央衮噶索南 (1485—1533) 撰述。

西藏地区藏传佛教寺院印经院传抄之缮写本。

普通藏纸，梵夹装中印本 (45×5.3cm)，草体，墨色，横书藏文七行，四周双栏，全。

索书号：003215/1。保存基本完好，今藏民族文化宫中国民族图书馆。

༄༅། །སློབ་དཔོན་བཤད་སྒྲུབ་མིང་ཅན་གྱིས་བརྩམས་པའི་ཀ་པོད་དཔེ་ཐོ་རིན་ཆེན་འབྱུང་གནས་བཞུགས་སོ། །

**阿阇梨札巴协珠文集 ཀ 字函书目 · 大宝之源**

1 种，2 页。

ཅོ་ནེ་གྲགས་པ་བཤད་སྒྲུབ། 卓尼 · 札巴协珠 (1675—1748) 撰述。

甘肃省甘南藏族自治州卓尼县卓尼地区卓尼寺 ( 觉乃噶旦协珠林 ) 印经院木刻版之刻印本。

普通藏纸，梵夹装中印本 (48.6 × 6.3cm)，楷体，墨色，横刊藏文六行，四周双栏，全。

索书号：003670/1。保存基本完好，今藏民族文化宫中国民族图书馆。

༄༅། །སློབ་དཔོན་བཤད་སྒྲུབ་མིང་ཅན་གྱིས་བརྩམས་པའི་གསུང་འབུམ་ཁ་པོད་དཔེ་ཐོ་རིན་ཆེན་འབྱུང་གནས་བཞུགས་སོ། །

**阿阇梨札巴协珠文集 ཁ 字函书目 · 大宝之源**

1 种，1 页。

ཅོ་ནེ་གྲགས་པ་བཤད་སྒྲུབ། 卓尼 · 札巴协珠 (1675—1748) 撰述。

甘肃省甘南藏族自治州卓尼县卓尼地区卓尼寺 ( 觉乃噶旦协珠林 ) 印经院木刻版之刻印本。

普通藏纸，梵夹装中印本 (48.6 × 6.3cm)，楷体，墨色，横刊藏文六行，四周双栏，全。

索书号：003671/1。保存基本完好，今藏民族文化宫中国民族图书馆。

༄༅། །སློབ་དཔོན་བཤད་སྒྲུབ་མིང་ཅན་གྱིས་བརྩམས་པའི་ག་པོད་དཔེ་ཐོ་རིན་ཆེན་འབྱུང་གནས་བཞུགས་སོ། །

**阿阇梨札巴协珠文集 ག 字函书目 · 大宝之源**

1 种，1 页。

ཅོ་ནེ་གྲགས་པ་བཤད་སྒྲུབ། 卓尼 · 札巴协珠 (1675—1748) 撰述。

甘肃省甘南藏族自治州卓尼县卓尼地区卓尼寺 ( 觉乃噶旦协珠林 ) 印经院木刻版之刻印本。

普通藏纸，梵夹装中印本 (48.6 × 6.3cm)，楷体，墨色，横刊藏文六行，四周双栏，全。

索书号：003672/1。保存基本完好，今藏民族文化宫中国民族图书馆。

༄༅། །སློབ་དཔོན་བཤད་སྒྲུབ་མིང་ཅན་གྱིས་བརྩམས་པའི་ང་པོད་དཔེ་ཐོ་རིན་ཆེན་འབྱུང་གནས་བཞུགས་སོ། །

**阿阇梨札巴协珠文集 ང 字函书目 · 大宝之源**

1 种，1 页。

ཅོ་ནེ་གྲགས་པ་བཤད་སྒྲུབ། 卓尼 · 札巴协珠 (1657—1748) 撰述。

甘肃省甘南藏族自治州卓尼县卓尼地区卓尼寺 ( 觉乃噶旦协珠林 ) 印经院木刻版之刻印本。

普通藏纸，梵夹装中印本 (48.6 × 6.3cm)，楷体，墨色，横刊藏文六行，四周双栏，全。

索书号：003673/1。保存基本完好，今藏民族文化宫中国民族图书馆。

༄༅། །སློབ་དཔོན་བཤད་སྒྲུབ་མིང་ཅན་གྱིས་བརྩམས་པའི་ཅ་པོད་དཔེ་ཐོ་རིན་ཆེན་འབྱུང་གནས་བཞུགས་སོ། །

**阿阇梨札巴协珠文集 ཅ 字函书目 · 大宝之源**

1 种，1 页。

ཅོ་ནེ་གྲགས་པ་བཤད་སྒྲུབ། 卓尼 · 札巴协珠 (1675—1748) 撰述。

甘肃省甘南藏族自治州卓尼县卓尼地区卓尼寺 ( 觉乃噶旦协珠林 ) 印经院木刻版之刻印本。

普通藏纸，梵夹装中印本 (48.6 × 6.3cm)，

楷体，墨色，横刊藏文六行，四周双栏，全。

索书号：003674/1。保存基本完好，今藏民族文化宫中国民族图书馆。

༄༅། །སློབ་དཔོན་བཤད་སྒྲུབ་མིང་ཅན་གྱིས་བརྩམས་པའི་ཆ་པོད་དཔེ་ཐོ་རིན་ཆེན་འབྱུང་གནས་བཞུགས་སོ། །

**阿阇梨札巴协珠文集 ཆ 字函书目 · 大宝之源**

1 种，1 页。

ཅོ་ནེ་གྲགས་པ་བཤད་སྒྲུབ། 卓尼 · 札巴协珠 (1675—1748) 撰述。

甘肃省甘南藏族自治州卓尼县卓尼地区卓尼寺 ( 觉乃噶旦协珠林 ) 印经院木刻版之刻印本。

普通藏纸，梵夹装中印本 (48.6 × 6.3cm)，楷体，墨色，横刊藏文六行，四周双栏，全。

索书号：003675/1。保存基本完好，今藏民族文化宫中国民族图书馆。

༄༅། །སློབ་དཔོན་བཤད་སྒྲུབ་མིང་ཅན་གྱིས་བརྩམས་པའི་ཇ་པོད་དཔེ་ཐོ་རིན་ཆེན་འབྱུང་གནས་བཞུགས་སོ། །

**阿阇梨札巴协珠文集 ཇ 字函书目 · 大宝之源**

1 种，1 页。

ཅོ་ནེ་གྲགས་པ་བཤད་སྒྲུབ། 卓尼 · 札巴协珠 (1675—1748) 撰述。

甘肃省甘南藏族自治州卓尼县卓尼地区卓尼寺 ( 觉乃噶旦协珠林 ) 印经院木刻版之刻印本。

普通藏纸，梵夹装中印本 (48.6 × 6.3cm)，楷体，墨色，横刊藏文六行，四周双栏，全。

索书号：003686/1。保存基本完好，今藏民族文化宫中国民族图书馆。

༄༅། །སློབ་དཔོན་བཤད་སྒྲུབ་མིང་ཅན་གྱིས་བརྩམས་པའི་ཉ་པོད་དཔེ་ཐོ་རིན་ཆེན་འབྱུང་གནས་བཞུགས་སོ། །

**阿阇梨札巴协珠文集 ཉ 字函书目 · 大宝之源**

1 种，1 页。

ཅོ་ནེ་གྲགས་པ་བཤད་སྒྲུབ། 卓尼 · 札巴协珠 (1675—1748) 撰述。

甘肃省甘南藏族自治州卓尼县卓尼地区卓尼寺 ( 觉乃噶旦协珠林 ) 印经院木刻版之刻印本。

普通藏纸，梵夹装中印本 (48.6 × 6.3cm)，楷体，墨色，横刊藏文六行，四周双栏，全。

索书号：003677/1。保存基本完好，今藏民族文化宫中国民族图书馆。

༄༅། །སློབ་དཔོན་བཤད་སྒྲུབ་མིང་ཅན་གྱིས་བརྩམས་པའི་ཏ་པོད་དཔེ་ཐོ་རིན་ཆེན་འབྱུང་གནས་བཞུགས་སོ། །

**阿阇梨札巴协珠文集 ཏ 字函书目 · 大宝之源**

1 种，1 页。

ཅོ་ནེ་གྲགས་པ་བཤད་སྒྲུབ། 卓尼 · 札巴协珠 (1675—1748) 撰述。

甘肃省甘南藏族自治州卓尼县卓尼地区卓尼寺 ( 觉乃噶旦协珠林 ) 印经院木刻版之刻印本。

普通藏纸，梵夹装中印本 (48.6 × 6.3cm)，楷体，墨色，横刊藏文六行，四周双栏，全。

索书号：003678/1。保存基本完好，今藏民族文化宫中国民族图书馆。

༄༅། །སློབ་དཔོན་བཤད་སྒྲུབ་མིང་ཅན་གྱིས་བརྩམས་པའི་ཡ་པོད་དཔེ་ཐོ་རིན་ཆེན་འབྱུང་གནས་བཞུགས་སོ། །

**阿阇梨札巴协珠文集 ཡ 字函书目 · 大宝之源**

1 种，1 页。

ཅོ་ནེ་གྲགས་པ་བཤད་སྒྲུབ། 卓尼·札巴协珠 (1657—1748) 撰述。

甘肃省甘南藏族自治州卓尼县卓尼地区卓尼寺 ( 觉乃噶旦协珠林 ) 印经院木刻版之刻印本。

普通藏纸，梵夹装中印本 (48.6×6.3cm)，楷体，墨色，横刊藏文六行，四周双栏，全。

索书号：003679/1。保存基本完好，今藏民族文化宫中国民族图书馆。

**༄༅། །སློབ་དཔོན་བཤད་སྒྲུབ་མིང་ཅན་གྱིས་བརྩམས་པའི་ཀྵ་པོད་དཔེ་ཐོ་རིན་ཆེན་འབྱུང་གནས་བཞུགས་སོ། །**

**阿阇梨札巴协珠文集 ཀྵ 字函书目·大宝之源**

1 种，1 页。

ཅོ་ནེ་གྲགས་པ་བཤད་སྒྲུབ། 卓尼·札巴协珠 (1675—1748) 撰述。

甘肃省甘南藏族自治州卓尼县卓尼地区卓尼寺 ( 觉乃噶旦协珠林 ) 印经院木刻版之刻印本。

普通藏纸，梵夹装中印本 (48.6×6.3cm)，楷体，墨色，横刊藏文六行，四周双栏，全。

索书号：003690/1。保存基本完好，今藏民族文化宫中国民族图书馆。

**༄༅། །གསུང་འབུམ་བཀའ་རྒྱ་མ་རྣམས་ཀྱི་དཀར་ཆག་ཆབས་ཅིག་ཏུ་བསྡེབས་པ་ཞེས་བྱ་བ་བཞུགས་སོ། །**

**诸密语集之目录汇编**

1 种，2 页。

པཎ་ཆེན་ཨེར་ཏེ་ནི་བློ་བཟང་དཔལ་ལྡན་ཡེ་ཤེས། 班禅额尔德尼·洛桑白旦益希 (1738—1780) 撰述。

西藏自治区日喀则地区扎什伦布寺印经院木刻版之刻印本。

普通藏纸，梵夹装中印本 (49.1×6.8cm)，楷体，墨色，横刊藏文六行，四周双栏，全。

索书号：000676/1。保存基本完好，今藏民族文化宫中国民族图书馆。

**༄༅། །ལྷའི་དབང་པོ་རྡོ་རྗེ་རིན་ཆེན་གྱི་བཀའ་འབུམ་དཀར་ཆག་བཞུགས་སོ། །**

**拉旺波多结仁钦全集目录**

1 种，1 页。

ལྷའི་དབང་པོ་རྡོ་རྗེ་རིན་ཆེན། 拉旺波·多结仁钦 (14 世纪 ) 撰述。

西藏地区藏传佛教寺院印经院传抄之缮写本。

普通藏纸，梵夹装中印本 (45.4×5.5cm)，草体，墨色，横书藏文七行，四周双栏，全。

索书号：004553/1。保存基本完好，今藏民族文化宫中国民族图书馆。

**༄༅། །ལྷག་པའི་ལྷའི་རྗེས་གནང་གི་དཀར་ཆག་བཞུགས་སོ། །**

**本尊随许法目录**

1 种，1 页。

དངུལ་ཆུ་དྷརྨ་བྷ་དྲ། 欧曲·达玛巴扎（亦称欧曲喇嘛·曲桑洛桑次仁，1772—1851) 撰述。

西藏地区藏传佛教寺院印经院木刻版之刻印本。

普通藏纸，梵夹装中印本 (49.8×6cm)，楷体，墨色，横刊藏文六行，四周双栏，全。

索书号：001044/36。保存基本完好，今藏民族文化宫中国民族图书馆。

**༄༅། །ལྷོ་བྲག་ནམ་མཁའ་རྒྱལ་མཚན་གྱི་བཀའ་འབུམ་གྱི་དཀར་ཆག་བཞུགས་སོ། །**

**珞扎南喀坚参文集目录**

1 种，2 页。

ལྷོ་བྲག་ནམ་མཁའ་རྒྱལ་མཚན། 珞扎·南喀

坚参 (1326—1401) 撰述。

西藏地区藏传佛教寺院印经院木刻版之刻印本。

普通藏纸，梵夹装中印本 (45.2×4.8cm)，楷体，墨色，横刊藏文六行，四周双栏，全。

索书号：001214/1。保存基本完好，今藏民族文化宫中国民族图书馆。

༄༅། །ཨ་ཀྱཱ་བློ་བཟང་བསྟན་པའི་རྒྱལ་མཚན་གྱི་གསུང་འབུམ་གྱི་དཀར་ཆག་བཞུགས་སོ། །

**阿迦洛桑丹贝坚参全集目录**

1 种，2 页。

ཨ་ཀྱཱ་བློ་བཟང་བསྟན་པའི་རྒྱལ་མཚན། 阿迦·洛桑丹贝坚参 (1708—1768) 撰述。

北京地区藏传佛教皇家寺院印经院木刻版之刻印本。

普通纸，梵夹装中印本 (46.7×6cm)，楷体，墨色，横刊藏文六行，四周双栏，全。

索书号：001222/1。保存基本完好，今藏民族文化宫中国民族图书馆。

## ༨、ཐོར་བུའི་སྐོར།

## 8. 零散著作

༄༅། །ཀརྨ་དུས་གསུམ་མཁྱེན་པའི་རྣམ་ཐར་དང་འབྲེལ་བའི་གསོལ་འདེབས་དད་པའི་ཆུ་གཏེར་འཕེལ་བའི་ཟླ་ཤེལ་ཞེས་བྱ་བ་བཞུགས་སོ། །

**与嘎玛派堆松钦巴传相结合之启请文·增长信海之月晶**

1 种，3 页。

འཇམ་དབྱངས་བཞད་པ་སྐལ་བཟང་ཐུབ་བསྟན་དབང་ཕྱུག 嘉木样协巴·格桑图丹旺秋 (1856—1916) 撰述。

甘肃省甘南藏族自治州夏河县拉卜楞地区拉卜楞寺（拉章扎喜齐）印经院木刻版之刻印本。

普通藏纸，梵夹装中印本 (48.1×6.3cm)，楷体，墨色，横刊藏文六行，四周双栏，全。

索书号：000845/1。保存基本完好，今藏民族文化宫中国民族图书馆。

༄༅། །ཀུན་མཁྱེན་སྐུ་འཕྲེང་གཉིས་པའི་རྣམ་ཐར་ཞལ་ཐང་ལྔའི་ཁ་བྱང་ཞེས་བྱ་བ་བཞུགས་སོ། །

**第二世遍智嘉木样传五画像之题名**

1 种，4 页。

དཔལ་མང་པཎྜི་ཏ་དཀོན་མཆོག་རྒྱལ་མཚན། 白芒班智达·恭却坚参 (1764—1853) 撰述。

甘肃省甘南地区藏传佛教噶旦曲科林寺印经院木刻版之刻印本。

普通藏纸，梵夹装中印本 (48×6.5cm)，楷体，墨色，横刊藏文六行，四周双栏，全。

索书号：004419/5。保存基本完好，今藏民族文化宫中国民族图书馆。

༄༅། །ཀུན་མཁྱེན་ཆེན་པོ་འཇམ་དབྱངས་བཞད་པའི་རྡོ་རྗེའི་འཁྲུངས་རབས་གསོལ་འདེབས་ཡིད་བཞིན་ནོར་བུའི་ཕྲེང་བ་ཞེས་བྱ་བ་བཞུགས་སོ། །

**遍智大师嘉木样协贝多结本生启请文·如意摩尼鬘**

1 种，4 页。

ཨ་མཆོག་འཇམ་དབྱངས་མཁྱེན་རབ་རྒྱ་མཚོ། 阿却·绛央庆饶嘉措 (1849—1944) 撰述。

四川省阿坝地区藏传佛教玛威桑格林寺印经院木刻版之刻印本。

普通藏纸，梵夹装中印本 (44.9×6.2)，楷体，墨色，横刊藏文六行，四周双栏，全。

索书号：000887/5。保存基本完好，今藏民族文化宫中国民族图书馆。

༄༅། །ཀུན་མཁྱེན་བླ་མའི་འཁྲུངས་རབས་དང་འབྲེལ་བའི་བླ་མའི་རྣལ་འབྱོར་ཞེས་བྱ་བ་བཞུགས་སོ། །

**与衮钦喇嘛本生事纪结合之上师瑜伽法**

1 种，3 页。

གུང་ཐང་དཀོན་མཆོག་བསྟན་པའི་སྒྲོན་མེ། 贡唐・恭却丹贝准美 (1762—1822) 撰述。

甘肃省甘南藏族自治州夏河地区拉卜楞寺（拉章扎喜齐）印经院木刻版之刻印本。

普通藏纸，梵夹装中印本 (47.2×6.2cm)，楷体，墨色，横刊藏文六行，四周双栏，全。

索书号：000920/21。保存基本完好，今藏民族文化宫中国民族图书馆。

༄༅། །བཀའ་དྲིན་འཁོར་མེད་པ་རྗེ་རྡོ་རྗེ་འཆང་ཨ་ཁྱ་ཞབས་ཀྱི་འཁྲུངས་རབས་གསོལ་འདེབས་དད་པའི་འཁྲི་ཤིང་ཞེས་བྱ་བ་བཞུགས་སོ། །

**恩德无量之师尊金刚持阿跋夏之本生事启请文・正信藤**

1 种，3 页。

རྫོང་དཀར་འཇིགས་མེད་དམ་ཆོས་རྒྱ་མཚོ། 宗嘎・吉迈丹曲嘉措 (1898—1946) 撰述。

青海省化隆回族自治县金源地区丹斗寺（丹斗协吉央贡）印经院木刻版之刻印本。

普通藏纸，梵夹装中印本 (44.2×6.2cm)，楷体，墨色，横刊藏文六行，四周双栏，全。

索书号：000797/6。保存基本完好，今藏民族文化宫中国民族图书馆。

༄༅། །བཀའ་དྲིན་གསུམ་ལྡན་རིན་པོ་ཆེའི་སྐྱེས་རབས་རྣམ་ཐར་གསོལ་འདེབས་བྱིན་རླབས་མྱུར་འཇུག་མ་ཞེས་བྱ་བ་བཞུགས་སོ། །

**启请三恩上师本生传愿文・速入加持**

1 种，4 页。

དཔལ་མང་པཎྜི་ཏ་དཀོན་མཆོག་རྒྱལ་མཚན། 白芒班智达・恭却坚参 (1764—1853) 撰述。

甘肃省甘南地区藏传佛教噶旦曲科林寺印经院木刻版之刻印本。

普通藏纸，梵夹装中印本 (48×6.5cm)，楷体，墨色，横刊藏文六行，四周双栏，全。

索书号：004419/3。保存基本完好，今藏民族文化宫中国民族图书馆。

༄༅། །བཀའ་དྲིན་གསུམ་ལྡན་རིན་པོ་ཆེའི་སྐྱེས་རབས་རྣམ་ཐར་གསོལ་འདེབས་བྱིན་རླབས་མྱུར་འཇུག་མ་ཞེས་བྱ་བ་བཞུགས་སོ། །

**具足三恩大宝师本生传祈祷文・速得加持**

1 种，5 页。

འཇམ་དབྱངས་བཞད་པ་ངག་དབང་བརྩོན་འགྲུས། 嘉木样协巴・阿旺宗哲 (1648—1722) 撰述。

甘肃省甘南藏族自治州夏河县拉卜楞地区拉卜楞寺（拉章扎喜齐）印经院木刻版之刻印本。

普通藏纸，梵夹装中印本 (47.2×6.8cm)，楷体，墨色，横刊藏文六行，四周双栏，全。

索书号：000867/4。保存基本完好，今藏民族文化宫中国民族图书馆。

༄༅། །བཀའ་གདམས་གོང་མའི་རྣམ་ཐར་དང་འབྲེལ་བའི་ཀུན་བཟང་འཁོར་ལོ་སོགས་ཀུན་འཁོར་སྣ་ཚོགས་ཀྱི་སྐོར་ངོ་མཚར་འཕྲུལ་གྱི་ལེགས་བཤད་ཅེས་བྱ་བ་བཞུགས་སོ། །

**与噶当派先师传记结合之普贤轮等各种普贤轮类・希有幻化之嘉言**

1 种，12 页。

གུང་ཐང་དཀོན་མཆོག་བསྟན་པའི་འདྲོན་མེ། ・贡唐・恭却丹贝准美 (1762—1823) 撰述。

甘肃省甘南藏族自治州夏河县拉卜楞地区拉卜楞寺（拉章扎喜齐）印经院木刻版之刻印本。

普通藏纸，梵夹装中印本 (47.2×6.8cm)，

楷体，墨色，横刊藏文六行，四周双栏，全。

索书号：000921/13。保存基本完好，今藏民族文化宫中国民族图书馆。

༄༅། །བཀའ་རང་བབས་རྣམ་ཐར་ལྷ་ས་མ་བཀའ་རྒྱ་མ་ཞེས་བྱ་བ་བཞུགས་སོ། །

**亲承语旨史事·拉萨玛秘本**

1种，8页。

བླ་མ་ཞང་བརྩོན་འགྲུས་གྲགས་པ། 喇嘛祥·宗哲札巴(1123—1193)撰述。

西藏地区藏传佛教寺院印经院传抄之缮写本。

普通藏纸，梵夹装中印本(41.5×5.2cm)，草体，墨色，横书藏文七行，四周双栏，全。

索书号：003844/60。保存基本完好，今藏民族文化宫中国民族图书馆。

༄༅། །བཀའ་རང་བབས་མ་གསང་སྔགས་རྡོ་རྗེ་ཐེག་པ་རྣམ་ཐར་བཀའ་རྒྱ་མ་ཞེས་བྱ་བ་བཞུགས་སོ། །

**亲承语旨·密咒金刚乘史事秘本**

1种，9页。

བླ་མ་ཞང་བརྩོན་འགྲུས་གྲགས་པ། 喇嘛祥·宗哲札巴(1123—1193)撰述。

西藏地区藏传佛教寺院印经院传抄之缮写本。

普通藏纸，梵夹装中印本(41.5×5.2cm)，草体，墨色，横书藏文七行，四周双栏，全。

索书号：003844/62。保存基本完好，今藏民族文化宫中国民族图书馆。

༄༅། །སྐུ་འབུམ་ཆེ་ཚོས་སྤྲུལ་སྐུ་རིན་པོ་ཆེའི་འཁྲུངས་རབས་གསོལ་འདེབས་དགེ་ལེགས་ཚོགས་གཉིས་མ་སོགས་ལེ་ཚན་འགའ་ཞིག་ཅེས་བྱ་བ་བཞུགས་སོ། །

**固奔（塔尔寺）却西活佛之本生事幻祈愿文·福善二资粮篇等部分章节**

1种，3页。

ར་སྒྲེང་ཁྲི་ཆེན་བསྟན་པ་རབ་རྒྱས། 热振赤钦·丹巴饶杰(1759—1816)撰述。

西藏地区藏传佛教噶旦桑丹林寺印经院木刻版之刻印本。

普通藏纸，梵夹装中印本(56.1×6.1cm)，楷体，墨色，横刊藏文六行，四周双栏，全。

索书号：000794/31。保存基本完好，今藏民族文化宫中国民族图书馆。

༄༅། །སྐྱབས་མགོན་དམ་པའི་འཁྲུངས་རབས་གསོལ་འདེབས་མདོར་བསྡུས་ཞེས་བྱ་བ་བཞུགས་སོ། །

**怙主至尊丹巴本生事纪祈祷略篇**

1种，2页。

ངག་དབང་ཡེ་ཤེས་ཐུབ་བསྟན་རབ་འབྱམས་པ། 阿旺益希图丹饶绛巴(1782—？ )撰述。

蒙古国乌兰巴托地区藏传佛教库伦寺印经院木刻版之刻印本。

普通藏纸，梵夹装中印本(49×6.3cm)，楷体，墨色，横刊藏文六行，四周双栏，全。

索书号：000884/6。保存基本完好，今藏民族文化宫中国民族图书馆。

༄༅། །སྐྱབས་མཆོག་ཐུབ་བསྟན་ཉི་མའི་རྣམ་ཐར་གསོལ་འདེབས་ཚིགས་སུ་བཅད་པ་ཞེས་བྱ་བ་བཞུགས་སོ། །

**胜皈依处图丹尼玛传记祈祷颂**

1种，5页。

ཀིརྟི་བློ་བཟང་འཕྲིན་ལས། 格迪·洛桑成勒

(1849—1905) 撰述。

甘肃省甘南藏族自治州碌曲县郎木地区郎木寺印经院木刻版之刻印本。

普通藏纸，梵夹装中印本 (44.8×6.1cm)，楷体，墨色，横刊藏文七行，四周双栏，全。

索书号：001082/5。保存基本完好，今藏民族文化宫中国民族图书馆。

**༄༅། །སྐྱབས་འཇུག་རྣམ་ཐར་གྱི་སྐོར་ཞེས་བྱ་བ་བཞུགས་སོ། །**

**救怙史事类**

1 种，13 页。

མཁན་པོ་ངག་དབང་ཐུབ་བསྟན་རྒྱ་མཚོ། 堪波·阿旺图丹嘉措 (1836—1889) 撰述。

甘肃省甘南藏族自治州碌曲地区希仓噶萨噶旦协珠曲科林寺印经院木刻版之刻印本。

普通藏纸，梵夹装中印本 (45.3×6cm)，楷体，墨色，横刊藏文六行，四周双栏，全。

索书号：001123/12。保存基本完好，今藏民族文化宫中国民族图书馆。

**༄༅། །སྐྱབས་འཇུག་རྣམ་ཐར་ཚོགས་གདམ་སོགས་ཀྱི་སྐོར་ཕྱོགས་གཅིག་ཏུ་བསྒྲིགས་པ་ཞེས་བྱ་བ་བཞུགས་སོ། །**

**救怙门、传记、训词等类合编**

1 种，26 页。

གིརྟི་བློ་བཟང་འཕྲིན་ལས། 格迪·洛桑成勒 (1849—1905) 撰述。

甘肃省甘南藏族自治州碌曲县郎木地区郎木寺印经院木刻版之刻印本。

普通藏纸，梵夹装中印本 (44.8×6.1cm)，楷体，墨色，横刊藏文七行，四周双栏，全。

索书号：001085/30。保存基本完好，今藏民族文化宫中国民族图书馆。

**༄༅། །སྐྱེ་ཕྲེང་གསོལ་འདེབས་ཞེས་བྱ་བ་བཞུགས་སོ། །**

**先辈转世启请文**

1 种，1 页。

འཇམ་དབྱངས་མཁྱེན་བརྩེ་དབང་པོ། 绛央庆则旺波 (1820—1892) 撰述。

四川省甘孜藏族自治州德格心德格地区德格寺印经院木刻版之刻印本。

普通藏纸，梵夹装短印本 (29.7×4.6cm)，楷体，墨色，横刊藏文七行，四周双栏，全。

索书号：006302/4。保存基本完好，今藏民族文化宫中国民族图书馆。

**༄༅། །སྐྱེས་རབས་དང་འབྲེལ་བའི་རིང་འཚོའི་གསོལ་འདེབས་འཆི་མེད་གྲུབ་པའི་བཅུད་ལེན་ཞེས་བྱ་བ་བཞུགས་སོ། །**

**与本生事纪相关之长久住世启请文·成就长寿之采英**

1 种，2 页。

ལྕང་ལུང་པཎྜི་ཏ་ངག་དབང་བློ་བཟང་བསྟན་པའི་རྒྱལ་མཚན། 江隆班智达·阿旺洛桑丹贝坚参 (1770—1845) 撰述。

北京地区藏传佛教皇家寺院印经院木刻版之刻印本。

普通纸，梵夹装短印本 (39.5×5.9cm)，楷体，墨色，横刊藏文六行，四周双栏，全。

索书号：003705/6。保存基本完好，今藏民族文化宫中国民族图书馆。

**༄༅། །སྐྱེས་རབས་སོ་བཞི་པའི་འགྲེལ་པ་མཁས་པའི་མགྲིན་རྒྱན་ཞེས་བྱ་བ་བཞུགས་སོ། །**

**本生传三十四事解释·智者项饰**

1 种，83 页。

འཇམ་དབྱངས་བཞད་པ་དཀོན་མཆོག་འཇིགས་མེད་དབང་པོ། 嘉木样协巴·恭却吉迈旺波 (1728—1791) 撰述。

甘肃省甘南藏族自治州夏河县拉卜楞地区拉卜楞寺(拉章扎喜齐)印经院木刻版之刻印本。

普通藏纸，梵夹装中印本(48.4×7.4cm)，楷体，墨色，横刊藏文六行，四周双栏，全。

索书号：000875/2。保存基本完好，今藏民族文化宫中国民族图书馆。

**༄༅། །སྐྱེས་རབས་སོ་བཞི་པའི་ཆོས་ཐུན་དང་པོའི་གསུང་བཤད་ཟིན་བྲིས་སུ་བྱས་པ་ཞེས་བྱ་བ་བཞུགས་སོ། །**

**释迦本生三十四事第一法座间讲说笔录**

1种，6页。

དྲུང་ཆེན་ཤེས་རབ་རྒྱ་མཚོ། 仲钦·希饶嘉措(1803—1875)撰述。

多麦地区藏传佛教格旦南杰林寺印经院木刻版之刻印本。

普通藏纸，梵夹装中印本(48×6cm)，楷体，墨色，横刊藏文六行，四周双栏，全。

索书号：003695/14。保存基本完好，今藏民族文化宫中国民族图书馆。

**༄༅། །སྐྱེས་རབས་སོ་བཞི་པའི་སྙིང་པོ་བསྡུས་པའི་གསོལ་འདེབས་རྒྱལ་སྲས་འཇུག་ངོགས་ཞེས་བྱ་བ་བཞུགས་སོ། །**

**佛事纪三十四事摄要之祈愿文·佛子门径**

1种，5页。

ཨ་ཀྱཱ་ཡོངས་འཛིན་བློ་བཟང་དོན་གྲུབ། 阿迦雍增·洛桑顿珠(1774—？ )撰述。

青海省湟中县鲁沙尔地区塔尔寺(固奔乾巴林)印经院木刻版之刻印本。

普通藏纸，梵夹装中印本(47.9×6.3cm)，楷体，墨色，横刊藏文六行，四周双栏，全。

索书号：000935/18。保存基本完好，今藏民族文化宫中国民族图书馆。

**༄༅། །ཁམས་གསུམ་ཆོས་ཀྱི་རྒྱལ་པོ་ཙོང་ཁ་པ་ཆེན་པོའི་ནང་ཐུགས་ཀྱི་སྲས་གཅིག་ལྷ་མེད་པ་མཁས་གྲུབ་སྒྲ་བའི་ཉི་མ་དགེ་ལེགས་དཔལ་བཟང་པོ་ལ་ཕྱི་ནང་གསང་གསུམ་གྱི་རྣམ་པར་ཐར་པའི་སྒོ་ནས་གསོལ་བ་འདེབས་པ་དད་པའི་རོལ་མཚོ་སྤེལ་བའི་ཟླ་འོད་ཅེས་བྱ་བ་བཞུགས་སོ། །**

**三界法王宗喀巴之唯一得意弟子凯珠玛哇尼玛格勒白桑波前由三密史事而作祈愿文·信者游戏海之月光**

1种，5页。

པཎ་ཆེན་ཨེར་ཏེ་ནི་བློ་བཟང་དཔལ་ལྡན་བསྟན་པའི་ཉི་མ། 班禅额尔德尼·洛桑白旦丹贝尼玛(1782—1853)撰述。

西藏自治区日喀则地区扎什伦布寺印经院木刻版之刻印本。

普通藏纸，梵夹装中印本(48.7×7cm)，楷体，墨色，横刊藏文六行，四周双栏，全。

索书号：003532/2。保存基本完好，今藏民族文化宫中国民族图书馆。

**༄༅། །ཁམས་གསུམ་བདུད་འདུལ་རྒྱལ་ཆེན་བཀྭན་ཡུན་ཆང་གི་ལོ་རྒྱུས་དང་གསོལ་མཆོད་བྱ་ཚུལ་འཕྲིན་ལས་ཆར་རྒྱུན་བསྐུལ་བའི་འབྲུག་སྒྲ་ཞེས་བྱ་བ་བཞུགས་སོ། །**

**降伏三界魔众大王关云长传与祈请供养法·常催事业雨之雷声**

1种，7页。

ཐུའུ་བཀྭན་བློ་བཟང་ཆོས་ཀྱི་ཉི་མ། 土观·洛桑曲吉尼玛(1737—1802)撰述。

青海省互助土族自治县五十地区佑宁寺(郭隆乾巴林)印经院木刻版之刻印本。

普通藏纸，梵夹装中印本(48.5×6.5cm)，楷体，墨色，横刊藏文六行，四周双栏，全。

索书号：003639/43。保存基本完好，

今藏民族文化宫中国民族图书馆。

༄༅། །ཁྲི་ཆེན་སྤྲུལ་པའི་སྐུའི་འཁྲུངས་རབས་དང་འབྲེལ་བའི་ཞབས་བརྟན་ཞེས་བྱ་བ་བཞུགས་སོ། །

**结合赤钦活佛本生事纪之请长久住世文**

1种，3页。

ལྕང་སྐྱ་རོལ་པའི་རྡོ་རྗེ། 章嘉·若贝多结(1717—1786)撰述。

北京地区藏传佛教皇家寺院印经院木刻版之刻印本。

普通纸，梵夹装中印本(46.8×6.1cm)，楷体，墨色，横刊藏文六行，四周双栏，全。

索书号：000763/38。保存基本完好，今藏民族文化宫中国民族图书馆。

༄༅། །མཁན་ཆེན་ཆོས་ཀྱི་རྒྱལ་པོའི་གསུང་འབུམ་ལས། གསོལ་འདེབས་དགེ་ལེགས་ཚོགས་གཉིས་མ་དང་། བདག་ཉིད་ཀྱི་སྤྱོད་ཚུལ་བསྡུས་པ་ཞེས་བྱ་བ་བཞུགས་སོ། །

**大堪波法王文集祈祷文·妙善二资粮篇与自行传略**

1种，6页。

མཁན་ཆེན་བློ་བཟང་བསྟན་འཛིན་རྒྱལ་མཚན། 堪钦·洛桑丹增坚参(1639—1704)撰述。

西藏地区藏传佛教寺院印经院木刻版之刻印本。

普通藏纸，梵夹装中印本(41×6.5cm)，楷体，墨色，横刊藏文六行，四周双栏，全。

索书号：001220/49。保存基本完好，今藏民族文化宫中国民族图书馆。

༄༅། །མཁས་གྲུབ་སྟོབས་ལྡན་རིན་པོ་ཆེ་གྲགས་པ་སེང་གེའི་རྣམ་ཐར་གསོལ་འདེབས་ཞེས་བྱ་བ་བཞུགས་སོ། །

**贤哲得证大师札巴桑格传记启请文**

1种，7页。

ཞྭ་དམར་ཆོས་གྲགས་ཡེ་ཤེས། 夏玛·曲札益希(1453—1524)撰述。

西藏地区藏传佛教寺院印经院传抄之金汁写本。

瓷青纸，梵夹装中印本(46×6.5cm)，楷体，墨色，横书藏文六行，四周双栏，全。

索书号：003265/3。保存基本完好，今藏民族文化宫中国民族图书馆。

༄༅། །མཁས་གྲུབ་ལེགས་པ་དོན་གྲུབ་ཀྱི་རྣམ་ཐར་གསོལ་འདེབས་ཀྱི་ཚིག་དོན་ཅུང་ཟད་བཤད་པ་དཔལ་ལྡན་ཞལ་ལུང་ཞེས་བྱ་བ་བཞུགས་སོ། །

**凯珠·勒巴顿珠传记启请文句义略解·具德语教**

1种，7页。

སེང་ཆེན་བློ་བཟང་བསྟན་འཛིན་དཔལ་འབྱོར། 桑钦·洛桑丹增班觉(1784—1843)撰述。

西藏自治区拉萨地区孜雪印经院木刻版之刻印本。

普通藏纸，梵夹装中印本(45.6×6.3cm)，楷体，墨色，横刊藏文六行，四周双栏，全。

索书号：003818/30。保存基本完好，今藏民族文化宫中国民族图书馆。

༄༅། །འཁྲུངས་རབས་ཀྱི་ཞིང་བཀོད་འདྲི་ཚུལ་གྱི་རྟོགས་བརྗོད་ཁ་བྱང་དང་བཅས་པ་གསལ་བའི་མེ་ལོང་ཞེས་བྱ་བ་བཞུགས་སོ། །

**询问降生世系之刹土庄严之故事及品目明鉴**

1种，13页。

ཏཱ་ལའི་བླ་མ་ངག་དབང་བློ་བཟང་རྒྱ་མཚོ། 达赖喇嘛·阿旺洛桑嘉措(1617—1682)撰述。

西藏自治区拉萨地区布达拉宫印经院木刻版之刻印本。

普通藏纸，梵夹装中印本(46.6×5.9cm)，

楷体，墨色，横刊藏文六行，四周双栏，全。

索书号：003414/6。保存基本完好，今藏民族文化宫中国民族图书馆。

༄༅། །འབྱུངས་རབས་གསོལ་འདེབས་སྐལ་བཟང་དད་པའི་ང་རོ་ཡིད་ཆེས་བདེན་དབྱངས་ཞེས་བྱ་བ་བཞུགས་སོ། །

**本生事纪祈愿文·善缘信士吼声胜解谛音**

1 种，3 页。

ཕ་བོང་ཁ་པ་བདེ་ཆེན་སྙིང་པོ། 帕邦喀巴·德钦宁波 (1878—1941) 撰述。

西藏自治区拉萨市达孜地区噶旦寺 (喜足尊胜洲) 印经院木刻版之刻印本。

普通藏纸，梵夹装中印本 (49.1×5.9cm)，楷体，墨色，横刊藏文六行，四周双栏，全。

索书号：003295/4。保存基本完好，今藏民族文化宫中国民族图书馆。

༄༅། །གླིང་པར་རྗེ་བོའི་ལོ་རྒྱུས་རིན་པོ་ཆེའི་ཟ་མ་ཏོག་ཅེས་བྱ་བ་བཞུགས་སོ། །

**格巴觉沃史·大宝箧**

1 种，6 页。

སྡེ་ཁྲི་འཇམ་དབྱངས་ཐུབ་བསྟན་ཉི་མ། 德赤·绛央图丹尼玛 (1779—1862) 撰述。

甘肃省甘南藏族自治州夏河县拉卜楞地区拉卜楞寺 (拉章扎喜齐) 印经院木刻版之刻印本。

普通藏纸，梵夹装中印本 (47.2×6.6cm)，楷体，墨色，横刊藏文六行，四周双栏，全。

索书号：000890/6。保存基本完好，今藏民族文化宫中国民族图书馆。

༄༅། །ཁྭ་ཁོན་པོ་མོའི་ལོ་རྒྱུས་དང་སྒྲུར་བའི་བསྟན་བཅོས་དགྲ་བོ་འཕྲེང་སྒྲུག་ཅེས་བྱ་བ་བཞུགས་སོ། །

**翁媪故事·伏击仇敌**

1 种，4 页。

ཁལ་ཁ་མཁན་པོ་ངག་དབང་བློ་བཟང་མཁས་གྲུབ། 喀尔喀堪波·阿旺洛桑凯珠 (1779—1838) 撰述。

西藏地区藏传佛教寺院印经院木刻版之刻印本。

普通藏纸，梵夹装中印本 (52.5×7.2cm)，楷体，墨色，横刊藏文六行，四周双栏，全。

索书号：001238/14。保存基本完好，今藏民族文化宫中国民族图书馆。

༄༅། །རྒྱ་གར་འཕགས་པའི་ཡུལ་དུ་སྤྱན་རས་གཟིགས་ཀྱི་སྙིང་པོ་ཡི་གེ་དྲུག་པ་ལ་བརྟེན་ནས་གྲུབ་པ་ཐོབ་པ་འགའ་ཞིག་གི་ལོ་རྒྱུས་བཞུགས་སོ། །

**印度圣地中依观世音心咒六字真言而得成就者之部分史事**

1 种，7 页。

ངག་དབང་ཡེ་ཤེས་ཐུབ་བསྟན་རབ་འབྱམས་པ། 阿旺益希图丹饶绛巴 (1782—？) 撰述。

蒙古国乌兰巴托地区藏传佛教库伦寺印经院木刻版之刻印本。

普通藏纸，梵夹装中印本 (49×6.3cm)，楷体，墨色，横刊藏文六行，四周双栏，全。

索书号：000884/67。保存基本完好，今藏民族文化宫中国民族图书馆。

༄༅། །རྒྱ་བོད་ཧོར་སོག་གི་ལོ་རྒྱུས་ཉུང་ངུར་བརྗོད་པ་བྱིས་པའི་འཇབ་སྟེགས་བཞུགས་སོ། །

**汉、藏、蒙古历史简说·孺童易知**

1 种，98 页。

དཔལ་མང་པཎྜི་ཏ་དཀོན་མཆོག་རྒྱལ་མཚན། 白芒班智达·恭却坚参 (1764—1853) 撰述。

甘肃省甘南地区藏传佛教噶旦曲科林寺印经院木刻版之刻印本。

普通藏纸，梵夹装中印本 (48×6.5cm)，楷体，墨色，横刊藏文六行，四周双栏，全。

索书号：000822/10。保存基本完好，今藏民族文化宫中国民族图书馆。

༄༅། །རྒྱལ་ཡུམ་རྗེ་བཙུན་སྒྲོལ་མའི་ལྷ་ཆོས་ཀྱི་ལོ་རྒྱུས་གཡུ་ལོར་བཀོད་པའི་དགའ་ཚལ་ཞེས་བྱ་བ་བཞུགས་སོ། །

**至尊救度母之史事·璁叶庄严喜苑**

1 种，30 页。

ཞང་སྟོན་བསྟན་པ་རྒྱ་མཚོ། 祥敦·丹巴嘉措 (1825—1895) 撰述。

甘肃省甘南藏族自治州夏河地区拉卜楞寺（拉章扎喜齐）印经院木刻版之刻印本。

普通藏纸，梵夹装中印本 (47.3×6.5cm)，楷体，墨色，横刊藏文六行，四周双栏，全。

索书号：000941/5。保存基本完好，今藏民族文化宫中国民族图书馆。

༄༅། །རྒྱུད་ཀྱི་རྒྱལ་པོའི་ལོ་རྒྱུས་ཞེས་བྱ་བ་བཞུགས་སོ། །

**密续大教王经史事**

1 种，8 页。

དཔལ་སྤྲུལ་འཇིགས་མེད་ཆོས་ཀྱི་དབང་པོ། 白珠·吉迈曲吉旺波 (1808—1887) 撰述。

西藏地区藏传佛教寺院印经院木刻版之刻印本。

普通藏纸，梵夹装中印本 (45.2×4.3cm)，楷体，墨色，横刊藏文六行，四周双栏，全。

索书号：005942/8。保存基本完好，今藏民族文化宫中国民族图书馆。

༄༅། །སྒྲོལ་དཀར་ཡིད་བཞིན་འཁོར་ལོའི་བླ་མ་བརྒྱུད་པའི་ལོ་རྒྱུས་ཀྱི་ཡི་གེ་དད་པ་སྐྱེད་བྱེད་བཞུགས་སོ། །

**白度母如意轮上师传承史·顿生虔信**

1 种，3 页。

ཨ་མེས་ངག་དབང་ཀུན་དགའ་བསོད་ནམས། 阿梅·阿旺衮噶索南 (1597—1660) 撰述。

四川省甘孜藏族自治州德格地区德格寺印经院木刻版之刻印本。

普通藏纸，梵夹装中印本 (45.6×6.3cm)，楷体，墨色，横刊藏文六行，四周双栏，全。

索书号：003200/5。保存基本完好，今藏民族文化宫中国民族图书馆。

༄༅། །སྔགས་འཆང་བླ་མ་ཀུན་དགའི་མཚན་ཅན་གྱི་འཁྲུངས་རབས་གསོལ་འདེབས་བསྡུས་པ་ཞེས་བྱ་བ་བཞུགས་སོ། །

**持咒上师衮噶索南本生事纪启请略文**

1 种，1 页。

ཨ་མེས་ངག་དབང་ཀུན་དགའ་བསོད་ནམས། 阿梅·阿旺衮噶索南 (1597—1660) 撰述。

四川省甘孜藏族自治州德格县德格地区德格寺印经院木刻版之刻印本。

普通藏纸，梵夹装中印本 (49.9×6.8cm)，楷体，墨色，横刊藏文六行，四周双栏，全。

索书号：003210/19。保存基本完好，今藏民族文化宫中国民族图书馆。

༄༅། །ཚས་པའི་བླ་རབས་དང་གདུང་བརྒྱུད་བྱུང་ཚུལ་གྱི་ཐོག་མའི་ལོ་རྒྱུས་ཨུཏྤལ་རྣ་བའི་རྒྱན་ཞེས་བྱ་བ་བཞུགས་སོ། །

**齐巴活佛世系与传承源流早期史·青莲耳饰**

1 种，9 页。

ཚས་པ་རྒྱ་མཁར་བ་ངག་དབང་དགེ་འདུན་རྒྱ་མཚོ། 齐巴嘉喀哇·阿旺格登嘉措 (1839—1905) 撰述。

甘肃省甘南藏族自治州夏河县拉卜楞地区拉卜楞寺（拉章扎喜齐）印经院木刻版之刻印本。

普通藏纸，梵夹装中印本 (47.3×6.5cm)，楷体，墨色，横刊藏文六行，四周双栏，全。

索书号：001165/30。保存基本完好，今藏民族文化宫中国民族图书馆。

༄༅། །ཆུ་བྱ་ལོ་འཁྲུངས་སྐར་སྐབས་དབུ་སྒེར་གྲྭ་ཚང་དབུ་མཛད་རྣམ་བརྟེན་ནས་ཞུས་སྐུལ་བརྟན་ཞུགས་གསོལ་འདེབས་ཞེས་བྱ་བ་བཞུགས་སོ། །

**癸酉年诞辰日邬格僧院领诵师南宗启求后赐长久住世启请文**

1种，3页。

པཎ་ཆེན་ཨེར་དེ་ནི་བློ་བཟང་ཐུབ་བསྟན་ཆོས་ཀྱི་ཉི་མ། 班禅额尔德尼・洛桑图丹曲吉尼玛(1883—1937)撰述。

西藏自治区日喀则地区扎什伦布寺印经院木刻版之刻印本。

普通藏纸，梵夹装中印本(45×6.5cm)，楷体，墨色，横刊藏文六行，四周双栏，全。

索书号：003546/33。保存基本完好，今藏民族文化宫中国民族图书馆。

༄༅། །ཆོ་འཕྲུལ་ཆེན་མོའི་རྟོགས་པ་བརྗོད་པ་པདྨ་དཀར་པོའི་འཕྲེང་བ་ཞེས་བྱ་བ་བཞུགས་སོ། །

**大神变之史事・白莲鬘**

1种，3页。

དཔལ་རིས་དཀའ་བཞི་པ་བློ་བཟང་རབ་གསལ། 华锐嘎喜哇・洛桑饶萨(1840—？ )撰述。

青海省湟中县鲁沙尔地区塔尔寺(固奔乾巴林)印经院木刻版之刻印本。

普通藏纸，梵夹装中印本(47.7×6.3cm)，楷体，墨色，横刊藏文六行，四周双栏，全。

索书号：001226/1。保存基本完好，今藏民族文化宫中国民族图书馆。

༄༅། །ཆོ་འཕྲུལ་དུས་ཆེན་གྱི་བཤད་པ་རྣ་བའི་དགའ་སྟོན་ཡིད་ཀྱི་མུན་སེལ་ཞེས་བྱ་བ་དང་ཀུན་མཁྱེན་གསུམ་པའི་དུས་མཆོད་རྣམ་ཐར་སོགས་ཞེས་བྱ་བ་བཞུགས་སོ། །

**神变大节之演讲・耳之庆宴・消除心中黑暗与第三世嘉木样之期供史事等**

1种，9页。

སྟོང་སྟོན་ཆོས་དར། 东敦曲达(生卒年不详)撰。

甘肃省甘南藏族自治州夏河县拉卜楞地区拉卜楞寺(拉章扎喜齐)印经院木刻版之刻印本。

普通藏纸，梵夹装中印本(46.6×6cm)，楷体，墨色，横刊藏文六行，四周双栏，全。

索书号：001211/21。保存基本完好，今藏民族文化宫中国民族图书馆。

༄༅། །ཆོས་འཁོར་སྐར་སར་གྱི་ཁྲི་བཤད་དང་། མཎྜལ་གྱི་བཤད་པ་ཚན་ལྔ། བསྟན་པའི་བྱུང་རིམ་སྐབས་འདུག་བཟོད་གསོལ། རྗེ་བླ་མ་དང་སྐྱབས་རྗེ་བཞི་པ་རིན་པོ་ཆེ་ཡ་ལགས་རྭ་རྒྱ་ཚང་སོགས་ཀྱི་གདུང་མཆོད་རྣམ་ཐར་བཅས་ངེས་དོན་མངོན་པར་གསོལ་པའི་དབྱངས་སྙན་ཞེས་བྱ་བ་བཞུགས་སོ། །

**曲克嘎萨升座讲法录、曼遮讲授五则、请说教史来源次第、先师及第四代惹嘉仓活佛等之灵塔供祭文并传记等・祈祷了义之雅音**

1种，41页。

རྒྱལ་མཁན་སྤྲུལ་སྐལ་བཟང་གྲགས་པ་རྒྱལ་མཚན། 嘉堪朱・格桑札巴坚参(1880—？ )撰述。

甘肃省甘南藏族自治州夏河县拉卜楞地区拉卜楞寺(拉章扎喜齐)印经院木刻版之刻印本。

普通藏纸，梵夹装中印本(44.7×6cm)，楷体，墨色，横刊藏文六行，四周双栏，全。

索书号：001072/5。保存基本完好，今藏民族文化宫中国民族图书馆。

༄༅། །ཆོས་རྗེ་ཤར་པའི་གདུང་བརྒྱུད་ཀྱི་རིམ་པ་ཇི་ལྟར་བྱོན་པའི་ཚུལ་ཞེས་བྱ་བ་བཞུགས་སོ། །

**法王夏尔巴种姓传衍次第如何来历情况**

1种，5页。

ཀློ་བོ་མཁན་ཆེན་བསོད་ནམས་ལྷུན་གྲུབ། 珞沃堪钦·索南伦珠(1441—1525)撰述。

四川省甘孜藏族自治州德格县德格地区德格寺印经院木刻版之刻印本。

普通藏纸，梵夹装中印本(47.1×6.1cm)，楷体，墨色，横刊藏文六行，四周双栏，全。

索书号：003836/29。保存基本完好，今藏民族文化宫中国民族图书馆。

༄༅། །ཆོས་པ་མཆོག་སྤྲུལ་འཇམ་པ་བསྟན་པའི་སྒྲོན་མེའི་ཡང་སྲིད་འཇམ་པ་བཤད་སྒྲུབ་འཕྲིན་ལས་ཀྱི་གསོལ་འདེབས་ཞེས་བྱ་བ་བཞུགས་སོ། །

**曲巴活佛绛巴丹贝准美之转世活佛绛巴协珠成勒之祈祷文**

1种，1页。

ཧོར་ཚང་ཁྲི་ཆེན་འཇིགས་མེད་རིག་པའི་སེང་གེ། 霍尔仓赤钦·吉迈柔贝桑格(1747—1851)撰述。

西藏地区藏传佛教寺院印经院传抄之缮写本。

普通藏纸，梵夹装中印本(43×5.3cm)，草体，墨色，横书藏文七行，四周双栏，全。

索书号：001212/24。保存基本完好，今藏民族文化宫中国民族图书馆。

༄༅། །ཆོས་འབྱུང་མཁས་པའི་དགའ་སྟོན་གྱི་ཡན་ལག་གསུམ་པ་བོད་ཀྱི་སྐབས་ལ་ལེའུ་བཅུ་ལས་དང་པོ་ཐུགས་རྗེ་ཆེན་པོས་བོད་བདག་གིར་མཛད་ཚུལ་ཞེས་བྱ་བ་བཞུགས་སོ། །

**正法史·贤者喜宴第三支分吐蕃品共十节中第一节大悲观世音主宰藏地**

1种，23页。

དཔའ་བོ་གཙུག་ལག་ཕྲེང་བ། 巴沃·祖拉昌哇(1504—1566)撰述。

西藏自治区藏传佛教寺院印经院木刻版之刻印本。

普通藏纸，梵夹装中印本(47.5×6.2cm)，楷体，墨色，横刊藏文六行，四周双栏，全。

索书号：002867/3。保存基本完好，今藏民族文化宫中国民族图书馆。

༄༅། །ཆོས་འབྱུང་མཁས་པའི་དགའ་སྟོན་གྱི་ཡན་ལག་ལྔ་པ་ཕྱུལ་སྤྱི་དང་བྱེ་བྲག་མ་བྱེ་བར་ཤེས་བྱའི་གཙོ་བོ་རིག་གནས་ལྔ་ཇི་ལྟར་བྱུང་ཚུལ་བཤད་པ་ཞེས་བྱ་བ་བཞུགས་སོ། །

**正法史·贤者喜宴第五支分统属总别所知境五明源流论**

1种，51页。

དཔའ་བོ་གཙུག་ལག་ཕྲེང་བ། 巴沃·祖拉昌哇(1504—1566)撰述。

西藏自治区藏传佛教寺院印经院木刻版之刻印本。

普通藏纸，梵夹装中印本(47.5×6.2cm)，楷体，墨色，横刊藏文六行，四周双栏，全。

索书号：002867/14。保存基本完好，今藏民族文化宫中国民族图书馆。

༄༅། །ཆོས་སྨྲ་བའི་དགེ་སློང་བློ་བཟང་ཆོས་ཀྱི་རྒྱལ་མཚན་གྱི་སྤྱོད་ཚུལ་གསལ་བར་སྟོན་པ་ནོར་བུའི་ཕྲེང་བ་ཞེས་བྱ་བ་བཞུགས་སོ། །

**说法比丘·洛桑曲吉坚参德行史·摩尼鬘**

1 函，1 种，225 页。

པཎ་ཆེན་ཨེར་ཏེ་ནི་བློ་བཟང་ཆོས་ཀྱི་རྒྱལ་མཚན། 班禅额尔德尼·洛桑曲吉坚参 (1567—1662) 撰述。

西藏自治区日喀则地区扎什伦布寺印经院木刻版之刻印本。

普通藏纸，梵夹装中印本 (49.4×6.5cm)，楷体，墨色，横刊藏文六行，四周双栏，全。

索书号：000785/2。保存基本完好，今藏民族文化宫中国民族图书馆。

༄༅། །འཇམ་མགོན་བསྟན་པའི་སྒྲོན་མེ་དམར་སྣང་སྤྲུལ་སྐུ་དཀོན་མཆོག་བསྟན་པའི་རྒྱལ་མཚན་གྱི་འཁྲུངས་རབས་དང་འབྲེལ་བའི་ཞབས་བརྟན་གསོལ་འདེབས་འཆི་མེད་དཔལ་སྟེར་ཞེས་བྱ་བ་བཞུགས་སོ། །

**宗喀教法明灯玛宁活佛恭却丹贝坚参世系相关之请住世祈祷文·长寿吉祥施**

1 种，3 页。

ཆེ་ཤོས་ངག་དབང་བཤད་སྒྲུབ་བསྟན་པའི་ཉི་མ། 却西·阿旺协珠丹贝尼玛 (1787—1860) 撰述。

青海省湟中县鲁沙尔地区塔尔寺 ( 固奔乾巴林 ) 印经院木刻版之刻印本。

普通藏纸，梵夹装中印本 (45×7cm)，楷体，墨色，横刊藏文六行，四周双栏，全。

索书号：003783/15。保存基本完好，今藏民族文化宫中国民族图书馆。

༄༅། །འཇམ་མགོན་བསྟན་པའི་གསལ་བྱེད་བསེ་སྤྲུལ་པའི་སྐུ་རིན་པོ་ཆེའི་འཁྲུངས་རབས་སྐུ་ཐང་རྒྱས་པ་འབྲི་ཚུལ་ཞེས་བྱ་བ་བཞུགས་སོ། །

**阐明宗喀教法赛活佛本生纪详绘画轴情况**

1 种，5 页。

སྟག་ཕུ་ཞབས་དྲུང་གར་དབང་བློ་བཟང་ཆོས་ཀྱི་དབང་ཕྱུག 达普夏仲·噶旺洛桑曲吉旺秋 (18 世纪中叶 ) 撰述。

西藏地区藏传佛教寺院印经院传抄之缮写本。

普通藏纸，梵夹装中印本 (45.4×5.2cm)，草体，墨色，横刊藏文七行，四周双栏，全。

索书号：003833/5。保存基本完好，今藏民族文化宫中国民族图书馆。

༄༅། །འཇམ་མགོན་སྡེ་ཁྲི་རིན་པོ་ཆེའི་དྲུང་དུ་གསན་པའི་སྐྱེས་རབས་སོ་བཞི་པའི་བཤད་པའི་ཟིན་བྲིས་ཞེས་བྱ་བ་བཞུགས་སོ། །

**文殊怙主德赤仁波且座前敬闻释迦本生三十四事讲说笔录**

1 种，22 页。

དྲུང་ཆེན་ཤེས་རབ་རྒྱ་མཚོ། 仲钦·希饶嘉措 (1803—1875) 撰述。

多麦地区藏传佛教格旦南杰林寺印经院木刻版之刻印本。

普通藏纸，梵夹装中印本 (48×6cm)，楷体，墨色，横刊藏文六行，四周双栏，全。

索书号：003695/13。保存基本完好，今藏民族文化宫中国民族图书馆。

**༄༅། །འཛམ་དབྱངས་དགྱེས་པའི་གཞོན་ནུའི་བློ་གྲོས་སྐྱེད་ཚལ་དུ་འཁྲུངས་པའི་འཕྲིན་ཡིག་མེ་ཏོག་གསར་པ་སྣ་ཚོགས་ཞེས་བྱ་བ་བཞུགས་སོ། །**

**绛央吉贝雄努洛哲于花园中降生之书函·鲜花缤纷**

1 种，77 页。

ཐུའུ་བཀྭན་བློ་བཟང་ཆོས་ཀྱི་ཉི་མ། 土观·洛桑曲吉尼玛 (1737—1802) 撰述。

青海省互助土族自治县五十地区佑宁寺 ( 贡隆乾巴林 ) 印经院木刻版之刻印本。

普通藏纸，梵夹装中印本 (48.5×6.5cm)，楷体，墨色，横刊藏文七行，四周双栏，全。

索书号：003637/9。保存基本完好，今藏民族文化宫中国民族图书馆。

**༄༅། །འཇིག་རྟེན་སྣོད་བཅུད་ཀྱི་རྣམ་བཞག་བསྟན་པའི་བྱུང་ཚུལ་དང་བཅས་མདོ་ཙམ་བརྗོད་པ་བློ་མུན་རྣམ་སེལ་རིན་ཆེན་སྒྲོན་མེ་ཞེས་བྱ་བ་བཞུགས་སོ། །**

**情器世间建立论及佛教史略说·消除心暗大宝明灯**

1 种，42 页。

ཁལ་ཁ་དམ་ཚིག་རྡོ་རྗེ། 喀尔喀·丹慈多结 (1781—1855) 撰述。

西藏地区藏传佛教寺院印经院木刻版之刻印本。

普通藏纸，梵夹装中印本 (47×6.5cm)，楷体，墨色，横刊藏文六行，四周双栏，全。

索书号：001057/7。保存基本完好，今藏民族文化宫中国民族图书馆。

**༄༅། །འཇིག་རྟེན་དབང་ཕྱུག་ཀརྨ་པ་བྱང་ཆུབ་མཆོག་གི་རྡོ་རྗེའི་ཆོས་སྐུའི་རྟེན་མཆོག་གསར་དུ་འཁྲུངས་པའི་གཏམ་ངོ་མཚར་ཡོངས་འདུའི་སྙེ་མ་ཞེས་བྱ་བ་བཞུགས་སོ། །**

**新建世间自在师嘎玛巴圣菩提金刚法身殊胜塔·聚希有言语之穗**

1 种，17 页。

སི་ཏུ་ཆོས་ཀྱི་འབྱུང་གནས། 司都·曲吉迥乃 (1699—1774) 撰述。

四川省甘孜藏族自治州德格县八邦地区八邦寺印经院木刻版之刻印本。

普通藏纸，梵夹装中印本 (46.5×7cm)，楷体，墨色，横刊藏文六行，四周双栏，全。

索书号：006141/6。保存基本完好，今藏民族文化宫中国民族图书馆。

**༄༅། །རྗེ་སྐལ་ལྡན་རྒྱ་མཚོའི་གསུང་ལས་མདོ་སྨད་ཡ་མདོའི་ཕྱོགས་སུ་བསྟན་པ་དར་ཚུལ་གྱི་ལོ་རྒྱུས་མདོར་བསྡུས་བཞུགས་སོ། །**

**尊者格登嘉措文集中安多佛教简史**

1 种，12 页。

ཤར་སྐལ་ལྡན་རྒྱ་མཚོ། 夏·格旦嘉措 (1607—1677) 撰述。

青海省黄南藏族自治州同仁县隆务地区隆务寺 ( 大乐法轮洲 ) 印经院木刻版之刻印本。

普通藏纸，梵夹装中印本 (46.5×5.6cm)，楷体，墨色，横刊藏文六行，四周双栏，全。

索书号：001048/10。保存基本完好，今藏民族文化宫中国民族图书馆。

**༄༅། །རྗེ་འཇམ་དཔལ་རྒྱ་མཚོའི་འཁྲུངས་རབས་གསོལ་འདེབས་ཐུན་མོང་མ་ཡིན་པ་གསང་བ་ཆད་དུ་བྱུང་བ་ཞེས་བྱ་བ་བཞུགས་སོ། །**

**至尊绛白嘉措世系不共启请文·殊胜秘密**

1 种，12 页。

འཇམ་དབྱངས་བདེ་བའི་རྡོ་རྗེ། 绛央德威多结 (1682—？ ) 撰述。

西藏自治区拉萨地区布达拉宫印经院木刻版之刻印本。

普通藏纸，梵夹装中印本 (45.8 × 5.4cm)，楷体，墨色，横刊藏文六行，四周双栏，全。

索书号：003794/2。保存基本完好，今藏民族文化宫中国民族图书馆。

**༄༅། །རྗེ་བླ་མ་ལྕང་ལུང་ཨརྱ་པཎྜི་ཏ་རིན་པོ་ཆེའི་འཁྲུངས་རབས་གསོལ་འདེབས་དང་རྣམ་ཐར་ལོ་ཚན་གྱི་ཐེམས་བྱང་ཞེས་བྱ་བ་བཞུགས་སོ། །**

**至尊上师江隆阿雅班智达之本生史事启请文与传记类目录**

1 种，2 页。

ལྕང་ལུང་པཎྜི་ཏ་ངག་དབང་བློ་བཟང་བསྟན་པའི་རྒྱལ་མཚན། 江隆班智达·阿旺洛桑丹贝坚参 (1770—1845) 撰述。

北京地区藏传佛教皇家寺院印经院木刻版之刻印本。

普通纸，梵夹装短印本 (39.5 × 5.9cm)，楷体，墨色，横刊藏文六行，四周双栏，全。

索书号：001153/1。保存基本完好，今藏民族文化宫中国民族图书馆。

**༄༅། །རྗེ་བླ་མ་བློ་གྲོས་རྒྱ་མཚོའི་གསང་བའི་རྣམ་ཐར་གསོལ་འདེབས་པད་དཀར་ཕྲེང་བ་སོགས་ཆོས་སྐྱོང་གིས་གསུངས་པ་ཞེས་བྱ་བ་བཞུགས་སོ། །**

**曲迥所说至尊上师洛哲嘉措秘传祈愿文·白莲鬘等**

1 种，5 页。

ཁྲར་དགེ་བློ་གྲོས་རྒྱ་མཚོ། 恰格·洛哲嘉措 (1664—1740) 撰述。

安多地区藏传佛教寺院印经院木刻版之刻印本。

普通藏纸，梵夹装中印本 (45.5 × 6.5cm)，楷体，墨色，横刊藏文六行，四周双栏，全。

索书号：000936/4。保存基本完好，今藏民族文化宫中国民族图书馆。

**༄༅། །རྗེ་བཙུན་བླ་མ་དམ་པ་ལྕང་ལུང་ཨརྱ་པཎྜི་ཏ་ཆེན་པོ་ངག་དབང་བློ་བཟང་བསྟན་པའི་རྒྱལ་མཚན་གྱི་རྣམ་ཐར་གསོལ་འདེབས་དད་པའི་པདྨོ་འཛུམ་པའི་ཉིན་བྱེད་ཅེས་བྱ་བ་བཞུགས་སོ། །**

**至尊上师江隆阿雅班智达·阿旺洛桑丹贝坚参传记启请文·信莲笑开之日**

1 种，12 页。

ལྕང་ལུང་པཎྜི་ཏ་ངག་དབང་བློ་བཟང་བསྟན་པའི་རྒྱལ་མཚན། 江隆班智达·阿旺洛桑丹贝坚参 (1770—1845) 撰述。

北京地区藏传佛教皇家寺院印经院木刻版之刻印本。

普通纸，梵夹装短印本 (39.5 × 5.9cm)，楷体，墨色，横刊藏文六行，四周双栏，全。

索书号：003710/18。保存基本完好，今藏民族文化宫中国民族图书馆。

༄༅། །རྗེ་བཙུན་བླ་མ་དམ་པ་ལྕང་ལུང་ཨརྱ་པཎྜི་ཏ་ཆེན་པོ་ངག་དབང་བློ་བཟང་བསྟན་པའི་རྒྱལ་མཚན་དཔལ་བཟང་པོའི་ཞལ་སྔ་ནས་ཀྱི་རྣམ་ཐར་གསོལ་འདེབས་ངོ་མཚར་དད་པའི་རླབས་སྤྲིང་ཞེས་བྱ་བ་བཞུགས་སོ། །

**至尊上师江隆阿雅班智达·阿旺洛桑丹贝坚参传记启请文·希有信浪**

1种，8页。

ལྕང་ལུང་པཎྜི་ཏ་ངག་དབང་བློ་བཟང་བསྟན་པའི་རྒྱལ་མཚན། 江隆班智达·阿旺洛桑丹贝坚参 (1770—1845) 撰述。

北京地区藏传佛教皇家寺院印经院木刻版之刻印本。

普通纸，梵夹装短印本 (39.5×5.9cm)，楷体，墨色，横刊藏文六行，四周双栏，全。

索书号：001153/3。保存基本完好，今藏民族文化宫中国民族图书馆。

༄༅། །རྗེ་བཙུན་བླ་མ་དམ་པ་མཉམ་མེད་ཤཱཀྱའི་རྒྱལ་པོའི་རིང་ལུགས་པ་ཆེན་པོ་རྡོ་རྗེ་འཆང་བློ་བཟང་བཟོད་པ་དཔལ་བཟང་པོའི་ཞལ་སྔ་ནས་ཀྱི་སྐུ་ཆེ་བའི་ཡོན་ཏན་ཆ་ཤས་ཙམ་བརྗོད་པའི་གཏམ་ངོ་མཚར་དཔག་མེད་ཅེས་བྱ་བ་བཞུགས་སོ། །

**至尊上师无等释迦宗规大师金刚持洛桑索巴之伟大功德略说·无量希有语**

1种，22页。

པཎ་ཆེན་ཨེར་ཏེ་ནི་བློ་བཟང་དཔལ་ལྡན་ཡེ་ཤེས། 班禅额尔德尼·洛桑白旦益希 (1738—1780) 撰述。

西藏自治区日喀则地区扎什伦布寺印经院木刻版之刻印本。

普通藏纸，梵夹装中印本 (49.1×6.8cm)，楷体，墨色，横刊藏文六行，四周双栏，全。

索书号：000670/5。保存基本完好，今藏民族文化宫中国民族图书馆。

༄༅། །རྗེ་བཙུན་བླ་མ་རྡོ་རྗེ་འཆང་ཐམས་ཅད་མཁྱེན་པ་དབྱངས་ཅན་གྲུབ་པའི་རྡོ་རྗེ་དཔལ་བཟང་པོའི་ཞལ་སྔ་ནས་ལ་རྣམ་ཐར་གྱི་སྒོ་ནས་གསོལ་བ་འདེབས་ཚུལ་བྱིན་རླབས་ནོར་བུ་འདྲེན་པའི་ཤིང་རྟ་ཞེས་བྱ་བ་བཞུགས་སོ། །

**至尊上师金刚持一切智央金珠贝多结座前由传记之门而作祈祷法·能导引加持摩尼之车**

1种，6页。

དངུལ་ཆུ་དབྱངས་ཅན་གྲུབ་པའི་རྡོ་རྗེ། 欧曲·央坚珠贝多结 (1809—1887) 撰述。

西藏自治区日喀则地区藏传佛教扎喜格培林寺印经院木刻版之刻印版。

普通藏纸，梵夹装中印本 (49×6.5cm)，楷体，墨色，横刊藏文六行，四周双栏，全。

索书号：001014/3。保存基本完好，今藏民族文化宫中国民族图书馆。

༄༅། །རྗེ་བཙུན་བླ་མ་བློ་བཟང་གྲགས་པའི་དཔལ་གྱི་གསང་བའི་རྣམ་ཐར་གསོལ་འདེབས་ཞེས་བྱ་བ་བཞུགས་སོ། །

**至尊上师洛桑札巴秘传启请文**

1种，6页。

ཙོང་ཁ་པ་བློ་བཟང་གྲགས་པ། 宗喀巴·洛桑札巴 (1357—1419) 撰述。

甘肃省甘南藏族自治州夏河县拉卜楞地区拉卜楞寺（拉章扎喜齐）印经院木刻版之刻印本。

普通藏纸，梵夹装中印本 (47.4×6.8cm)，楷体，墨色，横刊藏文六行，四周双栏，全。

索书号：000359/5。保存基本完好，今藏民族文化宫中国民族图书馆。

༄༅། །རྗེ་བཙུན་བླ་མ་བློ་བཟང་རྣམ་རྒྱལ་གྱི་རྣམ་ཐར་གསོལ་འདེབས་ཞེས་བྱ་བ་བཞུགས་སོ། །

**至尊上师洛桑南杰传启请文**

1 种，3 页。

ཡོངས་འཛིན་ཡེ་ཤེས་རྒྱལ་མཚན། 雍增・益希坚参 (1713—1793) 撰述。

西藏自治区拉萨地区布达拉宫印经院木刻版之刻印本。

普通藏纸，梵夹装中印本 (48.5 × 6.4cm)，楷体，墨色，横刊藏文六行，四周双栏，全。

索书号：003340/4。保存基本完好，今藏民族文化宫中国民族图书馆。

༄༅། །རྗེ་བཙུན་ཙོང་ཁ་པ་ཆེན་པོའི་རྣམ་ཐར་རས་བྲིས་ཀྱི་ཚུལ་བརྒྱ་ང་གསུམ་པ་ཅིཏྟ་མ་ཎིའི་ཕྲེང་བ་ཐུབ་བསྟན་རྒྱས་བྱེད་ཕན་བདེའི་རོལ་མཚོ་ཆེན་པོ་ཞེས་བྱ་བ་བཞུགས་སོ། །

**至尊宗喀巴大师传布绘法一百五十三幅如意宝鬘・宏扬佛教利乐之游戏大海**

1 种，26 页。

འཇམ་དབྱངས་བཞད་པ་ངག་དབང་བརྩོན་འགྲུས། 嘉木样协巴・阿旺宗哲 (1648—1721) 撰述。

甘肃省甘南藏族自治州夏河县拉卜楞地区拉卜楞寺（拉章扎喜齐）印经院木刻版之刻印本。

普通藏纸，梵夹装中印本 (47.2 × 6.8cm)，楷体，墨色，横刊藏文六行，四周双栏，全。

索书号：000856/4。保存基本完好，今藏民族文化宫中国民族图书馆。

༄༅། །མཉམ་མེད་ཙོང་ཁ་པ་ཆེན་པོའི་རྣམ་ཐར་གསོལ་འདེབས་དང་བླ་མའི་རྣལ་འབྱོར། ཞལ་གདམས་སྐོར་ཕྱོགས་གཅིག་ཏུ་བསྒྲིགས་པ་ཞེས་བྱ་བ་བཞུགས་སོ། །

**无等宗喀巴大师传启请文与上师瑜伽法・语教类合编**

1 种，33 页。

ར་སྒྲེང་ཁྲི་ཆེན་བསྟན་པ་རབ་རྒྱས། 热振赤钦・丹巴饶杰 (1759—1816) 撰述。

西藏地区藏传佛教噶旦桑丹林寺印经院木刻版之刻印版。

普通藏纸，梵夹装中印本 (56.1 × 7.1cm)，楷体，墨色，横刊藏文六行，四周双栏，全。

索书号：000794/20。保存基本完好，今藏民族文化宫中国民族图书馆。

༄༅། །བསྙུང་བར་གནས་པའི་ལོ་རྒྱུས་ཞེས་བྱ་བ་བཞུགས་སོ། །

**斋戒之史事**

1 种，13 页。

བཀའ་འགྱུར་པ་བློ་བཟང་ཚུལ་ཁྲིམས། 嘎居巴・洛桑慈称 (1761—？ ) 撰述。

北京地区藏传佛教皇家寺院印经院木刻版之刻印版。

普通纸，梵夹装中印本 (46.8 × 7.2cm)，楷体，墨色，横刊藏文六行，四周双栏，全。

索书号：001145/55。保存基本完好，今藏民族文化宫中国民族图书馆。

༄༅། །གཏམ་རྒྱུད་གངས་ལྷའི་ཆུ་རྒྱུན་ཞེས་བྱ་བ་བཞུགས་སོ། །

**传奇・恒河长流**

1 种，2 页。

བྱང་པ་རྣམ་རྒྱལ་གྲགས་པ་བཟང་པོ། 强巴・南杰札巴桑波 (1395—1475) 撰述。

西藏地区藏传佛教寺院印经院传抄之缮写本。

普通藏纸，梵夹装中印本 (44×4.3cm)，草体，墨色，横书藏文七行，四周双栏，全。

索书号：005109/8。保存基本完好，今藏民族文化宫中国民族图书馆。

༄༅། །རྟེན་འབྲེལ་གྱི་དཀར་ཆག་མི་ཕམ་པདྨ་དཀར་པོས་སྦྱར་བ་ཞེས་བྱ་བ་བཞུགས་སོ། །

**米盼白玛嘎波著缘起心要目录**

1 种，2 页。

འབྲུག་པ་པད་མ་དཀར་པོ། 竹巴・白玛嘎波 (1527—1592) 撰述。

西藏地区藏传佛教寺院印经院木刻版之刻印本。

普通藏纸，梵夹装中印本 (45.3×6.1cm)，楷体，墨色，横刊藏文六行，四周双栏，全。

索书号：003667/41。保存基本完好，今藏民族文化宫中国民族图书馆。

༄༅། །རྟེན་གསུམ་བཞེངས་པའི་དཀར་ཆག་དང་། ལྷན་དར་ཕུལ་བའི་སྐོར་རྣམས་ཞེས་བྱ་བ་བཞུགས་སོ། །

**建造佛像、佛经、佛塔目录与献敬神哈达类**

1 种，16 页。

ཛ་ཡ་པཎྜི་ཏ་བློ་བཟང་འཕྲིན་ལས། 扎雅班智达・洛桑成勒 (1642—1715) 撰述。

北京地区藏传佛教皇家寺院印经院木刻版之刻印本。

普通纸，梵夹装中印本 (46.8×5.9cm)，楷体，墨色，横刊藏文六行，四周双栏，全。

索书号：003784/12。保存基本完好，今藏民族文化宫中国民族图书馆。

༄༅། །སྟོན་མཆོག་གང་ལས་བྱུང་བའི་ཤཱཀྱ་རྣམས་ཀྱི་སྔོན་རབས་སྙིང་བའི་ཆོས་གཏམ་དབྱངས་ཀྱི་རྒྱལ་མོའི་མགྲིན་གླུ་ཞེས་བྱ་བ་བཞུགས་སོ། །

**释迦导师释迦世系缘起・妙音妃歌音**

1 种，9 页。

ཞུ་ཆེན་ཚུལ་ཁྲིམས་རིན་ཆེན། 许钦・慈称仁钦 (1697—1774) 撰述。

四川省甘孜藏族自治州德格县德格地区德格寺印经院木刻版之刻印本。

普通藏纸，梵夹装中印本 (47.4×6.7cm)，楷体，墨色，横刊藏文六行，四周双栏，全。

索书号：000419/4。保存基本完好，今藏民族文化宫中国民族图书馆。

༄༅། །སྟོན་པ་བཅོམ་ལྡན་འདས་ཀྱིས་ཆོ་འཕྲུལ་ཆེན་པོ་བསྟན་པའི་མཛད་པ་ཕྱོགས་ཙམ་སྨོས་པ་ཡ་མཚན་སྣང་བ་ཞེས་བྱ་བ་བཞུགས་སོ། །

**祖师薄伽梵所示大神变佛行略说・希有光明**

1 种，12 页。

ཞྭ་དམར་ཆོས་གྲགས་ཡེ་ཤེས། 夏玛・曲札益希 (1453—1524) 撰述。

西藏地区藏传佛教寺院印经院传抄之金汁写本。

瓷青纸，梵夹装短印本 (29.7×4.6cm)，楷体，墨色，横书藏文六行，四周双栏，全。

索书号：003259/3。保存基本完好，今藏民族文化宫中国民族图书馆。

༄༅། །སྟོན་པ་མཆོག་གི་སྐྱེས་རབས་སོ་བཞི་པའི་སྣང་བརྙན་རི་མོར་བཞེངས་པའི་ཚུལ་ཅུང་ཟད་བཀོད་པ་ཟླ་ཤེལ་གསར་པའི་སྨྱུ་གུ་ཞེས་བྱ་བ་བཞུགས་སོ། །

**释迦王佛本生三十四事之图像应如何建造略说・月晶新芽**

1 种，11 页。

རོང་ཐ་བློ་བཟང་དམ་ཆོས་རྒྱ་མཚོ། 荣塔·洛桑丹曲嘉措 (1865—1900) 撰述。

四川省甘孜地区藏传佛教寺院印经院木刻版之刻印本。

普通藏纸，梵夹装中印本 (46.5×5.6cm)，楷体，墨色，横刊藏文六行，四周双栏，全。

索书号：004526/3。保存基本完好，今藏民族文化宫中国民族图书馆。

༄༅། །སྟོན་པ་མཉམ་མེད་ཐུབ་པའི་དབང་པོའི་མཛད་པ་བཅུ་གཉིས་མདོར་བསྡུས་ཏེ་བརྗོད་པ་མུ་ཏིག་ཕྲེང་བ་ཞེས་བྱ་བ་བཞུགས་སོ། །

**无等导师能仁王佛十二事业略说·珍珠鬘**

1 种，34 页。

རྒྱལ་མཁན་པོ་གྲགས་པ་རྒྱལ་མཚན། 嘉堪波·札巴坚参 (1762—1836) 撰述。

甘肃省甘南藏族自治州夏河县拉卜楞地区拉卜楞寺 ( 拉章扎喜齐 ) 印经院木刻版之刻印本。

普通藏纸，梵夹装中印本 (47.4×6.3cm)，楷体，墨色，横刊藏文六行，四周双栏，全。

索书号：000846/1。保存基本完好，今藏民族文化宫中国民族图书馆。

༄༅། །སྟོན་པ་ཐུབ་པའི་དབང་པོའི་འཁྲུངས་རབས་རྣམ་ཐར་རྗེས་སུ་དྲན་པའི་སྒོ་ནས་ཕྱག་མཆོད་གསོལ་འདེབས་བྱེད་པའི་ཆོ་ག་ལེགས་ཚོགས་འབྱུང་གནས་ཞེས་བྱ་བ་བཞུགས་སོ། །

**由忆念导师能仁王佛本生事纪之门修礼供祈愿仪轨·福善之源**

1 种，31 页。

ཁལ་ཁ་ངག་དབང་དཔལ་ལྡན། 喀尔喀·阿旺白旦 (1806—?  ) 撰述。

蒙古国乌兰巴托地区藏传佛教库伦寺印经院木刻版之刻印本。

普通藏纸，梵夹装中印本 (50.3×7.9cm)，楷体，墨色，横刊藏文七行，四周双栏，全。

索书号：000738/7。保存基本完好，今藏民族文化宫中国民族图书馆。

༄༅། །སྟོན་པ་ཤཱཀྱའི་དབང་པོའི་མཛད་པ་བརྒྱ་པའི་བྲིས་ཡིག་རྗེ་བཙུན་ཀུན་སྙིང་གིས་མཛད་པ་ཞེས་བྱ་བ་བཞུགས་སོ། །

**至尊衮宁所著大师释迦能仁王百行篇**

1 种，85 页。

ཏཱ་ར་ནཱ་ཐ་ཀུན་དགའ་སྙིང་པོ། 多罗那塔·衮噶宁波 (1575—1634) 撰述。

西藏地区藏传佛教达丹寺印经院木刻版之刻印本。

普通藏纸，梵夹装中印本 (43.6×8.2cm)，楷体，墨色，横刊藏文六行，四周双栏，全。

索书号：003251/5。保存基本完好，今藏民族文化宫中国民族图书馆。

༄༅། །སྟོན་པའི་མཛད་པ་བཅུ་གཉིས་དང་བསྟན་པའི་གནས་ཚད་དེ་ལས་འཕྲོས་པའི་སྐོར་འགའ་ཞིག་བཀས་བཤད་པ་ཞེས་བྱ་བ་བཞུགས་སོ། །

**释迦导师十二事业及佛教住世时量略作补遗**

1 种，19 页。

ཅོ་ནེ་གྲགས་པ་བཤད་སྒྲུབ། 卓尼·札巴协珠 (1675—1748) 撰述。

甘肃省甘南藏族自治州卓尼地区卓尼寺 ( 觉乃噶旦协珠林 ) 印经院木刻版之刻印本。

普通藏纸，梵夹装中印本 (48.6×6.3cm)，楷体，墨色，横刊藏文七行，四周双栏，全。

索书号：003679/26。保存基本完好，今藏民族文化宫中国民族图书馆。

༄༅། །བསྟན་པའི་རྩ་ལག་དམ་པར་གྱུར་པ་མཆོག་སྤྲུལ་རིན་པོ་ཆེ་བློ་བཟང་འཇིགས་མེད་བསྟན་པའི་རྒྱལ་མཚན་གྱི་འཁྲུངས་རབས་སོ་སོའི་རྣམ་པར་ཐར་པ་དང་ལྡན་པ་དག་ལ་གཏམ་དུ་བྱ་བ་རིན་པོ་ཆེའི་འཕྲེང་བ་ཞེས་བྱ་བ་བཞུགས་སོ། །

**成为佛教栋梁之大德活佛洛桑吉迈丹贝坚参之本生事纪各别史事·具信者佳话大宝鬘**

1 种，62 页。

གཞུང་ལས་པ་བསོད་ནམས་རྒྱ་མཚོ། 雄勒巴·索南嘉措 (19 世纪初叶 ) 撰述。

蒙古国乌兰巴托地区藏传佛教库伦寺印经院木刻版之刻印本。

普通藏纸，梵夹装短印本 (38.2×6cm)，楷体，墨色，横刊藏文六行，四周双栏，全。

索书号：000896/6。保存基本完好，今藏民族文化宫中国民族图书馆。

༄༅། །བསྟན་པའི་གསལ་བྱེད་ཁྲི་དྭགས་སྤྲུལ་པའི་སྐུའི་འཁྲུངས་རབས་གསོལ་འདེབས་སྨོན་ཚིག་དང་བཅས་པ་དགེ་ལེགས་འདབ་བརྒྱ་བཞད་པའི་སྨོན་ལམ་ཞེས་བྱ་བ་བཞུགས། །

**阐明佛教之赤达活佛本生纪启请愿文·福善百叶莲开敷愿**

1 种，5 页。

སྟག་ཕུ་ཞབས་དྲུང་གར་དབང་བློ་བཟང་ཆོས་ཀྱི་དབང་ཕྱུག 达普夏仲·噶旺洛桑曲吉旺秋 (18 世纪中叶 ) 撰述。

西藏地区藏传佛教寺院印经院传抄之缮写本。

普通藏纸，梵夹装中印本 (45.4×5.2cm)，草体，墨色，横书藏文七行，四周双栏，全。

索书号：003835/5。保存基本完好，今藏民族文化宫中国民族图书馆。

༄༅། །བསྟན་པའི་གསལ་བྱེད་ཆེན་པོ་བློ་བཟང་སྙན་གྲགས་པའི་གསང་བ་གསུམ་གྱི་རྣམ་ཐར་རྒྱ་མཚོ་ལྟ་བུ་ལས་ཆུ་ཐིགས་ཙམ་ཞིག་བརྗོད་པ་མགྲིན་པའི་ཆོས་དུང་ཞེས་བྱ་བ་བཞུགས་སོ། །

**阐明佛教大师洛桑年札之三密史事点滴·喉音法螺**

1 种，45 页。

བླ་ཁོ་འཇིགས་མེད་འཕྲིན་ལས་རྒྱ་མཚོ། 拉科·吉迈成勒嘉措 (1866—1947) 撰述。

甘肃省甘南藏族自治州夏河县拉卜楞地区拉卜楞寺 ( 拉章扎喜齐 ) 印经院木刻版之刻印本。

普通藏纸，梵夹装中印本 (46.7×6.2cm)，楷体，墨色，横刊藏文六行，四周双栏，全。

索书号：001003/6。保存基本完好，今藏民族文化宫中国民族图书馆。

༄༅། །བསྟན་པའི་གསལ་བྱེད་ནོ་ཡོན་ཧོ་ཐོག་ཐུ་ཡེ་ཤེས་དོན་གཉིས་ལྷུན་གྲུབ་ཀྱི་འཁྲུངས་རབས་གསོལ་འདེབས་ནོར་བུའི་འཕྲེང་བ་ཞེས་བྱ་བ་བཞུགས་སོ། །

**阐明佛教之诺云呼图克图·益希顿聂伦珠本事纪启请文·摩尼鬘**

1 种，5 页。

སྟག་ཕུ་ཞབས་དྲུང་གར་དབང་བློ་བཟང་ཆོས་ཀྱི་དབང་ཕྱུག 达普夏仲·噶旺洛桑曲吉旺秋 (18 世纪中叶 ) 撰述。

西藏地区藏传佛教寺院印经院传抄之缮写本。

普通藏纸，梵夹装中印本 (45.4×5.2cm)，草体，墨色，横书藏文七行，四周双栏，全。

索书号：003833/14。保存基本完好，今藏民族文化宫中国民族图书馆。

༄༅། །ཐུབ་པའི་དགོངས་གསལ་རྒྱལ་སྲས་འཕགས་པའི་ལམ་གྱི་སྣང་འགྲེལ་ཟླ་བའི་འོད་ཟེར་ཞེས་བྱ་བ་བཞུགས་སོ། །

**阐明佛意论佛子圣道故事释·月光**

1 种，144 页。

གློ་བོ་མཁན་ཆེན་བསོད་ནམས་ལྷུན་གྲུབ། 珞沃堪钦·索南伦珠 (1441—1525) 撰述。

四川省甘孜藏族自治州德格县德格地区德格寺印经院木刻版之刻印本。

普通藏纸，梵夹装中印本 (47.1 × 6.1cm)，楷体，墨色，横刊藏文六行，四周双栏，全。

索书号：000559/4。保存基本完好，今藏民族文化宫中国民族图书馆。

༄༅། །ཐུབ་པའི་དབང་པོའི་སྐྱེས་པའི་རབས་ཀྱི་ཕྲེང་བའི་ཚིགས་སུ་བཅད་པ་ཞེས་བྱ་བ་བཞུགས་སོ། །

**释迦能仁王佛本生鬘颂文**

1 种，4 页。

གློ་བོ་མཁན་ཆེན་བསོད་ནམས་ལྷུན་གྲུབ། 珞沃堪钦·索南伦珠 (1441—1525) 撰述。

四川省甘孜藏族自治州德格县德格地区德格寺印经院木刻版之刻印本。

普通藏纸，梵夹装中印本 (47.1 × 6.1cm)，楷体，墨色，横刊藏文六行，四周双栏，全。

索书号：003836/21。保存基本完好，今藏民族文化宫中国民族图书馆。

༄༅། །ཐུབ་པའི་དབང་པོའི་འཁྲུངས་རབས་སོ་བཞིའི་གསུང་བཤད་སྔོན་འགྲོ་ཞེས་བྱ་བ་བཞུགས་སོ། །

**释迦能仁王佛本生三十四事讲说前行**

1 种，36 页。

པཎ་ཆེན་ཨེར་ཏེ་ནི་བློ་བཟང་དཔལ་ལྡན་ཆོས་ཀྱི་གྲགས་པ་བསྟན་པའི་དབང་ཕྱུག། 班禅额尔德尼·洛桑白旦却吉札巴丹贝旺秋 (1855—1882) 撰述。

西藏自治区日喀则地区扎什伦布寺印经院木刻版之刻印本。

普通藏纸，梵夹装中印本 (47.2 × 6.4cm)，楷体，墨色，横刊藏文六行，四周双栏，全。

索书号：000720/16。保存基本完好，今藏民族文化宫中国民族图书馆。

༄༅། །ཐུབ་པའི་དབང་པོ་ལ་མཛད་པ་བཅུ་གཉིས་ཀྱི་སྒོ་ནས་བསྟོད་པ་ཞེས་བྱ་བ་བཞུགས་སོ། །

**能仁王佛前由十二事业之门而作赞颂文**

1 种，3 页。

ལྕང་སྐྱ་རོལ་པའི་རྡོ་རྗེ། 章嘉·若贝多结 (1717—1786) 撰述。

北京地区藏传佛教皇家寺院印经院木刻版之刻印版。

普通纸，梵夹装中印本 (46.8 × 6.1cm)，楷体，墨色，横刊藏文六行，四周双栏，全。

索书号：000763/11。保存基本完好，今藏民族文化宫中国民族图书馆。

༄༅། །ཐུབ་དབང་གི་མཛད་པ་བཅུ་གཉིས་ལས་བརྩམས་པའི་མགུར་མ་སོགས་ལེ་ཚན་ལྔ་ཞེས་བྱ་བ་བཞུགས་སོ། །

**从能仁王佛之十二事业起撰之道情歌五节**

1 种，10 页。

ཨ་ཁྱུང་ངག་དབང་མཁྱེན་རབ། 阿琼·阿旺庆饶 (18 世纪下半叶 ) 撰述。

西藏地区藏传佛教寺院印经院木刻版之刻印本。

普通藏纸，梵夹装中印本 (46.8 × 6.4cm)，楷体，墨色，横刊藏文六行，四周双栏，全。

索书号：000937/1。保存基本完好，今藏民族文化宫中国民族图书馆。

༄༅། །མཐུ་སྟོབས་ཀྱི་དབང་ཕྱུག་དཔལ་ས་སྐྱ་པ་ཆེན་པོ་གྲུབ་མཆོག་བསོད་ནམས་དབང་པོ་ལ་གསོལ་བ་འདེབས་པ་དོན་གཉིས་ལྷུན་གྲུབ་ཞེས་བྱ་བ་བཞུགས་སོ། །

**威势自在具德萨迦派大德成道师索南旺波启请文·二利任运成就**

1 种，2 页。

ཨ་མེས་ཞབས་ངག་དབང་ཀུན་དགའ་བསོད་ནམས། 阿梅·阿旺衮噶索南 (1597—1660) 撰述。

四川省甘孜藏族自治州德格县德格地区德格寺印经院木刻版之刻印本。

普通藏纸，梵夹装中印本 (49.9 × 6.8cm)，楷体，墨色，横刊藏文六行，四周双栏，全。

索书号：003220/16。保存基本完好，今藏民族文化宫中国民族图书馆。

༄༅། །མཐུན་པ་རྣམ་བཞིའི་ལོ་རྒྱུས་ཉུང་ཟད་སྤྲིང་བའི་གཏམ་རྣ་བའི་བཅུད་ལེན་ཞེས་བྱ་བ་བཞུགས་སོ། །

**和顺四瑞之史事略说·耳之采英**

1 种，3 页。

རོང་ཐ་བློ་བཟང་དམ་ཆོས་རྒྱ་མཚོ། 荣塔·洛桑丹曲嘉措 (1805—1900) 撰述。

多康地区藏传佛教惹聂特钦林寺印经院木刻版之刻印本。

普通藏纸，梵夹装中印本 (46.5 × 5.6cm)，楷体，墨色，横刊藏文六行，四周双栏，全。

索书号：004526/16。保存基本完好，今藏民族文化宫中国民族图书馆。

༄༅། །དག་ལྡན་གྱི་གླེང་གཞིའི་གནོད་སྦྱིན་ཁ་པ་རའི་ལོ་རྒྱུས་ཀྱི་གསལ་བྱེད་ཅེས་བྱ་བ་བཞུགས་སོ། །

**具正序言中药叉喀巴饶之史事**

1 种，1 页。

གློ་བོ་མཁན་ཆེན་བསོད་ནམས་ལྷུན་གྲུབ། 珞沃堪钦·索南伦珠 (1441—1525) 撰述。

四川省甘孜藏族自治州德格县德格地区德格寺印经院木刻版之刻印本。

普通藏纸，梵夹装中印本 (47.1 × 6.1cm)，楷体，墨色，横刊藏文六行，四周双栏，全。

索书号：003836/33。保存基本完好，今藏民族文化宫中国民族图书馆。

༄༅། །དང་པོའི་སངས་རྒྱས་དཔལ་དུས་ཀྱི་འཁོར་ལོའི་ལོ་རྒྱུས་དང་མིང་གི་རྣམ་གྲངས་ཞེས་བྱ་བ་བཞུགས་སོ། །

**初佛吉祥时轮金刚之史事与名目**

1 种，19 页。

ཀློང་རྡོལ་བླ་མ་ངག་དབང་བློ་བཟང་། 隆朵喇嘛·阿旺洛桑 (1719—1795) 撰述。

北京地区藏传佛教皇家寺院印经院木刻版之刻印版。

普通纸，梵夹装中印本 (53 × 7.1cm)，楷体，墨色，横刊藏文六行，四周双栏，全。

索书号：001004/6。保存基本完好，今藏民族文化宫中国民族图书馆。

༄༅། །གདན་ས་ཆེན་པོ་དཔལ་ལྡན་ས་སྐྱའི་དུས་མདོས་ཆེན་མོ་ཐུང་རྩལ་གྱི་ལོ་རྒྱུས་བླ་མ་དང་བསྟན་བསྲུང་དགོས་པའི་མཆོད་རྫས་ངོ་མཚར་ཕྲེང་བ་ཞེས་བྱ་བ་བཞུགས་སོ། །

**吉祥萨迦大寺定期灵器供施之史事·上师与护法所需之供器稀有鬘**

1 种，20 页。

ཨ་མེས་ཞབས་ངག་དབང་ཀུན་དགའ་བསོད་ནམས། 阿梅·阿旺衮噶索南 (1597—1660) 撰述。

四川省甘孜藏族自治州德格县德格地区德格寺印经院木刻版之刻印本。

普通藏纸，梵夹装中印本 (45.6 × 6.3cm)，楷体，墨色，横刊藏文六行，四周双栏，全。

索书号：003222/4。保存基本完好，今藏民族文化宫中国民族图书馆。

༄༅། །གདམས་ངག་བཀའ་བབས་ལོ་རྒྱུས་ཞེས་བྱ་བ་བཞུགས་སོ། །

**亲承语旨史事**

1种，3页。

ལྷ་མ་ཞང་བརྩོན་འགྲུས་གྲགས་པ། 喇嘛祥·宗哲札巴 (1123—1193) 撰述。

西藏地区藏传佛教寺院印经院传抄之缮写本。

普通藏纸，梵夹装中印本 (41.5 × 5.2cm)，草体，墨色，横书藏文七行，四周双栏，全。

索书号：003844/9。保存基本完好，今藏民族文化宫中国民族图书馆。

༄༅། །གདམས་པ་གཡའ་ལུང་འབྲོང་བུ་མ་རྡོ་ལ་ཞབས་རྗེས་བྱུང་བའི་ལོ་རྒྱུས་ཞེས་བྱ་བ་བཞུགས་སོ། །

**教诫·雅隆仲布玛中石上足印之来历**

1种，5页。

ལྷ་མ་ཞང་བརྩོན་འགྲུས་གྲགས་པ། 喇嘛祥·宗哲札巴 (1123—1193) 撰述。

西藏地区藏传佛教寺院印经院传抄之缮写本。

普通藏纸，梵夹装中印本 (41.5 × 5.2cm)，草体，墨色，横书藏文七行，四周双栏，全。

索书号：003844/18。保存基本完好，今藏民族文化宫中国民族图书馆。

༄༅། །བདེ་བར་གཤེགས་པའི་སྐུ་གསུང་ཐུགས་ཀྱི་རྟེན་བཞེངས་པ་དང་ཕྱག་མཆོད་སྐོར་བའི་ཕན་ཡོན་བསྟན་པ་རྣམ་དཀར་ལས་ལ་སྐུལ་བྱེད་དཀར་ཆག་ལྷའི་རྔ་ཆེན་ཞེས་བྱ་བ་བཞུགས་སོ། །

**建造如来身语意所依与礼功德赞·鼓励净业录·大天鼓**

1种，35页。

ཀུང་ཐང་དཀོན་མཆོག་བསྟན་པའི་སྒྲོན་མེ། 贡唐·恭却丹贝准美 (1762—1823) 撰述。

甘肃省甘南藏族自治州夏河县拉卜楞地区拉卜楞寺（拉章扎喜齐）印经院木刻版之刻印本。

普通藏纸，梵夹装中印本 (47.2 × 6.2cm)，楷体，墨色，横刊藏文六行，四周双栏，全。

索书号：000921/15。保存基本完好，今藏民族文化宫中国民族图书馆。

༄༅། །བདེ་མཆོག་ནག་པོ་པའི་ལོ་རྒྱུས་ཞེས་བྱ་བ་བཞུགས་སོ། །

**那波巴之上乐史**

1种，1页。

ས་སྐྱ་ཀུན་དགའ་སྙིང་པོ། 萨迦·衮噶宁波 (1092—1158) 撰述。

四川省甘孜藏族自治州德格县德格地区德格寺印经院木刻版之刻印本。

普通藏纸，梵夹装中印本 (47.7 × 6.2cm)，楷体，墨色，横刊藏文六行，四周双栏，全。

索书号：000345/2。保存基本完好，今藏民族文化宫中国民族图书馆。

༄༅། །མདོ་སྔགས་བསྟན་པ་རིན་པོ་ཆེའི་ཆོས་ཀྱི་བྱུང་ཚུལ་ལས་བརྩམས་པའི་ལོ་རྒྱུས་དང་རྣམ་ཐར་ཤིན་ཏུ་མང་པོ་ངོ་མཚར་ལྷའི་པད་ཚལ་ཞེས་བྱ་བ་བཞུགས་སོ། །

**显密佛教法源中所述诸多史事与传记・稀有天界莲园**

1 种，26 页。

འཇམ་དབྱངས་མཁྱེན་བརྩེ་དབང་པོ། 绛央庆则旺波 (1820—1892) 撰述。

四川省甘孜藏族自治州德格县德格地区德格寺印经院木刻版之刻印本。

普通藏纸，梵夹装短印本 (29.7 × 4.6cm)，楷体，墨色，横刊藏文七行，四周双栏，全。

索书号：006318/3。保存基本完好，今藏民族文化宫中国民族图书馆。

༄༅། །མདོ་སྨད་སྐུ་འབུམ་ཆེ་ཤོས་སྤྲུལ་སྐུ་ངག་དབང་བཤད་སྒྲུབ་བསྟན་པའི་ཉི་མའི་འཁྲུངས་རབས་གསོལ་འདེབས་དང་འབྲེལ་བའི་ཞབས་བརྟན་གསོལ་འདེབས་སྲིད་ཞིའི་གདུང་སེལ་ཞེས་བྱ་བ་བཞུགས་སོ། །

**与固奔（塔尔寺）却西活佛阿旺协珠丹贝尼玛世系启请文相关之长久住世启请文・灭轮回涅槃之苦**

1 种，2 页。

ཆེ་ཤོས་ངག་དབང་བཤད་སྒྲུབ་བསྟན་པའི་ཉི་མ། 却西・阿旺协珠丹贝尼玛 (1787—1860) 撰述。

青海省湟中县鲁沙尔地区塔尔寺（固奔乾巴林）印经院木刻版之刻印本。

普通藏纸，梵夹装中印本 (45 × 7cm)，楷体，墨色，横刊藏文六行，四周双栏，全。

索书号：003782/2。保存基本完好，今藏民族文化宫中国民族图书馆。

༄༅། །སྡེ་ཁྲི་རིན་པོ་ཆེ་སྐུ་ཕྲེང་གསུམ་པའི་གསང་རྣམ་གསོལ་འདེབས་དད་པའི་སྙེ་མ་ཞེས་བྱ་བ་བཞུགས་སོ། །

**德赤仁波且第三世秘传祈祷文・正信穗**

1 种，6 页。

མཁན་པོ་ངག་དབང་ཐུབ་བསྟན་རྒྱ་མཚོ། 堪波・阿旺图丹嘉措 (1836—1889) 撰述。

甘肃省甘南藏族自治州碌曲地区喜仓噶萨噶旦协珠曲科林寺印经院木刻版之刻印本。

普通藏纸，梵夹装中印本 (45.3 × 6cm)，楷体，墨色，横刊藏文七行，四周双栏，全。

索书号：001118/2。保存基本完好，今藏民族文化宫中国民族图书馆。

༄༅། །རྣམ་ཐར་གསོལ་འདེབས་དད་གུས་འདབ་བརྒྱ་བཞད་པའི་ཉིན་བྱེད་ཅེས་བྱ་བ་བཞུགས་སོ། །

**史事启请文・信莲笑开之丽日**

1 种，6 页。

སྒོ་མང་བློ་བཟང་ཚུལ་ཁྲིམས་རྒྱ་མཚོ། 果芒・洛桑慈称嘉措 (1841—1907) 撰述。

甘肃省甘南藏族自治州夏河县拉卜楞地区拉卜楞寺（拉章扎喜齐）印经院木刻版之刻印本。

普通藏纸，梵夹装中印本 (47 × 6.2cm)，楷体，墨色，横刊藏文六行，四周双栏，全。

索书号：001233/2。保存基本完好，今藏民族文化宫中国民族图书馆。

༄༅། །རྣམ་འདྲེན་བསྟན་པའི་གསལ་བྱེད་རྒྱ་སྟོན་སྤྲུལ་པའི་སྐུ་རིན་པོ་ཆེ་བློ་བཟང་འཇམ་དཔལ་དོན་འགྲུབ་ཀྱི་འཁྲུངས་རབས་གསོལ་འདེབས་བརྟན་བཞུགས་སྨོན་ལམ་དང་བཅས་པ་མི་འགྱུར་ཡོངས་འདུའི་འཁྲི་ཤིང་ཞེས་བྱ་བ་བཞུགས་སོ། །

**阐明佛教之嘉敦活佛洛桑绛白顿珠本生纪启请、请住世、愿文等·不变天宫树**

1 种，4 页。

སྟག་ཕུ་ཞབས་དྲུང་གར་དབང་བློ་བཟང་ཆོས་ཀྱི་དབང་ཕྱུག། 达普夏仲·噶旺洛桑曲吉旺秋 (18 世纪中叶 ) 撰述。

西藏地区藏传佛教寺院印经院木刻版之刻印本。

普通藏纸，梵夹装中印本 (45.4×5.2cm)，草体，墨色，横书藏文六行，四周双栏，全。

索书号：003835/4。保存基本完好，今藏民族文化宫中国民族图书馆。

༄༅། །པད་དཀར་འཛིན་པ་ཉར་སྐྱིག་གར་རོལ་ལྷ་པ་སྟོམ་བརྩོན་རྒྱལ་པོའི་རྩལ་འཆང་པ་དྲུག་པར་འཕོས་པའི་གཏམ་རྣ་བའི་བཅུད་ལེན་ཡིད་ཀྱི་ཀུན་དགའ་ཞེས་བྱ་བ་བཞུགས་སོ། །

**第五辈达赖喇嘛转世第六辈之传说·耳闻精英心中喜宴**

1 种，10 页。

སྡེ་སྲིད་སངས་རྒྱས་རྒྱ་མཚོ། 第司·桑杰嘉措 (1653—1705) 撰述。

四川省甘孜藏族自治州德格县德格地区德格寺印经院木刻版之刻印本。

普通藏纸，梵夹装中印本 (53.5×7cm)，楷体，墨色，横刊藏文六行，四周双栏，全。

索书号：004180/1。保存基本完好，今藏民族文化宫中国民族图书馆。

༄༅། །དཔལ་ཡེ་ཤེས་མགོན་པོའི་ལོ་རྒྱུས་ཞེས་བྱ་བ་བཞུགས་སོ། །

**益希贡波史事**

1 种，110 页。

ཕག་མོ་གྲུ་པ་རྡོ་རྗེ་རྒྱལ་པོ། 帕摩竹巴·多结嘉波 (1110—1170) 撰述。

西藏自治区藏传佛教寺院印经院传抄之缮写本。

普通藏纸，梵夹装中印本 (45.3×5.8cm)，草体，墨色，横书藏文七行，四周双栏，全。

索书号：003856/31。保存基本完好，今藏民族文化宫中国民族图书馆。

༄༅། །འཕགས་པ་དོན་ཡོད་ཞགས་པའི་ལོ་རྒྱུས་ཞེས་བྱ་བ་བཞུགས་སོ། །

**不空羂索史事**

1 种，21 页。

ས་སྐྱ་བསོད་ནམས་རྩེ་མོ། 萨迦·索南孜莫 (1142—1182) 撰述。

四川省甘孜藏族自治州德格县德格地区德格寺印经院木刻版之刻印本。

普通藏纸，梵夹装中印本 (45.2×5.8cm)，楷体，墨色，横刊藏文六行，四周双栏，全。

索书号：000348/6。保存基本完好，今藏民族文化宫中国民族图书馆。

༄༅། །འཕགས་པ་སེང་གེ་སྒྲའི་ལོ་རྒྱུས་ཞེས་བྱ་བ་བཞུགས་སོ། །

**圣狮子吼之史事**

1 种，3 页。

འབྲུག་པ་པད་མ་དཀར་པོ། 竹巴·白玛嘎波 (1527—1592) 撰述。

西藏地区藏传佛教寺院印经院木刻版之刻印本。

普通藏纸，梵夹装中印本 (45.3×6.1cm)，

楷体，墨色，横刊藏文六行，四周双栏，全。

索书号：003663/15。保存基本完好，今藏民族文化宫中国民族图书馆。

༄༅། །བ་རི་ལོ་ཙཱ་བ་ནས་བརྒྱུད་པའི་ལོ་རྒྱུས་ཞེས་བྱ་བ་བཞུགས་སོ། །

**巴日译师传承史**

1 种，5 页。

གུང་ཐང་དཀོན་མཆོག་བསྟན་པའི་སྒྲོན་མེ། 贡唐·恭却丹贝准美 (1762—1823) 撰述。

甘肃省甘南藏族自治州夏河县拉卜楞地区拉卜楞寺（拉章扎喜齐）印经院木刻版之刻印本。

普通藏纸，梵夹装中印本 (47.2 × 6.2cm)，楷体，墨色，横刊藏文六行，四周双栏，全。

索书号：000924/6。保存基本完好，今藏民族文化宫中国民族图书馆。

༄༅། །བལ་ཡུལ་རང་བྱུང་མཆོད་རྟེན་ཆེན་པོའི་ལོ་རྒྱུས་ཞེས་བྱ་བ་བཞུགས་སོ། །

**尼泊尔自现大塔志**

1 种，15 页。

སི་ཏུ་ཆོས་ཀྱི་འབྱུང་གནས། 司都·曲吉迥乃 (1699—1774) 撰述。

四川省甘孜藏族自治州德格县八邦地区八邦寺印经院木刻版之刻印本。

普通藏纸，梵夹装中印本 (46.5 × 7cm)，楷体，墨色，横刊藏文六行，四周双栏，全。

索书号：006140/5。保存基本完好，今藏民族文化宫中国民族图书馆。

༄༅། །ཁྲིར་བ་པའི་ལོ་རྒྱུས་ཞེས་བྱ་བ་བཞུགས་སོ། །

**毗哇巴史事**

1 种，8 页。

ཕག་མོ་གྲུ་པ་རྡོ་རྗེ་རྒྱལ་པོ། 帕莫竹巴·多结嘉波 (1110—1170) 撰述。

西藏地区藏传佛教寺院印经院传抄之缮写本。

普通藏纸，梵夹装中印本 (45.3 × 5.8cm)，草体，墨色，横书藏文七行，四周双栏，全。

索书号：003856/38。保存基本完好，今藏民族文化宫中国民族图书馆。

༄༅། །བོད་ཡུལ་གྱི་བསྙེན་རྫོགས་ཀྱི་མཁན་བརྒྱུད་བསྟན་པ་བཞུགས་སོ། །

**西藏近圆堪波传承开示**

1 种，18 页。

ཞྭ་དམར་ཆོས་གྲགས་ཡེ་ཤེས། 夏玛·曲札益希 (1453—1524) 撰述。

西藏自治区藏传佛教寺院印经院传抄之金汁写本。

瓷青加厚纸，梵夹装中印本 (46 × 6.5cm)，草体，墨色，横书藏文七行，四周双栏，全。

索书号：003262/8。保存基本完好，今藏民族文化宫中国民族图书馆。

༄༅། །བྱམས་པ་མགོན་པོ་ལ་རྣམ་ཐར་དང་མཐུན་པར་བསྟོད་ཅིང་བྱམས་ཆོས་ཀྱི་ལམ་རིམ་རྒྱུད་ལ་སྐྱེ་བར་གསོལ་བ་འདེབས་པ་མ་ཕམ་དགོངས་རྒྱན་ཞེས་བྱ་བ་བཞུགས་སོ། །

**顺随护主弥勒史事赞并祈祷弥勒教法生于身心篇·弥勒密意庄严**

1 种，2 页。

ངོར་ཆེན་དཀོན་མཆོག་ལྷུན་གྲུབ། 俄钦·恭却伦珠 (1497—1540) 撰述。

四川省甘孜藏族自治州德格县德格地区德格寺印经院木刻版之刻印本。

普通藏纸，梵夹装中印本 (48.5 × 6.5cm)，楷体，墨色，横刊藏文六行，四周双栏，全。

索书号：003773/14。保存基本完好，

今藏民族文化宫中国民族图书馆。

**༄༅། །ཨ་ཞང་ཉི་ལྡེ་ན་བཞུགས་པའི་རིགས་ལྡན་ཆེན་པོའི་སྐུ་གདུང་གི་ལོ་རྒྱུས་ཀྱི་ཡི་གེ་བཞུགས་སོ། །**

**安住尼德拉章之大法胤录塔史**

1种，3页。

ཨ་མེས་ངག་དབང་ཀུན་དགའ་བསོད་ནམས། 阿梅·阿旺衮噶索南 (1597—1660) 撰述。

四川省甘孜藏族自治州德格县德格地区德格寺印经院木刻版之刻印本。

普通藏纸，梵夹装中印本 (45.6×6.3cm)，楷体，墨色，横刊藏文六行，四周双栏，全。

索书号：003204/4。保存基本完好，今藏民族文化宫中国民族图书馆。

**༄༅། །བླ་མ་རྒྱ་གར་བའི་ལོ་རྒྱུས་ཞེས་བྱ་བ་བཞུགས་སོ། །**

**印度上师毗傅巴史事**

1种，9页。

ས་སྐྱ་གྲགས་པ་རྒྱལ་མཚན། 萨迦·札巴坚参 (1147—1216) 撰述。

四川省甘孜藏族自治州德格县德格地区德格寺印经院木刻版之刻印本。

普通藏纸，梵夹装中印本 (47.7×6.2cm)，楷体，墨色，横刊藏文六行，四周双栏，全。

索书号：000349/7。保存基本完好，今藏民族文化宫中国民族图书馆。

**༄༅། །འབྱུང་བཞི་གཏོར་མ་གཏོང་ཚུལ་ལོ་རྒྱུས་དང་བཅས་པ་བཞུགས་སོ། །**

**四大种朵玛供施法及史事**

1种，6页。

ཞབས་དྲུང་ཆོས་རྗེ་ངག་དབང་ཚེ་རིང་། 夏仲曲吉·阿旺慈仁 (？—1792) 撰述。

蒙古国乌兰巴托地区藏传佛教库伦寺印经院木刻版之刻印本。

普通藏纸，梵夹装中印本 (46.8×5.2cm)，楷体，墨色，横刊藏文六行，四周双栏，全。

索书号：000751/29。保存基本完好，今藏民族文化宫中国民族图书馆。

**༄༅། །འབྲུག་པའི་ལོ་རྒྱུས་ཟུར་ཙམ་བཞུགས་སོ། །**

**竹巴史附篇**

1种，2页。

རྒོད་ཚང་པ་མགོན་པོ་རྡོ་རྗེ། 果仓巴·贡波多结 (1189—1258) 撰述。

西藏地区藏传佛教寺院印经院传抄之缮写本。

普通藏纸，梵夹装中印本 (45.2×6.1cm)，楷体，墨色，横书藏文七行，四周双栏，全。

索书号：003860/2。保存基本完好，今藏民族文化宫中国民族图书馆。

**༄༅། །མ་ལུས་འགྲོ་བ་ཀུན་ལ་རྗེས་ཆགས་པས། བརྡ་ཧ་གཞི་ཅོད་པན་གཙུག་འཛིན་པ། ལྷ་པ་གང་གིས་བླ་མའི་བཀའ་བསྒྲུབ་ཕྱིར། རང་རྒྱལ་ཐོག་ན་རང་གི་ལོ་རྒྱུས་བཀོད། །**

**随爱诸众生住持赤珠冠为成师意旨自我撰生事简称大师所作自传**

1种，3页。

ཞྭ་དམར་དཀོན་མཆོག་ཡན་ལག 夏玛·恭却延拉 (1525—1583) 撰述。

西藏地区藏传佛教寺院印经院木刻版之刻印本。

普通藏纸，梵夹装中印本 (45×5.3cm)，楷体，墨色，横刊藏文六行，四周双栏，全。

索书号：003273/4。保存基本完好，今藏民族文化宫中国民族图书馆。

༄༅། །མེར་གེན་མཁན་པོ་བློ་བཟང་ཚེ་འཕེལ་བའི་འཁྲུངས་རབས་གསོལ་འདེབས་རིན་པོ་ཆེའི་དོ་ཤལ་ཞེས་བྱ་བ་བཞུགས་སོ། །

**麦尔根堪波·洛桑次培秘传启请文·大宝璎珞**

1 种，4 页。

སྡེ་ཁྲི་འཇམ་དབྱངས་ཐུབ་བསྟན་ཉི་མ། 第赤·绛央图丹尼玛 (1779—1862) 撰述。

甘肃省甘南藏族自治州夏河县拉卜楞地区拉卜楞寺 ( 拉章扎喜齐 ) 印经院木刻版之刻印本。

普通藏纸，梵夹装中印本 (47.2×6.6cm)，楷体，墨色，横刊藏文六行，四周双栏，全。

索书号：000890/10。保存基本完好，今藏民族文化宫中国民族图书馆。

༄༅། །མེར་གེན་མཁན་པོ་བློ་བཟང་ཚེ་འཕེལ་བའི་གསང་རྣམ་གསོལ་འདེབས་ཞེས་བྱ་བ་བཞུགས་སོ། །

**麦尔根堪波·洛桑次培秘传启请文**

1 种，4 页。

སྡེ་ཁྲི་འཇམ་དབྱངས་ཐུབ་བསྟན་ཉི་མ། 第赤·绛央图丹尼玛 (1779—1862) 撰述。

甘肃省甘南藏族自治州夏河县拉卜楞地区拉卜楞寺 ( 拉章扎喜齐 ) 印经院木刻版之刻印本。

普通藏纸，梵夹装中印本 (47.2×6.6cm)，楷体，墨色，横刊藏文六行，四周双栏，全。

索书号：000890/9。保存基本完好，今藏民族文化宫中国民族图书馆。

༄༅། །ཙན་དན་ཇོ་བོའི་ལོ་རྒྱུས་སྐོར་ཚད་ཕན་ཡོན་མདོར་བསྡུས་རིན་པོ་ཆེའི་ཕྲེང་བ་ཞེས་བྱ་བ་བཞུགས་སོ། །

**释迦旃檀像之史事及右绕量功德略说·大宝鬘**

1 种，10 页。

ལྕང་སྐྱ་རོལ་པའི་རྡོ་རྗེ། 章嘉·若贝多结 (1717—1786) 撰述。

北京地区藏传佛教皇家寺院印经院木刻版之刻印版。

普通纸，梵夹装中印本 (46.8×6.1cm)，楷体，墨色，横刊藏文六行，四周双栏，全。

索书号：000766/14。保存基本完好，今藏民族文化宫中国民族图书馆。

༄༅། །ཚར་ཆེན་གྱིས་པུ་ཏྲའི་བསྐང་གསོ་གསར་པ་མཛད་པའི་ལོ་རྒྱུས་བཞུགས་སོ། །

**察钦新著布扎酬补仪轨史事**

1 种，1 页。

ཨ་མེས་ངག་དབང་ཀུན་དགའ་བསོད་ནམས། 阿梅·阿旺衮噶索南 (1597—1660) 撰述

四川省甘孜藏族自治州德格县德格地区德格寺印经院木刻版之刻印本。

普通藏纸，梵夹装中印本 (45.6×6.3m)，楷体，墨色，横刊藏文六行，四周双栏，全。

索书号：003212/32。保存基本完好，今藏民族文化宫中国民族图书馆。

༄༅། །མཚོ་སྔོན་གྱི་ལོ་རྒྱུས་སོགས་བཀོད་པའི་ཚངས་གླུ་གསར་སྙན་ཞེས་བྱ་བ་བཞུགས་སོ། །

**青海史等列编·新雅梵歌**

1 种，19 页。

སུམ་པ་ཡེ་ཤེས་དཔལ་འབྱོར། 松巴·益希班觉 (1704—1788) 撰述。

内蒙古自治区呼和浩特地区曲果赛波寺印经院木刻版之刻印本。

普通藏纸，梵夹装中印本 (51.9×7.8cm)，楷体，墨色，横刊藏文六行，四周双栏，全。

索书号：001034/3。保存基本完好，今藏民族文化宫中国民族图书馆。

༄༅། །ཡབ་རྗེ་ཆོས་ཀྱི་རྒྱལ་པོ་རྟ་ཛའི་མཚན་ཅན་གྱི་རྟོགས་པ་བརྗོད་པ་མེ་ཏོག་ཕྲེང་བ་ཞེས་བྱ་བ་བཞུགས་སོ། །

**法王达扎传·鲜花鬘**

1 种，21 页。

ཞང་སྟོན་བསྟན་པ་རྒྱ་མཚོ། 祥敦·丹巴嘉措 (1825—1895) 撰述。

甘肃省甘南藏族自治州夏河县拉卜楞地区拉卜楞寺 ( 拉章扎喜齐 ) 印经院木刻版之刻印本。

普通藏纸，梵夹装中印本 (46.6×6.4cm)，楷体，墨色，横刊藏文六行，四周双栏，全。

索书号：000938/1。保存基本完好，今藏民族文化宫中国民族图书馆。

༄༅། །ཡོངས་ཀྱི་དགེ་བའི་བཤེས་གཉེན་ཆེན་པོ་རྒྱལ་མཁན་ཆེན་གྲགས་པ་རྒྱལ་མཚན་པའི་ཞལ་སྔ་ནས་ཀྱི་རྣམ་པར་ཐར་པ་ནོར་བུའི་ཕྲེང་བ་ཞེས་བྱ་བ་བཞུགས་སོ། །

**大善知识嘉堪钦札巴坚参撰·摩尼鬘**

1 种，62 页。

རྒྱལ་མཁན་པོ་གྲགས་པ་རྒྱལ་མཚན། 嘉堪波·札巴坚参 (1762—1836) 撰述。

甘肃省甘南藏族自治州夏河县拉卜楞地区拉卜楞寺 ( 拉章扎喜齐 ) 印经院木刻版之刻印本。

普通藏纸，梵夹装中印本 (47.4×6.3cm)，楷体，墨色，横刊藏文六行，四周双栏，全。

索书号：000846/4。保存基本完好，今藏民族文化宫中国民族图书馆。

༄༅། །ཡོངས་ཀྱི་དགེ་བའི་བཤེས་གཉེན་ཆེན་པོ་བློ་བཟང་ཚུལ་ཁྲིམས་ཀྱི་རྟོགས་པ་བརྗོད་པ་དད་ལྡན་རེ་སྐོང་ནོར་བུའི་དོ་ཤལ་ཞེས་བྱ་བ་བཞུགས་སོ། །

**大善知识洛桑慈称传·具信满愿·摩尼璎珞**

1 种，24 页。

རྟ་ཚག་རྗེ་དྲུང་ཡེ་ཤེས་བསྟན་པའི་མགོན་པོ། 达扎济咙·益希丹贝贡波 (1760—1810) 撰述。

西藏地区藏传佛教寺院印经院传抄之缮写本。

普通藏纸，梵夹装中印本 (45.7×6.5cm)，草体，墨色，横书藏文七行，四周双栏，全。

索书号：003797/7。保存基本完好，今藏民族文化宫中国民族图书馆。

༄༅། །ཡོངས་འཛིན་ཡོན་ཏན་རྒྱལ་མཚན་གྱི་རྣམ་ཐར་གསོལ་འདེབས་ཞེས་བྱ་བ་བཞུགས་སོ། །

**雍增云丹嘉措传记启请文**

1 种，3 页。

གུ་གེ་ཡོངས་འཛིན་བློ་བཟང་བསྟན་འཛིན། 古格雍增·洛桑丹增 (1748—1813) 撰述。

西藏地区藏传佛教寺院印经院木刻版之刻印本。

普通藏纸，梵夹装中印本 (48.2×6.5cm)，楷体，墨色，横刊藏文六行，四周双栏，全。

索书号：003830/5。保存基本完好，今藏民族文化宫中国民族图书馆。

༄༅། །རང་གི་རྟོགས་བརྗོད་ཐང་ཀར་བཀོད་པའི་ཞལ་བྱང་དོན་བསྡུ་ཀུན་དགའ་བསྐྱེད་པའི་ཞིང་ཁམས་རྒྱ་མཚོ་ཞེས་བྱ་བ་བཞུགས་སོ། །

**自传画轴题辞摄义·普庆刹海**

1 种，6 页。

ཞུ་ཆེན་ཚུལ་ཁྲིམས་རིན་ཆེན། 许钦·慈称仁钦 (1697—1774) 撰述。

四川省甘孜藏族自治州德格县德格地区德格寺印经院木刻版之刻印本。

普通藏纸，梵夹装中印本 (47.4×6.7cm)，楷体，墨色，横刊藏文六行，四周双栏，全。

索书号：000418/23。保存基本完好，今藏民族文化宫中国民族图书馆。

༄༅། །རང་གི་སྤྱོད་ཚུལ་རགས་རིམ་ལྷུག་པར་བརྗོད་པ་ཤེལ་སྒོའི་ལྟད་མོའི་སྨད་ཆ་བཞུགས་སོ། །

**自传述略·玻璃镜之观·下集**

1 种，161 页。

ལྕང་ལུང་པཎྜི་ཏ་ངག་དབང་བློ་བཟང་བསྟན་པའི་རྒྱལ་མཚན། 江隆班智达·阿旺洛桑丹贝坚参 (1770—1845) 撰述。

北京地区藏传佛教皇家寺院印经院木刻版之刻印本。

普通藏纸，梵夹装短印本 (39.5×5.9cm)，楷体，墨色，横刊藏文六行，四周双栏，全。

索书号：003710/15。保存基本完好，今藏民族文化宫中国民族图书馆。

༄༅། །རང་གཞན་གྱི་བྱུང་བ་བརྗོད་པའི་གཏམ་ཞེས་བྱ་བ་བཞུགས་སོ། །

**自他往事史话**

1 种，11 页。

ཀརྨ་མི་བསྐྱོད་རྡོ་རྗེ། 嘎玛·米觉多结 (1507—1554) 撰述。

西藏地区藏传佛教寺院印经院传抄之缮写本。

普通藏纸，梵夹装中印本 (44.6×5.3cm)，草体，墨色，横书藏文七行，四周双栏，全。

索书号：003878/18。保存基本完好，今藏民族文化宫中国民族图书馆。

༄༅། །རབ་གནས་ཀྱི་ལོ་རྒྱུས་གཙོ་བོར་གྱུར་པའི་བཤད་པ་ཞེས་བྱ་བ་བཞུགས་སོ། །

**开光主要史事解说**

1 种，8 页。

གུང་ཐང་དཀོན་མཆོག་བསྟན་པའི་འགྲོན་མེ། 贡唐·恭却丹贝准美 (1762—1823) 撰述。

甘肃省甘南藏族自治州夏河县拉卜楞地区拉卜楞寺（拉章扎喜齐）印经院木刻版之刻印本。

普通藏纸，梵夹装中印本 (47.2×6.8cm)，楷体，墨色，横刊藏文六行，四周双栏，全。

索书号：000925/19。保存基本完好，今藏民族文化宫中国民族图书馆。

༄༅། །རབ་འབྱམས་རྒྱལ་བའི་སྤྱི་གཟུགས་སྐྱབས་མགོན་པཎ་ཆེན་ཐམས་ཅད་མཁྱེན་པ་རྗེ་བཙུན་བློ་བཟང་དཔལ་ལྡན་བསྟན་པའི་ཉི་མ་ཕྱོགས་ལས་རྣམ་རྒྱལ་དཔལ་བཟང་པོའི་ཞལ་སྔ་ནས་ཀྱི་སྐུ་གསུང་ཐུགས་ཀྱི་རྣམ་པར་ཐར་པ་འཛམ་གླིང་མཛེས་རྒྱན་ཞེས་བྱ་བ་བཞུགས་སོ། །

**一切诸总体怙主班禅一切智至尊洛桑白旦丹贝尼玛之身语意传·赡部洲庄严**

1 种，414 页。

པཎ་ཆེན་ཨེར་ཏེ་ནི་བློ་བཟང་དཔལ་ལྡན་ཆོས་ཀྱི་གྲགས་པ་བསྟན་པའི་ཉི་མ། 班禅额尔德尼·洛桑白旦曲吉札巴丹贝尼玛 (1782—1853) 撰述。

西藏自治区日喀则地区扎什伦布寺印经院木刻版之刻印本。

普通藏纸，梵夹装中印本 (48.7×7cm)，楷体，墨色，横刊藏文六行，四周双栏，全。

索书号：000776/2。保存基本完好，今藏民族文化宫中国民族图书馆。

༄༅། །རིགས་དང་དཀྱིལ་འཁོར་ཀུན་གྱི་བདག་པོ་རྡོ་རྗེ་འཆང་ཁམས་གསུམ་འགྲོ་བའི་བླ་མ་མཆོག་གི་སྐུ་གདུང་ཡིད་བཞིན་གྱི་ནོར་བུ་སྙིང་པོར་བཞུགས་པའི་ལྷར་བཅས་སྐྱེ་དགུའི་མཆོད་སྡོང་ཆེན་པོའི་ཐོག་མཐའ་བར་གསུམ་གྱི་ཆེ་བའི་ཡོན་ཏན་བརྗོད་པར་བྱེད་པའི་གཏམ་རྒྱ་འཕྲུལ་འོད་ཟེར་ཕྱོགས་བརྒྱར་འགྱེད་པའི་སྣང་བྱེད་ཅེས་བྱ་བ་བཞུགས་སོ། །

**一切部与曼荼罗之主大金刚持三界众生之最胜上师遗体灵塔如意摩尼装藏中天等众生应作盛大供养初中后三段宏大功德示说·开诸幻化之光明**

1 种，49 页。

པཎ་ཆེན་ཨེར་ཏེ་ནི་བློ་བཟང་དཔལ་ལྡན་ཡེ་ཤེས། 班禅额尔德尼·洛桑白旦益希 (1738—1780) 撰述。

西藏自治区日喀则地区扎什伦布寺印经院木刻版之刻印本。

普通藏纸，梵夹装中印本 (48.7×7cm)，楷体，墨色，横刊藏文六行，四周双栏，全。

索书号：000670/4。保存基本完好，今藏民族文化宫中国民族图书馆。

༄༅། །རིགས་དང་དཀྱིལ་འཁོར་རྒྱ་མཚོའི་མངའ་བདག་པ་གཅིག་རིན་འབྱུང་སྙིགས་པའི་རྡོ་རྗེ་དཔལ་བཟང་པོའི་གསང་རྣམ་གསོལ་འདེབས་རིན་ཆེན་དང་པོའི་སྲམ་བུ་ཞེས་བྱ་བ་བཞུགས་སོ། །

**一切部与曼荼罗海主帕吉仁迥格贝多结之密行祈愿文·黄金条**

1 种，6 页。

རྫོང་དཀར་འཇིགས་མེད་དམ་ཆོས་རྒྱ་མཚོ། 宗嘎·吉迈丹曲嘉措 (1898—1946) 撰述。

青海省化隆回族自治县金源地区丹斗寺 ( 丹斗协吉央贡 ) 印经院木刻版之刻印本。

普通藏纸，梵夹装中印本 (44.2×6.2cm)，楷体，墨色，横刊藏文六行，四周双栏，全。

索书号：000797/4。保存基本完好，今藏民族文化宫中国民族图书馆。

༄༅། །རོང་པོ་མཁས་གྲུབ་ཆེན་པོའི་འཁྲུངས་རབས་གསོལ་འདེབས་པདྨ་དཀར་པོའི་ཕྲེང་མཛེས་ཞེས་བྱ་བ་བཞུགས་སོ། །

**绒波善巧成就大师本生事纪祈祷文·白莲美鬘**

1 种，10 页。

ཀིརྟི་བློ་བཟང་འཕྲིན་ལས། 格迪·洛桑成勒 (1849—1905) 撰述。

甘肃省甘南藏族自治州碌曲县郎木地区郎木寺印经院木刻版之刻印本。

普通藏纸，梵夹装中印本 (44.8×6.1cm)，楷体，墨色，横刊藏文七行，四周双栏，全。

索书号：001082/1。保存基本完好，今藏民族文化宫中国民族图书馆。

༄༅། །ལོ་རྒྱུས་རིན་པོ་ཆེའི་ཕྲེང་བ་ཞེས་བྱ་བ་བཞུགས་སོ། །

**史事大宝鬘**

1 种，19 页。

ཀློང་ཆེན་རབ་འབྱམས་པ་དྲི་མེད་འོད་ཟེར། 隆钦饶绛巴·智迈沃色 (1308—1363) 撰述。

四川省甘孜藏族自治州德格县德格地区德格寺印经院木刻版之刻印本。

普通藏纸，梵夹装中印本 (53×7.1cm)，楷体，墨色，横刊藏文六行，四周双栏，全。

索书号：003912/3。保存基本完好，今藏民族文化宫中国民族图书馆。

༄༅། །སློབ་དཔོན་རྡོ་རྗེ་དྲིལ་བུ་པའི་ལོ་རྒྱུས་ཞེས་བྱ་བ་བཞུགས་སོ། །

**阿阇梨多结智布巴史事**

1 种，30 页。

ས་སྐྱ་གྲགས་པ་རྒྱལ་མཚན། 萨迦·札巴坚参(1147—1216)撰述。

四川省甘孜藏族自治州德格县德格地区德格寺印经院木刻版之刻印本。

普通藏纸，梵夹装中印本(47.7×6.2cm)，楷体，墨色，横刊藏文六行，四周双栏，全。

索书号：000350/12。保存基本完好，今藏民族文化宫中国民族图书馆。

༄༅། །སློབ་དཔོན་མཚོ་སྐྱེས་ཀྱི་ལོ་རྒྱུས་ཞེས་བྱ་བ་བཞུགས་སོ། །

**海生大师史事**

1种，28页。

ས་སྐྱ་ཀུན་དགའ་སྙིང་པོ། 萨迦·衮噶宁波(1092—1158)撰述。

四川省甘孜藏族自治州德格县德格地区德格寺印经院木刻版之刻印本。

普通藏纸，梵夹装中印本(47.7×6.2cm)，楷体，墨色，横刊藏文六行，四周双栏，全。

索书号：000345/8。保存基本完好，今藏民族文化宫中国民族图书馆。

༄༅། །སེམས་ཀྱིས་གཞན་དོན་ཁོ་ན་ཇི་ལྟར་བྱས་ཡོད་པའི་རྣམ་ཐར་བེམ་ཤེས་ལྡན་མིན་འདུ་བྱེད་གསུམ་གྱི་གྲོས་འདེབས་ལས་བྱུང་བ་སྨྲོན་པའི་གླུས་གར་གསལ་བར་བྱེད་པའི་མེ་ལོང་ཞེས་བྱ་བ་བཞུགས་སོ། །

**从有心识、无心识及不相应行三者议论之发心利他故事·癫狂歌舞明镜**

1种，13页。

ཁལ་ཁ་མཁན་པོ་ངག་དབང་བློ་བཟང་མཁས་གྲུབ། 喀尔喀堪波·阿旺洛桑凯珠(1779—1838)撰述。

西藏地区藏传佛教寺院印经院木刻版之刻印本。

普通藏纸，梵夹装中印本(52.5×7.2cm)，楷体，墨色，横刊藏文六行，四周双栏，全。

索书号：001238/17。保存基本完好，今藏民族文化宫中国民族图书馆。

༄༅། །གསང་འདུས་ཡེ་ཤེས་ཞབས་ཀྱི་རྣམ་ཐར་དང་བརྒྱུད་པའི་རིམ་པ་ཞེས་བྱ་བ་བཞུགས་སོ། །

**密集智足传及传承次第**

1种，21页。

ས་སྐྱ་འཕགས་པ་བློ་གྲོས་རྒྱལ་མཚན། 萨迦·帕巴洛哲坚参(1235—1280)撰述。

四川省甘孜藏族自治州德格县德格地区德格寺印经院木刻版之刻印本。

普通藏纸，梵夹装中印本(47.7×6.2cm)，楷体，墨色，横刊藏文六行，四周双栏，全。

索书号：000357/8。保存基本完好，今藏民族文化宫中国民族图书馆。

༄༅། །གསང་བའི་རྣམ་ཐར་ལོག་རྟོག་མུན་སེལ་ཞེས་བྱ་བ་བཞུགས་སོ། །

**秘传·除邪知黑暗**

1种，14页。

ལྷོ་བྲག་ནམ་མཁའ་རྒྱལ་མཚན། 珞扎·南喀坚参(1326—1401)撰述。

西藏地区藏传佛教寺院印经院木刻版之刻印本。

普通藏纸，梵夹装中印本(45.2×4.8cm)，楷体，墨色，横刊藏文六行，四周双栏，全。

索书号：001214/3。保存基本完好，今藏民族文化宫中国民族图书馆。

༄༅། །གསང་བའི་རྣམ་ཐར་ཞེས་བྱ་བ་བཞུགས་སོ། །

**秘传之三**

1种，6页。

ཏཱ་ར་ནཱ་ཐ་ཀུན་དགའ་སྙིང་པོ། 达拉那塔·

衮噶宁波 (1575—1634) 撰述。

西藏地区藏传佛教达丹寺印经院木刻版之刻印本。

普通藏纸，梵夹装中印本 (43.6×8.2cm)，楷体，墨色，横刊藏文六行，四周双栏，全。

索书号：001018/3。保存基本完好，今藏民族文化宫中国民族图书馆。

༄༅། །གསང་བའི་རྣམ་ཐར་ཞེས་བྱ་བ་བཞུགས་སོ། །

**秘传之二**

1种，9页。

ཏཱ་ར་ནཱ་ཐ་ཀུན་དགའ་སྙིང་པོ། 达拉那塔·衮噶宁波 (1575—1634) 撰述。

西藏地区藏传佛教达丹寺印经院木刻版之刻印本。

普通藏纸，梵夹装中印本 (43.6×8.2cm)，楷体，墨色，横刊藏文六行，四周双栏，全。

索书号：001018/2。保存基本完好，今藏民族文化宫中国民族图书馆。

༄༅། །གསུང་ངག་རིན་པོ་ཆེའི་བླ་མ་བརྒྱུད་པ་རྣམས་ཀྱི་རྣམ་ཐར་མདོར་བསྡུས་དང་སྦྲར་ཏེ་གསོལ་བ་འདེབས་པའི་ཚིགས་སུ་བཅད་པ་མཁས་པའི་དགའ་བྱེད་ཅེས་བྱ་བ་བཞུགས་སོ། །

**结合大宝语教诸上师传承传略之启请颂·贤者悦意**

1种，6页。

ཨ་མེས་ངག་དབང་ཀུན་དགའ་བསོད་ནམས། 阿梅·阿旺衮噶索南 (1597—1660) 撰述。

四川省甘孜藏族自治州德格县德格地区德格寺印经院木刻版之刻印本。

普通藏纸，梵夹装中印本 (45.6×6.3cm)，楷体，墨色，横刊藏文六行，四周双栏，全。

索书号：003220/101。保存基本完好，今藏民族文化宫中国民族图书馆。

༄༅། །མཉམ་དང་བཅས་པའི་འགྲོ་བ་ཡོངས་ཀྱི་སྐྱབས་མགོན་བཀའ་དྲིན་མཚུངས་བྲལ་མ་མཆིས་པ་པཎ་ཆེན་ཐམས་ཅད་མཁྱེན་ཅིང་གཟིགས་པ་དང་དཀྱིལ་འཁོར་རྒྱ་མཚོའི་ཁྱབ་བདག་རྡོ་རྗེ་འཆང་ཆེན་པོ་རྗེ་བཙུན་བློ་བཟང་དཔལ་ལྡན་བསྟན་པའི་ཉི་མ་ཕྱོགས་ལས་རྣམ་རྒྱལ་དཔལ་བཟང་པོ་ལ་རྣམ་ཐར་གྱི་སྒོ་ནས་གསོལ་བ་འདེབས་པ་བྱིན་རླབས་རིན་ཆེན་འདྲེན་པའི་ཤིང་རྟ་ཞེས་བྱ་བ་བཞུགས་སོ། །

**无等一切众生之怙主恩德无比之班禅一切智曼荼罗遍主大金刚持至尊洛桑白旦丹贝尼玛传记启请文·引加持之宝车**

1种，11页。

པཎ་ཆེན་ཨེར་ཏེ་ནི་བློ་བཟང་དཔལ་ལྡན་བསྟན་པའི་ཉི་མ། 班禅额尔德尼·洛桑白旦丹贝尼玛 (1782—1853) 撰述。

西藏自治区日喀则地区扎什伦布寺印经院木刻版之刻印本。

普通藏纸，梵夹装中印本 (48.7×7cm)，楷体，墨色，横刊藏文六行，四周双栏，全。

索书号：000776/1。保存基本完好，今藏民族文化宫中国民族图书馆。

༄༅། །ལྷ་དང་བཅས་པའི་སྟོན་པ་མཉམ་མེད་ཤཱཀྱ་སེང་གེའི་ཞབས་ཀྱི་པདྨོ་ལ་མཛད་པ་བཅུ་གཉིས་ཀྱི་སྒོ་ནས་ཅུང་ཟད་བསྟོད་པའི་ཀུན་བཟང་འཁོར་ལོའི་རེའུ་མིག་རྒྱལ་བ་སྲས་བཅས་དགྱེས་པའི་རོལ་མོ་ཞེས་བྱ་བ་བཞུགས་སོ། །

**无等天人师释迦狮子莲座前十二事业简略赞颂之回文诗表格·佛菩萨喜悦之音乐**

1种，6页。

འཇམ་དབྱངས་མཁྱེན་བརྩེ་དབང་པོ། 绛央庆则旺波 (1820—1892) 撰述。

四川省甘孜藏族自治州德格县德格地区德格寺印经院木刻版之刻印本。

普通藏纸，梵夹装短印本 (29.7×4.6cm)，楷体，墨色，横刊藏文六行，四周双栏，全。

索书号：006301/2。保存基本完好，今藏民族文化宫中国民族图书馆。

༄༅། །ལྷ་ལྡན་སྨོན་ལམ་ཆེན་མོའི་གསུང་ཆོས་སྐྱེས་རབས་སོ་བཞིའི་བརྒྱུད་པ་གོང་མ་རྣམས་དང་རྒྱལ་དབང་ཡབ་སྲས་རིམ་བྱོན་རྣམས་ཀྱི་གསོལ་འདེབས་ལྷུགས་བསྔོ་མཛད་སྒོའི་རིམ་པ་བཅས་ཞེས་བྱ་བ་བཞུགས་སོ། །

**拉萨大愿法会中说本生三十四事纪・诸传承大德及法王师徒世次之启请文・回向及作业次第等**

1 种，6 页。

ཏཱ་ལའི་བླ་མ་ཐུབ་བསྟན་རྒྱ་མཚོ། 达赖喇嘛・图丹嘉措 (1876—1933) 撰述。

西藏自治区拉萨地区布达拉宫印经院木刻版之刻印本。

普通藏纸，梵夹装中印本 (49.5×7.3cm)，楷体，墨色，横刊藏文六行，四周双栏，全。

索书号：000724/5。保存基本完好，今藏民族文化宫中国民族图书馆。

༄༅། །ལྷ་མོའི་ཞི་བའི་གཏོར་སྒྲུབ་ཀྱི་བཅའ་བཤམས་འདོད་སྒྲིག་ཕྱག་ལེན་ལོ་རྒྱུས་ཚོགས་གཏམ་གཉེར་གཏད་དང་བཅས་པ་འཆམ་ཆེན་དང་དབེན་སའི་ལྕགས་མཁར་གྱི་ལོ་རྒྱུས། སྲད་རྒྱུད་ལུགས་ཀྱི་ཟུར་དགུ་བའི་ལོ་རྒྱུས་ཚོགས་གཏམ་བཅས་བཞུགས་སོ། །

**天女息灾朵玛修法之朵玛制作陈设、念诵次第、实修、告诫大众、嘱托所求等跳神大会及温萨铁堡之史事、舍派传规之九角史事、训词等**

1 种，30 页。

རྒྱལ་མཁན་སྤྲུལ་སྐལ་བཟང་གྲགས་པ་རྒྱ་མཚོ། 嘉堪朱・格桑札巴嘉措 (1880—？ ) 撰述。

甘肃省甘南藏族自治州夏河县拉卜楞地区拉卜楞寺（拉章扎喜齐）印经院木刻版之刻印本。

普通藏纸，梵夹装中印本 (44.7×6cm)，楷体，墨色，横刊藏文六行，四周双栏，全。

索书号：001072/7。保存基本完好，今藏民族文化宫中国民族图书馆。

## གསུམ་པ། མཚན་ཉིད་རིག་པའི་སྐོར།
## 三、显乘撰述类

### ༡、ཚད་མ་རིག་པའི་སྐོར།
### 1. 因明学

༄༅། །ཀུན་མཁྱེན་བླ་མའི་བློ་རིགས་ཀྱི་ཟུར་མཆན་ཞེས་བྱ་བ་བཞུགས་སོ། །

**衮钦喇嘛之心理论旁注**

1 种，18 页。

ཁལ་ཁ་ངག་དབང་བློ་བཟང་མཁས་གྲུབ། 喀尔喀・阿旺洛桑凯珠 (1779—1838) 撰述。

西藏地区藏传佛教寺院印经院木刻版之刻印本。

普通纸，梵夹装中印本 (52.5×7.2cm)，楷体，墨色，横刊藏文六行，四周双栏，全。

索书号：001238/7。保存基本完好，今藏民族文化宫中国民族图书馆。

༄༅། །མཁས་གྲུབ་དགེ་ལེགས་དཔལ་བཟང་པོས་མཛད་པའི་ཚད་མའི་ལམ་འཁྲིད་ཅེས་བྱ་བ་བཞུགས་སོ། །

**凯珠・格勒白桑所著之量论导引**

1 种，16 页。

མཁས་གྲུབ་རྗེ་དགེ་ལེགས་དཔལ་བཟང་། 凯珠

杰・格勒白桑 (1385—1438) 撰述。

西藏自治区拉萨市达孜地区噶旦寺 (喜足尊胜洲) 印经院木刻版之刻印本。

普通纸，梵夹装中印本 (50.4×6cm)，楷体，墨色，横刊藏文六行，四周双栏，全。

索书号：002935/7。保存基本完好，今藏民族文化宫中国民族图书馆。

༄༅། །རྒྱལ་བའི་དབང་པོ་ཆོས་གྲགས་རྒྱ་མཚོས་ཚད་མའི་བསྟན་བཅོས་ཀྱི་རྒྱས་འགྲེལ་མཛད་པའི་རྩོམ་བྱང་གི་འཕྲོ་ལུས་པ་རྗེ་མི་བསྐྱོད་རྡོ་རྗེས་སྦྱར་བ་ཞེས་བྱ་བ་བཞུགས་སོ། །

**米觉多结为佛王曲札嘉措之量论大疏所作跋文**

1 种，6 页。

ཀརྨ་མི་བསྐྱོད་རྡོ་རྗེ། 嘎玛・米觉多结 (1507—1554) 撰述。

四川省甘孜地区藏传佛教寺院印经院传抄之缮写本。

普通藏纸，梵夹装中印本 (44.6×5.3cm)，草体，墨色，横书藏文七行，四周双栏，全。

索书号：003775/1。保存基本完好，今藏民族文化宫中国民族图书馆。

༄༅། །རྒྱལ་ཚབ་ཆོས་རྗེས་རྗེའི་དྲུང་དུ་གསན་པའི་མངོན་སུམ་ལེའུའི་བརྗེད་བྱང་ཞེས་བྱ་བ་བཞུགས་སོ། །

**嘉策法王在宗喀巴大师座前听受释量论现量品之备忘录**

1 种，56 页。

ཙོང་ཁ་པ་བློ་བཟང་གྲགས་པ། 宗喀巴・洛桑札巴 (1357—1419) 撰述。

甘肃省甘南藏族自治州夏河县拉卜楞地区拉卜楞寺 (拉章扎喜齐) 印经院木刻版之刻印本。

普通藏纸，梵夹装中印本 (47.4×6.8cm)，楷体，墨色，横刊藏文六行，四周双栏，全。

索书号：000373/4。保存基本完好，今藏民族文化宫中国民族图书馆。

༄༅། །རྒྱས་པའི་བསྟན་བཅོས་ཚད་མ་རྣམ་འགྲེལ་གྱི་རྒྱ་ཆེར་བཤད་པ་རིགས་པའི་རྒྱ་མཚོ་ལས་ཚད་མ་གྲུབ་པའི་ལེའུའི་རྣམ་བཤད་ཅེས་བྱ་བ་བཞུགས་སོ། །

**量释论广释・正理海中成量品解说**

1 种，108 页。

མཁས་གྲུབ་རྗེ་དགེ་ལེགས་དཔལ་བཟང་། 凯珠杰・格勒白桑 (1385—1438) 撰述。

西藏自治区拉萨市达孜地区噶旦寺 (喜足尊胜洲) 印经院木刻版之刻印本。

普通藏纸，梵夹装中印本 (50.4×6cm)，楷体，墨色，横刊藏文六行，四周双栏，全。

索书号：002937/2。保存基本完好，今藏民族文化宫中国民族图书馆。

༄༅། །རྒྱས་པའི་བསྟན་བཅོས་ཚད་མ་རྣམ་འགྲེལ་གྱི་ངག་དོན་ཀུན་ཏུ་བཟང་པོའི་ཉི་མ་ཞེས་བྱ་བ་བཞུགས་སོ། །

**释量论语义广释・普贤之日**

1 种，192 页。

གོ་བོ་རབ་འབྱམས་པ་བསོད་ནམས་སེང་གེ། 果沃饶绛巴・索南桑格 (1429—1489) 撰述。

四川省甘孜藏族自治州德格县八邦地区八邦寺印经院木刻版之刻印本。

普通藏纸，梵夹装中印本 (46.3×6cm)，楷体，墨色，横刊藏文六行，四周双栏，全。

索书号：000379/1。保存基本完好，今藏民族文化宫中国民族图书馆。

༄༅། །རྒྱས་པའི་བསྟན་བཅོས་ཚད་མ་རྣམ་འགྲེལ་གྱི་བསྡུས་དོན་རིགས་པའི་གཏེར་གྱི་ཁ་བྱང་ཞེས་བྱ་བ་བཞུགས་སོ། །

**释量广论摄义 · 正理藏之标题**

1 种，41 页。

ཆོས་དཔལ་ཞིང་བློ་བཟང་རྒྱ་མཚོ། 曲白辛 · 洛桑嘉措 (1855—1923) 撰述。

甘肃省甘南藏族自治州夏河县拉卜楞地区拉卜楞寺 ( 拉章扎喜齐 ) 印经院木刻版之刻印本。

普通藏纸，梵夹装中印本 (48.1 × 6.1cm)，楷体，墨色，横刊藏文六行，四周双栏，全。

索书号：001225/6。保存基本完好，今藏民族文化宫中国民族图书馆。

༄༅། །རྒྱས་པའི་བསྟན་བཅོས་ཚད་མ་རྣམ་འགྲེལ་གྱི་རྣམ་པར་བཤད་པ་ཀུན་ཏུ་བཟང་པོའི་འོད་ཟེར་ཞེས་བྱ་བ་བཞུགས་སོ། །

**量释论广释 · 普贤光明**

1 种，82 页。

གོ་བོ་རབ་འབྱམས་པ་བསོད་ནམས་སེང་གེ། 果沃饶绛巴 · 索南桑格 (1429—1489) 撰述。

四川省甘孜藏族自治州德格县八邦地区八邦寺印经院木刻版之刻印本。

普通藏纸，梵夹装中印本 (46.3 × 6cm)，楷体，墨色，横刊藏文六行，四周双栏，全。

索书号：000378/4。保存基本完好，今藏民族文化宫中国民族图书馆。

༄༅། །མཛོན་པ་གཉིས་ནས་བཤད་པའི་བློ་རིག་དང་རྟགས་རིགས་ཀྱི་རྣམ་གཞག་ལུང་རིགས་ཀྱི་སྙིང་པོ་བསྡུས་པ་མཁས་པ་དགྱེས་བྱེད་ཅེས་བྱ་བ་བཞུགས་སོ། །

**二利法说心理与因理建立论 · 教理摄要 · 智者悦意**

1 种，20 页。

ཅོ་ནེ་གྲགས་པ་བཤད་སྒྲུབ། 卓尼 · 札巴协珠 (1675—1748) 撰述。

甘肃省甘南藏族自治州卓尼县卓尼地区卓尼寺 ( 觉乃噶旦协珠林 ) 印经院木刻版之刻印本。

普通藏纸，梵夹装中印本 (48.6 × 6.3cm)，楷体，墨色，横刊藏文六行，四周双栏，全。

索书号：003674/26 保存基本完好，今藏民族文化宫中国民族图书馆。

༄༅། །གཏན་ཚིག་རིག་པའི་སྡོམ་ཚིག་རིགས་ལམ་གསལ་བའི་མེ་ལོང་ཞེས་བྱ་བ་བཞུགས་སོ། །

**因明总义理路明镜**

1 种，9 页。

ཨ་ཀྱཱ་ཡོངས་འཛིན་བློ་བཟང་དོན་གྲུབ། 阿迦雍增 · 洛桑顿珠 (1774—？ ) 撰述。

青海省湟中县鲁沙尔地区塔尔寺 ( 固奔乾巴林 ) 印经院木刻版之刻印本。

普通藏纸，梵夹装中印本 (47.9 × 6.3cm)，楷体，墨色，横刊藏文六行，四周双栏，全。

索书号：000934/5。保存基本完好，今藏民族文化宫中国民族图书馆。

༄༅། །རྟགས་རིགས་ཀྱི་དཀའ་བའི་གནས་ལ་ཕན་པའི་ཟིན་བྲིས་གསར་བཤད་ཉི་མའི་འོད་ཟེར་ཞེས་བྱ་བ་བཞུགས་སོ། །

**因明难处助益笔录 · 新解日光**

1 种，28 页。

ཨ་ལག་ཤ་བསྟན་དར་ལྷ་རམས་པ། 阿拉夏 · 丹达拉然巴 (1759—?) 撰述。

青海省湟中县鲁沙尔地区塔尔寺 ( 固奔乾巴林 ) 印经院木刻版之刻印本。

普通藏纸，梵夹装中印本 (48.5 × 6.7cm)，楷体，墨色，横刊藏文六行，四周双栏，全。

索书号：001207/4。保存基本完好，

今藏民族文化宫中国民族图书馆。

༄༅། །རྟགས་རིགས་ཀྱི་མཐའ་དཔྱོད་སོགས་ཀྱི་དཀའ་གནས་རྣང་ཟད་བཤད་པ་རིན་པོ་ཆེའི་ཐྲེང་བ་ཞེས་བྱ་བ་བཞུགས་སོ། །

**因理论之探讨等难义略解 · 大宝鬘**

1种，125页。

ཀུང་ཐང་བློ་གྲོས་རྒྱ་མཚོ། 贡唐 · 洛哲嘉措 (1851—1931) 撰述。

甘肃省甘南藏族自治州夏河县拉卜楞地区拉卜楞寺（拉章扎喜齐）印经院木刻版之刻印本。

普通藏纸，梵夹装中印本 (44.5×6.4cm)，楷体，墨色，横刊藏文六行，四周双栏，全。

索书号：001138/2。保存基本完好，今藏民族文化宫中国民族图书馆。

༄༅། །རྟགས་རིགས་ཀྱི་རང་ལུགས་མཐའ་དཔྱོད་བློ་གསལ་མཁས་པའི་མགུལ་རྒྱན་འགྲོ་བའི་སྙིང་གི་མུན་པ་སེལ་བར་བྱེད་པ་ཀུ་མུ་ཏའི་ཁ་འབྱེད་ཅེས་བྱ་བ་བཞུགས་སོ། །

**因理论之自宗探讨 · 智者项饰 · 除众生心暗君陀花开**

1种，31页。

བསེ་ངག་དབང་བཀྲ་ཤིས། 绥 · 阿旺扎喜 (1678—1738) 撰述。

甘肃省甘南藏族自治州夏河县拉卜楞地区拉卜楞寺（拉章扎喜齐）印经院木刻版之刻印本。

普通藏纸，梵夹装中印本 (47.3×6.3cm)，楷体，墨色，横刊藏文六行，四周双栏，全。

索书号：001159/7。保存基本完好，今藏民族文化宫中国民族图书馆。

༄༅། །རྟགས་རིགས་མཐའ་དཔྱོད་ཀྱི་ཁ་སྐོང་རིན་ཆེན་མཛེས་པའི་དོ་ཤལ་ཞེས་བྱ་བ་བཞུགས་སོ། །

**因理论探讨之补遗 · 妙宝瓔珞**

1种，23页。

དཔལ་རིས་བློ་བཟང་རབ་གསལ། 华锐 · 洛桑饶萨 (1840—？ ) 撰述。

青海省湟中县鲁沙尔地区塔尔寺（固奔乾巴林）印经院木刻版之刻印本。

普通藏纸，梵夹装中印本 (47.7×6.3cm)，楷体，墨色，横刊藏文六行，四周双栏，全。

索书号：001226/11。保存基本完好，今藏民族文化宫中国民族图书馆。

༄༅། །བསྟན་བཅོས་ཚད་ཆུང་མིག་གི་སྒྲོན་མེའི་འགྲེལ་པ་གོད་ཚང་པས་མཛད་པ་ཞེས་བྱ་བ་བཞུགས་སོ། །

**果仓巴撰量论略篇 · 眼之明灯释**

1种，16页。

རྒོད་ཚང་པ་མགོན་པོ་རྡོ་རྗེ། 果仓巴 · 贡波多结 (1189—1258) 撰述。

西藏地区藏传佛教寺院印经院传抄之缮写本。

普通藏纸，梵夹装中印本 (45.2×6.1cm)，草体，墨色，横书藏文七行，四周双栏，全。

索书号：003862/19。保存基本完好，今藏民族文化宫中国民族图书馆。

༄༅། །བསྟན་བཅོས་ཚད་མ་རྣམ་ངེས་ཀྱི་ཊཱི་ཀ་ཆེན་དགོངས་པ་རབ་གསལ་གྱི་སྟོད་ཆ་བཞུགས་སོ། །

**量决定论大疏 · 善显密意论 · 上卷**

1种，307页。

རྒྱལ་ཚབ་རྗེ་དར་མ་རིན་ཆེན། 嘉策杰 · 达玛仁钦 (1364—1432) 撰述。

青海省湟中县鲁沙尔地区塔尔寺（固奔乾巴林）印经院木刻版之刻印本。

普通藏纸，梵夹装中印本（50.3×6cm），楷体，墨色，横刊藏文六行，四周双栏，全。

索书号：002925/3。保存基本完好，今藏民族文化宫中国民族图书馆。

༄༅། །བསྟན་བཅོས་ཚད་མ་རྣམ་ངེས་ཀྱི་ཊཱི་ཀ་ཆེན་དགོངས་པ་རབ་གསལ་གྱི་སྨད་ཆ་བཞུགས་སོ། །

**量决定论大疏·善显密意论·下卷**

1 种，260 页。

རྒྱལ་ཚབ་རྗེ་དར་མ་རིན་ཆེན། 嘉策杰·达玛仁钦（1364—1432）撰述。

青海省湟中县鲁沙尔地区塔尔寺（固奔乾巴林）印经院木刻版之刻印本。

普通藏纸，梵夹装中印本（50.3×6cm），楷体，墨色，横刊藏文六行，四周双栏，全。

索书号：002926/2。保存基本完好，今藏民族文化宫中国民族图书馆。

༄༅། །སྡེ་བདུན་གྱི་སྙིང་པོ་རིགས་པའི་དེ་ཁོ་ན་ཉིད་རབ་ཏུ་གསལ་བ་ཞེས་བྱ་བ་བསྡུས་པ་གཉིས་པ་བཞུགས་སོ། །

**七论心要理智真实性显明篇第二摄要**

1 种，84 页。

ས་སྐྱ་བླ་མ་བསོད་ནམས་རྒྱལ་མཚན། 萨迦喇嘛·索南坚参（1312—1375）撰述。

西藏地区藏传佛教寺院印经院传抄之缮写本。

普通藏纸，梵夹装中印本（45.3×5.9cm），草体，墨色，横书藏文七行，四周双栏，全。

索书号：003876/3。保存基本完好，今藏民族文化宫中国民族图书馆。

༄༅། །སྡེ་བདུན་མདོ་དང་བཅས་པའི་དགོངས་འགྲེལ་ཚད་མ་རིགས་པའི་གཏེར་གྱི་འགྲེལ་པའི་རྣམ་བཤད་རིགས་ལམ་གསལ་བའི་ཉི་མ་ཞེས་བྱ་བ་བཞུགས་སོ། །

**因明七部释论等之密意释·因明正理藏论解说·阐明理路之丽日**

1 种，207 页。

གློ་བོ་མཁན་ཆེན་བསོད་ནམས་ལྷུན་གྲུབ། 珞沃堪钦·索南伦珠（1441—1525）撰述。

四川省甘孜藏族自治州德格县德格地区德格寺印经院木刻版之刻印本。

普通藏纸，梵夹装中印本（47.1×6.1cm），楷体，墨色，横刊藏文六行，四周双栏，全。

索书号：000559/1。保存基本完好，今藏民族文化宫中国民族图书馆。

༄༅། །སྡེ་བདུན་མདོ་དང་བཅས་པའི་དགོངས་འགྲེལ་ཚད་མ་རིགས་པའི་གཏེར་གྱི་ཕྱོགས་སྔ་མ་རྣམ་པར་བཤད་པ་རིགས་ལམ་གསལ་བྱེད་ཅེས་བྱ་བ་བཞུགས་སོ། །

**因明七论之密意释·因明正理藏论所破宗明解·正理明解**

1 种，29 页。

གློ་བོ་མཁན་ཆེན་བསོད་ནམས་ལྷུན་གྲུབ། 珞沃堪钦·索南伦珠（1441—1525）撰述。

四川省甘孜藏族自治州德格县德格地区德格寺印经院木刻版之刻印本。

普通藏纸，梵夹装中印本（47.1×6.1cm），楷体，墨色，横刊藏文六行，四周双栏，全。

索书号：000560/7。保存基本完好，今藏民族文化宫中国民族图书馆。

༄༅། །སྡེ་བདུན་མདོ་དང་བཅས་པའི་དགོངས་འགྲེལ་ཚད་མ་རིག་པའི་གཏེར་ལ་ཉེ་བར་མཁོ་བ་མཐའ་གཉིས་གསལ་བྱེད་ཅེས་བྱ་བ་བཞུགས་སོ། །

**因明七论之密意释·因明正理藏论常用二边明解**

1 种，4 页。

གློ་བོ་མཁན་ཆེན་བསོད་ནམས་ལྷུན་གྲུབ། 珞沃堪钦·索南伦珠 (1441—1525) 撰述。

四川省甘孜藏族自治州德格县德格地区德格寺印经院木刻版之刻印本。

普通藏纸，梵夹装中印本 (47.1 × 6.1cm)，楷体，墨色，横刊藏文六行，四周双栏，全。

索书号：000560/6。保存基本完好，今藏民族文化宫中国民族图书馆。

༄༅། །སྡེ་བདུན་མདོ་དང་བཅས་པའི་དགོངས་པ་ཕྱིན་ཅི་མ་ལོག་པར་འགྲེལ་པ་ཚད་མ་རིགས་པའི་གཏེར་གྱི་དོན་གསལ་བར་བྱེད་པ་ཞེས་བྱ་བ་བཞུགས་སོ། །

**量论七部意趣无倒明解·因明正理藏论释义**

1 种，148 页。

གོ་བོ་རབ་འབྱམས་པ་བསོད་ནམས་སེང་གེ། 果沃饶绛巴·索南桑格 (1429—1489) 撰述。

四川省甘孜藏族自治州德格县德格地区德格寺印经院木刻版之刻印本。

普通藏纸，梵夹装中印本 (46.3 × 6cm)，楷体，墨色，横刊藏文六行，四周双栏，全。

索书号：000379/2。保存基本完好，今藏民族文化宫中国民族图书馆。

༄༅། །བསྡུས་གྲྭའི་དགག་སྒྲུབ་ལེགས་བཤད་མཁས་པའི་ཡིད་འཕྲོག་ཅེས་བྱ་བ་འཇམ་མགོན་བླ་མ་ངག་དབང་བཀྲ་ཤིས་དཔལ་བཟང་པོས་མཛད་པ་བཞུགས་སོ། །

**文书上师阿旺扎喜撰摄类之破立嘉言·智者悦意**

1 种，13 页。

བསེ་ངག་དབང་བཀྲ་ཤིས། 绥·阿旺扎喜 (1678—1738) 撰述。

甘肃省甘南藏族自治州夏河县拉卜楞地区拉卜楞寺 ( 拉章扎喜齐 ) 印经院木刻版之刻印本。

普通藏纸，梵夹装中印本 (47.3 × 6.3cm)，楷体，墨色，横刊藏文六行，四周双栏，全。

索书号：001169/1。保存基本完好，今藏民族文化宫中国民族图书馆。

༄༅། །བསྡུས་གྲྭའི་རྣམ་བཞག་ལེགས་པར་བཤད་པ་ཞེས་བྱ་བ་བཞུགས་སོ། །

**辩理初级之建立嘉言**

1 种，28 页。

འཇམ་དབྱངས་བཞད་པ་ངག་དབང་བརྩོན་འགྲུས། 嘉木样协巴·阿旺宗哲 (1648—1721) 撰述。

甘肃省甘南藏族自治州夏河县拉卜楞地区拉卜楞寺 ( 拉章扎喜齐 ) 印经院木刻版之刻印本。

普通藏纸，梵夹装中印本 (47.2 × 6.8cm)，楷体，墨色，横刊藏文六行，四周双栏，全。

索书号：000855/19。保存基本完好，今藏民族文化宫中国民族图书馆。

༄༅། །བསྡུས་གྲྭའི་རྩ་ཚིག་དྭངས་གསལ་མེ་ལོང་ཞེས་བྱ་བ་བཞུགས་སོ། །

**初级辩论本文·莹洁明镜**

1 种，18 页。

དཔའ་རིས་བློ་བཟང་རབ་གསལ། 华锐・洛桑饶萨 (1840—？ ) 撰述。

青海省湟中县鲁沙尔地区塔尔寺 ( 固奔乾巴林 ) 印经院木刻版之刻印本。

普通藏纸，梵夹装中印本 (47.7×6.3cm)，楷体，墨色，横刊藏文六行，四周双栏，全。

索书号：001226/14。保存基本完好，今藏民族文化宫中国民族图书馆。

༄༅། །བསྡུས་སྦྱོར་སྙིང་པོ་ཀུན་བསྡུས་རིགས་པའི་མཛོད་ཀྱི་དགོངས་དོན་གསལ་བར་བྱེད་པ་ཀུན་གསལ་མེ་ལོང་ཞེས་བྱ་བ་བཞུགས་སོ། །

**括摄结合论式心要・正理藏之意趣显明镜**

1 种，97 页。

གུང་ཐང་བློ་གྲོས་རྒྱ་མཚོ། 贡唐・洛哲嘉措 (1851—1931) 撰述。

甘肃省甘南藏族自治州夏河县拉卜楞地区拉卜楞寺 ( 拉章扎喜齐 ) 印经院木刻版之刻印本。

普通藏纸，梵夹装中印本 (44.5×6.4cm)，楷体，墨色，横刊藏文六行，四周双栏，全。

索书号：001138/3。保存基本完好，今藏民族文化宫中国民族图书馆。

༄༅། །བསྡུས་རྒྱའི་འགྲེལ་པ་རིགས་ལམ་སྒོ་འབྱེད་ཅེས་བྱ་བ་བཞུགས་སོ། །

**摄论根本释・开理路门**

1 种，48 页。

དཀྱིལ་ཟུར་བློ་བཟང་སྦྱིན་པ། 吉苏・洛桑金巴 (1821—？ ) 撰述。

四川省甘孜藏族自治州德格县德格地区德格寺印经院木刻版之刻印本。

普通藏纸，梵夹装中印本 (51.8×7.1cm)，楷体，墨色，横刊藏文六行，四周双栏，全。

索书号：000679/9。保存基本完好，今藏民族文化宫中国民族图书馆。

༄༅། །བསྡུས་ཚན་རྩོད་རིག་སྨྲ་བའི་སྒོ་འབྱེད་ཅེས་བྱ་བ་བཞུགས་སོ། །

**辩论入门**

1 种，35 页。

འཇུ་མི་ཕམ་འཇམ་དབྱངས་རྣམ་རྒྱལ་རྒྱ་མཚོ། 局米盼・绛央南杰嘉措 (1846—1912) 撰述。

四川省甘孜藏族自治州德格县德格地区德格寺印经院木刻版之刻印本。

普通藏纸，梵夹装中印本 (38.3×5.8cm)，楷体，墨色，横刊藏文六行，四周双栏，全。

索书号：000409/12。保存基本完好，今藏民族文化宫中国民族图书馆。

༄༅། །རྣམ་འགྲེལ་གྱི་བསྡུས་དོན་ཐར་ལམ་གྱི་དེ་ཉིད་གསལ་བྱེད་ཅེས་བྱ་བ་བཞུགས་སོ། །

**释量论摄义・阐明解脱道真实性**

1 种，93 页。

རྒྱལ་ཚབ་རྗེ་དར་མ་རིན་ཆེན། 嘉策杰・达玛仁钦 (1364—1432) 撰述。

青海省湟中县鲁沙尔地区塔尔寺 ( 固奔乾巴林 ) 印经院木刻版之刻印本。

普通藏纸，梵夹装中印本 (50.3×6cm)，楷体，墨色，横刊藏文六行，四周双栏，全。

索书号：002923/5。保存基本完好，今藏民族文化宫中国民族图书馆。

༄༅། །རྣམ་འགྲེལ་གྱི་རྣམ་བཤད་རིགས་པའི་རྒྱ་མཚོའི་མགོ་འཇུག་བར་གསུམ་གྱི་སྙན་ངག་གི་ཚིག་འགྲེལ་རིན་པོ་ཆེའི་སྒྲོན་མེ་ཞེས་བྱ་བ་བཞུགས་སོ། །

**释量论解说正理海之初中后三者之诗句解释・大宝明灯**

1 种，19 页。

འཇམ་དབྱངས་བཞད་པ་དཀོན་མཆོག་འཇིགས་མེད་དབང་པོ། 嘉木样协巴・恭却吉迈旺波 (1728—1791) 撰述。

甘肃省甘南藏族自治州夏河县拉卜楞地区拉卜楞寺（拉章扎喜齐）印经院木刻版之刻印本。

普通藏纸，梵夹装中印本 (48.4×7.4cm)，楷体，墨色，横刊藏文六行，四周双栏，全。

索书号：000874/11。保存基本完好，今藏民族文化宫中国民族图书馆。

༄༅། །ཚད་མ་འགྲེལ་མཆོད་བརྗོད་ཀྱི་འགྲེལ་པ་ཞེས་བྱ་བ་བཞུགས་སོ། །

**释量论礼赞疏**

1 种，34 页。

ཆ་ཧར་དགེ་བཤེས་བློ་བཟང་ཚུལ་ཁྲིམས། 恰哈尔格西・洛桑慈称 (1740—1810) 撰述。

北京地区藏传佛教寺院皇家寺院印经院木刻版之刻印本。

普通纸，梵夹装中印本 (48.6×6.7cm)，楷体，墨色，横刊藏文六行，四周双栏，全。

索书号：000731/1。保存基本完好，今藏民族文化宫中国民族图书馆。

༄༅། །ཚད་མ་འགྲེལ་སྤྱི་དོན་ཟུར་འཕྲོ་བཞུགས་སོ། །

**释量论注释总义余篇**

1 种，24 页。

ཨ་ལག་ཤ་བསྟན་དར་ལྷ་རམས་པ། 阿拉夏・丹达拉然巴 (1759—？ ) 撰述。

青海省湟中县鲁沙尔地区塔尔寺（固奔乾巴林）印经院木刻版之刻印本。

普通藏纸，梵夹装中印本 (48.5×6.7cm)，楷体，墨色，横刊藏文六行，四周双栏，全。

索书号：001208/13。保存基本完好，今藏民族文化宫中国民族图书馆。

༄༅། །ཚད་མ་འགྲེལ་ལ་བརྟེན་ནས་ལྟ་ཁྲིད་ཅེས་བྱ་བ་བཞུགས་སོ། །

**依量释论作出之正见导引**

1 种，4 页。

སྤྱན་སྔ་བློ་གྲོས་རྒྱལ་མཚན། 金厄・洛哲坚参 (1402—1472) 撰述。

西藏地区藏传佛教寺院印经院木刻版之刻印本。

普通藏纸，梵夹装中印本 (47.7×6.7cm)，楷体，墨色，横刊藏文六行，四周双栏，全。

索书号：003769/9。保存基本完好，今藏民族文化宫中国民族图书馆。

༄༅། །ཚད་མ་འགྲེལ་ལ་སློབ་གཉེར་བྱེད་ཚུལ་ཞེས་བྱ་བ་བཞུགས་སོ། །

**量释论学习法**

1 种，5 页。

བླ་ཀོ་འཇིགས་མེད་འཕྲིན་ལས་རྒྱ་མཚོ། 拉科・吉迈成勒嘉措 (1866—1947) 撰述。

甘肃省甘南藏族自治州夏河县拉卜楞地区拉卜楞寺（拉章扎喜齐）印经院木刻版之刻印本。

普通藏纸，梵夹装中印本 (46.7×6.2cm)，楷体，墨色，横刊藏文六行，四周双栏，全。

索书号：001002/20。保存基本完好，今藏民族文化宫中国民族图书馆。

༄༅། །ཚད་མ་འགྲེལ་ལེའུ་གཉིས་པའི་ཚད་མའི་དཀའ་གནས་ཀྱི་ཟུར་བཀོལ་མདོར་བསྡུས་ཞེས་བྱ་བ་བཞུགས་སོ། །

**释量论第三品正量之难义另开略篇**

1 种，6 页。

འཇམ་དབྱངས་བཞད་པ་ངག་དབང་བརྩོན་འགྲུས། 嘉木样协巴・阿旺宗哲 (1648—1721) 撰述。

甘肃省甘南藏族自治州夏河县拉卜楞

地区拉卜楞寺（拉章扎喜齐）印经院木刻版之刻印本。

普通藏纸，梵夹装中印本(47.2×6.8cm)，楷体，墨色，横刊藏文六行，四周双栏，全。

索书号：000855/21。保存基本完好，今藏民族文化宫中国民族图书馆。

༄༅། །རྣམ་འགྲེལ་ལེའུ་དང་པོ་དང་། ལེའུ་གཉིས་པའི་ས་བཅད་ཅེས་བྱ་བ་བཞུགས་སོ། །

**释量论第一品、第二品科判**

1种，11页。

ཛ་ཡ་པཎྜི་ཏ་བློ་བཟང་འཕྲིན་ལས། 扎雅班智达·洛桑成勒(1642—1715)撰述。

北京地区藏传佛教寺院皇家寺院印经院木刻版之刻印本。

普通纸，梵夹装中印本(46.8×5.9cm)，楷体，墨色，横刊藏文六行，四周双栏，全。

索书号：000784/9。保存基本完好，今藏民族文化宫中国民族图书馆。

༄༅། །བློ་རིག་གི་རྣམ་བཞག་ཉུང་གསལ་ལེགས་བཤད་གསེར་གྱི་ཕྲེང་མཛེས་ཞེས་བྱ་བ་བཞུགས་སོ། །

**心识建立论·简明嘉言金鬘**

1种，36页。

འཇམ་དབྱངས་བཞད་པ་ངག་དབང་བརྩོན་འགྲུས། 嘉木样协巴·阿旺宗哲(1648—1721)撰述。

甘肃省甘南藏族自治州夏河县拉卜楞地区拉卜楞寺（拉章扎喜齐）印经院木刻版之刻印本。

普通藏纸，梵夹装中印本(47.2×6.8cm)，楷体，墨色，横刊藏文六行，四周双栏，全。

索书号：000867/9。保存基本完好，今藏民族文化宫中国民族图书馆。

༄༅། །ཚད་ཆུང་མིག་གི་སྒྲོན་མེ་ཞེས་བྱ་བ་བཞུགས་སོ། །

**量论略篇·眼之明灯**

1种，2页。

གོད་ཚང་པ་མགོན་པོ་རྡོ་རྗེ། 果仓巴·贡波多结(1189—1258)撰述。

西藏地区藏传佛教寺院印经院传抄之缮写本。

普通藏纸，梵夹装中印本(45.2×6.1cm)，草体，墨色，横书藏文七行，四周双栏，全。

索书号：003859/37。保存基本完好，今藏民族文化宫中国民族图书馆。

༄༅། །ཚད་འབྲས་ཀྱི་རྣམ་གཞག་ཆེན་མོ་བཞུགས་པའི་དབུ་ཕྱོགས་སོ། །

**量果建立广论**

1种，43页。

མཁས་གྲུབ་རྗེ་དགེ་ལེགས་དཔལ་བཟང་། 凯珠杰·格勒白桑(1385—1438)撰述。

西藏自治区拉萨市达孜地区甘丹寺（喜足尊胜洲）印经院木刻版之刻印本。

普通藏纸，梵夹装中印本(50.4×6cm)，楷体，墨色，横刊藏文六行，四周双栏，全。

索书号：002938/2。保存基本完好，今藏民族文化宫中国民族图书馆。

༄༅། །ཚད་འབྲས་གཉིས་པའི་གསུང་རྒྱུན་ཞེས་བྱ་བ་བཞུགས་སོ། །

**量果二者之口传**

1种，9页。

མང་ཐོས་ཀླུ་སྒྲུབ་རྒྱ་མཚོ། 芒推·鲁珠嘉措(1523—？)撰述。

西藏地区藏传佛教寺院印经院传抄之缮写本。

普通藏纸，梵夹装中印本(46.5×6.2cm)，草体，墨色，横书藏文七行，四周双栏，全。

索书号：004788/26。保存基本完好，今藏民族文化宫中国民族图书馆。

༧༢། །ཚད་མ་ཀུན་ལས་བཏུས་པའི་མཆན་འགྲེལ་རིག་ལམ་རབ་གསལ་སྣང་བ་ཞེས་བྱ་བ་བཞུགས་སོ། །

**集量论注疏·明道光照**

1种，74页。

འཇུ་མི་ཕམ་འཇམ་དབྱངས་རྣམ་རྒྱལ་རྒྱ་མཚོ། 局米盼·绛央南杰嘉措(1846—1912)撰述。

四川省甘孜藏族自治州德格县德格地区德格寺印经院木刻版之刻印本。

普通藏纸，梵夹装短印本(38.3×5.8cm)，楷体，墨色，横刊藏文六行，四周双栏，全。

索书号：000407/12。保存基本完好，今藏民族文化宫中国民族图书馆。

༧༣། །ཚད་མ་གྲུབ་པའི་ལེའུ་བཞུགས་སོ། །

**成量品**

1种，65页。

གོ་བོ་རབ་འབྱམས་པ་བསོད་ནམས་སེང་གེ། 果沃饶绛巴·索南桑格(1429—1489)撰述。

四川省甘孜藏族自治州德格县德格地区德格寺印经院木刻版之刻印本。

普通藏纸，梵夹装中印本(46.3×6cm)，楷体，墨色，横刊藏文六行，四周双栏，全。

索书号：000378/5。保存基本完好，今藏民族文化宫中国民族图书馆。

༧༤། །ཚད་མ་མདོ་དང་སྡེ་བདུན་གྱི་དོན་གཏན་ལ་ཕབ་པའི་བསྟན་བཅོས་རྗེ་བཙུན་འཇམ་པའི་དབྱངས་ཀྱི་དགོངས་རྒྱན་ཞེས་བྱ་བ་བཞུགས་སོ། །

**量经及因明七论义抉择论·圣尊文殊密意庄严**

1种，66页。

འབྲུག་པ་པད་མ་དཀར་པོ། 竹巴·白玛嘎波(1527—1592)撰述。

西藏地区藏传佛教寺院印经院木刻版之刻印本。

普通藏纸，梵夹装中印本(45.3×6.1cm)，楷体，墨色，横刊藏文六行，四周双栏，全。

索书号：003662/3。保存基本完好，今藏民族文化宫中国民族图书馆。

༧༥། །ཚད་མ་མདོའི་རྣམ་བཤད་རྒྱལ་ཚབ་ཆོས་རྗེས་མཛད་པ་བཞུགས་སོ། །

**嘉策法王撰量经释**

1种，124页。

རྒྱལ་ཚབ་རྗེ་དར་མ་རིན་ཆེན། 嘉策杰·达玛仁钦(1364—1432)撰述。

青海省湟中县鲁沙尔地区塔尔寺(固奔乾巴林)印经院木刻版之刻印本。

普通藏纸，梵夹装中印本(50.3×6cm)，楷体，墨色，横刊藏文六行，四周双栏，全。

索书号：002922/3。保存基本完好，今藏民族文化宫中国民族图书馆。

༧༦། །ཚད་མ་སྡེ་བདུན་གྱི་སྙིང་པོར་ཞེས་བྱ་བ་བཞུགས་སོ། །

**集量论七部注释之要义**

1种，19页。

སུམ་པ་ཡེ་ཤེས་དཔལ་འབྱོར། 松巴·益希白觉(1704—1788)撰述。

内蒙古自治区呼和浩特地区曲果赛波寺印经院木刻版之刻印本。

普通藏纸，梵夹装中印本(51.9×7.8cm)，楷体，墨色，横刊藏文六行，四周双栏，全。

索书号：001035/4。保存基本完好，今藏民族文化宫中国民族图书馆。

༄༅། །ཚད་མ་རྣམ་འགྲེལ་གྱི་འགྲེལ་པ་ལེགས་པར་བཤད་པའི་སྙིང་པོ་ཞེས་བྱ་བ་བཞུགས་སོ། །

**释量论释 · 嘉言心要**

1 种，284 页。

ས་སྐྱ་བླ་མ་བསོད་ནམས་རྒྱལ་མཚན། 萨迦喇嘛 · 索南坚参 (1312—1375) 撰述。

西藏地区藏传佛教寺院印经院传抄之缮写本。

普通藏纸，梵夹装中印本 (45.3 × 5.9cm)，草体，墨色，横书藏文七行，四周双栏，全。

索书号：003876/1。保存基本完好，今藏民族文化宫中国民族图书馆。

༄༅། །ཚད་མ་རྣམ་འགྲེལ་གྱི་མཐའ་དཔྱོད་ཐར་ལམ་རབ་གསལ་ཚད་མའི་འོད་བརྒྱ་འབར་བ་ལས་ལེའུ་དང་པོའི་མཐའ་དཔྱོད་བློ་གསལ་མགུལ་རྒྱན་སྐལ་བཟང་འཇུག་ངོགས་ཞེས་བྱ་བ་བཞུགས་སོ། །

**释量论探讨 · 显明解脱道 · 正量百光焰第一品之探讨 · 智者项饰 · 具缘津梁**

1 种，273 页。

འཇམ་དབྱངས་བཞད་པ་ངག་དབང་བརྩོན་འགྲུས། 嘉木样协巴 · 阿旺宗哲 (1684—1722) 撰述。

甘肃省甘南藏族自治州夏河县拉卜楞地区拉卜楞寺 ( 拉章扎喜齐 ) 印经院木刻版之刻印本。

普通藏纸，梵夹装中印本 (47.2 × 6.8cm)，楷体，墨色，横刊藏文六行，四周双栏，全。

索书号：000865/3。保存基本完好，今藏民族文化宫中国民族图书馆。

༄༅། །ཚད་མ་རྣམ་འགྲེལ་གྱི་མཐའ་དཔྱོད་ཐར་ལམ་རབ་གསལ་ཚད་མའི་འོད་བརྒྱ་འབར་བ་ལས་ལེའུ་གསུམ་པའི་མཐའ་དཔྱོད་བློ་གསལ་མགུལ་རྒྱན་སྐལ་བཟང་འཇུག་ངོགས་ཞེས་བྱ་བ་བཞུགས་སོ། །

**释量论探讨 · 显明解脱道 · 正量百光焰第三品之探讨 · 智者项饰 · 具缘津梁**

1 种，16 页。

འཇམ་དབྱངས་བཞད་པ་ངག་དབང་བརྩོན་འགྲུས། 嘉木样协巴 · 阿旺宗哲 (1684—1721) 撰述。

甘肃省甘南藏族自治州夏河县拉卜楞地区拉卜楞寺 ( 拉章扎喜齐 ) 印经院木刻版之刻印本。

普通藏纸，梵夹装中印本 (47.2 × 6.8cm)，楷体，墨色，横刊藏文六行，四周双栏，全。

索书号：000865/3。保存基本完好，今藏民族文化宫中国民族图书馆。

༄༅། །ཚད་མ་རྣམ་འགྲེལ་གྱི་ས་བཅད་མཁས་གྲུབ་ཊཱིཀ་ཆེན་ལྟར་བཀོད་པ་ཞེས་བྱ་བ་བཞུགས་སོ། །

**释量论科判 · 依凯珠大疏略编**

1 种，7 页。

རྫོང་དཀར་འཇིགས་མེད་དམ་ཆོས་རྒྱ་མཚོ། 宗嘎 · 吉迈丹曲嘉措 (1898—1946) 撰述。

青海省化隆回族自治县金源地区丹斗寺 ( 丹斗协吉央贡 ) 印经院木刻版之刻印本。

普通藏纸，梵夹装中印本 (44.2 × 6.2cm)，楷体，墨色，横刊藏文六行，四周双栏，全。

索书号：000805/25。保存基本完好，今藏民族文化宫中国民族图书馆。

༄༅། །ཚད་མ་རྣམ་འགྲེལ་ལེགས་པར་བཤད་པ་ཞེས་བྱ་བ་ཐམས་ཅད་མཁྱེན་པ་དགེ་འདུན་གྲུབ་ཀྱིས་མཛད་པ་ལས་རང་དོན་རྗེས་སུ་དཔག་པའི་ལེའུའི་རྣམ་བཤད་ཅེས་བྱ་བ་བཞུགས་སོ། །

**释量论妙解·一切智格登珠所著自利比量品之解说**

1 种，52 页。

ཏཱ་ལའི་བླ་མ་དགེ་འདུན་གྲུབ། 达赖喇嘛·格登珠 (1391—1474) 撰述。

西藏自治区拉萨地区孜雪印经院木刻版之刻印本。

普通藏纸，梵夹装中印本 (46.9 × 6.2cm)，楷体，墨色，横刊藏文六行，四周双栏，全。

索书号：001174/3。保存基本完好，今藏民族文化宫中国民族图书馆。

༄༅། །ཚད་མ་རྣམ་འགྲེལ་ལེའུ་གཉིས་པའི་བསྡུས་དོན་ཞེས་བྱ་བ་བཞུགས་སོ། །

**释量论第二章摄义**

1 种，23 页。

སྒོ་མང་བློ་བཟང་ཚུལ་ཁྲིམས་རྒྱ་མཚོ། 果芒·洛桑慈称嘉措 (1841—1907) 撰述。

甘肃省甘南藏族自治州夏河县拉卜楞地区拉卜楞寺（拉章扎喜齐）印经院木刻版之刻印本。

普通藏纸，梵夹装中印本 (47 × 6.2cm)，楷体，墨色，横刊藏文六行，四周双栏，全。

索书号：001234/25。保存基本完好，今藏民族文化宫中国民族图书馆。

༄༅། །ཚད་མ་རྣམ་པར་ངེས་པའི་ཚིག་ཊཱིཀ་ཚིག་དོན་རབ་གསལ་ཞེས་བྱ་བ་བཞུགས་སོ། །

**量决定论句义显明疏**

1 种，301 页。

བུ་སྟོན་རིན་ཆེན་གྲུབ། 布敦·仁钦珠 (1290—1364) 撰述。

西藏自治区拉萨地区孜雪印经院木刻版之刻印本。

普通藏纸，梵夹装中印本 (49.7 × 7cm)，楷体，墨色，横刊藏文六行，四周双栏，全。

索书号：003088/3。保存基本完好，今藏民族文化宫中国民族图书馆。

༄༅། །ཚད་མ་རྣམ་པར་ངེས་པའི་མཚན་དོན་ཞེས་བྱ་བ་བཞུགས་སོ། །

**量决定论书名释义**

1 种，5 页。

བུ་སྟོན་རིན་ཆེན་གྲུབ། 布敦·仁钦珠 (1290—1364) 撰述。

西藏自治区拉萨地区孜雪印经院木刻版之刻印本。

普通藏纸，梵夹装中印本 (49.7 × 7cm)，楷体，墨色，横刊藏文六行，四周双栏，全。

索书号：003088/2。保存基本完好，今藏民族文化宫中国民族图书馆。

༄༅། །ཚད་མ་རིགས་པའི་གཏེར་གྱི་དཀའ་འགྲེལ་གནད་ཀྱི་སྙིང་པོ་གསལ་བྱེད་ལས་རབ་བྱེད་དང་པོའི་རྣམ་བཤད་ལེགས་བཤད་ཉི་མའི་འོད་ཟེར་ཞེས་བྱ་བ་བཞུགས་སོ། །

**正理藏论释难精义中第一章解说·善说日光**

1 种，37 页。

མང་ཐོས་ཀླུ་སྒྲུབ་རྒྱ་མཚོ། 芒推·鲁珠嘉措 (1523—？ ) 撰述。

西藏地区藏传佛教寺院印经院传抄之缮写本。

普通藏纸，梵夹装中印本 (46.5 × 6.2cm)，草体，墨色，横书藏文七行，四周双栏，全。

索书号：004788/17。保存基本完好，

今藏民族文化宫中国民族图书馆。

༄༅། །ཚད་མ་རིགས་པའི་གཏེར་གྱི་དཀའ་འགྲེལ་གནད་ཀྱི་སྙིང་པོ་གསལ་བྱེད་ལས་རབ་བྱེད་གཉིས་པའི་རྣམ་བཤད་ལེགས་བཤད་ཉི་མའི་འོད་ཟེར་ཞེས་བྱ་བ་བཞུགས་སོ། །

**正理藏论释难精义中第二章解说·善说日光**

1 种，38 页。

མང་ཐོས་ཀླུ་སྒྲུབ་རྒྱ་མཚོ། 芒推·鲁珠嘉措(1523—？)撰述。

西藏地区藏传佛教寺院印经院传抄之缮写本。

普通藏纸，梵夹装中印本(46.5×6.2cm)，草体，墨色，横书藏文七行，四周双栏，全。

索书号：004788/18。保存基本完好，今藏民族文化宫中国民族图书馆。

༄༅། །ཚད་མ་རིགས་པའི་གཏེར་གྱི་དཀའ་འགྲེལ་གནད་ཀྱི་སྙིང་པོ་གསལ་བྱེད་ལས་སྤྱི་དང་བྱེ་བྲག་བརྟག་པ་སྟེ་རབ་ཏུ་བྱེད་པ་གསུམ་པའི་རྣམ་པར་བཤད་པ་ཞེས་བྱ་བ་བཞུགས་སོ། །

**正理藏论释难精义中第三章观总别品解说**

1 种，21 页。

མང་ཐོས་ཀླུ་སྒྲུབ་རྒྱ་མཚོ། 芒推·鲁珠嘉措(1523—？)撰述。

西藏地区藏传佛教寺院印经院传抄之缮写本。

普通藏纸，梵夹装中印本(46.5×6.2cm)，草体，墨色，横书藏文七行，四周双栏，全。

索书号：004788/19。保存基本完好，今藏民族文化宫中国民族图书馆。

༄༅། །ཚད་མ་རིགས་པའི་གཏེར་གྱི་དཀའ་འགྲེལ་གནད་ཀྱི་སྙིང་པོ་གསལ་བྱེད་ལས་གཞན་སེལ་བརྟག་པའི་རབ་ཏུ་བྱེད་པའི་བཞི་པའི་ལེགས་བཤད་ཉི་མའི་འོད་ཟེར་ཞེས་བྱ་བ་བཞུགས་སོ། །

**正理藏论释难精义中第四章观遣余品·善说日光**

1 种，35 页。

མང་ཐོས་ཀླུ་སྒྲུབ་རྒྱ་མཚོ། 芒推·鲁珠嘉措(1523—？)撰述。

西藏地区藏传佛教寺院印经院传抄之缮写本。

普通藏纸，梵夹装中印本(46.5×6.2cm)，草体，墨色，横书藏文七行，四周双栏，全。

索书号：004788/20。保存基本完好，今藏民族文化宫中国民族图书馆。

༄༅། །ཚད་མ་རིགས་པའི་གཏེར་གྱི་དཀའ་འགྲེལ་གནད་ཀྱི་སྙིང་པོ་གསལ་བྱེད་ལས་འབྲེལ་པ་བརྟག་པའི་རབ་ཏུ་བྱེད་པ་སྟེ་རབ་ཏུ་བྱེད་པ་དྲུག་པའི་རྣམ་པར་བཤད་པ་ཞེས་བྱ་བ་བཞུགས་སོ། །

**正理藏论释难精义中第六章观相属品解说**

1 种，20 页。

མང་ཐོས་ཀླུ་སྒྲུབ་རྒྱ་མཚོ། 芒推·鲁珠嘉措(1523—？)撰述。

西藏地区藏传佛教寺院印经院传抄之缮写本。

普通藏纸，梵夹装中印本(46.5×6.2cm)，草体，墨色，横书藏文七行，四周双栏，全。

索书号：004788/21。保存基本完好，今藏民族文化宫中国民族图书馆。

༧༢། །ཚད་མ་རིགས་པའི་གཏེར་གྱི་དཀའ་འགྲེལ་གནད་ཀྱི་སྙིང་པོ་གསལ་བྱེད་ལས་རབ་བྱེད་བདུན་པ་འགལ་བ་བརྟག་པའི་རབ་ཏུ་བྱེད་པ་ཞེས་བྱ་བ་བཞུགས་སོ། །

**正理藏论释难精义中第七章观相违品**

1 种，20 页。

མང་ཐོས་ཀླུ་སྒྲུབ་རྒྱ་མཚོ། 芒推 · 鲁珠嘉措 (1523—?) 撰述。

西藏地区藏传佛教寺院印经院传抄之缮写本。

普通藏纸，梵夹装中印本 (46.5 × 6.2cm)，草体，墨色，横书藏文七行，四周双栏，全。

索书号：004788/22。保存基本完好，今藏民族文化宫中国民族图书馆。

༧༢། །ཚད་མ་རིགས་པའི་གཏེར་གྱི་དཀའ་འགྲེལ་གནད་ཀྱི་སྙིང་པོ་གསལ་བྱེད་ལས་མཚན་ཉིད་བརྟག་པ་སྟེ་རབ་ཏུ་བྱེད་པའི་བརྒྱད་པའི་རྣམ་པར་བཤད་པ་ཞེས་བྱ་བ་བཞུགས་སོ། །

**正理藏论释难精义中第八章观性相品解说**

1 种，26 页。

མང་ཐོས་ཀླུ་སྒྲུབ་རྒྱ་མཚོ། 芒推 · 鲁珠嘉措 (1523—?) 撰述。

西藏地区藏传佛教寺院印经院传抄之缮写本。

普通藏纸，梵夹装中印本 (46.5 × 6.2cm)，草体，墨色，横书藏文七行，四周双栏，全。

索书号：004788/23。保存基本完好，今藏民族文化宫中国民族图书馆。

༧༢། །ཚད་མ་རིགས་པའི་གཏེར་གྱི་དཀའ་བའི་གནས་རྣམ་པར་བཤད་པ་སྡེ་བདུན་རབ་གསལ་ཞེས་བྱ་བ་བཞུགས་སོ། །

**因明正理藏论释难 · 阐明七部**

1 种，334 页。

གོ་བོ་རབ་འབྱམས་པ་བསོད་ནམས་སེང་གེ། 果沃饶绛巴 · 索南桑格 (1429—1489) 撰述。

四川省甘孜藏族自治州德格县德格地区德格寺印经院木刻版之刻印本。

普通藏纸，梵夹装中印本 (46.3 × 6cm)，楷体，墨色，横刊藏文六行，四周双栏，全。

索书号：000380/1。保存基本完好，今藏民族文化宫中国民族图书馆。

༧༢། །ཚད་མ་རིགས་པའི་གཏེར་གྱི་ཕྱོགས་སྔ་མ་རྣམ་པར་བཤད་པ་རིགས་ལམ་གསལ་བྱེད་ཅེས་བྱ་བ་བཞུགས་སོ། །

**因明正理藏所破宗解说 · 阐明理路**

1 种，32 页。

གློ་བོ་མཁན་ཆེན་བསོད་ནམས་ལྷུན་གྲུབ། 珞沃堪钦 · 索南伦珠 (1441—1525) 撰述。

四川省甘孜藏族自治州德格县德格地区德格寺印经院木刻版之刻印本。

普通藏纸，梵夹装短印本 (47.1 × 6.1cm)，楷体，墨色，横刊藏文六行，四周双栏，全。

索书号：003838/64。保存基本完好，今藏民族文化宫中国民族图书馆。

༧༢། །ཚད་མ་རིགས་པའི་གཏེར་གྱི་རང་འགྲེལ་ཞེས་བྱ་བ་བཞུགས་སོ། །

**因明正理藏论自注**

1 种，195 页。

ས་སྐྱ་ཀུན་དགའ་རྒྱལ་མཚན། 萨迦 · 衮噶坚参 (1182—1251) 撰述。

四川省甘孜藏族自治州德格县德格地区德格寺印经院木刻版之刻印本。

普通藏纸，梵夹装中印本 (47.7 × 6.2cm)，楷体，墨色，横刊藏文六行，四周双栏，全。

索书号：000354/2。保存基本完好，今藏民族文化宫中国民族图书馆。

**༄༅། །ཚད་མ་རིགས་པའི་གཏེར་ལ་ཉེ་བར་མཁོ་བ་མཐའ་གཉིས་གསལ་བ་ཞེས་བྱ་བ་བཞུགས་སོ། །**

**因明正理藏中常用二边明解**

1 种，3 页。

གློ་བོ་མཁན་ཆེན་བསོད་ནམས་ལྷུན་གྲུབ། 珞沃饶绛巴 · 索南伦珠 (1441—1525) 撰述。

四川省甘孜藏族自治州德格县德格地区德格寺印经院木刻版之刻印本。

普通藏纸，梵夹装中印本 (47.1×6.1cm)，楷体，墨色，横刊藏文六行，四周双栏，全。

索书号：003838/63。保存基本完好，今藏民族文化宫中国民族图书馆。

**༄༅། །ཚད་མའི་བསྟན་བཅོས་ལ་མ་གོ་བ་བརྒྱ་རྩ་ཞེས་བྱ་བ་བཞུགས་སོ། །**

**量论百难**

1 种，14 页。

མང་ཐོས་ཀླུ་སྒྲུབ་རྒྱ་མཚོ། 芒推 · 鲁珠嘉措 (1523—？ ) 撰述。

西藏地区藏传佛教寺院印经院传抄之缮写本。

普通藏纸，梵夹装中印本 (46.5×6.2cm)，草体，墨色，横书藏文七行，四周双栏，全。

索书号：004788/25。保存基本完好，今藏民族文化宫中国民族图书馆。

**༄༅། །ཚད་མའི་མཐའ་དཔྱོད་ཐར་ལམ་རབ་གསལ་ཚད་མའི་འོད་བརྒྱ་འབར་བ་ལས་ལེའུ་གཉིས་པའི་མཐའ་དཔྱོད་བློ་གསལ་མགུལ་རྒྱན་སྐལ་བཟང་འཇུག་ངོགས་ཞེས་བྱ་བ་བཞུགས་སོ། །**

**释量论探讨 · 显明解脱道 · 正量百光焰第二品之探讨 · 智者项饰 · 具缘津梁**

1 种，106 页。

འཇམ་དབྱངས་བཞད་པ་ངག་དབང་བརྩོན་འགྲུས། 嘉木样协巴 · 阿旺宗哲 (1648—1721) 撰述。

甘肃省甘南藏族自治州夏河县拉卜楞地区拉卜楞寺（拉章扎喜齐）印经院木刻版之刻印本。

普通藏纸，梵夹装中印本 (47.2×6.8cm)，楷体，墨色，横刊藏文六行，四周双栏，全。

索书号：000865/1。保存基本完好，今藏民族文化宫中国民族图书馆。

**༄༅། །ཚད་མའི་མདོ་སྡེ་བདུན་དང་བཅས་པའི་སྤྱི་དོན་རིགས་པའི་སྙིང་པོ་ཞེས་བྱ་བ་བཞུགས་སོ། །**

**量经及因明七论总义 · 正理心要**

1 种，29 页。

འབྲུག་པ་པད་མ་དཀར་པོ། 竹巴 · 白玛嘎波 (1527—1592) 撰述。

西藏地区藏传佛教寺院印经院木刻版之刻印本。

普通藏纸，梵夹装中印本 (45.3×6.1cm)，草体，墨色，横刊藏文六行，四周双栏，全。

索书号：003662/4。保存基本完好，今藏民族文化宫中国民族图书馆。

**༄༅། །ཚད་མའི་ཡུལ་དང་བྱེད་པ་བརྟག་པ་ཞེས་བྱ་བ་བཞུགས་སོ། །**

**因明之对境与能作品**

1 种，7 页。

རེད་མདའ་བ་གཞོན་ནུ་བློ་གྲོས། 热达哇 · 雄努洛追 (1349—1412) 撰述。

西藏地区藏传佛教寺院印经院传抄之缮写本。

普通藏纸，梵夹装中印本 (44×4.3cm)，草体，墨色，横书藏文七行，四周双栏，全。

索书号：006117/14。保存基本完好，今藏民族文化宫中国民族图书馆。

༄༅། །ཚད་མའི་ལམ་ཁྲིད་རྒྱལ་ཚབ་དར་མ་རིན་ཆེན་གྱིས་མཛད་པ་ཞེས་བྱ་བ་བཞུགས་སོ། །

**嘉策·达玛仁钦撰量论导释**

1 种，21 页。

རྒྱལ་ཚབ་རྗེ་དར་མ་རིན་ཆེན། 嘉策杰·达玛仁钦 (1364—1432) 撰述。

青海省湟中县鲁沙尔地区塔尔寺 ( 固奔乾巴林 ) 印经院木刻版之刻印本。

普通藏纸，梵夹装中印本 (50.3 × 6cm)，楷体，墨色，横刊藏文六行，四周双栏，全。

索书号：002923/9。保存基本完好，今藏民族文化宫中国民族图书馆。

༄༅། །ཚད་མའི་ལམ་ཁྲིད་རིམ་པའི་སྒོ་བརྒྱ་འབྱེད་པའི་ལྡེ་མིག་ཅེས་བྱ་བ་བཞུགས་སོ། །

**量之理路引导·开多门之钥**

1 种，23 页。

པཎ་ཆེན་ཨེར་ཏེ་ནི་བློ་བཟང་དཔལ་ལྡན་བསྟན་པའི་ཉི་མ། 班禅额尔德尼·洛桑白旦丹贝尼玛 (1782—1853) 撰述。

西藏自治区日喀则地区扎什伦布寺印经院木刻版之刻印本。

普通藏纸，梵夹装中印本 (48.7 × 7cm)，楷体，墨色，横刊藏文六行，四周双栏，全。

索书号：003533/2。保存基本完好，今藏民族文化宫中国民族图书馆。

༄༅། །ཚད་མའི་ལམ་བསྒྲིགས་ཆོས་ཀྱི་རྒྱལ་པོ་ཙོང་ཁ་པ་ཆེན་པོས་མཛད་པ་ཞེས་བྱ་བ་བཞུགས་སོ། །

**法王宗喀巴大师所著释量论道列编**

1 种，22 页。

ཀེའུ་ཚང་བློ་བཟང་འཇམ་དབྱངས་སྨོན་ལམ། 格厄仓·洛桑绛央孟兰 (1750—1814) 撰述。

四川省甘孜藏族自治州甘孜县甘孜地区甘孜寺印经院木刻版之刻印本。

普通藏纸，梵夹装中印本 (54.4 × 7.1cm)，楷体，墨色，横刊藏文六行，四周双栏，全。

索书号：000791/15。保存基本完好，今藏民族文化宫中国民族图书馆。

༄༅། །ཚད་མའི་ལམ་བསྒྲིགས་ཆོས་ཀྱི་རྒྱལ་པོ་ཙོང་ཁ་པ་ཆེན་པོས་མཛད་པ་ཞེས་བྱ་བ་བཞུགས་སོ། །

**法王宗喀巴大师所著释量论道列编**

1 种，31 页。

ཙོང་ཁ་པ་བློ་བཟང་གྲགས་པ། 宗喀巴·洛桑札巴 (1357—1419) 撰述。

甘肃省甘南藏族自治州夏河县拉卜楞地区拉卜楞寺 ( 拉章扎喜齐 ) 印经院木刻版之刻印本。

普通藏纸，梵夹装中印本 (47.4 × 6.8cm)，楷体，墨色，横刊藏文六行，四周双栏，全。

索书号：000374/5。保存基本完好，今藏民族文化宫中国民族图书馆。

༄༅། །རང་དོན་རྗེས་དཔག་གི་རྟེན་གཏན་ཚིགས་གསལ་བར་བྱེད་པའི་བསྟན་བཅོས་རིགས་པའི་སྒྲོན་མེ་ཞེས་བྱ་བ་བཞུགས་སོ། །

**自悟比量之所依原因显明论·正理明灯**

1 种，45 页。

བྲ་ཏི་དགེ་བཤེས་རིན་ཆེན་དོན་གྲུབ། 扎迪·格西·仁钦顿珠 (18 世纪 ) 撰述。

西藏地区藏传佛教寺院印经院传抄之缮写本。

普通藏纸，梵夹装中印本 (45 × 5.9cm)，草体，墨色，横书藏文七行，四周双栏，全。

索书号：003774/5。保存基本完好，今藏民族文化宫中国民族图书馆。

༄༅། །རིགས་ལམ་སྤྱི་ཡི་རྣམ་གཞག་ལེགས་བཤད་ཉི་མའི་འོད་ཟེར་ཞེས་བྱ་བ་བཞུགས་སོ། །

**理路总建立·善说日光论**

1 种，71 页。

མང་ཐོས་ཀླུ་སྒྲུབ་རྒྱ་མཚོ། 芒推·鲁珠嘉措 (1523—? ) 撰述。

西藏地区藏传佛教寺院印经院传抄之缮写本。

普通藏纸，梵夹装中印本 (46.5×6.2cm)，草体，墨色，横书藏文七行，四周双栏，全。

索书号：004788/7。保存基本完好，今藏民族文化宫中国民族图书馆。

༄༅། །ལེགས་བཤད་ཉི་མའི་འོད་ཟེར་ལས་གཏན་ཚིགས་འཁོར་ལོའི་གཞུང་གསུམ་གསལ་བྱེད་ཅེས་བྱ་བ་བཞུགས་སོ། །

**善说日光论中因轮三论明解**

1 种，17 页。

མང་ཐོས་ཀླུ་སྒྲུབ་རྒྱ་མཚོ། 芒推·鲁珠嘉措 (1523—? ) 撰述。

西藏地区藏传佛教寺院印经院传抄之缮写本。

普通藏纸，梵夹装中印本 (46.5×6.2cm)，草体，墨色，横书藏文七行，四周双栏，全。

索书号：004788/14。保存基本完好，今藏民族文化宫中国民族图书馆。

༄༅། །སེམས་དང་སེམས་བྱུང་གི་ཚུལ་རྣམ་པར་བཤད་པའི་སྡོམ་ཚིག་རིན་པོ་ཆེའི་ཕྲེང་བ་ཞེས་བྱ་བ་བཞུགས་སོ། །

**开示心及心所解说纲要·大宝鬘**

1 种，11 页。

ཡོངས་འཛིན་ཡེ་ཤེས་རྒྱལ་མཚན། 雍增·益希坚参 (1713—1793) 撰述。

西藏自治区拉萨地区孜雪印经院木刻版之刻印本。

普通藏纸，梵夹装中印本 (48.5×6.4cm)，楷体，墨色，横刊藏文六行，四周双栏，全。

索书号：000341/10。保存基本完好，今藏民族文化宫中国民族图书馆。

## ༢、ཕར་ཕྱིན་གྱི་སྐོར།
## 2. 般若

༄༅། །རྗེ་འཇམ་དབྱངས་བཞད་པའི་ཕར་ཕྱིན་སྐབས་དང་པོའི་བར་སྐབས་ཚིགས་བཅད་ཀྱི་འགྲེལ་པ་ཞེས་བྱ་བ་བཞུགས་སོ། །

**至尊嘉木样协巴所著般若第一会章末颂释**

1 种，34 页。

ངག་དབང་ཡེ་ཤེས་ཐུབ་བསྟན་རབ་འབྱམས་པ། 阿旺益希图丹饶绛巴 (1782—? ) 撰述。

蒙古国乌兰巴托地区藏传佛教库伦寺印经院木刻版之刻印本。

普通藏纸，梵夹装中印本 (49×6.3cm)，楷体，墨色，横刊藏文六行，四周双栏，全。

索书号：000884/5。保存基本完好，今藏民族文化宫中国民族图书馆。

༄༅། །རྗེ་འཇམ་དབྱངས་བཞད་པའི་ཕར་ཕྱིན་སྐབས་གཉིས་དང་གསུམ་པའི་བར་སྐབས་ཚིགས་བཅད་ཀྱི་འགྲེལ་པ་ཞེས་བྱ་བ་བཞུགས་སོ། །

**至尊嘉木样协巴所著般若第二、第三会章末颂释**

1 种，15 页。

ངག་དབང་ཡེ་ཤེས་ཐུབ་བསྟན་རབ་འབྱམས་པ། 阿旺益希图丹饶绛巴 (1782—? ) 撰述。

蒙古国乌兰巴托地区藏传佛教库伦寺印经院木刻版之刻印本。

普通藏纸，梵夹装中印本 (49×6.3cm)，楷体，墨色，横刊藏文六行，四周双栏，全。

索书号：000884/11。保存基本完好，今藏民族文化宫中国民族图书馆。

༄༅། །རྗེ་འཇམ་དབྱངས་བཞད་པའི་ཕར་ཕྱིན་སྐབས་བཞི་པའི་བར་སྐབས་ཚིགས་བཅད་ཀྱི་འགྲེལ་པ་ཞེས་བྱ་བ་བཞུགས་སོ། །

**至尊嘉木样协巴所著般若第四会章末颂释**

1种，18页。

ངག་དབང་ཡེ་ཤེས་ཐུབ་བསྟན་རབ་འབྱམས་པ། 阿旺益希图丹饶绛巴（1782—？）撰述。

蒙古国乌兰巴托地区藏传佛教库伦寺印经院木刻版之刻印本。

普通藏纸，梵夹装中印本（49×6.3cm），楷体，墨色，横刊藏文六行，四周双栏，全。

索书号：000884/12。保存基本完好，今藏民族文化宫中国民族图书馆。

༄༅། །རྗེ་འཇམ་དབྱངས་བཞད་པའི་ཕར་ཕྱིན་སྐབས་ལྔ་པའི་བར་སྐབས་ཚིགས་བཅད་ཀྱི་འགྲེལ་པ་ཞེས་བྱ་བ་བཞུགས་སོ། །

**至尊嘉木样协巴所著般若第五会章末颂释**

1种，6页。

ངག་དབང་ཡེ་ཤེས་ཐུབ་བསྟན་རབ་འབྱམས་པ། 阿旺益希图丹饶绛巴（1782—？）撰述。

蒙古国乌兰巴托地区藏传佛教库伦寺印经院木刻版之刻印本。

普通藏纸，梵夹装中印本（49×6.3cm），楷体，墨色，横刊藏文六行，四周双栏，全。

索书号：000884/13。保存基本完好，今藏民族文化宫中国民族图书馆。

༄༅། །རྗེ་འཇམ་དབྱངས་བཞད་པའི་ཕར་ཕྱིན་སྐབས་དྲུག་པའི་བར་སྐབས་ཚིགས་བཅད་ཀྱི་འགྲེལ་པ་ཞེས་བྱ་བ་བཞུགས་སོ། །

**至尊嘉木样协巴所著般若第六会之首尾偈颂释**

1种，5页。

ངག་དབང་ཡེ་ཤེས་ཐུབ་བསྟན་རབ་འབྱམས་པ། 阿旺益希图丹饶绛巴（1782—？）撰述。

蒙古国乌兰巴托地区藏传佛教库伦寺印经院木刻版之刻印本。

普通藏纸，梵夹装中印本（49×6.3cm），楷体，墨色，横刊藏文六行，四周双栏，全。

索书号：000884/14。保存基本完好，今藏民族文化宫中国民族图书馆。

༄༅། །རྗེ་འཇམ་དབྱངས་བཞད་པའི་ཕར་ཕྱིན་སྐབས་བདུན་པའི་བར་སྐབས་ཚིགས་བཅད་ཀྱི་འགྲེལ་པ་ཞེས་བྱ་བ་བཞུགས་སོ། །

**至尊嘉木样协巴所著般若第七会章末颂释**

1种，7页。

ངག་དབང་ཡེ་ཤེས་ཐུབ་བསྟན་རབ་འབྱམས་པ། 阿旺益希图丹饶绛巴（1782—？）撰述。

蒙古国乌兰巴托地区藏传佛教库伦寺印经院木刻版之刻印本。

普通藏纸，梵夹装中印本（49×6.3cm），楷体，墨色，横刊藏文六行，四周双栏，全。

索书号：000884/15。保存基本完好，今藏民族文化宫中国民族图书馆。

༄༅། །རྗེ་འཇམ་དབྱངས་བཞད་པའི་ཕར་ཕྱིན་སྐབས་བརྒྱད་པའི་བར་སྐབས་ཚིགས་བཅད་ཀྱི་འགྲེལ་པ་ཞེས་བྱ་བ་བཞུགས་སོ། །

**至尊嘉木样协巴所著般若第八会章末颂释**

1种，13页。

ངག་དབང་ཡེ་ཤེས་ཐུབ་བསྟན་རབ་འབྱམས་པ།

阿旺益希图丹饶绛巴 (1782—？ ) 撰述。

蒙古国乌兰巴托地区藏传佛教库伦寺印经院木刻版之刻印本。

普通藏纸，梵夹装中印本 (49×6.3cm)，楷体，墨色，横刊藏文六行，四周双栏，全。

索书号：000884/16。保存基本完好，今藏民族文化宫中国民族图书馆。

༄༅། །རྗེ་འཇམ་དབྱངས་བཞད་པའི་ཕར་ཕྱིན་མཐའ་དཔྱོད་ཀྱི་མཆོད་བརྗོད་ཀྱི་འགྲེལ་པ་གསལ་བའི་མེ་ལོང་ཞེས་བྱ་བ་བཞུགས་སོ། །

**至尊嘉木样协巴之著般若探讨礼赞释**

1 种，21 页。

ངག་དབང་ཡེ་ཤེས་ཐུབ་བསྟན་རབ་འབྱམས་པ། 阿旺益希图丹饶绛巴 (1782—？ ) 撰述。

蒙古国乌兰巴托地区藏传佛教库伦寺印经院木刻版之刻印本。

普通藏纸，梵夹装中印本 (49×6.3cm)，楷体，墨色，横刊藏文六行，四周双栏，全。

索书号：000884/2。保存基本完好，今藏民族文化宫中国民族图书馆。

༄༅། །རྗེ་ཡབ་སྲས་ཀྱི་ཕར་ཕྱིན་ཡིག་ཆའི་བཞེད་མཚམས་གསལ་བར་བཀོད་པ་དགོངས་མཛོད་འབྱེད་པའི་ལྡེ་མིག་ཅེས་བྱ་བ་བཞུགས་སོ། །

**宗喀巴大师师徒之般若波罗蜜多论本所许界限明显篇·开密意宝库之钥**

1 种，76 页。

ཛོང་དཀར་འཇིགས་མེད་དམ་ཆོས་རྒྱ་མཚོ། 宗嘎·吉迈丹曲嘉措 (1898—1946) 撰述。

青海省化隆回族自治县金源地区丹斗寺 ( 丹斗协吉央贡 ) 印经院木刻版之刻印本。

普通藏纸，梵夹装中印本 (44.2×6.2cm)，楷体，墨色，横刊藏文六行，四周双栏，全。

索书号：000809/2。保存基本完好，今藏民族文化宫中国民族图书馆。

༄༅། །དྲིན་ཅན་བླ་མ་མཆོག་གིས་མཛད་པའི་ཕར་ཕྱིན་ཟིན་བྲིས་གཞུང་ལུགས་རབ་འབྱམས་གསལ་བའི་མེ་ལོང་ཞེས་བྱ་བ་བཞུགས་སོ། །

**具恩上师所著之般若波罗蜜多记录·经规广博明镜**

1 种，222 页。

ཞྭ་དམར་དགེ་འདུན་བསྟན་འཛིན་རྒྱ་མཚོ། 夏玛尔·格登丹增嘉措 (1852—1912) 撰述。

甘肃省甘南藏族自治州夏河县拉卜楞地区拉卜楞寺 ( 拉章扎喜齐 ) 印经院木刻版之刻印本。

普通藏纸，梵夹装中印本 (45.8×6.4cm)，楷体，墨色，横刊藏文六行，四周双栏，全。

索书号：000374/5。保存基本完好，今藏民族文化宫中国民族图书馆。

༄༅། །ཕ་རོལ་ཏུ་ཕྱིན་པ་དྲུག་ལ་བསྟོད་པའི་ཚིགས་སུ་བཅད་པ་ཞེས་བྱ་བ་བཞུགས་སོ། །

**六波罗蜜多颂**

1 种，1 页。

རེད་མདའ་བ་གཞོན་ནུ་བློ་གྲོས། 热达哇·雄努洛追 (1349—1412) 撰述。

西藏地区藏传佛教寺院印经院传抄之缮写本。

普通藏纸，梵夹装中印本 (44×4.3cm)，草体，墨色，横书藏文七行，四周双栏，全。

索书号：006117/11。保存基本完好，今藏民族文化宫中国民族图书馆。

༄༅། །ཕ་རོལ་ཏུ་ཕྱིན་པའི་ལམ་གྱི་རྣམ་པར་བཞག་པ་ཞེས་བྱ་བ་བཞུགས་སོ། །

**般若波罗蜜多道之建立论**

1 种，23 页。

གློ་བོ་མཁན་ཆེན་བསོད་ནམས་ལྷུན་གྲུབ། 珞沃饶绛巴·索南伦珠 (1441—1525) 撰述。

四川省甘孜藏族自治州德格县德格地区德格寺印经院木刻版之刻印本。

普通藏纸，梵夹装短印本 (47.1×6.1cm)，楷体，墨色，横刊藏文六行，四周双栏，全。

索书号：003838/5。保存基本完好，今藏民族文化宫中国民族图书馆。

༄༅། །ཕར་ཕྱིན་སྐབས་ལྔ་པ་དྲུག་པ་བདུན་པ་བརྒྱད་པ་རྣམས་ཀྱི་སྤྱི་དོན་ཞེས་བྱ་བ་བཞུགས་སོ། །

**般若波罗蜜多经第五、六、七、八诸会总义**

1 种，19 页。

ཅོ་ནེ་གྲགས་པ་བཤད་སྒྲུབ། 卓尼·札巴协珠 (1675—1748) 撰述。

甘肃省甘南藏族自治州卓尼县卓尼地区卓尼寺（觉乃噶旦协珠林）印经院木刻版之刻印本。

普通藏纸，梵夹装中印本 (48.6×6.3cm)，楷体，墨色，横刊藏文六行，四周双栏，全。

索书号：003677/6。保存基本完好，今藏民族文化宫中国民族图书馆。

༄༅། །ཕར་ཕྱིན་སྐབས་དང་པོའི་དཀའ་གནད་འགའ་ཞིག་ཞིབ་ཏུ་མཛད་པའི་དཔྱད་པོ་མི་བསྐྱེལ་དྲན་གསོའི་པོ་ཡིག་རྫོངས་པའི་དྲི་མ་དག་བྱེད་བདུད་རྩིའི་བུམ་བཟང་ཞེས་བྱ་བ་བཞུགས་སོ། །

**般若波罗蜜多第一节部分难义细究提念录·能净愚暗之甘露妙瓶**

1 种，43 页。

ཞྭ་དམར་དགེ་འདུན་བསྟན་འཛིན་རྒྱ་མཚོ། 夏玛·格登丹增嘉措 (1852—1912) 撰述。

甘肃省甘南藏族自治州夏河县拉卜楞地区拉卜楞寺（拉章扎喜齐）印经院木刻版之刻印本。

普通藏纸，梵夹装中印本 (45.8×6.4cm)，楷体，墨色，横刊藏文六行，四周双栏，全。

索书号：001258/2。保存基本完好，今藏民族文化宫中国民族图书馆。

༄༅། །ཕར་ཕྱིན་སྐབས་དང་པོའི་བརྗེད་བྱང་སྟོམ་ཚིག་འཕྲོ་ཅན་ཞེས་བྱ་བ་བཞུགས་སོ། །

**般若波罗蜜多第一品随闻录·大纲余编**

1 种，24 页。

གིརྟི་བློ་བཟང་འཕྲིན་ལས། 格迪·洛桑成勒 (1849—1905) 撰述。

甘肃省甘南藏族自治州碌曲县郎木地区郎木寺印经院木刻版之刻印本。

普通藏纸，梵夹装中印本 (44.8×6.1cm)，楷体，墨色，横刊藏文六行，四周双栏，全。

索书号：001085/12。保存基本完好，今藏民族文化宫中国民族图书馆。

༄༅། །ཕར་ཕྱིན་སྐབས་དང་པོའི་མཐའ་དཔྱོད་ཀྱི་མཆན་འགྲེལ་རྩོམ་འཕྲོ་ཅན་ཞེས་བྱ་བ་བཞུགས་སོ། །

**般若第一品之探讨注释余论**

1 种，124 页。

གུང་ཐང་དཀོན་མཆོག་བསྟན་པའི་སྒྲོན་མེ། 贡唐·恭却丹贝准美 (1762—1823) 撰述。

甘肃省甘南藏族自治州夏河县拉卜楞地区拉卜楞寺（拉章扎喜齐）印经院木刻版之刻印本。

普通藏纸，梵夹装中印本 (47.2×6.2cm)，楷体，墨色，横刊藏文六行，四周双栏，全。

索书号：000919/2。保存基本完好，今藏民族文化宫中国民族图书馆。

༄༅། །ཕར་ཕྱིན་སྐབས་བཞི་པའི་དབུ་ཕྱོགས་བཞུགས་སོ། །

**般若波罗蜜多第四节之首要部分**

1 种，122 页。

ཞྭ་དམར་དགེ་འདུན་བསྟན་འཛིན་རྒྱ་མཚོ། 夏玛尔·格登丹增嘉措 (1852—1912) 撰述。

甘肃省甘南藏族自治州夏河县拉卜楞地区拉卜楞寺(拉章扎喜齐)印经院木刻版之刻印本。

普通藏纸，梵夹装中印本 (45.8 × 6.4cm)，楷体，墨色，横刊藏文六行，四周双栏，全。

索书号：001257/4。保存基本完好，今藏民族文化宫中国民族图书馆。

༧༧། །ཕར་ཕྱིན་སྐབས་གསུམ་པའི་དབུ་ཕྱོགས་བཞུགས་སོ། །

**般若波罗蜜多第三节之首要部分**

1 种，21 页。

ཞྭ་དམར་དགེ་འདུན་བསྟན་འཛིན་རྒྱ་མཚོ། 夏玛尔·格登丹增嘉措 (1852—1912) 撰述。

甘肃省甘南藏族自治州夏河县拉卜楞地区拉卜楞寺(拉章扎喜齐)印经院木刻版之刻印本。

普通藏纸，梵夹装中印本 (45.8 × 6.4cm)，楷体，墨色，横刊藏文六行，四周双栏，全。

索书号：001257/3。保存基本完好，今藏民族文化宫中国民族图书馆。

༧༧། །ཕར་ཕྱིན་མཆན་གྱི་ཐལ་འགྱུར་པའི་ཆོས་སྐོར་ཐད་ཀྱི་དོགས་གཅོད་རིན་ཆེན་ཕྲེང་མཛེས་ཞེས་བྱ་བ་བཞུགས་སོ། །

**般若波罗蜜多注释·应成派正直法门之断疑篇·大宝鬘**

1 种，12 页。

རྒྱལ་མཁན་སྤྲུལ་སྐལ་བཟང་གྲགས་པ་རྒྱ་མཚོ། 嘉堪朱·格桑札巴嘉措 (1880—?  ) 撰述。

甘肃省甘南藏族自治州夏河县拉卜楞地区拉卜楞寺(拉章扎喜齐)印经院木刻版之刻印本。

普通藏纸，梵夹装中印本 (44.7 × 6cm)，楷体，墨色，横刊藏文六行，四周双栏，全。

索书号：001071/4。保存基本完好，今藏民族文化宫中国民族图书馆。

༧༧། །ཕར་ཕྱིན་མཆན་འགྲེལ་གྱི་ཟིན་བྲིས་འཇམ་དབྱངས་འཛུམ་ཟེར་ཞེས་བྱ་བ་བཞུགས་སོ། །

**般若波罗蜜多注释笔录·文殊笑颜容光**

1 种，18 页。

ཀླ་ཁོ་འཇིགས་མེད་འཕྲིན་ལས་རྒྱ་མཚོ། 拉科·吉迈成勒嘉措 (1866—1947) 撰述。

甘肃省甘南藏族自治州夏河县拉卜楞地区拉卜楞寺(拉章扎喜齐)印经院木刻版之刻印本。

普通藏纸，梵夹装中印本 (46.7 × 6.2cm)，楷体，墨色，横刊藏文六行，四周双栏，全。

索书号：000998/8。保存基本完好，今藏民族文化宫中国民族图书馆。

༧༧། །ཕར་ཕྱིན་མཆན་འགྲེལ་སོགས་ལས་བརྩམས་པའི་དྲི་བ་འགའ་ཞིག་གི་ལན་བརྗོད་པ་ཞེས་བྱ་བ་བཞུགས་སོ། །

**般若波罗蜜多夹注等所出部分问题解答**

1 种，21 页。

གུང་ཐང་བློ་གྲོས་རྒྱ་མཚོ། 贡唐·洛追嘉措 (1851—1931) 撰述。

甘肃省甘南藏族自治州夏河县拉卜楞地区拉卜楞寺(拉章扎喜齐)印经院木刻版之刻印本。

普通藏纸，梵夹装中印本 (44.5 × 6.4cm)，楷体，墨色，横刊藏文六行，四周双栏，全。

索书号：003622/7。保存基本完好，今藏民族文化宫中国民族图书馆。

**༄༅། །ཕར་ཕྱིན་ལྟ་བ་ངན་སེལ་ཞེས་བྱ་བ་བཞུགས་སོ། །**

**般若论·消除恶见篇**

1 种，31 页。

བུ་སྟོན་རིན་ཆེན་གྲུབ། 布敦·仁钦珠 (1290—1364) 撰述。

西藏自治区拉萨地区孜雪印经院木刻版之刻印本。

普通藏纸，梵夹装中印本 (49.7×7cm)，楷体，墨色，横刊藏文六行，四周双栏，全。

索书号：003083/2。保存基本完好，今藏民族文化宫中国民族图书馆。

**༄༅། །ཕར་ཕྱིན་མཐའ་དཔྱོད་ཀྱི་སྤོམ་ཚིག་སྦས་དོན་གཏམ་གྱི་སྙིང་པོ་ཞེས་བྱ་བ་བཞུགས་སོ། །**

**般若波罗蜜多探究总纲·隐义心要**

1 种，120 页。

རྫོང་དཀར་འཇིགས་མེད་དམ་ཆོས་རྒྱ་མཚོ། 宗嘎·吉迈丹曲嘉措 (1898—1946) 撰述。

青海省化隆回族自治县金源地区丹斗寺 ( 丹斗协吉央贡 ) 印经院木刻版之刻印本。

普通藏纸，梵夹装中印本 (44.2×6.2cm)，楷体，墨色，横刊藏文六行，四周双栏，全。

索书号：000807/5。保存基本完好，今藏民族文化宫中国民族图书馆。

**༄༅། །ཕར་ཕྱིན་མཐའ་དཔྱོད་མཁས་པའི་མགུལ་རྒྱན་ནོར་བུའི་འཕྲེང་མཛེས་ཞེས་བྱ་བ་བཞུགས་སོ། །**

**般若波罗蜜多探讨篇·智者项饰·摩尼美鬘**

1 种，6 页。

འཇམ་དབྱངས་བཞད་པ་ངག་དབང་བརྩོན་འགྲུས། 嘉木样协巴·阿旺宗哲 (1648—1721) 撰述。

甘肃省甘南藏族自治州夏河县拉卜楞地区拉卜楞寺 ( 拉章扎喜齐 ) 印经院木刻版之刻印本。

普通藏纸，梵夹装中印本 (47.2×6.8cm)，楷体，墨色，横刊藏文六行，四周双栏，全。

索书号：000860/3。保存基本完好，今藏民族文化宫中国民族图书馆。

**༄༅། །ཕར་ཕྱིན་དང་ཚད་མ་བརྒྱུད་པའི་བླ་མ་ལ་མཆོད་བསྟོད་རིན་པོ་ཆེའི་ཕྲེང་བ་ཞེས་བྱ་བ་བཞུགས་སོ། །**

**般若波罗蜜多与因明传承上师前供养赞·大宝鬘**

1 种，8 页。

གོ་བོ་རབ་འབྱམས་པ་བསོད་ནམས་སེང་གེ། 果沃饶绛巴·索南桑格 (1429—1489) 撰述。

四川省甘孜藏族自治州德格县德格地区德格寺印经院木刻版之刻印本。

普通藏纸，梵夹装中印本 (46.3×6cm)，楷体，墨色，横刊藏文六行，四周双栏，全。

索书号：000378/2。保存基本完好，今藏民族文化宫中国民族图书馆。

**༄༅། །ཕར་ཕྱིན་སྤོམ་ཚིག་གི་ཟུར་རྒྱན་མཛུབ་མོ་རི་སྟོན་ཞེས་བྱ་བ་བཞུགས་སོ། །**

**般若波罗蜜多总纲附篇指要**

1 种，14 页。

རྫོང་དཀར་འཇིགས་མེད་དམ་ཆོས་རྒྱ་མཚོ། 宗嘎·吉迈丹曲嘉措 (1898—1946) 撰述。

青海省化隆回族自治县金源地区丹斗寺 ( 丹斗协吉央贡 ) 印经院木刻版之刻印本。

普通藏纸，梵夹装中印本 (44.2×6.2cm)，楷体，墨色，横刊藏文六行，四周双栏，全。

索书号：000807/6。保存基本完好，今藏民族文化宫中国民族图书馆。

༄༅། །ཕར་ཕྱིན་ལམ་བསྒྲིགས་ཀྱི་ཡིག་ཆུང་གནད་ཀྱི་ལྡེ་མིག་ཅེས་བྱ་བ་བཞུགས་སོ། །

**般若波罗蜜多道列编小品·教要之钥**

1种，16页。

ཁལ་ཁ་དམ་ཆོས་རྡོ་རྗེ། 喀尔喀·丹慈多结(1781—1855)撰述。

甘肃省甘南藏族自治州夏河县拉卜楞地区拉卜楞寺(拉章扎喜齐)印经院木刻版之刻印本。

普通藏纸，梵夹装中印本(47×6.5cm)，楷体，墨色，横刊藏文六行，四周双栏，全。

索书号：001057/3。保存基本完好，今藏民族文化宫中国民族图书馆。

༄༅། །ཕར་ཕྱིན་ལས་བྱུང་བའི་མིང་གི་རྣམ་གྲངས་ཞེས་བྱ་བ་བཞུགས་སོ། །

**般若波罗蜜多所出名目**

1种，27页。

ཀློང་རྡོལ་བླ་མ་ངག་དབང་བློ་བཟང་། 隆多喇嘛·阿旺洛桑(1719—1795)撰述。

北京地区藏传佛教皇家寺院印经院木刻版之刻印本。

普通纸，梵夹装中印本(53×7.1cm)，楷体，墨色，横刊藏文六行，四周双栏，全。

索书号：001004/9。保存基本完好，今藏民族文化宫中国民族图书馆。

༄༅། །ཕར་ཕྱིན་ས་བཅད་མཁྱེན་གསུམ་གྱི་རྣམ་པའི་སྡོམ་རྒྱ་འགྲེལ་ཉེར་གཅིག་ཏུ་གྲགས་པའི་སྡོམ་མཆན་དང་བཅས་པ་བཞུགས་སོ། །

**般若科判及三智种类纲要·二十一家天竺学者注释及纲要注释**

1种，10页。

རྫོང་དཀར་འཇིགས་མེད་དམ་ཆོས་རྒྱ་མཚོ། 宗嘎·吉迈丹曲嘉措(1898—1946)撰述。

青海省化隆回族自治县金源地区丹斗寺(丹斗协吉央贡)印经院木刻版之刻印本。

普通藏纸，梵夹装中印本(44.2×6.2cm)，楷体，墨色，横刊藏文六行，四周双栏，全。

索书号：000807/4。保存基本完好，今藏民族文化宫中国民族图书馆。

༄༅། །ཤེར་ཕྱིན་དངོས་བརྒྱད་དོན་བདུན་ཅུའི། རྣམ་བཤད་ལེགས་བཤད་སྒྲོན་མེ་ཞེས་བྱ་བ་བཞུགས་སོ། །

**般若八事七十义解说·嘉言明灯**

1种，32页。

ཛ་ཡ་པཎྜི་ཏ་བློ་བཟང་འཕྲིན་ལས། 扎雅班智达·洛桑成勒(1642—1715)撰述。

北京地区藏传佛教皇家寺院印经院木刻版之刻印本。

普通纸，梵夹装中印本(46.8×5.9cm)，楷体，墨色，横刊藏文六行，四周双栏，全。

索书号：003784/7。保存基本完好，今藏民族文化宫中国民族图书馆。

༄༅། །ཤེས་ཕྱིན་སྟོང་ཕྲག་བརྒྱད་པ་དང་མངོན་རྟོགས་རྒྱན་སྦྱར་ཏེ་བྱང་ཆུབ་ལམ་གྱི་རིམ་པའི་གནད་རྣམས་གསལ་བར་སྟོན་པའི་མན་ངག་ཤེས་ཕྱིན་གསལ་བའི་སྒྲོན་མེ་ཞེས་བྱ་བ་བཞུགས་སོ། །

**般若八千颂配合现观庄严论而开示菩提道次第·诸教要之教授**

1种，82页。

ཡོངས་འཛིན་ཡེ་ཤེས་རྒྱལ་མཚན། 雍增·益希坚参(1713—1793)撰述。

西藏自治区拉萨地区布达拉宫印经院木刻版之刻印本。

普通藏纸，梵夹装中印本(48.5×6.4cm)，楷体，墨色，横刊藏文六行，四周双栏，全。

索书号：003334/6。保存基本完好，今藏民族文化宫中国民族图书馆。

**༄༅། །ཤེས་རབ་ཀྱི་ཕ་རོལ་ཏུ་ཕྱིན་པ་སྟོང་ཕྲག་བརྒྱ་པའི་རྣམ་འགྲེལ་ཞེས་བྱ་བ་བཞུགས་སོ། །**

**般若波罗蜜多十万颂释**

1 种，421 页。

རོང་སྟོན་ཤེས་བྱ་ཀུན་རིག 绒敦·希恰衮柔 (1367—1449) 撰述。

四川省阿坝地区藏传佛教寺院印经院木刻版之刻印本。

普通藏纸，梵夹装中印本 (50.9×6.5cm)，楷体，墨色，横刊藏文六行，四周双栏，全。

索书号：000565/1。保存基本完好，今藏民族文化宫中国民族图书馆。

**༄༅། །ཤེས་རབ་ཀྱི་ཕ་རོལ་ཏུ་ཕྱིན་པ་ཡུམ་རྒྱས་པའི་ལུང་གི་བརྒྱུད་འདེབས་རིན་ཆེན་ཕྲེང་བ་ཞེས་བྱ་བ་བཞུགས་སོ། །**

**广本般若经诵传经教之传承启请文·大宝鬘**

1 种，2 页。

བཀའ་འགྱུར་པ་བློ་བཟང་ཚུལ་ཁྲིམས། 嘎居巴·洛桑慈称 (1761—？ ) 撰述。

北京地区藏传佛教皇家寺院印经院木刻版之刻印本。

普通纸，梵夹装中印本 (46.8×7.2cm)，楷体，墨色，横刊藏文六行，四周双栏，全。

索书号：001142/3。保存基本完好，今藏民族文化宫中国民族图书馆。

**༄༅། །ཤེས་རབ་ཀྱི་ཕ་རོལ་ཏུ་ཕྱིན་པའི་སྙིང་པོ་གཅོད་ཡུལ་སྟན་ཐོག་གཅིག་མ་དངོས་གྲུབ་ཀུན་འབྱུང་ཞེས་བྱ་བ་བཞུགས་སོ། །**

**般若波罗蜜多经断境一座修法·悉地普生**

1 种，10 页。

པཎ་ཆེན་ཨེར་དེ་ནི་དབེན་ས་པ་བློ་བཟང་དོན་གྲུབ། 班禅额尔德尼·温萨巴·洛桑顿珠 (1505—1566) 撰述。

西藏自治区日喀则市萨迦地区萨迦寺印经院木刻版之刻印本。

普通纸，梵夹装中印本 (47×6.2cm)，楷体，墨色，横刊藏文六行，四周双栏，全。

索书号：003756/5。保存基本完好，今藏民族文化宫中国民族图书馆。

**༄༅། །ཤེས་རབ་ཀྱི་ཕ་རོལ་ཏུ་ཕྱིན་པའི་སྙིང་པོའི་ཚིག་དོན་ཟུར་ཟད་འགྲེལ་པ་ཞུང་དུ་རྣམ་གསལ་ཞེས་བྱ་བ་བཞུགས་སོ། །**

**般若波罗蜜多心经句义略解**

1 种，16 页。

ཁལ་ཁ་དམ་ཆོས་རྡོ་རྗེ། 喀尔喀·丹慈多结 (1781—1855) 撰述。

甘肃省甘南藏族自治州夏河县拉卜楞地区拉卜楞寺 ( 拉章扎喜齐 ) 印经院木刻版之刻印本。

普通藏纸，梵夹装中印本 (47×6.5cm)，楷体，墨色，横刊藏文六行，四周双栏，全。

索书号：001057/2。保存基本完好，今藏民族文化宫中国民族图书馆。

**༄༅། །ཤེས་རབ་ཀྱི་ཕ་རོལ་ཏུ་ཕྱིན་པའི་དོན་བཤད་པ་ཐེག་ཆེན་ལམ་བཟང་གསལ་བའི་སྒྲོན་མེ་ཞེས་བྱ་བ་བཞུགས་སོ། །**

**般若波罗蜜多释义·大乘妙道明灯**

1 种，36 页。

གུ་ཤྲཱི་དཀའ་བཅུ་པ་བློ་བཟང་ཚེ་འཕེལ། 顾释嘎局巴·洛桑慈培 (1760—？ ) 撰述。

北京地区藏传佛教皇家寺院印经院木刻版之刻印本。

普通纸，梵夹装中印本 (47.8×7.5cm)，楷体，墨色，横刊藏文六行，四周双栏，全。

索书号：001092/10。保存基本完好，今藏民族文化宫中国民族图书馆。

༄༅། །ཤེས་རབ་ཀྱི་ཕ་རོལ་ཏུ་ཕྱིན་པའི་སྤྱོད་ཡུལ་དུ་སེང་གེ་རྣམ་པར་རྩེ་བ་ཞེས་བྱ་བ་བཞུགས་སོ། །

**般若波罗蜜多行境狮子戏舞**

1 种，4 页。

འབྲུག་པ་པད་མ་དཀར་པོ། 竹巴・白玛嘎波 (1527—1592) 撰述。

西藏地区藏传佛教寺院印经院木刻版之刻印本。

普通纸，梵夹装中印本 (45.3×6.1cm)，楷体，墨色，横刊藏文六行，四周双栏，全。

索书号：003664/30。保存基本完好，今藏民族文化宫中国民族图书馆。

༄༅། །ཤེས་རབ་ཀྱི་ཕ་རོལ་ཏུ་ཕྱིན་པའི་ལུང་ཆོས་མཐའ་དག་གི་བདུད་རྩིའི་སྙིང་པོར་གྱུར་པ་གང་ལ་ལྡན་པའི་གཞི་རྗེ་བཙུན་མཆོག་ཏུ་དགྱེས་པར་ངལ་གསོ་བའི་ཡོངས་འདུ་ས་བརྟོལ་གྱི་ལྗོན་པ་རྒྱས་པ་ཞེས་བྱ་བ་བཞུགས་སོ། །

**般若经教甘露心要・慈氏悦意解倦・如意树**

1 种，356 页。

ཀརྨ་མི་བསྐྱོད་རྡོ་རྗེ། 嘎玛・米觉多结 (1507—1554) 撰述。

四川省甘孜地区藏传佛教寺院印经院传抄之缮写本。

普通藏纸，梵夹装中印本 (44.6×5.3cm)，草体，墨色，横书藏文七行，四周双栏，全。

索书号：004775/2。保存基本完好，今藏民族文化宫中国民族图书馆。

༄༅། །ཤེས་རབ་ཀྱི་ལེའུའི་ཚིག་དོན་གོ་སླ་བར་རྣམ་པར་བཤད་པ་ནོར་བུ་ཀེ་ཏ་ཀ་ཞེས་བྱ་བ་བཞུགས་སོ། །

**入行论般若品句义易解释・澄净珠**

1 种，48 页。

འཇུ་མི་ཕམ་གའཇམ་དབྱངས་རྣམ་རྒྱལ་རྒྱ་མཚོ། 局米盼・绛央南杰嘉措 (1846—1912) 撰述。

四川省甘孜藏族自治州德格县八邦地区八邦寺印经院木刻版之刻印本。

普通藏纸，梵夹装中印本 (38.3×5.8cm)，楷体，墨色，横刊藏文六行，四周双栏，全。

索书号：000397/1。保存基本完好，今藏民族文化宫中国民族图书馆。

༄༅། །ཤེས་རབ་སྙིང་པོའི་འགྲེལ་པ་དོན་གསལ་ནོར་བུའི་འོད་ཅེས་བྱ་བ་བཞུགས་སོ། །

**般若波罗蜜多心经明释・摩尼光**

1 种，16 页。

ཨ་ལག་ཤ་བསྟན་དར་ལྷ་རམས་པ། 阿拉夏・丹达拉然巴 (1759—？ ) 撰述。

青海省湟中县鲁沙尔地区塔尔寺 ( 固奔乾巴林 ) 印经院木刻版之刻印本。

普通纸，梵夹装中印本 (48.5×6.7cm)，楷体，墨色，横刊藏文六行，四周双栏，全。

索书号：001207/10。保存基本完好，今藏民族文化宫中国民族图书馆。

༄༅། །ཤེས་རབ་སྙིང་པོའི་མཆན་འགྲེལ་ཟབ་དོན་གསལ་བའི་སྙིང་པོ་ཞེས་བྱ་བ་བཞུགས་སོ། །

**般若波罗蜜多心经注释・阐明甚深义之心要**

1 种，6 页。

ཀུ་ཤྲི་དཀའ་བཅུ་པ་བློ་བཟང་ཚེ་འཕེལ། 顾释嘎局巴・洛桑慈培 (1760—？ ) 撰述。

北京地区藏传佛教皇家寺院印经院木刻版之刻印本。

普通纸，梵夹装中印本 (47.8×7.5cm)，楷体，墨色，横刊藏文六行，四周双栏，全。

索书号：001092/6。保存基本完好，今藏民族文化宫中国民族图书馆。

༧༢། །ཤེས་རབ་སྙིང་པོའི་རྣམ་བཤད་ཀླུ་སྒྲུབ་ཀྱི་དགོངས་པ་གསལ་བར་བསྟན་པ་ཞེས་བྱ་བ་བཞུགས་སོ། །

**般若波罗蜜多心经解说·阐明龙树密意**

1种，9页。

འབྲུག་པ་པད་མ་དཀར་པོ། 竹巴·白玛嘎波(1527—1592)撰述。

西藏地区藏传佛教寺院印经院木刻版之刻印本。

普通纸，梵夹装中印本(45.3×6.1cm)，楷体，墨色，横刊藏文六行，四周双栏，全。

索书号：003662/7。保存基本完好，今藏民族文化宫中国民族图书馆。

༧༢། །ཤེས་རབ་སྙིང་པོའི་རྣམ་བཤད་ཟབ་མོའི་དེ་ཁོ་ན་ཉིད་གསལ་བར་བྱེད་པའི་ཉི་མ་ཞེས་བྱ་བ་བཞུགས་སོ། །

**般若波罗蜜多心经解说·阐明甚深空性之日**

1种，20页。

ཅོ་ནེ་གྲགས་པ་བཤད་སྒྲུབ། 卓尼·札巴协珠(1675—1748)撰述。

甘肃省甘南藏族自治州卓尼县卓尼地区卓尼寺(觉乃噶旦协珠林)印经院木刻版之刻印本。

普通藏纸，梵夹装中印本(48.6×6.3cm)，楷体，墨色，横刊藏文六行，四周双栏，全。

索书号：003675/10。保存基本完好，今藏民族文化宫中国民族图书馆。

༧༢། །ཤེས་རབ་སྙིང་པོའི་རྣམ་བཤད་ཡུམ་དོན་རབ་གསལ་ཞེས་བྱ་བ་བཞུགས་སོ། །

**般若波罗蜜多心要释·般若经义显明篇**

1种，5页。

རོང་སྟོན་ཤེས་བྱ་ཀུན་རིག 绒敦·希恰衮柔(1367—1449)撰述。

四川省甘孜藏族自治州德格县德格地区德格寺印经院木刻版之刻印本。

普通藏纸，梵夹装中印本(50.9×6.5cm)，楷体，墨色，横刊藏文六行，四周双栏，全。

索书号：000568/2。保存基本完好，今藏民族文化宫中国民族图书馆。

༧༢། །ཤེས་རབ་བློ་འཕེལ་གྱི་གཟུངས་ཀྱི་འགྲེལ་པ་ཞེས་བྱ་བ་བཞུགས་སོ། །

**增慧陀罗尼释**

1种，3页。

གསེར་ཏོག་བློ་བཟང་ཚུལ་ཁྲིམས་རྒྱ་མཚོ། 色朵·洛桑慈称嘉措(1845—1915)撰述。

甘肃省甘南藏族自治州夏河县拉卜楞地区拉卜楞寺(拉章扎喜齐)印经院木刻版之刻印本。

普通藏纸，梵夹装中印本(46.3×6.5cm)，楷体，墨色，横刊藏文六行，四周双栏，全。

索书号：001107/7。保存基本完好，今藏民族文化宫中国民族图书馆。

## ༣、དབུ་མའི་སྐོར།

## 3. 中观论

༧༢། །ཀུན་མཁྱེན་འཇམ་དབྱངས་བཞད་པའི་རྡོ་རྗེའི་དབུ་མའི་མཐའ་དཔྱོད་ཀྱི་སྔོན་ཚིག་གི་འགྲེལ་ཆུང་ཞིག་བཞུགས། །

**遍智嘉木样协巴多结所著中观探讨原文之小释**

1种，8页。

ཁལ་ཁ་དམ་ཚིག་རྡོ་རྗེ། 喀尔喀·丹慈多结(1781—1855)撰述。

甘肃省甘南藏族自治州夏河县拉卜楞

地区拉卜楞寺（拉章扎喜齐）印经院木刻版之刻印本。

普通藏纸，梵夹装中印本(47×6.5cm)，楷体，墨色，横刊藏文六行，四周双栏，全。

索书号：001057/6。保存基本完好，今藏民族文化宫中国民族图书馆。

༄༅། །གྲུབ་མཐའ་ཆེན་མོའི་མཆན་འགྲེལ་དཀའ་གནད་མདུད་གྲོལ་བློ་གསལ་གཅེས་ནོར་ཞེས་བྱ་བ་ལས་དབུ་མ་ཐལ་རང་གི་སྐབས་བཞུགས་སོ། །

**宗派广论注释·解难义结·智者喜悦之宝中中观应成与自续品**

1种，200页。

ཁལ་ཁ་ངག་དབང་དཔལ་ལྡན། 喀尔喀·阿旺白旦(1806—？ )撰述。

蒙古国乌兰巴托地区藏传佛教库伦寺印经院木刻版之刻印本。

普通藏纸，梵夹装中印本(50.3×7.9cm)，楷体，墨色，横刊藏文六行，四周双栏，全。

索书号：000737/3。保存基本完好，今藏民族文化宫中国民族图书馆。

༄༅། །སྨོན་སྡེ་ནམ་མཁའ་རྒྱལ་མཚན་གྱི་དབུ་མའི་པར་བྱང་ཞེས་བྱ་བ་བཞུགས་སོ། །

**贡德南喀坚参之中观版本题词**

1种，4页。

པཎ་ཆེན་ཨེར་དེ་ནི་བློ་བཟང་ཐུབ་བསྟན་ཆོས་ཀྱི་ཉི་མ། 班禅额尔德尼·洛桑图丹却吉尼玛(1833—1937)撰述。

西藏自治区日喀则地区扎什伦布寺印经院木刻版之刻印本。

普通藏纸，梵夹装中印本(45×6.5cm)，楷体，墨色，横刊藏文六行，四周双栏，全。

索书号：003548/53。保存基本完好，今藏民族文化宫中国民族图书馆。

༄༅། །ངེས་དོན་དབུ་མ་ཆེན་པོ་ལ་འཁྲུལ་རྟོག་ཉེར་གསུམ་གྱི་འབྱུང་འཛོམས་པ་ལེགས་བཤད་ཀྱི་ཐོ་བ་ཞེས་བྱ་བ་བཞུགས་སོ། །

**破斥对大中观了义论发生之二十三种错误见解·嘉言金锤**

1种，4页。

ཀོང་སྤྲུལ་ཡོན་ཏན་རྒྱ་མཚོ། 贡珠·云丹嘉措(1813—1890)撰述。

四川省甘孜藏族自治州德格县八邦地区八邦寺印经院木刻版之刻印本。

普通藏纸，梵夹装中印本(45×5.5cm)，楷体，墨色，横刊藏文六行，四周双栏，全。

索书号：004427/38。保存基本完好，今藏民族文化宫中国民族图书馆。

༄༅། །རྗེ་བཙུན་ཐམས་ཅད་མཁྱེན་པའི་གསུང་འབུམ་ཐོར་བུ་བ་ལས་དབུ་མ་ལ་འཇུག་པའི་རྣམ་བཤད་དགོངས་པའི་དོན་རབ་ཏུ་གསལ་བའི་རྒྱན་ཞེས་བྱ་བ་བཞུགས་སོ། །

**至尊一切智散集中入中论释·密义显明庄严**

1种，113页。

ཏཱ་ལའི་བླ་མ་དགེ་འདུན་རྒྱ་མཚོ། 达赖喇嘛·格登嘉措(1746—1541)撰述。

西藏自治区拉萨地区孜雪印经院木刻版之刻印本。

普通藏纸，梵夹装中印本(48.2×6.2cm)，楷体，墨色，横刊藏文六行，四周双栏，全。

索书号：001163/17。保存基本完好，今藏民族文化宫中国民族图书馆。

༄༅། །བསྟན་བཅོས་ཆེན་པོ་དབུ་མ་ལ་འཇུག་པའི་བརྗེད་བྱང་མཐར་འཛིན་ཚ་གདུང་སེལ་བའི་ཟླ་བའི་འོད་ཟེར་ཞེས་བྱ་བ་བཞུགས་སོ། །

**入中观论备忘录·消除执边热恼之月光**

1种，46页。

དྲུང་ཆེན་ཤེས་རབ་རྒྱ་མཚོ། 仲钦·希饶嘉措(1803—1875)撰述。

多麦地区藏传佛教寺院印经院木刻版之刻印本。

普通藏纸，梵夹装中印本(48×6cm)，楷体，墨色，横刊藏文六行，四周双栏，全。

索书号：003697/3。保存基本完好，今藏民族文化宫中国民族图书馆。

༧༡། །བསྟན་བཅོས་ཆེན་པོ་དབུ་མ་ལ་འཇུག་པའི་མཐའ་དཔྱོད་ལུང་རིགས་སྒྲོན་མེ་ཞེས་བྱ་བ་ཀུན་མཁྱེན་བླ་མ་འཇམ་དབྱངས་བཞད་པའི་རྡོ་རྗེའི་གསུང་རྒྱུན་བཞུགས་སོ། །

**入中论探讨篇·教理明灯·遍智上师嘉木样协贝多结之言教法流**

1种，242页。

འཇམ་དབྱངས་བཞད་པ་དཀོན་མཆོག་འཇིགས་མེད་དབང་པོ། 嘉木样协巴·恭却吉迈旺波(1728—1791)撰述。

甘肃省甘南藏族自治州夏河县拉卜楞地区拉卜楞寺(拉章扎喜齐)印经院木刻版之刻印本。

普通藏纸，梵夹装中印本(48.4×7.4cm)，楷体，墨色，横刊藏文六行，四周双栏，全。

索书号：000872/1。保存基本完好，今藏民族文化宫中国民族图书馆。

༧༢། །བསྟན་བཅོས་ཆེན་པོ་དབུ་མ་ལ་འཇུག་པའི་རྣམ་བཤད་དགོངས་པ་རབ་གསལ་ཞེས་བྱ་བ་བཞུགས་སོ། །

**入中观善现密意疏**

1种，303页。

ཙོང་ཁ་པ་བློ་བཟང་གྲགས་པ། 宗喀巴·洛桑札巴(1357 – 1419)撰述。

甘肃省甘南藏族自治州夏河县拉卜楞地区拉卜楞寺(拉章扎喜齐)印经院木刻版之刻印本。

普通藏纸，梵夹装中印本(47.4×6.8cm)，楷体，墨色，横刊藏文六行，四周双栏，全。

索书号：000374/1。保存基本完好，今藏民族文化宫中国民族图书馆。

༧༣། །ཐེག་ཆེན་མངོན་པ་སྡེ་སྣོད་ལས་བྱུང་བའི་དབུ་མའི་སྐོར་གྱི་མིང་གི་རྣམ་གྲངས་ཞེས་བྱ་བ་བཞུགས་སོ། །

**大乘对法藏所出中观名目**

1种，17页。

ཀློང་རྡོལ་བླ་མ་ངག་དབང་བློ་བཟང་། 隆多喇嘛·阿旺洛桑(1719—1795)撰述。

北京地区藏传佛教皇家寺院印经院木刻版之刻印本。

普通纸，梵夹装中印本(53×7.1cm)，楷体，墨色，横刊藏文六行，四周双栏，全。

索书号：001004/10。保存基本完好，今藏民族文化宫中国民族图书馆。

༧༤། །ཐེག་པ་ཆེན་པོ་དབུ་མ་ལུགས་ཀྱི་གཞི་ལམ་འབྲས་གསུམ་གསལ་བར་བྱེད་པ་ཞེས་བྱ་བ་བཞུགས་སོ། །

**大乘中观原论之基道果明解**

1种，9页。

རེད་མདའ་བ་གཞོན་ནུ་བློ་གྲོས། 热达哇·雄努洛哲(1349—1412)撰述。

西藏地区藏传佛教寺院印经院传抄之缮写本。

普通藏纸，梵夹装中印本(44×4.3cm)，草体，墨色，横书藏文七行，四周双栏，全。

索书号：006117/19。保存基本完好，今藏民族文化宫中国民族图书馆。

༄༅། །མཐའ་བྲལ་དབུ་མ་ཆེན་པོའི་གཏམ་དུ་བྱ་བ་ཡང་དག་ལྟ་བའི་འོད་འབྱིན་ཞེས་བྱ་བ་བཞུགས་སོ། །

**离边中观论讲话·正见光芒**

1 种，5 页。

ཀླུ་འབུམ་ཤེས་རབ་རྒྱ་མཚོ། 鲁奔·希饶嘉措 (1884—1968) 撰述。

青海省西宁地区新生印经厂木刻版之刻印本。

普通藏纸，梵夹装中印本 (44.8 × 6.3cm)，楷体，墨色，横刊藏文六行，四周双栏，全。

索书号：000932/4。保存基本完好，今藏民族文化宫中国民族图书馆。

༄༅། །མདོ་རྒྱན་སྦྱར་བའི་བཤད་ལུང་དང་དབུ་མ་ལ་འཇུག་པའི་ཟབ་བཤད་ཐོས་སྐབས་ཀྱི་བརྗེད་ཐོ་ཐོར་ཙམ་དུ་བཀོད་པ་དང་། དབུ་མའི་བརྗེད་བྱང་ཉུང་ངུ་བཙས་བཞུགས་སོ། །

**闻受般若摄颂与现观庄严论相结合之传经及中论甚深解说时备忘略录和中观备忘略录**

1 种，17 页。

ཕ་བོང་ཁ་པ་བདེ་ཆེན་སྙིང་པོ། 帕邦喀巴·德钦宁波 (1878—1941) 撰述。

西藏地区藏传佛教寺院印经院木刻版之刻印本。

普通纸，梵夹装中印本 (49.1 × 5.9cm)，楷体，墨色，横刊藏文六行，四周双栏，全。

索书号：003292/17。保存基本完好，今藏民族文化宫中国民族图书馆。

༄༅། །དབུ་མ་རྒྱན་གྱི་རྣམ་བཤད་འཇམ་དབྱངས་བླ་མ་དགྱེས་པའི་ཞལ་ལུང་ཞེས་བྱ་བ་བཞུགས་སོ། །

**中观庄严论释·妙音上师喜悦之教诫**

1 种，208 页。

འཇུ་མི་ཕམ་འཇམ་དབྱངས་རྣམ་རྒྱལ་རྒྱ་མཚོ། 局米盼·绛央南杰嘉措 (1846—1912) 撰述。

四川省甘孜藏族自治州德格县德格地区德格寺印经院木刻版之刻印本。

普通藏纸，梵夹装中印本 (38.3 × 5.8cm)，楷体，墨色，横刊藏文六行，四周双栏，全。

索书号：000396/1。保存基本完好，今藏民族文化宫中国民族图书馆。

༄༅། །དབུ་མ་ཆོས་ཀྱི་དབྱིངས་སུ་བསྟོད་པའི་རྣམ་པར་བཤད་པ་དོན་དམ་སྙིང་པོ་ཞེས་བྱ་བ་བཞུགས་སོ། །

**中观法性赞解说·胜义心要**

1 种，35 页。

གློ་བོ་མཁན་ཆེན་བསོད་ནམས་ལྷུན་གྲུབ། 珞沃堪钦·索南伦珠 (1441—1525) 撰述。

西藏地区藏传佛教寺院印经院木刻版之刻印本。

普通藏纸，梵夹装中印本 (47.1 × 6.1cm)，楷体，墨色，横刊藏文六行，四周双栏，全。

索书号：003838/3。保存基本完好，今藏民族文化宫中国民族图书馆。

༄༅། །དབུ་མ་ལྟ་བའི་ཁྲིད་ལེགས་བཤད་མན་ངག་གི་རྒྱ་མཚོ་ཞེས་བྱ་བ་བཞུགས་སོ། །

**中观正见导引·嘉言教授海**

1 种，31 页。

རྟ་ཚག་རྗེ་དྲུང་བ་སོ་ཆོས་ཀྱི་རྒྱལ་མཚན། 达扎济咙·跋索·却吉坚参 (1402—1473) 撰述。

西藏地区藏传佛教寺院印经院传抄之缮写本。

普通藏纸，梵夹装中印本 (46.2 × 5.4cm)，草体，墨色，横书藏文七行，四周双栏，全。

索书号：003802/3。保存基本完好，今藏民族文化宫中国民族图书馆。

༧༧། །དབུ་མ་རྩ་བ་ཤེས་རབ་ཀྱི་སྤྱི་འགྲོ་ཅན་དུ་ལུས་པ་ཞེས་བྱ་བ་བཞུགས་སོ། །

**中观根本智论总纲未竟稿**

1 种，7 页。

རྫོང་དཀར་འཇིགས་མེད་དམ་ཆོས་རྒྱ་མཚོ། 宗嘎・吉迈旦曲嘉措 (1898—1946) 撰述。

青海省化隆回族自治县金源地区丹斗寺 ( 丹斗协吉央贡 ) 印经院木刻版之刻印本。

普通藏纸，梵夹装中印本 (44.2×6.2cm)，楷体，墨色，横刊藏文六行，四周双栏，全。

索书号：000807/9。保存基本完好，今藏民族文化宫中国民族图书馆。

༧༧། །དབུ་མ་རྩ་བའི་མཆན་འགྲེལ་གནས་ལུགས་རབ་གསལ་ཀླུ་དབང་དགོངས་རྒྱན་ཞེས་བྱ་བ་བཞུགས་སོ། །

**中观根本颂注疏・显明真实义・龙王密意庄严**

1 种，147 页。

འཇུ་མི་ཕམ་འཇམ་དབྱངས་རྣམ་རྒྱལ་རྒྱ་མཚོ། 局米盼・绛央南杰嘉措 (1846—1912) 撰述。

四川省甘孜藏族自治州德格县德格地区德格寺印经院木刻版之刻印本。

普通藏纸，梵夹装中印本 (38.3×5.8cm)，楷体，墨色，横刊藏文六行，四周双栏，全。

索书号：000399/3。保存基本完好，今藏民族文化宫中国民族图书馆。

༧༧། །དབུ་མ་རྩ་བའི་ཤེས་རབ་ཀྱི་རྣམ་པར་བཤད་པ་ཡང་དག་ལྟ་བའི་འོད་ཟེར་ཞེས་བྱ་བ་བཞུགས་སོ། །

**中观根本智论释・正见光**

1 种，140 页。

གོ་བོ་རབ་འབྱམས་པ་བསོད་ནམས་སེང་གེ། 果沃饶绛巴・索南桑格 (1429—1489) 撰述。

四川省甘孜藏族自治州德格县德格地区德格印经院木刻版之刻印本。

普通藏纸，梵夹装中印本 (46.3×6cm)，楷体，墨色，横刊藏文六行，四周双栏，全。

索书号：000381/4。保存基本完好，今藏民族文化宫中国民族图书馆。

༧༧། །དབུ་མ་ཡང་དག་པར་བརྗོད་པ་ཞེས་བྱ་བ་བཞུགས་སོ། །

**中观正说**

1 种，3 页。

འབྲུག་པ་པད་མ་དཀར་པོ། 竹巴・白玛嘎波 (1527—1592) 撰述。

西藏地区藏传佛教寺院印经院木刻版之刻印本。

普通藏纸，梵夹装中印本 (45.3×6.1cm)，楷体，墨色，横刊藏文六行，四周双栏，全。

索书号：003662/8。保存基本完好，今藏民族文化宫中国民族图书馆。

༧༧། །དབུ་མ་རིགས་པའི་ཚོགས་ཀྱི་དཀའ་བའི་གནད་བསྟན་པ་རིགས་ལམ་ཀུན་གསལ་ཞེས་བྱ་བ་བཞུགས་སོ། །

**中观理论集中难义解说・理路之日**

1 种，69 页。

རོང་སྟོན་ཤེས་བྱ་ཀུན་རིག 绒敦・希恰衮柔 (1367—1449) 撰述。

西藏地区藏传佛教寺院印经院传抄之缮写本。

普通藏纸，梵夹装中印本 (50.9×6.5cm)，草体，墨色，横书藏文七行，四周双栏，全。

索书号：000568/1。保存基本完好，今藏民族文化宫中国民族图书馆。

༄༅། །དབུ་མ་ལ་འཇུག་པ་རང་འགྲེལ་དང་བཅས་པའི་མཆན་འགྲེལ་བསྡུས་དོན་རིན་པོ་ཆེའི་མིག་ཅེས་བྱ་བ་བཞུགས་སོ། །

**入中观自释及注释摄义·大宝眼**

1 种，307 页。

ཀུང་ཐང་བློ་གྲོས་རྒྱ་མཚོ། 贡唐·洛哲嘉措(1851—1930)撰述。

甘肃省甘南藏族自治州夏河县拉卜楞地区拉卜楞寺(拉章扎喜齐)印经院木刻版之刻印本。

普通藏纸，梵夹装中印本(44.5×6.4cm)，楷体，墨色，横刊藏文六行，四周双栏，全。

索书号：001139/4。保存基本完好，今藏民族文化宫中国民族图书馆。

༄༅། །དབུ་མ་ལ་འཇུག་པའི་དཀྱུས་ཀྱི་ས་བཅད་པ་དང་གཞུང་སོ་སོའི་དཀའ་བའི་གནས་ལ་དཔྱད་པ་ལྟ་བ་ངན་སེལ་ཞེས་བྱ་བ་བཞུགས་སོ། །

**入中论正文科目与各论中难义探讨·能除恶见**

1 种，121 页。

གོ་བོ་རབ་འབྱམས་པ་བསོད་ནམས་སེང་གེ། 果沃饶绛巴·索南桑格(1429—1489)撰述。

四川省甘孜藏族自治州德格县德格地区德格印经院木刻版之刻印本。

普通藏纸，梵夹装中印本(46.3×6cm)，楷体，墨色，横刊藏文六行，四周双栏，全。

索书号：000382/3。保存基本完好，今藏民族文化宫中国民族图书馆。

༄༅། །དབུ་མ་ལ་འཇུག་པའི་བསྟན་བཅོས་ཀྱི་དགོངས་པ་རབ་ཏུ་གསལ་བའི་མེ་ལོང་ལ་སྣར་ཡང་མཆན་གྱིས་གསལ་བར་བཀྲིས་པ་ཀུན་ཕན་ཟླ་བའི་འོད་སྣང་ཞེས་བྱ་བ་བཞུགས་སོ། །

**入中论密意明镜注释·普利月光**

1 种，74 页。

རོང་ཐ་བློ་བཟང་དམ་ཆོས་རྒྱ་མཚོ། 绒塔·洛桑旦曲嘉措(1805—1900)撰述。

西藏地区藏传佛教寺院印经院木刻版之刻印本。

普通藏纸，梵夹装中印本(46.5×5.6cm)，楷体，墨色，横刊藏文六行，四周双栏，全。

索书号：004528/4。保存基本完好，今藏民族文化宫中国民族图书馆。

༄༅། །དབུ་མ་ལ་འཇུག་པའི་མཐའ་དཔྱོད་ཤུང་འདུས་ཟླ་འོད་ཅེས་བྱ་བ་བཞུགས་སོ། །

**入中论探讨摄要月光论**

1 种，172 页。

སུམ་པ་ཡེ་ཤེས་དཔལ་འབྱོར། 松巴·益希白觉(1704—1788)撰述。

内蒙古自治区呼和浩特地区曲果赛波寺印经院木刻版之刻印本。

普通藏纸，梵夹装中印本(51.9×7.8cm)，楷体，墨色，横刊藏文六行，四周双栏，全。

索书号：001035/9。保存基本完好，今藏民族文化宫中国民族图书馆。

༄༅། །དབུ་མ་ལུགས་ཀྱི་སེམས་བསྐྱེད་ཀྱི་ཆོ་ག་ཅེས་བྱ་བ་བཞུགས་སོ། །

**中观派之发心仪轨**

1 种，28 页。

ས་སྐྱ་ཀུན་དགའ་རྒྱལ་མཚན། །萨迦·衮噶坚参(1182—1251)撰述。

四川省甘孜藏族自治州德格县德格地区德格寺印经院木刻版之刻印本。

普通藏纸，梵夹装中印本(47.7×6.2cm)，楷体，墨色，横刊藏文六行，四周双栏，全。

索书号：000354/3。保存基本完好，今藏民族文化宫中国民族图书馆。

༧༢། །དབུ་མ་ལུང་རིགས་གཏེར་མཛོད་ཀྱི་གསུང་བཤད་ཟིན་བྲིས་ཞེས་བྱ་བ་བཞུགས་སོ། །

**中观教理藏讲义记录**

1 种，64 页。

བསེ་ངག་དབང་བཀྲ་ཤིས། 绥・阿旺扎喜 (1678—1738) 撰述。

甘肃省甘南藏族自治州夏河县拉卜楞地区拉卜楞寺（拉章扎喜齐）印经院木刻版之刻印本。

普通藏纸，梵夹装中印本 (47.3×6.3cm)，楷体，墨色，横刊藏文六行，四周双栏，全。

索书号：001169/8。保存基本完好，今藏民族文化宫中国民族图书馆。

༧༣། །དབུ་མའི་ལྟ་ཁྲིད་སྤྱན་སྔ་མ་ཏི་དྷྭ་ཛ་ཤྲཱི་བྷ་དྲས་མཛད་པ་ཞེས་བྱ་བ་བཞུགས་སོ། །

**金厄・玛迪达杂希尔巴扎所著中观见导引**

1 种，34 页。

སྤྱན་སྔ་བློ་གྲོས་རྒྱལ་མཚན། 金厄・洛哲坚参 (1402—1472) 撰述。

西藏地区藏传佛教寺院印经院木刻版之刻印本。

普通藏纸，梵夹装中印本 (47.7×6.7cm)，楷体，墨色，横刊藏文六行，四周双栏，全。

索书号：003769/8。保存基本完好，今藏民族文化宫中国民族图书馆。

༧༤། །དབུ་མའི་ལྟ་ཁྲིད་འབྲིང་པོ་ལེགས་བཤད་ཟླ་ཟེར་ཞེས་བྱ་བ་བཞུགས་སོ། །

**中观正见教导中篇・嘉言月光**

1 种，12 页。

སུམ་པ་ཡེ་ཤེས་དཔལ་འབྱོར། 松巴・益希白觉 (1704—1788) 撰述。

内蒙古自治区呼和浩特地区曲果赛波寺印经院木刻版之刻印本。

普通藏纸，梵夹装中印本 (51.9×7.8cm)，楷体，墨色，横刊藏文六行，四周双栏，全。

索书号：001036/6。保存基本完好，今藏民族文化宫中国民族图书馆。

༧༥། །དབུ་མའི་ལྟ་ཁྲིད་ཤིན་ཏུ་མདོར་བསྡུས་བློ་གསར་རྣ་རྒྱན་ཞེས་བྱ་བ་བཞུགས་སོ། །

**中观正见教导略篇・智童耳饰**

1 种，4 页。

སུམ་པ་ཡེ་ཤེས་དཔལ་འབྱོར། 松巴・益希白觉 (1704—1788) 撰述。

内蒙古自治区呼和浩特地区曲果赛波寺印经院木刻版之刻印本。

普通藏纸，梵夹装中印本 (51.9×7.8cm)，楷体，墨色，横刊藏文六行，四周双栏，全。

索书号：001036/7。保存基本完好，今藏民族文化宫中国民族图书馆。

༧༦། །དབུ་མའི་ལྟ་བ་ཉམས་སུ་ལེན་པའི་ཚུལ་དེ་ཁོ་ན་ཉིད་སྣང་བར་བྱེད་པའི་སྒྲོན་མེ་ཞེས་བྱ་བ་བཞུགས་སོ། །

**修中观见之法・显见空性明灯**

1 种，31 页。

ལྕང་སྐྱ་རོལ་པའི་རྡོ་རྗེ། 章嘉・若贝多结 (1717—1786) 撰述。

北京地区藏传佛教皇家寺院印经院木刻版之刻印本。

普通纸，梵夹装中印本 (46.8×6.1cm)，楷体，墨色，横刊藏文六行，四周双栏，全。

索书号：000763/57。保存基本完好，今藏民族文化宫中国民族图书馆。

༄༅། །དབུ་མའི་བསྟན་བཅོས་རྩ་བ་ཤེས་རབ་ཀྱི་ངག་དོན་བཤད་པའི་རིན་པོ་ཆེའི་ཕྲེང་བ་ལ་སྣར་ཡང་མཆན་འགྲེལ་བཏབ་པ་ཟབ་དོན་གཟུགས་བརྒྱ་འཆར་བའི་མེ་ལོང་ཞེས་བྱ་བ་བཞུགས་སོ། །

**中观根本智论文义释宝鬘论注释·显现深义影相之明镜**

1 种，71 页。

རོང་ཐ་བློ་བཟང་དམ་ཆོས་རྒྱ་མཚོ། 绒塔·洛桑旦曲嘉措 (1865—1900) 撰述。

西藏地区藏传佛教寺院印经院木刻版之刻印本。

普通藏纸，梵夹装中印本 (46.5×5.6cm)，楷体，墨色，横刊藏文六行，四周双栏，全。

索书号：004528/5。保存基本完好，今藏民族文化宫中国民族图书馆。

༄༅། །དབུ་མའི་བསྟན་བཅོས་རྩ་བ་ཤེས་རབ་ཀྱི་བསྡུས་དོན་ས་བཅད་རབ་ཏུ་གསལ་བ་ཞེས་བྱ་བ་བཞུགས་སོ། །

**中观论根本般若摄义科判明释**

1 种，18 页。

དཔལ་སྤྲུལ་འཇིགས་མེད་ཆོས་ཀྱི་དབང་པོ། 白珠·吉迈却吉旺波 (1808—1887) 撰述。

西藏地区藏传佛教寺院印经院木刻版之刻印本。

普通藏纸，梵夹装中印本 (45.2×4.3cm)，楷体，墨色，横刊藏文六行，四周双栏，全。

索书号：005942/3。保存基本完好，今藏民族文化宫中国民族图书馆。

༄༅། །དབུ་མའི་ཐལ་བཟློག་གི་བརྗེད་བྱང་ཚིགས་བཅད་མ་ཞེས་བྱ་བ་བཞུགས་སོ། །

**中观遮破备忘录颂**

1 种，5 页。

ཨ་ཀྱཱ་ཡོངས་འཛིན་བློ་བཟང་དོན་གྲུབ། 阿嘉雍增·洛桑顿珠 (1774—？) 撰述。

青海省湟中县鲁沙尔地区塔尔寺（固奔乾巴林）印经院木刻版之刻印本。

普通藏纸，梵夹装中印本 (47.9×6.3cm)，楷体，墨色，横刊藏文六行，四周双栏，全。

索书号：000934/9。保存基本完好，今藏民族文化宫中国民族图书馆。

༄༅། །དབུ་མའི་ཐལ་བཟློག་ཅེས་བྱ་བ་བཞུགས་སོ། །

**中观遮过论**

1 种，18 页。

བསེ་ངག་དབང་བཀྲ་ཤིས། 绥·阿旺扎喜 (1678—1738) 撰述。

甘肃省甘南藏族自治州夏河县拉卜楞地区拉卜楞寺（拉章扎喜齐）印经院木刻版之刻印本。

普通藏纸，梵夹装中印本 (47.3×6.3cm)，楷体，墨色，横刊藏文六行，四周双栏，全。

索书号：001159/3。保存基本完好，今藏民族文化宫中国民族图书馆。

༄༅། །དབུ་མའི་མཐའ་དཔྱོད་ཀྱི་མཇུག་བྱང་སྲིད་ཞིའི་མཛེས་སྡུག་མའི་འགྲེལ་ཆུང་པད་མ་དཀར་པོའི་ཕྲེང་བ་ཞེས་བྱ་བ་བཞུགས་སོ། །

**中观探讨之跋文有寂美严篇小注·白莲鬘**

1 种，9 页。

ངག་དབང་ཡེ་ཤེས་ཐུབ་བསྟན་རབ་འབྱམས་པ། 阿旺益希图丹饶绛巴 (1782—？) 撰述。

蒙古国乌兰巴托地区藏传佛教库伦寺印经院木刻版之刻印本。

普通藏纸，梵夹装中印本 (49×6.3cm)，楷体，墨色，横刊藏文六行，四周双栏，全。

索书号：000884/19。保存基本完好，今藏民族文化宫中国民族图书馆。

**༄༅། །དབུ་མའི་སྤྱོམ་ཚིག་འཕྲོ་ཅན་ཞེས་བྱ་བ་བཞུགས་སོ། །**

**中观论大纲余编**

1 种，4 页。

ཀིརྟི་བློ་བཟང་འཕྲིན་ལས། 格迪 · 洛桑成勒 (1849—1905) 撰述。

甘肃省甘南藏族自治州碌曲县郎木地区郎木寺印经院木刻版之刻印本。

普通藏纸，梵夹装中印本 (44.8×6.1cm)，楷体，墨色，横刊藏文六行，四周双栏，全。

索书号：001085/13。保存基本完好，今藏民族文化宫中国民族图书馆。

**༄༅། །དབུ་མའི་གཞུང་གསུམ་གསལ་བར་བྱེད་པ་ངེས་དོན་གྲུབ་པའི་ཤིང་རྟ་ཞེས་བྱ་བ་བཞུགས་སོ། །**

**中观三论明解 · 成就了义之车轨**

1 种，62 页。

འབྲུག་པ་པད་མ་དཀར་པོ། 竹巴 · 白玛嘎波 (1527—1592) 撰述。

西藏地区藏传佛教寺院印经院木刻版之刻印本。

普通藏纸，梵夹装中印本 (45.3×6.1cm)，楷体，墨色，横刊藏文六行，四周双栏，全。

索书号：003662/9。保存基本完好，今藏民族文化宫中国民族图书馆。

**༄༅། །དབུ་སེམས་ཀྱིས་ཀུན་རྫོབ་ཏུ་ཡོད་ཚུལ་ལས་བརྩམས་པའི་རྩོད་ལན་དབུས་སྣང་པ་ལས་བྱུང་བ་རྣམས་དང་། བསྡུས་ནས་བཤད་པའི་ཀུན་རྫོབ་ཏུ་ཡོད་ཚུལ་བཅུ་གཅིག་གསལ་བར་བྱེད་པའི་ཚིག་གི་སྒྲོན་མེ་ཞེས་བྱ་བ་བཞུགས་སོ། །**

**阐明中观光明论中中观、唯识所说世俗有之理趣答辩及摄论所说世俗有十一种理趣句义 · 明灯**

1 种，25 页。

ཁལ་ཁ་མཁན་པོ་ངག་དབང་བློ་བཟང་མཁས་གྲུབ། 喀尔喀堪波 · 阿旺洛桑凯珠 (1779—1838) 撰述。

西藏地区藏传佛教寺院印经院木刻版之刻印本。

普通藏纸，梵夹装中印本 (52.5×7.2cm)，楷体，墨色，横刊藏文六行，四周双栏，全。

索书号：001241/26。保存基本完好，今藏民族文化宫中国民族图书馆。

**༄༅། །རྨ་ཀླུང་རྡོ་རྗེའི་བྲག་ཏུ་སྡེ་སྣོད་རྒྱ་མཚོའི་མངའ་བདག་དགེ་བའི་བཤེས་གཉེན་ཆེན་པོ་སངས་རྒྱས་ཆོས་གྲགས་རིན་པོ་ཆེ་དང་བགྲོས་པའི་དབུ་མའི་ཐོ་དཀའ་གནད་སྤྲུབས་རྒྱ་དཀྲོལ་པའི་ཉིན་བྱེད་བྱིན་རླབས་སྣང་བའི་གཉེར་མཛོད་ཅེས་བྱ་བ་བཞུགས་སོ། །**

**玛隆多结扎寺中与经藏海主大善知识桑吉曲札谈论之中观录难以解释 · 加持光明宝藏**

1 种，184 页。

ཞྭ་དམར་དགེ་འདུན་བསྟན་འཛིན་རྒྱ་མཚོ། 夏玛 · 格登丹增嘉措 (1852—1912) 撰述。

甘肃省甘南藏族自治州夏河县拉卜楞地区拉卜楞寺（拉章扎喜齐）印经院木刻版之刻印本。

普通藏纸，梵夹装中印本 (45.8×6.4cm)，楷体，墨色，横刊藏文六行，四周双栏，全。

索书号：001258/1。保存基本完好，今藏民族文化宫中国民族图书馆。

**༄༅། །ཟབ་མོ་དབུ་མའི་ལྟ་ཁྲིད་ཀླུ་སྒྲུབ་དགོངས་རྒྱན་ཞེས་བྱ་བ་བཞུགས་སོ། །**

**甚深中观正见教导 · 龙树密意庄严**

1 种，11 页。

གུ་ཤྲཱི་དཀའ་བཅུ་བ་བློ་བཟང་ཚེ་འཕེལ། 固释嘎居哇 · 洛桑慈培 (1760—？ ) 撰述。

北京地区藏传佛教皇家寺院印经院木刻版之刻印本。

普通纸，梵夹装中印本 (47.8 × 7.5cm)，楷体，墨色，横刊藏文六行，四周双栏，全。

索书号：001099/6。保存基本完好，今藏民族文化宫中国民族图书馆。

༄། །ཟབ་མོ་དབུ་མའི་ལྟ་ཁྲིད་ཅེས་བྱ་བ་བཞུགས་སོ། །

**甚深中观正见教导**

1 种，11 页。

ཞོག་དཀའ་བཅུ་དོན་ཡོད་མཁས་གྲུབ། 雪嘎居 · 顿悦凯珠 ( 生卒年不详 ) 撰述。

西藏自治区拉萨地区布达拉宫印经院木刻版之刻印本。

普通藏纸，梵夹装中印本 (50 × 6.7cm)，楷体，墨色，横刊藏文六行，四周双栏，全。

索书号：000942/8。保存基本完好，今藏民族文化宫中国民族图书馆。

༄། །ཟབ་མོ་དབུ་མའི་ལྟ་ཁྲིད་བདག་འཛིན་དགྲ་དཔུང་འཇོམས་པའི་འཕྲུལ་འཁོར་ཞེས་བྱ་བ་བཞུགས་སོ། །

**甚深中观正见导释 · 摧坏沃执之幻轮**

1 种，13 页。

ཁང་གསར་བློ་བཟང་ཚུལ་ཁྲིམས་བསྟན་པའི་རྒྱལ་མཚན། 康萨 · 洛桑慈称丹贝坚参 (1848—？ ) 撰述。

西藏地区藏传佛教寺院印经院木刻版之刻印本。

普通藏纸，梵夹装中印本 (49.5 × 6.8cm)，楷体，墨色，横刊藏文六行，四周双栏，全。

索书号：000931/6。保存基本完好，今藏民族文化宫中国民族图书馆。

༄། །ཟབ་མོ་གཞན་སྟོང་དབུ་མའི་བརྒྱུད་འདེབས་ཞེས་བྱ་བ་བཞུགས་སོ། །

**甚深他空中观之师承启请文**

1 种，4 页。

ཏཱ་ར་ནཱ་ཐ་ཀུན་དགའ་སྙིང་པོ། 多罗那塔 · 衮噶宁波 (1575—1634) 撰述。

西藏地区藏传佛教达丹林寺印经院木刻版之刻印本。

普通藏纸，梵夹装中印本 (43.6 × 8.2cm)，楷体，墨色，横刊藏文六行，四周双栏，全。

索书号：001021/6。保存基本完好，今藏民族文化宫中国民族图书馆。

༄། །འོད་སྲུངས་ལེའུ་ནས་གསུངས་པའི་དབུ་མའི་ལམ་གསལ་བར་བྱེད་པའི་ཚིག་གི་སྒྲོན་མེ་ཞེས་བྱ་བ་བཞུགས་སོ། །

**阐明迦叶品中所说中观道之词句灯**

1 种，22 页。

ཁལ་ཁ་མཁན་པོ་ངག་དབང་བློ་བཟང་མཁས་གྲུབ། 喀尔喀堪波 · 阿旺洛桑凯珠 (1779—1838) 撰述。

西藏地区藏传佛教寺院印经院木刻版之刻印本。

普通藏纸，梵夹装中印本 (52.5 × 7.2cm)，楷体，墨色，横刊藏文六行，四周双栏，全。

索书号：001238/6。保存基本完好，今藏民族文化宫中国民族图书馆。

༄། །ཤིང་རྟ་ཆེན་པོ་རྣམ་གཉིས་ཀྱི་གཞུང་དང་རྗེས་སུ་མཐུན་པའི་དབུ་མའི་ལྟ་ཁྲིད་བདུད་རྩིའི་སྙིང་པོ་ཞེས་བྱ་བ་བཞུགས་སོ། །

**随顺二大乘师学理之中观导引 · 甘露精华**

1 种，12 页。

འཇམ་དབྱངས་མཁྱེན་བརྩེ་དབང་པོ། 绛央庆孜旺波 (1820—1892) 撰述。

四川省甘孜藏族自治州德格县德格地区德格寺印经院木刻版之刻印本。

普通纸，梵夹装短印本 (29.7×4.6cm)，楷体，墨色，横刊藏文六行，四周双栏，全。

索书号：006311/4。保存基本完好，今藏民族文化宫中国民族图书馆。

## ༤、མངོན་པ་མཛོད་ཀྱི་སྐོར།

## 4. 对法藏

༧༡། །མངོན་པ་མཛོད་ཀྱི་ས་བཅད་ཅེས་བྱ་བ་བཞུགས་སོ། །

**俱舍论科判**

1 种，17 页。

དཔལ་སྤྲུལ་འཇིགས་མེད་ཆོས་ཀྱི་དབང་པོ། 白珠・吉迈曲吉旺波 (1808—1887) 撰述。

西藏地区藏传佛教寺院印经院木刻版之刻印本。

普通藏纸，梵夹装中印本 (45.2×4.3cm)，楷体，墨色，横刊藏文六行，四周双栏，全。

索书号：005942/2。保存基本完好，今藏民族文化宫中国民族图书馆。

༧༢། །ཆོས་མངོན་རྒྱ་མཚོའི་དགོངས་དོན་བརྗེད་བྱང་དུ་བཀོད་པ་རིན་ཆེན་སྒྲོན་མེ་ལས་གནས་བརྒྱད་པ་ཞེས་བྱ་བ་བཞུགས་སོ། །

**对法海密意备忘录・大宝明灯中第八品**

1 种，23 页。

གུང་ཐང་བློ་གྲོས་རྒྱ་མཚོ། 贡唐・洛哲嘉措 (1851—1931) 撰述。

甘肃省甘南藏族自治州夏河县拉卜楞地区拉卜楞寺（拉章扎喜齐）印经院木刻版之刻印本。

普通藏纸，梵夹装中印本 (44.5×6.4cm)，楷体，墨色，横刊藏文六行，四周双栏，全。

索书号：001133/8。保存基本完好，今藏民族文化宫中国民族图书馆。

༧༣། །ཆོས་མངོན་པ་རྣམ་པར་འབྱེད་པ་ཞེས་བྱ་བའི་བསྟན་བཅོས་ཞེས་བྱ་བ་བཞུགས་སོ། །

**阿毗达摩分别论**

1 种，11 页。

འབྲུག་པ་པད་མ་དཀར་པོ། 竹巴・白玛嘎波 (1527—1592) 撰述。

西藏地区藏传佛教寺院印经院木刻版之刻印本。

普通藏纸，梵夹装中印本 (45.3×6.1cm)，楷体，墨色，横刊藏文六行，四周双栏，全。

索书号：003661/12。保存基本完好，今藏民族文化宫中国民族图书馆。

༧༤། །ཆོས་མངོན་པ་མཛོད་ཀྱི་ཀར་ཊཱི་ཀ་ཏུམ་བུ་བཞི་པ་ཞེས་བྱ་བ་བཞུགས་སོ། །

**对法藏注疏第四品**

1 种，152 页。

ཀརྨ་མི་བསྐྱོད་རྡོ་རྗེ། 嘎玛・米觉多结 (1507—1554) 撰述。

西藏地区藏传佛教寺院印经院传抄之缮写本。

普通藏纸，梵夹装中印本 (44.6×5.3cm)，草体，墨色，横书藏文七行，四周双栏，全。

索书号：003884/2。保存基本完好，今藏民族文化宫中国民族图书馆。

༧༥། །ཆོས་མངོན་པ་མཛོད་ཀྱི་ཀར་ཊཱི་ཀ་ཏུམ་བུ་ལྔ་པ་ཞེས་བྱ་བ་བཞུགས་སོ། །

**对法藏注疏第五品**

1 种，86 页。

ཀརྨ་མི་བསྐྱོད་རྡོ་རྗེ། 嘎玛・米觉多结 (1507—

1554) 撰述。

西藏地区藏传佛教寺院印经院传抄之缮写本。

普通藏纸，梵夹装中印本 (45.3 × 6.1cm)，草体，墨色，横书藏文七行，四周双栏，全。

索书号：003884/3。保存基本完好，今藏民族文化宫中国民族图书馆。

༄༅། །ཆོས་མངོན་པ་མཛོད་ཀྱི་ཀར་ཊཱི་ཀ་དྲུག་པ་རྒྱ་ཆེར་འགྲེལ་པ་ཞེས་བྱ་བ་བཞུགས་སོ། །

**对法藏第六品广释**

1 种，107 页。

ཀརྨ་མི་བསྐྱོད་རྡོ་རྗེ། 嘎玛 · 米觉多结 (1507—1554) 撰述。

西藏地区藏传佛教寺院印经院传抄之缮写本。

普通藏纸，梵夹装中印本 (45.3 × 6.1cm)，草体，墨色，横书藏文七行，四周双栏，全。

索书号：003884/4。保存基本完好，今藏民族文化宫中国民族图书馆。

༄༅། །ཆོས་མངོན་པ་མཛོད་ཀྱི་ཀར་ཊཱི་ཀ་དྲུག་བདུན་པ་ཞེས་བྱ་བ་བཞུགས་སོ། །

**对法藏注疏第七品**

1 种，62 页。

ཀརྨ་མི་བསྐྱོད་རྡོ་རྗེ། 嘎玛 · 米觉多结 (1507—1554) 撰述。

西藏地区藏传佛教寺院印经院传抄之缮写本。

普通藏纸，梵夹装中印本 (45.3 × 6.1cm)，草体，墨色，横书藏文七行，四周双栏，全。

索书号：003884/5。保存基本完好，今藏民族文化宫中国民族图书馆。

༄༅། །ཆོས་མངོན་པ་མཛོད་ཀྱི་ཀར་ཊཱི་ཀ་དྲུག་བརྒྱད་པ་ཞེས་བྱ་བ་བཞུགས་སོ། །

**对法藏注疏第八品**

1 种，45 页。

ཀརྨ་མི་བསྐྱོད་རྡོ་རྗེ། 嘎玛 · 米觉多结 (1507—1554) 撰述。

西藏地区藏传佛教寺院印经院传抄之缮写本。

普通藏纸，梵夹装中印本 (45.3 × 6.1cm)，草体，墨色，横书藏文七行，四周双栏，全。

索书号：003884/6。保存基本完好，今藏民族文化宫中国民族图书馆。

༄༅། །ཆོས་མངོན་པ་མཛོད་ཀྱི་ཚིག་ལེའུར་བྱས་པའི་རྣམ་བཤད་ཀྱི་ཊཱི་ཀ་རྒྱལ་བ་སྲས་བཅས་འཕགས་ཚོགས་ཐམས་ཅད་ཀྱི་དགོངས་དོན་གསལ་བར་བྱེད་པའི་ཉི་མ་ཞེས་བྱ་བ་བཞུགས་སོ། །

**阿毗达摩俱舍论本颂疏解 · 阐明佛子密意之日**

1 种，29 页。

ཅོ་ནེ་གྲགས་པ་བཤད་སྒྲུབ། 卓尼 · 札巴协珠 (1675—1748) 撰述。

甘肃省甘南藏族自治州卓尼县卓尼地区卓尼寺（觉乃噶旦协珠林）印经院木刻版之刻印本。

普通藏纸，梵夹装中印本 (48.6 × 6.3cm)，楷体，墨色，横刊藏文六行，四周双栏，全。

索书号：003686/2。保存基本完好，今藏民族文化宫中国民族图书馆。

༄༅། །ཆོས་མངོན་མཛོད་ཀྱི་མཐའ་དཔྱོད་ཐུབ་བསྟན་ནོར་བུའི་གཏེར་མཛོད་དུས་གསུམ་རྒྱལ་བའི་བཞེད་དོན་ཀུན་གསལ་ལས་གནས་བདུན་པ་ཞེས་བྱ་བ་བཞུགས་སོ། །

**对法藏之探讨 · 佛教宝藏 · 普显三世诸佛之所许义第七依处**

1 种，42 页。

འཇམ་བཞད་ངག་དབང་བརྩོན་འགྲུས། 嘉木样协巴 ·阿旺宗哲 (1648—1721) 撰述。

甘肃省甘南藏族自治州夏河县拉卜楞地区拉卜楞寺 ( 拉章扎喜齐 ) 印经院木刻版之刻印本。

普通藏纸，梵夹装中印本 (47.2 × 6.8cm)，楷体，墨色，横刊藏文六行，四周双栏，全。

索书号：000862/7。保存基本完好，今藏民族文化宫中国民族图书馆。

༧༢། །ཆོས་མངོན་མཛོད་ཀྱི་མཐའ་དཔྱོད་ཐུབ་བསྟན་ནོར་བུའི་གཏེར་མཛོད་དུས་གསུམ་རྒྱལ་བའི་བཞེད་དོན་ཀུན་གསལ་ལས་གནས་བརྒྱད་པ་ཞེས་བྱ་བ་བཞུགས་སོ། །

**对法藏之探讨 · 佛教宝藏 · 普显三世诸佛之所许义第八依处**

1 种，45 页。

འཇམ་བཞད་ངག་དབང་བརྩོན་འགྲུས། 嘉木样协巴 · 阿旺宗哲 (1648—1721) 撰述。

甘肃省甘南藏族自治州夏河县拉卜楞地区拉卜楞寺 ( 拉章扎喜齐 ) 印经院木刻版之刻印本。

普通藏纸，梵夹装中印本 (47.2 × 6.8cm)，楷体，墨色，横刊藏文六行，四周双栏，全。

索书号：000862/8。保存基本完好，今藏民族文化宫中国民族图书馆。

༧༢། །ཆོས་མངོན་པ་མཛོད་ཀྱི་གནས་གསུམ་པའི་འགྲེལ་པ་ཆོས་མངོན་རྒྱ་མཚོར་འཇུག་པའི་གྲུ་གཟིངས་ཞེས་བྱ་བ་བཞུགས་སོ། །

**俱舍论中第三分位解释 · 入现对法海之舟**

1 种，37 页。

རོང་ཐ་བློ་བཟང་དམ་ཆོས་རྒྱ་མཚོ། 绒塔 · 洛桑旦曲嘉措 (1805—1900) 撰述。

多康地区藏传佛教惹聂特钦寺印经院木刻版之刻印本。

普通藏纸，梵夹装中印本 (46.5 × 5.6cm)，楷体，墨色，横刊藏文六行，四周双栏，全。

索书号：004527/18。保存基本完好，今藏民族文化宫中国民族图书馆。

༧༢། །ཆོས་མངོན་པ་མཛོད་ཀྱི་གནས་གསུམ་པའི་རྣམ་བཤད་ཅེས་བྱ་བ་བཞུགས་སོ། །

**俱舍论第三品解说**

1 种，37 页。

ཅོ་ནེ་གྲགས་པ་བཤད་སྒྲུབ། 卓尼 · 札巴协珠 (1675—1748) 撰述。

甘肃省甘南藏族自治州卓尼县卓尼地区卓尼寺 ( 觉乃噶旦协珠林 ) 印经院木刻版之刻印本。

普通藏纸，梵夹装中印本 (48.6 × 6.3cm)，楷体，墨色，横刊藏文六行，四周双栏，全。

索书号：003686/4。保存基本完好，今藏民族文化宫中国民族图书馆。

༧༢། །ཆོས་མངོན་པ་མཛོད་ཀྱི་གནས་བཞི་པའི་རྣམ་བཤད་ཅེས་བྱ་བ་བཞུགས་སོ། །

**俱舍论第四品解说**

1 种，36 页。

ཅོ་ནེ་གྲགས་པ་བཤད་སྒྲུབ 卓尼 · 札巴协珠 (1675—1748) 撰述。

甘肃省甘南藏族自治州卓尼县卓尼地区卓尼寺 ( 觉乃噶旦协珠林 ) 印经院木刻版之刻印本。

普通藏纸，梵夹装中印本 (48.6 × 6.3cm)，楷体，墨色，横刊藏文六行，四周双栏，全。

索书号：003686/5。保存基本完好，今藏民族文化宫中国民族图书馆。

༄༅། །ཆོས་མངོན་པ་མཛོད་ཀྱི་གནས་ལྔ་པའི་ཚིག་འགྲེལ་ཞེས་བྱ་བ་བཞུགས་སོ། །

**俱舍论第五品字句解释**

1 种，20 页。

ཅོ་ནེ་གྲགས་པ་བཤད་སྒྲུབ། 卓尼 · 札巴协珠 (1675—1748) 撰述。

甘肃省甘南藏族自治州卓尼县卓尼地区卓尼寺 ( 觉乃噶旦协珠林 ) 印经院木刻版之刻印本。

普通藏纸，梵夹装中印本 (48.6 × 6.3cm)，楷体，墨色，横刊藏文六行，四周双栏，全。

索书号：003686/6。保存基本完好，今藏民族文化宫中国民族图书馆。

༄༅། །ཆོས་མངོན་པ་མཛོད་ཀྱི་གནས་དྲུག་པའི་རྒྱ་ཆེར་འགྲེལ་པ་ཞེས་བྱ་བ་བཞུགས་སོ། །

**对法藏第六品广释**

1 种，107 页。

ཀརྨ་མི་བསྐྱོད་རྡོ་རྗེ། 嘎玛 · 米觉多结 (1507—1554) 撰述。

西藏地区藏传佛教寺院印经院传抄之缮写本。

普通藏纸，梵夹装中印本 ( 缩印本 )，草体，墨色，横书藏文七行，四周双栏，全。

索书号：003686/7。保存基本完好，今藏民族文化宫中国民族图书馆。

༄༅། །ཆོས་མངོན་པ་མཛོད་ཀྱི་གནས་དྲུག་པའི་ཚིག་དོན་འགྲེལ་ཞེས་བྱ་བ་བཞུགས་སོ། །

**对法藏第六品句义释**

1 种，107 页。

ཅོ་ནེ་གྲགས་པ་བཤད་སྒྲུབ། 卓尼 · 札巴协珠 (1675—1748) 撰述。

甘肃省甘南藏族自治州卓尼县卓尼地区卓尼寺 ( 觉乃噶旦协珠林 ) 印经院木刻版之刻印本。

普通藏纸，梵夹装中印本 (48.6 × 6.3cm)，楷体，墨色，横刊藏文六行，四周双栏，全。

索书号：003686/7。保存基本完好，今藏民族文化宫中国民族图书馆。

༄༅། །ཆོས་མངོན་པ་མཛོད་ཀྱི་གནས་བདུན་པའི་ཚིག་འགྲེལ་ཞེས་བྱ་བ་བཞུགས་སོ། །

**俱舍论第七品字句解释**

1 种，16 页。

ཅོ་ནེ་གྲགས་པ་བཤད་སྒྲུབ། 卓尼 · 札巴协珠 (1675—1748) 撰述。

甘肃省甘南藏族自治州卓尼县卓尼地区卓尼寺 ( 觉乃噶旦协珠林 ) 印经院木刻版之刻印本。

普通藏纸，梵夹装中印本 (48.6 × 6.3cm)，楷体，墨色，横刊藏文六行，四周双栏，全。

索书号：003686/8。保存基本完好，今藏民族文化宫中国民族图书馆。

༄༅། །ཆོས་མངོན་པ་མཛོད་ཀྱི་གནས་བརྒྱད་པའི་ཚིག་འགྲེལ་ཞེས་བྱ་བ་བཞུགས་སོ། །

**俱舍论第八品字句解释**

1 种，15 页。

ཅོ་ནེ་གྲགས་པ་བཤད་སྒྲུབ། 卓尼 · 札巴协珠 (1675—1748) 撰述。

甘肃省甘南藏族自治州卓尼县卓尼地区卓尼寺 ( 觉乃噶旦协珠林 ) 印经院木刻版之刻印本。

普通藏纸，梵夹装中印本 (48.6 × 6.3cm)，楷体，墨色，横刊藏文六行，四周双栏，全。

索书号：003686/9。保存基本完好，今藏民族文化宫中国民族图书馆。

༄༅། །ཆོས་མངོན་པ་མཛོད་ཀྱི་སྤང་བྱ་སྤོང་ཚུལ་གྱི་དཀའ་འགྲེལ་ལེགས་བཤད་ཉི་མའི་འོད་ཟེར་ལས་མཁས་པའི་གཏམ་གསང་བ་སྒོ་འབྱེད་ཅེས་བྱ་བ་བཞུགས་སོ། །

**俱舍论中断应断法释难·善说日光论中智者教言·启秘密之门**

1 种，33 页。

མང་ཐོས་ཀླུ་སྒྲུབ་རྒྱ་མཚོ། 芒推·鲁珠嘉措 (1523—？) 撰述。

西藏地区藏传佛教寺院印经院传抄之缮写本。

普通藏纸，梵夹装中印本 (46.5×6.2cm)，草体，墨色，横书藏文七行，四周双栏，全。

索书号：004788/36。保存基本完好，今藏民族文化宫中国民族图书馆。

༄༅། །ཆོས་མངོན་པ་མཛོད་ཀྱི་སྤྱི་དོན་ཤེས་བྱ་རབ་གསལ་ཞེས་བྱ་བ་བཞུགས་སོ། །

**俱舍论总义·善显所知**

1 种，18 页。

མང་ཐོས་ཀླུ་སྒྲུབ་རྒྱ་མཚོ། 芒推·鲁珠嘉措 (1523—？) 撰述。

西藏地区藏传佛教寺院印经院传抄之缮写本。

普通藏纸，梵夹装中印本 (46.5×6.2cm)，草体，墨色，横书藏文七行，四周双栏，全。

索书号：004788/34。保存基本完好，今藏民族文化宫中国民族图书馆。

༄༅། །ཆོས་མངོན་པ་མཛོད་ཀྱི་ཚིག་དོན་རྣམ་པར་འགྲེལ་པ་བརྒྱ་བྱིན་ཐེག་པའི་ནོར་བུའི་འོད་སྣང་ཞེས་བྱ་བ་བཞུགས་སོ། །

**俱舍论句义详释·帝释顶摩尼之日**

1 种，341 页。

སི་ཏུ་ཆོས་ཀྱི་འབྱུང་གནས། 司徒·曲吉迥乃 (1699—1774) 撰述。

四川省甘孜藏族自治州德格县八邦地区八邦寺印经院木刻版之刻印本。

普通藏纸，梵夹装中印本 (46.5×7cm)，楷体，墨色，横刊藏文六行，四周双栏，全。

索书号：006146/1。保存基本完好，今藏民族文化宫中国民族图书馆。

༄༅། །ཆོས་མངོན་པ་མཛོད་ཀྱི་བཤད་ཐབས་ཀྱི་མན་ངག་ངོ་མཚར་གསུམ་ལྡན་ཞེས་བྱ་བ་བཞུགས་སོ། །

**俱舍论讲说方便教授·具三稀有**

1 种，99 页。

གོ་བོ་རབ་འབྱམས་པ་བསོད་ནམས་སེང་གེ། 果沃饶绛巴·索南桑格 (1429—1489) 撰述。

四川省甘孜藏族自治州德格县德格地区德格寺印经院木刻版之刻印本。

普通藏纸，梵夹装中印本 (46.3×6cm)，楷体，墨色，横刊藏文六行，四周双栏，全。

索书号：000381/2。保存基本完好，今藏民族文化宫中国民族图书馆。

༄༅། །ཆོས་མངོན་པ་མཛོད་ཀྱི་བཤད་པ་འགྲེལ་པ་ལུགས་ཞེས་བྱ་བ་བཞུགས་སོ། །

**对法藏俱舍论解说释·注疏传规**

1 种，114 页。

འབྲུག་པ་པད་མ་དཀར་པོ། 竹巴·白玛嘎波 (1527—1592) 撰述。

西藏地区藏传佛教寺院印经院木刻版之刻印本。

普通藏纸，梵夹装中印本 (45.3×6.1cm)，楷体，墨色，横刊藏文六行，四周双栏，全。

索书号：003662/2。保存基本完好，今藏民族文化宫中国民族图书馆。

༄༅། །དམ་པའི་ཆོས་མངོན་པ་མཛོད་ཀྱི་ཀར་ཊཱིཀ་ཆེན་མོ་ལས་གནས་གཉིས་པའི་ལེགས་བཤད་རྒྱ་ཆེར་འགྲེལ་པ་ཞེས་བྱ་བ་བཞུགས་སོ། །

**对法藏大疏第二品善说广释**

1 种，103 页。

ཀརྨ་མི་བསྐྱོད་རྡོ་རྗེ། 嘎玛 · 米觉多结 (1507—1554) 撰述。

西藏地区藏传佛教寺院印经院传抄之缮写本。

普通藏纸，梵夹装中印本 (44.6×5.3cm)，草体，墨色，横书藏文七行，四周双栏，全。

索书号：003883/3。保存基本完好，今藏民族文化宫中国民族图书馆。

༄༅། །དམ་པའི་ཆོས་མངོན་པ་མཛོད་ཀྱི་ཀར་ཊཱིཀ་ཆེན་མོ་ལས་གནས་གསུམ་པའི་བཤད་པ་ཞེས་བྱ་བ་བཞུགས་སོ། །

**对法藏大疏第三品解说**

1 种，107 页。

ཀརྨ་མི་བསྐྱོད་རྡོ་རྗེ། 嘎玛 · 米觉多结 (1507—1554) 撰述。

西藏地区藏传佛教寺院印经院传抄之缮写本。

普通藏纸，梵夹装中印本（44.6×5.3cm)，草体，墨色，横书藏文七行，四周双栏，全。

索书号：003883/4。保存基本完好，今藏民族文化宫中国民族图书馆。

༄༅། །དམ་པའི་ཆོས་མངོན་པ་མཛོད་ཀྱི་མཆན་འགྲེལ་རིན་པོ་ཆེའི་དོ་ཤལ་བློ་གསལ་དགྱེས་པའི་མགུལ་རྒྱན་ཞེས་བྱ་བ་བཞུགས་སོ། །

**正法俱舍论注疏 · 大宝璎珞 · 智者喜悦之项饰**

1 种，378 页。

འཇུ་མི་ཕམ་འཇམ་དབྱངས་རྣམ་རྒྱལ་རྒྱ་མཚོ། 居米盼 · 绛央南杰嘉措 (1846—1912) 撰述。

四川省甘孜藏族自治州德格县德格地区德格印经院木刻版之刻印本。

普通藏纸，梵夹装短印本 (38.3×5.8cm)，楷体，墨色，横刊藏文六行，四周双栏，全。

索书号：000401/1。保存基本完好，今藏民族文化宫中国民族图书馆。

༄༅། །དམ་པའི་ཆོས་མངོན་པ་མཛོད་ཀྱི་དོན་ལེགས་པར་བཤད་པ་རིན་པོ་ཆེའི་གྲུ་གཟིངས་ཞེས་བྱ་བའི་གནས་དང་པོ་བཞུགས་སོ། །

**正法对法藏文义嘉言 · 大宝之舟第一依处**

1 种，38 页。

འཇམ་བཞད་དཀོན་མཆོག་འཇིགས་མེད་དབང་པོ། 嘉木样协巴 · 恭却吉迈旺波 (1728—1791) 撰述。

甘肃省甘南藏族自治州夏河县拉卜楞地区拉卜楞寺（拉章扎喜齐）印经院木刻版之刻印本。

普通藏纸，梵夹装中印本 (48.4×7.4cm)，楷体，墨色，横刊藏文六行，四周双栏，全。

索书号：000874/1。保存基本完好，今藏民族文化宫中国民族图书馆。

༄༅། །དམ་པའི་ཆོས་མངོན་པ་མཛོད་ཀྱི་དོན་ལེགས་པར་བཤད་པ་རིན་པོ་ཆེའི་གྲུ་གཟིངས་ཞེས་བྱ་བའི་གནས་གཉིས་པ་བཞུགས་སོ། །

**正法对法藏文义嘉言 · 大宝之舟第二依处**

1 种，49 页。

འཇམ་བཞད་དཀོན་མཆོག་འཇིགས་མེད་དབང་པོ། 嘉木样协巴 · 恭却吉迈旺波 (1728—1791) 撰述。

甘肃省甘南藏族自治州夏河县拉卜楞地区拉卜楞寺（拉章扎喜齐）印经院木刻版之刻印本。

普通藏纸，梵夹装中印本 (48.4×7.4cm)，楷体，墨色，横刊藏文六行，四周双栏，全。

索书号：000874/2。保存基本完好，今藏民族文化宫中国民族图书馆。

༧༧༡ །དམ་པའི་ཆོས་མངོན་པ་མཛོད་ཀྱི་དོན་ལེགས་པར་བཤད་པ་རིན་པོ་ཆེའི་གྲུ་གཟིངས་ཞེས་བྱ་བའི་གནས་གསུམ་པ་བཞུགས་སོ། །

**正法对法藏文义嘉言·大宝之舟第三依处**

1 种，60 页。

འཇམ་བཞད་དཀོན་མཆོག་འཇིགས་མེད་དབང་པོ། 嘉木样协巴·恭却吉迈旺波 (1728—1791) 撰述。

甘肃省甘南藏族自治州夏河县拉卜楞地区拉卜楞寺（拉章扎喜齐）印经院木刻版之刻印本。

普通藏纸，梵夹装中印本 (48.4×7.4cm)，楷体，墨色，横刊藏文六行，四周双栏，全。

索书号：000874/3。保存基本完好，今藏民族文化宫中国民族图书馆。

༧༧༡ །དམ་པའི་ཆོས་མངོན་པ་མཛོད་ཀྱི་དོན་ལེགས་པར་བཤད་པ་རིན་པོ་ཆེའི་གྲུ་གཟིངས་ཞེས་བྱ་བའི་གནས་བདུན་པ་བཞུགས་སོ། །

**正法对法藏文义嘉言·大宝之舟第七依处**

1 种，26 页。

འཇམ་བཞད་དཀོན་མཆོག་འཇིགས་མེད་དབང་པོ། 嘉木样协巴·恭却吉迈旺波 (1728—1791) 撰述。

甘肃省甘南藏族自治州夏河县拉卜楞地区拉卜楞寺（拉章扎喜齐）印经院木刻版之刻印本。

普通藏纸，梵夹装中印本 (48.4×7.4cm)，楷体，墨色，横刊藏文六行，四周双栏，全。

索书号：000874/4。保存基本完好，今藏民族文化宫中国民族图书馆。

༧༧༡ །ཕུང་པོ་ལྔའི་རྣམ་བཞག་ཆོས་མངོན་པའི་སྙིང་པོ་བསྡུས་པ་ཞེས་བྱ་བ་བཞུགས་སོ། །

**五蕴建立论·对法心要**

1 种，12 页。

ཅོ་ནེ་གྲགས་པ་བཤད་སྒྲུབ། 卓尼·札巴协珠 (1675—1748) 撰述。

甘肃省甘南藏族自治州卓尼县卓尼地区卓尼寺（觉乃噶旦协珠林）印经院木刻版之刻印本。

普通藏纸，梵夹装中印本 (48.6×6.3cm)，楷体，墨色，横刊藏文六行，四周双栏，全。

索书号：003686/10。保存基本完好，今藏民族文化宫中国民族图书馆。

༧༧༡ །མཛོད་ཀྱི་ཀར་ཊཱི་ཀ་ཆེན་མོ་ལས་གནས་གསུམ་པའི་བཤད་པ་ཞེས་བྱ་བ་བཞུགས་སོ། །

**对法藏大疏第三品解说**

1 种，107 页。

ཀརྨ་མི་བསྐྱོད་རྡོ་རྗེ། 嘎玛·米觉多结 (1507—1554) 撰述。

西藏地区藏传佛教寺院印经院传抄之缮写本。

普通藏纸，梵夹装中印本 (44.6×5.3cm)，草体，墨色，横书藏文七行，四周双栏，全。

索书号：003883/4。保存基本完好，今藏民族文化宫中国民族图书馆。

༧༧༡ །མཛོད་ཀྱི་གནས་གཉིས་པའི་ཊཱི་ཀཱ་བཞུགས་སོ། །

**俱舍论第二品注释**

1 种，29 页。

ཅོ་ནེ་གྲགས་པ་བཤད་སྒྲུབ། 卓尼·札巴协珠 (1675—1748) 撰述。

甘肃省甘南藏族自治州卓尼县卓尼地

区卓尼寺(觉乃噶旦协珠林)印经院木刻版之刻印本。

普通藏纸，梵夹装中印本(48.6×6.3cm)，楷体，墨色，横刊藏文六行，四周双栏，全。

索书号：003686/3。保存基本完好，今藏民族文化宫中国民族图书馆。

## ༥、མངོན་རྟོགས་རྒྱན་གྱི་སྐོར།

## 5. 现观庄严论

༄༅། །མཁས་ཤིང་གྲུབ་པའི་དབང་ཕྱུག་རྗེ་བླ་མ་སྐལ་ལྡན་རྒྱ་མཚོའི་གསུང་ལས་བསྟན་བཅོས་མངོན་པར་རྟོགས་པའི་རྒྱན་གྱི་སྐབས་དང་པོ་ནས་སྐབས་བཞི་པའི་ཐེག་ཆེན་གྱི་ཐར་པ་ཆ་མཐུན་འཆད་པའི་བར་གྱི་ཚིག་དོན་རྣམ་པར་བཤད་པ་བཞུགས་སོ། །

**善巧成就自在师格登嘉措文集中现观庄严论第一章至第四章顺大乘解脱分宣说中之句义解说**

1种，51页。

ཤར་སྐལ་ལྡན་རྒྱ་མཚོ། 夏・格旦嘉措(1607—1677)撰述。

青海省黄南藏族自治州同仁县隆务地区隆务寺(大乐法轮洲)印经院木刻版之刻印本。

普通藏纸，梵夹装中印本(46.5×5.6cm)，楷体，墨色，横刊藏文六行，四周双栏，全。

索书号：001049/3。保存基本完好，今藏民族文化宫中国民族图书馆。

༄༅། །འགྲེལ་པ་དོན་གསལ་གྱི་སྙིང་ནས་རྒྱས་འབྲིང་བསྡུས་གསུམ་མངོན་རྟོགས་རྒྱན་འགྲེལ་སོགས་མདོ་རྒྱན་སྦྱར་བའི་གསལ་བཤད་ཀྱི་ཟིན་བྲིས་སྦས་དོན་གསལ་བའི་སྒྲོན་མེ་ཞེས་བྱ་བ་བཞུགས་སོ། །

**明义释中广中略三种般若及现观庄严论释等配合经庄严明解之笔录・阐明隐义之灯**

1种，175页。

ཀུང་ཐང་དཀོན་མཆོག་བསྟན་པའི་སྒྲོན་མེ། 贡唐・恭却丹贝准美(1762—1822)撰述。

甘肃省甘南藏族自治州夏河县拉卜楞地区拉卜楞寺(拉章扎喜齐)印经院木刻版之刻印本。

普通藏纸，梵夹装中印本(47.2×6.2cm)，楷体，墨色，横刊藏文六行，四周双栏，全。

索书号：000917/4。保存基本完好，今藏民族文化宫中国民族图书馆。

༄༅། །མངོན་རྟོགས་རྒྱན་གྱི་སྐབས་དང་པོའི་སྤྱི་དོན་སྒྲོན་མེ་རབ་གསལ་ཞེས་བྱ་བ་བཞུགས་སོ། །

**现观庄严论第一章总义明灯**

1种，51页。

ཅོ་ནེ་གྲགས་པ་བཤད་སྒྲུབ། 卓尼・札巴协珠(1675—1748)撰述。

甘肃省甘南藏族自治州卓尼县卓尼地区卓尼寺(觉乃噶旦协珠林)印经院木刻版之刻印本。

普通藏纸，梵夹装中印本(48.6×6.3cm)，楷体，墨色，横刊藏文六行，四周双栏，全。

索书号：003677/3。保存基本完好，今藏民族文化宫中国民族图书馆。

༧༤། །མངོན་རྟོགས་རྒྱན་གྱི་སྐབས་བརྒྱད་པའི་ཊཱིཀཱ་དོན་གྱི་སྙིང་པོ་བསྡུས་པ་ཞེས་བྱ་བ་བཞུགས་སོ། །

**现观庄严论第八章注疏·要义略摄**

1种，10页。

ཅོ་ནེ་གྲགས་པ་བཤད་སྒྲུབ། 卓尼·札巴协珠(1675—1748)撰述。

甘肃省甘南藏族自治州卓尼县卓尼地区卓尼寺(觉乃噶旦协珠林)印经院木刻版之刻印本。

普通藏纸，梵夹装中印本(48.6×6.3cm)，楷体，墨色，横刊藏文六行，四周双栏，全。

索书号：003675/3。保存基本完好，今藏民族文化宫中国民族图书馆。

༧༥། །མངོན་རྟོགས་རྒྱན་གྱི་སྙིང་པོ་རྒྱས་བསྡུས་ཞེས་བྱ་བ་བཞུགས་སོ། །

**现观庄严论心要广略二种**

1种，21页。

སྤྱན་སྔ་བློ་གྲོས་རྒྱལ་མཚན། 金厄·洛追坚参(1402—1472)撰述。

西藏地区藏传佛教寺院印经院木刻版之刻印本。

普通藏纸，梵夹装中印本(缩印本)，楷体，墨色，横刊藏文六行，四周双栏，全。

索书号：003768/21。保存基本完好，今藏民族文化宫中国民族图书馆。

༧༦། །མངོན་རྟོགས་རྒྱན་གྱི་ཊཱི་ཀཱ་བཤད་བསྒྲིགས་སུ་བྱས་པ་ལས་སྐབས་དང་པོའི་ཚིག་འགྲེལ་ཞེས་བྱ་བ་བཞུགས་སོ། །

**现观庄严论注疏列编第一章句释**

1种，24页。

ཅོ་ནེ་གྲགས་པ་བཤད་སྒྲུབ། 卓尼·札巴协珠(1675—1748)撰述。

甘肃省甘南藏族自治州卓尼县卓尼地区卓尼寺(觉乃噶旦协珠林)印经院木刻版之刻印本。

普通藏纸，梵夹装中印本(48.6×6.3cm)，楷体，墨色，横刊藏文六行，四周双栏，全。

索书号：003675/4。保存基本完好，今藏民族文化宫中国民族图书馆。

༧༧། །མངོན་རྟོགས་རྒྱན་གྱི་བསྡུས་དོན་ཤེར་ཕྱིན་ལྡེ་མིག་ཅེས་བྱ་བ་བཞུགས་སོ། །

**现观庄严论摄义·般若波罗蜜多之钥**

1种，12页。

དངུལ་ཆུ་རྡམ་ རྗ་དྲའམ་དངུལ་ཆུ་བླ་མ་ཆོས་བཟང་བློ་བཟང་ཚེ་རིན། 达玛巴扎(1772—1851)撰述。

西藏地区藏传佛教寺院印经院木刻版之刻印本。

普通藏纸，梵夹装中印本(缩印本)，楷体，墨色，横刊藏文六行，四周双栏，全。

索书号：003768/21。保存基本完好，今藏民族文化宫中国民族图书馆。

༧༨། །མངོན་རྟོགས་རྒྱན་གྱི་བསྡུས་དོན་ས་བཅད་ཅེས་བྱ་བ་བཞུགས་སོ། །

**坝观庄严论摄义科判**

1种，9页。

འབུལ་སྟོད་པ་བློ་བཟང་བསྟན་པའི་རྒྱལ་མཚན། 普堆巴·洛桑丹贝坚参(19世纪下半叶)撰述。

西藏地区藏传佛教寺院印经院传抄之缮写本。

普通藏纸，梵夹装中印本，草体，墨色，横书藏文七行，四周双栏，全。

索书号：003829/4。保存基本完好，今藏民族文化宫中国民族图书馆。

༄༅། །མངོན་རྟོགས་རྒྱན་དང་དབུ་མ་འཇུག་པའི་མཆོད་བརྗོད་སོགས་ལས་འཕྲོས་པའི་ཉམས་ལེན་བློ་ལྡན་འཇུག་པའི་ལམ་བཟང་ཞེས་བྱ་བ་བཞུགས་སོ། །

**现观庄严论与入中论中礼赞等所出修法·智者所入妙道**

1 种，10 页。

ཅོ་ནེ་གྲགས་པ་བཤད་སྒྲུབ། 卓尼·札巴协珠 (1675—1748) 撰述。

甘肃省甘南藏族自治州卓尼县卓尼地区卓尼寺(觉乃噶旦协珠林)印经院木刻版之刻印本。

普通藏纸，梵夹装中印本 (48.6×6.3cm)，楷体，墨色，横刊藏文六行，四周双栏，全。

索书号：003677/9。保存基本完好，今藏民族文化宫中国民族图书馆。

༄༅། །མངོན་པར་རྟོགས་པ་བརྒྱད་དོན་བདུན་ཅུ་དང་བཅས་པའི་འགྲེལ་པ་ཉམས་སུ་ལེན་རྩལ་ཞེས་བྱ་བ་བཞུགས་སོ། །

**八种现观七十义释及验修法**

1 种，25 页。

རྒྱལ་ཚབ་དར་མ་རིན་ཆེན། 嘉策·达玛仁钦 (1364—1432) 撰述。

甘肃省甘南藏族自治州夏河县拉卜楞地区拉卜楞寺(拉章扎喜齐)印经院木刻版之刻印本。

普通藏纸，梵夹装中印本 (50.3×6cm)，楷体，墨色，横刊藏文六行，四周双栏，全。

索书号：002923/2。保存基本完好，今藏民族文化宫中国民族图书馆。

༄༅། །མངོན་པར་རྟོགས་པའི་རྒྱན་གྱི་དཀའ་གནད་ཀྱི་སྤྱི་དོན་ཤིང་བསྡུས་བློ་གསལ་མགུལ་རྒྱན་ཞེས་བྱ་བ་བཞུགས་སོ། །

**现观庄严论中难义纲要略摄·智者项饰**

1 种，99 页。

སུམ་པ་ཡེ་ཤེས་དཔལ་འབྱོར། 松巴·益希白觉 (1704—1788) 撰述。

内蒙古自治区呼和浩特地区曲果赛波寺印经院木刻版之刻印本。

普通藏纸，梵夹装中印本 (51.9×7.8cm)，楷体，墨色，横刊藏文六行，四周双栏，全。

索书号：001035/7。保存基本完好，今藏民族文化宫中国民族图书馆。

༄༅། །མངོན་པར་རྟོགས་པའི་རྒྱན་གྱི་སྐབས་དང་པོའི་འགྲེལ་པ་དངོས་གྲུབ་ཀུན་འབྱུང་ཞེས་བྱ་བ་བཞུགས་སོ། །

**现观庄严论第一品释·悉地普生**

1 种，83 页。

ཆ་ཧར་དགེ་བཤེས་བློ་བཟང་ཚུལ་ཁྲིམས། 恰哈尔格西·洛桑慈称 (1740—1810) 撰述。

北京地区藏传佛教皇家寺院印经院木刻版之刻印本。

普通纸，梵夹装中印本 (48.6×6.7cm)，楷体，墨色，横刊藏文六行，四周双栏，全。

索书号：000729/3。保存基本完好，今藏民族文化宫中国民族图书馆。

༄༅། །མངོན་པར་རྟོགས་པའི་རྒྱན་གྱི་སྐབས་གཉིས་པའི་འགྲེལ་པ་དངོས་གྲུབ་ཀུན་འབྱུང་ཞེས་བྱ་བ་བཞུགས་སོ། །

**现观庄严论第二品释·悉地普生**

1 种，80 页。

ཆ་ཧར་དགེ་བཤེས་བློ་བཟང་ཚུལ་ཁྲིམས། 恰哈尔格西·洛桑慈称 (1740—1810) 撰述。

北京地区藏传佛教皇家寺院印经院木刻版之刻印本。

普通纸，梵夹装中印本(48.6×6.7cm)，楷体，墨色，横刊藏文六行，四周双栏，全。

索书号：000729/4。保存基本完好，今藏民族文化宫中国民族图书馆。

༄༅། །མངོན་པར་རྟོགས་པའི་རྒྱན་གྱི་སྐབས་གསུམ་པའི་འགྲེལ་པ་དངོས་གྲུབ་ཀུན་འབྱུང་ཞེས་བྱ་བ་བཞུགས་སོ། །

**现观庄严论第三品释·悉地普生**

1种，13页。

ཆ་ཧར་དགེ་བཤེས་བློ་བཟང་ཚུལ་ཁྲིམས། 恰哈尔格西·洛桑慈称(1740—1810)撰述。

北京地区藏传佛教皇家寺院印经院木刻版之刻印本。

普通纸，梵夹装中印本(48.6×6.7cm)，楷体，墨色，横刊藏文六行，四周双栏，全。

索书号：000729/5。保存基本完好，今藏民族文化宫中国民族图书馆。

༄༅། །མངོན་པར་རྟོགས་པའི་རྒྱན་གྱི་སྐབས་བཞི་པའི་འགྲེལ་པ་དངོས་གྲུབ་ཀུན་འབྱུང་ཞེས་བྱ་བ་བཞུགས་སོ། །

**现观庄严论第四品释·悉地普生**

1种，64页。

ཆ་ཧར་དགེ་བཤེས་བློ་བཟང་ཚུལ་ཁྲིམས། 恰哈尔格西·洛桑慈称(1740—1810)撰述。

北京地区藏传佛教皇家寺院印经院木刻版之刻印本。

普通纸，梵夹装中印本(48.6×6.7cm)，楷体，墨色，横刊藏文六行，四周双栏，全。

索书号：000729/6。保存基本完好，今藏民族文化宫中国民族图书馆。

༄༅། །མངོན་པར་རྟོགས་པའི་རྒྱན་གྱི་སྐབས་ལྔ་པའི་འགྲེལ་པ་དངོས་གྲུབ་ཀུན་འབྱུང་ཞེས་བྱ་བ་བཞུགས་སོ། །

**现观庄严论第五品释·悉地普生**

1种，44页。

ཆ་ཧར་དགེ་བཤེས་བློ་བཟང་ཚུལ་ཁྲིམས། 恰哈尔格西·洛桑慈称(1740—1810)撰述。

北京地区藏传佛教皇家寺院印经院木刻版之刻印本。

普通纸，梵夹装中印本(48.6×6.7cm)，楷体，墨色，横刊藏文六行，四周双栏，全。

索书号：000729/7。保存基本完好，今藏民族文化宫中国民族图书馆。

༄༅། །མངོན་པར་རྟོགས་པའི་རྒྱན་གྱི་སྐབས་དྲུག་པའི་འགྲེལ་པ་དངོས་གྲུབ་ཀུན་འབྱུང་ཞེས་བྱ་བ་བཞུགས་སོ། །

**现观庄严论第六品释·悉地普生**

1种，5页。

ཆ་ཧར་དགེ་བཤེས་བློ་བཟང་ཚུལ་ཁྲིམས། 恰哈尔格西·洛桑慈称(1740—1810)撰述。

北京地区藏传佛教皇家寺院印经院木刻版之刻印本。

普通纸，梵夹装中印本(48.6×6.7cm)，楷体，墨色，横刊藏文六行，四周双栏，全。

索书号：000729/8。保存基本完好，今藏民族文化宫中国民族图书馆。

༄༅། །མངོན་པར་རྟོགས་པའི་རྒྱན་གྱི་སྐབས་བདུན་པའི་འགྲེལ་པ་དངོས་གྲུབ་ཀུན་འབྱུང་ཞེས་བྱ་བ་བཞུགས་སོ། །

**现观庄严论第七品释·悉地普生**

1种，7页。

ཆ་ཧར་དགེ་བཤེས་བློ་བཟང་ཚུལ་ཁྲིམས། 恰哈尔格西·洛桑慈称(1740—1810)撰述。

北京地区藏传佛教皇家寺院印经院木刻版之刻印本。

普通纸，梵夹装中印本(48.6×6.7cm)，楷体，墨色，横刊藏文六行，四周双栏，全。

索书号：000729/9。保存基本完好，今藏民族文化宫中国民族图书馆。

༄༅། །མངོན་པར་རྟོགས་པའི་རྒྱན་གྱི་སྐབས་བརྒྱད་པའི་འགྲེལ་པ་དངོས་གྲུབ་ཀུན་འབྱུང་ཞེས་བྱ་བ་བཞུགས་སོ། །

**现观庄严论第八品释·悉地普生**

1种，27页。

ཆ་ཧར་དགེ་བཤེས་བློ་བཟང་ཚུལ་ཁྲིམས། 恰哈尔格西·洛桑慈称(1740—1810)撰述。

北京地区藏传佛教皇家寺院印经院木刻版之刻印本。

普通纸，梵夹装中印本(48.6×6.7cm)，楷体，墨色，横刊藏文六行，四周双栏，全。

索书号：000729/10。保存基本完好，今藏民族文化宫中国民族图书馆。

༄༅། །མངོན་པར་རྟོགས་པའི་རྒྱན་གྱི་འགྲེལ་པ་རྗེ་བཙུན་བྱམས་པའི་ཞལ་ལུང་ཞེས་བྱ་བ་བཞུགས་སོ། །

**现观庄严论释·至尊弥勒语教**

1种，122页。

འབྲུག་པ་པདྨ་དཀར་པོ། 竹巴·白玛嘎波(1527—1592)撰述。

西藏地区藏传佛教寺院印经院木刻版之刻印本。

普通藏纸，梵夹装中印本（缩印本），楷体，墨色，横刊藏文六行，四周双栏，全。

索书号：003662/6。保存基本完好，今藏民族文化宫中国民族图书馆。

༄༅། །མངོན་པར་རྟོགས་པའི་རྒྱན་གྱི་མཆོད་བརྗོད་སོགས་ཀྱི་འགྲེལ་པ་དངོས་གྲུབ་ཀུན་འབྱུང་ཞེས་བྱ་བ་བཞུགས་སོ། །

**现观庄严论中礼赞等之注释·悉地普生**

1种，35页。

ཆ་ཧར་དགེ་བཤེས་བློ་བཟང་ཚུལ་ཁྲིམས། 恰哈尔格西·洛桑慈称(1740—1810)撰述。

北京地区藏传佛教皇家寺院印经院木刻版之刻印本。

普通纸，梵夹装中印本(48.6×6.7cm)，楷体，墨色，横刊藏文六行，四周双栏，全。

索书号：000729/2。保存基本完好，今藏民族文化宫中国民族图书馆。

༄༅། །མངོན་པར་རྟོགས་པའི་རྒྱན་གྱི་བསྡུས་དོན་གཞན་སོགས་མཇུག་རྫོགས་པའི་སྐོར་གྱི་འགྲེལ་པ་དངོས་གྲུབ་ཀུན་འབྱུང་ཞེས་བྱ་བ་བཞུགས་སོ། །

**现观庄严论摄义及结尾法类释·悉地普生**

1种，11页。

ཆ་ཧར་དགེ་བཤེས་བློ་བཟང་ཚུལ་ཁྲིམས། 恰哈尔格西·洛桑慈称(1740—1810)撰述。

北京地区藏传佛教皇家寺院印经院木刻版之刻印本。

普通纸，梵夹装中印本(48.6×6.7cm)，楷体，墨色，横刊藏文六行，四周双栏，全。

索书号：000729/11。保存基本完好，今藏民族文化宫中国民族图书馆。

༄༅། །མངོན་པར་རྟོགས་པའི་རྒྱན་གྱི་བསྡུས་དོན་རིན་པོ་ཆེའི་ཕྲེང་བ་ཞེས་བྱ་བ་བཞུགས་སོ། །

**现观庄严论摄义·大宝鬘**

1种，14页。

རྒྱལ་ཚབ་དར་མ་རིན་ཆེན། 嘉策·达玛仁钦(1364—1432)撰述。

甘肃省甘南藏族自治州夏河县拉卜楞

地区拉卜楞寺(拉章扎喜齐)印经院木刻版之刻印本。

普通藏纸，梵夹装中印本(50.3×6cm)，楷体，墨色，横刊藏文六行，四周双栏，全。

索书号：002923/4。保存基本完好，今藏民族文化宫中国民族图书馆。

༧༢། །མངོན་པར་རྟོགས་པའི་རྒྱན་འགྲེལ་པ་དང་བཅས་པའི་དཀའ་བའི་གནས་རྣམ་པར་འབྱེད་པ་ཟབ་དོན་གནད་ཀྱི་ཟླ་འོད་ཅེས་བྱ་བ་བཞུགས་སོ། །

**现观庄严论释之难义分解·正深要义之月光**

1种，126页。

རོང་སྟོན་ཤེས་བྱ་ཀུན་ཁྱབ། 绒敦·希恰衮柔(1367—1449)撰述。

四川省甘孜藏族自治州德格县德格地区德格寺印经院木刻版之刻印本。

普通藏纸，梵夹装中印本(50.9×6.5cm)，楷体，墨色，横刊藏文六行，四周双栏，全。

索书号：000567/1。保存基本完好，今藏民族文化宫中国民族图书馆。

༧༢། །མངོན་པར་རྟོགས་པའི་རྒྱན་འགྲེལ་པ་དང་བཅས་པའི་རྒྱ་ཆེར་བཤད་པ་ལེགས་བཤད་གསེར་གྱི་ཕྲེང་བ་ལས་ཐམས་ཅད་ཤེས་པ་ཉིད་ཀྱི་སྐབས་ཀྱི་འགྲེལ་པ་ཞེས་བྱ་བ་བཞུགས་སོ། །

**现观庄严论注释广解·嘉言金鬘中遍智品释**

1种，2页。

ཙོང་ཁ་པ་བློ་བཟང་གྲགས་པ། 宗喀巴·洛桑札巴(1357—1419)撰述。

甘肃省甘南藏族自治州夏河县拉卜楞地区拉卜楞寺(拉章扎喜齐)印经院木刻版之刻印本。

普通藏纸，梵夹装中印本(47.4×6.8cm)，楷体，墨色，横刊藏文六行，四周双栏，全。

索书号：000375/3。保存基本完好，今藏民族文化宫中国民族图书馆。

༧༢། །མངོན་པར་རྟོགས་པའི་རྒྱན་འགྲེལ་པ་དང་བཅས་པའི་རྒྱ་ཆེར་བཤད་པ་ལེགས་བཤད་གསེར་གྱི་འཕྲེང་བ་ལས་རྣམ་ཀུན་མངོན་པར་རྫོགས་པར་རྟོགས་པའི་སྐབས་ཀྱི་འགྲེལ་པ་ཞེས་བྱ་བ་བཞུགས་སོ། །

**现观庄严论注释广解·嘉言金鬘中一切正等现观品释**

1种，159页。

ཙོང་ཁ་པ་བློ་བཟང་གྲགས་པ། 宗喀巴·洛桑札巴(1357—1419)撰述。

甘肃省甘南藏族自治州夏河县拉卜楞地区拉卜楞寺(拉章扎喜齐)印经院木刻版之刻印本。

普通藏纸，梵夹装中印本(47.4×6.8cm)，楷体，墨色，横刊藏文六行，四周双栏，全。

索书号：000376/1。保存基本完好，今藏民族文化宫中国民族图书馆。

༧༣། །མངོན་པར་རྟོགས་པའི་རྒྱན་འགྲེལ་པ་དང་བཅས་པའི་རྒྱ་ཆེར་བཤད་པ་ལེགས་བཤད་གསེར་གྱི་འཕྲེང་བ་ལས་རྩེ་མོའི་མངོན་པར་རྟོགས་པའི་སྐབས་མན་གྱི་འགྲེལ་པ་ཞེས་བྱ་བ་བཞུགས་སོ། །

**现观庄严论注释广解·嘉言金鬘中顶现观品以下诸品释**

1种，138页。

ཙོང་ཁ་པ་བློ་བཟང་གྲགས་པ། 宗喀巴·洛桑札巴(1357—1419)撰述。

甘肃省甘南藏族自治州夏河县拉卜楞地区拉卜楞寺(拉章扎喜齐)印经院木刻版之刻印本。

普通藏纸，梵夹装中印本(47.4×6.8cm)，楷体，墨色，横刊藏文六行，四周双栏，全。

索书号：000376/2。保存基本完好，今藏民族文化宫中国民族图书馆。

༄༅། །མངོན་པར་རྟོགས་པའི་རྒྱན་འགྲེལ་པ་དང་བཅས་པའི་རྒྱ་ཆེར་བཤད་པ་ལེགས་བཤད་གསེར་གྱི་ཕྲེང་བ་ལས་ཤེས་པ་ཉིད་ཀྱི་སྐབས་ཀྱི་འགྲེལ་པ་ཞེས་བྱ་བ་བཞུགས་སོ། །

**现观庄严论注释广解·嘉言金鬘中道智品释**

1 种，7 页。

ཙོང་ཁ་པ་བློ་བཟང་གྲགས་པ། 宗喀巴·洛桑札巴 (1357—1419) 撰述。

甘肃省甘南藏族自治州夏河县拉卜楞地区拉卜楞寺（拉章扎喜齐）印经院木刻版之刻印本。

普通藏纸，梵夹装中印本 (47.4×6.8cm)，楷体，墨色，横刊藏文六行，四周双栏，全。

索书号：000375/2。保存基本完好，今藏民族文化宫中国民族图书馆。

༄༅། །མངོན་པར་རྟོགས་པའི་ཐོ་ཡིག་ཅེས་བྱ་བ་བཞུགས་སོ།

**现观文册**

1 种，3 页。

གློ་བོ་མཁན་ཆེན་བསོད་ནམས་ལྷུན་གྲུབ། །珞沃堪钦·索南伦珠 (1441—1525) 撰述。

四川省甘孜藏族自治州德格县德格地区德格寺印经院木刻版之刻印本。

普通藏纸，梵夹装中印本 (47.1×6.1cm)，楷体，墨色，横刊藏文六行，四周双栏，全。

索书号：003836/34。保存基本完好，今藏民族文化宫中国民族图书馆。

༄༅། །མངོན་པར་རྟོགས་པའི་རིམ་པ་ཉམས་སུ་ལེན་ཚུལ་ཐེག་མཆོག་སྒོ་འབྱེད་ཅེས་བྱ་བ་བཞུགས་སོ། །

**现观庄严次第验修法·开胜乘门**

1 种，61 页。

རྒྱལ་ཚབ་དར་མ་རིན་ཆེན། 嘉策·达玛仁钦 (1364—1432) 撰述。

甘肃省甘南藏族自治州夏河县拉卜楞地区拉卜楞寺（拉章扎喜齐）印经院木刻版之刻印本。

普通藏纸，梵夹装中印本 (50.3×6cm)，楷体，墨色，横刊藏文六行，四周双栏，全。

索书号：002923/2。保存基本完好，今藏民族文化宫中国民族图书馆。

༄༅། །བསྟན་བཅོས་མངོན་རྟོགས་རྒྱན་གྱི་འགྲེལ་པ་ཕར་ཕྱིན་གཞུང་བརྒྱ་གསལ་བའི་སྒྲོན་མེ་ཞེས་བྱ་བ་བཞུགས་སོ། །

**现观庄严论释·显明般若波罗蜜多百论之明灯**

1 种，75 页。

རོང་ཐ་བློ་བཟང་དམ་ཆོས་རྒྱ་མཚོ། 绒塔·洛桑丹曲嘉措 (1865—1900) 撰述。

西藏地区藏传佛教寺院印经院木刻版之刻印本。

普通藏纸，梵夹装中印本（缩印本），楷体，墨色，横刊藏文六行，四周双栏，全。

索书号：004526/24。保存基本完好，今藏民族文化宫中国民族图书馆。

༄༅། །བསྟན་བཅོས་མངོན་རྟོགས་རྒྱན་རྩ་འགྲེལ་་རྣམས་གསལ་བར་བྱེད་པ་བློ་བཟང་དགོངས་རྒྱན་གདོང་ལྔའི་དབང་པོའི་སྒྲ་དབྱངས་ལས་སྐབས་དང་པོའི་ཚིག་དོན་མཐའ་དཔྱོད་ཅེས་བྱ་བ་བཞུགས་སོ། །

**阐明现观庄严论本释·善慧密意庄严狮吼声中第一分句义辨析**

1 种，151 页。

ཏཱ་ལའི་བླ་མ་ངག་དབང་བློ་བཟང་རྒྱ་མཚོ། 达赖喇嘛·阿旺洛桑嘉措 (1617—1682) 撰述。

西藏自治区拉萨地区孜雪印经院木刻版之刻印本。

普通藏纸，梵夹装中印本 (46.6 × 5.9cm)，楷体，墨色，横刊藏文六行，四周双栏，全。

索书号：003412/2。保存基本完好，今藏民族文化宫中国民族图书馆。

༄༅། །བསྟན་བཅོས་མངོན་རྟོགས་རྒྱན་རྩ་འགྲེལ་རྣམས་གསལ་བར་བྱེད་པ་བློ་བཟང་དགོངས་རྒྱན་གནོད་ལྔའི་དབང་པོའི་སྒྲ་དབྱངས་ལས་སྐབས་གཉིས་པའི་ཚིག་དོན་མཐའ་དཔྱོད་ཅེས་བྱ་བ་བཞུགས་སོ། །

**阐明现观庄严论本释 · 善慧密意庄严狮吼声中第二分句义辨析**

1 种，56 页。

ཏཱ་ལའི་བླ་མ་ངག་དབང་བློ་བཟང་རྒྱ་མཚོ། 达赖喇嘛 · 阿旺洛桑嘉措 (1617—1682) 撰述。

西藏自治区拉萨地区孜雪印经院木刻版之刻印本。

普通藏纸，梵夹装中印本 (46.6 × 5.9cm)，楷体，墨色，横刊藏文六行，四周双栏，全。

索书号：003412/3。保存基本完好，今藏民族文化宫中国民族图书馆。

༄༅། །བསྟན་བཅོས་མངོན་པར་རྟོགས་པའི་རྒྱན་རྩ་འགྲེལ་རྣམས་གསལ་བར་བྱེད་པ་བློ་བཟང་དགོངས་རྒྱན་གནོད་ལྔའི་དབང་པོའི་སྒྲ་དབྱངས་ལས་སྐབས་གསུམ་པའི་ཚིག་དོན་མཐའ་དཔྱོད་ཅེས་བྱ་བ་བཞུགས་སོ། །

**阐明现观庄严论本释 · 善慧密意庄严狮吼声中第三分句义辨析**

1 种，24 页。

ཏཱ་ལའི་བླ་མ་ངག་དབང་བློ་བཟང་རྒྱ་མཚོ། 达赖喇嘛 · 阿旺洛桑嘉措 (1617—1682) 撰述。

西藏自治区拉萨地区布达拉宫印经院 ( 雪域利乐宝库 ) 木刻版之刻印本。

普通藏纸，梵夹装中印本 (46.6 × 5.9cm)，楷体，墨色，横刊藏文六行，四周双栏，全。

索书号：003412/4。保存基本完好，今藏民族文化宫中国民族图书馆。

༄༅། །བསྟན་བཅོས་མངོན་པར་རྟོགས་པའི་རྒྱན་རྩ་འགྲེལ་རྣམས་གསལ་བར་བྱེད་པ་བློ་བཟང་དགོངས་རྒྱན་གནོད་ལྔའི་དབང་པོའི་སྒྲ་དབྱངས་ལས་སྐབས་བཞི་པའི་ཚིག་དོན་མཐའ་དཔྱོད་ཅེས་བྱ་བ་བཞུགས་སོ། །

**阐明现观庄严论本释 · 善慧密意庄严狮吼声中第四分句义辨析**

1 种，72 页。

ཏཱ་ལའི་བླ་མ་ངག་དབང་བློ་བཟང་རྒྱ་མཚོ། 达赖喇嘛 · 阿旺洛桑嘉措 (1617—1682) 撰述。

西藏自治区拉萨地区布达拉宫印经院 ( 雪域利乐宝库 ) 木刻版之刻印本。

普通藏纸，梵夹装中印本 (46.6 × 5.9cm)，楷体，墨色，横刊藏文六行，四周双栏，全。

索书号：003412/5。保存基本完好，今藏民族文化宫中国民族图书馆。

༄༅། །བསྟན་བཅོས་མངོན་རྟོགས་རྒྱན་རྩ་འགྲེལ་རྣམས་གསལ་བར་བྱེད་པ་བློ་བཟང་དགོངས་རྒྱན་གནོད་ལྔའི་དབང་པོའི་སྒྲ་དབྱངས་ལས་སྐབས་ལྔ་པའི་ཚིག་དོན་མཐའ་དཔྱོད་ཅེས་བྱ་བ་བཞུགས་སོ། །

**阐明现观庄严论本释 · 善慧密意庄严狮吼声中第五分句义辨析**

1 种，38 页。

ཏཱ་ལའི་བླ་མ་ངག་དབང་བློ་བཟང་རྒྱ་མཚོ། 达赖喇嘛 · 阿旺洛桑嘉措 (1617—1682) 撰述。

西藏自治区拉萨地区布达拉宫印经院 ( 雪域利乐宝库 ) 木刻版之刻印本。

普通藏纸，梵夹装中印本 (46.6×5.9cm)，楷体，墨色，横刊藏文六行，四周双栏，全。

索书号：003412/6。保存基本完好，今藏民族文化宫中国民族图书馆。

༄༅། །བསྟན་བཅོས་མངོན་རྟོགས་རྒྱན་རྩ་འགྲེལ་་རྣམས་གསལ་བར་བྱེད་པ་བློ་བཟང་དགོངས་རྒྱན་གདོང་ལྔའི་དབང་པོའི་སྒྲ་དབྱངས་ལས་སྐབས་བདུན་དང་སྐབས་བརྒྱད་པའི་ཚིག་དོན་མཐའ་དཔྱོད་ཅེས་བྱ་བ་བཞུགས་སོ། །

**阐明现观庄严论本释·善慧密意庄严狮吼声中第七分及第八分句义辨析**

1 种，46 页。

ཏཱ་ལའི་བླ་མ་ངག་དབང་བློ་བཟང་རྒྱ་མཚོ། 达赖喇嘛·阿旺洛桑嘉措 (1617—1682) 撰述。

西藏自治区拉萨地区布达拉宫印经院 ( 雪域利乐宝库 ) 木刻版之刻印本。

普通藏纸，梵夹装中印本 (46.6×5.9cm)，楷体，墨色，横刊藏文六行，四周双栏，全。

索书号：003412/7。保存基本完好，今藏民族文化宫中国民族图书馆。

༄༅། །བསྟན་བཅོས་མངོན་རྟོགས་རྒྱན་ཚིག་དོན་གྱི་སྒོ་ནས་བཤད་པ་བྱམས་མགོན་ཞལ་ལུང་ཞེས་བྱ་བ་བཞུགས་སོ། །

**现观庄严论句义释·慈尊语教**

1 种，98 页。

ཁལ་ཁ་ངག་དབང་དཔལ་ལྡན། 喀尔喀·阿旺白旦 (1806—？ ) 撰述。

蒙古国乌兰巴托地区藏传佛教库伦寺印经院木刻版之刻印本。

普通藏纸，梵夹装中印本 (50.3×7.9cm)，楷体，墨色，横刊藏文六行，四周双栏，全。

索书号：000738/1。保存基本完好，今藏民族文化宫中国民族图书馆。

༄༅། །བསྟན་བཅོས་མངོན་པར་རྟོགས་པའི་རྒྱན་གྱི་འགྲེལ་གྱི་མཐའ་དཔྱོད་ཤེས་རབ་ཀྱི་ཕ་རོལ་ཏུ་ཕྱིན་པའི་དོན་ཀུན་གསལ་བའི་རིན་ཆེན་སྒྲོན་མེ་ཞེས་བྱ་བ་བཞུགས་སོ། །

**现观庄严论探讨篇·般若波罗蜜多义普明大宝明灯**

1 种，239 页。

འཇམ་དབྱངས་བཞད་པ་ངག་དབང་བརྩོན་འགྲུས། 嘉木样协巴·阿旺宗哲 (1648—1723) 撰述。

甘肃省甘南藏族自治州夏河县拉卜楞地区拉卜楞寺 ( 拉章扎喜齐 ) 印经院木刻版之刻印本。

普通藏纸，梵夹装中印本 (47.2×6.8cm)，楷体，墨色，横刊藏文六行，四周双栏，全。

索书号：000859/3。保存基本完好，今藏民族文化宫中国民族图书馆。

༄༅། །བསྟན་བཅོས་མངོན་པར་རྟོགས་པའི་རྒྱན་གྱི་འགྲེལ་ཆུང་དོན་གསལ་བའི་མཆན་འགྲེལ་ཀུན་བཟང་ཞིང་གི་ཉི་མ་ཐར་འདོད་མུན་སེལ་ལས་སྐབས་དང་པོའི་མཆན་འགྲེལ་ཞེས་བྱ་བ་བཞུགས་སོ། །

**现观庄严论小释明义笺注·普贤刹日光消除希求解脱者之黑暗中第一章注释**

1 种，295 页。

གུང་ཐང་བློ་གྲོས་རྒྱ་མཚོ། 贡唐·洛追嘉措 (1851—1930) 撰述。

甘肃省甘南藏族自治州夏河县拉卜楞地区拉卜楞寺 ( 拉章扎喜齐 ) 印经院木刻版之刻印本。

普通藏纸，梵夹装中印本 (44.5×6.4cm)，楷体，墨色，横刊藏文六行，四周双栏，全。

索书号：003621/2。保存基本完好，今藏民族文化宫中国民族图书馆。

༄༅། །བསྟན་བཅོས་མངོན་པར་རྟོགས་པའི་རྒྱན་གྱི་འགྲེལ་ཆུང་དོན་གསལ་བའི་མཆན་འགྲེལ་ཀུན་བཟང་ཞིང་གི་ཉི་མ་ཐར་འདོད་མུན་སེལ་ལས་སྐབས་གཉིས་པའི་མཆན་འགྲེལ་ཞེས་བྱ་བ་བཞུགས་སོ། །

**现观庄严论小释明义笺注·普贤刹日光消除希求解脱者之黑暗中第二章注释**

1种，67页。

ཀུང་ཐང་བློ་གྲོས་རྒྱ་མཚོ། 贡唐·洛追嘉措(1851—1930)撰述。

甘肃省甘南藏族自治州夏河县拉卜楞地区拉卜楞寺(拉章扎喜齐)印经院木刻版之刻印本。

普通藏纸，梵夹装中印本(44.5×6.4cm)，楷体，墨色，横刊藏文六行，四周双栏，全。

索书号：003621/3。保存基本完好，今藏民族文化宫中国民族图书馆。

༄༅། །བསྟན་བཅོས་མངོན་པར་རྟོགས་པའི་རྒྱན་གྱི་འགྲེལ་ཆུང་དོན་གསལ་བའི་མཆན་འགྲེལ་ཀུན་བཟང་ཞིང་གི་ཉི་མ་ཐར་འདོད་མུན་སེལ་ལས་སྐབས་གསུམ་པའི་མཆན་འགྲེལ་ཞེས་བྱ་བ་བཞུགས་སོ། །

**现观庄严论小释明义笺注·普贤刹日光消除希求解脱者之黑暗中第三章注释**

1种，25页。

ཀུང་ཐང་བློ་གྲོས་རྒྱ་མཚོ། 贡唐·洛追嘉措(1851—1930)撰述。

甘肃省甘南藏族自治州夏河县拉卜楞地区拉卜楞寺(拉章扎喜齐)印经院木刻版之刻印本。

普通藏纸，梵夹装中印本(44.5×6.4cm)，楷体，墨色，横刊藏文六行，四周双栏，全。

索书号：003621/3。保存基本完好，今藏民族文化宫中国民族图书馆。

༄༅། །བསྟན་བཅོས་མངོན་པར་རྟོགས་པའི་རྒྱན་གྱི་འགྲེལ་ཆུང་དོན་གསལ་བའི་མཆན་འགྲེལ་ཀུན་བཟང་ཞིང་གི་ཉི་མ་ཐར་འདོད་མུན་སེལ་ལས་སྐབས་བཞི་པའི་མཆན་འགྲེལ་ཞེས་བྱ་བ་བཞུགས་སོ། །

**现观庄严论小释明义笺注·普贤刹日光消除希求解脱者之黑暗中第四章注释**

1种，132页。

ཀུང་ཐང་བློ་གྲོས་རྒྱ་མཚོ། 贡唐·洛追嘉措(1851—1930)撰述。

甘肃省甘南藏族自治州夏河县拉卜楞地区拉卜楞寺(拉章扎喜齐)印经院木刻版之刻印本。

普通藏纸，梵夹装中印本(44.5×6.4cm)，楷体，墨色，横刊藏文六行，四周双栏，全。

索书号：001136/1。保存基本完好，今藏民族文化宫中国民族图书馆。

༄༅། །བསྟན་བཅོས་མངོན་པར་རྟོགས་པའི་རྒྱན་གྱི་འགྲེལ་ཆུང་དོན་གསལ་བའི་མཆན་འགྲེལ་ཀུན་བཟང་ཞིང་གི་ཉི་མ་ཐར་འདོད་མུན་སེལ་ལས་སྐབས་ལྔ་པའི་མཆན་འགྲེལ་ཞེས་བྱ་བ་བཞུགས་སོ། །

**现观庄严论小释明义笺注·普贤刹日光消除希求解脱者之黑暗中第五章注释**

1种，117页。

ཀུང་ཐང་བློ་གྲོས་རྒྱ་མཚོ། 贡唐·洛追嘉措(1851—1930)撰述。

甘肃省甘南藏族自治州夏河县拉卜楞地区拉卜楞寺(拉章扎喜齐)印经院木刻版之刻印本。

普通藏纸，梵夹装中印本(44.5×6.4cm)，楷体，墨色，横刊藏文六行，四周双栏，全。

索书号：001136/2。保存基本完好，今藏民族文化宫中国民族图书馆。

༄༅། །བསྟན་བཅོས་མངོན་པར་རྟོགས་པའི་རྒྱན་གྱི་འགྲེལ་ཆུང་དོན་གསལ་བའི་མཆན་འགྲེལ་ཀུན་བཟང་ཞིང་གི་ཉི་མ་ཐར་འདོད་མུན་སེལ་ལས་སྐབས་དྲུག་པ་དང་བདུན་པ་གཉིས་ཀྱི་མཆན་འགྲེལ་ཞེས་བྱ་བ་བཞུགས་སོ། །

**现观庄严论小释明义笺注·普贤刹日光消除希求解脱者之黑暗中第六章与第七章注释**

1 种，12 页。

ཀུང་ཐང་བློ་གྲོས་རྒྱ་མཚོ། 贡唐·洛追嘉措 (1851—1930) 撰述。

甘肃省甘南藏族自治州夏河县拉卜楞地区拉卜楞寺 (拉章扎喜齐) 印经院木刻版之刻印本。

普通藏纸，梵夹装中印本 (44.5 × 6.4cm)，楷体，墨色，横刊藏文六行，四周双栏，全。

索书号：001136/3。保存基本完好，今藏民族文化宫中国民族图书馆。

༄༅། །བསྟན་བཅོས་མངོན་པར་རྟོགས་པའི་རྒྱན་གྱི་འགྲེལ་ཆུང་དོན་གསལ་བའི་མཆན་འགྲེལ་ཀུན་བཟང་ཞིང་གི་ཉི་མ་ཐར་འདོད་མུན་སེལ་ལས་སྐབས་བརྒྱད་པའི་མཆན་འགྲེལ་ཞེས་བྱ་བ་བཞུགས་སོ། །

**现观庄严论小释明义笺注·普贤刹日光消除希求解脱者之黑暗中第八章注释**

1 种，66 页。

ཀུང་ཐང་བློ་གྲོས་རྒྱ་མཚོ། 贡唐·洛追嘉措 (1851—1930) 撰述。

甘肃省甘南藏族自治州夏河县拉卜楞地区拉卜楞寺 (拉章扎喜齐) 印经院木刻版之刻印本。

普通藏纸，梵夹装中印本 (44.5 × 6.4cm)，楷体，墨色，横刊藏文六行，四周双栏，全。

索书号：001136/4。保存基本完好，今藏民族文化宫中国民族图书馆。

༄༅། །བསྟན་བཅོས་མངོན་པར་རྟོགས་པའི་རྒྱན་གྱི་འགྲེལ་པའི་སྦྱོར་དུ་འགྲོ་བ་སྤྱིའི་རྣམ་བཞག་ཆུང་ཟད་བཀོད་པ་ཞེས་བྱ་བ་བཞུགས་སོ། །

**现观庄严论释之加行总建立略编**

1 种，23 页。

ངག་དབང་ཡེ་ཤེས་ཐུབ་བསྟན་རབ་འབྱམས་པ། 阿旺益希图丹饶绛巴 (1782—？ ) 撰述。

蒙古国乌兰巴托地区藏传佛教库伦寺印经院木刻版之刻印本。

普通藏纸，梵夹装中印本 (49 × 6.3cm)，楷体，墨色，横刊藏文六行，四周双栏，全。

索书号：000883/10。保存基本完好，今藏民族文化宫中国民族图书馆。

༄༅། །བསྟན་བཅོས་མངོན་པར་རྟོགས་པའི་རྒྱན་གྱི་ཚིག་གིས་མཚམས་རྣམ་པར་བརྒྱན་པ་གཞུང་དོན་ལྟ་བའི་མིག་འབྱེད་ཅེས་བྱ་བ་བཞུགས་སོ། །

**现观庄严论句读段落华饰·开观论义眼**

1 种，19 页。

དྲུང་ཆེན་ཤེས་རབ་རྒྱ་མཚོ། 仲钦·希饶嘉措 (1803—？ ) 撰述。

甘肃省甘南藏族自治州夏河县拉卜楞地区拉卜楞寺 (拉章扎喜齐) 印经院木刻版之刻印本。

普通藏纸，梵夹装中印本 (48 × 6cm)，楷体，墨色，横刊藏文六行，四周双栏，全。

索书号：000697/3。保存基本完好，今藏民族文化宫中国民族图书馆。

༄༅། །ཤེར་ཕྱིན་མངོན་རྟོགས་རྒྱན་གྱི་འགྲེལ་པ་རིན་པོ་ཆེའི་ཕྲེང་བ་བློ་གསལ་མགུལ་རྒྱན་ལས། གླེགས་བམ་གཉིས་པ་རྣམ་མཁྱེན་ཆེད་དུ་བྱ་བ་སོགས་བཤད་པའི་སྐབས་བཞུགས་སོ། །

**般若波罗蜜多现观庄严论释·大宝鬘·智者项饰中第二函特为一切种智等解说品**

1种，204页。

གཡག་ཕྲུག་སངས་རྒྱས་དཔལ། 雅楚·桑吉白(1348—1414)撰述。

四川省甘孜藏族自治州德格县德格地区德格寺印经院木刻版之刻印本。

普通藏纸，梵夹装中印本(50×6.6cm)，楷体，墨色，横刊藏文六行，四周双栏，全。

索书号：000506/1。保存基本完好，今藏民族文化宫中国民族图书馆。

༄༅། །ཤེར་ཕྱིན་མངོན་རྟོགས་རྒྱན་གྱི་འགྲེལ་པ་རིན་པོ་ཆེའི་ཕྲེང་བ་བློ་གསལ་མགུལ་རྒྱན་ལས། གླེགས་བམ་གཉིས་པ་ལམ་ཤེས་བཤད་པའི་སྐབས་བཞུགས་སོ། །

**般若波罗蜜多现观庄严论释·大宝鬘·智者项饰中第二函道法智解说品**

1种，143页。

གཡག་ཕྲུག་སངས་རྒྱས་དཔལ། 雅楚·桑吉白(1348—1414)撰述。

四川省甘孜藏族自治州德格县德格地区德格寺印经院木刻版之刻印本。

普通藏纸，梵夹装中印本(50×6.6cm)，楷体，墨色，横刊藏文六行，四周双栏，全。

索书号：000506/2。保存基本完好，今藏民族文化宫中国民族图书馆。

༄༅། །ཤེར་ཕྱིན་མངོན་རྟོགས་རྒྱན་གྱི་འགྲེལ་པ་རིན་པོ་ཆེའི་ཕྲེང་བ་བློ་གསལ་མགུལ་རྒྱན་ལས། གླེགས་བམ་གསུམ་པ་རྣམ་རྫོགས་སྦྱོར་བ་བཤད་པའི་སྐབས་བཞུགས་སོ། །

**般若波罗蜜多现观庄严论释·大宝鬘·智者项饰中第三函圆满加行解说品**

1种，276页。

གཡག་ཕྲུག་སངས་རྒྱས་དཔལ། 雅楚·桑吉白(1348—1414)撰述。

四川省甘孜藏族自治州德格县德格地区德格寺印经院木刻版之刻印本。

普通藏纸，梵夹装中印本(50×6.6cm)，楷体，墨色，横刊藏文六行，四周双栏，全。

索书号：000507/2。保存基本完好，今藏民族文化宫中国民族图书馆。

༄༅། །ཤེར་ཕྱིན་མངོན་རྟོགས་རྒྱན་གྱི་འགྲེལ་པ་རིན་པོ་ཆེའི་ཕྲེང་བ་བློ་གསལ་མགུལ་རྒྱན་ལས། གླེགས་བམ་གསུམ་པ་གཞི་ཤེས་བཤད་པའི་སྐབས་བཞུགས་སོ། །

**般若波罗蜜多现观庄严论释·大宝鬘·智者项饰中第三函基智解说品**

1种，51页。

གཡག་ཕྲུག་སངས་རྒྱས་དཔལ། 雅楚·桑吉白(1348—1414)撰述。

四川省甘孜藏族自治州德格县德格地区德格寺印经院木刻版之刻印本。

普通藏纸，梵夹装中印本(50×6.6cm)，楷体，墨色，横刊藏文六行，四周双栏，全。

索书号：000507/1。保存基本完好，今藏民族文化宫中国民族图书馆。

**༧༢། །ཤེར་ཕྱིན་མངོན་རྟོགས་རྒྱན་གྱི་འགྲེལ་པ་རིན་པོ་ཆེའི་ཕྲེང་བ་བློ་གསལ་མགུལ་རྒྱན་ལས། གླེགས་བམ་བཞི་པ་ཆོས་སྐུ་བཤད་པའི་སྐབས་བཞུགས་སོ། །**

**般若波罗蜜多现观庄严论释·大宝鬘·智者项饰中第四函法身解说品**

1种，189页。

གཡག་ཕྲུག་སངས་རྒྱས་དཔལ། 雅楚·桑吉白(1348—1414)撰述。

四川省甘孜藏族自治州德格县德格地区德格寺印经院木刻版之刻印本。

普通藏纸，梵夹装中印本(50×6.6cm)，楷体，墨色，横刊藏文六行，四周双栏，全。

索书号：000508/1。保存基本完好，今藏民族文化宫中国民族图书馆。

**༧༢། །ཤེར་ཕྱིན་མངོན་རྟོགས་རྒྱན་གྱི་འགྲེལ་པ་རིན་པོ་ཆེའི་ཕྲེང་བ་བློ་གསལ་མགུལ་རྒྱན་ལས། གླེགས་བམ་བཞི་པ་བརྩེ་སྦྱོར་སོགས་བཤད་པའི་སྐབས་བཞུགས་སོ། །**

**般若波罗蜜多现观庄严论释·大宝鬘·智者项饰中第四函顶位加行等解说品**

1种，50页。

གཡག་ཕྲུག་སངས་རྒྱས་དཔལ། 雅楚·桑吉白(1348—1414)撰述。

四川省甘孜藏族自治州德格县德格地区德格寺印经院木刻版之刻印本。

普通藏纸，梵夹装中印本(50×6.6cm)，楷体，墨色，横刊藏文六行，四周双栏，全。

索书号：000508/3。保存基本完好，今藏民族文化宫中国民族图书馆。

**༧༢། །ཤེར་ཕྱིན་མངོན་རྟོགས་རྒྱན་གྱི་འགྲེལ་པ་ཟབ་དོན་རིན་པོ་ཆེའི་བང་མཛོད་ལས། གླེགས་བམ་དྲུག་པ་རྗེན་ཕྱིར་མི་ལྡོག་པའི་དགེ་འདུན་བཤད་པའི་སྐབས་ཡན་ཆད་བཞུགས་སོ། །**

**般若波罗蜜多现观庄严论释·甚深义大宝鬘中第六函身不还僧伽解说以上品**

1种，205页。

གཡག་ཕྲུག་སངས་རྒྱས་དཔལ། 雅楚·桑吉白(1348—1414)撰述。

四川省甘孜藏族自治州德格县德格地区德格寺印经院木刻版之刻印本。

普通藏纸，梵夹装中印本(50×6.6cm)，楷体，墨色，横刊藏文六行，四周双栏，全。

索书号：000510/1。保存基本完好，今藏民族文化宫中国民族图书馆。

**༧༢། །ཤེར་ཕྱིན་མངོན་རྟོགས་རྒྱན་གྱི་མཆན་འགྲེལ་པདྨ་དཀར་པོའི་དོ་ཤལ་ཞེས་བྱ་བ་བཞུགས་སོ། །**

**般若现观庄严论注疏·白莲花璎珞**

1种，174页。

འཇུ་མི་ཕམ་འཇམ་དབྱངས་རྣམ་རྒྱལ་རྒྱ་མཚོ། 局米盼·绛央南杰嘉措(1846—1912)撰述。

四川省甘孜藏族自治州德格县德格地区德格寺印经院木刻版之刻印本。

普通藏纸，梵夹装短印本(38.3×5.cm)，楷体，墨色，横刊藏文六行，四周双栏，全。

索书号：000402/1。保存基本完好，今藏民族文化宫中国民族图书馆。

**༧༢། །ཤེར་ཕྱིན་མངོན་པར་རྟོགས་པའི་རྒྱན་གྱི་བསྡུས་དོན་ས་བཅད་ཅེས་བྱ་བ་བཞུགས་སོ། །**

**般若波罗蜜多现观庄严摄义科判**

1种，9页。

དཔལ་སྤྲུལ་འཇིགས་མེད་ཆོས་དབང་། 白朱·吉迈曲吉旺波(1808—1887)撰述。

西藏地区藏传佛教寺院印经院木刻版之刻印本。

普通藏纸，梵夹装中印本（缩印本），楷体，墨色，横刊藏文六行，四周双栏，全。

索书号：005942/4。保存基本完好，今藏民族文化宫中国民族图书馆。

**༄༅། །ཤེས་ཕྱིན་སྟོང་ཕྲག་བརྒྱད་པ་དང་མངོན་རྟོགས་རྒྱན་སྦྱར་ཏེ་བྱང་ཆུབ་ལམ་གྱི་རིམ་པའི་གནད་རྣམས་གསལ་བར་སྟོན་པའི་མན་ངག་ཤེས་ཕྱིན་གསལ་བའི་སྒྲོན་མེ་ཞེས་བྱ་བ་བཞུགས་སོ། །**

**般若八千颂配合现观庄严论而开示菩提道次第·诸教要之教授**

1种，82页。

ཡོངས་འཛིན་ཡེ་ཤེས་རྒྱལ་མཚན། 雍增·益希坚参(1713—1793)撰述。

西藏自治区拉萨市布达拉宫印经院木刻版之刻印本。

普通藏纸，梵夹装中印本(48.5×6.4cm)，楷体，墨色，横刊藏文六行，四周双栏，全。

索书号：003334/6。保存基本完好，今藏民族文化宫中国民族图书馆。

**༄༅། །ཤེས་རབ་ཀྱི་ཕ་རོལ་ཏུ་ཕྱིན་པའི་མན་ངག་གི་བསྟན་བཅོས་མངོན་པར་རྟོགས་པའི་རྒྱན་གྱི་འགྲེལ་པ་དང་བཅས་པའི་གནས་རྣམ་པར་བཤད་པ་ཡུམ་དོན་རབ་གསལ་ཞེས་བྱ་བ་བཞུགས་སོ། །**

**般若波罗蜜多教授现观庄严论释及其难义解说·阐明般若义**

1种，320页。

གོ་བོ་རབ་འབྱམས་པ་བསོད་ནམས་སེང་གེ། 果沃饶绛巴·索南桑格(1429—1489)撰述。

四川省甘孜藏族自治州德格县德格地区德格寺印经院木刻版之刻印本。

普通藏纸，梵夹装中印本(46.3×6cm)，楷体，墨色，横刊藏文六行，四周双栏，全。

索书号：000383/1。保存基本完好，今藏民族文化宫中国民族图书馆。

**༄༅། །ཤེས་རབ་ཀྱི་ཕ་རོལ་ཏུ་ཕྱིན་པའི་མན་ངག་གི་བསྟན་བཅོས་མངོན་པར་རྟོགས་པའི་རྒྱན་གྱི་འགྲེལ་པ་དང་བཅས་པ་ལེགས་པར་བཤད་པ་རིན་པོ་ཆེའི་བང་མཛོད་ཅེས་བྱ་བ་བཞུགས་སོ། །**

**般若波罗蜜多教授现观庄严论释广解·嘉言金宝**

1种，338页。

གཡག་ཕྲུག་སངས་རྒྱས་དཔལ། 雅楚·桑吉白(1348—1414)撰述。

四川省甘孜藏族自治州德格县德格地区德格寺印经院木刻版之刻印本。

普通藏纸，梵夹装中印本(50×6.6cm)，楷体，墨色，横刊藏文六行，四周双栏，全。

索书号：000509/1。保存基本完好，今藏民族文化宫中国民族图书馆。

**༄༅། །ཤེས་རབ་ཀྱི་ཕ་རོལ་ཏུ་ཕྱིན་པའི་མན་ངག་གི་བསྟན་བཅོས་མངོན་པར་རྟོགས་པའི་རྒྱན་གྱི་འགྲེལ་པ་དོན་གསལ་བ་དང་བཅས་པའི་སྙིང་པོའི་གསལ་བྱེད་ཡིད་ཀྱི་མུན་སེལ་ཞེས་བྱ་བ་བཞུགས་སོ། །**

**般若波罗蜜多之教授现观庄严论明义释之心要·能除心暗**

1种，242页。

གཡག་ཕྲུག་སངས་རྒྱས་དཔལ། 雅楚·桑吉白(1348—1414)撰述。

四川省甘孜藏族自治州德格县德格地区德格寺印经院木刻版之刻印本。

普通藏纸，梵夹装中印本(50×6.6cm)，楷体，墨色，横刊藏文六行，四周双栏，全。

索书号：000511/1。保存基本完好，

今藏民族文化宫中国民族图书馆。

༧༢། །ཤེས་རབ་ཀྱི་ཕ་རོལ་ཏུ་ཕྱིན་པའི་མན་ངག་གི་བསྟན་བཅོས་མངོན་པར་རྟོགས་པའི་རྒྱན་གྱི་འགྲེལ་པ་མདོ་དང་རྩ་བ་དང་འགྲེལ་པ་སོ་སོར་སྦྱར་བའི་གསལ་བྱེད་ཉི་མའི་འོད་ཟེར་ཞེས་བྱ་བ་བཞུགས་སོ། །

**般若波罗蜜多之教授现观庄严论释·经本论及释分别配合阐明之日光（上）**

1 种，157 页。

གཡག་ཕྲུག་སངས་རྒྱས་དཔལ། 雅楚·桑吉白 (1348—1414) 撰述。

四川省甘孜藏族自治州德格县德格地区德格寺印经院木刻版之刻印本。

普通藏纸，梵夹装中印本 (50×6.6cm)，楷体，墨色，横刊藏文六行，四周双栏，全。

索书号：000511/2。保存基本完好，今藏民族文化宫中国民族图书馆。

༧༢། །ཤེས་རབ་ཀྱི་ཕ་རོལ་ཏུ་ཕྱིན་པའི་མན་ངག་གི་བསྟན་བཅོས་མངོན་པར་རྟོགས་པའི་རྒྱན་གྱི་འགྲེལ་པ་མདོ་དང་རྩ་བ་དང་འགྲེལ་པ་སོ་སོར་སྦྱར་བའི་གསལ་བྱེད་ཉི་མའི་འོད་ཟེར་ཞེས་བྱ་བ་བཞུགས་སོ། །

**般若波罗蜜多之教授现观庄严论释·经本论及释分别配合阐明之日光（下）**

1 种，339 页。

གཡག་ཕྲུག་སངས་རྒྱས་དཔལ། 雅楚·桑吉白 (1348—1414) 撰述。

四川省甘孜藏族自治州德格县德格地区德格寺印经院木刻版之刻印本。

普通藏纸，梵夹装中印本 (50×6.6cm)，楷体，墨色，横刊藏文六行，四周双栏，全。

索书号：000512/1。保存基本完好，今藏民族文化宫中国民族图书馆。

༧༢། །ཤེས་རབ་ཀྱི་ཕ་རོལ་ཏུ་ཕྱིན་པའི་མན་ངག་གི་བསྟན་བཅོས་མངོན་པར་རྟོགས་པའི་རྒྱན་གྱི་མཐར་ཐུག་པའི་ལྟ་བ་ཐལ་འགྱུར་དུ་འགྲེལ་ཚུལ་གནད་དོན་གསལ་བའི་ཟླ་ཟེར་ཞེས་བྱ་བ་བཞུགས་སོ། །

**般若波罗蜜多之教授现观庄严论究竟应成派正见解释·显明要义之月光**

1 种，14 页。

མཁས་གྲུབ་དགེ་ལེགས་དཔལ་བཟང་། 凯珠·格勒白桑 (1385—1438) 撰述。

西藏自治区拉萨市达孜地区噶旦寺（喜足尊胜洲）印经院木刻版之刻印本。

普通藏纸，梵夹装中印本 (50.4×6cm)，楷体，墨色，横刊藏文六行，四周双栏，全。

索书号：002927/6。保存基本完好，今藏民族文化宫中国民族图书馆。

༧༢། །ཤེས་རབ་ཀྱི་ཕ་རོལ་ཏུ་ཕྱིན་པའི་མན་ངག་གི་བསྟན་བཅོས་མངོན་པར་རྟོགས་པའི་རྒྱན་གྱི་བསྡུས་དོན་ཞིབ་ཏུ་བཀོད་པ་ཤེར་ཕྱིན་མཛོད་བརྒྱ་འབྱེད་པའི་ལྡེ་མིག་ཅེས་བྱ་བ་བཞུགས་སོ། །

**般若波罗蜜多之教授现观庄严论摄义·开般若百库之钥**

1 种，47 页。

ཡོངས་འཛིན་ཡེ་ཤེས་རྒྱལ་མཚན། 雍增·益希坚参 (1713—1793) 撰述。

西藏自治区拉萨市布达拉宫印经院木刻版之刻印本。

普通藏纸，梵夹装中印本 (48.5×6.4cm)，楷体，墨色，横刊藏文六行，四周双栏，全。

索书号：003334/5。保存基本完好，今藏民族文化宫中国民族图书馆。

༧༢། །ཤེས་རབ་ཀྱི་ཕ་རོལ་ཏུ་ཕྱིན་པའི་མན་ངག་གི་བསྟན་བཅོས་མངོན་པར་རྟོགས་པའི་རྒྱན་གྱི་སྤྱི་དོན་ཞེས་བྱ་བ་བཞུགས་སོ། །

**般若波罗蜜多要诀现观庄严论总义**

1 种，245 页。

དཔལ་སྤྲུལ་འཇིགས་མེད་ཆོས་ཀྱི་དབང་པོ། 白朱·吉迈曲吉旺波 (1808—1887) 撰述。

西藏地区藏传佛教寺院印经院木刻版之刻印本。

普通藏纸，梵夹装中印本 ( 缩印本 )，楷体，墨色，横刊藏文六行，四周双栏，全。

索书号：005943/1。保存基本完好，今藏民族文化宫中国民族图书馆。

༧༢། །ཤེས་རབ་ཀྱི་ཕ་རོལ་ཏུ་ཕྱིན་པའི་མན་ངག་གི་བསྟན་བཅོས་མངོན་པར་རྟོགས་པའི་རྒྱན་གྱི་འབྲུ་འགྲེལ་ཞེས་བྱ་བ་བཞུགས་སོ། །

**般若波罗蜜多要诀现观庄严论精释**

1 种，85 页。

དཔལ་སྤྲུལ་འཇིགས་མེད་ཆོས་ཀྱི་དབང་པོ། 白朱·吉迈曲吉旺波 (1808—1887) 撰述。

西藏地区藏传佛教寺院印经院木刻版之刻印本。

普通藏纸，梵夹装中印本 ( 缩印本 )，楷体，墨色，横刊藏文六行，四周双栏，全。

索书号：005943/1。保存基本完好，今藏民族文化宫中国民族图书馆。

༧༢། །ཤེས་རབ་ཀྱི་ཕ་རོལ་ཏུ་ཕྱིན་པའི་མན་ངག་གི་བསྟན་བཅོས་མངོན་པར་རྟོགས་པའི་རྒྱན་གྱི་མཆན་བྱེད་ཀྱི་ཆོས་རྣམས་ཀྱི་ཡན་ལག་རྒྱས་པར་བཤད་པ་ སྦས་དོན་རབ་གསལ་ཞེས་བྱ་བ་བཞུགས་སོ། །

**般若波罗蜜多教授现观庄严论所示诸法支广释·阐明隐义**

1 种，63 页。

གོ་བོ་རབ་འབྱམས་པ་བསོད་ནམས་སེང་གེ། 果沃饶绛巴·索南桑格 (1429—1489) 撰述。

四川省甘孜藏族自治州德格县德格地区德格寺印经院木刻版之刻印本。

普通藏纸，梵夹装中印本 (46.3 × 6cm)，楷体，墨色，横刊藏文六行，四周双栏，全。

索书号：000385/1。保存基本完好，今藏民族文化宫中国民族图书馆。

༧༢། །ཤེས་རབ་ཀྱི་ཕ་རོལ་ཏུ་ཕྱིན་པའི་མན་ངག་གི་བསྟན་བཅོས་མངོན་པར་རྟོགས་པའི་རྒྱན་གྱི་གཞུང་སྔ་ཕྱིའི་འབྲེལ་བ་དང་དཀའ་གནས་ལ་དཔྱད་པ་སྦས་དོན་ཟབ་མོའི་གཏེར་གྱི་ཁ་འབྱེད་ཅེས་བྱ་བ་བཞུགས་སོ། །

**般若波罗蜜多教授现观庄严论正文前后关系与难义探讨·开甚深隐义藏**

1 种，227 页。

གོ་བོ་རབ་འབྱམས་པ་བསོད་ནམས་སེང་གེ། 果沃饶绛巴·索南桑格 (1429—1489) 撰述。

四川省甘孜藏族自治州德格县德格地区德格寺印经院木刻版之刻印本。

普通藏纸，梵夹装中印本 (46.3 × 6cm)，楷体，墨色，横刊藏文六行，四周双栏，全。

索书号：000384/1。保存基本完好，今藏民族文化宫中国民族图书馆。

༧༢། །ཤེས་རབ་ཀྱི་ཕ་རོལ་ཏུ་ཕྱིན་པའི་མན་ངག་གི་བསྟན་བཅོས་མངོན་པར་རྟོགས་པའི་རྒྱན་གྱི་གསལ་བྱེད་རིན་ཆེན་སྒྲོན་མེ་ཞེས་བྱ་བ་བཞུགས་སོ། །

**般若波罗蜜多之教授现观庄严论释·大宝明灯**

1 种，107 页。

གཡག་ཕྲུག་སངས་རྒྱས་དཔལ། 雅楚·桑吉白 (1348—1414) 撰述。

四川省甘孜藏族自治州德格县德格地区德格寺印经院木刻版之刻印本。

普通藏纸，梵夹装中印本（50×6.6cm），楷体，墨色，横刊藏文六行，四周双栏，全。

索书号：000508/2。保存基本完好，今藏民族文化宫中国民族图书馆。

༄༅། །ཤེས་རབ་ཀྱི་ཕ་རོལ་ཏུ་ཕྱིན་པའི་མན་ངག་གི་བསྟན་བཅོས་མངོན་པར་རྟོགས་པའི་རྒྱན་གྱི་འགྲེལ་པ་དང་བཅས་པའི་གནས་རྣམ་པར་བཤད་པ་ཡུམ་དོན་རབ་གསལ་ཞེས་བྱ་བ་བཞུགས་སོ། །

**般若波罗蜜多教授现观庄严论释及其难义解说·阐明般若义**

1种，320页。

གོ་བོ་རབ་འབྱམས་པ་བསོད་ནམས་སེང་གེ། 果沃饶绛巴·索南桑格（1429—1489）撰述。

四川省甘孜藏族自治州德格县德格地区德格寺印经院木刻版之刻印本。

普通藏纸，梵夹装中印本（46.3×6cm），楷体，墨色，横刊藏文六行，四周双栏，全。

索书号：000383/1。保存基本完好，今藏民族文化宫中国民族图书馆。

༄༅། །ཤེས་རབ་ཀྱི་ཕ་རོལ་ཏུ་ཕྱིན་པའི་མན་ངག་གི་བསྟན་བཅོས་མངོན་པར་རྟོགས་པའི་རྒྱན་གྱི་འགྲེལ་པ་དང་བཅས་པ་ལེགས་པར་བཤད་པ་རིན་པོ་ཆེའི་བང་མཛོད་ཅེས་བྱ་བ་བཞུགས་སོ། །

**般若波罗蜜多教授现观庄严论释广解·嘉言金宝**

1种，338页。

གཡག་ཕྲུག་སངས་རྒྱས་དཔལ། 雅楚·桑吉白（1348—1414）撰述。

四川省甘孜藏族自治州德格县德格地区德格寺印经院木刻版之刻印本。

普通藏纸，梵夹装中印本（50×6.6cm），楷体，墨色，横刊藏文六行，四周双栏，全。

索书号：000509/1。保存基本完好，今藏民族文化宫中国民族图书馆。

༄༅། །ཤེས་རབ་ཀྱི་ཕ་རོལ་ཏུ་ཕྱིན་པའི་མན་ངག་གི་བསྟན་བཅོས་མངོན་པར་རྟོགས་པའི་རྒྱན་དང་དེའི་འགྲེལ་པ་དོན་གསལ་བ་དང་བཅས་པ་ལེགས་པར་བཤད་པ་རིན་ཆེན་བསམ་འཕེལ་དབང་གི་རྒྱལ་པོ་ཞེས་བྱ་བ་བཞུགས་སོ། །

**般若波罗蜜多之教授现观庄严论释·嘉言大宝·如意灌顶王**

1种，269页。

གཡག་ཕྲུག་སངས་རྒྱས་དཔལ། 雅楚·桑吉白（1348—1414）撰述。

四川省甘孜藏族自治州德格县德格地区德格寺印经院木刻版之刻印本。

普通藏纸，梵夹装中印本（50×6.6cm），楷体，墨色，横刊藏文六行，四周双栏，全。

索书号：000510/2。保存基本完好，今藏民族文化宫中国民族图书馆。

༄༅། །ཤེས་རབ་ཀྱི་ཕ་རོལ་ཏུ་ཕྱིན་པའི་མན་ངག་གི་བསྟན་བཅོས་མངོན་པར་རྟོགས་པའི་རྒྱན་དང་དེའི་འགྲེལ་པ་དོན་གསལ་བ་དང་བཅས་པ་ལེགས་པར་བཤད་པ་རིན་པོ་ཆེའི་ཕྲེང་བ་བློ་གསལ་མགུལ་རྒྱན་ཞེས་བྱ་བ་བཞུགས་སོ། །

**般若波罗蜜多之教授现观庄严论及其注释明义·嘉言大宝鬘·智者项饰**

1种，398页。

གཡག་ཕྲུག་སངས་རྒྱས་དཔལ། 雅楚·桑吉白（1348—1414）撰述。

四川省甘孜藏族自治州德格县德格地区德格寺印经院木刻版之刻印本。

普通藏纸，梵夹装中印本（50×6.6cm），楷体，墨色，横刊藏文六行，四周双栏，全。

索书号：000505/1。保存基本完好，今藏民族文化宫中国民族图书馆。

༄༅། །ཤེས་རབ་ཀྱི་ཕ་རོལ་ཏུ་ཕྱིན་པའི་མན་ངག་གི་བསྟན་བཅོས་མངོན་པར་རྟོགས་པའི་རྒྱན་ཞེས་བྱ་བའི་འགྲེལ་པ་རྒྱ་ཆེར་བཤད་པ་ལུང་གི་སྙེ་མ་ཞེས་བྱ་བ་བཞུགས་སོ། །

**般若波罗蜜多之教授现观庄严论释·教言穗**

1种，363页。

བུ་སྟོན་རིན་ཆེན་གྲུབ། 布敦·仁钦珠(1290—1364)撰述。

西藏自治区拉萨市布达拉宫印经院(雪域利乐宝库)木刻版之刻印本。

普通藏纸，梵夹装中印本(49.7×7cm)，楷体，墨色，横刊藏文六行，四周双栏，全。

索书号：003082/2。保存基本完好，今藏民族文化宫中国民族图书馆。

## ༦、འདུལ་བའི་སྐོར།

## 6. 清规戒律

༄༅། །རྒྱལ་བའི་བསྟན་པའི་ནང་མཛོད་དམ་པའི་ཆོས་འདུལ་བའི་ལྷུང་རྩལ་བཟོད་པ་རྒྱལ་བསྟན་རིན་པོ་ཆེའི་གསལ་བྱེད་ཉིན་མོར་བྱེད་པའི་སྣང་བ་ཞེས་བྱ་བ་བཞུགས་སོ། །

**佛教内库正法毗奈耶来源史·能明大宝佛教之日光**

1种，154页。

ཡོངས་འཛིན་ཡེ་ཤེས་རྒྱལ་མཚན། 雍增·益希坚参(1713—1793)撰述。

西藏自治区拉萨地区雪孜印经院木刻版之刻印本。

普通藏纸，梵夹装中印本(48.5×6.4cm)，楷体，墨色，横刊藏文六行，四周双栏，全。

索书号：003334/2。保存基本完好，今藏民族文化宫中国民族图书馆。

༄༅། །ཆོས་འདུལ་བའི་ལམ་གྱི་སྲོག་ཤིང་ལས་དང་པོས་བྱང་ཕྱོགས་ས་བདུན་སྒོམ་རྩལ་གྱི་སྙིང་པོ་ཐར་པའི་ལམ་ཡངས་ཞེས་བྱ་བ་བཞུགས་སོ། །

**毗奈耶道之命脉中初学应修三十七菩提分法之心要·广阔解脱道**

1种，76页。

ཞབས་དྲུང་ཆོས་རྗེ་ངག་དབང་ཚེ་རིང་། 夏仲却吉·阿旺慈仁(？—1792)撰述。

蒙古国乌兰巴托地区藏传佛教库伦寺印经院木刻版之刻印本。

普通藏纸，梵夹装中印本(46.8×5.2cm)，楷体，墨色，横刊藏文六行，四周双栏，全。

索书号：000756/1。保存基本完好，今藏民族文化宫中国民族图书馆。

༄༅། །དམ་པའི་ཆོས་འདུལ་བར་དགེ་སློང་པ་ལ་བཅས་འགལ་དུ་གྱུར་པའི་ཁྲིམས་ཉིས་བརྒྱ་ལྔ་བཅུ་རྩ་གསུམ་ལྡང་བ་སྡེ་ལྔའི་སྡོམ་གྱི་བསྡུས་ཏེ་གསུངས་པ་སོ་སོའི་ངོ་བོ་དང་བཅས་པ་ཡི་གེ་ཞེས་བྱ་བ་བཞུགས་སོ། །

**五篇聚中所说正法戒律二百五十三戒各别自性录**

1种，26页。

ཇོ་ནང་པ་ཀུན་དགའ་གྲོལ་མཆོག 觉囊巴·衮噶卓却(1507—1575)撰述。

西藏地区藏传佛教寺院传抄之缮写本。

普通藏纸，梵夹装中印本(缩印本)，草体，墨色，横书藏文七行，四周双栏，全。

索书号：004511/16。保存基本完好，今藏民族文化宫中国民族图书馆。

༄༅། །འདུལ་བ་སྙིང་འདུམ་གྱི་བཏུས་མིང་ཞེས་བྱ་བ་བཞུགས་སོ། །

**毗奈耶经广因缘集选词录**

1 种，48 页。

ཐི་ཤྲི་ཐུ་པཎྜི་ཏ་ཚེ་སྤེལ་དབང་ཕྱུག་རྡོ་རྗེ། 比锡塀图班智达 · 慈培旺秋多结 (1836—？) 撰述。

西藏地区藏传佛教寺院印经院木刻版之刻印本。

普通藏纸，梵夹装中印本 (48.2×6.2cm)，楷体，墨色，横刊藏文六行，四周双栏，全。

索书号：000747/4。保存基本完好，今藏民族文化宫中国民族图书馆。

༄༅། །འདུལ་བ་དགེ་སློང་མའི་སྙིང་འདུམ་ཞེས་བྱ་བ་བཞུགས་སོ། །

**比丘尼毗奈耶因缘集**

1 种，59 页。

བུ་སྟོན་རིན་ཆེན་གྲུབ། 布敦 · 仁钦珠 (1290—1364) 撰述。

西藏自治区拉萨地区雪孜印经院木刻版之刻印本。

普通藏纸，梵夹装中印本 (49.7×7cm)，楷体，墨色，横刊藏文六行，四周双栏，全。

索书号：003087/3。保存基本完好，今藏民族文化宫中国民族图书馆。

༄༅། །འདུལ་བ་རྒྱ་མཚོའི་སྙིང་པོའི་རྣམ་བཤད་འདུལ་གཞུང་གསལ་བའི་སྒྲོན་མེ་ཞེས་བྱ་བ་བཞུགས་སོ། །

**毗奈耶大海心要注释 · 律典明灯**

1 种，184 页。

ཡོངས་འཛིན་ཡེ་ཤེས་རྒྱལ་མཚན། 雍增 · 益希坚参 (1713—1793) 撰述。

西藏自治区拉萨地区孜雪印经院木刻版之刻印本。

普通藏纸，梵夹装中印本 (48.5×6.4cm)，楷体，墨色，横刊藏文六行，四周双栏，全。

索书号：003343/4。保存基本完好，今藏民族文化宫中国民族图书馆。

༄༅། །འདུལ་བ་རྒྱ་མཚོའི་བཤད་ལུང་གི་ཟིན་བྲིས་འཇམ་དབྱངས་ཞལ་ལུང་ཞེས་བྱ་བ་བཞུགས་སོ། །

**毗奈耶法海心要讲说经教笔录 · 文殊语教**

1 种，16 页。

བླ་ཀོ་འཇིགས་མེད་འཕྲིན་ལས་རྒྱ་མཚོ། 拉科 · 吉迈成勒嘉措 (1866—1947) 撰述。

甘肃省甘南藏族自治州夏河县拉卜楞地区拉卜楞寺（拉章扎喜齐）印经院木刻版之刻印本。

普通藏纸，梵夹装中印本 (46.7×6.2cm)，楷体，墨色，横刊藏文六行，四周双栏，全。

索书号：000998/9。保存基本完好，今藏民族文化宫中国民族图书馆。

༄༅། །འདུལ་བ་མདོ་རྩ་བའི་ཟིན་བྲིས་ཞེས་བྱ་བ་བཞུགས་སོ། །

**律经根本之笔录**

1 种，113 页。

ཙོང་ཁ་པ་བློ་བཟང་གྲགས་པ། 宗喀巴 · 洛桑札巴 91357—1419) 撰述。

甘肃省甘南藏族自治州夏河县拉卜楞地区拉卜楞寺（拉章扎喜齐）印经院木刻版之刻印本。

普通藏纸，梵夹装中印本 (47.4×6.8cm)，楷体，墨色，横刊藏文六行，四周双栏，全。

索书号：000360/1。保存基本完好，今藏民族文化宫中国民族图书馆。

༄༅། །འདུལ་བ་མདོའི་རྣམ་པར་འབྱེད་པ་འདུལ་བ་རྒྱ་མཚོའི་སྙིང་པོ་རབ་ཏུ་གསལ་བར་བྱེད་པ་ཞེས་བྱ་བ་བཞུགས་སོ། །

**毗奈耶根本经解说·律海心要明解**

1 种，295 页。

བུ་སྟོན་རིན་ཆེན་གྲུབ། 布敦·仁钦珠 (1290—1364) 撰述。

西藏自治区拉萨地区孜雪印经院木刻版之刻印本。

普通藏纸，梵夹装中印本 (49.7×7cm)，楷体，墨色，横刊藏文六行，四周双栏，全。

索书号：003085/3。保存基本完好，今藏民族文化宫中国民族图书馆。

༄༅། །འདུལ་བ་ནས་བརྩམས་པའི་དྲིས་ལན་ཞེས་བྱ་བ་བཞུགས་སོ། །

**毗奈耶问答**

1 种，6 页。

ཚས་པ་རྒྱ་མཁར་བ་ངག་དབང་དགེ་འདུན་རྒྱ་མཚོ། 齐巴嘉喀哇·阿旺格登嘉措 (1839—1905) 撰述。

甘肃省甘南藏族自治州夏河县拉卜楞地区拉卜楞寺 (拉章扎喜齐) 印经院木刻版之刻印本。

普通藏纸，梵夹装中印本 (47.3×6.5cm)，楷体，墨色，横刊藏文六行，四周双栏，全。

索书号：001165/25。保存基本完好，今藏民族文化宫中国民族图书馆。

༄༅། །འདུལ་བ་སྤྱིའི་རྣམ་པར་གཞག་པ་འདུལ་བ་རིན་པོ་ཆེའི་མཛེས་རྒྱན་ཞེས་བྱ་བ་བཞུགས་སོ། །

**毗奈耶总建立·毗奈耶大宝妙庄严**

1 种，70 页。

བུ་སྟོན་རིན་ཆེན་གྲུབ། 布敦·仁钦珠 (1290—1364) 撰述。

西藏自治区拉萨地区孜雪印经院木刻版之刻印本。

普通藏纸，梵夹装中印本 (49.7×7cm)，楷体，墨色，横刊藏文六行，四周双栏，全。

索书号：003085/2。保存基本完好，今藏民族文化宫中国民族图书馆。

༄༅། །འདུལ་བ་པའི་གླེང་འབུམ་ཆེན་མོ་ཞེས་བྱ་བ་བཞུགས་སོ། །

**比丘毗奈耶广因缘集**

1 种，419 页。

བུ་སྟོན་རིན་ཆེན་གྲུབ། 布敦·仁钦珠 (1290—1364) 撰述。

西藏自治区拉萨地区孜雪印经院木刻版之刻印本。

普通藏纸，梵夹装中印本 (49.7×7cm)，楷体，墨色，横刊藏文六行，四周双栏，全。

索书号：003087/2。保存基本完好，今藏民族文化宫中国民族图书馆。

༄༅། །འདུལ་བ་མེ་ཏོག་ཕྲེང་རྒྱུད་ཀྱི་རྣམ་འགྲེལ་ཚིག་དོན་གསལ་བའི་ཉི་འོད་ཅེས་བྱ་བ་བཞུགས་སོ། །

**毗奈耶花鬘续释·句义明显之日光**

1 种，259 页。

རོང་སྟོན་ཤེས་བྱ་ཀུན་རིག 绒敦·希恰衮柔 (1367—1449) 撰述。

四川省甘孜藏族自治州德格县德格地区德格寺印经院木刻版之刻印本。

普通藏纸，梵夹装中印本 (50.9×6.5cm)，楷体，墨色，横刊藏文六行，四周双栏，全。

索书号：000566/1。保存基本完好，今藏民族文化宫中国民族图书馆。

༄༅། །འདུལ་བ་ལུང་ལས་འཕྲོས་པའི་དོགས་གནས་གསུང་རྒྱུན་ཉེར་མཁོ་ཞེས་བྱ་བ་བཞུགས་སོ། །

**律本事中疑义・口传必备**

1 种，3 页。

མང་ཐོས་ཀླུ་སྒྲུབ་རྒྱ་མཚོ། 芒推・鲁珠嘉措 (1523—？ ) 撰述。

西藏地区藏传佛教寺院印经院传抄之缮写本。

普通藏纸，梵夹装中印本（缩印本），草体，墨色，横书藏文七行，四周双栏，全。

索书号：004788/2。保存基本完好，今藏民族文化宫中国民族图书馆。

༄༅། །འདུལ་བའི་གླེང་འབུམ་གྱི་སྙིང་པོ་བསྡུས་པའི་ཁ་སྐོང་དང་སྟོན་པའི་རྣམ་པར་ཐར་པ་གཉིས་འབྲས་ཀྱི་ཚུལ་དུ་བརྗོད་པ་དད་པའི་གསོལ་འདེབས་ཞེས་བྱ་བ་བཞུགས་སོ། །

**戒律说集摄要补遗及释迦导师史事合说**

1 种，133 页。

ཞབས་དྲུང་ཆོས་རྗེ་ངག་དབང་ཚེ་རིང་། 夏仲却吉・阿旺慈仁 (？ —1792) 撰述。

蒙古国乌兰巴托地区藏传佛教库伦寺印经院木刻版之刻印本。

普通藏纸，梵夹装中印本 (46.8 × 5.2cm)，楷体，墨色，横刊藏文六行，四周双栏，全。

索书号：000754/6。保存基本完好，今藏民族文化宫中国民族图书馆。

༄༅། །འདུལ་བའི་གླེང་འབུམ་ཆེན་མོ་ལས་བྱུང་བའི་མིང་བརྡ་གོ་དཀའ་བ་རྣམས་བཤད་པ་བློ་ལྡན་དགའ་སྐྱེད་ཅེས་བྱ་བ་བཞུགས་སོ། །

**毗奈耶大典籍中所出之名句难义释・智者生喜**

1 种，29 页。

ཨ་ཀྱཱ་ཡོངས་འཛིན་བློ་བཟང་དོན་གྲུབ། 阿迦雍增・洛桑顿珠 (1774—？ ) 撰述。

青海省湟中县鲁沙尔地区塔尔寺（固奔乾巴林）印经院木刻版之刻印本。

普通藏纸，梵夹装中印本 (47.9 × 6.5cm)，楷体，墨色，横刊藏文六行，四周双栏，全。

索书号：000935/21。保存基本完好，今藏民族文化宫中国民族图书馆。

༄༅། །འདུལ་བའི་མདོའི་རྣམ་པར་འབྱེད་པ་འདུལ་བ་རྒྱ་མཚོའི་སྙིང་པོ་རབ་ཏུ་གསལ་བར་བྱེད་པ་ཞེས་བྱ་བ་བཞུགས་སོ། །

**毗奈耶根本经解说・律海心要明解**

1 种，295 页。

བུ་སྟོན་རིན་ཆེན་གྲུབ། 布敦・仁钦珠 (1290—1364) 撰述。

西藏自治区拉萨地区孜雪印经院木刻版之刻印本。

普通藏纸，梵夹装中印本 (49.7 × 7cm)，楷体，墨色，横刊藏文六行，四周双栏，全。

索书号：003085/3。保存基本完好，今藏民族文化宫中国民族图书馆。

༄༅། །འདུལ་བའི་སྡོམ་ཚིག་གནད་བསྡུས་ནོར་བུའི་ཕྲེང་བ་ཞེས་བྱ་བ་བཞུགས་སོ། །

**毗奈耶总纲摄要・摩尼鬘**

1 种，37 页。

ཨ་ཀྱཱ་ཡོངས་འཛིན་བློ་བཟང་དོན་གྲུབ། 阿迦雍增・洛桑顿珠 (1774—？ ) 撰述。

青海省湟中县鲁沙尔地区塔尔寺（固奔乾巴林）印经院木刻版之刻印本。

普通藏纸，梵夹装中印本 (47.9 × 6.3cm)，楷体，墨色，横刊藏文六行，四周双栏，全。

索书号：000934/10。保存基本完好，今藏民族文化宫中国民族图书馆。

༄༅། །འདུལ་བའི་གནད་ལ་རྟོགས་པ་དཔྱད་པའི་ལེགས་བཤད་ཉི་མའི་འོད་ཟེར་ལས་མཁས་པའི་གཏམ་བྱ་གསང་བ་སྒོ་འབྱེད་ཞེས་བྱ་བ་བཞུགས་སོ། །

**毗奈耶难义释疑·善说日光论中智者教言·启秘密之门**

1种，11页。

མང་ཐོས་ཀླུ་སྒྲུབ་རྒྱ་མཚོ། 芒推·鲁珠嘉措 (1523—？ ) 撰述。

西藏地区藏传佛教寺院印经院传抄之缮写本。

普通藏纸，梵夹装中印本（缩印本），草体，墨色，横书藏文七行，四周双栏，全。

索书号：004788/30。保存基本完好，今藏民族文化宫中国民族图书馆。

༄༅། །འདུལ་བའི་ཡན་ལག་ལྟུང་བྱེད་འབའ་ཞིག་བས་མ་གོས་པར་བྱེད་ཚུལ་བརྗེད་བྱང་དུ་བྱས་པ་ཞེས་བྱ་བ་བཞུགས་སོ། །

**戒律之支分全不染堕罪法备忘录**

1种，103页。

ཞབས་དྲུང་ཆོས་རྗེ་ངག་དབང་ཚེ་རིང་། 夏仲却吉·阿旺慈仁 (？—1792) 撰述。

蒙古国乌兰巴托地区藏传佛教库伦寺印经院木刻版之刻印本。

普通藏纸，梵夹装中印本 (46.8 × 5.2cm)，楷体，墨色，横刊藏文六行，四周双栏，全。

索书号：000755/3。保存基本完好，今藏民族文化宫中国民族图书馆。

༄༅། །འདུལ་བའི་ལག་ལེན་གྱི་ཆོ་ག་དྲི་མ་མེད་པའི་ཕྲེང་བ་ཞེས་བྱ་བ་བཞུགས་སོ། །

**毗奈耶实修仪轨·无垢鬘**

1种，43页。

བུ་སྟོན་རིན་ཆེན་གྲུབ། 布敦·仁钦珠 (1290—1364) 撰述。

西藏自治区拉萨地区孜雪印经院木刻版之刻印本。

普通藏纸，梵夹装中印本 (49.7 × 7cm)，楷体，墨色，横刊藏文六行，四周双栏，全。

索书号：003086/2。保存基本完好，今藏民族文化宫中国民族图书馆。

༄༅། །འདུལ་བའི་ལག་ལེན་དྲི་མེད་ཕྲེང་བའི་ཞར་བྱུང་ཁྱིམ་པ་ལ་ཕན་གདགས་པའི་ཆོ་ག་ཅེས་བྱ་བ་བཞུགས་སོ། །

**毗奈耶实修仪轨无垢鬘附篇·饶益俗家仪轨**

1种，17页。

བུ་སྟོན་རིན་ཆེན་གྲུབ། 布敦·仁钦珠 (1290—1364) 撰述。

西藏自治区拉萨地区孜雪印经院木刻版之刻印本。

普通藏纸，梵夹装中印本 (49.7 × 7cm)，楷体，墨色，横刊藏文六行，四周双栏，全。

索书号：003086/3。保存基本完好，今藏民族文化宫中国民族图书馆。

༄༅། །འདུལ་བའི་ལས་ཀྱི་ཆོ་ག་རིན་པོ་ཆེའི་ཕྲེང་བ་ཞེས་བྱ་བ་བཞུགས་སོ། །

**毗奈耶羯磨仪轨·大宝鬘**

1种，60页。

ཡོངས་འཛིན་ཡེ་ཤེས་རྒྱལ་མཚན། 雍增·益希坚参 (1713—1793) 撰述。

西藏自治区拉萨地区孜雪印经院木刻版之刻印本。

普通藏纸，梵夹装中印本 (48.5 × 6.4cm)，楷体，墨色，横刊藏文六行，四周双栏，全。

索书号：003334/3。保存基本完好，今藏民族文化宫中国民族图书馆。

༄༅། །འདུལ་བའི་ལས་ཆོག་གི་གསལ་བྱེད་དྭངས་ཤེལ་གཅང་མའི་མེ་ལོང་ཞེས་བྱ་བ་བཞུགས་སོ། །

**阐明毗奈耶羯磨仪轨·明镜**

1种，9页。

རོང་ཐ་བློ་བཟང་དམ་ཆོས་རྒྱ་མཚོ། 绒塔·洛桑旦曲嘉措(1865—1900)撰述。

西藏地区藏传佛教扎喜桑丹寺印经院木刻版之刻印本。

普通藏纸，梵夹装中印本(缩印本)，楷体，墨色，横刊藏文六行，四周双栏，全。

索书号：004526/13。保存基本完好，今藏民族文化宫中国民族图书馆。

༄༅། །འདུལ་བའི་བསླབ་པ་ཡོངས་སུ་སྲུང་བའི་ཐབས་ཀྱི་ཡན་ལག་མཐུན་པའི་གསོ་སྦྱོང་བྱ་ཚུལ་ཞེས་བྱ་བ་བཞུགས་སོ། །

**戒学全学方便之支分相顺之长净斋戒作法**

1种，17页。

ཞབས་དྲུང་ཆོས་རྗེ་ངག་དབང་ཚེ་རིང་། 夏仲却吉·阿旺慈仁(？—1792)撰述。

蒙古国乌兰巴托地区藏传佛教库伦寺印经院木刻版之刻印本。

普通藏纸，梵夹装中印本(46.8×5.2cm)，楷体，墨色，横刊藏文六行，四周双栏，全。

索书号：000754/6。保存基本完好，今藏民族文化宫中国民族图书馆。

༄༅། །འདུལ་བའི་བསླབ་པ་ཡོངས་སུ་སྲུང་བའི་ཐབས་དབྱར་ཁས་ལྷང་པའི་ཆོ་གའི་རྣམ་བཞག་ཅེས་བྱ་བ་བཞུགས་སོ། །

**戒学完全学习之方便修夏仪轨之建立**

1种，18页。

ཞབས་དྲུང་ཆོས་རྗེ་ངག་དབང་ཚེ་རིང་། 夏仲却吉·阿旺慈仁(？—1792)撰述。

蒙古国乌兰巴托地区藏传佛教库伦寺印经院木刻版之刻印本。

普通藏纸，梵夹装中印本(46.8×5.2cm)，楷体，墨色，横刊藏文六行，四周双栏，全。

索书号：000754/7。保存基本完好，今藏民族文化宫中国民族图书馆。

༄༅། །འདུལ་བའི་བསླབ་པ་བསྲུང་ཐབས་ཡན་ལག་ལྔའི་རྣམ་བཞག་ཅེས་བྱ་བ་བཞུགས་སོ། །

**毗奈耶学处守护方便五支之类别**

1种，15页。

ཞབས་དྲུང་ཆོས་རྗེ་ངག་དབང་ཚེ་རིང་། 夏仲却吉·阿旺慈仁(？—1792)撰述。

蒙古国乌兰巴托地区藏传佛教库伦寺印经院木刻版之刻印本。

普通藏纸，梵夹装中印本(46.8×5.2cm)，楷体，墨色，横刊藏文六行，四周双栏，全。

索书号：000756/3。保存基本完好，今藏民族文化宫中国民族图书馆。

༄༅། །འདུལ་བའི་བསླབ་བྱ་མདོར་བསྡུས་གཞན་ཕན་འོད་ཟེར་ཞེས་བྱ་བ་བཞུགས་སོ། །

**毗奈耶学处略说·利他光鬘**

1种，4页。

སྤྱན་སྔ་པ་བློ་གྲོས་རྒྱལ་མཚན། 金厄巴·洛哲坚参(1402—1472)撰述。

西藏地区藏传佛教寺院印经院木刻版之刻印本。

普通藏纸，梵夹装中印本(缩印本)，楷体，墨色，横刊藏文六行，四周双栏，全。

索书号：003769/12。保存基本完好，今藏民族文化宫中国民族图书馆。

༄༅། །འདུལ་བའི་བསླབ་བྱ་མདོར་བསྡུས་ལག་ལེན་དམར་ཁྲིད་ཅེས་བྱ་བ་བཞུགས་སོ། །

**毗奈耶学处略篇修行直观教导**

1种，13页。

ཞང་སྟོན་བསྟན་པ་རྒྱ་མཚོ། 祥敦 · 丹巴嘉措 (1825—1895) 撰述。

甘肃省甘南藏族自治州夏河县拉卜楞地区拉卜楞寺 ( 拉章扎喜齐 ) 印经院木刻版之刻印本。

普通藏纸，梵夹装中印本，楷体，墨色，横刊藏文六行，四周双栏，全。

索书号：000939/15。保存基本完好，今藏民族文化宫中国民族图书馆。

༄༅། །འདུལ་བའི་བསླབ་བྱ་འོད་ལྡན་སྙིང་པོ་ཞེས་བྱ་བ་བཞུགས་སོ། །

**毗奈耶学处 · 具光明藏**

1 种，93 页。

ཡོངས་འཛིན་ཡེ་ཤེས་རྒྱལ་མཚན། 雍增 · 益希坚参 (1713—1793) 撰述。

西藏自治区拉萨地区孜雪印经院木刻版之刻印本。

普通藏纸，梵夹装中印本 (48.5 × 6.4cm)，楷体，墨色，横刊藏文六行，四周双栏，全。

索书号：003340/19。保存基本完好，今藏民族文化宫中国民族图书馆。

༄༅། །འདུལ་བའི་བསླབ་བྱའི་གཞུང་ཤིང་རེས་འབྱུང་སྒོམ་ཚུལ་ཅུད་དུ་རྣམ་གསལ་ལ་སོགས་པ་བཞུགས་སོ། །

**戒律学处出离修法颂刻明义等**

1 种，118 页。

ཞབས་དྲུང་ཆོས་རྗེ་ངག་དབང་ཚེ་རིང་། 夏仲却吉 · 阿旺慈仁 ( ？ —1792) 撰述。

蒙古国乌兰巴托地区藏传佛教库伦寺印经院木刻版之刻印本。

普通藏纸，梵夹装中印本 (46.8 × 5.2cm)，楷体，墨色，横刊藏文六行，四周双栏，全。

索书号：000754/2。保存基本完好，今藏民族文化宫中国民族图书馆。

༄༅། །འདུལ་བའི་བསླབ་བྱའི་གཞུང་ཤིང་རེས་འབྱུང་སྒོམ་ཚུལ་ཅུད་དུ་རྣམ་གསལ་ལ་སོགས་པ་བཞུགས་སོ། །

**戒律学处出离修法颂刻明义等**

1 种，118 页。

ཞབས་དྲུང་ཆོས་རྗེ་ངག་དབང་ཚེ་རིང་། 夏仲却吉 · 阿旺慈仁 ( ？ —1792) 撰述。

蒙古国乌兰巴托地区藏传佛教库伦寺印经院木刻版之刻印本。

普通藏纸，梵夹装中印本 (46.8 × 5.2cm)，楷体，墨色，横刊藏文六行，四周双栏，全。

索书号：000753/14。保存基本完好，今藏民族文化宫中国民族图书馆。

༄༅། །འདུལ་བའི་བསླབ་བྱའི་ཡན་ལག་སྔར་བཅས་དང་རྗེས་བཅས་ཀྱི་རྣམ་བཞག་ཅུང་བསྡུས་སུ་བཀོད་པ་ཞེས་བྱ་བ་བཞུགས་སོ། །

**戒律学处之支分先后制戒之类别略说**

1 种，7 页。

ཞབས་དྲུང་ཆོས་རྗེ་ངག་དབང་ཚེ་རིང་། 夏仲却吉 · 阿旺慈仁 ( ？ —1792) 撰述。

蒙古国乌兰巴托地区藏传佛教库伦寺印经院木刻版之刻印本。

普通藏纸，梵夹装中印本 (46.8 × 5.2cm)，楷体，墨色，横刊藏文六行，四周双栏，全。

索书号：000754/3。保存基本完好，今藏民族文化宫中国民族图书馆。

༄༅། །འདུལ་བའི་བསླབ་བྱའི་ཡན་ལག་ལམ་དུ་འགྲོ་བའི་ཚུལ་ཁྲིམས་བསྲུང་ཚུལ་ཞེས་བྱ་བ་བཞུགས་སོ། །

**戒律学处之支分入于道中戒律守护法**

1 种，4 页。

ཞབས་དྲུང་ཆོས་རྗེ་ངག་དབང་ཚེ་རིང་། 夏仲却吉・阿旺慈仁(？—1792)撰述。

蒙古国乌兰巴托地区藏传佛教库伦寺印经院木刻版之刻印本。

普通藏纸，梵夹装中印本(46.8×5.2cm)，楷体，墨色，横刊藏文六行，四周双栏，全。

索书号：000754/2。保存基本完好，今藏民族文化宫中国民族图书馆。

༄༅། །འདུལ་བའི་བསླབ་བྱའི་ཡན་ལག་གསོ་སྦྱོང་གི་གཞི་ནས་བྱུང་བའི་མཚམས་བཅད་པའི་ཆོ་གའི་རྣམ་བཞག་ཅེས་བྱ་བ་བཞུགས་སོ། །

**戒律学处之支分长净斋戒事中分段仪轨**

1种，10页。

ཞབས་དྲུང་ཆོས་རྗེ་ངག་དབང་ཚེ་རིང་། 夏仲却吉・阿旺慈仁(？—1792)撰述。

蒙古国乌兰巴托地区藏传佛教库伦寺印经院木刻版之刻印本。

普通藏纸，梵夹装中印本(46.8×5.2cm)，楷体，墨色，横刊藏文六行，四周双栏，全。

索书号：000753/14。保存基本完好，今藏民族文化宫中国民族图书馆。

༄༅། །འདུལ་འཛིན་རིན་པོ་ཆེས་མཛད་པའི་དགེ་སློང་གི་བསླབ་བྱ་ཆེན་མོའི་བརྗོད་དོན་གོ་དཀའ་བ་འགའ་ཞིག་བཀྲལ་བ་ཞེས་བྱ་བ་བཞུགས་སོ། །

**持律大宝师所著之比丘学处广论之一些语句难义释**

1种，9页。

ཨ་ཀྱཱ་ཡོངས་འཛིན་བློ་བཟང་དོན་གྲུབ། 阿迦雍增・洛桑顿珠(1774—？ )撰述。

青海省湟中县鲁沙尔地区塔尔寺(固奔乾巴林)印经院木刻版之刻印本。

普通藏纸，梵夹装中印本(47.9×6.3cm)，楷体，墨色，横刊藏文六行，四周双栏，全。

索书号：000935/21。保存基本完好，今藏民族文化宫中国民族图书馆。

༄༅། །འཕགས་པ་དཀོན་མཆོག་བརྩེགས་པའི་མདོ་ལས་འདུལ་བ་རྣམ་པར་གཏན་ལ་དབབ་པའི་ཉེ་བར་འཁོར་གྱིས་ཞུས་པ་ཞེས་བྱ་བའི་འགྲེལ་པ་རྒྱལ་སྲས་སྤྱོད་པའི་ངང་ཚུལ་གསལ་བའི་མེ་ལོང་ཞེས་བྱ་བ་བཞུགས་སོ། །

**圣宝积经中毗奈耶抉择优婆离所问品释・佛子行明镜**

1种，71页。

པཎ་ཆེན་ཨེར་ཏེ་ནི་བློ་བཟང་དཔལ་ལྡན་བསྟན་པའི་ཉི་མ། 班禅额尔德尼・洛桑白旦丹贝尼玛(1782—1853)撰述。

西藏自治区日喀则地区扎什伦布寺印经院木刻版之刻印本。

普通藏纸，梵夹装中印本(48.7×7cm)，楷体，墨色，横刊藏文六行，四周双栏，全。

索书号：003532/4。保存基本完好，今藏民族文化宫中国民族图书馆。

༄༅། །བོད་དུ་ཐོག་མར་འདུལ་བ་བྱུང་ཚུལ་སོགས་བཞུགས་སོ། །

**西藏戒律初传史**

1种，6页。

ཆ་ཧར་དགེ་བཤེས་བློ་བཟང་ཚུལ་ཁྲིམས། 恰哈尔格西・洛桑慈称(1740—1810)撰述。

北京地区藏传佛教皇家寺院印经院木刻版之刻印本。

普通纸，梵夹装中印本(48.6×6.7cm)，楷体，墨色，横刊藏文六行，四周双栏，全。

索书号：000736/3。保存基本完好，今藏民族文化宫中国民族图书馆。

༄༅། །སློབ་དཔོན་ཆེན་པོ་ཡོན་ཏན་འོད་ཀྱིས་མཛད་པའི་འདུལ་བ་མདོ་རྩའི་བསྡུས་དོན་ནོར་བུའི་དོ་ཤལ་ཞེས་བྱ་བ་བཞུགས་སོ། །

**大阿阇黎功德光所著律经根本摄义·摩尼璎珞**

1 种，32 页。

སྡེ་ཁྲི་འཇམ་དབྱངས་ཐུབ་བསྟན་ཉི་མ། 德赤·绛央图丹尼玛 (1779—1862) 撰述。

甘肃省甘南藏族自治州夏河县拉卜楞地区拉卜楞寺（拉章扎喜齐）印经院木刻版之刻印本。

普通藏纸，梵夹装中印本 (47.2×6.6cm)，楷体，墨色，横刊藏文六行，四周双栏，全。

索书号：000891/2。保存基本完好，今藏民族文化宫中国民族图书馆。

## ༧、བཅའ་ཡིག་གི་སྐོར།

## 7. 清规制约

༄༅། །ལྷང་ནག་བཀྲ་ཤིས་ཆོས་སྡིང་གི་བཅའ་ཡིག་ཅེས་བྱ་བ་བཞུགས་སོ། །

**朗纳扎喜却顶寺之清规制约**

1 种，2 页。

ས་སྐྱ་ཀུན་དགའ་བློ་གྲོས། 萨迦·衮噶洛哲 (1299—1327) 撰述。

西藏地区藏传佛教寺院印经院传抄之缮写本。

普通藏纸，梵夹装中印本（缩印本），草体，墨色，横刊藏文六行，四周双栏，全。

索书号：003231/22。保存基本完好，今藏民族文化宫中国民族图书馆。

༄༅། །གླིང་དགའ་བདེ་བ་ཅན་གྱི་ཆོས་གྲྭ་ཆེན་པོའི་བཅའ་ཡིག་ཅེས་བྱ་བ་བཞུགས་སོ། །

**林噶德哇坚寺之清规制约**

1 种，6 页。

ཨ་མེས་ངག་དབང་ཀུན་དགའ་བསོད་ནམས། 阿梅·阿旺衮噶索南 (1597—1660) 撰述。

西藏地区藏传佛教寺院印经院传抄之缮写本。

普通藏纸，梵夹装中印本（缩印本），草体，墨色，横刊藏文六行，四周双栏，全。

索书号：003220/168。保存基本完好，今藏民族文化宫中国民族图书馆。

༄༅། །དགའ་ལྡན་བསྟན་རྒྱས་གླིང་གི་སྒྲུབ་མཆོད་སྐོར་གྱི་བཅའ་བསྒྲིགས་འགྱུར་མེད་བཞི་ལྡན་ཞེས་བྱ་བ་བཞུགས་སོ། །

**噶旦丹吉林寺修供法类之清规制约·具四不变**

1 种，5 页。

ཆེ་ཤོས་ངག་དབང་བཤད་སྒྲུབ་བསྟན་པའི་ཉི་མ། 却西·阿旺协珠丹贝尼玛 (1787—1860) 撰述。

青海省湟中县鲁沙尔地区塔尔寺（固奔乾巴林）印经院木刻版之刻印本。

普通藏纸，梵夹装中印本（缩印本），楷体，墨色，横刊藏文六行，四周双栏，全。

索书号：003783/25。保存基本完好，今藏民族文化宫中国民族图书馆。

༄༅། །དགའ་ལྡན་བཤད་སྒྲུབ་འཕེལ་རྒྱས་གླིང་གི་བཅའ་ཡིག་སེམས་ཀྱི་གླང་སྨྱོན་འདུལ་བའི་ལྕགས་ཀྱུ་ཞེས་བྱ་བ་བཞུགས་སོ། །

**噶旦协珠培吉林寺之清规制约·调伏心中狂象之铁钩**

1 种，11 页。

པཎ་ཆེན་ཨེར་དེ་ནི་བློ་བཟང་ཐུབ་བསྟན་ཆོས་ཀྱི་ཉི་མ། 班禅额尔德尼 · 洛桑图丹却吉坚参 (1883—1937) 撰述。

西藏自治区日喀则地区扎什伦布寺印经院木刻版之刻印本。

普通藏纸，梵夹装中印本 (45×6.5cm)，楷体，墨色，横刊藏文六行，四周双栏，全。

索书号：003546/19。保存基本完好，今藏民族文化宫中国民族图书馆。

༄༅། །དགེ་ལྡན་བཤད་སྒྲུབ་བསྟན་པ་འཕེལ་རྒྱས་གླིང་གི་དགེ་འདུན་རྣམས་ལ་ཁྲིམས་སུ་བཅའ་བ་ཐུབ་བསྟན་ཐྲི་དོར་ཞེས་བྱ་བ་བཞུགས་སོ། །

**格旦协珠丹巴培吉林寺诸僧伽之清规制约 · 净洁佛教**

1 种，7 页。

ཆིངས་སུ་ཙུག་ཐུ་བློ་བཟང་ནོར་བུ་ཤེས་རབ། 庆苏祖图 · 洛桑诺布希饶 (1737—?) 撰述。

北京地区藏传佛教皇家寺院印经院木刻版之刻印本。

普通纸，梵夹装中印本 (38.2×6.1cm)，楷体，墨色，横刊藏文六行，四周双栏，全。

索书号：000831/25。保存基本完好，今藏民族文化宫中国民族图书馆。

༄༅། །དགེ་འཕེལ་གླིང་གི་བཅའ་ཡིག་གསེར་གྱི་མེ་ལོང་ཞེས་བྱ་བ་བཞུགས་སོ། །

**格培林寺之清规制约 · 黄金明镜**

1 种，20 页。

ཆེ་ཤོས་བློ་བཟང་བྱང་ཆུབ་བསྟན་པའི་སྒྲོན་མེ། 却西 · 洛桑强曲丹贝准美 (1861—1933) 撰述。

青海省湟中县鲁沙尔地区塔尔寺（固奔乾巴林）印经院木刻版之刻印本。

普通藏纸，梵夹装中印本（缩印本），楷体，墨色，横刊藏文六行，四周双栏，全。

索书号：003775/36。保存基本完好，今藏民族文化宫中国民族图书馆。

༄༅། །དགེ་འཕེལ་དགའ་ལྡན་ཆོས་མཛོད་གླིང་གི་ནང་ཚན་མཚན་ཉིད་གྲྭ་ཚང་མཁས་མང་ཐོས་བསམ་གླིང་གི་དགེ་འདུན་པ་རྣམས་ཀྱི་བླང་དོར་གཏན་ཚགས་ཀྱི་ཡི་གེ་ཐར་པའི་གྲོང་དུ་འཇུག་པའི་བདེ་ལམ་ཞེས་བྱ་བ་བཞུགས་སོ། །

**格培噶旦曲佐林寺法相僧院凯芒闻思院诸僧伽之制戒条文 · 入解脱之坦道**

1 种，18 页。

ལྕང་ལུང་པཎྜི་ཏ་ངག་དབང་བློ་བཟང་བསྟན་པའི་རྒྱལ་མཚན། 江隆班智达 · 阿旺洛桑丹贝坚参 (1770—1845) 撰述。

北京地区藏传佛教皇家寺院印经院木刻版之刻印本。

普通纸，梵夹装中印本 (39.5×5.9cm)，楷体，墨色，横刊藏文六行，四周双栏，全。

索书号：003709/7。保存基本完好，今藏民族文化宫中国民族图书馆。

༄༅། །དགེ་ཚུལ་ནས་སྡོམ་གསུམ་ལྡན་པའི་དགེ་སློང་བར་གྱིས་ཏེ་བར་བསྙེན་པའི་དགོན་སྡེ་རྣམས་ཀྱི་བསླབ་བྱའི་བཅའ་ཡིག་ལེགས་ཉེས་རང་ཞལ་སྣང་བའི་མེ་ལོང་ཞེས་བྱ་བ་བཞུགས་སོ། །

**从沙弥至具足三律比丘所依寺院中学处清规制约**

1 种，14 页。

ཞུ་ཆེན་ཚུལ་ཁྲིམས་རིན་ཆེན། 许钦 · 慈称仁钦 (1697—1774) 撰述。

四川省甘孜藏族自治州德格县德格地区德格寺印经院木刻版之刻印本。

普通藏纸，梵夹装中印本 (47.4×6.7cm)，楷体，墨色，横刊藏文六行，四周双栏，全。

索书号：000414/16。保存基本完好，

今藏民族文化宫中国民族图书馆。

༄༅། །དགོན་བསྟན་པ་དར་རྒྱས་གླིང་གི་བཅའ་ཡིག་འགྱུར་མེད་རྡོ་རྗེའི་སྲོག་ཤིང་ཞེས་བྱ་བ་བཞུགས་སོ། །

**丹巴达吉林寺之清规制约 · 不变金刚之中柱**

1 种，5 页。

པཎ་ཆེན་ཨེར་ཏེ་ནི་བློ་བཟང་ཐུབ་བསྟན་ཆོས་ཀྱི་ཉི་མ། 班禅额尔德尼 · 洛桑图丹却吉尼玛 (1883—1937) 撰述。

西藏自治区日喀则地区扎什伦布寺印经院木刻版之刻印本。

普通藏纸，梵夹装中印本 (45×6.5cm)，楷体，墨色，横刊藏文六行，四周双栏，全。

索书号：003546/28。保存基本完好，今藏民族文化宫中国民族图书馆。

༄༅། །དགོན་སྡེ་ཁག་གི་བཅའ་ཡིག་བསླབ་བྱའི་སྐོར་རྣམས་ཕྱོགས་གཅིག་ཏུ་བསྡེབས་པ་ཞེས་བྱ་བ་བཞུགས་སོ། །

**部分寺院志清规制约训诫类合编**

1 种，23 页。

པཎ་ཆེན་ཨེར་ཏེ་ནི་བློ་བཟང་ཐུབ་བསྟན་ཆོས་ཀྱི་ཉི་མ། 班禅额尔德尼 · 洛桑图丹却吉尼玛 (1883—1937) 撰述。

西藏自治区日喀则地区扎什伦布寺印经院木刻版之刻印本。

普通藏纸，梵夹装中印本 (45×6.5cm)，楷体，墨色，横刊藏文六行，四周双栏，全。

索书号：003533/10。保存基本完好，今藏民族文化宫中国民族图书馆。

༄༅། །དགོན་སྡེ་ཁག་གི་བཅའ་ཡིག་བསླབ་བྱའི་སྐོར་ཞེས་བྱ་བ་བཞུགས་སོ། །

**部分寺院之清规制约训诫类**

1 种，10 页。

པཎ་ཆེན་ཨེར་ཏེ་ནི་བློ་བཟང་ཐུབ་བསྟན་ཆོས་ཀྱི་ཉི་མ། 班禅额尔德尼 · 洛桑图丹却吉尼玛 (1883—1937) 撰述。

西藏自治区日喀则地区扎什伦布寺印经院木刻版之刻印本。

普通藏纸，梵夹装中印本 (45×6.5cm)，楷体，墨色，横刊藏文六行，四周双栏，全。

索书号：003528/10。保存基本完好，今藏民族文化宫中国民族图书馆。

༄༅། །དགོན་བསོད་ནམས་བཟང་པོ་གླིང་གི་བཅའ་ཡིག་བླང་དོར་རབ་གསལ་ཞེས་བྱ་བ་བཞུགས་སོ། །

**索南桑波寺之清规制约 · 阐明取舍**

1 种，4 页。

པཎ་ཆེན་ཨེར་ཏེ་ནི་བློ་བཟང་ཐུབ་བསྟན་ཆོས་ཀྱི་ཉི་མ། 班禅额尔德尼 · 洛桑图丹却吉尼玛 (1883—1937) 撰述。

西藏自治区日喀则地区扎什伦布寺印经院木刻版之刻印本。

普通藏纸，梵夹装中印本 (45×6.5cm)，楷体，墨色，横刊藏文六行，四周双栏，全。

索书号：003546/18。保存基本完好，今藏民族文化宫中国民族图书馆。

༄༅། །རྒྱུན་སྒྲོག་བཞི་གྲྭའི་བཅའ་ཡིག་ཅེས་བྱ་བ་བཞུགས་སོ། །

**常诵法四扎仓规约**

1 种，7 页。

ས་སྐྱ་ཀུན་དགའ་བློ་གྲོས། 萨迦 · 衮噶洛哲 (1299—1327) 撰述。

西藏地区藏传佛教寺院印经院传抄之缮写本。

普通藏纸，梵夹装中印本（缩印本），草体，墨色，横刊藏文六行，四周双栏，全。

索书号：003231/19。保存基本完好，

今藏民族文化宫中国民族图书馆。

༄༅། །སྨར་དགོན་བདེ་ཆེན་གླིང་གི་ཁྲིམས་སུ་བཅའ་བའི་ཡི་གེ་ཞེས་བྱ་བ་བཞུགས་སོ། །

**德钦林寺之清规制约**

1 种，3 页。

པཎ་ཆེན་ཨེར་ཏེ་ནི་བློ་བཟང་ཐུབ་བསྟན་ཆོས་ཀྱི་ཉི་མ། 班禅额尔德尼・洛桑图丹却吉尼玛 (1883—1937) 撰述。

西藏自治区日喀则地区扎什伦布寺印经院木刻版之刻印本。

普通藏纸，梵夹装中印本 (45×6.5cm)，楷体，墨色，横刊藏文六行，四周双栏，全。

索书号：003546/26。保存基本完好，今藏民族文化宫中国民族图书馆。

༄༅། །སྨར་ཐེའི་དགོན་གསར་དགའ་ལྡན་བཤད་སྒྲུབ་དར་རྒྱས་གླིང་གི་བཅའ་ཡིག་སྐལ་བཟང་འཇུག་ངོགས་ཞེས་བྱ་བ་བཞུགས་སོ། །

**噶德新寺噶旦协珠达吉林寺之清规制约・具缘津梁等清规制约**

1 种，36 页。

ཞྭ་དམར་དགེ་འདུན་བསྟན་འཛིན་རྒྱ་མཚོ། 夏玛尔・格登丹增嘉措 (1852—1912) 撰述。

甘肃省甘南藏族自治州夏河县拉卜楞地区拉卜楞寺 ( 拉章扎喜齐 ) 印经院木刻版之刻印本。

普通藏纸，梵夹装中印本 (45.8×6.4cm)，楷体，墨色，横刊藏文六行，四周双栏，全。

索书号：001253/5。保存基本完好，今藏民族文化宫中国民族图书馆。

༄༅། །སྒྲུབ་སྡེ་དགེ་རྒྱས་ཐེག་མཆོག་གླིང་གི་སྒྲོང་བ་པ་རྣམས་ཀྱི་ཉམས་བཞེས་ཁྲིམས་སུ་བཅའ་བའི་ཡི་གེ་ཛ་མཆར་བདུད་རྩིའི་དགའ་སྟོན་ཞེས་བྱ་བ་བཞུགས་སོ། །

**禅院格吉特却林寺诸僧伽修行之清规制约・稀有甘露喜宴**

1 种，21 页。

ཕ་བོང་ཁ་པ་བདེ་ཆེན་སྙིང་པོ། 帕邦喀巴・德钦宁波 (1878—1941) 撰述。

西藏地区藏传佛教格旦寺印经院木刻版之刻印本。

普通藏纸，梵夹装中印本 (49.1×5.9cm)，楷体，墨色，横刊藏文六行，四周双栏，全。

索书号：003290/15。保存基本完好，今藏民族文化宫中国民族图书馆。

༄༅། །སྒྲུབ་སྡེ་འགའ་ཞིག་གི་བཅའ་ཡིག་བྱང་གྲོལ་གསེར་ཟམ་ཞེས་བྱ་བ་བཞུགས་སོ། །

**部分修行寺院之清规制约・清净解脱之金桥**

1 种，15 页。

སུམ་པ་ཡེ་ཤེས་དཔལ་འབྱོར། 松巴・益希白觉 (1704—1788) 撰述。

内蒙古自治区呼和浩特地区曲果赛波寺印经院木刻版之刻印本。

普通藏纸，梵夹装中印本 (51.9×7.8cm)，楷体，墨色，横刊藏文六行，四周双栏，全。

索书号：001041/8。保存基本完好，今藏民族文化宫中国民族图书馆。

༄༅། །སྒྲུབ་སྡེ་ཆེན་པོ་དགའ་ལྡན་བསམ་གཏན་གླིང་གི་བཅའ་ཁྲིམས་ཀྱི་རིམ་པ་མདོར་ཙམ་བརྗོད་པ་ལེགས་ལམ་གསལ་བའི་སྒྲོན་མེ་ཞེས་བྱ་བ་བཞུགས་སོ། །

**噶旦萨丹林寺之清规制约次第略说・妙道显现明灯**

1 种，6 页。

ཨ་མཆོག་འཇམ་དབྱངས་མཁྱེན་རབ་རྒྱ་མཚོ། 阿却・绛央庆饶嘉措 (1849—1944) 撰述。

甘肃省甘南藏族自治州碌曲县郎木地区郎木寺印经院木刻版之刻印本。

普通藏纸，梵夹装中印本 (44.9×6.2cm)，楷体，墨色，横刊藏文六行，四周双栏，全。

索书号：000888/35。保存基本完好，今藏民族文化宫中国民族图书馆。

**༄༅། །བཅའ་ཡིག་གི་རིམ་པ་ཐར་བའི་ཐེམ་སྐས་ཞེས་བྱ་བ་བཞུགས་སོ། །**

**清规制约次第・解脱之阶梯**

1 种，22 页。

ཕུར་ལྕོག་ངག་དབང་བྱམས་པ། 普觉・阿旺强巴 (1682—1762) 撰述。

西藏地区藏传佛教寺院印经院木刻版之刻印本。

普通藏纸，梵夹装中印本 (49.6×6cm)，楷体，墨色，横刊藏文六行，四周双栏，全。

索书号：001007/14。保存基本完好，今藏民族文化宫中国民族图书馆。

**༄༅། །བཅའ་ཡིག་རྣམས་ཆབས་གཅིག་ཏུ་སྡེབས་པ་ཞེས་བྱ་བ་བཞུགས་སོ། །**

**部分清规制约合编**

1 种，17 页。

པཎ་ཆེན་ཨེར་ཏ་ནི་དཔལ་ལྡན་ཡེ་ཤེས། 班禅额尔德尼・白旦益希 (1738—1780) 撰述。

西藏自治区日喀则地区扎什伦布寺印经院木刻版之刻印本。

普通藏纸，梵夹装中印本 (49.1×6.8cm)，楷体，墨色，横刊藏文六行，四周双栏，全。

索书号：003517/17。保存基本完好，今藏民族文化宫中国民族图书馆。

**༄༅། །བཅའ་ཡིག་ཕན་བདེའི་འབྱུང་གནས་ཐར་བའི་སྒོ་འབྱེད་ཅེས་བྱ་བ་བཞུགས་སོ། །**

**清规制约・利乐生源开解脱门**

1 种，5 页。

རེབ་ཙ་བཀའ་འགྱུར་བ་ངག་དབང་བློ་བཟང་ཉི་མ། 热扎嘎局巴・阿旺洛桑尼玛 ( 生卒年不详 ) 撰述。

安多地区藏传佛教寺院印经院木刻版之刻印本。

普通藏纸，梵夹装中印本 (45.9×6.1cm)，楷体，墨色，横刊藏文六行，四周双栏，全。

索书号：001073/16。保存基本完好，今藏民族文化宫中国民族图书馆。

**༄༅། །ལྕག་ལུག་ཟླ་རོང་ཤུ་ཆུམ་ཧོག་ཧོར་ལེ་ཐུ་བཀྲ་ཤིས་ཆོས་འཁོར་གླིང་འདུས་སྡེར་བསྩལ་བའི་བཅའ་ཡིག་ཟུར་སྡེབ་ཅེས་བྱ་བ་བཞུགས་སོ། །**

**辛未年至西乌珠穆沁旗霍勒图扎喜曲科林寺总僧会之清规制约另编**

1 种，4 页。

པཎ་ཆེན་ཨེར་ཏ་ནི་བློ་བཟང་ཐུབ་བསྟན་ཆོས་ཀྱི་ཉི་མ། 班禅额尔德尼・洛桑图丹却吉尼玛 (1883—1937) 撰述。

西藏自治区日喀则地区扎什伦布寺印经院木刻版之刻印本。

普通藏纸，梵夹装中印本 (45×6.5cm)，楷体，墨色，横刊藏文六行，四周双栏，全。

索书号：003546/20。保存基本完好，今藏民族文化宫中国民族图书馆。

**༄༅། །ཆོས་སྡེ་བཀྲ་ཤིས་ཆོས་འཁོར་གླིང་གི་ཁྲིམས་སུ་བཅའ་བའི་ཡི་གེ་ཞེས་བྱ་བ་བཞུགས་སོ། །**

**扎喜曲科林寺之清规制约**

1 种，5 页。

པཎ་ཆེན་བླ་མ་བློ་བཟང་ཐུབ་བསྟན་ཆོས་ཀྱི་ཉི་མ། 班禅喇嘛・洛桑图丹曲吉尼玛 (1883—

1937) 撰述。

西藏自治区日喀则地区扎什伦布寺印经院木刻版之刻印本。

普通藏纸，梵夹装中印本 (45×6.5cm)，楷体，墨色，横刊藏文六行，四周双栏，全。

索书号：003546/23。保存基本完好，今藏民族文化宫中国民族图书馆。

༄༅། །རྗེ་བཙུན་བླ་མ་རིན་པོ་ཆེའི་གསུང་ལས་བེ་ཁྲེར་དགའ་ལྡན་ཐུབ་བསྟན་གླིང་གིས་ཁྲིམས་སུ་བཅའ་བའི་རིམ་པར་ཐར་བའི་ཐེམ་སྐས་ཞེས་བྱ་བ་བཞུགས་སོ། །

**至尊上师文集中贝且噶旦图丹林寺之清规制约次第·解脱阶梯**

1 种，9 页。

ཏཱ་ཚག་རྗེ་དྲུང་ཡེ་ཤེས་བསྟན་པའི་མགོན་པོ། 达扎济咙·益希丹贝贡波 (1760—1810) 撰述。

西藏地区藏传佛教寺院印经院传抄之缮写本。

普通藏纸，梵夹装中印本（缩印本），草体，墨色，横书藏文七行，四周双栏，全。

索书号：003801/15。保存基本完好，今藏民族文化宫中国民族图书馆。

༄༅། །སྟེང་སྐང་བཀྲ་ཤིས་ཐོས་བསམ་གླིང་གི་དགེ་འདུན་པ་རྣམས་ལ་ཁྲིམས་སུ་བཅའ་བ་ཐུབ་བསྟན་རྒྱས་བྱེད་ཅེས་བྱ་བ་བཞུགས་སོ། །

**顶岗扎喜推萨林寺诸僧伽之清规制约·宏扬能仁教**

1 种，3 页。

ཐེ་བོ་བློ་བཟང་བསམ་གཏན། 迭部·洛桑三丹 (1687—1749) 撰述。

甘肃省甘南藏族自治州迭部地区格旦强曲却培林寺印经院木刻版之刻印本。

普通藏纸，梵夹装中印本 (45.7×6cm)，楷体，墨色，横刊藏文六行，四周双栏，全。

索书号：000882/25。保存基本完好，今藏民族文化宫中国民族图书馆。

༄༅། །ཐར་བའི་དོན་དུ་གཉེར་བའི་རི་ཁྲོད་པ་རྣམས་ལ་ཁྲིམས་སུ་བཅའ་བ་སྐུ་གསུམ་གཞལ་མེད་ཁང་དུ་འཛེགས་པའི་བཻཌཱུརྱའི་ཐེམ་སྐས་ཞེས་བྱ་བ་བཞུགས་སོ། །

**向求解脱诸山人制定法规·登三身无量宫琉璃梯**

1 种，6 页。

པཎ་ཆེན་ཨེར་ཏེ་ནི་བློ་བཟང་ཆོས་ཀྱི་རྒྱལ་མཚན། 班禅额尔德尼·洛桑却吉坚参 (1567—1662) 撰述。

西藏自治区日喀则地区扎什伦布寺印经院木刻版之刻印本。

普通藏纸，梵夹装中印本 (49.4×6.5cm)，楷体，墨色，横刊藏文六行，四周双栏，全。

索书号：000788/11。保存基本完好，今藏民族文化宫中国民族图书馆。

༄༅། །དུར་བེ་ཐུ་དགོན་ཐུབ་བསྟན་དར་རྒྱས་གླིང་གི་བཅའ་ཡིག་དོན་གཉིས་ནོར་བུའི་བང་མཛོད་ཅེས་བྱ་བ་བཞུགས་སོ། །

**杜尔伯特图图丹达吉林寺之清规制约·二利宝库**

1 种，7 页。

པཎ་ཆེན་ཨེར་ཏེ་ནི་བློ་བཟང་ཐུབ་བསྟན་ཆོས་ཀྱི་ཉི་མ། 班禅额尔德尼·洛桑图丹却吉尼玛 (1883—1937) 撰述。

西藏自治区日喀则地区扎什伦布寺印经院木刻版之刻印本。

普通藏纸，梵夹装中印本 (45×6.5cm)，楷体，墨色，横刊藏文六行，四周双栏，全。

索书号：003546/27。保存基本完好，

今藏民族文化宫中国民族图书馆。

༄༅། །དུས་འཁོར་ཆོ་ག་བྲི་བ་རྣམས་ཀྱི་བཅའ་ཡིག་གི་བཀོད་པ་མདོར་བསྡུས་ཞེས་བྱ་བ་བཞུགས་སོ། །

**诸书写时轮仪轨之清规制约略释**

1 种，5 页。

སེང་ཆེན་བློ་བཟང་བསྟན་འཛིན་དཔལ་འབྱོར། 桑钦 · 洛桑丹增班觉 (1784—1843) 撰述。

西藏自治区拉萨地区孜雪印经院木刻版之刻印本。

普通藏纸，梵夹装中印本 ( 缩印本 )，楷体，墨色，横刊藏文六行，四周双栏，全。

索书号：003818/11。保存基本完好，今藏民族文化宫中国民族图书馆。

༄༅། །གདན་ས་ཆེན་པོའི་བྱ་བ་ལས་ཀྱི་སྡེ་མོར་མངགས་པ་རྣམས་ཀྱི་བཅའ་ཡིག་ཅེས་བྱ་བ་བཞུགས་སོ། །

**萨迦大寺执事头领之规约**

1 种，19 页。

ས་སྐྱ་ཀུན་དགའ་བློ་གྲོས། 萨迦 · 衮噶洛哲 (1299—1327) 撰述。

西藏地区藏传佛教寺院印经院传抄之缮写本。

普通藏纸，梵夹装中印本 ( 缩印本 )，草体，墨色，横书藏文七行，四周双栏，全。

索书号：003231/9。保存基本完好，今藏民族文化宫中国民族图书馆。

༄༅། །མདོ་ཁམས་སྨར་ཁམས་སྒང་གི་ཚར་གཏོགས་རྒྱ་སྡེ་སྙིང་ཐུབ་བསྟན་དར་རྒྱས་གླིང་གི་བཅའ་ཁྲིམས་སྙིང་པོར་དྲིལ་བའི་གཏམ་ཕན་བདེའི་ས་བོན་ཞེས་བྱ་བ་བཞུགས་སོ། །

**多康玛康岗所属嘉勒顶之图丹达吉林寺清规制约精要 · 利乐种子**

1 种，6 页。

འཇམ་དབྱངས་མཁྱེན་བརྩེ་དབང་པོ། 绛央庆孜旺波 (1820—1892) 撰述。

多康地区藏传佛教图丹达吉林寺印经院木刻版之刻印本。

普通藏纸，梵夹装短印本 ( 复印本 )，楷体，墨色，横刊藏文六行，四周双栏，全。

索书号：006323/6。保存基本完好，今藏民族文化宫中国民族图书馆。

༄༅། །མདོ་སྨད་ལུམྦིའི་དགའ་ཚལ་གཉིས་པ་ཆོས་སྡེ་ཆེན་པོ་སྐུ་འབུམ་བྱམས་པ་གླིང་དགེ་འདུན་རྣམས་ཀྱི་བླང་དོར་ཁྲིམས་སུ་བཅའ་བའི་རིམ་པ་སོགས་བོད་དང་བོད་ཆེན་པོའི་ཆོས་སྡེ་ཁག་ལ་བསྩལ་བའི་བཅའ་ཡིག་གི་རིམ་པ་ཕྱོགས་གཅིག་ཏུ་བཀོད་པ་འདུལ་བ་འབུམ་སྡེའི་དགོངས་དོན་རྣམ་པར་བཀྲ་བའི་དྭངས་ཤེལ་མེ་ལོང་ཞེས་བྱ་བ་བཞུགས་སོ། །

**多麦第二蓝毗乐园固奔 ( 塔尔寺 ) 诸僧伽之取舍戒规制约次第等与赐颁藏与大藏区寺院之清规制约次第合编 · 毗奈耶十万颂密义之光辉灿烂水晶明镜**

1 种，134 页。

ཏཱ་ལའི་བླ་མ་ཐུབ་བསྟན་རྒྱ་མཚོ། 达赖喇嘛 · 图丹嘉措 (1876—1933) 撰述。

西藏自治区拉萨地区孜雪印经院木刻版之刻印本。

普通藏纸，梵夹装中印本 (49.5×7.3cm)，楷体，墨色，横刊藏文六行，四周双栏，全。

索书号：000725/5。保存基本完好，今藏民族文化宫中国民族图书馆。

༄༅། །འདི་གའི་དུས་འཁོར་བ་རྣམས་ཀྱི་བཅའ་ཡིག་ཟུར་སྦེབ་རིགས་ལྡན་ཞལ་ལུང་ཞེས་བྱ་བ་བཞུགས་སོ། །

**诸时轮学仁之清规制约另编 · 具种口传**

1 种，4 页。

པཎ་ཆེན་ཨེར་ཏེ་ནི་བློ་བཟང་ཐུབ་བསྟན་ཆོས་ཀྱི་ཉི་མ། 班禅额尔德尼・洛桑图丹却吉尼玛 (1883—1937) 撰述。

西藏自治区日喀则地区扎什伦布寺印经院木刻版之刻印本。

普通藏纸，梵夹装中印本 (45×6.5cm)，楷体，墨色，横刊藏文六行，四周双栏，全。

索书号：003546/15。保存基本完好，今藏民族文化宫中国民族图书馆。

༄༅། །དཔལ་ངམ་རིང་ཆོས་སྡེའི་སྔགས་ཁང་བདེ་ཆེན་ལྷུན་གྲུབ་རབ་བརྟན་གླིང་ཞེས་ཡོངས་སུ་གྲགས་པའི་དགེ་འདུན་རིག་པ་འཛིན་པ་རྣམས་ཀྱི་ཁྲིམས་སུ་བཅའ་བའི་ཡི་གེ་ཞེས་བྱ་བ་བཞུགས་སོ། །

**昂仁密殿德钦伦珠饶丹林寺全体僧伽持明诸人之清规制约**

1 种，7 页。

པཎ་ཆེན་ཨེར་ཏེ་ནི་བློ་བཟང་ཐུབ་བསྟན་ཆོས་ཀྱི་ཉི་མ། 班禅额尔德尼・洛桑图丹却吉尼玛 (1883—1937) 撰述。

西藏自治区日喀则地区扎什伦布寺印经院木刻版之刻印本。

普通藏纸，梵夹装中印本 (45×6.5cm)，楷体，墨色，横刊藏文六行，四周双栏，全。

索书号：003546/6。保存基本完好，今藏民族文化宫中国民族图书馆。

༄༅། །དཔལ་ལྡན་ས་སྐྱའི་གདན་ས་དགེ་སྡིང་འདྲ་འདྲི་ཆོས་རྫོང་བཀྲ་ཤིས་བསམ་འགྲུབ་ཀྱི་ཆོས་སྡེ་བསྟན་པའི་ལྷུན་པོའི་བཅའ་ཡིག་བསམ་དོན་ཀུན་འགྲུབ་ཅེས་བྱ་བ་བཞུགས་སོ། །

**具德萨迦格顶扎智却宗扎喜萨珠寺清规制约・心意普遂**

1 种，10 页。

ཨ་མེས་ངག་དབང་ཀུན་དགའ་བསོད་ནམས། 阿梅・阿旺衮噶索南 (1597—1660) 撰述。

西藏地区藏传佛教寺院印经院传抄之缮写本。

普通藏纸，梵夹装中印本 ( 缩印本 )，草体，墨色，横书藏文七行，四周双栏，全。

索书号：003227/19。保存基本完好，今藏民族文化宫中国民族图书馆。

༄༅། །དཔལ་རྩེ་གདོང་ཆོས་སྡེ་གསང་ཆེན་སྨྲ་བའི་གླིང་གི་བཅའ་ཡིག་གི་བསླབ་བྱའི་གནང་བཀག་གསལ་བར་སྟོན་པ་ས་སྟེང་པདྨོ་རྒྱས་པའི་ཉི་འོད་ཕྲིན་ལས་མཁའ་ཁྱབ་ཅེས་བྱ་བ་བཞུགས་སོ། །

**孜东寺桑钦玛哇林寺之清规制约・开示遮持学处莲花盛开之丽日・事业普被**

1 种，18 页。

ས་སྐྱ་ཀུན་དགའ་བློ་གྲོས། 萨迦・衮噶洛哲 (1299—1327) 撰述。

西藏地区藏传佛教寺院印经院传抄之缮写本。

普通藏纸，梵夹装中印本 ( 缩印本 )，草体，墨色，横书藏文七行，四周双栏，全。

索书号：003231/16。保存基本完好，今藏民族文化宫中国民族图书馆。

༄༅། །ཕན་པ་དང་བདེ་བ་མ་ལུས་པ་འབྱུང་བའི་གནས་དམ་པའི་ཆོས་གྲྭ་ཆེན་པོ་དགའ་ལྡན་བདེ་ཆེན་རབ་རྒྱས་གླིང་གི་བཅའ་ཡིག་ཟླ་བའི་ཆུ་རྒྱུན་ཞེས་བྱ་བ་བཞུགས་སོ། །

**一切利乐生源之噶旦德钦饶吉林正法大寺之清规制约・月光长流**

1 种，9 页。

པཎ་ཆེན་ཨེར་ཏེ་ནི་བློ་བཟང་དཔལ་ལྡན་ཡེ་ཤེས། 班禅额尔德尼・洛桑白旦益希 (1738—1780) 撰述。

西藏自治区日喀则地区扎什伦布寺印经院木刻版之刻印本。

普通藏纸，梵夹装中印本 (49.1×6.8cm)，楷体，墨色，横刊藏文六行，四周双栏，全。

索书号：000674/3。保存基本完好，今藏民族文化宫中国民族图书馆。

༄༅། །བ་ཡན་སྣར་དགོན་གྱི་ཁྲིམས་སུ་བཅའ་བའི་ཡི་གེ་ཞེས་བྱ་བ་བཞུགས་སོ། །

**巴延新寺之清规制约**

1 种，4 页。

པཎ་ཆེན་ཨེར་དེ་ནི་བློ་བཟང་ཐུབ་བསྟན་ཆོས་ཀྱི་ཉི་མ། 班禅额尔德尼·洛桑图丹却吉尼玛 (1883—1937) 撰述。

西藏自治区日喀则地区扎什伦布寺印经院木刻版之刻印本。

普通藏纸，梵夹装中印本 (45×6.5cm)，楷体，墨色，横刊藏文六行，四周双栏，全。

索书号：003546/21。保存基本完好，今藏民族文化宫中国民族图书馆。

༄༅། །བེ་ཁྲི་དགའ་ལྡན་ཕན་བདེ་ལེགས་བཤད་གླིང་གི་ཁྲིམས་སུ་བཅའ་བའི་རིམ་པ་ཐར་བའི་ཐེམ་སྐས་ཞེས་བྱ་བ་བཞུགས་སོ། །

**贝齐噶旦盼德勒协林寺之清规制约次第·解脱阶梯**

1 种，17 页。

རྟ་ཚག་རྗེ་དྲུང་ཡེ་ཤེས་བསྟན་པའི་མགོན་པོ། 达扎济咙·益希丹贝贡波 (1760—1810) 撰述。

西藏地区藏传佛教寺院印经院木刻版之刻印本。

普通藏纸，梵夹装中印本（缩印本），楷体，墨色，横刊藏文六行，四周双栏，全。

索书号：003797/14。保存基本完好，今藏民族文化宫中国民族图书馆。

༄༅། །བྲག་མགོ་དགོན་དགའ་ལྡན་རབ་བརྟན་རྣམ་པར་རྒྱལ་བའི་གླིང་གི་སྤང་བླང་ཀུན་སྤྱོད་ཇི་ལྟར་བྱ་ཚུལ་གྱི་བཅའ་ཡིག་ཅེས་བྱ་བ་བཞུགས་སོ། །

**炉霍扎贡寺噶旦饶丹南杰林之取舍净行之清规制约**

1 种，4 页。

པཎ་ཆེན་ཨེར་དེ་ནི་བློ་བཟང་ཐུབ་བསྟན་ཆོས་ཀྱི་ཉི་མ། 班禅额尔德尼·洛桑图丹却吉尼玛 (1883—1937) 撰述。

西藏自治区日喀则地区扎什伦布寺印经院木刻版之刻印本。

普通藏纸，梵夹装中印本 (45×6.5cm)，楷体，墨色，横刊藏文六行，四周双栏，全。

索书号：003546/24。保存基本完好，今藏民族文化宫中国民族图书馆。

༄༅། །དབུས་གཙང་ཀུན་བདེ་ཆོས་འཁོར་གླིང་གི་བཅའ་ཡིག་གི་ཟིན་བྲིས་ཞེས་བྱ་བ་བཞུགས་སོ། །

**卫藏功德曲科林寺之清规制约笔录**

1 种，19 页。

རྟ་ཚག་ཡེ་ཤེས་བསྟན་པའི་མགོན་པོ། 达扎济咙·益希丹贝贡波 (1760—1810) 撰述。

西藏地区藏传佛教寺院印经院木刻版之刻印本。

普通藏纸，梵夹装中印本（缩印本），楷体，墨色，横刊藏文六行，四周双栏，全。

索书号：003797/13。保存基本完好，今藏民族文化宫中国民族图书馆。

༄༅། །དཔེན་གནས་དཀར་ཆེན་བྱམས་པ་གླིང་གི་བཅའ་ཡིག་བླང་དོར་ཀུན་གསལ་ཞེས་བྱ་བ་བཞུགས་སོ། །

**嘎钦绛巴林寺之清规制约·普明取舍**

1 种，8 页。

ཨ་མཆོག་འཇམ་དབྱངས་མཁྱེན་རབ་རྒྱ་མཚོ། 阿却·绛央庆饶嘉措 (1849—1944) 撰述。

甘肃省甘南藏族自治州碌曲县郎木地区郎木寺印经院木刻版之刻印本。

普通藏纸，梵夹装中印本(44.9×6.2cm)，楷体，墨色，横刊藏文六行，四周双栏，全。

索书号：000888/34。保存基本完好，今藏民族文化宫中国民族图书馆。

༄༅། །དབེན་གནས་བདེ་ཆེན་ཆོས་གླིང་གི་བསམ་གཏན་པ་རྣམས་ཀྱི་བཅའ་ཁྲིམས་བསྟན་པའི་པད་ཚལ་རྒྱས་པའི་ཉིན་བྱེད་སོགས་བཅའ་ཡིག་ཕྱོགས་གཅིག་ཏུ་བཀོད་པ་ཞེས་བྱ་བ་བཞུགས་སོ། །

**德钦曲林寺禅师之戒规·佛教莲花盛开之丽日等清规制约次第汇编**

1种，21页。

ཐུའུ་བཀྭན་བློ་བཟང་ཆོས་ཀྱི་ཉི་མ། 土观·洛桑曲吉尼玛(1737—1820)撰述。

北京地区藏传佛教皇家寺院印经院木刻版之刻印本。

普通纸，梵夹装中印本(48.5×6.5cm)，楷体，墨色，横刊藏文六行，四周双栏，全。

索书号：003636/19。保存基本完好，今藏民族文化宫中国民族图书馆。

༄༅། །ཝེན་དུར་དེ་ལིའི་ཧུ་རལ་གྱི་བཅའ་བསྒྲིགས་ཞེས་བྱ་བ་བཞུགས་སོ། །

**文杜第勒呼惹寺之清规制约**

1种，4页。

ཆེ་ཤོས་ངག་དབང་བཤད་སྒྲུབ་བསྟན་པའི་ཉི་མ། 却西·阿旺协珠丹贝尼玛(1787—1860)撰述。

青海省湟中县鲁沙尔地区塔尔寺(固奔乾巴林)印经院木刻版之刻印本。

普通藏纸，梵夹装中印本(缩微胶片)，楷体，墨色，横刊藏文六行，四周双栏，全。

索书号：003783/22。保存基本完好，今藏民族文化宫中国民族图书馆。

༄༅། །ཡ་ག་ཆོས་སྡིངས་པའི་བཅའ་ཡིག་ཅེས་བྱ་བ་བཞུགས་སོ། །

**雅噶曲顶寺之清规制约**

1种，5页。

པཎ་ཆེན་ཨེར་དེ་ནི་བློ་བཟང་ཐུབ་བསྟན་ཆོས་ཀྱི་ཉི་མ། 班禅额尔德尼·洛桑图丹却吉尼玛(1883—1937)撰述。

西藏自治区日喀则地区扎什伦布寺印经院木刻版之刻印本。

普通藏纸，梵夹装中印本(45×6.5cm)，楷体，墨色，横刊藏文六行，四周双栏，全。

索书号：003546/17。保存基本完好，今藏民族文化宫中国民族图书馆。

༄༅། །རབ་རྒྱས་ཀུན་དགའ་གླིང་པའི་བཅའ་ཡིག་སོགས་ཞེས་བྱ་བ་བཞུགས་སོ། །

**饶吉衮噶林寺之清规制约**

1种，13页。

ཞྭ་དམར་དཀོན་མཆོག་ཡན་ལག 夏玛·恭却延拉(1525—1583)撰述。

西藏地区藏传佛教寺院印经院传抄之缮写本。

普通藏纸，梵夹装中印本(缩印本)，草体，墨色，横书藏文七行，四周双栏，全。

索书号：003273/14。保存基本完好，今藏民族文化宫中国民族图书馆。

༄༅། །ལྷ་མོ་བདེ་ཆེན་ཆོས་འཁོར་གླིང་གི་རྒྱུད་པ་གྲྭ་ཚང་གི་བཅའ་ཁྲིམས་ཀྱི་ཡི་གེ་དྲང་པོའི་གཏམ་གྱི་ཚངས་ཐིག་ཅེས་བྱ་བ་བཞུགས་སོ། །

**拉莫德钦曲科林寺密宗僧院之清规制约·正直语之梵线**

1种，8页。

བླ་ཀོ་འཇིགས་མེད་འཕྲིན་ལས་རྒྱ་མཚོ། 拉科·吉迈成勒嘉措 (1866—1947) 撰述。

甘肃省甘南藏族自治州夏河县拉卜楞地区拉卜楞寺 ( 拉章扎喜齐 ) 印经院木刻版之刻印本。

普通藏纸，梵夹装中印本 (46.7×6.2cm)，楷体，墨色，横刊藏文六行，四周双栏，全。

索书号：001001/6。保存基本完好，今藏民族文化宫中国民族图书馆。

༄༅། །ལམ་རིམ་གྲྭ་ཚང་གི་ཁྲིམས་སུ་བཅའ་བའི་ཡི་གེ་ཞེས་བྱ་བ་བཞུགས་སོ། །

**菩提道次第僧院之清规制约**

1 种，11 页。

ཆེ་ཤོས་ངག་དབང་བཤད་སྒྲུབ་བསྟན་པའི་ཉི་མ། 却西·阿旺协珠丹贝尼玛 (1787—1860) 撰述。

青海省湟中县鲁沙尔地区塔尔寺 ( 固奔乾巴林 ) 印经院木刻版之刻印本。

普通藏纸，梵夹装中印本 ( 缩印本 )，楷体，墨色，横刊藏文六行，四周双栏，全。

索书号：003783/23。保存基本完好，今藏民族文化宫中国民族图书馆。

༄༅། །ལམ་རིམ་གྲྭ་ཚང་གི་རྩོད་གྲྭའི་འགྲིགས་ཡིག་ཅེས་བྱ་བ་བཞུགས་སོ། །

**道次第僧院辩论院之制约**

1 种，2 页。

དཔལ་མང་པཎྜི་ཏ་དཀོན་མཆོག་རྒྱལ་མཚན། 阿芒班智达·恭却坚参 (1764—1853) 撰述。

甘肃省甘南藏族自治州夏河县拉卜楞地区拉卜楞寺 ( 拉章扎喜齐 ) 印经院木刻版之刻印本。

普通藏纸，梵夹装中印本 (48×6.5cm)，楷体，墨色，横刊藏文六行，四周双栏，全。

索书号：000825/10。保存基本完好，今藏民族文化宫中国民族图书馆。

༄༅། །ས་པག་རྒྱུད་གྲྭའི་བཅའ་ཡིག་གི་བཤད་པའི་ཟིན་བྲིས་ཞེས་བྱ་བ་བཞུགས་སོ། །

**己亥密宗院清规制约解说记录**

1 种，7 页。

སེང་ཆེན་བློ་བཟང་བསྟན་འཛིན་དཔལ་འབྱོར། 桑钦·洛桑丹增班觉 (1784—1843) 撰述。

西藏自治区拉萨地区孜雪印经院木刻版之刻印本。

普通藏纸，梵夹装中印本 ( 缩微胶片 )，楷体，墨色，横刊藏文六行，四周双栏，全。

索书号：003818/12。保存基本完好，今藏民族文化宫中国民族图书馆。

༄༅། །སྲུ་ཉིད་བཀྲ་ཤིས་རབ་རྒྱས་གླིང་གི་མཚན་ཉིད་གྲྭ་ཚང་བཤད་སྒྲུབ་ཐོས་བསམ་གླིང་གི་བཅའ་ཡིག་རབ་གསལ་དངུལ་དཀར་མེ་ལོང་ཞེས་བྱ་བ་བཞུགས་སོ། །

**苏聂扎喜饶吉林寺法相院修闻思洲之清规制约明解·白银明镜**

1 种，10 页。

ཆེ་ཤོས་ངག་དབང་བཤད་སྒྲུབ་བསྟན་པའི་ཉི་མ 却西·阿旺协珠丹贝尼玛 (1787—1860) 撰述。

青海省湟中县鲁沙尔地区塔尔寺 ( 固奔乾巴林 ) 印经院木刻版之刻印本。

普通藏纸，梵夹装中印本 ( 缩印本 )，楷体，墨色，横刊藏文六行，四周双栏，全。

索书号：003783/24。保存基本完好，今藏民族文化宫中国民族图书馆。

༄༅། །སེར་སྨད་ཐོས་བསམ་ནོར་བུའི་གླིང་གི་བཅའ་ཡིག་ཐར་ལམ་གསལ་བར་བྱེད་པའི་ཉི་མ་ཞེས་བྱ་བ་བཞུགས་སོ། །

**色拉寺下院推萨诺布林寺之清规制约·能显解脱道之日光**

1种，12页。

ཏཱ་ལའི་བླ་མ་འཇམ་དཔལ་རྒྱ་མཚོ། 达赖喇嘛·绛白嘉措(1758—1804)撰述。

西藏自治区拉萨地区孜雪印经院木刻版之刻印本。

普通藏纸，梵夹装中印本(49.5×7.3cm)，楷体，墨色，横刊藏文六行，四周双栏，全。

索书号：001017/14。保存基本完好，今藏民族文化宫中国民族图书馆。

༄༅། །བསམ་ཡས་ལྕོགས་གྲྭའི་བཅའ་ཡིག་ཅེས་བྱ་བ་བཞུགས་སོ། །

**桑耶寺觉扎之清规制约**

1种，7页。

ས་སྐྱ་ཀུན་དགའ་བློ་གྲོས། 萨迦·衮噶洛哲(1299—1327)撰述。

西藏地区藏传佛教寺院印经院传抄之缮写本。

普通藏纸，梵夹装中印本(缩印本)，草体，墨色，横书藏文七行，四周双栏，全。

索书号：003231/17。保存基本完好，今藏民族文化宫中国民族图书馆。

༄༅། །བསླབ་བྱ་སྤྱི་དང་དགོན་སྡེ་ཁག་གི་བཅའ་ཡིག་སོགས་ཀྱི་སྐོར་ཞེས་བྱ་བ་བཞུགས་སོ། །

**总学处与寺院之清规制约等类**

1种，24页。

པན་ཆེན་ཨེར་ཏེ་ནི་བློ་བཟང་དཔལ་ལྡན་ཡེ་ཤེས། 班禅额尔德尼·洛桑白旦益希(1738—1780)撰述。

西藏自治区日喀则地区扎什伦布寺印经院木刻版之刻印本。

普通藏纸，梵夹装中印本(49.1×6.8cm)，楷体，墨色，横刊藏文六行，四周双栏，全。

索书号：000669/9。保存基本完好，今藏民族文化宫中国民族图书馆。

༄༅། །ཨུ་ཛུར་ནོག་བློ་ལྡན་ཕུན་ཚོགས་གླིང་གི་དུས་འཁོར་གྲྭ་ཚང་གི་བཅའ་ཡིག་བདེ་ཆེན་པད་དཀར་བཞད་པའི་ཉིན་བྱེད་ཅེས་བྱ་བ་བཞུགས་སོ། །

**额多尔旗洛旦彭措林寺时轮僧院之清规制约·大乐白莲花喜开之日光**

1种，6页。

པཎ་ཆེན་ཨེར་ཏེ་ནི་བློ་བཟང་ཐུབ་བསྟན་ཆོས་ཀྱི་ཉི་མ། 班禅额尔德尼·洛桑图丹却吉尼玛(1883—1937)撰述。

西藏自治区日喀则地区扎什伦布寺印经院木刻版之刻印本。

普通藏纸，梵夹装中印本(45×6.5cm)，楷体，墨色，横刊藏文六行，四周双栏，全。

索书号：003546/25。保存基本完好，今藏民族文化宫中国民族图书馆。

## ༨、གྲུབ་མཐའི་སྐོར།
## 8. 宗派

༄༅། །གྲུབ་མཐའ་ཐམས་ཅད་ཀྱི་ཁུངས་དང་འདོད་ཚུལ་སྟོན་པ་ལེགས་བཤད་ཤེལ་གྱི་མེ་ལོང་ལས་བཀའ་བརྒྱུད་པའི་གྲུབ་མཐའ་བྱུང་ཚུལ་ཞེས་བྱ་བ་བཞུགས་སོ། །

**善说诸宗源流及教义晶镜史·噶举派源流**

1种，25页。

ཐུའུ་བཀྭན་བློ་བཟང་ཆོས་ཀྱི་ཉི་མ། 土观·洛

桑曲吉尼玛 (1737—1802) 撰述。

青海省互助县五十地区佑宁寺（郭隆乾巴林）印经院木刻版之刻印本。

普通藏纸，梵夹装中印本 (48.5×6.5cm)，楷体，墨色，横刊藏文六行，四周双栏，全。

索书号：003636/5。保存基本完好，今藏民族文化宫中国民族图书馆。

༄༅། །གྲུབ་མཐའ་ཐམས་ཅད་ཀྱི་ཁུངས་དང་འདོད་ཚུལ་སྟོན་པ་ལེགས་བཤད་ཤེལ་གྱི་མེ་ལོང་ལས་བཀའ་གདམས་པའི་གྲུབ་མཐའ་བྱུང་ཚུལ་ཞེས་བྱ་བ་བཞུགས་སོ། །

**善说诸宗源流及教义晶镜史·噶当派源流**

1 种，25 页。

ཐུའུ་བཀྭན་བློ་བཟང་ཆོས་ཀྱི་ཉི་མ། 土观·洛桑曲吉尼玛 (1737—1802) 撰述。

青海省互助县五十地区佑宁寺（郭隆乾巴林）印经院木刻版之刻印本。

普通藏纸，梵夹装中印本 (48.5×6.5cm)，楷体，墨色，横刊藏文六行，四周双栏，全。

索书号：003636/4。保存基本完好，今藏民族文化宫中国民族图书馆。

༄༅། །གྲུབ་མཐའ་ཐམས་ཅད་ཀྱི་ཁུངས་དང་འདོད་ཚུལ་སྟོན་པ་ལེགས་བཤད་ཤེལ་གྱི་མེ་ལོང་ལས་དགེ་ལྡན་པའི་གྲུབ་མཐའ་བྱུང་ཚུལ་ཞེས་བྱ་བ་བཞུགས་སོ། །

**善说诸宗源流及教义晶镜史·格旦派源流**

1 种，25 页。

ཐུའུ་བཀྭན་བློ་བཟང་ཆོས་ཀྱི་ཉི་མ། 土观·洛桑曲吉尼玛 (1737—1802) 撰述。

青海省互助县五十地区佑宁寺（郭隆乾巴林）印经院木刻版之刻印本。

普通藏纸，梵夹装中印本 (48.5×6.5cm)，楷体，墨色，横刊藏文六行，四周双栏，全。

索书号：003636/9。保存基本完好，今藏民族文化宫中国民族图书馆。

༄༅། །གྲུབ་མཐའ་ཐམས་ཅད་ཀྱི་ཁུངས་དང་འདོད་ཚུལ་སྟོན་པ་ལེགས་བཤད་ཤེལ་གྱི་མེ་ལོང་ལས་རྒྱ་གར་འཕགས་པའི་ཡུལ་དུ་ཕྱི་ནང་གི་གྲུབ་མཐའ་བྱུང་ཚུལ་ཞེས་བྱ་བ་བཞུགས་སོ། །

**善说诸宗源流及教义晶镜史·印度圣城内宗派源流**

1 种，25 页。

ཐུའུ་བཀྭན་བློ་བཟང་ཆོས་ཀྱི་ཉི་མ། 土观·洛桑曲吉尼玛 (1737—1802) 撰述。

青海省互助县五十地区佑宁寺（郭隆乾巴林）印经院木刻版之刻印本。

普通藏纸，梵夹装中印本 (48.5×6.5cm)，楷体，墨色，横刊藏文六行，四周双栏，全。

索书号：003636/2。保存基本完好，今藏民族文化宫中国民族图书馆。

༄༅། །གྲུབ་མཐའ་ཐམས་ཅད་ཀྱི་ཁུངས་དང་འདོད་ཚུལ་སྟོན་པ་ལེགས་བཤད་ཤེལ་གྱི་མེ་ལོང་ལས་རྒྱ་ནག་གི་ཡུལ་དུ་ནང་པ་སངས་རྒྱས་པའི་ཆོས་ལུགས་བྱུང་ཚུལ་ཞེས་བྱ་བ་བཞུགས་སོ། །

**善说诸宗源流及教义晶镜史·汉地佛教源流**

1 种，16 页。

ཐུའུ་བཀྭན་བློ་བཟང་ཆོས་ཀྱི་ཉི་མ། 土观·洛桑曲吉尼玛 (1737—1802) 撰述。

青海省互助县五十地区佑宁寺（郭隆乾巴林）印经院木刻版之刻印本。

普通藏纸，梵夹装中印本 (48.5×6.5cm)，楷体，墨色，横刊藏文六行，四周双栏，全。

索书号：003636/12。保存基本完好，今藏民族文化宫中国民族图书馆。

༄༅། །གྲུབ་མཐའ་ཐམས་ཅད་ཀྱི་ཁུངས་དང་འདོད་ཚུལ་སྟོན་པ་ལེགས་བཤད་ཤེལ་གྱི་མེ་ལོང་ལས་ཇོ་ནང་པའི་གྲུབ་མཐའ་བྱུང་ཚུལ་ཞེས་བྱ་བ་བཞུགས་སོ། །

**善说诸宗源流及教义晶镜史·觉囊派源流**

1种，13页。

ཐུའུ་བཀྭན་བློ་བཟང་ཆོས་ཀྱི་ཉི་མ། 土观·洛桑曲吉尼玛(1737—1802)撰述。

青海省互助县五十地区佑宁寺(郭隆乾巴林)印经院木刻版之刻印本。

普通藏纸，梵夹装中印本(48.5×6.5cm)，楷体，墨色，横刊藏文六行，四周双栏，全。

索书号：003636/8。保存基本完好，今藏民族文化宫中国民族图书馆。

༄༅། །གྲུབ་མཐའ་ཐམས་ཅད་ཀྱི་ཁུངས་དང་འདོད་ཚུལ་སྟོན་པ་ལེགས་བཤད་ཤེལ་གྱི་མེ་ལོང་ལས་བོད་ཡུལ་དུ་བསྟན་པ་སྔ་ཕྱི་དང་གསང་སྔགས་རྙིང་མའི་གྲུབ་མཐའ་བྱུང་ཚུལ་ཞེས་བྱ་བ་ཞེས་བྱ་བ་བཞུགས་སོ། །

**善说诸宗源流及教义晶镜史·西藏前后宏期密宗旧派源流**

1种，18页。

ཐུའུ་བཀྭན་བློ་བཟང་ཆོས་ཀྱི་ཉི་མ། 土观·洛桑曲吉尼玛(1737—1802)撰述。

青海省互助县五十地区佑宁寺(郭隆乾巴林)印经院木刻版之刻印本。

普通藏纸，梵夹装中印本(48.5×6.5cm)，楷体，墨色，横刊藏文六行，四周双栏，全。

索书号：003636/3。保存基本完好，今藏民族文化宫中国民族图书馆。

༄༅། །གྲུབ་མཐའ་ཐམས་ཅད་ཀྱི་ཁུངས་དང་འདོད་ཚུལ་སྟོན་པ་ལེགས་བཤད་ཤེལ་གྱི་མེ་ལོང་ལས་བོན་གྱི་གྲུབ་མཐའ་བྱུང་ཚུལ་ཞེས་བྱ་བ་བཞུགས་སོ། །

**善说诸宗源流及教义晶镜史·本教源流**

1种，7页。

ཐུའུ་བཀྭན་བློ་བཟང་ཆོས་ཀྱི་ཉི་མ། 土观·洛桑曲吉尼玛(1737—1802)撰述。

青海省互助县五十地区佑宁寺(郭隆乾巴林)印经院木刻版之刻印本。

普通藏纸，梵夹装中印本(48.5×6.5cm)，楷体，墨色，横刊藏文六行，四周双栏，全。

索书号：003636/10。保存基本完好，今藏民族文化宫中国民族图书馆。

༄༅། །གྲུབ་མཐའ་ཐམས་ཅད་ཀྱི་ཁུངས་དང་འདོད་ཚུལ་སྟོན་པ་ལེགས་བཤད་ཤེལ་གྱི་མེ་ལོང་ལས་མ་ཧཱ་ཙི་ནའི་ཡུལ་དུ་རིག་བྱེད་དང་གྲུབ་མཐའ་བྱུང་ཚུལ་ཞེས་བྱ་བ་བཞུགས་སོ། །

**善说诸宗源流及教义晶镜史·摩诃支那明论与宗派源流**

1种，15页。

ཐུའུ་བཀྭན་བློ་བཟང་ཆོས་ཀྱི་ཉི་མ། 土观·洛桑曲吉尼玛(1737—1802)撰述。

青海省互助县五十地区佑宁寺(郭隆乾巴林)印经院木刻版之刻印本。

普通藏纸，梵夹装中印本(48.5×6.5cm)，楷体，墨色，横刊藏文六行，四周双栏，全。

索书号：003636/11。保存基本完好，今藏民族文化宫中国民族图书馆。

༄༅། །གྲུབ་མཐའ་ཐམས་ཅད་ཀྱི་ཁུངས་དང་འདོད་ཚུལ་སྟོན་པ་ལེགས་བཤད་ཤེལ་གྱི་མེ་ལོང་ལས་ཞི་བྱེད་པའི་གྲུབ་མཐའ་བྱུང་ཚུལ་ཞེས་བྱ་བ་བཞུགས་སོ། །

**善说诸宗源流及教义晶镜史·希结派源流**

1种，9页。

ཐུའུ་བཀྭན་བློ་བཟང་ཆོས་ཀྱི་ཉི་མ། 土观·洛桑曲吉尼玛(1737—1802)撰述。

青海省互助县五十地区佑宁寺(郭隆乾巴林)印经院木刻版之刻印本。

普通藏纸，梵夹装中印本(48.5×6.5cm)，楷体，墨色，横刊藏文六行，四周双栏，全。

索书号：003636/6。保存基本完好，今藏民族文化宫中国民族图书馆。

༄༅། །གྲུབ་མཐའ་ཐམས་ཅད་ཀྱི་ཁུངས་དང་འདོད་ཚུལ་སྟོན་པ་ལེགས་བཤད་ཤེལ་གྱི་མེ་ལོང་ལས་ས་སྐྱ་པའི་གྲུབ་མཐའ་བྱུང་ཚུལ་ཞེས་བྱ་བ་བཞུགས་སོ། །

**善说诸宗源流及教义晶镜史·萨迦派源流**

1种，20页。

ཐུའུ་བཀྭན་བློ་བཟང་ཆོས་ཀྱི་ཉི་མ། 土观·洛桑曲吉尼玛(1737—1802)撰述。

青海省互助县五十地区佑宁寺(郭隆乾巴林)印经院木刻版之刻印本。

普通藏纸，梵夹装中印本(48.5×6.5cm)，楷体，墨色，横刊藏文六行，四周双栏，全。

索书号：003636/7。保存基本完好，今藏民族文化宫中国民族图书馆。

༄༅། །གྲུབ་མཐའ་ཐམས་ཅད་ཀྱི་ཁུངས་དང་འདོད་ཚུལ་སྟོན་པ་ལེགས་བཤད་ཤེལ་གྱི་མེ་ལོང་ལས་ཧོར་ལི་ཤམྦྷ་ལ་རྣམས་སུ་གྲུབ་མཐའ་བྱུང་ཚུལ་དོན་བཤད་པས་མཇུག་བསྡུ་བ་དང་བཅས་པ་བཞུགས་སོ། །

**善说诸宗源流及教义晶镜史·蒙古、于阗、香巴拉等宗教源流**

1种，19页。

ཐུའུ་བཀྭན་བློ་བཟང་ཆོས་ཀྱི་ཉི་མ། 土观·洛桑曲吉尼玛(1737—1802)撰述。

青海省互助县五十地区佑宁寺(郭隆乾巴林)印经院木刻版之刻印本。

普通藏纸，梵夹装中印本(48.5×6.5cm)，楷体，墨色，横刊藏文六行，四周双栏，全。

索书号：003636/13。保存基本完好，今藏民族文化宫中国民族图书馆。

༄༅། །གྲུབ་མཐའ་ཐམས་ཅད་ཀྱི་སྙིང་པོ་བསྡུས་པ་ཞེས་བྱ་བ་བཞུགས་སོ། །

**一切宗派摄要**

1种，24页。

ཅོ་ནེ་གྲགས་པ་བཤད་སྒྲུབ། 卓尼·札巴协珠(1675—1748)撰述。

甘肃省甘南藏族自治州卓尼县卓尼地区卓尼寺(觉乃噶旦协珠林)印经院木刻版之刻印本。

普通藏纸，梵夹装中印本(48.6×6.3cm)，楷体，墨色，横刊藏文六行，四周双栏，全。

索书号：003672/11。保存基本完好，今藏民族文化宫中国民族图书馆。

༄༅། །གྲུབ་མཐའི་རྣམ་དབྱེ་བཞུགས་སོ། །

**宗派类别**

1种，4页。

སྨན་ཐང་བློ་གྲོས་རྒྱལ་མཚན། 金厄·洛哲坚

参 (1402—1472) 撰述。

西藏地区藏传佛教寺院印经院木刻版之刻印本。

普通藏纸，梵夹装中印本（缩印本），楷体，墨色，横刊藏文六行，四周双栏，全。

索书号：003769/10。保存基本完好，今藏民族文化宫中国民族图书馆。

༄༅། །གྲུབ་མཐའི་རྣམ་བཤད་རང་གཞན་གྲུབ་མཐའ་ཀུན་དང་ཟབ་དོན་མཆོག་ཏུ་གསལ་བ་ཀུན་བཟང་ཞིང་གི་ཉི་མ་ལུང་རིགས་རྒྱ་མཚོ་སྐྱེ་དགུའི་རེ་བ་ཀུན་སྐོང་ཞེས་བྱ་བ་ལས་ཐལ་རང་གི་སྐབས་བཞུགས་སོ། །

**宗派注疏·一切自他教派与显明甚深胜义·普贤刹土之日教理之海·众生满愿中之中观应成派与自续派品**

1 种，214 页。

འཇམ་དབྱངས་བཞད་པ་ངག་དབང་བརྩོན་འགྲུས། 嘉木样协巴·阿旺宗哲 (1648—1722) 撰述。

甘肃省甘南藏族自治州夏河县拉卜楞地区拉卜楞寺（拉章扎喜齐）印经院木刻版之刻印本。

普通藏纸，梵夹装中印本 (47.2×6.8cm)，楷体，墨色，横刊藏文六行，四周双栏，全。

索书号：000866/3。保存基本完好，今藏民族文化宫中国民族图书馆。

༄༅། །གྲུབ་པའི་མཐའ་རྣམ་པར་བཞག་པ་འཁྲུལ་སྤོང་གདོང་ལྔའི་སྒྲ་དབྱངས་ཀུན་མཁྱེན་ལམ་བཟང་གསལ་བའི་རིན་ཆེན་སྒྲོན་མེ་ཞེས་བྱ་བ་མཆན་དང་བཅས་པ་བཞུགས་སོ། །

**宗派建立无误篇·狮子吼声·遍智妙道大宝明灯及注释**

1 种，40 页。

ཀུ་ཤྲི་དཀའ་བཅུ་པ་བློ་བཟང་ཚེ་འཕེལ། 顾释嘎局巴·洛桑慈培 (1760—？ ) 撰述。

北京地区藏传佛教皇家寺院印经院木刻版之刻印本。

普通藏纸，梵夹装中印本 (46.7×6cm)，楷体，墨色，横刊藏文六行，四周双栏，全。

索书号：001095/1。保存基本完好，今藏民族文化宫中国民族图书馆。

༄༅། །གྲུབ་པའི་མཐའ་རྣམ་པར་བཞག་པ་འཁྲུལ་སྤོང་གདོང་ལྔའི་སྒྲ་དབྱངས་ཀུན་མཁྱེན་ལམ་བཟང་གསལ་བའི་རིན་ཆེན་སྒྲོན་མེ་ཞེས་བྱ་བ་བཞུགས་སོ། །

**宗派建立无误篇·狮子吼声·遍智坦途照明宝灯**

1 种，16 页。

འཇམ་དབྱངས་བཞད་པ་ངག་དབང་བརྩོན་འགྲུས། 嘉木样协巴·阿旺宗哲 (1648—1722) 撰述。

甘肃省甘南藏族自治州夏河县拉卜楞地区拉卜楞寺（拉章扎喜齐）印经院木刻版之刻印本。

普通藏纸，梵夹装中印本 (47.2×6.8cm)，楷体，墨色，横刊藏文六行，四周双栏，全。

索书号：000855/22。保存基本完好，今藏民族文化宫中国民族图书馆。

༄༅། །རྙིང་མ་དང་བོན་གྱི་རྣམ་གཞག་ཅེས་བྱ་བ་བཞུགས་སོ། །

**宁玛派与本教之建立**

1 种，20 页。

སྤྱན་སྔ་བློ་གྲོས་རྒྱལ་མཚན། 金厄·洛哲坚参 (1402—1472) 撰述。

西藏地区藏传佛教寺院印经院木刻版之刻印本。

普通藏纸，梵夹装中印本（缩印本），楷体，墨色，横刊藏文六行，四周双栏，全。

索书号：000769/20。保存基本完好，今藏民族文化宫中国民族图书馆。

༄༅། །བྱང་སེམས་ཀྱི་ཚོམས་ཀྱི་ཟིན་བྲིས་རང་གཞན་གྲུབ་མཐའ་རྒྱ་མཚོའི་ཕ་རོལ་ཏུ་སོན་པས་སྙེམས་བྲལ་གྱི་སློབ་དཔོན་ཆེན་པོ་མི་བསྐྱོད་ཞབས་ཀྱིས་བརྩམས་པ་ཞེས་བྱ་བ་བཞུགས་སོ། །

**通达自他教派无骄大阿阇梨米觉所著菩萨品之笔录**

1 种，79 页。

ཀརྨ་མི་བསྐྱོད་རྡོ་རྗེ། 嘎玛·米觉多结（亦称央金多结，1507—1554) 撰述。

西藏地区藏传佛教寺院印经院木刻版之刻印本。

普通藏纸，梵夹装中印本（缩印本），楷体，墨色，横刊藏文六行，四周双栏，全。

索书号：003880/3。保存基本完好，今藏民族文化宫中国民族图书馆。

༄༅། །གཞི་གསུམ་ཆོ་གའི་གསུང་བཤད་ཟིན་བྲིས་ཐུབ་མཆོག་བླ་མའི་ཞལ་ལུང་སོགས་ཟིན་བྲིས་ལེའུ་ཚན་གསུམ་དང་གྲུབ་མཐའ་ཆེན་མོའི་བཤད་ལུང་གི་གསུང་བཤད་ཟིན་བྲིས་སུ་བཀོད་པ་སྙིམ་པའི་མེ་ཏོག་དང་བཅས་བཞུགས་སོ། །

**三事仪轨讲记·图却喇嘛语教等随闻录三则、诸大宗派论讲记·合掌花束**

1 种，70 页。

རྒྱལ་མཁན་སྤྲུལ་སྐལ་བཟང་གྲགས་པ་རྒྱ་མཚོ། 嘉堪朱·格桑札巴嘉措 (1762—1836) 撰述。

甘肃省甘南藏族自治州夏河县拉卜楞地区拉卜楞寺（拉章扎喜齐）印经院木刻版之刻印本。

普通藏纸，梵夹装中印本 (47.4×6.3cm)，楷体，墨色，横刊藏文六行，四周双栏，全。

索书号：001071/10。保存基本完好，今藏民族文化宫中国民族图书馆。

༄༅། །རང་གཞན་གྱི་གྲུབ་པའི་མཐའ་མ་ལུས་པའི་གནད་དོན་ཚིགས་བཅད་དུ་བསྡེབས་པ་གྲུབ་མཐའ་རྒྱ་མཚོའི་འཇུག་ངོགས་ཞེས་བྱ་བ་བཞུགས་སོ། །

**一切自他宗派之要义颂编·宗派大海之门径**

1 种，20 页。

རྫོང་དཀར་འཇིགས་མེད་དམ་ཆོས་རྒྱ་མཚོ། 宗嘎·吉迈丹曲嘉措 (1898—1946) 撰述。

青海省化隆回族自治县金源地区丹斗寺（丹斗协吉央贡）印经院木刻版之刻印本。

普通藏纸，梵夹装中印本 (44.2×6.2cm)，楷体，墨色，横刊藏文六行，四周双栏，全。

索书号：000806/12。保存基本完好，今藏民族文化宫中国民族图书馆。

## ༩、ལམ་རིམ་གྱི་སྐོར།

## 9. 菩提道次第

༄༅། །ཀུན་མཁྱེན་འཇམ་དབྱངས་བཞད་པའི་རྡོ་རྗེའི་གསུང་འབུམ་ལས་བྱང་ཆུབ་ལམ་རིམ་གྱི་རྣམ་བཤད་ལུང་རིགས་གཏེར་མཛོད་ཅེས་བྱ་བ་བཞུགས་སོ། །

**遍智嘉木样协贝多结文集中菩提道次第讲解·教理宝藏**

1 种，71 页。

འཇམ་དབྱངས་བཞད་པ་ངག་དབང་བརྩོན་འགྲུས། 嘉木样协巴·阿旺宗哲 (1648—1722) 撰述。

甘肃省甘南藏族自治州夏河县拉卜楞地区拉卜楞寺（拉章扎喜齐）印经院木刻版之刻印本。

普通藏纸，梵夹装中印本 (47.2×6.8cm)，

楷体，墨色，横刊藏文六行，四周双栏，全。

索书号：000856/5。保存基本完好，今藏民族文化宫中国民族图书馆。

༄༅། །སྐྱབས་མགོན་རིགས་བརྒྱའི་ཁྱབ་བདག་ཐུབ་དབང་རྡོ་རྗེ་འཆང་དང་དབྱེར་མ་མཆིས་པ་རྗེ་བཙུན་བློ་བཟང་དཔལ་ལྡན་ཡེ་ཤེས་དཔལ་བཟང་པོས་བྱང་ཆུབ་ལམ་གྱི་རིམ་པའི་དམར་ཁྲིད་ཐམས་ཅད་མཁྱེན་པར་བགྲོད་པའི་བདེ་ལམ་སྐྱོང་ཁྲིད་དུ་མཛད་པ་ཞེས་བྱ་བ་བཞུགས་སོ། །

**与百部遍主能仁金刚持无别之至尊洛桑白旦益希所著菩提道次第直观教导·趣一切智坦道经验引导**

1 种，37 页。

པཎ་ཆེན་ཨེར་ཏེ་ནི་བློ་བཟང་དཔལ་ལྡན་ཡེ་ཤེས། 班禅额尔德尼·洛桑白旦益希 (1738—1780) 撰述。

西藏自治区日喀则地区扎什伦布寺印经院木刻版之刻印本。

普通藏纸，梵夹装中印本 (49.1×6.8cm)，楷体，墨色，横刊藏文六行，四周双栏，全。

索书号：000669/15。保存基本完好，今藏民族文化宫中国民族图书馆。

༄༅། །མཁན་ཆེན་ཆོས་ཀྱི་རྒྱལ་པོའི་གསུང་འབུམ་ལས་བྱང་ཆུབ་ལམ་རིམ་གྱི་འཁྲིད་བློ་ཡི་མུན་སེལ་ཞེས་བྱ་བ་བཞུགས་སོ། །

**大堪波法王文集中菩提道次第导释·消除心中黑暗**

1 种，20 页。

མཁན་ཆེན་བློ་བཟང་བསྟན་འཛིན་རྒྱལ་མཚན། 堪钦·洛桑丹增坚参 (1639—1691) 撰述。

蒙古国藏传佛教新寺扎喜格培林寺印经院木刻版之刻印本。

普通藏纸，梵夹装中印本 (41×6.5cm)，楷体，墨色，横刊藏文六行，四周双栏，全。

索书号：001220/23。保存基本完好，今藏民族文化宫中国民族图书馆。

༄༅། །རྒྱལ་བ་གཉིས་པའི་ཐུགས་བཅུད་བྱང་ཆུབ་ལམ་གྱི་རིམ་པའི་ཁྲིད་དམིགས་ཡོངས་འཛིན་དམ་པའི་ཞལ་ཆབ་སྐལ་ལྡན་འཇུག་ངོགས་ཞེས་བྱ་བ་བཞུགས་སོ། །

**第二佛之心髓菩提道次第所缘教导·具缘津梁**

1 种，31 页。

ཐེ་བོ་བློ་བཟང་བསམ་གཏན། 迭部·洛桑三丹 (1687—1749) 撰述。

多麦地区藏传佛教噶旦强曲却培林寺印经院木刻版之刻印本。

普通藏纸，梵夹装中印本 (45.7×6cm)，楷体，墨色，横刊藏文六行，四周双栏，全。

索书号：000881/5。保存基本完好，今藏民族文化宫中国民族图书馆。

༄༅། །ངག་གི་དབང་ཕྱུག་སྐལ་ལྡན་རྒྱ་མཚོའི་གསུང་འབུམ་ལས་བྱང་ཆུབ་ལམ་གྱི་རིམ་པའི་འཁྲིད་ཆོས་རྗེ་ཀུན་དགའ་ལེགས་པ་ལ་བསྩལ་བ་ཞེས་བྱ་བ་བཞུགས་སོ། །

**善巧成就格旦嘉措文集中赐大德衮噶勒巴菩提道次第导引**

1 种，11 页。

ཤར་སྐལ་ལྡན་རྒྱ་མཚོ། 夏·格旦嘉措 (1607—1677) 撰述。

青海省黄南藏族自治州同仁县隆务地区隆务寺（大乐法轮洲）印经院木刻版之刻印本。

普通藏纸，梵夹装中印本 (40.5×5.6cm)，楷体，墨色，横刊藏文六行，四周双栏，全。

索书号：001050/5。保存基本完好，

今藏民族文化宫中国民族图书馆。

༄༅། །རྗེ་མཁས་གྲུབ་སྨྲ་བའི་དབང་པོ་སྐལ་ལྡན་རྒྱ་མཚོའི་གསུང་འབུམ་ལས་བྱང་ཆུབ་ལམ་གྱི་རིམ་པའི་འཁྲིད་སློབ་མ་རི་ཁྲོད་པ་རྣམས་ལ་ཉམས་འཁྲིད་དུ་བསྩལ་བ་ཞེས་བྱ་བ་བཞུགས་སོ། །

**至尊善巧成就说法王格旦嘉措文集中对住山静修诸弟子赐示菩提道次第修验导引**

1 种，19 页。

ཤར་སྐལ་ལྡན་རྒྱ་མཚོ། 夏・格旦嘉措(1607—1677) 撰述。

青海省黄南藏族自治州同仁县隆务地区隆务寺(大乐法轮洲)印经院木刻版之刻印本。

普通藏纸，梵夹装中印本 (40.5 × 5.6cm)，楷体，墨色，横刊藏文六行，四周双栏，全。

索书号：001050/3。保存基本完好，今藏民族文化宫中国民族图书馆。

༄༅། །རྗེ་གྲུབ་པའི་དབང་ཕྱུག་སྐལ་ལྡན་རྒྱ་མཚོའི་གསུང་ལས་བྱང་ཆུབ་ལམ་གྱི་རིམ་པའི་དམར་འཁྲིད་བློ་གསལ་པདྨོའི་ཁ་འབྱེད་ཅེས་བྱ་བ་བཞུགས་སོ། །

**至尊成就自在师格旦嘉措文集中菩提道次第直观导引・智莲开放**

1 种，17 页。

ཤར་སྐལ་ལྡན་རྒྱ་མཚོ། 夏・格旦嘉措(1607—1677) 撰述。

青海省黄南藏族自治州同仁县隆务地区隆务寺(大乐法轮洲)印经院木刻版之刻印本。

普通藏纸，梵夹装中印本 (40.5 × 5.6cm)，楷体，墨色，横刊藏文六行，四周双栏，全。

索书号：001050/3。保存基本完好，今藏民族文化宫中国民族图书馆。

༄༅། །རྗེ་བཙུན་ཆོས་ཀྱི་རྒྱལ་པོ་སྐལ་ལྡན་རྒྱ་མཚོ་དཔལ་བཟང་པོའི་གསུང་ལས་བྱང་ཆུབ་ལམ་གྱི་རིམ་པའི་དམིགས་ཁྲིད་ཟབ་མོ་ཞེས་བྱ་བ་བཞུགས་སོ། །

**至尊法王格旦嘉措文集中菩提道次第所缘甚深导引**

1 种，18 页。

ཤར་སྐལ་ལྡན་རྒྱ་མཚོ། 夏・格旦嘉措(1607—1677) 撰述。

青海省黄南藏族自治州同仁县隆务地区隆务寺(大乐法轮洲)印经院木刻版之刻印本。

普通藏纸，梵夹装中印本 (40.5 × 5.6cm)，楷体，墨色，横刊藏文六行，四周双栏，全。

索书号：001050/8。保存基本完好，今藏民族文化宫中国民族图书馆。

༄༅། །པཎ་ཆེན་ཆོས་ཀྱི་རྒྱལ་པོ་རྗེ་བཙུན་བློ་བཟང་དཔལ་ལྡན་ཡེ་ཤེས་དཔལ་བཟང་པོས་ཆོས་གྲྭ་ཆེན་པོ་བཀྲ་ཤིས་ལྷུན་པོར་བྱང་ཆུབ་ལམ་གྱི་རིམ་པའི་བཀའ་ཁྲིད་བསྩལ་སྐབས་ཀྱི་ཟིན་བྲིས་ཙང་ཟད་བཞུགས་སོ། །

**班禅法王至尊洛桑白旦益希于扎什伦布大寺传赐菩提道次第教导时之简略笔录**

1 种，28 页。

པཎ་ཆེན་བློ་བཟང་དཔལ་ལྡན་ཡེ་ཤེས། 班禅额尔德尼・洛桑白旦益希 (1738—1780) 撰述。

西藏自治区日喀则地区扎什伦布寺印经院木刻版之刻印本。

普通藏纸，梵夹装中印本 (49.1 × 6.8cm)，楷体，墨色，横刊藏文六行，四周双栏，全。

索书号：003517/8。保存基本完好，今藏民族文化宫中国民族图书馆。

**༄༅། །བྱང་ཆུབ་བདེ་ལམ་གྱི་ཟིན་བྲིས་འཕྲོ་ཅན་བཞུགས་སོ། །**

**菩提坦道笔录余篇**

1 种，102 页。

སྡེ་ཁྲི་འཇམ་དབྱངས་ཐུབ་བསྟན་ཉི་མ། 德赤·绛央图丹尼玛 (1779—1862) 撰述。

甘肃省甘南藏族自治州夏河县拉卜楞地区拉卜楞寺（拉章扎喜齐）印经院木刻版之刻印本。

普通藏纸，梵夹装中印本 (47.2 × 6.6cm)，楷体，墨色，横刊藏文六行，四周双栏，全。

索书号：000891/5。保存基本完好，今藏民族文化宫中国民族图书馆。

**༄༅། །བྱང་ཆུབ་ལམ་གྱི་སྙིང་པོ་ཞེས་བྱ་བ་བཞུགས་སོ། །**

**菩提道心要**

1 种，48 页。

ས་སྐྱ་འཕགས་པ་བློ་གྲོས་རྒྱལ་མཚན། 萨迦·洛哲坚参 (1235—1280) 撰述。

四川省甘孜藏族自治州德格县德格地区德格寺印经院木刻版之刻印本。

普通藏纸，梵夹装中印本 (47.7 × 6.2cm)，楷体，墨色，横刊藏文六行，四周双栏，全。

索书号：000358/8。保存基本完好，今藏民族文化宫中国民族图书馆。

**༄༅། །བྱང་ཆུབ་ལམ་གྱི་རིམ་པ་ཆུང་ངུའི་ཟིན་བྲིས་བློ་གསལ་རྒྱ་མཚོའི་འཇུག་ངོགས་ཞེས་བྱ་བ་བཞུགས་སོ། །**

**菩提道次第略论记录·智海门径**

1 种，191 页。

ཀེའུ་ཚང་བློ་བཟང་འཇམ་དབྱངས་སྨོན་ལམ། 格邬仓·洛桑绛央孟兰 (1750—1814) 撰述。

四川省甘孜藏族自治州德格县德格地区德格寺印经院木刻版之刻印本。

普通藏纸，梵夹装中印本 (54.4 × 7.1cm)，楷体，墨色，横刊藏文六行，四周双栏，全。

索书号：000790/8。保存基本完好，今藏民族文化宫中国民族图书馆。

**༄༅། །བྱང་ཆུབ་ལམ་གྱི་རིམ་པ་ཆེན་པོ་ལས་བྱུང་བའི་བརྡ་དཀྲོལ་ཉེར་མཁོ་བསྡུས་པ་ཞེས་བྱ་བ་བཞུགས་སོ། །**

**菩提道次第广论中所出之常用语句释义略篇**

1 种，49 页。

ཨ་ཀྱཱ་ཡོངས་འཛིན་བློ་བཟང་དོན་གྲུབ། 阿迦雍增·洛桑顿珠 (1774—？ ) 撰述。

青海省湟中县鲁沙尔地区塔尔寺（固奔乾巴林）印经院木刻版之刻印本。

普通藏纸，梵夹装中印本 (47.9 × 6.3cm)，楷体，墨色，横刊藏文六行，四周双栏，全。

索书号：000934/1。保存基本完好，今藏民族文化宫中国民族图书馆。

**༄༅། །བྱང་ཆུབ་ལམ་གྱི་རིམ་པ་ཆེན་མོའི་བཤད་ལུང་ཟིན་བྲིས་སུ་བཀོད་པ་སྐལ་བཟང་རེ་བ་ཀུན་སྐོང་ཞེས་བྱ་བ་བཞུགས་སོ། །**

**菩提道次第广论之讲授记录·善缘满愿**

1 种，50 页。

ཧོར་ཚང་ཁྲི་ཆེན་འཇིགས་མེད་རིགས་པའི་སེང་གེ། 霍仓赤钦·吉迈柔贝桑格 (1747—1815) 撰述。

甘肃省甘南藏族自治州夏河县拉卜楞地区拉卜楞寺（拉章扎喜齐）印经院传抄之缮写本。

普通藏纸，梵夹装中印本 (43 × 5.3cm)，楷体，墨色，横书藏文七行，四周双栏，全。

索书号：001212/1。保存基本完好，今藏民族文化宫中国民族图书馆。

༄༅། །བྱང་ཆུབ་ལམ་གྱི་རིམ་པ་ཉམས་སུ་ལེན་ཚུལ་གྱི་ཐུག་བཞེས་སྙིང་པོར་དྲིལ་བ་ཞེས་བྱ་བ་བཞུགས་སོ། །

**菩提道次第验修法精要**

1 种，13 页。

འཇམ་དབྱངས་མཁྱེན་བརྩེ་དབང་པོ། 绛央庆孜旺波 (1820—1892) 撰述。

四川省甘孜藏族自治州德格县德格地区德格寺印经院传抄之缮写本。

普通藏纸，梵夹装短印本 (29.7×4.6cm)，楷体，墨色，横书藏文七行，四周双栏，全。

索书号：000310/8。保存基本完好，今藏民族文化宫中国民族图书馆。

༄༅། །བྱང་ཆུབ་ལམ་གྱི་རིམ་པ་ཉམས་སུ་ལེན་ཚུལ་གྱི་ཐུག་བཞེས་སྙིང་པོར་དྲིལ་བ་ཞེས་བྱ་བ་བཞུགས་སོ། །

**菩提道次第修法心要编**

1 种，12 页。

རོང་ཐ་བློ་བཟང་དམ་ཆོས་རྒྱ་མཚོ། 绒塔·洛桑旦曲嘉措 (1805—1900) 撰述。

多康地区藏传佛教热聂特钦林寺印经院木刻版之刻印本。

普通藏纸，梵夹装中印本 (缩印本)，楷体，墨色，横刊藏文六行，四周双栏，全。

索书号：004528/52。保存基本完好，今藏民族文化宫中国民族图书馆。

༄༅། །བྱང་ཆུབ་ལམ་གྱི་རིམ་པ་བདེ་ལམ་གྱི་སྨྱོང་ཁྲིད་དབེན་ས་སྙན་རྒྱུད་ཀྱི་མན་ངག་གི་བརྒྱན་པ་བླ་མ་དམ་པའི་ཞལ་ཤེས་དངོས་གྲུབ་གཏེར་མཛོད་ཅེས་བྱ་བ་བཞུགས་སོ། །

**菩提道次第坦道之验修教导·温萨耳传之教授庄严·上师大德之口诀·悉地宝藏**

1 种，106 页。

རྒྱལ་སྲས་སྐལ་བཟང་ཐུབ་བསྟན། 嘉赛·格桑图丹 (1743—1810) 撰述。

西藏自治区拉萨市达孜县噶旦寺 (喜足尊胜洲) 印经院木刻版之刻印本。

普通藏纸，梵夹装中印本 (47×7cm)，楷体，墨色，横刊藏文六行，四周双栏，全。

索书号：000814/3。保存基本完好，今藏民族文化宫中国民族图书馆。

༄༅། །བྱང་ཆུབ་ལམ་གྱི་རིམ་པའི་སྐོར་རྣམས་ཞེས་བྱ་བ་བཞུགས་སོ། །

**菩提道次第诸法类**

1 种，3 页。

པཎ་ཆེན་ཨེར་ཏེ་ནི་བློ་བཟང་དཔལ་ལྡན་ཡེ་ཤེས། 班禅额尔德尼·洛桑白旦益希 (1738—1780) 撰述。

西藏自治区日喀则地区扎什伦布寺印经院木刻版之刻印本。

普通藏纸，梵夹装中印本 (49.1×6.8cm)，楷体，墨色，横刊藏文六行，四周双栏，全。

索书号：000672/23。保存基本完好，今藏民族文化宫中国民族图书馆。

༄༅། །བྱང་ཆུབ་ལམ་གྱི་རིམ་པའི་ཁྲིད་དམིགས་རིམ་དུ་དྲིལ་བ་བླ་མའི་ཐུགས་བཅུད་ཐེག་ཆེན་གཞུང་ལམ་ཞེས་བྱ་བ་བཞུགས་སོ། །

**菩提道次第所缘教导次第列编·上师之心髓大乘正道**

1 种，33 页。

ཐེ་བོ་བློ་བཟང་བསམ་གཏན། 迭部·洛桑三丹 (1687—1749) 撰述。

多麦地区藏传佛教噶旦强曲却培林寺印经院木刻版之刻印本。

普通藏纸，梵夹装中印本 (45.7×6cm)，楷体，墨色，横刊藏文六行，四周双栏，全。

索书号：000881/8。保存基本完好，今藏民族文化宫中国民族图书馆。

༄༅། །བྱང་ཆུབ་ལམ་གྱི་རིམ་པའི་ཁྲིད་ཚིགས་སུ་བཅད་པ་ཁྱེར་བདེ་བ་ཞེས་བྱ་བ་བཞུགས་སོ། །

**菩提道次第导引颂易持篇**

1种，10页。

པཎ་ཆེན་ཨེར་ཏེ་ནི་བློ་བཟང་ཆོས་ཀྱི་རྒྱལ་མཚན། 班禅额尔德尼·洛桑却吉坚参(1567—1662)撰述。

西藏自治区日喀则地区扎什伦布寺印经院木刻版之刻印本。

普通藏纸，梵夹装中印本(49.4×6.5cm)，楷体，墨色，横刊藏文六行，四周双栏，全。

索书号：000788/7。保存基本完好，今藏民族文化宫中国民族图书馆。

༄༅། །བྱང་ཆུབ་ལམ་གྱི་རིམ་པའི་ཁྲིད་ཡིག་སྙན་བརྒྱུད་ནོར་བུའི་ཕྲེང་བ་ཞེས་བྱ་བ་བཞུགས་སོ། །

**菩提道次第引导耳传·摩尼鬘**

1种，14页。

སྤྱན་སྔ་བློ་གྲོས་རྒྱལ་མཚན། 金厄·洛哲坚参(1402—1472)撰述。

西藏地区藏传佛教寺院印经院木刻版之刻印本。

普通藏纸，梵夹装中印本（缩印本），楷体，墨色，横刊藏文六行，四周双栏，全。

索书号：003767/16。保存基本完好，今藏民族文化宫中国民族图书馆。

༄༅། །བྱང་ཆུབ་ལམ་གྱི་རིམ་པའི་ཁྲིད་ཡིག་སྙིང་པོའི་དོན་བསྡུས་པ་ཞེས་བྱ་བ་བཞུགས་སོ། །

**菩提道次第导释摄要**

1种，7页。

ཅོ་ནེ་གྲགས་པ་བཤད་སྒྲུབ། 卓尼·札巴协珠(1675—1748)撰述。

甘南藏族自治州卓尼县卓尼地区卓尼寺（觉乃噶旦协珠林）印经院木刻版之刻印本。

普通藏纸，梵夹装中印本(48.6×6.3cm)，楷体，墨色，横刊藏文六行，四周双栏，全。

索书号：003572/4。保存基本完好，今藏民族文化宫中国民族图书馆。

༄༅། །བྱང་ཆུབ་ལམ་གྱི་རིམ་པའི་ཁྲིད་ཡིག་ཐམས་ཅད་མཁྱེན་པར་བགྲོད་པའི་ཉེ་ལམ་འཇམ་དཔལ་ཞལ་ལུང་གི་སྙིང་པོ་ཞེས་བྱ་བ་བཞུགས་སོ། །

**菩提道次第讲义·趣一切智之捷径·文殊语教心要**

1种，55页。

རོང་ཐ་བློ་བཟང་དམ་ཆོས་རྒྱ་མཚོ། 绒塔·洛桑旦曲嘉措(1805—1900)撰述。

多康地区藏传佛教热聂特钦林寺印经院木刻版之刻印本。

普通藏纸，梵夹装中印本（缩印本），楷体，墨色，横刊藏文六行，四周双栏，全。

索书号：004528/51。保存基本完好，今藏民族文化宫中国民族图书馆。

༄༅། །བྱང་ཆུབ་ལམ་གྱི་རིམ་པའི་ཁྲིད་ཡིག་གཞན་ཕན་སྙིང་པོ་ཞེས་བྱ་བ་ཟུང་འཇུག་རིན་པོ་ཆེ་བཞུགས་སོ། །

**菩提道次第引导·利他心要·双运大宝**

1种，78页。

སྤྱན་སྔ་བློ་གྲོས་རྒྱལ་མཚན། 金厄·洛哲坚参(1402—1472)撰述。

西藏地区藏传佛教寺院印经院木刻版之刻印本。

普通藏纸，梵夹装中印本（缩印本），楷体，墨色，横刊藏文六行，四周双栏，全。

索书号：003767/15。保存基本完好，

今藏民族文化宫中国民族图书馆。

༄༅། །བྱང་ཆུབ་ལམ་གྱི་རིམ་པའི་འཁྲིད་ཉམས་སུ་ལེན་ཚུལ་འཁྱེར་བདེ་གནད་དོན་ཀུན་གསལ་ཞེས་བྱ་བ་བཞུགས་སོ། །

**菩提道次第导释易行修法·要义显明**

1 种，11 页。

ཕུར་ལྕོགས་ངག་དབང་བྱམས་པ། 普觉·阿旺乾巴 (1682—1762) 撰述。

西藏地区藏传佛教寺院印经院木刻版之刻印本。

普通藏纸，梵夹装中印本 (49.6×6cm)，楷体，墨色，横刊藏文六行，四周双栏，全。

索书号：004841/3。保存基本完好，今藏民族文化宫中国民族图书馆。

༄༅། །བྱང་ཆུབ་ལམ་གྱི་རིམ་པའི་འཁྲིད་དམིགས་མདོར་བསྡུས་ཞེས་བྱ་བ་བཞུགས་སོ། །

**菩提道次第导引所缘略篇**

1 种，25 页。

སྟག་ཚང་བློ་བཟང་རབ་བརྟན། 达仓·洛桑饶丹 (1676—1745) 撰述。

甘肃省甘南藏族自治州碌曲县郎木地区达仓寺印经院木刻版之刻印本。

普通藏纸，梵夹装中印本 (47.6×5.7cm)，楷体，墨色，横刊藏文六行，四周双栏，全。

索书号：001247/5。保存基本完好，今藏民族文化宫中国民族图书馆。

༄༅། །བྱང་ཆུབ་ལམ་གྱི་རིམ་པའི་དགོངས་དོན་ལས་བརྩམས་པའི་དྲི་བའི་ལན་ཆ་ཙམ་གཏམ་དུ་བཀོད་པ་གསེར་གྱི་རྣ་ཆ་ཞེས་བྱ་བ་བཞུགས་སོ། །

**菩提道次第密意中部分问题解答·黄金耳饰**

1 种，20 页。

རྒྱལ་མཁན་སྤྲུལ་སྐལ་བཟང་གྲགས་པ་རྒྱ་མཚོ། 嘉堪朱·格桑札巴嘉措 (1880—？ ) 撰述。

甘肃省甘南藏族自治州夏河县拉卜楞地区拉卜楞寺（拉章扎喜齐）印经院传抄之缮写本。

普通藏纸，梵夹装中印本 (44.7×6cm)，楷体，墨色，横书藏文七行，四周双栏，全。

索书号：001071/7。保存基本完好，今藏民族文化宫中国民族图书馆。

༄༅། །བྱང་ཆུབ་ལམ་གྱི་རིམ་པའི་སྔོན་འགྲོ་སྦྱོར་བའི་ཆོས་དྲུག་སྐལ་ལྡན་འཇུག་ངོགས་ཞེས་བྱ་བ་བཞུགས་སོ། །

**菩提道次第之前行六法·善缘津梁**

1 种，16 页。

ཨ་ཀྱཱ་ཡོངས་འཛིན་བློ་བཟང་དོན་གྲུབ། 阿迦雍增·洛桑顿珠 (1774—？ ) 撰述。

青海省湟中县鲁沙尔地区塔尔寺（固奔乾巴林）印经院木刻版之刻印本。

普通藏纸，梵夹装中印本 (47.9×6.3cm)，楷体，墨色，横刊藏文六行，四周双栏，全。

索书号：000934/3。保存基本完好，今藏民族文化宫中国民族图书馆。

༄༅། །བྱང་ཆུབ་ལམ་གྱི་རིམ་པའི་སྔོན་འགྲོ་སྦྱོར་བའི་ཆོས་དྲུག་གི་ཁྲིད་ཡིག་ཆེན་མོ་འཇམ་དབྱངས་བླ་མའི་དགོངས་རྒྱན་ཞེས་བྱ་བ་བཞུགས་སོ། །

**菩提道次第前行六法之导释广论·文殊上师之密意庄严**

1 种，85 页。

ཀེའུ་ཚང་བློ་བཟང་འཇམ་དབྱངས་སྨོན་ལམ། 格邬仓·洛桑绛央孟兰 (1750—1814) 撰述。

四川省甘孜藏族自治州德格县德格地区德格寺印经院木刻版之刻印本。

普通藏纸，梵夹装中印本 (54.4×7.1cm)，

楷体，墨色，横刊藏文六行，四周双栏，全。

索书号：000790/7。保存基本完好，今藏民族文化宫中国民族图书馆。

༄༅། །བྱང་ཆུབ་ལམ་གྱི་རིམ་པའི་སྔོན་འགྲོ་སྦྱོར་བའི་ཆོས་དྲུག་ཉམས་སུ་ལེན་ཚུལ་ཐེག་མཆོག་འཕྲུལ་གྱི་ཤིང་རྟ་ཞེས་བྱ་བ་བཞུགས་སོ། །

**菩提道次第前行六支加行修法·胜乘幻化之车**

1种，3页。

ཕ་བོང་ཁ་པ་བདེ་ཆེན་སྙིང་པོ། 帕邦喀巴·德钦宁波 (1878—1941) 撰述。

西藏地区藏传佛教格旦寺印经院木刻版之刻印本。

普通藏纸，梵夹装中印本(49.1×5.9cm)，楷体，墨色，横刊藏文六行，四周双栏，全。

索书号：003293/3。保存基本完好，今藏民族文化宫中国民族图书馆。

༄༅། །བྱང་ཆུབ་ལམ་གྱི་རིམ་པའི་སྔོན་འགྲོ་སྦྱོར་བའི་ཆོས་དྲུག་ལག་ཏུ་ལེན་ཚུལ་གསལ་བར་བཀོད་པ་ལམ་བཟང་སྒྲུབ་པའི་འཇུག་ངོགས་ཞེས་བྱ་བ་བཞུགས་སོ། །

**菩提道次第前导六加行修法·成就妙道之门径**

1种，19页。

གུང་ཐང་དཀོན་མཆོག་བསྟན་པའི་སྒྲོན་མེ། 贡唐·恭却丹贝准美 (1762—1822) 撰述。

甘肃省甘南藏族自治州夏河县拉卜楞地区拉卜楞寺（拉章扎喜齐）印经院传抄之缮写本。

普通藏纸，梵夹装中印本(47.2×6.2cm)，楷体，墨色，横书藏文七行，四周双栏，全。

索书号：000920/5。保存基本完好，今藏民族文化宫中国民族图书馆。

༄༅། །བྱང་ཆུབ་ལམ་གྱི་རིམ་པའི་ཉམས་ལེན་མདོར་བསྡུས་ལམ་བཟང་བགྲོད་པའི་ཐེམ་སྐས་ཞེས་བྱ་བ་བཞུགས་སོ། །

**菩提道次第略修法·趣妙道之阶梯**

1种，7页。

སྟོང་སྟོན་ཆོས་དར། 董敦曲达（生卒年不详）撰述。

甘肃省甘南藏族自治州夏河县美武地区贡萨噶旦饶吉林寺印经院木刻版之刻印本。

普通藏纸，梵夹装中印本(46.6×6cm)，楷体，墨色，横刊藏文六行，四周双栏，全。

索书号：001211/9。保存基本完好，今藏民族文化宫中国民族图书馆。

༄༅། །བྱང་ཆུབ་ལམ་གྱི་རིམ་པའི་སྙིང་པོ་གསལ་བྱེད་ཡང་གསལ་སྒྲོན་མེ་ཞེས་བྱ་བ་བཞུགས་སོ། །

**菩提道次第心要·极显明灯**

1种，20页。

ཡོངས་འཛིན་ཡེ་ཤེས་རྒྱལ་མཚན། 雍增·益希坚参 (1713—1793) 撰述。

西藏自治区拉萨地区孜雪印经院木刻版之刻印本。

普通藏纸，梵夹装中印本(48.5×6.4cm)，楷体，墨色，横刊藏文六行，四周双栏，全。

索书号：003333/5。保存基本完好，今藏民族文化宫中国民族图书馆。

༄༅། །བྱང་ཆུབ་ལམ་གྱི་རིམ་པའི་གདམས་པའི་གནད་དོན་ཚིགས་སུ་བཅད་པ་ལེགས་གསུང་བདུད་རྩིའི་སྙིང་པོ་ཞེས་བྱ་བ་བཞུགས་སོ། །

**菩提道次第之教授要义颂·善说甘露心要**

1种，77页。

རྫོང་དཀར་འཇིགས་མེད་དམ་ཆོས་རྒྱ་མཚོ། 宗嘎·吉迈丹曲嘉措 (1898—1946) 撰述。

青海省化隆回族自治县金源地区丹斗寺（丹斗协吉央贡）印经院木刻版之刻印本。

普通藏纸，梵夹装中印本 (44.2×6.2cm)，楷体，墨色，横刊藏文六行，四周双栏，全。

索书号：000806/2。保存基本完好，今藏民族文化宫中国民族图书馆。

༄༅། །བྱང་ཆུབ་ལམ་གྱི་རིམ་པའི་བསྡུས་དོན་མཁས་པའི་མགུལ་རྒྱན་ཞེས་བྱ་བ་བཞུགས་སོ། །

**菩提道次第摄义・智者项饰**

1 种，6 页。

སྤྱན་སྔ་བློ་གྲོས་རྒྱལ་མཚན། 金厄・洛哲坚参 (1402—1472) 撰述。

西藏地区藏传佛教寺院印经院木刻版之刻印本。

普通藏纸，梵夹装中印本（缩印本），楷体，墨色，横刊藏文六行，四周双栏，全。

索书号：003767/12。保存基本完好，今藏民族文化宫中国民族图书馆。

༄༅། །བྱང་ཆུབ་ལམ་གྱི་རིམ་པའི་གནད་བསྡུས་རྒྱུན་འཁྱེར་ཞེས་བྱ་བ་བཞུགས་སོ། །

**菩提道次第常用摄要**

1 种，6 页。

པཎ་ཆེན་ཨེར་དེ་ནི་བློ་བཟང་ཐུབ་བསྟན་ཆོས་ཀྱི་ཉི་མ། 班禅额尔德尼・洛桑图丹却吉尼玛 (1883—1937) 撰述。

西藏自治区日喀则地区扎什伦布寺印经院木刻版之刻印本。

普通藏纸，梵夹装中印本 (45×6.5cm)，楷体，墨色，横刊藏文六行，四周双栏，全。

索书号：003546/3。保存基本完好，今藏民族文化宫中国民族图书馆。

༄༅། །བྱང་ཆུབ་ལམ་གྱི་རིམ་པའི་གནད་བསྡུས་པ་ཐར་འདོད་དགའ་སྟོན་ཞེས་བྱ་བ་བཞུགས་སོ། །

**菩提道次第摄要・求解脱庆宴**

1 种，5 页。

ཐེ་བོ་བློ་བཟང་བསམ་གཏན། 迭部・洛桑三丹 (1687—1749) 撰述。

多麦地区藏传佛教噶旦强曲却培林寺印经院木刻版之刻印本。

普通藏纸，梵夹装中印本 (45.7×6cm)，楷体，墨色，横刊藏文六行，四周双栏，全。

索书号：000881/4。保存基本完好，今藏民族文化宫中国民族图书馆。

༄༅། །བྱང་ཆུབ་ལམ་གྱི་རིམ་པའི་པར་བྱང་ལམ་བཟང་ཐེམ་སྐས་ཞེས་བྱ་བ་བཞུགས་སོ། །

**菩提道次第刊刻后记・妙道阶梯**

1 种，2 页。

བཀའ་འགྱུར་བ་བློ་བཟང་ཚུལ་ཁྲིམས། 嘎居巴・洛桑慈称 (1761—？) 撰述。

北京地区藏传佛教皇家寺院印经院木刻版之刻印本。

普通纸，梵夹装中印本 (46.8×7.2cm)，楷体，墨色，横刊藏文六行，四周双栏，全。

索书号：001143/13。保存基本完好，今藏民族文化宫中国民族图书馆。

༄༅། །བྱང་ཆུབ་ལམ་གྱི་རིམ་པའི་བླ་མ་བརྒྱུད་པའི་སྐུའི་སྣང་བརྙན་གསལ་བར་བྱེད་པ་མེ་ལོང་ཞེས་བྱ་བ་བཞུགས་སོ། །

**菩提道次第上师传承・身影显明宝鉴**

1 种，25 页。

ཡོངས་འཛིན་ཡེ་ཤེས་རྒྱལ་མཚན། 雍增・益希坚参 (1713—1793) 撰述。

西藏自治区拉萨地区孜雪印经院木刻版之刻印本。

普通藏纸，梵夹装中印本 (48.5 × 6.4cm)，楷体，墨色，横刊藏文六行，四周双栏，全。

索书号：003340/6。保存基本完好，今藏民族文化宫中国民族图书馆。

༄༅། །བྱང་ཆུབ་ལམ་གྱི་རིམ་པའི་བླ་མའི་བརྒྱུད་པའི་རྣམ་པར་ཐར་པ་རྒྱལ་བསྟན་མཛེས་རྒྱན་མཆོག་ཕྲུལ་ནོར་བུའི་ཕྲེང་བ་ཞེས་བྱ་བའི་སྨད་ཆ་བཞུགས་སོ། །

**菩提道次第师承史·佛教庄严最胜摩尼鬘·下卷**

1种，498页。

ཡོངས་འཛིན་ཡེ་ཤེས་རྒྱལ་མཚན། 雍增·益希坚参 (1713—1793) 撰述。

西藏自治区拉萨地区孜雪印经院木刻版之刻印本。

普通藏纸，梵夹装中印本 (48.5 × 6.4cm)，楷体，墨色，横刊藏文六行，四周双栏，全。

索书号：003332/2。保存基本完好，今藏民族文化宫中国民族图书馆。

༄༅། །བྱང་ཆུབ་ལམ་གྱི་རིམ་པའི་དབུ་ཕྱོགས་ཀྱི་མཐའ་དཔྱོད་བློ་གསལ་གཞོན་ནུའི་མགྲིན་རྒྱན་ཞེས་བྱ་བ་བཞུགས་སོ། །

**菩提道次第首要之探讨·智童项饰**

1种，30页。

ཀུ་ཤྲི་དཀའ་བཅུ་པ་བློ་བཟང་ཚེ་འཕེལ། 顾释嘎局巴·洛桑慈培 (1760—？ ) 撰述。

北京地区藏传佛教皇家寺院印经院木刻版之刻印本。

普通纸，梵夹装中印本 (47.8 × 7.5cm)，楷体，墨色，横刊藏文六行，四周双栏，全。

索书号：001095/3。保存基本完好，今藏民族文化宫中国民族图书馆。

༄༅། །བྱང་ཆུབ་ལམ་གྱི་རིམ་པའི་དམར་ཁྲིད་འཁྱེར་བདེ་ཀུན་ཕན་ཞེས་བྱ་བ་བཞུགས་སོ། །

**菩提道次第直观导释·易持普益**

1种，22页。

ཅོ་ནེ་གྲགས་པ་བཤད་སྒྲུབ། 卓尼·札巴协珠 (1675—1748) 撰述。

甘南藏族自治州卓尼县卓尼地区卓尼寺（觉乃噶旦协珠林）印经院木刻版之刻印本。

普通藏纸，梵夹装中印本 (48.6 × 6.3cm)，楷体，墨色，横刊藏文六行，四周双栏，全。

索书号：003672/2。保存基本完好，今藏民族文化宫中国民族图书馆。

༄༅། །བྱང་ཆུབ་ལམ་གྱི་རིམ་པའི་དམར་ཁྲིད་འཇམ་དབྱངས་ཞལ་ལུང་གི་ཁྲིད་རྒྱུན་རྒྱས་པ་དབུས་བརྒྱུད་ལུགས་ཀྱི་སྦྱོར་ཆོས་ཀྱི་ངག་འདོན་ཁྲིགས་ཆགས་སུ་བཀོད་པ་རྒྱལ་བའི་ལམ་བཟང་ཞེས་བྱ་བ་བཞུགས་སོ། །

**菩提道次第直观教导·文殊语教之教导法流广篇、卫部传规之加行法念诵列编·佛之妙道**

1种，11页。

ཕ་བོང་ཁ་པ་བདེ་ཆེན་སྙིང་པོ། 帕邦喀巴·德钦宁波 (1878—1941) 撰述。

西藏地区藏传佛教格旦寺印经院木刻版之刻印本。

普通藏纸，梵夹装中印本 (49.1 × 5.9cm)，楷体，墨色，横刊藏文六行，四周双栏，全。

索书号：003293/4。保存基本完好，今藏民族文化宫中国民族图书馆。

༄༅། །བྱང་ཆུབ་ལམ་གྱི་རིམ་པའི་དམར་ཁྲིད་ཐམས་ཅད་མཁྱེན་པར་བགྲོད་པའི་བདེ་ལམ་གྱི་ཟབ་ཁྲིད་འཇིགས་མེད་ཞལ་ལུང་ཞེས་བྱ་བ་བཞུགས་སོ། །

**菩提道次第直观教导·趣一切智之坦道甚深教导·无畏语教**

1 种，41 页。

གུ་ཤྲཱི་དཀའ་བཅུ་པ་བློ་བཟང་ཚེ་འཕེལ། 顾释嘎局巴·洛桑慈培 (1760—？ ) 撰述。

北京地区藏传佛教皇家寺院印经院木刻版之刻印本。

普通纸，梵夹装中印本 (47.8×7.5cm)，楷体，墨色，横刊藏文六行，四周双栏，全。

索书号：001094/6。保存基本完好，今藏民族文化宫中国民族图书馆。

༄༅། །བྱང་ཆུབ་ལམ་གྱི་རིམ་པའི་དམར་ཁྲིད་ཐམས་ཅད་མཁྱེན་པར་བགྲོད་པའི་བདེ་ལམ་གྱི་ཟིན་བྲིས་བླ་མའི་གསུང་རྒྱུན་དྲི་མ་མེད་པ་ཕན་བདེའི་ཆར་ཆེན་འབེབས་པའི་དཔག་བསམ་ལྗོན་པ་ཞེས་བྱ་བ་བཞུགས་སོ། །

**菩提道次第直观教导·趣一切智坦道之笔录·上师无垢语教法流·利乐雨降之如意树**

1 种，39 页。

ཁང་གསར་བློ་བཟང་ཚུལ་ཁྲིམས་བསྟན་པའི་རྒྱལ་མཚན། 康萨·洛桑慈称丹贝坚参 (1848—？ ) 撰述。

西藏地区藏传佛教寺院印经院木刻版之刻印本。

普通藏纸，梵夹装中印本 (49.5×6.8cm)，楷体，墨色，横刊藏文六行，四周双栏，全。

索书号：000929/5。保存基本完好，今藏民族文化宫中国民族图书馆。

༄༅། །བྱང་ཆུབ་ལམ་གྱི་རིམ་པའི་དམར་ཁྲིད་ཐམས་ཅད་མཁྱེན་པར་བགྲོད་པའི་བདེ་ལམ་གྱི་ཟིན་བྲིས་རིན་ཆེན་བང་མཛོད་ཅེས་བྱ་བ་བཞུགས་སོ། །

**菩提道次第直观教导·趣一切智坦道之记录·大宝藏**

1 种，133 页。

དངུལ་ཆུ་རྡམ་ཧྲ་དྲའམ་དངུལ་ཆུ་བློ་མ་ཆོས་བཟང་བློ་བཟང་ཚེ་རིང་། 欧曲·达玛巴扎 (1772—1851) 撰述。

西藏地区藏传佛教寺院印经院木刻版之刻印本。

普通藏纸，梵夹装中印本 (49.8×6cm)，楷体，墨色，横刊藏文六行，四周双栏，全。

索书号：001047/4。保存基本完好，今藏民族文化宫中国民族图书馆。

༄༅། །བྱང་ཆུབ་ལམ་གྱི་རིམ་པའི་དམར་ཁྲིད་ཐམས་ཅད་མཁྱེན་པར་བགྲོད་པའི་བདེ་ལམ་གྱི་གསུང་བཤད་ཟིན་བྲིས་སུ་བཀོད་པ་སྙིང་གི་མེ་ལོང་ཞེས་བྱ་བ་བཞུགས་སོ། །

**菩提道次第直观导释·一切智所入坦道之讲授笔录·心镜**

1 种，161 页。

དཔལ་མང་པཎྜི་ཏ་དཀོན་མཆོག་རྒྱལ་མཚན། 阿芒班智达·恭却坚参 (1764—1853) 撰述。

甘肃省甘南藏族自治州夏河县拉卜楞地区拉卜楞寺 ( 拉章扎喜齐 ) 印经院木刻版之刻印本。

普通藏纸，梵夹装中印本 (48×6.5cm)，楷体，墨色，横刊藏文六行，四周双栏，全。

索书号：000820/2。保存基本完好，今藏民族文化宫中国民族图书馆。

༄༅། །བྱང་ཆུབ་ལམ་གྱི་རིམ་པའི་དམར་ཁྲིད་ཐམས་ཅད་མཁྱེན་པར་བགྲོད་པའི་སྙུར་ལམ་གྱི་ཟིན་བྲིས་སྐུ་གསུམ་ནོར་བུའི་གླིང་དུ་བགྲོད་པའི་གསེར་གྱི་ཤིང་རྟ་ཞེས་བྱ་བ་བཞུགས་སོ། །

**菩提道次第直观教导・趣一切智之捷径笔录・登三身宝洲之金车**

1 种，137 页。

ཁང་གསར་བློ་བཟང་ཚུལ་ཁྲིམས་བསྟན་པའི་རྒྱལ་མཚན། 康萨・洛桑慈称丹贝坚参 (1848—？ ) 撰述。

西藏地区藏传佛教寺院印经院木刻版之刻印本。

普通藏纸，梵夹装中印本 (49.5 × 6.8cm)，楷体，墨色，横刊藏文六行，四周双栏，全。

索书号：000930/4。保存基本完好，今藏民族文化宫中国民族图书馆。

༄༅། །བྱང་ཆུབ་ལམ་གྱི་རིམ་པའི་དམར་ཁྲིད་ཐམས་ཅད་མཁྱེན་པར་བགྲོད་པའི་སྙུར་ལམ་གྱི་ཟིན་བྲིས་ལམ་དང་ལམ་མིན་འབྱེད་པའི་མིག་མཆོག་ཕན་བདེའི་ཆར་ཆེན་འབེབས་པའི་ཡིད་བཞིན་གྱི་ནོར་བུ་ཞེས་བྱ་བ་བཞུགས་སོ། །

**菩提道次第直观教导・趣一切智之捷径笔录・辨道与非道之慧眼利乐雨降之如意宝**

1 种，72 页。

ཁང་གསར་བློ་བཟང་ཚུལ་ཁྲིམས་བསྟན་པའི་རྒྱལ་མཚན། 康萨・洛桑慈称丹贝坚参 (1848—？ ) 撰述。

西藏地区藏传佛教寺院印经院木刻版之刻印本。

普通藏纸，梵夹装中印本 (49.5 × 6.8cm)，楷体，墨色，横刊藏文六行，四周双栏，全。

索书号：000930/3。保存基本完好，今藏民族文化宫中国民族图书馆。

༄༅། །བྱང་ཆུབ་ལམ་གྱི་རིམ་པའི་དམར་ཁྲིད་ཐེག་ཆེན་ལམ་གྱི་འཇུག་ངོགས་ཞེས་བྱ་བ་བཞུགས་སོ། །

**菩提道次第直观导释・大乘道门径**

1 种，92 页。

གུ་གེ་ཡོངས་འཛིན་བློ་བཟང་བསྟན་འཛིན། 古格雍增・洛桑丹增 (1748—1813) 撰述。

西藏自治区日喀则地区扎什伦布寺印经院木刻版之刻印本。

普通藏纸，梵夹装中印本 (48.2 × 6.5cm)，楷体，墨色，横刊藏文六行，四周双栏，全。

索书号：003830/7。保存基本完好，今藏民族文化宫中国民族图书馆。

༄༅། །བྱང་ཆུབ་ལམ་གྱི་རིམ་པའི་དམར་ཁྲིད་བདེ་སྙུར་གྱི་ཐོག་ནས་ཉམས་ཁྲིད་བསྐྱལ་སྐབས་ཀྱི་ས་བཅད་སོགས་ས་བཅད་འགའ་ཞིག་ཕྱོགས་གཅིག་ཏུ་བཀོད་པ་ཞེས་བྱ་བ་བཞུགས་སོ། །

**菩提道次第直观教导由安速门中传赐证验引导时之科判等部分科判合编**

1 种，18 页。

ཕ་བོང་ཁ་པ་བདེ་ཆེན་སྙིང་པོ། 帕邦喀巴・德钦宁波 (1878—1941) 撰述。

西藏地区藏传佛教格旦寺印经院木刻版之刻印本。

普通藏纸，梵夹装中印本 (49.1 × 5.9cm)，楷体，墨色，横刊藏文六行，四周双栏，全。

索书号：003293/5。保存基本完好，今藏民族文化宫中国民族图书馆。

༄༅། །བྱང་ཆུབ་ལམ་གྱི་རིམ་པའི་དམར་ཁྲིད་གཞན་ཕན་བདུད་རྩིའི་བུམ་པ་ཞེས་བྱ་བ་བཞུགས་སོ། །

**菩提道次第直观教导・利他甘露瓶**

1 种，16 页。

པཎ་ཆེན་ཨེར་ཏེ་ནི་དཔལ་ལྡན་ཡེ་ཤེས། 班禅额尔德尼・白旦益希 (1738—1780) 撰述。

西藏自治区日喀则地区扎什伦布寺印经院木刻版之刻印本。

普通藏纸，梵夹装中印本 (49.1×6.8cm)，楷体，墨色，横刊藏文六行，四周双栏，全。

索书号：000669/6。保存基本完好，今藏民族文化宫中国民族图书馆。

༄༅། །བྱང་ཆུབ་ལམ་གྱི་རིམ་པའི་དམིགས་སྐོར་མདོར་བསྡུས་པ་བྱིན་རླབས་ཀྱི་གཏེར་མཛོད་ཅེས་བྱ་བ་བཞུགས་སོ། །

**菩提道次第所缘法类略篇·加持宝藏**

1 种，23 页。

འཇམ་དབྱངས་བཞད་པ་དཀོན་མཆོག་འཇིགས་མེད་དབང་པོ། 嘉木样协巴·恭却吉迈旺波 (1728—1791) 撰述。

甘肃省甘南藏族自治州夏河县拉卜楞地区拉卜楞寺 ( 拉章扎喜齐 ) 印经院木刻版之刻印本。

普通藏纸，梵夹装中印本 (48.4×7.4cm)，楷体，墨色，横刊藏文六行，四周双栏，全。

索书号：000875/5。保存基本完好，今藏民族文化宫中国民族图书馆。

༄༅། །བྱང་ཆུབ་ལམ་གྱི་རིམ་པའི་དམིགས་ཁྲིད་ཀྱི་ས་བཅད་མདོར་བསྡུས་ཞེས་བྱ་བ་བཞུགས་སོ། །

**菩提道次第观想导释之简略科目**

1 种，6 页。

ལྕང་སྐྱ་ངག་དབང་བློ་བཟང་ཆོས་ལྡན། 章嘉·阿旺洛桑却旦 (1642—1714) 撰述。

北京地区藏传佛教皇家寺院印经院木刻版之刻印本。

普通纸，梵夹装中印本 (49×6.8cm)，楷体，墨色，横刊藏文六行，四周双栏，全。

索书号：003560/4。保存基本完好，今藏民族文化宫中国民族图书馆。

༄༅། །བྱང་ཆུབ་ལམ་གྱི་རིམ་པའི་དམིགས་ཁྲིད་སྙིང་རྒྱུད་མདོར་བསྡུས་ཐར་འདོད་འཇུག་ངོགས་ཞེས་བྱ་བ་བཞུགས་སོ། །

**菩提道次第观想导释修法略编·求解脱之门径**

1 种，31 页。

གེཏྟེ་བློ་བཟང་འཕྲིན་ལས། 格迪·洛桑成勒 (1849—1905) 撰述。

甘肃省甘南藏族自治州碌曲县郎木地区郎木寺印经院木刻版之刻印本。

普通纸，梵夹装中印本 (44.8×6.1cm)，楷体，墨色，横刊藏文六行，四周双栏，全。

索书号：001084/6。保存基本完好，今藏民族文化宫中国民族图书馆。

༄༅། །བྱང་ཆུབ་ལམ་གྱི་རིམ་པའི་དམིགས་ཁྲིད་མདོར་བསྡུས་འཁྱེར་བདེ་བ་ཞེས་བྱ་བ་བཞུགས་སོ། །

**菩提道次第所缘次第易行略编**

1 种，7 页。

ལྕང་སྐྱ་ངག་དབང་བློ་བཟང་ཆོས་ལྡན། 章嘉·阿旺洛桑却旦 (1642=—1714) 撰述。

北京地区藏传佛教皇家寺院印经院木刻版之刻印本。

普通纸，梵夹装中印本 (49×6.8cm)，楷体，墨色，横刊藏文六行，四周双栏，全。

索书号：003560/3。保存基本完好，今藏民族文化宫中国民族图书馆。

༄༅། །བྱང་ཆུབ་ལམ་གྱི་རིམ་པའི་དམིགས་རིམ་ཟིན་བྲིས་ཞེས་བྱ་བ་བཞུགས་སོ། །

**菩提道次第所缘次第笔录**

1 种，9 页。

ཐུའུ་བཀྭན་ངག་དབང་ཆོས་ཀྱི་རྒྱ་མཚོ། 土观·阿旺曲吉嘉措 (1680—1736) 撰述。

北京地区藏传佛教皇家寺院印经院木

刻版之刻印本。

普通纸，梵夹装中印本(38.2×6cm)，楷体，墨色，横刊藏文六行，四周双栏，全。

索书号：003560/4。保存基本完好，今藏民族文化宫中国民族图书馆。

༄༅། །བྱང་ཆུབ་ལམ་གྱི་རིམ་པའི་རྩ་འགྲེལ་ཞེས་བྱ་བ་བཞུགས་སོ། །

**菩提道次第本注**

1 种，4 页。

སྤྱན་སྔ་བློ་གྲོས་རྒྱལ་མཚན། 金厄・洛哲坚参(1402—1472)撰述。

西藏地区藏传佛教寺院印经院木刻版之刻印本。

普通藏纸，梵夹装中印本(缩印本)，楷体，墨色，横刊藏文六行，四周双栏，全。

索书号：003767/13。保存基本完好，今藏民族文化宫中国民族图书馆。

༄༅། །བྱང་ཆུབ་ལམ་གྱི་རིམ་པའི་ཞལ་ཤེས་ཟིན་བྲིས་སུ་བཀོད་པ་བླ་མ་ལྷའི་རྣལ་འབྱོར་ཟབ་མོ་འཇིགས་མེད་ཞལ་ལུང་ཞེས་བྱ་བ་བཞུགས་སོ། །

**菩提道次第亲训笔录・上师本尊甚深瑜伽・吉迈旺波言教**

1 种，24 页。

དཔལ་མང་པཎྜི་ཏ་དཀོན་མཆོག་རྒྱལ་མཚན། 阿芒班智达・恭却坚参(1764—1853)撰述。

甘肃省甘南藏族自治州夏河县拉卜楞地区拉卜楞寺(拉章扎喜齐)印经院木刻版之刻印本。

普通藏纸，梵夹装中印本(48×6.5cm)，楷体，墨色，横刊藏文六行，四周双栏，全。

索书号：000820/1。保存基本完好，今藏民族文化宫中国民族图书馆。

༄༅། །བྱང་ཆུབ་ལམ་གྱི་རིམ་པའི་ས་བཅད་ཅེས་བྱ་བ་བཞུགས་སོ། །

**菩提道次第科判**

1 种，30 页。

རྒྱལ་སྲས་སྐལ་བཟང་ཐུབ་བསྟན། 嘉赛・格桑图丹(1743—1810)撰述。

西藏自治区拉萨市达孜地区噶旦寺(喜足尊胜洲)印经院木刻版之刻印本。

普通藏纸，梵夹装中印本(47×7cm)，楷体，墨色，横刊藏文六行，四周双栏，全。

索书号：000814/1。保存基本完好，今藏民族文化宫中国民族图书馆。

༄༅། །བྱང་ཆུབ་ལམ་གྱི་རིམ་པའི་གསུང་ཟིན་བརྗེད་བྱང་དུ་བཀོད་པ་ཞེས་བྱ་བ་བཞུགས་སོ། །

**菩提道次第语教备忘录**

1 种，17 页。

དྲུང་ཆེན་ཤེས་རབ་རྒྱ་མཚོ། 仲钦・希饶嘉措(1803—？ )撰述。

甘肃省甘南藏族自治州夏河县拉卜楞地区拉卜楞寺(拉章扎喜齐)印经院木刻版之刻印本。

普通藏纸，梵夹装中印本(48×6cm)，楷体，墨色，横刊藏文六行，四周双栏，全。

索书号：003695/12。保存基本完好，今藏民族文化宫中国民族图书馆。

༄༅། །བྱང་ཆུབ་ལམ་གྱི་རིམ་པར་སྐྱོང་ཁྲིད་གནད་དུ་བཀར་ཏེ་ཉམས་ལེན་གྱི་མན་ངག་ཕལ་ཆེ་དམར་ཁྲིད་ལག་ལེན་མཐུབ་བཟུགས་ཀྱི་ཚུལ་དུ་བཀོད་པ་ཞེས་བྱ་བ་བཞུགས་སོ། །

**菩提道次第修验教导提要验修法之教授・易行通晓指南**

1 种，13 页。

ཕ་བོང་ཁ་པ་བདེ་ཆེན་སྙིང་པོ། 帕邦喀巴・德

钦宁波 (1878—1941) 撰述。

西藏地区藏传佛教格旦寺印经院木刻版之刻印本。

普通藏纸，梵夹装中印本 (49.1×5.9cm)，楷体，墨色，横刊藏文六行，四周双栏，全。

索书号：003293/6。保存基本完好，今藏民族文化宫中国民族图书馆。

༄༅། །བྱང་ཆུབ་ལམ་གྱི་རིམ་པ་ལ་བརྟེན་ལམ་གྱི་མན་ངག་བཞིན་དུ་མྱུར་བསྒོམ་བྱ་ཚུལ་ཚིགས་བཅད་དུ་བསྡེབས་པ་ཞེས་བྱ་བ་བཞུགས་སོ། །

**依菩提道次第坦道之教授速修法颂文**

1 种，32 页。

ཁལ་ཁ་མཁན་པོ་ངག་དབང་བློ་བཟང་མཁས་གྲུབ། 喀尔喀堪波·阿旺洛桑凯珠 (1779—1838) 撰述。

西藏地区藏传佛教寺院印经院木刻版之刻印本。

普通藏纸，梵夹装中印本 (52.2×7.2cm)，楷体，墨色，横刊藏文六行，四周双栏，全。

索书号：001237/5。保存基本完好，今藏民族文化宫中国民族图书馆。

༄༅། །བྱང་ཆུབ་ལམ་གྱི་རིམ་པ་ལ་མྱུར་སྒོམ་བྱ་ཚུལ་གྱི་མན་ངག་ཅེས་བྱ་བ་བཞུགས་སོ། །

**菩提道次第简修法之教授**

1 种，50 页。

ཨ་རོལ་བློ་བཟང་ལུང་རིགས་རྒྱ་མཚོ། 阿若·洛桑隆柔嘉措 (1805—1886) 撰述。

青海省黄南藏族自治州同仁县隆务地区隆务寺（大乐法轮洲）印经院木刻版之刻印本。

普通藏纸，梵夹装中印本，楷体，墨色，横刊藏文六行，四周双栏，全。

索书号：001224/7。保存基本完好，今藏民族文化宫中国民族图书馆。

༄༅། །བྱང་ཆུབ་ལམ་རིམ་གྱི་སྔོན་འགྲོའི་སྐོར་མདོར་བསྡུས་བྱ་ཚུལ་སོགས་ཞེས་བྱ་བ་བཞུགས་སོ། །

**菩提道次第之前行法类略修法**

1 种，11 页。

ཞབས་དྲུང་ཆོས་རྗེ་ངག་དབང་ཚེ་རིང་། 夏仲法尊·阿旺慈仁 (？—1792) 撰述。

蒙古国乌兰巴托地区藏传佛教库伦寺印经院木刻版之刻印本。

普通藏纸，梵夹装中印本 (46.8×5.2cm)，楷体，墨色，横刊藏文六行，四周双栏，全。

索书号：000748/10。保存基本完好，今藏民族文化宫中国民族图书馆。

༄༅། །བྱང་ཆུབ་ལམ་རིམ་གྱི་ཆེ་བ་བཞིའི་རྣམ་གཞག་བཤད་པ་གནད་དོན་གསལ་བྱེད་ཅེས་བྱ་བ་བཞུགས་སོ། །

**菩提道次第四胜德建立释·显明要义**

1 种，17 页。

ཆ་ཧར་དགེ་བཤེས་བློ་བཟང་ཚུལ་ཁྲིམས། 恰哈尔格西·洛桑慈称 (1740—1810) 撰述。

北京地区藏传佛教皇家寺院印经院木刻版之刻印本。

普通纸，梵夹装中印本 (48.6×6.7cm)，楷体，墨色，横刊藏文六行，四周双栏，全。

索书号：000727/9。保存基本完好，今藏民族文化宫中国民族图书馆。

༄༅། །བྱང་ཆུབ་ལམ་རིམ་གྱི་ཟབ་འཁྲིད་མདོར་བསྡུས་ཕན་བདེའི་ལམ་བཟང་གི་སྔོན་འགྲོ་སྦྱོར་བའི་ཆོས་དྲུག་རྒྱས་པར་བྱེད་ཚུལ་གྱི་འདོན་བསྒྲིགས་ཞེས་བྱ་བ་བཞུགས་སོ། །

**菩提道次第甚深教导略篇·利乐妙道六加行法广修念诵法**

1 种，6 页。

ཁལ་ཁ་དམ་ཆོག་རྡོ་རྗེ། 喀尔喀・丹慈多结(1781—1855) 撰述。

甘肃省甘南藏族自治州夏河县拉卜楞地区拉卜楞寺（拉章扎喜齐）印经院木刻版之刻印本。

普通藏纸，梵夹装中印本 (47×6.5cm)，楷体，墨色，横刊藏文六行，四周双栏，全。

索书号：001068/36。保存基本完好，今藏民族文化宫中国民族图书馆。

༄༅། །བྱང་ཆུབ་ལམ་རིམ་ཆུང་ངུའི་བཤད་ལུང་གནང་དུས་ཀྱི་གསུང་བཤད་འགའ་ཞིག་བཀོད་པ་སོགས་ཟིན་བྲིས་ཀྱི་སྐོར་བཞུགས་སོ། །

**传授道次第略论时部分讲说等记录**

1 种，19 页。

ཀུ་ཤྲཱི་དཀའ་བཅུ་པ་བློ་བཟང་ཚེ་འཕེལ། 顾释嘎局巴・洛桑慈培 (1760—？ ) 撰述。

北京地区藏传佛教皇家寺院印经院木刻版之刻印本。

普通纸，梵夹装中印本 (47.8×7.5cm)，楷体，墨色，横刊藏文六行，四周双栏，全。

索书号：001095/4。保存基本完好，今藏民族文化宫中国民族图书馆。

༄༅། །བྱང་ཆུབ་ལམ་རིམ་ཆེན་མོ་མཆན་བུ་བཞི་སྦྲགས་ཀྱི་སྐོར་དྲན་གསོའི་བརྗེད་བྱང་མགོ་སྨོས་ཙམ་དུ་མཛད་པ་ཞེས་བྱ་བ་བཞུགས་སོ། །

**菩提道次第广论四家注法类备忘录略编**

1 种，94 页。

པ་བོང་ཁ་པ་བདེ་ཆེན་སྙིང་པོ། 帕邦喀巴・德钦宁波 (1878—1941) 撰述。

西藏地区藏传佛教噶旦寺印经院木刻版之刻印本。

普通藏纸，梵夹装中印本 (49.1×5.9cm)，楷体，墨色，横刊藏文六行，四周双栏，全。

索书号：003293/2。保存基本完好，今藏民族文化宫中国民族图书馆。

༄༅། །བྱང་ཆུབ་ལམ་རིམ་ཆེན་མོའི་མཆོད་བརྗོད་ཀྱི་ཚིགས་བཅད་དང་པོ་ཕུན་ཚོགས་དགེ་ལེགས་མའི་དོན་བཤད་པ་ཀུན་མཁྱེན་ལམ་བཟང་ཞེས་བྱ་བ་བཞུགས་སོ། །

**菩提道次第广论礼赞初颂・圆满妙善篇释义・遍智妙道**

1 种，113 页。

ཀུ་ཤྲཱི་དཀའ་བཅུ་པ་བློ་བཟང་ཚེ་འཕེལ། 顾释嘎局巴・洛桑慈培 (1760—？ ) 撰述。

北京地区藏传佛教皇家寺院印经院木刻版之刻印本。

普通纸，梵夹装中印本 (47.8×7.5cm)，楷体，墨色，横刊藏文六行，四周双栏，全。

索书号：001193/10。保存基本完好，今藏民族文化宫中国民族图书馆。

༄༅། །བྱང་ཆུབ་ལམ་རིམ་ཆེན་མོའི་དོན་གྱི་སྙིང་པོ་བསྡུས་པ་རྗེའི་དགོངས་གསལ་དགྱེས་བྱེད་མཆོད་སྤྲིན་ཞེས་བྱ་བ་བཞུགས་སོ། །

**菩提道次第广论摄要・开显宗喀巴密意供养云**

1 种，75 页。

ཅོ་ནེ་གྲགས་པ་བཤད་སྒྲུབ། 卓尼・札巴协珠 (1675—1748) 撰述。

甘南藏族自治州卓尼县卓尼地区卓尼寺（觉乃噶旦协珠林）印经院木刻版之刻印本。

普通藏纸，梵夹装中印本 (48.6×6.3cm)，楷体，墨色，横刊藏文六行，四周双栏，全。

索书号：003690/2。保存基本完好，今藏民族文化宫中国民族图书馆。

༄༅། །བྱང་ཆུབ་ལམ་རིམ་ཆེན་མོའི་བསྡུས་དོན་བླ་མའི་ཞལ་ཆབ་བཞིན་བཀོད་པ་ཉམས་རྟོགས་རྒྱ་མཚོ་སྤེལ་བའི་ཟླ་ཟེར་ཞེས་བྱ་བ་བཞུགས་སོ། །

**菩提道次第广论摄义·依师语撰出·修悟海增盛之月光**

1 种，70 页。

རྫོང་དཀར་འཛིགས་མེད་དམ་ཆོས་རྒྱ་མཚོ། 宗嘎·吉迈丹曲嘉措 (1898—1946) 撰述。

青海省化隆回族自治县金源地区丹斗寺 ( 丹斗协吉央贡 ) 印经院木刻版之刻印本。

普通藏纸，梵夹装中印本 (44.2×6.2cm)，楷体，墨色，横刊藏文六行，四周双栏，全。

索书号：000806/3。保存基本完好，今藏民族文化宫中国民族图书馆。

༄༅། །བྱང་ཆུབ་ལམ་རིམ་ཆེན་མོའི་ཟིན་བྲིས་གདུང་སེལ་བདུད་རྩིའི་ཐིགས་ཕྲེང་ཞེས་བྱ་བ་བཞུགས་སོ། །

**菩提道次第广论记录·能除痛苦之甘露珠鬘**

1 种，69 页。

ཀིརྟི་བློ་བཟང་འཕྲིན་ལས། 格迪·洛桑成勒 (1849—1905) 撰述。

甘肃省甘南藏族自治州碌曲县郎木地区郎木寺印经院木刻版之刻印本。

普通纸，梵夹装中印本 (44.8×6.1cm)，楷体，墨色，横刊藏文六行，四周双栏，全。

索书号：001084/15。保存基本完好，今藏民族文化宫中国民族图书馆。

༄༅། །བྱང་ཆུབ་ལམ་རིམ་ཆེན་མོའི་བཤད་ལུང་གི་ཟིན་བྲིས་ཞེས་བྱ་བ་བཞུགས་སོ། །

**菩提道次第略修法摄义**

1 种，7 页。

དྲུང་ཆེན་ཤེས་རབ་རྒྱ་མཚོ། 仲钦·希饶嘉措 (1803—? ) 撰述。

甘肃省甘南藏族自治州夏河县拉卜楞地区拉卜楞寺 ( 拉章扎喜齐 ) 印经院木刻版之刻印本。

普通藏纸，梵夹装中印本 (48×6cm)，楷体，墨色，横刊藏文六行，四周双栏，全。

索书号：000806/4。保存基本完好，今藏民族文化宫中国民族图书馆。

༄༅། །བྱང་ཆུབ་ལམ་རིམ་ཆེན་མོའི་བཤད་ལུང་ལན་ལྔ་པ་ཐུས་སྐབས་ཀྱི་ཟིན་བྲིས་སྐུ་བཞིའི་གཞལ་མེད་ཁང་དུ་བགྲོད་པའི་བཻ་ཌཱུ་རྱ་སེར་པོའི་ཐེམ་སྐས་ཞེས་བྱ་བ་བཞུགས་སོ། །

**菩提道次第广论教典第五次时笔录·趣四身无量宫殿中之黄琉璃阶梯**

1 种，34 页。

ཁང་གསར་བློ་བཟང་ཚུལ་ཁྲིམས་བསྟན་པའི་རྒྱལ་མཚན། 康萨·洛桑慈称丹贝坚参 (1848—? ) 撰述。

西藏地区藏传佛教寺院印经院木刻版之刻印本。

普通藏纸，梵夹装中印本 (49.5×6.8cm)，楷体，墨色，横刊藏文六行，四周双栏，全。

索书号：000929/4。保存基本完好，今藏民族文化宫中国民族图书馆。

༄༅། །བྱང་ཆུབ་ལམ་རིམ་ཆེན་མོའི་ས་བཅད་ཀྱི་ཐོག་ནས་སྐྱེས་བུ་གསུམ་གྱི་རིམ་པའི་མན་ངག་གི་གནད་བསྡུས་གསལ་བའི་སྒྲོན་མེ་ཞེས་བྱ་བ་བཞུགས་སོ། །

**讲授菩提道次第广论科判中三士道次第教授摄要明灯**

1 种，83 页。

སྟག་ཕུ་ཡོངས་འཛིན་ཡེ་ཤེས་རྒྱ་མཚོ། 达普雍增·益希嘉措 (18 世纪，生卒年不详 ) 撰述。

西藏自治区拉萨地区色拉寺 ( 曲迪钦

波色拉特钦林）印经院木刻版之刻印本。

普通藏纸，梵夹装中印本（缩印本），楷体，墨色，横刊藏文六行，四周双栏，全。

索书号：003763/2。保存基本完好，今藏民族文化宫中国民族图书馆。

༄༅། །བྱང་ཆུབ་ལམ་རིམ་ལས་བརྩམས་པའི་དྲིས་ལན་ཞེས་བྱ་བ་བཞུགས་སོ། །

**菩提道次第问答**

1 种，23 页。

ཕུར་ལྕོག་ངག་དབང་བྱམས་པ། 普觉・阿旺乾巴 (1682—1762) 撰述。

西藏地区藏传佛教寺院印经院木刻版之刻印本。

普通藏纸，梵夹装中印本 (49.6×6cm)，楷体，墨色，横刊藏文六行，四周双栏，全。

索书号：004841/11。保存基本完好，今藏民族文化宫中国民族图书馆。

༄༅། །བྱང་ཆུབ་ལམ་རིམ་བཤར་སྒོམ་བྱེད་ཚུལ་གྱི་བསྡུས་དོན་ཞེས་བྱ་བ་བཞུགས་སོ། །

**菩提道次第略修法摄义**

1 种，7 页。

རྫོང་དཀར་འཇིགས་མེད་དམ་ཆོས་རྒྱ་མཚོ། 宗嘎・吉迈丹曲嘉措 (1898—1946) 撰述。

青海省化隆回族自治县金源地区丹斗寺（丹斗协吉央贡）印经院木刻版之刻印本。

普通藏纸，梵夹装中印本 (44.2×6.2cm)，楷体，墨色，横刊藏文六行，四周双栏，全。

索书号：000806/4。保存基本完好，今藏民族文化宫中国民族图书馆。

༄༅། །བླ་མ་རྡོ་རྗེ་འཆང་ཆེན་པོ་ནས་སྲས་མཆོག་ཤར་ཐམས་ཅད་མཁྱེན་པ་ལ་བསྩལ་བའི་བཀའ་པོད་ཆེན་པོ་ལྔའི་ལམ་གྱི་ཆིངས་བྱང་ཆུབ་ལམ་རིམ་དང་སྦྱར་བའི་ལམ་བསྒྲིགས་ཞེས་བྱ་བ་བཞུགས་སོ། །

**上师金刚大持传赐上首弟子夏尔一切智五部大论之道纲・菩提道次第道序列编**

1 种，21 页。

རྫོང་དཀར་འཇིགས་མེད་དམ་ཆོས་རྒྱ་མཚོ། 宗嘎・吉迈丹曲嘉措 (1898—1946) 撰述。

青海省化隆回族自治县金源地区丹斗寺（丹斗协吉央贡）印经院木刻版之刻印本。

普通藏纸，梵夹装中印本 (44.2×6.2cm)，楷体，墨色，横刊藏文六行，四周双栏，全。

索书号：000806/10。保存基本完好，今藏民族文化宫中国民族图书馆。

༄༅། །རིགས་དང་དཀྱིལ་འཁོར་མ་ལུས་པའི་མགོན་པོ་སྐལ་ལྡན་རྒྱ་མཚོའི་བཀའ་འབུམ་ལས་བྱང་ཆུབ་ལམ་གྱི་རིམ་པའི་བརྒྱུད་པའི་གསོལ་འདེབས་ཞེས་བྱ་བ་བཞུགས་སོ། །

**无余部种及曼荼罗怙主格旦嘉措文集中菩提道次第承传启请**

1 种，3 页。

ཤར་སྐལ་ལྡན་རྒྱ་མཚོ། 夏・格旦嘉措 (1607—1677) 撰述。

青海省黄南藏族自治州同仁县隆务地区隆务寺（大乐法轮洲）印经院木刻版之刻印本。

普通藏纸，梵夹装中印本 (40.5×5.6cm)，楷体，墨色，横刊藏文六行，四周双栏，全。

索书号：001050/2。保存基本完好，今藏民族文化宫中国民族图书馆。

༄༅། །རིམ་ལྔ་གསལ་སྒྲོན་གྱི་ས་བཅད་ཅེས་བྱ་བ་བཞུགས་སོ། །

**五次第明灯论科判**

1 种，22 页。

ཀློང་རྡོལ་བླ་མ་ངག་དབང་བློ་བཟང་། 隆多喇嘛·阿旺洛桑 (1719—1795) 撰述。

北京地区藏传佛教皇家寺院印经院木刻版之刻印本。

普通纸，梵夹装中印本 (53×7.1cm)，楷体，墨色，横刊藏文六行，四周双栏，全。

索书号：001004/5。保存基本完好，今藏民族文化宫中国民族图书馆。

༄༅། །ལམ་ཁྲིད་འཇམ་དབྱངས་ཞལ་ལུང་གི་ཁྲིད་དམིགས་བསྡུས་དོན་སྐལ་ལྡན་འཇུག་ངོགས་ཞེས་བྱ་བ་བཞུགས་སོ། །

**道次第讲义·文殊语教之讲义所缘摄义·具缘津梁**

1 种，27 页。

ཡོངས་འཛིན་ཡེ་ཤེས་རྒྱལ་མཚན། 雍增·益希坚参 (1713—1793) 撰述。

西藏自治区拉萨地区孜雪印经院木刻版之刻印本。

普通藏纸，梵夹装中印本 (48.5×6.4cm)，楷体，墨色，横刊藏文六行，四周双栏，全。

索书号：003333/4。保存基本完好，今藏民族文化宫中国民族图书馆。

༄༅། །ལམ་ཁྲིད་མདོར་བསྡུས་འཛིན་བདེ་ཀུན་ཕན་ཞེས་བྱ་བ་བཞུགས་སོ། །

**菩提道导引略编·易持普益**

1 种，4 页。

ཐུའུ་བཀྭན་ངག་དབང་ཆོས་ཀྱི་རྒྱ་མཚོ། 土观·阿旺曲吉嘉措 (1680—1736) 撰述。

北京地区藏传佛教皇家寺院印经院木刻版之刻印本。

普通纸，梵夹装中印本 (38.2×6cm)，楷体，墨色，横刊藏文六行，四周双栏，全。

索书号：001229/4。保存基本完好，今藏民族文化宫中国民族图书馆。

༄༅། །ལམ་འཁྲིད་འཇམ་དབྱངས་ཞལ་ལུང་གི་སྟོད་སྨད་རྣམས་སུ་བློ་དམན་རང་ལ་དོགས་པ་ཟེ་ལྷར་བྱུང་བ་རྣམས་བཞུགས་སོ། །

**道次第教导·文殊语教上下卷诸篇中劣慧若己者所出诸疑难篇**

1 种，9 页。

ཕུར་ལྕོག་ངག་དབང་བྱམས་པ། 普觉·阿旺乾巴 (1682—1762) 撰述。

西藏地区藏传佛教寺院印经院木刻版之刻印本。

普通藏纸，梵夹装中印本 (49.6×6cm)，楷体，墨色，横刊藏文六行，四周双栏，全。

索书号：004841/11。保存基本完好，今藏民族文化宫中国民族图书馆。

༄༅། །ལམ་རིམ་གྱི་ཁྲིད་ཀྱི་ཟིན་བྲིས་ཞེས་བྱ་བ་བཞུགས་སོ། །

**菩提道次第导释笔录**

1 种，49 页。

ལྕང་སྐྱ་ངག་དབང་བློ་བཟང་ཆོས་ལྡན། 章嘉·阿旺洛桑曲旦 (1642—1714) 撰述。

北京地区藏传佛教皇家寺院印经院木刻版之刻印本。

普通纸，梵夹装中印本 (49×6.8cm)，楷体，墨色，横刊藏文六行，四周双栏，全。

索书号：003559/6。保存基本完好，今藏民族文化宫中国民族图书馆。

**༄༅། །ལམ་རིམ་གྱི་སྒྲུང་ཁྲིད་སྐལ་ལྡན་ཐར་འདོད་འཇུག་ངོགས་ཞེས་བྱ་བ་བཞུགས་སོ། །**

**道次第修验教导·具缘求解脱者之门径**

1 种，16 页。

རྒྱལ་སྲས་སྐལ་བཟང་ཐུབ་བསྟན། 嘉赛·格桑图丹 (1743—1810) 撰述。

西藏自治区拉萨市达孜地区噶旦寺 ( 喜足尊胜洲 ) 印经院木刻版之刻印本。

普通藏纸，梵夹装中印本 (47×7cm)，楷体，墨色，横刊藏文六行，四周双栏，全。

索书号：000814/2。保存基本完好，今藏民族文化宫中国民族图书馆。

**༄༅། །ལམ་རིམ་གྱི་ཟིན་བྲིས་སོགས་ཟིན་བྲིས་ཀྱི་སྐོར་ཞེས་བྱ་བ་བཞུགས་སོ། །**

**菩提道次第笔录等笔录类**

1 种，11 页。

ཆེ་ཤོས་བློ་བཟང་བྱང་ཆུབ་བསྟན་པའི་སྒྲོན་མེ། 却西·洛桑强曲丹贝尼玛 (1861—1933) 撰述。

青海省湟中县鲁沙尔地区塔尔寺 ( 固奔乾巴林 ) 印经院木刻版之刻印本。

普通藏纸，梵夹装中印本 ( 缩印本 )，楷体，墨色，横刊藏文六行，四周双栏，全。

索书号：003777/7。保存基本完好，今藏民族文化宫中国民族图书馆。

**༄༅། །ལམ་རིམ་སྔོན་འགྲོ་སྦྱོར་བའི་ཆོས་དྲུག་བྱ་ཚུལ་བློ་བཟང་དགོངས་རྒྱན་ཞེས་བྱ་བ་བཞུགས་སོ། །**

**菩提道次第之加行六法修法·善慧心宝**

1 种，14 页。

ཡོངས་འཛིན་ཡེ་ཤེས་རྒྱལ་མཚན། 雍增·益希坚参 (1713—1793) 撰述。

西藏自治区拉萨地区孜雪印经院木刻版之刻印本。

普通藏纸，梵夹装中印本 (48.5×6.4cm)，楷体，墨色，横刊藏文六行，四周双栏，全。

索书号：003342/8。保存基本完好，今藏民族文化宫中国民族图书馆。

**༄༅། །ལམ་རིམ་ཆུང་ངུའི་བདེན་གཉིས་ཀྱི་མཚན་འགྲེལ་བློ་བཟང་དགོངས་རྒྱན་ཞེས་བྱ་བ་བཞུགས་སོ། །**

**菩提道次第略论二谛品释·善慧密意庄严**

1 种，33 页。

རྒྱ་ནག་པ་འཇམ་དབྱངས་བསྟན་པའི་ཉི་མ། 嘉纳巴·绛央丹贝尼玛 (1686—1738) 撰述。

甘肃省甘南藏族自治州夏河县拉卜楞地区拉卜楞寺 ( 拉章扎喜齐 ) 印经院木刻版之刻印本。

普通藏纸，梵夹装中印本 (47.2×6.5cm)，楷体，墨色，横刊藏文六行，四周双栏，全。

索书号：001078/4。保存基本完好，今藏民族文化宫中国民族图书馆。

**༄༅། །ལམ་རིམ་ཆུང་བ་དང་ལམ་རིམ་སྤྱི་འགྲོ་བློ་སྦྱོང་བཅས་ཀྱི་ས་བཅད་ཅེས་བྱ་བ་བཞུགས་སོ། །**

**菩提道次第略论与道次第统轨修心等科判**

1 种，13 页。

ཀློང་རྡོལ་བླ་མ་ངག་དབང་བློ་བཟང་། 隆多喇嘛·阿旺洛桑 (1719—1795) 撰述。

北京地区藏传佛教皇家寺院印经院木刻版之刻印本。

普通纸，梵夹装中印本 (53×7.1cm)，楷体，墨色，横刊藏文六行，四周双栏，全。

索书号：001004/3。保存基本完好，今藏民族文化宫中国民族图书馆。

༧༢། །ལམ་རིམ་ཆེན་མོའི་ཟིན་བྲིས་ཞེས་བྱ་བ་བཞུགས་སོ། །

**道次第广论记录**

1 种，2 页。

ཧོར་ཚང་ཁྲི་ཆེན་འཇིགས་མེད་རིགས་པའི་སེང་གེ། 霍尔仓赤钦 · 吉迈柔贝桑格 (1747—1815) 撰述。

甘肃省甘南藏族自治州夏河县拉卜楞地区拉卜楞寺 ( 拉章扎喜齐 ) 传抄之缮写本。

普通藏纸，梵夹装中印本 (43 × 5.3cm)，楷体，墨色，横书藏文七行，四周双栏，全。

索书号：001212/2。保存基本完好，今藏民族文化宫中国民族图书馆。

༧༣། །ལམ་རིམ་མཆན་བཞི་སྦྲགས་མའི་བཤད་ཁྲིད་ཀྱི་ཟིན་བོ་བློ་བཟང་ཞལ་ལུང་ཞེས་བྱ་བ་བཞུགས་སོ། །

**道次第四家合注讲经教笔录 · 善慧语教**

1 种，22 页。

བླ་ཁོ་འཇིགས་མེད་འཕྲིན་ལས་རྒྱ་མཚོ། 拉科 · 吉迈成勒嘉措 (1866—1947) 撰述。

甘肃省甘南藏族自治州夏河县拉卜楞地区拉卜楞寺 ( 拉章扎喜齐 ) 印经院木刻版之刻印本。

普通藏纸，梵夹装中印本 (46.7 × 6.2cm)，楷体，墨色，横刊藏文六行，四周双栏，全。

索书号：000998/11。保存基本完好，今藏民族文化宫中国民族图书馆。

༧༤། །ལམ་རིམ་འཇམ་དཔལ་ཞལ་ལུང་གི་ཟིན་བྲིས་འཕྲོ་ཅན་བཞུགས་སོ། །

**菩提道次第文殊口传笔录续编**

1 种，25 页。

ཆེ་ཤོས་བློ་བཟང་བྱང་ཆུབ་བསྟན་པའི་སྒྲོན་མེ། 却西 · 洛桑强曲丹贝尼玛 (1861—1933) 撰述。

青海省湟中县鲁沙尔地区塔尔寺 ( 固奔乾巴林 ) 印经院木刻版之刻印本。

普通藏纸，梵夹装中印本 ( 缩印本 )，楷体，墨色，横刊藏文六行，四周双栏，全。

索书号：003777/6。保存基本完好，今藏民族文化宫中国民族图书馆。

༧༥། །ལམ་རིམ་ཉམས་མགུར་གྱི་ཚིག་འགྲེལ་ཉུང་ངུ་དོན་གསལ་ཞེས་བྱ་བ་བཞུགས་སོ། །

**道次第道情歌明义略释**

1 种，28 页。

ཞབས་དྲུང་ཆོས་རྗེ་ངག་དབང་ཚེ་རིང་། 夏仲曲吉 · 阿旺慈仁 ( ？ —1792) 撰述。

蒙古国乌兰巴托地区藏传佛教库伦寺院印经院木刻版之刻印本。

普通藏纸，梵夹装中印本 (46.8 × 5.2cm)，楷体，墨色，横刊藏文六行，四周双栏，全。

索书号：000748/12。保存基本完好，今藏民族文化宫中国民族图书馆。

༧༦། །ལམ་རིམ་སྙིང་པོ་བསྟན་འཛིན་བྱེ་བའི་འབྱུང་གནས་ཞེས་བྱ་བ་བཞུགས་སོ། །

**道次第心要 · 持教师俱胝生源**

1 种，53 页。

རྫོང་དཀར་འཇིགས་མེད་དམ་ཆོས་རྒྱ་མཚོ། 宗嘎 · 吉迈丹曲嘉措 (1898—1946) 撰述。

青海省化隆回族自治县金源地区丹斗寺 ( 丹斗协吉央贡 ) 印经院木刻版之刻印本。

普通藏纸，梵夹装中印本 (44.2 × 6.2cm)，楷体，墨色，横刊藏文六行，四周双栏，全。

索书号：000806/1。保存基本完好，今藏民族文化宫中国民族图书馆。

༄༅། །ལམ་རིམ་བསྡུས་དོན་གྱི་ཚིག་འགྲེལ་སྙིང་པོ་མདོར་བསྡུས་གསལ་བ་ཞེས་བྱ་བ་བཞུགས་སོ། །

**道次第略义句解摄要**

1种，11页。

ཙོ་ནེ་གྲགས་པ་བཤད་སྒྲུབ། 卓尼·札巴协珠(1675—1748)撰述。

甘南藏族自治州卓尼县卓尼地区卓尼寺(觉乃噶旦协珠林)印经院木刻版之刻印本。

普通藏纸，梵夹装中印本(48.6×6.3cm)，楷体，墨色，横刊藏文六行，四周双栏，全。

索书号：003675/3。保存基本完好，今藏民族文化宫中国民族图书馆。

༄༅། །ལམ་རིམ་ས་བཅད་ཅེས་བྱ་བ་བཞུགས་སོ། །

**道次第科判**

1种，2页。

དངུལ་ཆུ་དྷརྨ་བྷ་དྲ།འམ་དངུལ་ཆུ་བློ་མ་ཆོས་བཟང་བློ་བཟང་ཆོ་རིང་། 欧曲·达玛巴扎(1772—1851)撰述。

西藏地区藏传佛教寺院印经院木刻版之刻印本。

普通藏纸，梵夹装中印本(49.8×6cm)，楷体，墨色，横刊藏文六行，四周双栏，全。

索书号：001044/4。保存基本完好，今藏民族文化宫中国民族图书馆。

༄༅། །ལམ་རིམ་སོགས་ནས་འབྱུང་བའི་ཉམས་ལེན་གྱི་རིམ་པ་དང་ཡན་ལག་བདུན་པ་བྱེད་ཚུལ་རྣམ་པ་གཉིས་ཞེས་བྱ་བ་བཞུགས་སོ། །

**道次第等所出修行次第与七支分修法**

1种，16页。

ཙོ་ནེ་གྲགས་པ་བཤད་སྒྲུབ། 卓尼·札巴协珠(1675—1748)撰述。

甘南藏族自治州卓尼县卓尼地区卓尼寺(觉乃噶旦协珠林)印经院木刻版之刻印本。

普通藏纸，梵夹装中印本(48.6×6.3cm)，楷体，墨色，横刊藏文六行，四周双栏，全。

索书号：003672/3。保存基本完好，今藏民族文化宫中国民族图书馆。

## ༡༠、བློ་སྦྱོང་གི་སྐོར།
## 10. 修心

༄༅། །གྲུབ་ཆེན་སྐལ་ལྡན་རྒྱ་མཚོའི་གསུང་ལས་ཐེག་པ་ཆེན་པོའི་བློ་སྦྱོང་ཡིད་ཀྱི་མུན་སེལ་ཞེས་བྱ་བ་ལེགས་པར་བཞུགས་སོ། །

**大成就师格旦嘉措文集中大乘修心法·灭除心暗**

1种，2页。

ཤར་སྐལ་ལྡན་རྒྱ་མཚོ། 夏·格旦嘉措(1607—1677)撰述。

青海省黄南藏族自治州同仁县隆务地区隆务寺(大乐法轮洲)印经院木刻版之刻印本。

普通藏纸，梵夹装中印本(40.5×5.6cm)，楷体，墨色，横刊藏文六行，四周双栏，全。

索书号：001050/13。保存基本完好，今藏民族文化宫中国民族图书馆。

༄༅། །སྔོན་འགྲོ་སེམས་སྦྱོང་བདུན་གྱི་ཁྲིད་ཅེས་བྱ་བ་བཞུགས་སོ། །

**加行修心七则释义**

1种，4页。

ཀློང་ཆེན་རབ་འབྱམས་པ་དྲི་མེད་འོད་ཟེར། 隆钦饶绛巴·智迈沃赛(1296—1363)撰述。

四川省甘孜藏族自治州德格县德格地区德格寺印经院木刻版之刻印本。

普通藏纸，梵夹装中印本(53×7.1cm)，楷体，墨色，横刊藏文六行，四周双栏，全。

索书号：003912/19。保存基本完好，今藏民族文化宫中国民族图书馆。

༄༅། །འཆི་བ་མི་རྟག་པ་ལ་བློ་སྦྱོང་བའི་ཚུལ་རྟག་འཛིན་དགྲ་དཔུང་འཇོམས་པའི་རྡོ་མཚོན་ཞེས་བྱ་བ་བཞུགས་སོ། །

**死无常观修心法·摧毁我执之武器**

1种，14页。

ཁང་གསར་བློ་བཟང་ཚུལ་ཁྲིམས་བསྟན་པའི་རྒྱལ་མཚན། 康萨·洛桑慈称丹贝坚参(1848—？ )撰述。

西藏地区藏传佛教寺院印经院木刻版之刻印本。

普通藏纸，梵夹装中印本(49.5×6.8cm)，楷体，墨色，横刊藏文六行，四周双栏，全。

索书号：000930/6。保存基本完好，今藏民族文化宫中国民族图书馆。

༄༅། །ཇོ་བོ་ཆེན་པོ་དཔལ་ལྡན་ཨ་ཏི་ཤའི་གསུང་རབ་ལས་བྱུང་བའི་བློ་སྦྱོང་ལེགས་གདམས་ཉིང་ཁུ་ཞེས་བྱ་བ་བཞུགས་སོ། །

**尊者钦波具德阿底峡文集所出修心法·善教精华**

1种，10页。

ཀུ་ཤྲི་དཀའ་བཅུ་པ་བློ་བཟང་ཚེ་འཕེལ། 顾释嘎局巴·洛桑慈培(1760—？ )撰述。

北京地区藏传佛教皇家寺院印经院木刻版之刻印本。

普通纸，梵夹装中印本(47.8×7.5cm)，楷体，墨色，横刊藏文六行，四周双栏，全。

索书号：001093/6。保存基本完好，今藏民族文化宫中国民族图书馆。

༄༅། །རྗེ་བླ་མ་ཙོང་ཁ་པ་ཆེན་པོས་མཛད་པའི་ཚིག་སྦྱོར་ཕུན་སུམ་ཚོགས་པའི་སྙན་ངག་གི་ལམ་ནས་དྲངས་པའི་བློ་སྦྱོང་གི་ས་བཅད་བཀོད་པ་ཞེས་བྱ་བ་བཞུགས་སོ། །

**至尊上师宗喀巴所著诗章体修心篇科判**

1种，6页。

ངག་དབང་ཡེ་ཤེས་ཐུབ་བསྟན་རབ་འབྱམས་པ། 阿旺益希图丹饶绛巴(1782—？ )撰述。

蒙古国乌兰巴托地区藏传佛教库伦寺院印经院木刻版之刻印本。

普通藏纸，梵夹装中印本(49×6.3cm)，楷体，墨色，横刊藏文六行，四周双栏，全。

索书号：000884/21。保存基本完好，今藏民族文化宫中国民族图书馆。

༄༅། །རྗེ་མཚུངས་མེད་ཆོས་ཀྱི་རྒྱལ་པོ་སྐལ་ལྡན་རྒྱ་མཚོའི་གསུང་ལས་ཐེག་པ་ཆེན་པོའི་བློ་སྦྱོང་དོན་བདུན་མའི་ཉམས་འཁྲིད་ཐེག་ཆེན་མཛེས་རྒྱན་ཞེས་བྱ་བ་བཞུགས་སོ། །

**至尊法王格旦嘉措文集中大乘修心七义之传授经验·大乘美饰**

1种，28页。

ཤར་སྐལ་ལྡན་རྒྱ་མཚོ། 夏·格旦嘉措(1607—1677)撰述。

青海省黄南藏族自治州同仁县隆务地区隆务寺(大乐法轮洲)印经院木刻版之刻印本。

普通藏纸，梵夹装中印本(40.5×5.6cm)，楷体，墨色，横刊藏文六行，四周双栏，全。

索书号：001050/12。保存基本完好，今藏民族文化宫中国民族图书馆。

༄༅། །ཐར་པའི་བློ་སྦྱོང་ཚིག་རྐང་བརྒྱད་མའི་ཉམས་ལེན་བདུད་རྩིའི་སྙིང་པོ་ཞེས་བྱ་བ་བཞུགས་སོ། །

**解脱修心八句颂验修法 · 甘露藏**

1 种，4 页。

རྒྱལ་མཁན་པོ་གྲགས་པ་རྒྱལ་མཚན། 嘉堪波 · 札巴坚参 (1762—1836) 撰述。

甘肃省甘南藏族自治州夏河县拉卜楞地区拉卜楞寺 ( 拉章扎喜齐 ) 印经院木刻版之刻印本。

普通藏纸，梵夹装中印本 (47.4 × 6.3cm)，楷体，墨色，横刊藏文六行，四周双栏，全。

索书号：000846/8。保存基本完好，今藏民族文化宫中国民族图书馆。

༄༅། །ཐེག་ཆེན་བློ་སྦྱོང་གི་ཁྲིད་ཡིག་བདུད་རྩིའི་སྙིང་པོ་ཞེས་བྱ་བ་བཞུགས་སོ། །

**大乘修心讲义 · 甘露心要**

1 种，172 页。

ཡོངས་འཛིན་ཡེ་ཤེས་རྒྱལ་མཚན། 雍增 · 益希坚参 (1713—1793) 撰述。

西藏自治区拉萨地区孜雪印经院木刻版之刻印本。

普通藏纸，梵夹装中印本 (48.5 × 6.4cm)，楷体，墨色，横刊藏文六行，四周双栏，全。

索书号：003341/2。保存基本完好，今藏民族文化宫中国民族图书馆。

༄༅། །ཐེག་པ་ཆེན་པོའི་བློ་སྦྱོང་གི་ཁྲིད་ཡིག་བློ་བཟང་དགོངས་རྒྱན་ཞེས་བྱ་བ་བཞུགས་སོ། །

**大乘修心七义论导引**

1 种，408 页。

ཡོངས་འཛིན་ཡེ་ཤེས་རྒྱལ་མཚན། 雍增 · 益希坚参 (1713—1793) 撰述。

西藏自治区拉萨地区孜雪印经院木刻版之刻印本。

普通藏纸，梵夹装中印本 (48.5 × 6.1cm)，楷体，墨色，横刊藏文六行，四周双栏，全。

索书号：003345/3。保存基本完好，今藏民族文化宫中国民族图书馆。

༄༅། །ཐེག་པ་ཆེན་པོའི་བློ་སྦྱོང་གི་ངོ་སྤྲོད་གསལ་བའི་སྒྲོན་མེ་ཞེས་བྱ་བ་རྩ་འགྲེལ་བཞུགས་སོ། །

**大乘修心认识 · 明灯本注**

1 种，51 页。

སྤྱན་སྔ་བློ་གྲོས་རྒྱལ་མཚན། 金厄 · 洛哲坚参 (1402—1472) 撰述。

西藏地区藏传佛教寺院印经院木刻版之刻印本。

普通藏纸，梵夹装中印本 ( 缩印本 )，楷体，墨色，横刊藏文六行，四周双栏，全。

索书号：003767/11。保存基本完好，今藏民族文化宫中国民族图书馆。

༄༅། །ཐེག་པ་ཆེན་པོའི་བློ་སྦྱོང་གི་སྙིང་པོ་རྣམ་རྟོག་ལྗོན་ཤིང་གཅོད་པའི་མཚོན་ཆ་ཞེས་བྱ་བ་བཞུགས་སོ། །

**大乘修心法心要 · 断疑树之武器**

1 种，7 页。

ཀུ་ཤྲི་དཀའ་བཅུ་པ་བློ་བཟང་ཚེ་འཕེལ། 顾释嘎局巴 · 洛桑慈培 (1760—？ ) 撰述。

北京地区藏传佛教皇家寺院印经院木刻版之刻印本。

普通纸，梵夹装中印本 (47.8 × 7.5cm)，楷体，墨色，横刊藏文六行，四周双栏，全。

索书号：001094/10。保存基本完好，今藏民族文化宫中国民族图书馆。

༄༅། །ཐེག་པ་ཆེན་པོ་བློ་སྦྱོང་དོན་བདུན་མའི་ཁྲིད་ཡིག་བློ་དམན་འཇུག་བདེར་བཀོད་པ་བྱང་ཆུབ་གཞུང་ལམ་ཞེས་བྱ་བ་བཞུགས་སོ། །

**大乘修心七义论导释·愿者易入菩提正道**

1 种，23 页。

ཀོང་སྤྲུལ་ཡོན་ཏན་རྒྱ་མཚོ། 贡朱·云丹嘉措 (1813—1899) 撰述。

四川省甘孜藏族自治州德格县德格地区德格寺印经院木刻版之刻印本。

普通藏纸，梵夹装中印本（缩印本），楷体，墨色，横刊藏文六行，四周双栏，全。

索书号：004427/24。保存基本完好，今藏民族文化宫中国民族图书馆。

༄༅། །ཐེག་པ་ཆེན་པོའི་བློ་སྦྱོང་དོན་བདུན་མའི་རྩ་བ་ཞེས་བྱ་བ་བཞུགས་སོ། །

**大乘修心七义论本注**

1 种，3 页。

ཕ་བོང་ཁ་པ་བདེ་ཆེན་སྙིང་པོ། 帕邦喀巴·德钦宁波 (1878—1941) 撰述。

西藏地区藏传佛教格旦寺印经院木刻版之刻印本。

普通藏纸，梵夹装中印本 (49.1 × 5.9cm)，楷体，墨色，横刊藏文六行，四周双栏，全。

索书号：003293/9。保存基本完好，今藏民族文化宫中国民族图书馆。

༄༅། །ཐེག་པ་ཆེན་པོར་བློ་སྦྱོང་བའི་གདམས་ཀྱི་སྒྲོར་བ་པདྨ་དཀར་པོའི་ཕྲེང་བ་ཞེས་བྱ་བ་བཞུགས་སོ། །

**大乘修心法言·白莲鬘**

1 种，11 页。

ལྕང་སྐྱ་རོལ་པའི་རྡོ་རྗེ། 章嘉·若贝多结 (1717—1786) 撰述。

北京地区藏传佛教皇家寺院印经院木刻版之刻印本。

普通纸，梵夹装中印本（缩印本），楷体，墨色，横刊藏文六行，四周双栏，全。

索书号：000763/60。保存基本完好，今藏民族文化宫中国民族图书馆。

༄༅། །ཐོག་མར་བློ་སྦྱོང་གི་དྲིས་ལན་བརྡ་དོན་གསལ་བའི་མེ་ལོང་ཞེས་བྱ་བ་བཞུགས་སོ། །

**最初修心之问答讲义·显现明镜**

1 种，9 页。

ཨ་ཀྱཱ་ཡོངས་འཛིན་བློ་བཟང་དོན་གྲུབ། 阿迦雍增·洛桑顿珠 (1774—？ ) 撰述。

青海省湟中县鲁沙尔地区塔尔寺（固奔乾巴林）印经院木刻版之刻印本。

普通藏纸，梵夹装中印本 (47.9 × 6.5cm)，楷体，墨色，横刊藏文六行，四周双栏，全。

索书号：000934/14。保存基本完好，今藏民族文化宫中国民族图书馆。

༄༅། །བྱང་ཆུབ་ཀྱི་སེམས་ལ་བློ་སྦྱོང་རྩལ་གྱི་གདམས་ངག་ཐོར་བུ་ཟིན་བྲིས་སུ་བཀོད་པ་ཞེས་བྱ་བ་བཞུགས་སོ། །

**菩提心修心教授散集录**

1 种，45 页。

ཕུར་ལྕོག་ངག་དབང་བྱམས་པ། 普觉·阿旺谦巴 (1682—1762) 撰述。

西藏地区藏传佛教寺院印经院木刻版之刻印本。

普通藏纸，梵夹装中印本 (49.6 × 6cm)，楷体，墨色，横刊藏文六行，四周双栏，全。

索书号：004841/2。保存基本完好，今藏民族文化宫中国民族图书馆。

༄༅། །བློ་སྦྱོང་གི་ཁྲིད་ཡིག་ཅེས་བྱ་བ་བཞུགས་སོ། །

**修心讲义**

1 种，21 页。

ལྷའི་དབང་པོ་རྡོ་རྗེ་རིན་ཆེན། 拉旺波·多结仁钦 (14 世纪，生卒年不详 ) 撰述。

西藏地区藏传佛教寺院印经院传抄之缮写本。

普通藏纸，梵夹装中印本 ( 缩印本 )，草体，墨色，横书藏文七行，四周双栏，全。

索书号：004553/26。保存基本完好，今藏民族文化宫中国民族图书馆。

༄༅། །བློ་སྦྱོང་གི་ཁྲིད་ཡིག་རྣམ་དག་གཙུག་གི་ནོར་བུ་ཞེས་བྱ་བ་བཞུགས་སོ། །

**修心正净引导·顶饰摩尼**

1 种，26 页。

སྤྱན་སྔ་བློ་བཟང་རྒྱལ་མཚན། 金厄·洛哲坚参 (1402—1472) 撰述。

西藏地区藏传佛教寺院印经院木刻版之刻印本。

普通藏纸，梵夹装中印本 ( 缩印本 )，楷体，墨色，横刊藏文六行，四周双栏，全。

索书号：003767/6。保存基本完好，今藏民族文化宫中国民族图书馆。

༄༅། །བློ་སྦྱོང་གི་རྒྱབ་ཆོས་རྩ་བ་བྱང་ཆུབ་ཀྱི་སེམས་སུ་བསྟན་པའི་རབ་ཏུ་བྱེད་པ་བརྒྱད་པ་ཞེས་བྱ་བ་བཞུགས་སོ། །

**修心中诵祈福经忏根本宣说菩提心第八章**

1 种，17 页。

ལྷའི་དབང་པོ་རྡོ་རྗེ་རིན་ཆེན། 拉旺波·多结仁钦 (14 世纪，生卒年不详 ) 撰述。

西藏地区藏传佛教寺院印经院传抄之缮写本。

普通藏纸，梵夹装中印本 ( 缩印本 )，草体，墨色，横书藏文七行，四周双栏，全。

索书号：004553/9。保存基本完好，今藏民族文化宫中国民族图书馆。

༄༅། །བློ་སྦྱོང་གི་འཆད་ཐབས་རྒྱལ་སྲས་ལམ་གྱི་ཐེམ་སྐས་ཞེས་བྱ་བ་བཞུགས་སོ། །

**修心讲说法·菩提道之阶梯**

1 种，9 页。

ཇོ་ནང་པ་ཀུན་དགའ་གྲོལ་མཆོག 觉囊巴·衮噶卓却 (1507—1566) 撰述。

西藏地区藏传佛教寺院印经院传抄之缮写本。

普通藏纸，梵夹装中印本 ( 缩印本 )，草体，墨色，横书藏文七行，四周双栏，全。

索书号：004511/10。保存基本完好，今藏民族文化宫中国民族图书馆。

༄༅། །བློ་སྦྱོང་ཆོས་ཀྱི་འབྱེད་ཅེས་བྱ་བ་བཞུགས་སོ། །

**开修心之法门**

1 种，6 页。

ལྕང་སྐྱ་རོལ་པའི་རྡོ་རྗེ 章嘉·若贝多结 (1717—1786) 撰述。

北京地区藏传佛教皇家寺院印经院木刻版之刻印本。

普通纸，梵夹装中印本 (46.8×6.1cm)，楷体，墨色，横刊藏文六行，四周双栏，全。

索书号：000763/61。保存基本完好，今藏民族文化宫中国民族图书馆。

༄༅། །བློ་སྦྱོང་སྙན་བརྒྱུད་ཆེན་མོའི་ཁྲིད་ཡིག་གཞན་ཕན་ཉི་མ་ཞེས་བྱ་བ་བཞུགས་སོ། །

**开传修心导释·利他之日**

1 种，21 页。

ལྕང་སྐྱ་ངག་དབང་བློ་བཟང་ཆོས་ལྡན། 章嘉·阿旺洛桑曲旦 (1642—1714) 撰述。

北京地区藏传佛教皇家寺院印经院木刻版之刻印本。

普通纸，梵夹装中印本 (49×6.8cm)，楷体，墨色，横刊藏文六行，四周双栏，全。

索书号：003560/7。保存基本完好，今藏民族文化宫中国民族图书馆。

༄། །བློ་སྦྱོང་སྙིང་པོ་བསྡུས་པ་ཞེས་བྱ་བ་བཞུགས་སོ། །

**修心心要简编**

1种，2页。

ལྕང་སྐྱ་ངག་དབང་བློ་བཟང་ཆོས་ལྡན། 章嘉·阿旺洛桑曲旦 (1642—1714) 撰述。

北京地区藏传佛教皇家寺院印经院木刻版之刻印本。

普通纸，梵夹装中印本 (49×6.8cm)，楷体，墨色，横刊藏文六行，四周双栏，全。

索书号：003560/17。保存基本完好，今藏民族文化宫中国民族图书馆。

༄། །བློ་སྦྱོང་རྟེན་འབྲེལ་སྙིང་པོའི་ཁྲིད་ཡིག་ཅེས་བྱ་བ་བཞུགས་སོ། །

**修心缘起藏导引文**

1种，7页。

འཇུ་མི་ཕམ་འཇམ་དབྱངས་རྣམ་རྒྱལ་རྒྱ་མཚོ། 局米昐·绛央南杰嘉措 (1846—1912) 撰述。

四川省甘孜藏族自治州德格县德格地区德格寺印经院木刻版之刻印本。

普通藏纸，梵夹装中印本 (49×6.8cm)，楷体，墨色，横刊藏文六行，四周双栏，全。

索书号：004220/3。保存基本完好，今藏民族文化宫中国民族图书馆。

༄། །བློ་སྦྱོང་ཐར་པའི་ཐེམ་སྐས་བློ་གསལ་འཇུག་ངོགས་ཞེས་བྱ་བ་བཞུགས་སོ། །

**修心·解脱阶梯·智者门径**

1种，14页。

ཨ་གོད་བློ་བཟང་བྱམས་པ་རབ་རྒྱས། 阿果·洛桑谦巴饶吉 (1781—1849) 撰述。

多麦藏传佛教扎喜协珠林寺印经院木刻版之刻印本。

普通藏纸，梵夹装中印本 (47.5×6.4cm)，楷体，墨色，横刊藏文六行，四周双栏，全。

索书号：000815/3。保存基本完好，今藏民族文化宫中国民族图书馆。

༄། །བློ་སྦྱོང་དོན་བདུན་ཉམས་སུ་ལེན་ཚུལ་शིན་ཏུ་བསྡུས་པ་སྟབས་བདེར་བཀོད་པ་ཞེས་བྱ་བ་བཞུགས་སོ། །

**修心七义论简易略修法**

1种，4页。

རྫོང་དཀར་འཇིགས་མེད་དམ་ཆོས་རྒྱ་མཚོ། 宗嘎·吉迈丹曲嘉措 (1898—1946) 撰述。

青海省化隆回族自治县金源地区丹斗寺 ( 丹斗协吉央贡 ) 印经院木刻版之刻印本。

普通藏纸，梵夹装中印本 (44.2×6.2cm)，楷体，墨色，横刊藏文六行，四周双栏，全。

索书号：000806/8。保存基本完好，今藏民族文化宫中国民族图书馆。

༄། །བློ་སྦྱོང་དོན་བདུན་མའི་ཁྲིད་ཡིག་མདོར་བསྡུས་སུ་བཀོད་པ་བཀའ་གདམས་སྙིང་པོ་ཞེས་བྱ་བ་བཞུགས་སོ། །

**修心七义论讲义略编·噶当心要**

1种，18页。

ཡོངས་འཛིན་ཡེ་ཤེས་རྒྱལ་མཚན། 雍增·益希坚参 (1713—1793) 撰述。

西藏自治区拉萨地区孜雪印经院木刻版之刻印本。

普通藏纸，梵夹装中印本 (48.5×6.1cm)，楷体，墨色，横刊藏文六行，四周双栏，全。

索书号：003341/3。保存基本完好，今藏民族文化宫中国民族图书馆。

༄༅། །བློ་སྦྱོང་དོན་བདུན་མའི་སྙིང་པོ་དང་སྨོན་ལམ་ཞེས་བྱ་བ་བཞུགས་སོ། །

**修心七义论心要与愿文**

1 种，6 页。

ཡོངས་འཛིན་ཡེ་ཤེས་རྒྱལ་མཚན། 雍增・益希坚参 (1713—1793) 撰述。

西藏自治区拉萨地区孜雪印经院木刻版之刻印本。

普通藏纸，梵夹装中印本 (48.5×6.1cm)，楷体，墨色，横刊藏文六行，四周双栏，全。

索书号：003342/11。保存基本完好，今藏民族文化宫中国民族图书馆。

༄༅། །བློ་སྦྱོང་དོན་བདུན་མའི་སྙིང་པོ་ཞེས་བྱ་བ་བཞུགས་སོ། །

**修心七义论心要**

1 种，4 页。

ཡོངས་འཛིན་ཡེ་ཤེས་རྒྱལ་མཚན། 雍增・益希坚参 (1713—1793) 撰述。

西藏自治区拉萨地区孜雪印经院木刻版之刻印本。

普通藏纸，梵夹装中印本 (48.5×6.1cm)，楷体，墨色，横刊藏文六行，四周双栏，全。

索书号：003345/2。保存基本完好，今藏民族文化宫中国民族图书馆。

༄༅། །བློ་སྦྱོང་དོན་བདུན་མའི་ཟིན་བྲིས་རྒྱལ་སྲས་སྙིང་ནོར་ཞེས་བྱ་བ་བཞུགས་སོ། །

**修心七义论记录・佛子心宝**

1 种，93 页。

རྒྱ་ནག་པ་འཇམ་དབྱངས་བསྟན་པའི་ཉི་མ། 嘉那巴・绛央丹贝尼玛 (1686—1738) 撰述。

甘肃省甘南藏族自治州夏河县拉卜楞地区拉卜楞寺 ( 拉章扎喜齐 ) 印经院木刻版之刻印本。

普通藏纸，梵夹装中印本 (47.2×6.5cm)，楷体，墨色，横刊藏文六行，四周双栏，全。

索书号：001078/9。保存基本完好，今藏民族文化宫中国民族图书馆。

༄༅། །བློ་སྦྱོང་དོན་བདུན་མར་གྲགས་པ་བཤད་ཚིག་ཙམ་མ་ཡིན་པར་རྒྱུད་ལ་སྦྱོར་ཚུལ་གོ་བདེ་བར་བརྗོད་པ་ཞེས་བྱ་བ་བཞུགས་སོ། །

**修心七义论不惟言说而重在与心相合修法・易知解说**

1 种，21 页。

མཁས་གྲུབ་སངས་རྒྱས་ཡེ་ཤེས། 凯珠桑吉益希 (1525—1590) 撰述。

西藏自治区日喀则市扎什伦布寺印经院木刻版之刻印本。

普通藏纸，梵夹装中印本 (48×6.5cm)，楷体，墨色，横刊藏文六行，四周双栏，全。

索书号：001221/21。保存基本完好，今藏民族文化宫中国民族图书馆。

༄༅། །བློ་སྦྱོང་དོན་བདུན་མ་ལ་ཉེ་བར་མཁོ་བའི་གདམས་ཐེག་མཆོག་ཉེ་ལམ་ཞེས་བྱ་བ་བཞུགས་སོ། །

**修心七义论中常用语・胜乘捷径**

1 种，24 页。

ཨ་ལག་ཤ་བསྟན་དར་ལྷ་རམས་པ། 阿拉夏・丹达拉然巴 (1759—？ ) 撰述。

青海省湟中县鲁沙尔地区塔尔寺 ( 固奔乾巴林 ) 印经院木刻版之刻印本。

普通藏纸，梵夹装中印本 (48.5×6.7cm)，楷体，墨色，横刊藏文六行，四周双栏，全。

索书号：001208/2。保存基本完好，今藏民族文化宫中国民族图书馆。

༄༅། །བློ་སྦྱོང་ནོར་བུའི་འཕྲེང་བ་ཞེས་བྱ་བ་བཞུགས་སོ། །

**修心·摩尼宝鬘**

1 种，13 页。

ཚ་ཧར་དགེ་བཤེས་བློ་བཟང་ཚུལ་ཁྲིམས། 恰哈尔格西·洛桑慈称 (1740—1810) 撰述。

北京地区藏传佛教皇家寺院印经院木刻版之刻印本。

普通纸，梵夹装中印本 (48.6×6.7cm)，楷体，墨色，横刊藏文六行，四周双栏，全。

索书号：000730/7。保存基本完好，今藏民族文化宫中国民族图书馆。

༄༅། །བློ་སྦྱོང་དམར་ཁྲིད་ཤར་རྩེ་ཆོས་རྗེས་རྗེ་ལ་གནང་བ་ཞེས་བྱ་བ་བཞུགས་སོ། །

**赐夏孜曲杰之修心直观教导**

1 种，6 页。

པཎ་ཆེན་ཨེར་དེ་ནི་བློ་བཟང་ཆོས་ཀྱི་རྒྱལ་མཚན། 班禅额尔德尼·洛桑却吉坚参 (1567—1662) 撰述。

西藏自治区日喀则地区扎什伦布寺印经院木刻版之刻印本。

普通藏纸，梵夹装中印本 (49.4×6.5cm)，楷体，墨色，横刊藏文六行，四周双栏，全。

索书号：000788/12。保存基本完好，今藏民族文化宫中国民族图书馆。

༄༅། །བློ་སྦྱོང་སྔོན་ལམ་བྱང་སེམས་རྒྱ་མཚོའི་འཇུག་ངོགས་ཞེས་བྱ་བ་བཞུགས་སོ། །

**修心愿文·入菩萨大海之舟**

1 种，3 页。

ཀོང་སྤྲུལ་ཡོན་ཏན་རྒྱ་མཚོ། 贡朱·云丹嘉措 (1813—1899) 撰述。

四川省甘孜藏族自治州德格县德格地区德格寺印经院木刻版之刻印本。

普通藏纸，梵夹装中印本（缩微胶片），楷体，墨色，横刊藏文六行，四周双栏，全。

索书号：000788/12。保存基本完好，今藏民族文化宫中国民族图书馆。

༄༅། །བློ་སྦྱོང་ཚིག་བརྒྱད་མའི་ཁྲིད་ཀྱི་ཟིན་བྲིས་སྐལ་བཟང་སྤྱི་ནོར་ཞེས་བྱ་བ་བཞུགས་སོ། །

**修心八句之教导记录·贤劫总宝**

1 种，13 页。

ཞྭ་དམར་དགེ་འདུན་བསྟན་འཛིན་རྒྱ་མཚོ། 夏玛·格登丹增嘉措 (1852—1912) 撰述。

甘肃省甘南藏族自治州夏河县拉卜楞地区拉卜楞寺（拉章扎喜齐）印经院木刻版之刻印本。

普通藏纸，梵夹装中印本 (45.8×6.4cm)，楷体，墨色，横刊藏文六行，四周双栏，全。

索书号：001255/3。保存基本完好，今藏民族文化宫中国民族图书馆。

༄༅། །བློ་སྦྱོང་ཚིག་བརྒྱད་མའི་འཁྲིད་ཡིག་གཅེས་འཛིན་གདོན་འཇོམས་བྱང་སེམས་ཆུ་རྒྱུན་ཞེས་བྱ་བ་བཞུགས་སོ། །

**修心八颂导引·摧伏爱执魔障·菩提心长流**

1 种，6 页。

ཐུའུ་བཀྭན་བློ་བཟང་ཆོས་ཀྱི་ཉི་མ། 土观·洛桑曲吉尼玛 (1737—1802) 撰述。

北京地区藏传佛教皇家寺院印经院木刻版之刻印本。

普通纸，梵夹装中印本 (48.5×6.5cm)，楷体，墨色，横刊藏文六行，四周双栏，全。

索书号：003637/6。保存基本完好，今藏民族文化宫中国民族图书馆。

༄༅། །བློ་སྦྱོང་ཞེན་པ་བཞི་བྲལ་གྱི་ཁྲིད་ཡིག་ཟབ་དོན་གནད་ཀྱི་ལྡེའུ་མིག་ཅེས་བྱ་བ་བཞུགས་སོ། །

**修心离四种贪著讲义 · 甚深要义之钥**

1 种，7 页。

གོ་བོ་རབ་འབྱམས་པ་བསོད་ནམས་སེང་གེ 果沃饶绛巴 · 索南桑格 (1429—1489) 撰述。

四川省甘孜藏族自治州德格县德格地区德格寺印经院木刻版之刻印本。

普通藏纸，梵夹装中印本 (46.3 × 6cm)，楷体，墨色，横刊藏文六行，四周双栏，全。

索书号：000385/5。保存基本完好，今藏民族文化宫中国民族图书馆。

༄༅། །བློ་སྦྱོང་ལམ་རིམ་གྱི་སྐོར་ཞེས་བྱ་བ་བཞུགས་སོ། །

**修心道次第法类**

1 种，9 页。

པཎ་ཆེན་ཨེར་དེ་ནི་བློ་བཟང་དཔལ་ལྡན་ཡེ་ཤེས། 班禅额尔德尼 · 洛桑白旦益希 (1738—1780) 撰述。

西藏自治区日喀则地区扎什伦布寺印经院木刻版之刻印本。

普通藏纸，梵夹装中印本 (49.1 × 6.8cm)，楷体，墨色，横刊藏文六行，四周双栏，全。

索书号：000669/5。保存基本完好，今藏民族文化宫中国民族图书馆。

༄༅། །བློ་སྦྱོང་ལེགས་བཤད་ཀུན་འདུས་ཀྱི་འཆད་ཐབས་ཨུཏྤལ་གསར་པའི་དོ་ཤལ་ཞེས་བྱ་བ་བཞུགས་སོ། །

**修心嘉言集成讲说 · 鲜青莲花双垂璎珞**

1 种，32 页。

འཇམ་དབྱངས་མཁྱེན་བརྩེ་དབང་པོ། 绛央庆孜旺波 (1820—1892) 撰述。

四川省甘孜藏族自治州德格县德格地区德格寺印经院木刻版之刻印本。

普通藏纸，梵夹装短印本 (29.7 × 4.6cm)，楷体，墨色，横刊藏文六行，四周双栏，全。

索书号：006331/2。保存基本完好，今藏民族文化宫中国民族图书馆。

༄༅། །ལམ་གྱི་གཙོ་བོ་རྣམ་གསུམ་ལ་གཞར་བསྒོམ་གྱིས་བློ་སྦྱོང་བའི་ཚུལ་གསལ་བར་བཀོད་པ་ལེགས་བཤད་སྐལ་བཟང་འཇུག་ངོགས་ཞེས་བྱ་བ་བཞུགས་སོ། །

**道之三要中以次第修心法明解嘉言 · 具缘津梁**

1 种，9 页。

སྡེ་ཁྲི་འཇམ་དབྱངས་ཐུབ་བསྟན་ཉི་མ། 德赤 · 绛央图丹尼玛 (1779—1862) 撰述。

甘肃省甘南藏族自治州夏河县拉卜楞地区拉卜楞寺（拉章扎喜齐）印经院木刻版之刻印本。

普通藏纸，梵夹装中印本 (47.2 × 6.6cm)，楷体，墨色，横刊藏文六行，四周双栏，全。

索书号：000891/7。保存基本完好，今藏民族文化宫中国民族图书馆。

༄༅། །ལམ་གྱི་རིམ་པ་ལ་བློ་སྦྱོང་བྱ་ཚུལ་སྨོན་ལམ་དུ་བྱས་པའི་མན་ངག་ཉམས་ལེན་བདུད་རྩིའི་སྙིང་པོ་ཞེས་བྱ་བ་བཞུགས་སོ། །

**道次第修心发愿教授验修法 · 甘露精华**

1 种，6 页。

རྟ་མ་ཀིརྟི་ཀུན་བཟང་བསོད་ནམས། 达玛格迪 · 衮桑索南 (19 世纪上半叶，生卒年不详) 撰述。

四川省甘孜藏族自治州德格县德格地区德格寺印经院木刻版之刻印本。

普通藏纸，梵夹装中印本 (46.8 × 6cm)，楷体，墨色，横刊藏文六行，四周双栏，全。

索书号：000891/7。保存基本完好，

今藏民族文化宫中国民族图书馆。

༄༅། །བསླབ་སྦྱོང་གཉིས་པའི་ལམ་བསྒྲིགས་གྲུབ་པའི་མིག་སྨན་ཞེས་བྱ་བ་བཞུགས་སོ། །

**教训与修心二者配合之正道列编·成就之眼药**

1种，50页。

རྒྱལ་རོང་དགེ་བཤེས་ཚུལ་ཁྲིམས་ཉི་མ། 嘉绒格西·慈称尼玛(19世纪，生卒年不详)撰述。

西藏地区藏传佛教寺院印经院木刻版之刻印本。

普通藏纸，梵夹装中印本(49.3×8cm)，楷体，墨色，横刊藏文六行，四周双栏，全。

索书号：001210/5。保存基本完好，今藏民族文化宫中国民族图书馆。

## ༡༡、བསླབ་བྱའི་སྐོར།
## 11. 教诫

༄༅། །ཀུན་མཁྱེན་མི་ཕམ་རིན་པོ་ཆེས་རྡོ་སྤྲུལ་སྐུ་འཇིགས་མེད་བསྟན་པའི་ཉི་མར་ཞལ་གདམས་བསླབ་བྱ་གནང་བ་ཞེས་བྱ་བ་བཞུགས་སོ། །

**遍智米盼仁波且对多珠活佛吉迈丹贝尼玛所说教授学处类**

1种，2页。

འཇུ་མི་ཕམ་འཇམ་དབྱངས་རྣམ་རྒྱལ་རྒྱ་མཚོ། 局米盼·绛央南杰嘉措(1846—1912)撰述。

四川省甘孜藏族自治州德格县德格地区德格寺印经院木刻版之刻印本。

普通藏纸，梵夹装短印本(38.3×5.8cm)，楷体，墨色，横刊藏文六行，四周双栏，全。

索书号：000409/7。保存基本完好，今藏民族文化宫中国民族图书馆。

༄༅། །སྐྱབས་འགྲོ་དང་གསང་སྔགས་བྱང་སེམས་ཀྱི་སྡོམ་པའི་བསླབ་བྱའི་རྣམ་བཞག་གསལ་བར་བཀོད་པ་བདེ་ལེགས་ཀུན་གྱི་འབྱུང་གནས་ཞེས་བྱ་བ་བཞུགས་སོ། ‘

**皈依与密乘、菩萨戒学处之建立论·一切善乐之源**

1种，40页。

ཁལ་ཁ་དམ་ཚིག་རྡོ་རྗེ། 喀尔喀·丹慈多结(1781—1855)撰述。

甘肃省甘南藏族自治州夏河县拉卜楞地区拉卜楞寺(拉章扎喜齐)印经院木刻版之刻印本。

普通藏纸，梵夹装中印本(47×6.5cm)，楷体，墨色，横刊藏文六行，四周双栏，全。

索书号：001057/11。保存基本完好，今藏民族文化宫中国民族图书馆。

༄༅། །དགེ་སྡིག་བླང་དོར་གསལ་སྟོན་གྱི་བསླབ་བྱ་རང་སྐྱོན་མཚང་འབྲུ་བྱེད་པའི་ཡ་དཔྱ་སོགས་བསླབ་བྱའི་རིམ་པ་ཕྱོགས་གཅིག་ཏུ་བསྒྲིགས་པ་ཞེས་བྱ་བ་བཞུགས་སོ། །

**善恶取舍明示之学处·发露自过之明镜等学处次第合编**

1种，8页。

ཏཱ་ལའི་བླ་མ་ཐུབ་བསྟན་རྒྱ་མཚོ། 达赖喇嘛·图丹嘉措(1876—1933)撰述。

西藏自治区拉萨地区孜雪印经院木刻版之刻印本。

普通藏纸，梵夹装中印本(49.5×7.3cm)，楷体，墨色，横刊藏文六行，四周双栏，全。

索书号：000725/2。保存基本完好，今藏民族文化宫中国民族图书馆。

༄༅། །དགེ་སློང་གི་བསླབ་བྱ་ལག་ལེན་གསལ་བའི་སྒྲོན་མེ་འདུལ་བ་བསྡུས་པའི་སྙིང་པོ་ཞེས་བྱ་བ་བཞུགས་སོ། །

**比丘学处实修明灯·毗奈耶摄要**

1 种，78 页。

ཏཱ་ལའི་བླ་མ་དགེ་འདུན་རྒྱ་མཚོ། 达赖喇嘛·格登嘉措 (1476—1541) 撰述。

西藏自治区拉萨地区孜雪印经院木刻版之刻印本。

普通藏纸，梵夹装中印本 (48.2×6.2cm)，楷体，墨色，横刊藏文六行，四周双栏，全。

索书号：001164/10。保存基本完好，今藏民族文化宫中国民族图书馆。

༄༅། །དད་ལྡན་འགའ་ཞིག་ལ་བསླབ་བྱར་གདམས་པ་ཞེས་བྱ་བ་བཞུགས་སོ། །

**对部分具信者之教诫**

1 种，38 页。

ཀརྨ་མི་བསྐྱོད་རྡོ་རྗེ། 嘎玛·米觉多结 (1507—1554) 撰述。

西藏地区藏传佛教寺院印经院传抄之缮写本。

普通藏纸，梵夹装中印本（缩印本），草体，墨色，横书藏文七行，四周双栏，全。

索书号：003878/12。保存基本完好，今藏民族文化宫中国民族图书馆。

༄༅། །དམ་པའི་ཆོས་ལ་བསྐུལ་བའི་བསླབ་བྱ་ཐར་ལམ་བལྟ་བའི་མེ་ལོང་ཞེས་བྱ་བ་བཞུགས་སོ། །

**劝入正法教言·观解脱道明镜**

1 种，22 页。

རྟ་ཚག་རྗེ་དྲུང་ཡེ་ཤེས་བསྟན་པའི་མགོན་པོ། 达扎济咙·益希丹贝贡波 (1760—1810) 撰述。

西藏自治区拉萨地区孜雪印经院木刻版之刻印本。

普通藏纸，梵夹装中印本（缩微胶片），楷体，墨色，横刊藏文六行，四周双栏，全。

索书号：003798/38。保存基本完好，今藏民族文化宫中国民族图书馆。

༄༅། །མདོ་སྔགས་ཀུན་གྱི་གནད་དྲིལ་བའི་བསླབ་བྱ་དང་། དེའི་དོན་བཤད་པ་ཀུན་མཁྱེན་དགོངས་གསལ་ཞེས་བྱ་བ་བཞུགས་སོ། །

**显密要义合编之教训及其导释·阐明遍智密意**

1 种，8 页。

གུ་ཤྲཱི་དཀའ་བཅུ་པ་བློ་བཟང་ཚེ་འཕེལ། 顾释嘎局巴·洛桑慈培 (1760—？ ) 撰述。

北京地区藏传佛教皇家寺院印经院木刻版之刻印本。

普通纸，梵夹装中印本 (47.8×7.5cm)，楷体，墨色，横刊藏文六行，四周双栏，全。

索书号：001098/2。保存基本完好，今藏民族文化宫中国民族图书馆。

༄༅། །མདོ་སྔགས་ཀྱི་གཞུང་ལ་སློབ་གཉེར་བྱེད་ཚུལ་གྱི་བསླབ་བྱ་ནོར་བུའི་གླིང་དུ་བགྲོད་པའི་ལམ་ཡིག་སོགས་བསླབ་བྱ་སྣ་ཚོགས་ཀྱི་སྐོར་བཞུགས་སོ། །

**求学显密经论之教训·趣大宝洲之路引等各种教训**

1 种，32 页。

གུང་ཐང་དཀོན་མཆོག་བསྟན་པའི་སྒྲོན་མེ། 贡唐·恭却丹贝准美 (1762—1822) 撰述。

甘肃省甘南藏族自治州夏河县拉卜楞地区拉卜楞寺（拉章扎喜齐）印经院木刻版之刻印本。

普通藏纸，梵夹装中印本 (47.2×6.2cm)，楷体，墨色，横刊藏文六行，四周双栏，全。

索书号：000920/16。保存基本完好，今藏民族文化宫中国民族图书馆。

**༧༢། །མདོ་སྔགས་ཆོས་འཁོར་གླིང་གི་ཇི་ལྟར་བྱུང་ཚུལ་སྐབས་སུ་བབས་པའི་ཉེར་མཁོའི་བསླབ་བྱ་དང་བཅས་པའི་གཏམ་ཟོ་མཚར་རྣ་བའི་བཅུད་ལེན་ཞེས་བྱ་བ་བཞུགས་སོ། །**

**多阿曲科林寺如何兴起情况及届时之稀有教言·耳闻精英**

1 种，18 页。

ཁལ་ཁ་དམ་ཆོས་རྡོ་རྗེ། 喀尔喀·丹慈多结 (1781—1855) 撰述。

甘肃省甘南藏族自治州夏河县拉卜楞地区拉卜楞寺（拉章扎喜齐）印经院木刻版之刻印本。

普通藏纸，梵夹装中印本 (47×6.5cm)，楷体，墨色，横刊藏文六行，四周双栏，全。

索书号：001068/39。保存基本完好，今藏民族文化宫中国民族图书馆。

**༧༣། །མདོ་ནས་དངོས་སུ་གསུངས་པའི་བསླབ་བྱ་མདོར་བསྡུས་ཞེས་བྱ་བ་བཞུགས་སོ། །**

**经中所说学处略录**

1 种，5 页。

ཅོ་ནེ་གྲགས་པ་བཤད་སྒྲུབ། 卓尼·札巴协珠 (1675—1748) 撰述。

甘南藏族自治州卓尼县卓尼地区卓尼寺（觉乃噶旦协珠林）印经院木刻版之刻印本。

普通藏纸，梵夹装中印本 (48.6×6.3cm)，楷体，墨色，横刊藏文六行，四周双栏，全。

索书号：003671/30。保存基本完好，今藏民族文化宫中国民族图书馆。

**༧༤། །སྡོམ་པ་གསུམ་གྱི་བསླབ་བྱའི་སྡོམ་ཚིག་ཅེས་བྱ་བ་བཞུགས་སོ། །**

**三律仪之学处总纲摄义**

1 种，12 页。

དངུལ་ཆུ་དྷརྨ་བྷ་དྲའམ་དངུལ་ཆུ་བླ་མ་ཆོས་བཟང་བློ་བཟང་ཚེ་རིང། 欧曲·达玛巴扎 (1772—1851) 撰述。

西藏地区藏传佛教寺院印经院木刻版之刻印本。

普通藏纸，梵夹装中印本 (49.8×6cm)，楷体，墨色，横刊藏文六行，四周双栏，全。

索书号：001044/29。保存基本完好，今藏民族文化宫中国民族图书馆。

**༧༥། །སྡོམ་གསུམ་གྱི་བསླབ་བྱ་གོ་སླ་བའི་རྩོམ་འཕྲོ་བཞུགས་སོ། །**

**三律仪学处易知篇**

1 种，30 页。

སྒོ་མང་བློ་བཟང་ཚུལ་ཁྲིམས། 果芒·洛桑慈称 (1841—1907) 撰述。

甘肃省甘南藏族自治州夏河县拉卜楞地区拉卜楞寺（拉章扎喜齐）印经院木刻版之刻印本。

普通藏纸，梵夹装中印本 (47×6.2cm)，楷体，墨色，横刊藏文六行，四周双栏，全。

索书号：001234/20。保存基本完好，今藏民族文化宫中国民族图书馆。

**༧༦། །བོད་དང་བོད་ཆེན་པོའི་ལྗོངས་སུ་འཁོད་པའི་སྐྱེ་འགྲོ་རྣམས་ལ་ལུགས་གཉིས་ཀྱི་བླང་དོར་བསླབ་བྱའི་རྩ་ཚིག་བསྡུལ་བའི་རིམ་པ་ཕྱོགས་བཀོད་ལྷ་ཡི་རྔ་དབྱངས་ཞེས་བྱ་བ་བཞུགས་སོ། །**

**赐颁藏与大藏区众生政教之取舍学处本文次第列编·天鼓声**

1 种，69 页。

ཏཱ་ལའི་བླ་མ་ཐུབ་བསྟན་རྒྱ་མཚོ། 达赖喇嘛·图丹嘉措 (1876　1933) 撰述。

西藏自治区拉萨地区孜雪印经院木刻版之刻印本。

普通藏纸，梵夹装中印本 (49.5×7.3cm)，

楷体，墨色，横刊藏文六行，四周双栏，全。

索书号：000726/6。保存基本完好，今藏民族文化宫中国民族图书馆。

༄༅། །ཚེ་རིག་འཛིན་པའི་བསླབ་བྱ་ལྷུག་བསམ་ཀུ་མུད་རྒྱས་བྱེད་ལེགས་བཤད་བསིལ་སྦྱིན་སྣང་བ་ཞེས་བྱ་བ་བཞུགས་སོ། །

**长寿持明者之训诲教言·开增上意乐睡莲之嘉言月光**

1种，5页。

ལྕང་ལུང་པཎྜི་ཏ་ངག་དབང་བློ་བཟང་བསྟན་པའི་རྒྱལ་མཚན། 江隆班智达·阿旺洛桑丹贝坚参 (1770—1845) 撰述。

北京地区藏传佛教皇家寺院印经院木刻版之刻印本。

普通纸，梵夹装短印本 (39.5×5.9cm)，楷体，墨色，横刊藏文六行，四周双栏，全。

索书号：003707/20。保存基本完好，今藏民族文化宫中国民族图书馆。

༄༅། །ལུགས་གཉིས་ཀྱི་བླང་དོར་གསལ་བར་བྱེད་པའི་བསླབ་བྱ་གཅེས་པའི་བཅོ་བརྒྱད་སོགས་བསླབ་བྱའི་སྐོར་དང་བསྔོ་བ་སྨོན་ལམ་བཅས་བཞུགས་སོ། །

**阐明政教二规取舍之教言十八条选编及回向愿文等**

1种，15页。

ལྕང་སྐྱ་ངག་དབང་བློ་བཟང་ཆོས་ལྡན། 章嘉·阿旺洛桑曲旦 (1642—1714) 撰述。

北京地区藏传佛教皇家寺院印经院木刻版之刻印本。

普通纸，梵夹装中印本 (49.4×6.8cm)，楷体，墨色，横刊藏文六行，四周双栏，全。

索书号：003553/17。保存基本完好，今藏民族文化宫中国民族图书馆。

༄༅། །གསུང་མགུར་དང་བསླབ་བྱའི་སྐོར་ཞེས་བྱ་བ་བཞུགས་སོ། །

**道情歌与教训门类**

1种，21页。

མཁན་པོ་ངག་དབང་ཐུབ་བསྟན་རྒྱ་མཚོ། 堪波·阿旺图丹嘉措 (1836—1889) 撰述。

甘肃省甘南藏族自治州夏河县拉卜楞地区拉卜楞寺（拉章扎喜齐）印经院木刻版之刻印本。

普通藏纸，梵夹装中印本 (45.3×6cm)，楷体，墨色，横刊藏文六行，四周双栏，全。

索书号：001120/1。保存基本完好，今藏民族文化宫中国民族图书馆。

༄༅། །གསུང་མགུར་བསླབ་བྱའི་རིམ་པ་ཕྱོགས་གཅིག་ཏུ་བསྒྲིགས་པ་ཞེས་བྱ་བ་བཞུགས་སོ། །

**道情歌教训文合编**

1种，22页。

དཀྱིལ་ཟུར་དཀའ་ཆེན་བློ་བཟང་སྦྱིན་པ། 济苏嘎钦·洛桑金巴 (1812—?) 撰述。

四川省甘孜藏族自治州德格县德格地区德格寺印经院木刻版之刻印本。

普通藏纸，梵夹装中印本 (51.8×7.1cm)，楷体，墨色，横刊藏文六行，四周双栏，全。

索书号：000677/17。保存基本完好，今藏民族文化宫中国民族图书馆。

༄༅། །སློབ་གཉེར་བྱེད་རྩལ་གྱི་བསླབ་བྱ་བྱིན་རླབས་ཅན་ཞེས་བྱ་བ་བཞུགས་སོ། །

**求学具加持之教言**

1种，4页。

ལྕང་ལུང་པཎྜི་ཏ་ངག་དབང་བློ་བཟང་བསྟན་པའི་རྒྱལ་མཚན། 江隆班智达·阿旺洛桑丹贝坚参 (1770—1845) 撰述。

北京地区藏传佛教皇家寺院印经院木

刻版之刻印本。

普通纸，梵夹装短印本 (39.5×5.9cm)，楷体，墨色，横刊藏文六行，四周双栏，全。

索书号：003710/12。保存基本完好，今藏民族文化宫中国民族图书馆。

༧༡། །བསླབ་བྱ་མགུར་མའི་ཚུལ་དུ་བྱས་པ་འགའ་ཞིག་ཅེས་བྱ་བ་བཞུགས་སོ། །

**部分教诫道情歌词**

1 种，24 页。

ཀཱིརྟི་བློ་བཟང་འཕྲིན་ལས། 格迪・洛桑成勒 (1849—1905) 撰述。

甘肃省甘南藏族自治州碌曲县郎木地区郎木寺印经院木刻版之刻印本。

普通纸，梵夹装中印本 (44.8×6.1cm)，楷体，墨色，横刊藏文六行，四周双栏，全。

索书号：001084/10。保存基本完好，今藏民族文化宫中国民族图书馆。

༧༢། །བསླབ་བྱ་འགའ་ཞིག་ཅེས་བྱ་བ་བཞུགས་སོ། །

**部分教言**

1 种，7 页。

ཀཱིརྟི་བློ་བཟང་འཕྲིན་ལས། 格迪・洛桑成勒 (1849—1905) 撰述。

甘肃省甘南藏族自治州碌曲县郎木地区郎木寺印经院木刻版之刻印本。

普通纸，梵夹装中印本 (44.8×6.1cm)，楷体，墨色，横刊藏文六行，四周双栏，全。

索书号：001091/6。保存基本完好，今藏民族文化宫中国民族图书馆。

༧༣། །བསླབ་བྱ་བཅུ་དགུའི་སྡོམ་ཚིག་ཅེས་བྱ་བ་བཞུགས་སོ། །

**十九学处摄颂**

1 种，9 页。

ཆ་ཧར་དགེ་བཤེས་བློ་བཟང་ཚུལ་ཁྲིམས། 恰哈尔格西・洛桑慈称 (1740—1810) 撰述。

北京地区藏传佛教皇家寺院印经院木刻版之刻印本。

普通纸，梵夹装中印本 (48.6×6.7cm)，楷体，墨色，横刊藏文六行，四周双栏，全。

索书号：000727/20。保存基本完好，今藏民族文化宫中国民族图书馆。

༧༤། །བསླབ་བྱ་རྗེས་འཛིན་གྱི་རིམ་པ་ཞེས་བྱ་བ་བཞུགས་སོ། །

**学处摄要次第**

1 种，11 页。

དངུལ་ཆུ་དྷརྨ་བྷ་དྲ། དངུལ་ཆུ་བླ་མ་ཆོས་བཟང་བློ་བཟང་ཚེ་རིང། 欧曲・达玛巴扎 (1772—1851) 撰述。

西藏地区藏传佛教寺院印经院木刻版之刻印本。

普通藏纸，梵夹装中印本 (49.8×6cm)，楷体，墨色，横刊藏文六行，四周双栏，全。

索书号：001044/37。保存基本完好，今藏民族文化宫中国民族图书馆。

༧༥། །བསླབ་བྱ་སྙིང་གཏམ་གྲོས་འདེབས་ཞེས་བྱ་བ་བཞུགས་སོ། །

**教训心语论述篇**

1 种，4 页。

ང་གོད་བློ་བཟང་བྱམས་པ་རབ་རྒྱས། 阿果・洛桑谦巴饶吉 (1781—1849) 撰述。

多麦藏传佛教扎喜协珠林寺印经院木刻版之刻印本。

普通藏纸，梵夹装中印本 (47.5×6.4cm)，楷体，墨色，横刊藏文六行，四周双栏，全。

索书号：000816/28。保存基本完好，今藏民族文化宫中国民族图书馆。

༧༢། །བསླབ་བྱ་དང་དྲིས་ལན་གྱི་རིམ་པ་ཐོར་བུ་འགའ་ཞིག་ཅེས་བྱ་བ་བཞུགས་སོ། །

**学处与问答次第散编**

1 种，2 页。

སྟག་ཕུ་ཞབས་དྲུང་གར་དབང་བློ་བཟང་ཆོས་ཀྱི་དབང་ཕྱུག 达普夏仲 · 噶旺洛桑曲吉旺秋 (18 世纪中叶，生卒年不详 ) 撰述。

西藏地区藏传佛教寺院印经院传抄之缮写本。

普通藏纸，梵夹装中印本 ( 缩印本 )，草体，墨色，横书藏文七行，四周双栏，全。

索书号：003835/51。保存基本完好，今藏民族文化宫中国民族图书馆。

༧༢། །བསླབ་བྱ་བདུད་རྩིའི་ཡང་ཞུན་ཞེས་བྱ་བ་བཞུགས་སོ། །

**训诲教言 · 甘露精华**

1 种，3 页。

ལྕང་སྐྱ་རོལ་པའི་རྡོ་རྗེ། 章嘉 · 若贝多结 (1717—1786) 撰述。

北京地区藏传佛教皇家寺院印经院木刻版之刻印本。

普通纸，梵夹装中印本 (46.8 × 6.1cm)，楷体，墨色，横刊藏文六行，四周双栏，全。

索书号：000764/5。保存基本完好，今藏民族文化宫中国民族图书馆。

༧༢། །བསླབ་བྱ་ཕན་བདེའི་མཆོག་སྦྱིན་ཞེས་བྱ་བ་བཞུགས་སོ། །

**教训词 · 利乐殊胜施**

1 种，3 页。

གེདྷེ་བློ་བཟང་འཕྲིན་ལས། 格迪 · 洛桑成勒 (1849—1905) 撰述。

甘肃省甘南藏族自治州碌曲县郎木地区郎木寺印经院木刻版之刻印本。

普通纸，梵夹装中印本 (44.8 × 6.1cm)，楷体，墨色，横刊藏文六行，四周双栏，全。

索书号：001084/13。保存基本完好，今藏民族文化宫中国民族图书馆。

༧༢། །བསླབ་བྱ་བླང་དོར་ཀུན་གསལ་ཞེས་བྱ་བ་བཞུགས་སོ། །

**学处取舍普明**

1 种，4 页。

སྟག་ཚང་བློ་བཟང་རབ་བརྟན། 达仓 · 洛桑饶丹 (1676—1745) 撰述。

甘肃省甘南藏族自治州碌曲县郎木地区郎木寺印经院木刻版之刻印本。

普通纸，梵夹装中印本 (47.6 × 5.7cm)，楷体，墨色，横刊藏文六行，四周双栏，全。

索书号：001247/28。保存基本完好，今藏民族文化宫中国民族图书馆。

༧༣། །བསླབ་བྱ་བླང་དོར་གསལ་བའི་སྒྲོན་མེ་ཞེས་བྱ་བ་བཞུགས་སོ། །

**教言 · 取舍明灯**

1 种，4 页。

སྒོ་མང་བློ་བཟང་ཚུལ་ཁྲིམས། 果芒 · 洛桑慈称 (1841—1907) 撰述。

甘肃省甘南藏族自治州夏河县拉卜楞地区拉卜楞寺 ( 拉章扎喜齐 ) 印经院木刻版之刻印本。

普通藏纸，梵夹装中印本 (47 × 6.2cm)，楷体，墨色，横刊藏文六行，四周双栏，全。

索书号：001234/27。保存基本完好，今藏民族文化宫中国民族图书馆。

༧༡། །བསླབ་བྱ་མི་ཆོས་དགའ་སྟོན་ཞེས་བྱ་བ་བཞུགས་སོ། །

**学处篇・人道喜宴**

1 种，9 页。

ཨ་ལག་ཤ་ངག་དབང་བསྟན་དར་ལྷ་རམས་པ། 阿拉夏・阿旺丹达拉然巴 (1759—？) 撰述。

青海省湟中县鲁沙尔地区塔尔寺（固奔乾巴林）印经院木刻版之刻印本。

普通藏纸，梵夹装中印本 (48.5 × 6.7cm)，楷体，墨色，横刊藏文六行，四周双栏，全。

索书号：001208/17。保存基本完好，今藏民族文化宫中国民族图书馆。

༧༡། །བསླབ་བྱ་ཞེས་བྱ་བ་བཞུགས་སོ། །

**训诲教言**

1 种，2 页。

ལྕང་སྐྱ་ངག་དབང་བློ་བཟང་ཆོས་ལྡན། 章嘉・阿旺洛桑曲旦 (1642—1714) 撰述。

北京地区藏传佛教皇家寺院印经院木刻版之刻印本。

普通纸，梵夹装中印本 (49.4 × 6.8cm)，楷体，墨色，横刊藏文六行，四周双栏，全。

索书号：003565/65。保存基本完好，今藏民族文化宫中国民族图书馆。

༧༡། །བསླབ་བྱ་རབ་དཀར་སྒྲོན་མེ་ཞེས་བྱ་བ་བཞུགས་སོ། །

**教导篇・光洁明灯**

1 种，3 页。

བཀའ་འགྱུར་པ་བློ་བཟང་ཚུལ་ཁྲིམས། 嘎居巴・洛桑慈称 (1761—？) 撰述。

北京地区藏传佛教皇家寺院印经院木刻版之刻印本。

普通纸，梵夹装中印本 (46.8 × 7.2cm)，楷体，墨色，横刊藏文六行，四周双栏，全。

索书号：001143/9。保存基本完好，今藏民族文化宫中国民族图书馆。

༧༡། །བསླབ་བྱ་རབ་སྙན་རྒྱུད་མངས་ཞེས་བྱ་བ་བཞུགས་སོ། །

**训诲教言・极雅琴声**

1 种，2 页。

ལྕང་སྐྱ་ངག་དབང་བློ་བཟང་ཆོས་ལྡན། 章嘉・阿旺洛桑曲旦 (1642—1714) 撰述。

北京地区藏传佛教皇家寺院印经院木刻版之刻印本。

普通纸，梵夹装中印本 (49.4 × 6.8cm)，楷体，墨色，横刊藏文六行，四周双栏，全。

索书号：003565/67。保存基本完好，今藏民族文化宫中国民族图书馆。

༧༡། །བསླབ་བྱ་རབ་གསལ་སྒྲོན་མེ་ཞེས་བྱ་བ་བཞུགས་སོ། །

**教言极显明灯**

1 种，2 页。

ལྕང་སྐྱ་ངག་དབང་བློ་བཟང་ཆོས་ལྡན། 章嘉・阿旺洛桑曲旦 (1642—1714) 撰述。

北京地区藏传佛教皇家寺院印经院木刻版之刻印本。

普通纸，梵夹装中印本 (49.4 × 6.8cm)，楷体，墨色，横刊藏文六行，四周双栏，全。

索书号：003565/51。保存基本完好，今藏民族文化宫中国民族图书馆。

༧༡། །བསླབ་བྱ་རིན་པོ་ཆེ་ཐར་པའི་འཇུག་ངོགས་ཞེས་བྱ་བ་བཞུགས་སོ། །

**教言・大宝解脱门径**

1 种，65 页。

བཀའ་འགྱུར་པ་བློ་བཟང་ཚུལ་ཁྲིམས། 嘎居巴・洛桑慈称 (1761—？) 撰述。

北京地区藏传佛教皇家寺院印经院木刻版之刻印本。

普通纸，梵夹装中印本 (46.8 × 7.2cm)，楷体，墨色，横刊藏文六行，四周双栏，全。

索书号：001142/35。保存基本完好，今藏民族文化宫中国民族图书馆。

༄༅། །བསླབ་བྱ་སྲིད་ཞིའི་གདུང་སེལ་མ་ཞེས་བྱ་བ་བཞུགས་སོ། །

**教训词·消除有寂烦恼**

1 种，2 页。

ཀིརྟི་བློ་བཟང་འཕྲིན་ལས། 格迪·洛桑成勒 (1849—1905) 撰述。

甘肃省甘南藏族自治州碌曲县郎木地区郎木寺印经院木刻版之刻印本。

普通纸，梵夹装中印本 (44.8 × 6.1cm)，楷体，墨色，横刊藏文六行，四周双栏，全。

索书号：001084/14。保存基本完好，今藏民族文化宫中国民族图书馆。

༄༅། །བསླབ་བྱ་གསལ་བའི་སྒྲོན་མེ་ཞེས་བྱ་བ་བཞུགས་སོ། །

**训诲教言明灯**

1 种，3 页。

ལྕང་སྐྱ་རོལ་པའི་རྡོ་རྗེ། 章嘉·若贝多结 (1717—1786) 撰述。

北京地区藏传佛教皇家寺院印经院木刻版之刻印本。

普通纸，梵夹装中印本 (46.8 × 6.1cm)，楷体，墨色，横刊藏文六行，四周双栏，全。

索书号：000764/3。保存基本完好，今藏民族文化宫中国民族图书馆。

༄༅། །བསླབ་བྱ་ལྷག་བསམ་རྣམ་དཀར་གྱི་ཚ་སྐྱེས་རབ་ཏུ་རྒྱས་པའི་ཕྲེང་བ་ཞེས་བྱ་བ་བཞུགས་སོ། །

**教导篇·增上心白莲盛开鬘**

1 种，4 页。

བཀའ་འགྱུར་པ་བློ་བཟང་ཚུལ་ཁྲིམས། 嘎居巴·洛桑慈称 (1761—?　) 撰述。

北京地区藏传佛教皇家寺院印经院木刻版之刻印本。

普通纸，梵夹装中印本 (46.8 × 7.2cm)，楷体，墨色，横刊藏文六行，四周双栏，全。

索书号：001143/10。保存基本完好，今藏民族文化宫中国民族图书馆。

༄༅། །བསླབ་བྱ་ལྷག་བསམ་འོད་དཀར་ཞེས་བྱ་བ་བཞུགས་སོ། །

**教训文·增上白光**

1 种，3 页。

ཇ་ཁོད་བློ་བཟང་བྱམས་པ་རབ་རྒྱས། 阿果·洛桑谦巴饶吉 (1781—1849) 撰述。

多麦藏传佛教扎喜协珠林寺印经院木刻版之刻印本。

普通藏纸，梵夹装中印本 (47.5 × 6.4cm)，楷体，墨色，横刊藏文六行，四周双栏，全。

索书号：000816/7。保存基本完好，今藏民族文化宫中国民族图书馆。

༄༅། །བསླབ་ཚིག་རིན་ཆེན་ཕྲེང་བ་ཞེས་བྱ་བ་བཞུགས་སོ། །

**教言宝鬘**

1 种，4 页。

བཀའ་འགྱུར་པ་བློ་བཟང་ཚུལ་ཁྲིམས། 嘎居巴·洛桑慈称 (1761—?　) 撰述。

北京地区藏传佛教皇家寺院印经院木刻版之刻印本。

普通纸，梵夹装中印本 (46.8 × 7.2cm)，楷体，墨色，横刊藏文六行，四周双栏，全。

索书号：001143/6。保存基本完好，今藏民族文化宫中国民族图书馆。

## ༡༢、གསན་ཡིག་དང་ཐོབ་ཡིག་གི་སྐོར།
## 12. 闻法录、受法录

༄༅། །དཀྱིལ་ཟུར་དགེ་སློང་བློ་བཟང་སྦྱིན་པ་བདག་གིས་ཐོབ་ཡིག་ཡིད་བཞིན་དབང་གི་རྒྱལ་པོའི་ཕྲེང་བ་ཞེས་བྱ་བ་བཞུགས་སོ། །

**吉苏比丘洛桑金巴授法录·如意灌顶王鬘**

1种，7页。

དཀྱིལ་ཟུར་བློ་བཟང་སྦྱིན་པ། 纪苏嘎钦·洛桑金巴 (1821—？ ) 撰述。

四川省甘孜藏族自治州德格县德格地区德格寺印经院木刻版之刻印本。

普通藏纸，梵夹装中印本 (51.8×7.1cm)，楷体，墨色，横刊藏文六行，四周双栏，全。

索书号：000679/4。保存基本完好，今藏民族文化宫中国民族图书馆。

༄༅། །བཀའ་འགྱུར་ཡོངས་རྫོགས་ཀྱི་ལུང་ལེགས་པར་ཐོབ་པའི་ཐོབ་ཡིག་ཐར་པའི་ཐེམ་སྐས་ཞེས་བྱ་བ་བཞུགས་སོ། །

**甘珠尔全部传授经文善得受法录·解脱阶梯**

1种，17页。

ཀློང་རྡོལ་བླ་མ་ངག་དབང་བློ་བཟང་། 隆朵喇嘛·阿旺洛桑 (1719—1795) 撰述。

北京地区藏传佛教皇家寺院印经院木刻版之刻印本。

普通纸，梵夹装中印本 (53×7.1cm)，楷体，墨色，横刊藏文六行，四周双栏，全。

索书号：001005/3。保存基本完好，今藏民族文化宫中国民族图书馆。

༄༅། །ཁྱབ་བདག་འཁོར་ལོའི་མགོན་པོ་རྡོ་རྗེ་འཆང་ཕ་བོང་ཁ་པ་དཔལ་བཟང་པོས་སྐྱབས་རྗེ་དྭགས་པོ་བླ་མ་རིན་པོ་ཆེའི་གསུང་གི་བདུད་རྩི་བསྙེལ་ཐོར་གནང་བ་སོགས་ཟུག་ཟིན་ཐོར་བུ་སྣ་ཚོགས་ཕྱོགས་གཅིག་ཏུ་བསྒྲིགས་པ་ཞེས་བྱ་བ་བཞུགས་སོ། །

**遍主金刚帕邦喀巴闻受至尊达波大师甘露言教之备忘录等纪录散集合编**

1种，103页。

ཕ་བོང་ཁ་པ་བདེ་ཆེན་སྙིང་པོ། 帕邦喀巴·德钦宁波 (1878—1941) 撰述。

西藏地区藏传佛教格旦寺印经院木刻版之刻印本。

普通藏纸，梵夹装中印本 (49.1×5.9cm)，楷体，墨色，横刊藏文六行，四周双栏，全。

索书号：003293/12。保存基本完好，今藏民族文化宫中国民族图书馆。

༄༅། །ཁྱབ་བདག་རྡོ་རྗེ་འཆང་དབང་རྗེ་བླ་མ་འཇིགས་མེད་འཕྲིན་ལས་རྒྱ་མཚོའི་ཞབས་དྲུང་ནས་ཁྲིད་བཤད་པ་དབང་རྗེས་གནང་སོགས་མཐོས་པའི་ཟིན་ཐོ་ཁ་ཤས་ཞེས་བྱ་བ་བཞུགས་སོ། །

**从遍主金刚持上师吉迈称勒嘉措座前听受讲解及随许灌顶等部分受法录**

1种，65页。

རྒྱལ་མཁན་སྤྲུལ་སྐལ་བཟང་གྲགས་པ་རྒྱ་མཚོ། 嘉堪朱·格桑札巴嘉措 (1880—？ ) 撰述。

甘肃省甘南藏族自治州夏河县拉卜楞地区拉卜楞寺 ( 拉章扎喜齐 ) 印经院木刻版之刻印本。

普通藏纸，梵夹装中印本 (44.7×6cm)，楷体，墨色，横刊藏文六行，四周双栏，全。

索书号：001071/12。保存基本完好，今藏民族文化宫中国民族图书馆。

༄༅། །མཁས་གྲུབ་ཐམས་ཅད་མཁྱེན་པ་དགེ་ལེགས་དཔལ་བཟང་པོའི་གསན་ཡིག་ཅེས་བྱ་བ་བཞུགས་སོ། །

**凯珠一切智格勒白桑之闻法录**

1 种，44 页。

པཎ་ཆེན་བླ་མ་མཁས་གྲུབ་དགེ་ལེགས་དཔལ་བཟང་། 班钦喇嘛·凯珠·格勒白桑 (1385—1438) 撰述。

西藏自治区拉萨市达孜地区噶旦寺 ( 噶旦南巴嘉威林 ) 印经院木刻版之刻印本。

普通藏纸，梵夹装中印本 (50.4 × 6cm)，楷体，墨色，横刊藏文六行，四周双栏，全。

索书号：002927/3。保存基本完好，今藏民族文化宫中国民族图书馆。

༄༅། །གལ་ཆེ་བའི་གཏམ་གྱི་བརྗེད་ཐོ་ཞེས་བྱ་བ་བཞུགས་སོ། །

**要言备忘录**

1 种，79 页。

ཞབས་དྲུང་ཆོས་རྗེ་ངག་དབང་ཚེ་རིང་། 夏仲法尊·阿旺次仁 ( ？ —1792) 撰述。

蒙古国乌兰巴托地区藏传佛教库伦寺印经院木刻版之刻印本。

普通藏纸，梵夹装中印本 (46.8 × 5.2cm)，楷体，墨色，横刊藏文六行，四周双栏，全。

索书号：000752/27。保存基本完好，今藏民族文化宫中国民族图书馆。

༄༅། །གུའི་ཤྲཱི་དཔལ་འབྱོར་དོན་གྲུབ་ནས་བཟུང་སྟེ་བླ་མ་རྣམས་ལ་དབང་ལུང་གསན་ཡིག་ཅེས་བྱ་བ་བཞུགས་སོ། །

**自固实白觉顿珠至诸上师灌顶传承闻法录**

1 种，136 页。

ཞྭ་དམར་ཆོས་གྲགས་ཡེ་ཤེས། 夏玛·曲札益希 (1453—1524) 撰述。

西藏地区藏传佛教寺院印经院传抄之金汁写本。

瓷青纸，梵夹装中印本 (46 × 6.5cm)，草体，墨色，横书藏文七行，四周双栏，全。

索书号：003272/1。保存基本完好，今藏民族文化宫中国民族图书馆。

༄༅། །དགེ་ལྡན་སྙན་བརྒྱུད་ཀྱི་བཀའ་སྲོལ་ཕྱག་རྒྱ་ཆེན་པོའི་ཟིན་བྲིས་རྣམ་གྲོལ་ཀུན་ཏུ་དགེ་བའི་ལམ་བཟང་ཞེས་བྱ་བ་བཞུགས་སོ། །

**格旦耳传法规大手印记录·解脱普善之妙道**

1 种，72 页。

ཀེའུ་ཚང་བློ་བཟང་འཇམ་དབྱངས་སྨོན་ལམ། 格邬仓·洛桑绛央孟兰 (1750—1814) 撰述。

四川省甘孜藏族自治州甘孜县甘孜地区甘孜寺印经院木刻版之刻印本。

普通藏纸，梵夹装中印本 (54.4 × 7.1cm)，楷体，墨色，横刊藏文六行，四周双栏，全。

索书号：000791/1。保存基本完好，今藏民族文化宫中国民族图书馆。

༄༅། །རྗེ་བཙུན་འཇམ་དཔལ་རྒྱ་མཚོས་མདོ་སྔགས་ཀྱི་ཆོས་ཇི་ལྟར་གསན་པའི་གསན་ཡིག་ཅེས་བྱ་བ་བཞུགས་སོ། །

**至尊绛白嘉措所闻显密正法随听录**

1 种，76 页。

འཇམ་དབྱངས་བདེ་བའི་རྡོ་རྗེ། 绛央德威多结 (1682—？ ) 撰述。

西藏自治区拉萨地区布达拉宫印经院木刻版之刻印本。

普通藏纸，梵夹装中印本 (48.5 × 6.4cm)，楷体，墨色，横刊藏文六行，四周双栏，全。

索书号：003794/31。保存基本完好，今藏民族文化宫中国民族图书馆。

༄༅། །རྗེ་བཙུན་བླ་མ་ཅོ་ནེ་པཎྜི་ཏ་རིན་པོ་ཆེའི་ཞལ་སྔ་ནས། སྔགས་རིམ་ཆེན་མོའི་བཤད་ལུང་ནོས་སྐབས་ཀྱི་གསུང་བཤད་ཟིན་བྲིས་བོ་ཙམ་དུ་བཀོད་པ་ཞེས་བྱ་བ་བཞུགས་སོ། །

**至尊上师觉尼班智达传授密宗道次第广论经教时开示之笔录**

1 种，37 页。

ཕ་བོང་ཁ་པ་བདེ་ཆེན་སྙིང་པོ། 帕邦喀巴·德钦宁波 (1878—1941) 撰述。

西藏地区藏传佛教格旦寺印经院木刻版之刻印本。

普通藏纸，梵夹装中印本 (49.1 × 5.9cm)，楷体，墨色，横刊藏文六行，四周双栏，全。

索书号：003290/14。保存基本完好，今藏民族文化宫中国民族图书馆。

༄༅། །རྗེ་བཙུན་བླ་མ་དམ་པའི་ཞལ་ལུང་རྣམས་བརྗེད་བྱང་ཟིན་བྲིས་སུ་བཏབ་པ་བློ་གསལ་དགའ་བའི་རྣ་རྒྱན་ཞེས་བྱ་བ་བཞུགས་སོ། །

**至尊师尊语教备忘录·智者喜悦之耳饰**

1 种，60 页。

འཇམ་དབྱངས་མཁྱེན་བརྩེ་དབང་པོ། 绛央庆则旺波 (1820—1892) 撰述。

四川省甘孜藏族自治州德格县德格地区德格寺印经院木刻版之刻印本。

普通藏纸，梵夹装短印本 (29.7 × 4.6cm)，楷体，墨色，横刊藏文六行，四周双栏，全。

索书号：006302/6。保存基本完好，今藏民族文化宫中国民族图书馆。

༄༅། །རྗེ་རིན་པོ་ཆེ་བློ་བཟང་གྲགས་པའི་དཔལ་གྱི་གསན་ཡིག་ཅེས་བྱ་བ་བཞུགས་སོ། །

**至尊宗喀巴·洛桑札巴之闻法录**

1 种，32 页。

ཙོང་ཁ་པ་བློ་བཟང་གྲགས་པ། 宗喀巴·洛桑札巴 (1357—1419) 撰述。

甘肃省甘南藏族自治州夏河县拉卜楞地区拉卜楞寺 ( 拉章扎喜齐 ) 印经院木刻版之刻印本。

普通藏纸，梵夹装中印本 (47.4 × 6.8cm)，楷体，墨色，横刊藏文六行，四周双栏，全。

索书号：000359/7。保存基本完好，今藏民族文化宫中国民族图书馆。

༄༅། །རྗེ་རིན་པོ་ཆེས་ར་སྒྲེང་དུ་བསླབ་བཏུས་རྒྱས་པར་གསུང་དུས་འཇམ་དབྱངས་ཆོས་རྗེས་ཟིན་བྲིས་མཛད་པ་ཞེས་བྱ་བ་བཞུགས་སོ། །

**宗喀巴大师热振寺详讲集学论时由绛央曲杰所作笔录**

1 种，20 页。

ཙོང་ཁ་པ་བློ་བཟང་གྲགས་པ། 宗喀巴·洛桑札巴 (1357—1419) 撰述。

甘肃省甘南藏族自治州夏河县拉卜楞地区拉卜楞寺 ( 拉章扎喜齐 ) 印经院木刻版之刻印本。

普通藏纸，梵夹装中印本 (47.4 × 6.8cm)，楷体，墨色，横刊藏文六行，四周双栏，全。

索书号：000371/6。保存基本完好，今藏民族文化宫中国民族图书馆。

༄༅། །རྟ་ཚག་པ་བློ་བཟང་བསྟན་པའི་མགོན་པོ་ནས་ཟབ་པ་དང་རྒྱ་ཆེ་བའི་དམ་པའི་ཆོས་ཀྱི་བཀའ་དྲིན་མཚོན་པའི་ཐོབ་ཡིག་བརྗེད་ངས་གཉིད་སྒྲོང་ཞེས་བྱ་བ་བཞུགས་སོ། །

**达扎·洛桑丹贝贡波所受深广正法感得法恩备忘录**

1 种，5 页。

རྟ་ཚག་རྗེ་དྲུང་ཡེ་ཤེས་བསྟན་པའི་མགོན་པོ། 达扎济咙·益希丹贝贡波 (1760—1810) 撰述。

西藏地区藏传佛教寺院印经院木刻版

之刻印本。

普通藏纸，梵夹装中印本 (45.7×6.5cm)，楷体，墨色，横刊藏文六行，四周双栏，全。

索书号：003801/43。保存基本完好，今藏民族文化宫中国民族图书馆。

༄༅། །རྟ་ཚག་པ་བློ་བཟང་བསྟན་པའི་མགོན་པོ་ནས་ཟབ་པ་དང་རྒྱ་ཆེ་བའི་དམ་པའི་ཆོས་ཀྱི་བཀའ་དྲིན་མནོས་པའི་ཐོབ་ཡིག་བརྗེད་ངས་གཉིད་སྲོང་ལས་རྒྱབ་བརྟེན་ལུང་གི་སྐབས་ཞེས་བྱ་བ་བཞུགས་སོ། །

**达扎·洛桑丹贝贡波所受深广正法感得法恩备忘录中所依诵传经教类**

1 种，67 页。

རྟ་ཚག་རྗེ་དྲུང་ཡེ་ཤེས་བསྟན་པའི་མགོན་པོ།

达扎济咙·益希丹贝贡波 (1760—1810) 撰述。

西藏地区藏传佛教寺院印经院木刻版之刻印本。

普通藏纸，梵夹装中印本 (45.7×6.5cm)，楷体，墨色，横刊藏文六行，四周双栏，全。

索书号：003801/46。保存基本完好，今藏民族文化宫中国民族图书馆。

༄༅། །རྟ་ཚག་པ་བློ་བཟང་བསྟན་པའི་མགོན་པོ་ནས་ཟབ་པ་དང་རྒྱ་ཆེ་བའི་དམ་པའི་ཆོས་ཀྱི་བཀའ་དྲིན་མནོས་པའི་ཐོབ་ཡིག་བརྗེད་ངས་གཉིད་སྲོང་ལས། སྨིན་བྱེད་དབང་དང་རྗེས་གནང་གི་སྐབས་ཞེས་བྱ་བ་བཞུགས་སོ། །

**达扎·洛桑丹贝贡波所受深广正法感得法恩备忘录中成熟灌顶与随许法类**

1 种，31 页。

རྟ་ཚག་རྗེ་དྲུང་ཡེ་ཤེས་བསྟན་པའི་མགོན་པོ།

达扎济咙·益希丹贝贡波 (亦称益希洛桑丹贝坚参，1760—1810) 撰述。

西藏自治区藏传佛教寺院印经院木刻版之刻印本。

普通藏纸，梵夹装中印本 (45.7×6.5cm)，楷体，墨色，横刊藏文六行，四周双栏，全。

索书号：003801/44。保存基本完好，今藏民族文化宫中国民族图书馆。

༄༅། །བསྟན་པ་སྤྱི་དང་རྒྱུད་སྡེ་བཞིའི་རྣམ་གཞག་ཟིན་བྲིས་སུ་བྱས་པ་ཞེས་བྱ་བ་བཞུགས་སོ། །

**佛之教法与四部密续之建立笔录**

1 种，37 页。

པཎ་ཆེན་ཨེར་ཏེ་ནི་བློ་བཟང་ཆོས་ཀྱི་རྒྱལ་མཚན།

班禅额尔德尼·洛桑曲吉坚参 (1567—1662) 撰述。

西藏自治区日喀则地区扎什伦布寺印经院木刻版之刻印本。

普通藏纸，梵夹装中印本 (49.4×6.5cm)，楷体，墨色，横刊藏文六行，四周双栏，全。

索书号：000788/2。保存基本完好，今藏民族文化宫中国民族图书馆。

༄༅། །བསྟན་པའི་མངའ་བདག་མཁས་གྲུབ་ཐམས་ཅད་མཁྱེན་པ་དགེ་ལེགས་དཔལ་བཟང་པོའི་ཞལ་ལས་བྱུང་བའི་རྒྱུད་ཀྱི་ཟིན་བྲིས་ཞེས་བྱ་བ་བཞུགས་སོ། །

**教主凯珠一切智格勒白桑口授密续笔录**

1 种，104 页。

པཎ་ཆེན་བླ་མ་མཁས་གྲུབ་དགེ་ལེགས་དཔལ་བཟང་།

班禅喇嘛·凯珠格勒白桑 (1385—1438) 撰述。

西藏自治区拉萨市达孜地区噶旦寺 (喜足尊胜洲) 印经院木刻版之刻印本。

普通藏纸，梵夹装中印本 (50.4×6cm)，楷体，墨色，横刊藏文六行，四周双栏，全。

索书号：002932/9。保存基本完好，今藏民族文化宫中国民族图书馆。

༄༅། །ཐོབ་ཡིག་རྒྱ་མཚོ་ཞེས་བྱ་བ་བཞུགས་སོ། །

**所得正法录海**

1 种，128 页。

ངོར་ཆེན་ཀུན་དགའ་བཟང་པོ། 俄钦・衮噶桑波 (1382—1456) 撰述。

四川省甘孜藏族自治州德格县德格地区德格寺印经院木刻版之刻印本。

普通藏纸，梵夹装中印本 (48.5 × 6.5cm)，楷体，墨色，横刊藏文六行，四周双栏，全。

索书号：000501/4。保存基本完好，今藏民族文化宫中国民族图书馆。

༄༅། །ཐོབ་ཡིག་སྡེ་སྣོད་ཆུ་ཀླུང་འདྲིལ་བའི་རྒྱ་མཚོ་ཟབ་དོན་ནོར་བུའི་བང་མཛོད་ལས་ཐར་རྩེ་རྗེར་ཐོབ་པའི་སྐོར་ཐེག་ཆེན་སྤྲིན་གྱི་སྒྲ་དབྱངས་ཞེས་བྱ་བ་བཞུགས་སོ། །

**闻法录・经藏百川汇聚海・甚深义摩尼宝藏中向塔孜杰闻法类・大乘雷声**

1 种，83 页。

ས་སྐྱ་ཀུན་དགའ་བློ་གྲོས། 萨迦・衮噶洛哲 (1729—1783) 撰述。

西藏地区藏传佛教寺院印经院传抄之缮写本。

普通藏纸，梵夹装中印本 (45.2 × 5.6cm)，草体，墨色，横书藏文七行，四周双栏，全。

索书号：006812/3。保存基本完好，今藏民族文化宫中国民族图书馆。

༄༅། །ཐོབ་ཡིག་ཡོངས་འཛིན་དམ་པའི་ཞལ་ལུང་བདུད་རྩིའི་ཆུ་རྒྱུན་ཞེས་བྱ་བ་བཞུགས་སོ། །

**闻法录・经师大德之语教・甘露长流**

1 函，1 种，290 页。

བླ་ཁོ་འཇིགས་མེད་འཕྲིན་ལས་རྒྱ་མཚོ། 拉科・吉迈成勒嘉措 (1866—1947) 撰述。

甘肃省甘南藏族自治州夏河县拉卜楞地区拉卜楞寺 ( 拉章扎喜齐 ) 印经院木刻版之刻印本。

普通藏纸，梵夹装中印本 (46.7 × 6.2cm)，楷体，墨色，横刊藏文六行，四周双栏，全。

索书号：001001/2。保存基本完好，今藏民族文化宫中国民族图书馆。

༄༅། །ཐོབ་ཡིག་ལུང་ཆོས་གཏེར་གྱི་ཁ་བྱང་ཞེས་བྱ་བ་བཞུགས་སོ། །

**闻法录・经教法藏之题词**

1 种，1 页。

ཞང་སྟོན་བསྟན་པ་རྒྱ་མཚོ། 祥敦・丹巴嘉措 (1825—1895) 撰述。

甘肃省甘南藏族自治州夏河县拉卜楞地区拉卜楞寺 ( 拉章扎喜齐 ) 印经院木刻版之刻印本。

普通藏纸，梵夹装中印本 (46.6 × 6.4cm)，楷体，墨色，横刊藏文六行，四周双栏，全。

索书号：000419/10。保存基本完好，今藏民族文化宫中国民族图书馆。

༄༅། །མཐུ་སྟོབས་རྩེ་སོགས་ཀྱི་བཀོད་ཡིག་ཅེས་བྱ་བ་བཞུགས་སོ། །

**图多孜等殿之记述文**

1 种，2 页。

དཔའ་བོ་གཙུག་ལག་ཕྲེང་བ། 巴沃・祖拉昌哇 (1504—1566) 撰述。

西藏地区藏传佛教寺院印经院木刻版之刻印本。

普通藏纸，梵夹装中印本 (47.5 × 6.2cm)，楷体，墨色，横刊藏文六行，四周双栏，全。

索书号：006511/21。保存基本完好，今藏民族文化宫中国民族图书馆。

**༄༅། །དམ་པའི་ཆོས་ཀྱི་ལུང་རྗེས་གནང་དབང་ཁྲིད་ཐོབ་ཡིག་འཁྲུལ་པའི་དྲི་བྲལ་པདྨའི་སྲད་བུར་བརྒྱུས་པའི་དོན་ལྡན་ནོར་བུའི་དོ་ཤལ་ཞེས་བྱ་བ་བཞུགས་སོ། །**

**正法经教、随许法、灌顶、导释等无误受法录·莲线串连之具义摩尼瓔珞**

1 种，9 页。

ལྕང་ལུང་པཎྜི་ཏ་ངག་དབང་བློ་བཟང་བསྟན་པའི་རྒྱལ་མཚན། 江隆班智达·阿旺洛桑丹贝坚参 (1770—1845) 撰述。

北京地区藏传佛教皇家寺院印经院木刻版之刻印本。

普通纸，梵夹装短印本 (39.5 × 5.9cm)，楷体，墨色，横刊藏文六行，四周双栏，全。

索书号：003709/17。保存基本完好，今藏民族文化宫中国民族图书馆。

**༄༅། །མདོ་དང་སྔགས་ཕྱོགས་ཀྱི་དམ་པའི་ཆོས་ཀྱི་ཐོབ་ཡིག་བདུད་རྩིའི་ཆུ་རྒྱུན་ཞེས་བྱ་བ་བཞུགས་སོ། །**

**显密正法闻法录·甘露长流**

1 函，1 种，520 页。

ཀུ་ཤྲི་དཀའ་བཅུ་པ་བློ་བཟང་ཚེ་འཕེལ། 古释嘎居巴·洛桑慈培 (1760—？ ) 撰述。

北京地区藏传佛教皇家寺院印经院木刻版之刻印本。

普通纸，梵夹装中印本 (47.8 × 7.5cm)，楷体，墨色，横刊藏文六行，四周双栏，全。

索书号：001100/1。保存基本完好，今藏民族文化宫中国民族图书馆。

**༄༅། །རྡོ་རྗེ་འཆང་དངོས་བླ་མ་དམ་པ་རྣམས་ཀྱི་བཀའ་དྲིན་ལས་མདོ་སྔགས་ཀྱི་ཆོས་ཚུལ་ཅུང་ཟད་ཐོབ་པའི་བརྒྱུད་ཡིག་མུ་ཏིག་ཕྲེང་བ་ཞེས་བྱ་བ་བཞུགས་སོ། །**

**从金刚持诸上师恩德中闻得之显密教法传承录·珍珠鬘**

1 函，1 种，232 页。

ཀིརྟི་བློ་བཟང་འཕྲིན་ལས། 格迪·洛桑成勒 (1849—1905) 撰述。

甘肃省甘南藏族自治州迭部县郎木地区郎木寺印经院木刻版之刻印本。

普通藏纸，梵夹装中印本 (44.8 × 6.1cm)，楷体，墨色，横刊藏文六行，四周双栏，全。

索书号：001081/2。保存基本完好，今藏民族文化宫中国民族图书馆。

**༄༅། །ཟབ་རྒྱས་ཆོས་ཀྱི་ཐོས་ཡིག་སྡེ་སྣོད་ཆུ་ཀླུང་འཁྱིལ་བའི་རྒྱ་མཚོ་ཟབ་དོན་ནོར་བུའི་བང་མཛོད་ལས་མཁའ་སྤྱོད་དབང་མོས་རྗེས་སུ་བཟུང་ཚུལ་སྐལ་བཟང་བདུད་རྩི་རོལ་མཚོ་ཞེས་བྱ་བ་བཞུགས་སོ། །**

**深广教法闻法录·经藏百川汇聚海·甚深义摩尼宝藏中空行佛母摄受品·贤劫甘露游戏海**

1 种，24 页。

ས་སྐྱ་ཀུན་དགའ་བློ་གྲོས། 萨迦·衮噶洛哲 (1729—1783) 撰述。

西藏地区藏传佛教寺院印经院传抄之缮写本。

普通藏纸，梵夹装中印本 (45.2 × 5.6cm)，草体，墨色，横书藏文七行，四周双栏，全。

索书号：006812/2。保存基本完好，今藏民族文化宫中国民族图书馆。

༄། །ཟབ་རྒྱས་ཆོས་ཀྱི་ཐོས་ཡིག་སྡེ་སྣོད་ཆུ་ཀླུང་འཁྱིལ་བའི་རྒྱ་མཚོ་ཟབ་དོན་ནོར་བུའི་བང་མཛོད་ལས་ཡབ་རྗེ་དམ་པས་རྗེས་སུ་བཟུང་ཚུལ་སྐལ་བཟང་ལྡེ་མིག་ཅེས་བྱ་བ་བཞུགས་སོ། །

**深广教法闻法录·经藏百川汇聚海·甚深义摩尼宝藏中师尊摄受品·贤劫之钥**

1 种，259 页。

ས་སྐྱ་ཀུན་དགའ་བློ་གྲོས། 萨迦·衮噶洛哲 (1729—1783) 撰述。

西藏地区藏传佛教寺院印经院传抄之缮写本。

普通藏纸，梵夹装中印本 (45.2×5.6cm)，草体，墨色，横书藏文七行，四周双栏，全。

索书号：006812/1。保存基本完好，今藏民族文化宫中国民族图书馆。

༄། །ཟབ་པ་དང་རྒྱ་ཆེ་བའི་དམ་པའི་ཆོས་ཀྱི་ཐོབ་ཡིག་གངྒཱའི་ཆུ་རྒྱུན་ལས་སྐྱེགས་བམ་དང་པོ་ཞེས་བྱ་བ་བཞུགས་སོ། །

**深广正法之得法录·恒河长流·第一函**

1 种，418 页。

ཏཱ་ལའི་བླ་མ་ངག་དབང་བློ་བཟང་རྒྱ་མཚོ། 达赖喇嘛·阿旺洛桑嘉措 (1617—1682) 撰述。

西藏自治区拉萨地区孜雪印经院木刻版之刻印本。

普通纸，梵夹装中印本 (46.6×5.9cm)，楷体，墨色，横刊藏文六行，四周双栏，全。

索书号：005014/1。保存基本完好，今藏民族文化宫中国民族图书馆。

༄། །ཟབ་པ་དང་རྒྱ་ཆེ་བའི་དམ་པའི་ཆོས་ཀྱི་ཐོབ་ཡིག་གངྒཱའི་ཆུ་རྒྱུན་ལས་སྐྱེགས་བམ་གཉིས་པ་ཞེས་བྱ་བ་བཞུགས་སོ། །

**深广正法之得法录·恒河长流·第二函**

1 种，386 页。

ཏཱ་ལའི་བླ་མ་ངག་དབང་བློ་བཟང་རྒྱ་མཚོ། 达赖喇嘛·阿旺洛桑嘉措 (1617—1682) 撰述。

西藏自治区拉萨地区孜雪印经院木刻版之刻印本。

普通纸，梵夹装中印本 (46.6×5.9cm)，楷体，墨色，横刊藏文六行，四周双栏，全。

索书号：005015/1。保存基本完好，今藏民族文化宫中国民族图书馆。

༄། །ཟབ་པ་དང་རྒྱ་ཆེ་བའི་དམ་པའི་ཆོས་ཀྱི་ཐོབ་ཡིག་གངྒཱའི་ཆུ་རྒྱུན་ལས་སྐྱེགས་བམ་གསུམ་པ་ཞེས་བྱ་བ་བཞུགས་སོ། །

**深广正法之得法录·恒河长流·第三函**

1 种，366 页。

ཏཱ་ལའི་བླ་མ་ངག་དབང་བློ་བཟང་རྒྱ་མཚོ། 达赖喇嘛·阿旺洛桑嘉措 (1617—1682) 撰述。

西藏自治区拉萨地区孜雪印经院木刻版之刻印本。

普通纸，梵夹装中印本 (46.6×5.9cm)，楷体，墨色，横刊藏文六行，四周双栏，全。

索书号：005016/1。保存基本完好，今藏民族文化宫中国民族图书馆。

༄། །ཟབ་པ་དང་རྒྱ་ཆེ་བའི་དམ་པའི་ཆོས་ཀྱི་ཐོབ་ཡིག་ངྒཱའི་ཆུ་རྒྱུན་ལས་སྐྱེགས་བམ་བཞི་པ་ཞེས་བྱ་བ་བཞུགས་སོ། །

**深广正法之得法录·恒河长流·第四函**

1 种，367 页。

ཏཱ་ལའི་བླ་མ་ངག་དབང་བློ་བཟང་རྒྱ་མཚོ། 达赖喇嘛·阿旺洛桑嘉措 (1617—1682) 撰述。

西藏自治区拉萨地区孜雪印经院木刻版之刻印本。

普通藏纸，梵夹装中印本 (46.6×5.9cm)，楷体，墨色，横刊藏文六行，四周双栏，全。

索书号：005017/1。保存基本完好，

今藏民族文化宫中国民族图书馆。

༧༢། །ཟབ་པ་དང་རྒྱ་ཆེ་བའི་ཆོས་ཀྱི་ཐོབ་ཡིག་བཻཌཱུརྱའི་འཕྲེང་བ་ཞེས་བྱ་བ་བཞུགས་སོ། །

**深广教法之闻法录·吠琉璃鬘**

1 种，241 页。

པཎ་ཆེན་ཨེར་ཏེ་ནི་བློ་བཟང་དཔལ་ལྡན་བསྟན་པའི་ཉི་མ། 班禅额尔德尼·洛桑白旦丹贝尼玛 (1782—1853) 撰述。

西藏自治区日喀则地区扎什伦布寺印经院木刻版之刻印本。

普通藏纸，梵夹装中印本 (48.7×7cm)，楷体，墨色，横刊藏文六行，四周双栏，全。

索书号：003528/8。保存基本完好，今藏民族文化宫中国民族图书馆。

༧༣། །ཟབ་པ་དང་རྒྱ་ཆེ་བའི་དམ་པའི་ཆོས་ཀྱི་ཐོབ་ཡིག་རིན་ཆེན་དབང་གི་རྒྱལ་པོའི་ནོར་ཁལ་ཞེས་བྱ་བ་བཞུགས་སོ། །

**甚深与光大正法之得法录·帝青宝璎珞**

1 种，386 页。

ཏཱ་ལའི་བླ་མ་སྐལ་བཟང་རྒྱ་མཚོ། 达赖喇嘛·格桑嘉措 (1708—1757) 撰述。

北京地区藏传佛教皇家寺院印经院木刻版之刻印本。

普通纸，梵夹装中印本 (49.4×6.5cm)，楷体，墨色，横刊藏文六行，四周双栏，全。

索书号：003460/1。保存基本完好，今藏民族文化宫中国民族图书馆。

༧༤། །ཟབ་པ་དང་རྒྱ་ཆེ་བའི་དམ་པའི་ཆོས་ཀྱི་ཐོབ་ཡིག་རིན་པོ་ཆེའི་ནོར་ཁལ་ཞེས་བྱ་བ་བཞུགས་སོ། །

**深广正法闻法录·大宝璎珞**

1 种，28 页。

འཇམ་དབྱངས་མཁྱེན་བརྩེ་དབང་པོ། 绛央庆则旺波 (1820—1892) 撰述。

四川省甘孜藏族自治州德格县德格地区德格寺印经院木刻版之刻印本。

普通藏纸，梵夹装短印本 (29.7×4.6cm)，楷体，墨色，横刊藏文六行，四周双栏，全。

索书号：006323/7。保存基本完好，今藏民族文化宫中国民族图书馆。

༧༥། །ཟབ་པ་དང་རྒྱ་ཆེ་བའི་དམ་པའི་ཆོས་ཀྱི་ཐོབ་ཡིག་གསལ་བའི་སྒྲོན་མེ་ཞེས་བྱ་བ་བཞུགས་སོ། །

**深广正法录·明灯**

1 种，286 页。

ཆིངས་སུ་གཙུག་ཐུ་བློ་བཟང་ནོར་བུ་ཤེས་རབ། 强苏祖图·洛桑诺布希饶 (1737—？ ) 撰述。

北京地区藏传佛教皇家寺院印经院木刻版之刻印本。

普通纸，梵夹装短印本 (38.2×6.1cm)，楷体，墨色，横刊藏文六行，四周双栏，全。

索书号：000837/1。保存基本完好，今藏民族文化宫中国民族图书馆。

༧༦། །ཟབ་པ་དང་རྒྱ་ཆེ་བའི་དམ་པའི་ཆོས་ཀྱི་དབང་ལུང་མན་ངག་སོགས་ཀྱི་ཐོབ་ཡིག་བདུད་རྩིའི་ཆུ་རྒྱུན་ཞེས་བྱ་བ་བཞུགས་སོ། །

**深广正法之灌顶、传经、教授等受得记录**

1 种，110 页。

སེང་ཆེན་བློ་བཟང་བསྟན་འཛིན་དཔལ་འབྱོར། 桑钦·洛桑丹增班觉 (1784—1843) 撰述。

西藏自治区拉萨地区孜雪印经院木刻版之刻印本。

普通藏纸，梵夹装中印本 (45.6×6.3cm)，楷体，墨色，横刊藏文六行，四周双栏，全。

索书号：003818/9。保存基本完好，今藏民族文化宫中国民族图书馆。

༄༅། །ཟབ་པ་དང་རྒྱ་ཆེ་བའི་གཞུང་ལུགས་རྒྱ་མཚོ་ལྟ་བུ་ལས་རང་གི་བགོ་སྐལ་དུ་མནོས་པའི་དབང་ཁྲིད་ལུང་གསུམ་གྱི་ཐོབ་ཡིག་མདོ་ཙམ་བཀོད་པ་ནོར་བུ་བཻ་ཌཱུརྻའི་ཕྲེང་མཛེས་དཔྱོད་ལྡན་མགྲིན་པའི་དོ་ཤལ་ཞེས་བྱ་བ་བཞུགས་སོ། །

**深广宗义海中所出自份得受灌顶、导引、诵传三种之得法录摄略·琉璃妙宝鬘智者项饰双垂璎珞**

1 种，286 页。

ཆེ་ཤོས་བློ་བཟང་བྱང་ཆུབ་བསྟན་པའི་སྒྲོན་མེ། 却西·洛桑强曲丹贝准美 (1861—1933) 撰述。

青海省湟中县鲁沙尔地区塔尔寺 ( 固奔乾巴林 ) 印经院木刻版之刻印本。

普通藏纸，梵夹装中印本 (45.7×6.5cm)，楷体，墨色，横刊藏文六行，四周双栏，全。

索书号：003778/2。保存基本完好，今藏民族文化宫中国民族图书馆。

༄༅། །འོག་མིན་ཚོགས་ཆེན་འདུས་པའི་དབང་ཆེན་གྱི་བརྗེད་ཐོ་ཞེས་བྱ་བ་བཞུགས་སོ། །

**色究竟天大会灌顶备忘录**

1 种，2 页。

མཁྱེན་བརྩེ་འོད་ཟེར་འཇིགས་མེད་གླིང་པ། 庆孜沃赛·吉迈林巴 (1729—1798) 撰述。

四川省甘孜藏族自治州德格县德格地区德格寺印经院木刻版之刻印本。

普通藏纸，梵夹装中印本 (48.5×6.7cm)，楷体，墨色，横刊藏文六行，四周双栏，全。

索书号：000541/12。保存基本完好，今藏民族文化宫中国民族图书馆。

༄༅། །རིགས་བརྒྱའི་ཁྱབ་བདག་རྡོ་རྗེ་སེམས་དཔའི་ངོ་བོ་རྗེ་པ་བོང་ཁ་པའི་གསན་ཡིག་བསམ་འཕེལ་ནོར་བུའི་དོ་ཤལ་ལས་རྗེས་གནང་གི་སྐོར་ཕྱོགས་གཅིག་ཏུ་བཀོད་པ་ཞེས་བྱ་བ་བཞུགས་སོ། །

**百部遍主金刚萨埵之体性至尊帕邦喀巴之闻法录·如意摩尼璎珞中随许法类合编**

1 种，33 页。

པ་བོང་ཁ་པ་བདེ་ཆེན་སྙིང་པོ། 帕邦喀巴·德钦宁波 (1878—1941) 撰述。

西藏地区藏传佛教寺院印经院木刻版之刻印本。

普通藏纸，梵夹装中印本 (49.1×5.9cm)，楷体，墨色，横刊藏文六行，四周双栏，全。

索书号：003290/2。保存基本完好，今藏民族文化宫中国民族图书馆。

༄༅། །རིགས་བརྒྱའི་ཁྱབ་བདག་རྡོ་རྗེ་སེམས་དཔའི་ངོ་བོ་རྗེ་པ་བོང་ཁ་པའི་གསན་ཡིག་བསམ་འཕེལ་ནོར་བུའི་དོ་ཤལ་ལས་བེའུ་བུམ་སྐོར་ཕྱོགས་གཅིག་ཏུ་བཀོད་པ་ཞེས་བྱ་བ་བཞུགས་སོ། །

**百部遍主金刚萨埵之体性至尊帕邦喀巴之闻法录·如意摩尼璎珞中小函类合编**

1 种，87 页。

པ་བོང་ཁ་པ་བདེ་ཆེན་སྙིང་པོ། 帕邦喀巴·德钦宁波 (1878—1941) 撰述。

西藏地区藏传佛教寺院印经院木刻版之刻印本。

普通藏纸，梵夹装中印本 (49.1×5.9cm)，楷体，墨色，横刊藏文六行，四周双栏，全。

索书号：003290/3。保存基本完好，今藏民族文化宫中国民族图书馆。

༄༅། །རིགས་བརྒྱའི་ཁྱབ་བདག་རྡོ་རྗེ་སེམས་དཔའི་ངོ་བོ་རྗེ་ཕ་བོང་ཁ་པའི་གསན་ཡིག་བསམ་འཕེལ་ནོར་བུའི་དོ་ཤལ་ལས་དབང་ཁྲིད་སྒྲིགས་མའི་སྐོར་ཕྱོགས་གཅིག་ཏུ་བཀོད་པ་ཞེས་བྱ་བ་བཞུགས་སོ། །

**百部遍主金刚萨埵之体性至尊帕邦喀巴之闻法录·如意摩尼瓔珞中灌顶导释合编**

1种，64页。

ཕ་བོང་ཁ་པ་བདེ་ཆེན་སྙིང་པོ། 帕邦喀巴·德钦宁波 (1878—1941) 撰述。

西藏地区藏传佛教寺院印经院木刻版之刻印本。

普通藏纸，梵夹装中印本 (49.1×5.9cm)，楷体，墨色，横刊藏文六行，四周双栏，全。

索书号：003289/3。保存基本完好，今藏民族文化宫中国民族图书馆。

༄༅། །རིགས་བརྒྱའི་ཁྱབ་བདག་རྡོ་རྗེ་སེམས་དཔའི་ངོ་བོ་རྗེ་ཕ་བོང་ཁ་པའི་གསན་ཡིག་བསམ་འཕེལ་ནོར་བུའི་དོ་ཤལ་ལས་ལུང་ཁྲིད་སྣ་ཚོགས་སྐོར་ཕྱོགས་གཅིག་ཏུ་བཀོད་པ་ཞེས་བྱ་བ་བཞུགས་སོ། །

**百部遍主金刚萨埵之体性至尊帕邦喀巴之闻法录·如意摩尼瓔珞中传经教导诸法类合编**

1种，48页。

ཕ་བོང་ཁ་པ་བདེ་ཆེན་སྙིང་པོ། 帕邦喀巴·德钦宁波 (1878—1941) 撰述。

西藏地区藏传佛教寺院印经院木刻版之刻印本。

普通藏纸，梵夹装中印本 (49.1×5.9cm)，楷体，墨色，横刊藏文六行，四周双栏，全。

索书号：003289/4。保存基本完好，今藏民族文化宫中国民族图书馆。

༄༅། །རིགས་དང་དཀྱིལ་འཁོར་ཀུན་གྱི་ཁྱབ་བདག་བླ་མ་རྡོ་རྗེ་འཆང་ཆེན་པོའི་ཟབ་པ་དང་རྒྱ་ཆེ་བའི་དམ་པའི་ཆོས་ཀྱི་གསན་ཡིག་ཐུབ་བསྟན་མཛེས་རྒྱན་གསུང་རབ་རིན་པོ་ཆེའི་འབྱུང་གནས་མ་ཧྲོས་ཀླུང་ཆེན་ཞེས་བྱ་བ་བཞུགས་སོ། །

**部与曼荼罗遍主上师大金刚持听受深广正法录·佛教庄严·宝经之源·清凉河流**

1函，1种，283页。

འཇམ་དབྱངས་བཞད་པ་དཀོན་མཆོག་འཇིགས་མེད་དབང་པོ། 嘉木样协巴·恭却吉迈旺波 (1728—1791) 撰述。

甘肃省甘南藏族自治州夏河县拉卜楞地区拉卜楞寺（拉章扎喜齐）印经院木刻版之刻印本。

普通藏纸，梵夹装中印本 (48.4×7.4cm)，楷体，墨色，横刊藏文六行，四周双栏，全。

索书号：000878/1。保存基本完好，今藏民族文化宫中国民族图书馆。

༄༅། །ཧྲཀུའི་བཙུན་པ་བློ་བཟང་འཕྲིན་ལས་ཀྱི་ཟབ་པ་དང་རྒྱ་ཆེ་བའི་དམ་པའི་ཆོས་ཀྱི་ཐོབ་ཡིག་གསལ་བའི་མེ་ལོང་ལས་གླེགས་བམ་དང་པོ་ཞེས་བྱ་བ་བཞུགས་སོ། །

**大德洛桑成勒受深广正法之闻法录·明镜·第一函**

1种，298页。

ཛ་ཡ་པཎྜི་ཏ་བློ་བཟང་འཕྲིན་ལས། 扎雅班智达·洛桑成勒 (1642—1715) 撰述。

北京地区藏传佛教皇家寺院印经院木刻版之刻印本。

普通纸，梵夹装中印本 (46.8×5.9cm)，楷体，墨色，横刊藏文六行，四周双栏，全。

索书号：003786/1。保存基本完好，今藏民族文化宫中国民族图书馆。

༄༅། །ཛཀྲུའི་བཙུན་པ་བློ་བཟང་འཕྲིན་ལས་ཀྱི་ཟབ་པ་དང་རྒྱ་ཆེ་བའི་དམ་པའི་ཆོས་ཀྱི་ཐོབ་ཡིག་གསལ་བའི་མེ་ལོང་ལས་གླེགས་བམ་གཉིས་པ་ཞེས་བྱ་བ་བཞུགས་སོ། །

**大德洛桑成勒受深广正法之闻法录·明镜·第二函**

1函，1种，316页。

ཛ་ཡ་པཎྜི་ཏ་བློ་བཟང་འཕྲིན་ལས། 扎雅班智达·洛桑成勒 (1642—1715) 撰述。

北京地区藏传佛教皇家寺院印经院木刻版之刻印本。

普通纸，梵夹装中印本 (46.8×5.9cm)，楷体，墨色，横刊藏文六行，四周双栏，全。

索书号：003787/1。保存基本完好，今藏民族文化宫中国民族图书馆。

༄༅། །ཛཀྲུའི་བཙུན་པ་བློ་བཟང་འཕྲིན་ལས་ཀྱི་ཟབ་པ་དང་རྒྱ་ཆེ་བའི་དམ་པའི་ཆོས་ཀྱི་ཐོབ་ཡིག་གསལ་བའི་མེ་ལོང་ལས་གླེགས་བམ་གསུམ་པ་ཞེས་བྱ་བ་བཞུགས་སོ། །

**大德洛桑成勒受深广正法之闻法录·明镜·第三函**

1种，320页。

ཛ་ཡ་པཎྜི་ཏ་བློ་བཟང་འཕྲིན་ལས། 扎雅班智达·洛桑成勒 (1642—1715) 撰述。

北京地区藏传佛教皇家寺院印经院木刻版之刻印本。

普通纸，梵夹装中印本 (46.8×5.9cm)，楷体，墨色，横刊藏文六行，四周双栏，全。

索书号：003788/1。保存基本完好，今藏民族文化宫中国民族图书馆。

༄༅། །ཤཱཀྱའི་དགེ་སློང་བློ་བཟང་བསམ་གཏན་གྱིས་དགེ་བའི་བཤེས་གཉེན་དུ་མ་ལས་མདོ་སྔགས་ཀྱི་གདམས་པ་ཐོབ་པའི་ཚུལ་གསལ་བར་བྱེད་པ་ཤེལ་དཀར་མེ་ལོང་ཞེས་བྱ་བ་བཞུགས་སོ། །

**释迦比丘洛桑萨丹从诸善知识前受得显密教授详情明记·白晶明镜**

1种，29页。

ཐེ་བོ་བློ་བཟང་བསམ་གཏན། 迭部·洛桑三丹 (1678—1749) 撰述。

甘肃省甘南藏族自治州迭部地区噶旦绛曲却培林寺印经院木刻版之刻印本。

普通藏纸，梵夹装中印本 (45.7×6cm)，楷体，墨色，横刊藏文六行，四周双栏，全。

索书号：000881/2。保存基本完好，今藏民族文化宫中国民族图书馆。

༄༅། །གསན་ཡིག་ཅེས་བྱ་བ་བཞུགས་སོ། །

**闻法录**

1种，2页。

ངག་དབང་ཡེ་ཤེས་ཐུབ་བསྟན་རབ་འབྱམས་པ། 阿旺益希图丹饶绛巴 (1782—？ ) 撰述。

蒙古国乌兰巴托地区藏传佛教库伦寺印经院木刻版之刻印本。

普通藏纸，梵夹装中印本 (49×6.3cm)，楷体，墨色，横刊藏文六行，四周双栏，全。

索书号：000883/15。保存基本完好，今藏民族文化宫中国民族图书馆。

༄༅། །གསན་ཡིག་ཐར་བའི་ཐེམ་སྐས་ལས་མདོ་སྔགས་ཀྱི་ཁྲིད་ཀྱི་སྐོར་སོགས་ཀྱི་ཐོ་དང་བརྒྱུད་ཡིག་སྐོར་བརྒྱད་ཀྱི་ཕྱི་མ་བཞི་ཞེས་བྱ་བ་བཞུགས་སོ། །

**闻法录·解脱阶梯中显密注释等记录册及承传文书八种之后四种**

1种，41页。

ཀློང་རྡོལ་བླ་མ་ངག་དབང་བློ་བཟང་། 隆朵喇嘛·阿旺洛桑 (1719—1795) 撰述。

北京地区藏传佛教皇家寺院印经院木刻版之刻印本。

普通纸，梵夹装中印本 (53×7.1cm)，楷体，墨色，横刊藏文六行，四周双栏，全。

索书号：001005/2。保存基本完好，今藏民族文化宫中国民族图书馆。

༄༅། །གསན་ཡིག་ཐོས་པའི་རྒྱ་མཚོ་རིན་པོ་ཆེ་པདྨ་རཱ་གའི་ཕྲེང་བའི་སྐབས་དང་པོ་ཞེས་བྱ་བ་བཞུགས་སོ། །

**闻法录·听闻宝海红莲宝石鬘·第一品**

1种，38页。

ས་ལོ་འཇམ་དབྱངས་ཀུན་དགའ་བསོད་ནམས། 萨迦译师·绛央衮噶索南 (1485—1533) 撰述。

西藏地区藏传佛教寺院印经院传抄之缮写本。

普通藏纸，梵夹装中印本 (45×5.3cm)，草体，墨色，横书藏文七行，四周双栏，全。

索书号：003215/2。保存基本完好，今藏民族文化宫中国民族图书馆。

༄༅། །གསན་ཡིག་ཐོས་པའི་རྒྱ་མཚོ་རིན་པོ་ཆེ་པདྨ་རཱ་གའི་ཕྲེང་བའི་སྐབས་གཉིས་པ་ཞེས་བྱ་བ་བཞུགས་སོ། །

**闻法录·听闻宝海红莲宝石鬘·第二品**

1种，40页。

ས་ལོ་འཇམ་དབྱངས་ཀུན་དགའ་བསོད་ནམས། 萨迦译师·绛央衮噶索南 (1485—1533) 撰述。

西藏地区藏传佛教寺院印经院传抄之缮写本。

普通藏纸，梵夹装中印本 (45×5.3cm)，草体，墨色，横书藏文七行，四周双栏，全。

索书号：003215/3。保存基本完好，今藏民族文化宫中国民族图书馆。

༄༅། །གསན་ཡིག་ཐོས་པའི་རྒྱ་མཚོ་རིན་པོ་ཆེ་པདྨ་རཱ་གའི་ཕྲེང་བའི་སྐབས་གསུམ་པ་ཞེས་བྱ་བ་བཞུགས་སོ། །

**闻法录·听闻宝海红莲宝石鬘·第三品**

1种，13页。

ས་ལོ་འཇམ་དབྱངས་ཀུན་དགའ་བསོད་ནམས། 萨迦译师·绛央衮噶索南 (1485—1533) 撰述。

西藏地区藏传佛教寺院印经院传抄之缮写本。

普通藏纸，梵夹装中印本 (45×5.3cm)，草体，墨色，横书藏文七行，四周双栏，全。

索书号：003215/4。保存基本完好，今藏民族文化宫中国民族图书馆。

༄༅། །གསན་ཡིག་ཐོས་པའི་རྒྱ་མཚོ་རིན་པོ་ཆེ་པདྨ་རཱ་གའི་ཕྲེང་བའི་སྐབས་བཞི་པ་ཞེས་བྱ་བ་བཞུགས་སོ། །

**闻法录·听闻宝海红莲宝石鬘·第四品**

1种，4页。

ས་ལོ་འཇམ་དབྱངས་ཀུན་དགའ་བསོད་ནམས། 萨迦译师·绛央衮噶索南 (1485—1533) 撰述。

西藏地区藏传佛教寺院印经院传抄之缮写本。

普通藏纸，梵夹装中印本 (45×5.3cm)，草体，墨色，横书藏文七行，四周双栏，全。

索书号：003215/5。保存基本完好，今藏民族文化宫中国民族图书馆。

༄༅། །གསན་ཡིག་ཐོས་པའི་རྒྱ་མཚོ་རིན་པོ་ཆེ་པདྨ་རཱ་གའི་ཕྲེང་བའི་སྐབས་ལྔ་པ་ཞེས་བྱ་བ་བཞུགས་སོ། །

**闻法录·听闻宝海红莲宝石鬘·第五品**

1种，5页。

ས་ལོ་འཇམ་དབྱངས་ཀུན་དགའ་བསོད་ནམས། 萨

迦译师·绛央衮噶索南 (1485—1533) 撰述。

西藏地区藏传佛教寺院印经院传抄之缮写本。

普通藏纸，梵夹装中印本 ( 缩印本 )，草体，墨色，横书藏文七行，四周双栏，全。

索书号：003215/6。保存基本完好，今藏民族文化宫中国民族图书馆。

༧༢། །གསན་ཡིག་ཐོས་པའི་རྒྱ་མཚོ་རིན་པོ་ཆེ་པདྨ་རཱ་གའི་ཕྲེང་བའི་སྐབས་དྲུག་པ་ཞེས་བྱ་བ་བཞུགས་སོ། །

**闻法录·听闻宝海红莲宝石鬘·第六品**

1 种，38 页。

ས་ལོ་འཇམ་དབྱངས་ཀུན་དགའ་བསོད་ནམས།
萨迦译师·绛央衮噶索南 (1485—1533) 撰述。

西藏地区藏传佛教寺院印经院传抄之缮写本。

普通藏纸，梵夹装中印本 (45 × 5.3cm)，草体，墨色，横书藏文七行，四周双栏，全。

索书号：003215/7。保存基本完好，今藏民族文化宫中国民族图书馆。

༧༣། །གསན་ཡིག་ཐོས་པའི་རྒྱ་མཚོ་རིན་པོ་ཆེ་པདྨ་རཱ་གའི་ཕྲེང་བའི་སྐབས་བདུན་པ་ཞེས་བྱ་བ་བཞུགས་སོ། །

**闻法录·听闻宝海红莲宝石鬘·第七品**

1 种，10 页。

ས་ལོ་འཇམ་དབྱངས་ཀུན་དགའ་བསོད་ནམས།
萨迦译师·绛央衮噶索南 (1485—1533) 撰述。

西藏地区藏传佛教寺院印经院传抄之缮写本。

普通藏纸，梵夹装中印本 (45 × 5.3cm)，草体，墨色，横书藏文七行，四周双栏，全。

索书号：003215/8。保存基本完好，今藏民族文化宫中国民族图书馆。

༧༤། །གསན་ཡིག་ནོར་བུའི་དོ་ཤལ་ཞེས་བྱ་བ་བཞུགས་སོ། །

**闻法录·摩尼璎珞**

1 种，78 页。

པཎ་ཆེན་བླ་མ་བློ་བཟང་ཐུབ་བསྟན་ཆོས་ཀྱི་ཉི་མ།
班禅喇嘛·洛桑图丹曲吉尼玛 (1883—1937) 撰述。

西藏自治区日喀则地区扎什伦布寺印经院木刻版之刻印本。

普通藏纸，梵夹装中印本 (49.4 × 6.5cm)，楷体，墨色，横刊藏文六行，四周双栏，全。

索书号：003545/54。保存基本完好，今藏民族文化宫中国民族图书馆。

# བོད་ཡིག་དཔེ་མིང་རིགས་དབྱེའི་ཀ་ཕྲེང་
# རིམ་བསྒྲར་གྱི་དཀར་ཆག

༄། །རྩིས་ཀྱི་བསྟན་བཅོས་མཁས་པའི་སྙིང་ནོར་གྱི་ཆ་ལག་རིན་ཆེན་སིལ་མ་ལས། དྲང་སྲོང་སྨིན་པའི་ཆུ་རོ་རི་མཁའ་རིའི་རེའུ་མིག་བཞུགས། །............(༢༧)

༄། །རྩིས་ཀྱི་བསྟན་བཅོས་མཁས་པའི་སྙིང་ནོར་གྱི་ཆ་ལག་རིན་ཆེན་སིལ་མ་ལས། དྲང་སྲོང་ཕུར་བུའི་ཆུ་རོ་རི་མཁའ་རིའི་རེའུ་མིག་བཞུགས། །............(༢༧)

༄། །རྩིས་ཀྱི་བསྟན་བཅོས་མཁས་པའི་སྙིང་ནོར་གྱི་ཆ་ལག་རིན་ཆེན་སིལ་མ་ལས། དྲང་སྲོང་དམར་པོའི་ཆུ་རོ་རི་མཁའ་རིའི་རེའུ་མིག་བཞུགས། །........(༢༧)

༄། །རྩིས་ཀྱི་བསྟན་བཅོས་མཁས་པའི་སྙིང་ནོར་གྱི་ཆ་ལག་རིན་ཆེན་སིལ་མ་ལས། དྲང་སྲོང་ལྷག་པའི་ཆུ་རོ་རི་མཁའ་རིའི་རེའུ་མིག་བཞུགས། །............(༢༧)

༄། །རྩིས་ཀྱི་བསྟན་བཅོས་མཁས་པའི་སྙིང་ནོར་གྱི་ཆ་ལག་རིན་ཆེན་སིལ་མ་ལས། སྤྱི་ནོར་སྤྲ་མར་ཕྲི་བས་ཕྱི་མ་འཆར་བྱེད་རེའུ་མིག་བཞུགས། །.....(༢༨)

༄། །རྩིས་ཀྱི་བསྟན་བཅོས་མཁས་པའི་སྙིང་ནོར་གྱི་ཆ་ལག་རིན་ཆེན་སིལ་མ་ལས། སྨིན་པའི་དལ་བར་རེའུ་མིག་སྤྱི་ནོར་དང་བཅས་པ་བཞུགས། །.....(༢༨)

༄། །རྩིས་ཀྱི་བསྟན་བཅོས་མཁས་པའི་སྙིང་ནོར་གྱི་ཆ་ལག་རིན་ཆེན་སིལ་མ་ལས། བྱེད་གྲུབ་ལྔ་བསྡུས་གཟའ་ལྔ་སོགས་ཀྱི་ཉེར་མཁོའི་རེའུ་མིག་བཞུགས། །...............................................(༢༨)

༄། །རྩིས་ཀྱི་བསྟན་བཅོས་མཁས་པའི་སྙིང་ནོར་གྱི་ཆ་ལག་རིན་ཆེན་སིལ་མ་ལས། བྱེད་པའི་ཉི་ཟླའི་རེའུ་མིག་བཞུགས། །...................................(༢༨)

༄། །རྩིས་ཀྱི་བསྟན་བཅོས་མཁས་པའི་སྙིང་ནོར་གྱི་ཆ་ལག་རིན་ཆེན་སིལ་མ་ལས། བྱེད་པའི་གཟའ་ཟླའི་རེའུ་མིག་བཞུགས། །..................................(༢༩)

༄། །རྩིས་ཀྱི་བསྟན་བཅོས་མཁས་པའི་སྙིང་ནོར་གྱི་ཆ་ལག་རིན་ཆེན་སིལ་མ་ལས། དམར་པོའི་དལ་བར་རེའུ་མིག་སྤྱི་ནོར་དང་བཅས་པ་བཞུགས། །.....(༢༩)

༄། །རྩིས་ཀྱི་བསྟན་བཅོས་མཁས་པའི་སྙིང་ནོར་གྱི་ཆ་ལག་རིན་ཆེན་སིལ་མ་ལས། ཆོས་ཞག་བཀྲ་ཤིས་ཀྱི་དལ་དག་རེའུ་མིག་བཞུགས། །........................(༢༩)

༄། །རྩིས་ཀྱི་བསྟན་བཅོས་མཁས་པའི་སྙིང་ནོར་གྱི་ཆ་ལག་རིན་ཆེན་སིལ་མ་ལས། ཆོས་ཞག་དལ་འགྲོའི་དལ་དག་རེའུ་མིག་བཞུགས། །........................(༢༩)

༄། །རྩིས་ཀྱི་བསྟན་བཅོས་མཁས་པའི་སྙིང་ནོར་གྱི་ཆ་ལག་རིན་ཆེན་སིལ་མ་ལས། ཆོས་ཞག་ཞི་གཉིས་ཀྱི་དལ་དག་རེའུ་མིག་བཞུགས། །........................(༢༩)

༄། །རྩིས་ཀྱི་བསྟན་བཅོས་མཁས་པའི་སྙིང་ནོར་གྱི་ཆ་ལག་རིན་ཆེན་སིལ་མ་ལས། ཆོས་ཞག་ལྷ་ཡི་ཟླ་མའི་དལ་དག་རེའུ་མིག་བཞུགས། །................(༣༠)

༄། །རྩིས་ཀྱི་བསྟན་བཅོས་མཁས་པའི་སྙིང་ནོར་གྱི་ཆ་ལག་རིན་ཆེན་སིལ་མ་ལས། ཞག་གསུམ་རྣམ་དབྱེ་དང་སྟོང་འཇུག་སྐབས་ཉེར་མཁོའི་རེའུ་མིག་བཞུགས། །...............................................(༣༠)

༄། །རྩིས་ཀྱི་བསྟན་བཅོས་མཁས་པའི་སྙིང་ནོར་གྱི་ཆ་ལག་རིན་ཆེན་སིལ་མ་ལས། ཟླ་བུའི་རྐང་འཛིན་རེའུ་མིག་སྤྱི་ནོར་དང་བཅས་པ་བཞུགས། །.....(༣༠)

༄། །རྩིས་ཀྱི་བསྟན་བཅོས་མཁས་པའི་སྙིང་ནོར་གྱི་ཆ་ལག་རིན་ཆེན་སིལ་མ་ལས། རིག་བྱེད་བདག་པོའི་དལ་བར་རེའུ་མིག་སྤྱི་ནོར་དང་བཅས་པ་བཞུགས། །...............................................(༣༠)

༄། །རྩིས་ཀྱི་བསྟན་བཅོས་མཁས་པའི་སྙིང་ནོར་གྱི་ཆ་ལག་རིན་ཆེན་སིལ་མ་ལས། རིལ་ཆའི་རེའུ་མིག་དུས་ཉེར་སྤེལ་བ་བཞུགས། །............................(༣༡)

༄། །ཤར་ཕྱོགས་མ་ཧཱ་ཙི་ནའི་ཡུལ་གྱི་བུ་ཙའོ་ཧུད་མཐའ་དག་ལ་སྤྲིངས་པའི་བསླབ་བྱ་དགེ་ལེགས་པ་རྫོ་བཞད་པའི་ཉི་འོད་ཅེས་བྱ་བ་བཞུགས་སོ། །....(༥༥)

༄། །ཤིར་སྙིང་གི་འགྲེལ་པ་ཞེས་བྱ་བ་བཞུགས་སོ། །(༥༥)

༄། །བཤེས་གཉེན་རྣམ་རྒྱལ་གྲགས་པའི་དྲིས་ལན་ཞེས་བྱ་བ་བཞུགས་སོ། །.......................................(༥༥)

༄། །བཤེས་པའི་སྤྲིངས་ཡིག་གི་རྣམ་བཤད་འཕགས་པའི་དགོངས་པ་ཀུན་གསལ་ཞེས་བྱ་བ་བཞུགས་སོ། །.......................................(༥༦)

༄། །བཤེས་པའི་སྤྲིངས་ཡིག་ཐར་ལམ་བདེ་བའི་ཐེམ་སྐས་ཞེས་བྱ་བ་བཞུགས་སོ། །..........................(༥༦)

༄། །བཤེས་སྤྲིངས་ཀྱི་དགོངས་པ་གསལ་བར་བཤད་པའི་མཆན་འགྲེལ་ཞེས་བྱ་བ་བཞུགས་སོ། །....(༥༦)

༄། །ས་སྐྱ་པཎྜི་ཏ་ཀུན་དགའ་རྒྱལ་མཚན་དཔལ་བཟང་པོ་ལ་བསྟོད་པ་དངོས་གྲུབ་མཆོག་སྩོལ་འདོད་དོན་ཀུན་འགྲུབ་ཅེས་བྱ་བ་བཞུགས་སོ། །..............(༥༦)

༄། །ས་སྐྱའི་ལྷ་གྲུབ་གནད་འགག་ཞིག་ལ་དྲིས་ལན་བྱུང་བའི་རྟོགས་སེལ་ཞེས་བྱ་བ་བཞུགས་སོ། །(༥༦)

༄། །ས་ཡོས་རབ་འབྱམས་པ་དབང་ཕྱུག་རྒྱལ་མཚན་ལ་གནང་བའི་གདམས་པ་ཞེས་བྱ་བ་བཞུགས་སོ། །.......................................(༥༧)

༄། །སངས་རྒྱས་བྱང་སེམས་ཀྱི་སྐུ་བསྟོད་སྣ་ཚོགས་ཕྱོགས་གཅིག་ཏུ་བཀོད་པ་བྱིན་རླབས་བདུད་རྩིའི་རོལ་མཚོ་ཞེས་བྱ་བ་བཞུགས་སོ། །.................(༥༧)

༄། །སུ་ཉིད་དགེ་བཤེས་ངག་དབང་གི་དྲིས་ལན་གྱུ་ཆོམ་གཙོད་པའི་རལ་གྲི་ཞེས་བྱ་བ་བཞུགས་སོ། །.......................................(༥༧)

༄། །སོག་ཡུལ་སོགས་ནས་མདོ་སྔགས་ཀྱི་གནད་རྣམས་ལ་དྲི་བ་ཐུང་ངུ་བྱུང་རིགས་རྣམས་ཀྱི་དྲི་བ་དང་དྲིས་ལན་ཕྱོགས་གཅིག་ཏུ་བསྡེབས་པ་ཞེས་བྱ་བ་བཞུགས་སོ། །.......................................(༥༧)

༄། །སློབ་དཔོན་དབྱིག་པ་ཅན་གྱིས་མཛད་པའི་སྣན་ངག་མེ་ལོང་མ་ཞེས་བྱ་བ་སྐད་གཉིས་ཤན་སྦྱར་ཞེས་བྱ་བ་བཞུགས་སོ། །..............................(༥༧)

༄། །སློབ་དཔོན་སེང་གེ་རྒྱལ་མཚན་གྱི་ཞུས་ལན་དང་བླ་མའི་རྣལ་འབྱོར་གྱི་ཡན་ལག་ཅེས་བྱ་བ་བཞུགས་སོ། །.......................................(༥༨)

༄། །སློབ་དཔོན་སེང་གེ་བཟང་པོ་ལ་བསྟོད་པ་བྱིན་རླབས་མྱུར་འཇུག་ཅེས་བྱ་བ་བཞུགས་སོ། །.....(༥༨)

༄། །གསང་སྔགས་རྙིང་མའི་ཞུས་ལན་ཟིན་བྲིས་ཞེས་བྱ་བ་བཞུགས་སོ། །.......................................(༥༨)

༄། །གསང་འདུས་བསྙེན་ཡིག་ཀུན་མཁྱེན་བླ་མའི་གསུང་ལས་བཙམས་པའི་དྲིས་ལན་ཞེས་བྱ་བ་བཞུགས་སོ། །.......................................(༥༨)

༄། །གསུང་ལན་རྟོགས་པའི་རྙོག་མ་བསྒྲུབ་བའི་ནོར་བུ་ཞེས་བྱ་བ་བཞུགས་སོ། །..............................(༥༨)

༄། །གསོལ་འདེབས་ཀཱ་ཏ་ཀའི་འཕྲེང་མཛེས་ཀྱི་རྣམ་བཤད་ཚིག་དོན་རབ་གསལ་ཞེས་བྱ་བ་བཞུགས་སོ། །.......................................(༥༩)

༄། །མངོན་བརྗོད་ཀྱི་སྐོར། །..............................(༥༩)

༄། །མངོན་བརྗོད་ཀྱི་བསྟན་བཅོས་འཆི་བ་མེད་པའི་མཛོད་ཅེས་བྱ་བ་བཞུགས་སོ། །......................(༥༩)

༄། །མངོན་བརྗོད་སྣ་ཚོགས་གསལ་བ་ལས་ཉེར་མཁོ་ཟུར་བཀོལ་བློ་གསལ་རྣ་རྒྱན་ཞེས་བྱ་བ་བཞུགས་སོ། །.......................................(༥༩)

༄། །སྡེབ་སྦྱོར་གྱི་སྐོར། །..............................(༥༩)

༄། །དཀྱིལ་འཁོར་རྒྱ་མཚོའི་མངའ་བདག་རྡོ་རྗེ་འཆང་ཛ་ཡ་པཎྜི་ཏ་བློ་བཟང་འཕྲིན་ལས་དཔལ་བཟང་པོའི་རྣམ་ཐར་དཔག་བསམ་ཡོངས་འདུའི་དབང་པོ་ཞེས་བྱ་བ་བཞུགས་སོ། །……………………(༧༠༤)

༄། །དཀྱིལ་ཟུར་དཀའ་ཆེན་བློ་བཟང་སྦྱིན་པའི་སྤྱོད་ཚུལ་དྲང་པོའི་གཏམ་གྱིས་གསལ་བར་བརྗོད་པ་རིན་ཆེན་དབང་གི་རྒྱལ་པོའི་དོ་ཤལ་ཞེས་བྱ་བ་བཞུགས་སོ། །……………………(༧༠༤)

༄། །བཀའ་དྲིན་མཚུངས་མེད་རྗེ་བཙུན་བླ་མ་དམ་པ་རིན་ཆེན་དབང་རྒྱལ་དཔལ་བཟང་པོའི་རྣམ་པར་ཐར་པ་རྒྱལ་བསྟན་ཉིན་བྱེད་ཅེས་བྱ་བ་བཞུགས་སོ། །……………………(༧༠༤)

༄། །བཀའ་དྲིན་མཚུངས་མེད་རྡོ་རྗེ་འཆང་དབང་རྗེ་བཙུན་ཤེས་རབ་རྒྱ་མཚོའི་ཞལ་སྔ་ནས་ཀྱི་རྣམ་པར་ཐར་པ་འདོད་སྲིད་མཚོ་ཆེ་ལས་སྒྲོལ་བའི་གྲུ་གཟིངས་ཞེས་བྱ་བ་བཞུགས་སོ། །……………………(༧༠༤)

༄། །བཀའ་དྲིན་མཚུངས་མེད་ཞང་སྟོན་རྡོ་རྗེ་འཆང་བསྟན་པ་རྒྱ་མཚོ་དཔལ་བཟང་པོའི་ཞལ་སྔ་ནས་ཀྱི་རྣམ་པར་ཐར་པ་གཟུར་གནས་མཁས་པའི་གཙུག་རྒྱན་ཞེས་བྱ་བ་བཞུགས་སོ། །……………………(༧༠༥)

༄། །བཀའ་དྲིན་གསུམ་ལྡན་གྱི་བླ་མ་རྡོ་རྗེ་འཆང་ཆེན་པོ་རྗེ་བཙུན་བློ་བཟང་ཆོས་འབྱོར་ལྷུན་གྲུབ་ཀྱི་རྣམ་ཐར་ཉུང་བསྡུས་བཞུགས་པའི་དབུ་ཕྱོགས་སོ། །……(༧༠༥)

༄། །བཀའ་དྲིན་གསུམ་ལྡན་གྱི་རིགས་དང་དཀྱིལ་འཁོར་རྒྱ་མཚོའི་མངའ་བདག་མཁན་ཆེན་ཡོངས་འཛིན་རྡོ་རྗེ་འཆང་རྗེ་བཙུན་བློ་བཟང་ཚུལ་ཁྲིམས་བྱམས་པ་རྒྱ་མཚོ་དཔལ་བཟང་པོའི་རྣམ་པར་ཐར་པ་རྒྱ་མཚོ་ལྷ་བུའི་ནང་ནས་དད་པའི་གསོས་སུ་ཆ་ཤས་ཙམ་བརྗོད་པ་མཁས་མང་མཛེས་པར་བྱེད་པའི་དོན་བཟང་མེ་ཏོག་གི་མགུལ་རྒྱན་གསར་པ་ཞེས་བྱ་བ་བཞུགས་སོ། །……………………(༧༠༥)

༄། །བཀའ་གདམས་ཀྱི་དགེ་བའི་བཤེས་གཉེན་གནས་བརྟན་ཆེན་པོ་ཁ་དྲོན་ནང་པ་རྗེ་བཙུན་བློ་བཟང་བསྟན་འཛིན་དཔལ་བཟང་པོའི་ཞལ་སྔ་ནས་ཀྱི་རྣམ་པར་ཐར་པའི་ཆ་ཤས་ཙམ་བརྗོད་པ་དད་པའི་སྣོ་འབྱེད་ཅེས་བྱ་བ་བཞུགས་སོ། །………(༧༠༥)

༄། །བཀའ་བབས་བདུན་ལྡན་གྱི་བརྒྱུད་པའི་རྣམ་ཐར་ངོ་མཚར་རྨད་དུ་བྱུང་བ་རིན་པོ་ཆེའི་ཁུངས་ལྟ་བུའི་གཏམ་ཞེས་བྱ་བ་བཞུགས་སོ། །…………(༧༠༦)

༄། །བཀའ་རང་བབས་རྣམ་ཐར་ལྷ་ས་མ་བཀའ་རྒྱ་མ་ཞེས་བྱ་བ་བཞུགས་སོ། །……………………(༧༠༦)

༄། །བཀའ་རང་བབས་མ་གསང་སྔགས་རྡོ་རྗེ་ཐེག་པ་རྣམ་ཐར་བཀའ་རྒྱ་མ་ཞེས་བྱ་བ་བཞུགས་སོ། །………(༧༠༦)

༄། །སྐྱབས་མགོན་དཀོན་མཆོག་བསྟན་པའི་རྒྱལ་མཚན་དཔལ་བཟང་པོའི་གསང་བའི་རྣམ་ཐར་དད་པའི་པདྨོ་བཞད་པའི་ཉིན་བྱེད་ཅེས་བྱ་བ་བཞུགས་སོ། །……………………(༧༠༦)

༄། །སྐྱབས་མགོན་སྐལ་ལྡན་རྒྱ་མཚོའི་ཉེ་བའི་སྲས་ཆེན་དཔལ་ཆོས་མཁན་ཆེན་ཞལ་སྔ་ནས་བློ་བཟང་ལུང་རྟོགས་ཆོས་ཀྱི་རྒྱ་མཚོ་དཔལ་བཟང་པོའི་རྣམ་པར་ཐར་པ་སྤྱོད་པ་མཆོག་གི་རྒྱན་ཞེས་བྱ་བ་བཞུགས་སོ། །……………………(༧༠༦)

༄། །ཁྲབ་བདག་འཁོར་ལོའི་མགོན་པོ་རྒྱལ་བ་མུས་པ་ཆེན་པོའི་རྣམ་ཐར་འཕྲིང་པོ་བྱིན་རླབས་དགོས་འདོད་ཀུན་འབྱུང་ཞེས་བྱ་བ་བཞུགས་སོ། །...(༧༧༧)

༄། །ཁྲབ་བདག་འཁོར་ལོའི་མགོན་པོ་དཔལ་ས་སྐྱ་པ་ཆེན་པོ་སྔགས་འཆང་བླ་མ་ཐམས་ཅད་མཁྱེན་པ་ཀུན་དགའ་བསོད་ནམས་གྲགས་པ་རྒྱལ་མཚན་དཔལ་བཟང་པོའི་རྣམ་པར་ཐར་པ་ངོ་མཚར་ཡོན་ཏན་རིན་པོ་ཆེ་འདུས་པའི་རྒྱ་མཚོ་འཕེལ་བར་བྱེད་པ་ཕྱུན་ཚོགས་བདུད་རྩིའི་ཆར་རྒྱུན་ཞེས་བྱ་བ་བཞུགས་སོ། །...(༧༧༧)

༄། །ཁྲབ་བདག་འཁོར་ལོའི་དབང་ཕྱུག་དཔལ་འགྱུར་ལྷུན་གྲུབ་ཀྱི་རྣམ་ཐར་སྐལ་བཟང་དད་པའི་ཤིང་རྟ་ཞེས་བྱ་བ་བཞུགས་སོ། །...(༧༧༧)

༄། །ཁྲབ་བདག་རྡོ་རྗེ་འཆང་མཁན་ཆེན་ཆོས་ཀྱི་རྒྱལ་པོ་བློ་བཟང་ཆོས་ཀྱི་རྒྱལ་མཚན་གྱི་གསང་བའི་རྣམ་ཐར་དད་པའི་ཤིང་རྟ་ཞེས་བྱ་བ་བཞུགས་སོ། །......(༧༧༧)

༄། །ཁྲབ་བདག་རྡོ་རྗེ་འཆང་ཕ་བོང་ཁའི་སྤྲུལ་སྐུ་རིན་པོ་ཆེའི་འཁྲུངས་རབས་གསོལ་འདེབས་བཻཌཱུརྻའི་ཕྲེང་བ་དང་། སྐུ་ཚེའི་བར་ཆད་ཞི་བའི་གསོལ་འདེབས་ལེ་ཚན་དང་། ཁང་གསར་རྡོ་རྗེ་འཆང་གི་འཁྲུངས་རབས་གསོལ་འདེབས། ཕྱིབ་ཁྲུས་བྱ་ཚུལ། གཡུ་སྒྲོན་མའི་གསེར་སྐྱེམས་བཅས་ཞེས་བྱ་བ་བཞུགས་སོ། །...(༧༧༢)

༄། །ཁྲབ་བདག་རྡོ་རྗེ་སེམས་དཔའི་ངོ་བོ་བཀའ་དྲིན་མཚུངས་མེད་རྗེ་བཙུན་འཛིགས་མེད་དམ་ཆོས་རྒྱ་མཚོ་དཔལ་བཟང་པོའི་གསང་གསུམ་རྨད་དུ་བྱུང་བའི་རྟོགས་པ་བརྗོད་པ་གདུང་སེལ་སྨན་གྱི་ལྗོན་པ་ཞེས་བྱ་བ་བཞུགས་སོ། །...(༧༧༢)

༄། །ཁྲབ་བདག་རྡོ་རྗེ་སེམས་དཔའི་ངོ་བོ་དཔལ་ལྡན་བླ་མ་དམ་པ་ཡེ་ཤེས་བསྟན་པའི་སྒྲོན་མེ་དཔལ་བཟང་པོའི་རྣམ་པར་ཐར་པ་ཙམ་བརྗོད་པ་དགེ་ལྡན་བསྟན་པའི་མཛེས་རྒྱན་ཞེས་བྱ་བ་བཞུགས་སོ། །...(༧༧༢)

༄། །ཁྲི་ཆེན་མཆོག་གི་སྤྲུལ་པའི་སྐུ་བློ་བཟང་འཇམ་དཔལ་བསྟན་འཛིན་སེང་གེ་དཔལ་བཟང་པོའི་རྣམ་ཐར་ངོ་མཚར་མེ་ཏོག་ཕྲེང་མཛེས་ཞེས་བྱ་བ་བཞུགས་སོ། །...(༧༧༢)

༄། །ཁྲི་ཆེན་མཆོག་སྤྲུལ་རྗེ་བཙུན་འཇམ་དབྱངས་བསྟན་པའི་ཉི་མ་དཔལ་བཟང་པོའི་ཞལ་སྔ་ནས་ཀྱི་རྣམ་པར་ཐར་པ་སྐལ་བཟང་མགྲིན་རྒྱན་ཞེས་བྱ་བ་བཞུགས་སོ། །...(༧༧༣)

༄། །ཁྲི་ཆེན་དཔལ་ལྡན་གྲགས་པའི་རྣམ་ཐར་ཞེས་བྱ་བ་བཞུགས་སོ། །...(༧༧༣)

༄། །ཁྲི་ཆེན་སྤྲུལ་པའི་སྐུ་བློ་བཟང་བསྟན་པའི་ཉི་མ་དཔལ་བཟང་པོའི་རྣམ་པར་ཐར་པ་དཔྱོད་ལྡན་ཡིད་དབང་འགུགས་པའི་ཕོ་ཉ་ཞེས་བྱ་བ་བཞུགས་སོ། །...(༧༧༣)

༄། །མཁན་ཆེན་མིང་ཅན་དགེ་འདུན་རྒྱ་མཚོའི་རྟོགས་བརྗོད་བསམ་འཕེལ་དབང་རྒྱལ་ཞེས་བྱ་བ་བཞུགས་སོ། །...(༧༧༣)

༄། །མཁན་ཆེན་བསོད་ནམས་ལྷུན་གྲུབ་ཀྱི་རྣམ་ཐར་བློ་གསལ་རྨའུའི་དབང་པོའི་གཙུག་གི་ནོར་བུ་ཞེས་བྱ་བ་བཞུགས་སོ། །...(༧༧༣)

༄། །མཁའ་སྤྱོད་པ་ཉིད་ཀྱིས་མཛད་པའི་རྣམ་ཐར་ཞེས་བྱ་བ་བཞུགས་སོ། །...(༧༧༤)

༄། །གྲུབ་ཆེན་མཁའ་སྤྱོད་པའི་རྣམ་པར་ཐར་པ་གོ་བདེ་གཏམ་ཐབས་ཞེས་བྱ་བ་བཞུགས་སོ། །..(༧༡༦)

༄། །གྲུབ་ཆེན་རྗེ་བཙུན་བུདྡྷ་གུཔྟནྟཐའི་ཞབས་ཀྱི་རྣམ་པར་ཐར་པ་ཞེས་བྱ་བ་བཞུགས་སོ། །............(༧༡༦)

༄། །གྲུབ་ཆེན་བུདྡྷ་གུཔྟའི་རྣམ་ཐར་རྗེ་བཙུན་ཉིད་ཀྱི་ཞལ་ལུང་ལས་གཞན་དུ་རང་རྟོག་གི་དྲི་མས་མ་སྦགས་པའི་ཡི་གེ་ཡང་དག་པ་ཞེས་བྱ་བ་བཞུགས་སོ། །........................................................(༧༡༦)

༄། །གྲུབ་ཆེན་མི་ཏྲ་ཛོ་ཀིའི་ཕྱི་ནང་གསང་གསུམ་གྱི་རྣམ་ཐར་ལོ་རྒྱུས་སྐལ་ལྡན་དད་པའི་འཇུག་ངོགས་ཞེས་བྱ་བ་བཞུགས་སོ། །..................................(༧༡༦)

༄། །གྲུབ་མཆོག་དམ་པ་རྒྱ་མཁར་མཁན་ཆེན་རིན་པོ་ཆེ་རྗེ་དཀོན་མཆོག་བསྟན་པའི་རྒྱལ་མཚན་དཔལ་བཟང་པོའི་རྣམ་པར་ཐར་པ་ངོ་མཚར་བསྒྲགས་པའི་ནོར་བུའི་ཕྲེང་བ་ཞེས་བྱ་བ་བཞུགས་སོ། །........(༧༡༨)

༄། །གྲུབ་ཐོབ་བརྒྱད་ཅུའི་རྣམ་ཐར་དང་མཐུན་པའི་བསྟོད་པ་སྐལ་ལྡན་གྲོལ་བའི་ལམ་མཆོག་ཅེས་བྱ་བ་བཞུགས་སོ། །..............................................(༧༡༨)

༄། །གྲུབ་ཐོབ་ཆེན་པོ་ཡོན་ཏན་དཔལ་དང་ལ་དུ་བ་བསོད་ནམས་སེང་གེའི་རྣམ་ཐར་ཞེས་བྱ་བ་བཞུགས་སོ། །..............................................(༧༡༩)

༄། །གྲུབ་པའི་གནས་ཆེན་པོ་ཤཱཀྐྲ་ལའི་རྣམ་བཤད་འཕགས་ཡུལ་གྱི་རྟོགས་བརྗོད་དང་བཅས་པ་ངོ་མཚར་བྱེ་བའི་འབྱུང་གནས་ཞེས་བྱ་བ་བཞུགས་སོ། །........................................................(༧༡༩)

༄། །གྲུབ་པའི་དབང་ཕྱུག་བཀའ་དྲིན་གསུམ་ལྡན་གྱི་རྗེ་བའི་བླ་མ་རྡོ་རྗེ་འཆང་རྗེ་བཙུན་བྱང་ཆུབ་རིན་ཆེན་དཔལ་བཟང་པོའི་རྣམ་ཐར་མདོ་ཙམ་བརྗོད་པ་སྒྲུབ་བརྒྱུད་བསྟན་པའི་མཛེས་རྒྱན་ཞེས་བྱ་བ་བཞུགས་སོ། །...............................................(༧༢༠)

༄། །གྲུབ་པའི་དབང་ཕྱུག་བཀྲ་ཤིས་རྒྱ་མཚོ་སློབ་བརྒྱུད་དང་བཅས་པའི་རྣམ་ཐར་མུ་ཏིག་ཕྲེང་མཛེས་ཞེས་བྱ་བ་བཞུགས་སོ། །........................................(༧༢༠)

༄། །གྲུབ་པའི་དབང་ཕྱུག་ངག་དབང་ཆོས་ཀྱི་རྒྱ་མཚོའི་རྣམ་ཐར་དཔག་བསམ་ལྗོན་བཟང་ཞེས་བྱ་བ་བཞུགས་སོ། །...............................................(༧༢༠)

༄། །གྲུབ་པའི་དབང་ཕྱུག་མི་ལ་ལ་བརྟེན་པའི་བླ་མའི་རྣལ་འབྱོར་དང་རྣམ་ཐར་ཆུང་བའི་གསུང་མགུར་རྣམས་བཞུགས་སོ། །........................................(༧༢༠)

༄། །གྲུབ་དབང་གུར་ལྷི་རིན་པོ་ཆེས་མཛད་པའི་སློབ་དཔོན་ནམ་མཁའ་སེང་གེའི་འཕྲུངས་རབས་གསོལ་འདེབས་དང་རྒྱལ་བསྟན་མ་གཉིས་ཞེས་བྱ་བ་བཞུགས་སོ། །...............................................(༧༢༡)

༄། །གྲུབ་དབང་སྟག་ཕུ་སྤྲུལ་སྐུ་རིན་པོ་ཆེའི་རྣམ་ཐར་མདོ་ཙམ་བརྗོད་པ་སྐལ་བཟང་རྣ་བའི་བཅུད་ལེན་ཞེས་བྱ་བ་བཞུགས་སོ། །..................................(༧༢༡)

༄། །གྲུབ་དབང་བློ་བཟང་རྒྱ་མཚོའི་གསང་བའི་རྣམ་ཐར་དང་འབྲེལ་བའི་གསོལ་འདེབས་དངོས་གྲུབ་ཀུན་འབྱུང་ཞེས་བྱ་བ་བཞུགས་སོ། །............(༧༢༡)

༄། །དགེ་ལྡན་བཀའ་བརྒྱུད་རིན་པོ་ཆེའི་ཟབ་ལམ་བརྒྱུད་པའི་རྣམ་པར་ཐར་པ་མདོར་བསྡུས་གཏེར་གྱི་ཁ་བྱང་ལྷ་བུ་ཞེས་བྱ་བ་བཞུགས་སོ། །......(༧༢༡)

༄། །དགེ་ལྡན་ཁྲི་ཐོག་བདུན་བཅུ་པ་ཡོངས་འཛིན་པཎྜི་ཏ་ངག་དབང་ཆོས་འཕེལ་གྱིས་རང་གི་སྤྱོད་ཚུལ་འགའ་ཞིག་བརྗོད་པ་དགེ་ལྡན་རིང་ལུགས་རྒྱས་བྱེད་ཅེས་བྱ་བ་བཞུགས་སོ། །……………………(༧༢༡)

༄། །དགེ་ལྡན་ཁྲི་ཐོག་བདུན་ཅུ་པའི་རྣམ་ཐར་གྱི་རྩ་བ་ཚིགས་སུ་བཅད་པ་དགེ་ལྡན་གསེར་ཁྲིར་འཛེགས་པའི་ཐེམ་སྐས་སོགས་བསྟན་བཅོས་ཉེར་དགུ་ཞེས་བྱ་བ་བཞུགས་སོ། །……………………(༧༢༢)

༄། །དགེ་ལྡན་ཁྲི་རིན་པོ་ཆེ་ཨ་ཅི་ཐུ་ནོ་མིན་ཧན་གྱི་རྣམ་ཐར་མཁའ་སྤྱོད་འགྲུབ་པའི་གཏམ་སྙན་ལྷའི་རྔ་བོ་ཆེ་ཞེས་བྱ་བ་བཞུགས་སོ། །……………………(༧༢༢)

༄། །དགེ་ལྡན་བསྟན་པའི་སྲོག་ཤིང་ཆེན་པོ་རྗེ་བཙུན་ངག་དབང་ཐུབ་བསྟན་རྒྱ་མཚོ་དཔལ་བཟང་པོའི་ཞལ་སྔ་ནས་ཀྱི་རྣམ་པར་ཐར་པ་ངོ་མཚར་རིན་ཆེན་བྱེ་བའི་གཏེར་མཛོད་ཅེས་བྱ་བ་བཞུགས་སོ། །……………………(༧༢༢)

༄། །དགོན་དགེ་འདུན་རབ་རྒྱས་གླིང་གི་སྤྲུལ་སྐུ་དཀོན་མཆོག་བསྟན་དར་གྱི་སྐྱེས་རབས་གསོལ་འདེབས་མཆན་འགྲེལ་ཞེས་བྱ་བ་བཞུགས་སོ། །……………………(༧༢༢)

༄། །འགྲོ་བ་མགོན་པོ་གཙང་པ་རྒྱ་རས་པའི་རྣམ་པར་ཐར་པ་ངོ་མཚར་དད་པའི་རླབས་འཕྲེང་ཞེས་བྱ་བ་བཞུགས་སོ། །……………………(༧༢༣)

༄། །རྒྱ་སྒོམ་ལེགས་པ་རྒྱལ་མཚན་སོགས་ཀྱི་རྣམ་ཐར་ཞེས་བྱ་བ་བཞུགས་སོ། །……………………(༧༢༣)

༄། །རྒྱལ་ཀུན་འདུས་པའི་ངོ་བོ་ཁྱབ་བདག་ཧེ་རུ་ཀ་དུར་ཁྲིག་གར་གྱིས་རྣམ་པར་རོལ་པ་གདན་གསུམ་ཚང་བའི་སྲི་དཔོན་རྗེ་བཙུན་བླ་མ་དབང་ཕྱུག་རབ་བརྟན་བསྟན་པའི་རྒྱལ་མཚན་དཔལ་བཟང་པོའི་རྟོགས་པ་བརྗོད་པ་བདུད་རྩིའི་ཟ་མ་ཏོག་ཅེས་བྱ་བ་བཞུགས་སོ། །……………………(༧༢༣)

༄། །རྒྱལ་ཁམས་པ་ཏྭ་ར་ནཱ་ཐས་བདག་ཉིད་ཀྱི་རྣམ་ཐར་ངེས་པར་བརྗོད་པའི་དེབ་གཏེར་ཤིན་ཏུ་ཞིབ་མོ་མ་བཅོས་ལྷུག་པའི་རྟོགས་བརྗོད་ཅེས་བྱ་བ་བཞུགས་སོ། །……………………(༧༢༣)

༄། །རྒྱལ་བ་ཀུན་གྱི་མཁྱེན་བརྩེ་ནུས་གསུམ་གཅིག་ཏུ་འདུས་པའི་བདག་ཉིད་རྗེ་བཙུན་བློ་བཟང་བསྟན་པའི་རྒྱལ་མཚན་དཔལ་བཟང་པོའི་རྣམ་པར་ཐར་པ་མདོ་ཙམ་བརྗོད་པ་དད་པའི་རྒྱན་ཞེས་བྱ་བ་བཞུགས་སོ། །……………………(༧༢༤)

༄། །རྒྱལ་བ་ཁྱབ་བདག་རྡོ་རྗེ་འཆང་ཆེན་པོ་དང་ངོ་བོ་དབྱེར་མ་མཆིས་པ་རྗེ་བཙུན་བློ་བཟང་བསྐལ་བཟང་རྒྱ་མཚོ་དཔལ་བཟང་པོའི་ཞལ་སྔ་ནས་ལ་གསང་བའི་རྣམ་པར་ཐར་པའི་སྒོ་ནས་བསྟོད་པ་ཐུགས་རྗེའི་ཉིན་བྱེད་འདྲེན་པའི་སྐྱ་རེངས་ཞེས་བྱ་བ་བཞུགས་སོ། །……………………(༧༢༤)

༄། །རྒྱལ་བ་རྒོད་ཚང་པ་མངོན་པར་རྟོགས་པ་སངས་རྒྱས་པའི་རྣམ་པར་ཐར་པ་ཞེས་བྱ་བ་བཞུགས་སོ། །……………………(༧༢༤)

༄། །རྒྱལ་བ་རྒོད་ཚང་པའི་རྣམ་ཐར་དཀར་མ་ཞེས་བྱ་བ་བཞུགས་སོ། །……………………(༧༢༤)

༄། །རྒྱལ་བ་བློ་བཟང་དོན་གྲུབ་ལ་རྣམ་ཐར་གྱི་སྒོ་ནས་གསོལ་བ་འདེབས་པ་དངོས་གྲུབ་ཀུན་འབྱུང་ཞེས་བྱ་བ་བཞུགས་སོ། །……………………(༧༢༤)

༄། །རྒྱལ་བ་འབྲི་ཁུང་པ་ཁུ་དཔོན་གསུམ་གྱི་རྣམ་པར་ཐར་པ་ཞེས་བྱ་བ་བཞུགས་སོ། །……………………(༧༢༥)

༄། །རྒྱལ་བ་ཡོངས་འཛིན་པཎྜི་ཏ་ཆེན་པོ་ཡེ་ཤེས་རྒྱལ་མཚན་དཔལ་བཟང་པོ་ལ་གསང་རྣམ་གྱི་སྒོ་ནས་གསོལ་བ་འདེབས་པ་རིན་པོ་ཆེའི་ཕྲེང་བ་ཞེས་བྱ་བ་བཞུགས་སོ། །……………………(༧༢༥)

༄། །ཆོས་གྲྭ་ཆེན་པོ་ཐུབ་བསྟན་ལྷ་ཆེན་གྱི་མཁན་ཆེན་ཉིད་ཀྱི་གོང་གི་རྣམ་ཐར་མཛད་པ་ལ་ལེགས་སོའི་ཚོགས་བཅད་གོང་ནས་གནང་བའི་ཞུ་ལན་མཁན་ཆེན་གྱིས་ཕུལ་བའི་ཚོགས་བཅད་བཞུགས་སོ། །……(༧༣༣)

༄། །ཆོས་རྗེ་རྒོད་ཚང་པའི་རྣམ་ཐར་ཐུགས་དམ་བཅུ་གཉིས་མ་བཞུགས་སོ། །……(༧༣༣)

༄། །ཆོས་རྗེ་འཇིག་རྟེན་དབང་པོའི་སྐྱེས་རབས་དགེ་ལེགས་ཡོངས་སུ་སྨིན་པའི་སྙེ་མ་ཞེས་བྱ་བ་བཞུགས་སོ། །……(༧༣༣)

༄། །ཆོས་རྗེ་ཐམས་ཅད་མཁྱེན་པ་བུ་སྟོན་ལོ་ཙཱ་བའི་རྣམ་པར་ཐར་པ་སྙིམ་པའི་མེ་ཏོག་ཅེས་བྱ་བ་བཞུགས་སོ། །……(༧༣༣)

༄། །ཆོས་འབྱུང་མཁས་པའི་དགའ་སྟོན་གྱི་ཡན་ལག་གསུམ་པ་བོད་ཀྱི་སྐབས་ལས་དགུ་པ་འབྲི་གུང་བཀའ་བརྒྱུད་ཀྱི་རྣམ་ཐར་སྙིང་པོ་བཞུགས་སོ། །(༧༣༣)

༄། །ཆོས་སྨྲ་བའི་དགེ་སློང་བློ་བཟང་ཆོས་ཀྱི་རྒྱལ་མཚན་གྱི་སྤྱོད་ཚུལ་གསལ་བར་སྟོན་པ་ནོར་བུའི་ཕྲེང་བ་ཞེས་བྱ་བ་བཞུགས་སོ། །……(༧༣༤)

༄། །ཇོ་བོ་རྗེ་དཔལ་ལྡན་ཨ་ཏི་ཤའི་རྣམ་ཐར་དོན་བསྡུས་སོགས་ཞེས་བྱ་བ་བཞུགས་སོ། །……(༧༣༤)

༄། །ཇོ་བོ་རྗེ་དཔལ་ལྡན་ཨ་ཏི་ཤའི་རྣམ་པར་ཐར་པའི་རིམ་པ་འགའ་ཞིག་ཅེས་བྱ་བ་བཞུགས་སོ། །.(༧༣༤)

༄། །འཇམ་མགོན་རྒྱལ་བ་གཉིས་པའི་བསྟན་པའི་རྩ་ལག་ཆེ་ཤོས་སྤྲུལ་པའི་སྐུ་རིན་པོ་ཆེ་ངག་དབང་བཤད་སྒྲུབ་བསྟན་པའི་ཉི་མའི་རྣམ་པར་ཐར་པ་མཁས་པའི་མགུལ་རྒྱན་པད་མ་དཀར་པོའི་འཕྲེང་བ་ཞེས་བྱ་བ་བཞུགས་སོ། །……(༧༣༤)

༄། །འཇམ་མགོན་རྒྱལ་བ་གཉིས་པའི་བསྟན་པའི་སྲོག་ཤིང་ཆེན་པོ་སྤྲུལ་བའི་སྐུ་རིན་པོ་ཆེའི་འཁྲུངས་རབས་དང་འབྲེལ་བའི་བསྟོད་པ་མུ་ཏིག་ཕྲེང་བ་ཞེས་བྱ་བ་བཞུགས་སོ། །……(༧༣༤)

༄། །འཇམ་མགོན་རྒྱལ་བ་གཉིས་པའི་བསྟན་པའི་སྲོག་ཤིང་ཟླ་མེད་དྭགས་པོ་བམ་ཆོས་ལྷ་མ་རིན་པོ་ཆེ་བློ་བཟང་འཇམ་དཔལ་ལྷུན་གྲུབ་རྒྱ་མཚོ་དཔལ་བཟང་པོའི་རྣམ་པར་ཐར་པ་མདོ་ཙམ་དུ་བརྗོད་པ་དད་པའི་འོ་མཚོ་འཕེལ་བྱེད་ཟླ་བའི་འཁྲིད་ཤིང་ཞེས་བྱ་བ་བཞུགས་སོ། །……(༧༣༥)

༄། །འཇམ་མགོན་རྒྱལ་བ་གཉིས་པའི་རྣམ་ཐར་དང་ལམ་རིམ་གཉིས་འཛིན་ཅིང་ཀློག་པའི་ཕན་ཡོན་མདོར་བསྡུས་ཞེས་བྱ་བ་བཞུགས། །……(༧༣༥)

༄། །འཇམ་མགོན་རྒྱལ་བའི་བསྟན་པ་འཛིན་སྐྱོང་སྤེལ་བ་ལ་འགྲན་ཟླ་དང་བྲལ་བ་སྔོ་མང་མཁན་སྤྲུལ་བློ་བཟང་ཚུལ་ཁྲིམས་རྒྱ་མཚོ་བའི་རྣམ་པར་ཐར་པ་ཐར་འདོད་ལམ་བཟང་ཞེས་བྱ་བ་བཞུགས་སོ། །……(༧༣༥)

༄། །འཇམ་མགོན་རྒྱལ་བའི་དབང་པོའི་ཉེ་སྲས་རྫོང་ཆེན་བསྟན་པའི་ཉི་མ་ཆེན་པོ་ངག་དབང་བསྟན་པ་ཚེ་རིང་དཔལ་བཟང་པོའི་གསང་བའི་རྣམ་ཐར་མདོ་ཙམ་བརྗོད་པ་གསང་བ་མཆོག་གི་གཏེར་ཞེས་བྱ་བ་བཞུགས་སོ། །……(༧༣༥)

༄། །འཇམ་མགོན་བསྟན་པའི་གསལ་བྱེད་ལྕང་ལུང་པཎྜི་ཏ་ཧོ་ཐོག་ཐུ་ངག་དབང་བློ་བཟང་བསྟན་པའི་རྒྱལ་མཚན་དཔལ་བཟང་པོའི་འཁྲུངས་རབས་དང་འབྲེལ་བའི་གསོལ་འདེབས་བརྟན་བཞུགས་སྨོན་ཚིག་དང་བཅས་པ་འདོད་འབྱུང་དཔག་བསམ་ལྗོན་པ་ཞེས་བྱ་བ་བཞུགས་སོ། །……(༧༣༦)

༄། །འཇམ་མགོན་བླ་མའི་རྣམ་ཐར་གསོལ་འདེབས་ཞེས་བྱ་བ་བཞུགས་སོ། །..............................(༧༣༦)

༄། །འཇམ་དཔལ་དབྱངས་དངོས་རྗེ་བཙུན་དཀོན་མཆོག་བསྟན་པའི་རྒྱ་མཚོ་དཔལ་བཟང་པོའི་ཞལ་སྔ་ནས་ཀྱི་རྣམ་པར་ཐར་པ་རིན་པོ་ཆེའི་ལྗོན་ཤིང་ཞེས་བྱ་བ་བཞུགས་སོ། །..............................(༧༣༦)

༄། །འཇམ་དཔལ་དབྱངས་ཆོས་ཀྱི་རྗེ་དཀོན་མཆོག་ཆོས་འཕེལ་གྱི་རྟོགས་བརྗོད་མཁས་པའི་རྣ་རྒྱན་ཞེས་བྱ་བ་བཞུགས་སོ། །..............................(༧༣༦)

༄། །འཇམ་དབྱངས་བཀྲ་ཤིས་དཔལ་ལྡན་གྱི་རྟོགས་པ་བརྗོད་པའི་ཡལ་འདབ་བཅུ་པ་ཞེས་བྱ་བ་བཞུགས་སོ། །..............................(༧༣༧)

༄། །འཇམ་དབྱངས་བླ་མ་ཆོས་ཀྱི་རྒྱལ་པོ་རྗེ་བཙུན་འཇིགས་མེད་ལུང་རིགས་རྒྱ་མཚོ་དཔལ་བཟང་པོའི་རྣམ་པར་ཐར་པ་མདོ་ཙམ་བརྗོད་པ་བཤད་སྒྲུབ་བསྟན་པའི་མཛེས་རྒྱན་ཞེས་བྱ་བ་བཞུགས་སོ། །..............................(༧༣༧)

༄། །འཇམ་དབྱངས་བླ་མ་རྗེ་བཙུན་དཀོན་མཆོག་བསྟན་པའི་སྒྲོན་མེའི་རྣམ་པར་ཐར་པ་བརྗོད་པའི་གཏམ་དད་པའི་པདྨོ་བཞད་པའི་ཉིན་བྱེད་ཅེས་བྱ་བ་བཞུགས་སོ། །..............................(༧༣༧)

༄། །འཇམ་དབྱངས་བླ་མ་རྗེ་བཙུན་ཤེས་རབ་བཀྲ་ཤིས་དཔལ་བཟང་པོའི་རྣམ་ཐར་ཆ་ཙམ་བརྗོད་པ་ཡབ་གཅིག་དགྱེས་པའི་མཆོད་སྤྲིན་ཞེས་བྱ་བ་བཞུགས་སོ། །..............................(༧༣༧)

༄། །འཇམ་དབྱངས་བླ་མ་ཡོངས་འཛིན་ཆོས་ཀྱི་རྒྱལ་པོ་བློ་བཟང་དཔལ་ལྡན་གྱི་ཞལ་སྔ་ནས་ཀྱི་ཐུན་མོང་པའི་རྣམ་པར་ཐར་པ་ཆ་ཙམ་བརྗོད་པ་རྫོགས་ལྡན་དེ་ཉིད་སྣང་བ་ཞེས་བྱ་བ་བཞུགས་སོ། །.........(༧༣༨)

༄། །འཇམ་དབྱངས་སངས་རྒྱས་རིན་ཆེན་གྱི་རྣམ་ཐར་དགེ་ལེགས་རིན་པོ་ཆེའི་གཏེར་ཞེས་བྱ་བ་བཞུགས་སོ། །..............................(༧༣༨)

༄། །འཇིག་རྟེན་དབང་ཕྱུག་ཐམས་ཅད་མཁྱེན་པ་ཡོན་ཏན་རྒྱ་མཚོ་དཔལ་བཟང་པོའི་རྣམ་པར་ཐར་པ་ནོར་བུའི་འཕྲེང་བ་ཞེས་བྱ་བ་བཞུགས་སོ། །..(༧༣༨)

༄། །རྗེ་དཀོན་མཆོག་འཇིགས་མེད་དབང་པོའི་རྣམ་པར་ཐར་པ་དད་པའི་པདྨོ་རྒྱས་པའི་ཉིན་བྱེད་ཅེས་བྱ་བ་བཞུགས་སོ། །..............................(༧༣༨)

༄། །རྗེ་དཀོན་མཆོག་འཇིགས་མེད་དབང་པོའི་གསང་བའི་རྣམ་ཐར་ཞེས་བྱ་བ་བཞུགས་སོ། །..........(༧༣༨)

༄། །རྗེ་དཀོན་མཆོག་འཇིགས་མེད་དབང་པོའི་གསང་བའི་རྣམ་ཐར་ཞེས་བྱ་བ་བཞུགས་སོ། །..........(༧༣༩)

༄། །རྗེ་བཀའ་འགྱུར་བླ་མ་སོགས་རིམ་པ་ལྔའི་རྣམ་ཐར་རགས་བསྡུས་ངོ་མཚར་དད་པའི་ས་བོན་ཞེས་བྱ་བ་བཞུགས་སོ། །..............................(༧༣༩)

༄། །རྗེ་མཁས་གྲུབ་འཕྲིན་ལས་དབང་ཕྱུག་གི་རྣམ་པར་ཐར་པ་མདོ་ཙམ་བརྗོད་པ་བདུད་རྩིའི་ཐིང་བུ་ཞེས་བྱ་བ་བཞུགས་སོ། །..............................(༧༣༩)

༄། །རྗེ་མཁས་ཤིང་གྲུབ་པའི་དབང་ཕྱུག་རྩེ་དབུས་པ་འཇམ་དབྱངས་བཤེས་གཉེན་དཔལ་བཟང་པོའི་རྣམ་པར་ཐར་པ་མདོ་ཙམ་བརྗོད་པ་རིན་ཆེན་ཕྲེང་མཛེས་ཞེས་བྱ་བ་བཞུགས་སོ། །.............(༧༣༩)

༄། །རྗེ་རྨོད་ཚང་པའི་གསང་བའི་རྣམ་ཐར་བཀའ་རྒྱ་མ་ཞེས་བྱ་བ་བཞུགས་སོ། །..............................(༧༣༩)

༄། །རྗེ་རྒྱལ་བ་གཉིས་པའི་རྒྱུད་འཛིན་ཆེན་པོ་གུང་ཐང་འཇམ་པའི་དབྱངས་དཀོན་མཆོག་བསྟན་པའི་སྒྲོན་མེ་དཔལ་བཟང་པོའི་རྟོགས་པ་བརྗོད་པ་ཐུབ་བསྟན་མཛེས་བྱེད་པདྨ་དཀར་པོའི་དོ་ཤལ་ཞེས་བྱ་བ་བཞུགས་སོ། །.................................... (༧༥༠)

༄། །རྗེ་སྨམ་པོ་པས་མཛད་པའི་ཧེ་ལོ་ན་རོའི་རྣམ་ཐར་ཞེས་བྱ་བ་བཞུགས་སོ། །................................ (༧༥༠)

༄། །རྗེ་འཇམ་དབྱངས་བསྟན་པའི་ཉི་མའི་རྣམ་ཐར་བཀའ་ཀྱོམ་མདོར་བསྡུས་ཞེས་བྱ་བ་བཞུགས་སོ། །.................................................. (༧༥༠)

༄། །རྗེ་འཇམ་དབྱངས་བཞད་པའི་རྡོ་རྗེའི་གསང་བའི་རྣམ་པར་ཐར་པ་ཞེས་བྱ་བ་བཞུགས་སོ། །.... (༧༥༠)

༄། །རྗེ་ཉིད་ཀྱི་རྣམ་ཐར་ཞུས་ལན་མ་ཞེས་བྱ་བ་བཞུགས་སོ། །.............................................. (༧༥༡)

༄། །རྗེ་ཐམས་ཅད་མཁྱེན་པ་དགེ་འདུན་གྲུབ་པ་དཔལ་བཟང་པོའི་རྣམ་ཐར་ངོ་མཚར་རྨད་བྱུང་ནོར་བུའི་ཕྲེང་བ་ཞེས་བྱ་བ་བཞུགས་སོ། །.................. (༧༥༡)

༄། །རྗེ་ཐམས་ཅད་མཁྱེན་པ་ཙོང་ཁ་པ་ཆེན་པོའི་རྣམ་ཐར་གོ་སླ་བར་བརྗོད་པ་བདེ་ལེགས་ཀུན་གྱི་འབྱུང་གནས་ཞེས་བྱ་བ་ལས་ལེའུ་དང་པོ་ཞེས་བྱ་བ་བཞུགས་སོ། །.............................................. (༧༥༡)

༄། །རྗེ་ཐམས་ཅད་མཁྱེན་པ་ཙོང་ཁ་པ་ཆེན་པོའི་རྣམ་ཐར་གྱི་བསྡུས་དོན་ཙུང་ཟད་བརྗོད་པ་ཞེས་བྱ་བ་བཞུགས་སོ། །.............................................. (༧༥༡)

༄། །རྗེ་ཐམས་ཅད་མཁྱེན་པ་ཙོང་ཁ་པ་ཆེན་པོའི་རྣམ་ཐར་བསྡུས་དོན་ཞེས་བྱ་བ་བཞུགས་སོ། །..... (༧༥༡)

༄། །རྗེ་ཐམས་ཅད་མཁྱེན་པ་ཙོང་ཁ་པ་ཆེན་པོའི་རྣམ་ཐར་ལེའུ་གཉིས་པ་ཞེས་བྱ་བ་བཞུགས་སོ། །.............................................................. (༧༥༢)

༄། །རྗེ་ཐམས་ཅད་མཁྱེན་པ་ཙོང་ཁ་པ་ཆེན་པོའི་རྣམ་ཐར་ལེའུ་གསུམ་པ་ཞེས་བྱ་བ་བཞུགས་སོ། ། (༧༥༢)

༄། །རྗེ་ཐམས་ཅད་མཁྱེན་པ་ཙོང་ཁ་པ་ཆེན་པོའི་རྣམ་ཐར་ལེའུ་བཞི་པ་ཞེས་བྱ་བ་བཞུགས་སོ། །.... (༧༥༢)

༄། །རྗེ་ཐམས་ཅད་མཁྱེན་པ་ཙོང་ཁ་པ་ཆེན་པོའི་རྣམ་ཐར་ལེའུ་ལྔ་པ་ཞེས་བྱ་བ་བཞུགས་སོ། །....... (༧༥༢)

༄། །རྗེ་ཐམས་ཅད་མཁྱེན་པ་ཙོང་ཁ་པ་ཆེན་པོའི་རྣམ་ཐར་ལེའུ་དྲུག་པ་ཞེས་བྱ་བ་བཞུགས་སོ། །.... (༧༥༢)

༄། །རྗེ་ཐམས་ཅད་མཁྱེན་པ་ཙོང་ཁ་པ་ཆེན་པོའི་རྣམ་ཐར་ལེའུ་བདུན་པ་ཞེས་བྱ་བ་བཞུགས་སོ། །.............................................................. (༧༥༢)

༄། །རྗེ་ཐམས་ཅད་མཁྱེན་པ་ཙོང་ཁ་པ་ཆེན་པོའི་རྣམ་ཐར་ལེའུ་བརྒྱད་པ་ཞེས་བྱ་བ་བཞུགས་སོ། །. (༧༥༣)

༄། །རྗེ་ཐམས་ཅད་མཁྱེན་པ་ཙོང་ཁ་པ་ཆེན་པོའི་རྣམ་ཐར་ལེའུ་དགུ་པ་ཞེས་བྱ་བ་བཞུགས་སོ། །.... (༧༥༣)

༄། །རྗེ་ཐམས་ཅད་མཁྱེན་པ་ལོ་ཙྪ་བ་ཆེན་པོའི་རྣམ་པར་ཐར་པ་ངོ་མཚར་རྒྱ་མཚོ་ཞེས་བྱ་བ་བཞུགས་སོ། །.............................................................. (༧༥༣)

༄། །རྗེ་དྲུང་སྤྲུལ་པའི་སྐུ་དགེ་འདུན་ཆོས་རྒྱལ་དབང་ཕྱུག་གི་རྣམ་པར་ཐར་པ་གྲུབ་དབང་དགྱེས་པའི་རོལ་མཚོ་ཞེས་བྱ་བ་བཞུགས་སོ། །............... (༧༥༣)

༄། །རྗེ་བླ་མ་ངག་དབང་ཆོས་ལྡན་དཔལ་བཟང་པོའི་རྣམ་ཐར་དད་པའི་རོལ་མཚོ་སོགས་གསུང་ཐོར་བུ་རྣམས་ཕྱོགས་གཅིག་ཏུ་བཀོད་པ་སྒྲིགས་བམ་ལྔ་པའི་དཀར་ཆག་ཅེས་བྱ་བ་བཞུགས་སོ། །..... (༧༥༣)

༄། །རྗེ་བླ་མ་མཚན་བརྗོད་པར་དཀའ་བ་དཀོན་མཆོག་བསྟན་པའི་སྒྲོན་མེ་དཔལ་བཟང་པོའི་རྟོགས་པ་བརྗོད་པ་ངོ་མཚར་ལྷའི་རོལ་མོ་མཁས་པའི་ཡིད་འཕྲོག་ཅེས་བྱ་བ་བཞུགས་སོ། །...................... (༧༥༤)

༄། །རྗེ་བཙུན་འཇམ་དབྱངས་བཞད་པའི་རྡོ་རྗེའི་གསང་བའི་རྣམ་པར་ཐར་པ་ཞེས་བྱ་བ་བཞུགས་སོ། །……(༧༤༧)

༄། །རྗེ་བཙུན་ཐམས་ཅད་མཁྱེན་པ་བཀའ་དྲིན་ཅན་བསོད་ནམས་གྲགས་པའི་དཔལ་རྣམ་དཔྱོད་མཆོག་གི་སྡེའི་རྣམ་པར་ཐར་པ་ངོ་མཚར་རྨད་དུ་བྱུང་བའི་རོལ་རྩེད་ཅེས་བྱ་བ་བཞུགས་སོ། །……(༧༤༨)

༄། །རྗེ་བཙུན་ཐམས་ཅད་མཁྱེན་པ་བསོད་ནམས་རྒྱ་མཚོའི་རྣམ་ཐར་དངོས་གྲུབ་རྒྱ་མཚོའི་ཤིང་རྟ་ཞེས་བྱ་བ་བཞུགས་སོ། །……(༧༤༨)

༄། །རྗེ་བཙུན་ཐམས་ཅད་མཁྱེན་པའི་གསུང་འབུམ་ཐོར་བུ་ལས་ཁྱབ་བདག་རྡོ་རྗེ་འཆང་ཆེན་པོའི་ངོ་བོ་གྲུབ་པའི་དབང་ཕྱུག་རྗེ་བཙུན་བླ་མ་ཀུན་དགའ་རྒྱལ་མཚན་དཔལ་བཟང་པོའི་ངོ་མཚར་བའི་རྣམ་ཐར་མདོ་ཙམ་དུ་བརྗོད་པ་ནོར་བུའི་ཐེམ་སྐས་ཞེས་བྱ་བ་བཞུགས་སོ། །……(༧༤༨)

༄། །རྗེ་བཙུན་ཐམས་ཅད་མཁྱེན་པའི་གསུང་འབུམ་ཐོར་བུ་ལས་རྗེ་ཉིད་ཀྱི་རྣམ་ཐར་ཞེས་བྱ་བ་བཞུགས་སོ། །……(༧༤༨)

༄།། །རྗེ་བཙུན་མཐུ་སྟོབས་ཞབས་ཀྱི་རྣམ་པར་ཐར་པ་ངོ་མཚར་གྱི་རྨ་བྱ་རྣམ་པར་རྩེ་བ་ཞེས་བྱ་བ་བཞུགས་སོ། །……(༧༤༩)

༄། །རྗེ་བཙུན་དམ་པ་སྐལ་ལྡན་རྒྱ་མཚོའི་གསུང་ལས་རྗེ་བཙུན་ཆོས་ཀྱི་རྒྱ་མཚོ་དཔལ་བཟང་པོའི་རྣམ་པར་ཐར་པ་ལེགས་པར་བཞུགས་སོ། །……(༧༤༩)

༄། །རྗེ་བཙུན་དམ་པ་སྐུ་ཕྲེང་ལྔ་པའི་རྣམ་ཐར་ཆུང་ཆུང་ཞེས་བྱ་བ་བཞུགས་སོ། །……(༧༤༩)

༄། །རྗེ་བཙུན་དཔལ་ལྡན་བླ་མ་དམ་པ་ལྷུང་ལུང་ཨཙྱཱ་པཎྜི་ཏ་རིན་པོ་ཆེ་ངག་དབང་བློ་བཟང་བསྟན་པའི་རྒྱལ་མཚན་དཔལ་བཟང་པོའི་རྣམ་པར་ཐར་པ་མཁས་པའི་ཡིད་འཕྲོག་ནོར་བུའི་དོ་ཤལ་ཞེས་བྱ་བ་བཞུགས་སོ། །……(༧༤༩)

༄། །རྗེ་བཙུན་དཔལ་ལྡན་བླ་མ་དམ་པ་ལྷུང་ལུང་ཨཙྱཱ་པཎྜི་ཏ་རིན་པོ་ཆེ་ངག་དབང་བློ་བཟང་བསྟན་པའི་རྒྱལ་མཚན་དཔལ་བཟང་པོའི་རྣམ་ཐར་མཁས་པའི་ཡིད་འཕྲོག་ནོར་བུའི་དོ་ཤལ་ཞེས་བྱ་བ་བཞུགས་སོ། །……(༧༤༩)

༄། །རྗེ་བཙུན་བླ་མ་མཁས་ཤིང་གྲུབ་པའི་དབང་ཕྱུག་ངེས་པའི་དོན་གྱི་ཀུན་སྤངས་ཆེན་པོ་ངག་དབང་སྟོབས་ལྡན་པའི་རྣམ་ཐར་མདོ་ཙམ་བརྗོད་པ་དད་པའི་པདྨོ་བཞད་པའི་ཉིན་བྱེད་ཅེས་བྱ་བ་བཞུགས་སོ། །……(༧༥༠)

༄། །རྗེ་བཙུན་བླ་མ་གྲུབ་པའི་དབང་ཕྱུག་ཆེན་པོ་བློ་བཟང་རྣམ་རྒྱལ་གྱི་གསང་བ་མཆོག་གི་མཛད་པ་ལས་བརྩམས་ཏེ་རྟོགས་པ་བརྗོད་པ་དངོས་གྲུབ་ཀྱི་སྙེ་མ་ཞེས་བྱ་བ་བཞུགས་སོ། །……(༧༥༠)

༄། །རྗེ་བཙུན་བླ་མ་གྲུབ་པའི་དབང་ཕྱུག་བློ་བཟང་རྣམ་རྒྱལ་དཔལ་བཟང་པོའི་རྣམ་པར་ཐར་པ་ཐུབ་བསྟན་མཛེས་རྒྱན་རིན་པོ་ཆེའི་ཕྲེང་བ་ཞེས་བྱ་བ་བཞུགས་སོ། །……(༧༥༠)

༄། །རྗེ་བཙུན་བླ་མ་ངག་དབང་བློ་བཟང་ཆོས་ལྡན་དཔལ་བཟང་པོའི་རྣམ་པར་ཐར་པ་དད་པའི་རོལ་མཚོ་ཞེས་བྱ་བ་བཞུགས་སོ། །……(༧༥༠)

༄། །རྗེ་བཙུན་བྱམས་མགོན་གྱི་སེམས་བསྐྱེད་སོགས་ཀྱི་རྟོགས་བརྗོད་མདོ་སྡེ་ལས་བྱུང་བ་ཞེས་བྱ་བ་བཞུགས་སོ། །……(༧༥༥)

༄། །རྗེ་བཙུན་མར་པའི་རྣམ་ཐར་ཞེས་བྱ་བ་བཞུགས་སོ། །……(༧༥༥)

༄། །རྗེ་བཙུན་ཙོང་ཁ་པའི་རྣམ་ཐར་ཆེན་མོའི་ཟུར་འདེབས་རྣམ་ཐར་ལེགས་བཤད་ཀུན་འདུས་ཞེས་བྱ་བ་བཞུགས་སོ། །……(༧༥༥)

༄། །རྗེ་བཙུན་གཡུ་ཐོག་ཡོན་ཏན་མགོན་པོ་སྙིང་མའི་རྣམ་པར་ཐར་པ་བཀའ་རྒྱ་མ་གཟི་བརྗིད་རིན་པོ་ཆེའི་གཏེར་མཛོད་ཅེས་བྱ་བ་བཞུགས་སོ། །..(༧༥༥)

༄། །རྗེ་བཙུན་ཤེས་རབ་རྒྱ་མཚོ་དཔལ་བཟང་པོའི་རྟོགས་པ་བརྗོད་པ་འཛམ་བུའི་གསེར་གྱི་མཆོད་སྡོང་ཞེས་བྱ་བ་བཞུགས་སོ། །……(༧༥༥)

༄། །རྗེ་བཙུན་སངས་རྒྱས་རིན་ཆེན་གྱི་རྣམ་ཐར་ཁ་སྐོང་ཨུཏྤ་ལའི་ཆུན་པོ་བཞུགས་སོ། །……(༧༥༦)

༄། །རྗེ་བཙུན་ཨ་ཤ་རྡྷ་ཏྲི་པ་བཙུན་མོ་ཅན་གྱི་རྣམ་པར་ཐར་པ་དད་པའི་ངང་པ་རྣམ་པར་རྩེ་བ་ཞེས་བྱ་བ་བཞུགས་སོ། །……(༧༥༦)

༄། །རྗེ་ཞྭ་དམར་བ་ན་རིམ་རྣམས་ཀྱི་རྣམ་ཐར་ལུང་བསྟན་དགེ་བསྐུལ་དང་བཅས་པ་ཞེས་བྱ་བ་བཞུགས་སོ། །……(༧༥༦)

༄། །རྗེ་རིན་པོ་ཆེའི་རྣམ་ཐར་གྱི་ཟུར་རྒྱན་བདེ་ལེགས་ཀུན་འབྱུང་ཞེས་བྱ་བ་བཞུགས་སོ། །……(༧༥༦)

༄། །རྗེ་རིན་པོ་ཆེའི་རྣམ་ཐར་དང་འབྲེལ་བའི་རྟོགས་བརྗོད་ཀྱི་འགྲེལ་པ་དགོངས་པ་གསལ་བར་བྱེད་པའི་སྒྲོན་མེ་ཞེས་བྱ་བ་བཞུགས་སོ། །……(༧༥༦)

༄། །རྗེ་རིན་པོ་ཆེའི་གསང་བའི་རྣམ་ཐར་རྒྱ་མཚོ་ལྟ་བུ་ལས་ཆ་ཤས་ཉུང་ངུ་ཞིག་ཡོངས་སུ་བརྗོད་པའི་གཏམ་རིན་པོ་ཆེའི་སྙེ་མ་ཞེས་བྱ་བ་བཞུགས་སོ། །……(༧༥༧)

༄། །རྗེའི་རྣམ་ཐར་ཉམས་ལེན་དུ་བྱ་ཚུལ་དངོས་གྲུབ་མཆོག་སྩོལ་ཞེས་བྱ་བ་བཞུགས་སོ། །……(༧༥༧)

༄། །རྗེའི་རྣམ་ཐར་ཤིན་ཏུ་གསང་བ་ངོ་མཚར་རྨད་དུ་བྱུང་བའི་གཏམ་ཞེས་བྱ་བ་བཞུགས་སོ། །…..(༧༥༧)

༄། །ཉང་སྟོན་ཁྲ་ཚང་པ་བློ་གྲོས་མཆོག་གི་ཇོ་རྗེའི་རྟོགས་པ་བརྗོད་པ་ཉུང་ངུ་རྣམ་གསལ་ཞེས་བྱ་བ་བཞུགས་སོ། །……(༧༥༧)

༄། །གཉོས་ཆེན་པོ་རྒྱལ་བ་ལྷ་ནང་པའི་རྟོགས་པ་བརྗོད་པའི་ཡལ་འདབ་བརྒྱད་པ་ཞེས་བྱ་བ་བཞུགས་སོ། །……(༧༥༧)

༄། །མཉམ་མེད་ཤཱཀྱའི་རྒྱལ་པོ་དང་འཛམ་གླིང་མཛེས་བྱེད་རྒྱན་དྲུག་མཆོག་གཉིས་ཀྱི་རྟོགས་པ་བརྗོད་པ་ལྷའི་དཔག་བསམ་ལྗོན་ཤིང་ཞེས་བྱ་བ་བཞུགས་སོ། །……(༧༥༨)

༄། །མཉམ་མེད་ཤཱཀྱའི་རྒྱལ་པོ་གཙོར་མཛད་པའི་སྐྱབས་མགོན་དམ་པ་རྣམས་ཀྱི་རྣམ་པར་ཐར་པ་ཐེག་མཆོག་ལམ་བཟང་གསལ་བའི་སྒྲོན་མེ་ཞེས་བྱ་བ་བཞུགས་སོ། །……(༧༥༨)

༄། །སྙན་ངག་གི་དཔེར་བརྗོད་དང་འབྲེལ་བར་མཁན་རིན་པོ་ཆེའི་རྣམ་ཐར་དང་། འཕགས་མ་དབྱངས་ཅན་མའི་ཡོན་ཏན་བརྗོད་པ་བཅས་བཞུགས་སོ། །……(༧༥༨)

༄། །བསྟན་པའི་གསལ་བྱེད་ཆེན་པོ་རྒྱལ་ཁང་རྩེ་རིན་པོ་ཆེ་རྗེ་བློ་བཟང་དཔལ་འབྱོར་ལྷུན་གྲུབ་ཀྱི་རྣམ་པར་ཐར་པ་སྐལ་བཟང་རྣ་བའི་བཅུད་ལེན་ཞེས་བྱ་བ་བཞུགས་སོ། །……………………………(༧༤༢)

༄། །ཐམས་ཅད་མཁྱེན་པ་ཆེན་པོ་ཉི་མའི་གཉེན་གྱི་རྟོགས་པ་བརྗོད་པ་མ་ལླི་ཀཱའི་ཕྲེང་བ་ཞེས་བྱ་བ་བཞུགས་སོ། །……………………………(༧༤༢)

༄། །ཐམས་ཅད་མཁྱེན་པ་པདྨ་དཀར་པོའི་རྣམ་ཐར་ཐུགས་རྗེ་ཆེན་པོའི་ཟློས་གར་གྱི་འཕྲོས་བརྗོད་པ་སྙུ་མ་ཆེན་པོའི་དོ་ར་ཞེས་བྱ་བ་བཞུགས་སོ། །…(༧༤༣)

༄། །ཐམས་ཅད་མཁྱེན་པ་རོལ་པའི་རྡོ་རྗེ་ཡི་རྟོགས་བརྗོད་དགེ་ལྡན་བསྟན་པའི་མཛེས་རྒྱན་གྱི། ཡང་རྒྱན་སྙན་ངག་མུ་ཏིག་ཆུན་པོ་རྒྱན། གླིགས་བམ་རིན་ཆེན་ཟ་མ་ཏོག་འདིར་བཞུགས། །………(༧༤༣)

༄། །ཐུབ་པའི་དབང་པོ་འཕགས་པ་གནས་བརྟན་བཅུ་དྲུག་དང་བཅས་པའི་རྟོགས་པ་བརྗོད་པ་རྒྱལ་བསྟན་རིན་པོ་ཆེའི་མཛེས་རྒྱན་ཕུལ་བྱུང་གསེར་གྱི་ཕྲེང་བ་ཞེས་བྱ་བ་བཞུགས་སོ། །…………………(༧༤༣)

༄། །དམ་པ་གོང་མའི་རྣམ་ཐར་དང་འབྲེལ་བའི་བུའི་གཡང་འགུགས་རིགས་བརྒྱུད་བཟང་པོའི་ཆུ་རྒྱུན་འཛད་མེད་ཅེས་བྱ་བ་བཞུགས་སོ། །…………(༧༤༣)

༄། །དུས་གསུམ་གྱི་རྒྱལ་བ་སྲས་བཅས་ཀྱི་མཁྱེན་བརྩེའི་སྤྱི་གཟིགས་མཁས་པ་དང་གྲུབ་པའི་ཕ་རོལ་ཏུ་སོན་པ་རིགས་ཀུན་ཁྱབ་བདག་གཡུ་ཐོག་གསར་མ་ཡོན་ཏན་མགོན་པོའི་རྣམ་པར་ཐར་པ་ཞེས་བྱ་བ་བཞུགས་སོ། །……………………………(༧༤༤)

༄། །དུས་གསུམ་རྒྱལ་བ་ཀུན་གྱི་སྤྱི་གཟིགས་བཀའ་དྲིན་གསུམ་ལྡན་རྗེ་བཙུན་བླ་མ་ཐམས་ཅད་མཁྱེན་པ་ཛྙཱ་ན་ཤྲཱི་དཔལ་བཟང་པོའི་རྣམ་པར་ཐར་པ་ཞུ་སེར་བསྟན་པའི་མཛེས་རྒྱན་ཞེས་བྱ་བ་བཞུགས་སོ། །……………………………(༧༤༤)

༄། །དུས་གསུམ་རྒྱལ་བའི་སྙིང་རྗེའི་རང་གཟིགས་རྗེ་བཙུན་ཀུན་དགའ་ཆོས་འཕགས་ཐུབ་བསྟན་ཉི་མ་དཔལ་བཟང་པོའི་རྣམ་ཐར་སྐལ་བཟང་བློ་གསལ་མགུལ་རྒྱན་ཞེས་བྱ་བ་བཞུགས་སོ། །…………(༧༤༤)

༄། །དུས་གསུམ་རྒྱལ་བའི་སྤྱི་གཟིགས་རྗེ་འཇམ་དབྱངས་མཁྱེན་རབ་རྒྱ་མཚོ་དཔལ་བཟང་པོའི་འབྱུངས་རབས་དང་བཅས་པའི་རྣམ་པར་ཐར་པ་ཅུང་ཟད་གཏམ་དུ་བསྙད་པ་དད་པའི་ཆུ་གཏེར་འཕེལ་བའི་ཟླ་ཤེལ་ཞེས་བྱ་བ་བཞུགས་སོ། །.(༧༤༤)

༄། །དུས་གསུམ་རྒྱལ་བའི་སྤྱི་གཟིགས་རྗེ་བཙུན་དཀོན་མཆོག་འཇིགས་མེད་དབང་པོའི་ཞལ་སྔ་ནས་ཀྱི་རྣམ་པར་ཐར་པ་རྒྱལ་སྲས་རྒྱ་མཚོའི་འཇུག་ངོགས་ཞེས་བྱ་བ་བཞུགས་སོ། །……………………………(༧༤༥)

༄། །དུས་གསུམ་རྒྱལ་བའི་སྤྱི་གཟིགས་རྗེ་བཙུན་དཀོན་མཆོག་འཇིགས་མེད་དབང་པོའི་ཞལ་སྔ་ནས་ཀྱི་རྣམ་པར་ཐར་པ་རྒྱལ་སྲས་རྒྱ་མཚོའི་འཇུག་ངོགས་ཞེས་བྱ་བ་བཞུགས་སོ། །……………………………(༧༤༥)

༄། །དུས་གསུམ་རྒྱལ་བའི་ཡེ་ཤེས་ཀྱི་རང་གཟུགས་ཀུན་མཁྱེན་འཇམ་དབྱངས་བཞད་པ་རྗེ་བཙུན་སྐལ་བཟང་ཐུབ་བསྟན་དབང་ཕྱུག་དཔལ་བཟང་པོའི་ཞལ་སྔ་ནས་ཀྱི་རྣམ་པར་ཐར་པ་དབྱར་དུས་ཐོག་མའི་འབྲུག་སྒྲ་ཞེས་བྱ་བ་བཞུགས་སོ། །………(༧༤༥)

༄། །དུས་གསུམ་སངས་རྒྱས་ཀུན་གྱི་བདག་ཉིད་རྗེ་བཙུན་ཐམས་ཅད་མཁྱེན་གཟིགས་ཆེན་པོ་བློ་བཟང་དཔལ་ལྡན་ཡེ་ཤེས་དཔལ་བཟང་པོའི་གསང་རྣམ་གྱི་སྙོ་ནས་གསོལ་བ་འདེབས་ཚུལ་ཞེས་བྱ་བ་བཞུགས་སོ། །……………………(༡༥༥)

༄། །དུས་གསུམ་སངས་རྒྱས་ཐམས་ཅད་ཀྱི། བགྲོད་པ་གཅིག་པའི་ལམ་གྱི་མཆོག  ཟབ་མོ་བླ་མའི་རྣམ་ཐར་གྱི། ཉམས་ལེན་གསང་བའི་ཉེ་ལམ་བཞུགས། །……………………(༡༥༦)

༄། །དུས་གསུམ་སངས་རྒྱས་ཐམས་ཅད་ཀྱི་ངོ་བོ་རིགས་དང་དཀྱིལ་འཁོར་རྒྱ་མཚོའི་མངའ་བདག་བཀའ་དྲིན་མཚུངས་མེད་རྗེ་བཙུན་ངག་དབང་བྱམས་པ་རིན་པོ་ཆེའི་རྣམ་པར་ཐར་པ་དད་པའི་འདབ་བརྒྱ་བཞད་པར་བྱེད་པའི་ཉི་མ་ཞེས་བྱ་བ་བཞུགས་སོ། །……………………(༡༥༦)

༄། །དེ་བཞིན་གཤེགས་པ་ཤཱཀྱ་སེང་གེའི་མཛད་པ་བརྒྱ་པའི་མཛོས་རྒྱན་ཞེས་བྱ་བ་བཞུགས་སོ། །……(༡༥༦)

༄། །དེ་བཞིན་གཤེགས་པས་ལེགས་པར་གསུངས་པའི་གསུང་རབ་རྒྱ་མཚོའི་སྙིང་པོར་གྱུར་པ་རིག་པ་འཛིན་པའི་སྡེ་སྣོད་དམ། སྔ་འགྱུར་རྒྱུད་འབུམ་རིན་པོ་ཆེའི་རྟོགས་པ་བརྗོད་པ་འཛམ་གླིང་ཐ་གྲུ་ཁྱབ་པའི་རྒྱན་ཞེས་བྱ་བ་བཞུགས་སོ། །……(༡༥༦)

༄། །དྲན་པ་ཤེས་རབ་བཀྲ་ཤིས་ཀྱི་རྣམ་ཐར་མུ་ཏིག་ལའི་ཕྲེང་བ་ཞེས་བྱ་བ་བཞུགས་སོ། །……………(༡༥༦)

༄། །དྲིན་ཅན་བླ་མ་དགེ་ལེགས་རྒྱ་མཚོའི་རྣམ་པར་ཐར་པ་ཕྱོགས་ཙམ་བརྗོད་པ་དགེ་ལེགས་ཆར་འབེབས་ཞེས་བྱ་བ་བཞུགས་སོ། །……………(༡༥༧)

༄། །དྲིན་ཅན་རྩ་བའི་བླ་མ་ངག་དབང་བློ་བཟང་རྒྱ་མཚོའི་ཐུན་མོང་ཕྱིའི་རྣམ་ཐར་དུ་ཀཱུ་ལའི་གོས་བཟང་གླེགས་བམ་གསུམ་པའི་འཁྲིས་བཞི་པ་ཞེས་བྱ་བ་བཞུགས་སོ། །……………………(༡༥༧)

༄། །དྲིན་ཅན་རྩ་བའི་བླ་མ་ངག་དབང་བློ་བཟང་རྒྱ་མཚོའི་ཐུན་མོང་ཕྱིའི་རྣམ་ཐར་དུ་ཀཱུ་ལའི་གོས་བཟང་གླེགས་བམ་གསུམ་པའི་འཁྲིས་བཞི་པ་ཞེས་བྱ་བ་བཞུགས་སོ། །……………………(༡༥༧)

༄། །དྲིན་ཅན་རྩ་བའི་བླ་མ་ངག་དབང་བློ་བཟང་རྒྱ་མཚོའི་རྣམ་ཐར་དུ་ཀཱུ་ལའི་གོས་བཟང་གླེགས་བམ་བཞི་པའི་འཁྲིས་ལྔ་པ་ཞེས་བྱ་བ་བཞུགས་སོ། །……………(༡༥༧)

༄། །དྲིན་ཅན་རྩ་བའི་བླ་མ་ངག་དབང་བློ་བཟང་རྒྱ་མཚོའི་རྣམ་ཐར་དུ་ཀཱུ་ལའི་གོས་བཟང་གླེགས་བམ་བཞི་པའི་འཁྲིས་ལྔ་པ་ཞེས་བྱ་བ་བཞུགས་སོ། །……………(༡༥༨)

༄། །དྲིན་ཅན་རྩ་བའི་བླ་མ་ངག་དབང་བློ་བཟང་རྒྱ་མཚོའི་རྣམ་ཐར་དུ་ཀཱུ་ལའི་གོས་བཟང་གླེགས་བམ་ལྔ་པའི་འཁྲིས་དྲུག་པ་ཞེས་བྱ་བ་བཞུགས་སོ། །…(༡༥༨)

༄། །དྲུང་ཆེན་མཁའ་སྤྱོད་པ་ནམ་མཁའ་རྒྱལ་མཚན་གྱི་རྟོགས་པ་བརྗོད་པ་ཡིད་ཀྱི་ཟླ་ཟེར་ཞེས་བྱ་བ་བཞུགས་སོ། །……………………(༡༥༨)

༄། །དྭགས་པོ་སྒོམ་པའི་རྣམ་ཐར་ཞེས་བྱ་བ་བཞུགས་སོ། །……………………(༡༥༨)

༄། །བདག་ཅག་གི་སྟོན་པ་སྟོན་བྱང་ཆུབ་སེམས་དཔའ་ལྷའི་དབང་པོ་བརྒྱ་བྱིན་དུམ་པ་ཅན་དུ་འཁྲུངས་པའི་རྟོགས་བརྗོད་ཀྱི་འགྲེལ་པ་ལེགས་བཤད་སྒྲོན་མེ་ཞེས་བྱ་བ་བཞུགས་སོ། །……………………(༡༥༨)

༄། །བདག་ཉིད་ཆེན་པོ་མཁས་མཆོག་དཔའ་བོས་མཛད་པའི་སྐྱེས་རབས་སོ་བཞི་པའི་དོན་རྣམ་པར་བཤད་པ་ཐེག་ཆེན་གསལ་བའི་སྒྲོན་མེ་ལས་རྟོགས་བརྗོད་བཅུ་པ་ནས་ཉི་ཤུ་རྩ་གསུམ་པ་བར་གྱི་རྣམ་བཤད་ཅེས་བྱ་བ་བཞུགས་སོ། །......................(༧༥༩)

༄། །བདག་ཉིད་ཆེན་པོ་མཁས་མཆོག་དཔའ་བོས་མཛད་པའི་སྐྱེས་རབས་སོ་བཞི་པའི་དོན་རྣམ་པར་བཤད་པ་ཐེག་ཆེན་གསལ་བའི་སྒྲོན་མེ་ལས་རྟོགས་བརྗོད་ཉི་ཤུ་རྩ་བཞི་པ་མན་གྱི་རྣམ་བཤད་ཅེས་བྱ་བ་བཞུགས་སོ། །......................(༧༥༩)

༄། །བདག་ཉིད་ཆེན་པོ་མཁས་མཆོག་དཔའ་བོས་མཛད་པའི་སྐྱེས་རབས་སོ་བཞི་པའི་དོན་རྣམ་པར་བཤད་པ་ཐེག་ཆེན་གསལ་བའི་སྒྲོན་མེའི་བསྡུས་དོན་ཞེས་བྱ་བ་བཞུགས་སོ། །......................(༧༥༩)

༄། །བདག་ཉིད་ཆེན་པོ་རྫོང་དཀར་སྨྱུན་སྟ་པ་དཀོན་མཆོག་ཕུན་ཚོགས་དཔལ་བཟང་པོའི་རྟོགས་པ་བརྗོད་པ་ལེགས་ཚོགས་སྙེ་བརྒྱ་ཕྱེ་བའི་བདེན་གཏམ་ཞེས་བྱ་བ་བཞུགས་སོ། །......................(༧༥༩)

༄། །བདེ་མཆོག་ཆོས་འབྱུང་བརྒྱུད་པའི་རྣམ་ཐར་དང་བཅས་པ་བཞུགས་སོ། །......................(༧༦༠)

༄། །འདྲེན་མཆོག་དམ་པ་ཆོས་ཀྱི་རྗེ་ནམ་མཁའ་སེང་གེ་དཔལ་བཟང་པོའི་རྣམ་པར་ཐར་པ་དཔག་བསམ་ལྗོན་པ་དགེ་ལེགས་འབྱུང་གནས་ཞེས་བྱ་བ་བཞུགས་སོ། །......................(༧༦༠)

༄། །རྗེ་རྗེ་འཆང་དཀོན་མཆོག་བསྟན་པའི་སྒྲོན་མེའི་ཞལ་སྔ་ནས་ཀྱི་རྣམ་ཐར་རྗེ་ཉིད་ཀྱིས་བསྟུལ་བ་ཞེས་བྱ་བ་བཞུགས་སོ། །......................(༧༦༠)

༄། །རྡོ་རྗེ་འཆང་ཆེན་པོ་པཎ་ཆེན་ཐམས་ཅད་མཁྱེན་པ་བློ་བཟང་ཡེ་ཤེས་དཔལ་བཟང་པོའི་སྐུ་གསུང་ཐུགས་ཀྱི་མཛད་པ་མ་ལུས་པ་གསལ་བར་བྱེད་པའི་རྣམ་པར་ཐར་པ་འོད་དཀར་ཅན་གྱི་འཕྲེང་བའི་སྨད་ཆ་ཞེས་བྱ་བ་བཞུགས་སོ། །......................(༧༦༠)

༄། །རྡོ་རྗེ་འཆང་དོན་ཡོད་མཁས་གྲུབ་དཔལ་བཟང་པོའི་རྣམ་པར་ཐར་པ་བདེ་གཤེགས་གཞུང་ལམ་ཞེས་བྱ་བ་བཞུགས་སོ། །......................(༧༦༠)

༄། །རྡོ་རྗེ་འཆང་རང་ཉིད་ཀྱི་རྣམ་པར་ཐར་པ་ཚིགས་བཅད་ནྲྀ་ལི་ཀའི་ཕྲེང་བ་ཞེས་བྱ་བ་བཞུགས་སོ། །......................(༧༦༡)

༄། །རྡོ་རྗེ་འཛིན་པ་ཆེན་པོ་ཆོས་ཀྱི་མགོན་པོའི་རྣམ་པར་ཐར་པ་ཆེ་ལོང་ཙམ་བརྗོད་པ་གྲུབ་པའི་རོལ་རྩེད་ཅེས་བྱ་བ་བཞུགས་སོ། །......................(༧༦༡)

༄། །རྡོ་རྗེའི་གནས་པ་བཅུ་གཉིས་ཤིན་ཏུ་གསང་བ་ཉམས་རྟོགས་ཀྱི་རྣམ་ཐར་ལགས་སོ། །......................(༧༦༡)

༄། །ནག་པོ་སྤྱོད་པའི་རྟོགས་པ་བརྗོད་པའི་ཡལ་འདབ་གཉིས་པ་བཞུགས་སོ། །......................(༧༦༡)

༄། །ནང་ཏིང་ངེས་འཛིན་གྱི་ཉམས་སྣང་རྣམ་ཐར་རང་བསྟོད་སྙན་བརྒྱུད་ཀྱི་ལྡེ་མིག་སྐྱེ་བཅུ་དྲུག་མ་ཕྲན་དང་བཅས་ཞེས་བྱ་བ་བཞུགས་སོ། །......................(༧༦༡)

༄། །གནས་ལྔ་རིག་པའི་པཎྜི་ཏ་ཆེན་པོ་ཀོ་ཤྲི་ངག་དབང་སྐལ་བཟང་བའི་འཁྲུངས་རབས་རྣམ་ཐར་གཡས་འཁྱིལ་དུང་གི་སྒྲ་དབྱངས་ཞེས་བྱ་བ་བཞུགས་སོ། །......................(༧༦༢)

༄། །གནས་བརྟན་བཅུ་དྲུག་གི་རྟོགས་བརྗོད་རྣམས་ནས་བཏུས་ཏེ་བཀོད་པའི་གནས་བརྟན་རྣམ་ཐར་ཕན་བདེའི་འབྱུང་གནས་ཞེས་བྱ་བ་བཞུགས་སོ། །......................(༧༦༢)

༄། །དཔལ་ཏེ་ལོ་པའི་རྣམ་ཐར་ཞེས་བྱ་བ་བཞུགས་སོ། །......(༡༧༧)

༄། །དཔལ་ལྡན་བླ་མ་འཇམ་པའི་དབྱངས་ཀྱི་རྣམ་པར་ཐར་པ་ལེགས་བཤད་ཁྱད་པར་གསུམ་ལྡན་ཞེས་བྱ་བ་བཞུགས་སོ། །......(༡༧༧)

༄། །དཔལ་ལྡན་བླ་མ་དམ་པ་ཀུན་སྤངས་ཆེན་པོ་ངག་དབང་བློ་བཟང་དཔལ་བཟང་པོའི་རྣམ་པར་ཐར་པ་དད་པའི་མྱུ་གུ་ཞེས་བྱ་བ་བཞུགས་སོ། །...(༡༧༧)

༄། །དཔལ་ལྡན་བླ་མ་དམ་པ་མཁན་ཆེན་ཐམས་ཅད་མཁྱེན་པ་དོན་གྱི་སྐད་དུ་མཚན་ནས་སྨོས་ཏེ་གཞོན་ནུ་དཔལ་གྱི་རྣམ་པར་ཐར་པ། ཡོན་ཏན་རིན་པོ་ཆེ་མཆོག་ཏུ་རྒྱས་པའི་ལྗོན་པ་ཞེས་བྱ་བ་བཞུགས་སོ། །......(༡༧༧)

༄། །དཔལ་ལྡན་བླ་མ་དམ་པ་དགེ་འདུན་རྒྱ་མཚོ་དཔལ་བཟང་པོའི་རྣམ་པར་ཐར་པ་ཕྱོགས་ཙམ་བརྗོད་པ་འདོད་དགུའི་འབྱུང་གནས་དཔག་བསམ་ལྗོན་ཤིང་ཞེས་བྱ་བ་བཞུགས་སོ། །.....(༡༧༨)

༄། །དཔལ་ལྡན་བླ་མ་དམ་པ་ངག་དབང་ཆོས་ཀྱི་རྒྱལ་པོའི་རྣམ་པར་ཐར་པ་ངོ་མཚར་འོད་བརྒྱ་པ་ཞེས་བྱ་བ་བཞུགས་སོ། །......(༡༧༨)

༄། །དཔལ་ལྡན་བླ་མ་དམ་པ་ཆོས་ཀྱི་རྗེ་རབ་འབྱོར་སེང་གེའི་ཞལ་སྔ་ནས་ཀྱི་རྣམ་པར་ཐར་པ་ཆེ་ལོང་ཙམ་སྨོས་པ་ཞེས་གྱ་བ་བཞུགས་སོ། །......(༡༧༨)

༄། །དཔལ་ལྡན་བླ་མ་དམ་པ་རྡོ་རྗེ་འཆང་ཆེན་པོ་ངག་དབང་དོན་གྲུབ་དཔལ་བཟང་པོའི་ཞལ་སྔ་ནས་ཀྱི་རྣམ་པར་ཐར་པ་ལེགས་བཤད་པདྨ་དཀར་པོའི་འཕྲེང་བ་ཞེས་བྱ་བ་བཞུགས་སོ། །......(༡༧༨)

༄། །དཔལ་ལྡན་བླ་མ་དམ་པ་གནསགལྷ་གཟིགས་པའི་མ་ཧཱ་པཎྜི་ཏ་ཏྣ་ནའི་མཚན་ཅན་གྱི་རྣམ་པར་ཐར་པའི་ཆ་ཤས་ཙམ་ཚིགས་བཅད་དུ་བསྡེབས་པ་དང་གུས་པ་སྙོ་བཞད་པའི་ཉིན་བྱེད་ཞྭ་སེར་བསྟན་པའི་མཛེས་རྒྱན་མཚོ་བྱུང་ཕང་འགྲོའི་དབྱངས་སྙན་ཞེས་བྱ་བ་བཞུགས་སོ། །......(༡༧༩)

༄། །དཔལ་ལྡན་བླ་མ་དམ་པ་རྣལ་འབྱོར་གྱི་དབང་ཕྱུག་ཆེན་པོ་བློ་བཟང་ཆོས་ཀྱི་ཉི་མའི་ཐུན་མོང་མ་ཡིན་པའི་རྣམ་པར་ཐར་པ་པུཎྜ་རི་ཀའི་འཕྲེ་ཤིང་ཞེས་བྱ་བ་བཞུགས་སོ། །......(༡༧༩)

༄། །དཔལ་ལྡན་བླ་མ་དམ་པ་མཚན་བརྗོད་པར་དཀའ་བ་རྗེ་གསེར་ཁང་པ་རིན་པོ་ཆེ་བློ་བཟང་བསྟན་འཛིན་རྒྱ་མཚོ་དཔལ་བཟང་པོའི་རྣམ་ཐར་མདོར་བསྡུས་དད་པའི་འོ་མཚོ་བཞད་པའི་ཟླ་བའི་ཕྲེང་བ་ཞེས་བྱ་བ་བཞུགས་སོ། །......(༡༧༩)

༄། །དཔལ་ལྡན་བླ་མ་དམ་པ་ཡོངས་ཀྱི་དགེ་བའི་བཤེས་གཉེན་ཆེན་པོ་མཁས་ཤིང་གྲུབ་པའི་དབང་ཕྱུག་བྱ་བྲལ་ནོམ་ཆི་མཁན་པོ་མཚན་བརྗོད་པར་དཀའ་བ་བློ་བཟང་བཤད་སྒྲུབ་དཔལ་བཟང་པོའི་ཞལ་སྔ་ནས་ཀྱི་རྣམ་པར་ཐར་པ་དད་ལྡན་དགའ་བསྐྱེད་ནོར་བུའི་ཐེམ་སྐས་ཞེས་བྱ་བ་བཞུགས་སོ། །......(༡༧༩)

༄། །དཔལ་ལྡན་བླ་མ་དམ་པ་ཡོངས་འཛིན་རྡོ་རྗེ་འཆང་ཆེན་པོ་བློ་བཟང་བྱམས་པའི་དཔལ་གྱི་སྐུ་གསུང་ཐུགས་ཀྱི་རྟོགས་པ་བརྗོད་པ་ཐུབ་བསྟན་ཀུནྡ་བཞད་པའི་ཟླ་འོད་ཅེས་བྱ་བ་བཞུགས་སོ། །......(༡༨༠)

༄། །དཔལ་ལྡན་བླ་མ་དམ་པའི་རྣམ་ཐར་ངོ་མཚར་རྒྱ་མཚོའི་རླབས་འཕྲེང་གཡོ་བ་དད་པའི་པདྨོ་རྒྱས་བྱེད་ཅེས་བྱ་བ་བཞུགས་སོ། །........................(༧༥༠)

༄། །དཔལ་ལྡན་བླ་མ་དམ་པའི་རྣམ་ཐར་བསྟོད་པ་དད་པའི་ལྗོན་ཤིང་ཞེས་བྱ་བ་བཞུགས་སོ། །..(༧༥༠)

༄། །དཔལ་ལྡན་བླ་མ་བློ་གྲོས་བསྟན་པ་ལ་རྣམ་ཐར་གྱི་སྒོ་ནས་བསྟོད་པ་ཞེས་བྱ་བ་བཞུགས་སོ། །.....(༧༥༠)

༄། །དཔལ་ལྡན་བླ་མའི་རྣམ་ཐར་བསྟོད་པ་དད་པའི་ལྗོན་ཤིང་ཞེས་བྱ་བ་བཞུགས་སོ། །.................(༧༥༠)

༄། །དཔལ་ལྡན་ཞྭ་ལུ་པའི་བསྟན་པ་ལ་བཀའ་དྲིན་ཆེ་བའི་སྐྱེས་བུ་དམ་པ་རྣམས་ཀྱི་རྣམ་ཐར་ལོ་རྒྱུས་ངོ་མཚར་དད་པའི་འཇུག་ངོགས་ཞེས་བྱ་བ་བཞུགས་སོ། །..............................................................(༧༥༡)

༄། །དཔལ་ལྡན་རིག་པ་འཛིན་པའི་འཁོར་ལོས་བསྒྱུར་པ་ཆེན་པོ་སྡེ་ཁྲི་རིན་པོ་ཆེ་བློ་བཟང་དོན་གྲུབ་པའི་ཞལ་སྔ་ནས་ཀྱི་རྣམ་པར་ཐར་པ་གསང་ཆེན་ཆོས་ཀྱིས་བསྒྲགས་པའི་རོལ་མོ་ཞེས་བྱ་བ་བཞུགས་སོ། །..............................................................(༧༥༡)

༄། །དཔལ་ལྡན་རིག་པ་འཛིན་པའི་འཁོར་ལོས་སྒྱུར་བ་ཐྲིན་གྱི་ཞབས་པའི་རྟོགས་བརྗོད་མཁའ་འགྲོ་རྣམ་པར་རྩེན་པའི་རྒྱུད་མངས་ངོ་མཚར་རྣ་བའི་བཅུད་ལེན་ཞེས་བྱ་བ་བཞུགས་སོ། །........................(༧༥༡)

༄། །དཔལ་ལྡན་ས་སྐྱ་པཎྜི་ཏ་ཆེན་པོའི་རྣམ་པར་ཐར་པ་ཞེས་བྱ་བ་བཞུགས་སོ། །............................(༧༥༡)

༄། །དཔལ་ན་རོ་པའི་རྣམ་ཐར་ཞེས་བྱ་བ་བཞུགས་སོ། །..............................................................(༧༥༢)

༄། །དཔལ་ཕག་མོ་གྲུ་པའི་རྣམ་ཐར་རིན་པོ་ཆེ་མི་ཟད་རྒྱ་མཚོའི་གཏེར་ཞེས་བྱ་བ་བཞུགས་སོ། །.......(༧༥༢)

༄། །དཔལ་ཧེ་རུ་ཀ་དང་གཉིས་སུ་མེད་པ་བླ་མ་གྲུབ་པའི་དབང་པོ་འཇིགས་མེད་བསམ་གཏན་པའི་ཞལ་སྔ་ནས་ཀྱི་རྟོགས་པ་བརྗོད་པ་ཟུང་འཇུག་གྲུབ་པའི་བདེན་གཏམ་ཞེས་བྱ་བ་བཞུགས་སོ། །..............................................................(༧༥༢)

༄། །དཔལ་ས་སྐྱ་པ་སྔགས་འཆང་བླ་མ་ཐམས་ཅད་མཁྱེན་པ་ཆེན་པོ་ངག་དབང་ཀུན་དགའ་བསོད་ནམས་གྲགས་པ་རྒྱལ་མཚན་དཔལ་བཟང་པོའི་རྟོགས་པ་བརྗོད་པ་ངོ་མཚར་ཡོན་ཏན་རིན་པོ་ཆེ་འདུས་པའི་རྒྱ་མཚོ་ཞེས་བྱ་བ་བཞུགས་སོ། །...(༧༥༢)

༄། །དཔལ་ས་སྐྱ་པ་ཆེན་པོ་སྔགས་འཆང་ངག་དབང་ཀུན་དགའ་བསོད་ནམས་ཀྱི་སྔོན་གྱི་སྐྱེས་རབས་རྣམས་ཆོས་སྐྱོང་ཡིད་བཞིན་ནོར་བུའི་གསུང་ཤོག་ཏུ་ཕུལ་བའི་དོན་འགྲེལ་སྐལ་བཟང་ཀུན་གྱི་ཡིད་འཕྲོག་ཅེས་བྱ་བ་བཞུགས་སོ། །......................(༧༥༢)

༄། །དཔལ་ས་སྐྱ་ལོ་ཙཱ་བ་ཆེན་པོའི་རྣམ་པར་ཐར་པ་འཇམ་པའི་དབྱངས་ཀྱི་ཡོན་ཏན་རྣམ་པར་བཀོད་པ་ཞེས་བྱ་བ་བཞུགས་སོ། །............................(༧༥༣)

༄། །དཔལ་ས་སྐྱའི་གདན་བཤད་རྗེ་བཙུན་གོང་མ་རྣམས་ཀྱི་རྣམ་ཐར་སྐྱབ་བརྒྱུད་དང་བཅས་པ་ཕུན་ཚོགས་རྒྱ་མཚོའི་གཏེར་ཞེས་བྱ་བ་གྲུབ་པའི་དབང་ཕྱུག་ཆེན་པོ་འཇམ་དབྱངས་བསོད་ནམས་དབང་པོའི་གསུང་རྩོམ་གནང་འཕྲོ་འཕོར་བུར་བཞུགས་པ་རྣམས་ས་སྐྱ་པ་སྔགས་འཆང་ངག་དབང་ཀུན་དགའ་བསོད་ནམས་ཀྱིས་བླ་མའི་སྐུ་གསུང་ཐུགས་ཀྱི་རྣམ་ཐར་རྣམས་དྲན་པའི་རྐྱེན་གྱིས་དད་པའི་དབང་གིས་ཕྱོགས་གཅིག་ཏུ་བསྒྲིགས་པ་ཞེས་བྱ་བ་བཞུགས་སོ། །..................................................(༧༥༣)

༄༅། །དཔོན་དར་མ་གཞོན་ནུའི་རྣམ་ཐར་བཀའ་རྒྱ་མ་ཞེས་བྱ་བ་བཞུགས་སོ། །……(༧༤༣)

༄༅། །ཕག་མོ་གྲུ་པའི་རྣམ་ཐར་གཟི་བརྗིད་འབར་བའི་སྒྲོན་མ་ཞེས་བྱ་བ་བཞུགས་སོ། །……(༧༤༣)

༄༅། །ཕྱག་ན་པདྨ་སྐལ་ལྡན་རྒྱ་མཚོའི་སྐྱེས་པའི་རབས་ཀྱི་རྒྱུད་གསང་གསུམ་སྣང་བའི་སྒྲོན་མེ་ཞེས་བྱ་བ་བཞུགས་སོ། །……(༧༤༤)

༄༅། །འཕགས་པའི་གནས་བརྟན་བཅུ་དྲུག་གི་རྣམ་པར་ཐར་པ་ཞེས་བྱ་བ་བཞུགས་སོ། །……(༧༤༤)

༄༅། །འཕགས་པའི་གནས་བརྟན་ཆེན་པོ་རབ་འབྱོར་གྱི་རྟོགས་པ་བརྗོད་པ་ཚངས་པའི་སྒྲ་དབྱངས་ཞེས་བྱ་བ་བཞུགས་སོ། །……(༧༤༤)

༄༅། །འཕགས་པའི་ཡུལ་གྱི་སི་ཏཱ་ས་སྐྱོང་འོད་ཟེར་གྱི་རིགས་སྲས་གཞོན་ནུ་ཟླ་མཛེས་ཀྱི་རྟོགས་བརྗོད་ངོ་མཚར་ལེགས་བྱས་ཟླ་བའི་འོད་ཟེར་ཕྲེང་བ་ཞེས་བྱ་བ་བཞུགས་སོ། །……(༧༤༤)

༄༅། །འཕགས་ཡུལ་མཁས་གྲུབ་ཡོངས་ཀྱི་གཙུག་རྒྱན་གྲུབ་པའི་སློབ་དཔོན་ཆེན་པོ་མི་ཏྲ་ཛོ་གིའི་རྟོགས་པ་བརྗོད་པ་ཟུང་འཇུག་གྲུབ་པའི་གཏམ་སྙན་ཞེས་བྱ་བ་བཞུགས་སོ། །……(༧༤༤)

༄༅། །བྱ་ཕུད་མདོ་སྔགས་དར་རྒྱས་གླིང་གི་བླ་མའི་རྣམ་ཐར་ཐོར་བུ་ཞེས་བྱ་བ་བཞུགས་སོ། །……(༧༤༥)

༄༅། །བྱང་ཆུབ་ལམ་གྱི་རིམ་པའི་བླ་མ་བརྒྱུད་པའི་རྣམ་པར་ཐར་པ་རྒྱལ་བསྟན་མཛེས་པའི་རྒྱན་མཆོག་ཕུལ་བྱུང་ནོར་བུའི་ཕྲེང་བ་ཞེས་བྱ་བ་བཞུགས་སོ། །……(༧༤༥)

༄༅། །བྱང་ཆུབ་ལམ་གྱི་རིམ་པའི་བླ་མ་བརྒྱུད་པའི་རྣམ་པར་ཐར་པ་རྒྱལ་བསྟན་མཛེས་པའི་རྒྱན་མཆོག་ཕུལ་བྱུང་ནོར་བུའི་ཕྲེང་བ་ཞེས་བྱ་བ་བཞུགས་སོ། །……(༧༤༥)

༄༅། །བྱང་ཆུབ་སེམས་དཔའ་ཆེན་པོ་ཉེ་བའི་སྲས་བརྒྱད་ཀྱི་རྟོགས་བརྗོད་ནོར་བུའི་ཕྲེང་བ་ཞེས་བྱ་བ་བཞུགས་སོ། །……(༧༤༥)

༄༅། །བྱང་ཆུབ་སེམས་དཔའ་ཆེན་པོ་རྟག་ཏུ་ངུའི་རྟོགས་བརྗོད་ངོ་མཚར་དད་པའི་འཁྲི་ཤིང་ཞེས་བྱ་བ་བཞུགས་སོ། །……(༧༤༥)

༄༅། །བྱང་ཆུབ་སེམས་དཔའ་སེམས་དཔའ་ཆེན་པོ་འཁོར་ལོས་བསྒྱུར་པའི་རྒྱལ་པོ་གསེར་མདོག་གི་རྟོགས་པ་བརྗོད་པ་རབ་དགའི་རྒྱུད་མངས་ཞེས་བྱ་བ་བཞུགས་སོ། །……(༧༤༦)

༄༅། །བྱང་ཆུབ་སེམས་དཔའ་སེམས་དཔའ་ཆེན་པོ་རྟ་ཡི་རྒྱལ་པོར་སྐྱེས་པའི་རྟོགས་པ་བརྗོད་པ་སྙན་དངགས་ཀྱི་གཏེར་ཞེས་བྱ་བ་བཞུགས་སོ། །……(༧༤༦)

༄༅། །བྱང་ཆུབ་སེམས་དཔའ་སེམས་དཔའ་ཆེན་པོ་ཞི་བའི་ལྷའི་རྟོགས་པ་བརྗོད་པ་པདྨ་དཀར་པོའི་ཕྲེང་བ་བྱིན་རླབས་ཀྱི་དྲི་བསུང་འགྲོ་བྱེད་ཅེས་བྱ་བ་བཞུགས་སོ། །……(༧༤༦)

༄༅། །བྱང་ཆུབ་སེམས་དཔའ་སེམས་དཔའ་ཆེན་པོ་གཞོན་ནུ་ནོར་བཟང་གི་རྟོགས་པ་བརྗོད་པ་བསྐལ་བ་བཟང་པོའི་གཏམ་རྒྱལ་སྲས་ཀུན་ཏུ་དགའ་བའི་ཟློས་གར་ཞེས་བྱ་བ་བཞུགས་སོ། །……(༧༤༦)

༄༅། །བྱང་ཕྱོགས་བསྟན་པའི་གསལ་བྱེད་པཎྜི་ཏ་ཧོ་ཐོག་ཐུ་པཀྵི་ནོ་མོན་ཧན་བླ་མའི་རྟོགས་བརྗོད་སྙན་ངག་མཁས་པའི་མགྲིན་རྒྱན་ཞེས་བྱ་བ་བཞུགས་སོ། །……(༧༤༧)

༄༅། །བྱང་ཕྱོགས་པོ་རེད་ལྗོངས་ཀྱི་བསྟན་པའི་མངའ་བདག་སེམས་དཔའ་ཆེན་པོ་མཁན་ཆེན་པཎྜི་ཏ་ཛྙཱ་ན་བ་ཛྲ་སྐལ་བཟང་ཆོས་ཀྱི་རྒྱལ་མཚན་དཔལ་བཟང་པོའི་རྣམ་པར་ཐར་པ་སྐལ་ལྡན་རྣ་བའི་བཅུད་ལེན་སྙན་པའི་ཚངས་དབྱངས་ཞེས་བྱ་བ་བཞུགས་སོ། །……(༧༤༧)

༄། །རིགས་དང་དཀྱིལ་འཁོར་རྒྱ་མཚོའི་མངའ་བདག་རྗེ་བཙུན་བློ་བཟང་ཆོས་ཀྱི་ཉི་མའི་གསང་གསུམ་ཆད་དུ་བྱུང་བའི་རྟོགས་བརྗོད་པདྨ་དཀར་པོའི་སྨད་ཆ་ཞེས་བྱ་བའི་བཞུགས་སོ། །.................(༡༩༩)

༄། །རིགས་དང་དཀྱིལ་འཁོར་རྒྱ་མཚོའི་མངའ་བདག་ཆོས་ཀྱི་རྒྱལ་པོ་རྗེ་བཙུན་བློ་བཟང་བསྟན་པ་རྒྱ་མཚོ་དཔལ་བཟང་པོའི་ཐུན་མོང་བའི་རྣམ་ཐར་མདོ་ཙམ་བརྗོད་པ་དད་པའི་ཀུནྡ་བཞད་པའི་ཟླ་བའི་འོད་ཟེར་ཞེས་བྱ་བ་བཞུགས་སོ། །..........(༡༩༩)

༄། །རིགས་དང་དཀྱིལ་འཁོར་རྒྱ་མཚོའི་མངའ་བདག་རྗེ་བཙུན་བློ་བཟང་འཕྲིན་ལས་བསྟན་པ་རྒྱ་མཚོ་དཔལ་བཟང་པོའི་རྣམ་པར་ཐར་པ་ངོ་མཚར་རྨིབས་སྟོང་བཀྲ་བའི་གསེར་གྱི་འཁོར་ལོ་ཐུབ་བསྟན་མཛེས་རྒྱན་ཞེས་བྱ་བ་བཞུགས་སོ། །..(༡༩༩)

༄། །རིགས་དང་དཀྱིལ་འཁོར་རྒྱ་མཚོའི་མངའ་བདག་རྡོ་རྗེ་སེམས་དཔའི་ངོ་བོ་བཀའ་དྲིན་གསུམ་ལྡན་རྗེ་བཙུན་བླ་མ་ཐམས་ཅད་མཁྱེན་པ་བློ་བཟང་ཆོས་འཕེལ་དཔལ་བཟང་པོའི་ཞལ་སྔ་ནས་ཀྱི་རྣམ་པར་ཐར་པ་དགེ་ལྡན་བསྟན་པའི་ཉི་འོད་ཅེས་བྱ་བ་བཞུགས་སོ། །.......................................................(༢༠༠)

༄། །རིགས་ལྡན་གྲགས་པའི་རྟོགས་པ་བརྗོད་པ་དྲི་མེད་འོད་དཀར་འཕྲོ་བའི་ཟླ་བ་ཞེས་བྱ་བ་བཞུགས་སོ། །.................................................................(༢༠༠)

༄། །རིགས་ལྡན་ཆོས་ཀྱི་རྒྱལ་པོ་ཆེན་པོའི་རྣམ་ཐར་ཞེས་བྱ་བ་བཞུགས་སོ། །......................................(༢༠༠)

༄། །རིགས་ལྡན་ཆོས་ཀྱི་རྒྱལ་པོ་རྣམ་རྒྱལ་གྲགས་པ་བཟང་པོའི་རྣམ་པར་ཐར་པ་རབ་བརྟགས་སྙན་པའི་འབྲུག་སྒྲ་ཞེས་བྱ་བ་བཞུགས་སོ། །.........(༢༠༠)

༄། །རིགས་ལྡན་ཉེར་ལྔ་པ་དྲག་པོ་འཁོར་ལོ་ཅན་གྱི་རྟོགས་བརྗོད་ཅེས་བྱ་བ་བཞུགས་སོ། །..........(༢༠༠)

༄། །རོང་ཆེན་བསྟན་པའི་སྒྲོན་མེ་ཆེན་པོ་སྐལ་བཟང་བློ་གྲོས་ཀུན་དགའ་ལུང་རྟོགས་རྒྱ་མཚོ་དཔལ་བཟང་པོའི་རྣམ་པར་ཐར་པ་གསེར་གྱི་གར་བུ་ཞེས་བྱ་བ་བཞུགས་སོ། །..........................................(༢༠༡)

༄། །རོང་སྟོན་ཆོས་ཀྱི་རྒྱལ་པོ་གྲུབ་དབང་སྐལ་ལྡན་རྒྱ་མཚོའི་གསུང་ལས། བླ་མའི་རྣམ་ཐར་གྱི་རིམ་པ་འཇམ་དཔལ་བསྟན་པའི་མཛེས་རྒྱན་ཞེས་བྱ་བ་བཞུགས་སོ། །..................................................(༢༠༡)

༄། །རོང་ཟོམ་ཆོས་ཀྱི་བཟང་པོའི་རྟོགས་པ་བརྗོད་པའི་ཡལ་འདབ་བཞི་པ་ཞེས་བྱ་བ་བཞུགས་སོ། །.(༢༠༡)

༄། །ལུང་རྟོགས་ཡོན་ཏན་གྱི་གཏེར་མཛོད་བདེ་ཐང་མཁན་ཆེན་འཇམ་དབྱངས་ཐུབ་བསྟན་རྒྱ་མཚོའི་རྟོགས་བརྗོད་གཡས་འཁྱིལ་དུང་གི་སྒྲ་དབྱངས་ཞེས་བྱ་བ་བཞུགས་སོ། །...............................(༢༠༡)

༄། །ཤཱཀྱ་བཙུན་པ་བློ་བཟང་འཕྲིན་ལས་ཀྱི། ངག་རྣམས་ཕྱོགས་སུ་བསྒྲིགས་པ་ལས། རང་གི་འཁོར་བར་སྤྱོད་པའི་ཚུལ། ཤིན་ཏུ་གསལ་བའི་སྒྲོན་མེ་བཞུགས། །.......................................................(༢༠༢)

༄། །ཤཱཀྱའི་དགེ་སློང་འཇམ་དབྱངས་མཁྱེན་རབ་རྒྱ་མཚོའི་རྟོགས་བརྗོད་མདོར་བསྡུས་མི་དབང་གཙུག་རྒྱན་ཞེས་བྱ་བ་བཞུགས་སོ། །.............(༢༠༢)

༄། །ཤཱཀྱའི་དགེ་སློང་བློ་བཟང་ཡེ་ཤེས་ཀྱི་སྤྱོད་ཚུལ་གསལ་བར་བྱེད་པ་འོད་དཀར་ཅན་གྱི་ཕྲེང་བ་ཞེས་བྱ་བ་བཞུགས་སོ། །...........................................(༢༠༢)

༄། །ཆོས་ཀྱི་རྗེ་དཔལ་ལྡན་བླ་མ་དམ་པ་རྣམས་ལས་དམ་པའི་ཆོས་ཇི་ལྟར་ཐོས་པའི་ཚུལ་ལེགས་པར་བཤད་པ་ཟབ་རྒྱས་ཆོས་ཀུན་གསལ་བའི་ཉིན་བྱེད་ཅེས་བྱ་བ་ལས་མཁན་ཆེན་འཇམ་པའི་དབྱངས་ངག་དབང་ཆོས་ཀྱི་གྲགས་པས་རྗེས་སུ་བཟུང་བའི་ཚུལ་གྱི་སྐབས་བཞུགས་སོ། །............................(༢༧༣)

༄། །ཆོས་ཀྱི་རྗེ་དཔལ་ལྡན་བླ་མ་དམ་པ་རྣམས་ལས་དམ་པའི་ཆོས་ཇི་ལྟར་ཐོས་པའི་ཚུལ་ལེགས་པར་བཤད་པ་ཟབ་རྒྱས་ཆོས་ཀུན་གསལ་བའི་ཉིན་བྱེད་ཅེས་བྱ་བ་ལས་འཕོན་སྟོན་འཇམ་པའི་དབྱངས་ཀུན་དགའ་བསོད་ནམས་ལྷུན་གྲུབ་ཀྱིས་རྗེས་སུ་བཟུང་བའི་ཚུལ་གྱི་སྐབས་བཞུགས་སོ། །..........(༢༧༣)

༄། །ཆོས་ཀྱི་རྗེ་དཔལ་ལྡན་བླ་མ་དམ་པ་རྣམས་ལས་དམ་པའི་ཆོས་ཇི་ལྟར་ཐོས་པའི་ཚུལ་ལེགས་པར་བཤད་པ་ཟབ་རྒྱས་ཆོས་ཀུན་གསལ་བའི་ཉིན་བྱེད་ཅེས་བྱ་བ་ལས་ཆོས་ཀྱི་རྗེ་ཉམས་དང་རྟོགས་པའི་མངའ་བདག་རྗེ་བཙུན་དབང་ཕྱུག་རབ་བརྟན་གྱིས་རྗེས་སུ་བཟུང་བའི་ཚུལ་གྱི་སྐབས་བཞུགས་སོ། །..................................................(༢༧༣)

༄། །ཆོས་ཀྱི་རྗེ་དཔལ་ལྡན་བླ་མ་དམ་པ་རྣམས་ལས་དམ་པའི་ཆོས་ཇི་ལྟར་ཐོས་པའི་ཚུལ་ལེགས་པར་བཤད་པ་ཟབ་རྒྱས་ཆོས་ཀུན་གསལ་བའི་ཉིན་བྱེད་ཅེས་བྱ་བ་ལས་ཆོས་ཀྱི་རྗེ་ལྷོམ་བརྩོན་དམ་པ་སྦྱིན་པ་གྲགས་པས་རྗེས་སུ་བཟུང་བའི་ཚུལ་གྱི་སྐབས་བཞུགས་སོ། །.........................................(༢༧༤)

༄། །ཆོས་ཀྱི་རྗེ་དཔལ་ལྡན་བླ་མ་དམ་པ་རྣམས་ལས་དམ་པའི་ཆོས་ཇི་ལྟར་ཐོས་པའི་ཚུལ་ལེགས་པར་བཤད་པ་ཟབ་རྒྱས་ཆོས་ཀུན་གསལ་བའི་ཉིན་བྱེད་ཅེས་བྱ་བ་ལས་རྗེ་ཐར་རྩེ་པ་ནམ་མཁའ་དཔལ་བཟང་པོས་རྗེས་སུ་བཟུང་བའི་ཚུལ་གྱི་སྐབས་ཅེས་བྱ་བ་བཞུགས་སོ། །..........................................(༢༧༤)

༄། །ཆོས་ཀྱི་རྗེ་དཔལ་ལྡན་བླ་མ་དམ་པ་རྣམས་ལས་དམ་པའི་ཆོས་ཇི་ལྟར་ཐོས་པའི་ཚུལ་ལེགས་པར་བཤད་པ་ཟབ་རྒྱས་ཆོས་ཀུན་གསལ་བའི་ཉིན་བྱེད་ཅེས་བྱ་བ་ལས་རྗེ་ལུ་ཕུ་པ་འབུམ་ཆེན་ཀུན་དགའ་དཔལ་འབྱོར་གྱིས་རྗེས་སུ་བཟུང་བའི་ཚུལ་གྱི་སྐབས་བཞུགས་སོ། །...............................................(༢༧༤)

༄། །ཆོས་ཀྱི་རྗེ་དཔལ་ལྡན་བླ་མ་དམ་པ་རྣམས་ལས་དམ་པའི་ཆོས་ཇི་ལྟར་ཐོས་པའི་ཚུལ་ལེགས་པར་བཤད་པ་ཟབ་རྒྱས་ཆོས་ཀུན་གསལ་བའི་ཉིན་བྱེད་ཅེས་བྱ་བ་ལས་སྤྲུལ་པའི་སྐུ་སྤྱན་སྔ་ཆོས་ཀྱི་སྤྱན་ལྡན་གྱིས་རྗེས་སུ་བཟུང་བའི་ཚུལ་གྱི་སྐབས་ཅེས་བྱ་བ་བཞུགས་སོ། །..........................................(༢༧༤)

༄། །ཆོས་ཀྱི་རྗེ་དཔལ་ལྡན་བླ་མ་དམ་པ་རྣམས་ལས་དམ་པའི་ཆོས་ཇི་ལྟར་ཐོས་པའི་ཚུལ་ལེགས་པར་བཤད་པ་ཟབ་རྒྱས་ཆོས་ཀུན་གསལ་བའི་ཉིན་བྱེད་ཅེས་བྱ་བ་ལས་ཡབ་རྗེ་སྒྲུབ་པའི་སངས་རྒྱས་སྔགས་འཆང་མཚུངས་མེད་གྲགས་པ་བློ་གྲོས་ཀྱིས་རྗེས་སུ་བཟུང་བའི་ཚུལ་གྱི་སྐབས་བཞུགས་སོ། །...........(༢༧༥)

༄། །ཆོས་ཀྱི་རྗེ་དཔལ་ལྡན་བླ་མ་དམ་པ་རྣམས་ལས་དམ་པའི་ཆོས་ཇི་ལྟར་ཐོས་པའི་ཚུལ་ལེགས་པར་བཤད་པ་ཟབ་རྒྱས་ཆོས་ཀུན་གསལ་བའི་ཉིན་བྱེད་ཅེས་བྱ་བ་བཞུགས་སོ། །................................(༢༧༥)

༄། །ཆོས་ཀྱི་རྗེ་དཔལ་ལྡན་བླ་མ་དམ་པ་རྣམས་ལས་དམ་པའི་ཆོས་ཇི་ལྟར་ཐོས་པའི་ཚུལ་ལེགས་པར་བཤད་པ་ཟབ་རྒྱས་ཆོས་ཀུན་གསལ་བའི་ཉིན་བྱེད་ཅེས་བྱ་བ་ལས་རིགས་ལྡན་འཇམ་པའི་དབྱངས་གྲུབ་མཆོག་མཐུ་སྟོབས་དབང་ཕྱུག་མཆེད་ཀྱིས་རྗེས་སུ་བཟུང་བའི་ཚུལ་གྱི་སྐབས་བཞུགས་སོ། །.........(༢༧༥)

༄། །ཆོས་ཀྱི་རྗེ་དཔལ་ལྡན་བླ་མ་དམ་པ་རྣམས་ལས་དམ་པའི་ཆོས་ཐོས་པའི་ཚུལ་གསལ་བར་བཤད་པ་ཡི་གེ་ཐུབ་བསྟན་རྒྱས་པའི་ཉིན་བྱེད་ཅེས་བྱ་བའི་ལེགས་པར་བཤད་པ་ཞེས་བྱ་བ་བཞུགས་སོ། །............(༢༧༥)

༄། །ཆོས་འབྱུང་མཁས་པའི་དགའ་སྟོན་གྱི་བོད་ཡུལ་གྱི་སྐབས་ལ་ལེའུ་བཅུ་ལས་སྐབས་དྲུག་པ་བཀའ་གདམས་ཆོས་འབྱུང་ཞེས་བྱ་བ་བཞུགས་སོ། །..(༢༧༦)

༄། །ཆོས་འབྱུང་མཁས་པའི་དགའ་སྟོན་གྱི་ཡན་ལག་གསུམ་པ་བོད་ཀྱི་སྐབས་ལ་ལེའུ་བཅུ་ལས་བཅུ་པ་ཆོས་རྒྱུད་སྣ་ཚོགས་པའི་ཆོས་འབྱུང་ཞེས་བྱ་བ་བཞུགས་སོ། །...........................................................(༢༧༦)

༄། །ཆོས་འབྱུང་མཁས་པའི་དགའ་སྟོན་གྱི་ཡན་ལག་གསུམ་པ་བོད་ཀྱི་སྐབས་ལས་བདུན་པ་བཀའ་བརྒྱུད་སྤྱིའི་ཆོས་འབྱུང་ཞེས་བྱ་བ་བཞུགས་སོ། །.........(༢༧༦)

༄། །ཆོས་འབྱུང་མཁས་པའི་དགའ་སྟོན་གྱི་ཡན་ལག་གསུམ་པ་བོད་ཀྱི་སྐབས་ལས་དགུ་པ་འབྲི་གུང་བཀའ་བརྒྱུད་ཀྱི་རྣམ་ཐར་སྙིང་པོ་ཞེས་བྱ་བ་བཞུགས་སོ། །...........................................................(༢༧༦)

༄། །ཆོས་འབྱུང་མཁས་པའི་དགའ་སྟོན་གྱི་ཡན་ལག་གསུམ་པ་བོད་ཡུལ་གྱི་སྐབས་ལ་ལེའུ་བཅུ་ལས་སྐབས་ལྔ་པ་གསང་སྔགས་རྙིང་མའི་ཆོས་འབྱུང་ཞེས་བྱ་བ་བཞུགས་སོ། །.................................(༢༧༧)

༄། །ཆོས་འབྱུང་མཁས་པའི་དགའ་སྟོན་གྱི་ཡན་ལག་བཞི་པ་ལ་ལི་ཡུལ། རྒྱ་ནག་ཧོ་མ། མི་ཉག ཧོར། རྒྱ་ནག་ཕྱི་མ་རྣམས་སུ་རྒྱལ་པོ་དང་ཆོས་ཇི་ལྟར་བྱུང་བ་རྣམས་ཞེས་བྱ་བ་བཞུགས་སོ། །...........................................................(༢༧༧)

༄། །ཆོས་འབྱུང་འཕེལ་གཏམ་ཙུང་ཏུ་ཞེས་བྱ་བ་བཞུགས་སོ། །...........................................................(༢༧༧)

༄། །ཆོས་འབྱུང་ལས་བླངས་པའི་ཡིག་ཆུང་ཞེས་བྱ་བ་བཞུགས་སོ། །...........................................................(༢༧༧)

༄། །མཆོག་དམན་གྱི་དངོས་གྲུབ་དང་འདི་ཕྱིའི་ཆོས་སྲིད་ཀྱི་དཔལ་འབྱོར་ཐམས་ཅད་འབད་མེད་དུ་སྒྲུབ་པའི་མན་ངག་རྗེ་བླ་མའི་ལེགས་བཤད་ལས་སྙིང་པོ་བསྡུས་པ་ཞེས་བྱ་བ་བཞུགས་སོ། །....(༢༧༧)

༄། །ཇོ་བོ་རྗེ་དཔལ་ལྡན་ཨ་ཏི་ཤའི་རྗེས་འབྲངས་བཀའ་གདམས་ཀྱི་བྱུང་ཚུལ་ལེགས་པར་བཤད་པ་ཉུང་གསལ་ཀུན་དགའ་ཞེས་བྱ་བ་བཞུགས་སོ། །...(༢༧༨)

༄། །འཇམ་དཔལ་ཞི་དྲག་གི་བསྙུང་བ་བཀྲ་ཤིས་ལྷུན་པོའི་རྟེན་གསུང་བྱོན་རྣམས་ཀྱི་འབྱུང་ཁུངས་ཞེས་བྱ་བ་བཞུགས་སོ། །...........................................................(༢༧༨)

༄། །འཇིག་རྟེན་སྟོད་བཅུད་ཀྱི་རྣམ་བཞག་བསྟན་པའི་བྱུང་ཚུལ་དང་བཅས་མདོ་ཙམ་བརྗོད་པ་བློ་མུན་རྣམ་སེལ་རིན་ཆེན་སྒྲོན་མེ་ཞེས་བྱ་བ་བཞུགས་སོ། །...........................................................(༢༧༨)

༄། །བསྟན་རྩིས་ཞེས་བྱ་བ་བཞུགས་སོ། །.............(༢༧༨)

༄། །བསྟན་རྩིས་འཕྲོས་དོན་དང་བཅས་པ་ཞེས་བྱ་བ་བཞུགས་སོ། །...........................................................(༢༧༨)

༄། །བསྟན་འཛིན་གྱི་སྐྱེས་བུ་རྒྱ་བོད་དུ་བྱོན་པའི་མིང་གི་གྲངས་ཞེས་བྱ་བ་བཞུགས་སོ། །.................(༢༧༩)

༄། །དམ་པའི་ཆོས་ཀྱི་འཁོར་ལོས་བསྒྱུར་བ་རྣམས་ཀྱི་བྱུང་བ་གསལ་བར་བྱེད་པ་མཁས་པའི་དགའ་སྟོན་ཞེས་བྱ་བ་ལས་ཡན་ལག་གསུམ་པ་བོད་ཀྱི་སྐབས་ལ་ལེའུ་བཅུ་ལས་བཞི་པ་ལོ་པཎ་ཆོས་འབྱུང་ཞེས་བྱ་བ་བཞུགས་སོ། །..............................(༢༧༩)

༄། །དམ་པའི་ཆོས་ཀྱི་འཁོར་ལོས་བསྒྱུར་བ་རྣམས་ཀྱི་བྱུང་བ་གསལ་བར་བྱེད་པ་མཁས་པའི་དགའ་སྟོན་ཞེས་བྱ་བ་ལས་ཡན་ལག་གསུམ་པ་བོད་ཀྱི་སྐབས་ལ་ལེའུ་བཅུ་ལས་གསུམ་པ་འདུལ་བའི་ཆོས་འབྱུང་ཞེས་བྱ་བ་བཞུགས་སོ། །..............................(༢༧༩)

༄། །དམ་པའི་ཆོས་ཀྱི་འཁོར་ལོས་བསྒྱུར་བ་རྣམས་ཀྱི་བྱུང་བ་གསལ་བར་བྱེད་པ་མཁས་པའི་དགའ་སྟོན་ཞེས་བྱ་བའི་ལེགས་པར་བཤད་པ་ལ་ཡན་ལག་ཆེན་པོ་ལྔ་ལས་ཡན་ལག་དང་པོ་འཇིག་རྟེན་གྱི་ཁམས་སྤྱིར་བསྟན་པ་དང་། ཡན་ལག་གཉིས་པ་རྒྱ་གར་གྱི་སྐབས་ལ་ལེའུ་བཞི་ལས་དང་པོ་སྟོན་པའི་མཛད་པ་བཤད་པ། གཉིས་པ་བཀའ་བསྡུ་བ་ཁྱད་པར་དུ་བཤད་པ། གསུམ་པ་དཀོན་མཆོག་གསུམ་གྱི་རྟེན་བྱུང་ཚུལ། བཞི་པ་རྒྱ་གར་གྱི་རྒྱལ་རབས་རྣམས་ཞེས་བྱ་བ་བཞུགས་སོ། །......................(༢༧༩)

༄། །དམ་པའི་ཆོས་ཀྱི་བྱུང་བ་བརྗོད་པ་ལས་གཙོ་བོར་བརྩམས་པའི་གཏམ་སྐལ་བཟང་རྣ་བའི་བཅུད་ལེན་ཞེས་བྱ་བ་བཞུགས་སོ། །........................(༢༢༠)

༄། །དམ་པའི་ཆོས་རིན་པོ་ཆེ་འཕགས་པའི་ཡུལ་དུ་ཇི་ལྟར་དར་བའི་ཚུལ་གསལ་བར་སྟོན་པ་དགོས་འདོད་ཀུན་འབྱུང་ཞེས་བྱ་བ་བཞུགས་སོ། །...(༢༢༠)

༄། །བདེ་བར་གཤེགས་པའི་བསྟན་པའི་གསལ་བྱེད་ཆོས་ཀྱི་འབྱུང་གནས་གསུང་རབ་རིན་པོ་ཆེའི་མཛོད་ཅེས་བྱ་བ་བཞུགས་སོ། །.....................(༢༢༠)

༄། །མདོ་དང་སྔགས་ཀྱི་ཆོས་རྒྱུན་ཇི་ལྟར་ནོད་པའི་ཐོབ་ཡིག་ཐུབ་བསྟན་ནོར་བུའི་གཏེར་མཛོད་ཅེས་བྱ་བ་བཞུགས་སོ། །.........................................(༢༢༠)

༄། །མདོ་སྨད་སྐུ་འབུམ་བྱམས་པ་གླིང་དང་ལྷ་ལྡན་ཚེ་འཕྲུལ་སྨོན་ལམ་ཆེན་མོ་བཅས་ཀྱི་ཚོགས་མགོན་དུ་ཕེབས་སྐབས་སྐྱེས་རབས་སོགས་ཀྱི་གསུང་བཤད་ལྟགས་བསྒྲིགས་ཞེས་བྱ་བ་བཞུགས་སོ། །.......(༢༢༧)

༄། །མདོ་སྨད་བསྟན་པའི་བདག་པོ་བཙན་པོ་ཧུ་ཐོག་ཐུ་བསྐལ་བཟང་ཐུབ་བསྟན་འཕྲིན་ལས་རྒྱ་མཚོ་དཔལ་བཟང་པོ་ནས་བཀའ་འདྲི་གནང་བའི་ལན་མུན་ནག་མདའ་འཕེན་ཞེས་བྱ་བ་བཞུགས་སོ། །............(༢༢༧)

༄། །རྣལ་འབྱོར་རྒྱུད་ཀྱི་དམ་པའི་ཆོས་བྱུང་བའི་ཚུལ་ལེགས་པར་བཤད་པ་ཡོ་ག་ཆོས་ཀུན་གསལ་བའི་ཉིན་བྱེད་ཅེས་བྱ་བ་བཞུགས་སོ། །.................(༢༢༧)

༄། །རྣལ་འབྱོར་རྒྱུད་ཀྱི་དམ་པའི་ཆོས་བྱུང་བའི་ཚུལ་ལེགས་པར་བཤད་པ་ཡོ་ག་བསྟན་པའི་སྒོ་འབྱེད་ཅེས་བྱ་བ་བཞུགས་སོ། །..............................(༢༢༧)

༄། །དཔལ་འཁོར་ལོ་བདེ་མཆོག་གི་དམ་པའི་ཆོས་བྱུང་བའི་ཚུལ་ལེགས་པར་བཤད་པ་ཡིད་བཞིན་རིན་པོ་ཆེའི་ཕྲེང་བ་དགོས་འདོད་ཀུན་འབྱུང་ཞེས་བྱ་བ་བཞུགས་སོ། །.........................................(༢༢༧)

༄། །དཔལ་མཉམ་མེད་རི་བོ་དགའ་ལྡན་པའི་བསྟན་པ་ཞྭ་སེར་ཅོད་པན་འཆང་བའི་རིང་ལུགས་ཆོས་ཐམས་ཅད་ཀྱི་རྩ་བ་གསལ་བར་བྱེད་པ་བཻཌཱུར་སེར་པོའི་མེ་ལོང་ཞེས་བྱ་བ་བཞུགས་སོ། །............(༢༢༢)

༄། །དཔལ་དུས་ཀྱི་འཁོར་ལོའི་ཟབ་པ་དང་རྒྱ་ཆེ་བའི་དམ་པའི་ཆོས་བྱུང་བའི་ཚུལ་ལེགས་པར་བཤད་པ་ངོ་མཚར་དད་པའི་ཤིང་རྟ་ཞེས་བྱ་བ་བཞུགས་སོ། །.........................................................................(༢༢༢)

༄༅། །ཕྱུར་པ་རྒྱུད་ལུགས་ལས་ཆོས་འབྱུང་ངོ་མཚར་སྣང་བྱེད་ཅེས་བྱ་བ་བཞུགས་སོ། །……………………(༢༢༥)

༄༅། །འཕགས་ཡུལ་རྒྱ་ནག་ཆེན་པོ་བོད་དང་སོག་ཡུལ་དུ་དམ་པའི་ཆོས་བྱུང་ཚུལ་དཔག་བསམ་ལྗོན་བཟང་ཞེས་བྱ་བ་བཞུགས་སོ། །…………………(༢༢༦)

༄༅། །བོད་ཡུལ་གྱི་བསྟེན་རྫོགས་ཀྱི་མཁན་རྒྱུད་བསྟན་པ་ཞེས་བྱ་བ་བཞུགས་སོ། །……………………………(༢༢༦)

༄༅། །གཞལ་ཡས་ཁང་གི་རྣམ་པར་བཤད་པ་སྐལ་བཟང་རྣམས་ཀྱིས་མ་རིག་པའི་ལིང་ཐོག་སེལ་བའི་མིག་ཐུར་ཞེས་བྱ་བ་བཞུགས་སོ། །……………(༢༢༦)

༄༅། །ཡར་ལུངས་སྟེ་གདོང་དུ་གུ་ཤྲི་ཆེན་པོའི་ཆོས་འཁོར་དུས་ཀྱི་བསྟན་རྩིས་ཞེས་བྱ་བ་བཞུགས་སོ། །(༢༢༦)

༄༅། །རི་བོ་དགའ་ལྡན་པའི་བསྟན་པ་བླ་རབས་དང་བཅས་པ་ཆོས་འབྱུང་གསལ་བར་སྟོན་པའི་སྒྲོན་མེ་ཞེས་བྱ་བ་བཞུགས་སོ། །……………………………(༢༢༦)

༄༅། །རིས་མེད་ཆོས་ཀྱི་འབྱུང་གནས་མདོ་ཙམ་སྨོས་པ་བློ་གསལ་མགྲིན་པའི་མཛེས་རྒྱན་ཞེས་བྱ་བ་བཞུགས་སོ། །…………………………………………(༢༢༧)

༄༅། །ཤཱཀྱ་བཙུན་བློ་བཟང་འཕྲིན་ལས་ཀྱི། ངག་རྣམས་ཕྱོགས་སུ་བསྒྲིགས་པ་ལས། རྗེ་བརྒྱུད་བླ་མ་ཡོངས་འཛིན་གཞན། འགའ་ཡི་གསོལ་འདེབས་རིམ་པ་བཞུགས། །……………………(༢༢༧)

༄༅། །ཤཱཀྱའི་དགེ་སློང་བློ་བཟང་ཆོས་ཀྱི་རྒྱལ་མཚན་དཔལ་བཟང་པོས་དགེ་བའི་བཤེས་གཉེན་ཇི་ལྟར་བསྟེན་ཚུལ་གྱི་རིམ་པ་གསལ་བྱེད་ནོར་བུའི་མེ་ལོང་ཞེས་བྱ་བ་བཞུགས་སོ། །……………………(༢༢༧)

༄༅། །གསུང་རབ་རྣམ་དག་ཆུའི་དྲི་མ་སེལ་བྱེད་ནོར་བུ་ཀེ་ཏ་ཀ་ཞེས་བྱ་བ་བཞུགས་སོ། །………………(༢༢༧)

༄༅། །རྒྱལ་རབས་དང་གདན་རབས་ཀྱི་སྐོར། །……(༢༢༨)

༄༅། །གངས་ཅན་བོད་ཀྱི་ཡུལ་དུ་བྱོན་པའི་གསང་སྔགས་གསར་རྙིང་གི་གདན་རབས་མདོར་བསྡུས་ངོ་མཚར་པདྨོའི་དགའ་ཚལ་ཞེས་བྱ་བ་བཞུགས་སོ། །………………………………………………(༢༢༨)

༄༅། །སྔགས་འཆང་ངག་གི་དབང་པོ་དེ་ཉིད་ཀྱི་ཐུགས་ཀྱི་སྲས་མཆོག་སྔགས་འཆང་གྲགས་པ་བློ་གྲོས་རྒྱལ་མཚན་དཔལ་བཟང་པོ་ལས་རིམ་པར་འཕེལ་ཏེ་དཔལ་ས་སྐྱ་པའི་གདུང་བརྒྱུད་དྲི་མ་མེད་པ་རྒྱུན་མ་ཆད་པར་འབྱུང་བའི་རྟེན་འབྲེལ་དུ་དུས་མཆོད་པ་སྐོར་གྱི་གདུང་རབས་སྒྲིག་པར་མཛད་པ་བཞུགས་སོ། །……………………………………(༢༢༨)

༄༅། །ཆས་པའི་བླ་རབས་དང་གདུང་བརྒྱུད་བྱུང་ཚུལ་གྱི་ཐོག་མའི་ལོ་རྒྱུས་ཨུཏྤལ་ རྣ་བའི་རྒྱན་ཞེས་བྱ་བ་བཞུགས་སོ། །……………………………………(༢༢༨)

༄༅། །ཆོས་ཀྱི་ཤར་པའི་གདུང་བརྒྱུད་ཀྱི་རིམ་པ་ཇི་ལྟར་བྱོན་པའི་ཚུལ་ཞེས་བྱ་བ་བཞུགས་སོ། །………(༢༢༨)

༄༅། །ཆོས་འབྱུང་མཁས་པའི་དགའ་སྟོན་གྱི་ཡན་ལག་གསུམ་པ་བོད་ཀྱི་སྐབས་ལ་ལེའུ་བཅུ་ལས་སྐབས་གཉིས་པ་བོད་ཀྱི་རྒྱལ་རབས་ཞེས་བྱ་བ་བཞུགས་སོ། །……………………………………………………(༢༢༩)

༄༅། །རྗེ་བཙུན་ས་སྐྱ་པའི་གདུང་རབས་ལ་བརྟེན་པའི་བཀའ་བསྒོ་ཞེས་བྱ་བ་བཞུགས་སོ། །…………(༢༢༩)

༄༅། །སྟོབས་ཀྱི་འཁོར་ལོས་སྒྱུར་བ་སྟེ་སྲིད་ཕག་མོ་གྲུ་པ་སོགས་བོད་ཀྱི་རྒྱལ་བློན་མང་པོའི་གདུང་རབས་མདོ་ཙམ་བརྗོད་པའི་རབ་ཏུ་བྱེད་པ་ཡ་རབས་མགུལ་རྒྱན་ཞེས་བྱ་བ་བཞུགས་སོ། །…………(༢༢༩)

༄། །ཆོས་ལས་པ་རཏྣ་ཧྲུ་ཛ་དང་རབ་འབྱམས་སྨྲ་བ་ཀུན་དགའ་བསམ་འགྲུབ་གཉིས་ལ་ཐུན་མོང་དུ་སྤྲིངས་ཡིག་ཅེས་བྱ་བ་བཞུགས་སོ། །............(༢༤༣)

༄། །ཆོས་ལས་པ་རིན་ཆེན་རྒྱལ་མཚན་ལ་བསྐུར་བའི་ཡི་གེ་ཞེས་བྱ་བ་བཞུགས་སོ། །......................(༢༤༣)

༄། །མཆེད་རྫོག་ཆེན་པོ་ལ་མདོ་ཁམས་སུ་སྤྲིངས་པ་ཞེས་བྱ་བ་བཞུགས་སོ། །..............................(༢༤༣)

༄། །མཆོག་དམན་དུ་མར་བསྩལ་བའི་འཕྲིན་ཡིག་གི་རིམ་པ་ངོ་མཚར་ཨུཏྤལའི་ཚུན་པོ་ཞེས་བྱ་བ་བཞུགས་སོ། །...........................................(༢༤༤)

༄། །ཛའི་སང་རབ་འབྱམས་པ་ངག་དབང་བསྟན་འཛིན་ལ་གནང་བའི་འཕྲིན་ཚུང་ཞེས་བྱ་བ་བཞུགས་སོ། །...........................................(༢༤༤)

༄། །འཇམ་དབྱངས་བཞད་པའི་སྤྲུལ་སྐུ་རིན་པོ་ཆེའི་འཕྲིན་ཡིག་གི་ལན་ཞེས་བྱ་བ་བཞུགས་སོ། །(༢༤༤)

༄། །འཇིག་རྟེན་དབང་ཕྱུག་དཔལ་གཙྪ་པའི་དྲུང་དུ་ཕུལ་བའི་ཞུ་ཡིག་ཅེས་བྱ་བ་བཞུགས་སོ། །....(༢༤༤)

༄། །རྗེ་དོན་ཡོད་མཁས་གྲུབ་ཀྱི་གསུང་འབུམ་ལས་ཆབ་ཤོག་གི་རིམ་པ་ཞེས་བྱ་བ་བཞུགས་སོ། །.........(༢༤༤)

༄། །རྗེ་བཙུན་འཇམ་དབྱངས་བཞད་པའི་རྗོ་རྗེའི་གསུང་འབུམ་ཁྲིགས་ཆགས་སུ་བསྡེབས་པ་ལས་ཆབ་ཤོག་སྙན་དངགས་ཀྱི་སྐོར་ཞེས་བྱ་བ་བཞུགས་སོ། །...........................................................(༢༤༥)

༄། །རྗེ་བཙུན་ཐམས་ཅད་མཁྱེན་པའི་གསུང་འབུམ་ཐོར་བུ་བ་ལས་ཆབ་ཤོག་སྙན་ངག་གི་སྐོར་རྣམས་བཞུགས་སོ། །...........................................(༢༤༥)

༄། །སྙན་དངགས་ཀྱི་ལམ་ནས་དྲངས་པའི་འཕྲིན་ཡིག་གི་སྐོར་ཨུཏྤལ་དགའ་ཚལ་རྒྱས་པའི་དྲི་བཟང་ཞེས་བྱ་བ་བཞུགས་སོ། །....................................(༢༤༥)

༄། །གཏིང་སྐྱེས་སྤྲུལ་བའི་སྐུར་ཕུལ་བའི་ཞུ་ཤོག་བསྐྱེལ་བྱང་ཡིད་ཀྱི་རེ་བ་ཀུན་སྐོང་ཞེས་བྱ་བ་བཞུགས་སོ། །..........................................................(༢༤༥)

༄། །ཏྲ་འབུལ་དུས་རྒྱ་ནག་རྒྱལ་པོ་ལ་ཕུལ་བའི་ཞུ་ཡིག་ཅེས་བྱ་བ་བཞུགས་སོ། །..............................(༢༤༥)

༄། །སྟོན་པ་ལ་ཕྲིན་དུ་གསོལ་བ་སོགས་ཕྲིན་ཡིག་གི་སྐོར་ཞེས་བྱ་བ་བཞུགས་སོ། །......................(༢༤༦)

༄། །བསྟན་པའི་རྩ་ལག་དམ་པ་སྐུ་འབུམ་ཆེ་ཤོས་སྤྲུལ་པའི་སྐུ་རིན་པོ་ཆེར་ཕུལ་བའི་ཞུ་འཕྲིན་ཞེས་བྱ་བ་བཞུགས་སོ། །...........................................(༢༤༦)

༄། །ཐམས་ཅད་མཁྱེན་པ་འཇིག་རྟེན་གྱི་མིག་གཅིག་ཞ་ལུ་ལོ་ཆེན་ལ་ཕུལ་བའི་ཞུ་ཡིག་འཇམ་དབྱངས་དགེས་པའི་ཅོད་པན་ཞེས་བྱ་བ་བཞུགས་སོ། །............༢༤༦)

༄། །ཐུབ་བསྟན་གདན་ས་པ་ཆོས་རྣམ་རྒྱལ་ལ་གནང་བའི་བཀའ་ཤོག་ཅེས་བྱ་བ་བཞུགས་སོ། །......(༢༤༦)

༄། །དམ་ཕུད་དང་ཆབ་ཤོག་གི་སྐོར་བཞུགས་སོ། །...(༢༤༦)

༄། །བདག་ཆེན་ཀུན་ལེགས་པ་ལ་གནང་བའི་བཀའ་ཤོག་མ་བུ་བཞུགས་སོ། །..............................(༢༤༧)

༄། །བདག་ཆེན་འཇམ་པའི་དབྱངས་ལ་ཕུལ་བའི་ཞུ་ཡིག་བཞུགས་སོ། །...................................(༢༤༧)

༄། །འདམ་ཐོག་བསེབ་རོང་རྒྱལ་པོར་སྤྲིངས་ཡིག་ཅེས་བྱ་བ་བཞུགས་སོ། །...................................(༢༤༧)

༄། །མདོ་སྨད་བཀྲ་ཤིས་འཁྱིལ་ནས་དཔལ་མང་སྤྲུལ་སྐུ་གང་གིས་ཞུ་ཡིག་ཕུལ་ལན་མེས་པོའི་མགྲིན་སྐྱེས་ཞེས་བྱ་བ་བཞུགས་སོ། །.......................(༢༤༧)

༄། །མདོ་སྨད་སྲུ་རྒྱལ་སྲས་སྤྲུལ་སྐུ་མངའ་བདག་འཕགས་མཆོག་ཆོས་སྐུ་ནས་ཆབ་ཤོག་འཁོར་བའི་བཀའ་ལན་དཔྱིད་ཀྱི་རྒྱལ་མོའི་དབྱངས་སྙན་ཞེས་བྱ་བ་བཞུགས་སོ། །....................................(༢༤༧)

༄། །བཀྲ་ཤིས་ལྷུན་པོའི་རིན་པོ་ཆེའི་མཆོད་རྟེན་མཐོང་བས་དོན་དང་ལྡན་ཅིང་ཐོས་པས་རྣམ་པར་གྲོལ་བའི་དཀར་ཆག་ཅེས་བྱ་བ་བཞུགས་སོ། །.....(༢༧༠)

༄། །སྐུ་གསུང་ཐུགས་རྟེན་དང་མ་ཎི་རིལ་བུའི་དཀར་ཆག་ཕན་ཡོན་མདོར་བསྡུས་བཞུགས་སོ། །....(༢༧༠)

༄། །སྐུ་གསུང་ཐུགས་རྟེན་བཞེངས་པའི་དཀར་ཆག་དང་བཅའ་ཡིག་སྐོར་ཕྱོགས་གཅིག་ཏུ་བསྡེབས་པ་ཞེས་བྱ་བ་བཞུགས་སོ། །..............................(༢༧༡)

༄། །སྐུ་གསུང་ཐུགས་རྟེན་གསར་བཞེངས་ཀྱི་དཀར་ཆག་མགོ་རྒྱན་དང་སྨོན་ཚིག་སྐོར་ཞེས་བྱ་བ་བཞུགས་སོ། །..............................................(༢༧༡)

༄། །སྐུ་གསུང་ཐུགས་རྟེན་གསར་བཞེངས་ཀྱི་དཀར་ཆག་དང་ཞལ་བྱང་པར་སྨོན་བཤད་པ་འགའ་ཟུང་བཅས་ཕྱོགས་བསྡེབས་སུ་བཀོད་པ་བདེ་ལེགས་དགོས་འདོད་ཀུན་སྩོལ་ནོར་བུའི་གན་མཛོད་ཅེས་བྱ་བ་བཞུགས་སོ། །..................................(༢༧༡)

༄། །སྐུ་གསུང་ཐུགས་རྟེན་གསར་བཞེངས་ཀྱི་ཞལ་བྱང་རྒྱབ་ཡིག་སྨོན་ལམ་འདོད་གསོལ་དཀར་ཆག་དེབ་ཐེར་མགོ་བརྗོད་བཅས་ཕྱོགས་སྡེབས་སུ་བཀོད་པ་ལེགས་ཚོགས་དཔལ་གྱི་བང་མཛོད་ཅེས་བྱ་བ་བཞུགས་སོ། །..............................................(༢༧༡)

༄། །སྐུ་གསུང་ཐུགས་རྟེན་གསར་བཞེངས་རིན་པོ་ཆེའི་མཆོད་རྫས་ཁང་བཟང་གི་དཀར་ཆག་དང་ཐམ་ཕུད་དེབ་ཁྲིམས་ཡིག་འགོ་རྒྱངས་སྡེ་བཞིའི་སྒོ་འཕར་ཕྱེ་བའི་སྐལ་བཟང་གི་གླེགས་བམ་དང་པོ་ཞེས་བྱ་བ་བཞུགས་སོ། །..................................(༢༧༢)

༄། །སྐུ་གསུང་ཐུགས་རྟེན་གསར་བཞེངས་རིན་པོ་ཆེའི་མཆོད་རྫས་ཁང་བཟང་གི་དཀར་ཆག་དང་ཐམ་ཕུད་དེབ་ཁྲིམས་ཡིག་འགོ་རྒྱངས་སྡེ་བཞིའི་སྒོ་འཕར་ཕྱེ་བའི་སྐལ་བཟང་གི་གླེགས་བམ་གཉིས་པ་ཞེས་བྱ་བ་བཞུགས་སོ། །..................................(༢༧༢)

༄། །སྐུ་གསུང་ཐུགས་རྟེན་གསར་བཞེངས་རིན་པོ་ཆེའི་མཆོད་རྫས་ཁང་བཟང་གི་དཀར་ཆག་དང་ཐམ་ཕུད་དེབ་ཁྲིམས་ཡིག་འགོ་རྒྱངས་སྡེ་བཞིའི་སྒོ་འཕར་ཕྱེ་བའི་སྐལ་བཟང་གི་གླེགས་བམ་གསུམ་པ་ཞེས་བྱ་བ་བཞུགས་སོ། །..................................(༢༧༢)

༄། །སྐྱབས་མགོན་རྗེ་བཙུན་དམ་པ་བཞི་པ་ཆེན་པོའི་གདུང་རྟེན་རིན་པོ་ཆེའི་དཀར་ཆག་ཅེས་བྱ་བ་བཞུགས་སོ། །..............................................(༢༧༢)

༄། །བསྐལ་བཟང་རྣམ་འདྲེན་སྟོང་གི་སྐུ་བརྙན་གསར་བཞེངས་ཀྱི་དཀར་ཆག་ཕན་བདེའི་གནས་ལ་འགོད་བྱེད་ཚངས་ཆེན་ང་རོ་ཞེས་བྱ་བ་བཞུགས་སོ། །..............................................(༢༧༢)

༄། །བསྐལ་བཟང་ལྷ་ཁང་རྟེན་དང་བརྟེན་པའི་དཀར་ཆག་ཛོགས་ལྡན་སྤྲིན་གྱི་ཟ་སྒྲ་ཞེས་བྱ་བ་བཞུགས་སོ། །..............................................(༢༧༣)

༄། །ཁུ་རེ་ཆེན་མོར་བཞེངས་པའི་བྱམས་པ་སྐུ་བརྙན་གྱི་དཀར་ཆག་དད་པའི་བཞིན་རས་གསལ་བར་བྱེད་པའི་ནོར་བུའི་མེ་ལོང་ཞེས་བྱ་བ་བཞུགས་སོ། །..............................................(༢༧༣)

༄། །འཁོན་དཀོན་མཆོག་རྒྱལ་པོའི་གདུང་ཁང་རྟེན་བཅས་ཉམས་གསོ་བྱེད་པའི་དཀར་ཆག་ཅེས་བྱ་བ་བཞུགས་སོ། །..............................................(༢༧༣)

༄། །འཕོར་ལོའི་མགོན་པོ་བཀའ་དྲིན་མཉམ་མེད་པཎྜི་ཏ་ནོ་མོན་ཧན་ཇེ་བཙུན་དགེ་འདུན་བསྟན་འཛིན་རྒྱ་མཚོ་དཔལ་བཟང་པོའི་རིང་བསྙེལ་མཆོད་སྡོང་གི་དཀར་ཆག་གཡས་འཁྱིལ་དུང་གི་སྒྲ་དབྱངས་ཞེས་བྱ་བ་བཞུགས་སོ། །................................(༢༧༣)

༄། །གངས་ཅན་མཁས་གྲུབ་ཀུན་གྱི་གཙུག་རྒྱན་ཐམས་ཅད་མཁྱེན་པ་བུ་སྟོན་རིན་ཆེན་གྲུབ་ཡབ་སྲས་ཀྱི་བཀའ་འབུམ་པར་དུ་སྒྲེལ་བའི་འདོད་དོན་སྨོན་ཚིག་ཕན་བདེའི་ལང་ཚོ་གསར་དུ་འཆར་བ་ཐར་འདོད་ཅི་དགར་འཇུག་པའི་ལྷའི་ཁྲུས་རྫིང་དང་བལ་ཡུལ་མཆོད་རྟེན་འཕགས་པ་ཤིང་ཀུན་ཉམས་གསོ་བགྱིས་པའི་དཀར་ཆག་ངོ་མཚར་དད་པའི་སྣོ་འབྱེད་བཅས་ཞེས་བྱ་བ་བཞུགས་སོ། །..........(༢༧༤)

༄། །གྲུབ་པའི་འཁོར་ལོ་བསྒྱུར་བ་འཇམ་པའི་དབྱངས་བསོད་ནམས་དབང་པོའི་གསུང་འབུམ་དཀར་ཆག་ནོར་བུའི་ཕྲེང་བ་ཞེས་བྱ་བ་བཞུགས་སོ། །.....(༢༧༤)

༄། །གྲུབ་པའི་སློབ་དཔོན་ཆེན་པོ་མཚོ་སྐྱེས་རྡོ་རྗེའི་སྐུ་བརྙན་མཐོང་བ་དོན་ལྡན་རྟེན་དང་བརྟེན་པར་བཅས་པའི་དཀར་ཆག་མཁས་པའི་ཡིད་འཕྲོག་ཅེས་བྱ་བ་བཞུགས་སོ། །................................(༢༧༤)

༄། །དགའ་ལྡན་ཕུག་པོ་ཆེའི་སྒྲུབ་གནས་ལ་སྲི་ཞུ་བགྱིས་པའི་དཀར་ཆག་དགའ་ལྡན་བསྟན་པ་རྒྱས་བྱེད་ཅེས་བྱ་བ་བཞུགས་སོ། །.........................(༢༧༤)

༄། །དགའ་ལྡན་ཕུན་ཚོགས་གླིང་གི་བྱམས་ཆེན་མཐོང་བ་དོན་ལྡན་གྱི་དཀར་ཆག་ངོ་མཚར་དད་གུས་རྒྱས་པའི་པདྨོ་བློ་ལྡན་ཡིད་ཀྱི་རེ་སྐོང་ཞེས་བྱ་བ་བཞུགས་སོ། །..................................................(༢༧༥)

༄། །དགེ་འདུན་དབྱེན་འདུམ་གྱི་མཆོད་རྟེན་ཆེན་པོ་བཞེངས་པའི་དཀར་ཆག་དྭངས་ཤེལ་མེ་ལོང་ཞེས་བྱ་བ་བཞུགས་སོ། །........................................(༢༧༥)

༄། །དགེ་ལྡན་རིང་ལུགས་འཛིན་པ་གསན་རྒྱ་ཆེན་པོ་འདོད་པ་རྣམས་ལ་ཕན་པའི་མཚན་ཐོ་ཞེས་བྱ་བ་བཞུགས་སོ། །..................................................(༢༧༥)

༄། །དགེ་བཟང་གླིང་གི་རྟེན་གཙོ་བྱམས་ཆེན་མཐོང་བ་དོན་ལྡན་གྱི་དཀར་ཆག་དད་པའི་ཤིང་རྟ་ཞེས་བྱ་བ་བཞུགས་སོ། །........................................(༢༧༥)

༄། །རྒྱལ་ཁབ་ཆེན་པོའི་ནུབ་སྒོའི་མཆོད་རྟེན་དཀར་པོའི་དཀར་ཆག་དད་པ་རྒྱས་བྱེད་ཅེས་བྱ་བ་བཞུགས་སོ། །..................................................(༢༧༥)

༄། །རྒྱལ་ཆེན་རྡོ་རྗེ་བོ་ལ་དབུ་རྒྱན་ཕུལ་བའི་དཀར་ཆག་དགེ་ལེགས་སྙིང་པོ་ཞེས་བྱ་བ་བཞུགས་སོ། །....(༢༧༦)

༄། །རྒྱལ་བ་མཆོག་གི་བདག་ཉིད་གང་དེའི་སྐུ་གདུང་རིན་པོ་ཆེ་ཡིད་བཞིན་ནོར་བུ་སྙིང་པོར་བཞུགས་པའི་མཆོད་སྡོང་ཆེན་པོ་རྟེན་དང་བརྟེན་པར་བཅས་པའི་དཀར་ཆག་ངོ་མཚར་འདབ་སྟོང་འབྱེད་པའི་ཉིན་བྱེད་ཅེས་བྱ་བ་བཞུགས་སོ། །..................................................(༢༧༦)

༄། །རྒྱལ་བ་མཆོག་གི་བདག་ཉིད་གང་དེའི་སྐུ་གདུང་རིན་པོ་ཆེ་ཡིད་བཞིན་ནོར་བུ་སྙིང་པོར་བཞུགས་པའི་མཆོད་སྡོང་ཆེན་པོ་རྟེན་དང་བརྟེན་པར་བཅས་པའི་དཀར་ཆག་ངོ་མཚར་འདབ་སྟོང་འབྱེད་པའི་ཉིན་བྱེད་ཅེས་བྱ་བ་བཞུགས་སོ། །..................................................(༢༧༦)

༄། །རྒྱལ་བ་བྱམས་པའི་གོས་སྐུ་མཐོང་བ་དོན་ལྡན་གྱི་དཀར་ཆག་བཞུགས་སོ། །...............................(༢༧༦)

༄༅། །རྒྱལ་བ་མ་ཕམ་པའི་སྣང་བརྙན་མཐོང་བ་དོན་ལྡན་གྱི་དཀར་ཆག་བྱམས་མགོན་འཛུམ་ཞལ་བལྟ་བའི་མེ་ལོང་ཞེས་བྱ་བ་བཞུགས་སོ། །............(༢༧༦)

༄༅། །རྒྱལ་བྱེད་ཚལ་གྱི་གཙུག་ལག་ཁང་བཞེངས་ཚུལ་གྱི་དཀར་ཆག་ཅེས་བྱ་བ་བཞུགས་སོ། །............(༢༧༧)

༄༅། །རྒྱུད་སྡེ་རྣམ་བཞིའི་དཀྱིལ་འཁོར་བའི་ལྷ་མང་པོའི་མཚན་ཐོ་རིན་ཆེན་བུམ་བཟང་ཞེས་བྱ་བ་བཞུགས་སོ། །............(༢༧༧)

༄༅། །སྣར་ཆེན་གྱི་རྟེན་མཆོག་གན་ཛོ་ལའི་དཀར་ཆག་བཞུགས་སོ། །............(༢༧༧)

༄༅། །སྒོ་ཧུམ་བླ་མ་ལྷ་ཁང་གསར་པའི་དཀར་ཆག་ཡིད་ཀྱི་འདོད་འཇོ་ཞེས་བྱ་བ་བཞུགས་སོ། །.........(༢༧༧)

༄༅། །ངེད་རང་གི་འདྲ་འབག་ཡིད་བཞིན་ནོར་བུའི་གཟུངས་གཞུག་གི་དཀར་ཆག་ཅེས་བྱ་བ་བཞུགས་སོ། །............(༢༧༧)

༄༅། །དངོས་གྲུབ་གླིང་དུ་དཀར་མོ་ཉི་ཟླ་དང་བདུད་རྒྱལ་གྱི་འབུར་སྐུ་བཞེངས་པའི་བྱིན་རྟེན་གཟུངས་བཞུགས་ཐོ་བཞུགས་སོ། །............(༢༧༨)

༄༅། །སྔགས་འཆང་ཆོས་ཀྱི་རྒྱལ་པོའི་སྐུ་འདྲ་དགོས་འདོད་ཀུན་འབྱུང་ལ་གཟུངས་གཞུག་ཕུལ་བའི་དཀར་ཆགས་དོན་གཉིས་ལྷུན་གྲུབ་ཅེས་བྱ་བ་བཞུགས་སོ། །.....(༢༧༨)

༄༅། །བཅོམ་ལྡན་འདས་མི་འཁྲུགས་པའི་སྐུ་བརྙན་བཞེངས་པའི་དཀར་ཆག་དད་པའི་པད་མོ་བཞད་པའི་ཉི་འོད། སྐུ་འབུམ་བྱམས་པ་གླིང་གི་གཟིམ་ཁང་གོང་དུ་བཞུགས་པའི་རྟེན་གྱི་དཀར་ཆག ལོའུ་ཧུའི་མཆོད་རྟེན་དཀར་པོའི་སྐོར་ཚད་དང་ཕན་ཡོན། སྐུ་བརྙན་མཐོང་བ་དོན་ལྡན་གྱི་དཀར་ཆག་བསྐོར་ཚད་བཅས་ཕྱོགས་གཅིག་ཏུ་བཀོད་པ་བཞུགས་སོ། །............(༢༧༨)

༄༅། །བཅོམ་ལྡན་འདས་མི་འཁྲུགས་པའི་སྣང་བརྙན་ལྷ་མིའི་གཙུག་རྒྱན་གྱི་དཀར་ཆག་མངོན་དགའི་གནས་ལ་འགོད་བྱེད་ལྷ་ཡི་རོལ་མོ་ཞེས་བྱ་བ་བཞུགས་སོ། །............(༢༧༨)

༄༅། །བཅོམ་ལྡན་འདས་སྨན་གྱི་བླའི་སྐུ་བརྙན་སྲིད་ཞིའི་མཛེས་རྒྱན་གྱི་དཀར་ཆག་དད་གསུམ་གནས་ལ་འགོད་བྱེད་ལྷ་ཡི་ཛ་སྦྲ་ཞེས་བྱ་བ་བཞུགས་སོ། །............(༢༧༩)

༄༅། །ཆགས་ཧུ་འོད་གསལ་སྒྲུབ་སྡེའི་ཇོ་བོ་རིན་པོ་ཆེའི་སྐུ་བརྙན་མཐོང་འགྲོལ་ཆེན་མོའི་དཀར་ཆག་ངོ་མཚར་འབྲས་བུས་བརྗིད་པའི་ཡོངས་འདུའི་འཁྲི་ཤིང་ཞེས་བྱ་བ་བཞུགས་སོ། །............(༢༧༩)

༄༅། །ཆོས་སྡེ་ཆེན་པོ་དགའ་ལྡན་ཐེག་ཆེན་བཤད་སྒྲུབ་གླིང་གི་དཀར་ཆག་དྲི་མེད་ཤེལ་དཀར་མེ་ལོང་ཞེས་བྱ་བ་བཞུགས་སོ། །............(༢༧༩)

༄༅། །ཆོས་སྡེ་ཆེན་པོ་དགེ་འཕེལ་དགའ་ལྡན་ཆོས་མཛོད་གླིང་གི་དཀར་ཆག་ཛམ་བུ་ན་དའི་འཁྲི་ཤིང་ཞེས་བྱ་བ་བཞུགས་སོ། །............(༢༧༩)

༄༅། །ཆོས་སྡེ་ཆེན་པོ་དགེ་འཕེལ་དགའ་ལྡན་ཆོས་མཛོད་གླིང་། དགའ་ལྡན་ཐེག་ཆེན་བསོད་ནམས་ཀུན་སྤུད་གླིང་། དགའ་ལྡན་ཐེག་ཆེན་བཤད་སྒྲུབ་གླིང་རྣམས་ཀྱི་སྐོར་ཚད་ཅེས་བྱ་བ་བཞུགས་སོ། །.(༢༨༠)

༄༅། །ཆོས་སྡེ་དམ་པ་ཀ་རིང་བཀྲ་ཤིས་དར་རྒྱས་གླིང་གི་འཆི་མེད་གྲུབ་པའི་ལྷ་ཁང་མཐོང་འགྲོལ་ཆེན་མོ་ལ་སྔགས་པ་མདོ་ཙམ་བརྗོད་པ་ཀུན་ཏུ་བཟང་པོའི་འཁོར་ལོ་འདོད་དོན་ལྷུན་གྲུབ་ཅེས་བྱ་བ་བཞུགས་སོ། །............(༢༨༠)

༄། །རྗེ་བཙུན་རིན་པོ་ཆེ་གྲགས་པ་རྒྱལ་མཚན་གྱི་སྐུ་བརྙན་གཟུངས་བཞུགས་ཀྱི་དཀར་ཆག་དངོས་གྲུབ་ཀུན་འབྱུང་ཞེས་བྱ་བ་བཞུགས་སོ། །.....(༢༨༤)

༄། །རྗེ་ཚར་ཆེན་དང་ཧ་ར་བ་བསོད་ནམས་ཆོས་འཕེལ་ཐམས་ཅད་མཁྱེན་པ་ངག་དབང་ཆོས་གྲགས་གསུམ་གྱི་ནང་རྟེན་བཞེངས་པའི་དཀར་ཆག་ཅེས་བྱ་བ་བཞུགས་སོ། །........................(༢༨༤)

༄། །རྗེ་ཚར་ཆེན་ཡབ་སྲས་ཀྱི་སྐུ་གདུང་ལ་གདུང་ཚ་བཏབ་པའི་གྲངས་དང་དངུལ་གདུང་དང་སྐུ་འདྲ་རིན་པོ་ཆེ་བཞེངས་པའི་སྨོན་ལམ་ཚིགས་བཅད་ཅེས་བྱ་བ་བཞུགས་སོ། །................................(༢༨༥)

༄། །རྗེའི་སྐུའི་དཀར་ཆག་དད་པའི་པདྨོ་བཞད་པའི་ཉིན་བྱེད་སོགས་དཀར་ཆག་གི་སྐོར་ཞེས་བྱ་བ་བཞུགས་སོ། །................................................(༢༨༥)

༄། །ཉིས་ཐོག་བླ་བྲང་གི་གཙུག་ལག་ཁང་མཛོན་དགའ་བདེ་བ་ཅན་དུ་བཞུགས་པའི་རྟེན་གཙོ་གཉིས་ཀྱི་གཟུངས་གཞུག་གི་དཀར་ཆག་དོན་གཉིས་ལྷུན་གྲུབ་ཅེས་བྱ་བ་བཞུགས་སོ། །........................(༢༨༥)

༄། །མཉམ་མེད་ཐུབ་པའི་དབང་པོ་བསྐལ་བཟང་རྣམ་འདྲེན་སྟོང་དང་ལྷག་ལྷ་དུ་མས་བསྐོར་བའི་སྣང་བརྙན་གཙུག་ལག་ཁང་བཅས་གསར་བཞེངས་ཀྱི་དཀར་ཆག་ལེགས་བྱས་ཟད་མི་ཤེས་པའི་བང་མཛོད་ཅེས་བྱ་བ་བཞུགས་སོ། །....................(༢༨༥)

༄། །གཏེར་གསར་དམ་རྫས་སོགས་རྟེན་རབ་འབྱམས་ཕྱོགས་བསྡུས་ཀྱི་བཞུགས་བྱང་གཞན་ལ་ཕན་པ་མཆོག་ཏུ་དགེ་བའི་དབྱངས་སྙན་ཞེས་བྱ་བ་བཞུགས་སོ། །................................................(༢༨༦)

༄། །རྟེན་དང་མཆོད་རྫས་ཀྱི་ཁ་བྱང་། དགེ་བ་རྫོགས་བྱང་དུ་བསྔོ་བ། བཀའ་བསྒོ་འགའ་ཞིག བསྔོ་བ། སྨོན་ལམ་ཐོར་བུ་བཅས་ཞེས་བྱ་བ་བཞུགས་སོ། །..................................................................(༢༨༦)

༄། །རྟེན་ཐོ་དད་པའི་འོ་མཚོ་འཕེལ་བའི་དགེ་ལེགས་སྣང་བ་བཞད་པའི་བཅུ་དྲུག་ཆ་རྫོགས་ཟླ་བ་ཞེས་བྱ་བ་བཞུགས་སོ། །........................................(༢༨༦)

༄། །རྟེན་བསྡུས་འཛམ་གླིང་སྤྱི་ནོར་གྱི་ཕབ་རྟའི་དཀར་ཆག་ངན་འགྲོའི་སྒོ་འགེགས་མངོན་མཐོར་འཛེགས་པའི་ཐེམ་སྐས་ཞེས་བྱ་བ་བཞུགས་སོ། །.........(༢༨༦)

༄། །རྟེན་བཞེངས་ཀྱི་དཀར་ཆག་གི་སྐོར་བྱང་ཆེན་སྒོ་འབྱེད་ཅེས་བྱ་བ་བཞུགས་སོ། །....................(༢༨༧)

༄། །རྟེན་བཞེངས་ཀྱི་དཀར་ཆག་མཐོང་བ་དོན་ལྡན་ཞེས་བྱ་བ་བཞུགས་སོ། །................................(༢༨༧)

༄། །རྟེན་གསར་བཞེངས་ཀྱི་དཀར་ཆག་དང་རྒྱབ་ཡིག་གི་སྐོར་རྣམས་ཞེས་བྱ་བ་བཞུགས་སོ། །........(༢༨༧)

༄། །རྟེན་གསར་བཞེངས་ཀྱི་དཀར་ཆག་དང་རྒྱབ་ཡིག་སྐོར་ཞེས་བྱ་བ་བཞུགས་སོ། །........................(༢༨༧)

༄། །རྟེན་གསར་བཞེངས་ཀྱི་དཀར་ཆག་དང་རྒྱབ་ཡིག་ཞལ་བྱང་འདོད་གསོལ་སྨོན་ཚིག་གི་རིམ་པ་རྣམས་ཕྱོགས་གཅིག་ཏུ་བསྡེབས་པ་ཞེས་བྱ་བ་བཞུགས་སོ། །...................................................................(༢༨༧)

༄། །རྟེན་གསར་བཞེངས་ཀྱི་དཀར་ཆག་དང་རྒྱབ་ཡིག་ཞལ་བྱང་སྨོན་ཚིག་འདོད་གསོལ་གྱི་སྐོར་ཞེས་བྱ་བ་བཞུགས་སོ། །..............................................(༢༨༨)

༄། །རྟེན་གསར་བཞེངས་ཀྱི་དཀར་ཆག་དང་རྒྱབ་ཡིག་ཞལ་བྱང་སོགས་ཀྱི་སྐོར་རྣམས་ཞེས་བྱ་བ་བཞུགས་སོ། །..................................................................(༢༨༨)

༄། །གནས་མཆོག་རི་བོ་རྩེ་ལྔ་མཇལ་སྐབས་ཀྱི་གནས་བསྟོད་དང་འབྲེལ་བའི་མགུར་འཇམ་དཔལ་དགྱེས་པའི་མཆོད་སྤྲིན་ཞེས་བྱ་བ་དང་། དུས་ཆེན་ཁྱད་པར་ཅན་གྱི་རྣམ་བཤད་ཅེས་བྱ་བ་བཞུགས་སོ། །……(༥༩༢)

༄། །གནས་མཆོག་བསོད་ནམས་ཀུན་སྡུད་གླིང་གི་དཀར་ཆག་ཀ་ལ་པིང་ཀའི་སྒྲ་དབྱངས་ཞེས་བྱ་བ་བཞུགས་སོ། །……(༥༩༢)

༄། །གནས་མཆོག་བསོད་ནམས་ཀུན་སྡུད་གླིང་གི་མགོན་ཁང་གཏུམ་དྲག་རོལ་བའི་དགའ་ཚལ་དུ་བཞུགས་པའི་དཔལ་ལྡན་ལྷ་མོ་དྲེལ་སྐད་མའི་ཆེ་བརྗོད་ཅེས་བྱ་བ་བཞུགས་སོ། །……(༥༩༢)

༄། །གནས་མཆོག་བསོད་ནམས་ཀུན་སྡུད་གླིང་གི་རྟེན་གཙོ་ཇོ་བོ་མནྜ་བོ་དྷི་དཀར་ཆག་ཆེད་དུ་བརྗོད་པ་དྭངས་ཤེལ་མེ་ལོང་ཞེས་བྱ་བ་བཞུགས་སོ། །……(༥༩༣)

༄། །གནས་མཆོག་བསོད་ནམས་ཀུན་སྡུད་གླིང་དུ་ཇོ་བོ་མི་བསྐྱོད་རྡོ་རྗེ་སྲིད་ཞིའི་འཇིགས་སྐྱོབ་མའི་སྣང་བརྙན་གསར་བཞེངས་ཀྱི་དཀར་ཆག་བཀྲ་ཤིས་ཚངས་དབྱངས་ཞེས་བྱ་བ་བཞུགས་སོ། །……(༥༩༣)

༄། །རྣམ་རྒྱལ་མཆོད་རྟེན། བདུད་འདུལ་མཆོད་རྟེན། ལྷ་བབས་མཆོད་རྟེན་གསུམ་གྱི་དཀར་ཆག་མཐོང་བ་དོན་ལྡན་བཞུགས་སོ། །……(༥༩༣)

༄། །དཔལ་མཆོག་རིག་པ་མེད་པའི་མཆོད་རྟེན་གྱི་སྣང་བརྙན་དགེ་ལེགས་འདོད་དགུའི་ཆར་འབེབས་ཀྱི་དཀར་ཆག་ཨུཏྤ་ལའི་ཕྲེང་བ་ཞེས་བྱ་བ་བཞུགས་སོ། །……(༥༩༣)

༄། །དཔལ་ལྡན་བླ་མ་དམ་པ་ཡོངས་འཛིན་ཆོས་ཀྱི་རྒྱལ་པོ་རྗེ་བཙུན་བློ་བཟང་ཚུལ་ཁྲིམས་དཔལ་བཟང་པོ་དེ་ཉིད་ཀྱི་དགོངས་རྫོགས་སུ་ཆོས་གཟུགས་ཀྱི་སྣང་བརྙན་ལི་ཚན་བཞེངས་པའི་དཀར་ཆག་ཅེས་བྱ་བ་བཞུགས་སོ། །……(༥༩༤)

༄། །དཔལ་ལྡན་འབྲས་སྤུངས་ཀྱི་མཆོད་རྟེན་གྱི་བཀོད་པ་བུ་ལུགས་ལྟར་བྲིས་པ་ཞེས་བྱ་བ་བཞུགས་སོ། །……(༥༩༤)

༄། །དཔལ་ལྡན་ས་སྐྱ་དང་ངོར་ཨེ་ཝཾ་ཆོས་ལྡན་གཉིས་ཀྱི་རིང་ལུགས་འཛིན་པ་རྣམས་ཀྱིས་ཐོག་དྲངས་ས་ལུགས་ཡོངས་རྫོགས་ཀྱི་བསྟན་པའི་སྦྱིན་བདག་སྡེ་དགེ་ཆོས་རྒྱལ་རིན་ཆེན་གྱི་ཐུགས་དམ་དད་རྟེན་ཐང་སྐུ་ཆེ་ཆུང་བཅུ་བདུན་གྱི་དཀར་ཆག་ས་ངོར་ངོ་མཚར་རྒྱ་མཚོའི་བང་མཛོད་ཅེས་བྱ་བ་བཞུགས་སོ། །……(༥༩༤)

༄། །དཔལ་ས་སྐྱའི་དབུ་རྩེའི་བླ་མ་ལྷ་ཁང་གི་རྟེན་གསར་བཞེངས་སོགས་ཀྱི་གཟུངས་རྫོང་གི་དཀར་ཆག་ཅེས་བྱ་བ་བཞུགས་སོ། །……(༥༩༤)

༄། །དཔལ་ས་སྐྱའི་བཞི་ཐོག་བླ་བྲང་གི་མགོན་ཁང་ཆེན་མོ་གསར་བཞེངས་ཀྱི་རྟེན་རྣམས་ཀྱི་གཟུངས་གཞུག་བཞུགས་ཚུལ་གྱི་དཀར་ཆག་མཐོང་བ་ཡིད་འཕྲོག་ཅེས་བྱ་བ་བཞུགས་སོ། །……(༥༩༥)

༄། །དཔལ་ས་སྐྱར་ཞལ་གདོར་ཆེན་སྐབས་ཐེར་ལས་པ་རིམ་ཅན་ནས་སྟོན་འགྲོ་སྒྲུབ་བསྙེན་གྱི་རྟེན་བླ་རྗེ་བྲམ་གཟུགས་ཀྱི་རི་མོ་ཅན་གྱི་བཞུགས་ཁང་ཞིང་བཀོད་ཐོ་བཞུགས་སོ། །……(༥༩༥)

༄། །ཕུན་ཚོགས་བསམ་གཏན་གླིང་གི་གསེར་ཁང་ལྷ་ཁང་གི་དཀར་ཆག་བཀྲ་ཤིས་ཞེས་བྱ་བ་བཞུགས་སོ། །……(༥༩༥)

༄། །གཟུངས་འདུག་དཀར་ཆག་དད་པའི་འདུག་སྒོ་ཞེས་བྱ་བ་བཞུགས་སོ། །……(༢༩༩)

༄། །འོག་མིན་སྲུས་མཁར་གྱི་གནས་སྤྱིལ་བའི་ཕོ་བྲང་ཆེན་པོ་གསེར་ཏོག་ཇི་ལྟར་བསྒྲུབ་པ་ལས་བརྩམས་པའི་དཀར་ཆག་གི་ཡིག་ཚངས་བརྗོད་པ་ངོ་མཚར་རྒྱ་མཚོ་རྨད་དུ་བྱུང་བའི་གཏམ་ཞེས་བྱ་བ་བཞུགས་སོ། །……(༢༩༩)

༄། །གཡལ་ལུང་འཇག་གཤོངས་ཀྱི་འཕོན་སྐུ་འབུམ་ཁྱིན་ཅན་ལ་ཉམས་གསོ་བགྱིས་སྐབས་གཟུངས་འཕར་སོང་ཐོ་བཀོད་པ་བཞུགས་སོ། །……(༣༠༠)

༄། །ར་མོ་ཆེ་གཙུག་ལག་ཁང་རྟེན་དང་བརྟེན་པར་བཅས་པ་ཉམས་གསོས་བགྱིས་པའི་དཀར་ཆག་མུ་ཏིག་དོ་ཤལ་གསར་པ་འཇེད་མེད་ཕན་བདེའི་རྒྱུན་གྱུར་ཅེས་བྱ་བ་བཞུགས་སོ། །……(༣༠༠)

༄། །རབ་བྱུང་བཅུ་བཞི་པའི་ས་ཕག་ལོ་ཟླ་བྲང་རྒྱལ་མཚན་མཐོན་པོ་ནས་བཞེངས་གནང་མགོན་པོ་ཚེ་དཔག་མེད་ཀྱི་དཀར་ཆག་རིན་ཆེན་ལྡོན་ཤིང་ཞེས་བྱ་བ་བཞུགས་སོ། །……(༣༠༠)

༄། །རི་བོ་དགེ་རྒྱས་དགའ་ལྡན་བཤད་སྒྲུབ་གླིང་གི་སྐོར་ཚད་ཅེས་བྱ་བ་བཞུགས་སོ། །……(༣༠༠)

༄། །རི་བོ་དྭངས་བསིལ་གྱི་དཀར་ཆག་མདུག་མ་ཚང་བ་ཞེས་བྱ་བ་བཞུགས་སོ། །……(༣༠༠)

༄། །རིགས་དང་དཀྱིལ་འཁོར་ཀུན་གྱི་ཁྱབ་བདག་རྡོ་རྗེ་འཆང་ཆེན་པོ་དཔལ་ལྡན་བླ་མ་དམ་པ་འཇམ་དབྱངས་བཞད་པའི་རྡོ་རྗེས་མཛད་པའི་ཆོས་སྡེ་ཆེན་པོ་དགའ་ལྡན་གྱི་དཀར་ཆག་ཅེས་བྱ་བ་བཞུགས་སོ། །……(༣༠༡)

༄། །རིགས་དང་དཀྱིལ་འཁོར་རྒྱ་མཚོའི་སྤྱི་བདུའི་བདག་ཉིད་དོན་གྱི་སྣད་དུ་མཚན་ནས་སྨོས་ཏེ་མཁན་ཆེན་ཡོངས་འཛིན་ཕུར་ལྕོག་རྡོ་རྗེ་འཆང་ཆེན་པོའི་སྐུ་གདུང་ཟ་མ་ཏོག་སྙིང་པོར་བཞུགས་པའི་གདུང་རྟེན་ལེ་ལག་དང་བཅས་པའི་དཀར་ཆག་ལྷ་ཡི་རྔ་བཟང་ཞེས་བྱ་བ་བཞུགས་སོ། །……(༣༠༡)

༄། །ལི་ཐང་དུ་ཐུབ་བསྟན་བྱམས་ཆེན་ཆོས་འཁོར་ཕྱོགས་ཐམས་ཅད་ལས་རྣམ་པར་རྒྱལ་བ་བཏབ་སྟེ་ཐུབ་ཆེན་ཁམས་གསུམ་ཟིལ་གནོན་བཞེངས་པའི་ནང་བཞུགས་ཕུལ་བའི་དཀར་ཆག་སུ་བཀོད་ཁྲ་ཞེས་བྱ་བ་བཞུགས་སོ། །……(༣༠༡)

༄། །ལུང་སྟོན་བྱམས་པའི་དཀར་ཆག་གདངས་སྙན་ཆོས་ཀྱི་གཏེར་ཞེས་བྱ་བ་བཞུགས་སོ། །……(༣༠༢)

༄། །ལེགས་བྱས་བསོད་ནམས་ཞིང་གི་དམ་པ་ཕུལ་བྱུང་རྟེན་གསུམ་བཞེངས་པའི་དཀར་ཆག་ཕན་བདེའི་སྣང་བརྒྱན་གསལ་བར་འཆར་བའི་ཤེལ་དཀར་མེ་ལོང་ཞེས་བྱ་བ་བཞུགས་སོ། །……(༣༠༢)

༄། །ཤབ་སྒོ་ལྔའི་ཡུལ་ལྗོངས་ཁྱད་པར་ཅན་དགེ་སྡིང་སྲིན་པོ་ཆོས་རྫོང་ཁམས་གསུམ་ཟིལ་གནོན་གྱི་མགོན་ཁང་སྲིད་གསུམ་རྣམ་རྒྱལ་བཞེངས་དུས་བཀའ་བསྒོ་འཕྲིན་བཅོལ་མཛད་པའི་ཡི་གེ་ཞེས་བྱ་བ་བཞུགས་སོ། །……(༣༠༢)

༄། །བཤད་སྒྲུབ་བསྟན་པའི་འབྱུང་གནས་ཆོས་སྡེ་ཆེན་པོ་དགོན་ལུང་བྱམས་པ་གླིང་གི་དཀར་ཆག་དཀྱིད་ལྡན་ཡིད་དབང་འགུགས་པའི་ཕོ་ཉ་ཞེས་བྱ་བ་བཞུགས་སོ། །……(༣༠༢)

༄། །ཀརྨ་མི་བསྐྱོད་རྡོ་རྗེའི་གསུང་འབུམ་ཏ་པའི་དཀར་ཆག་བཞུགས་སོ། །......(༣༠༧)

༄། །ཀུན་མཁྱེན་པད་མ་དཀར་པོའི་བཀའ་འབུམ་གླེགས་བམ་ཁ་པའི་བཞུགས་ཐོ། །......(༣༠༧)

༄། །ཀུན་མཁྱེན་པད་མ་དཀར་པོའི་བཀའ་འབུམ་གླེགས་བམ་ག་པའི་བཞུགས་ཐོ། །......(༣༠༧)

༄། །ཀུན་མཁྱེན་པད་མ་དཀར་པོའི་བཀའ་འབུམ་གླེགས་བམ་ང་པའི་བཞུགས་ཐོ། །......(༣༠༨)

༄། །ཀུན་མཁྱེན་པད་མ་དཀར་པོའི་བཀའ་འབུམ་གླེགས་བམ་ཅ་པའི་བཞུགས་ཐོ། །......(༣༠༨)

༄། །ཀུན་མཁྱེན་པད་མ་དཀར་པོའི་བཀའ་འབུམ་གླེགས་བམ་ཆ་པའི་བཞུགས་ཐོ། །......(༣༠༨)

༄། །ཀུན་མཁྱེན་པད་མ་དཀར་པོའི་བཀའ་འབུམ་གླེགས་བམ་ཇ་པའི་བཞུགས་ཐོ། །......(༣༠༨)

༄། །ཀུན་མཁྱེན་པད་མ་དཀར་པོའི་བཀའ་འབུམ་གླེགས་བམ་ཉ་པའི་བཞུགས་ཐོ། །......(༣༠༨)

༄། །ཀུན་མཁྱེན་པད་མ་དཀར་པོའི་བཀའ་འབུམ་གླེགས་བམ་ཏ་པའི་བཞུགས་ཐོ། །......(༣༠༩)

༄། །ཀུན་མཁྱེན་པད་མ་དཀར་པོའི་བཀའ་འབུམ་གླེགས་བམ་ཐ་པའི་བཞུགས་ཐོ། །......(༣༠༩)

༄། །ཀུན་གཟིགས་ལྷ་པ་ཆེན་པོའི་གསུང་འབུམ་ནང་མ་ཁ་པའི་དཀར་ཆག་བཞུགས་སོ། །......(༣༠༩)

༄། །ཀུན་གཟིགས་ལྷ་པ་ཆེན་པོའི་གསུང་འབུམ་ནང་མ་ང་པའི་དཀར་ཆག་བཞུགས་སོ། །......(༣༠༩)

༄། །ཀུན་གཟིགས་པཎ་ཆེན་ཆོས་ཀྱི་རྒྱལ་པོ་རྗེ་བཙུན་བློ་བཟང་དཔལ་ལྡན་ཆོས་ཀྱི་གྲགས་པ་བསྟན་པའི་དབང་ཕྱུག་དཔལ་བཟང་པོའི་གསུང་འབུམ་ཀ་པའི་དཀར་ཆག་བཞུགས་སོ། །......(༣༠༩)

༄། །ཀུན་གཟིགས་པཎ་ཆེན་ཆོས་ཀྱི་རྒྱལ་པོ་རྗེ་བཙུན་བློ་བཟང་དཔལ་ལྡན་ཆོས་ཀྱི་གྲགས་པ་བསྟན་པའི་དབང་ཕྱུག་དཔལ་བཟང་པོའི་གསུང་འབུམ་ག་པའི་དཀར་ཆག་བཞུགས་སོ། །......(༣༡༠)

༄། །གོང་སྤྲུལ་ཡོན་ཏན་རྒྱ་མཚོའི་གསུང་འབུམ་ཁ་དང་ག་བའི་དཀར་ཆག་བཞུགས་སོ། །......(༣༡༠)

༄། །གློ་བོ་མཁན་ཆེན་བསོད་ནམས་ལྷུན་གྲུབ་ཀྱི་བཀའ་འབུམ་གྱི་ཀ་པའི་དཀར་ཆག་དགོས་འདོད་ཀུན་འབྱུང་བཞུགས་སོ། །......(༣༡༠)

༄། །གློ་བོ་མཁན་ཆེན་བསོད་ནམས་ལྷུན་གྲུབ་ཀྱི་བཀའ་འབུམ་ཁ་པའི་དཀར་ཆག་བཞུགས་སོ། །......(༣༡༠)

༄། །གློ་བོ་མཁན་ཆེན་བསོད་ནམས་ལྷུན་གྲུབ་ཀྱི་བཀའ་འབུམ་ག་པའི་དཀར་ཆག་བཞུགས་སོ། །......(༣༡༠)

༄། །གློ་བོ་མཁན་ཆེན་བསོད་ནམས་ལྷུན་གྲུབ་ཀྱི་བཀའ་འབུམ་གྱི་དཀར་ཆག་རིན་པོ་ཆེའི་ཕྲེང་བ་བཞུགས་སོ། །......(༣༡༡)

༄། །ཀློང་རྡོལ་བླ་མའི་གསུང་འབུམ་གྱི་དཀར་ཆག་གསེར་གྱི་ཐག་པ་བཞུགས་སོ། །......(༣༡༡)

༄། །དཀར་ཆག་གི་རིམ་པ་ཕྱོགས་གཅིག་ཏུ་བསྒྲིགས་པ་ཞེས་བྱ་བ་བཞུགས་སོ། །......(༣༡༡)

༄། །དཀར་ཆག་ནོར་བུའི་ཕྲེང་བ་ལས། གླེགས་བམ་རིན་ཆེན་དང་པོ་དང་གཉིས་པ་བཞུགས་སོ། །......(༣༡༡)

༄། །དཀར་ཆག་སྣ་ཚོགས་དཔག་བསམ་ལྗོན་བཟང་ཞེས་བྱ་བ་བཞུགས་སོ། །......(༣༡༡)

༄། །དཀར་ཆག་རིན་པོ་ཆེའི་སྒྲོན་མ་ཞེས་བྱ་བ་བཞུགས་སོ། །......(༣༡༢)

༄། །དཀར་ཆག་གསལ་བའི་མེ་ལོང་ཞེས་བྱ་བ་བཞུགས་སོ། །......(༣༡༢)

༄། །བཀའ་འགྱུར་དཀར་ཆག་བཞུགས་སོ། །......(༣༡༢)

༄༅། །སྐྱབས་མགོན་རྗེ་བཙུན་བློ་བཟང་ཐུབ་བསྟན་ཆོས་ཀྱི་ཉི་མ་དགེ་ལེགས་རྣམ་རྒྱལ་དཔལ་བཟང་པོའི་བཀའ་འབུམ་ཁ་པའི་དཀར་ཆག་རིན་པོ་ཆེའི་ཕྲེང་བ་ཞེས་བྱ་བ་བཞུགས་སོ། །............................(༣༧༦)

༄༅། །སྐྱབས་མགོན་རྗེ་བཙུན་བློ་བཟང་ཐུབ་བསྟན་ཆོས་ཀྱི་ཉི་མ་དགེ་ལེགས་རྣམ་རྒྱལ་དཔལ་བཟང་པོའི་བཀའ་འབུམ་ག་པའི་དཀར་ཆག་རིན་པོ་ཆེའི་ཕྲེང་བ་ཞེས་བྱ་བ་བཞུགས་སོ། །............................(༣༧༦)

༄༅། །སྐྱབས་མགོན་རྗེ་བཙུན་བློ་བཟང་ཐུབ་བསྟན་ཆོས་ཀྱི་ཉི་མ་དགེ་ལེགས་རྣམ་རྒྱལ་དཔལ་བཟང་པོའི་བཀའ་འབུམ་ང་པའི་དཀར་ཆག་རིན་པོ་ཆེའི་ཕྲེང་བ་ཞེས་བྱ་བ་བཞུགས་སོ། །............................(༣༧༧)

༄༅། །སྐྱབས་མགོན་རྗེ་བཙུན་བློ་བཟང་ཐུབ་བསྟན་ཆོས་ཀྱི་ཉི་མ་དགེ་ལེགས་རྣམ་རྒྱལ་དཔལ་བཟང་པོའི་བཀའ་འབུམ་ཅ་པའི་དཀར་ཆག་རིན་པོ་ཆེའི་ཕྲེང་བ་ཞེས་བྱ་བ་བཞུགས་སོ། །............................(༣༧༧)

༄༅། །སྐྱབས་རྗེ་བཀའ་དྲིན་ལྷ་མེད་ཁང་གསར་རྡོ་རྗེ་འཆང་ཆེན་པོའི་གསུང་འབུམ་ཀ་པའི་དཀར་ཆག་བཞུགས་སོ། །..................................................(༣༧༧)

༄༅། །སྐྱབས་རྗེ་བཀའ་དྲིན་ལྷ་མེད་ཁང་གསར་རྡོ་རྗེ་འཆང་ཆེན་པོའི་གསུང་འབུམ་ཁ་པའི་དཀར་ཆག་བཞུགས་སོ། །..................................................(༣༧༧)

༄༅། །སྐྱབས་རྗེ་རྡོ་རྗེ་འཆང་ཆེན་པོ་རྗེ་བཙུན་འཇམ་དབྱངས་མཁྱེན་རབ་རྒྱ་མཚོ་དཔལ་བཟང་པོའི་བཀའ་འབུམ་གྱི་པོད་དང་པོའི་དཀར་ཆག་འདོད་འཇོའི་བུམ་བཟང་བཞུགས་སོ། །...................(༣༧༨)

༄༅། །སྐྱབས་རྗེ་རྡོ་རྗེ་འཆང་ཆེན་པོ་རྗེ་བཙུན་འཇམ་དབྱངས་མཁྱེན་རབ་རྒྱ་མཚོ་དཔལ་བཟང་པོའི་བཀའ་འབུམ་གྱི་པོད་གཉིས་པའི་དཀར་ཆག་འདོད་འཇོའི་བུམ་བཟང་བཞུགས་སོ། །.........(༣༧༨)

༄༅། །སྲིད་ཞི་མཆོག་སྤྲུལ་ངག་དབང་བསྟན་འཛིན་འཕྲིན་ལས་ཆོས་དབང་གྲགས་པའི་སྡེའི་གསུང་འབུམ་དཀར་ཆག་བཞུགས་སོ། །..................(༣༧༨)

༄༅། །བསྐལ་བཟང་རྒྱ་མཚོའི་གསུང་འབུམ་ཀ་པོད་ཀྱི་དཀར་ཆག་བཞུགས་སོ། །..............................(༣༧༨)

༄༅། །བསྐལ་བཟང་རྒྱ་མཚོའི་གསུང་འབུམ་ཁ་པོད་ཀྱི་དཀར་ཆག་བཞུགས་སོ། །..............................(༣༧༨)

༄༅། །བསྐལ་བཟང་རྒྱ་མཚོའི་གསུང་འབུམ་ག་པོད་ཀྱི་དཀར་ཆག་བཞུགས་སོ། །..............................(༣༧༩)

༄༅། །བསྐལ་བཟང་རྒྱ་མཚོའི་གསུང་འབུམ་ང་པོད་ཀྱི་དཀར་ཆག་བཞུགས་སོ། །..............................(༣༧༩)

༄༅། །བསྐལ་བཟང་རྒྱ་མཚོའི་གསུང་འབུམ་ཅ་པོད་ཀྱི་དཀར་ཆག་བཞུགས་སོ། །..............................(༣༧༩)

༄༅། །བསྐལ་བཟང་རྒྱ་མཚོའི་གསུང་འབུམ་ཆ་པོད་ཀྱི་དཀར་ཆག་བཞུགས་སོ། །..............................(༣༧༩)

༄༅། །བསྐལ་བཟང་རྒྱ་མཚོའི་གསུང་འབུམ་ཇ་པོད་ཀྱི་དཀར་ཆག་བཞུགས་སོ། །..............................(༣༧༩)

༄༅། །ཁམས་གསུམ་ཆོས་ཀྱི་རྒྱལ་པོ་ཙོང་ཁ་པའི་བཀའ་འབུམ་རིན་པོ་ཆེ་གླེགས་བམ་མཐོང་བ་དོན་ལྡན་གྱི་དཀར་ཆག་ངོ་མཚར་བའི་གཏམ་གསལ་བྱེད་ཤེལ་དཀར་མེ་ལོང་ཞེས་བྱ་བ་བཞུགས་སོ། །.........(༣༨༠)

༄༅། །ཁལ་ཁ་དམ་ཚིག་རྡོ་རྗེའི་གསུང་འབུམ་བ་པའི་དཀར་ཆག་བཞུགས་སོ། །..............................(༣༨༠)

༄། །ཁྲབ་བདག་རྡོ་རྗེ་འཆང་ཕ་བོང་ཁ་པ་དཔལ་བཟང་པོའི་གསུང་འབུམ་པོད་ཀ་པའི་དཀར་ཆག་བཞུགས་སོ། །......................................................(༣༢༠)

༄། །ཁྲབ་བདག་རྡོ་རྗེ་འཆང་ཕ་བོང་ཁ་པ་དཔལ་བཟང་པོའི་གསུང་འབུམ་པོད་ཁ་པའི་དཀར་ཆག་བཞུགས་སོ། །......................................................(༣༢༠)

༄། །ཁྲབ་བདག་རྡོ་རྗེ་འཆང་ཕ་བོང་ཁ་པ་དཔལ་བཟང་པོའི་གསུང་འབུམ་པོད་ག་པའི་དཀར་ཆག་བཞུགས་སོ། །......................................................(༣༢༠)

༄། །ཁྲབ་བདག་རྡོ་རྗེ་འཆང་ཕ་བོང་ཁ་པ་དཔལ་བཟང་པོའི་གསུང་འབུམ་པོད་ང་པའི་དཀར་ཆག་བཞུགས་སོ། །......................................................(༣༢༡)

༄། །ཁྲབ་བདག་རྡོ་རྗེ་འཆང་ཕ་བོང་ཁ་པ་དཔལ་བཟང་པོའི་གསུང་འབུམ་པོད་ཅ་པའི་དཀར་ཆག་བཞུགས་སོ། །......................................................(༣༢༡)

༄། །ཁྲབ་བདག་རྡོ་རྗེ་འཆང་ཕ་བོང་ཁ་པ་དཔལ་བཟང་པོའི་གསུང་འབུམ་པོད་ཆ་པའི་དཀར་ཆག་བཞུགས་སོ། །......................................................(༣༢༡)

༄། །ཁྲབ་བདག་རྡོ་རྗེ་འཆང་ཕ་བོང་ཁ་པ་དཔལ་བཟང་པོའི་གསུང་འབུམ་པོད་ཇ་པའི་དཀར་ཆག་བཞུགས་སོ། །......................................................(༣༢༡)

༄། །ཁྲབ་བདག་རྡོ་རྗེ་འཆང་ཕ་བོང་ཁ་པ་དཔལ་བཟང་པོའི་གསུང་འབུམ་པོད་ཉ་པའི་དཀར་ཆག་བཞུགས་སོ། །......................................................(༣༢༡)

༄། །ཁྲབ་བདག་རྡོ་རྗེ་འཆང་ཕ་བོང་ཁ་པ་དཔལ་བཟང་པོའི་གསུང་འབུམ་པོད་ཏ་པའི་དཀར་ཆག་བཞུགས་སོ། །......................................................(༣༢༢)

༄། །ཁྲབ་བདག་རྡོ་རྗེ་འཆང་ཕ་བོང་ཁ་པ་དཔལ་བཟང་པོའི་གསུང་འབུམ་པོད་ཐ་པའི་དཀར་ཆག་བཞུགས་སོ། །......................................................(༣༢༢)

༄། །ཁྲབ་བདག་རྡོ་རྗེ་སེམས་དཔའི་ངོ་བོ་ལྷུང་སྐྱེ་རོལ་བའི་རྡོ་རྗེ་ཡེ་ཤེས་བསྟན་པའི་སྒྲོན་མེ་དཔལ་བཟང་པོའི་གསུང་འབུམ་བཀའ་རྒྱ་མའི་བྲོ་ཡིག་གསེར་གྱི་སྙད་པར་བརྒྱུས་པའི་རིན་ཆེན་དོ་ཤལ་ཞེས་བྱ་བ་བཞུགས་སོ། །......................................................(༣༢༢)

༄། །ཁྲབ་བདག་སེང་ཆེན་རྡོ་རྗེ་འཛིན་པ་བློ་བཟང་བསྟན་འཛིན་དཔལ་འབྱོར་གྱི་གསུང་འབུམ་དཀར་ཆག་བཞུགས་སོ། །......................................................(༣༢༢)

༄། །ཁྲབ་བདག་ཧེ་རུ་ཀ་དཔལ་དུར་ཁྲིག་གི་བྲོལ་ལ་བརྟེན་པ་རྗེ་དཀོན་མཆོག་བསྟན་པའི་རྒྱལ་མཚན་དཔལ་བཟང་པོའི་བཀའ་འབུམ་ལས་པོད་ཀ་པའི་དཀར་ཆག་བཞུགས་སོ། །......................................................(༣༢༣)

༄། །ཁྲར་དགེ་བློ་གྲོས་རྒྱ་མཚོའི་གསུང་འབུམ་པོད་གཅིག་གི་དཀར་ཆག་བཞུགས་སོ། །......................................................(༣༢༣)

༄། །མཁན་ཆེན་ཆོས་ཀྱི་རྒྱལ་པོའི་གསུང་འབུམ་ལས་ཉེར་ལྔའི་སྤྱི་ཚན་བཞུགས་སོ། །......................................................(༣༢༣)

༄། །མཁས་གྲུབ་ཐམས་ཅད་མཁྱེན་པ་དགེ་ལེགས་དཔལ་བཟང་པོའི་གསུང་འབུམ་ཀ་པའི་དཀར་ཆག་བཞུགས་སོ། །......................................................(༣༢༣)

༄། །མཁས་གྲུབ་ཐམས་ཅད་མཁྱེན་པ་དགེ་ལེགས་དཔལ་བཟང་པོའི་གསུང་འབུམ་ཁ་པའི་དཀར་ཆག་བཞུགས་སོ། །......................................................(༣༢༣)

༄། །མཁས་གྲུབ་ཐམས་ཅད་མཁྱེན་པ་དགེ་ལེགས་དཔལ་བཟང་པོའི་གསུང་འབུམ་ག་པའི་དཀར་ཆག་བཞུགས་སོ། །......................................................(༣༢༤)

༄། །མཁས་གྲུབ་ཐམས་ཅད་མཁྱེན་པ་དགེ་ལེགས་དཔལ་བཟང་པོའི་གསུང་འབུམ་ང་པའི་དཀར་ཆག་བཞུགས་སོ། །..............................(༣༢༤)

༄། །མཁས་གྲུབ་ཐམས་ཅད་མཁྱེན་པ་དགེ་ལེགས་དཔལ་བཟང་པོའི་གསུང་འབུམ་ཅ་པའི་དཀར་ཆག་བཞུགས་སོ། །..............................(༣༢༤)

༄། །མཁས་གྲུབ་ཐམས་ཅད་མཁྱེན་པ་དགེ་ལེགས་དཔལ་བཟང་པོའི་གསུང་འབུམ་ཆ་པའི་དཀར་ཆག་བཞུགས་སོ། །..............................(༣༢༤)

༄། །མཁས་གྲུབ་ཐམས་ཅད་མཁྱེན་པ་དགེ་ལེགས་དཔལ་བཟང་པོའི་གསུང་འབུམ་ཇ་པའི་དཀར་ཆག་བཞུགས་སོ། །..............................(༣༢༥)

༄། །མཁས་གྲུབ་ཐམས་ཅད་མཁྱེན་པ་དགེ་ལེགས་དཔལ་བཟང་པོའི་གསུང་འབུམ་ཉ་པའི་དཀར་ཆག་བཞུགས་སོ། །..............................(༣༢༥)

༄། །མཁས་གྲུབ་ཐམས་ཅད་མཁྱེན་པ་དགེ་ལེགས་དཔལ་བཟང་པོའི་གསུང་འབུམ་ཏ་པའི་དཀར་ཆག་བཞུགས་སོ། །..............................(༣༢༥)

༄། །མཁས་གྲུབ་ཐམས་ཅད་མཁྱེན་པ་དགེ་ལེགས་དཔལ་བཟང་པོའི་གསུང་འབུམ་ཐ་པའི་དཀར་ཆག་བཞུགས་སོ། །..............................(༣༢༥)

༄། །མཁས་གྲུབ་ཐམས་ཅད་མཁྱེན་པ་དགེ་ལེགས་དཔལ་བཟང་པོའི་གསུང་འབུམ་ད་པའི་དཀར་ཆག་བཞུགས་སོ། །..............................(༣༢༥)

༄། །མཁས་གྲུབ་ཐམས་ཅད་མཁྱེན་པ་དགེ་ལེགས་དཔལ་བཟང་པོའི་གསུང་འབུམ་ཨ་པའི་དཀར་ཆག་བཞུགས་སོ། །..............................(༣༢༦)

༄། །མཁས་གྲུབ་དཔལ་ལྡན་དོན་གྲུབ་ཀྱི་གསུང་འབུམ་དཀར་ཆག་བཞུགས་སོ། །..............................(༣༢༦)

༄། །མཁས་གྲུབ་སངས་རྒྱས་ཡེ་ཤེས་ཀྱི་གསུང་འབུམ་དཀར་ཆག་བཞུགས་སོ། །..............................(༣༢༦)

༄། །མཁས་པའི་དབང་པོ་ཨ་ལག་ཤ་བསྟན་དར་ལྷ་རམས་པའི་གསུང་འབུམ་གྱི་དཀར་ཆག་བཞུགས་སོ། །..............................(༣༢༦)

༄། །གུང་ཐང་དཀོན་མཆོག་བསྟན་པའི་སྒྲོན་མེའི་བཀའ་འབུམ་གླེགས་བམ་པོད་དང་པོའི་དཀར་ཆག་བཞུགས་སོ། །..............................(༣༢༦)

༄། །གུང་ཐང་དཀོན་མཆོག་བསྟན་པའི་སྒྲོན་མེའི་བཀའ་འབུམ་གླེགས་བམ་པོད་གཉིས་པའི་དཀར་ཆག་བཞུགས་སོ། །..............................(༣༢༧)

༄། །གུང་ཐང་དཀོན་མཆོག་བསྟན་པའི་སྒྲོན་མེའི་བཀའ་འབུམ་གླེགས་བམ་པོད་བཞི་པའི་དཀར་ཆག་བཞུགས་སོ། །..............................(༣༢༧)

༄། །གུང་ཐང་དཀོན་མཆོག་བསྟན་པའི་སྒྲོན་མེའི་བཀའ་འབུམ་གླེགས་བམ་པོད་དྲུག་པའི་དཀར་ཆག་བཞུགས་སོ། །..............................(༣༢༧)

༄། །གུང་ཐང་དཀོན་མཆོག་བསྟན་པའི་སྒྲོན་མེའི་བཀའ་འབུམ་གླེགས་བམ་པོད་བདུན་པའི་དཀར་ཆག་བཞུགས་སོ། །..............................(༣༢༧)

༄། །གུང་ཐང་དཀོན་མཆོག་བསྟན་པའི་སྒྲོན་མེའི་བཀའ་འབུམ་གླེགས་བམ་པོད་བརྒྱད་པའི་དཀར་ཆག་བཞུགས་སོ། །..............................(༣༢༨)

༄། །གུང་ཐང་དཀོན་མཆོག་བསྟན་པའི་སྒྲོན་མེའི་བཀའ་འབུམ་གླེགས་བམ་པོད་དགུ་པའི་དཀར་ཆག་བཞུགས་སོ། །..............................(༣༢༨)

༄། །གུང་ཐང་དཀོན་མཆོག་བསྟན་པའི་སྒྲོན་མེའི་བཀའ་འབུམ་གླེགས་བམ་པོད་བཅུ་པའི་དཀར་ཆག་བཞུགས་སོ། །..............................(༣༢༨)

༄། །རྒྱལ་ཚབ་ཆོས་རྗེའི་བཀའ་འབུམ་ཙ་པའི་དཀར་ཆག་བཞུགས་སོ། །……………………(༣༣༣)

༄། །རྒྱལ་ཚབ་ཆོས་རྗེའི་བཀའ་འབུམ་ཚ་པའི་དཀར་ཆག་བཞུགས་སོ། །……………………(༣༣༣)

༄། །རྒྱལ་ཚབ་ཆོས་རྗེའི་བཀའ་འབུམ་ཛ་པའི་དཀར་ཆག་བཞུགས་སོ། །……………………(༣༣༣)

༄། །རྒྱལ་ཚབ་ཆོས་རྗེའི་བཀའ་འབུམ་ཉ་པའི་དཀར་ཆག་བཞུགས་སོ། །……………………(༣༣༣)

༄། །རྒྱལ་སྲས་རྡོ་རྗེ་འཆང་གི་གསུང་འབུམ་དཀར་ཆག་བཞུགས་སོ། །……………………(༣༣༣)

༄། །རྒྱལ་སྲས་རིན་པོ་ཆེའི་བཀའ་འབུམ་དཀར་ཆག་བཞུགས་སོ། །……………………(༣༣༤)

༄། །རྒྱལ་སྲས་རིན་པོ་ཆེའི་བཀའ་འབུམ་གྱི་དཀར་ཆག་མ་རིག་མུན་སེལ་ཞེས་བྱ་བ་བཞུགས་སོ། །….(༣༣༤)

༄། །རྒྱུད་སྡེ་བདུན་ཙུ་རྩ་གཉིས་ཀྱི་དཀར་ཆག་གསལ་བའི་སྒྲོན་མེ་བཞུགས་སོ། །……………………(༣༣༤)

༄། །རྒྱུད་སྡེའི་དཀར་ཆག་བཞུགས་སོ། །……………(༣༣༤)

༄། །བརྒྱུད་ཏོག་གསེར་གསུམ་གྱི་དཀར་ཆག་བཞུགས་སོ། །……………………(༣༣༤)

༄། །སྒྲ་ཚད་པ་ཉིད་ཀྱི་བཀའ་འབུམ་དཀར་ཆག་བཞུགས་སོ། །……………………(༣༣༥)

༄། །སྒྲུབ་ཐབས་དཀར་ཆག་ཅེས་བྱ་བ་བཞུགས་སོ། །……………………(༣༣༥)

༄། །ངག་དབང་བཤད་སྒྲུབ་བསྟན་པའི་ཉི་མའི་གསུང་འབུམ་གླེགས་བམ་དང་པོའི་དཀར་ཆག་བཞུགས་སོ། །……………………(༣༣༥)

༄། །ངག་དབང་བཤད་སྒྲུབ་བསྟན་པའི་ཉི་མའི་གསུང་འབུམ་གླེགས་བམ་གཉིས་པའི་དཀར་ཆག་བཞུགས་སོ། །……………………(༣༣༥)

༄། །སྔགས་འཆང་གྲགས་པ་བློ་གྲོས་ཀྱི་གསུང་འབུམ་དཀར་ཆག་པདྨའི་ཕྲེང་བ་ཞེས་བྱ་བ་བཞུགས་སོ། །……………………(༣༣༥)

༄། །སྔགས་འཆང་ཆེན་པོ་ངག་དབང་ཀུན་དགའ་རིན་ཆེན་གྱི་བཀའ་འབུམ་པོ་ཏི་གཉིས་པའི་དཀར་ཆག་བཞུགས་སོ། །……………………(༣༣༦)

༄། །སྔགས་འཆང་ཆེན་པོ་ངག་དབང་ཀུན་དགའ་རིན་ཆེན་གྱི་བཀའ་འབུམ་པོ་ཏི་གསུམ་པའི་དཀར་ཆག་བཞུགས་སོ། །……………………(༣༣༦)

༄། །སྔགས་འཆང་ཆོས་ཀྱི་རྒྱལ་པོ་ངག་དབང་ཀུན་དགའ་རིན་ཆེན་གྱི་གསུང་འབུམ་གྱི་དཀར་ཆག་རིན་ཆེན་ཕྲེང་བ་ཞེས་བྱ་བ་བཞུགས་སོ། །….(༣༣༦)

༄། །ལྕང་སྐྱ་རོལ་པའི་རྡོ་རྗེའི་གསུང་འབུམ་ཀ་པའི་དཀར་ཆག་བཞུགས་སོ། །……………………(༣༣༦)

༄། །ལྕང་སྐྱ་རོལ་པའི་རྡོ་རྗེའི་གསུང་འབུམ་ཁ་པའི་དཀར་ཆག་བཞུགས་སོ། །……………………(༣༣༦)

༄། །ལྕང་སྐྱ་རོལ་པའི་རྡོ་རྗེའི་གསུང་འབུམ་ག་པའི་དཀར་ཆག་བཞུགས་སོ། །……………………(༣༣༧)

༄། །ལྕང་སྐྱ་རོལ་པའི་རྡོ་རྗེའི་གསུང་འབུམ་ང་པའི་དཀར་ཆག་བཞུགས་སོ། །……………………(༣༣༧)

༄། །ལྕང་སྐྱ་རོལ་པའི་རྡོ་རྗེའི་གསུང་འབུམ་ཙ་པའི་དཀར་ཆག་བཞུགས་སོ། །……………………(༣༣༧)

༄། །ལྕང་སྐྱ་རོལ་པའི་རྡོ་རྗེའི་གསུང་འབུམ་ཚ་པའི་དཀར་ཆག་བཞུགས་སོ། །……………………(༣༣༧)

༄། །ལྕང་སྐྱ་རོལ་པའི་རྡོ་རྗེའི་གསུང་འབུམ་ཛ་པའི་དཀར་ཆག་བཞུགས་སོ། །……………………(༣༣༧)

༄། །ཆ་ཧར་དགེ་བཤེས་ཀྱི་གསུང་འབུམ་ཀ་པོད་ཀྱི་དཀར་ཆག་བཞུགས་སོ། །……………………(༣༣༧)

༄། །འཇམ་དབྱངས་མཁྱེན་བརྩེ་དབང་པོའི་གསུང་འབུམ་མ་པའི་དཀར་ཆག་བཞུགས་སོ། །......(༣༩༣)

༄། །འཇམ་དབྱངས་མཁྱེན་བརྩེ་དབང་པོའི་གསུང་འབུམ་ཙ་པའི་དཀར་ཆག་བཞུགས་སོ། །......(༣༩༣)

༄། །འཇམ་དབྱངས་མཁྱེན་བརྩེ་དབང་པོའི་གསུང་འབུམ་ཚ་པའི་དཀར་ཆག་བཞུགས་སོ། །......(༣༩༣)

༄། །འཇམ་དབྱངས་མཁྱེན་བརྩེ་དབང་པོའི་གསུང་འབུམ་ཛ་པའི་དཀར་ཆག་བཞུགས་སོ། །......(༣༩༣)

༄། །འཇམ་དབྱངས་མཁྱེན་བརྩེ་དབང་པོའི་གསུང་འབུམ་ཝ་པའི་དཀར་ཆག་བཞུགས་སོ། །......(༣༩༤)

༄། །འཇམ་དབྱངས་མཁྱེན་བརྩེ་དབང་པོའི་གསུང་འབུམ་ཞ་པའི་དཀར་ཆག་བཞུགས་སོ། །......(༣༩༤)

༄། །འཇམ་དབྱངས་མཁྱེན་བརྩེ་དབང་པོའི་གསུང་འབུམ་ཟ་པའི་དཀར་ཆག་བཞུགས་སོ། །......(༣༩༤)

༄། །འཇམ་དབྱངས་མཁྱེན་བརྩེ་དབང་པོའི་གསུང་འབུམ་འ་པའི་དཀར་ཆག་བཞུགས་སོ། །......(༣༩༤)

༄། །འཇམ་དབྱངས་མཁྱེན་བརྩེ་དབང་པོའི་གསུང་འབུམ་ཡ་པའི་དཀར་ཆག་བཞུགས་སོ། །......(༣༩༤)

༄། །རྗེ་ཐམས་ཅད་མཁྱེན་པ་དགེ་འདུན་རྒྱ་མཚོའི་གསུང་འབུམ་པོད་དང་པོའི་དཀར་ཆག་ཅེས་བྱ་བ་བཞུགས་སོ། །..............................................(༣༩༥)

༄། །རྗེ་ཐམས་ཅད་མཁྱེན་པ་དགེ་འདུན་རྒྱ་མཚོའི་གསུང་འབུམ་པོད་གཉིས་པའི་དཀར་ཆག་ཅེས་བྱ་བ་བཞུགས་སོ། །.........................................(༣༩༥)

༄། །རྗེ་ཐམས་ཅད་མཁྱེན་པ་དགེ་འདུན་རྒྱ་མཚོའི་གསུང་འབུམ་པོད་གསུམ་པའི་དཀར་ཆག་ཅེས་བྱ་བ་བཞུགས་སོ། །.........................................(༣༩༥)

༄། །རྗེ་དོན་ཡོད་མཁས་གྲུབ་ཀྱི་གསུང་འབུམ་ལས་དཀར་ཆག་གི་རིམ་པ་ཞེས་བྱ་བ་བཞུགས་སོ། །.........(༣༩༥)

༄། །རྗེ་སྤྱན་སྔ་རིན་པོ་ཆེ་བློ་གྲོས་རྒྱལ་མཚན་གྱི་བཀའ་འབུམ་གླེགས་བམ་དང་པོའི་དཀར་ཆག་ངོ་མཚར་འཕྲུལ་གྱི་སྒོ་ཆེན་རྣམ་པར་དབྱེ་བའི་ལྡེ་མིག་བཞུགས་སོ། །..............................................(༣༩༥)

༄། །རྗེ་སྤྱན་སྔ་རིན་པོ་ཆེ་བློ་གྲོས་རྒྱལ་མཚན་གྱི་བཀའ་འབུམ་གླེགས་བམ་གཉིས་པའི་དཀར་ཆག་ལུང་རིགས་འོད་སྟོང་འཛག་པའི་ཉི་མ་བཞུགས་སོ། །..............................................................(༣༩༦)

༄། །རྗེ་སྤྱན་སྔ་རིན་པོ་ཆེ་བློ་གྲོས་རྒྱལ་མཚན་གྱི་བཀའ་འབུམ་གླེགས་བམ་གསུམ་པའི་དཀར་ཆག་འདོད་དགུའི་ཆར་འབེབས་བཞུགས་སོ། །...............(༣༩༦)

༄། །རྗེ་བླ་མ་ངག་དབང་ཆོས་ལྡན་དཔལ་བཟང་པོའི་རྣམ་ཐར་དད་པའི་རོལ་མཚོ་སོགས་གསུང་ཐོར་བུ་རྣམས་ཕྱོགས་གཅིག་ཏུ་བཀོད་པ་གླེགས་བམ་ལྔ་པའི་དཀར་ཆག་བཞུགས་སོ། །.....................(༣༩༦)

༄། །རྗེ་བླ་མ་ལྕང་ལུང་པཎྜི་ཏ་རིན་པོ་ཆེའི་འཁྲུངས་རབས་གསོལ་འདེབས་དང་རྣམ་ཐར་ལེ་ཚན་གྱི་ཐེམས་བྱང་བཞུགས་སོ། །..............................(༣༩༦)

༄། །རྗེ་བླ་མ་ལ་བརྟེན་པའི་བླ་མའི་རྣལ་འབྱོར་དགའ་ལྡན་ལྷ་བརྒྱ་མར་གྲགས་པའི་ཁྲིད་ཡིག་སྙན་བརྒྱུད་མན་ངག་གཏེར་གྱི་ཁ་བྱང་ཞེས་བྱ་བ་བཞུགས་སོ། །...............................................................(༣༩༧)

༄། །རྗེ་བཙུན་གྲུབ་པའི་དབང་ཕྱུག་རྡོ་རྗེ་འཆང་དོན་ཡོད་མཁས་གྲུབ་རིན་པོ་ཆེའི་གསུང་འབུམ་གླེགས་བམ་གྱི་དཀར་ཆག་བཞུགས་སོ། །...............(༣༩༧)

༄། །རྗེ་བཙུན་འཇམ་དབྱངས་མཁྱེན་རབ་རྒྱ་མཚོའི་བཀའ་འབུམ་གླེགས་བམ་གཉིས་པའི་དཀར་ཆག་ཅེས་བྱ་བ་བཞུགས་སོ། །...............................(༣༩༧)

༄། །རྗེ་བཙུན་བླ་མ་དམ་པ་བློ་བཟང་ཆོས་ཀྱི་ཉི་མ་དཔལ་བཟང་པོའི་གསུང་འབུམ་ཙ་པོད་ཀྱི་དཀར་ཆག་བཞུགས་སོ། །…………………………(༣༥༡)

༄། །རྗེ་བཙུན་བླ་མ་དམ་པ་བློ་བཟང་ཆོས་ཀྱི་ཉི་མའི་གསུང་འབུམ་ཚ་པོད་ཀྱི་དཀར་ཆག་བཞུགས་སོ། །

༄། །རྗེ་བཙུན་བླ་མ་དམ་པ་བློ་བཟང་ཆོས་ཀྱི་ཉི་མ་དཔལ་བཟང་པོའི་གསུང་འབུམ་ཛ་པོད་ཀྱི་དཀར་ཆག་བཞུགས་སོ། །…………………………(༣༥༡)

༄། །རྗེ་བཙུན་བླ་མ་དམ་པ་བློ་བཟང་ཆོས་ཀྱི་ཉི་མ་དཔལ་བཟང་པོའི་གསུང་འབུམ་ཝ་པོད་ཀྱི་དཀར་ཆག་བཞུགས་སོ། །…………………………(༣༥༡)

༄། །རྗེ་བཙུན་བླ་མ་དམ་པ་བློ་བཟང་ཆོས་ཀྱི་ཉི་མ་དཔལ་བཟང་པོའི་གསུང་འབུམ་ཞ་པོད་ཀྱི་དཀར་ཆག་བཞུགས་སོ། །…………………………(༣༥༢)

༄། །རྗེ་བཙུན་བླ་མ་དམ་པ་བློ་བཟང་ཆོས་ཀྱི་ཉི་མ་དཔལ་བཟང་པོའི་གསུང་འབུམ་ཟ་པོད་ཀྱི་དཀར་ཆག་བཞུགས་སོ། །…………………………(༣༥༢)

༄། །རྗེ་བཙུན་བླ་མ་དམ་པ་བློ་བཟང་ཆོས་ཀྱི་ཉི་མ་དཔལ་བཟང་པོའི་སྐུ་ན་ཕྲ་དུས་ཀྱི་གསུང་ཐོར་བུ་འགའ་ཞིག་ཕྱོགས་གཅིག་ཏུ་བསྒྲིགས་པ་ཞེས་བྱ་བ་བཞུགས་སོ། །…………………………(༣༥༢)

༄། །རྗེ་བཙུན་བླ་མ་རྡོ་རྗེ་འཆང་གསེར་ཏོག་ཆོས་ཀྱི་རྒྱལ་པོ་བློ་བཟང་ཚུལ་ཁྲིམས་རྒྱ་མཚོ་དཔལ་བཟང་པོའི་གསུང་འབུམ་ལས་གླེགས་བམ་དང་པོའི་དཀར་ཆག་ཅེས་བྱ་བ་བཞུགས་སོ། །…………(༣༥༢)

༄། །རྗེ་བཙུན་བླ་མ་རྡོ་རྗེ་འཆང་གསེར་ཏོག་ཆོས་ཀྱི་རྒྱལ་པོ་བློ་བཟང་ཚུལ་ཁྲིམས་རྒྱ་མཚོ་དཔལ་བཟང་པོའི་གསུང་འབུམ་ལས་གླེགས་བམ་གཉིས་པའི་དཀར་ཆག་ཅེས་བྱ་བ་བཞུགས་སོ། །…………(༣༥༣)

༄། །རྗེ་བཙུན་བླ་མ་རྡོ་རྗེ་འཆང་གསེར་ཏོག་ཆོས་ཀྱི་རྒྱལ་པོ་བློ་བཟང་ཚུལ་ཁྲིམས་རྒྱ་མཚོ་དཔལ་བཟང་པོའི་གསུང་འབུམ་ལས་གླེགས་བམ་གསུམ་པའི་དཀར་ཆག་ཅེས་བྱ་བ་བཞུགས་སོ། །…………(༣༥༣)

༄། །རྗེ་བཙུན་བླ་མ་རྡོ་རྗེ་འཆང་གསེར་ཏོག་ཆོས་ཀྱི་རྒྱལ་པོ་བློ་བཟང་ཚུལ་ཁྲིམས་རྒྱ་མཚོ་དཔལ་བཟང་པོའི་གསུང་འབུམ་ལས་གླེགས་བམ་བཞི་བའི་དཀར་ཆག་ཅེས་བྱ་བ་བཞུགས་སོ། །…………(༣༥༣)

༄། །རྗེ་བཙུན་བླ་མ་རྡོ་རྗེ་འཆང་གསེར་ཏོག་ཆོས་ཀྱི་རྒྱལ་པོ་བློ་བཟང་ཚུལ་ཁྲིམས་རྒྱ་མཚོ་དཔལ་བཟང་པོའི་གསུང་འབུམ་ལས་གླེགས་བམ་ལྔ་བའི་དཀར་ཆག་ཅེས་བྱ་བ་བཞུགས་སོ། །……………………(༣༥༣)

༄། །རྗེ་བཙུན་བླ་མ་དབྱངས་ཅན་གྲུབ་པའི་རྡོ་རྗེའི་བཀའ་འབུམ་ཀ་པའི་དཀར་ཆག་བཞུགས་སོ། །…………………………(༣༥༤)

༄། །རྗེ་བཙུན་བློ་བཟང་ཆོས་ཀྱི་རྒྱལ་མཚན་གྱི་གསུང་འབུམ་ཀ་པའི་དཀར་ཆག་བཞུགས་སོ། །……(༣༥༤)

༄། །རྗེ་བཙུན་བློ་བཟང་ཆོས་ཀྱི་རྒྱལ་མཚན་གྱི་གསུང་འབུམ་ཁ་པའི་དཀར་ཆག་བཞུགས་སོ། ……(༣༥༤)

༄། །རྗེ་བཙུན་བློ་བཟང་ཆོས་ཀྱི་རྒྱལ་མཚན་གྱི་གསུང་འབུམ་ག་པའི་དཀར་ཆག་བཞུགས་སོ། །……(༣༥༤)

༄། །རྗེ་བཙུན་བློ་བཟང་ཆོས་ཀྱི་རྒྱལ་མཚན་གྱི་གསུང་འབུམ་ང་པའི་དཀར་ཆག་བཞུགས་སོ། །……(༣༥༤)

༄། །རྗེ་བཙུན་བློ་བཟང་ཆོས་ཀྱི་རྒྱལ་མཚན་གྱི་གསུང་འབུམ་ཅ་པའི་དཀར་ཆག་བཞུགས་སོ། །……(༣༥༥)

༄༅། །ཐམས་ཅད་མཁྱེན་པ་ལྔ་པ་ཆེན་པོའི་གསུང་འབུམ་པོད་བ་པའི་དཀར་ཆག་བཞུགས་སོ། །………(༣༥༠)

༄༅། །ཐམས་ཅད་མཁྱེན་པ་ལྔ་པ་ཆེན་པོའི་གསུང་འབུམ་པོད་ཛ་པའི་དཀར་ཆག་བཞུགས་སོ། །………(༣༥༠)

༄༅། །ཐམས་ཅད་མཁྱེན་པ་ལྔ་པ་ཆེན་པོའི་གསུང་འབུམ་པོད་ཬ་པའི་དཀར་ཆག་བཞུགས་སོ། །………(༣༥༠)

༄༅། །ཐམས་ཅད་མཁྱེན་པ་དཔལ་དཀོན་མཆོག་ཡན་ལག་རྗེ་ཉིད་ཀྱིས་མཛད་པའི་བཀའ་འབུམ་གྱི་དཀར་ཆག་བཞུགས་སོ། །………(༣༥༠)

༄༅། །ཐམས་ཅད་མཁྱེན་པ་དཔལ་དཀོན་མཆོག་ཡན་ལག་ཞབས་ཀྱི་བཀའ་འབུམ་པོ་ཏི་དང་པོའི་དཀར་ཆག་ཞེས་བྱ་བ་བཞུགས་སོ། །………(༣༥༠)

༄༅། །ཐུན་མོང་བའི་ལམ་གྱི་རིམ་པ་རྣམས་ཕྱོགས་གཅིག་ཏུ་བཀོད་པ་གླེགས་བམ་དང་པོའི་དཀར་ཆག་བཞུགས་སོ། །………(༣༥༡)

༄༅། །ཐུབ་བསྟན་ཡོངས་རྫོགས་ཀྱི་བདག་པོ་རྗེ་བཙུན་བློ་བཟང་ཐུགས་རྗེ་དཔལ་བཟང་པོའི་གསུང་འབུམ་དཀར་ཆག་བཞུགས་སོ། །………(༣༥༡)

༄༅། །ཐོར་བུའི་དཀར་ཆག་བཞུགས་སོ། །………(༣༥༡)

༄༅། །དུས་གསུམ་སངས་རྒྱས་ཐམས་ཅད་ཀྱི་ངོ་བོ་ཁྱབ་བདག་འཁོར་ལོའི་མགོན་པོ་རྗེ་བཙུན་བླ་མ་འཇིགས་མེད་བསམ་གཏན་དཔལ་བཟང་པོའི་བཀའ་འབུམ་རིན་པོ་ཆེའི་དཀར་ཆག་ལེགས་བཤད་གསལ་བྱེད་ངོ་མཚར་སྒྲོན་མེ་ཞེས་བྱ་བ་བཞུགས་སོ། །………(༣༥༡)

༄༅། །དྭགས་པོ་བཀའ་བརྒྱུད་ཀྱི་གྲུབ་མཐའ་ཆེན་པོ་དམ་པའི་ཆོས་དགོངས་པ་གཅིག་པར་གྲགས་པའི་དཀར་ཆག་ཅེས་བྱ་བ་བཞུགས་སོ། །………(༣༥༢)

༄༅། །དྭགས་པོ་མཁན་ཆེན་ངག་དབང་གྲགས་པའི་གསུང་འབུམ་གླེགས་བམ་གཉིས་པའི་དཀར་ཆག་བཞུགས་སོ། །………(༣༥༢)

༄༅། །དྲིས་ལན་གྱི་དཀར་ཆག་མདོར་བསྡུས་བཞུགས་སོ། །………(༣༥༢)

༄༅། །དྲུང་ཆེན་མཁའ་སྤྱོད་པའི་གསུང་འབུམ་གྱི་དཀར་ཆག་བཞུགས་སོ། །………(༣༥༢)

༄༅། །བདག་ཆེན་མ་གུར་རྒྱལ་གྱི་བརྒྱུད་སྟོང་པའི་དཀར་ཆག་བཞུགས་སོ། །………(༣༥༢)

༄༅། །བདེ་མཆོག་ཡབ་ཡུམ་སྐོར་གྱི་དཀར་ཆག་བཞུགས་སོ། །………(༣༥༣)

༄༅། །བདེ་བར་གཤེགས་པའི་བཀའི་དགོངས་འགྲེལ་བསྟན་བཅོས་འགྱུར་རོ་ཅོག་པར་དུ་སྒྲུབ་པའི་ཚུལ་ལས་ཉེ་བར་བརྩམས་པའི་གཏམ་ཡང་དག་པར་བརྗོད་པ་དཀར་ཆག་ཡིད་བཞིན་ནོར་བུའི་ཕྲེང་བ་ཞེས་བྱ་བ་བཞུགས་སོ། །………(༣༥༣)

༄༅། །བདེ་གསང་འཇིགས་གསུམ་གྱི་ཚོ་ག་དང་གཏོར་འབུལ་སོགས་ཀྱི་སྐོར་གྱི་དཀར་ཆག་བཞུགས་སོ། །(༣༥༣)

༄༅། །འདུལ་བའི་སྐོར་གྱི་དཀར་ཆག་ཅེས་བྱ་བ་བཞུགས་སོ། །………(༣༥༣)

༄༅། །རྗོ་རྗེ་འཆང་ངག་དབང་ཆོས་གྲགས་ཀྱི་གསུང་འབུམ་ལས་གསུང་ངག་རིན་པོ་ཆེའི་ཆོས་སྐོར་སོགས་ཀྱི་དཀར་ཆག་བཞུགས་སོ། །………(༣༥༣)

༄༅། །རྗོ་རྗེ་འཆང་ཆེན་པོ་རྗེ་བཙུན་བློ་བཟང་དཔལ་ལྡན་བསྟན་པའི་ཉི་མ་ཕྱོགས་ལས་རྣམ་རྒྱལ་དཔལ་བཟང་པོའི་བཀའ་འབུམ་ཁ་པའི་དཀར་ཆག་བཞུགས་སོ། །………(༣༥༤)

༄། །སྣང་བ་མཐའ་ཡས་རྗེ་བཙུན་བློ་བཟང་དཔལ་ལྡན་བསྟན་པའི་ཉི་མ་ཕྱོགས་ལས་རྣམ་རྒྱལ་དཔལ་བཟང་པོའི་གསུང་འབུམ་ཏ་པའི་ནང་དུ་ཆོས་ཚན་ཇི་བཞུགས་ཀྱི་དཀར་ཆག་གཅིག་ཏུ་བཀོད་པ་ཞེས་བྱ་བ་བཞུགས་སོ། །……(༣༥༨)

༄། །པཎ་ཆེན་ཐམས་ཅད་མཁྱེན་པ་ཆེན་པོ་རྗེ་བཙུན་བློ་བཟང་ཡེ་ཤེས་དཔལ་བཟང་པོའི་བཀའ་འབུམ་ཀ་པའི་དཀར་ཆག་བཞུགས་སོ། །……(༣༥༨)

༄། །པཎ་ཆེན་ཐམས་ཅད་མཁྱེན་པ་ཆེན་པོ་རྗེ་བཙུན་བློ་བཟང་ཡེ་ཤེས་དཔལ་བཟང་པོའི་བཀའ་འབུམ་ཁ་པའི་དཀར་ཆག་བཞུགས་སོ། །……(༣༥༨)

༄། །པཎ་ཆེན་ཐམས་ཅད་མཁྱེན་པ་ཆེན་པོ་རྗེ་བཙུན་བློ་བཟང་ཡེ་ཤེས་དཔལ་བཟང་པོ་ལ་དད་ལྡན་རྣམས་ཀྱིས་སྨྲ་ཕྱིར་ཞུས་པའི་ཆོས་ཚན་རྣམས་ཀྱི་དཀར་ཆག་ཅེས་བྱ་བ་བཞུགས་སོ། །……(༣༥༨)

༄། །དཔལ་མཉམ་མེད་རྒྱལ་བ་རྒོད་ཚང་པའི་གསུང་འབུམ་ག་པའི་དཀར་ཆག་བཞུགས་སོ། །……(༣༥༩)

༄། །དཔལ་ལྡན་བླ་མ་དམ་པ་ཤེས་བྱ་ཀུན་མཁྱེན་ཕྱི་ནས་ཀའི་གསུང་འབུམ་གྱི་བཞུགས་བྱང་འདོད་འབྱུང་རིན་པོ་ཆེའི་ཧོག་ཅེས་བྱ་བ་བཞུགལས་སོ། །……(༣༥༩)

༄། །དཔལ་ལྡན་བླ་མ་དུ་མ་ལས་སྨིན་བྱེད་སྤྱི་ཟུར་གྱི་རྗེས་གནང་སྣ་ཚོགས་ཐོབ་པའི་དཀར་ཆག་བརྒྱུད་རིམ་རིན་ཆེན་གསེར་གྱི་ཕྲེང་བ་ཞེས་བྱ་བ་བཞུགས་སོ། །……(༣༥༩)

༄། །དཔལ་ལྡན་སྨད་རྒྱུད་གྲྭ་ཚང་གི་དེབ་ཡིག་མགོ་རྒྱན་ཕུན་ཚོགས་འདོད་དགུའི་རོལ་མཚོ་སོགས་དེབ་རྒྱན་སྣ་ཚོགས་བཞུགས་སོ། །……(༣༥༩)

༄། །དཔལ་ས་སྐྱ་པ་ཆེན་པོ་སྔགས་འཆང་བླ་མ་ཐམས་ཅད་མཁྱེན་པ་ངག་དབང་ཀུན་དགའ་བློ་གྲོས་སངས་རྒྱས་བསྟན་པའི་རྒྱལ་མཚན་དཔལ་བཟང་པོའི་གསུང་རབ་པོ་ཏི་ཁ་པའི་དཀར་ཆག་བཞུགས་སོ། །……(༣༥༩)

༄། །དཔལ་ས་སྐྱ་པ་ཆེན་པོ་སྔགས་འཆང་བླ་མ་ཐམས་ཅད་མཁྱེན་པ་ངག་དབང་ཀུན་དགའ་བློ་གྲོས་སངས་རྒྱས་བསྟན་པའི་རྒྱལ་མཚན་དཔལ་བཟང་པོའི་གསུང་རབ་པོ་ཏི་ག་པའི་དཀར་ཆག་བཞུགས་སོ། །……(༣༦༠)

༄། །དཔལ་ས་སྐྱ་པ་ཆེན་པོ་སྔགས་འཆང་བླ་མ་ཐམས་ཅད་མཁྱེན་པ་ངག་དབང་ཀུན་དགའ་བློ་གྲོས་སངས་རྒྱས་བསྟན་པའི་རྒྱལ་མཚན་དཔལ་བཟང་པོའི་གསུང་རབ་པོ་ཏི་ང་པའི་དཀར་ཆག་བཞུགས་སོ། །……(༣༦༠)

༄། །དཔལ་ས་སྐྱ་པ་ཆེན་པོ་སྔགས་འཆང་བླ་མ་ཐམས་ཅད་མཁྱེན་པ་ངག་དབང་ཀུན་དགའ་བློ་གྲོས་སངས་རྒྱས་བསྟན་པའི་རྒྱལ་མཚན་དཔལ་བཟང་པོའི་གསུང་རབ་པོ་ཏི་ཅ་པའི་དཀར་ཆག་བཞུགས་སོ། །……(༣༦༠)

༄། །དཔལ་ས་སྐྱ་པ་ཆེན་པོ་སྔགས་འཆང་བླ་མ་ཐམས་ཅད་མཁྱེན་པ་ངག་དབང་ཀུན་དགའ་བློ་གྲོས་སངས་རྒྱས་བསྟན་པའི་རྒྱལ་མཚན་དཔལ་བཟང་པོའི་གསུང་རབ་པོ་ཏི་ཆ་པའི་དཀར་ཆག་བཞུགས་སོ། །……(༣༦༠)

༄། །དཔལ་ས་སྐྱ་པ་ཆེན་པོ་སྔགས་འཆང་བླ་མ་ཐམས་ཅད་མཁྱེན་པ་ངག་དབང་ཀུན་དགའ་བློ་གྲོས་སངས་རྒྱས་བསྟན་པའི་རྒྱལ་མཚན་དཔལ་བཟང་པོའི་གསུང་རབ་པོ་ཏི་ཁྲི་པའི་དཀར་ཆག་བཞུགས་སོ། །……………………(༣༧༡)

༄། །དཔལ་ས་སྐྱ་པ་ཆེན་པོ་སྔགས་འཆང་བླ་མ་ཐམས་ཅད་མཁྱེན་པ་ངག་དབང་ཀུན་དགའ་བསོད་ནམས་གྲགས་པ་རྒྱལ་མཚན་དཔལ་བཟང་པོའི་བཀའ་འབུམ་དཀར་ཆག་བཞུགས་སོ། །……(༣༧༡)

༄། །དཔལ་ས་སྐྱ་པ་ཆེན་པོ་སྔགས་འཆང་བླ་མ་ཐམས་ཅད་མཁྱེན་པ་ངག་དབང་ཀུན་དགའ་བསོད་ནམས་ཀྱི་གསུང་འབུམ་པོ་ཏི་ཀ་པའི་དཀར་ཆག་བཞུགས་སོ། །……………………(༣༧༡)

༄། །དཔལ་ས་སྐྱ་པ་ཆེན་པོ་སྔགས་འཆང་བླ་མ་ཐམས་ཅད་མཁྱེན་པ་ངག་དབང་ཀུན་དགའ་བསོད་ནམས་ཀྱི་གསུང་འབུམ་པོ་ཏི་ཁ་པའི་དཀར་ཆག་བཞུགས་སོ། །……………………(༣༧༡)

༄། །དཔལ་ས་སྐྱ་པ་ཆེན་པོ་སྔགས་འཆང་བླ་མ་ཐམས་ཅད་མཁྱེན་པ་ངག་དབང་ཀུན་དགའ་བསོད་ནམས་ཀྱི་གསུང་འབུམ་པོ་ཏི་ག་པའི་དཀར་ཆག་བཞུགས་སོ། །……………………(༣༧༢)

༄། །དཔལ་ས་སྐྱ་པ་ཆེན་པོ་སྔགས་འཆང་བླ་མ་ཐམས་ཅད་མཁྱེན་པ་ངག་དབང་ཀུན་དགའ་བསོད་ནམས་ཀྱི་གསུང་འབུམ་པོ་ཏི་ཅ་པའི་དཀར་ཆག་བཞུགས་སོ། །……………………(༣༧༢)

༄། །དཔལ་ས་སྐྱ་པ་ཆེན་པོ་སྔགས་འཆང་བླ་མ་ཐམས་ཅད་མཁྱེན་པ་ངག་དབང་ཀུན་དགའ་བསོད་ནམས་ཀྱི་གསུང་འབུམ་པོ་ཏི་ཆ་པའི་དཀར་ཆག་བཞུགས་སོ། །……………………(༣༧༢)

༄། །དཔལ་ས་སྐྱ་པ་ཆེན་པོ་སྔགས་འཆང་བླ་མ་ཐམས་ཅད་མཁྱེན་པ་ངག་དབང་ཀུན་དགའ་བསོད་ནམས་ཀྱི་གསུང་འབུམ་པོ་ཏི་ཇ་པའི་དཀར་ཆག་བཞུགས་སོ། །……………………(༣༧༢)

༄། །དཔལ་ས་སྐྱ་པ་ཆེན་པོ་སྔགས་འཆང་བླ་མ་ཐམས་ཅད་མཁྱེན་པ་ངག་དབང་ཀུན་དགའ་བསོད་ནམས་ཀྱི་གསུང་འབུམ་པོ་ཏི་ཉ་པའི་དཀར་ཆག་བཞུགས་སོ། །……………………(༣༧༣)

༄། །དཔལ་ས་སྐྱ་པ་ཆེན་པོ་སྔགས་འཆང་བླ་མ་ཐམས་ཅད་མཁྱེན་པ་ངག་དབང་ཀུན་དགའ་བསོད་ནམས་ཀྱི་གསུང་འབུམ་པོ་ཏི་ཏ་པའི་དཀར་ཆག་བཞུགས་སོ། །……………………(༣༧༣)

༄། །དཔལ་ས་སྐྱ་པ་ཆེན་པོ་སྔགས་འཆང་བླ་མ་ཐམས་ཅད་མཁྱེན་པ་ངག་དབང་ཀུན་དགའ་བསོད་ནམས་ཀྱི་གསུང་འབུམ་པོ་ཏི་ཐ་པའི་དཀར་ཆག་བཞུགས་སོ། །……………………(༣༧༣)

༄། །དཔལ་ས་སྐྱ་པ་ཆེན་པོ་སྔགས་འཆང་བླ་མ་ཐམས་ཅད་མཁྱེན་པ་ངག་དབང་ཀུན་དགའ་བསོད་ནམས་ཀྱི་གསུང་འབུམ་པོ་ཏི་ད་པའི་དཀར་ཆག་བཞུགས་སོ། །……………………(༣༧༣)

༄། །དཔལ་ས་སྐྱ་པ་ཆེན་པོ་སྔགས་འཆང་བླ་མ་ཐམས་ཅད་མཁྱེན་པ་ངག་དབང་ཀུན་དགའ་བསོད་ནམས་ཀྱི་གསུང་འབུམ་པོ་ཏི་ན་པའི་དཀར་ཆག་བཞུགས་སོ། །……………………(༣༧༤)

༄། །དཔལ་ས་སྐྱ་པ་ཆེན་པོ་སྔགས་འཆང་བླ་མ་ཐམས་ཅད་མཁྱེན་པ་ངག་དབང་ཀུན་དགའ་བསོད་ནམས་ཀྱི་གསུང་འབུམ་པོ་ཏི་པ་པའི་དཀར་ཆག་བཞུགས་སོ། །……………………(༣༧༤)

༄། །དཔལ་ས་སྐྱ་པ་ཆེན་པོ་སྔགས་འཆང་བླ་མ་ཐམས་ཅད་མཁྱེན་པ་ངག་དབང་ཀུན་དགའ་བསོད་ནམས་ཀྱི་གསུང་འབུམ་པོ་ཏི་ཕ་པའི་དཀར་ཆག་བཞུགས་སོ། །……(༣༦༤)

༄། །དཔལ་ས་སྐྱ་པ་ཆེན་པོ་སྔགས་འཆང་བླ་མ་ཐམས་ཅད་མཁྱེན་པ་ངག་དབང་ཀུན་དགའ་བསོད་ནམས་ཀྱི་གསུང་འབུམ་པོ་ཏི་མ་པའི་དཀར་ཆག་བཞུགས་སོ། །……(༣༦༤)

༄། །དཔལ་ས་སྐྱ་པ་ཆེན་པོ་སྔགས་འཆང་བླ་མ་ཐམས་ཅད་མཁྱེན་པ་ངག་དབང་ཀུན་དགའ་བསོད་ནམས་ཀྱི་གསུང་འབུམ་པོ་ཏི་ཙ་པའི་དཀར་ཆག་བཞུགས་སོ། །……(༣༦༥)

༄། །དཔལ་ས་སྐྱ་པ་ཆེན་པོ་སྔགས་འཆང་བླ་མ་ཐམས་ཅད་མཁྱེན་པ་ངག་དབང་ཀུན་དགའ་བསོད་ནམས་ཀྱི་གསུང་འབུམ་པོ་ཏི་ཚ་པའི་དཀར་ཆག་བཞུགས་སོ། །……(༣༦༥)

༄། །དཔལ་ས་སྐྱ་པ་ཆེན་པོ་སྔགས་འཆང་བླ་མ་ཐམས་ཅད་མཁྱེན་པ་ངག་དབང་ཀུན་དགའ་བསོད་ནམས་ཀྱི་གསུང་འབུམ་པོ་ཏི་ཛ་པའི་དཀར་ཆག་བཞུགས་སོ། །……(༣༦༥)

༄། །དཔལ་ས་སྐྱ་པ་ཆེན་པོ་སྔགས་འཆང་བླ་མ་ཐམས་ཅད་མཁྱེན་པ་ངག་དབང་ཀུན་དགའ་བསོད་ནམས་ཀྱི་གསུང་འབུམ་པོ་ཏི་ཝ་པའི་དཀར་ཆག་བཞུགས་སོ། །……(༣༦༥)

༄། །དཔལ་ས་སྐྱ་པ་ཆེན་པོ་སྔགས་འཆང་བླ་མ་ཐམས་ཅད་མཁྱེན་པ་ངག་དབང་ཀུན་དགའ་བསོད་ནམས་ཀྱི་གསུང་འབུམ་པོ་ཏི་ཞ་པའི་དཀར་ཆག་བཞུགས་སོ། །……(༣༦༦)

༄། །དཔལ་ས་སྐྱ་པ་ཆེན་པོ་སྔགས་འཆང་བླ་མ་ཐམས་ཅད་མཁྱེན་པ་ངག་དབང་ཀུན་དགའ་བསོད་ནམས་ཀྱི་གསུང་འབུམ་པོ་ཏི་ཟ་པའི་དཀར་ཆག་བཞུགས་སོ། །……(༣༦༦)

༄། །དཔལ་ས་སྐྱ་པ་ཆེན་པོ་སྔགས་འཆང་བླ་མ་ཐམས་ཅད་མཁྱེན་པ་ངག་དབང་ཀུན་དགའ་བསོད་ནམས་ཀྱི་གསུང་འབུམ་པོ་ཏི་འ་པའི་དཀར་ཆག་བཞུགས་སོ། །……(༣༦༦)

༄། །དཔལ་ས་སྐྱ་པའི་གསེར་ཆོས་སུ་གྲགས་པ་རྗེ་བཙུན་མ་ཀུ་རུ་ཀུ་ལླེའི་བེའུ་བུམ་གྱི་དཀར་ཆག་གསལ་བར་བཀོད་པ་ཨུཏྤ་ལའི་འཕྲེང་བ་ཞེས་བྱ་བ་བཞུགས་སོ། །……(༣༦༦)

༄། །དཔལ་ས་སྐྱའི་རྗེ་བཙུན་གོང་མ་ལྔའི་གསུང་རབ་རིན་པོ་ཆེའི་པར་གྱི་སྒོ་འཕར་འབྱེད་པའི་དཀར་ཆག་འཕྲུལ་གྱི་ལྡེ་མིག་ཅེས་བྱ་བ་བཞུགས་སོ། །……(༣༦༧)

༄། །དཔེ་རྒྱུན་དཀོན་པོ་འགའ་ཞིག་གི་ཐོ་ཡིག་དོན་གཉེར་ཡོད་ཀྱི་ཀུནྡ་བཞད་པའི་བློ་འོད་འབུམ་གྱི་སྙེ་མ་ཞེས་བྱ་བ་བཞུགས་སོ། །……(༣༦༧)

༄། །སྨྱུན་སྤ་རིན་པོ་ཆེའི་བཀའ་འབུམ་གླེགས་བམ་གསུམ་པའི་དཀར་ཆག་འདོད་དགུའི་ཆར་འབེབས་ཞེས་བྱ་བ་བཞུགས་སོ། །……(༣༦༧)

༄། །ཕག་མོ་གྲུ་པ་རྡོ་རྗེ་རྒྱལ་པོའི་བཀའ་འབུམ་ཀ་དུམ་པའི་དཀར་ཆག་བཞུགས་སོ། །……(༣༦༧)

༄། །ཕག་མོ་གྲུ་པ་རྡོ་རྗེ་རྒྱལ་པོའི་བཀའ་འབུམ་ཁ་དུམ་པའི་དཀར་ཆག་བཞུགས་སོ། །……(༣༦༧)

༄། །ཕག་མོ་གྲུ་པ་རྡོ་རྗེ་རྒྱལ་པོའི་བཀའ་འབུམ་ཆ་དུམ་པའི་དཀར་ཆག་བཞུགས་སོ། །……(༣༦༨)

༄། །ཕྲིན་ཡིག་བསྟོད་ཚོགས་དྲིས་ལན་བསླབ་བྱ་སྨོན་ལམ་རྣམས་ཀྱི་དཀར་ཆག་ཅེས་བྱ་བ་བཞུགས་སོ། །……(༣༦༨)

༄༅། །བུ་སྟོན་རིན་པོ་ཆེའི་བཀའ་འབུམ་གྱི་དཀར་ཆག་ཆོས་རྗེ་ཉིད་ཀྱིས་མཛད་པ་ཞེས་བྱ་བ་བཞུགས་སོ། །............(༦༥༣)

༄༅། །བླ་མ་ཞང་གི་བཀའ་རྒྱའི་མདོ་ཐྱི་བཞུགས་སོ། །............(༦༥༣)

༄༅། །བླ་མ་ཡང་ཏིག་ཡིད་བཞིན་ནོར་བུའི་ཆོས་སྐོར་པར་དུ་བཞེངས་ཚུལ་དཀར་ཆག་མུ་ཏིག་ཕྲེང་བ་བཞུགས་སོ། །............(༦༥༤)

༄༅། །བློ་བཟང་བཀའ་འབུམ་ལས། གསུང་བཀའ་རྒྱ་མའི་དཀར་ཆག་བཞུགས་སོ། །............(༦༥༤)

༄༅། །བློ་བཟང་བསྟན་པའི་ཉི་མའི་གསུང་འབུམ་ཀ་པའི་དཀར་ཆག་ཅེས་བྱ་བ་བཞུགས་སོ། །............(༦༥༤)

༄༅། །བློ་བཟང་བྱང་ཆུབ་བསྟན་པའི་སྒྲོན་མེའི་གསུང་འབུམ་ཀ་པའི་དཀར་ཆག་བཞུགས་སོ། །......(༦༥༤)

༄༅། །བློ་བཟང་བྱང་ཆུབ་བསྟན་པའི་སྒྲོན་མེའི་གསུང་འབུམ་ཁ་པའི་དཀར་ཆག་བཞུགས་སོ། །......(༦༥༤)

༄༅། །བློ་བཟང་བྱང་ཆུབ་བསྟན་པའི་སྒྲོན་མེའི་གསུང་འབུམ་ག་པའི་དཀར་ཆག་བཞུགས་སོ། །......(༦༥༥)

༄༅། །བློ་བཟང་བྱང་ཆུབ་བསྟན་པའི་སྒྲོན་མེའི་གསུང་འབུམ་ང་པའི་དཀར་ཆག་བཞུགས་སོ། །......(༦༥༥)

༄༅། །བློ་བཟང་བྱང་ཆུབ་བསྟན་པའི་སྒྲོན་མེའི་གསུང་འབུམ་ཅ་པའི་དཀར་ཆག་བཞུགས་སོ། །......(༦༥༥)

༄༅། །འབྲུག་རྒྱལ་དབང་རིན་པོ་ཆེའི་གསུང་འབུམ་གྱི་དཀར་ཆག་དཔེ་ཐོ་དང་བཅས་པ་བཞུགས་སོ། །............(༦༥༥)

༄༅། །སྨྲ་བའི་སེང་གེ་མི་ཕམ་ཕྱོགས་ལས་རྣམ་པར་རྒྱལ་བའི་གསུང་རབ་རྣམས་ཀྱི་བཞུགས་བྱང་ངོ་མཚར་ནོར་བུའི་མེ་ལོང་བཞུགས་སོ། །............(༦༥༥)

༄༅། །གཙུག་ལག་ཕྲེང་བའི་གསུང་འབུམ་པོ་ཏི་པ་པའི་དཀར་ཆག་དང་ཐེག་མཆོག་ཕོ་བྲང་ཡན་གྱི་བཀོད་ཡིག་རྣམས་ཀྱི་དཀར་ཆག་བཞུགས་སོ། །......(༦༥༦)

༄༅། །བཙུན་པ་ངག་དབང་བློ་བཟང་བསྟན་པའི་རྒྱལ་མཚན་གྱི་ངག་ཐོར་ལས་གླེགས་བམ་དང་པོའི་ཆོས་ཚན་གྱི་ཐེམས་བྱང་བཞུགས་སོ། །............(༦༥༦)

༄༅། །བཙུན་པ་ངག་དབང་བློ་བཟང་བསྟན་པའི་རྒྱལ་མཚན་གྱི་ངག་ཐོར་ལས་གླེགས་བམ་གཉིས་པའི་ཆོས་ཚན་གྱི་ཐེམས་བྱང་བཞུགས་སོ། །.........(༦༥༦)

༄༅། །བཙུན་པ་ངག་དབང་བློ་བཟང་བསྟན་པའི་རྒྱལ་མཚན་གྱི་ངག་ཐོར་ལས་གླེགས་བམ་གསུམ་པའི་ཆོས་ཚན་གྱི་ཐེམས་བྱང་བཞུགས་སོ། །.........(༦༥༦)

༄༅། །བཙུན་པ་ངག་དབང་བློ་བཟང་བསྟན་པའི་རྒྱལ་མཚན་གྱི་ངག་ཐོར་ལས་གླེགས་བམ་བཞི་པའི་ཆོས་ཚན་གྱི་ཐེམས་བྱང་བཞུགས་སོ། །............(༦༥༦)

༄༅། །བཙུན་པ་ངག་དབང་བློ་བཟང་བསྟན་པའི་རྒྱལ་མཚན་གྱི་ངག་ཐོར་ལས་གླེགས་བམ་ལྔ་པའི་ཆོས་ཚན་གྱི་ཐེམས་བྱང་བཞུགས་སོ། །............(༦༥༧)

༄༅། །ཞང་རིན་པོ་ཆེའི་བཀའ་འབུམ་ཀ་པོད་ཀྱི་དཀར་ཆག་བཞུགས་སོ། །............(༦༥༧)

༄༅། །ཞང་རིན་པོ་ཆེའི་བཀའ་འབུམ་ཁ་པོད་ཀྱི་དཀར་ཆག་བཞུགས་སོ། །............(༦༥༧)

༄༅། །ཞང་རིན་པོ་ཆེའི་རྣམ་ཐར་བཀའ་རྒྱ་མའི་དཀར་ཆག་བཞུགས་སོ། །............(༦༥༧)

༄༅། །ཟབ་ཆོས་མཁའ་འགྲོ་ཡང་ཏིག་གི་པུསྟི་ཀ་པར་དུ་བསྒྲུབས་ཚུལ་དཀར་ཆག་ཁྲུང་དུ་ཨུཏྤལའི་ཕྲེང་བ་བཞུགས་སོ། །............(༦༥༧)

༄། །ཚེ་འཕྲུལ་དུས་ཆེན་གྱི་བཤད་པ་རྣ་བའི་དགའ་སྟོན་ཡིད་ཀྱི་མུན་སེལ་ཞེས་བྱ་བ་དང་ཀུན་མཁྱེན་གསུམ་པའི་དུས་མཆོད་རྣམ་ཐར་སོགས་ཞེས་བྱ་བ་བཞུགས་སོ། །..........................................(༩༠༥)

༄། །ཆོས་འཁོར་སྐར་སར་གྱི་ཁྲི་བཤད་དང་། མཇལ་གྱི་བཤད་པ་ཚན་ལྔ། བསྟན་པའི་བྱུང་རིམ་སྐྱབས་འཇུག་བཟོད་གསོལ། རྗེ་བླ་མ་དང་སྐྱབས་རྗེ་བཞི་པ་རིན་པོ་ཆེ་ཨ་ལགས་རྭ་རྒྱ་ཚང་སོགས་ཀྱི་གདུང་མཆོད་རྣམ་ཐར་བཅས་ངེས་དོན་མངོན་པར་གསོལ་པའི་དབྱངས་སྙན་ཞེས་བྱ་བ་བཞུགས་སོ། །..........................................(༩༠༥)

༄། །ཆོས་རྗེ་ཤར་པའི་གདུང་བརྒྱུད་ཀྱི་རིམ་པ་ཇི་ལྟར་བྱོན་པའི་ཚུལ་ཞེས་བྱ་བ་བཞུགས་སོ། །.........(༩༠༦)

༄། །ཆོས་པ་མཆོག་སྤྲུལ་འཇམ་པ་བསྟན་པའི་སྒྲོན་མེའི་ཡང་སྲིད་འཇམ་པ་བཤད་སྒྲུབ་འཕྲིན་ལས་ཀྱི་གསོལ་འདེབས་ཞེས་བྱ་བ་བཞུགས་སོ། །......(༩༠༦)

༄། །ཆོས་འབྱུང་མཁས་པའི་དགའ་སྟོན་གྱི་ཡན་ལག་གསུམ་པ་བོད་ཀྱི་སྐབས་ལ་ལེའུ་བཅུ་ལས་དང་པོ་ཐུགས་རྗེ་ཆེན་པོས་བོད་བདག་གིར་མཛད་ཚུལ་ཞེས་བྱ་བ་བཞུགས་སོ། །..........................................(༩༠༦)

༄། །ཆོས་འབྱུང་མཁས་པའི་དགའ་སྟོན་གྱི་ཡན་ལག་ལྔ་པ་ཡུལ་སྤྱི་དང་བྱེ་བྲག་མ་ཕྱི་བར་ཤེས་བྱའི་གཙོ་བོ་རིག་གནས་ལྔ་ཇི་ལྟར་བྱུང་ཚུལ་བཤད་པ་ཞེས་བྱ་བ་བཞུགས་སོ། །..........................................(༩༠༦)

༄། །ཆོས་སྨྲ་བའི་དགེ་སློང་བློ་བཟང་ཆོས་ཀྱི་རྒྱལ་མཚན་གྱི་སྤྱོད་ཚུལ་གསལ་བར་སྟོན་པ་ནོར་བུའི་ཕྲེང་བ་ཞེས་བྱ་བ་བཞུགས་སོ། །....................(༩༠༧)

༄། །འཇམ་མགོན་བསྟན་པའི་སྒྲོན་མེ་དམར་སྟོང་སྤྲུལ་སྐུ་དཀོན་མཆོག་བསྟན་པའི་རྒྱལ་མཚན་གྱི་འཁྲུངས་རབས་དང་འབྲེལ་བའི་ཞབས་བརྟན་གསོལ་འདེབས་འཆི་མེད་དཔལ་སྟེར་ཞེས་བྱ་བ་བཞུགས་སོ། །..........................................(༩༠༧)

༄། །འཇམ་མགོན་བསྟན་པའི་གསལ་བྱེད་བསེ་སྤྲུལ་པའི་སྐུ་རིན་པོ་ཆེའི་འཁྲུངས་རབས་སྐུ་ཐང་རྒྱས་པ་འབྲི་ཚུལ་ཞེས་བྱ་བ་བཞུགས་སོ། །................(༩༠༧)

༄། །འཇམ་མགོན་ སེ་ཁྲི་རིན་པོ་ཆེའི་དྲུང་དུ་གསན་པའི་སྐྱེས་རབས་སོ་བཞི་པའི་བཤད་པའི་ཟིན་བྲིས་ཞེས་བྱ་བ་བཞུགས་སོ། །..........................................(༩༠༧)

༄། །འཇམ་དབྱངས་དགྱེས་པའི་གཞོན་ནུའི་བློ་གྲོས་སྐྱེད་ཚལ་དུ་འཁྲུངས་པའི་འཕྲིན་ཡིག་མེ་ཏོག་གསར་པ་སྣ་ཚོགས་ཞེས་བྱ་བ་བཞུགས་སོ། །................(༩༠༨)

༄། །འཇིག་རྟེན་སྟོད་བཅུད་ཀྱི་རྣམ་བཞག་བསྟན་པའི་བྱུང་ཚུལ་དང་བཅས་མདོ་ཙམ་བརྗོད་པ་བློ་མུན་རྣམ་སེལ་རིན་ཆེན་སྒྲོན་མེ་ཞེས་བྱ་བ་བཞུགས་སོ། །..........................................(༩༠༨)

༄། །འཇིག་རྟེན་དབང་ཕྱུག་ཀརྨ་པ་བྱང་ཆུབ་མཆོག་གི་རྡོ་རྗེའི་ཆོས་སྐུའི་རྟེན་མཆོག་གསར་དུ་འབྲུངས་པའི་གཏམ་ངོ་མཚར་ཡོངས་འདུའི་སྙེ་མ་ཞེས་བྱ་བ་བཞུགས་སོ། །..........................................(༩༠༨)

༄། །རྗེ་སྐལ་ལྡན་རྒྱ་མཚོའི་གསུང་ལས་མདོ་སྨད་ཨ་མདོའི་ཕྱོགས་སུ་བསྟན་པ་དར་ཚུལ་གྱི་ལོ་རྒྱུས་མདོར་བསྡུས་བཞུགས་སོ། །..........................(༩༠༨)

༄། །རྗེ་འཇམ་དཔལ་རྒྱ་མཚོའི་འཁྲུངས་རབས་གསོལ་འདེབས་ཐུན་མོང་མ་ཡིན་པ་གསང་བ་རྣད་དུ་བྱུང་བ་ཞེས་བྱ་བ་བཞུགས་སོ། །....................(༩༠༩)

༄༅། །རྗེ་བླ་མ་ལྷུང་ལུང་ཨནྟ་པཎྜི་ཏ་རིན་པོ་ཆེའི་འཁྲུངས་རབས་གསོལ་འདེབས་དང་རྣམ་ཐར་ལེ་ཚན་གྱི་ཐེམས་བྱང་ཞེས་བྱ་བ་བཞུགས་སོ། །.(༦༠༩)

༄༅། །རྗེ་བླ་མ་བློ་གྲོས་རྒྱ་མཚོའི་གསང་བའི་རྣམ་ཐར་གསོལ་འདེབས་པད་དཀར་ཕྲེང་བ་སོགས་ཆོས་སྐྱོང་གིས་གསུངས་པ་ཞེས་བྱ་བ་བཞུགས་སོ། །.......(༦༠༩)

༄༅། །རྗེ་བཙུན་བླ་མ་དམ་པ་ལྷུང་ལུང་ཨནྟ་པཎྜི་ཏ་ཆེན་པོ་ངག་དབང་བློ་བཟང་བསྟན་པའི་རྒྱལ་མཚན་གྱི་རྣམ་ཐར་གསོལ་འདེབས་དད་པའི་པདྨོ་འཛུམ་པའི་ཉིན་བྱེད་ཅེས་བྱ་བ་བཞུགས་སོ། །.........(༦༠༩)

༄༅། །རྗེ་བཙུན་བླ་མ་དམ་པ་ལྷུང་ལུང་ཨནྟ་པཎྜི་ཏ་ཆེན་པོ་ངག་དབང་བློ་བཟང་བསྟན་པའི་རྒྱལ་མཚན་དཔལ་བཟང་པོའི་ཞལ་སྔ་ནས་ཀྱི་རྣམ་ཐར་གསོལ་འདེབས་ངོ་མཚར་དད་པའི་རླབས་ཕྲེང་ཞེས་བྱ་བ་བཞུགས་སོ། །..................................................(༦༡༠)

༄༅། །རྗེ་བཙུན་བླ་མ་དམ་པ་མཉམ་མེད་ཤཱཀྱའི་རྒྱལ་པོའི་རིང་ལུགས་པ་ཆེན་པོ་རྡོ་རྗེ་འཆང་བློ་བཟང་བཟོད་པ་དཔལ་བཟང་པོའི་ཞལ་སྔ་ནས་ཀྱི་སྐུ་ཆེ་བའི་ཡོན་ཏན་ཆ་ཤས་ཙམ་བརྗོད་པའི་གཏམ་ངོ་མཚར་དཔག་མེད་ཅེས་བྱ་བ་བཞུགས་སོ། །............(༦༡༠)

༄༅། །རྗེ་བཙུན་བླ་མ་རྡོ་རྗེ་འཆང་ཐམས་ཅད་མཁྱེན་པ་དབྱངས་ཅན་གྲུབ་པའི་རྡོ་རྗེ་དཔལ་བཟང་པོའི་ཞལ་སྔ་ནས་ལ་རྣམ་ཐར་གྱི་སྒོ་ནས་གསོལ་བ་འདེབས་ཚུལ་བྱིན་རླབས་ནོར་བུ་འདྲེན་པའི་ཤིང་རྟ་ཞེས་བྱ་བ་བཞུགས་སོ། །..........................(༦༡༠)

༄༅། །རྗེ་བཙུན་བླ་མ་བློ་བཟང་གྲགས་པའི་དཔལ་གྱི་གསང་བའི་རྣམ་ཐར་གསོལ་འདེབས་ཞེས་བྱ་བ་བཞུགས་སོ། །..................................................(༦༡༠)

༄༅། །རྗེ་བཙུན་བླ་མ་བློ་བཟང་རྣམ་རྒྱལ་གྱི་རྣམ་ཐར་གསོལ་འདེབས་ཞེས་བྱ་བ་བཞུགས་སོ། །......(༦༡༡)

༄༅། །རྗེ་བཙུན་ཙོང་ཁ་པ་ཆེན་པོའི་རྣམ་ཐར་རས་བྲིས་ཀྱི་ཚུལ་བཀྲ་ང་གསུམ་པ་ཙོཏྲ་མ་ཊིའི་ཕྲེང་བ་ཐུབ་བསྟན་རྒྱས་བྱེད་ཕན་བདེའི་རོལ་མཚོ་ཆེན་པོ་ཞེས་བྱ་བ་བཞུགས་སོ། །..................................(༦༡༡)

༄༅། །མཉམ་མེད་ཙོང་ཁ་པ་ཆེན་པོའི་རྣམ་ཐར་གསོལ་འདེབས་དང་བླ་མའི་རྣལ་འབྱོར། ཞལ་གདམས་སྐོར་ཕྱོགས་གཅིག་ཏུ་བསྒོམས་པ་ཞེས་བྱ་བ་བཞུགས་སོ། །..................................................(༦༡༡)

༄༅། །བསྟུང་བར་གནས་པའི་ལོ་རྒྱུས་ཞེས་བྱ་བ་བཞུགས་སོ། །..................................................(༦༡༡)

༄༅། །གཏམ་རྒྱུད་གངས་ཕྲའི་ཆུ་རྒྱུན་ཞེས་བྱ་བ་བཞུགས་སོ། །..................................................(༦༡༡)

༄༅། །རྟེན་འབྲེལ་གྱི་དཀར་ཆག་མི་ཕམ་པདྨ་དཀར་པོས་སྦྱར་བ་ཞེས་བྱ་བ་བཞུགས་སོ། །..................(༦༡༢)

༄༅། །རྟེན་གསུམ་བཞེངས་པའི་དཀར་ཆག་དང་། སྔོན་དར་ཕུལ་བའི་སྐོར་རྣམས་ཞེས་བྱ་བ་བཞུགས་སོ། །..................................................(༦༡༢)

༄༅། །སྟོན་མཆོག་གང་ལས་བྱོན་པའི་ཤཱཀྱ་རྣམས་ཀྱི་སྔོན་རབས་གླེང་བའི་ཆོས་གཏམ་དབྱངས་ཀྱི་རྒྱལ་མོའི་མགྲིན་གླུ་ཞེས་བྱ་བ་བཞུགས་སོ། །................(༦༡༢)

༄༅། །སྟོན་པ་བཅོམ་ལྡན་འདས་ཀྱིས་ཆོ་འཕྲུལ་ཆེན་པོ་བསྟན་པའི་མཛད་པ་ཕྱོགས་ཙམ་སྨོས་པ་ཡ་མཚན་སྣང་བ་ཞེས་བྱ་བ་བཞུགས་སོ། །........(༦༡༢)

༄༅། །སྟོན་པ་མཆོག་གི་སྐྱེས་རབས་སོ་བཞི་པའི་སྣང་བརྙན་ཇི་ལྟར་བཞེངས་པའི་ཚུལ་ཅུང་ཟད་བཀོད་པ་ཟླ་ཤེལ་གསར་པའི་མྱུ་གུ་ཞེས་བྱ་བ་བཞུགས་སོ། །..................................................(༦༡༢)

༄༅། །སྡེ་བདུན་མདོ་དང་བཅས་པའི་དགོངས་པ་ཕྱིན་ཅི་མ་ལོག་པར་འགྲེལ་པ་ཚད་མ་རིགས་པའི་གཏེར་གྱི་དོན་གསལ་བར་བྱེད་པ་ཞེས་བྱ་བ་བཞུགས་སོ། །……(༦༣༣)

༄༅། །བསྡུས་གྲྭའི་དགག་སྒྲུབ་ལེགས་བཤད་མཁས་པའི་ཡིད་འཕྲོག་ཅེས་བྱ་བ་འཇམ་མགོན་བླ་མ་ངག་དབང་བཀྲ་ཤིས་དཔལ་བཟང་པོས་མཛད་པ་བཞུགས་སོ། །……(༦༣༣)

༄༅། །བསྡུས་གྲྭའི་རྣམ་བཞག་ལེགས་པར་བཤད་པ་ཞེས་བྱ་བ་བཞུགས་སོ། །……(༦༣༣)

༄༅། །བསྡུས་གྲྭའི་རྩ་ཚིག་དྭངས་གསལ་མེ་ལོང་ཞེས་བྱ་བ་བཞུགས་སོ། །……(༦༣༣)

༄༅། །བསྡུས་སྦྱོར་སྙིང་པོ་ཀུན་བསྡུས་རིགས་པའི་མཛོད་ཀྱི་དགོངས་དོན་གསལ་བར་བྱེད་པ་ཀུན་གསལ་མེ་ལོང་ཞེས་བྱ་བ་བཞུགས་སོ། །……(༦༣༤)

༄༅། །བསྡུས་རྩའི་འགྲེལ་པ་རིགས་ལམ་སྒོ་འབྱེད་ཅེས་བྱ་བ་བཞུགས་སོ། །……(༦༣༤)

༄༅། །བསྡུས་ཚན་རྩོད་རིག་སྨྲ་བའི་སྒོ་འབྱེད་ཅེས་བྱ་བ་བཞུགས་སོ། །……(༦༣༤)

༄༅། །རྣམ་འགྲེལ་གྱི་བསྡུས་དོན་ཐར་ལམ་གྱི་དེ་ཉིད་གསལ་བྱེད་ཅེས་བྱ་བ་བཞུགས་སོ། །……(༦༣༤)

༄༅། །རྣམ་འགྲེལ་གྱི་རྣམ་བཤད་རིགས་པའི་རྒྱ་མཚོའི་མགོ་འཛུག་བར་གསུམ་གྱི་སླན་ངག་གི་ཚིག་འགྲེལ་རིན་པོ་ཆེའི་སྒྲོན་མེ་ཞེས་བྱ་བ་བཞུགས་སོ། །(༦༣༤)

༄༅། །རྣམ་འགྲེལ་མཆོད་བརྗོད་ཀྱི་འགྲེལ་པ་ཞེས་བྱ་བ་བཞུགས་སོ། །……(༦༣༥)

༄༅། །རྣམ་འགྲེལ་སྤྱི་དོན་རྩོམ་འཕྲོ་བཞུགས་སོ། །.(༦༣༥)

༄༅། །རྣམ་འགྲེལ་ལ་བརྟེན་ནས་ལྷ་ཁྲིད་ཅེས་བྱ་བ་བཞུགས་སོ། །……(༦༣༥)

༄༅། །རྣམ་འགྲེལ་ལ་སློབ་གཉེར་བྱེད་ཚུལ་ཞེས་བྱ་བ་བཞུགས་སོ། །……(༦༣༥)

༄༅། །རྣམ་འགྲེལ་ལེའུ་གཉིས་པའི་ཚད་མའི་དཀའ་གནས་ཀྱི་བྲུར་བཀོལ་མདོར་བསྡུས་ཞེས་བྱ་བ་བཞུགས་སོ། །……(༦༣༥)

༄༅། །རྣམ་འགྲེལ་ལེའུ་དང་པོ་དང་། ལེའུ་གཉིས་པའི་ས་བཅད་ཅེས་བྱ་བ་བཞུགས་སོ། །……(༦༣༦)

༄༅། །བློ་རིག་གི་རྣམ་བཞག་ཉུང་གསལ་ལེགས་བཤད་གསེར་གྱི་ཕྲེང་མཛེས་ཞེས་བྱ་བ་བཞུགས་སོ། །……(༦༣༦)

༄༅། །ཚད་ཆུང་མིག་གི་སྒྲོན་མེ་ཞེས་བྱ་བ་བཞུགས་སོ། །……(༦༣༦)

༄༅། །ཚད་འབྲས་ཀྱི་རྣམ་གཞག་ཆེན་མོ་བཞུགས་པའི་དབུ་ཕྱོགས་སོ། །……(༦༣༦)

༄༅། །ཚད་འབྲས་གཉིས་པའི་གསུང་རྒྱུན་ཞེས་བྱ་བ་བཞུགས་སོ། །……(༦༣༦)

༄༅། །ཚད་མ་ཀུན་ལས་བཏུས་པའི་མཆན་འགྲེལ་རིག་ལམ་རབ་གསལ་སྣང་བ་ཞེས་བྱ་བ་བཞུགས་སོ། །……(༦༣༧)

༄༅། །ཚད་མ་གྲུབ་པའི་ལེའུ་བཞུགས་སོ། །……(༦༣༧)

༄༅། །ཚད་མ་མདོ་དང་སྡེ་བདུན་གྱི་དོན་གཏན་ལ་ཕབ་པའི་བསྟན་བཅོས་རྗེ་བཙུན་འཇམ་པའི་དབྱངས་ཀྱི་དགོངས་དོན་ཞེས་བྱ་བ་བཞུགས་སོ། །……(༦༣༧)

༄༅། །ཚད་མ་མདོའི་རྣམ་བཤད་རྒྱལ་ཚབ་ཆོས་རྗེས་མཛད་པ་བཞུགས་སོ། །……(༦༣༧)

༄༅། །ཚད་མ་སྡེ་བདུན་གྱི་སྙིང་ནོར་ཞེས་བྱ་བ་བཞུགས་སོ། །……(༦༣༧)

༄༅། །ཚད་མ་རྣམ་འགྲེལ་གྱི་འགྲེལ་པ་ལེགས་པར་བཤད་པའི་སྙིང་པོ་ཞེས་བྱ་བ་བཞུགས་སོ། །……(༦༣༨)

༄༅། །ཚད་མ་རིགས་པའི་གཏེར་ལ་ཉེ་བར་མཁོ་བ་མཐའ་གཉིས་གསལ་བ་ཞེས་བྱ་བ་བཞུགས་སོ། །.....(༦༦༢)

༄༅། །ཚད་མའི་བསྟན་བཅོས་ལ་མ་གོ་བ་བརྒྱ་རྩ་ཞེས་བྱ་བ་བཞུགས་སོ། །......................................(༦༦༢)

༄༅། །ཚད་མའི་མཐའ་དཔྱོད་ཐར་ལམ་རབ་གསལ་ཚད་མའི་འོད་བརྒྱ་འབར་བ་ལས་ལེའུ་གཉིས་པའི་མཐའ་དཔྱོད་བློ་གསལ་མགུལ་རྒྱན་སྐལ་བཟང་འཇུག་ངོགས་ཞེས་བྱ་བ་བཞུགས་སོ། །..........(༦༦༢)

༄༅། །ཚད་མའི་མདོ་སྡེ་བདུན་དང་བཅས་པའི་སྤྱི་དོན་རིགས་པའི་སྙིང་པོ་ཞེས་བྱ་བ་་བཞུགས་སོ། །(༦༦༢)

༄༅། །ཚད་མའི་ཡུལ་དང་བྱེད་པ་བརྟག་པ་ཞེས་བྱ་བ་བཞུགས་སོ། །..............................................(༦༦༢)

༄༅། །ཚད་མའི་ལམ་ཁྲིད་རྒྱལ་ཚབ་དར་མ་རིན་ཆེན་གྱིས་མཛད་པ་ཞེས་བྱ་བ་བཞུགས་སོ། །........(༦༦༣)

༄༅། །ཚད་མའི་ལམ་ཁྲིད་རིམ་པའི་སྒོ་བརྒྱ་འབྱེད་པའི་ལྡེ་མིག་ཅེས་བྱ་བ་བཞུགས་སོ། །........................(༦༦༣)

༄༅། །ཚད་མའི་ལམ་བསྡིགས་ཆོས་ཀྱི་རྒྱལ་པོ་ཙོང་ཁ་པ་ཆེན་པོས་མཛད་པ་ཞེས་བྱ་བ་བཞུགས་སོ། །....(༦༦༣)

༄༅། །ཚད་མའི་ལམ་བསྡིགས་ཆོས་ཀྱི་རྒྱལ་པོ་ཙོང་ཁ་པ་ཆེན་པོས་མཛད་པ་ཞེས་བྱ་བ་བཞུགས་སོ། །.....(༦༦༣)

༄༅། །རང་དོན་རྗེས་དཔག་གི་རྟེན་གཏན་ཚིགས་གསལ་བར་བྱེད་པའི་བསྟན་བཅོས་རིགས་པའི་སྒྲོན་མེ་ཞེས་བྱ་བ་བཞུགས་སོ། །........................................(༦༦༣)

༄༅། །རིགས་ལམ་སྤྱི་ཡི་རྣམ་གཞག་ལེགས་བཤད་ཉི་མའི་འོད་ཟེར་ཞེས་བྱ་བ་བཞུགས་སོ། །.........(༦༦༦)

༄༅། །ལེགས་བཤད་ཉི་མའི་འོད་ཟེར་ལས་གཏན་ཚིགས་འཁོར་ལོའི་གཞུང་གསུམ་གསལ་བྱེད་ཅེས་བྱ་བ་བཞུགས་སོ། །..........................................................(༦༦༦)

༄༅། །སེམས་དང་སེམས་བྱུང་གི་ཚུལ་རྣམ་པར་བཤད་པའི་སྡོམ་ཚིག་རིན་པོ་ཆེའི་ཕྲེང་བ་ཞེས་བྱ་བ་བཞུགས་སོ། །..........................................................(༦༦༦)

༄༅། ཕར་ཕྱིན་གྱི་སྐོར། །..............................................(༦༦༦)

༄༅། །རྗེ་འཇམ་དབྱངས་བཞད་པའི་ཕར་ཕྱིན་སྐབས་དང་པོའི་བར་སྐབས་ཚིགས་བཅད་ཀྱི་འགྲེལ་པ་ཞེས་བྱ་བ་བཞུགས་སོ། །.................................(༦༦༦)

༄༅། །རྗེ་འཇམ་དབྱངས་བཞད་པའི་ཕར་ཕྱིན་སྐབས་གཉིས་དང་གསུམ་པའི་བར་སྐབས་ཚིགས་བཅད་ཀྱི་འགྲེལ་པ་ཞེས་བྱ་བ་་བཞུགས་སོ། །..........(༦༦༦)

༄༅། །རྗེ་འཇམ་དབྱངས་བཞད་པའི་ཕར་ཕྱིན་སྐབས་བཞི་པའི་བར་སྐབས་ཚིགས་བཅད་ཀྱི་འགྲེལ་པ་ཞེས་བྱ་བ་བཞུགས་སོ། །..................................(༦༦༥)

༄༅། །རྗེ་འཇམ་དབྱངས་བཞད་པའི་ཕར་ཕྱིན་སྐབས་ལྔ་པའི་བར་སྐབས་ཚིགས་བཅད་ཀྱི་འགྲེལ་པ་ཞེས་བྱ་བ་བཞུགས་སོ། །..........................................(༦༦༥)

༄༅། །རྗེ་འཇམ་དབྱངས་བཞད་པའི་ཕར་ཕྱིན་སྐབས་དྲུག་པའི་བར་སྐབས་ཚིགས་བཅད་ཀྱི་འགྲེལ་པ་ཞེས་བྱ་བ་བཞུགས་སོ། །..................................(༦༦༥)

༄༅། །རྗེ་འཇམ་དབྱངས་བཞད་པའི་ཕར་ཕྱིན་སྐབས་བདུན་པའི་བར་སྐབས་ཚིགས་བཅད་ཀྱི་འགྲེལ་པ་ཞེས་བྱ་བ་བཞུགས་སོ། །..................................(༦༦༥)

༄༅། །རྗེ་འཇམ་དབྱངས་བཞད་པའི་ཕར་ཕྱིན་སྐབས་བརྒྱད་པའི་བར་སྐབས་ཚིགས་བཅད་ཀྱི་འགྲེལ་པ་ཞེས་བྱ་བ་བཞུགས་སོ། །..................................(༦༦༥)

༄༅། །རྗེ་འཇམ་དབྱངས་བཞད་པའི་ཕར་ཕྱིན་མཐའ་དཔྱོད་ཀྱི་མཆོད་བརྗོད་ཀྱི་འགྲེལ་པ་གསལ་བའི་མེ་ལོང་ཞེས་བྱ་བ་བཞུགས་སོ། །........................(༦༦༦)

༄༅། །ཤེས་རབ་ཀྱི་ཕ་རོལ་ཏུ་ཕྱིན་པ་སྟོང་ཕྲག་བརྒྱ་པའི་རྣམ་འགྲེལ་ཞེས་བྱ་བ་བཞུགས་སོ། །............(༥༥༡)

༄༅། །ཤེས་རབ་ཀྱི་ཕ་རོལ་ཏུ་ཕྱིན་པ་ཡུམ་རྒྱས་པའི་ལུང་གི་བརྒྱུད་འདེབས་རིན་ཆེན་ཕྲེང་བ་ཞེས་བྱ་བ་བཞུགས་སོ། །..........................................(༥༥༡)

༄༅། །ཤེས་རབ་ཀྱི་ཕ་རོལ་ཏུ་ཕྱིན་པའི་སྙིང་པོ་གཙོད་ཡུལ་སྣན་ཐོག་གཅིག་མ་དངོས་གྲུབ་ཀུན་འབྱུང་ཞེས་བྱ་བ་བཞུགས་སོ། །..................................(༥༥༡)

༄༅། །ཤེས་རབ་ཀྱི་ཕ་རོལ་ཏུ་ཕྱིན་པའི་སྙིང་པོའི་ཚིག་དོན་ཟུང་ཟད་འགྲེལ་པ་ཙུང་ཙམ་རྣམ་གསལ་ཞེས་བྱ་བ་བཞུགས་སོ། །..........................................(༥༥༡)

༄༅། །ཤེས་རབ་ཀྱི་ཕ་རོལ་ཏུ་ཕྱིན་པའི་དོན་བཤད་པ་ཐེག་ཆེན་ལམ་བཟང་གསལ་བའི་སྒྲོན་མེ་ཞེས་བྱ་བ་བཞུགས་སོ། །..........................................(༥༥༡)

༄༅། །ཤེས་རབ་ཀྱི་ཕ་རོལ་ཏུ་ཕྱིན་པའི་སྤྱོད་ཡུལ་དུ་སེང་གེ་རྣམ་པར་རྩེ་བ་ཞེས་བྱ་བ་བཞུགས་སོ། །..(༥༥༢)

༄༅། །ཤེས་རབ་ཀྱི་ཕ་རོལ་ཏུ་ཕྱིན་པའི་ལུང་ཆོས་མཐའ་དག་གི་བདུད་རྩིའི་སྙིང་པོར་གྱུར་པ་གང་ལ་ལྡན་པའི་གཞི་རྗེ་བཙུན་མཆོག་ཏུ་དགྱེས་པར་ངལ་གསོ་བའི་ཡོངས་འདུ་ས་བརྟོལ་གྱི་ལྡོན་པ་རྒྱས་པ་ཞེས་བྱ་བ་བཞུགས་སོ། །........................................(༥༥༢)

༄༅། །ཤེས་རབ་ཀྱི་ལེའུའི་ཚིག་དོན་གོ་སླ་བར་རྣམ་པར་བཤད་པ་ནོར་བུ་ཀེ་ཏ་ཀ་ཞེས་བྱ་བ་བཞུགས་སོ། །..........(༥༥༢)

༄༅། །ཤེས་རབ་སྙིང་པོའི་འགྲེལ་པ་དོན་གསལ་ནོར་བུའི་འོད་ཅེས་བྱ་བ་བཞུགས་སོ། །........................(༥༥༢)

༄༅། །ཤེས་རབ་སྙིང་པོའི་མཆན་འགྲེལ་ཟབ་དོན་གསལ་བའི་སྙིང་པོ་ཞེས་བྱ་བ་བཞུགས་སོ། །............(༥༥༢)

༄༅། །ཤེས་རབ་སྙིང་པོའི་རྣམ་བཤད་ཀླུ་སྒྲུབ་ཀྱི་དགོངས་པ་གསལ་བར་བསྟན་པ་ཞེས་བྱ་བ་བཞུགས་སོ། །..(༥༥༣)

༄༅། །ཤེས་རབ་སྙིང་པོའི་རྣམ་བཤད་ཟབ་མོའི་དེ་ཁོ་ན་ཉིད་གསལ་བར་བྱེད་པའི་ཉི་མ་ཞེས་བྱ་བ་བཞུགས་སོ། །..............................................(༥༥༣)

༄༅། །ཤེས་རབ་སྙིང་པོའི་རྣམ་བཤད་ཡུམ་དོན་རབ་གསལ་ཞེས་བྱ་བ་བཞུགས་སོ། །....................(༥༥༣)

༄༅། །ཤེས་རབ་བློ་འཕེལ་གྱི་གཟུངས་ཀྱི་འགྲེལ་པ་ཞེས་བྱ་བ་བཞུགས་སོ། །.............................................(༥༥༣)

༄༅། །དབུ་མའི་སྐོར། །.............................................(༥༥༣)

༄༅། །ཀུན་མཁྱེན་འཇམ་དབྱངས་བཞད་པའི་རྡོ་རྗེའི་དབུ་མའི་མཐའ་དཔྱོད་ཀྱི་སྔོན་ཚིག་གི་འགྲེལ་ཆུང་ཞིག་བཞུགས། །..............................................(༥༥༣)

༄༅། །གྲུབ་མཐའ་ཆེན་མོའི་མཆན་འགྲེལ་དཀའ་གནད་མདུད་གྲོལ་བློ་གསལ་གཅེས་ནོར་ཞེས་བྱ་བ་ལས་དབུ་མ་ཐལ་རང་གི་སྐབས་བཞུགས་སོ། །....(༥༥༤)

༄༅། །སྒོམ་སྡེ་ནམ་མཁའ་རྒྱལ་མཚན་གྱི་དབུ་མའི་པར་བྱང་ཞེས་བྱ་བ་བཞུགས་སོ། །........................(༥༥༤)

༄༅། །ངེས་དོན་དབུ་མ་ཆེན་པོ་ལ་འཁྲུལ་རྟོག་ཉེར་གསུམ་གྱི་འབུར་འཇོམས་པ་ལེགས་བཤད་ཀྱི་ཐོ་བ་ཞེས་བྱ་བ་བཞུགས་སོ། །................................(༥༥༤)

༄༅། །རྗེ་བཙུན་ཐམས་ཅད་མཁྱེན་པའི་གསུང་འབུམ་ཐོར་བུ་བ་ལས་དབུ་མ་ལ་འཇུག་པའི་རྣམ་བཤད་དགོངས་པའི་དོན་རབ་ཏུ་གསལ་བའི་རྒྱན་ཞེས་བྱ་བ་བཞུགས་སོ། །..............................................(༥༥༤)

༄༅། །བསྟན་བཅོས་ཆེན་པོ་དབུ་མ་ལ་འཇུག་པའི་བརྗེད་བྱང་མཐར་འཛིན་ཚ་གདུང་སེལ་བའི་ཟླ་བའི་འོད་ཟེར་ཞེས་བྱ་བ་བཞུགས་སོ། །........................(༥༥༤)

༄། །མངོན་པར་རྟོགས་པའི་ཐོ་ཡིག་ཅེས་བྱ་བ་བཞུགས་སོ། །……………………(༦༧༦)

༄། །མངོན་པར་རྟོགས་པའི་རིམ་པ་ཉམས་སུ་ལེན་ཚུལ་ཐེག་མཆོག་སྒོ་འབྱེད་ཅེས་བྱ་བ་བཞུགས་སོ། །……………………(༦༧༦)

༄། །བསྟན་བཅོས་མངོན་རྟོགས་རྒྱན་གྱི་འགྲེལ་པ་ཕར་ཕྱིན་གཞུང་བརྒྱ་གསལ་བའི་སྒྲོན་མེ་ཞེས་བྱ་བ་བཞུགས་སོ། །……………………(༦༧༦)

༄། །བསྟན་བཅོས་མངོན་རྟོགས་རྒྱན་རྩ་འགྲེལ་རྣམས་གསལ་བར་བྱེད་པ་བློ་བཟང་དགོངས་རྒྱན་གདོང་ལྔའི་དབང་པོའི་སྒྲ་དབྱངས་ལས་སྐབས་དང་པོའི་ཚིག་དོན་མཐའ་དཔྱོད་ཅེས་བྱ་བ་བཞུགས་སོ། །……………………(༦༧༦)

༄། །བསྟན་བཅོས་མངོན་རྟོགས་རྒྱན་རྩ་འགྲེལ་རྣམས་གསལ་བར་བྱེད་པ་བློ་བཟང་དགོངས་རྒྱན་གདོང་ལྔའི་དབང་པོའི་སྒྲ་དབྱངས་ལས་སྐབས་གཉིས་པའི་ཚིག་དོན་མཐའ་དཔྱོད་ཅེས་བྱ་བ་བཞུགས་སོ། །……………………(༦༧༧)

༄། །བསྟན་བཅོས་མངོན་པར་རྟོགས་པའི་རྒྱན་རྩ་འགྲེལ་རྣམས་གསལ་བར་བྱེད་པ་བློ་བཟང་དགོངས་རྒྱན་གདོང་ལྔའི་དབང་པོའི་སྒྲ་དབྱངས་ལས་སྐབས་གསུམ་པའི་ཚིག་དོན་མཐའ་དཔྱོད་ཅེས་བྱ་བ་བཞུགས་སོ། །……………………(༦༧༧)

༄། །བསྟན་བཅོས་མངོན་པར་རྟོགས་པའི་རྒྱན་རྩ་འགྲེལ་རྣམས་གསལ་བར་བྱེད་པ་བློ་བཟང་དགོངས་རྒྱན་གདོང་ལྔའི་དབང་པོའི་སྒྲ་དབྱངས་ལས་སྐབས་བཞི་པའི་ཚིག་དོན་མཐའ་དཔྱོད་ཅེས་བྱ་བ་བཞུགས་སོ། །……………………(༦༧༧)

༄། །བསྟན་བཅོས་མངོན་རྟོགས་རྒྱན་རྩ་འགྲེལ་རྣམས་གསལ་བར་བྱེད་པ་བློ་བཟང་དགོངས་རྒྱན་གདོང་ལྔའི་དབང་པོའི་སྒྲ་དབྱངས་ལས་སྐབས་ལྔ་པའི་ཚིག་དོན་མཐའ་དཔྱོད་ཅེས་བྱ་བ་བཞུགས་སོ། །……………………(༦༧༧)

༄། །བསྟན་བཅོས་མངོན་རྟོགས་རྒྱན་རྩ་འགྲེལ་རྣམས་གསལ་བར་བྱེད་པ་བློ་བཟང་དགོངས་རྒྱན་གདོང་ལྔའི་དབང་པོའི་སྒྲ་དབྱངས་ལས་སྐབས་བདུན་དང་སྐབས་བརྒྱད་པའི་ཚིག་དོན་མཐའ་དཔྱོད་ཅེས་བྱ་བ་བཞུགས་སོ། །……………………(༦༧༨)

༄། །བསྟན་བཅོས་མངོན་རྟོགས་རྒྱན་ཚིག་དོན་གྱི་སྒོ་ནས་བཤད་པ་བྱམས་མགོན་ཞལ་ལུང་ཞེས་བྱ་བ་བཞུགས་སོ། །……………………(༦༧༨)

༄། །བསྟན་བཅོས་མངོན་རྟོགས་རྒྱན་གྱི་འགྲེལ་གྱི་མཐའ་དཔྱོད་ཤེས་རབ་ཀྱི་ཕ་རོལ་ཏུ་ཕྱིན་པའི་དོན་ཀུན་གསལ་བའི་རིན་ཆེན་སྒྲོན་མེ་ཞེས་བྱ་བ་བཞུགས་སོ། །……………………(༦༧༨)

༄། །བསྟན་བཅོས་མངོན་པར་རྟོགས་པའི་རྒྱན་གྱི་འགྲེལ་ཆུང་དོན་གསལ་བའི་མཆན་འགྲེལ་ཀུན་བཟང་ཞིང་གི་ཉི་མ་ཐར་འདོད་མུན་སེལ་ལས་སྐབས་དང་པོའི་མཆན་འགྲེལ་ཞེས་བྱ་བ་བཞུགས་སོ། །……………………(༦༧༨)

༄། །བསྟན་བཅོས་མངོན་པར་རྟོགས་པའི་རྒྱན་གྱི་འགྲེལ་ཆུང་དོན་གསལ་བའི་མཆན་འགྲེལ་ཀུན་བཟང་ཞིང་གི་ཉི་མ་ཐར་འདོད་མུན་སེལ་ལས་སྐབས་གཉིས་པའི་མཆན་འགྲེལ་ཞེས་བྱ་བ་བཞུགས་སོ། །……………………(༦༧༩)

༄། །བསྟན་བཅོས་མངོན་པར་རྟོགས་པའི་རྒྱན་གྱི་འགྲེལ་ཆུང་དོན་གསལ་བའི་མཆན་འགྲེལ་ཀུན་བཟང་ཞིང་གི་ཉི་མ་ཐར་འདོད་མུན་སེལ་ལས་སྐབས་གསུམ་པའི་མཆན་འགྲེལ་ཞེས་བྱ་བ་བཞུགས་སོ། །......(༧༩)

༄། །བསྟན་བཅོས་མངོན་པར་རྟོགས་པའི་རྒྱན་གྱི་འགྲེལ་ཆུང་དོན་གསལ་བའི་མཆན་འགྲེལ་ཀུན་བཟང་ཞིང་གི་ཉི་མ་ཐར་འདོད་མུན་སེལ་ལས་སྐབས་བཞི་པའི་མཆན་འགྲེལ་ཞེས་བྱ་བ་བཞུགས་སོ། །......(༧༩)

༄། །བསྟན་བཅོས་མངོན་པར་རྟོགས་པའི་རྒྱན་གྱི་འགྲེལ་ཆུང་དོན་གསལ་བའི་མཆན་འགྲེལ་ཀུན་བཟང་ཞིང་གི་ཉི་མ་ཐར་འདོད་མུན་སེལ་ལས་སྐབས་ལྔ་པའི་མཆན་འགྲེལ་ཞེས་བྱ་བ་བཞུགས་སོ། །......(༧༩)

༄། །བསྟན་བཅོས་མངོན་པར་རྟོགས་པའི་རྒྱན་གྱི་འགྲེལ་ཆུང་དོན་གསལ་བའི་མཆན་འགྲེལ་ཀུན་བཟང་ཞིང་གི་ཉི་མ་ཐར་འདོད་མུན་སེལ་ལས་སྐབས་དྲུག་པ་དང་བདུན་པ་གཉིས་ཀྱི་མཆན་འགྲེལ་ཞེས་བྱ་བ་བཞུགས་སོ། །......(༨༠)

༄། །བསྟན་བཅོས་མངོན་པར་རྟོགས་པའི་རྒྱན་གྱི་འགྲེལ་ཆུང་དོན་གསལ་བའི་མཆན་འགྲེལ་ཀུན་བཟང་ཞིང་གི་ཉི་མ་ཐར་འདོད་མུན་སེལ་ལས་སྐབས་བརྒྱད་པའི་མཆན་འགྲེལ་ཞེས་བྱ་བ་བཞུགས་སོ། །......(༨༠)

༄། །བསྟན་བཅོས་མངོན་པར་རྟོགས་པའི་རྒྱན་གྱི་འགྲེལ་པའི་སྟོན་དུ་འགྲོ་བ་སྤྱིའི་རྣམ་བཞག་ཐུང་ཟད་བཀོད་པ་ཞེས་བྱ་བ་བཞུགས་སོ། །......(༨༠)

༄། །བསྟན་བཅོས་མངོན་པར་རྟོགས་པའི་རྒྱན་གྱི་ཚིག་གིས་མཚམས་རྣམ་པར་བཅད་པ་གཞུང་དོན་ལྟ་བའི་མིག་འབྱེད་ཅེས་བྱ་བ་བཞུགས་སོ། །......(༨༠)

༄། །ཤེར་ཕྱིན་མངོན་རྟོགས་རྒྱན་གྱི་འགྲེལ་པ་རིན་པོ་ཆེའི་ཕྲེང་བ་བློ་གསལ་མགུལ་རྒྱན་ལས། གླེགས་བམ་གཉིས་པ་རྣམ་མཁྱེན་ཆེད་དུ་བྱ་བ་སོགས་བཤད་པའི་སྐབས་བཞུགས་སོ། །......(༨༡)

༄། །ཤེར་ཕྱིན་མངོན་རྟོགས་རྒྱན་གྱི་འགྲེལ་པ་རིན་པོ་ཆེའི་ཕྲེང་བ་བློ་གསལ་མགུལ་རྒྱན་ལས། གླེགས་བམ་གཉིས་པ་ལམ་ཤེས་བཤད་པའི་སྐབས་བཞུགས་སོ། །......(༨༡)

༄། །ཤེར་ཕྱིན་མངོན་རྟོགས་རྒྱན་གྱི་འགྲེལ་པ་རིན་པོ་ཆེའི་ཕྲེང་བ་བློ་གསལ་མགུལ་རྒྱན་ལས། གླེགས་བམ་གསུམ་པ་རྣམ་རྫོགས་སྦྱོར་བ་བཤད་པའི་སྐབས་བཞུགས་སོ། །......(༨༡)

༄། །ཤེར་ཕྱིན་མངོན་རྟོགས་རྒྱན་གྱི་འགྲེལ་པ་རིན་པོ་ཆེའི་ཕྲེང་བ་བློ་གསལ་མགུལ་རྒྱན་ལས། གླེགས་བམ་གསུམ་པ་གཞི་ཤེས་བཤད་པའི་སྐབས་བཞུགས་སོ། །......(༨༡)

༄། །ཤེར་ཕྱིན་མངོན་རྟོགས་རྒྱན་གྱི་འགྲེལ་པ་རིན་པོ་ཆེའི་ཕྲེང་བ་བློ་གསལ་མགུལ་རྒྱན་ལས། གླེགས་བམ་བཞི་པ་ཆོས་སྐུ་བཤད་པའི་སྐབས་བཞུགས་སོ། །......(༨༢)

༄། །ཤེར་ཕྱིན་མངོན་རྟོགས་རྒྱན་གྱི་འགྲེལ་པ་རིན་པོ་ཆེའི་ཕྲེང་བ་བློ་གསལ་མགུལ་རྒྱན་ལས། གླེགས་བམ་བཞི་པ་བསྡུ་སྦྱོར་སོགས་བཤད་པའི་སྐབས་བཞུགས་སོ། །......(༨༢)

༄། །ཞེར་ཕྱིན་མངོན་རྟོགས་རྒྱན་གྱི་འགྲེལ་པ་ཟབ་དོན་རིན་པོ་ཆེའི་བང་མཛོད་ལས། གླེགས་བམ་དྲུག་པ་རྗེན་ཕྱིར་མི་ལྡོག་པའི་དགེ་འདུན་བཤད་པའི་སྐབས་ཡན་ཆད་བཞུགས་སོ། །......................(༤༤༢)

༄། །ཞེར་ཕྱིན་མངོན་རྟོགས་རྒྱན་གྱི་འགྲེལ་པ་ཟབ་དོན་རིན་པོ་ཆེའི་བང་མཛོད་ལས། གླེགས་བམ་དྲུག་པ་རྗེན་ཕྱིར་མི་ལྡོག་པའི་དགེ་འདུན་བཤད་པའི་སྐབས་ཡན་ཆད་བཞུགས་སོ། །......................(༤༤༢)

༄། །ཞེར་ཕྱིན་མངོན་རྟོགས་རྒྱན་གྱི་མཆན་འགྲེལ་བཻཌཱུ་རྱ་ཀའི་དོ་ཤལ་ཞེས་བྱ་བ་བཞུགས་སོ། །........(༤༤༢)

༄། །ཞེར་ཕྱིན་མངོན་པར་རྟོགས་པའི་རྒྱན་གྱི་བསྡུས་དོན་ས་བཅད་ཅེས་བྱ་བ་བཞུགས་སོ། །.........(༤༤༢)

༄། །ཞེས་ཕྱིན་སྟོང་ཕྲག་བརྒྱད་པ་དང་མངོན་རྟོགས་རྒྱན་སྦྱར་ཏེ་བྱང་ཆུབ་ལམ་གྱི་རིམ་པའི་གནད་རྣམས་གསལ་བར་སྟོན་པའི་མན་ངག་ཤེས་ཕྱིན་གསལ་བའི་སྒྲོན་མེ་ཞེས་བྱ་བ་བཞུགས་སོ། །..........................................................(༤༤༣)

༄། །ཤེས་རབ་ཀྱི་ཕ་རོལ་ཏུ་ཕྱིན་པའི་མན་ངག་གི་བསྟན་བཅོས་མངོན་པར་རྟོགས་པའི་རྒྱན་གྱི་འགྲེལ་པ་དང་བཅས་པའི་གནས་རྣམ་པར་བཤད་པ་ཡུམ་དོན་རབ་གསལ་ཞེས་བྱ་བ་བཞུགས་སོ། །..........................................................(༤༤༣)

༄། །ཤེས་རབ་ཀྱི་ཕ་རོལ་ཏུ་ཕྱིན་པའི་མན་ངག་གི་བསྟན་བཅོས་མངོན་པར་རྟོགས་པའི་རྒྱན་གྱི་འགྲེལ་པ་དང་བཅས་པ་ལེགས་པར་བཤད་པ་རིན་པོ་ཆེའི་བང་མཛོད་ཅེས་བྱ་བ་བཞུགས་སོ། །(༤༤༣)

༄། །ཤེས་རབ་ཀྱི་ཕ་རོལ་ཏུ་ཕྱིན་པའི་མན་ངག་གི་བསྟན་བཅོས་མངོན་པར་རྟོགས་པའི་རྒྱན་གྱི་འགྲེལ་པ་དོན་གསལ་བ་དང་བཅས་པའི་སྙིང་པོའི་གསལ་བྱེད་ཡིད་ཀྱི་མུན་སེལ་ཞེས་བྱ་བ་བཞུགས་སོ། །..........................................................(༤༤༣)

༄། །ཤེས་རབ་ཀྱི་ཕ་རོལ་ཏུ་ཕྱིན་པའི་མན་ངག་གི་བསྟན་བཅོས་མངོན་པར་རྟོགས་པའི་རྒྱན་གྱི་འགྲེལ་པ་མདོ་དང་རྩ་བ་དང་འགྲེལ་པ་སོ་སོར་སྦྱར་བའི་གསལ་བྱེད་ཉི་མའི་འོད་ཟེར་ཞེས་བྱ་བ་བཞུགས་སོ། །..........................................................(༤༤༤)

༄། །ཤེས་རབ་ཀྱི་ཕ་རོལ་ཏུ་ཕྱིན་པའི་མན་ངག་གི་བསྟན་བཅོས་མངོན་པར་རྟོགས་པའི་རྒྱན་གྱི་འགྲེལ་པ་མདོ་དང་རྩ་བ་དང་འགྲེལ་པ་སོ་སོར་སྦྱར་བའི་གསལ་བྱེད་ཉི་མའི་འོད་ཟེར་ཞེས་བྱ་བ་བཞུགས་སོ། །..........................................................(༤༤༤)

༄། །ཤེས་རབ་ཀྱི་ཕ་རོལ་ཏུ་ཕྱིན་པའི་མན་ངག་གི་བསྟན་བཅོས་མངོན་པར་རྟོགས་པའི་རྒྱན་གྱི་མཐར་ཐུག་པའི་ལྟ་བ་ཐལ་འགྱུར་དུ་འགྲེལ་ཚུལ་གནད་དོན་གསལ་བའི་ཟླ་ཟེར་ཞེས་བྱ་བ་བཞུགས་སོ། །..........................................................(༤༤༤)

༄། །ཤེས་རབ་ཀྱི་ཕ་རོལ་ཏུ་ཕྱིན་པའི་མན་ངག་གི་བསྟན་བཅོས་མངོན་པར་རྟོགས་པའི་རྒྱན་གྱི་བསྡུས་དོན་ཞིབ་ཏུ་བཀོད་པ་ཞེར་ཕྱིན་མཛོད་བརྒྱ་འབྱེད་པའི་ལྡེ་མིག་ཅེས་བྱ་བ་བཞུགས་སོ། །.(༤༤༤)

༄། །ཤེས་རབ་ཀྱི་ཕ་རོལ་ཏུ་ཕྱིན་པའི་མན་ངག་གི་བསྟན་བཅོས་མངོན་པར་རྟོགས་པའི་རྒྱན་གྱི་སྤྱི་དོན་ཞེས་བྱ་བ་བཞུགས་སོ། །......................(༤༤༥)

༄། །དམ་པའི་ཆོས་འདུལ་བར་དགེ་སློང་པ་ལ་བཅས་འགལ་དུ་གྱུར་པའི་ཁྲིམས་ཉིས་བརྒྱ་ལྔ་བཅུ་རྩ་གསུམ་ལྟུང་བ་སྡེ་ལྔའི་སྡོམ་གྱི་བསྡུས་ཏེ་གསུངས་པ་སོ་སོའི་ངོ་བོ་དང་བཅས་པ་ཡི་གེ་ཞེས་བྱ་བ་བཞུགས་སོ། །....(༥༤༧)

༄། །འདུལ་བ་གླིང་འབུམ་གྱི་བཏུས་མིང་ཞེས་བྱ་བ་བཞུགས་སོ། །....(༥༤༨)

༄། །འདུལ་བ་དགེ་སློང་མའི་གླིང་འབུམ་ཞེས་བྱ་བ་བཞུགས་སོ། །....(༥༤༨)

༄། །འདུལ་བ་རྒྱ་མཚོའི་སྙིང་པོའི་རྣམ་བཤད་འདུལ་གཞུང་གསལ་བའི་སྒྲོན་མེ་ཞེས་བྱ་བ་བཞུགས་སོ། །....(༥༤༨)

༄། །འདུལ་བ་རྒྱ་མཚོའི་བཤད་ལུང་གི་ཟིན་བྲིས་འཇམ་དབྱངས་ཞལ་ལུང་ཞེས་བྱ་བ་བཞུགས་སོ། །....(༥༤༨)

༄། །འདུལ་བ་མདོ་རྩ་བའི་ཟིན་བྲིས་ཞེས་བྱ་བ་བཞུགས་སོ། །....(༥༤༨)

༄། །འདུལ་བ་མདོའི་རྣམ་པར་འབྱེད་པ་འདུལ་བ་རྒྱ་མཚོའི་སྙིང་པོ་རབ་ཏུ་གསལ་བར་བྱེད་པ་ཞེས་བྱ་བ་བཞུགས་སོ། །....(༥༤༩)

༄། །འདུལ་བ་ནས་བརྩམས་པའི་དྲིས་ལན་ཞེས་བྱ་བ་བཞུགས་སོ། །....(༥༤༩)

༄། །འདུལ་བ་སྤྱིའི་རྣམ་པར་གཞག་པ་འདུལ་བ་རིན་པོ་ཆེའི་མཛེས་རྒྱན་ཞེས་བྱ་བ་ བཞུགས་སོ། །....(༥༤༩)

༄། །འདུལ་བ་པའི་གླིང་འབུམ་ཆེན་མོ་ཞེས་བྱ་བ་བཞུགས་སོ། །....(༥༤༩)

༄། །འདུལ་བ་མི་ཧོག་ཕྲེང་རྒྱུད་ཀྱི་རྣམ་འགྲེལ་ཚིག་དོན་གསལ་བའི་ཉི་འོད་ཅེས་བྱ་བ་བཞུགས་སོ། །....(༥༤༩)

༄། །འདུལ་བ་ལུང་ལས་འཕྲོས་པའི་དོགས་གནས་གསུང་རྒྱུན་ཉེར་མཁོ་ཞེས་བྱ་བ་བཞུགས་སོ། །....(༥༥༠)

༄། །འདུལ་བའི་སྡོམ་ཚིག་གནད་བསྡུས་ནོར་བུའི་ཕྲེང་བ་ཞེས་བྱ་བ་བཞུགས་སོ། །....(༥༥༠)

༄། །འདུལ་བའི་གླིང་འབུམ་གྱི་སྙིང་པོ་བསྡུས་པའི་ཁ་སྐོང་དང་སྟོན་པའི་རྣམ་པར་ཐར་པ་གཉིས་འཕྲུས་ཀྱི་ཚུལ་དུ་བརྗོད་པ་དད་པའི་གསོལ་འདེབས་ཞེས་བྱ་བ་བཞུགས་སོ། །....(༥༥༠)

༄། །འདུལ་བའི་གླིང་འབུམ་ཆེན་མོ་ལས་བྱུང་བའི་མིང་བརྡ་གོ་དཀའ་བ་རྣམས་བཤད་པ་བློ་ལྡན་དགའ་སྐྱེད་ཅེས་བྱ་བ་བཞུགས་སོ། །....(༥༥༠)

༄། །འདུལ་བའི་མདོའི་རྣམ་པར་འབྱེད་པ་འདུལ་བ་རྒྱ་མཚོའི་སྙིང་པོ་རབ་ཏུ་གསལ་བར་བྱེད་པ་ཞེས་བྱ་བ་བཞུགས་སོ། །....(༥༥༠)

༄། །འདུལ་བའི་སྡོམ་ཚིག་གནད་བསྡུས་ནོར་བུའི་ཕྲེང་བ་ཞེས་བྱ་བ་བཞུགས་སོ། །....(༥༥༠)

༄། །འདུལ་བའི་གནད་ལ་དོགས་པ་དཔྱད་པའི་ལེགས་བཤད་ཉི་མའི་འོད་ཟེར་ལས་མཁས་པའི་གཏམ་བྱ་གསང་བ་སྒོ་འབྱེད་ཞེས་བྱ་བ་བཞུགས་སོ། །....(༥༥༡)

༄། །འདུལ་བའི་ཡན་ལག་ལྟུང་བྱེད་འབའ་ཞིག་བས་མ་གོས་པར་བྱེད་ཚུལ་བརྗོད་བྱང་དུ་བྱས་པ་ཞེས་བྱ་བ་བཞུགས་སོ། །....(༥༥༡)

༄། །འདུལ་བའི་ལག་ལེན་གྱི་ཆོ་ག་དྲི་མ་མེད་པའི་ཕྲེང་བ་ཞེས་བྱ་བ་བཞུགས་སོ། །....(༥༥༡)

༄༅། །འདུལ་བའི་བསླབ་བྱའི་གཞུང་ཤིང་ངེས་འབྱུང་སྒོམ་ཚུལ་ཟུར་དུ་རྣམ་གསལ་ལ་སོགས་པ་བཞུགས་སོ། །............(༤༩༣)

༄། །བེ་ཁྲིར་དགའ་ལྡན་ཕན་བདེ་ལེགས་བཤད་གླིང་གི་ཁྲིམས་སུ་བཅའ་བའི་རིམ་པ་ཐར་བའི་ཐེམ་སྐས་ཞེས་བྱ་བ་བཞུགས་སོ། །…………(༥༠༣)

༄། །བྲག་མགོ་དགོན་དགའ་ལྡན་རབ་བརྟན་རྣམ་པར་རྒྱལ་བའི་གླིང་གི་སྤང་བླང་ཀུན་སྤྱོད་ཇི་ལྟར་བྱ་ཚུལ་གྱི་བཅའ་ཡིག་ཅེས་བྱ་བ་བཞུགས་སོ། །…………(༥༠༣)

༄། །དབུས་གཙང་ཀུན་བདེ་ཆོས་འཁོར་གླིང་གི་བཅའ་ཡིག་གི་ཟིན་བྲིས་ཞེས་བྱ་བ་བཞུགས་སོ། །….(༥༠༣)

༄། །དབེན་གནས་དཀར་ཆེན་བྱམས་པ་གླིང་གི་བཅའ་ཡིག་བླང་དོར་ཀུན་གསལ་ཞེས་བྱ་བ་བཞུགས་སོ། །…………(༥༠༣)

༄། །དབེན་གནས་བདེ་ཆེན་ཆོས་གླིང་གི་བསམ་གཏན་པ་རྣམས་ཀྱི་བཅའ་ཁྲིམས་བསྟན་པའི་པད་ཚལ་རྒྱས་པའི་ཉིན་བྱེད་སོགས་བཅའ་ཡིག་ཕྱོགས་གཅིག་ཏུ་བཀོད་པ་ཞེས་བྱ་བ་བཞུགས་སོ། །(༥༠༤)

༄། །ཙན་དུར་དེ་ལིའི་ཏུ་རལ་གྱི་བཅའ་བསྒྲིགས་ཞེས་བྱ་བ་བཞུགས་སོ། །…………(༥༠༤)

༄། །ཡ་ག་ཆོས་སྡིངས་པའི་བཅའ་ཡིག་ཅེས་བྱ་བ་བཞུགས་སོ། །…………(༥༠༤)

༄། །རབ་རྒྱས་ཀུན་དགའ་གླིང་པའི་བཅའ་ཡིག་སོགས་ཞེས་བྱ་བ་བཞུགས་སོ། །…………(༥༠༤)

༄། །ལྷ་མོ་བདེ་ཆེན་ཆོས་འཁོར་གླིང་གི་རྒྱུད་པ་གྲྭ་ཚང་གི་བཅའ་ཁྲིམས་ཀྱི་ཡི་གེ་དྲང་པོའི་གཏམ་གྱི་ཚངས་ཐིག་ཅེས་བྱ་བ་བཞུགས་སོ། །…………(༥༠༤)

༄། །ལམ་རིམ་གྲྭ་ཚང་གི་ཁྲིམས་སུ་བཅའ་བའི་ཡི་གེ་ཞེས་བྱ་བ་བཞུགས་སོ། །…………(༥༠༥)

༄། །ལམ་རིམ་གྲྭ་ཚང་གི་རྩོད་གྲྭའི་འགྲིགས་ཡིག་ཅེས་བྱ་བ་བཞུགས་སོ། །…………(༥༠༤)

༄། །ས་ཕག་རྒྱུད་གྲྭའི་བཅའ་ཡིག་གི་བཤད་པའི་ཟིན་བྲིས་ཞེས་བྱ་བ་བཞུགས་སོ། །…………(༥༠༥)

༄། །སུ་ཉིད་བཀྲ་ཤིས་རབ་རྒྱས་གླིང་གི་མཚན་ཉིད་གྲྭ་ཚང་བཤད་སྒྲུབ་ཐོས་བསམ་གླིང་གི་བཅའ་ཡིག་རབ་གསལ་དངུལ་དཀར་མེ་ལོང་ཞེས་བྱ་བ་བཞུགས་སོ། །…………(༥༠༥)

༄། །སེར་སྨད་ཐོས་བསམ་ནོར་བུའི་གླིང་གི་བཅའ་ཡིག་ཐར་ལམ་གསལ་བར་བྱེད་པའི་ཉི་མ་ཞེས་བྱ་བ་བཞུགས་སོ། །…………(༥༠༦)

༄། །བསམ་ཡས་ལྷོགས་གྲྭའི་བཅའ་ཡིག་ཅེས་བྱ་བ་བཞུགས་སོ། །…………(༥༠༦)

༄། །བསླབ་བྱ་སྤྱི་དང་དགོན་སྡེ་ཁག་གི་བཅའ་ཡིག་སོགས་ཀྱི་སྐོར་ཞེས་བྱ་བ་བཞུགས་སོ། །…………(༥༠༦)

༄། །ཨུ་ཏུར་ཤོག་གློ་ལྡན་ཕུན་ཚོགས་གླིང་གི་དུས་འཁོར་གྲྭ་ཚང་གི་བཅའ་ཡིག་བདེ་ཆེན་པད་དཀར་བཞད་པའི་ཉིན་བྱེད་ཅེས་བྱ་བ་བཞུགས་སོ། །…………(༥༠༦)

༄། །གྲུབ་མཐའི་སྐོར། །…………(༥༠༦)

༄། །གྲུབ་མཐའ་ཐམས་ཅད་ཀྱི་ཁུངས་དང་འདོད་ཚུལ་སྟོན་པ་ལེགས་བཤད་ཤེལ་གྱི་མེ་ལོང་ལས་བཀའ་བརྒྱུད་པའི་གྲུབ་མཐའ་བྱུང་ཚུལ་ཞེས་བྱ་བ་བཞུགས་སོ། །…………(༥༠༦)

༄། །གྲུབ་མཐའ་ཐམས་ཅད་ཀྱི་ཁུངས་དང་འདོད་ཚུལ་སྟོན་པ་ལེགས་བཤད་ཤེལ་གྱི་མེ་ལོང་ལས་བཀའ་གདམས་པའི་གྲུབ་མཐའ་བྱུང་ཚུལ་ཞེས་བྱ་བ་བཞུགས་སོ། །…………(༥༠༧)

༄། །གྲུབ་མཐའ་ཐམས་ཅད་ཀྱི་ཁུངས་དང་འདོད་ཚུལ་སྟོན་པ་ལེགས་བཤད་ཤེལ་གྱི་མེ་ལོང་ལས་དགེ་ལྡན་པའི་གྲུབ་མཐའ་བྱུང་ཚུལ་ཞེས་བྱ་བ་བཞུགས་སོ། །…………(༥༠༧)

༄། །བྱང་སེམས་ཀྱི་ཚོམས་ཀྱི་ཟིན་བྲིས་རང་གཞན་གྲུབ་མཐའ་རྒྱ་མཚོའི་ཕ་རོལ་ཏུ་སོན་པས་སྐྱེམས་བྲལ་གྱི་སློབ་དཔོན་ཆེན་པོ་མི་བསྐྱོད་ཞབས་ཀྱིས་བརྩམས་པ་ཞེས་བྱ་བ་བཞུགས་སོ། །............................(༥༡༡)

༄། །གཞི་གསུམ་ཚོ་གའི་གསུང་བཤད་ཟིན་བྲིས་ཐུབ་མཆོག་བླ་མའི་ཞལ་ལུང་སོགས་ཟིན་བྲིས་ལེའུ་ཚན་གསུམ་དང་གྲུབ་མཐའ་ཆེན་མོའི་བཤད་ལུང་གི་གསུང་བཤད་ཟིན་བྲིས་སུ་བཀོད་པ་སྐྱེམ་པའི་མེ་ཏོག་དང་བཅས་བཞུགས་སོ། །....................(༥༡༡)

༄། །རང་གཞན་གྱི་གྲུབ་པའི་མཐའ་མ་ལུས་པའི་གནད་དོན་ཚིགས་བཅད་དུ་བསྡེབས་པ་གྲུབ་མཐའ་རྒྱ་མཚོའི་འཇུག་ངོགས་ཞེས་བྱ་བ་བཞུགས་སོ། །(༥༡༡)

༄། །ལམ་རིམ་གྱི་སྐོར། །........................................(༥༡༡)

༄། །ཀུན་མཁྱེན་འཇམ་དབྱངས་བཞད་པའི་རྡོ་རྗེའི་གསུང་འབུམ་ལས་བྱང་ཆུབ་ལམ་རིམ་གྱི་རྣམ་བཤད་ལུང་རིགས་གཏེར་མཛོད་ཅེས་བྱ་བ་བཞུགས་སོ། །

༄། །སྐྱབས་མགོན་རིགས་བརྒྱའི་ཁྱབ་བདག་ཐུབ་དབང་རྡོ་རྗེ་འཆང་དང་དབྱེར་མ་མཆིས་པ་རྗེ་བཙུན་བློ་བཟང་དཔལ་ལྡན་ཡེ་ཤེས་དཔལ་བཟང་པོས་བྱང་ཆུབ་ལམ་གྱི་རིམ་པའི་དམར་ཁྲིད་ཐམས་ཅད་མཁྱེན་པར་བགྲོད་པའི་བདེ་ལམ་སྟོང་ཁྲིད་དུ་མཛད་པ་ཞེས་བྱ་བ་བཞུགས་སོ། །...............(༥༡༢)

༄། །མཁན་ཆེན་ཆོས་ཀྱི་རྒྱལ་པོའི་གསུང་འབུམ་ལས་བྱང་ཆུབ་ལམ་རིམ་གྱི་འཁྲིད་བློ་ཡི་མུན་སེལ་ཞེས་བྱ་བ་བཞུགས་སོ། །........................................(༥༡༢)

༄། །རྒྱལ་བ་གཉིས་པའི་ཐུགས་བཅུད་བྱང་ཆུབ་ལམ་གྱི་རིམ་པའི་ཁྲིད་དམིགས་ཡོངས་འཛིན་དམ་པའི་ཞལ་ཆབ་སྐལ་ལྡན་འཇུག་ངོགས་ཞེས་བྱ་བ་བཞུགས་སོ། །............................................(༥༡༢)

༄། །ངག་གི་དབང་ཕྱུག་སྐལ་ལྡན་རྒྱ་མཚོའི་གསུང་འབུམ་ལས་བྱང་ཆུབ་ལམ་གྱི་རིམ་པའི་འཁྲིད་ཆོས་རྗེ་ཀུན་དགའ་ལེགས་པ་ལ་བསྐུལ་བ་ཞེས་བྱ་བ་བཞུགས་སོ། །............................................(༥༡༢)

༄། །རྗེ་མཁས་གྲུབ་སྨྲ་བའི་དབང་པོ་སྐལ་ལྡན་རྒྱ་མཚོའི་གསུང་འབུམ་ལས་བྱང་ཆུབ་ལམ་གྱི་རིམ་པའི་འཁྲིད་སློབ་མ་རི་ཁྲོད་པ་རྣམས་ལ་ཉམས་འཁྲིད་དུ་བསྐུལ་བ་ཞེས་བྱ་བ་བཞུགས་སོ། །(༥༡༣)

༄། །རྗེ་གྲུབ་པའི་དབང་ཕྱུག་སྐལ་ལྡན་རྒྱ་མཚོའི་གསུང་ལས་བྱང་ཆུབ་ལམ་གྱི་རིམ་པའི་དམར་འཁྲིད་བློ་གསལ་པདྨོའི་ཁ་འབྱེད་ཅེས་བྱ་བ་བཞུགས་སོ། །............................................(༥༡༣)

༄། །རྗེ་བཙུན་ཆོས་ཀྱི་རྒྱལ་པོ་སྐལ་ལྡན་རྒྱ་མཚོ་དཔལ་བཟང་པོའི་གསུང་ལས་བྱང་ཆུབ་ལམ་གྱི་རིམ་པའི་དམིགས་ཁྲིད་ཟབ་མོ་ཞེས་བྱ་བ་བཞུགས་སོ། །............................................(༥༡༣)

༄། །པཎ་ཆེན་ཆོས་ཀྱི་རྒྱལ་པོ་རྗེ་བཙུན་བློ་བཟང་དཔལ་ལྡན་ཡེ་ཤེས་དཔལ་བཟང་པོས་ཆོས་གྲྭ་ཆེན་པོ་བཀྲ་ཤིས་ལྷུན་པོར་བྱང་ཆུབ་ལམ་གྱི་རིམ་པའི་བཀའ་ཁྲིད་བསྐུལ་སྐབས་ཀྱི་ཟིན་བྲིས་ཙུང་ཟད་བཞུགས་སོ། །............................................(༥༡༣)

༄། །བྱང་ཆུབ་བདེ་ལམ་གྱི་ཟིན་བྲིས་འཕྲོ་ཅན་བཞུགས་སོ། །............................................(༥༡༤)

༄། །བྱང་ཆུབ་ལམ་གྱི་སྙིང་པོ་ཞེས་བྱ་བ་བཞུགས་སོ། །............................................(༥༡༤)

༄། །བྱང་ཆུབ་ལམ་རིམ་ཆེན་མོའི་མཆོད་བརྗོད་ཀྱི་ཚིགས་བཅད་དང་པོ་ཕྱུན་ཚོགས་དགེ་ལེགས་མའི་དོན་བཤད་པ་ཀུན་མཁྱེན་ལམ་བཟང་ཞེས་བྱ་བ་བཞུགས་སོ། །……(༥༢༦)

༄། །བྱང་ཆུབ་ལམ་རིམ་ཆེན་མོའི་དོན་གྱི་སྙིང་པོ་བསྡུས་པ་རྗེའི་དགོངས་གསལ་དགྱེས་བྱེད་མཆོད་སྤྲིན་ཞེས་བྱ་བ་བཞུགས་སོ། །……(༥༢༦)

༄། །བྱང་ཆུབ་ལམ་རིམ་ཆེན་མོའི་བསྡུས་དོན་བླ་མའི་ཞལ་ཆབ་བཞིན་བཀོད་པ་ཉམས་རྟོགས་རྒྱ་མཚོ་སྤེལ་བའི་ཟླ་ཟེར་ཞེས་བྱ་བ་བཞུགས་སོ། །……(༥༢༧)

༄། །བྱང་ཆུབ་ལམ་རིམ་ཆེན་མོའི་ཟིན་བྲིས་གདུང་སེལ་བདུད་རྩིའི་ཐིགས་ཕྲེང་ཞེས་བྱ་བ་བཞུགས་སོ། །……(༥༢༧)

༄། །བྱང་ཆུབ་ལམ་རིམ་ཆེན་མོའི་བཤད་ལུང་གི་ཟིན་བྲིས་ཞེས་བྱ་བ་བཞུགས་སོ། །……(༥༢༧)

༄། །བྱང་ཆུབ་ལམ་རིམ་ཆེན་མོའི་བཤད་ལུང་ལན་ལྔ་པ་ཞུས་སྐབས་ཀྱི་ཟིན་བྲིས་སྐུ་བཞིའི་གཞལ་མེད་ཁང་དུ་བགྲོད་པའི་བཻཌཱུརྻ་སེར་པོའི་ཐེམ་སྐས་ཞེས་བྱ་བ་བཞུགས་སོ། །……(༥༢༧)

༄། །བྱང་ཆུབ་ལམ་རིམ་ཆེན་མོའི་ས་བཅད་ཀྱི་ཐོག་ནས་སྐྱེས་བུ་གསུམ་གྱི་རིམ་པའི་མན་ངག་གི་གནད་བསྡུས་གསལ་བའི་སྒྲོན་མེ་ཞེས་བྱ་བ་བཞུགས་སོ། །……(༥༢༧)

༄། །བྱང་ཆུབ་ལམ་རིམ་ལས་བརྩམས་པའི་དྲིས་ལན་ཞེས་བྱ་བ་བཞུགས་སོ། །……(༥༢༨)

༄། །བྱང་ཆུབ་ལམ་རིམ་བཤར་སྒོམ་བྱེད་ཚུལ་གྱི་བསྡུས་དོན་ཞེས་བྱ་བ་བཞུགས་སོ། །……(༥༢༨)

༄། །བླ་མ་རྡོ་རྗེ་འཆང་ཆེན་པོ་ནས་སྲུས་མཆོག་ཤར་ཐམས་ཅད་མཁྱེན་པ་ལ་བསྩལ་བའི་བཀའ་ཡོད་ཆེན་པོ་ལྔའི་ལམ་གྱི་ཆིངས་བྱང་ཆུབ་ལམ་རིམ་དང་སྦྱར་བའི་ལམ་བསྒྲིགས་ཞེས་བྱ་བ་བཞུགས་སོ། །……(༥༢༨)

༄། །རིགས་དང་དཀྱིལ་འཁོར་མ་ལུས་པའི་མགོན་པོ་སྐལ་ལྡན་རྒྱ་མཚོའི་བཀའ་འབུམ་ལས་བྱང་ཆུབ་ལམ་གྱི་རིམ་པའི་བརྒྱུད་པའི་གསོལ་འདེབས་ཞེས་བྱ་བ་བཞུགས་སོ། །……(༥༢༨)

༄། །རིམ་ལྔ་གསལ་སྒྲོན་གྱི་ས་བཅད་ཅེས་བྱ་བ་བཞུགས་སོ། །……(༥༢༩)

༄། །ལམ་ཁྲིད་འཇམ་དབྱངས་ཞལ་ལུང་གི་ཁྲིད་དམིགས་བསྡུས་དོན་སྐལ་ལྡན་འཇུག་ངོགས་ཞེས་བྱ་བ་བཞུགས་སོ། །……(༥༢༩)

༄། །ལམ་ཁྲིད་མདོར་བསྡུས་འཕྲེར་བདེ་ཀུན་ཕན་ཞེས་བྱ་བ་བཞུགས་སོ། །……(༥༢༩)

༄། །ལམ་འཁྲིད་འཇམ་དབྱངས་ཞལ་ལུང་གི་སྟོད་སྨད་རྣམས་སུ་བློ་དམན་རང་ལ་དོགས་པ་ཇི་ལྟར་བྱུང་བ་རྣམས་བཞུགས་སོ། །……(༥༢༩)

༄། །ལམ་རིམ་གྱི་ཁྲིད་ཀྱི་ཟིན་བྲིས་ཞེས་བྱ་བ་བཞུགས་སོ། །……(༥༢༩)

༄། །ལམ་རིམ་གྱི་སྐྱོང་ཁྲིད་སྐལ་ལྡན་ཐར་འདོད་འཇུག་ངོགས་ཞེས་བྱ་བ་བཞུགས་སོ། །……(༥༣༠)

༄། །ལམ་རིམ་གྱི་ཟིན་བྲིས་སོགས་ཟིན་བྲིས་ཀྱི་སྐོར་ཞེས་བྱ་བ་བཞུགས་སོ། །……(༥༣༠)

༄། །ལམ་རིམ་སྔོན་འགྲོ་སྦྱོར་བའི་ཆོས་དྲུག་བྱ་ཚུལ་བློ་བཟང་དགོངས་རྒྱན་ཞེས་བྱ་བ་བཞུགས་སོ། །……(༥༣༠)

༄། །བློ་སྦྱོང་ཞེན་པ་བཞི་བྲལ་གྱི་ཁྲིད་ཡིག་ཟབ་དོན་གནད་ཀྱི་ལྡེའུ་མིག་ཅེས་བྱ་བ་བཞུགས་སོ། །……(༥༩༠)

༄། །བློ་སྦྱོང་ལམ་རིམ་གྱི་སྙོར་ཞེས་བྱ་བ་བཞུགས་སོ། །……(༥༩༠)

༄། །བློ་སྦྱོང་ལེགས་བཤད་ཀུན་འདུས་ཀྱི་འཆད་ཐབས་ཨུཏྤལ་གསར་པའི་དོ་ཤལ་ཞེས་བྱ་བ་བཞུགས་སོ། །……(༥༩༠)

༄། །ལམ་གྱི་གཙོ་བོ་རྣམ་གསུམ་ལ་གཞར་བསྒོམ་གྱིས་བློ་སྦྱོང་བའི་ཚུལ་གསལ་བར་བཀོད་པ་ལེགས་བཤད་སྐལ་བཟང་འཇུག་ངོགས་ཞེས་བྱ་བཞུགས་སོ། །……(༥༩༠)

༄། །ལམ་གྱི་རིམ་པ་ལ་བློ་སྦྱོང་བྱ་ཚུལ་སྨོན་ལམ་དུ་བྱས་པའི་མན་ངག་ཉམས་ལེན་བདུད་རྩིའི་སྙིང་པོ་ཞེས་བྱ་བ་བཞུགས་སོ། །……(༥༩༠)

༄། །བསླབ་སྦྱོང་གཉིས་པའི་ལམ་བསྒྲིགས་གྲུབ་པའི་མིག་སྨན་ཞེས་བྱ་བ་བཞུགས་སོ། །……(༥༩༡)

༄། །བསླབ་བྱའི་སྙོར། །……(༥༩༡)

༄། །ཀུན་མཁྱེན་མི་ཕམ་རིན་པོ་ཆེས་རྗེ་སྤྲུལ་སྤྲུ་འཇིགས་མེད་བསྟན་པའི་ཉི་མར་ཞལ་གདམས་བསླབ་བྱ་གནང་བ་ཞེས་བྱ་བ་བཞུགས་སོ། །(༥༩༡)

༄། །སྐྱབས་འགྲོ་དང་གསང་སྔགས་བྱང་སེམས་ཀྱི་སྡོམ་པའི་བསླབ་བྱའི་རྣམ་བཞག་གསལ་བར་བཀོད་པ་བདེ་ལེགས་ཀུན་གྱི་འབྱུང་གནས་ཞེས་བྱ་བ་བཞུགས་སོ། །……(༥༩༡)

༄། །དགེ་སྡིག་བླང་དོར་གསལ་སྟོན་གྱི་བསླབ་བྱ་རང་སྐྱོན་མཚང་འབྲུ་བྱེད་པའི་ཨ་དཪ་སོགས་བསླབ་བྱའི་རིམ་པ་ཕྱོགས་གཅིག་ཏུ་བསྒྲིགས་པ་ཞེས་བྱ་བ་བཞུགས་སོ། །……(༥༩༡)

༄། །དགེ་སློང་གི་བསླབ་བྱ་ལག་ལེན་གསལ་བའི་སྒྲོན་མེ་འདུལ་བ་བསྡུས་པའི་སྙིང་པོ་ཞེས་བྱ་བ་བཞུགས་སོ། །……(༥༩༢)

༄། །དད་ལྡན་འགའ་ཞིག་ལ་བསླབ་བྱར་གདམས་པ་ཞེས་བྱ་བ་བཞུགས་སོ། །……(༥༩༢)

༄། །དམ་པའི་ཆོས་ལ་བསྐུལ་བའི་བསླབ་བྱ་ཐར་ལམ་བལྟ་བའི་མེ་ལོང་ཞེས་བྱ་བ་བཞུགས་སོ། །……(༥༩༢)

༄། །མདོ་སྔགས་ཀུན་གྱི་གནད་དྲིལ་བའི་བསླབ་བྱ་དང་། དེའི་དོན་བཤད་པ་ཀུན་མཁྱེན་དགོངས་གསལ་ཞེས་བྱ་བ་བཞུགས་སོ། །……(༥༩༢)

༄། །མདོ་སྔགས་ཀྱི་གཞུང་ལ་སློབ་གཉེར་བྱེད་ཚུལ་གྱི་བསླབ་བྱ་ནོར་བུའི་གླིང་དུ་བགྲོད་པའི་ལམ་ཡིག་སོགས་བསླབ་བྱ་སྣ་ཚོགས་ཀྱི་སྙོར་བཞུགས་སོ། །……(༥༩༢)

༄། །མདོ་སྔགས་ཆོས་འཁོར་གླིང་གི་ཇི་ལྟར་བྱུང་ཚུལ་སྐབས་སུ་བབས་པའི་ཉེར་མཁོའི་བསླབ་བྱ་དང་བཅས་པའི་གཏམ་ཙ་མཚར་རྣ་བའི་བཅུད་ལེན་ཞེས་བྱ་བ་བཞུགས་སོ། །……(༥༩༣)

༄། །མདོ་ནས་དངོས་སུ་གསུངས་པའི་བསླབ་བྱ་མདོར་བསྡུས་ཞེས་བྱ་བ་བཞུགས་སོ། ……(༥༩༣)

༄། །སྡོམ་པ་གསུམ་གྱི་བསླབ་བྱའི་སྡོམ་ཚིག་ཅེས་བྱ་བ་བཞུགས་སོ། །……(༥༩༣)

༄། །སྡོམ་གསུམ་གྱི་བསླབ་བྱ་གོ་སླ་བའི་ཚིགས་འབྲུ་བཞུགས་སོ། །……(༥༩༣)

༄། །བོད་དང་བོད་ཆེན་པོའི་ལྗོངས་སུ་འཁོད་པའི་སྐྱེ་འགྲོ་རྣམས་ལ་ལུགས་གཉིས་ཀྱི་བླང་དོར་བསླབ་བྱའི་རྩ་ཚིག་བསྡུས་པའི་རིམ་པ་ཕྱོགས་བཀོད་ལྷ་ཡི་རྔ་དབྱངས་ཞེས་བྱ་བ་བཞུགས་སོ། །……(༥༩༣)

༄༅། །བསྟན་པའི་མངའ་བདག་མཁས་གྲུབ་ཐམས་ཅད་མཁྱེན་པ་དགེ་ལེགས་དཔལ་བཟང་པོའི་ཞལ་ལས་བྱུང་བའི་རྒྱུད་ཀྱི་ཟིན་བྲིས་ཞེས་བྱ་བ་བཞུགས་སོ། །……(༥༥༢)

༄༅། །ཐོབ་ཡིག་རྒྱ་མཚོ་ཞེས་བྱ་བ་བཞུགས་སོ། །…(༥༥༣)

༄༅། །ཐོབ་ཡིག་སྣེ་སྟོད་ཚ་སྒྲུང་འཁྲིལ་པའི་རྒྱ་མཚོ་ཟབ་དོན་ནོར་བུའི་བང་མཛོད་ལས་ཐར་རྩེ་རྗེར་ཐོས་པའི་སྐོར་ཐེག་ཆེན་སྨིན་གྲི་སྨྲ་དབྱངས་ཞེས་བྱ་བ་བཞུགས་སོ། །……(༥༥༣)

༄༅། །ཐོབ་ཡིག་ཡོངས་འཛིན་དམ་པའི་ཞལ་ལུང་བདུད་རྩིའི་ཆུ་རྒྱུན་ཞེས་བྱ་བ་བཞུགས་སོ། །……(༥༥༣)

༄༅། །ཐོབ་ཡིག་ལུང་ཆོས་གཏེར་གྱི་ཁ་བྱང་ཞེས་བྱ་བ་བཞུགས་སོ། །……(༥༥༣)

༄༅། །མཐུ་སྟོབས་རྩེ་སོགས་ཀྱི་བཀོད་ཡིག་ཅེས་བྱ་བ་བཞུགས་སོ། །……(༥༥༣)

༄༅། །དམ་པའི་ཆོས་ཀྱི་ལུང་རྗེས་གནང་དབང་ཁྲིད་ཐོབ་ཡིག་འབྲུལ་པའི་དྲི་བྲལ་པདྨའི་སྲད་བུར་བརྒྱུས་པའི་དོན་ལྡན་ནོར་བུའི་དོ་ཤལ་ཞེས་བྱ་བ་བཞུགས་སོ། །……(༥༥༤)

༄༅། །མདོ་དང་སྔགས་ཕྱོགས་ཀྱི་དམ་པའི་ཆོས་ཀྱི་ཐོབ་ཡིག་བདུད་རྩིའི་ཆུ་རྒྱུན་ཞེས་བྱ་བ་བཞུགས་སོ། །……(༥༥༤)

༄༅། །རྡོ་རྗེ་འཆང་དངོས་བླ་མ་དམ་པ་རྣམས་ཀྱི་བཀའ་དྲིན་ལས་མདོ་སྔགས་ཀྱི་ཆོས་ཚུལ་ཅུང་ཟད་ཐོབ་པའི་བརྒྱུད་ཡིག་ཨུ་ཏྤལ་ཕྲེང་བ་ཞེས་བྱ་བ་བཞུགས་སོ། །……(༥༥༤)

༄༅། །ཟབ་རྒྱས་ཆོས་ཀྱི་ཐོས་ཡིག་སྣེ་སྟོད་ཚ་སྒྲུང་འཁྲིལ་བའི་རྒྱ་མཚོ་ཟབ་དོན་ནོར་བུའི་བང་མཛོད་ལས་མཁའ་སྤྱོད་དབང་མོས་རྗེས་སུ་བཟུང་ཚུལ་སྐལ་བཟང་བདུད་རྩི་རོལ་མཚོ་ཞེས་བྱ་བ་བཞུགས་སོ། །……(༥༥༤)

༄༅། །ཟབ་རྒྱས་ཆོས་ཀྱི་ཐོས་ཡིག་སྣེ་སྟོད་ཚ་སྒྲུང་འཁྲིལ་བའི་རྒྱ་མཚོ་ཟབ་དོན་ནོར་བུའི་བང་མཛོད་ལས་ཡབ་རྗེ་དམ་པས་རྗེས་སུ་བཟུང་ཚུལ་སྐལ་བཟང་ལྡེ་མིག་ཅེས་བྱ་བ་བཞུགས་སོ། །……(༥༥༥)

༄༅། །ཟབ་པ་དང་རྒྱ་ཆེ་བའི་དམ་པའི་ཆོས་ཀྱི་ཐོབ་ཡིག་གངྒཱའི་ཆུ་རྒྱུན་ལས་གླེགས་བམ་དང་པོ་ཞེས་བྱ་བ་བཞུགས་སོ། །……(༥༥༥)

༄༅། །ཟབ་པ་དང་རྒྱ་ཆེ་བའི་དམ་པའི་ཆོས་ཀྱི་ཐོབ་ཡིག་གངྒཱའི་ཆུ་རྒྱུན་ལས་གླེགས་བམ་གཉིས་པ་ཞེས་བྱ་བ་བཞུགས་སོ། །……(༥༥༥)

༄༅། །ཟབ་པ་དང་རྒྱ་ཆེ་བའི་དམ་པའི་ཆོས་ཀྱི་ཐོབ་ཡིག་གངྒཱའི་ཆུ་རྒྱུན་ལས་གླེགས་བམ་གསུམ་པ་ཞེས་བྱ་བ་བཞུགས་སོ། །……(༥༥༥)

༄༅། །ཟབ་པ་དང་རྒྱ་ཆེ་བའི་དམ་པའི་ཆོས་ཀྱི་ཐོབ་ཡིག་གངྒཱའི་ཆུ་རྒྱུན་ལས་གླེགས་བམ་བཞི་པ་ཞེས་བྱ་བ་བཞུགས་སོ། །……(༥༥༥)

༄༅། །ཟབ་པ་དང་རྒྱ་ཆེ་བའི་ཆོས་ཀྱི་ཐོབ་ཡིག་བཻཌཱུརྻའི་འཕྲེང་བ་ཞེས་བྱ་བ་བཞུགས་སོ། །……(༥༥༦)

༄༅། །ཟབ་པ་དང་རྒྱ་ཆེ་བའི་དམ་པའི་ཆོས་ཀྱི་ཐོབ་ཡིག་རིན་ཆེན་དབང་གི་རྒྱལ་པོའི་དོ་ཤལ་ཞེས་བྱ་བ་བཞུགས་སོ། །……(༥༥༦)

༄༅། །ཟབ་པ་དང་རྒྱ་ཆེ་བའི་དམ་པའི་ཆོས་ཀྱི་ཐོབ་ཡིག་རིན་པོ་ཆེའི་དོ་ཤལ་ཞེས་བྱ་བ་བཞུགས་སོ། །……(༥༥༦)

# 书名汉文音序索引

# མཇུག་བྱང་།

《པེ་ཅིན་ས་ཁུལ་གྱི་བོད་ཡིག་གནའ་དཔེའི་དཀར་ཆག་ཆེན་མོ་》ཞེས་པ་འདི་ནི་《པེ་ཅིན་ས་ཁུལ་གྱི་གྲངས་ཉུང་མི་རིགས་ཀྱི་གནའ་དཔེའི་དཀར་ཆག་དཔེ་ཚོགས་》དེའི་ནང་གི་བོད་ཡིག་གནའ་དཔེའི་དེབ་ཡིན་ལ། ༢༠༠༧ལོའི་ཟླ་༧༠པར་ལས་འགོ་བརྩམས་ནས་དག་སྒྲིག་དང་ཐོ་འགོད་དང་རྩོམ་སྒྲིག་བཅས་བྱས་པ་ཡིན། པེ་ཅིན་གྲོང་ཁྱེར་མི་རིགས་ལས་དོན་ཨུ་ཡོན་ལྷན་ཁང་དང་པེ་ཅིན་གྲོང་ཁྱེར་མི་རིགས་གནའ་དཔེ་དག་སྒྲིག་དང་པར་སྐྲུན་དང་འཆར་འགོད་འགོ་ཁྲིད་ཚོ་ཆུང་གི་དོན་གཅོད་ཁང་གི་འགོ་ཁྲིད་འོག ཀྲུང་གོའི་བོད་རིག་པ་ཞིབ་འཇུག་ལྟེ་གནས་ཏང་ཙུའུ་ཡི་རྒྱབ་སྐྱོར་ཤུགས་ཆེན་དང་། བོད་ཡིག་གནའ་དཔེ་ཉར་ཚགས་ལས་ཁུངས་དག་གི་འགོ་ཁྲིད་ཀྱི་རམ་འདེགས་ཤུགས་ལྡན་འོག ཀྲུང་གོའི་བོད་རིག་པ་ཞིབ་འཇུག་ལྟེ་གནས་ཀྱི་དཔེ་མཛོད་ཁང་ངམ་པེ་ཅིན་ས་ཁུལ་གྱི་བོད་ཡིག་གནའ་དཔེའི་དཀར་ཆག་རྩོམ་སྒྲིག་སྡེ་ཚན་གྱིས་བོད་ཡིག་གནའ་དཔེ་དག་སྒྲིག་དང་། དཀར་ཆག་ཐོ་འགོད། ཞིབ་འཇུག་བཅས་ལས་ཀ་ཡུན་རིང་པོར་བསྒྲིམས་པའི་འབྲེལ་ཡོད་ཆེད་མཁས་དང་ཞིབ་འཇུག་པ་རྣམས་རྩ་འཛུགས་སྒྲོས་ལོ་བཅུའི་རིང་ལ་ཞིབ་དཔྱད་དང་། ཞིབ་བཤེར། ཚོད་ལྟ། ཐོ་འགོད། རྩོམ་སྒྲིག་ཡིག་སྒྱུར་བཅས་བྱས་ཏེ། 《པེ་ཅིན་ས་ཁུལ་གྱི་བོད་ཡིག་གནའ་དཔེའི་དཀར་ཆག་ཆེན་མོ་》 (དེབ་བཞི་པ་) དེ་བོད་རྒྱ་ཡིག་ཤན་སྦྱར་གྱི་རྣམ་པས་གློག་པ་པོར་ཕྱུལ་པ་ཡིན།

པེ་ཅིན་ས་ཁུལ་ལ་མཚོན་ན། བོད་ཡིག་གནའ་དཔེ་གཙོ་བོ་ཀྲུང་གོའི་བོད་རིག་པ་ཞིབ་འཇུག་ལྟེ་གནས་ཀྱི་དཔེ་མཛོད་ཁང་དང་། ཀྲུང་གོའི་སྤྱི་ཚོགས་ཚན་རིག་ཁང་གི་མི་རིགས་རིག་པ་དང་མིའི་རིགས་རིག་པ་ཞིབ་འཇུག་ཁང་གི་དཔེ་མཛོད་ཁང་། གནའ་བོའི་ལོ་ཐང་དངོས་མང་བཤམས་མཛོད་ཁང་གི་དཔེ་མཛོད་ཁང་། རྒྱལ་ཁབ་དཔེ་མཛོད་ཁང་། ཀྲུང་གོའི་མི་རིགས་དཔེ་མཛོད་ཁང་། ཀྲུང་དབྱང་མི་རིགས་སློབ་ཆེན་གྱི་དཔེ་མཛོད་ཁང་། ཀྲུང་གོའི་བོད་བརྒྱུད་མཐོ་རིམ་ནང་བསྟན་སློབ་གླིང་གི་དཔེ་མཛོད་ཁང་། རྒྱལ་ཁབ་མི་རིགས་ཡིག་སྒྱུར་ཁང་གི་དཔེ་མཛོད་ཁང་། དགའ་ལྡན་བྱིན་ཆགས་གླིང་ལ་སོགས་པའི་ལས་ཁུངས་དུ་ཉར་ཚགས་བྱས་ཡོད། དེའི་གསོག་ཉར་གྱི་གྲངས་ཚད་མོད་ལ་ཕུན་སུམ་ཚོགས་ཤིང་རིགས་གྲས་ཀྱང་ཧ་ཅང་མང་པོ་ཡོད། བོད་ཡིག་གནའ་དཔེའི་རིགས་གྲས་མོད་པོ་དང་། གསོག་ཉར་གྱི་ལས་ཁུངས་མང་བ། གྲངས་འབོར་ཆེ་བ་བཅས་ཀྱི་དབང་གིས《པེ་ཅིན་ས་ཁུལ་གྱི་བོད་ཡིག་གནའ་དཔེའི་དཀར་ཆག་ཆེན་མོ་》དེའང་དེབ་བགོས་མར་བྱས་ནས་རྩོམ་སྒྲིག་དང་པར་སྐྲུན་བྱེད་རྒྱུ་ཡིན།

《 པེ་ཅིན་ས་ཁུལ་གྱི་བོད་ཡིག་གནའ་དཔེའི་དཀར་ཆག་ཆེན་མོ་》 (དེབ་བཞི་པ་) དེའི་ནང་དུ་གཙོ་བོ་ཀྲུང་གོའི་མི་རིགས་དཔེ་མཛོད་ཁང་དུ་བསྡུ་ཉར་བྱས་ཡོད་པའི་བོད་ཡིག་གནའ་དཔེའི་པོ་ཏི་༣༧༠དང་། ཆོས་ཚན་༢༨༣༥དང་། ཤོག་ལྷེ་༡༥༢༥༣ཡོད།

དེབ་འདིའི་ནང་རྩོམ་འབྲི་མི་སྣའི་ལས་ཀ་བགོས་པའི་གནས་ཚུལ་ཞིབ་ཆ་གཤམ་གསལ་ཏེ། ཐོ་འགོད་ཀྱི་མི་སྣ་རྣམས། ཨ་དཔའ་ངག་དབང་དཔལ་ལྡན་དང་། སྲུན་ལྷུན་ཅིན། ཐང་ཁྲི་ཨན། བློ་བཟང་སྒྲོལ་མ། གླུ་སྐྱབས་ཚེ་རིང་སོགས་ཡོད། གནའ་དཔེ་རིགས་དབྱེའི་མི་སྣ་རྣམས། ཨ་དཔའ་ངག་དབང་དཔལ་ལྡན་དང་། འཇིགས་མེད་བསམ་གྲུབ་སོགས་ཡོད། ཡིག་སྒྱུར་གྱི་མི་སྣ་རྣམས། ཨ་དཔའ་ངག་དབང་དཔལ་ལྡན་དང་། སྲུན་ལྷུན་ཅིན། ཐང་ཁྲི་ཨན། བློ་བཟང་སྒྲོལ་མ་སོགས་ཡོད། ཞིབ་བཤེར་གཏན་ཁེལ་བྱེད་མི་རྣམས། ཨ་དཔའ་ངག་དབང་དཔལ་ལྡན་དང་། སྲུན་ལྷུན་ཅིན་སོགས་ཡོད། གནའ་དཔེ་དག་སྒྲིག་དང་། རིགས་དབྱེ། རྩོམ་སྒྲིག དག་བཅོས། ཞུ་དག་སོགས་ཀྱི་ལས་ཀའི་བརྒྱུད་རིམ་ཧྲིལ་པོའི་ནང་དུ། ཨ་དཔའ་ངག་དབང་དཔལ་ལྡན་དང་། སྲུན་ལྷུན་ཅིན། ཐང་ཁྲི་ཨན། འཇིགས་མེད་བསམ་གྲུབ་སོགས་སྐུ་ཞབས་རྣམ་པས་དུས་ཚོད་དང་ཤེད་ཤུགས་མང་པོ་ཞིག་ཕུལ་ཡོད་པ་རེད།

དེབ་འདི་རྩོམ་འབྲི་བྱེད་པའི་བརྒྱུད་རིམ་ནང་དུ་པེ་ཅིན་གྲོང་ཁྱེར་གྱི་མི་རིགས་ལས་དོན་ཨུ་ཡོན་ལྷན་ཁང་དང་། ཀྲུང་གོའི་མི་རིགས་དཔེ་མཛོད་ཁང་སོགས་ལས་ཁུངས་ཀྱི་འབྲེལ་ཡོད་འགོ་ཁྲིད་རྣམ་པས་དཀར་ཆག་ཆེན་མོ་འདི་རྩོམ་འབྲིའི་ལས་འགན་བདེ་བླག་ཏུ་སྒྲུབ་པར་རྒྱབ་སྐྱོར་རྒྱ་ཆེན་པོ་གནང་ཡོད་པས་འདིར་སྙིང་ཐག་པ་ནས་བཀའ་དྲིན་ཆེ་ཞུ། བོད་ཡིག་གནའ་དཔེ་མྱུར་སྐྱོབ་དང་སྲུང་སྐྱོང་བྱེད་པའི་ཆེད་དུ། སྡེ་ཁག་མི་གཅིག་པ་དང་། མི་རིགས་མི་འདྲ་བ། ན་ཚོད་མི་མཚུངས་པ་བཅས་ཡིན་པའི་མཁས་དབང་དང་ཞིབ་འཇུག་པ་མང་པོ་ཞིག་གིས་ཀྱང་དམིགས་ཡུལ་འབེན་གཅིག་ཏུ་བཞག་ནས་དཀའ་ཚེགས་ཆེ་བའི་ལས་ཀ་མང་པོ་བསྒྲུབས་པས་འདིར་སྙིང་ཐག་པ་ནས་ཐུགས་རྗེ་ཆེ་ཞུ། ནང་སྒོས་སུ་ཀྲུང་གོའི་བོད་རིག་པ་ཞིབ་འཇུག་ལྟེ་གནས་ཀྱི་སྤྱི་ཁྱབ་ལས་འཛིན་པ་ལྷག་པ་ཕུན་ཚོགས་ཞིབ་འཇུག་པ་དང་། རྒྱལ་ཁབ་མི་རིགས་ལས་དོན་ཨུ་ཡོན་ལྷན་ཁང་གི་ཀྲུའུ་རིན་གཞོན་པ་དང་དགེ་རྒན་ཆེ་མོ་དོན་གྲུབ་དབང་འདུས། རྒྱལ་ཁབ་དཔེ་མཛོད་ཁང་གི་ཞིབ་འཇུག་པ་སྐུ་ཞབས་ཧོང་མེན་ཞེན། ཀྲུང་གོའི་མི་རིགས་དཔེ་མཛོད་ཁང་གི་ཞིབ་འཇུག་པ་སྐུ་ཞབས་མི་ཉག་མགོན་པོ། ཀྲུང་གོའི་བོད་རིག་པ་ཞིབ་འཇུག་ལྟེ་གནས་ཀྱི་ཞིབ་འཇུག་པ་སྐུ་ཞབས་འཇིགས་མེད་བསམ་གྲུབ་སོགས་ཀྱིས་ཞིབ་བཤེར་ནན་ཏན་དང་ནན་གྱིས་ཞིབ་ལྟ་གནང་བའི་དབང་གིས་ནོར་སྐྱོན་མང་པོ་ཞིག་དག་པར་བཅོས། ང་ཚོས་བོད་རྒྱ་ཤན་སྦྱར་གྱི་དཀར་ཆག་ཆེན་མོ་འདི་རྩོམ་སྒྲིག་བྱས་པ་ཐོག་དང་པོ་ཡིན་པས། ཉམས་མྱོང་ཞན་ལ་མི་རྒྱུ་ཉུང་ཞིང་ལྷག་ཏུ་བོད་ཡིག་གནའ་དཔེའི་ཤེས་བྱའི་སྐོར་ལ་ཆ་རྒྱུས་དེ་འདྲ་དབེན་པའི་དབང་གིས་དཔེ་ཆའི་ནང་དུ་སྐྱོན་དང་ནོར་འཁྲུལ་ཡོད་སྲིད་པས་ཀློག་མཁན་རྣམས་ཀྱིས་མཛུབ་སྟོན་གྱི་དགོངས་འཆར་གནང་བར་ཞུ།

《པེ་ཅིན་ས་ཁུལ་གྱི་མི་རིགས་གནའ་དཔེའི་དཀར་ཆག་ཆེན་མོ་》བོད་ཡིག་རྩོམ་སྒྲིག་ཚུའུ་ནས།

༢༠༢༠ལོའི་ཟླ་༡༡པར།

# 后　记

《北京地区藏文古籍总目》是《北京地区少数民族古籍目录丛书》之二的藏文古籍卷，自 2001 年 10 月开始着手整理著录编纂。中国藏学研究中心图书资料馆、北京地区民族古籍总目藏文编辑部在北京市民族事务委员会、北京市民族古籍整理出版规划领导小组办公室的领导下，在中国藏学研究中心党组的大力支持下，在藏文古籍收藏单位领导的大力协助下，组织长期从事藏文古籍整理、编目、研究的相关专家学者经过十多年的调研、普查、试点、著录和编辑，《北京地区藏文古籍总目》（第四卷）以藏汉对照形式与读者见面了。

在北京地区，藏文古籍主要收藏在中国藏学研究中心图书馆、中国社会科学院民族学和人类学研究所图书馆、故宫博物院图书馆、国家图书馆、中国民族图书馆、中央民族大学图书馆、中国藏语系高级佛学院图书馆、中国民族语文翻译局图书馆和雍和宫等单位，藏量丰富，种类繁多。由于藏文古籍文献种类多，数量大，收藏单位多，《北京地区藏文古籍总目》将分卷编辑出版。

《北京地区藏文古籍总目》（第四卷）主要收录了中国民族图书馆馆藏藏文古籍 310 函，2634 种，95243 页。

参与本卷编写人员的具体分工如下。著录人员有：阿华·阿旺华丹、孙文景、汤池安、诺布、洛桑卓玛、黎嘉才仁等；分类人员有：阿华·阿旺华丹、吉美桑珠等；翻译人员有：阿华·阿旺华丹、孙文景、汤池安、洛桑卓玛、黎嘉才仁等；审定人员有：阿华·阿旺华丹、孙文景。在整个整理、分类、编译、审稿、改稿、定稿的过程中，阿华·阿旺华丹、孙文景、汤池安、吉美桑珠等先生付出了大量时间和精力。

在本卷编写过程中，北京市民族事务委员会古籍办、中国民族图书馆等单位的有关领导为总目编写任务的顺利完成给予了大力支持，在此谨表谢意。为了抢救和保护藏文古籍文献，许多专家学者虽然部门不同、民族不同、年龄不同，但为这一共同目标付出了艰辛劳动，在此亦表谢意。同时，特别要感谢中国藏学研究中心总干事拉巴平措研究员，国家民族事务委员会副主任、博士生导师丹珠昂奔教授，国家图书馆研究馆员黄明信先生，中国民族图书馆研究馆员木雅公布先生、中国藏学研究中心宗教研究所研究员吉美桑珠先生等，由于他们的认真审核和严格把关，避免了很多失误。由于我们初次编写这套总目丛书，缺乏经验，加之人力不足，对藏文古籍文献知识的了解有限，书中缺点错误在所难免，敬请广大读者给予指正。

《北京地区民族古籍总目》藏文编辑部

2020 年 11 月

རྩོམ་སྒྲིག་འགན་འཁུར་པ། ཁང་ཧོའུ་ཆའོ། ཨོའུ་ཙེ། ཧན་ཅི་ཧུང་།
责 任 编 辑： 康 厚 桥 欧 泽 韩继红

དེབ་གཞིའི་མཛེས་འཆོས། ཅིན་ཡེ།
书 籍 设 计： 金 晔

# ༄༅། །པེ་ཅིན་ས་ཁུལ་གྱི་བོད་ཡིག་དཔེ་རྙིང་དཀར་ཆག་ཆེན་མོ་ཤེས་བྱའི་གཏེར་མཛོད། བམ་པོ་བཞི་པ།


| | |
|---|---|
| གཙོ་སྒྲིག་པ། | ཨ་དཔའ་ངག་དབང་དཔལ་ལྡན། |
| དཔེ་སྐྲུན་མཁན། | མི་རིགས་དཔེ་སྐྲུན་ཁང་། |
| འགྲེམས་སྤེལ་མཁན། | མི་རིགས་དཔེ་སྐྲུན་ཁང་། |
| གནས་ཡུལ། | པེ་ཅིན་གྲོང་ཁྱེར་ཧོ་ཕིང་ལི་བྱང་ལམ་ཨང་14པ། |
| སྦྲག་སྲིད་ཡང་གྲངས། | 100013 |
| ཁ་པར་ཨང་གྲངས། | 010-64271909 |
| བརྒྱུད་འཚོང་མཁན། | རྒྱལ་ཡོངས་ས་གནས་སོ་སོའི་ཞིན་ཧྭ་དཔེ་ཚོང་ཁང་། |
| པར་འདེབས་མཁན། | པེ་ཅིན་ཧྲེང་ཐུང་པར་འདེབས་ཚད་ཡོད་ཀུང་སི། |
| དེབ་ཚད། | 787mm×1092mm 1/16 |
| དཔར་ཤོག | 51.5 |
| པར་གཞི་སྒྲིག་ཐེངས། | 2023ལོའི་ཟླ་2པར་པར་གཞི་དང་པོ་བསྒྲིགས། |
| དཔར་ཐེངས། | 2023ལོའི་ཟླ་2པར་པེ་ཅིན་དུ་དཔར་ཐེངས་དང་པོ་བཏབ། |
| རིན་གོང་། | སྒོར 580.00 |

ISBN 978-7-105-16861-3/Z • 1567（རྒྱ 253）

图书在版编目（CIP）数据

北京地区藏文古籍总目．第四卷：汉、藏 / 阿华·阿旺华丹主编．—北京：民族出版社，2022.11
（北京地区少数民族古籍目录丛书）
ISBN 978-7-105-16861-3

Ⅰ．①北… Ⅱ．①阿… Ⅲ．①藏语－古籍－图书目录－北京－汉、藏 Ⅳ．① Z838

中国版本图书馆 CIP 数据核字（2022）第 246902 号

**北京地区藏文古籍总目（第四卷）**

**策　　划**　李有明
**主　　编**　阿华·阿旺华丹
**责任编辑**　康厚桥　欧　泽　韩继红
**出版发行**　民族出版社
**地　　址**　北京市和平里北街 14 号
**邮　　编**　100013
**网　　址**　http://www.mzpub.com.cn
**印　　刷**　北京盛通印刷股份有限公司
**经　　销**　各地新华书店
**版　　次**　2023 年 2 月第 1 版
**印　　次**　2023 年 2 月北京第 1 次印刷
**开　　本**　787mm×1092mm　1/16
**印　　张**　51.5
**定　　价**　580.00 元
**书　　号**　ISBN 978-7-105-16861-3/Z·1567（汉 253）

汉文编辑一室电话：010-64271909　　发行部电话：010-64224782